Le rôle normatif de l'Organisation mondiale de la santé

Logiques Juridiques

Fondée par Gérard Marcou

Dirigée par Jean-Claude Némery et Thomas Perroud

Le droit n'est pas seulement un savoir, il est d'abord un ensemble de rapports et pratiques que l'on rencontre dans presque toutes les formes de sociétés. C'est pourquoi il a toujours donné lieu à la fois à une littérature de juristes professionnels, produisant le savoir juridique, et à une littérature sur le droit, produite par des philosophes, des sociologues ou des économistes notamment.

Parce que le domaine du droit s'étend sans cesse et rend de plus en plus souvent nécessaire le recours au savoir juridique spécialisé, même dans des matières où il n'avait jadis qu'une importance secondaire, les ouvrages juridiques à caractère professionnel ou pédagogique dominent l'édition, et ils tendent à réduire la recherche en droit à sa seule dimension positive. À l'inverse de cette tendance, la collection « Logiques juridiques » des éditions L'Harmattan est ouverte à toutes les approches du droit. Tout en publiant aussi des ouvrages à vocation professionnelle ou pédagogique, elle se fixe avant tout pour but de contribuer à la publication et à la diffusion des recherches en droit, ainsi qu'au dialogue scientifique sur le droit. Comme son nom l'indique, elle se veut plurielle.

Dernières parutions

Sotirios LYTRAS, *Le phénomène disciplinaire dans le droit public héllenique contemporain,* 2019.
Claire AGUILON, *Justice constitutionnelle et subsidiarité. L'apport de l'expérience canadienne pour la construction européenne*, 2018.
Jackeline Patricia CESPEDES ARTEAGA, *La contribution de la CJUE dans la construction du droit de la Communauté andine*, 2018.
Michaël MARTINEZ, *Le train de vie en droit privé*, 2018.
Hafedh BOUAZIZ, *La conversion des actes juridiques,* 2018.
Gabriel ECKERT et Jean-Philippe KOVAR, *La régulation économique et financière face aux défis de l'information,* 2018.
Adil MOUSSEBBIH, *Le contentieux électoral dans la jurisprudence du Conseil constitutionnel marocain, Étude comparative*, 2018.
CLUB MARC BLOCH, *Citoyen !*, 2018.
Lamine TIRERA, *L'État stratège*, 2018.
Léa CASTELLON, *La place de la victime dans le procès pénal,* 2018.
Soror BAHBOUHI, *Le conflit d'intérêts du banquier*, 2018.
Tenile MASCOLO GIL, *Les droits de l'homme dans le Mercosur,* 2018.
Mohammed BERRAOU, *La responsabilité des acteurs de la gestion publique devant la Cour des comptes. Le modèle marocain*, 2017.

Florian Kastler

Le rôle normatif de l'Organisation mondiale de la santé

L'Harmattan

5-7, rue de l'Ecole-Polytechnique, 75005 Paris

www.editions-harmattan.fr

ISBN : 978-2-343-15657-6
EAN : 9782343156576

REMERCIEMENTS

Je tiens à remercier, d'abord, mes directeurs de thèse Messieurs les professeurs David Noguéro, Didier Tabuteau et Dominique Sprumont qui m'ont accordé leur confiance en acceptant de diriger ce travail de recherche. Cet encadrement inédit, fruit d'une codirection et d'une cotutelle, m'a, paradoxalement, offert un espace de liberté idéal dans la réalisation de cette thèse. Ils ont tous les trois fait preuve d'une grande disponibilité ; qu'ils trouvent ici l'expression de ma profonde reconnaissance.

Je tiens également à remercier particulièrement Madame le Doyen Anne Laude, codirectrice de l'Institut Droit et Santé, pour son soutien et son appui tout au long de ma thèse. Je souhaite remercier l'Institut O'Neill pour le droit national et international de la santé de l'Université de Georgetown et en particulier Mesdames et Messieurs les professeurs Gostin, Taylor, Cabrera, Meier ainsi qu'Ana, qui m'ont accueilli en tant que chercheur invité pendant trois mois en 2013 et qui ont contribué à faire évoluer ma réflexion et mon travail de recherche.

Mes remerciements affectueux s'adressent, enfin, à mes parents, Tiphaine, Adrian, Jeanine, Bernard, Elisabeth, Daniel, Guillaume et Andia qui, tout au long de ce travail, m'ont soutenu et encouragé rendant cette aventure loin d'être solitaire. Cette thèse n'aurait certainement jamais abouti sans leur soutien inconditionnel, leur présence précieuse et sans celle irremplaçable d'Alexia qui m'a accompagné sans jamais douter de ma capacité à réaliser ce travail de recherche malgré des moments d'incertitude.

PRINCIPAUX SIGLES ET ABRÉVIATIONS UTILISÉS

Abréviations relatives aux publications

AFDI :	Annuaire français de droit international
AJDA :	Revue Actualité juridique du droit
AJIL :	American Journal of International Law
AJPH :	American Journal of Public Health
APD :	Archives de philosphie du droit
BMJ :	British medical journal
BYBIL :	British Year Book of International Law
Dalloz :	Recueil Dalloz
EJIL :	European Journal of International Law
GJIL :	Georgetown Journal of International Law
IJIL :	Indian Journal of International Law – A Quarterly
JAMA :	Journal of the American Medical Association
JDI :	Journal du droit international (Clunet)
JDSAM :	Journal du droit de la santé et de l'assurance maladie
LGDJ :	Librairie générale de droit et de jurisprudence
LPA :	Les Petites affiches
NEMJ :	The New England Journal of Medecine
PUAM :	Presses Universitaires d'Aix-Marseille
PUF :	Presses Universitaires de France
RBDI :	Revue belge de droit international
RCADI :	Recueil des cours de l'Académie de droit international de La Haye
RDIDC :	Revue de droit international et de droit comparé
RDILC :	Revue de droit international et de législation comparée
RDP :	Revue du droit public
RDSS :	Revue de droit sanitaire et social
RFDA :	Revue française de droit administratif
RGDIP :	Revue générale de droit international public
RGDM :	Revue générale de droit médical
RICR :	Revue internationale de la Croix-Rouge
RIDC :	Revue internationale de droit comparée
RIDE :	Revue internationale de droit économique
RIEJ :	Revue interdisciplinaire d'étude juridique
RILS :	Recueil international de législation sanitaire
RIPD :	Revue internationale de politique de développement
RJE :	Revue juridique de l'environnement
RQDI :	Revue québécoise de droit international
RRJ :	Revue de la recherche juridique – Droit prospectif

RTD civ. : Revue trimestrielle de droit civil
RTD com. : Revue trimestrielle de droit commercial et de droit économique

Abréviations relatives aux institutions

CA : Cour d'appel
CAA : Cour administrative d'appel
Cass. : Cour de cassation
CCI : Corps Commun d'Inspection des Nations unies
CE : Conseil d'Etat français
CIADH : Commission interaméricaine des droits de l'homme
CICR : Comité international de la Croix-Rouge
CIJ : Cour internationale de justice
CJCE : Cour de justice des communautés
CJUE : Cour de justice de l'Union européenne
CPI : Cour pénale internationale
CPJI : Cour permanente de Justice internationale
FAO : Organisation des Nations unies pour l'alimentation et l'agriculture
ISO : Organisation internationale de normalisation
MINUAUCE : Mission des Nations unies pour l'action d'urgence contre Ebola
OHSDN : Organisation d'hygiène de la Société des nations
OIHP : Organisation internationale de l'hygiène publique
OIT : Organisation international du travail
OMC : Organisation mondiale du commerce
OMS : Organisation mondiale de la santé
ONG : Organisation non gouvernementale
ONU : Organisation des Nations unies
OPS : Organisation panaméricaine de la santé
ORD : Organe de règlement des différends de l'OMC
SFDI : Société française de droit international
TA : Tribunal administratif
UE : Union européenne
UNESCO : Organisation des Nations unies pour l'éducation
UNICEF : Fonds des Nations Unis pour l'enfance
UNITAID : Facilité internationale d'achat de médicaments pour lutter contre le VIH/sida, le paludisme et la tuberculose

Divers

§ : paragraphe
Cadre PIP : Cadre de préparation en cas de grippe pandémique pour l'échange des virus grippaux et l'accès aux vaccins et aux autres avantages
CCLAT : Convention-cadre de l'OMS pour la lutte antitabac
Code de 1981 : Code international de commercialisation des substituts du lait maternel adopté en 1981
Code de 2010 : Code de pratique mondial de l'OMS pour le recrutement international des personnels de santé adopté en 2010
Codex : *Codex Alimentarius*
Constitution : Constitution de l'OMS
coord. : coordination
dir. : sous la direction

éd. : édition
et al. : et les autres (auteurs)
Fondation Gates : Fondation Bill et Melinda Gates
Ibid. : Même citation
Infra : voir plus bas
JO : Journal officiel de la République Française, Lois et décrets
JOUE : Journal officiel de l'Union européenne
LME : Liste modèle des médicaments essentiels
n° : numéro
Obs. : observations
op. cit. : oeuvre citée précédemment
p. : page
Rec. : recueil
RSI : Règlement sanitaire international
s. : suivants
Supra : voir plus haut
TFUE : Traité sur le fonctionnement de l'Union
TUE : Traité sur l'Union européenne
V. : voir

SOMMAIRE

PRÉFACE

OMS. WHO. Le sigle reste largement inconnu du grand public. Pourtant l'Organisation mondiale de la santé - World Health Organization - est peut-être la composante de l'organisation des Nations unies (ONU) qui exerce l'influence la plus directe sur la vie quotidienne des habitants de la planète.

Depuis sa création, elle n'a cessé d'étendre ses domaines d'intervention et, sans doute, de densifier sa légitimité. L'OMS puise nombre de ses racines dans les conférences sanitaires internationales qui, au cours du XIXe siècle, ont tenté de développer une coopération entre les pays pour prévenir ou endiguer les grandes épidémies, notamment de peste, de fièvre jaune et de choléra. Elle s'est ainsi fortement et rapidement engagée dans la lutte contre les fléaux internationaux qui exposent les populations des pays les moins favorisés aux plus grands drames sanitaires.

L'OMS a également développé ses actions en faveur de la promotion de la santé, définie par le préambule de sa Constitution adoptée en 1946, selon une formule aussi audacieuse que débattue, comme « un état de complet bien-être physique, mental et social et (qui) ne consiste pas seulement en une absence de maladie ou d'infirmité ». Elle a notamment porté le concept de promotion de la santé et consacré la santé comme un droit fondamental de l'être humain, notamment depuis sa déclaration d'Alma-Ata en 1978. Elle a également innové pour développer des instruments juridiques nouveaux comme sa convention-cadre pour la lutte antitabac. Enfin, certaines épidémies récentes, comme celle du SRAS, des grippes H5N1 ou H1N1 ou du virus Ebola, ont donné au règlement sanitaire international (RSI) qu'elle établit une portée nouvelle et accrue.

C'est cette organisation internationale que Florian Kastler nous invite à rencontrer et à analyser à travers le prisme de son rôle normatif. L'auteur lui a consacré plusieurs années de recherche, dans le cadre de la préparation de sa thèse de doctorat de droit public. Il a rencontré de nombreux acteurs professionnels et institutionnels, publié des articles et des commentaires juridiques, participé à différentes conférences internationales, enseigné les enjeux de l'action sanitaire internationale et séjourné à plusieurs reprises à l'étranger, notamment à l'O'Neill Institute for national and global health law de l'Université de Georgetown aux Etats-Unis. Il a mené ses recherches dans le cadre du réseau doctoral en santé publique animé par l'Ecole des hautes études en santé publique (EHESP), au sein de l'Institut Droit et Santé (IDS) de l'Université Paris Descartes, unique unité Inserm en droit (UMR S 1145).

Florian Kastler nous conduit au cœur de l'OMS pour en découvrir les arcanes, les organes et les pouvoirs. Il nous accompagne dans ce voyage historique et institutionnel en décryptant les défis auxquels l'institution est confrontée mais également les rapports de force dans lesquels s'inscrit son action. À travers l'analyse de ses interventions, des réussites mais aussi des échecs de ses projets, il nous guide dans le labyrinthe exigeant et complexe de l'action publique multilatérale.

Les commentaires éclairés de l'auteur s'enracinent dans le récit d'initiatives concrètes de l'organisation internationale. Florian Kastler parvient à dépasser les austérités du droit international et d'une structure intimidante, sans jamais céder aux sirènes de la simplification ou du raccourci. Il offre ainsi au lecteur le privilège de parcourir avec aisance, curiosité et envie les travaux et les événements qui ont façonné l'OMS. Il remet en perspective les évolutions, profondes et structurantes, de la santé publique mondiale des dernières décennies.

Convaincu de la nécessité d'une coopération et d'une solidarité internationale renforcée pour faire face aux défis sanitaires de l'avenir, Florian Kastler délivre un message de confiance dans l'organisation qui a été au cœur de ses travaux de doctorat mais il le fait sans naïveté ni partialité, avec le recul et la science du chercheur qui a pris le soin de soupeser, de confirmer ou d'infirmer chacune des hypothèses émises pour orienter sa démarche intellectuelle et universitaire. À l'heure où la mondialisation bouleverse les équilibres stratégiques, économiques, sociaux et politiques des dernières décennies, la connaissance de l'organisation, dont dépend largement la santé des populations, est plus précieuse que jamais. L'ouvrage de Florian Kastler ne peut que contribuer, en raison de sa qualité, de sa clarté et de sa pédagogie, à la compréhension et à la visibilité d'une structure cruciale pour la protection de la santé mondiale.

Didier Tabuteau, conseiller d'Etat,
Professeur associé à l'Université Paris Descartes,
Professeur affilié à l'Institut d'études politiques de Paris

INTRODUCTION GÉNÉRALE

1. Alors qu'elle entre dans sa septième année de réforme et que M. Tedros Adhanom Ghebreyesus a été élu directeur général avec notamment pour ambition de renforcer sa fonction normative, en mai 2017, l'Organisation mondiale de la santé (OMS) arrive à un moment crucial de son existence, près de soixante-dix ans après sa création. Organisation sanitaire internationale au sein du système des Nations unies, l'OMS est une institution spécialisée principalement à vocation technique et scientifique. Elle doit réfléchir, avec les Etats membres qui la constituent, à l'avenir de son rôle normatif.

2. Fondée en 1948, à la sortie de la Seconde guerre mondiale, l'OMS fait partie du système des Nations unies en tant qu'organisation intergouvernementale indépendante ayant son propre budget, son propre secrétariat et ses propres organes de direction en application de la théorie fonctionnaliste[1] ou de l'intégration nationale qui « est le processus par lequel les décisions qui étaient prises auparavant par des responsables d'Etats-nations distincts sont maintenant prises par des personnes qui relèvent d'un centre nouveau (l'organisation internationale)[2] ». Le fonctionnalisme international[3] apparaît comme le « processus par lequel des activités spécifiques (fonctions) sont maintenant exécutées par des organisations internationales et non par différentes autorités d'Etats-nations[4] ». En effet, afin de passer outre la segmentation de la planète entre Etats souverains et indépendants, ont été mis en place des « arrangements fonctionnels, *ad hoc*, de réseaux de relations

---

[1]Pour le Professeur Jean-Marc Sorel, il s'agit de « la seule théorie globale et cohérente de l'organisation internationale » (V.J.-M. SOREL, « *L'institutionnalisation des relations internationales* », in J.-M. SOREL et E. LAGRANGE, *Droit des organisations internationales*, LGDJ, 2013, p.30 (p.11-34)). V. notamment M. VIRALLY, *L'organisation mondiale*, A. Colin, 1972, Chapitre 4. V. également C. F. ALGER, « *L'organisation internationale vue sous l'angle du fonctionnalisme et de l'intégration* », in *Le concept d'organisation internationale*, ABI-SAAB (G.) (dir.), UNESCO, 1980, pp.130-156.

[2] En effet, « si l'intégration se réfère aux normes de l'organisation, le fonctionnalisme touche les aspects opérationnels, mais il s'agit en fait de deux faces d'une même réalité » (J.-M. SOREL, « *L'institutionnalisation des relations internationales* », *op.cit.*, p.30).

[3] M. VIRALLY, « *La notion de fonction dans la théorie de l'organisation internationale* », in *Le droit international en devenir. Essais au fil des ans*, PUF, 1990, pp.271-290 ; R. MONACO, « *Les principes régissant la structure et le fonctionnement des organisations internationales* », RCAADI, vol.156, 1977-III, pp.41-82 (pp.79-225) et R. FRANK, « *Histoire et théories des relations internationales* », in R. FRANK (dir.), *Pour l'histoire des relations internationales*, PUF, 2012, pp.63-64 (pp.41-82) ; V. J. KLABBERS, « *The EJIL Foreword: The Transformation of International Organizations Law* », vol.26, n°1 EJIL, 2015, pp.9-82. L'auteur revient notamment sur l'histoire de la théorie fonctionnaliste, au début du XXe siècle avec les travaux de Paul Reinsch et Frank Sayre ; V. également L. BOISSON DE CHAZOURNES, « *Functionalism! Functionalism! Do I Look Like Functionalism?* », EJIL, 2016, vol. 26, no. 4, pp.951-956. L'auteure estime que le terme « fonctionnaliste » est polysémique (p.954).

[4] C.F. ALGER, « *Fonctionnalisme et intégration* », RISS, vol.XXIX, n°1,1977, p.77 (pp.77-100).

nouvelles entre nations basées sur des intérêts communs[5] ». A l'instar du système des nations unies, l'OMS devait permettre « de briser et d'éroder progressivement les souverainetés nationales et préserver la paix[6] ».

3. Dans le prolongement de cette vision fonctionnaliste, l'OMS a été établie comme la seule organisation internationale[7] permanente à objet exclusivement sanitaire. Elle a pour but, selon le premier article de sa Constitution d'« amener tous les peuples au niveau de santé le plus élevé possible ». Afin d'atteindre cet objectif ambitieux, elle est dotée de nombreuses fonctions, prévues à l'article 2 de sa Constitution dont celle d' « agir en tant qu'autorité directrice et coordonnatrice, dans le domaine de la santé, des travaux ayant un caractère international[8] ». Cette formulation ambiguë est suffisamment large pour lui donner une compétence théorique quasiment illimitée dans le domaine de la santé au niveau international.

4. Parmi la liste des vingt-deux fonctions prévues figure une fonction normative qui lui permet d'adopter des normes, des standards, des conventions, des règlements, des recommandations et « toute mesure nécessaire pour atteindre le but assigné à l'Organisation[9] ». Ainsi, l'OMS dispose d'une compétence élargie et diversifiée comprenant notamment des pouvoirs conventionnel, règlementaire et de recommandation. Forte de sa capacité d'adopter des instruments juridiques contraignants et non contraignants, l'OMS peut contribuer au développement d'un droit international de la santé.

5. Néanmoins, le droit international public et en particulier le droit des organisations internationales rappellent que le fondement principal de l'OMS demeure l'indépendance des Etats dans l'ordre juridique international au nom de la souveraineté externe de ces derniers. Malgré une volonté forte affichée dès sa mise en place notamment par sa Constitution comparée à la *Magna Carta* de la santé et considérée comme l'un des instruments les plus puissants pour la collaboration internationale[10], de nombreuses critiques contestent la place de l'OMS en tant qu'institution spécialisée des Nations unies. Ces critiques visent notamment ses difficultés à répondre aux enjeux sanitaires mondiaux qui n'ont de cesse de se renouveler, de s'accélérer voire de s'amplifier.

6. Dès lors, la question relative à l'avenir de l'OMS se pose en particulier à l'égard de son positionnement par rapport à son histoire, à ses Etats membres et aux autres acteurs non étatiques afin de garantir au mieux l'amélioration de la santé mondiale. A cet égard, l'enjeu de l'avenir de l'OMS est d'autant plus intéressant alors que ses limites se font grandement ressentir aujourd'hui dans un contexte où le droit international public est fragmenté, les acteurs non

---

[5] Y. BEIGBEDER, *L'Organisation mondiale de la santé*, PUF, 1997, p.27.

[6] *Ibid.*

[7] L'organisation internationale est entendue comme « la personnification juridique d'une collectivité de sujets de droit international structurée par des principes et mécanismes représentatifs » (E. LAGRANGE, « *La représentation institutionnelle dans l'ordre international. Une contribution à la théorie de la personnalité morale des organisatiosn internationales* », Kluwer Law International, 2002, p.5).

[8] Article 2 a) de la Constitution de l'OMS.

[9] Article 2 v) de la Constitution de l'OMS.

[10] OMS, « *Chronicles of the World Health Organization* », vol.1, 1947, p.11.

étatiques se sont multipliés et la crédibilité et la légitimité de l'OMS sont affaiblies.

7. Avant de pouvoir analyser le rôle normatif de l'OMS, il importe d'inscrire cette démarche, d'abord, dans l'histoire de la construction de l'OMS afin de comprendre la perception initiale de son rôle normatif. Ensuite, depuis sa création, le rôle normatif de l'OMS, qu'il convient de définir, a évolué afin que l'Organisation puisse s'adapter à la fois aux volontés des Etats membres dans leur ensemble et aux enjeux sanitaires en constantes transformations. Enfin, il s'agit d'expliquer l'importance de déterminer le rôle normatif de l'OMS.

Un rôle normatif historique (Section 1)
Un rôle normatif en évolution (Section 2)
Un rôle normatif déterminant (Section 3)

SECTION I : UN ROLE NORMATIF HISTORIQUE

8. L'OMS, en tant qu'institution juridique, est établie par un acte juridique, gouvernée par des règles de droit. Toutefois, elle est « tout autant un phénomène social, inscrit dans une histoire qui lui est propre au sein de l'histoire générale des rapports internationaux[11] ». Dans cette perspective, le rôle normatif de l'OMS trouve son origine dans l'histoire de la création de l'OMS. Comme l'évoque justement VIRALLY, « la création d'une organisation internationale n'est jamais un acte gratuit » ni « le résultat d'un processus social spontané et irrésistible »[12]. Ainsi, l'OMS est le fruit d'une mobilisation internationale antérieure visant à protéger certaines populations, initialement européennes, par la mise en œuvre de mesures de quarantaine[13]. L'OMS est l'aboutissement d'un processus historique [14] en matière de coopération internationale dans le domaine de la santé dont on trouve les premières traces institutionnelles au milieu du XIXe siècle (§1). Sa formalisation en tant qu'institution spécialisée en matière de santé s'inscrit dans le mouvement, plus large, de développement des organisations internationales entamé à l'aube de la Première puis de la Seconde guerre mondiale (§2).

§1. L'origine de la coopération normative internationale

9. Alors que, pour Monsieur LE ROY LADURIE, une première « unification microbienne du monde [15] » prend forme dès les XIVe-XVIe

[11] M. VIRALLY, « *La notion de fonction dans la théorie des organisations internationale* », in *La communauté internationale. Mélanges offerts à Charles Rousseau*, Pedone, 1974, p.277.
[12] M. VIRALLY, « *La notion de fonction dans la théorie des organisations internationale* », *op.cit.*, p.282.
[13] V. G. M. NEVILLE, *International Health Organization and their work*, 1952.
[14] N. HOWARD-JONES, « *The scientific background of the International Sanitary Conferences, 1851-1938, History of International Public Health, No. 1, World Health Organization* », Geneva, 1975, p.9. L'auteur estime ainsi que « l'OMS représentent une culmination d'efforts de coopération sanitaire internationale ».
[15] E. LE ROY LADURIE, « *Un concept : l'unification microbienne du monde (XIVe-XVIIe siècles)* », Revue suisse d'histoire, 1973, n°23, p.629.

siècles, ce n'est véritablement qu'au milieu du XIXe que la coopération normative internationale prend forme en raison de la mondialisation des échanges et de l'amplification du risque épidémique (A). Ces transformations conduisent à la mise en place de conférences sanitaires internationales qui proposent une coopération multilatérale, intergouvernementale et ponctuelle. Elles sont, à cet égard, perçues comme les premiers fondements de l'OMS (B).

A. Une coopération sanitaire internationale nécessaire

10. Le début du XIXe siècle réunit plusieurs facteurs concomitants et favorables au développement d'une coopération sanitaire internationale.

1. La mondialisation des échanges

11. L'utilisation croissante, au cours du XIXe siècle, de la vapeur comme source motrice de l'industrie et le développement des chemins de fer et de la navigation a créé « les conditions propices à un essor sans précédent du commerce international[16] ». Dès lors, si la vitesse et la facilité accrues des transports donnent « une vive impulsion » au commerce international, elles permettent aussi « une propagation plus rapide et plus large[17] » de maladies épidémiques, telles que le choléra, la peste et la fièvre jaune. A cet égard, en 1829, le choléra, venant d'Asie, apparaît pour la première fois de l'histoire en Europe occidentale, à Orenburg, à l'extrémité sud-ouest de la Russie[18] puis atteint Moscou, la première grande ville touchée, l'année suivante. Le choléra se propage ensuite à l'ensemble des pays de l'Europe.

12. La seule réponse à cette épidémie a été la mise en place de mesures de quarantaine déjà utilisées pour protéger les populations contre l'importation de la peste (venue du Levant) et de la fièvre jaune. Le rapport de Monsieur DE SEGUR DUPEYRON, Secrétaire du Conseil supérieur de santé de la France, publié en 1834, a ainsi constaté une application inégale de la quarantaine en raison de conditions différentes de mise en œuvre. Il proposa l'organisation d'une réunion internationale afin de « standardiser les mesures de protection contre l'importation de maladies exotiques[19] ». Cette proposition ne fut pas suivie d'effets[20] et une nouvelle épidémie de choléra eu lieu en 1847. La misère des habitations et leurs encombrements résultant en grande partie de la révolution industrielle a offert un terrain particulièrement favorable à la propagation. Ces deux épidémies ont causé la mort de dizaines de milliers de personnes en Europe[21]. En particulier, la première épidémie de choléra en France en 1847 a fait 250 000 morts dont plus de 18 000 à Paris[22].

---

[16] OMS, *Les dix premières années de l'OMS*, « *Chapitre 1 – Les conférences sanitaires internationales* », OMS, 1958, p.3.
[17] *Ibid.* p.3.
[18] N. HOWARD-JONES, « *The scientific background of the International Sanitary Conferences, 1851-1938 (...)* », *op.cit.*, p.11.
[19] P. de SEGUR DUPEYRON, *Rapport adressé à Son Exc. le Ministre du Commerce*, 1834.
[20] V. A. TARDIEU, *Dictionnaire d'hygiène publique et de salubrité*, vol. 3, 1854.
[21] V. notamment M. McCARTHY, « *A brief history of the World Health Organization* », Special Report, The Lancet, 2002, p.1.
[22] V. HAROUEL-BURELOUP, Histoire du droit international de la santé, *op.cit.*, p.15.

2. L'évolution de la science

13. L'évolution de la science et des connaissances techniques a permis de mieux comprendre ces maladies comme le choléra dont l'épidémiologie n'était pas connue[23] et a justifié d'autant plus l'intérêt d'une coopération sanitaire. L'apparition du choléra en Europe et ses retours successifs a été « non seulement une cause de consternation mais aussi de spéculations, interminables autant que stériles, sur la nature des maladies épidémiques (...) et sur leur rapport avec les conditions sanitaires, météorologiques et géophysiques[24] ». En particulier, a eu lieu à Londres, en 1851, la première grande exposition internationale, au cours de laquelle plus de six millions de visiteurs ont pu confronter « les produits de l'habileté technique et artisanale de nombreuses nations[25] ». Cette exposition a également été l'occasion de discuter entre savants allemands, anglais, français et américains et abouti à la réunion à Bruxelles, en 1853, du premier Congrès général international de la Statistique où fut recommandé l'établissement d'une nomenclature internationale des cas de décès toujours en application aujourd'hui[26]. Preuve de la signification historique de cette époque, les industries présentes oublièrent « leurs anciennes rivalités et se donnèrent la main à cette merveilleuse exposition de Londres[27] ». Dès lors, ce siècle est apparu « comme fécond en choses nouvelles et grandes[28] ».

14. La démonstration du progrès technique a également permis une approche générale afin d'étudier et d'analyser l'état sanitaire de populations notamment à Londres[29]. Ce progrès a donné une « image vivante et terrifiante de la misère, de la souffrance et du vice[30] ». Ainsi, la santé publique s'internationalisa à une époque de « contrastes saisissants et de bouleversements considérables, où une prospérité matérielle sans précédent s'accompagnait d'une extrême insalubrité des villes grandissantes mais surpeuplées[31] ».

3. Les changements sociaux et le développement de lois nationales

15. De nombreux changements ont fait évoluer les « conceptions traditionnelles des relations humaines[32] ». Les travailleurs ont commencé à s'organiser et les grands mouvements humanitaires ont abouti à l'abolition de

---

[23] M. McCARTHY, « *A brief history of the World Health Organization* », *op.cit.*, p.1.

[24] OMS, *Les dix premières années de l'OMS, « Chapitre 1 (...) »*, *op.cit.*, p.3.

[25] *Ibid.*

[26] Cette nomenclature, revue périodiquement par l'OMS, a participé à l'élaboration du Manuel de la Classification statistique internationale des maladies, traumatismes et causes de décès aujourd'hui connu sous l'acronyme CIM (Classification internationales des maladies).

[27] Déclaration du Ministre français des affaires étrangères s'adressant aux participants de la première Conférence sanitaire internationale (V. OMS, *Les dix premières années de l'OMS, « Chapitre 1 (...) »*, *op cit.*, p.3.)

[28] *Ibid.*

[29] V. notamment l'Etude de Henry MAYHEW sur les travailleurs et les indigents de Londres (« *London Labour and the London Poor* », série d'articles parue dans les années 1940 et compilée en livre en 1851), V. également les travaux d'Edwin CHADWICK (*General Report on the Sanitary Condition of the Labouring population of Great Britain*, 1842).

[30] OMS, *Les dix premières années de l'OMS, « Chapitre 1 (...) »*, *op.cit.*, p.4.

[31] *Ibid.*

[32] *Ibid*,. p.5.

la traite des esclaves, à l'adoption de mesures pour combattre la traite des femmes et des enfants, à des réformes du régime pénitentiaire et à l'amélioration des soins donnés aux blessés pendant les guerres.

16. De même, des lois nationales sanitaires fondamentales ont été adoptées pour améliorer les conditions de salubrité dans les villes et les conditions de travail dans les fabriques et prévenir l'adultération généralisée des denrées alimentaires. Par ailleurs, la nomination de médecins de santé publique rétribués par l'Etat a marqué un « nouveau progrès dans la reconnaissance, par les gouvernements, de la responsabilité qui leur incombe d'assurer un milieu sain à leurs peuples[33] ».

17. Dès lors, ce siècle, qui s'inscrit dans une première mondialisation contemporaine[34], permet aux Etats de prendre conscience « d'un risque commun et d'une vulnérabilité partagée[35] » face aux fléaux qui se sont accélérés au rythme de la révolution des transports. Selon Monsieur TARDIEU[36], si la première proposition d'organiser une Conférence internationale, initiée par Monsieur DE SEGUR DUPEYRON et reprise par le gouvernement français, fut un échec, une nouvelle initiative en 1850, après l'épidémie de 1847, fut couronnée de succès. Cette première conférence a donné lieu à une longue série de conférences sanitaires internationales, dont la première fut organisée en 1851 et mena à la création de l'OMS.

B. Les conférences sanitaires internationales, premiers fondements du rôle normatif de l'OMS

18. La conférence sanitaire internationale de 1851 a participé au développement d'une nouvelle méthode de négociations, qui a donné naissance aux premières règlementations sanitaires internationales entre les Etats. Elle a également été la première d'une longue série de Conférences sanitaires internationales.

1. La conférence internationale, nouvelle méthode de négociations

19. Pendant la première moitié du XIXe siècle de nombreuses conventions bilatérales ont été conclues entre différents pays sur des questions techniques[37]. Toutefois, le recours aux méthodes traditionnelles des négociations bilatérales entre diplomates professionnels n'était pas adapté afin de résoudre « avec la célérité voulue des problèmes techniques qui exigeaient d'être étudiés simultanément par de nombreuses nations avec l'aide d'experts compétents[38] ». En effet, le champ d'application limité d'une convention bilatérale ne permettait pas de répondre aux enjeux sanitaires transfrontaliers liés aux maladies épidémiques.

---

[33] *Ibid.*
[34] F. ROBERT (dir.), *Pour l'histoire des relations internationales*, PUF, 2012, p.187.
[35] C. PAILLETTE, « *L'Europe et les organisations sanitaires internationales. Enjeux régionaux et mondialisation, des années 1900 aux années 1920* », *Les cahiers Irice, vol.1, n°9*, 2012, p.47 (pp.47-60).
[36] A. TARDIEU, *Dictionnaire d'hygiène publique et de salubrité*, vol. 3, 1854.
[37] Par exemple, des conventions réglementant les communications postales.
[38] OMS, *Les dix premières années de l'OMS, « Chapitre 1 (...) »*, *op.cit.*, p.5.

20. La Conférence sanitaire internationale de 1851 s'intègre dans une évolution apparue dans la seconde moitié du XIXe siècle. Elle visait à convoquer des conférences internationales ayant pour objet de permettre « aux nations d'arriver à un accord sur de nombreuses questions de caractère non politique[39] ». De multiples conférences internationales sur divers enjeux furent organisées[40]. C'est donc dans ces conditions que la première Conférence sanitaire internationale fut organisée à Paris le 23 juillet 1851.

2. Une volonté de réglementer la propagation de maladies épidémiques

21. La Conférence sanitaire internationale avait pour objectifs difficilement conciliables d'éviter toute entrave au commerce et aux transports tout en garantissant la défense de l'Europe contre les maladies épidémiques[41]. Cette première conférence a ouvert « une ère nouvelle d'action internationale dans le domaine de la santé publique[42] ». Douze nations étaient représentées[43] afin d'aboutir à un accord sur les prescriptions minimales de la quarantaine maritime et de rendre « d'importants services au commerce et à la navigation de la Méditerranée, tout en sauvegardant la santé publique[44] ». Chacun des gouvernements participants était représenté par deux délégués, soit un diplomate et un médecin, et bénéficiait de deux votes[45].

22. Le programme de la Conférence précisait que les conférences à venir avaient « exclusivement pour objet, en respectant les opinions diverses, ou plutôt en les laissant à l'écart, d'arriver, dans l'intérêt du commerce et par une sorte de transaction amiable, à s'entendre sur les questions de fait et d'application[46] ». Pour le gouvernement français, la tenue de cette Conférence visait à trouver un accord international pour « standardiser les réglementations de quarantaine afin de prévenir l'importation de choléra, de peste et de fièvre

[39] *Ibid,*. p.6.

[40] Cf. Conférences internationales sur les communications postales et télégraphiques, les poids et mesures, les brevets, les marques de fabrique et les droits d'auteur, les transports de marchandises par chemin de fer, la navigation et la sauvegarde de la vie humaine en haute mer, la traite des esclaves et la législation du travail. Pour certaines, cela donna lieu à la création d'unions internationales de droit public dotées d'un bureau permanent : Union télégraphique internationale, 1865 (aujourd'hui Union internationale des Télécommunications), Union postale universelle, 1874 et Bureau international des Poids et des mesures, 1875.

[41] Y. BEIGBEDER, *L'Organisation mondiale de la santé*, Que sais-je, PUF, 1997, p.4.

[42] OMS, *Les dix premières années de l'OMS, « Chapitre 1 (...) »*, *op.cit.*, p.5.

[43] Etaient présents : la France, l'Autriche, le Royaume des Deux-Siciles, l'Espagne, le Saint-Siège, la Grande-Bretagne, la Grèce, le Portugal, la Russie, la Sardaigne, le Duché de Toscane et la Turquie. Selon le président de la Conférence il s'agissait de « douze des puissances les plus éclairées de l'Europe. » A. PROUST, « *Séance du 5 août 1851* », France, Ministère des affaires étrangères, Procès-verbaux de la Conférence sanitaire internationale ouverte à Paris le 27 juillet 1861, vol.1, Paris, Imprimerie nationale, 1852, p.5.

[44] Propos du Président de la conférence à retrouver dans OMS, *Les dix premières années de l'OMS, « Chapitre 1 (...) »*, op.cit., p.5.

[45] Il est intéressant de noter que chaque Etat représenté avait deux votes en raison des deux délégués individuels représentant l'Etat. Il arrivait que deux représentants d'un même pays votent différemment (V. N. HOWARD-JONES, « *The scientific background of the International Sanitary Conferences, 1851-1938 (...)* », *op.cit.*, p.12.) Ceci eut pour conséquence pratique que « le résultat pouvait refléter les différences de conceptions des administrateurs et des médecins plutôt que les vues d'une majorité des gouvernements participants. » (OMS, *Les dix premières années de l'OMS, « Chapitre 1 (...) »*, *op.cit.*, p.7.).

[46] Annexe n°2 au rapport de la Commission (Résumé analytique des études de la Commission sur le programme, et les solutions motivées qu'elle propose, op.cit., 1852, p.2.

jaune[47] ». En effet, à l'ouverture de la Conférence, la peste n'était alors qu'un danger théorique et les incursions de la fièvre jaune en Europe n'avaient été qu'éphémères. Dès lors, les principales difficultés lors des discussions avaient trait au choléra qui, en vingt ans, avait causé des dégâts sanitaires aussi bien en Europe qu'en Amérique. Or, ni les diplomates ni les physiciens n'avaient de connaissances sur l'étiologie ou le mode de transmission de cette maladie « tellement nouvelle, gigantesque, meurtrière, irrésistible et terrifiante[48] ».

23. Face à « l'énigme choléra[49] », les positions entre et au sein des Etats étaient parfois contradictoires[50]. Par exemple, l'un des délégués autrichiens avait proposé de rayer de l'ordre du jour la question du choléra car il s'agissait d' « une maladie purement épidémique[51] ». Sans certitude quant à l'efficacité des mesures de quarantaine pour lutter contre la propagation du choléra et après de nombreux débats, sur vingt-trois délégués, quinze ont voté pour la soumission du choléra au régime des réglementations de quarantaine[52].

24. Après six mois de discussions[53], la Conférence aboutit à l'élaboration d'une Convention sanitaire internationale, à laquelle fut annexé le texte d'un règlement sanitaire international comprenant 137 articles. Le 16 janvier 1952, vingt-quatre délégués, représentant douze nations, ont signé un texte révisé[54] portant sur le choléra, la fièvre jaune ainsi que sur la peste[55]. L'objectif était d'uniformiser les procédures de mises en quarantaine[56]. Toutefois, le résultat concret de cet accord était nul puisque les articles n'engageaient pas leurs gouvernements respectifs. Ainsi, malgré la signature de l'ensemble des délégués présents, la Convention, qui initialement entra en vigueur uniquement entre la France, la Sardaigne et possiblement le Portugal[57], était devenue inopérante en raison du retrait de la Sardaigne.

25. Pour HOWARD-JONES, en termes de résultats pratiques et juridiques, cette première Conférence internationale sanitaire fut un « fiasco[58] » malgré les félicitations du ministre français des affaires étrangères à la clôture de la

---

[47] N. HOWARD-JONES, « *The scientific background of the International Sanitary Conferences, 1851-1938 (...)* », *op.cit.*, p.12.

[48] OMS, *Les dix premières années de l'OMS, « Chapitre 1 (...) », op.cit.*, p.5.

[49] N. HOWARD-JONES, « *The scientific background of the International Sanitary Conferences, 1851-1938 (...)* », *op.cit.*, p.12.) V. également les différents travaux publiés démontrant des difficultés à cerner cette maladie : les travaux de William FARR sur l'épidémie de choléra de 1848-1849 en Angleterre. Son rapport est mentionné dans *The Lancet* (1852,1,268), comme étant « l'une des productions les plus remarquables qui aient été écrites ou publiées à n'importe quelle époque et dans n'importe quel pays ». V. aussi les travaux de John Snow en 1849 puis 1855 et enfin de Robert Koch de 1873.

[50] Pour une discussion sur les positions scientifiques des différents Etats. V. N. HOWARD-JONES, « *The scientific background of the International Sanitary Conferences, 1851-1938 (...)* », *op.cit.*, pp.13-16.

[51] OMS, *Les dix premières années de l'OMS, « Chapitre 1 (...) », op.cit.*, p.10.

[52] Quatre Etats votèrent contre et quatre s'abstinrent.

[53] Sa clôture fut prononcée le 19 janvier 1852 après 48 séances plénières et de nombreuses séances de commission.

[54] Une première version avait été présentée et signée le 19 décembre 1851.

[55] OMS, *Les dix premières années de l'OMS, « Chapitre 1 (...) », op.cit.*, p.3.

[56] V. HAROUEL-BURELOUP, *Histoire du droit international de la santé, op.cit.*, p.18.

[57] L'OMS précise que « Par la suite, le Portugal devait y adhérer, mais, en 1865, ce dernier pays et la Sardaigne se retirèrent de la convention, qui devint ainsi complètement inopérante » (OMS, *Les dix premières années de l'OMS, « Chapitre 1 (...) », op.cit.*, p.7.). L'idée qui transparait à demi-mot dans le récit de l'OMS est confirmée par Howard-Jones qui estime que le Portugal n'a jamais véritablement ratifié la première convention sanitaire internationale (N. HOWARD-JONES, « *The scientific background of the (...)* », p.16).

[58] N. HOWARD-JONES, « *The scientific background of the (...)* », *op.cit.*, p.16.

conférence. Ce dernier estimait que leur mission avait été « glorieusement accomplie »[59]. Néanmoins, si à première vue cette conférence fut un échec, elle permit de porter le principe de la protection de la santé en tant que sujet à part entière des négociations internationales même si, pendant longtemps, la coopération sanitaire internationale s'est limitée à des mesures protectrices de quarantaine. Elle a, par ailleurs, initié l'organisation de nombreuses conférences sanitaires aux succès variables.

3. L'accumulation de conférences sanitaires internationales

26. Les Conférences sanitaires internationales se succèderont jusqu'en 1885 sans véritable succès[60] notamment compte tenu des connaissances scientifiques limitées. Les progrès furent très lents pendant ce premier demi-siècle d'hygiène publique internationale en raison de l'absence de découverte des principes fondamentaux des problèmes en discussion par la science médicale[61]. Toutefois, les six premières Conférences ont servi de « point de départ d'améliorations successives[62] ». En particulier, la troisième Conférence a eu « une grande influence sur le régime sanitaire de chaque Etat, régime qui fut plus ou moins modifié suivant les principes qu'elle avait posés[63] ». Pour Madame DE POOTER, cet échec est relatif car ces Conférences « contribuèrent, de fait, à l'harmonisation des pratiques sanitaires des différents Etats[64] ». Pour synthétiser, il s'agit d'un échec sur un plan purement juridique puisque les Conférences n'ont pas atteint l'objectif annoncé. Néanmoins, c'est une réussite parce que les pratiques (et non les systèmes) nationaux se sont harmonisées. Ainsi, cette coopération a posé les « fondations d'un droit sanitaire international visant spécifiquement la peste, le choléra et la fièvre jaune[65] » et a participé à l' « unification du monde par la maladie[66] ».

27. Par la suite, les Conférences sanitaires internationales ont continué à être organisées à intervalles irréguliers, jusqu'en 1938, interrompues notamment par les deux guerres mondiales[67]. La volonté d'institutionnaliser la lutte contre les épidémies favorisait l'adoption de nouvelles conventions sanitaires internationales. Toutefois, la difficulté à appliquer les accords adoptés fut un facteur de la multiplication de nouvelles conventions : chaque Conférence aboutissait à une nouvelle Convention. Il demeure que l'objectif

---

[59] *Ibid.*

[60] H. DE POOTER, *Le droit international face aux pandémies : vers un système de sécurité sanitaire collective ?*, éd. Pédone, 2015, p.32.

[61] OMS, *Les dix premières années de l'OMS, « Chapitre 1 (...) », op.cit.*, p.14.

[62] Procès-verbaux de la Conférence sanitaire internationale de Paris de 1894, in L. RENAULT (dir.), Archives diplomatiques, Recueil mensuel internationale de diplomatie et d'histoire, t. 69, Paris : Administration, abonnement et publicité, p.283.

[63] *Ibid.* p.282.

[64] H. DE POOTER, *Le droit international face aux pandémies (...), op.cit.*, p.35.

[65] C. PAILLETTE, « *L'Europe et les organisations sanitaires internationales. Enjeux régionaux et mondialisation, des années 1900 aux années 1920* », *op.cit.*, p.47.

[66] V. HUBER, « *The Unification of the Globe by Disease ? The International Sanitary Conferences on Cholera, 1851-1894* », The Historical Journal, vol. 49, n° 2, 2006, pp.453- 454.

[67] Après les six premières Conférences sanitaires internationales (1851, 1859, 1866, 1874, 1881, 1885), les suivantes eurent lieu en : 1892, 1893, 1894, 1897, 1903, 1912, 1926, 1938. Pour un résumé détaillé des quatorze Conférences sanitaires internationales, V. N. HOWARD-JONES, « *The scientific background of the International Sanitary Conferences, 1851-1938* », *op.cit.*

d'uniformisation des obligations entre Etats n'était pas atteint notamment à cause de la soumission au droit des traités, dont celui relatif aux procédures d'entrée en vigueur.

28. Le gouvernement français « a planté une graine qui n'a pas germé pendant 40 ans puis, après un cycle de développement compliqué, a fleuri, plus d'un demi-siècle plus tard en donnant naissance à l'OMS[68] ». L'analyse des différentes conférences sanitaires internationales réalisée par Monsieur HOWARD-JONES démontre à quel point la route vers la création de l'OMS fut longue et ardue. Toutefois, l'OMS a hérité d'une situation caractérisée par la présence « d'un ensemble disparate de conventions sanitaires[69] ». Le but recherché dans la mise en place de l'OMS était d'introduire un ensemble harmonisé de règles sanitaires internationales.

29. Si les Conférences sanitaires internationales ont servi de fondement à l'OMS, sans atteindre pour autant leurs objectifs, elles ont également été accompagnées des premières organisations sanitaires internationales.

§2. Les prémices d'organisations sanitaires internationales

30. Le rôle normatif de l'OMS trouve son origine dans les expériences antérieures, d'une part, de diverses organisations internationales qui sont les ancêtres directs et immédiats de l'OMS[70](A) et, d'autre part, d'organisations régionales qui ont été créées en matière de santé (B).

A. Des expériences antérieures diverses : l'OIHP, l'OHSDN et l'UNRRA

31. Différentes structures permanentes ont été créées, ce qui a constitué les premières fondations de l'OMS.

1. L'expérience pionnière de l'Office international d'hygiène publique

32. A partir de 1907, la coopération sanitaire internationale s'institutionnalise par la création de l'Office international d'Hygiène Publique (OIHP), première organisation intergouvernementale à objet sanitaire ayant une vocation universelle. Projet initié lors de la conférence sanitaire internationale de Paris de 1903[71], l'OIHP, dont le siège était dans la capitale française[72], est

---

[68] *Ibid.* p.16.

[69] A. BOUFOUS, *L'action normative de l'Organisation mondiale de la santé*, Thèse, Université de Paris I, p.2.

[70] M. BELANGER, « *Un ancêtre de l'Organisation mondiale de la santé : l'Office international d'hygiène publique* », in *Mélanges VIDAL*, Presses universitaires de Bordeaux, 2010, p.153-168, in M. BELANGER, *Eléments de doctrine en droit international de la santé*, Les Etudes Hospitalières, Etude 7, 2012, p.119.

[71] La Conférence de 1903 réunit 24 pays : Allemagne, Autriche-Hongrie, Argentine, Belgique, Brésil, Danemark, Espagne, Etats-Unis, France, Grande-Bretagne, Grèce, Italie, Luxembourg, Monténégro, Pays-Bas, Perse, Portugal, Roumanie, Russie, Serbie, Suède, Norvège, Suisse et Turquie (Y. BEIGBEDER, *L'Organisation mondiale de la santé, op.cit.*, p.3).

[72] Au 195 boulevard St-Germain mais la première session du Comité de l'OIHP, ouverte le 4 novembre 1908, se tint au ministère des Affaires étrangères (M. BELANGER, « *Un ancêtre de l'Organisation mondiale de la santé : l'Office international d'hygiène publique* », *op.cit.*, p.129, ndp 4).

fondé par les Arrangements de Rome[73], signés le 9 décembre 1907 par douze pays[74] et entrés en vigueur en 1908.

33. Principalement une œuvre française[75], l'OIHP avait pour mission de « communiquer aux Etats participants des informations de caractère général intéressant la santé publique, et spécialement des renseignements sur les maladies transmissibles – notamment le choléra, la peste et la fièvre jaune – ainsi que sur les mesures prises pour les combattre[76] ». L'OIHP devait créer de « nouveaux liens indissolubles de solidarité parmi les Etats, en rendant des services quotidiens et permanents à la cause de la défense sanitaire commune, qui ne connaît ni limites de frontières, ni restrictions de territoires[77] ».

34. L'OIHP constituait une « union administrative[78] » et a regroupé jusqu'à 55 pays[79]. Par le biais de cette organisation de nombreux textes internationaux de santé publique ont été adoptés : les révisions de la Convention en 1903, ses révisions en 1912 afin d'y ajouter la fièvre jaune parmi les maladies quarantenaires et en 1926 afin d'y ajouter la variole et le typhus. Parallèlement, en 1926 et 1933, l'OIHP a contribué à la rédaction des conventions concernant la navigation maritime, puis aérienne[80]. Enfin, en 1925, l'OIHP a participé à l'adoption de la convention sur l'opium et, six ans plus tard, à celle limitant la fabrication de stupéfiants.

35. Toutefois, son action, souvent méconnue, est réduite[81] et insuffisante et cela pour plusieurs raisons. Premièrement, l'OIHP apparaît comme un « club de vieux administrateurs de la santé publique, principalement européens[82] ». En effet, en 1907, les trois quarts des Etats signataires sont européens. Preuve en est les deux titres principaux des Arrangements de Rome : « Dispositions générales » et « Dispositions spéciales aux pays situés hors de l'Europe ». Dès

[73] Lors de la Conférence pour la création d'un Bureau international d'Hygiène publique, fut arrêté le texte de l'arrangement international intitulé : Pour la création à Paris d'un Office International d'Hygiène Publique avec une annexe comportant les statuts organiques de l'OIHP (N. HOWARD-JONES, « *The scientific background of the International Sanitary Conferences, 1851-1938* », *op.cit.*, p.86)

[74] Belgique, Brésil, Egypte, Espagne, Etats-Unis, France, Grande-Bretagne, Italie, Pays-Basque, Portugal, Russie et Suisse.

[75] Il est souvent fait référence à l' « Office de Paris ». Le Secrétariat général de l'Office fut presque entièrement français sauf les présidents successifs du Comité de l'OIHP : le professeur italien Rocco Santoliquio, de 1908 à 1919, le belge Oscar Velghe, de 1919 à 1932, et le docteur anglais George Buchanan, à partir de 1932 (M. BELANGER, « *Un ancêtre de l'Organisation mondiale de la santé : l'Office international d'hygiène publique* », *op.cit.*, p.119 et 129 ndp 5). La langue officielle de l'organisation était le français. A cet égard le Bulletin publié par l'Office n'a été rédigé qu'en français (*Ibid.* p.129, ndp 6).

[76] OMS, « *Les dix premières années de l'OMS, Chapitre 2 – Les premières organisations sanitaires internationales* », OMS, 1958, p.17.

[77] CENTRE DES ARCHIVES DIPLOMATIQUES DE NANTES (CADN), *PV de la conférence pour la création d'un Bureau international d'hygiène publique*, 1ère séance, 3 décembre 1907, Camille Barrère, série Rome-Quirinal (RQ), carton 51, p.18.

[78] M. BELANGER, « *Un ancêtre de l'Organisation mondiale de la santé : l'Office international d'hygiène publique* », *op.cit.*, p.121. Ainsi, selon l'article 1 de ses statuts, elle relève « des Etats qui acceptent de prendre part à son fonctionnement » et ne peut « s'immiscer en aucune façon dans l'administration des différents Etats « (article 2 alinéa 1). L'article 8 de l'arrangement de 1907 précisait que l'accord n'était conclu que pour une période de sept années avec tacite reconduction tous les sept ans, ce qui fut le cas jusqu'à la Seconde guerre mondiale.

[79] V. HAROUEL-BURELOUP, *Histoire du droit international de la santé*, *op.cit.*, p.20.

[80] *Ibid.*, p.22.

[81] C. PAILLETTE, « *L'Europe et les organisations sanitaires internationales. Enjeux régionaux et mondialisation, des années 1900 aux années 1920* », *op.cit.*, p.47.

[82] N. HOWARD-JONES, « *International Public Health between the Two World Wars -The Organizational Problems* », History of international public health, n°3, 1978, p.17.

lors, l'OIHP apparaît comme européen et impérialiste, ce qui est en contradiction avec ses ambitions universelles. Malgré l'adhésion des Etats-Unis et du Brésil dès sa création, puis de l'Argentine en 1910, non sans une opposition farouche, les puissances européennes gardent la main sur l'organe décisionnel de l'institution, le Comité international. Le refus d'adhésion du Japon, avant une acception en 1924, à un « traité fait pour les pays d'Europe[83] » est symptomatique des difficultés rencontrées. Deuxièmement, participant au mouvement hygiéniste, la référence à un seul domaine de la santé publique, en l'occurrence l'hygiène, limite les activités de l'Office malgré une approche extensive de la question[84].

36. Enfin, le pouvoir normatif dont disposait l'OIHP est cantonné à un simple pouvoir de recommandation qui, par ailleurs, était peu utilisé. Il s'agissait en réalité davantage de vœux[85]. En particulier, les Statuts organiques de l'OIHP proclamaient son indépendance à l'égard des autorités du pays dans lequel il était situé et offraient le droit de correspondre directement avec les administrations sanitaires nationales[86]. Toutefois, les Statuts stipulaient que l'OIHP ne pouvait s'immiscer en aucune façon dans l'administration des différents Etats[87]. Dès lors, pour certains spécialistes de la santé, l'OIHP était inefficace[88] notamment car les compétences statutaires de l'OIHP étaient limitées par le principe de souveraineté étatique.

37. Conscients de l'européocentrisme de l'OIHP, les Etats ont entamé la révision de la convention de 1903 avec pour objectif d'élargir les dispositions générales, précédemment réservées à l'Europe, au continent panaméricain afin de mettre fin à la « vieille distinction[89] ». Néanmoins, la Convention de 1912 ne pourra être ratifiée car la Première guerre mondiale éclate. Par ailleurs, selon le Professeur BELANGER, les normes recommandées par l'OIHP, faisant l'objet d'un consensus réel de la part des Etats membres, ont été largement reprises dans leurs textes nationaux respectifs[90]. Enfin, si l'OIHP a permis l'élaboration d'un droit international de l'hygiène[91], son activité normative a dépassé les questions d'hygiène pour s'intéresser plus largement à la santé publique.

---

[83] OMS, « *Archives de l'OIHP* », série Arrangement de Rome, microfiche n° A16, lettre de M. Kurino, ambassadeur du Japon à Paris, à Jacques de Cazotte, directeur de l'OIHP, Paris, 8 mars 1910.

[84] M. BELANGER, « *Un ancêtre de l'Organisation mondiale de la santé : l'Office international d'hygiène publique* », *op.cit.*, p.121. « L'OIHP a elle-même envisagé la question de façon extensive, en s'intéressant non seulement à l'hygiène à bord des navires marchands, mais aussi à l'hygiène industrielle ou encore à l'hygiène scolaire ».

[85] *Ibid.* p.122.

[86] Article 2 alinéas 2 et 3 des Statuts organiques de l'OIHP (V. G. ABT, « *Vingt-cinq ans de l'Office international d'hygiène publique, 1903-1933* », OIHP, 1933, pp.135-138).

[87] Article 2 alinéa 1 des Statuts (*Ibid.*).

[88] M. DUBIN, « *The League of Nations Health Organisation* », in P. WEINDLING (ed.), International Health Organisations and their Movements, 1918-1939, Cambridge University Press, 1995, p.37 (pp.56-80).

[89] C. PAILLETTE, « *L'Europe et les organisations sanitaires internationales. Enjeux régionaux et mondialisation, des années 1900 aux années 1920* », *op.cit.*, p.59.

[90] M. BELANGER, « *Un ancêtre de l'Organisation mondiale de la santé : l'Office international d'hygiène publique* », *op.cit.*, p.122.

[91] *Ibid.* L'auteur évoque ainsi un ensemble de normes mises en place en matière de désinfection et d'assainissement.

38. Dès lors, l'OIHP, même minimaliste, a participé « effectivement à l'établissement des bases du droit mondial de la santé[92] » dont l'OMS est aujourd'hui l'héritière. Toutefois, la fin de la Première guerre mondiale sera également l'occasion de créer l'Organisation d'hygiène de la Société des nations (OHSDN). Alors que l'activité de l'OIHP continuait et que le Président du Comité permanent lors de la première session d'après-guerre, en 1919, semblait annoncer une ère nouvelle pour l'OIHP tant en ce qui concerne l'orientation de ses activités que leur expansion[93], elle se trouva concurrencée par cette nouvelle organisation sanitaire internationale rendant la centralisation sanitaire internationale difficile.

2. L'expérience concurrente de l'Organisation d'hygiène de la Société des nations

39. A la sortie de la Première guerre mondiale, fut adopté, dans le cadre du Traité de Versailles de 1919, le Pacte de la Société des nations (SDN). Le paragraphe f) de l'article XXIII stipulait que les Membres « s'efforceront de prendre des mesures d'ordre international pour prévenir et combattre les maladies [94] ». En 1923 fut créée une deuxième organisation sanitaire internationale à vocation mondiale, l'Organisation d'hygiène de la Société des nations (OHSDN) afin d'instaurer un « nouvel esprit de la collaboration internationale[95] ». L'appui de la fondation Rockefeller donna à l'OHSDN une « ampleur internationale que le Pacte de la SDN ne laissait pas soupçonner[96] ».

40. A ce titre, la question de l'intérêt de confier à la SDN des questions d'hygiène se posait alors que l'OIHP existait déjà. Selon les documents officiels de l'OMS, aucune raison ne fut expressément fournie pour justifier cette création[97]. Néanmoins, plusieurs facteurs ont joué un rôle important à cet égard. D'abord, il y avait un désir de coordination et la SDN devait être un organisme central assurant la coordination des activités internationales de tout ordre. Ensuite, l'état de santé dans le monde à la fin de la guerre mondiale était déplorable. Les Etats craignaient que des maladies pestilentielles, qui prenaient un développement inconnu depuis des générations, ne se propagent[98]. Enfin,

[92] Il souligne, d'abord, le développement de son activité normative dans deux directions : la participation à l'élaboration des conventions sanitaires internationales proprement dites et la participation à l'application des conventions internationales à orientation sanitaire. Ensuite, il considère que l'objectif de renforcement des mécanismes de quarantaine a permis à l'Office de mettre en place une politique sanitaire internationale qui reste exemplaire.

[93] OMS, *Les dix premières années de l'OMS, « Chapitre 2 (...) », op.cit.*, p.21.

[94] ARCHIVES DU MINISTERE DES AFFAIRES ETRANGERES, Traités, Multilatéraux, accord n° 9190007, reproduction d'une épreuve avant impression du Traité de Versailles signée par les plénipotentiaires alliés, Pacte de la SDN, art. 23-f, pp.18-19.

[95] ARCHIVES DU MINISTERE DES AFFAIRES ETRANGERES, Service français de la SDN, *Lettre de Ludwik Rajchman à Wickliffe Rose directeur de l'International Health Board* (Bureau sanitaire international) de la Fondation Rockefeller, Gênes, 2 mai 1922.

[96] C. PAILETTE, « *De l'Organisation d'hygiène de la SDN à l'OMS. Mondialisation et régionalisme européen dans le domaine de la santé, 1919-1954* », Bulletin de l'Institut Pierre Renouvin, vol.2, n°32, 2010, p.196 (pp.193-198).

[97] « On ne trouve dans les procès-verbaux publiés aucune raison expresse pour justifier le fait » (V.OMS, *Les dix premières années de l'OMS, « Chapitre 2 (...) », op.cit.*, p.22).

[98] « En Pologne près d'un quart de million de cas de typhus étaient enregistrés en 1919 et, la même année, plus de 1 600 000 cas en Russie. On craignait de voir non seulement le typhus, mais aussi le choléra, se répandre et s'établir dans d'autres parties de l'Europe. A cela s'ajoutait l'impression causée par la grande

l'ampleur et l'urgence des problèmes sanitaires de l'après-guerre et le budget et le personnel restreints de l'OIHP faisaient craindre que ce dernier soit « mal équipé pour entreprendre l'œuvre héroïque de reconstruction qui s'imposait à toutes les nations du monde[99] ». Toutefois, l'OIHP a été maintenue et deux organisations internationales d'hygiène autonomes ont ainsi coexisté.

41. Dès l'origine, le Comité de l'OIHP a fait fonction de « Conseil consultatif général d'hygiène de l'OHSDN[100] ». Lors de la session d'octobre 1919, le Comité de l'OIHP avait approuvé lui-même d'être placé sous l'autorité de la SDN. Cette soumission s'explique, du moins juridiquement, car l'article 24 du Pacte de la SDN stipulait que « tous les bureaux internationaux antérieurement établis par traités collectifs seront, sous réserve de l'assentiment des Parties, placés sous l'autorité de la Société ». Or, les Etats-Unis ont refusé l'intégration de l'OIHP dans l'OHSDN ce qui mena au retrait du projet[101]. Ce refus des Etats-Unis constitue « le premier exemple de politisation du domaine sanitaire international[102] ». Toutefois, l'OIHP a continué d'être une organisation sanitaire internationale distincte et entièrement autonome disposant de ses propres siège et secrétariat.

42. La coexistence de deux structures administratives internationales est à l'origine des difficultés d'organisation et de coordination entre l'OIHP et l'OHSDN. Toutefois, deux phases sont à différencier comme l'énonce le Professeur BELANGER. Dans un premier temps, cette coexistence s'illustra par une concurrence fonctionnelle entre les deux structures. Dans un deuxième temps, à partir de la fin des années 1920, cette concomitance s'exprima par des activités conjointes[103] et une division internationale du travail sanitaire s'établit[104]. Pour Monsieur BERNARD, il était souhaitable de « montrer d'une façon générale la différence plutôt que la communauté des fonctions des deux organisations[105] ».

43. Ainsi, l'activité de l'OHSDN s'est développée dans les secteurs non occupés par l'OIHP dans le cadre de programmes sanitaires[106]. En effet, disposant d'un groupe de médecins et de techniciens, elle pouvait, mieux que

---

pandémie de grippe de 1918-1919 qui, d'après les estimations, avait été responsable de la mort de quinze millions de personnes » (*Ibid.*).

[99] *Ibid.*, p.23.

[100] M. BELANGER, « *Un ancêtre de l'Organisation mondiale de la santé : l'Office international d'hygiène publique* », *op.cit.*, p.123.

[101] Le Comité provisoire d'hygiène de la SDN, créé pour mettre en place l'OHSDN, émit un avis en ce sens dès sa première session le 29 août 1921 (Journal Officiel de la SDN, 1921, p.1099).

[102] Y. BEIGBEDER, *L'Organisation mondiale de la santé*, Presses universitaires de France, 1995, p.7.

[103] M. BELANGER, « *Un ancêtre de l'Organisation mondiale de la santé : l'Office international d'hygiène publique* », *op.cit.*, ndp 28. « Par exemple, les communiqués de l'OIHP, furent publiés en tête du Relevé épidémiologique hebdomadaire (REH) de l'OHSDN, et distribués aux administrations sanitaires nationales par les soins de la Section d'hygiène de la SDN, ou encore la révision de la convention sanitaire internationale de 1926 associa (du moins pour certaines parties du texte) le Comité de l'OIHP et le Comité d'hygiène de la SDN ».

[104] *Ibid.*, ndp 29. « C'est ainsi, par exemple, qu'un accord formel OIHP/SDN (ratifié par l'Assemblée de la SDN le 15 septembre 1923) a reconnu expressément au Comité d'Hygiène de la SDN le pouvoir d' « examiner, sans consultation préalable du Comité de l'OIHP, toutes les questions d'hygiène intéressant la SDN qui lui étaient soumises ou dont il prenait l'initiative (§11 de l'accord) ».

[105] OMS, *Les dix premières années de l'OMS, « Chapitre 2 (...) »*, *op.cit.*, pp.27-28.

[106] I. BOROWY, *Coming to terms with World Health, The League of Nations Health Organisation 1921-1946*, Frankfurt am Main, Peter Lang, 2009, pp.432-442.

l'OIHP, s'engager dans des études approfondies[107]. En sus de cette activité d'étude, l'OHSDN a créé un système d'information épidémiologique pour les maladies non traitées par l'OIHP. De même, son important personnel technique lui a permis d'intervenir directement dans un pays quand celui-ci le demandait[108]. La SDN a été l'organisation internationale de santé ayant adopté la plus grande diversité d'activités parmi les organisations créées au début du XXe siècle[109].

44. Néanmoins, l'existence parallèle de ces deux institutions[110] a rendu l'action sanitaire internationale difficile pendant les vingt années d'entre les deux guerres et a mis en échec la tentative initiale de centralisation sanitaire internationale. Par ailleurs, le déclenchement de la Seconde guerre mondiale a suspendu presque entièrement l'action sanitaire internationale[111] qui a résisté grâce au travail de la Section d'Hygiène de l'Administration des Nations unies pour les Secours et la Reconstruction (UNRRA).

3. L'expérience transitoire de l'Administration des Nations unies pour les Secours et la Reconstruction

45. Les Etats avait anticipé qu'à la fin de la guerre, il faudrait de toute urgence aider les pays dévastés à lutter contre les épidémies et à rétablir leurs services de santé. Or, aucune organisation sanitaire internationale n'avait la capacité d'assumer seule cette tâche importante. Les puissances alliées ont décidé en 1941 d'instituer un « comité de secours interallié » pour empêcher le retour de la situation désastreuse des années 1918-1920[112]. Le 9 novembre 1943, après deux ans de travail à la préparation des opérations de secours, l'Administration des Nations unies pour les Secours et la Reconstruction (UNRRA) fut créée[113]. Le Conseil de l'UNRRA, à sa première session, a décidé que l'action sanitaire serait l'une de ses responsabilités primordiales et fondamentales. En effet, l'OIHP était dans l'impossibilité absolue d'exercer son activité pendant presque toute la durée de la guerre[114]. Jusqu'au 22 juillet 1946, l'UNRRA a œuvré pour reprendre les activités tant de l'OIHP que de l'OHSDN pendant la Seconde guerre mondiale afin d'adopter les mesures susceptibles d'enrayer tout début d'épidémie[115].

---

[107] Y. BEIGBEDER, *L'Organisation mondiale de la santé, op.cit.*, pp.4-5 « de nombreuses commissions d'experts furent instituées, parfois permanentes comme celles du cancer, de la malaria, de la standardisation biologique et de la lèpre ».

[108] *Ibid.*, p.4 : « Ce fut le cas du Gouvernement grec, en 1928, et du Gouvernement bolivien, qui demandèrent une aide pour la réorganisation de leurs services publics de santé. En 1929, l'OHSDN intervint encore en Chine, dans le même but. Elle récidiva en 1927 mais, cette fois-ci, avec des unités médicales équipées pour empêcher la diffusion d'épidémies après la guerre sino-japonaise ».

[109] I. BOROWY, *« La crise économique et la santé. La Société des nations, la crise des années 1930 et la santé »*, Les Tribunes de la santé, n°36, 2012/3, p21 (pp.21-27).

[110] *Ibid.* p.28.

[111] OMS, *Les dix premières années de l'OMS, « Chapitre 2 (...) », op.cit.*, p.30.

[112] Y. BEIGBEDER, *L'Organisation mondiale de la santé*, *op.cit.*, p.5.

[113] 43 pays alliés et associés y participèrent.

[114] L'OIHP s'est arrêté de fonctionner pendant la Seconde guerre mondiale, il s'est installé à Royat pendant la durée de la guerre (M. BELANGER, *« Un ancêtre de l'Organisation mondiale de la santé : l'Office international d'hygiène publique », op.cit.*, ndp 7).

[115] M. BELANGER, *« Un ancêtre de l'Organisation mondiale de la santé : l'Office international d'hygiène publique », op.cit.*, p.124.

46. Dans ce but, la Section d'Hygiène de cette organisation temporaire basée à Washington, avec un bureau régional à Londres pour faire face à une situation exceptionnelle[116], a assumé la responsabilité des fonctions de l'OIHP concernant les conventions sanitaires internationales à partir de janvier 1945[117]. En particulier, l'UNRRA s'est vu confier la modernisation des conventions sanitaires internationales de 1926 et 1933. Dans ce cadre, elle a élaboré les deux conventions de Washington du 15 décembre 1944 qui ont ajouté aux maladies pestilentielles les autres maladies transmissibles[118]. Parallèlement, l'activité de l'OHSDN à Genève se réduisait considérablement. Toutefois, comme l'écrit Madame BOROWY, si l'OHSDN ne constituait plus « un point nodal actif du paysage sanitaire international, les réseaux construits depuis les années 1920 s'avèrent suffisamment solides pour assurer la transmission de l'expérience genevoise[119] ».

47. Constituée en tant qu'organisation temporaire afin de faire face à une situation exceptionnelle, l'UNRRA a effectué un travail dans divers domaines : lutte contre les épidémies, application des conventions sanitaires internationales, distribution de fournitures médicales, aide apportée aux gouvernements de quinze pays pour leur permettre de reconstituer et même d'améliorer leurs services sanitaires. Ce travail important a permis l'établissement d'un « pont indispensable entre les activités sanitaires intergouvernementales d'avant la guerre et celles d'après la guerre[120] ».

48. L'expérience acquise par la multiplication d'efforts internationaux, l'identification des limites de l'action sanitaire en raison notamment de l'insuffisance des connaissances médicales outre les difficultés de coordination, par exemple entre l'OIHP et l'OHSDN, ont joué un rôle primordial dans la mise en place de l'OMS au sein du système des Nations unies. En particulier, les limites de l'OIHP dans son universalité, son champ d'application et son pouvoir normatif sont autant d'éléments qui ont contribué à la naissance de l'OMS.

B. La naissance de l'OMS

49. La naissance de l'OMS se caractérise par un processus de négociation consensuelle qui a su tirer les leçons des expériences passées en visant l'universalité et en respectant les organisations régionales préexistantes.

1. Un processus de négociation consensuelle

50. A la suite d'un mémorandum soumis par la délégation brésilienne, où figure une phrase empruntée à une déclaration de l'Archevêque Spellman (« la

---

[116] OMS, *Les dix premières années de l'OMS, « Chapitre 2 (...) », op.cit.*, p.30. « En mai 1944, les deux fonctionnaires qui constituaient le noyau de personnel du Service de Renseignements épidémiologiques de la Section d'Hygiène furent transférés aux Etats-Unis pour former, dans la Section d'Hygiène de l'UNRRA, une 'section de recherche', et ultérieurement pour organiser une Service d'informations épidémiologiques. »

[117] OMS, *Les dix premières années de l'OMS, « Chapitre 2 (...) », op.cit.*, p.30.

[118] M. BELANGER, *« Un ancêtre de l'Organisation mondiale de la santé : l'Office international d'hygiène publique », op.cit.*, p.124.

[119] V. I. BOROWY, *Coming to terms with World Health, (...), op.cit.*,pp.432-442.

[120] OMS, *Les dix premières années de l'OMS, « Chapitre 2 (...) », op.cit.*, p.31.

médecine est un des piliers de la paix »), la santé fut mentionnée dans la Charte des Nations unies parmi les enjeux dont l'Organisation des Nations unies devait s'occuper. Ainsi, la première trace juridique de l'OMS se trouve dans la Charte des Nations unies. En effet, l'article 57 prévoit la création de diverses institutions spécialisées avec des « attributions internationales étendues dans les domaines économique, social, de la culture intellectuelle et de l'éducation, de la santé publique et autres domaines connexes ».

51. Lors de la Conférence des Nations unies pour l'Organisation internationale en 1945, les délégations du Brésil et de la Chine ont présenté une déclaration commune recommandant la convocation d'une conférence générale en vue d'établir une organisation internationale de la santé[121]. Lors de la conférence de San Francisco, les Etats ont adopté à l'unanimité la déclaration conjointe des deux délégations. Comme il y avait une volonté d'établir les organes essentiels des Nations unies dès les premiers jours de 1946, la question a été renvoyée à l'Assemblée générale constituée le 10 janvier 1946. Créé une semaine après, le Conseil économique et social a eu, comme première tâche, de donner effet à la déclaration conjointe.

52. Ce dernier a adopté, d'abord, le 15 février 1946, une résolution par laquelle il a décidé « de convoquer une conférence internationale chargée d'étudier l'étendue et le mécanisme de l'action internationale à entreprendre dans le domaine de la santé publique, ainsi que des propositions visant la création d'une organisation internationale unique des Nations unies pour la santé [122] ». Ensuite, une Commission technique préparatoire, composée d'experts choisis d'après leur compétence (et non en tant que représentants d'Etats), a été créée afin d'établir un ordre du jour annoté et des propositions à soumettre dans un rapport aux Membres de l'Organisation des Nations unies et au Conseil avant le 1er mai 1946. Enfin, une Conférence a été convoquée le 20 juin de la même année par le Secrétaire général de l'organisation des Nations unies.

53. Signe de la volonté consensuelle des Etats, il faut souligner la rapidité avec laquelle les recommandations de San Francisco ont été mises en œuvre sans pour autant entacher la qualité du travail préparatoire. En effet, les nombreuses questions relatives à l'établissement de la nouvelle institution spécialisée ont été amplement étudiées au cours des quatre mois entre le 18 mars, date de la première réunion de la Commission technique préparatoire, et le 22 juillet 1946, date de la signature de la Constitution de l'OMS. En particulier, seulement quatre semaines et demies après la Conférence internationale de la Santé qui s'est tenue à New York le 19 juin 1946[123], ont été développés la Constitution de l'OMS et un arrangement visant la création d'une Commission intérimaire chargée de préparer la Première Assemblée mondiale de la Santé tout en poursuivant, sans interruption, les activités qui incombaient encore à l'OHSDN, l'OIHP et l'UNRRA. Autre preuve du contexte consensuel, la « concordance remarquable entre les propositions de la

---

[121] OMS, *Les dix premières années de l'OMS, « Chapitre 3 – Les recommandations de San Francisco »,* 1958, p.37.
[122] *Ibid.*, p.38.
[123] Il s'agit de la première conférence internationale tenue sous les auspices de l'ONU et elle s'ouvrait à peine plus de sept mois après la première session de l'Assemblée générale de l'ONU.

Commission technique préparatoire (...) et le texte final de la Constitution, tel qu'il résulta des débats de la Conférence[124] ».

54. Cette célérité dans la préparation s'explique en partie grâce aux discussions préliminaires pendant la guerre entre les ministères de la santé des pays mais également « à l'excellence des fondations posées par les précurseurs de la nouvelle organisation[125] ». Plus largement, il y avait un « sentiment qu'il était devenu nécessaire, dans l'intérêt de la sécurité et de la paix, d'entreprendre une action internationale dans le domaine de la santé[126] ».

55. Toutefois, en raison de l'éloignement du contexte d'urgence résultant de la guerre, cette célérité contraste avec les deux ans pris, en définitive, pour créer l'OMS après la clôture de la Conférence de New York. En effet, la Constitution de l'OMS ne devait entrer en vigueur que lorsque les instruments de ratification de vingt-six Etats membres des Nations unies avaient été déposés. En créant l'OMS, les Etats ont souhaité répondre aux erreurs passées et mettre en place une organisation universelle, respectueuse des organisations préexistantes.

2. La recherche d'universalité

56. Cette volonté d'universalisme s'exprime, au préalable, dans la mise en place du système des Nations unies, ouvert à tous les Etats. La Charte des Nations unies a présenté l'ONU comme un « projet global basé sur un droit qui avait vocation à devenir universel[127] ». L'OMS, partie intégrante du système des Nations unies, a également souhaité faire de l'universalité un critère de son activité. Répondant aux difficultés précédentes, la recherche de l'universalité dans l'établissement de l'OMS s'observe à plusieurs niveaux.

57. D'abord, la nouvelle organisation multilatérale [128] a repris, formellement, les activités des organisations précédentes. Le protocole de New York du 22 juillet 1946 relatif à l'OIHP, entré en vigueur le 20 octobre 1947, a formalisé le remplacement de l'Office par l'OMS[129] en visant à mettre fin aux Arrangements de Rome du 9 décembre 1907 et en transférant à l'OMS ou à la

---

[124] OMS, *Les dix premières années de l'OMS, « Chapitre 5 – La Conférence internationale de la Santé »*, 1958, p.46 : « Evidemment, des changements, adjonctions ou suppressions étaient inévitables dans un document élaboré à l'origine par seize personnes désignées pour agir en cette qualité (...) et qui reçut sa forme définitive au cours d'une conférence réunissant cinquante et un représentants d'Etats souverains. Toutefois, dans l'ensemble, ces modifications furent rares et, bien souvent, elles consistèrent simplement dans la transposition d'une clause ou une autre ou dans de légers déplacements d'accents ».

[125] OMS, *Les dix premières années de l'OMS, « Chapitre 3 (...) », op.cit.*, p.39.

[126] *Ibid.*

[127] M. CHEMILLIER-GENDREAU, « *A quelles conditions l'universalité du droit international est-elle possible ?* », *op.cit.*, p.20.

[128] A la différence des agences bilatérales, les agences multilatérales ne financent pas directement les pays et donc n'ont pas le même pouvoir que les bilatérales. Ces dernières offrent de l'aide liée, en fonction d'un objectif précis. L'OMS repose sur l'universalité et doit convaincre par sa crédibilité fondée sur la preuve (*évidence based*).

[129] L'article 1er de ce Protocole stipule que « Les Gouvernements de ce Protocole conviennent, en ce qui les concerne, que les tâches et fonctions de l'OIHP, telles qu'elles sont définies dans l'Arrangement signé à Rome le 9 décembre 1907, seront assumées par l'Organisation Mondiale de la Santé (...) ». Selon l'article 2, « Les Parties à ce Protocole conviennent en outre, en ce qui les concerne, qu'à partir de la date d'entrée en vigueur de ce Protocole, les tâches et fonctions confiées à l'Office par les arrangements internationaux [...] seront assumées par l'[OMS] » (V. D. GNAMOU-PETUATON, *Dissolution et succession entre organisations internationales. Contribution à la théorie de la succession entre organisations internationales*, Bruylant, 2008, pp.24-28 et pp.166-170.

Commission intérimaire les tâches et les fonctions de l'OIHP[130]. Dès le 1er janvier 1947, le Service épidémiologique de l'OIHP a été transféré à la Commission intérimaire de l'OMS. Ce n'est qu'en janvier 1952 que le Conseil exécutif de l'OMS a pu prendre officiellement acte de la dénonciation totale des Arrangements de Rome, marquant ainsi la fin de l'existence juridique de l'OIHP[131].

58. Par ailleurs, si l'ONU peut être considérée comme la « mère constitutionnelle » de l'OMS, l'OHSDN en est la « grand-mère organique[132] ». En effet, la Commission technique préparatoire s'est inspirée extensivement de l'expérience de la SDN dans les enjeux sanitaires[133]. Par exemple, on retrouve la structure fondée sur trois organes, même si ceux de l'OMS ont élargi leurs champs d'action et de compétence[134]. Enfin, l'OMS s'inspire de l'UNRRA en souhaitant réunir les activités de l'OIHP et de l'OHSDN. Alors que ces organisations avaient toutes vocation à être universelles, la réunification par le biais de l'OMS conduit à énoncer d'emblée la volonté de renforcer cette universalité qui a pu faire défaut antérieurement.

59. Ensuite, l'OMS vise à dépasser les enjeux d'hygiène en insistant, dès son intitulé, sur la référence à la santé en s'inspirant du vaste domaine d'action de l'OHSDN. Il en va d'autant plus ainsi que la définition proposée par la Constitution de l'OMS de la santé est très large puisqu'elle correspond à « un état de complet bien-être physique, mental et social, et ne consiste pas seulement en une absence de maladie ou d'infirmité[135] ». Elle se dote, à cet égard, d'un pouvoir normatif plus développé que celui de l'OIHP en se donnant la possibilité d'adopter des instruments juridiques (convention et règlement) tout en conservant le pouvoir de recommandation. On rappellera que le pouvoir règlementaire de l'OMS a pour origine les Conventions sanitaires internationales[136].

60. Enfin, l'OMS répond aux critiques de l'OIHP en souhaitant dépasser l'européocentrisme et offrir une universalité de son adhésion. Ceci s'observe par le nombre d'Etats membres qui atteint 194[137], soit plus que l'ONU[138]. A ce titre, dès la première Assemblée mondiale de la santé, réunie le 24 juin 1948 au Palais des nations à Genève, étaient présentes les délégations de 53 des 55 Etats membres de l'Organisation ainsi que des observateurs de neuf Etats non membres, des Autorités alliées de contrôle dans les trois zones de l'Allemagne, du Japon et de la Corée du Sud, de l'Organisation des Nations unies et de cinq institutions spécialisées, de l'OIHP et de l'Organisation panaméricaine de la

---

130 OMS, *Les dix premières années de l'OMS, « Chapitre 5 (...) », op.cit.*, p.46.

131 Selon l'arrangement de 1907, il fallait que les Etats membres dénoncent individuellement ce traité.

132 W. SHARP, « *The new world health organization* », American Journal of International Law, vol.41, 1947, p.511 (pp.509-530). En raison du genre féminin du terme « ONU », la traduction des expressions énoncées par l'auteur a été modifiée en conséquence (« constitutional father » et « organique grand-father »).

133 *Ibid.*

134 Ainsi, l'OHSDN reposait sur un Conseil général consultatif de santé sur un Comité permanent de santé et sur la Section santé du Secrétariat de Genève. On retrouve cette structure à trois avec l'Assemblée mondiale de la santé, le Conseil exécutif et le Secrétariat de l'OMS.

135 Premier alinéa du Préambule de la Constitution de l'OMS.

136 Y. BEIGBEDER, *L'Organisation mondiale de la santé, op.cit.*, p.6.

137 http://www.who.int/countries/fr/.

138 L'ONU compte actuellement 193 membres (http://www.un.org/fr/members/).

santé. A ce sujet, cette universalité s'exprime également dans la volonté d'intégrer les organisations sanitaires internationales préexistantes.

3. Le respect des organisations régionales préexistantes

61. Au moment de la création de l'OMS, divers organismes sanitaires régionaux existaient déjà dont l'Organisation panaméricaine de la santé (OPS) qui constituait une puissante organisation régionale fortement structurée et à compétences étendues[139]. Il serait « incomplet[140] » d'évoquer la naissance de l'OMS en tant qu'organisation centrale et universelle pour l'amélioration de la santé sans faire état de ces autres organismes, d'autant que l'OMS a cherché à les intégrer à sa structure.

62. Fondée en 1902 [141], en tant que Bureau Sanitaire International, prédécesseur du Bureau sanitaire panaméricain, l'OPS [142] constitue ainsi la première organisation permanente en santé. Le Bureau sanitaire panaméricain a été créé dans la continuité des découvertes scientifiques relatives aux modes de transmission de la fièvre jaune[143]. Les activités visant à l'éradication de la fièvre jaune du continent américain « représentent l'un des événements marquants de l'histoire de la santé publique internationale[144] ». L'OPS a eu également pour mission de recueillir des statistiques épidémiologiques. Après sa restructuration, son changement de dénomination et l'adoption d'une Constitution en 1947[145], l'OPS a eu pour objectif principal « de promouvoir et de coordonner les efforts des pays de la région afin de combattre les maladies et prolonger la durée de vie et améliorer la santé physique et mentale de la population représentée[146] ». L'OPS a développé des services consultatifs à l'intention des gouvernements en tant que méthode de collaboration intergouvernementale. Preuve de l'inspiration qu'elle a constituée pour l'OMS, cette méthode de collaboration a été ultérieurement appliquée par l'OMS sur le plan mondial.

63. Par ailleurs, quatre autres organismes sanitaires régionaux avaient été constitués au cours du XIXe siècle parce qu'il était « devenu nécessaire de réglementer systématiquement l'application de mesures quarantenaires dans la région méditerranéenne ». Il ne s'agissait pas d'organisations ayant un secrétariat et des bureaux, mais de conseils composés de représentants du pays

---

[139] C. H. VIGNES, « *La régionalisation de l'Organisation mondiale de la Santé* », *op.cit.*, p.2.

[140] OMS, *Les dix premières années de l'OMS, « Chapitre 2 (...) »*, *op.cit.*, p.31.

[141] L'OPS trouve son origine dans une résolution de la Seconde conférence internationale des Etats Américains adoptée au Mexique en Janvier 1902 qui avait recommandé la convocation d'une convention interaméricaine consacrée aux problèmes sanitaires qui eut lieu en décembre 1902 à Washington. L'OMS a officiellement célébré le centenaire de l'OPS en 2002. V. en ce sens : OMS, « *Centenaire de l'Organisation panaméricaine de la Santé* », A55/4, 54e AMS, 13 mars 2002.

[142] Le nom d'Organisation panaméricaine de la santé remonte à la Conférence Sanitaire de San Juan de Porto Rico en 1958.

[143] K. LEE and J. FANG, *Historical Dictionary of the World Health Organization*, *op.cit.*, p.281.

[144] OMS, *Les dix premières années de l'OMS, « Chapitre 2 (...) »*, *op.cit.*, p.31.

[145] Elle a été adoptée lors du Conseil de Direction qui s'est tenu du 24 septembre au 2 octobre 1947 à Buenos Aires en Argentine. Elle a par la suite connu des révisions en 1961 (Réunion du Conseil de Direction XIII, Résolution XXXVII), en 1965 (Réunion XVI, Résolution XXIV), en 1968 (Réunion XVIII, Résolution II), en 1978 (XXe Conférence sanitaire internationale, Résolution I) et en 1999 (Réunion du Conseil de Direction XLI, Résolution VIII).

[146] Article 1er de la Constitution de l'Organisation Panaméricaine.

concerné, d'une part, et des puissances européennes, d'autre part. Ces conseils étaient le Conseil supérieur de Santé de Constantinople dont on date l'origine en avril 1938[147], le Conseil sanitaire de Tanger créé en 1840[148], le Conseil sanitaire maritime et quarantenaire d'Egypte créé en 1843[149] et le Conseil sanitaire de Téhéran créé en 1867[150]. Ces conseils, qui différaient par leur composition, fonction et efficacité, n'étaient pas comparables, par leur nature, au système régional de l'OMS et n'ont pas connu le même sort[151] sauf s'agissant du Conseil d'Egypte et l'OPS qui furent intégrés à l'OMS.

64. Les fondateurs de l'OMS ont mis en place une structure régionalisée afin d'intégrer ces organisations préexistantes. Selon l'article 54 de la Constitution de l'OMS, « l'Organisation sanitaire panaméricaine, représentée par le Bureau sanitaire panaméricain et les Conférences sanitaires panaméricaines, et toutes autres organisations régionales intergouvernementales de santé existant avant la date de la signature de cette Constitution, seront intégrées en temps voulu dans l'Organisation. Cette intégration s'effectuera dès que possible par une action commune, basée sur le consentement mutuel des autorités compétentes exprimé par les organisations intéressées ». Ainsi, par cet article, l'OMS fait le choix du compromis par l'intégration et la conciliation[152] tout en conservant l'indépendance des organisations préexistantes dont l'OPS[153] qui est devenue le Bureau régional

[147] En effet, « les origines sont indiquées dans une note officielle, transmise le 18 avril 1838 par le Gouvernement de l'Empire Ottoman à l'Ambassadeur de France à Constantinople (…). Les discussions (…) aboutirent à la création du Conseil supérieur de Santé de Constantinople, formé des membres du Conseil ottoman de Santé et de délégués de puissances maritimes, qui, le 10 juin 1838, signèrent un accord réglementant le contrôle sanitaire des navires étrangers dans les ports ottomans » (V. OMS, *Les dix premières années de l'OMS, « Chapitre 2 (…) », op.cit.*, p. 32).

[148] « En 1840, l'Empereur du Maroc délégua aux représentants des puissances chrétiennes à sa cour l'honorable mission de veiller au maintien de la santé publique sur le littoral de cet Empire, de faire tous les règlements et de prendre toutes les mesures pour atteindre ce but. Ainsi fut créé le Conseil sanitaire de Tanger, dont la mission principale était d'appliquer des mesures de quarantaine en vue d'enrayer la propagation de maladies épidémiques – spécialement la peste et le choléra – importées par les pèlerins allant à La Mecque ou en revenant » (*Ibid.*).

[149] « Un conseil analogue, de composition internationale, fut créé en Egypte en 1843. Il fut connu par la suite sous le nom de Conseil sanitaire maritime et quarantenaire d'Egypte ou, en abrégé, Conseil quarantenaire d'Egypte. Ce Conseil, dont le siège était à Alexandrie, tirait son origine d'une Intendance sanitaire créée en 1831 pour protéger le pays contre l'invasion d'épidémies ; il était relié à un réseau d'offices de santé établis dans les provinces. Avec l'ouverture du Canal de Suez, les travaux du Conseil prirent plus d'importance ; plus tard, il fut reconnu comme bureau régional d'information épidémiologique de l'OIHP (…) » (*Ibid.*, p.33).

[150] « Le Conseil sanitaire de Téhéran devait connaître un sort analogue ; créé 'en principe' (selon l'expression d'un auteur contemporain) en 1867, il ne tenait pas de réunions périodiques et n'avait pas de fonds à sa disposition. En 1904, le Shah de Perse promulgua un décret établissant un Conseil sanitaire de l'Empire qui, tout en étant un organisme national, comprenait des représentants du corps médical de certains autres Etats. Pendant sa brève existence, ce nouveau Conseil communiquait le compte rendu de ses réunions aux légations étrangères et, plus tard, à l'OIHP » (*Ibid.*, p.34).

[151] Si les fonctions du Conseil de Constantinople et d'Egypte furent transférées à l'OMS, le Conseil de Tanger et de Téhéran disparurent avant la création de l'OMS (OMS, *Ibid.*, pp.32-34).

[152] J. COMBACAU, « *La question du transfert du bureau régional de l'OMS devant la CIJ (avis consultatif du 20 décembre 1980)* », in Annuaire français de droit international, vol.26, 1980, p.225-249, p.227.

[153] V. aussi Y. BEIGBEDER, *L'Organisation mondiale de la santé*, QSJ, PUF, p.38. L'auteur souligne la volonté de conserver l'indépendance de l'Organisation Sanitaire Panaméricaine par rapport à l'OMS : « La pratique a renforcé la tradition en ce que l'OPS a conservé une autonomie réelle par rapport à l'OMS, dans le cadre général et des programmes de celle-ci et de ses règlements administratifs. L'OPS a gardé son indépendance budgétaire et peut donc financer la majorité de ses programmes, ainsi que la plupart des postes de son Secrétariat ».

de la région américaine et le Conseil d'Egypte qui a donné naissance au bureau régional de la région méditerranée orientale.

65. Cette approche historique de l'OMS permet de comprendre les origines de son rôle normatif. Fondé sur le développement de mesures de protection et d'échange en matière d'épidémies sanitaires, le rôle normatif de l'OMS est le fruit d'une coopération internationale historique en matière de santé. Toutefois, depuis la création de l'OMS, son rôle normatif est confronté à différentes évolutions.

SECTION II : UN ROLE NORMATIF EN EVOLUTION

66. Le contexte historique ayant été déterminé, il est maintenant nécessaire de délimiter le sujet par la définition de ses termes. Dans cette optique, le « rôle normatif » fait appel à différentes notions qu'il convient de définir (§1). Par ailleurs, depuis sa création, l'OMS a fait face à des évolutions contextuelles l'obligeant à évoluer dans son rôle normatif (§2).

§1. Une expression à délimiter

67. Le choix des termes dans l'élaboration du sujet est essentiel afin d'atteindre un certain équilibre. Il s'agit de faire comprendre l'enjeu principal du travail de recherche tout en délimitant son champ. Dans cette perspective, au stade de l'introduction, il ne peut être défini avec grande précision les vocables « rôle » et « normatif ». Toutefois, il est important de proposer une définition provisoire et approximative pour vérifier, *in fine,* si cette réflexion confirme ou affirme ces présupposés. D'abord, cette approche initiale amène à considérer le « rôle normatif » par ces deux éléments constitutifs (A) puis à délimiter le champ de cette recherche, en particulier, en proposant un sens à la notion de « norme » (B).

A. Deux notions à préciser

68. Le choix du terme « rôle » n'est pas anodin pour le titre de cette recherche, tout comme celui de « normatif ».

1. Le « rôle » : une notion active, analytique, dynamique et incarnée

69. Il ne s'agit pas d'une notion technique[154] telle que, par exemple, le rôle au sens de la procédure civile où il s'agit du document sur lequel le greffier porte la liste des affaires qui sont appelées à l'audience d'une chambre du tribunal où il est affecté[155]. Il ne s'agit pas davantage d'un répertoire[156] ou

---

[154] Le rôle peut être assimilé à « ce qui forme un rouleau » (*Centre national de ressources textuelles et lexicales,* « Rôle ») et a été utilisé pour désigner une « bûche ou un rondin destinés au chauffage » (*Larousse Langue française*, 1946) ou à un « rouleau de papier, de parchemin sur lesquels on écrivait des actes, des titres » (*Centre national de ressources textuelles et lexicales,* « Rôle ».).

[155] G. CORNU, *Vocabulaire juridique*, PUF, 2014,10ᵉ édition, p.445.

registre[157] quelconque. Enfin, strictement, ce n'est pas le rôle tel qu'envisagé au théâtre comme la « partie tenue par un artiste » ou la « participation d'un artiste et la place qu'il tient dans une pièce (de théâtre), un film, un ballet, un spectacle ». Sauf à considérer que la gouvernance mondiale de la santé est une scène de théâtre et que l'OMS est un artiste qui incarne un personnage et récite des répliques. La notion de rôle est appréhendée suivant une approche figurative.

70. Le « rôle » doit être entendu comme l' « emploi que l'on fait de quelque chose ; la place tenue par quelque chose ou encore la fonction de quelque chose[158] ». Il correspond à l'action que l'on a sur quelque chose et l'influence que l'on exerce. Il s'agit donc d'un comportement dans la vie sociale. On constate alors deux éléments qui fondent cette notion. D'abord, le détenteur du rôle (une chose ou une personne) doit avoir une certaine compétence matérialisée par une « action réelle, une certaine importance ». Ensuite, le détenteur du rôle doit agir et se comporter selon ses convictions, ses sentiments avec pour objectif d'influencer quelqu'un ou quelque chose. D'un point de vue sociologique[159], le rôle est un « modèle de conduite relatif à une certaine position dans la société ou dans un groupe et corrélatif à l'attente des autres ou du groupe ». Le rôle fixe la « position d'un être dans une société ». Dès lors, il implique une action et un comportement par rapport à d'autres membres du groupe. Pour l'OMS, en tant qu'organisation internationale, il s'agit à la fois de sa *compétence* d'action et de sa *volonté* d'action face à ses Etats membres. Il y a donc un double aspect à la notion de rôle, matériel (action) et psychologique (intention). Sur le second point, il y a l'attitude adoptée par l'OMS à l'égard des autres entités mais également par rapport à sa propre volonté, ses propres convictions et ses « sentiments ».

71. A ce titre, le rôle ne doit pas être confondu avec d'autres notions voisines. D'abord, la notion de « place » suit davantage une approche descriptive, passive et statique alors que le rôle se veut analytique, actif et dynamique. La place d'une entité semble limiter l'analyse à ce qui est présenté au moment présent. En particulier dans le cadre de l'OMS, il est essentiel d'avoir une approche historique afin de mieux cerner les contours de l'analyse. Ensuite, il convient également de différencier le rôle de l'action et de l'activité dont l'objet principal est de constater concrètement le comportement d'une entité sans prendre en compte les raisons de ce comportement.

72. Enfin, en sociologie, le statut qui est l'ensemble des prérogatives et des responsabilités dont jouit un individu en fonction de son rang dans la hiérarchie (sa position) et la fonction qui est la tâche exercée par un individu

---

[156] Le « rôle » apparaît en matière fiscale (« Sorte de répertoire des contribuables assujettis pour une année donnée à des impôts directs comme l'impôt sur le revenu ou les impôts locaux (taxe d'habitation, taxe foncière, taxe professionnelle), avec indication du montant de leur imposition individuelle », S. GUINCHARD et T. DEBARD (dir.), *Lexique des termes juridiques 2014-2015*, Dalloz, 2014, « rôle » p.890).)

[157] Il apparaît également dans le cadre cadre de la marine (« Registre que doit posséder chaque navire et comportant la liste des membres de l'équipage, avec les conditions de son engagement, et des passagers, et à partir duquel sont établis les rôles de quart, de combat »).

[158] *Centre national de ressources textuelles et lexicales,* « Rôle ».

[159] V. notamment A.-M. ROCHEBLAVE, « *La notion de rôle : quelques problèmes conceptuels* », Revue française de sociologie, 1963, n°4-3, pp.300-306. L'auteure évoque les difficultés à définir la notion de « rôle ».

en raison de son statut (degré de responsabilités confiées) sont deux notions qui se différencient de celle de « rôle » qui est « l'ensemble des comportements, l'image sociale d'un individu en fonction de son statut et de sa fonction ». Ce rôle peut être formel et explicite en ce qu'il est défini par l'institution. Ce rôle peut être informel ou implicite dès lors qu'il évolue en fonction de facteurs extérieurs à son rôle d'origine. Avec la notion de « rôle », il ne s'agit pas simplement de constater concrètement la compétence de l'OMS ainsi que ses actions et ses fonctions. Il convient également de comprendre pourquoi elle agit ainsi par rapport à sa volonté intentionnelle ou imposée, directement ou indirectement, par les autres acteurs de santé au niveau international.

73. Le rôle vise à situer, positionner, placer, décrire et qualifier les actions, les activités, la fonction, le statut de quelque chose (aspect matériel) tout en analysant, comprenant, expliquant, détaillant, justifiant un tel comportement selon la volonté, les convictions, les sentiments, la capacité d'influence du détenteur du rôle (aspect psychologique ou intentionnel). S'ajoute à cela l'idée que le rôle est évolutif. Si les fonctions, activités, ou actions dépendent principalement de la compétence conférée, celui de rôle peut évoluer tout au long de la vie de celui qui l'incarne. En d'autres termes, avec les mêmes attributs, le rôle effectif et concret peut changer. Ce dernier aspect est très important. Le rôle se différencie de la fonction, du pouvoir ou du statut car il se doit d'être incarné. C'est un « rôle à jouer » et à faire vivre. C'est cette dynamique qui intéresse au sujet de l'OMS et de son rôle normatif.

2. Le « normatif » : une notion étendue, englobante et adaptable

74. L'adjectif « normatif » est beaucoup utilisé en droit, dans le langage juridique courant[160]. Il signifie « qui a les caractères d'une norme, d'une règle ; qui est porteur d'une norme[161] » ou encore « qui fixe, prescrit une norme ou émet des jugements de valeur[162] ». Est normatif « ce qui constitue ou énonce une norme[163] » ou « ce qui crée, établit, prescrit des normes[164] ». Il y a donc deux acceptations[165]. D'abord, « ce qui constitue une norme » ramène à une caractéristique, par exemple un « instrument normatif ». Alors que « ce qui crée, établit des normes » évoque un rôle, une fonction selon la Professeure THIBIERGE[166]. En d'autres termes, c'est ce qui permet d'élaborer, d'adopter, de créer, de faire émerger des normes. La notion de « normatif » renvoie

[160] C. THIBIERGE, « *Au cœur de la norme : le tracé et la mesure. Pour une distinction entre normes et règles de droit* », Archives de philosophie du droit, vol.51, 2008, p.342 (pp.341-371). L'auteure liste ainsi ces différents usages : « instrument normatif », « dispositif normatif », « encadrement normatif », « valeur normative », « force normative », « portée normative », « puissance normative », « effet normatif », « caractère normatif », « pouvoir normatif » et « contenu normatif ».

[161] G. CORNU, *Vocabulaire juridique*, PUF, 10e éd., 2014, p.689.

[162] Centre national de ressources textuelles et lexicales « normatif ».

[163] A. LALANDE, « *Vocabulaire technique et critique de philosophie* », PUF, Quadrige, 2002 « Normatif ».

[164] Dictionnaire Le Robert.

[165] A. LALANDE en donne même trois : « 1. Qui constitue, ou qui énonce une norme ; 2. Qui concerne les normes (les sciences normatives) ; 3. (Plus rare) Qui crée ou qui impose des normes » (A. LALANDE, *op.cit.*).

[166] Pour bien marquer la différence, l'auteure considère qu'il « serait plus adéquat d'utiliser l'adjectif 'normatif' pour ce qui constitue une norme, et l'adjectif 'normateur' pour ce qui en crée » (C. THIBIERGE, « *Au cœur de la norme : le tracé et la mesure (...)* », *op.cit.*, p.344).

indéniablement à celle de norme comprise comme le résultat ou l'aboutissement du processus.

75. Pour ANZILOTTI, « le point de vue normatif » s'intéresse à la « forme logique du système » qu'il oppose au « point de vue explicatif qui est celui de la sociologie et de la politique[167] ». Toutefois, dans le cadre de l'OMS, cette opposition n'a pas lieu d'être. En effet, s'il y a une volonté de s'intéresser à la forme logique du système constitué par l'OMS, il est également essentiel d'analyser, dans le cadre du rôle normatif, les aspects si ce n'est sociologiques de ce dernier, du moins politiques.

76. Le choix du terme « normatif » est délibérément préféré à celui de juridique. Il aurait pu être envisagé de discuter du « rôle juridique de l'OMS ». Toutefois la notion de juridique présuppose une définition de la « norme » que apparaît sinon comme erronée du moins comme trop limitative. En effet, la notion de juridique implique une discussion uniquement autour de la « norme juridique ». La notion de « normatif » permet d'élargir cette réflexion, afin de sortir de la sphère purement juridique et de considérer les « alentours du droit[168] » ainsi que le « voisinage du droit[169] ». C'est d'autant plus nécessaire lorsque ces alentours influencent la substance même du droit et vont parfois jusqu'à se glisser dans l'orbite du droit. Il est vrai que pour certains auteurs la notion de « normatif » est synonyme de celle de « juridique » tout comme celle de norme avec celle de « norme juridique ». Comme le rappelle la Professeure THIBIERGE, il est assez fréquent « de manière restrictive, [que] la norme soit assimilée à la règle et le normatif à l'obligatoire[170] ». Toutefois, cette recherche a notamment pour but de démontrer et de souligner ces différencesqui se justifient. Ce terme est ici employé dans un sens bien plus élastique et large que celui d'obligatoire. En évoquant le « normatif », la réflexion s'appuie sur la notion de norme sans préjuger de son contenu juridique.

3. L'expression « rôle normatif » à différencier de celle de fonction, d'action ou de pouvoir normatifs

77. Après les définitions de « rôle » et de « normatif », prises séparément, on peut envisager celle de l'expression de « rôle normatif ». En effet, pour certains auteurs, ce rôle serait le « pouvoir de créer des règles qui seraient susceptibles d'affecter [... dans le cadre de l'Organisation mondiale du commerce], les droits (...)[171] ». Il peut s'agir également du pouvoir d'une règle d'influencer le droit. On distingue donc l'élaboration de la règle ou de la norme de son influence *in fine* sur le droit positif. Cela implique de considérer que la règle qui émane de l'entité n'est pas en soi une règle juridique

---

[167] D. ANZILOTTI, « *Cours de droit international* », vol. I, trad. fr. G. GIDEL, Paris, Sirey, 1929, pp.48, 69 et 74.

[168] J. CARBONNIER, *Sociologie juridique*, PUF, 1978, p.185.

[169] E. BROSSET et E. TRUILHE-MARENGO, « *Introduction* », in E. BROSSET et E. TRUILHE-MARENGO (dir.), *Les enjeux de la normalisation technique internationale, entre environnement, santé et commerce international*, La documentation française, coll. Monde européen et international, 2006, p.24.

[170] C. THIBIERGE, « *Au cœur de la norme : le tracé et la mesure (...)* », *op.cit.*, p.342.

[171] J.-L. GOUTAL, « *Le rôle normatif de l'Organisation mondiale du commerce* », LPA, n°5, 1995, p.24 et s.

puisqu'elle peut (ou non) affecter le droit. Par ailleurs, pour Monsieur MAFFEI, Président de la Cour de cassation de Belgique, dans le cadre de l'analyse du rôle normatif de la jurisprudence des cours suprêmes, des cours constitutionnelles et des cours internationales, le rôle est normatif lorsque son détenteur « exerce une influence déterminante sur le contenu et la portée de la norme[172] ». Autrement dit, le rôle normatif implique, non seulement, que le détenteur soit en capacité d'influencer la norme par son contenu et sa valeur, notamment par le choix de l'instrument en amont, mais également qu'il puisse influencer sa portée notamment par la mise en œuvre de l'instrument en aval. Plusieurs notions connexes doivent être évoquées.

78. D'abord, on insiste à nouveau sur la différence entre rôle normatif et rôle juridique alors que certains auteurs de doctrine n'hésitent pas à les considérer indifféremment. A titre d'illustration, alors qu'il explique le rôle normatif de l'Assemblée générale des Nations lors d'un cours donné à l'Académie de La Haye de droit international en 1972, le Professeur ARANGIO-RUEZ analyse « le rôle 'juridique' ou 'normatif' joué par les résolutions de l'Assemblée[173] ».

79. Ensuite, une distinction existe entre le rôle normatif et le pouvoir normatif. Ce dernier, du latin *potestas,* souvent associé au juge, s'apparente à « la capacité d'agir, qui implique une idée de puissance et donc présuppose un acte de volonté[174] ». Or, la notion de rôle normatif ne se limite pas à sa capacité d'agir selon un « phénomène de commandement et d'obéissance, faisant naître une relation inégalitaire (asymétrique) entre les gouvernants et les gouvernés[175] ». En effet, et l'analyse de l'évolution de l'OMS le démontre, cette organisation internationale n'a pas une capacité générale d'imposer sa norme. Dès lors, si le pouvoir normatif peut être un élément constitutif du rôle normatif, ce dernier dépasse le pouvoir tout comme l'action ou l'activité.

80. Enfin, l'expression de « rôle normatif » permet de dépasser celle de « fonction normative » qui découle de l'article 2 de la Constitution de l'OMS qui liste vingt-deux fonctions. La notion de « fonction » fera l'objet de développements particuliers. Toutefois, si la fonction normative fonde son rôle car elle confère à l'OMS sa compétence, son assimilation totale à un rôle normatif limiterait son contenu. Certes, à première vue, la fonction normative se limite à la compétence, officielle et formelle, conférée par la Constitution de l'OMS en particulier à la capacité d'adopter des conventions, des règlements ou encore des standards. Toutefois, il existe des « zones grises », informelles ou implicites, où le travail initialement non normatif a une influence sur les normes. Il est dès lors envisageable, et la pratique le montre, que le rôle normatif de l'OMS dépasse sa seule fonction normative. On retrouve ainsi la capacité d'influence normative de l'OMS dans sa fonction de formation ou

---

[172] P. MAFFEI, « *Le rôle normatif de la jurisprudence des cours suprêmes, des cours constitutionnelles et des cours internationales* », Site de l'Association des hautes juridictions de cassation des pays ayant en partage l'usage du français (AHJUCAF).

[173] G. ARANGIO-RUEZ, « *The normative role of the General Assembly of the United Nations and the Declaration of Principles of Friendly Relations* », Collected Courses of the Hague Academy of International Law, vol.137, 1972, p.440.

[174] M. De VILLIERS et A. LE DIVELLEC, *Dictionnaire de droit constitutionnel*, 9e édition, Sirey, p.266 (« pouvoir »).

[175] *Ibid.*

encore de recherche ou de conseil pour les Etats qui la sollicitent. Par ailleurs, on notera une tendance à opposer le rôle normatif de l'OMS à son activité d'assistance technique[176]. Or, il est possible que l'OMS ait une influence sur le développement de la norme au niveau national par son activité d'assistance technique. Cette assistance offre un support technique qui permet d'exercer un encadrement normatif. Suivant cette approche, le rôle normatif est une notion plus englobante, complète et dépeignant mieux la réalité de l'OMS en comparaison de celle de fonction, d'action ou de pouvoir normatifs.

81. Dans cette perspective, le recours à la notion de « rôle normatif » permet, d'une part, de dépasser l'appréciation de la simple compétence ou mise en œuvre et d'autre part, d'élargir l'analyse de la seule norme juridique. Le rôle normatif permet de prendre l'OMS dans sa globalité en tant qu'organisation technique et scientifique, juridique et non juridique, contraignante et non contraignante telle qu'illustrée par sa production normative. Le rôle normatif est donc la capacité qu'a l'OMS à adopter ou faire adopter des normes aux niveaux national, régional ou international mais aussi à garantir leur mise en œuvre en prenant en compte sa volonté propre quant au contenu et à la portée de la norme. En effet, la particularité de l'OMS en tant qu'organisation intergouvernementale est qu'elle est régie par le droit international public et, en particulier, par le droit des organisations internationales, qui font dépendre l'OMS, en grande partie, des Etats membres qui la constituent. Cette dépendance interroge sur la capacité de cette institution à produire des normes qui vont avoir une application au niveau étatique.

82. Le rôle normatif intègre les différentes étapes de l'élaboration à la mise en œuvre de la norme en fonction des priorités de santé mondiale et de la capacité de l'OMS à gérer les facteurs extérieurs liés au contexte international. Ces facteurs sont principalement afférents aux intérêts politiques et/ou économiques et financiers et ont nécessairement un impact sur l'élaboration ainsi que sur la mise en œuvre de la norme une fois adoptée. A cet égard, si la notion de norme est amenée à évoluer avec l'avancement des travaux de réflexion, il est nécessaire *a priori* d'en tracer les contours.

B. La norme, notion essentielle à définir

83. Le recours à la notion de « norme » impose une tentative de définition mais démontre également qu'il existe de multiples catégorisations « des normes ». Par ailleurs, l'étude du rôle normatif de l'OMS qui implique une interprétation élargie de la norme n'empêche pas d'en délimiter les contours par l'inclusion et l'exclusion de certaines normes du champ de la recherche.

1. Une double définition de la « norme »

84. Il est essentiel de constater que l'usage de la notion de « norme » est contrasté car ses délimitations ne font pas l'unanimité. Or, il est fondamental

---

[176] C. CLIFT, « *The role of the World Health Organization in the International System* », Working Group on Governance, Paper 1, Chatham House, 2013, p.32.

pour le vocabulaire juridique[177]. Ainsi, il existe de nombreux travaux sur *les* normes[178] ou sur *certaines* normes[179] mais peu sur *la* norme[180] malgré des évolutions depuis quelques années.

85. L'approche étymologique[181] apporte quelques éléments de définition. Le mot norme vient du grec et du latin. En effet, selon le dictionnaire historique de la langue française Robert[182], le mot « norme » dérive d'un emprunt au grec *gnômona* ou *gnoma* (« marque ») accusatif de *gnônôm*. Ce dernier signifierait « qui juge ; juge, surveillant[183] » ou alors celui qui sait, expert ou équerre ou tige plantée dans le sol (cadran solaire)[184]. Issu du latin *norma*, ce terme technique désigne une sorte d'équerre[185]. Il s'agirait ainsi d'une équerre qui servait au géomètre. Par la suite, il a pris en français, vers 1165, un sens abstrait, réalisé dès le premier usage dans l'ancienne locution « mettre norme à » pour « régler une affaire ». Puis, on ne retrouve pas le mot « norme » dans les dictionnaires des XVIIe et XVIIIe siècles et il semble avoir été rare jusqu'au milieu du XIXe siècle[186]. Selon Monsieur LALANDE, le terme a été introduit dans la langue usuelle par le philosophe WUNDT en 1886[187] et son usage s'est généralisé au XXe siècle[188], ce qui apparaît assez tardif en considérant l'intense utilisation faite de ce terme de nos jours.

86. Il aurait ainsi deux significations : d'une part, « équerre » et d'autre part, « règle, loi, modèle, exemple[189] » ou étalon[190]. La norme est un « outil[191] » ou un objet qui « sert à... ». Comme le rappelle la Professeure THIBIERGE, « en tant que modèle, elle a vocation à servir de référence, pour tracer des angles droits, des lignes perpendiculaires ou, ce qui n'est pas la même chose, pour vérifier qu'un tracé ou une forme est bien à angle droit, rectiligne ou perpendiculaire[192] ». Dès 1980, le Professeur AMSELEK énonçait que les normes doivent être appréhendées comme des instruments qui

---

177 C. THIBIERGE, « *Au cœur de la norme : le tracé et la mesure (...) », op.cit.*, p.343.

178 V. notamment Ph. ROBERT, F.SOUBIRAN-PAILLET et M van de KERCHOVE, « *Normes, normes juridiques, normes pénales. Pour une sociologie des frontières* », t.1, L'Harmattan, Logiques sociales, 2000.

179 V. notamment G. TUSSEAU, *Les normes d'habilitation*, Dalloz, 2006 et F. VIOLET, *Articulation entre la norme technique et la règle de droit*, PUAM, 2003.

180 C. THIBIERGE, « *Au cœur de la norme : le tracé et la mesure (...) », op.cit.*, p.343.

181 V. notamment J.-P. CAPUT, « *Naissance et évolution de la notion de norme en français* », Langue française, La norme, n°16, 1972, pp.63-73.

182 *Dictionnaire historique de la langue française*, t.2, 2000.

183 *Dictionnaire français-grec Hatier-Belin*, 1998.

184 Ce terme grec, à l'origine du terme latin *norma*, désigne donc soit une personne ayant la fonction de juger (mais pas au sens juridique de rendre un jugement), soit un objet qui fournit un repère (C. THIBIERGE, « *Au cœur de la norme : le tracé et la mesure (...) », op.cit.*, p.341).

185 V. F. GAFFIOT, *Dictionnaire latin français*, Hachette, 1934, « *norma* » ; M. BREAL et A. BAILLY, *Dictionnaire étymologique latin*, Hachette, Paris, 1885 et C. T. LEWIS et C. SHORT, *A Latin Dictionary*, Clarendon Press, Oxford, 1879, « *norma* ». Utilisée en architecture, la *norma* fournit modèle : elle donne la ligne et l'angle droit.

186 C. THIBIERGE, « *Au cœur de la norme : le tracé et la mesure (...) », op.cit.*, p.342.

187 W. WUNDT, *Ethik*, 1886.

188 A. LALANDE, *Vocabulaire technique et critique de la philosophie*, 15ème éd., 1985 « Ce terme, très rare autrefois, est devenu depuis quelques années d'un usage courant (comparer l'article *Norm* dans Eiseler, 1ère éd. 1899 et 3ème éd. 1910. Quant à ses dérivés : normativité (1949), normativisme (1935) et normativiste (1968) ».

189 F. GAFFIOT, *Dictionnaire latin français*, Hachette, 1934, « norma ».

190 D. DE BECHILLON, « *Qu'est-ce qu'une règle de Droit ?* », éd. Odile Jacob, 1997, p. 171.

191 C. THIBIERGE, « *Au cœur de la norme : le tracé et la mesure (...) », op.cit.*, p.344.

192 *Ibid.*

donnent la mesure du « déroulement du cours des choses[193] ». Il différencie les normes des concepts. Les premières « mesurent la survenance au monde de choses, leur émergence, leur apparition, leur production dans le flux événementiel » de sorte qu'« elles s'opposent à une autre variété d'étalons psychiques, les concepts, lesquels sont des modèles psychiques à contenu constitutionnel ou structurel[194] ».

87. La norme peut se rattacher à deux notions connexes. D'une part, dans son sens abstrait, la norme peut découler de la notion de « normalité[195] ». Est normal[196] « ce qui est conforme à la norme », dans le double sens de « ce qui est habituellement, dans la majorité des cas ou en moyenne » et de « ce qui est tel qu'il doit être[197] ». La norme apparaît comme « l'état habituel, régulier, conforme à la majorité des cas ou à ce qui doit être [198] ». Selon cette conception, la norme se réfère à ce qui est, en termes de statistique, de fréquence, de régularité, autrement dit de moyenne. De manière « quelque peu tautologique », la norme désigne ce qui est conforme à la moyenne générale[199]. Pour la Professeure THIBIERGE, « la voie de la normalité est donc celle de la norme à la fois comme modèle existant, né de la moyenne ou de la majorité, et/ou comme modèle à suivre[200] ».

88. D'autre part, la norme est souvent définie, à l'inverse, comme « type concret ou formule abstraite de ce qui doit être [201]» ou « comme type idéal ou règle par rapport auxquels sont portés des jugements de valeur[202] ». Dans cette voie de la normativité, le normatif « est un genre qui contient deux espèces : l'impératif et l'appréciatif[203] ». La norme « n'est pas nécessairement une loi ni un commandement, elle peut être un idéal, sans aucun caractère d'obligation[204] ». La norme peut ainsi se concevoir diversement comme un idéal, comme un but, comme règle ou principe, et de manière synthétique et unitaire comme un modèle. La norme apparaît comme « un nom générique pour ces différentes idées d'idéal, de but, de règle, de principe[205] ». Elle vise un comportement à avoir[206]. C'est davantage dans cette seconde voie que s'inscrit cette démarche de recherche.

---

[193] P. AMSELEK, « *Norme et loi* », in APD, vol. 25, 1980, p. 94.

[194] *Ibid.*, p.95.

[195] V. S. CHASSAGNARD-PINET, « *Normalité et norme juridique : d'une force normative à l'autre* », in C. THIBIERGE et al., *La force normative, op.cit.*, pp.153-163. L'auteure estime que la normalité est à la fois une moyenne (ce qui est observé) et une valeur (principe d'observance).

[196] V. G. CANGUILHEM, *Le normal et le pathologique*, PUF, coll. Quadridge, 5ème éd., 1994, p.177 (normaliser c'est « imposer une exigence à une existence »).

[197] A. LALANDE, *Vocabulaire technique et critique de la philosophie, op.cit.*, « normal ».

[198] Centre national de ressources textuelles et lexicales « norme » et Dictionnaire historique de la langue française.

[199] L. BOY, « Normes », *Revue internationale de droit économique, n°2,* 1998, p.129 (pp.129-154).

[200] C. THIBIERGE, « *Au cœur de la norme : le tracé et la mesure (...) », op.cit.*, p.345.

[201] A. LALANDE, *Vocabulaire technique et critique de la philosophie, op.cit.*, « norme » ; V. aussi Dictionnaire Le Reobert, 2006.

[202] F. FOULQUIE, *Dictionnaire de la langue française*, PUF, 1982.

[203] A. LALANDE, *Vocabulaire technique et critique de la philosophie, op.cit.*, « norme ».

[204] *Ibid.*

[205] C. THIBIERGE, « *Au cœur de la norme : le tracé et la mesure (...) », op.cit.*, p.345.

[206] V. F. TERRE, « *Forces et faiblesses de la norme* », in C. THIBIERGE et al., *La force normative, op.cit.*, p.19 (pp.19-21). L'auteur retient la définition suivante de la norme « un énoncé, explicite ou implicite, qui dicte un comportement ».

89. A cet égard, la norme constitue un modèle[207] qui sert deux fonctions distinctes. D'abord, issue de la définition de Monsieur LALANDE, la norme en tant que « modèle concret, un exemple ou un type à imiter », met l'accent sur le modèle d'action. La norme a vocation concrète à être reproduite ou plus abstraite à être suivie, à inspirer. Elle sert de guide ou de référence pour l'action. Ensuite, selon Monsieur FOULQUIE, la norme est un « type idéal ou règle par rapport auxquels sont portés des jugements de valeurs[208] ». Ainsi, la norme est un modèle pour juger et pour évaluer. Elle permet la comparaison, la vérification et la mesure. Elle fournit un étalon et une référence pour le jugement.

90. On retrouve ces deux fonctions aussi bien pour la norme en tant que modèle concret (équerre de *norma*)[209] que pour la norme abstraite. Dans le deuxième cas, la norme permet, d'abord, non pas de tracer des lignes droites ou perpendiculaires mais des lignes de conduites, d'action ou d'idéal. La norme apparaît comme un modèle pour agir et fournit un modèle pour l'action[210]. Dans ce rôle de direction la norme sert l'action. Ensuite, la norme offre un modèle pour juger, pour apprécier une conformité et/ou une comptabilité. Dans ce rôle d'étalon, la norme sert de vérification. Les Professeurs COMBACAU et SUR évoquent la même idée puisqu'ils considèrent que l'énoncé des normes a pour fonction « soit de déterminer les conduites de ceux qui entrent dans leur champ d'application, soit de permettre après coup d'apprécier ces conduites et d'en déterminer les conséquences[211] ».

91. C'est dans cette double acceptation que la notion de norme sera appréhendée. Ainsi, le rôle normatif de l'OMS permet de déterminer, d'une part, comment faire en « s'ajustant à la norme, en imitant la norme, en la respectant ou en s'en inspirant » et, d'autre part, comment vérifier ce qui a été fait, en « comparant à la norme, modèle de vérification, qui permet la mesure et donc le jugement[212] ». Le rôle normatif est davantage celui de rôle de référence que de rôle obligatoire. Comme le souligne le Professeur DE BECHILLON, « une norme ne se voit pas, elle se comprend[213] ». Le terme de « norme » est privilégié en ce qu'il couvre un champ étendu. Il désigne « un concept plus général que celui de 'règle' ou de 'loi', couvrant toutes les variétés d'obligations, de permissions ou d'interdictions, quel que soit le domaine (droit, morale, etc.) et quel que soit le degré de généralité ou de

---

[207] V. P. AMSELEK, *Perspectives critiques d'une réflexion épistémologique sur la théorie du droit (essai de phénoménologie juridique)*, LGDJ, 1964, p.63 et s.
[208] F. FOULQUIE, *Dictionnaire de la langue française*, PUF, 1982.
[209] L'auteure explique que « la *norma*, au sens de l'outil matériel, est une équerre en forme de T, servant à réaliser et à vérifier angles droit et lignes droites. D'une part, sa fonction première est de fournir un modèle de tracé : elle sert l'action (concrètement, elle guide la main de celui qui l'utilise), en guidant le tracé en train de s'accomplir. D'autre part, elle permet de vérifier si deux droites formant un angle sont bien rectilignes et perpendiculaires. Elle sert alors après coup, une fois l'action faite, à la vérification de ce qui a été accompli. Elle permet la comparaison ». (C. THIBIERGE, « *Au cœur de la norme : le tracé et la mesure (...)* », *op.cit.*, p.347).
[210] V. notamment P. DUBOUCHET, *Les normes de l'action. Droit et morale, Introduction à la science normative*, 1ère éd., L'Hermès, 1990, p.12.
[211] J. COMBACAU et S. SUR, *Droit international public*, Montchrestien-Lextenso, Domat Collection, 11e éd. 2014, pp.18-19.
[212] C. THIBIERGE, « *Au cœur de la norme : le tracé et la mesure (...)* », *op.cit.*, p.348.
[213] D. DE BECHILLON, « *Qu'est-ce qu'une règle de Droit ?* », *op.cit.*, p.166.

particularité, d'abstraction ou de concrétisation[214] ». Enfin, la norme est appréhendée d'un point de vue stipulative c'est-à-dire une définition qui, comme l'explique le Professeur TROPER, « ne sera ni vraie ni fausse, mais seulement opératoire pour un problème spécifique [215]», à savoir, l'étude du rôle normatif de l'OMS.

92. Une fois la délimitation de la notion de norme proposée, il est possible de catégoriser les « normes » en fonction de critères particuliers sans pour autant remettre en cause l'appellation de « norme ». L'objectif est de démontrer la diversité de cette notion et d'en délimiter les contours dans le cadre de cette recherche.

2. Des classifications de « normes »

93. La doctrine fourmille de différentes classifications de la norme. Dans cette perspective, premièrement, il y a celles fondées sur l'objet de la norme. La norme peut avoir – et la liste est non-exhaustive – un objet sanitaire[216], environnemental[217], économique[218], financier[219], pénal[220], contractuel[221], culturel[222], moral, social[223], managérial[224] ou éthique[225]. Dans le cadre de cette étude sur l'OMS, les normes sanitaires seront principalement étudiées.

94. Deuxièmement, une catégorisation peut se faire au regard du contenu de la norme selon une distinction traditionnelle[226] entre les normes descriptives et prescriptives[227]. On retrouve également la distinction faite par le Professeur AMSELEK entre norme directive et norme scientifique[228]. Enfin, le Professeur

---

[214] O. PFERSMANN, Entrée « norme », in D. ALLAND et S. RIALS (dir.), Dictionnaire de la culture juridique, PUF, 2003, p. 1080.

[215] M. TROPER, « *Pour une définition stipulative du droit* », Droits, n° 10, 1989, p. 102.

[216] V. M. GROSSET : « *Les logiques des normes sanitaires relatives à la pratique médicale* », JDSAM, n°3, 2011 ; V. aussi *Les normes en santé*, Actes du Colloque de l'Institut Droit et Santé, publié au JDSAM, n°2, 2015 et S. FAINZANG, « *Les normes en santé. Entre médecins et patients, une construction dialogique* », HAL Archives ouvertes, 2004.

[217] V. T. REVERDY, « *Les normes environnementales en entreprise : la trajectoire mouvementée d'une mode managériale* », *Sociologies pratiques*, n°10, 1/2005, pp.97-119.

[218] V. R. PREVOST, « *Normes économiques et déterminations statistiques* », Revue économique, vol.7, n°5, 1956, pp.833-845.

[219] B. JEAN-ANTOINE, *Les normes constitutionnelles financières en droit français de 1789 à nos jours*, LGDJ, 2010.

[220] V. J.-F. CESARO, « *La norme pénale, l'entreprise et le droit du travail* », D. Droit social, 2005, p.139.

[221] V. M. MEKKI, « *La densification de la norme contractuelle* », *in* C. THIBIERGE (dir.), *La densification normative : Découverte d'un processus*, Bruylant-Lextenso, 2014.

[222] P. DEMEULENAERE, « *Les normes culturelles* » in *Les normes sociales. Entre accords et désaccords*, PUF, 2003, pp.249-277.

[223] P. LIVET, « *Normes sociales, normes morales, et modes de reconnaissance* », *Les Sciences de l'éducation - Pour l'Ère nouvelle*, vol.45 1/2012, pp. 51-66 ; N. DUBOIS, « *Autour de la norme sociale* », *Les cahiers psychologie politique*, n° 2, Octobre 2002 ; N. RAMOGNINO, « *Normes sociales, normativités individuelle et collective, normativité de l'action* », *Langage et société*, n° 119, 1/2007, pp.13-41.

[224] E. PEZET et J. SENECHAL (dir.), *Normes juridiques et normes managériales. Enjeux et méthode d'une nouvelle internormativité*, LGDJ-Lextenso éditions, coll. « Droit et Société. Recherches et Travaux », 2014.

[225] P. ENGEL et K.MULLIGAN, « *Normes éthiques et normes cognitives* », *Cités, n°15*, 3/2003, pp.171-186.

[226] V. FERRARI, « *Réflexions relativistes sur le Droit* », in Regards sur la complexité sociale et l'ordre légal à la fin du XXe siècle, Bruylant, 1997, p. 36. L'auteur parle de « grande division ».

[227] On peut évoquer Kelsen, Roubier, ou Josserand.

[228] P. AMSELEK, « *Le droit, technique de direction publique des conduites humaines* », Droits, 1989-10, pp.7-10 (« *toutes les règles ou normes [...] ne sont pas exclusivement des règles de conduite ou normes éthiques : il suffit de penser aux « lois » scientifiques* »).

BELANGER estime qu'il est possible de distinguer les normes cadres et les normes ordinaires[229] ou fonctionnelles[230]. Les premières sont celles qui établissent, à travers la formulation de principes, le cadre général d'une activité. A l'inverse, les secondes sont des normes fondées sur les éléments techniques. Malgré l'opposition du Professeur BELANGER[231], on retrouve néanmoins dans cette classification, une distinction entre les normes juridiques et les normes techniques et/ou scientifiques.

95. Troisièmement, et il s'agit d'une distinction classique du droit sur laquelle sur laquelle il conviendra de revenir, la valeur de la norme permet de distinguer les normes contraignantes (ou obligatoires[232]) des normes non contraignantes (ou non obligatoires). Autrement dit, il y a des normes qui ont pour vocation de contraindre et d'obliger les destinataires de la norme, souvent associées à un droit exécutoire dont la non-application implique une sanction[233]. A l'inverse, il existe des normes qui n'ont pas vocation à contraindre ni à obliger mais simplement à proclamer, proposer, inciter, recommander les destinataires de la norme suivant un droit déclaratoire ou proclamatoire[234] et dont le non-respect n'implique pas nécessairement de sanction juridique.

96. Quatrièmement, les normes peuvent être classées en fonction de leur auteur. Il peut s'agir d'un créateur ou producteur public[235], privé[236] ou mixte[237].

---

[229] M. BELANGER, « *Une nouvelle branche du droit international : le droit international de la santé* », Etudes internationales, Québec, 1982, pp.611-632, in M. BELANGER, *Eléments de doctrine en droit international de la santé*, Les Etudes Hospitalières, Etude 4, 2012, p.60. On pourrait également évoquer la distinction proposée par HART entre les normes primaires, qui ordonnent, permettent ou interdisent certaines conduites, et les normes secondaires, qui ne se réfèrent pas à la façon dont les gens devraient se conduire et structurent et régulent les normes primaires (V. H. L. A. HART, *The Concept of Law*, Oxford, 1961, pp. 89-86). V. *contra* N. BOBBIO, « *Nouvelles réflexions sur les normes primaires et secondaires* », in *Essais de théorie du droit*, LGDJ, 1998, pp.115-118.

[230] M. BELANGER, « *Normes sanitaires internationales* », in P. PEDROT, *Dictionnaire de droit de la santé et de la biomédecine*, Ellipses, 2006, pp.323-324.

[231] M. BELANGER, « *Une nouvelle branche du droit international : le droit international de la santé* », *op.cit.*, p.60.

[232] A cet égard, la distinction entre contraignant et obligatoire fera l'objet de développements.

[233] V. H. KELSEN, *Théorie pure du droit*, 2e traduction par Ch. EISENMANN, Dalloz, 1962 (1934).

[234] R.-J. DUPUY, « *Droit déclaratoire et droit proclamatoire : de la coutume sauvage à la* soft law », in *L'élaboration du droit international public*, colloque de la Société française de droit international, 1975, Paris et M. CHEMILLER-GENDREAU, « *Droit proclamatoire et droit exécutoire* » in *Réalités du droit international contemporain*, Actes de la IVe Rencontre de Reims, Centre d'Étude des Relations Internationales, 1978.

[235] C. HABLOT, « *De la norme privée à la norme publique en droit du travail* », Dalloz, coll. Thèse, éd. Panthéon Assas, 2013.

[236] C. COUPET, « *Les normes d'origine privée* », RTD com. 2015, p.437.

[237] V. par exemple G. SMITH, « *Interactions entre normes publiques et normes privées dans la filière alimentaire* », éd. OCDE, Agriculture and fisheries in the food chain, Working Papers, n°15, 2009, pp.13-14. « Les normes de qualité alimentaire peuvent être envisagées séparément selon qu'elles sont privées ou publiques, bien que la distinction ne soit pas toujours évidente. Dans bien des cas, des normes adoptées par les pouvoirs publics et inscrites dans la législation viennent initialement du secteur privé. Ces politiques et réglementations publiques, en association avec les normes relatives aux intrants, aux procédés et aux résultats, influencent considérablement le fonctionnement et le développement des marchés privés en termes de qualité de l'alimentation. Du point de vue de la théorie économique, la distinction entre normes publiques et normes privées, en termes fonctionnels, dépend davantage des intérêts pris en compte lors de l'élaboration et de la mise en œuvre de la norme. Pour une norme publique, régie par le droit public et fixée par des instances gouvernementales, on suppose que les intérêts de tous les acteurs de l'économie – les producteurs, les consommateurs et la collectivité en général (externalités) – sont pris en considération. En revanche, les normes privées font intervenir les profits et les intérêts d'entreprises, de producteurs ou d'organismes

Au sein des normes issues du pouvoir public, il peut y avoir des sous-catégorisations en fonction de l'auteur : norme constitutionnelle[238] (pouvoir constituant), norme législative (pouvoir législatif) et norme réglementaire (pouvoir exécutif). Dans cette recherche, la majorité des normes étudiées émanent *a priori* de l'OMS, directement ou indirectement.

97. Cinquièmement, il existe une classification en fonction du destinataire de la norme. Il peut s'agir de normes individuelles[239] ou collectives[240] (ou générales[241]). En effet, pour le Professeur DAILLIER et ses collègues, les normes peuvent avoir une portée générale ou individuelle[242].

98. Dernièrement, la classification des normes peut dépendre des champs d'application géographiques de cette dernière. Ainsi, une norme peut être de portée internationale[243], régionale[244] ou nationale (ou interne) voire locale[245]. A cet égard, dans la majorité des cas, l'OMS élabore des normes de portée internationale avec pour ambition de pouvoir les adapter aux spécificités régionales et locales. Toutefois, l'existence de régions au sein de l'OMS permet de développer des normes de portée exclusivement régionale et locale.

99. L'un des objectifs de cette recherche est de démontrer que ces différentes catégorisations et distinctions *ab initio* sont poreuses et floues au regard de l'analyse de l'ensemble du corpus normatif de l'OMS.

100. Cette revue des différentes classifications permet de délimiter le champ d'étude du rôle normatif de l'OMS. Certaines normes peuvent être inclues et exclues *ab initio.*

---

privés ». V. aussi O. CAYLA, « *Le contrôle des mesures d'exécution des traités : réduction ou négation de la théorie des actes de gouvernement* », RFDA 1994, p.1.

[238] P. de MONTALIVET, « *La dégradation de la qualité de la norme constitutionnelle sous la Ve République* », Revue du droit public, n°4, 2012, p.925 ; J. MESTRE, « *La liberté contractuelle à l'épreuve d'une norme constitutionnelle* », RTD civ. 1996, p.153 ; M. ROCARD, « *Normes de valeur constitutionnelle et degré de protection des droits fondamentaux* », RFDA 1990, p.317 et C. GESLOT, « *Lois et règlements - Normes constitutionnelles et normes de référence du contrôle de la constitutionnalité des* lois », JCP G n° 18, 2 Mai 2007, doctr., 149.

[239] P. MAYER, « *Existe-t-il des normes individuelles ?* », in *L'architecture du droit : Mélanges en l'honneur de Michel Troper,* Economica, 2006.

[240] M. MORAND, « *Norme collective et principe d'égalité de traitement* », La Semaine Juridique Sociale, n°18, 2010 ; M. MORAND, « *Normes collectives et consultation des représentants du personnel* », La Semaine Juridique Sociale, n°10, 2013 ; T. BERNS, « *Normes collectives non juridiques* », in *Gouverner sans gouverner,* PUF, 2009, pp.81-100.

[241] P. BRUNSWICK, « *Devoir de loyauté - Le devoir de loyauté, une norme générale de comportement oubliée puis retrouvée ?* » - Cahiers de droit de l'entreprise n°1, Janvier 2016, dossier 1.

[242] P. DAILLIER, M. FORTEAU et A. PELLET, *Le droit international public*, LGDJ, 8ème éd., 2009, p.673.

[243] S. COURCENET, « *Les normes internationales et le travail des enfants* », AJ fam. 2006, p.150 ; B. BONNET, « *Le Conseil d'Etat, la Constitution et la norme internationale* », RFDA 2005, p.56 ; G. BACHELIER, « *La norme internationale et le droit interne devant le juge administratif* », Rev. crit. DIP 2000, p.1 ; R. IDA, « *Formation des normes internationales dans un monde en mutation. Critique de la notion de* soft law », in *Le droit international au service de la paix, de la justice et du développement, Mélanges Michel Virally,* Pédone, 1991, pp.333-340 et S. SUR, « *Quelques observations sur les normes juridiques internationales* », in Revue générale de droit international public, 1985, n°4.

[244] E. MAZUYER, « *La régulation régionale du travail. Aspects comparatifs européens et nord-américains* », Rev. trav., 2007, p.222.

[245] V. Z. KEYUAN, « *La difficile harmonisation des normes locales et de la législation nationale* », *Perspectives chinoises*, n°81, janvier-fevrier 2004.

3. Des normes à inclure et à exclure

101. Afin d'éviter de faire une analyse de l'ensemble des normes existantes ce qui serait non seulement laborieux mais avant tout non pertinent au vue de l'objet d'étude, il convient de délimiter les normes considérées les plus topiques.

102. D'abord, il faut exclure certaines normes du champs d'analyse. En premier lieu, toute norme n'émanant pas (directement ou indirectement) de l'OMS, en tant qu'auteur de la norme, sera exclue. Pour autant, il est nécessaire de ne pas simplement se cantonner aux normes adoptées formellement par l'Assemblée mondiale de la santé. Il existe de nombreuses normes dites de l'OMS qui sont élaborées par le Secrétariat à l'appui de groupes d'experts qui seront ensuite validées (ou non) par le Directeur général. Toutefois, toutes les normes ne jouissent pas de cette validation formelle. Il est donc important de prendre en compte l'ensemble du spectre normatif de l'OMS. En second lieu, au regard du mandat de l'OMS, il apparaît évident que les normes considérées auront toutes un objet sanitaire. Ainsi, ne seront pas prises en compte les normes sociales, culturelles, managériales, morales ou sociologiques. Si la norme peut être abstraite, dans les recherches, elle doit s'accompagner d'un support, en l'occurrence, d'instruments concrets.

103. Dans cette analyse seront considérées les normes qui émanent de l'OMS (directement ou indirectement), ayant un objet sanitaire, de portée internationale, régionale ou locale, à visée individuelle ou collective, de contenu juridique ou technique et de valeur contraignante ou non contraignante.

104. La question du rôle normatif de l'OMS apparaît d'autant plus pertinente que cette organisation fait face à certaines évolutions et réformes qui l'obligent à se transformer pour faire face aux nouveaux enjeux de santé mondiale.

§ 2. Une OMS en mutation dans son rôle normatif

105. La mutation opérée par l'OMS s'impose en raison de différentes évolutions qui trouvent une forme d'apothéose en ce début de XXIe siècle (A). Cela a forcé l'OMS à réagir en engageant une réforme qui offre un terrain propice à une réflexion sur son rôle normatif (B).

A. OMS et évolutions

106. Au cours de son histoire, l'OMS a dû faire face à des risques sanitaires qui se sont multipliés et diversifiés, un contexte mondial qui est devenu davantage concurrentiel aboutissant à une situation de crise institutionnelle.

1. Un contexte sanitaire mondial mouvant

107. Plusieurs éléments démontrent que le contexte sanitaire mondial a évolué. D'abord, les premiers effets de la mondialisation, qui avaient convaincu les Etats de coopérer et de collaborer afin de limiter la propagation des maladies infectieuses[246] et grippales, ont été décuplés. D'une part, l'accroissement et la facilité des échanges commerciaux notamment avec le développement du transport aérien ont constitué des facteurs propices à la propagation de maladies transmissibles. D'autre part, la plus grande liberté de circulation des citoyens du monde entre les pays a également renforcé le besoin de coopération internationale. Par ailleurs, la communauté internationale[247] a été confrontée à des évolutions ou des mutations de maladies contre lesquelles des vaccins n'étaient pas disponibles. Ainsi, l'environnement biologique naturel constitue une perpétuelle menace comme en témoigne, par exemple, les épidémies de SRAS, du H1N1, du H5N1 ou du virus *Zika*. Enfin, malgré des réussites évidentes dont la déclaration officielle par l'OMS de l'éradication globale de la variole en 1980[248] et le développement de nombreux vaccins afin de maîtriser des maladies, la résurgence d'épidémies demeure possible comme l'illustre le cas de l'épidémie à virus *Ebola*. Dès lors, dans le cadre de la gestion des pandémies, le contexte sanitaire est en constante mutation obligeant l'OMS à adapter son rôle normatif. En atteste la révision du Règlement sanitaire international en 2005 afin d'accroître son rôle préventif, par la mise en place d'une obligation de notification élargie, tout en conservant un rôle palliatif nécessaire, d'aide aux pays en cas de crise sanitaire.

108. Ensuite, parallèlement, l'OMS a dû faire face à une évolution des enjeux sanitaires des maladies transmissibles vers les maladies non transmissibles (MNT)[249] à la fin des années 1990. Ces maladies également appelées maladies chroniques, ne se transmettent pas d'une personne à l'autre.

---

[246] L'OMS propose la définition suivante des maladies infectieuses : « Les maladies infectieuses sont causées par des microorganismes pathogènes, tels que les bactéries, les virus, les parasites ou les champignons. Ces maladies peuvent se transmettre, directement ou indirectement, d'une personne à l'autre. Les zoonoses sont des maladies infectieuses chez les animaux qui peuvent se transmettre à l'homme ». (OMS, « *Maladies infectieuses* », Site internet, http://www.who.int/topics/infectious_diseases/fr/). Par ailleurs, la liste de l'OMS comprend les maladies infectieuses suivantes : Choléra, Dengue et dengue hémorragique, Fièvre de la vallée du Rift, Fièvre hémorragique de Crimée-Congo, Fièvre hémorragique de Marburg, Fièvre jaune, Grippe (saisonnière), Hépatite A, Hépatite B, Hépatite E, La lèpre, Maladie à virus Ebola, Méningite à méningocoques, Orthopoxvirose simienne, Paludisme, Peste, Poliomyélite, Trypanosomiase humaine africaine (maladie du sommeil), Tuberculose, Ulcère de Buruli, Virus Nipah (OMS, « *Maladies infectieuses : principaux repères* », Site internet, http://www.who.int/topics/infectious_diseases/factsheets/fr/).

[247] L'expression « communauté internationale » n'est pas employée pour déterminer une quelconque valeur juridique mais pour définir les Etats et leurs populations, pris dans leur ensemble. Pour des discussions sur la notion juridique. V. E. JOUANNET, « *La communauté internationale vue par les juristes* », Annuaire Français de relations internationales, volume VI, 2005 ; E. JOUANNET, « *L'idée de communauté humaine à la croisée de la communauté des Etats et de la communauté mondiale* », in *La Mondialisation entre Illusion et l'Utopie*, Archives de philosophie du droit, 2003, Tome 47, pp. 191-232 ; S. VILLALPANDO, *L'émergence de la communauté internationale dans la responsabilité des Etats*, PUF, 2005 et R.-J., DUPUY, *La communauté internationale entre le mythe et l'histoire*, Economica, 1986.

[248] Une Commission internationale de certification de l'éradication de la variole fut mise en place et se réunit en décembre 1978 et décembre 1979. Le 9 décembre 1979 la Commission certifia que « la variole a été éradiquée dans tous les pays du monde ». Lors de la 33ème Assemblée mondiale de la santé, l'OMS déclara le 8 mai 1980 dans la résolution WHA33.3 (WHA33/1980/REC/1, p.1) que que l'objectif de « l'éradication de la variole a été atteint » (V. G. L. BURCI et C. H. VIGNES, *World Health Organization*, Kluwer Law International, 2004, p.180.

[249] Définition proposée par l'OMS (OMS, « *Maladies non transmissibles* », Aide-mémoire n°355, Mars 2013 http://www.who.int/mediacentre/factsheets/fs355/fr/). Par ailleurs, ce document précise que les quatre principaux types de maladies non transmissibles sont les maladies cardiovasculaires (accidents vasculaires cardiaques ou cérébraux), les cancers, les maladies respiratoires chroniques (comme la broncho-pneumopathie chronique obstructive ou l'asthme) et le diabète.

Elles sont de longues durées et évoluent en général lentement. Pour autant, elles ont été responsables de 68% des décès dans le monde en 2012 (36 millions sur 56 millions de décès annuels), contre 60% en 2000[250]. Les facteurs comportementaux, pouvant être modifiés dont le tabagisme, la sédentarité, la mauvaise alimentation et l'usage nocif de l'alcool, augmentent le risque ou sont la cause de la plupart des MNT. De même, la particularité des MNT est qu'elles affectent toutes les tranches d'âges et toutes les régions, à la différence des maladies transmissibles qui affectent principalement les pays en développement. Ces évolutions ont obligé l'OMS à réagir comme l'illustre l'adoption de la Convention-cadre pour la lutte antitabac en 2003, ainsi que notamment la Stratégie mondiale pour l'alimentation, l'exercice physique et la santé ou celle visant à réduire l'usage nocif de l'alcool.

109. Ces évolutions ont profondément influencé le rôle de l'OMS en général et son rôle normatif en particulier. D'une vision très scientifique et technique, l'OMS s'est retrouvée à devoir développer, non sans difficulté, des encadrements généraux et juridiques pour gérer des enjeux scientifiques mais également à s'improviser comme forum de discussions politiques pour permettre des changements profonds des systèmes de santé au niveau national et faire évoluer les comportements des individus.

110. Cette évolution a également été accompagnée d'un changement dans la vision de l'action normative de l'OMS. La vision verticale[251] qui animait l'OMS selon laquelle les programmes développés avaient trait à une seule maladie, suivant un processus de traitement (le vaccin) sans insister sur l'aspect préventif dans la gestion du risque sanitaire a dû évoluer. Dans les années 1970, l'OMS a développé des programmes horizontaux ou intégrés[252] afin d'appréhender les enjeux sanitaires de façon transversale.

111. Cette étude s'inscrit dans le paradigme de la « santé mondiale », notion qui nécessitera des précisions ultérieures. Autrement dit, il s'agit d'« un domaine d'étude, de recherche et de pratique dont la priorité est l'amélioration de la santé et la réalisation de l'équité en santé pour l'ensemble de la population mondiale[253] ». L'idée fondatrice de la santé mondiale vient « du

---

[250] OMS, « *Principales causes de mortalité dans le monde* », Site internet, http://www.who.int/mediacentre/factsheets/fs310/fr/index2.html.

[251] Les programmes verticaux sont « nommés ainsi car ils sont dirigés, supervisés et mis en œuvre, totalement ou dans une large mesure, par un service spécialisé faisant appel à des personnels de santé spécialement affectés à cet effet » (V. A. MILLS, « *Vertical vs horizontal health programmes in Africa: idealism, pragmatism, resources and efficiency* », Social Science and Medicine, vol.17, 1983, pp.1971-1981). Les programmes verticaux revêtent des formes très variées. On peut par exemple les définir selon la nature du service presté (tels les programmes indépendants pour les services de santé reproductive et les infections sexuellement transmissibles ou la santé mentale), par le type de population qu'ils servent (tels les programmes à l'intention des travailleurs du sexe, les prisonniers ou les consommateurs de drogues injectables) ou les deux (tel un programme de santé sexuelle destiné aux travailleurs du sexe) (V. R. A. ATUN et al., « *Quand les programmes verticaux (indépendants) ont-ils une place dans les systèmes de santé) ?* », Analyse des systèmes et des politiques de santé, OMS, 2008, p.4).

[252] Un programme intégré est « le processus qui consiste à réunir les fonctions communes d'une même organisation ou de plusieurs organisations différentes afin de résoudre des problèmes communs, de susciter un engagement envers une vision d'avenir et des objectifs, en exploitant des technologies et des ressources communes pour atteindre ces objectifs (OMS, « *Integration of health care delivery* », Technical Report Series, n°861, 1996). Intégrer peut vouloir dire qu'ils soient rendus plus accessibles et/ou qu'ils soient combinés à d'autres services.

[253] J. P. KOPLAN et al, « *Towards a common definition of global health,* » The Lancet, vol.373, 6 Juin 2009, p.1993.

sentiment que n'importe quel événement de santé se produisant en un point du globe terrestre porte en lui un potentiel de menace pour les populations, ou la sécurité nationale, d'un pays en un autre point de ce globe[254] ». La santé mondiale s'articule autour de trois principes : la *santé pour tous* (visant à atteindre tous les individus), la *santé dans tous* (la santé dans toutes les politiques, y compris celles influençant les déterminants sociaux et environnementaux) et la *santé par tous* (promue par l'étendue très large d'acteurs)[255].

112. Les mutations du contexte sanitaire s'inscrivent également dans un environnement de santé mondiale concurrentiel.

2. Un environnement concurrentiel

113. Sans entrer ici dans le détail de la multiplication des acteurs de santé mondiale, il est important, avant d'entamer une réflexion sur le rôle normatif de l'OMS, de comprendre le contexte concurrentiel, sans précédent, auquel fait face l'OMS et son rôle normatif en matière de santé mondiale. Cette concurrence s'observe à tous les niveaux géographiques. D'une part, en tant qu'organisation intergouvernementale, l'action de l'OMS dépend de ses Etats membres qui développent des politiques nationales de santé. D'autre part, au niveau régional, d'autres organisations existent dont l'Union européenne (UE) et l'Organisation panaméricaine de la santé (OPS). Enfin, étant donné que l'OMS ne détient pas une compétence sanitaire exclusive au sein du système des Nations unies, d'autres organisations internationales ont compétence pour agir en matière de santé au niveau mondial. Certaines d'entre elles apparaissent paradoxalement mieux armées pour développer une compétence normative en santé.

114. Ensuite, cette concurrence s'observe également dans le développement d'acteurs non étatiques. Premièrement, les Organisations non gouvernementales (ONG) ont, dès l'origine, été considérées comme des partenaires opérationnels de l'OMS sans qu'il leur soit reconnu un véritable pouvoir de gouvernance, ce qui n'est pas sans poser de difficultés. Deuxièmement, les acteurs privés ont pris une place prépondérante dans le paysage de santé mondiale notamment par le financement (la Fondation Gates est devenue le premier contributeur de l'OMS en 2013[256]) mais aussi en matière de gouvernance avec l'apparition de partenariats publics privés.

115. Ces diverses concurrences peuvent avoir des conséquences sur la capacité de l'OMS à incarner son rôle normatif. La crise institutionnelle que traverse l'OMS en est la preuve.

---

[254] D. KEROUEDAN, « *Globaliser n'est pas sans risques pour les populations les plus pauvres du monde – Emergence de la « Global Health » en Afrique subsaharienne »*, in L. ATLANI-DUAULT et L. VIDAL (dir.), *La santé globale, nouveau laboratoire de l'aide internationale ?*, Revue Tiers Monde, vol.3, n°215, 2013, p.116.

[255] J. GARAY, L. HARRIS et J. WALSH, « *Global health: evolution of the definition, use and misuse of the term* » in *La santé globale existe-t-elle ? Santé, science et politique aux Sud*, Revue Face à Face, n°12, 2013.

[256] Avec une participation à hauteur de 301,3 millions de dollars, la Fondation Gates a dépassé la contribution combinée (fixe et volontaire) des Etats-Unis de 289,6 millions de dollars (OMS, *Financial Report and Audited Financial Statements for the year ended 31 December 2013*, Annexe, Voluntary contributions by fund and by contributor, 17 avril 2014, p.5).

3. Une situation de crise institutionnelle

116. Face à ces nouveaux enjeux ainsi que ces nouvelles forces en présence, l'OMS s'est également vu critiquée sur ses difficultés internes[257] d'organisation et sur sa lourdeur administrative avec plus de 7000 employés dont 3 500 environ au siège de Genève. En particulier, les scandales de conflits d'intérêts, de mauvaise gestion notamment de la pandémie H1N1 ou dernièrement des virus *Ebola* et *Zika* ont rappelé les limites de l'OMS.

117. Les observateurs extérieurs se sont majoritairement accordés, parfois même acharnés, sur les difficultés de l'OMS tantôt perçue comme une organisation « démodée, sous financée et excessivement politique[258] », tantôt marginalisée[259] et transformée en une bureaucratie fossilisée[260]. Elle serait sans importance, moins crédible[261], moins légitime, inutile voire néfaste[262]. La confiance quant à sa capacité à remplir son mandat constitutionnel serait mise en doute. En 2014, le journal *The Economist* évoquait ainsi l'OMS en tant que « vieil homme malade de l'ONU[263] ». La question même de sa suppression a été soulevée[264].

118. D'autres auteurs, heureusement, ont insisté sur le caractère irremplaçable[265] de l'OMS tout en soulignant le besoin de réfléchir à l'avenir de cette Organisation. Il ne faut pas faire de l'OMS le bouc émissaire de l'ensemble des difficultés mais accepter que des évolutions sont à prévoir pour déterminer son positionnement à venir. Dans cette optique, il est certain que l'OMS traverse une « crise identitaire[266] ». L'OMS doit-elle demeurer une organisation normative scientifique, évoluer vers l'élaboration de mesures générales d'encadrement juridique et politique[267] ou se transformer en une organisation opérationnelle ce qu'elle n'a jamais été jusqu'à présent ?

---

[257] V. notamment D. BISHOP, « *Lessons from Sars : Why the WHO must provide greater economic incentives for countries to comply with International Health Regulations* », Georgetown Journal of International Law, vol.36, p.1789 (pp.1173-2006).

[258] J. CHOW, « *Is WHO becoming irrelevant ?* », Foreign Policy, 2010 (M. Chow est l'ancien directeur général adjoint de l'OMS) ; V. également N. HAWKES, « *'Irrelevant' WHO outpaced by younger rivals* », BMJ, vol.343, 2011.

[259] B. R. BLOOM, « *WHO needs change* », Nature, vol.473, 2011, pp.143-145.

[260] G. YAMEY, « *WHO's management : struggling to transform a 'fossilised bureaucracy'* », BMJ, vol.325, 2002, pp.1170-1173.

[261] P. BENKIMOUN et A. DUPARC, « *L'OMS est-elle encore crédible ?* », Le Monde, 23 Avril 2014.

[262] M. POULAIN, « *Les négociations du droit de la santé : l'OMS à la croisée des chemins* », in E. MONDIELLI, F. VIALLA et E. CADEAU (coord.), *Mélanges en l'honneur de Michel Belanger – Modernité du droit de la santé* », Les éditions hospitalières, coll. Mélanges, 2015, p.101 (pp.101-115).

[263] « *Too big to ail* », The Economist, 13 décembre 2014.

[264] S. HARMAN, « *Is time up for WHO ? Reform, resilience, and global health governance* », Future United Nations Development System (FUNDS), briefing 17, May 2014 ; V. également. B. DEVEAUD et B. LEMENNIGIER, *L'OMS, bateau-ivre de la santé publique: les dérives et les échecs de l'agence des Nations unies,* L'Harmattan, 1997.

[265] D. SRIDHAR et L. O. GOSTIN, *Reforming the World Health Organization,* Commentary, JAMA, 29 Mars 2011.

[266] S. J. HOFFMAN and J.-A. ROTTINGEN, « *Split WHO in two : strengthening political decision-making and securing independent scientific advice* », Public Health, vol.128, Issue 2, pp.188-194.

[267] Sur la question du « politique », V. un extrait du discours du Président de la 38ème Assemblée mondiale de la santé en 1986 : « si les délégations convenaient toutes de ne pas soulever de questions politiques auxquelles d'autres tribunes des Nations unies peuvent mieux s'attaquer (…). Le Conseil s'est saisi de la question de la dimension politique des activités de l'OMS, et en particulier, de celle de sa politisation inopportune[267] » (OMS, « *Dimension politique* », EB77/17, 13 janvier 1986, p.2.). Toutefois, il convient de souligner que la notion de politique peut avoir plusieurs sens et qu'il n'est pas forcément péjoratif et peut être appréhender, selon la théorie arendtienne comme le « vivre-ensemble » où la liberté donne un sens à la

119. Preuve d'un certain désamour pour l'OMS, un sondage a été réalisé en 2012 sur la perception de l'OMS par les parties prenantes. Certes, plus de 80 % des parties prenantes externes et 94 % des membres du personnel de l'OMS considèrent que l'Organisation joue un rôle indispensable ou important dans l'amélioration de la santé des populations. De même, deux tiers estiment qu'elle est un organisme chef de file dans le domaine de la santé. Enfin, 90 % des personnes interrogées considèrent que l'OMS est l'organisation la plus efficace s'agissant d'influencer les politiques en vue d'améliorer la santé des populations à l'échelle mondiale. Toutefois, 24 % des personnes interrogées extérieures et 40 % du personnel ne font pas confiance à l'OMS et à l'action qu'elle mène[268]. 25 % du personnel interrogé a des doutes sur la capacité de l'OMS à prendre des mesures nécessaires pour garantir l'indépendance de ses experts en santé publique et est préoccupé quant à l'indépendance de l'OMS par rapport à l'industrie et l'influence indue que cette dernière pourrait exercer. Pour finir, si près de 90% des parties prenantes considèrent que l'information émanant de l'OMS est fiable et rigoureuse, un tiers des personnes interrogées à l'extérieur de l'Organisation et plus de deux cinquièmes des membres du personnel estiment que sa diffusion est trop lente et qu'il est difficile de naviguer dans les données.

120. Pour écorner davantage la réputation l'OMS, lors de l'épidémie *Ebola* en 2014, le Conseil de Sécurité de l'ONU est intervenu en adoptant une résolution[269]. Cette résolution, seulement la troisième en matière de santé après deux résolutions relatives au VIH dans les années 1980, a mis en place une Mission spéciale afin d'intervenir sur le terrain pour contenir l'épidémie d'*Ebola* qui menaçait la paix et la sécurité internationales. Si cette intervention peut, en partie, s'expliquer en raison des compétences respectives des deux organisations, et si l'OMS n'avait pas vocation à être une organisation opérationnelle, elle a, néanmoins, affecté l'image publique que renvoie l'OMS.

121. Si l'OMS est, partiellement, responsable de la situation dans laquelle elle se trouve, il serait malvenu (et faux) de faire reposer l'ensemble des difficultés sur cette dernière. D'une part, la responsabilité est en grande partie celle des Etats membres dont l'OMS dépend en tant qu'organisation intergouvernementale. En effet, l'Assemblée mondiale de la santé, où l'ensemble des Etats membres sont représentés et votent, incarne « la conscience sanitaire collective du monde[270] ». D'autre part, l'OMS dispose d'un budget global[271] de 4,3849 milliards de dollars pour l'exercice 2016-

vie politique (H. ARENDT, « *Qu'est-ce que la liberté ?* » in, *La crise de la culture*, Gallimard, coll. « Folio essais », 1972, p.190) ou comme « l'art ou la science de produire une bonne communauté » (selon Aristote V. E. BAKER, *The politics of Aristotle*, Oxford University Press, 1948, p.360). Néanmoins, cette notion inclut également la « lutte pour le pouvoir » décrite par Morgenthau (H. MORGENTHAU, *Politics among Nations*, Alfred Knopf, 1978, p.29) ainsi que la direction d'un groupement ou l'influence que l'on exerce sur cette direction et qui justifie le recours à la violence légitime, selon Webber (V. notamment M. WEBER, *Le savant et le politique*, traduction J. FREUND, Plon, 1959). Dans le cadre de l'OMS, les deux aspects sont appréhendés et appraissent comme les deux faces de la même médaille et l'histoire de l'OMS le démontre.

[268] OMS et GRAYLING, « *Stakeholder perception survey – Global communication Strategy Review* », Janvier 2013.

[269] ONU, Résolution 2177, S/RES/2177, 18 septembre 2014.

[270] V. Document WHA33/1980/Rec/1 p.94.

[271] Il était de 3,977 milliards de dollars pour l 'exercice 2014-2015 dont 915 millions de part fixe (OMS, « *Projet de budget programme 2014-2015* », A66/7, 19 avril 2013).

2017[272] dont seulement 929 millions sont issus des contributions fixes de ces mêmes Etats membres et 3,4559 milliards proviennent des contributions volontaires ouvertes à d'autres acteurs de santé dont les Etats membres, ce qui n'est pas sans poser de nombreuses difficultés.

122. On indiquera simplement trois précisions au préalable. D'abord, le budget ordinaire de l'OMS a oscillé entre augmentation, diminution et stagnation année après année. On soulignera, par exemple, qu'entre 1984 et 1996 le budget ordinaire n'a pas connu de croissance réelle[273]. De même, de 2000 à 2003, le budget n'a pas évolué stagnant à 842,654 millions de dollars. On notera également que pour l'exercice 2010-2011, le budget global y compris ordinaire était supérieur à celui pour l'exercice 2016-2017 puisqu'il était de 4,540 milliards dont 944 millions de contributions fixes[274]. Ensuite, la part de contributions volontaires a atteint aujourd'hui 79 % de l'ensemble du budget alors qu'elle était de 25 % en 1950[275]. Enfin, il est nécessaire de relativiser le budget de 4 milliards de dollars biannuel (soit 2 milliards par an) quand on sait que le budget annuel de l'Assistance Publique des Hôpitaux de Paris est de 7,2 milliards d'euros[276], que les *Centers for Disease Control and Prevention* (CDC) disposent d'un budget annuel de 7 milliards, que la dotation du Trust de la Fondation Gates est de 40,2 milliards de dollars[277] ou encore que le budget de l'Union européenne de 2014 à 2020 est de 908,4 milliards d'euros[278].

123. Consciente de ces difficultés et des enjeux à affronter pour l'OMS, la Directrice générale, Madame CHAN reconnaissait, en 2011, trois problèmes fondamentaux rendant une réforme indispensable[279]. D'une part, le rôle de l'OMS doit être défini plus clairement par rapport à celui d'autres acteurs de la santé au plan international. D'autre part, l'OMS est très largement perçue comme trop dispersée. En voulant trop en faire, elle serait devenue moins efficace et moins efficient. Enfin, face à de nouveaux défis et à un environnement qui change rapidement, l'OMS est incapable de réagir suffisamment vite et avec assez de souplesse. Selon sa Directrice générale, l'OMS n'était plus en capacité de diriger et coordonner toutes les activités et les politiques dans de multiples secteurs qui influencent la santé publique aujourd'hui. Que l'on soit d'accord ou non avec son constat, il y avait de véritables raisons d'entamer une réforme d'envergure de l'OMS.

---

[272] V. OMS, Résolution WHA68.1, 2015.

[273] Dès 1964 le Groupe de Genève des 11 principaux contributeurs à l'ONU a souhaité limiter la croissance des budgets de l'ensemble des agences de l'ONU. A partir de 1984, ils ont restreint la croissance des budgets de l'OMS à zéro en termes réels (V. C. CLIFT, *The role of the World Health Organization in the International System, op.cit.*, p.30 et OVERSEAS DEVELOPMENT INSTITUTE, « *The UN and the Future of Multilateralism* », Briefing Paper, 1987).

[274] OMS, « *Budget programme 2010-2011 : appréciation de l'exécution. Rapport récapitulatif* », A65/28, 11 mai 2012, p.6.

[275] P. VAUGHAN et al, « *WHO and the effects of extrabudgetary funds : is the Organization donor driven ?* », Health Policy and Planning, 11(3), Oxford University Press, 1996 (p.253-264) p.254.

[276] V. « *L'APHP en bref* », 2016 (http://www.aphp.fr/lap-hp-en-bref).

[277] V. « *Fiche technique de la fondation* », 2016 (http://www.gatesfoundation.org/fr/Who-We-Are/General-Information/Foundation-Factsheet).

[278] V. « *Le budget de l'Union européenne* », 2014 (http://www.touteleurope.eu/l-union-europeenne/le-budget-europeen.html).

[279] OMS, « *Le financement futur de l'OMS. Rapport du Directeur général* », EB128/21, 15 décembre 2010, p.1.

B. OMS et réformes

124. Si la réforme actuelle est exceptionnelle sur bien des aspects, elle intervient après un certain nombre de vagues de réformes ou de propositions de réformes antérieures. Ce contexte de réforme offre une opportunité unique de réflexion sur le rôle normatif de l'OMS.

1. Des réformes antérieures insuffisantes

125. Des changements ont eu lieu dès les années 1970 en raison du développement des Etats membres. Dominée par les pays occidentaux, l'OMS est passée d'une agence technique suivant une approche verticale dans la mise en œuvre des programmes de santé à une organisation de plus en plus politique et horizontale. Le fonctionnement de l'OMS a également été révisé à plusieurs reprises notamment à ses débuts. Toutefois, la véritable première vague de propositions de réformes institutionnelles a eu lieu à la fin des années 1980 et au début des années 1990 dans le cadre d'une réflexion plus large sur le système des Nations unies.

126. D'abord, à la suite des travaux du Projet Nordique[280] ONU publiés en 1991[281], un rapport a proposé plusieurs réformes du système des Nations unies dont l'OMS. Par exemple, étaient déjà critiqués l'accroissement des programmes spéciaux financés par des contributions volontaires en dehors du budget ordinaire sans suivi ni contrôle et le risque de distorsion du budget ordinaire en conséquence. Parallèlement, l'agence danoise de développement (DANIDA) a analysé en 1991 l'effectivité des agences multilatérales au niveau des pays. La performance de l'OMS apparaissait faible en raison de capacités insuffisantes et des effets d'une bureaucratie régionale politisée. Le rôle de chef de file de l'OMS était affaibli[282].

127. Ensuite, en 1993, le Corps commun d'inspection (CCI) a publié un rapport sur l'OMS dans le cadre d'une étude sur la décentralisation des organisations au sein du système des Nations unies[283]. Le rapport conclut à des problèmes sérieux et complexes constitutionnels, politiques, managériaux et programmatiques de la structure à trois niveaux de l'OMS. Le CCI appelle à des « réformes courageuses » pour atteindre le « potentiel vaste » de l'OMS.

128. Enfin, de nombreuses études – dites études d'Oslo[284] – au milieu des années 1990 analysent les fonds extrabudgétaires et les programmes au niveau des pays. Si les conclusions sont plutôt positives sur leurs impacts, des difficultés d'organisations profondes demeurent. Par ailleurs, une étude, financée par le Canada, l'Italie et la Suède en 1997 démontrait une très faible voire négative corrélation entre les besoins des pays et les efforts de l'OMS[285].

---

[280] Regroupant le Danemark, la Finlande, la Norvège et la Suède.

[281] G. EDGREN et B. MOLLER, « The Agencies at a Crossroads: the Role of United Nations Specialized Agencies », in *The United Nations: Issues and Options*, Nordic UN Project, Stockholm: Almqvist och Wiksell, 1991.

[282] COWICONSULT, « Effectiveness of Multilateral Agencies at Country Level », DANIDA, 1991.

[283] CORPS COMMUN D'INSPECTION, « *Décentralisation des organismes du système des Nations unies. Part III : The World Health Organization* », JIU/REP/93/2, 1993.

[284] C. CLIFT, « *The role of the World Health Organization in the International System* », *op.cit.*, p.32.

[285] A. LUCAS, et al., « *Cooperation for Health Development: The World Health Organization's Support to Programmes at Country Level* », NORAD, September 1997.

La doctrine s'accordait également sur le constat des difficultés éprouvées par l'OMS[286].

129. Face à ces nombreuses études et leur constat pertinent des difficultés de l'OMS, cette dernière a commissionné un groupe de travail pour étudier la réponse de l'OMS au changement mondial[287]. Le rapport a constaté de nombreuses défaillances en matière de mise en œuvre de programmes, d'attraction de nouveaux financements, de renforcement de la capacité institutionnelle, de recrutement du personnel ou encore de régionalisation. Le groupe de travail avait proposé de nombreuses évolutions afin d'améliorer les travaux des organes de l'OMS dont l'élection du Directeur général et la réduction de son mandat. De même, il a recommandé d'accroître l'harmonisation entre les régions, de renforcer le recrutement du personnel ou encore d'établir le leadership de l'OMS en tant qu'agence de coordination des enjeux liés à la santé. Autant de propositions qui sont toujours très pertinentes aujourd'hui.

130. Toutefois, si ces différentes propositions ont été examinées et discutées lors de la 101ème réunion du Conseil exécutif, en janvier 1998, malheureusement peu ont été adoptées. L'arrivée de Madame BRUNDTLAND a mis un frein définitif à ces ambitions[288] tout en apportant également une série d'évolutions au sein de l'OMS. Ces dernières ont permis à l'OMS d'améliorer son action en consolidant la cohésion entre les différents niveaux et en renforçant les politiques fondées sur des preuves scientifiques[289].

131. L'intérêt de cette liste de travaux a pour but de démontrer que les enjeux identifiés tout au long des années 1980 et 1990 qui n'ont pas trouvé de réponses suffisantes sont toujours d'actualité. Dans cette optique, l'OMS a initié une réforme en 2010 avec une ambition théorique exceptionnelle.

2. Une réforme ambitieuse en cours

132. Cette réforme est ambitieuse et exceptionnelle pour deux raisons. D'une part, si les différentes réformes étaient toujours initiées par les Etats membres, le processus engagé pour la réforme de 2010 a la particularité d'avoir été voulu par la Directrice générale de l'OMS. Cette spécificité dépasse l'OMS puisqu'au sein des autres organisations internationales encore aujourd'hui l'initiative repose entièrement sur les Etats membres. Or, Madame CHAN a souhaité les réunir, en janvier 2010, dans le cadre d'une consultation informelle[290].

133. D'autre part, cette réforme, a d'abord été financière à la suite de la crise de 2008. En effet, le thème de la consultation informelle était celui du financement futur de l'OMS dans la continuité de discussions à l'Assemblée mondiale de la santé et au Conseil exécutif en 2009. A l'origine, deux enjeux

---

286 V. le dossier élaboré par Fiona GODLEE dans le Lancet en 1994.

287 OMS, « *Report of the Executive Board Working Group on WHO Response to Global Change* », EB92/4, 16 April 1993.

288 C. CLIFT, *The role of the World Health Organization in the International System, op.cit.*, p.37.

289 *Ibid.*, p.41. V. également J. LIDEN, « *The greaty decade for global health : 1998-2008* », Chatham House, Working group on governance, Paper 2, Avril 2013.

290 OMS, « *The Future of Financing for WHO: Report of an Informal Consultation Convened by the Director-General. Geneva, Switzerland, 12-13 January 2010* », WHO, 2010.

étaient prioritaires : l'alignement des priorités de l'OMS avec le financement disponible et la garantie d'une meilleure stabilité et prévisibilité du financement pour permettre une gestion réaliste et effective des fonds.

134. Ensuite, ces enjeux ont mené à des discussions plus fondamentales sur les priorités de l'OMS et la reconnaissance explicite du besoin de réformer cette institution. En particulier, en plus du financement, deux enjeux étaient identifiés : (1) gérer la gouvernance globale de la santé alors que chaque agence concernée a sa propre structure individuelle de gouvernance et (2) reconnaître le rôle croissant des acteurs non étatiques pour permettre une gouvernance plus inclusive. L'Assemblée mondiale de la santé en 2012 a décidé que la réforme s'articulerait autour de trois enjeux principaux : Programmes et définition des priorités, Réforme de la gouvernance et Réformes en matière de gestion.

135. Depuis le lancement de la réforme, de nombreuses améliorations ont été engagées qui appellent des développements ultérieures. Si certaines sont toujours en cours, on indiquera que lors de la 68ème Assemblée mondiale de la santé en 2016 où la participation fut la plus importante (plus de 4000 personnes) et les travaux très actifs (70 votes de résolution), deux mesures emblématiques furent approuvées. Premièrement, le cadre de collaboration avec les acteurs non étatiques, pour lequel des discussions avaient commencé dès 2010, a été enfin adopté[291]. Deuxièmement, en réaction à l'épidémie *Ebola,* a été mis en place[292] le Programme de gestion des situations d'urgence sanitaire conçu pour fournir une aide rapide, prévisible et complète aux pays et aux communautés dans leur préparation aux situations d'urgence quelle qu'en soit la cause et quel que soit le danger pour la santé humaine : flambées épidémiques, catastrophes naturelles, provoquées par l'être humain ou des conflits. Si l'analyse en profondeur de ce nouveau programme ne fait pas partie de cette recherche, ce programme participe de l'évolution générale de l'OMS. Il est considéré comme « l'une des transformations les plus profondes de l'histoire de l'Organisation[293] » en offrant un bras opérationnel à l'OMS, en réponse aux insuffisances dans la gestion d'*Ebola.*

136. Enfin, la Directrice générale, dans le rapport de lancement de la réforme en 2010, avait identifié, parmi les fonctions essentielles pour l'exercice desquelles les Etats membres considèrent que l'OMS est particulièrement compétente, la fonction normative. Par le biais de cette dernière, l'OMS apparaît ainsi, par sa spécialisation, la mieux placée afin de fournir des « conseils impartiaux et autorisés dont [les Etats] ont besoin pour protéger la santé de leurs citoyens[294] ».

137. Ce contexte de réformes offre une opportunité unique de réfléchir à l'avenir de l'OMS.

---

[291] OMS, Résolution WHA69.10, 28 mai 2016.

[292] OMS, « *Réforme de l'action de l'OMS dans la gestion des situations d'urgence sanitaire. Programme OMS de gestion des situations d'urgence* », A69/30, 5 mai 2016.

[293] OMS, « *L'Assemblée mondiale de la santé convient de créer un nouveau Programme de gestion des situations d'urgence sanitaire* », Communiqué de presse, 2016. Avec un total de 494 millions de dollars américains, le budget est en hausse de 160 millions par rapport au budget programme existant consacré à l'action de l'OMS dans les situations d'urgence.

[294] OMS, « *Le financement futur de l'OMS. Rapport du Directeur général* », EB128/21, 15 décembre 2010, p.2.

3. Une opportunité de réflexion

138. Il s'agit d'un tournant dans l'histoire de l'OMS[295], car tous les éléments (identification des problèmes et présence des acteurs clefs) sont présents afin de pouvoir positionner cette organisation sur l'échiquier international. Comme le décrit la Professeure KICKBUSH, « nous sommes à la fin d'une ère et au début d'une nouvelle [296] ». Certes, Madame BRUNDTLAND énonçait déjà en 1998 que « le monde est dans une époque de transition. L'OMS doit donc aussi assurer une transition, se tourner vers l'avenir[297] ». Toutefois aujourd'hui il y a véritablement un vent de fraîcheur au sein de l'OMS[298].

139. A cet égard, les appels minoritaires souhaitant la fin de l'OMS peuvent être relativisés. Ils sont souvent employés pour faire office de signal fort du besoin de changement plutôt que témoignant d'une réelle volonté de suppression de l'Organisation. Dès lors, le contexte est propice à des discussions sur l'avenir de l'OMS à défaut de se mettre d'accord sur le contenu des évolutions à préconiser. En effet, les Etats membres, la Directrice Générale, les parties prenantes, les ONG et les acteurs privés souhaitent une réforme de l'OMS. Toutefois, les différents intérêts divergents et la volonté d'universalité de l'OMS l'obligent à réfléchir en termes de compromis pour atteindre un consensus non sans difficulté.

140. Parallèlement, les réflexions autour des objectifs du millénaire pour le développement après 2015 (ou objectifs de développement durable) offrent une opportunité à l'OMS de devenir chef de file de l'amélioration de la santé. Sur les dix-sept objectifs, pratiquement tous ont une composante sanitaire ou contribueront à améliorer la santé mondiale. Par ailleurs, l'objectif numéro 3 est spécifiquement consacré à la santé et au bien-être et vise à « permettre à tous de vivre en bonne santé et à promouvoir le bien-être de tous à tout âge ».

141. Les questions posées par la réforme en cours, le positionnement de l'OMS vis-à-vis de son rôle normatif (scientifique et/ou juridique) et de ses autres rôles (nouveau rôle opérationnel), la question centrale du financement, la capacité de l'OMS à mettre en œuvre sa production normative, l'influence des acteurs non étatiques et interétatiques sur le rôle normatif de l'OMS, les difficultés de structures et de fonctionnements internes qui affectent sa capacité d'action, sont autant d'exemples de l'importance de réfléchir au rôle normatif de l'OMS et à son avenir. C'est dans ce contexte que s'intègre cette réflexion sur le rôle normatif.

142. Si d'un point de vue purement pragmatique, le contexte est favorable à ette recherche, il est également important de déterminer le rôle normatif de

---

[295] E. MISSONI, « *A healthier political functioning* », Bulletin de Medicus Mundi Suisse n°122, décembre 2011.

[296] I. KICKBUSCH, « *A game change in global health : the best is yet to come,* Public Health Reviews, vol.35, n°1, 2014, p.3.

[297] OMS, « *Docteure Gro Harlem Brundtland. Directeur général élu. Allocution prononcée à la Cinquante et Unième Assemblée mondiale de la santé* », A51/DIV/6, 13 mai 1998, p.2.

[298] Cette évolution est due en partie à l'évolution de son personnel. A l'origine, il s'agissait de médecins en milieu et en fin de carrière de très haute qualité mais aujourd'hui, il y a une génération de jeunes médecins et d'autres métiers offrant ainsi une opportunité de changement.

l'OMS d'un point de vue théorique d'autant qu'il s'agit d'une question soulevée par l'OMS elle-même[299].

SECTION III. UN ROLE NORMATIF A DETERMINER

143. Il convient d'analyser le rôle normatif de l'OMS dans un cadre de réflexion identifié (§1) suivant une double démarche complémentaire de recherche (§2).

§1. Un cadre de réflexion identifié

144. D'abord, il s'agit d'énoncer les objectifs de cette recherche (A). Ensuite, il convient d'exposer la problématique retenue dans le cadre de cette recherche qui repose sur deux hypothèses préalables (B).

A. L'objectif de cette recherche

145. L'objectif de cette recherche est avant tout de comprendre le rôle normatif complexe de l'OMS. Ce dernier agit à plusieurs niveaux (étatique, régional et international), en interaction avec plusieurs acteurs (étatiques et non étatiques) selon des vecteurs tout aussi variés (norme et tout autre instrument émis par l'OMS), dans des secteurs qui parfois peuvent dépasser le domaine sanitaire (environnement et financement, par exemple) et qui ne sont pas toujours *ab initio* des enjeux juridiques *stricto sensu* (technique et scientifique, par exemple).

146. L'objectif est également d'évaluer la mise en œuvre du rôle normatif de l'OMS en tant « qu'entrepreneur de normes[300] ». Il s'agit de déterminer comment non seulement l'OMS incarne ce rôle mais également comment elle l'exerce en pratique. L'influence normative de l'OMS peut être explicite ou implicite, définie ou diffuse, volontaire ou involontaire, dépendante ou indépendante d'autres facteurs. Face à la nébuleuse que peut, parfois, constituer l'OMS, un éclaircissement sur ce rôle normatif est nécessaire. Comme l'expliquait la Directrice CHAN en 2008, il « faut donner un rôle clair à l'OMS[301] ».

147. Le but, enfin, est de pouvoir amorcer une réflexion sur l'avenir de cette organisation internationale et de son rôle normatif au sein du droit international de la santé. Cette recherche reposera sur le droit international de la santé en tant que branche du droit international public, sur le droit des organisations internationales et sur la conception de la notion de norme. Elle

---

[299] V. OMS, *Evaluation of WHO's Normative Function (Volume 1: Evaluation Report)*, Corporate evaluation commissioned by the WHO Evaluation Office, July 2017

[300] O. AGINAM, « *Mission (im)possible ? WHO as a 'norm entrepreneur' in global health governance* in M. FREEMAN, S. HAWKES, *Law and Global Health,* Current Legal Issues vol.16, Oxford University Press, 2014, p.563.

[301] OMS, « *Allocution du Margaret Chan, Directeur général, à la Soixante et Unième Assemblée mondiale de la santé* », A61/3, 2008.

implique également une réflexion sur des enjeux non-juridiques tels que les notions de santé et de santé mondiale ou des questions de financement.

148. Ces objectifs sont autant de raisons qui justifient l'intérêt de cette démarche de recherche. Ceci étant précisé, il convient d'exposer la problématique retenue dans le cadre de cette recherche.

B. Une problématique de recherche et des hypothèses préalables

149. Partant de l'analyse du rôle normatif de l'OMS, la problématique de cette recherche consiste à identifier la légitimité, l'utilité et la nécessité de l'OMS à intervenir et à s'intégrer dans les systèmes de santé par l'analyse de l'élaboration, de l'usage et des effets de la norme au sein du droit international de la santé.

150. Dans cette perspective, il s'agit d'analyser si cette organisation internationale est une source à la fois théorique et concrète de production de normes qui participe au développement du droit international de la santé. Autrement dit, est-ce que le rôle normatif de l'OMS contribue au contenu de ce droit, en amont, et à sa mise en œuvre, en aval, et si oui, comment ? Plus largement, cette étude vise à déterminer l'avenir du rôle normatif de l'OMS au sein du droit international de la santé.

151. Par ailleurs, une première hypothèse, défendue également par l'OMS[302] et d'autres auteurs[303], considère que le rôle normatif, dans une conception et une mise en œuvre pertinentes de la norme, sert le but de l'OMS qui est d'amener tous les peuples au niveau de santé le plus élevé possible. En d'autres termes, la norme de l'OMS est un facteur ou plus exactement un déterminant social de la santé mondiale. Ainsi, la production normative, même imparfaite, de l'OMS permet de contribuer positivement à la santé mondiale. Certes, cette contribution peut être déséquilibrée, insuffisante voire critiquable. Toutefois, le rôle normatif de l'OMS a un effet sur les systèmes de santé mondiaux et le droit sert d'outil à sa réalisation et à son évaluation[304].

152. Un second postulat invite à considérer *ab initio* que si l'OMS est affaiblie notamment dans son rôle normatif, elle ne doit pas pour autant être supprimée ni dissoute. Au contraire, si elle n'existait pas aujourd'hui, il faudrait la créer, sans garantie de succès ni de résultats probants pour faire face aux enjeux contemporains de santé mondiale. En effet, l'OMS offre une valeur ajoutée à la protection de la santé[305].

153. Dès lors, ces deux hypothèses justifient de réfléchir à la nécessité du renforcement du rôle normatif de l'OMS. Reprenant les conclusions de la

---

[302] « Le travail normatif et l'élaboration de critères sont les fondements de la majeure partie des activités de l'OMS (…). Plusieurs participants ont souligné l'importance particulière du rôle normatif de l'OMS dans le renforcement des systèmes de santé (…) (OMS, « *Le financement futur de l'OMS. Synthèse d'une consultation. Rapport du Secrétariat* », EB128/INF.DOC./2, 16 décembre 2010, p.3) et « De nombreux pays participant à la consultation ont souligné le caractère indispensable du rôle normatif de l'OMS (…)» (*Ibid.*, p.6).

[303] Y. BEIGBEDER, L'Organisation mondiale de la santé, PUF, 1995.

[304] V. notamment les travaux de Scott Burris (S. BURRIS, *Law in a Social Determinants Strategy: A Public Health Law Research Perspective, Public Health reports,* vol.126 (supplement 1), 2100, pp.22-27 et A. C. WAGENAAR and S. BURRIS (éd.), *Public Health Law Reaserch : Theory and Methods*, Josey-Bass, 2013).

[305] K. LEE, *World health organization (WHO), op.cit.*, p.108.

thèse de Madame HAZOUARD, l'OMS se doit « d'endosser un rôle normatif de référent planétaire[306] ». Dès 1985, la thèse de Monsieur BOUFOUS estimait qu'il « n'y a(vait) pas de doutes que l'OMS occup(ait) une place centrale dans le processus normatif dans le domaine de la santé[307] ». Toutefois, en trente ans, beaucoup de choses ont évolué et ont transformé le rôle normatif de l'OMS. Il s'agit de décrire comment ce rôle a évolué et par quels moyens et pour quelles raisons il doit ou peut être renforcé[308]. Dans cette perspective, tout au long de cette thèse, la réflexion de recherche est organisée suivant une double démarche de recherche.

§2. Une double démarche complémentaire de recherche

154. D'abord, en se fondant sur l'existant, la démarche proposée est tournée vers l'avenir (A). Ensuite, elle impose une réflexion à la fois sur les aspects théoriques du rôle normatif de l'OMS mais également sur son application pratique (B).

A. Une démarche tournée vers l'avenir

155. Premièrement, cette démarche s'appuie sur l'expérience de l'OMS suivant une étude positive[309] de son rôle normatif depuis sa création. Le rôle normatif existant de l'OMS est analysé afin de comprendre la nature et les contours de ce dernier. Il y a une volonté de systématiser l'analyse du rôle normatif à la fois conceptuellement mais aussi en pratique, dans sa mise en œuvre. Dans cette perspective, est procédé à une étude détaillée et pragmatique du rôle normatif de l'OMS, ce qu'il est, ce qu'il représente, ce qu'il produit, et comment il s'exerce, il s'applique, il agit et ce qu'il atteint. Ensuite, les conséquences sont tirées afin de confronter à l'analyse juridique et théorique *per se* qui existe en droit international public.

156. A cet égard, cette recherche s'inscrit initialement dans une approche positiviste car est analysé ce qui est. Toutefois, la vision du positivisme normativiste est écartée en raison d'une approche différente de ce qui est entendu par « droit ». Ces développements s'efforceront de démontrer que le rôle normatif de l'OMS ne peut simplement se limiter à l'analyse de ce que constitue le *devoir être* que KELSEN oppose à l'*être*. En particulier dans le cas de l'OMS, la ligne de démarcation entre l'*être* et le *devoir être* est poreuse.

---

[306] M. Y. HAZOUARD, *L'Organisation mondiale de la santé : rôle normatif dans le droit international de la santé*, Thèse, Université de Paris 8, 2006.

[307] A. BOUFOUS, *L'action normative de l'Organisation mondiale de la santé*, Thèse, Université de Paris I, 1985, p.2. L'auteur identifie deux rôles principaux pour l'OMS : « 1) offrir aux gouvernements un centre de négociation permettant de porter à l'attention de la communauté internationale les problèmes sanitaires qu'il convient d'examiner dans un cadre multilatéral et 2) offrir un cadre permanent et fixe qui s'occupe des questions de santé comme autorité directive et coordinatrice ».

[308] On soulignera que « renforcer le rôle central de l'OMS, en tant qu'agence normative de référence en santé mondiale » fait partie des priorités françaises au Conseil exécutif sur la période 2015-2018 (V. « *La France au Conseil exécutif de l'OMS. 2015-2018* », p.4).

[309] Dans la continuité de la doctrine de droit positif (entendu comme l' « ensemble des règles de droit (droit objectif) en vigueur dans un pays donné, par opposition à droit naturel (ou idéal) et à un droit révolu (aboli ou abrogé) reçu dans le passé (Ancien droit) » G. CORNU, *Vocabulaire juridique*, 10e éd., PUF, 2014, p.775), cette notion est synonyme d'actuel.

Dès lors, il faut dépasser cette conception pour véritablement appréhender le rôle normatif de l'OMS dans son ensemble qui est en pratique très diffus notamment en raison des notions de rôle et de normatif précédemment retenues. En effet, une posture théorique restreinte au positivisme normativiste réduirait fortement l'analyse du rôle normatif de l'OMS et donc l'intérêt même de cette recherche.

157. Cette approche impose une double réflexion théorique. D'une part, il faut reconnaître la pluralité normative[310] (plus large que la pluralité juridique) dans cette analyse en prenant appui sur le phénomène d'internormativité cher au Doyen CARBONNIER[311]. Ce phénomène permet d'expliquer le rôle normatif de l'OMS notamment par le biais de la théorie du réseau des Professeurs OST et de KERCHOVE[312]. Cela permet également d'inclure dans la dynamique normative des acteurs divers dont les interventions sont aussi variées[313]. D'autre part, cela implique d'ancrer l'examen du rôle normatif de l'OMS dans sa réalité suivant une logique pratique et pragmatique. Dans cette perspective, le rôle normatif de l'OMS doit être analysé au travers des effets de son rôle normatif en particulier au regard de l'objectif général de cette Organisation qui vise à amener tous les peuples au niveau de santé le plus élevé possible.

158. Deuxièmement, une fois la nature du rôle normatif appréhendée, en théorie et en pratique, il est envisagé de suivre une approche prospective de ce rôle. L'objectif de cette recherche est de proposer des évolutions, des changements voire des mutations ou des réformes dans le fonctionnement de l'OMS ainsi que dans son utilisation de la norme dès lors que l'on aura démontré que cela a un intérêt pour l'amélioration de la santé mondiale, but constitutionnel de l'OMS. Plus largement, il y a une volonté de prouver le besoin pour l'OMS d'incarner mieux et davantage son rôle normatif.

159. La notion de prospective désigne « pour l'avenir[314] » et vise à répondre à la question : comment doit évoluer le rôle normatif de l'OMS ? D'abord, il s'agit de proposer de nouveaux développements orientés *vers* l'avenir, ce qui l'oppose à « rétrospectif ». Il y a une forme de projection fictionnelle de ce que doit ou pourrait être le rôle normatif de l'OMS. Ensuite, s'ajoute également à cet aspect, l'idée selon laquelle il convient d'anticiper *sur*

---

[310] V. E. BERNHEIM, « *Le 'pluralisme normatif' : un nouveau paradigme pour appréhender les mutations sociales et juridiques ?* », Revue interdisciplinaire d'études juridiques, vol.67, 2011 /2, pp.1-41. V. également J.-G. BELLEY, « *Le pluralisme juridique comme doctrine de la science du droit* », in *Pour un droit pluriel, Etudes offertes au Professeur Jean-François Perrin,* Helbing & Lichtenhahn, 2002, pp.135-165 et J.-L. BERGEL, « *Le plurijudisme, rapport introductif* », in BERGEL (J.-L.) (dir.) *Le Plurijudisme,* PUF, 2005, pp.11-22 ; V. également L. FONTAINE, « *Le pluralisme comme théorie des normes* », in L. FONTAINE, *Droit et pluralisme,* Bruylant, 2007, pp.125-160 ; J.-M. SOREL, « *Le rôle du droit international dans le développement du pluralisme (et vice versa) : une liaison moins naturelle qu'il n'y paraît* », in L. FONTAINE (dir.), *Droit et pluralisme,* Bruylant, 2007, pp.73-99 ; D. TERRE, « *Le pluralisme et le droit* », in *Le Pluralisme,* APD, t.49, 2006, pp.69-83.

[311] J. CARBONNIER, « *Les phénomènes d'inter-normativité* », in B.-M. BLEGVAD, C. M. CAMPBELL et C. J. SCHUYT, *European yearbook in law and sociology,* Martinus Nojhoff, 1977, pp.42-52.

[312] V. F. OST et M. Van de KERCHOVE, « *Création et application du droit. Structure linéaire ou circulaire du système juridique ?* », in *Jalons pour une théorie critique du droit,* Publications des Facultés universitaires Saint-Louis, 1987.

[313] E. BERNHEIM, « *Le 'pluralisme normatif' : (...)* », *op.cit.*, p.22.

[314] E. VERGES, « *La responsabilité du fait des nanotechnologies : entre droit positif, droit prospectif et science-fiction* », Cahiers Droit, Sciences et Technologies, CNRS éditions, 2008, p.85, ndp3 (pp.85-96).

l'avenir du rôle normatif de l'OMS. Autrement dit, il faut prendre en compte, dans cette réflexion, les facteurs extérieurs afin de délimiter un rôle normatif pertinent au regard du contexte à venir. Il y a une forme de prévision réaliste de ce que sera le rôle normatif de l'OMS. La prospective repose donc sur des extrapolations ou des propositions à formuler[315].

160. Par ailleurs, cette démarche comprendre limites. En particulier, en droit des organisations internationales, le rôle de la volonté des Etats peut être perçu comme un frein incontestable à tout changement d'une organisation intergouvernementale comme l'OMS, dans la lignée des approches dites « réalistes [316] ». Toutefois, il est nécessaire de dépasser l'adversité que représente la souveraineté des Etats dans le développement du droit international public en adéquation avec une approche davantage optimiste voire utopiste[317]. Ainsi, afin de répondre à ces difficultés, une gradation des différentes évolutions est proposée. Certaines sont davantage des améliorations dont la responsabilité dépend également voire entièrement de l'OMS et de son Directeur général, d'autres sont suffisamment à la marge pour ne pas nécessiter un engagement fort des Etats tout en offrant des évolutions constructives et pertinentes. En sus, des propositions de réformes profondes de l'OMS afin de renforcer son rôle normatif seront mis en avant, conscients de leur faible probabilité, tout en démontrant leur intérêt mais aussi les limites d'une telle approche.

161. Cette double lecture entre qualifier, analyser et délimiter le rôle normatif existant de l'OMS d'une part, et proposer des changements et réfléchir à son avenir, d'autre part est primordial. Cette démarche se retrouve tout au long de cette recherche qui s'articule autour de deux axes complémentaires.

B. Une démarche entre théorie et pratique

162. L'étude du rôle normatif de l'OMS implique une discussion sur l'Organisation elle-même en tant qu'auteure de la norme mais également sur la production normative qui en émane dans le cadre du droit international de la santé.

163. Dans cette perspective, il est possible d'opposer la légitimité formelle de l'OMS à sa légitimité d'action[318]. Dans le premier cas, il s'agit de la

---

[315] *Ibid.*

[316] « Les approches dites « *réalistes* » ont souvent pour base la primauté et l'unicité de l'Etat comme seul acteur des relations internationales (…et) nient à l'organisation une autonomie propre pour en faire un lieu de purs rapports de force entre les Etats membres » (V. J.-M. SOREL, « *L'institutionnalisation des relations internationales* », *op.cit.,*, p.29). V. également H. MORGENTHAU, *Politics among nations, op.cit.* et R. ARON, *Paix et guerre entre les nations,* Calmann-Levy, 8e éd., 1984).

[317] V. J.-M. SOREL, « *L'institutionnalisation des relations internationales* », *op.cit.*, pp.29-30.

[318] V. L. DUBIN et M.-C. RUNAVOT, « *Représentativité, légitimité, efficacité* », in E. LAGRANGE et J.-M. SOREL, *op.cit.*, p.80. V. également I. KICKBUSCH, W. HEIN et G. SILBERSCHMIDT, « *Addressing global health governance challenges through a new mechanism : the proposal for a Committee C of the World health assembly* », Journal of Law, Medecine & Ethics, Global Health Governance, Fall 2010. Les auteurs font une distinction entre la légitimité juridique formelle (*formal legal legitimacy*) et la légitimité fondée sur l'expertise (*expertise based legitimacy*) et J. D'ASPREMONT et E. DE BRABANDERE, « *The complementary faces of legitimacy in international law : the legitimacy of orgin and the legitimacy of exercise* », Fordham international law Journal, 2010, vol.34, pp.101-145. Les auteurs font la distinction entre la « légitimité d'origine » et la « légitimité d'exercise ».

« légitimité conférée par l'acte fondateur[319] ». En d'autres termes, l'analyse a trait à ce que l'OMS peut faire normativement suivant son autorité théorique qui existe grâce à sa Constitution adoptée par ses Etats membres. Il convient d'apprécier, par une approche institutionnelle, le rôle normatif de l'OMS. Or, cette autorité est affaiblie pour différentes raisons ce qui influence davantage le contenu de la norme et la capacité de l'OMS à coordonner et produire du droit international de la santé.

164. Dans le second cas, il s'agit de s'interroger sur « l'usage qu'elles font du pouvoir par-delà son bien-fondé [320] ». En effet, une organisation internationale « est toujours établie en vue de l'action et comme un instrument d'action[321] ». A côté de la compétence, il y a son application, c'est-à-dire le « comportement concret observé par les acteurs[322] ». On cherche à déterminer ce que l'OMS fait concrètement par la mise en pratique de son autorité qui s'exprime par son activité normative et qui implique une interprétation élargie de la norme. Suivant une approche fonctionnelle, il faut donc apprécier le contenu de l'activité normative de l'OMS et son degré de mise en œuvre dans les systèmes nationaux « même si l'évaluation des résultats atteints en fait relève d'autres disciplines[323] ». Autrement dit, il y a une complémentarité entre la compétence théorique normative de l'OMS à pouvoir influencer les systèmes normatifs nationaux et sa capacité et sa faculté pragmatique à adopter des normes au niveau international et à les mettre en œuvre.

165. D'une part, au-delà de sa légitimité historique et de sa fonction normative reconnue par sa Constitution, il faut comprendre sa place et son positionnement dans le paysage de santé mondiale. L'objectif est ainsi de répondre aux questions de savoir si l'OMS est compétente pour établir des normes et si elle demeure légitime et crédible en tant qu'organisation internationale pour le faire. La compréhension du rôle normatif implique de discuter du titulaire de la compétence et de son autorité normative. En effet, cette étude suppose que « l'on ait découvert ce qui lui donne l'autorité du droit (...)[324] ». Il convient d'apprécier ce qui fonde son autorité normative au sein du droit international de la santé. Ceci soulève, d'abord, des questions de légitimité et de crédibilité au sein des organisations internationales. Comme le rappellent Messieurs PANG et GARETT, la crédibilité de l'OMS dépend de son influence normative[325]. Ensuite, l'interaction entre le rôle normatif de l'OMS et le droit international de la santé apparaît cruciale.

166. D'autre part, une fois son autorité normative déterminée, il convient d'analyser le contenu réel de sa production ou de son corpus normatif. L'objectif est ainsi de répondre aux questions de savoir si l'OMS adopte des normes (et lesquelles) et si ces dernières sont mises en œuvre et les difficultés

---

[319] J. D'ASPREMONT et E. DE BRABANDERE, « *The complementary faces of legitimacy in international law : the legitimacy of orgin and the legitimacy of exercise* », *op.cit.*
[320] *Ibid.*
[321] M. VIRALLY, « *La notion de fonction dans la théorie des organisations internationale* », *op.cit.*, p.278
[322] *Ibid.*
[323] *Ibid.*
[324] M. CHEMILLIER-GENDREAU, *« A quelles conditions l'universalité du droit international est-elle possible ? »*, Conférence inaugurale, session de droit international public, RCADI, vol.355, 2011, p.18.
[325] T. PANG et L. GARRETT, « *The WHO must reform for its own health* », Nature Medicine, vol.18, 2012, p.646.

y afférentes. L'évaluation du rôle normatif implique de discuter de la mise en œuvre de son activité normative. Cette recherche fait appel à la conception de la norme et de ses définitions en droit international. En particulier, cela implique des questionnements sur la validité, la légalité, la légitimité, le contenu, la valeur, la portée, l'utilité et l'efficacité de la norme.

167. Dans cette optique, la première partie de cette recherche vise à analyser les éléments qui déterminent l'autorité normative de l'OMS. La seconde partie s'itneresse à l'activité normative de l'OMS.

L'autorité normative de l'Organisation mondiale de la santé (Partie I)

L'activité normative de l'Organisation mondiale de la santé (Partie II)

PREMIÈRE PARTIE

L'AUTORITÉ NORMATIVE DE L'ORGANISATION MONDIALE DE LA SANTÉ

168. Dès sa création, l'OMS est apparue comme une organisation internationale normative de la santé mondiale. L'objectif principal était de permettre une coopération sanitaire entre les Etats, fondée notamment sur une meilleure coordination des données scientifiques. Par ailleurs, en tant qu'organisation technique et scientifique, elle devait produire des normes afin d'améliorer le niveau de la santé mondiale. Dans cette optique, l'OMS est définie en tant qu'autorité directrice et coordinatrice de santé mondiale. Forte de fonctions variées et d'un objectif ambitieux, la Constitution lui a conféré la capacité d'agir de différentes manières sur la scène internationale en matière de santé, lui permettant d'être considérée en tant qu'autorité de santé mondiale.

169. A cet égard, il convient de différencier la notion d'avoir l'autorité de celle d'être une autorité. Pour reprendre les mots du Professeur HERRERA[326], il y a une distinction entre l'autorité légitime qui recouvre la représentation figurative de l'autorité, et l'autorité formelle ou juridique qui est liée à l'exécution de la norme. Ainsi, il y a, d'un côté, ce que l'OMS représente et, d'un autre côté, ce que peut être son action. Si pour le dernier cas, il est assez évident que l'OMS a l'autorité normative en matière de santé mondiale puisqu'elle est reconnue par sa Constitution, la question est débattue quant à sa capacité d'être l'autorité figurative de la santé mondiale.

170. Par ailleurs, on constate un lien certain entre l'autorité normative de l'OMS et son autorité en tant qu'organisation internationale de santé mondiale. Or, dès sa création, cette dernière a été concurrencée et l'est encore davantage aujourd'hui en raison de la présence de nouveaux acteurs mais également d'un affaiblissement multifactoriel de l'OMS. Cette perte de crédibilité et de légitimité de l'OMS en tant qu'autorité de santé publique a une influence sur son autorité normative et la reconnaissance de sa compétence à élaborer et adopter des normes en matière de santé. Ainsi, l'autorité normative de l'OMS

---

[326] C. M. HERRERA, « *L'autorité de la justice constitutionnelle* » in J. CAGIAO Y CONDE (dir.) « *La notion d'autorité en droit* », Autoritas Éd., Le Manuscrit Savoirs, 2014, p.20. L'auteur parle « d'autres significations qui se placent à l'extérieur des concepts juridiques et qui touchent à la *légitimité* de l'autorité ».

implique, d'abord, la délimitation de son autorité mondiale de santé publique qui est concurrencée (Titre I).

171. Ensuite, l'étude de l'autorité normative de l'OMS implique une réflexion sur son interaction avec le droit international de la santé. En effet, cette matière, encore embryonnaire dans les années 1980 et qui a connu un regain d'intérêt au début des années 2000, est confrontée aujourd'hui aux difficultés de sa délimitation en raison de contours mouvants. L'autorité normative de l'OMS, qui a joué un rôle important dans son existence, peut être déterminante pour son renforcement. A ce titre, il convient d'apprécier l'autorité normative de l'OMS au sein du droit international de la santé (Titre II).

Une autorité mondiale de santé publique concurrencée (Titre I)

Une autorité normative du droit international de la santé (Titre II)

TITRE I

UNE AUTORITÉ MONDIALE DE SANTÉ PUBLIQUE CONCURRENCÉE

172. L'OMS fait partie du système des Nations unies[327]. Ce dernier est fondé sur des organisations internationales spécialisées en fonction des domaines de compétences conférés par leur acte institutif. Ainsi, spécialisée sur les enjeux de santé, l'OMS est considérée *de jure* comme une autorité mondiale de santé publique. Toutefois, l'analyse de son autorité mondiale de santé publique démontre qu'elle est aujourd'hui concurrencée.

173. Cette concurrence, cause de l'affaiblissement de son autorité, agit à deux niveaux[328]. D'une part, son autorité repose sur des facteurs internes à l'OMS comme son fonctionnement, sa structure et son organisation. D'autre part, l'autorité de l'OMS dépend de causes extrinsèques à l'OMS telles que l'existence d'autres acteurs de santé publique.

174. Dès lors, l'autorité de l'OMS repose sur de nombreux fondements qui participent à la particularité et à la singularité de cette institution mais qui sont également la cause de nombreuses difficultés (Chapitre 1). Par ailleurs, la multiplication d'acteurs normatifs contribue à concurrencer l'autorité de l'Organisation (Chapitre 2).

Les fondements de l'autorité de l'OMS (Chapitre 1)

La multiplication des acteurs de la santé mondiale (Chapitre 2)

---

[327] V. P. GERBET, « *Le système des Nations unies. Etats des Travaux* », Revue française de science politique, vol.13, vol.2, 1963, pp.467-494.

[328] V. A. CASSELS, I. SMITH et G. L. BURCI, « *Reforming WHO : the art of the possible* », Public Health, 2014, pp. 202-204 et A. CASSELS, I. KICKBUSCH, M. TOLD et I. GHIGA, « *how should the WHO reform. An analysis and review of the literature* », Global Health Programme, Working paper n°11, 2014, .41.

CHAPITRE 1

LES FONDEMENTS DE L'AUTORITÉ DE L'OMS

175. Dans le respect du droit des organisations internationales, l'OMS s'appuie sur un traité constitutif, conclu entre Etats. Ce dernier définit « les buts poursuivis par l'organisation, identifie les organes et précise ses compétences[329] ». Dès lors, l'ensemble des caractéristiques qui fondent l'OMS se trouve dans sa Constitution, qui a été vue dès son origine comme un instrument normatif ambitieux[330]. A cet égard, l'utilisation explicite[331] du mot « Constitution » octroie[332] un « caractère particulier au document fondateur, indépendamment de la volonté des auteurs du texte[333] ».

176. L'objet du présent chapitre est donc de déterminer les fondements de l'autorité de l'OMS qui, en tant qu'institution spécialisée du système des Nations unies, dispose des caractéristiques communes d'une organisation internationale. Cette analyse permet également de faire ressortir des fondements spécifiques à l'OMS. Il convient d'analyser, d'abord, le fonctionnement interne et la structure innovante de l'OMS (Section 1). Ensuite, il s'agit d'envisager le mandat ambitieux dont dispose l'OMS (Section 2).

La structure innovante de l'OMS (Section 1)
Le mandat ambitieux de l'OMS (Section 2)

---

[329] F. COULEE, « *La fondation de l'organisation internationale* », in E. LAGRANGE et J.-M. SOREL, *Droit des organisations internationales*, LGDJ, 2013, pp. 147-167 (p.158).

[330] F. P. GRAD, « *The Preamble of the Constitution of the World Health Organization* », Bulletin of the World Health Organization, vol.80 (12), 2002, p.981.

[331] A cet égard, « les dénominations des actes constitutifs ne sont pas constantes. Ils peuvent s'appeler « Traité » (UEO), « convention » (BRI, AELE, OMI, OMPI, OMM), « charte » (ONU, OEA), « accord » (ASEAN et tous les produits de base comme le cacao, le sucre, les bois tropicaux, le café), « statut » (AIEA, BIRD, FMI) ou « acte constitutif » (Union africaine) » (V. A. PETERS, « *L'acte constitutif de l'organisation internationale* », in E. LAGRANGE et J.-M. SOREL, *op.cit.*, pp.202-203, (pp.201-245). On rappellera, par ailleurs, que le Décret 64-1177 du 23 novembre 1964 (J.O. 29 novembre 1964) a porté publication de la Constitution de l'OMS du 22 juillet 1946.

[332] Pour certains auteurs, « prêter à l'organisation une apparence constitutionnelle peut inspirer une association trompeuse à la notion d'Etat suggérant à son tour que l'organisation serait dotée d'une légitimité comparable » (V. A. PETERS, « *L'acte constitutif de l'organisation internationale* », *op.cit.*, p.205).

[333] A. PETERS, « *L'acte constitutif de l'organisation internationale* », *op.cit.*, p.205.

SECTION 1 : LA STRUCTURE INNOVANTE DE L'OMS

177. En raison de la forme intergouvernementale de l'OMS, son organisation et son fonctionnement reposent en grande partie sur ses Etats membres comme l'ensemble des organisations internationales. Toutefois, l'autorité constitutionnelle conférée à l'OMS, renforcée par la quasi-universalité de son adhésion[334], s'appuie sur une structure unique à caractère décentralisé (§1). Cette organisation interne connaît un certain nombre de limites qui affectent son fonctionnement (§2).

§1 : Une structure unique à caractère régionalisé

178. L'OMS bénéficie d'une double structure. D'abord, elle dispose d'une structure centrale semblable à celle de la plupart des autres institutions spécialisées des Nations unies[335] (A). Ensuite, cette structure classique est complétée par une structure régionale décentralisée lui conférant un caractère unique parmi les organisations des Nations unies (B).

A. Une structure intergouvernementale

179. La nature intergouvernementale de l'OMS impose une participation des Etats membres dans son fonctionnement[336] et caractérise la souveraineté de chaque Etat qui y détient une place majeure[337]. Comme le rappelle le Corps Commun d'inspection, « les Etats membres exercent la gouvernance institutionnelle à l'OMS en participant aux organes directeurs aux niveaux mondial et régional, [...les Etats membres] donnent ainsi l'orientation stratégique aux activités de l'Organisation et surveillent les travaux du Secrétariat[338] ». (1). À l'inverse, « la direction de l'OMS a pour rôle de porter les questions importantes à l'attention des Etats membres, de faciliter le processus de prise de décisions, d'appliquer les décisions et de fournir des services efficaces de Secrétariat à ces réunions ». Ainsi, le rôle du Secrétariat, avec à sa tête le Directeur général, peut conférer à l'OMS une certaine autorité autonome de la volonté des Etats membres (2).

---

[334] Il y a actuellement 194 Etats membres à l'OMS, plus que pour l'ONU (193). L'Ile Cook et le Noué sont membres de l'OMS uniquement. Le Liechtenstein est membre de l'ONU uniquement.

[335] Y. BEIGBEDER, *L'Organisation mondiale de la santé,* QSJ, PUF, 1997, p.27.

[336] Pour Monsieur Graham, cette relation peut être caractérisée selon le modèle « principal-agent » où les Etats membres serait le 'principal collectif' et la bureaucratie de l'organisation internationale qui agit en leur nom serait l'agent. V. en ce sens: E.R. GRAHAM, *International organizations as collective agents: Fragmentation and the limits of principal control at the World health organization,* European Journal of International Relations, vol.20, n°2, 2014, pp.366-390.

[337] L. BOURGORGUE-LARSEN, « *La structure institutionnelle de l'organisation internationale* », in E. LAGRANGE et J.-M. SOREL, *op.cit.*, p.378 (pp.375-401).

[338] CORPS COMMUN D'INSPECTION, *Examen de la gestion, de l'administration et de la décentralisation à l'Organisation mondiale de la Santé - Partie II. Examen de la décentralisation,* JIU/REP/2012/7, 2012, p.13.

1. La participation des Etats membres dans les organes institutionnels

180. De forme intergouvernementale, en théorie, l'OMS « n'agit que sur demande des gouvernements[339] ». Ainsi, les Etats sont les seuls qui ont « la qualité de membre[340] de l'OMS avec son plein effet[341] ». A cet égard, en tant que « cellule essentielle [disposant seuls] du pouvoir suprême que [leur] confère la souveraineté[342] », ils ont l'exclusivité d'une participation plénière à la vie de l'Organisation. L'OMS est « l'archétype du pouvoir étatique : composée *par* les Etats (*i.e. par* leur représentants), *pour* les Etats (*i.e.* en vue de défendre leurs seuls intérêts)[343] ». Ainsi, les Etats membres jouent un rôle important au sein de l'Assemblée mondiale de la santé, organe plénier (a) et du Conseil exécutif, organe restreint (b).

a. L'organe plénier : L'Assemblée mondiale de la santé

181. L'Assemblée mondiale de la santé[344], composée des délégués de l'ensemble des Etats membres[345], est l'organe plénier[346] de l'OMS qui incarne « par excellence (l') impératif égalitaire[347] » prévue par l'article 2 § 1 de la Charte des Nations unies[348]. L'Assemblée mondiale de la santé se réunit en session annuelle[349] à Genève[350] pour six jours, par souci d'efficacité[351]. Par

---

[339] E. AUJALEU, « *L'Organisation mondiale de la santé : Structures et activités* », Revue Française des affaires sociales, 1984, p.143. V. également : T. GRÜNDLER, *Affirmation du droit à la santé (Section 1)* in J.-M. THOUVENIN et A. TREBILCOCK (dir), *Droit international social, tome 2 – Règles du droit international social*, Bruylant, CEDIN, 2013, p.1584. L'auteure estime que les Etats sont « les financeurs et les décideurs » à l'OMS.

[340] S. ROBERT-CUENDET, « *La qualité de membre : acquisition, évolution, perte* », in E. LAGRANGE et J.-M. SOREL, *Droit des organisations internationales*, LGDJ, 2013, pp. 289-316.

[341] M. POULAIN, « *Les négociations du droit de la santé : l'OMS à la croisée des chemins* », in E. MONDIELLI, F. VIALLA et E. CADEAU, *op.cit.*, p.110.

[342] P. TAVERNIER, « *La sécurité humaine et la souveraineté des Etats* », in R. KHERAD, *La sécurité humaine*, colloque en l'honneur du doyen Dominique Breillat, Pedone, 2010, p.43.

[343] L. BOURGORGUE-LARSEN, « *La structure institutionnelle de l'organisation internationale* », in E. LAGRANGE et J.-M. SOREL, *op.cit.*, p.378.

[344] On précisera que la Conférence de New York de 1946 a substitué à la dénomination « Conférence mondiale de la Santé » proposée par la Commission technique préparatoire de l'OMS, celle d' « Assemblée mondiale de la Santé » qui lui parut « mieux refléter les fonctions représentatives de cet organe délibératif » (V. OMS, « *Les dix premières années de l'Organisation mondiale de la santé. Chapitre 5 – La Conférence internationale de la santé* », 1958, p.46).

[345] G. L. BURCI et C.-H. VIGNES, *The World Health Organization*, Kluwer Law International, 2004 pp.35-36. Il existe d'autres statuts au sein de l'Assemblée mondiale de la santé. D'une part, les représentants désignés par les membres associés selon l'article 8 qui doivent en plus d'une compétence technique être de la population représentée. Cette catégorie inclut des représentants des Nations unies et d'autres organisations intergouvernementales et non gouvernementales admises à être en relation avec l'OMS. D'autre part, le statut d'observateur qui n'est pas prévu dans la Constitution mais que la pratique a développé permettant à des membres potentiels – ayant signé mais pas encore accepté la Constitution ou ayant soumis une application afin de devenir membre – d'être invités. Le statut d'observateur inclut également les observateurs quasi permanents régulièrement invités aux Assemblées mondiales de la santé au nombre de 5 : le Saint-Siège, l'Ordre de Malte, le Comité International de la Croix-Rouge, la Palestine et la Fédération Internationale des Sociétés de la Croix-Rouge et du Croissant-Rouge. Toutefois, ces derniers n'ont pas le droit de vote (article 14 de la Constitution).

[346] Organe qui comprend des représentants de tous les membres (V. J. COMBACAU et S. SUR, *Droit international public*, Montchrestien-Lextenso, Domat Collection, 11e éd. 2014, p.736).

[347] L. BOURGORGUE-LARSEN, « *La structure institutionnelle de l'organisation internationale* », *op.cit.*, p.379.

[348] Article 2 §1 de la Constitution de l'OMS : « L'Organisation est fondée sur le principe de l'égalité souveraine de tous ses Membres ».

[349] Article 13 de la Constitution de l'OMS.

ailleurs, cité le premier dans la constitution[352], il s'agit de l'organe décisionnel suprême[353] de l'OMS. Certains auteurs n'hésitent pas à y faire référence en tant qu'organe législatif de l'Organisation – par opposition au Conseil exécutif, organe exécutif de l'Organisation – en raison de son activité dans l'adoption de réglementations et de recommandations[354].

182. En raison de la nature technique des travaux de l'OMS, chaque Etat membre est représenté par trois délégués au plus qui « [doivent] être choisis parmi les personnalités les plus qualifiées par leur compétence technique dans le domaine de la santé et qui, de préférence, [représentent] l'administration nationale de la santé de l'Etat membre[355] ». L'objectif est ici de poursuivre et de défendre les intérêts en matière de santé en priorité sur les autres intérêts y compris économiques et financiers. Toutefois, il n'existe aucune interprétation stricte de cette condition et, en particulier, il n'est pas apparu nécessaire d'imposer qu'un des délégués soit un médecin[356]. Ainsi, de nombreux Ministres de la Santé font partie des délégations nationales. Par ailleurs, cette condition ne s'impose pas aux conseillers qui accompagnent les délégués dont le nombre n'est pas limité. Par conséquent, certaines délégations sont composées de trente personnes alors que d'autres sont composées d'un seul délégué ce qui peut avoir une incidence sur l'influence exercée. En général, les délégations sont désignées soit par les ministres de la Santé soit par les ministres des affaires étrangères afin de couvrir des domaines de compétences qui vont au-delà de la santé.

183. Selon Messieurs BURCI et VIGNES, l'Assemblée mondiale de la santé, dans les limites de la Constitution, a le pouvoir de faire tout ce qui est considéré comme approprié pour la réalisation des objectifs de l'OMS[357]. L'article 18 énumère treize fonctions confiées à l'Assemblée mondiale de la santé, en tant qu'organe délibérant, dont certaines apparaissent comme

---

[350] « On notera que (...) que la France souhaita que le siège de l'OMS soit fixé à Paris (montrant ainsi la continuité entre l'OIHP et l'OMS, et soulignant l'intérêt historique de la France pour la protection internationale de la santé » (M. BELANGER, « *Un ancêtre de l'Organisation mondiale de la santé : l'Office international d'hygiène publique* », *op.cit.*, p.129, ndp.4).

[351] Y. BEIGBEDER, *L'Organisation mondiale de la santé*, *op.cit.*, pp.28-30. Les questions de la périodicité, de la durée ainsi que du lieu de l'Assemblée mondiale de la santé ont été le sujet de discussion depuis l'existence de l'OMS. Ainsi, depuis 1950, plusieurs propositions ont été introduites afin de rendre les sessions de l'Assemblée mondiale de la santé biannuelles pour des raisons financières, d'organisation – une année ne permettant pas de mettre en place un agenda suffisamment pertinent – et d'harmonisation avec le système des Nations unies. De même, si la durée à l'origine de l'Assemblée mondiale de la santé était de trois semaines avant d'être réduite à deux semaines en 1981 (Résolution WHA39.29, 1981), elle est actuellement de six jours depuis 1996. Enfin, dès 1947, l'Assemblée mondiale de la santé a recommandé que les conférences annuelles aient lieu aussi souvent que possible au siège à Genève. Ainsi, si certaines sessions ont eu lieu en dehors du siège telles que Rome en 1949, Mexico en 1955, Minneapolis en 1958, New Delhi en 1962, Boston en 1969, depuis 1970 l'ensemble des sessions de l'Assemblée mondiale de la santé se sont tenues à Genève pour des raisons d'efficience et d'efficacité.

[352] En effet, l'Assemblée mondiale de la santé est citée en premier dans l'ordre des organes au Chapitre V (Articles 10 à 23).

[353] V. Description de l'Assemblée mondiale de la santé sur le site de l'OMS (http://www.who.int/mediacentre/events/governance/wha/fr/).

[354] E. MINELLI, *World Health Organization - The mandate of a specialized agency of the United Nations*, Dissertation for the Political Science Degree specializing in International Relations at the Catholic University of Milan, 2003, p.17.

[355] Article 11 de la Constitution de l'OMS.

[356] G. L. BURCI et C.-H. VIGNES, *The World Health Organization*, *op.cit.*, p.35.

[357] *Ibid.*, p.44.

essentielles. Sa responsabilité principale se traduit par la fonction prépondérante (a) d'arrêter la politique de l'institution. L'Assemblée mondiale de la santé possède également des fonctions électives telles qu' (b) élire les Etats appelés à désigner une personnalité au Conseil exécutif et (c) nommer le Directeur général. Elle étudie et approuve les rapports et les activités du Conseil et du Directeur général et donne des instructions au Conseil.

184. Par ailleurs, – fonction très importante – l'Assemblée mondiale de la santé contrôle la politique financière de l'OMS, examine et approuve son budget (article 18 (f)). Elle effectue ainsi la répartition des dépenses parmi les Etats membres en fixant un barème.

185. Enfin, dans ses fonctions attribuées à l'article 18, l'Assemblée mondiale de la santé crée toute commission nécessaire aux activités de l'Organisation (article 18 (e)). C'est ainsi qu'elle a créé trois commissions d'assistance : la Commission de vérification des pouvoirs[358], la Commission des désignations[359] et les Commissions principales. Ces dernières, essentielles au bon fonctionnement de l'Assemblée mondiale de la santé, sont composées de deux sous-commissions qui traitent principalement, pour la Commission A des questions de programmes techniques et sanitaires, et pour la Commission B, des questions administratives et financières. Elles approuvent les textes des résolutions, qui sont ensuite soumis en plénière.

186. Les Etats, au-delà de leur participation à chaque étape des travaux de l'Assemblée mondiale de la santé par le biais des représentants, jouent un rôle primordial dans l'adoption des instruments normatifs de l'Assemblée mondiale de la santé prévus aux articles 19, 21 et 23 de la Constitution. Ainsi, selon l'article 59 de la Constitution, chaque Etat membre possède une voix lors des votes de l'Assemblée mondiale de la santé selon le principe « un Etat un vote ». L'article 60 de la Constitution et l'article 72 du règlement intérieur de l'Assemblée mondiale de la santé précisent que les décisions relatives aux questions importantes sont prises à la majorité des deux tiers des Etats membres y compris l'adoption de conventions ou d'accords, les amendements à la Constitution ou encore les décisions relatives au montant effectif du budget. Toutefois, en pratique, c'est le consensus qui prévaut en matière de prise de décisions importantes au sein de l'Assemblée mondiale de la santé. Ce principe rend ainsi difficile les prises de décision et laisse une place importante aux Etats membres. A l'inverse, toutes les autres décisions, y compris celles concernant l'adoption de règlement, sont prises à la majorité simple d'après l'article 73 du règlement intérieur de l'Assemblée mondiale de la santé.

---

[358] OMS, *Règlement intérieur de l'Assemblée mondiale de la santé*, Article 23 précise que cette commission, composée de douze délégués ressortissant à un nombre égal d'Etats membres, a pour fonction d'examiner les pouvoirs des délégués membres et des représentants des membres associés et fait un rapport à l'Assemblée mondiale de la santé.

[359] OMS, *Règlement intérieur de l'Assemblée mondiale de la santé*, Articles 24 et 25 précisent que cette commission, composée de vingt-cinq membres, a pour fonction de proposer, en tenant compte d'une équitable répartition géographique, de l'expérience et de la compétence des personnes, à l'Assemblée mondiale de la santé des noms de membres de délégation pour les postes de président et des cinq vice-présidents de l'Assemblée mondiale de la santé et des présidents des deux commissions principales.

b. L'organe restreint : Le Conseil exécutif

187. Le Conseil exécutif[360] est l'organe restreint[361] de l'OMS qui à la différence de l'organe plénier, écarte le principe de l'égalité souveraine entre les Etats puisque seul 34 membres y siègent et votent. Prévu aux articles 24 à 29 de la Constitution, il est l'organe consultatif et exécutif de l'Assemblée mondiale de la santé et détient des prérogatives propres. A la lecture de l'article 28, les fonctions[362] du Conseil exécutif sont majoritairement de nature technique[363]. Pour certains auteurs, il existe « deux types de fonctions assumées par le Conseil exécutif : a) celles que l'Assemblée décide de lui confier spécialement et b) celles que le Conseil assume en tant qu'organe exécutif de l'Assemblée, en appliquant ses décisions et ses directives, en la conseillant sur les questions qu'elle lui soumet et en préparant l'ordre du jour de ses sessions ». Il doit ainsi mettre en œuvre le travail de l'Assemblée mondiale de la santé, conseiller cette dernière et, d'une manière générale, faciliter son travail[364].

188. En tant qu'organe préparatoire, il doit notamment soumettre la nomination au poste de Directeur général[365], préparer les ordres du jour des sessions de l'Assemblée mondiale de la santé et soumettre à l'Assemblée mondiale de la santé, pour examen et approbation, un programme général de travail s'étendant sur une période déterminée. Ce rôle est très important dans le cadre de la procédure budgétaire et de mise en œuvre du programme général de travail.

189. Par ailleurs, le Conseil doit, en tant qu'organe exécutif, appliquer les décisions et les directives de l'Assemblée mondiale de la santé ; agir comme organe exécutif de l'Assemblée mondiale de la santé ; de sa propre initiative, soumettre à l'Assemblée mondiale de la santé, des consultations ou propositions et exercer toute autre fonction confiée par l'Assemblée mondiale de la santé. Enfin, indépendamment de l'Assemblée mondiale de la santé, il peut prendre toute mesure d'urgence dans le cas d'événements exigeant une action immédiate[366].

190. Le rôle des Etats membres se traduit également dans la composition du Conseil exécutif. Ce dernier –qui dispose de trois comités[367]– se compose de trente quatre personnes désignées par autant d'Etats membres choisis par

---

[360] A la différence de l'Assemblée mondiale de la santé, il y a peu de débats quant à la périodicité, le lieu et la durée des sessions du Conseil exécutif. Elles ont lieu deux fois par an selon l'article 26 de la Constitution : la réunion principale a lieu en janvier pour dix jours et une deuxième a lieu après l'Assemblée mondiale de la santé pour deux jours. Elles ont toujours eu lieu à Genève sauf une fois à Mexico en 1955.

[361] Organe ne comprenant qu'une partie des membres (J. COMBACAU et S. SUR, *Droit international public, op.cit.*, 2014., p.736).

[362] Y. BEIGBEDER, *L'Organisation mondiale de la santé,* PUF, 1995, p.31.

[363] G. L. BURCI et C.-H. VIGNES, *The World Health Organization, op.cit.*, p.47.

[364] V. le site de l'OMS http://www.who.int/governance/eb/fr/.

[365] Article 31 de la Constitution de l'OMS « Le Directeur général est nommé par l'Assemblée de la Santé, sur proposition du Conseil et suivant les conditions que l'Assemblée de la Santé pourra fixer ».

[366] Y. BEIGBEDER, *L'Organisation mondiale de la santé*, QSJ, PUF, 1997, p.33. L'auteur parle de « droit d'initiative autonome en ce qui concerne les secours d'urgence. Il est habilité à prendre toute mesure d'urgence dans le cas d'événements exigeant une action immédiate, dans le cadre des fonctions et des ressources financières de l'Organisation. Il peut, en particulier, autoriser le Directeur général à prendre les moyens nécessaires pour combattre les épidémies (…) ».

[367] 1) le Comité de développement du programme ; 2) le Comité de l'Administration, du Budget et des Finances ; 3) la Commission de vérification des comptes.

l'Assemblée mondiale de la santé « compte tenu d'une répartition géographique équitable[368] ». La procédure de désignation est particulière[369] avec un contrôle de l'Assemblée mondiale de la santé qui doit choisir les Etats membres qui ensuite désigneront les membres du Conseil exécutif. Il est intéressant de noter qu'il est possible pour les Etats membres choisis de désigner un délégué autre que celui de leur pays pour siéger même si cela est assez rare en pratique[370]. La responsabilité dans les choix des membres du Conseil exécutif repose donc en grande partie sur les Etats membres.

191. On constate qu'en raison de la nature d'organisation intergouvernementale de l'OMS, l'Assemblée mondiale de la santé et le Conseil exécutif, sont contrôlés par les Etats membres et leurs intérêts divers. De ce point de vue, l'OMS ne déroge pas à ce phénomène commun aux autres institutions spécialisées. Toutefois, si les Etats membres sont présents dans le fonctionnement de ces deux organes, il existe un organe, le Secrétariat, où une forme d'autonomie est apparente par le biais de la fonction de Directeur général de l'OMS.

2. La participation relative des Etats membres au sein du Secrétariat

192. Le Secrétariat joue un rôle essentiel dans le fonctionnement de l'OMS (a). Ce rôle dépend également de l'incarnation par le Directeur général (b).

a. Le rôle essentiel du Secrétariat

193. Consacré aux articles 30 à 37 de la Constitution, le Secrétariat est la structure permanente de l'OMS –les autres organes ne se réunissant que pour des périodes limitées– qui comprend le Directeur général et le personnel technique et administratif de l'Organisation[371]. Le Secrétariat représente l'ensemble du personnel[372] de l'OMS à travers le monde[373].

194. Le rôle du Secrétariat est double, d'une part il doit mettre en œuvre le travail de l'OMS au quotidien – rôle de gestion administrative de l'OMS qui est indispensable[374] – et d'autre part, il coordonne l'action générale et

---

[368] Selon l'article 25 de la Constitution de l'OMS, ils sont désignés pour 3 ans et sont rééligibles.

[369] C. H. VIGNES, *« Questions juridiques intéressant l'Organisation mondiale de la Santé »,* Annuaire français du droit international, vol.9, 1963, p.628, troisième note de bas de page.

[370] Ce fut le cas pour la Belgique qui, de la 10e à la 14e session du conseil, a désigné un haut fonctionnaire néerlandais (OMS, Actes officiels de l'OMS, n°43, p.12 ; n°46, p.187 ; n°49 p.9 ; n°52 p.55).

[371] Article 30 de la Constitution de l'OMS.

[372] La notion de personnel est assimilée à celle d'agent international qui entendue comme « quiconque, fonctionnaire rémunéré ou non, employé à titre permanent ou non, a été chargé par un organe de l'organisation d'exercer, ou d'aider à exercer, l'une des fonctions de celle-ci, bref toute personne par qui l'organisation agit » (Avis Consultatif du 11 avril 1949 de la Cour internationale de Justice (CIJ), *Réparation des dommages subis au service des Nations unies,* CIJ Recueil 1949, p.177). On distingue ainsi le fonctionnaire des autres agents où le fonctionnaire est « un agent de l'organisation se consacrant entièrement et de manière durable à ses fonctions au service de l'organisation » (S. BASTID, *La condition juridique des fonctionnaires internationaux*, Paris, 1931, Sirey).

[373] Au 31 décembre 2012, l'OMS comptait au total 7338 membres du personnel dans le monde, dont 6549 titulaires d'engagements à long terme et 789 d'engagements temporaires (OMS, *Ressources humaines : rapport annuel*, Rapport du Secrétariat Général A66/36 du 14 mai 2013, p.1).

[374] G. L. BURCI et C.-H. VIGNES, *The World Health Organization, op.cit.*, pp.51-52. Selon les auteurs, « plus de 2000 dossiers sont enregistrés annuellement et plus de 35000 lettres sont envoyés à l'OMS par an. Ces derniers sont gérés par le Secrétariat ».

régionale de l'OMS en application des activités des organes constitutionnels. En effet, même si l'Assemblée mondiale de la santé est théoriquement responsable de la préparation du budget, des rapports financiers et du programme général, de fait, le Secrétariat le prend en charge en préparant de nombreux documents, projets de résolutions, décisions et recommandations pour l'Assemblée mondiale de la santé et le Conseil exécutif. Il s'assure de leur mise en œuvre et soumet des rapports sur l'exécution des programmes[375].

195. Selon la Constitution[376], les Etats membres ont également l'obligation de soumettre des rapports à l'OMS par le biais de « notification d'informations » Ce devoir d'information peut être résumé ainsi : 1) la notification de données statistiques (sur la situation sanitaire, l'épidémiologie, le financement de la santé et les infrastructures sanitaires) ; 2) les rapports sur les politiques de santé (sur les politiques de santé nationales et la législation, la règlementation et les rapports en matière de santé) et 3) les rapports sur la mise en œuvre des résolutions et décisions des organes directeurs[377]. Ces différentes notifications d'informations sont un élément fondamental pour les activités de l'Organisation[378] et en particulier du Secrétariat qui a des fonctions de conseil et de contrôle.

196. Le succès (ou l'échec) des activités et le bon fonctionnement de l'OMS dépendent entièrement du Secrétariat [379]. En tant qu'organe administratif[380], il est présenté comme la « colonne vertébrale[381] » de l'organisation en assurant le fonctionnement continu. Le Secrétariat qui était perçu à l'origine comme un organe subordonné et au service des autres, a par la suite grandement participé à la réussite de l'OMS. Cette réussite dépend notamment de la qualité du personnel et de son Directeur général pour assurer une OMS performante. Le personnel qui compose le Secrétariat dispose du statut de la fonction publique internationale. Ses membres sont communément appelés « agents internationaux[382] ». Les conditions de service doivent être autant que possible conformes à celles des autres organisations des Nations unies[383]. Ce statut implique, selon Monsieur BEIGBEDER[384], le respect de deux principes : une « allégeance du personnel exclusivement à l'organisation internationale qui l'emploie » mais également une « obligation complémentaire des Etats membres de respecter exclusivement le caractère et

---

[375] Y. BEIGBEDER, *L'Organisation mondiale de la santé,* QSJ, PUF, p.34.

[376] V. Articles 61 à 65 de la Constitution de l'OMS.

[377] OMS, *Options pour rationaliser la présentation des rapports des Etats membres et la communication avec ces derniers,* EB 132/5 Add. 4, 132e Conseil exécutif, 18 janvier 2013, p.1.

[378] *Ibid.*

[379] Y. BEIGBEDER, *L'Organisation mondiale de la santé,* QSJ, PUF, p.34.

[380] Le qualificatif d' « administratif » ne permet pas de résumer véritablement les travaux exercés par le Secrétariat (F. LATTY, « *L'organe administratif intégré de l'organisation internationale* », in E. LAGRANGE et J.-M. SOREL, *op.cit.*, pp. 491-519 (pp.492-493) : « Force est de constater que l'ambiguïté qui s'attache à ce dernier épithète tout comme l'élargissement des fonctions remplies par certains secrétariats dans la pratique rendent malaisée la tâche de définir ce type d'organe de manière rigoureuse »).

[381] F. LATTY, « *L'organe administratif intégré de l'organisation internationale* », in E. LAGRANGE et J.-M. SOREL, *op.cit.*, p.493.

[382] SFDI, *Les agents internationaux,* Pedone, 1985.

[383] Article 36 de la Constitution de l'OMS.

[384] Y. BEIGBEDER, *The United Nations Secretariat : reform in progress in The United Nations at the Millenium (Chapitre 7),* in *United Nations at the Millennium: The Principal Organs,* P. TAYLOR et A.J.R. GROOM, Continuum London, 2000, p.199.

les responsabilités internationales du personnel ». Comme le précise l'article Ier du Statut du Personnel, « en acceptant leur nomination, (les membres du personnel de l'OMS) s'engagent à s'acquitter de leurs fonctions et à régler leur conduite en ayant exclusivement l'intérêt de l'Organisation mondiale de la Santé[385] », ce qui démontre un esprit de corps. A cet égard, en tant qu'organe intégré, le Secrétariat est composé « d'individus agissant exclusivement en qualité de membres et tenus d'exercer leurs fonctions à l'abri de toute influence extérieure, à commencer par celle des Etats pris individuellement[386] ». Les agents internationaux agissent donc pour le compte de l'organisation internationale et doivent respecter une certaine déontologie[387].

197. A cet égard, le Secrétariat, en tant qu'organe intégré, permet à l'OMS de se « détacher des Etats membres, d'exprimer la volonté propre de l'organisation et d'agir dans son intérêt exclusif[388] ». Pour le Professeur LATTY, cela est représentatif de l'avènement de deux logiques[389] : « celle de la préservation de l'interétatisme et celle de son dépassement à travers une certaine forme 'd'institutionnalisation de la communauté internationale[390]' ».

198. Concernant le recrutement du personnel – qui revient au Directeur général – l'article 35 de la Constitution dispose que « la considération primordiale qui devra dominer (...) sera de pourvoir à ce que l'efficacité, l'intégrité et la représentation de caractère international du Secrétariat soient assurées au plus haut degré. Il sera tenu compte également de l'importance qu'il y a à recruter le personnel sur une base géographique la plus large possible ». On remarque donc l'importance, à la différence des membres de l'Assemblée mondiale de la santé ou du Conseil exécutif, de disposer d'un personnel indépendant des Etats membres au service de l'intérêt de l'Organisation. Cet aspect est d'ailleurs confirmé dans le rôle particulier joué par le Directeur général.

b. L'incarnation par le Directeur général

199. Le Directeur général est nommé par l'Assemblée mondiale de la santé, sur proposition du Conseil. Placé sous l'autorité du Conseil, il « est le plus haut fonctionnaire technique et administratif de l'Organisation[391] ». Il est assisté par six sous-directeurs généraux auxquels sont rattachés les différentes divisions de l'Organisation dont la division juridique. En 1996, le Conseil exécutif a décidé que tout candidat pour le poste devait remplir un certain

---

[385]Article Ier, §1.1 du Règlement et Statut Du Personnel de l'OMS, mis à jours le 1er Juillet 2014.

[386] M. VIRALLY, *L'organisation mondiale,* A. Colin, 1972, p.58 et M. VIRALLY, «*Panorama du droit international contemporain. Cours général de droit international public* », RCADI, vol.183, 1983, p.256 : « Un organe intégré est composé de personnes exerçant leurs fonctions dans le seul intérêt de l'organisation et soumis, par conséquent, à une obligation d'indépendance à l'égard des intérêts nationaux ».

[387] M. N. BARBOZA, « *La déontologie des agents internationaux* », in E. LAGRANGE et J.-M. SOREL, *op.cit.*, pp. 558-564.

[388] J. SCHWOB, *Les organes intégrés de caractère bureaucratique dans les organisations internationales,* Bruylant, 1987, p.4.

[389] F. LATTY, « *L'organe administratif intégré de l'organisation internationale* », *op.cit.*, p. 492.

[390] V. P. DAILLIER, M. FORTEAU et A. PELLET, *Le droit international public*, LGDJ, 8è éd., 2009, pp.683-684.

[391] Article 31 de la Constitution de l'OMS

nombre de conditions[392], parmi lesquelles la qualification et l'expérience en matière de santé publique internationale et de management organisationnel, des capacités de leadership, une bonne condition physique ainsi qu'un niveau suffisant dans au moins une des langues officielles de travail[393].

200. Par ailleurs, afin de garantir l'indépendance du personnel et du Directeur général, l'article 37 de la Constitution précise, dans la lignée de l'article 100 de la Charte des Nations unies que « dans l'exercice de leurs fonctions, le Directeur général et le personnel ne devront solliciter ou recevoir d'instructions d'aucun gouvernement ou d'aucune autorité étrangère à l'Organisation ». Ils ne doivent servir que l'organisation en mettant de côté leur appartenance nationale[394]. Cela implique que le Directeur général, comme le personnel, « ne sont responsables qu'envers l'Organisation[395] » et qu'ils doivent respecter une obligation d'impartialité vis-à-vis des Etats membres. Ils s'abstiendront également de toute action qui puisse porter atteinte à leur situation de fonctionnaires internationaux.

201. A l'inverse, chaque Etat membre de l'Assemblée mondiale de la santé s'engage à respecter le caractère exclusivement international du Directeur général et du personnel et à ne pas chercher à les influencer.

202. Ces dispositions qui sont communes à toutes les organisations des Nations unies, « sont destinées à assurer l'indépendance du Secrétariat et du Directeur général et à les protéger contre les pressions politiques des Etats ou les influences d'autres organisations y compris les entreprises multinationales[396] ». Enfin, depuis 1996, le mandat de cinq ans du Directeur général n'est renouvelable qu'une fois ce qui accentue la volonté d'indépendance de ce poste [397]. Toutefois, les nombreuses prérogatives conférées au Directeur général accroissent le risque d'une politisation de son rôle.

203. Selon l'article 32 de la Constitution, le Directeur général est de droit Secrétaire de l'Assemblée mondiale de la santé et du Conseil exécutif, de toute commission et de tout comité de l'Organisation, ainsi que des conférences qu'elle convoque. Le Directeur général occupe une place centrale et joue un rôle primordial au sein de l'OMS puisqu'il est en relation directe avec les autres organisations intergouvernementales, les organisations sanitaires gouvernementales et les administrations des Etats membres[398]. Pour Messieurs BURCI et VIGNES, le Directeur général prend l'ensemble des décisions administratives relatives à l'OMS[399] et représente l'Organisation.

204. Toutefois, les compétences de droit du Directeur général vont au-delà de ce qui est prévu dans la Constitution et il dispose d'une influence remarquable sur l'Organisation qui, concrètement, dépend en grande partie de

---

392 Des propositions ont été faites sur l'instauration d'une limite d'âge mais sans succès. Aucune limite d'âge n'existe pour l'ensemble des organisations des Nations unies.
393 OMS, Résolution EB97.R.10, Conseil exécutif, EB97/1996/REC/1, p.10.
394 F. LATTY, « *L'organe administratif intégré de l'organisation internationale* », in E. LAGRANGE et J.-M. SOREL, *op.cit.*, p.503.
395 Article 100 § 1 de la Charte des Nations unies.
396 Y. BEIGBEDER, *L'Organisation mondiale de la santé,* QSJ, PUF, p.35.
397 OMS, *Règlement intérieur de l'Assemblée mondiale de la santé*, Article 106.
398 Article 33 de la Constitution de l'OMS.
399 G. L. BURCI et C.-H. VIGNES, *The World Health Organization*, *op.cit.*, p.50.

sa personnalité et de son charisme. Le Directeur général se trouve dans « une position unique entre gérer les travaux de l'OMS en liaison notamment avec les représentants des Etats membres et les conflits qui peuvent émaner et maintenir un rôle strictement neutre[400] ». Lors des réunions, son poids est essentiel et il peut à tout moment[401] intervenir oralement pour faire une déclaration qui peut changer le cours du débat et influencer l'attitude des délégués[402].

205. Enfin, si de droit, le Directeur général ne fait que préparer et soumettre au Conseil les prévisions budgétaires de l'Organisation pour transmission, après examen, à l'Assemblée[403], de fait, il a une plus grande influence. En effet, celle-ci est visible lors des débats autour du budget de l'Organisation où il a pu user de son « arme suprême[404] » c'est-à-dire engager sa responsabilité politique personnelle, et donc sa démission éventuelle, afin d'obtenir un vote favorable[405] pour le financement des activités par les Etats membres. Ainsi, l'ensemble des responsabilités politiques dont dispose le Directeur général n'émane pas toutes du texte de la Constitution mais de la pratique dans l'exercice de ses obligations. Selon la personnalité du Directeur général, ce rôle peut être amplifié ou minimisé.

206. L'histoire a pu démontrer que l'incarnation du rôle de Directeur général a eu une influence essentielle sur l'étendue de ses compétences et sur la réussite des actions entreprises par l'Organisation. Le Directeur général doit être en mesure d'orienter et de modifier la stratégie et les activités techniques de l'Organisation, en obtenant l'adhésion des Etats membres et le soutien du Secrétariat. Par exemple, le deuxième Directeur général, Monsieur CANDAU, de 1953 à 1973, est reconnu pour avoir permis à l'OMS d'être considérée comme l'institution spécialisée la plus efficace du système des NU[406]. De même, Madame BRUNDTLAND, élue en 1998, alors que l'OMS faisait face à des critiques[407], a su placer son mandat sous le signe du changement en opérant une restructuration administrative de l'institution, en luttant contre la dispersion de programmes verticaux mal coordonnés. Par ailleurs, elle a su,

---

[400] *Ibid.*

[401] OMS, Règlement intérieur de l'Assemblée mondiale de la santé, Article 56 : « Au cours de la discussion de toute question, un délégué ou un représentant d'un Membre associé peut soulever une motion d'ordre et le Président prend à son endroit une décision immédiate. Un délégué ou un représentant d'un Membre associé peut faire appel de la décision prise par le Président ; dans ce cas, l'appel interjeté est aussitôt mis aux voix. Un délégué ou un représentant d'un Membre associé qui soulève un point d'ordre ne peut aborder le fond de la question en discussion, mais doit s'en tenir au point d'ordre. » V. également OMS, Règlement intérieur du Conseil exécutif, Article 19.

[402] Il est arrivé une fois que le Directeur général ainsi que le Conseiller juridique au nom du Directeur général se voient interdits d'intervenir après le débat. Il a alors été rappelé que le Directeur général avait le droit d'intervenir pour faire une déclaration à tout moment du débat selon WHA33/1980/REC/3.258.

[403] Articles 55 et 56 de la Constituion

[404] G. L. BURCI et C.-H. VIGNES, *The World Health Organization*, *op.cit.*, p.51.

[405] OMS, Actes officiels n°161, p.417.

[406] Y. BEIGBEDER, *L'Organisation mondiale de la santé,* QSJ, PUF, p.36.

[407] Notamment en raison de l'incarnation par le Monsieur Nakajima dans son rôle de Directeur général. V. en ce sens Y. BEIGBEDER, *L'Organisation mondiale de la santé en transition – La rénovation nécessaire*, Etudes internationales, vol.30, n°3, 1999, pp.477-491. L'auteur rappelle la volonté Mme Brundtland d'afficher publiquement une rupture avec la direction et la gestion de son prédécesseur, M. Nakajima. Ce dernier a notamment été critiqué pour « *pour son style de gestion jugé trop personnel, parfois arbitraire, sans esprit de concertation.* » Selon, l'auteur après les deux mandats de cinq ans de M. Nakajima, l'OMS était « *une institution à bout de souffle* », « *l'organisation la plus malade du système onusien* » (p.478).

grâce à sa volonté affichée, faire adopter la première convention internationale conclue sous l'égide de l'OMS et de l'article 19 de sa Constitution[408]. Les observateurs ont qualifié le mandat de Madame BRUNDTLAND de 1998 à 2003 comme ayant considérablement changé le paysage de la santé mondiale[409]. Aujourd'hui, Madame CHAN, élue en 2006, a également l'ambition de réformer en profondeur l'OMS et en particulier son financement et ses relations avec le secteur privé. Toutefois, alors que la réforme est toujours en cours, il est encore trop tôt pour tirer un bilan définitif de son mandat et de son incarnation personnelle de la position de Directeur général. Néanmoins, on constate que l'OMS est actuellement toujours au centre de nombreuses critiques.

207. Il en résulte que si les Etats membres jouent un rôle primordial dans les organes principaux que sont l'Assemblée mondiale de la santé et le Conseil exécutif, une analyse plus approfondie montre que l'autorité de l'OMS dépend en partie du travail accompli par le Directeur général[410] et le Secrétariat. En effet, on peut se demander si, en pratique, il ne revient pas au Secrétariat et au Directeur général de mener de fait la politique de l'OMS par son travail au quotidien. Malgré la puissance de l'Assemblée mondiale de la santé et du Conseil exécutif, le manque de moyens et de temps, fait émerger un rôle primordial pour le Secrétariat et le Directeur général, indépendant de l'influence des Etats membres. A cet égard, pour les Professeurs COMBACAU et SUR, le poids pris par les organes intégrés au sein d'une organisation internationale constitue un excellent instrument de mesure de sa « puissance (…) et de son autorité à l'égard de ses membres[411] ».

208. L'OMS est également renforcée par sa structure décentralisée, fondée sur les régions OMS.

B. La régionalisation de l'OMS, caractéristique fondamentale de l'Organisation

209. Suivant une logique d'intégration[412], la régionalisation de l'OMS est prévue aux articles 44 à 54 de sa Constitution sous la terminologie « d'arrangements régionaux ». Cette exception constitutionnelle[413] combinée à la présence de bureaux nationaux permet à l'autorité de l'OMS de s'adapter aux enjeux locaux. En effet, si la notion d'organisation régionale apparaît innovante (1), les fonctions conférées aux régions OMS démontrent leur forte autonomie (2).

---

[408] La Convention-cadre de l'OMS pour la lutte antitabac (CCLAT) adoptée en 2003.

[409] J. LIDEN, « *The World Health Organization and Global Health Governance : post 1990* », Public Health XXX (2013) I-7, p.4.

[410] Pour une analyse du rôle du *leadership* dans l'amélioration potentielle de l'effectivité au sein de l'OMS V. S. ANDRESEN, « *Leadership change in the World health organization : Potential for increased effectiveness ?* », Fridtjof Nansens Institut, Rapport 08/2002, 2002.

[411] J. COMBACAU et S. SUR, *Droit international public, op.cit.*, 2014., p.736.

[412] V. TOMKIEWICZ, « *Concurrence chevauchements de compétences et coordination entre organisations internationales* », in E. LAGRANGE et J.-M. SOREL, *op.cit.*, p.902 (pp.891-931).

[413] Il existe également une référence dans la Constitution de la FAO mais elle est plus discrète, simplement deux articles y sont consacrés (V. C. H. VIGNES, « *La régionalisation de l'Organisation mondiale de la Santé* », SFDI, Bordeaux 20-22 mai 1976 p.1).

1. La notion d'organisation régionale

210. A la création de l'OMS, la mise en place des régions (b) a permis de répondre à une double nécessité pratique (a).

a. Une double nécessité pratique

211. Les difficultés à classer l'OMS entre système décentralisé et système déconcentré émanent des dispositions de la Constitution qui résultent de la volonté ambiguë des constituants. La Constitution prévoit ainsi l'établissement d'organisations régionales pour répondre aux besoins particuliers de chaque région sans qu'il puisse y avoir plus d'une organisation régionale dans chaque région [414]. Toutefois, chacune des organisations régionales sera partie intégrante de l'Organisation[415]. Cette formulation constitutionnelle a permis de répondre aux débats les plus acharnés qui ont eu lieu tant à la Commission préparatoire qu'à la Conférence internationale de la Santé. En effet, la volonté initiale était de créer une organisation « unique et puissante[416] » qui se heurtait néanmoins à une double opposition[417].

212. D'une part, il y avait l'hypothèse selon laquelle une structure régionale serait mieux adaptée afin de résoudre les problèmes sanitaires propres à chacune des parties du monde[418]. Le principe était que les services à fournir aux populations des pays intéressés devraient être décidés sur place d'après les besoins et les conditions d'ordre local, et devaient parvenir par la voie la plus directe possible[419].

213. D'autre part, l'activité de l'Organisation devait se fonder sur le principe d'une décentralisation efficace[420] en raison de considérations plus politiques tenant à la prise en compte des institutions sanitaires régionales déjà en place. Ainsi, à l'époque de la création de l'OMS, il existait déjà divers organismes sanitaires régionaux [421] dont en particulier l'Organisation panaméricaine de la santé (OPS), qui constituait une puissante organisation régionale fortement structurée et à compétences étendues [422]. Devant la réticence des pays membres de cette organisation à s'intégrer dans une

[414] Article 44 de la Constitution de l'OMS.
[415] Article 45 de la Constitution de l'OMS.
[416] Déclaration du Brésil à la Commission V de la Conférence internationale de la Santé (Doc E/H/RA/W9) et Résolution du Conseil économique et social du 15 février 1946 (OMS, Actes officiels n°1 p.31).
[417] C. H. VIGNES, « *La régionalisation de l'Organisation mondiale de la Santé* », *op.cit.*, p.2.
[418] V. la proposition de Jameson (OMS, Actes officiels n°1 p.42), la proposition de Cavaillon et Leclainche (OMS, Actes officiels n°1 p.52) et la suggestion de Stampar (OMS, Actes officiels n°1 p.57).
[419] OMS, Premier programme général de travail couvrant la période de 1953-1956, 1954.
[420] *Ibid.*
[421] Les quatre conseils de Constantinople, d'Egypte, de Tanger et de Téhéran constitués au cours du 19e siècle.
[422] C. H. VIGNES, « *La régionalisation de l'Organisation mondiale de la Santé* », *op.cit.*, p.2. V. aussi Y. BEIGBEDER, *L'Organisation mondiale de la santé,* QSJ, PUF, p.38. L'auteur souligne la volonté de conserver l'indépendance de l'Organisation Sanitaire Panaméricaine par rapport à l'OMS : « La pratique a renforcé la tradition en ce que l'OPS a conservé une autonomie réelle par rapport à l'OMS, dans le cadre général et des programmes de celle-ci et de ses règlements administratifs. L'OPS a gardé son indépendance budgétaire et peut donc financer la majorité de ses programmes, ainsi que la plupart des postes de son Secrétariat »

nouvelle structure n'ayant pas encore fait ses preuves[423], la régionalisation permettait de concilier ces diverses tendances.

214. L'article 54 prévoit une procédure particulière selon laquelle l'Organisation sanitaire panaméricaine et toutes autres organisations régionales intergouvernementales de la santé existant avant la date de la signature de cette Constitution, seront intégrées[424], en temps voulu, dans l'Organisation. Cette intégration s'effectuera dès que possible par une action commune, fondée sur le consentement mutuel des autorités compétentes.

215. Par la mise en place du principe de régionalisation, la Conférence Sanitaire internationale espérait que « les dispositions détaillées sur les arrangements régionaux incorporées dans la Constitution assureraient l'unité d'action de l'organisation centrale à l'égard des questions d'importance mondiale qui intéressent la santé publique, tout en laissant la souplesse nécessaire lorsqu'il s'agirait de satisfaire les besoins de régions déterminées[425]». Les constituants ont clairement fait un choix au détriment d'autres alternatives telles que la disparition des organisations existantes ou l'insertion dans la Constitution de l'OMS de clauses permettant une collaboration entre institutions initialement indépendantes mais coopérant sur une base contractuelle, comme les institutions spécialisées le font avec l'ONU[426].

216. L'article 54, « modelé sur le cas particulier de l'OPS mais propre à un usage plus général[427] », favorise l'intégration. Le Professeur COMBACAU considère que « derrière la fiction légale d'une personnalité nouvelle apparaît la réalité de fait : des agents et une action qui, officiellement imputés à l'organisation nouvelle, peuvent néanmoins garder l'empreinte de l'organisation disparue[428] ». Ainsi ce « vice constitutionnel » apparaît essentiel et symptomatique des difficultés dans la mise en place des régions de l'OMS.

b. La mise en place des régions de l'OMS

217. Selon l'article 44 de la Constitution, il appartient uniquement à l'Assemblée mondiale de la santé d'établir des organisations internationales. Ainsi, l'Assemblée mondiale de la santé – au vu de la flexibilité conférée par la Constitution – a dû clarifier les délimitations géographiques de ces régions en prenant en compte notamment le niveau de santé des pays, la situation épidémiologique et l'existence de foyers d'épidémies[429]. Le Conseil exécutif

---

[423] V. par exemple la proposition conjointe de l'Argentine, de la Colombie et du Mexique à la Commission V de la Conférence internationale de la Santé (Doc E/H/RA/W3) ; la proposition de la délégation des Etats-Unis à la Commission V Doc (E/H/RA/W4) et la Déclaration du Paraguay (Doc E/H/RA/W5).

[424] Afin d'illustrer la tension autour de la conciliation de l'existence de l'Organisation Sanitaire Panaméricaine et la création de l'OMS voir H. B. CALDERWOOD, « *The World Health Organisation and its regional organizations* », 37 Temp L.Q. 15, 1963-1964, pp.15-26) en particulier p.22 : L'auteur explique que « lorsque le terme « intégré » a été défini en tant que « faire un tout » ou « faire entièrement partie de l'organisation » les demandes sur quel dictionnaire et en quelle langue ont fait surface ».

[425] V. OMS, Actes officiels n°2 p.24

[426] J. COMBACAU, « *La question du transfert du bureau régional de l'OMS devant la CIJ (avis consultatif du 20 décembre 1980)* », in AFDI, vol.26, 1980, p.225-249, p.227.

[427] *Ibid.*, p.227.

[428] *Ibid.*, p.228.

[429] G. L. BURCI et C.-H. VIGNES, *The World Health Organization*, *op.cit.*, p.53. V. également CORPS COMMUN D'INSPECTION, *Examen de la gestion, de l'administration et de la décentralisation à*

par délégation de l'Assemblée mondiale de la santé[430] a eu la responsabilité de constituer ces organisations régionales entre 1949 et 1952.

218. Les régions sont définies non par les limites géographiques mais par l'énumération des Etats ou territoires qui les composent[431]. Ainsi, les disparités entre les régions sont importantes quant à leur superficie, leur population et le nombre d'Etats[432]. Aujourd'hui, les régions sanitaires sont au nombre de six :

- La région Européenne[433] (EURO), dont le siège se trouve à Copenhague, comprend 53 pays et couvre une région géographique s'étendant de l'océan Atlantique à l'océan Pacifique pour une population de près de 900 millions d'habitants.

- La région Africaine (AFRO), dont le siège se trouve à Brazzaville, comprend 57 pays pour une population de 730 millions d'habitants.

- La région Américaine (AMRO), dont le siège est à Washington, comprend 35 pays, pour une population de 1,3 milliards d'habitants.

- La région de la Méditerranée orientale (EMRO), dont le siège est au Caire, comprend 21 pays, pour une population de 583 millions d'habitants.

- La région de l'Asie du Sud-Est (SEARO), dont le siège est à New Delhi, comprend 11 pays, pour une population estimée à environ 2 milliards d'habitants.

- La région du Pacifique occidental (WPRO), dont le siège est à Manille, comprend 37 pays, pour une population de 1,8 milliards d'habitants, s'étendant de la Chine à la Nouvelle Zélande.

219. Le Conseil exécutif indiquait que « les six régions (…) ne sont pas nécessairement permanentes surtout si la modification permettait une meilleure coordination locale et régionale[434] ». L'énumération prévue à l'origine a ainsi été modifiée[435], confirmant le caractère tangible de cette répartition où les Etats choisissent leur appartenance à telle ou telle région[436].

---

l'Organisation mondiale de la Santé - Partie II. Examen de la décentralisation, JIU/REP/2012/7, 2012, p.62. Ce rapport précise que « s'il n'existe pas de critères approuvés concernant le rattachement des pays aux différentes régions. Celui-ci repose sur des facteurs tels que la situation géographique, la similarité des problèmes de santé, les aspects économiques, les considérations administratives et les accords passés par d'autres organisations internationales ».

[430] V. *Résolution WHA1.71*, Recueil des résolutions et décisions, sixième édition, p. 227.

[431] C. H. VIGNES, « *La régionalisation de l'Organisation mondiale de la Santé* », *op.cit.*, p.4.

[432] CORPS COMMUN D'INSPECTION, *Examen de la gestion, de l'administration et de la décentralisation à l'Organisation mondiale de la Santé - Partie II. Examen de la décentralisation*, JIU/REP/2012/7, 2012, p.62.

[433] On notera que cette région a été la dernière à avoir été créé. « Un Bureau temporaire spécial pour le relèvement sanitaire de l'Europe a été établi à Genève en 1948 (et a commencé à fonctionner le 1er janvier 1949), puis a été transformé, le 1er février 1952, en bureau régional de l'OMS pour l'Europe. Ce n'est qu'en 1957 que le Siège de la région a été fixé à Copenhague. » (M. BELANGER, *Le droit international de la santé*, Que sais-je ?, PUF, 1997, p.29).

[434] V. OMS, Actes officiels n°46 p.160-172.

[435] Ainsi la Tunisie a été transférée de la région Européenne à la région Méditerranée orientale après son indépendance (Résolution WHA9.42) ; l'Afghanistan a abandonné la région Asie du Sud-Est pour celle de la Méditerranée orientale (Résolution WHA22.19) ; le Bangladesh a été transféré de la région du Pacifique oriental à la région Asie du Sud-Est (Résolution WHA25.22) ; La Grèce a été transférée de la région Méditerranée orientale à la région Européenne (Résolution WHA2.96) ; L'Indonésie, initialement dans la région Pacifique oriental a demandé à être rattachée à la région de l'Asie du Sud-Est (Résolution WHA 3.118) et l'Ethiopie transférée de la région Méditerranée orientale à la région Africaine (Résolution WHA20.35).

[436] Y. BEIGBEDER, *L'Organisation mondiale de la santé*, QSJ, PUF, p.39 ; C. H. VIGNES, « *La régionalisation de l'Organisation mondiale de la Santé* », *op.cit.*, p.46. L'auteur rappelle qu'« en fait, l'Assemblée s'est jusqu'ici bornée à entériner purement et simplement les manifestations de volonté

Il apparaît clairement aujourd'hui que dans certaines situations le critère principal était avant tout de nature politique. Toutefois, depuis leur mise en place, la structure générale des régions n'a pas été modifiée en profondeur malgré des changements individuels. On peut citer – parmi les différents transferts d'Etats – l'exemple d'Israël qui malgré sa localisation géographique, a été intégré à la Région Européenne[437], la Corée du Nord qui dépend de la région Asie du Sud-Est alors que la Corée du Sud dépend de la région Pacifique oriental et l'Algérie rattachée à la région Afrique alors que le Maroc est rattaché à la région Méditerranée orientale. Ces différents exemples démontrent, que dans certaines situations, le facteur déterminant est de « nature politique[438] ».

220. Le choix du siège de l'organisation régionale ne bénéficie pas de dispositions particulières à la différence du siège de l'Assemblée mondiale de la santé. Ainsi, la localisation des bureaux régions a été fixée par une résolution du Conseil exécutif suivant la recommandation des comités régionaux[439]. La Cour internationale de Justice a reconnu que le droit d'une organisation internationale de choisir la localisation de son siège ou de son bureau régional n'est pas contesté[440].

221. Enfin, les régions ont l'obligation d'exécuter, dans les limites de chaque région OMS, les décisions des organes centraux[441] et de faire des rapports sur les progrès réalisés dans la mise en œuvre des politiques au niveau des régions et l'application des résolutions adoptées par les régions. Ceci garantit une forme de contrôle du travail accompli par la région à la fois devant ces Etats membres mais également à l'égard du siège. Par exemple, le 28 juillet 2014, le bureau régional de l'Asie du Sud-Est a publié un rapport sur les progrès réalisés dans la mise en œuvre de certaines résolutions régionales[442].

---

implicites ou expresses des Etats (…) Il n'en demeure pas moins qu'elle reste souveraine et qu'il lui serait loisible, le cas échéant, de prendre une décision contraire au désir formulé par l'Etat et de refuser éventuellement son rattachement à une région donnée. (…) jusqu'ici aucun Etat n'a été exclu d'une région. ». Un rapport du Corps commun d'inspection reconnaît que « dans la pratique, le facteur décisif est, dans certains cas, le souhait du pays concerné » (CORPS COMMUN D'INSPECTION, *Examen de la gestion, de l'administration et de la décentralisation à l'Organisation mondiale de la Santé - Partie II. Examen de la décentralisation*, JIU/REP/2012/7, 2012, p.65.)

437 V. Résolution WHA 38.1.

438 G. L. BURCI et C.-H. VIGNES, *The World Health Organization*, *op.cit.*, p.54.

439 Pour Brazzaville (Résolution du Conseil exécutif, « *Siège du Bureau régional pour l'Afrique* », EB9.R.37, 31 janvier 1952) ; Washington (Résolution du Conseil exécutif, « *Siège du Bureau régional pour les Amériques* », EB7.R48, 31 janvier 1951) ; New Delhi (Résolution du Conseil exécutif EB2.R29) ; Copenhague (Résolution du Conseil exécutif EB3.R.30) ; Alexandrie aujourd'hui Le Caire (Résolution du Conseil exécutif EB3.R.30) et Manille (Résolution du Conseil exécutif, « *Siège du Bureau régional pour le Pacifique occidental* », EB8.R8, 1er juin 1951).

440 Avis Consultatif du 8 juillet 1996 de la Cour internationale de Justice (CIJ), *Licéité de l'utilisation des armes nucléaires par un Etat dans un conflit armé*, CIJ Recueil 1996, p.26 et s. En raison des tensions entre Israël et l'Egypte, en mai 1979, plusieurs pays de la région Eastearn Mediterranean ont demandé le transfert du bureau du Caire (ex-Alexandrie) dans un autre pays de la région. V. commentaire par J. COMBACAU, « *La question du transfert du bureau régional de l'OMS devant la CIJ (avis consultatif du 20 décembre 1980)* », *op.cit.*, *pp.22*-24.

441 M. BELANGER, *La régionalisation sanitaire internationale*, Mélanges LAJUGIES, Bordeaux, Editions Bière, 1985 pp.644-655, p. 647.

442 V. par exemple le rapport de progrès soumis à l'Assemblée mondiale de la santé par la Région SEARO : World Health Organization, Regional Office for South-East Asia, Progress reports on selected Regional Committee resolutions, 28 juillet 2014.

222. Toutefois, si un « cadre unique a imposé à ces branches régionales notamment un modèle institutionnel auquel elles ne peuvent se soustraire[443] », elles possèdent des fonctions propres importantes, qui participent à leur autonomie et qui en font des régions décentralisées, ce qui justifie la qualification de système décentralisé.

2. Les fonctions des régions OMS

223. Selon l'article 46 de la Constitution de l'OMS, chaque région comporte un comité régional agissant comme organe délibérant (a) et un bureau régional perçu comme un organe exécutant (b)[444].

a. Le comité régional, organe délibérant

224. Le comité régional est un organe délibérant, composé des représentants des Etats membres et des membres associés de l'OMS dont le territoire se trouve dans la région[445]. Les comités régionaux sont considérés comme les organes directeurs « suprêmes » des organisations régionales de l'OMS[446]. Toutes les régions sauf la région du pacifique occidental disposent de sous-comités qui peuvent agir en tant qu'organes subsidiaires du comité régional ou qui jouent un rôle consultatif auprès du Directeur régional[447].

225. Aux termes de l'article 50, les comités régionaux sont compétents afin de formuler des directives se rapportant à des questions d'un caractère exclusivement régional, à contrôler les activités du bureau régional, à proposer des conférences techniques, à coopérer avec les comités régionaux des autres institutions spécialisées, à fournir des avis à l'Organisation, à recommander l'affectation de crédits régionaux supplémentaires et à assumer toutes autres fonctions pouvant être déléguées au comité régional par l'Assemblée mondiale de la santé, le Conseil exécutif ou le Directeur général.

226. De façon générale, le Comité régional contrôle l'activité du bureau régional. Par ailleurs, il revient aux comités régionaux de décider du nombre de fois où il doit se réunir et de fixer le lieu de chaque réunion, indépendamment de l'Assemblée mondiale de la santé ou du Conseil exécutif[448]. Toutefois la pratique montre que les comités régionaux ne se réunissent qu'une fois par an. Ils possèdent leur propre règlement intérieur, certes similaire à celui de l'Assemblée mondiale de la santé, mais mis en place

---

[443] J. COMBACAU, « *La question du transfert du bureau régional de l'OMS devant la CIJ (avis consultatif du 20 décembre 1980)* », *op.cit.*, p.228.

[444] La situation de l'Organisation Sanitaire Panaméricaine est différente dans la mesure où étant préexistante, la Conférence sanitaire internationale et le Bureau sanitaire panaméricain jouent respectivement le rôle du Comité régional et du bureau régional.

[445] Article 47 de la Constitution de l'OMS. Les Comités régionaux comprennent trois groupes de participants qui ont le droit de siéger au Comité : les Etats membres de la région ; les Membres associés et les territoires ou groupes de territoires n'ayant pas la responsabilité de la conduite de leurs relations internationales et qui ne sont pas Membres associés. Pour une étude approfondie du statut de membres associés voir C. H. VIGNES, « *La régionalisation de l'Organisation mondiale de la Santé* », *op.cit.*, p.7 à 9.

[446] CORPS COMMUN D'INSPECTION, *Examen de la gestion, de l'administration et de la décentralisation à l'Organisation mondiale de la Santé - Partie II. Examen de la décentralisation*, JIU/REP/2012/7, 2012, p.70.

[447] *Ibid.*

[448] Article 48 de la Constitution de l'OMS.

sous leur autorité[449]. Enfin, dès leur établissement, les organisations régionales se virent confier des responsabilités dans la programmation des activités. Ainsi, le premier programme général de travail confiait aux comités régionaux « l'évaluation des besoins nationaux et la réception des demandes émanant des gouvernements[450] ». Le programme prévoyait également que ce transfert aux bureaux régionaux entraînerait nécessairement l'attribution à ces bureaux d'une partie des pouvoirs nécessaires pour déterminer l'ordre de priorité des projets qui conviennent à leur région, consolidant davantage les prérogatives des régions.

b. Le bureau régional, organe exécutant

227. Le bureau régional est un organe administratif du comité régional nommé par le Conseil exécutif mais désigné par les comités régionaux[451]. Il occupe sur le plan régional la place qu'a le Secrétariat à l'échelon du siège[452]. Si les membres du personnel du bureau régional en tant que fonctionnaires de l'OMS sont soumis aux statuts et aux règlements applicables à l'ensemble de l'Organisation, ils sont nommés conformément aux règlements fixés dans un arrangement entre le Directeur général et le Directeur régional. Ainsi, malgré la soumission à l'approbation du siège, c'est le Directeur régional qui nomme la quasi-totalité des fonctionnaires aux postes régionaux, à l'exception des postes de grades élevés, ce qui renforce son autonomie[453].

228. Tous les bureaux régionaux sont placés sous l'autorité d'un Directeur régional nommé par le Conseil exécutif en accord avec le comité régional[454]. La version originale de l'article 52 prévoyait que la nomination des Directeurs régionaux serait faite par les comités régionaux avec l'accord du Conseil exécutif[455]. La responsabilité principale incombait aux comités régionaux. Avec la version actuelle, la responsabilité principale incombe au Conseil exécutif. En pratique, la procédure de sélection est contrôlée majoritairement au niveau des comités régionaux[456]. D'ailleurs, depuis la mise en place de l'OMS, sans exception, le candidat présenté par le comité régional a toujours été approuvé par le Conseil exécutif. Malgré des demandes répétées de présenter l'ensemble des candidatures au poste[457], la pratique de ne présenter qu'un seul candidat au Conseil exécutif perdure. Ce dernier ne peut que nommer le candidat présenté par le comité régional. On peut regretter ici un déficit démocratique où « l'élection » est faite en amont.

229. Malgré la place réduite laissée au Directeur régional dans les dispositions de la Constitution, il apparaît que ce dernier joue un très grand rôle dans l'ensemble du système à double titre : d'une part, en tant que

---

[449] Article 49 de la Constitution de l'OMS.
[450] Y. BEIGBEDER, *L'Organisation mondiale de la santé*, PUF, 1995, p.60.
[451] Article 51 de la Constitution de l'OMS.
[452] C. H. VIGNES, « *La régionalisation de l'Organisation mondiale de la Santé* », *op.cit.*, p.10.
[453] *Ibid.*
[454] Article 52 de la Constitution.
[455] V. OMS, Actes officiels n°2 p.63.
[456] G. L. BURCI et C.-H. VIGNES, *The World Health Organization*, *op.cit.*, p.57.
[457] En 1956, 1962, 1964 et 1987. Seule la région du Pacifique occidental a suivi la recommandation de 1964 de présenter plus qu'un candidat mais uniquement jusqu'en 1979 (OMS, Actes officiels n°88, Annexe 5).

représentant du Directeur général et, d'autre part, en tant qu'organe de la région.

230. Ainsi la régionalisation a longtemps été perçue comme l'une des raisons centrales de la réussite de l'Organisation dans la mise en œuvre d'une action efficace[458]. Toutefois, il est important de noter que, malgré l'absence de disposition relative à la création des bureaux nationaux, cette régionalisation s'accompagne également de la mise en place de bureaux de pays qui travaillent avec les gouvernements afin de mettre en œuvre les politiques et programmes de l'OMS mais aussi afin de soutenir les systèmes de santé.

231. Ces bureaux de pays, dont il n'existe aucun critère de définition à l'échelle mondiale dans ce domaine, sont dirigés par des représentants de l'OMS, sélectionnés et nommés par le Directeur régional. Ces représentants sont issus des professions médicales et ne représentent donc pas l'Etat concerné. Il en existe aujourd'hui 151[459] faisant de l'OMS l'organisation disposant du plus vaste réseau de bureaux de pays[460]. Ces bureaux de pays se trouvent pour la plupart dans les pays en développement dans lesquels l'OMS met en place ses programmes[461]. Il existe également, dans de nombreux cas, en appui du bureau de pays, des bureaux sous-nationaux dans de grands pays fédérés et dans les pays en situation de crise. Ils étaient 137 bureaux sous-nationaux, relevant de 39 bureaux de pays. Malgré l'absence de reconnaissance constitutionnelle, ils sont indispensables au fonctionnement de l'OMS en raison notamment du soutien technique, de la mobilisation des ressources, de l'évaluation des besoins et des problèmes prioritaires et du développement de la formation du personnel. Madame BRUNDTLAND, ancienne Directrice générale, a estimé que « les bureaux nationaux sont un aspect vital de notre travail. Ils sont essentiels à la réussite de tous nos efforts visant à améliorer la santé des gens[462] ». Si la taille et l'étendue des activités de ces bureaux varient, l'objectif général est de travailler avec les gouvernements afin de mettre en œuvre les programmes de l'OMS et de soutenir le développement du système de santé national[463].

232. Par conséquent, les organes centralisés prévus par la Constitution, sont dominés par les Etats membres. Néanmoins, le Secrétariat, qui joue un rôle prépondérant dans le fonctionnement de l'OMS au détriment de l'Assemblée mondiale de la santé et du Conseil exécutif ainsi que l'incarnation du Directeur général, confère à l'OMS une particularité dans la mise en œuvre de sa politique similaire seulement au fonctionnement de l'ONU. Cette particularité est renforcée par sa régionalisation, qui confère des pouvoirs conséquents aux régions. Toutefois, cette double organisation interne connaît des limites.

---

[458] V. Doc. E/5725 du Conseil économique et social ; C. H. VIGNES, « *La régionalisation de l'Organisation mondiale de la Santé* », *op.cit.*, p.16.

[459] De ces 151 bureaux, 30% se trouvent dans la région africaine laquelle compte un bureau de pays par Etat membre.

[460] CORPS COMMUN D'INSPECTION, *Examen de la gestion, de l'administration et de la décentralisation à l'Organisation mondiale de la Santé - Partie II. Examen de la décentralisation*, JIU/REP/2012/7, 2012, p.80.

[461] L. O. GOSTIN, *Global Health Law*, Harvard press, 2014, p.93.

[462] V. le discours Mme Gro Harlem BRUNDTLAND à la réunion mondiale des Représentants OMS et Officiers de Liaisons le 26 mars 2001.

[463] K. LEE, *World health organization (WHO), op.cit.*, p.34.

§2 : Les limites de l'organisation interne de l'OMS

233. Les difficultés de l'OMS dans son fonctionnement sont doubles. En premier lieu, elles ont trait aux problèmes de fonctionnement du siège de l'OMS (A). En second lieu, la régionalisation de l'OMS contribue à sa politisation (B).

A. Les difficultés de fonctionnement du siège de l'OMS

234. Les difficultés de fonctionnement au siège de l'OMS sont multiples et largement identifiées. D'abord, l'OMS connaît des dysfonctionnements organisationnels et organiques qui entravent sa crédibilité (1). Ensuite, ces dysfonctionnements pratiques sont la conséquence de l'influence d'intérêts divergents (2).

1. Des dysfonctionnements multiples

235. Les dysfonctionnements peuvent être catégorisés en raison, d'une part, de difficultés organisationnelles (a) et, d'autre part, d'un manque de ressources (b).

a. Des difficultés organisationnelles

236. Les problèmes liés au fonctionnement interne y compris des organes de direction de l'OMS – s'ils ont été considérés plus tardivement que ceux relatifs à la régionalisation[464]– sont toujours importants. La participation quasi universelle[465] des Etats à l'OMS et la nature intergouvernementale de son organisation fait que le travail de ces organes se voit entravé. Des critiques récurrentes dénoncent notamment la lourdeur administrative dans le fonctionnement de l'OMS ainsi que les difficultés d'organisation de l'Assemblée mondiale de la santé ou du Conseil exécutif[466]. Ces aspects retardent et parfois empêchent le bon déroulement de travaux. Par exemple, l'Assemblée mondiale de la santé qui s'est tenue en mai 2014 a battu tous les records avec 3500 participants enregistrés[467], 130 ministres de la santé accompagnés de 2200 délégués des Etats membres et autour de 1300 observateurs d'organisations internationales et non gouvernementales officiellement liées à l'OMS. Ces chiffres n'incluent pas tous les autres participants venus faire du lobby et du réseau. L'ordre du jour contenait 66 points, l'Assemblée mondiale de la santé a adopté 20 résolutions et 10

---

[464] Si le fonctionnement de l'OMS a connu des modifications à plusieurs reprises depuis sa création, la première réforme importante a eu lieu en.1989-1990 (V. en ce sens C. CLIFT, *The role of the World Health Organization in the International System,* Working Group on Governance, Paper 1, Chatham House, 2013, p.30). Cela s'explique notamment par le rôle majoritairement technique joué par l'OMS ce qui l'a préservé un temps des conflits politiques qui existaient dans le reste du système des Nations unies (F. GODLEE, « *WHO in retreat : is it loosing its influence ?* », BMJ, vol.309 ; 1994, pp.1491-1495). Ainsi les 25 premières années d'existence de l'OMS sont caractérisées par la prudence et la stabilité (G. WALT, « *WHO Under stress : implications for health Policy* », Health Policy, vol.24,1993, pp.125-144).

[465] 194 Etats membres.

[466] S. J. HOFFMAN et J.-A. ROTTINGEN, « *Split WHO in two : strengthening political decision-making and securing independent scientific advice* », Public Health, vol.128, Issue 2, pp.188-194, p.191.

[467] A l'Assemblée mondiale de 2016 ils étaient 4000.

décisions sur la base de 80 documents préparatoires[468]. Il est reproché à l'Assemblée mondiale de la santé qui est l'organe de gouvernance de la santé mondiale de ne pas être à la hauteur du travail attendu[469] en raison d'un manque de préparation à la fois du Secrétariat et des Etats membres.

237. D'abord les critiques adressées concernent l'organisation pratique des Assemblées mondiales de la santé et, en particulier, les aspects technologiques. Par exemple, il n'est toujours pas possible de participer à l'Assemblée mondiale de la santé par le biais de la *webcam* alors que cela existe pour d'autres conférences des Nations unies[470]. Cela permettrait sûrement de désengorger le Palais des Nations où a lieu l'Assemblée mondiale de la santé et qui est invivable pendant les six jours de conférence. Ainsi, certaines délégations sont formées de soixante-quinze délégués, ce qui représente les délégations du Royaume-Uni, du Japon et de l'Allemagne réunies.

238. Ensuite, au-delà de ces considérations organisationnelles, il persiste de véritables problèmes quant à la qualité et la gestion des débats et des présentations. Il est reproché notamment au Secrétariat de tarder à transmettre les documents préparatoires ce qui explique notamment le niveau bas de préparation des Etats qui interviennent. Les discussions entre Etats membres ont une valeur ajoutée limitée au débat et font perdre un temps précieux. Ainsi, le succès des activités et le bon fonctionnement de l'OMS dépendent entièrement du Secrétariat[471]. S'il a participé à la réussite de l'OMS par le passé, il apparaît désormais comme partiellement responsable des difficultés rencontrées par l'OMS. En effet, son travail préparatoire pour l'Assemblée mondiale de la santé et le Conseil exécutif est essentiel au bon déroulement de leurs travaux. Or, il est reproché justement au Secrétariat de ne pas fournir ces documents suffisamment en amont des débats[472]. Ces considérations opérationnelles de l'OMS sont la conséquence d'un manque criant de ressources et de moyens pour les organes de l'OMS.

b. Un manque de ressources

239. Selon BEIGBEDER, le Conseil n'a pas les moyens ni le temps nécessaires pour appliquer les décisions et directives de l'Assemblée mondiale de la santé. Cette fonction ne peut être mise en œuvre que par le Secrétariat, le Conseil conservant une fonction générale de contrôle[473]. Le Secrétariat se retrouve chargé, de fait, des responsabilités conférées au Conseil exécutif. Or le personnel de l'Organisation se voit confronté à un double problème.

240. En premier lieu, la composition du Secrétariat ne permet pas la bonne gestion de la tâche qui lui incombe de fait. L'ensemble des employés est aujourd'hui composé à 43,8% de spécialistes médicaux et de seulement 0,1%

---

[468] I. KICKBUSCH et M. BONK, « *Making the World Health Assembly fit for the 21st century* », BMJ, 348, 2014, pp.4079-4080.
[469] *Ibid.* On peut noter que pour l'Assemblée mondiale de 2016, près de 70 points du jour et 25 résolutions adoptees.
[470] A. ATTARAN et al., « *Webcast : the World Health Assembly* », Lancet, vol.383, 2014 (pp.125-126).
[471] Y. BEIGBEDER, *L'Organisation mondiale de la santé,* QSJ, PUF, p.34.
[472] I. KICKBUSCH et M. BONK, « *Making the World Health Assembly fit for the 21st century* », *op.cit.,* pp.4079-4080.
[473] Y. BEIGBEDER, *L'Organisation mondiale de la santé,* QSJ, PUF, p.34.

d'économistes, 1,4% de juristes et 1,6% de spécialistes de sciences sociales[474]. Dans une majorité des cas, le personnel de l'OMS ne reste pas très longtemps au sein de l'Organisation[475]. En effet, la plupart des avis demandés sont extérieurs à l'Organisation provenant des milieux universitaires, de la société civile, des gouvernements et de l'industrie. De surcroît, le personnel de l'OMS lui-même reconnaît ses difficultés. S'il est confiant sur le rôle que joue l'OMS[476], il émet des doutes quant à la capacité de l'Organisation à mener à bien son action. Ainsi, bien que la majorité des personnes interrogées fassent confiance à l'OMS et à l'action qu'elle mène, 24% des parties prenantes externes et 40% des membres du personnel expriment un avis contraire[477]. De même, si près de 90% des parties prenantes considèrent que l'information émanant de l'OMS est fiable et rigoureuse, un tiers des personnes interrogées à l'extérieur de l'Organisation et plus de deux cinquièmes des membres du personnel estiment que sa diffusion est trop lente et qu'il est difficile de naviguer dans les données[478]. On constate ici la difficulté à concilier la fiabilité et la rigueur de l'information reconnue à l'OMS avec la lenteur et la difficulté à naviguer dans les données.

241. En deuxième lieu, le Secrétariat se retrouve confronté à un problème en termes de ressources humaines. En 2011, le Conseil exécutif, lors d'une session extraordinaire sur la réforme de l'OMS, a décidé de la suppression de 350 emplois sur les 2400 que compte le siège à Genève[479]. Cette suppression risque d'accroître les difficultés de l'OMS en particulier en matière de ressources humaines. Le problème provient davantage de la gestion efficace des ressources en particulier dans la procédure administrative que dans la diminution du nombre d'emplois – ressource essentielle au bon fonctionnement de l'OMS, dès lors que l'Institution a toujours pour ambition de remplir son mandat.

242. En troisième lieu, de façon générale, il est reproché dans le fonctionnement interne à l'OMS, une trop grande hiérarchie bureaucratique, une résistance au changement, une surmultiplication de réunions et une tolérance trop importante aux efforts inégaux de travail entre les membres du personnel.[480]

243. Les difficultés rencontrées dans son organisation s'expliquent en grande partie par des raisons financières. Régi par le règlement financier de l'OMS, le financement de l'Organisation est d'ailleurs au cœur de la réforme en cours à l'OMS depuis 2010. Par exemple, près de 50% des dépenses de

---

474 OMS, *Ressources humaines : rapport annuel*, Rapport du Secrétariat Général A66/36 du 14 mai 2013.

475 S. J. HOFFMAN et J.-A. ROTTINGEN, « *Split WHO in two : strengthening political decision-making and securing independent scientific advice* », *op.cit.*, p.191.

476 En effet, plus de 94% des membres du personnel de l'OMS considèrent que l'Organisation joue un rôle indispensable ou important dans l'amélioration de la santé des populations. De même, 90% des personnes interrogées estiment que l'OMS est l'organisation la plus efficace s'agissant d'influencer les politiques en vue d'améliorer la santé des populations à l'échelle mondiale (OMS, *Enquête mondiale de perception de l'OMS,* Grayling, janvier 2013).

477 OMS, *Enquête mondiale de perception de l'OMS,* Grayling, janvier 2013.

478 *Ibid.*

479 Décision prise lors d'une session extraordinaire sur la réforme le 3 novembre 2011.

480 S. J. HOFFMAN et J.-A. ROTTINGEN, « *Split WHO in two : strengthening political decision-making and securing independent scientific advice* », Public Health, vol.128, Issue 2, p.188-194, p.191.

l'OMS sont constituées par les traitements du personnel[481]. Le budget de l'OMS qui fut pendant longtemps en augmentation, se trouve aujourd'hui en baisse passant de plus de 4,5 milliards de dollars pour l'année 2010-2011[482] à 3,977 milliards de dollars pour l'année 2014-2015[483] puis à 4,3849 milliards de dollars pour l'exercice 2016-2017[484]. Comparé à d'autres acteurs de santé mondiale, le budget apparaît très inférieur[485]. S'ajoute à cela la crise financière des années 2000, augmentant la fluctuation des devises et du taux de change entre le francs Suisse et le dollar au détriment de ce dernier ce qui a eu un impact sur les projets mais également sur le personnel[486]. La Directrice générale en 2011 avait reconnu que cette crise marquait le début d'une nouvelle ère durable d'austérité financière[487] l'incitant notamment à engager un processus de réforme. Le financement au niveau international demeure un mécanisme de l'influence, une force de levier face aux Etats. Or l'OMS en manque cruellement.

244. En plus de la baisse du financement, la composition de celui-ci est en pleine évolution. A l'origine, comme toutes organisations internationales, l'OMS était financée majoritairement par les contributions fixes (ou obligatoires[488]) que les Etats membres devaient payer [489](budget ordinaire), conformément à l'article V du règlement financier, en fonction du barème de l'ONU[490]. Toutefois, ces dernières ont stagné depuis les années 1990, ce qui réduit leur part dans le financement de l'OMS. Aujourd'hui, les contributions fixes des Etats représentent 23% du financement global de l'OMS avec un risque qu'elles ne représentent plus que 20% à l'avenir[491]. Les contributions

---

[481] OMS, *Réformes gestionnaires*, Conseil exécutif, Session Extraordinaire sur la réforme de l'OMS, EBSS/2/INF.DOC./12,3 novembre 2011

[482] OMS, *Financement de l'Organisation mondiale de la Santé*, Conseil exécutif, Session extraordinaire sur la réforme de l'OMS, EBSS/2/INF./DOC./2, 25 octobre 2011.

[483] OMS, *Projet de budget Programme 2014-2015*, A66/7, 19 avril 2013, p.4.

[484] V. OMS, Résolution WHA68.1, 2015.

[485] I. KICKBUSCH, *WHO reform: a personal perspective,* Journal of public health policy, vol.34, n°3, pp.481-485. Selon l'auteur « l'industrie de santé mondiale est estimé à 6,5 trilliards de dollars ; la perte économique mondiale liée au Syndrome Respiratoire Aigu Sévère (SRAS) a été de près de 40 milliards de dollars ; le plan d'investissement de cinq ans de la Chine pour reconstruire le service médical rural coûte 2,4 milliards de dollars et les les Etats-Unis dépensent 802 milliards par an pour Medicare et Medicaid; Le Fond mondial de lutte contre le sida, la tuberculose et le paludisme a approuvé le financement de 22,9 milliards de dollars en 2012 ».

[486] R. COLLIER, « *WHO reforms long overdue, critics say* », Canadian Medical Association Journal, vol.183, n°14, 2011, pp.1574-1575.

[487] Y. BEIGBEDER, *L'OMS en péril*, Éd. de santé, Balises, 2011, p.67.

[488] Les contributions obligatoires correspondent à « la participation des Etats membres d'une organisation internationale à la couverture des dépenses de l'Organisation selon un barème de quote-part ». (J. SALMON, *Dictionnaire de droit international public*, Bruylant/AUF, préf. G. GUILLAUME, 2001, « contribution obligatoire », p.260).

[489] Les Etats-Unis restant le plus gros contributeur de fonds des Etats membres en contribution fixes avec près de 22% des contributions fixées, suivent Japon (10,8%), Allemagne (7%), France (5,6%), Royaume-Uni (5,2%), et la Chine (5%) (Source : OMS, *Barème des contributions 2014-2015*, WHA 66.15, 27 mai 2013).

[490] Le barème de l'ONU est fondé sur la capacité de paiement des Etats membres, le revenu comparé par habitant et d'autres facteurs. V. en ce sens Y. BEIGBEDER, *L'OMS en péril*, *op.cit.*, p.69.

[491] « Les contributions fixées restent au niveau de 2012-2013 – avec une croissance zéro en valeur nominale – et permettront de financer 23% environ du budget programme, les 77 % restants devant être financés par les contributions volontaires » (OMS, *Projet de budget Programme 2014-2015*, A66/7, 19 avril 2013, p.4).

volontaires (ou extrabudgétaires) représenteront donc 80% du financement de l'OMS[492].

245. Les contributions volontaires composent les fonds extrabudgétaires qui sont définis par les Nations unies, comme « toutes les ressources, autres que celles prévues par le budget ordinaire administré par l'Organisation[493] ». Selon le Professeur SALMON, il s'agit de « don en espèces, en nature ou par prestation de service accordé à une organisation internationale pour financer ses activités ou programmes[494] ». Elles participent ainsi avec les contributions fixes (ou obligatoires) au budget total de l'OMS.

246. La particularité des contributions volontaires tient au fait qu'elles sont, pour la plupart, ciblées pour un programme c'est-à-dire une action particulière de l'OMS sur une ou plusieurs maladies, sans que l'OMS n'ait de réelle emprise sur son utilisation[495]. D'une part, les contributions volontaires incluent les contributions des Etats membres qui sont en diminution. Elles étaient de 80% en 1995[496] et sont aujourd'hui à 53% pour le budget biannuel 2012-2013[497]. D'autre part, les contributions des fondations privées apparaissent ainsi comme un nouvel acteur de financement de l'OMS avec 19% des contributions volontaires pour 2013-2013, en augmentation par rapport à l'année 1995 où les fondations privées étaient évaluées au sein du groupe « organisations non gouvernementales et de sources privées » à hauteur de 14%[498]. En raison de la difficulté pour l'OMS à contrôler ces contributions volontaires, il y a une véritable remise en cause de l'autorité de l'OMS en matière de leadership dans la gouvernance de la santé mondiale. De façon générale, ce que l'on constate, ce sont les difficultés financières qui empêchent un fonctionnement efficace de l'OMS.

247. Par ailleurs, comme le soulignait déjà les études d'Oslo dans les années 1990, une divergence apparaît quant à l'origine des fonds[499]. Les fonds ordinaires sont issus en majorité des ministères de la Santé alors que les fonds extrabudgétaires émanent des ministères des affaires étrangères ce qui renforce davantage le décalage de priorités entre ces deux mécanismes de financement.

248. L'OMS est cible de nombreuses critiques en raison de ses difficultés de légitimité interne[500] : les limites dans la mise en œuvre du travail du Secrétariat préparatoire, le désintérêt des Etats membres et l'absence d'une

---

[492] Les contributions volontaires n'ont fait qu'augmenter depuis les années 1950. Ainsi elles représentaient 25% du budget total de l'OMS en 1950, 40% en 1980, 50% en 1990 (V. P. VAUGHAN et al, « *WHO and the effects of extra budgetary funds : is the Organization donor driven ?* », *op.cit.*, p.254).

[493] K. LEE et J. FANG, *Historical Dictionary of the World Health Organization*, *op.cit.*, p.137.

[494] J. SALMON, *Dictionnaire de Droit international public, op.cit.*, « contribution volontaire», p.260.

[495] En 2010-2011, 71% des contributions étaient à objet désigné contre 29% pour les contributions fixées et les contributions volontaires dites flexibles (Source : OMS, *Financement de l'Organisation mondiale de la Santé*, Conseil exécutif Session extraordinaire sur la réforme de l'OMS, EBSS/2/INF./DOC./2, 25 octobre 2011).

[496] P. VAUGHAN et al, « *WHO and the effects of extra budgetary funds : is the Organization donor driven ?* », *op.cit.*, p.254.

[497] OMS, *Financial report and audited financial statements for the year ended 31 December 2013*, A67/43, 63^{e}AMS, 17 avril 2014, p.6.

[498] P. VAUGHAN et al, « *WHO and the effects of extrabudgetary funds : is the Organization donor driven ?* », *op.cit.*, p.254. On constate que la critique à l'égard des fonds extrabudgétaires est déjà ancienne.

[499] C. CLIFT, *The role of the World Health Organization in the International System*, Working Group on Governance, Paper 1, Chatham House, 2013, p.33.

[500] R. VAN DE PAS et L. G. VAN SCHAIK, « Democratizing the World Health Organization », Public Health I-7, 2014, p.1.

stabilité financière. Il apparaît que la source de l'ensemble de ces problèmes trouve son origine dans la défense d'intérêts divergents, voire opposés, aux intérêts sanitaires.

2. Des intérêts divergents, sources des dysfonctionnements internes

249. Au-delà des considérations matérielles et financières, des intérêts divergents sont défendus par les différents Etats membres (a) mais également par le Directeur général (b).

a. Des divergences entre les Etats membres

250. L'omniprésence institutionnelle des Etats membres au sein des organes de l'OMS affecte son travail. Non seulement en pratique, la lourdeur de l'organisation des organes directeurs affaiblit le fonctionnement de l'OMS mais la défense des intérêts particuliers des Etats contribue à affaiblir l'autorité de l'OMS. En effet, en tant qu'organisation intergouvernementale, elle est composée de représentants d'Etats qui doivent « suivre fidèlement les *desiderata* de leur gouvernement [501] ». Pour reprendre l'expression de Monsieur DE LACHARRIERE, l'OMS en tant qu'institution intergouvernementale est l'expression de la « politique juridique extérieure[502] » que chaque Etat membre défend au sein de l'Organisation.

251. En premier lieu, l'influence des Etats se reflète dans la largesse d'interprétation de la composition des délégations[503] et qui ne bénéficie pas aux travaux de l'Assemblée mondiale de la santé. En réalité, les délégations défendent des intérêts qui vont bien au-delà de la santé de leur population. En effet, souvent ce sont les ministres des affaires étrangères ou leurs représentants qui les accompagnent en tant que délégués. Les intérêts économiques et diplomatiques prédominent rendant les discussions et les débats très compliqués[504]. Ainsi, la présence accrue des Etats membres au sein des organes de l'OMS, dont le Conseil exécutif, participe à une politisation du fonctionnement de l'OMS[505].

252. Les organes restreints tel que le Conseil exécutif sont « l'emblème de cette donne où la puissance politique et la prégnance des intérêts économiques se déploient, tant au niveau de leur composition qu'à l'égard de leur modalité de vote[506] ». En effet, la composition du Conseil exécutif reflète la politisation de l'OMS. Où l'inégalité est actée et organisée[507]. Pour les Professeurs

[501] L. BOURGORGUE-LARSEN, « *La structure institutionnelle de l'organisation internationale* », in E. LAGRANGE et J.-M. SOREL, *op.cit.*, p.378.

[502] G. DE LACHARRIERE, *La politique juridique extérieure des Etats,* Economica, 1983.

[503] V. *supra* 0.

[504] Source entretien avec des membres du Ministère de la Santé.

[505] C.H. VIGNES, « *Mythe et réalité: le statut des membres du Conseil exécutif de l'Organisation Mondial de la Santé* », International Public, vol.103, no.3, 1999, pp.685-696 : « Comment refuser de reconnaître un rôle politique à un organe investi de la responsabilité du choix du Directeur de l'OMS ? Comment refuser d'attribuer un rôle politique à un organe dont les pouvoirs budgétaires ont pris une ampleur telle qu'ils vont bien au-delà de ce qui était prévu dans la Constitution ? » ; Y. BEIGBEDER, *L'Organisation mondiale de la santé*, PUF, 1997 p.31 : « (...) une certaine politisation du Conseil »

[506] L. BOURGORGUE-LARSEN, « *La structure institutionnelle de l'organisation internationale* », in E. LAGRANGE et J.-M. SOREL, *op.cit.*, p.382.

[507] *Ibid.*

COMBACAU et SUR, ces organes à composition restreinte ont « un double caractère, aristocratique et fonctionnel [508] ». L'équilibre trouvé dans la nomination des membres du Conseil exécutif aurait pu marquer la volonté des constituants de garantir une forme d'indépendance des personnes une fois nommées. En effet, l'idée derrière la procédure particulière de nomination[509] tenait à la volonté des constituants de trouver un compromis raisonnable entre un Conseil composé de délégués gouvernementaux et un Conseil formé d'experts en matière de santé choisis sans tenir compte de la répartition géographique[510]. Les rédacteurs de la Constitution ne souhaitaient pas que les membres du Conseil exécutif exercent leur pouvoir en tant que représentants de leur gouvernement respectif mais à titre personnel[511]. La différence de terminologie entre l'article 24[512] qui mentionne des « personnes» et l'article 10 qui évoque des « délégués » est représentative de cette volonté. Ce statut privé[513] aurait pu être une atténuation du caractère interétatique de l'OMS à la différence d'autres institutions spécialisées des Nations unies [514]. Cela permettait de penser que le Conseil exécutif s'exprimerait collectivement au nom de l'ensemble des membres de l'OMS et de leur conscience[515], comme si la santé publique était une question apolitique[516].Toutefois, ce statut particulier des membres du Conseil exécutif n'a pas permis d'empêcher qu'en pratique les membres du Conseil désignés par leur Etat membre soient, de fait, liés à leur gouvernement[517].

253. La volonté des Etats a fini par avoir raison de ce statut particulier. En effet, en 1998, l'Assemblée mondiale de la santé a décidé que « les Etats membres appelés à désigner un délégué au Conseil exécutif le désigneront en qualité de représentant gouvernemental techniquement qualifié dans le domaine de la santé[518] ». Profitant de la divergence entre la version française et anglaise de la deuxième phrase de l'article 24 de la Constitution, a première utilisant le mot « délégué » et la deuxième le mot « personne », l'Assemblée

---

[508] J. COMBACAU et S. SUR, *Droit international public, op.cit.*, 2014., p.736.

[509] Article 24 de la Constitution de l'OMS : « L'Assemblée de la Santé choisit, compte tenu d'une répartition géographique équitable, les Etats appelés à désigner un délégué au Conseil, étant entendu qu'au moins trois de ces Membres doivent être élus parmi chacune des organisations régionales établies (…). »

[510] C. H. VIGNES, « *Questions juridiques intéressant l'Organisation mondiale de la Santé* », AFDI, vol.9, 1963, p.628, note 3.

[511] G. L. BURCI et C.-H. VIGNES, *The World Health Organization, op.cit.*, p.45.

[512] L'article 18 (b) est également représentatif et mentionne « une personnalité » du Conseil.

[513] E. MONDIELLI, « *Etude 135 : Organisations Internationales* », in Lamy Droit de la Santé, Tome 1, 2012 n°135-100.

[514] V. notamment l'article 5 alinéa 1er de la Charte constitutive de l'UNESCO où les membres de l'organe exécutif représentent les Etats. V. C.H. VIGNES, « *Mythe et réalité: le statut des membres du Conseil exécutif de l'Organisation Mondial de la Santé*, International Public », vol.103, no.3, 1999, pp.685-696. L'auteur explique que même les membres du Conseil exécutif ont reçu ce statut.

[515] COMMONWEALTH DEPARTMENT OF COMMUNITY SERVICES AND HEALTH, « *A brief summary of its work* », Australian government publishing service, Canberra, 1988, p.15.

[516] MINISTRY FOR FOREIGN AFFAIRS, *Tomorrow's global health organization : ideas and options*, Nordstedts tryckeri Ab, Stockholm, 1996, p.72.

[517] E. MONDIELLI, « *Etude 135 : Organisations Internationales* », *op.cit.*; G. L. BURCI et C.-H. VIGNES, *The World Health Organization, op.cit.*, p.46 ; C.H. VIGNES, « *Mythe et réalité: le statut des membres du Conseil exécutif de l'Organisation Mondiale de la Santé* », *op.cit.*, pp.685-696 (« leur indépendance est un mythe ») et Y. BEIGBEDER, *L'organisation mondiale de la santé*, PUF, 1995, p.32 (« l'indépendance est une fiction »).

[518] OMS, *Examen de la Constitution et arrangements régionaux de l'Organisation mondiale de la Santé*, 51e AMS, WHA51.26, 16 mai 1998, p.1.

mondiale de la santé a dû clarifier en proposant une interprétation unifiée selon laquelle les délégués seraient désignés en qualité de représentants gouvernementaux[519]. Ce choix trouve son fondement en raison d'un risque d'affaiblissement de l'autorité du Conseil par rapport non seulement aux organes exécutifs d'autres organisations, composés de représentants, mais aussi aux comités régionaux dont les membres représentent les Etats membres. Ce choix apparaît dommageable d'autant qu'au fil du temps, le Conseil exécutif a dépassé son rôle uniquement technique notamment en raison de sa participation dans la mise en œuvre du budget, de sa responsabilité politique dans la préparation de l'agenda de l'Assemblée et de son rôle dans la nomination du Directeur général.

b. Des intérêts variés en fonction du Directeur général

254. Le statut de Directeur général décrit antérieurement, joue un rôle important dans la mise en œuvre de l'action de l'OMS. Si le traité institutif encadre ses fonctions et son amplitude d'action, la « personnalité de ceux qui vont présider aux destinées des organes exécutifs va jouer un rôle majeur dans le développement de leur autorité au sein de l'organisation internationale et, par ricochet, sa renommée sur la scène internationale[520] ». En effet, pour le « chef » administratif d'une organisation internationale, « la capacité à s'imposer comme leader face aux Etats » est essentiel et sera « d'autant plus aisée si ces mêmes Etats respectent à la lettre l'indépendance statutaire[521] ». Les exemples dans l'histoire de l'OMS sont, à cet égard, révélateurs.

255. Si la volonté politique de Madame BRUNDTLAND a permis notamment l'adoption de la première convention de l'OMS, les difficultés rencontrées par le Monsieur NAKAJIMA illustrent l'influence d'intérêts différents de la santé. Les critiques à son encontre « ont contribué à éroder le renom de l'Organisation[522] ». Ainsi, son style de gestion personnel, parfois arbitraire, sans esprit de concertation a été vivement critiqué[523]. Enfin, ce dernier n'a pas hésité à augmenter le nombre de postes de directeurs et d'autres postes élevés à 50 alors qu'il était de 41 à son arrivée afin de « satisfaire les exigences d'Etats membres, ou de les confier à ses fidèles comme récompenses[524] ». Sa réélection en 1993 pour cinq ans eut lieu non sans accusation des Etats-Unis et des pays de l'Europe de l'Ouest d'avoir acheté les voix de plusieurs pays pour assurer une majorité en sa faveur au Conseil exécutif. Pour Monsieur BEIGBEDER, les deux mandats du Monsieur NAKAJIMA ont été « marqués par des rapports répétés de mauvaise gestion, de corruption et de favoritisme politique[525] ». Ces critiques sur sa personnalité

[519] G. L. BURCI et C.-H. VIGNES, *The World Health Organization*, *op.cit.*, p.46 : « La procédure normale aurait nécessité la modification de la Constitution mais cela aurait très long voire irréaliste ».
[520] L. BOURGORGUE-LARSEN, « *La structure institutionnelle de l'organisation internationale* », in E. LAGRANGE et J.-M. SOREL, *op.cit.*, p.382.
[521] *Ibid.*
[522] Y. BEIGBEDER, « *L'Organisation mondiale de la santé en transition – La rénovation nécessaire* », *op.cit.*, p.478.
[523] Y. BEIGBEDER, « *L'Organisation mondiale de la santé en transition (...)* », *op.cit.*, p.478.
[524] *Ibid.*, p.479.
[525] *Ibid.*

et sa gestion de l'OMS étaient accompagnées de critiques sur le fond des choix de la politique de l'OMS.

256. Aujourd'hui, la question peut se poser avec l'omniprésence des intérêts privés du secteur industriel et du financement auquel contribuent les acteurs privés et en particulier les fondations[526]. Même si le Directeur général n'est pas toujours utile au fonctionnement de l'OMS, au vu des prérogatives dont il dispose, il joue un rôle essentiel dans le bon fonctionnement de l'Institution. Toutefois, ce rôle peut également se voir politisé. Ainsi, à chaque renouvellement de poste de Directeur général, les intérêts politiques entrent en jeu. Monsieur HORTON, à la mort du précédent Directeur général, Monsieur JONG-WOOK, regrettait que le futur de l'OMS allait dépendre de discussions politiques, de lobbys, de corruption et de compromis, ce qu'il qualifie de procédure habituelle dans la course à l'élection à l'OMS[527].

257. Plus récemment, la crise *Ebola* a illustré l'influence et les pressions politiques auxquelles la Directrice générale a du faire face. A cet égard, la Directrice générale a mis six mois après la première propagation internationale du virus *Ebola* pour déclarer une « urgence de santé publique internationale ». Certains auteurs, en se fondant sur des documents internes, affirment que des pressions politiques ont été exercées sur la Directrice générale afin de ne pas déclarer une urgence[528].

258. On constate donc qu'au sein des institutions de l'OMS, il existe des dysfonctionnements qui perturbent l'Organisation ce qui affaiblit sa légitimité et donc son autorité. Cet affaiblissement est multifactoriel : les difficultés de fonctionnement interne, le manque de ressources financières et humaines, la présence accrue d'intérêts politiques représentés par les Etats membres et d'intérêts économiques représentés par le secteur privé, nouveau financier de l'Organisation et l'incarnation du rôle de Directeur général et du Secrétariat qui doit réussir à mener à bien le mandat qui lui est confié. Ces difficultés liées à la politisation du fonctionnement de l'OMS sont également constatées dans la structure régionalisée de l'organisation.

B. La régionalisation, facteur de politisation

259. Les risques liés à la régionalisation de l'OMS ont rapidement été identifiés. La régionalisation permettait de répondre – au-delà d'un souci pratique d'adaptation régionale de la politique de l'OMS – à des considérations politiques liées à la présence d'institutions internationales préexistantes dont l'Organisation sanitaire panaméricaine[529]. Toutefois, les constituants n'avaient pas nécessairement anticipé les problèmes de gouvernance que cette décentralisation pouvait engendrer. La régionalisation

---

[526] V. paragraphes 0 et s.

[527] R. HORTON, « *Comment WHO: strengthening the road to renewal* », The Lancet, vol.367, 3 Juin 2006, p.1793-1795, p.1793.

[528] L. O. GOSTIN, « *The future of the World Health Organization: lessons learned from Ebola* », The Milbank Quarterly, vol.93, Issue3, 2015, pp.475-479, (p.478); L. O. GOSTIN & E. A. FRIEDMAN, « *A retrospective and prospective analysis of the west African Ebola virus disease epidemic: robust national health systems at the foundation and an empowered WHO at the apex* », The Lancet, vol.385, 9 mai 2015, pp.1902-1909.

[529] C. H. VIGNES, « *La régionalisation de l'Organisation mondiale de la Santé* », *op.cit.*

apparaît, d'abord, comme un facteur de division de l'autorité de l'OMS (1). Ensuite, la régionalisation est la cause de dysfonctionnements organisationnels qui persistent (2).

1. Un facteur de division de l'autorité de l'OMS

260. La mise en œuvre des dispositions prévues dans la Constitution en fait structurellement une des institutions spécialisées des Nations unies les plus décentralisées[530]. Toutefois, à l'origine, cette qualification est apparue ambiguë (a). Par ailleurs, une des critiques principales formulées à l'encontre de l'organisation tient en la délimitation des compétences entre l'organisation régionale et le siège qui confère aux régions une indépendance de fait (b).

a. Une qualification juridique ambiguë à l'origine

261. Lors de la création de l'OMS, ces régions ont été mises en place en tant que structures déconcentrées, ce qui est confirmé par les articles de la Constitution laissant à l'OMS la place d'autorité centrale. L'article 45 dispose que « chacune des organisations régionales sera partie intégrante de l'Organisation, en conformité avec la présente Constitution ». De même, l'article 51 de la Constitution de l'OMS précise que « Sous l'autorité générale du Directeur général de l'Organisation (...) (le bureau régional) (...) doit en outre exécuter, dans les limites de la région, les décisions de l'Assemblée de la santé et du Conseil ». Enfin, selon l'article 52, « le chef du bureau régional est le Directeur régional nommé par le Conseil en accord avec le comité régional ».

262. En effet, selon le Professeur COMBACAU, les organisations perdent leur qualité d'organisation dès lors qu'elles passent l'accord d'intégration et deviennent « des organes, fortement autonomes d'une organisation internationale unique, simplement plus décentralisée ou plus déconcentrée que d'autres[531] ». Ceci est illustré par l'absence d'autonomie financière des régions de l'OMS[532]. En effet, le comité régional ne peut que « recommander l'affectation de crédits régionaux supplémentaires (...) si la part du budget central de l'Organisation allouée à cette Région est insuffisante pour l'accomplissement des fonctions régionales[533]».

263. Toutefois, les critères de calcul d'allocations pour les régions dans le budget ordinaire qui sera par la suite réparti aux activités des pays et des régions ont longtemps été au centre de critiques. En effet, les difficultés ainsi que les sensibilités politiques afin de mettre en place une méthode de calcul objective et acceptable par tous, ont laissé place pendant longtemps à une méthode empirique fondée sur les pratiques précédentes qui ne faisait pas évoluer le budget en fonction des besoins[534]. En 1998, l'OMS a adopté une

---

[530] F. GODLEE, « *The regions-too much power, too little effect* », BMJ, vol.309, 10 décembre 1994, pp.1566-1570.
[531] J. COMBACAU, « *La question du transfert du bureau régional de l'OMS devant la CIJ (avis consultatif du 20 décembre 1980)* », *op.cit.*, p.227.
[532] A l'exception de l'Organisation Sanitaire Panaméricaine qui dispose de son propre budget.
[533] Article 50 de la Constitution de l'OMS.
[534] G. L. BURCI et C.-H. VIGNES, *The World Health Organization*, *op.cit.*, p.203.

résolution historique visant à calculer les budgets sur un modèle fondé sur l'index de développement humain prenant en compte les statistiques de la population du pays[535].

264. Par la suite, le Conseil exécutif en 2006 est venu clarifier l'allocation des ressources qui repose sur sept principes directeurs fondés (1) sur une planification stratégique et une budgétisation en fonction des résultats ; (2) sur l'équité ; (3) sur l'ensemble des ressources financières de l'OMS ; (4) sur une périodicité de six ans ; (5) sur la prise en compte des résultats de programmes ; (6) sur trois perspectives complémentaires (programmatique, fonctionnelle et organisationnelle) et (7) sur l'évaluation et la justification par rapport à un dispositif de validation donnant des fourchettes indicatives de ressources pour le Siège et pour chaque Région[536]. Cette même décision a donc mis en place un dispositif de validation afin notamment d'améliorer la gestion des fonds alloués aux régions[537].

265. S'ajoute à l'absence relative d'autonomie financière un certain nombre d'éléments renforçant l'argument de la déconcentration sanitaire internationale. Pour le Professeur BELANGER, « la déconcentration est en effet effective dans la mesure où : les organes centraux de l'OMS contrôlent les activités des organes régionaux ; les bureaux régionaux ont pour mission d'exécuter, dans les limites des Régions OMS, les décisions de l'Assemblée mondiale de la santé et du Conseil exécutif ; les Directeurs régionaux sont nommés par le Conseil exécutif de l'OMS et la nomination des fonctionnaires régionaux de grade élevé nécessité l'approbation du Siège[538] ».

266. Cependant, certains défendent la thèse de la décentralisation internationale[539]. La notion de décentralisation prend en compte la répartition de ressources financières, le transfert ou la délégation de l'autorité ou du pouvoir de prise de décision, l'attribution de la responsabilité d'obtenir des résultats, et l'obligation d'en rendre compte, aux différents niveaux d'un gouvernement ou d'une organisation[540]. Pour Monsieur MAHLER, le troisième Directeur général de l'OMS entre 1973 et 1988, la décentralisation est considérée comme « la délégation de responsabilités dans l'exécution du travail de l'OMS, assortie de l'obligation de rendre compte à l'Organisation dans son

---

[535] OMS, *Résolution WHA51.31*, 51e Assemblée mondiale de la santé, Mai 1998 (V. G. L. BURCI et C.-H. VIGNES, *The World Health Organization*, *op.cit.*, p.203.)

[536] Conseil exécutif, *Allocation stratégique des ressources*, EB 118/7, 11 mai 2006, pp.3-5.

[537] *Ibid.*, pp.6-7. Cette décision met en place un dispositif de validation qui sert à orienter les allocations qui se fonde sur l'examen de trois composantes : a) une composante fixe comprenant les fonctions qui doivent être exécutées aux différents niveaux de l'Organisation, par exemple les fonctions normatives et statutaires, le financement de la composante fixe pouvant être assuré aussi bien par le budget ordinaire que par des fonds extrabudgétaires ; b) une composante « engagement » reflétant les fonctions régionales dont le coût varie en fonction du nombre de pays concernés, y compris le coût de l'engagement aux côtés de tous les Etats membres dans une Région déterminée quelle que soit la situation sanitaire et socio-économique ; c) une composante « besoins » reflétant la situation sanitaire et socio-économique relative et tenant compte d'un facteur « population », qui sera la composante la plus importante du point de vue de l'enveloppe totale des ressources.

[538] M. BELANGER, *Une nouvelle branche du droit international : le droit international de la santé*, Etudes internationales, 1982, pp.611-632.

[539] R. BERKOV, *The World Health Organisation : a Study in decentralized international administration*, thèse, sciences politiques, Genève, 1957.

[540] CORPS COMMUN D'INSPECTION, *Examen de la gestion, de l'administration et de la décentralisation à l'Organisation mondiale de la Santé - Partie II. Examen de la décentralisation*, JIU/REP/2012/7, 2012, p.61.

ensemble de l'emploi des ressources collectives ainsi mises à leur disposition[541] ». Cette qualification repose notamment sur la composition des organes régionaux ainsi que sur les compétences des organes régionaux. A ce titre, ils disposent de certaines compétences propres telles que « la formulation des directives qui se rapportent aux questions de caractère exclusivement régional ou la recommandation de l'utilisation de crédits supplémentaires par les gouvernements des Etats membres des régions OMS[542] ». S'ajoute à cela, les nombreux pouvoirs des Directeurs régionaux.

267. Représentatif de l'ambiguïté de la qualification *de jure* du système régionalisé de l'OMS qui permet de pousser le raisonnement à son paroxysme, des auteurs n'hésitent pas à comparer la structure de l'OMS à une structure fédérale[543]. Si cette comparaison n'apparaît pas judicieuse, car les régions ne satisfont pas les principes du fédéralisme, elle est symptomatique du degré d'autonomisation des régions.

268. Malgré la volonté des constituants de préserver l'équilibre entre ces deux niveaux structurels[544], l'influence des organisations régionales sur l'OMS est considérable[545]. A défaut d'une qualification juridique définitive, il apparaît que cette décentralisation[546] est revendiquée.

b. Une décentralisation revendiquée : une forte indépendance de fait

269. En 1975[547], le Conseil exécutif constatait que « la régionalisation avait écarté progressivement de nombreux services techniques du siège de toute participation active à la préparation, à l'exécution ou à l'évaluation des projets relevant pourtant de leur compétence qui s'exécutent dans les régions et dans les pays[548] ». L'étude déplorait « l'indépendance régionale croissante qui contribuait à élargir le fossé entre les techniques nouvelles élaborées au siège et leur application pratique sur le terrain[549] ». Cela avait des conséquences sur la programmation qui était séparée entre celle du siège et celle des régions.

270. Par la suite, en 1980[550], l'Assemblée mondiale de la santé – exprimant son inquiétude – décidait de maintenir intégralement son autorité

---

541 Allocution du Directeur général (M. Mahler) à l'Assemblée mondiale de la santé du 5 mai 1987, Document WHA40/DIV/4.

542 M. BELANGER, *Une nouvelle branche du droit international : le droit international de la santé*, *op.cit.*, pp.611-632.

543 T. HANRIEDER, *The path-dependent design of international organizations : Federaslim in the World Health Organization*, European Journal of International Relations, vol.21, n°1, p.215-239, 2015.

544 Malgré les prérogatives propres aux organisations régionales dont la Constitution lui réserve un chapitre X, l'article 51 prévoit que les régions « sont intégrées à l'autorité de l'OMS ».

545 H. B. CALDERWOOD, « *The World Health Organisation and its regional organizations* », *op.cit.*, p.26.

546 M. BELANGER, *Le droit international de la santé*, Que sais-je, PUF, 1997, p.33. L'auteur parle de décentralisation « sauvage » qu'il oppose à une décentralisation « sage ».

547 En réalité avant cela, un document de l'OMS non publié et non signé datant de l'automne 1952, critiquait les effets de la régionalisation sur le programme général, voir en ce sens Y. BEIGBEDER, *L'Organisation mondiale de la santé*, PUF, 1995, p.62.

548 Y. BEIGBEDER, *L'Organisation mondiale de la santé*, QSJ, 1997, p.41.

549 *Ibid.*

550 OMS, *Etude des structures de l'OMS eu égard à ses fonctions, processus, structures et relations de travail*, 1980. M. Mahler considérait que « les organes centraux de l'OMS sont théoriquement devenus plus forts, mais ils n'exercent guère de contrôle sur le gros des activités de l'Organisation, c'est-à-dire sur les activités exécutées dans les régions et dans les pays. Les structures régionales, elles aussi sont devenues plus fortes et plus indépendantes. »

constitutionnelle en tant qu'organe suprême chargé de déterminer les politiques de l'OMS et de prendre toutes les mesures possibles pour maintenir l'unité de l'Organisation[551]. L'Assemblée mondiale de la santé cherchait donc à réaffirmer son propre rôle de direction par rapport aux pouvoirs autonomes exercés par les Directeurs régionaux. Ces critiques ont été confirmées par un document de travail en 1987[552] où le Directeur général avait identifié les faiblesses du fonctionnement du système décentralisé, dont la délégation limitée des pouvoirs au niveau des pays, la médiocre dotation en personnel des bureaux de pays et leur inaptitude à s'acquitter des fonctions qui leur incombent[553].

271. Le Directeur général de l'époque, Monsieur MAHLER, dans son allocution du 5 mai 1987[554] devant l'Assemblée mondiale de la santé, regrettait que sa décision d'inclure les Comités régionaux parmi les organes directeurs de l'Organisation « puisse faire éclater l'OMS en six organisations régionales distinctes et une autre organisation, également à part, qui serve de siège ». Le Directeur général dénonçait l'attitude des régions qui avaient l'impression que « la décentralisation soit trop souvent considérée comme un chèque en blanc à utiliser comme argent de poche[555] ». On parlait alors de l'idée qu'il n'y avait pas une OMS mais sept OMS c'est-à-dire les six régions de l'OMS ainsi que le siège de Genève. Malgré ses critiques, la décentralisation a continué à progresser[556] de telle sorte qu'en 1994 les bureaux régionaux sont devenus largement autonomes[557]. Monsieur GRAHAM évoque un « haut degré de fragmentation[558] » entre Genève et les régions, particulièrement pendant les années 1980 et 1990.

272. Les conséquences de cette indépendance accrue des régions ont fait que la région a un poids politique important. Selon Monsieur VIGNES, « ce poids politique ne figure dans aucun texte mais il faut se garder de (le) minimiser[559] ». Ainsi, la régionalisation joue sur deux aspects politiques. D'une part, le principe de la régionalisation joue un rôle en ce qu'elle « oriente l'activité de l'Organisation toute entière[560] ». Il a été constaté que la région

---

[551] V. Résolution WHA33.17. « Elle priait par ailleurs le Directeur général et les directeurs régionaux d'agir au nom de la collectivité des Etats membres en donnant une suite favorable aux demandes des gouvernements seulement si celles-ci sont conformes aux politiques de l'Organisation. Elle priait également le DG de continuer à exercer pleinement tous ses pouvoirs constitutionnels. »

[552] OMS, *Gestion des ressources de l'OMS*, Conseil exécutif, Doc. EB81/PC/WP/2, 1987.

[553] Il dénonçait également « l'attention inadéquate accordée par certains bureaux régionaux à la gestion de la coopération technique, les profils de personnel inappropriés dans les bureaux régionaux, l'absence d'un juste équilibre entre les compétences spécialisées qui devraient être déployées au siège et dans les régions et les carences dans l'attribution des bourses d'études. »

[554] V. Allocution du Directeur général (M. Mahler) à l'Assemblée mondiale de la santé du 5 mai 1987, Document WHA40/DIV/4, § 13.

[555] *Ibid.*

[556] Y. BEIGBEDER, *L'Organisation mondiale de la santé*, PUF, 1995, p.62-63. L'auteur liste les différentes résolutions ayant poursuivi l'autonomisation des régions et notamment la résolution WHA 29.48 qui priait le Directeur général de réorienter l'activité de l'Organisation ce qui a entraîné un transfert des crédits du budget ordinaire du siège vers les bureaux régionaux.

[557] *Ibid.*, p.63.

[558] E.R. GRAHAM, « *International organizations as collective agents : Fragmentation and the limits of principal control at the World health organization* », European Journal of International Relations, vol.20, n°2, pp.366-390, 2014.

[559] C. H. VIGNES, « *La régionalisation de l'Organisation mondiale de la Santé* », *op.cit.*, p.12.

[560] *Ibid.*, p.13.

définit au cours du Comité régional l'attitude que prendront ses Etats membres lors des grands débats de l'Assemblée mondiale de la santé afin de faire triompher les vues de la région et cela avant même la réunion de l'organe souverain[561]. Au-delà de l'influence de la région sur les Etats membres composant cette région, elle peut également avoir un impact sur l'attitude prise par l'ensemble des Etats au cours de l'Assemblée mondiale de la santé en raison d'une prise d'initiative d'une décision qui sera par la suite entérinée par l'Assemblée[562].

273. D'autre part, la régionalisation joue un rôle politique dans la distribution des postes électifs, où l'appartenance à une région constitue l'élément indispensable. La répartition des sièges au Conseil exécutif se fait sur une base exclusivement régionale alors que l'article 24 de la Constitution mentionnait simplement un principe général de répartition géographique. La régionalisation joue également un rôle dans la répartition des postes à l'Assemblée mondiale de la santé[563]. Enfin et surtout, cela joue un rôle primordial dans l'élection du Directeur régional où de fait ce dernier doit être issu de la région géographique. Il semble ici qu'il y a une réelle dérive quant à l'impact des régions dans le fonctionnement et la mise en œuvre de l'activité de l'OMS.

274. La régionalisation cumulée à la procédure élective afin de désigner le Directeur régional confère à ce dernier une stature politique car il représente « le point de passage obligé entre les gouvernements de la région et le siège[564] ». De fait, le Directeur général n'entreprend rien sans prendre contact avec le Directeur régional. Ce dernier est responsable de la signature des projets entrepris dans sa région. Ce n'est qu'à titre exceptionnel que la signature intervient au niveau du siège lorsqu'il s'agit d'un projet inter-régional ou entre organisations internationales. Par ailleurs, le Directeur régional a la responsabilité de la nomination des représentants OMS des bureaux de pays.

275. Cette omniprésence du Directeur régional a été critiquée en raison du lien qui existe entre décentralisation et politisation[565]. Il est reproché aux Directeurs régionaux d'entretenir un climat de campagne électorale permanent. Les bourses d'études affectées par l'OMS seraient, par exemple, distribuées dans cette optique, davantage en fonction des demandes des pays qu'en fonction de l'intérêt des recherches entreprises. Pour certains auteurs, les Directeurs régionaux se comporteraient en « potentats locaux au service de qui, les bureaux régionaux qu'ils animent fonctionneraient exclusivement et à grand frais[566] ». De même, la nomination des représentants OMS par les Directeurs régionaux engendre un risque de « distribution des faveurs politiques plutôt que de véritablement chercher à renforcer les capacités des

---

[561] *Ibid.*, p.14.

[562] V. plusieurs exemples dans C. H. VIGNES, « *La régionalisation de l'Organisation mondiale de la Santé* », *op.cit.*, p.14. L'auteur donne l'exemple du comité régional de l'Afrique en septembre 1963.

[563] Par exemple dans les différentes Commissions, le poste de président de l'Assemblée ou encore ceux de vice-présidents qui sont pourvus en fonction de la répartition par région qui ont été portés à cinq afin de représenter l'ensemble des régions (Résolution HA20.1 Actes Off. OMS 160.1).

[564] C. H. VIGNES, « *La régionalisation de l'Organisation mondiale de la Santé* », *op.cit.*, p.12.

[565] E. MONDIELLI, *L'action de l'OMS en faveur de l'enfance*, thèse Montpellier, 1990, p.199 et s.

[566] C. BRISSET, « *Pour une internationale de la Santé* » in Le Monde, 14 mai 1982.

ministères de la santé[567] ». Les régions ont ainsi été comparées à « des petits royaumes sur lesquels le siège n'aurait que peu d'influence en raison de leur quasi autonomie »[568].

276. Toutefois, certains auteurs considèrent que ces critiques sont excessives et estiment – au nom de la démocratie – que des Directeurs régionaux désignés par le siège et non par les pays de la zone seraient considérés comme des agents étrangers au système et disposeraient d'une très faible autorité[569]. L'argument de la démocratie est limité au vu du mécanisme de nomination ainsi décrit, symbolisé par l'opacité, et des procédures de mise en œuvre de l'activité des régions OMS. Le mécanisme de nomination actuel ne garantit pas davantage de démocratie au vu des intérêts qui entrent en jeu. De même, la question de la faiblesse de l'autorité d'un directeur régional nommé par l'OMS tient avant tout à la faiblesse de l'OMS à s'imposer. Pour Godlee, les régions ont trop de pouvoir et ne produisent pas assez d'effets[570].

277. Si la reconnaissance par l'OMS[571] ainsi que par le système des Nations unies suite à la publication d'un rapport du Corps Commun d'Inspection sur la décentralisation à l'OMS confirment définitivement la qualification de système « décentralisé » de l'OMS, elle ne garantit pas pour autant une indépendance juridique des régions. C'est en raison de l'importance prise par les Directeurs régionaux et leur indépendance par rapport au Directeur général de l'OMS sur le terrain, que l'Organisation a été conduite à réfléchir à l'amélioration de leur relation afin de tenter d'encadrer cette dérive considérée comme excessive[572]. Néanmoins, ces disfonctionnements organisationnels persistent encore aujourd'hui.

2. La persistance des dysfonctionnements organisationnels

278. En 1993, le rapport du Corps Commun d'Inspection sur la décentralisation[573] a fait un état des lieux de la situation de la décentralisation et a proposé des recommandations. Il dénonçait notamment le fait que le Conseil exécutif n'exerçait pas pleinement ses fonctions de contrôles gestionnaires prévus par la Constitution à l'égard des comités et bureaux régionaux. Les Comités fonctionnent en pratique comme des Assemblées régionales de la Santé. Le Corps Commun d'Inspection proposait donc de raviver les fonctions du Conseil exécutif en constituant, par exemple, un organe de surveillance administratif et financier. Il reprochait par ailleurs l'indépendance des Directeurs régionaux par rapport au Directeur général considérant que le principe de responsabilité est mieux exercé lorsqu'il repose sur une voie hiérarchique commune, pyramidale, et non sur sept chefs de

---

567 K. LEE, *World health organization (WHO)*, *op.cit.*, p.34.

568 C. BRISSET, « *Pour une internationale de la Santé* », *op.cit.* On peut toutefois noter l'absence de maîtrise du budget qui reste décidé par l'Assemblée mondiale de la santé.

569 E. MONDIELLI, *L'action de l'OMS en faveur de l'enfance*, thèse Montpellier, 1990, p.199 et s.

570 F. GODLEE, « *The regions- too much power, too little effect* », *op.cit.*, pp.1566-1570.

571 V. Allocution du Directeur général (M. Mahler) à l'Assemblée mondiale de la santé du 5 mai 1987, Document WHA40/DIV/4.

572 M. BELANGER, *Le droit international de la santé*, Que sais-je ?, PUF, 1997, p.30.

573 CORPS COMMUN D'INSPECTION, « *Décentralisation des organismes du système des Nations unies. Part III : The World Health Organization* », JIU/REP/93/2, 1993.

Secrétariat[574]. Il regrettait enfin « que, parce que la structure décentralisée de l'OMS souffre actuellement des nombreux problèmes décrits dans ce rapport, elle ne fonctionne pas au cours des années 1990 de façon aussi efficiente et efficace que lors des premières décennies de son existence[575] ».

279. Il recommandait ainsi de dépolitiser les Directeurs régionaux qui deviendraient des responsables techniques en conférant au Directeur général l'habilitation à sélectionner et à présenter des candidatures aux postes de Directeurs régionaux pour confirmation par le Conseil exécutif, après consultation du comité ou du bureau régional concerné et en accord avec eux. Cela permettrait d'accentuer la position statutaire prééminente et l'autorité du Directeur général par rapport aux Directeurs régionaux[576]. Ces critiques persistent encore aujourd'hui, signe des difficultés pour l'OMS de s'imposer face à ces régions. La question des régions est déterminante dans la problématique de l'affaiblissement de l'OMS.

280. Selon le Corps Commun d'Inspection, si la décentralisation permet d'éviter les blocages dans la prise de décisions et permet parfois de mieux tenir compte des conditions et des besoins locaux, elle présente de nombreux inconvénients[577]. Elle n'est pas efficace pour les services standardisés et de routine. Elle rend parfois plus difficile la répartition des ressources et peut entraîner une perte d'économie d'échelle et de maîtrise sur ces ressources. Après avoir considéré que la délégation d'autorité, fondement du processus de décentralisation, semble être globalement satisfaisante[578], le rapport a identifié les problèmes liés à la régionalisation en les catégorisant : entre les problèmes afférents à la répartition des régions, ceux liés au financement (a) et enfin ceux liés à la gouvernance et la gestion de cette structure décentralisée (b).

a. Les difficultés de répartition et de financement des régions

281. Concernant la répartition géographique, le Corps Commun d'Inspection reconnaît la stabilité des régions qui sont restées inchangées depuis leur création, si ce n'est quelques ajouts et passages de Membres d'une région à l'autre. Toutefois, le rapport souligne la délimitation arbitraire entre la Région africaine et celle de la Méditerranée orientale et entre les deux régions asiatiques[579], ce qui peut être source de problèmes opérationnels lorsqu'il s'agit de traiter des problèmes de santé communs. De même, les disparités de

---

[574] *Ibid.*

[575] CORPS COMMUN D'INSPECTION, *Décentralisation des organismes du système des Nations unies. Troisième partie : L'Organisation mondiale de la Santé*, Doc. ONU JIU/REP/93/2 (Part III), avril 1993, p.48.

[576] Y. BEIGBEDER, *L'Organisation mondiale de la santé*, PUF, 1995, p.63.

[577] CORPS COMMUN D'INSPECTION, *Examen de la gestion, de l'administration et de la décentralisation à l'Organisation mondiale de la Santé. Partie II. Examen de la décentralisation*, JIU/REP/2012/7, 2012. p.61.

[578] *Ibid.*

[579] « L'Algérie et l'Ethiopie sont membres de la Région africaine alors que leurs voisins (Egypte, Libye, Maroc, Somalie et Soudan) font partie de la région de la Méditerranée orientale. Il en va de même pour l'Australie, l'Indonésie, la République populaire démocratique de Corée, la Malaisie et la Papouasie-Nouvelle Guinée qui ont été arbitrairement rattachées à la Région de l'Asie du Sud Est et à la Région du Pacifique occidental. » CORPS COMMUN D'INSPECTION, *Examen de la gestion, de l'administration et de la décentralisation à l'Organisation mondiale de la Santé. Partie II. Examen de la décentralisation*, JIU/REP/2012/7, 2012. p.62.

taille entre les régions n'apparaissent pas toutes comme nécessairement justifiées. Par exemple, la délimitation de la région AFRO qui souffre d'une situation sanitaire critique sur un très grand territoire, comparée à l'Asie qui possède deux régions, ne semble pas pertinente.

282. L'absence d'alignement des régions de l'OMS avec les groupements régionaux existants dans d'autres organisations du système des Nations unies a des conséquences sur leur collaboration [580]. Dans cette catégorie d'observations, le Corps Commun d'Inspection estime, malgré des avis divergents[581], que l'intégration de l'OPS dans l'OMS est lente mais continue dans le domaine stratégique et programmatique[582]. Elle éprouve plus de difficultés dans le domaine administratif. Par exemple, l'OPS dispose de son propre système d'informations financières et de gestion et n'a pas souhaité utiliser le Système mondial de gestion de l'OMS pour un coût inférieur.

283. D'un point de vue financier, les difficultés d'allocation des ressources persistent malgré des avancées relatives au calcul de ces allocations depuis 2006 [583]. L'objectif, d'abord implicite puis explicite, d'allouer 30% des ressources au Siège et 70% aux régions[584] a été difficile à atteindre en raison d'une différence, au bénéfice du Siège, entre les ressources planifiées et celles réellement allouées. Ainsi, en 2010, l'allocation financière réelle du siège était de 35% contre 65% pour les régions[585]. On note tout de même une évolution en 2012/2013 où le siège a obtenu 31,7 %[586].

284. Il est également intéressant d'observer la ventilation réelle des ressources financières et des effectifs avec, d'une part, 35% des ressources financières allouées au siège pour 29% de l'effectif, et 65% des ressources pour les régions représentant 71% de l'effectif. De même, la région Afrique se voit allouée 42% des ressources financières pour 42% de l'effectif, à l'inverse, la région Amérique bénéficie de 6% des ressources financières et représente

---

[580] L'Asie et le Pacifique ne forment normalement qu'une seule et même région au sein du PNUD, de l'UNICEF, de l'OIT ou encore de la Commission économique et sociale pour l'Asie et le Pacifique. CORPS COMMUN D'INSPECTION *(...), op.cit.*, 2012 p.63.

[581] Selon que la personne interrogée appartient à l'OPS ou à l'OMS. *Ibid.*

[582] Notamment depuis 2007 et l'alignement du programme de travail de l'OPS sur celui de l'OMS. *Ibid.*, p.64.

[583] OMS, *Allocation stratégique des ressources*, Conseil exécutif, Document EB 118/7, 11 mai 2006, p.6-7. Cette décision met en place un dispositif de validation qui sert à orienter les allocations qui se fonde sur l'examen de trois composantes : « a) une composante fixe comprenant les fonctions qui doivent être exécutées aux différents niveaux de l'Organisation, par exemple les fonctions normatives et statutaires, le financement de la composante fixe pouvant être assuré aussi bien par le budget ordinaire que par des fonds extrabudgétaires ; b) une composante « engagement » reflétant les fonctions régionales dont le coût varie en fonction du nombre de pays concernés, y compris le coût de l'engagement aux côtés de tous les Etats membres dans une Région déterminée quelle que soit la situation sanitaire et socio-économique ; c) une composante « besoins » reflétant la situation sanitaire et socio-économique relative et tenant compte d'un facteur « population », qui sera la composante la plus importante du point de vue de l'enveloppe totale des ressources. »

[584] V. le discours du Directeur général JW LEE en 2003. (Presentation to the Executive Board, 27 Janvier 2003).

[585] Cela correspond à la répartition prévue par le budget programme des ressources entre le siège et les régions pour l'année 2010-2011 en évolution nette comparée à 2000-2001 où 54% du budget était alloué au Siège. CORPS COMMUN D'INSPECTION, *Examen de la gestion, de l'administration et de la décentralisation à l'Organisation mondiale de la Santé. Partie II. Examen de la décentralisation*, JIU/REP/2012/7, 2012. p.66.

[586] C. CLIFT, *What's the World Health Organization For ?*, Chatham House Report, Rapport final du Centre on Global Health Security Working Group on Health Governance, Mai 2014, p.31.

3% de l'effectif[587]. De façon générale, le Corps Commun d'Inspection regrette l'insuffisante transparence dans l'allocation des ressources. Le cas de la région africaine a longtemps été un mauvais exemple en la matière[588]. Ce manque de transparence pour l'allocation des ressources entre le Siège et les régions se retrouve au niveau des pays en raison de l'absence de critères et de dispositif de validation pour la répartition des fonds entre les pays[589].

285. Enfin on constate également une « concurrence » dans la levée de fonds entre le siège et les régions du fait de la dépendance accrue aux contributions volontaires[590]. Chaque région cherchant avant tout à financer leur région au détriment du siège. Ils deviennent ainsi redevables davantage à « leur » donateur qu'au siège qui a mis en place une stratégie cohérente par le biais des Etats membres de l'Assemblée mondiale de la santé. Ces enjeux de financement s'accompagnent de difficultés dans la gouvernance et la gestion régionale.

b. La complexité de la gouvernance et de la gestion régionale

286. Le défi le plus important identifié par le Corps Commun d'Inspection tient dans la gouvernance et la gestion régionale. Ainsi, la multiplicité des comités et des sous-comités au niveau régional complique la gouvernance de l'Organisation sans améliorer nécessairement son efficacité. L'examen complet de la gouvernance de ces comités et sous-comités régionaux n'avait encore jamais été entrepris avant la réforme actuelle. Dans l'ensemble, le travail intersession des organes des régionaux est médiocre (sauf pour le Bureau régional de l'Europe) et ces organes supervisent peu les activités des bureaux régionaux[591]. Par ailleurs, le rapport constate qu'une des difficultés pour la décentralisation à l'OMS tient à la mise en œuvre cohérente de politiques, de services administratifs permanents et de dispositifs de contrôle dans l'ensemble de l'Organisation. Ainsi, le rapport regrette l'existence de double-emploi, de perte d'économie d'échelle et d'inefficacité. Ceci affecte la volonté d'unité d'action propre à l'Organisation en raison de problèmes de cohérence au niveau mondial[592] malgré la mise en place d'un groupe de la politique mondiale qui a amélioré la coordination à tous les niveaux de l'Organisation. Toutefois, des difficultés persistent dans la coordination et la coopération entre les régions et au sein des bureaux de pays. Il est déploré une harmonisation incomplète tant des politiques que des procédures dans l'Organisation en raison de l'absence de pratiques de gestion uniformes à l'échelon régional. En particulier la région AFRO est cible de critiques pour son manque de capacité, sa culture organisationnelle, sa politique de recrutement et les enjeux financiers[593].

---

[587] CORPS COMMUN D'INSPECTION *(...), op.cit.*, 2012 p.67.

[588] V. en ce sens B. DEVEAUD et B. LEMENNICIER, « *Chapitre 7 : Le cas édifiant du bureau régional africain* » in L'OMS : *Bateau ivre de la santé publique, Les dérives et les échecs de l'agence des Nations unies*, L'Harmattan Santé, sociétés et cultures, 1997, p.159 et s.

[589] CORPS COMMUN D'INSPECTION *(...), op.cit.*, 2012 p.68.

[590] D. LEGGE, *Future of WHO hangs in the balance*, BMJ, vol.345, 25 octobre 2012, p.2.

[591] CORPS COMMUN D'INSPECTION *(...), op.cit.*, 2012 p.70.

[592] *Ibid.*, p.73.

[593] K. DECOSTER, *Is WHO ready for a rising Africa*, International health policies, 2013.

287. Par ailleurs, le Directeur régional, malgré l'identification du risque lié à son rôle dominant dès sa mise en place, se voit encore aujourd'hui critiqué. En effet, le rapport souligne « l'ambiguïté de la voie hiérarchique et de l'attribution des responsabilités dans la pratique ». Il constate que les pouvoirs conférés par la Constitution aux Directeurs régionaux en tant qu'élus font que le Directeur général, en tant que dirigeant technique et administratif de l'OMS, « a moins d'autorité que ses homologues d'autres organisations du système des Nations unies [594]». Reprenant les conclusions du rapport de 1993, le Corps Commun d'Inspection considère qu'il faut revoir les procédures de désignation des Directeurs régionaux et s'en remet aux propositions faite dans la réforme en cours[595]. Il reconnaît ainsi que la culture de la responsabilité au sein de l'Organisation est peu existante à tous les niveaux[596]. En effet, la délimitation des responsabilités conférées à l'OMS par son article 2 de la Constitution n'est pas évidente entre les trois niveaux de répartition.

288. Des avancées, à la suite de l'adoption de la résolution EB92.R2 en mai 1993, entérinant les conclusions et les 47 recommandations de son groupe de travail sur l'adaptation de l'OMS aux changements mondiaux un an plus tôt, ont été constatées[597]. Toutefois, les difficultés d'articulation entre les régions et le siège persistent comme en témoigne la doctrine[598] et le rapport de 2001[599] et plus récemment le rapport du corps commun d'inspection de l'ONU publié en 2012[600]. L'inaction de l'OMS en la matière témoigne d'un immobilisme significatif. En particulier face à l'impossibilité du siège à s'imposer en tant qu'autorité centrale à l'égard des régions. Les recommandations préconisées dans les années 1990 apparaissent toujours pertinentes aujourd'hui. En effet, si cette fragmentation a été réduite depuis 1998, une fragmentation structurelle existe encore ce qui « limite le potentiel de transformation du leadership de l'OMS à Genève[601] ».

289. S'ajoute à cela des problèmes dans le choix et le fonctionnement des bureaux de pays. Une étude a été menée en 1997 sur 12 pays afin d'évaluer la réussite de l'OMS à l'égard des besoins et des compétences. L'étude a démontré que la présence des représentants OMS ne correspondait pas toujours aux besoins spécifiques de l'OMS[602]. Si leur fonction reste essentielle afin de soutenir les systèmes de santé nationaux, les recommandations émises en 1997 par le Conseil exécutif[603] n'ont pas été suffisamment mises en

[594] CORPS COMMUN D'INSPECTION *(...), op.cit.*, 2012 p.55.

[595] *Ibid.*, p.77.

[596] Cette conclusion avait déjà été réalisée par l'ONU (V. CORPS COMMUN D'INSPECTION, *Rapport sur les dispositifs d'application du principe de responsabilité existant au sein du système des Nations unies*, JIU/REP/2011/5, 2011).

[597] Y. BEIGBEDER, *L'Organisation mondiale de la santé*, PUF, 1995, p.65.

[598] F. GODLEE, « *The regions- too much power, too little effect* », *op.cit.*, pp.1566-1570.

[599] CORPS COMMUN D'INSPECTION, *La gestion et l'administration à l'Organisation mondiale de la santé (OMS)*, JIU/REP/2001/5, 2001.

[600] CORPS COMMUN D'INSPECTION *(...), op.cit.*, 2012.

[601] E.R. GRAHAM, *International organizations as collective agents : Fragmentation and the limits of principal control at the World health organization,* European Journal of International Relations, vol.20, n°2, pp.366-390, 2014.

[602] OMS, *Réformes à l'OMS : Bureaux de l'OMS dans les pays : critères de classement des pays selon les besoins, Rapport du Directeur général*, EB102/2, Conseil exécutif, Cent deuxième session, 27 avril 1998.

[603] OMS, *Réformes à l'OMS : Bureaux de l'OMS dans les pays : (...), op.cit.*

œuvre[604]. Etait notamment proposé, de retenir le principe de « la présence essentielle » dans la création d'un bureau de pays en prenant en compte l'index de développement humain ou le taux d'immunisation du pays comme indicateurs. Le rapport de 2012 constate le manque d'avancées sur cette réforme et réitère le besoin de développer des critères en vue de permettre l'implantation pertinente des bureaux[605], afin qu'ils correspondent aux nécessités locales.

290. Deux phénomènes sont critiqués par le groupe de travail mené par CLIFT[606]. D'une part, le personnel ainsi que leurs compétences n'étaient pas en adéquation avec le rôle attendu des bureaux de pays. Ce dernier évoluant davantage vers du conseil en stratégie pour les ministres de la santé, s'éloigne du soutien dans la mise en œuvre des projets ou de la gestion des fonds transférés. D'autre part, les bureaux – qui apparaissent comme une ressource gratuite – sont devenus des compléments ou des substituts dans la réalisation des travaux des ministres de la santé. Cette évolution a été possible également par le fait que certains bureaux soient localisés au sein même des ministères de la santé.

291. On constate donc que les dysfonctionnements liés au caractère décentralisé de l'OMS – apparus pour des raisons légitimes – sont toujours persistants aujourd'hui malgré l'identification des problèmes depuis un certain temps. Par ailleurs, ces dysfonctionnements laissent une place à la politisation du système qui lui-même est source de dysfonctionnement. Ainsi, il est primordial, face à ce constat d'échec, de trouver des solutions notamment dans le contexte actuel de la réforme afin de ne pas affaiblir l'autorité normative.

292. L'OMS s'appuie donc sur un fonctionnement d'organisation internationale et sur une structure interne innovante. Malgré une certaine réussite ces deux éléments connaissent des difficultés identifiées et persistantes. Toutefois, cette structure à trois niveaux, siège central-six régions-bureaux des pays, est apparue nécessaire afin de pouvoir répondre au mandat ambitieux confié à l'OMS dans sa Constitution.

SECTION 2 : LE MANDAT AMBITIEUX DE L'OMS

293. Le mandat[607] correspond à la « fonction, mission, conférée à une personne ou à un organe[608] » prévue au sein de la Constitution de

[604] C. CLIFT, *What's the World Health Organization For ?, op.cit.*, pp.25-27.

[605] CORPS COMMUN D'INSPECTION, *Examen de la gestion, de l'administration et de la décentralisation à l'Organisation mondiale de la Santé. Partie II. Examen de la décentralisation*, JIU/REP/2012/7, 2012, pp.80-87. Le rapport estime qu' « il convient de réévaluer en permanence, sur la base des critères définis, la nécessité de conserver les bureaux sous-nationaux, et de considérer le déploiement d'équipes mobiles comme une autre solution envisageable étant donné les difficultés d'intervention dans certaines zones. » (p.80).

[606] C. CLIFT, *What's the World Health Organization For ?, op.cit.*, pp.26-27.

[607] Il existe plusieurs définitions de cette notion. On retiendra notamment l'approche selon laquelle un mandat peut être défini de deux façons. D'une part, le mandat formel ou officiel correspond à « une déclaration conjointe relative au but général ou 'raison d'être' d'une organisation, généralement formalisé dans une constitution, une charte ou une convention. » D'autre part, le mandat effectif correspond « aux activités réelles d'une organisation telles que prévues suite à l'interprétation et la mise en œuvre de son

l'Organisation. Ainsi, l'acte institutif définit habituellement, d'une part, les compétences de l'Organisation qui sont « la sphère d'action ouverte à chaque organisation » et, d'autre part, les pouvoirs de l'Organisation c'est-à-dire les « moyens qu'elle peut déployer à l'intérieur de sa compétence »[609]. D'abord, les compétences et les pouvoirs de l'OMS s'expriment par la qualification de sa forme juridique en tant qu'institution spécialisée de santé publique (§1). Ensuite, ils s'expriment par l'attribution de moyens d'action importants c'est-à-dire les missions qui lui sont confiées (§2).

§1 : Une institution spécialisée de santé

294. L'OMS est soumise aux principes réglementant les institutions spécialisées prévues dans la Charte des Nations unies (A). Par ailleurs, ce statut a également une influence sur la délimitation du but de l'OMS (B).

A. La notion particulière d'institution spécialisée des Nations unies

295. Selon la définition de Monsieur BEIGBEDER, une institution spécialisée est « une institution[610] qui conduit un programme d'importance pour les Nations unies, dans un domaine spécifique de compétence, sous la supervision générale de l'Assemblée Générale et du Conseil Economique et Social mais qui a une importante autonomie en matière de membres, de programmes, de personnel et de finances[611] ». Cette définition souligne pertinemment les deux éléments essentiels de la notion d'institution spécialisée : rattachement et indépendance. Ainsi, la qualification juridique d'institution spécialisée prévue par la Charte des Nations unies impose un rattachement au système des Nations unies (1). Toutefois, cette qualification juridique offre une garantie d'indépendance à l'OMS (2).

1. Le rattachement de l'OMS au système des Nations unies

296. Le rattachement de l'OMS au système des Nations unies se traduit par une collaboration entre les deux organisations (a) mais également par des obligations réciproques (b).

---

mandat formel ou officiel » (V. en ce sens K. LEE et al, *« Who should be doing what in international health : a confusion of mandats in the United Nations ? »*, BMJ, 312 : 302, 1996, pp.1-2).

[608] J. SALMON, *Dictionnaire de Droit international public, op.cit.*, « mandat » p.681.

[609] J. COMBACAU et S. SUR, *Droit international public, op.cit.*, 2014., p.722.

[610] Une précision quant à la définition d'institution internationale qui est entendue comme « un agencement, permanent, récurrent ou durable, des rapports entre des acteurs privés évoluant dans une pluralité d'ordres juridiques nationaux et/ou des autorités publiques (nationales et internationales) dont l'objet est d'appréhender des 'questions d'intérêt international' aux fins de concertation, coordination ou intégration de leur actions ou de règlement de différends internationaux ou transnationau) (V. E. LAGRANGE, « *La catégorie 'organisation internationale'* », in E. LAGRANGE et J.-M. SOREL, *op.cit.*, p.37)

[611] Y. BEIGBEDER, *L'organisation mondiale de la santé*, PUF, Paris, 1997, p.23.

a. Une collaboration institutionnelle

297. D'après le deuxième paragraphe du Préambule[612] et l'article 69 de la Constitution, l'Organisation mondiale de la santé est « rattachée aux Nations unies comme une des institutions spécialisées prévues par l'article 57 de la Charte des Nations unies ». Ainsi, cet article précise que « les diverses institutions spécialisées créées par accords intergouvernementaux et pourvues, aux termes de leurs statuts, d'attributions internationales étendues dans les domaines économique, social, de la culture intellectuelle et de l'éducation, de la santé publique et autres domaines connexes sont reliées à l'Organisation (...) ». Preuve de cette collaboration, l'article 4 de la Constitution de l'OMS énonce qu'il suffit d'être membre de l'ONU pour pouvoir faire partie de l'OMS[613].

298. Dans la mesure où il s'agit d'une institution reliée au système des Nations unies, les objectifs et buts poursuivis par l'institution doivent être compatibles avec ceux des Nations unies. En d'autres termes, le mandat poursuivi par l'institution spécialisée ne doit pas être en contradiction avec le mandat prévu par la Charte des Nations unies notamment en ce qu'il vise à garantir le maintien de la paix et de la sécurité internationale[614]. L'OMS – reconnue comme l'agence de santé des Nations unies – collabore avec les Nations unies afin de contribuer à l'atteinte des objectifs de cette organisation. L'OMS est donc rattachée et intégrée au système des Nations unies. L'idée fondamentale est celle de coopération et de collaboration entre l'OMS et l'ONU au sein du système des Nations unies.

299. Toutefois, d'autres auteurs prônent une définition encore plus limitative de la notion d'institution spécialisée. Monsieur AMERI considère qu'une institution spécialisée est l'organe[615] exécutif des Nations unies dans leur domaine de spécialité ou de compétence. Leur but principal est de coordonner la coopération entre Etats dans leurs domaines respectifs[616]. Ainsi, l'OMS aurait un statut équivalent à celui des organes de l'ONU dont le

[612] « Acceptant ces principes, dans le but de coopérer entre elles et avec tous autres pour améliorer et protéger la santé de tous les peuples, les Parties contractantes acquiescent à ladite Constitution et établissent par les présentes l'Organisation mondiale de la Santé comme une institution spécialisée aux termes de l'article 57 de la Charte des Nations unies. »

[613] Article 4 de la Constitution de l'OMS : « Les Etats Membres des Nations unies peuvent devenir Membres de l'Organisation en signant, ou en acceptant de toute autre manière, cette Constitution, conformément aux dispositions du chapitre XIX et conformément à leurs règles constitutionnelles »

[614] En ce sens voir l'article 1 de la Charte des Nations unies : « Les buts des Nations unies sont les suivants : 1. Maintenir la paix et la sécurité internationales et à cette fin : prendre des mesures collectives efficaces en vue de prévenir et d'écarter les menaces à la paix et de réprimer tout acte d'agression ou autre rupture de la paix, et réaliser, par des moyens pacifiques, conformément aux principes de la justice et du droit international, l'ajustement ou le règlement de différends ou de situations, de caractère international, susceptibles de mener à une rupture de la paix. 2. Développer entre les nations des relations amicales fondées sur le respect du principe de l'égalité de droits des peuples et de leur droit à disposer d'eux-mêmes, et prendre toutes autres mesures propres à consolider la paix du monde. 3. Réaliser la coopération internationale en résolvant les problèmes internationaux d'ordre économique, social, intellectuel ou humanitaire, en développant et en encourageant le respect des droits de l'homme et des libertés fondamentales pour tous, sans distinctions de race, de sexe, de langue ou de religion. 4. Être un centre où s'harmonisent les efforts des nations vers ces fins communes. »

[615] Les différents types d'organes peuvent être classés selon qu'ils s'agissent d'organes principaux (crées par l'acte constitutif) et d'organes subsidiaires (crées par un organe principal ou sur délégation de ses pouvoirs). V. D. DORMOY, Répertoire de droit international, organisation internationales, juin 2012, Dalloz, p.14 §74.

[616] H. AMERI, *Politics and process in the specialised agencies of the UN*, Gower House, Hants, 1982, p.26.

Conseil économique et social, compétent en matière économique et sociale, et la Cour internationale de Justice, compétente en matière juridique. Dès lors, l'OMS serait l'organe de l'ONU en matière de santé publique.

300. Ce rattachement au système des Nations unies se traduit dans les dispositions prévues dans la Charte des Nations unies. L'article 57 de la Charte des Nations unies illustre le contrôle exercé. D'abord, il dispose que la relation entre l'institution spécialisée et les Nations unies ne peut se faire uniquement par des accords formels intergouvernementaux. Les conditions dans lesquelles cette institution sera reliée à l'ONU doivent être négociées et acceptées par l'ensemble des parties concernées. Cet accord doit être accepté par le Comité chargé des négociations avec les institutions intergouvernementales mis en place par le Conseil économique et social des Nations unies. Ensuite, cet accord doit être approuvé par l'organe de l'institution spécialisée c'est-à-dire l'Assemblée mondiale de la santé dans le cas de l'OMS.

301. Enfin, il doit être soumis à l'approbation de l'Assemblée générale des Nations unies. [617] Selon la Charte des Nations unies, la relation entre l'institution spécialisée et l'ONU se traduit par des dispositions permettant au Conseil économique et social d'assurer la coordination du travail des institutions spécialisées et de demander des informations sur leurs travaux. Ainsi la Charte des Nations unies prévoit la possibilité pour le Conseil économique et social de leur adresser des recommandations[618] et de prendre toutes mesures utiles pour recevoir des rapports réguliers des institutions spécialisées.[619] Les dispositions prévues par la Charte permettent en effet une forme de contrôle de l'activité de l'institution spécialisée. C'est cette procédure qui a été suivie pour la mise en œuvre de l'accord entre l'ONU et l'OMS[620] – entré en vigueur le 10 juillet 1948 – dont un certain nombre de dispositions viennent consolider le lien permanent qui existe entre ces deux organisations internationales.

b. L'existence d'obligations réciproques

302. Cet accord énonce plusieurs formes de coopération illustrant le type de contrôle que maintient l'ONU sur l'OMS. Selon l'alinéa 1er de l'article IV, l'ONU se voit confier la possibilité de provoquer des études et des rapports, d'adresser des recommandations sur des questions dans le domaine de compétence de l'OMS, et faire des propositions en vue de coordonner les programmes et activités de l'OMS. Par ailleurs, l'OMS, par ses organes – l'Assemblée mondiale de la santé et le Conseil exécutif – doit prendre toutes mesures en vue de soumettre, dans les plus brefs délais, toute recommandation formelle que l'ONU pourra lui adresser. Enfin, l'alinéa 3 de l'article IV

---

[617] Article 63 de la Charte des Nations unies.

[618] *Ibid.*

[619] Selon l'article 64 de la Charte des Nations unies « il peut s'entendre avec les Membres de l'Organisation et avec les institutions spécialisées afin de recevoir des rapports sur les mesures prises en exécution de ses propres recommandations et des recommandations de l'Assemblée générale sur des objets relevant de la compétence du Conseil. »

[620] « Le texte du présent Accord a été approuvé par la Deuxième Assemblée mondiale de la santé dans la résolution WHA2.100 (OMS, Actes officiels, 21, 54) et remplace celui approuvé par la Première Assemblée mondiale de la santé (OMS, Actes officiels 13, 81, 321). »

précise que l'OMS affirme son intention de collaborer à toutes mesures nécessaires en vue d'assurer la coordination effective des activités des institutions spécialisées et de l'ONU. De même, l'article 2 b) de la Constitution de l'OMS indique que l'Organisation a pour fonction « d'établir et maintenir une collaboration effective avec les Nations unies (…) ». L'article V alinéa 1er dispose que l'OMS et l'ONU procéderont à l'échange le plus complet et le plus rapide d'informations et de documents ; l'OMS doit fournir à l'ONU des rapports réguliers sur ses activités.

303. L'OMS a l'obligation de rédiger un rapport annuel relatif à la collaboration à l'intérieur du système des Nations unies et avec d'autres organisations intergouvernementales. Ainsi, lors de la 67e Assemblée mondiale de la santé en 2014 faisant suite au rapport de 2012[621] qui avait identifié quatre priorités stratégiques[622] pour l'action de l'OMS dans le cadre du système des Nations unies, le rapport précise, que « suite à la demande de l'Assemblée générale des Nations unies, le Directeur général de l'OMS a soumis au Secrétaire général de l'ONU des rapports sur la santé mondiale et la politique étrangère, l'amélioration de la sécurité routière mondiale et la prévention et la maîtrise des maladies non transmissibles[623] ». Ce rapport de l'OMS a par la suite été présenté à l'Assemblée générale des Nations unies. Cette obligation envers l'Assemblée illustre le rattachement indirect exercé par l'ONU sur l'OMS en ciblant des priorités. Certes, ces priorités ont été identifiées et décidées par l'Assemblée mondiale de la santé mais l'obligation de rédiger un rapport, qui doit par la suite être soumis au Secrétaire Général puis présenté à l'Assemblée démontre le maintien du lien entre les deux organisations.

304. Toutefois, si le statut d'institution spécialisée implique que l'OMS soit rattachée au système des Nations unies par la supervision générale de l'Assemblée générale et du Conseil économique et social, il lui confère également un degré d'autonomie important.

2. L'indépendance de l'OMS à l'égard du système des Nations unies

305. Si l'indépendance de l'OMS apparaît comme un principe reconnu (a), elle s'accompagne d'une mise en œuvre organique (b).

a. Une indépendance de principe

306. Selon la définition de Monsieur BEIGBEDER[624], l'OMS jouit d'un degré d'autonomie et d'indépendance à l'égard des Nations unies. Suivant une

621 OMS, *Collaboration à l'intérieur du système des Nations unies et avec d'autres organisations intergouvernementales*, Rapport du Secrétariat, Assemblée mondiale de la santé, Document A65/39, 16 Mai 2012.

622 OMS, *Collaboration à l'intérieur du système des Nations unies et avec d'autres organisations intergouvernementales*, Rapport du Secrétariat, Document A67/53, 28 mars 2014, p.1. « a) veiller à réserver une place à la santé dans les délibérations et les décisions des organismes intergouvernementaux des Nations unies ; b) apporter un soutien aux Etats membres en créant des réseaux et coalitions efficaces ; c) assurer un rôle de chef de file en dirigeant le groupe de responsabilité sectorielle Santé pour les efforts humanitaires liés à la santé ; et d) faire partie d'une équipe de pays des Nations unies cohérente et efficace. »

623 OMS, *Collaboration à l'intérieur du système des Nations unies et avec d'autres organisations intergouvernementales*, Rapport du Secrétariat, Document A67/53, 28 mars 2014, p.1.

624 Y. BEIGBEDER, *L'organisation mondiale de la santé, op.cit.*, p.23.

logique pyramidale[625], le système des Nations unies aboutit à la mise en place d'une « hiérarchie tempérée [626] » et s'organise comme un système décentralisé[627]. L'OMS fait partie du système des Nations unies mais elle n'y est pas subordonnée, à la différence des organes des Nations unies qui sont intégrés au système des Nations unies. [628] La qualification d'institution spécialisée des Nations unies se différencie de celle d'organe des Nations unies tel que l'Assemblée générale, le Conseil de sécurité ou le Conseil économique et social[629]. En effet, les organes – par définition[630] – font partie intégrante[631] de l'ONU en tant que composante de cette entité, sans aucune forme d'autonomie ni d'indépendance à l'égard de l'ONU. Ces organes assurent le bon fonctionnement de l'Organisation.

307. Si l'on reprend la définition de Monsieur AMERI[632], une institution spécialisée ne peut être limitée au rôle de simple organe exécutif des Nations unies. En effet, la création d'un système des Nations unies décentralisé regroupant d'une part l'ONU et ses organes et d'autre part les quinze institutions spécialisées, démontre la volonté de garantir une forme d'autonomie de ces institutions. Les fondateurs du système des Nations unies auraient pu créer un organe de l'ONU ayant trait aux problématiques de santé comme cela a été fait avec les organes actuels de l'ONU. Ainsi, cette approche décentralisée est révélatrice de cette volonté d'indépendance. [633] Certaines responsabilités incombent à l'ONU elle-même alors que d'autres, notamment en matière sanitaire, sont du ressort de l'OMS.

308. Cette notion d'indépendance est confirmée par la Charte des Nations unies qui, d'après l'article 57.1, prévoit une délégation de l'ONU vers l'OMS des « attributions internationales » dans le domaine de la santé publique. On

---

[625] V. TOMKIEWICZ, « *Concurrence chevauchements de compétences et coordination entre organisations internationales* », *op.cit.*, p.893. « Même si l'ordre international ne connaît pas d'organisation supérétatique, et en dépit du fait que nombre d'organisations internationales défendent des interêts sectoriels ou régionaux, une certaine hiérarchie peut toutefois s'établir entre celles-ci ». Cette approche se différencie de la logique du réseau et de la logique d'intégration et d'inclusion (V. TOMKIEWICZ, *op.cit.*897 et s.).

[626] V. TOMKIEWICZ, « *Concurrence chevauchements de compétences et coordination (...)* », *op.cit.*, p.893.

[627] H. AMERI, *Politics and process in the specialised agencies of the UN*, Gower House, Hants, 1982, p.26. V. également V. TOMKIEWICZ, « *Concurrence chevauchements de compétences et coordination (...)* », *op.cit.*, p.897 et s. L'auteur évoque une « décentralisation fonctionnelle ».

[628] V. R. MONACO, « *Les principes régissant la structure et le fonctionnement des organisations internationales* », RCADI, vol.56, 1977-III, p.170 « S'il y a un concept général auquel on peut rattacher la coordination (entre organisations internationales), c'est bien l'autonomie, et non pas la subordination des organes et des sujets qui doivent être coordonnés par rapport à l'autorité coordinatrice ; E. MINELLI, *World Health Organization - The mandate of a specialized agency of the United Nations*, Dissertation for the Political Science Degree specializing in International Relations at the Catholic University of Milan, 2003 p.40 « Le système des Nations unies peut être perçu comme le système solaire, avec l'ONU représentant le soleil et les institutions spécialisées les étoiles. »

[629] Au total six organes existent au sein de l'ONU: l'Assemblée générale ; le Conseil de sécurité ; le Conseil économique et social ; le Conseil de tutelle ; la Cour internationale de justice et le Secrétariat.

[630] J. SALMON, *Dictionnaire de Droit international public, op.cit.*, « Organe (d'une organisation internationale) » p.791. « Elément de la structure d'une organisation internationale par lequel celle-ci agit, exprime sa volonté, s'acquitte de ses fonctions. »

[631] V. la notion d'« organes intégrés » : J. SCHWOB, *Les organes intégrés de caractère bureaucratique dans les organisations internationales*, Bruylant, 1987.

[632] H. AMERI, *Politics and process in the specialised agencies of the UN*, *op.cit.*, p.26.

[633] OMS, *Les premières années de l'Organisation Mondiale de la Santé*, 1958 ; N. HOWARD-JONES, « *The scientific background of the International Sanitary Conferences* », History of international public health, n°1, WHO Chronicle, 1974. Les discussions historiques montrent la volonté de traiter de la santé dans le cadre d'une institution séparée de l'ONU.

peut noter que la version en anglais de ce même article parle de « responsabilités internationales élargies[634] » ce qui accentue ainsi l'autonomie de ces institutions spécialisées. En effet, l'idée d'investir l'institution spécialisée d'une responsabilité propre à son activité implique un degré d'autonomie élevé[635]. Pour DUPUY, le recours aux institutions spécialisées est « la reconnaissance d'une tutelle des Nations unies instaurée par la liaison latérale appliquée par la persuasion plus que la subordination[636] ».

b. Une indépendance organique

309. Les institutions spécialisées se fondent sur une Constitution à part entière et élaborent un programme de travail propre. Ainsi, la Constitution doit être adoptée par l'ensemble des Etats membres de l'OMS. De même, l'Assemblée mondiale de la santé a adopté son programme de travail pour la période 2014-2019 lors de l'Assemblée mondiale de la santé de 2013[637]. L'ONU n'a aucun pouvoir juridique d'intervention sur ces prises de décisions par l'OMS.

310. Elément clef de cette autonomie, l'OMS dispose de la maîtrise du budget. L'OMS conserve donc une autonomie complète, administrative et financière[638]. Cette autonomie financière se manifeste dans le pouvoir de répartir les dépenses et les contributions, de définir les règles budgétaires et financières internes et dans la tentative de ne pas dépendre financièrement d'un Etat ou d'un petit groupe d'Etats en particulier[639]. De même, l'existence de signes distinctifs permet l'identification de l'organisation internationale[640]. Ainsi, la création d'un drapeau propre à l'OMS – différent de celui de l'ONU –, la dénomination et le sigle sont autant de symboles de cette autonomisation[641].

311. Concernant la dénomination lors des discussions de la commission technique préparatoire, plusieurs propositions de noms avaient été avancées dont « l'organisation internationale de Santé publique des Nations unies » au motif que la mention expresse, dans le nom de la nouvelle organisation, du lien qui la rattachait à l'organisation mère solidifierait l'autorité de l'institution et

---

[634] "The various specialized agencies, established by intergovernmental agreement and having *wide international responsibilities*, as defined in their basic instruments, in economic, social, cultural, educational, health, and related fields, shall be brought into relationship with the United Nations in accordance with the provisions of Article 63."

[635] V. TOMKIEWICZ, « *Concurrence chevauchements de compétences et coordination entre organisations internationales* », *op.cit.*, p.897.

[636] R. J. DUPUY, « *Le droit des relations entre les organisations internationales* », RCADI, 1960-II, tome 100, p.576.

[637] OMS, Résolution WHA 66.1 « *Douzième programme de travail, 2014-2019* », 66e AMS, du 20 au 27 mai 2013.

[638] E. BERTHET, *L'Organisation mondiale de la Santé* in *Etudes*, T 313, avril 1962, p.54 (p.53-68).

[639] G. BASTID BURDEAU, « *Les finances des organisations internationales* », in E. LAGRANGE et J.-M. SOREL, *op.cit.*, p.586 (pp.565-598).

[640] A. PEYRO LLOPIS, « *L'identification de l'organisation internationale et la protection de ses signes distinctifs* », in E. LAGRANGE et J.-M. SOREL, *op.cit.*, p.658 (pp.657-665).

[641] A. LEWIN et F. ANJAK, « *Fasc. 112-3, Principes communs aux organisations internationales – Statut juridique* », in Jurisclasseur Droit International, 01/09/1989, p.4, §6 : « Ajoutons que les institutions spécialisées peuvent arborer le drapeau de l'O.N.U. mais que certaines d'entre elles possèdent leur propre drapeau comme l'OMS (V. A.C.D.I. 1967, II, p.235-238 et 304. - V. également A/CN.4/383, 1985, add. 1, pp.44-45 et add. 2, pp.23-24) ».

rehausserait le prestige de l'Organisation des Nations unies elle-même[642]. La décision[643] de ne pas inclure de référence à l'ONU, en choisissant une appellation sans référence explicite à l'ONU, n'est pas anodine et démontre une volonté d'indépendance.

312. La particularité de ce statut juridique provient de cet équilibre entre le besoin de respecter les principes fondamentaux du système des Nations unies duquel il émane mais également de bénéficier d'une indépendance lui permettant de fonctionner de manière autonome. Cet équilibre est constaté par la Cour internationale de Justice (CIJ) dans un avis rendu le 8 juillet 1996 selon lequel « la Charte des nations Unies a jeté les bases d'un système tendant à organiser la coopération internationale de façon cohérente par le rattachement de l'ONU, dotées de compétences de portée générale, de diverses organisations autonomes et complémentaires, dotées de compétences sectorielles[644] ».

313. Si l'OMS dispose d'une compétence sectorielle de santé limitée, le but de l'OMS prévu par sa Constitution vient toutefois consolider cette autonomie et asseoir son autorité en matière de santé publique au sein de la communauté internationale.

B. Le but de l'OMS

314. Selon le Professeur SALMON le but, dans le cadre d'un traité, est le « résultat que les parties se sont proposés d'atteindre – ou dont l'interprète du traité établit, par tout moyen approprié, qu'elles ont entendu l'atteindre[645] ». Ainsi, le but de l'OMS se caractérise, d'abord, par la consécration constitutionnelle d'une définition englobante de la santé (1). Ensuite, la Constitution participe à la reconnaissance d'un droit à la santé (2).

1. Une définition englobante de la santé

315. La définition retenue par la Constitution de l'OMS découle de la volonté de certains de ses constituants (a). Cette définition a depuis toujours été critiquée mais reste nécessaire (b).

a. Aux origines de la définition

316. Selon l'article 1er de la Constitution, le but de l'OMS est clair, il s'agit d'amener tous les peuples au niveau de santé le plus élevé possible. Le Préambule de la Constitution, qui énonce les principes sur lesquels la

[642] OMS, *Les dix premières années de l'OMS, Chapitre 4 - La commission technique préparatoire*, OMS, 1958, p. 41.

[643] En effet, la Conférence se prononça, par trente voix contre dix-sept avec une abstention, contre cette motion et adopta à l'unanimité le titre moins restrictif proposé par la Comission technique préparatoire » (OMS, « *Les dix premières années de l'Organisation mondiale de la santé. Chapitre 5 – La Conférence internationale de la santé* », 1958, p.46).

[644] Avis Consultatif du 8 juillet 1996 de la Cour internationale de Justice (CIJ), *Licéité de l'utilisation des armes nucléaires par un Etat dans un conflit armé,* CI J Recueil 1996, p.79 § 26.

[645] J. SALMON, *Dictionnaire de Droit international public, op.cit.*, « but », pp.139-140.

Constitution se fonde[646], est venu préciser la définition de santé. Ainsi, la santé est définie comme un « état de complet bien-être physique, mental et social » qui « ne consiste pas seulement en une absence de maladie ou d'infirmité ». De plus, ce même préambule consacre « la possession du meilleur état de santé qu'il est capable d'atteindre » comme « l'un des droits fondamentaux de tout être humain, quelles que soient sa race, sa religion, ses opinions politiques, sa condition économique ou sociale ». De même, la santé de tous les peuples est une condition fondamentale de la paix du monde et de la sécurité. Enfin, il est précisé que la santé est de la responsabilité des individus et des Etats par le biais d'une coopération la plus étroite.

317. Parmi les différentes définitions de la santé[647], celle retenue par la Constitution est donc considérée comme unique, innovante[648], avancée et visionnaire[649] notamment car il s'agit d'une définition positive de la santé[650]. Historiquement d'ailleurs, l'association entre santé et bien-être est assez récente[651]. Etymologiquement, le terme de santé, vient du latin *saluto, salutavi, salutare,* qui signifie garder sain et sauf, préserver ; en Grec, la « santé » est *ugiès,* être sain, et être raisonnable, et *ugieia* est l'état d'un corps sain. Aucune référence ici n'est faite à la notion de bien-être ni à une approche positive de la santé.

318. A l'origine, la notion de santé est perçue comme visant à préserver la santé et donc à éviter d'être malade, suivant l'approche négative de la santé. En effet, jusqu'alors les définitions retenues étaient fondées sur une approche

---

[646] Si le Préambule est « souvent dépourvu de force obligatoire, son contenu peut constituer un élément d'interprétation du traité » (J. SALMON, *Dictionnaire de Droit international public, op.cit.,* « Préambule », pp.864-865, V. également la Convention de Vienne, 1969 sur le droit des traités, art. 31, § 2 « Aux fins de l'interprétation d'un traité, le contexte comprend, outre le texte, préambule (...) »; F. P. GRAD, « *The Preamble of the Constitution of the World Health Organization* », Bulletin of the World Health Organization 2002, 80 (12) p.981. L'auteur poursuit: « Le Préambule, partie à part entière de la Constitution de l'OMS, joue un rôle essentiel en énonçant les principes sur lesquels la Constitution se base ». L'auteur considère que le Préambule représente une « affirmation parfaitement cohérente, qui s'approprie pleinement son propre domaine de santé publique internationale contemporaine. » L'auteur estime que le Préambule est l'élément le plus cohérent, rigoureux et solide de la Constitution. V. *contra B.* M. METOU, « *Le préambule des actes constitutifs des organisations internationales* », Rev. hellénique de droit international 2010, pp.635-666, p.638. L'auteur considère qu' « un texte plus politique que juridique, qui marque une transition entre les intentions politiques des États membres et les engagements qu'ils s'apprêtent à prendre n'a pas pour objet d'établir des obligations » ; H. P. HESTERMEYER, *Access to Medication as a Human Right : Max Planck Yearbook of United Nations Law,* 2004, pp.101-180.

[647] D. YACH, « *Health and illness: the definition of the World Health Organisation* », Ethik Med, 1998 pp.7-13. L'auteur considère trois approches variées et perceptions de la santé : la première s'articule autour d'un phénomène objectif ou subjectif qui s'étend ou non au-delà du domaine physique. La deuxième prend en compte l'amélioration et le maintien de la santé. La troisième considère la valeur et le but de la santé ; V. également J. BIRCHER, « *Towards a dynamic definition of health and disease* », Méd. Health Care Philos, 2005, 8, pp.335-341.L'auteur propose une définition de la santé : « un état dynamique de bien-être caractérisé par un potentiel physique et mental qui répond aux demandes de la vie en fonction de l'âge, la culture et la responsabilité personnelle. »

[648] E. MINELLI, *World Health Organization - The mandate of a specialized agency of the United Nations,* Dissertation for the Political Science Degree specializing in International Relations at the Catholic University of Milan, 2003, p.76.

[649] G. L. BURCI et C.-H. VIGNES, *The World Health Organization, op.cit.,* p.107.

[650] A. MORELLE et D. TABUTEAU, *La santé publique, Que sais-je ?,* 2015, p.X. Les auteurs estiment qu' « à l'opposé de cette approche 'négative', l'Organisation mondiale de la santé (OMS) a officiellement défini, de façon 'positive' et même 'positiviste.' »

[651] N. AWOFESO, « *Re-defining health* », Bulletin of the World Health Organization, vol.83, 2005, p.802.

négative de la santé c'est-à-dire l'absence de maladie[652]. A cet égard, la santé, selon l'approche biomédicale, se fait remarquer dès lors qu'il y a un trouble en raison de sa capacité fonctionnelle, organique et physique[653]. Cette approche négative a, par la suite, été théorisée notamment par BOORSE[654].

319. L'OMS consacre donc l'idée d'un état complet de bien-être qui prend en compte l'ensemble des déterminants de la santé avec ces trois dimensions : physique, mentale et sociale [655]. La santé ainsi définie est un sujet intrinsèquement complexe et aux multiples facettes qui intègre plusieurs domaines de l'activité humaine[656]. Elle affirme le fait que la santé dépend de l'environnement social, économique et humain mais aussi que l'amélioration de l'état de santé permet d'accroître le niveau de bien-être de la population. Par cette définition, un lien est créé entre la santé individuelle et la santé collective en prenant en compte l'aspect social[657]. Cette définition dynamique « rend directement compte du fait que la santé, processus d'une extraordinaire complexité, ne peut être envisagée comme un quelconque état statique, mais comme une évolution[658] ». A ce titre, la santé envisagée est un « concept relatif s'adaptant à chaque individu et se modulant suivant les traits spécifiques de celui-ci[659] ». Il apparaît ainsi que la santé est « la direction à suivre, pas le but à atteindre[660] ».

320. Toutefois, il convient de rappeler que cette définition positive de la santé a existé avant la création de l'OMS. Ainsi, dès 1941, Sigerist définissait la santé non comme l'absence de maladie mais comme « quelque chose de positif, une attitude joyeuse de la vie et l'acceptation réjouissante des responsabilités que la vie nous réserve[661] ». Il considérait qu'un individu sain est une personne bien équilibrée mentalement et physiquement et bien adaptée

---

[652] V. M.H. KHAYT, « *Spirituality in the definition of health: the World Health Organisation's point of view* », 1998, p.1. L'auteur considère que « l'on peut définir la vie comme l'absence de mort. » On notera également le lien entre santé, médecine et maladies. V. PLATON, *Gorgias*, pp.42-43. Pour l'auteur, la médecine est identifiée comme mettant « en état de penser et de parler sur les malades [et] a[yant] pour objet les discours (...) qui concernent les maladies ».V. également B. HOFMANN, « *The concept of disease – vague, complex, or just indefinable ?* », Med Health Care Philos, vol.13(1), 2010, p.3 (3-10).

[653] A. LEWIS, *« Health as a social concept », The British Journal of Sociology*, vol.4, n°2, 1953, p.111 (pp.109-124).

[654] C. BOORSE, *Health as a theoretical concept, Philosophy of Science,* vol.44 (4), 1977, p.542 (pp.542-573). L'auteur défend la théorie biostatistique de la santé: « Je soutiens que la santé au sens théorique est l'absence de maladie (disease), la maladie n'est pas autre chose que le fonctionnement biologique d'une partie de l'organisme statistiquement subnormal pour l'espèce ; donc la classification des états humains comme sains ou pathologiques est une question objective » (V. traduction par E. GIROUX, *Après Canguilhem – Définir la santé et la maladie »*, PUF, coll. Philosophies, 2010).

[655] M. MANCIAUX, « *Equité et droit à la santé* »,», pp.169-178 (p.170) in, *Cinquantenaire de l'Organisation mondiale de la santé,* Actes du colloque du CERDES-AFDS, 1998, RGDM, juin 1999, n°1, p.61-185.

[656] G. L. BURCI et C.-H. VIGNES, *The World Health Organization, op.cit.*, p.108.

[657] E. MONDIELLI, « *Etude 135 : Organisations Internationales* », *op.cit.*, n°135-75.

[658] S. KARAGIANNIS, « *Le droit à la santé dans certains textes internationaux et constitutionnels : entre généreuse utopie et mesquin pragmatisme ?* », Journal du droit international (Clunet) n°4, Octobre 2012, doctr. 11, p.5.

[659] *Ibid.*, p.5. L'auteur précise que « La relativité en question sera fonction de facteurs divers tels, principalement, l'âge de l'individu ou la période historique de référence tant il est évident que les progrès médicaux, pharmacologiques, hygiéniques, etc. détermineront en grande partie la santé des individus. »

[660] *Ibid.*, p.5.

[661] H. R. SIGERIST, *Medicine and human welfare*, Yale University Press, New Haven, 1941, p.55. V. également, J. S. LARSON, « *The definition of health* », in J. S. LARSON « *The measurement of health: indicators and concept* », Chapitre 1 pp.1-7. L'auteur compare les différents modèles de la notion de santé : médical, holistique, bien-être, environnemental et éclectique.

à son environnement physique et social[662]. On retrouve cette idée dans les écrits de CANGUILHEM qui se refuse à parler de santé mais préfère « la notion de vie qui se trouve être au carrefour de plusieurs phénomènes physiques et biologiques »[663]. Certains auteurs font ainsi référence à la notion de « potentiel de vie » de la population[664]. L'idée derrière cette notion positive de la santé est qu'elle ne se définit pas par une approche organique mais en fonction d'attentes, de besoins et de l'environnement du sujet[665]. Dès lors la maladie est considérée « comme une déviance car elle empêche les individus d'accomplir leur rôle dans la société[666] ».

321. Par ailleurs, la définition de la santé a été adoptée avant la création de l'OMS[667], dès 1946, lors de la Conférence des Nations unies à San Francisco à l'issue de laquelle devait naître l'ONU, sur la proposition d'un mémorandum présenté par le Brésil. La notion de santé fut introduite dans le champ des efforts de coopération des Nations unies : « Considérant que le facteur santé a une importance vitale pour la promotion des conditions de stabilité et de bien-être des nations… ». Par la suite, malgré la réticence d'un certain nombre de personnes de voir figurer la définition de la santé dans la Constitution de l'OMS[668], un groupe du comité technique de préparation était en charge de la rédaction du Préambule. Ce groupe, composé des docteurs CHISHOLM, qui deviendra le premier Directeur général de l'OMS, SZE et BERMANN[669], a engagé des réflexions sur la définition de la santé[670]. Ces personnalités seraient donc à l'origine du choix d'une définition intégrante de la santé au sein de la Constitution de l'OMS[671]. Selon SZE, CHISHOLM – en tant que psychiatre – souhaitait inclure une dimension mentale à la définition[672] et SZE a considéré

---

[662] *Ibid.*, p.56.

[663] G. CANGUILHEM, *Le normal et le pathologique*, PUF, 1966.

[664] A. MORABIA et D. JORDAN, *Les déterminants de la santé*, Actes Sud, 1999, p.7.

[665] C. HALPERN, « *La santé en quête de sens* », in : C. HALPERN, *La santé : Un enjeu de société*, Sciences Humaines Editions, 2010, p.26 (pp.22-30).

[666] J. GAGNEBIN et D. SPRUMONT, « *Le système de santé suisse : présentation générale* » in: *Médecin et droit médical*, 3e éd., Médecine & Hygiène, Genève, 2009, p.83 (pp.83-91).

[667] C. EVIN, « *La portée de la définition OMS de la santé* », p.117-128 (p.117) in, *Cinquantenaire de l'Organisation mondiale de la santé,* Actes du colloque du CERDES-AFDS, 1998, RGDM, juin 1999, n°1, pp.61-185.

[668] WORLD HEALTH FORUM, « *Forum interview with Szeming Sze – WHO: from small beginnings,* vol.9, 1988, p.33.

[669] Tous les trois étaient donc membres de la sous-commission du Comité technique préparatoire en charge de la rédaction du Préambule émanant respectivement du Canada, de la Chine et de l'Argentine.

[670] J.-P. DESCHAMPS, « *La Constitution de l'organisation mondiale de la santé et l'histoire de la définition de la santé de l'O.M.S.* », La Santé de l'homme, 1996 ; 325 : VI-X. L'auteur relate les propos tenus par Brock Chisolm « le monde a subi une transformation radicale et le temps est venu de chercher à atteindre un idéal ; cet idéal doit être de tracer des plans hardiment (…). C'est une occasion unique (…) pour élaborer une organisation idéale de la santé dans le monde (…). En tant que citoyens du monde, il faudra que tous oublient l'histoire du passé, formulent un idéal et s'efforcent d'y parvenir ».

[671] C. EVIN, « *La portée de la définition OMS de la santé* », *op.cit.*, p.119.

[672] S. SZE, *The origins of the World health organisation, A personnal memoire, 1945-1948*, Boca Raton (Florida) USZ Publications, 1982. L'auteur précise, à propos de B. Chisolm « Je me souviens d'avoir appuyé l'intérêt qu'il portait, en tant que psychiatre, à ce que soit incluse la phrase : 'Une santé affective individuelle et collective satisfaisante est essentielle à l'harmonie des relations humaines' et lui-même a apporté un soutien à ma proposition d'insérer la phrase suivante, dont j'ai l'impression qu'elle était une formulation positive et qui a été souvent citée dans les années suivantes : 'La santé est un état de bonne forme physique et de bienêtre mental et social, non seulement l'absence d'infirmité et de maladie. » Une santé affective individuelle et collective satisfaisante est essentielle à l'harmonie des relations humaines'». Cette volonté d'inclure la dimension mentale dans la définition de la santé a été par la suite confirmée. V. en

qu'il fallait insister sur l'aspect préventif de la santé. La commission préparatoire propose ainsi le 5 juillet 1946 une définition très proche du texte définitif : « La santé est un état de complet bien-être physique, mental et social, et non point seulement l'absence de maladie ou d'infirmité ». Le texte définitif est adopté le 12 juillet en séance plénière dans lequel est remplacé « et non point seulement » par « et ne consiste pas seulement [673]». Par la suite, la Constitution de l'OMS, avec son Préambule sera votée à l'unanimité le 22 juillet 1946.

b. Une définition nécessaire, critiquée et confirmée

322. Cette définition de la santé a été critiquée au motif qu'elle serait extrêmement extensive ou trop ambitieuse pour être réaliste[674]. En effet, certains auteurs considèrent que si la définition donne lieu à un concept inspirant dont la réussite promet aux professionnels de santé des opportunités illimitées de travail dans le futur, ils regrettent l'absence d'utilisation pratique de cette définition[675]. Elle est perçue comme non originale et mystique[676]. Elle est ainsi utopique[677], idéaliste[678], et non réaliste[679]. En particulier, Lewis estime que « chacun d'entre nous est imparfait et n'est pas capable d'ajustement et d'adaptation de manière infinie[680] ».

323. L'association de la santé à la notion de bien-être telle que prévue dans la définition de l'OMS est l'une des raisons de ces critiques[681]. A cet égard, l'OMS ne donne aucune définition de la notion de bien-être (ni d'ailleurs celle de maladie). Pour Madame LÜCKER-BABEL, la définition de santé retenue par l'OMS étend « une notion relativement objective (l'absence de maladie ou d'infirmité) pour y inclure un élément flou (le bien-être), subjectif, variable au gré des circonstances et difficilement appréciable au moyen de données scientifiques [682] ». La référence au terme « complet » rend la définition

ce sens : WORLD HEALTH FORUM, « *Forum interview with Szeming Sze – WHO: from small beginnings*, *op.cit.* p.33.

[673] C. EVIN, « *La portée de la définition OMS de la santé* », *op.cit.*, p.119.

[674] J. MOREAU et D. TRUCHET, *Droit de la santé publique*, Dalloz Mémentos, 4e édition, 1998, p.16 ; C. FISTER et J. HERRING, « *What is health ?* », in *Law and Global Health* M. FREEMAN, S. HAWKES et B. BENNETT (dir.), Oxford University ress, vol.16, 2014, pp.23-36.

[675] R. SARACCI, « *The World Health Organization needs to reconsider its définition of health* », BMJ, vol.314, n°7091, 10 May 1997, p.1409-1410.

[676] G. CESANA, *Il Ministero della Salute*, Studio Editoriale Fiorentino, Firenze, 2000 p.35. V. également J. MOREAU et D. TRUCHET, *Droit de la santé publique*, Dalloz Mémentos, 5e édition, 2000, p.27. « on ne peut pas (...) retenir la formule de la Constitution de l'OMS, (...), car cette définition est trop ambitieuse pour être réaliste. Qui d'entre-nous peut se reconnaitre possesseur de cet état de 'complet bien-être' ?»

[677] P. PEDROT, *Dictionnaire du droit de la santé et de la biomédecine,* Ellipses, 2006, p.403 ;C. SGARZI, *La concezione di "salute" nell'ordinamento italiano e la forme di protezione che ne discende: prevenzione primaria e organizzazione del lavoro*, Olympus, 2010.

[678] S. GRUSKIN et D. TARANTOLA, « *Health and Human Rights* » in S. GRUSKIN, M. A. GRODIN, G. J. ANNASS et P. MARKS (dir.), Perspectives on Health and Human Rights, Londres, Routledge, 2005, pp.3-56, p.13.

[679] N. AWOFESO, « *Re-defining health* », *op.cit.*

[680] A. LEWIS, « *Health as a social concept* », *op.cit.*, p.113.

[681] D. SPRUMONT, « *Le service public et les services d'intérêt public : l'exemple de la santé* » in : T. TANQUEREL et F. BELLANGER, *Le service public : journée de droit administratif*, 2005, Genève: Schulthess, coll. Pratiques du droit administratif, 2006, p.163 (pp.161-192).

[682] M.-F. LÜCKER-BABEL, *L'Organisation mondiale de la santé et les droits de l'homme relatifs à la santé*, Thèse, Strasbourg, 1985, p.24.

inopérationnelle et non mesurable[683]. Il est reproché, par ailleurs, à cette définition de correspondre plutôt à la définition du bonheur[684]. En effet, lié le bonheur à la santé risquerait de laisser penser que toute perturbation à notre bonheur pourrait être considérée comme un problème de santé et donc une maladie[685]. Or, les termes santé et bonheur désigne des expériences de vies différentes et la relation entre ces deux termes n'apparaît ni fixe ni constante[686]. De plus, la reconnaissance d'un état « complet[687] » de bien-être participe à l'impression selon laquelle toute personne pourrait être en bonne santé pour une période de temps raisonnable[688].

324. D'autres auteurs insistent sur l'idée que la définition de l'OMS place la médecine et la société dans une situation intenable en leur assignant des objectifs impossibles à atteindre[689]. L'OMS reconnaît elle-même que « cette définition repose sur une idéologie sociale et représente une conception idéalisée de la santé de l'homme qui risque, dans la réalité, d'être quasiment impossible à atteindre[690] ». Cette définition pousse « l'exigence jusqu'à l'utopie[691] » lui conférant par ailleurs un « caractère statique : la santé est moins un état, avec la connotation inerte, voire végétative, que cela comporte[692] ». Enfin, cette définition est considérée comme « étrangement extensive[693] ». Dès lors, la définition de l'OMS serait contre productive. Son champ large impliquerait que « la majorité des gens serait considérée comme malade[694] ».Dès lors, certains estiment que l'OMS doit reformuler sa définition[695] ou du moins son interprétation. L'objectif de la santé devrait se rattacher à « la capacité d'être en bonne santé[696] » et non à être en bonne santé. Pour M. HUBER, la santé devrait être reformulée et correspondre à la « capacité de s'adapter et de s'autogérer[697] ».

---

[683] A.R. JADAD, L. O'GRADY, « *How should health be defined* », BMJ, vol.337, 2008.

[684] R. SACCARI, « *The World Health Organization needs to reconsider its definition of Health,* BMJ, vol. 314, 1997, pp.1409-1410.

[685] N. AWOFESO, « *Re-defining health* », *op.cit.*

[686] *Ibid.*

[687] S. KARAGIANNIS, « *Le droit à la santé dans certains textes internationaux et constitutionnels : entre généreuse utopie et mesquin pragmatisme ?* »,*op.cit.*, p.7. L'auteur estime qu' « on a souvent reproché à ce texte que, à l'aune de la « complétude » qu'il énonce, bien peu de personnes auraient jamais pu être qualifiées comme se trouvant en « santé » et que, par conséquent, fournir une définition si éloignée de la réalité et de l'expérience des individus n'est pas forcément une grande qualité pour un texte qui ne se veut ni philosophique ni littéraire mais juridique même si un peu de lyrisme se trouve souvent dans les préambules des traités internationaux. »

[688] N. AWOFESO, « *Re-defining health* », *op.cit.*

[689] A. GELHORN, « *L'OMS et l'éthique médicale* », Chronique OMS, 1977, vol.31, pp.205-206.

[690] OMS, *Formulation de stratégies en vue de l'instauration de la santé pour tous d'ici l'an 2000*, Rapport de situation, Rapport du Conseil exécutif, Assemblée mondiale de la santé, WHA33, 1980, Rec. I, Annexe 4, p.101-112.

[691] HAUT COMITE DE LA SANTE PUBLIQUE, *La santé en France – Rapport général*, novembre 1994, La Documentation française, p.16.

[692] *Ibid.*

[693] J.-M. LEMOYNE DE FORGES, *Le droit de la santé*, PUF, Que sais-je ?, 7e éd. 2010, p.6

[694] R. SMITH, « *The end of disease and the beginning of health* », BMJ, Group Blogs, 2008.

[695] M. HUBER et al., « *How should we define health* », BMJ, vol.343, 2011.

[696] S. VENTAKAPURAM, « *Health Justice: An Argument from the Capabilities Approach* », Polity Press, Cambridge, Malden, 2011, pp.113-115.

[697] M. HUBER et al., « *How should we define health* », *op.cit.*, p.2. « health, as the ability to adapt and to self manage ».

325. Néanmoins, cette définition à l'avantage, malgré son ambition difficile à réaliser, d'être « exigeante et dynamisante[698] » en proposant une approche holistique[699] de l'être humain et de démédicaliser la santé[700]. En effet, la santé est appréhendée selon une « vision globale multidimensionnelle de l'homme[701] ». On retrouve ici les origines du mot santé en anglais : « health » qui provient du mot « *hælþ* », et qui signifie « l'ensemble, globalité », issu du mot nordiste "hal", « de bonne structure, globalité ». Ainsi, afin d'atteindre la réalisation d'un haut niveau de santé, il faut s'attaquer d'abord aux déterminants de la santé, aux causes d'apparition de la maladie et aux traitements de celle-ci[702] et non uniquement à l'aspect strictement médical, c'est-à-dire la lutte contre les maladies transmissibles et non transmissibles[703]. Cette définition permet une vision de l'état idéal de santé en tant qu'objectif universel à atteindre en permanence qui va déterminer la politique de l'OMS et de ses Etats membres et donc de son pouvoir et de sa compétence. Selon Monsieur MANCIAUX, la notion de santé, indépendamment de celle proposée par la Constitution de l'OMS, correspond « un peu a un état, une potentialité, un idéal et une utopie[704] ».

326. Cette notion, étendue voire utopique, doit être conservée car elle a le mérite d'offrir un objectif à atteindre tout en prenant en compte des facteurs multidimensionnels liés à la santé. En tout état de cause, ce ne sont pas les délimitations de la définition de la santé qui sont à l'origine des difficultés à l'atteindre. Dès lors, il n'est pas nécessaire de reformuler la définition mais tout simplement de l'interpréter à l'aune des besoins et des capacités de chaque acteur de la santé.

327. Cette définition sera, par la suite, confirmée, en particulier à la Conférence d'Alma-Ata de 1978 où est réaffirmé « avec force que la santé, (...) est un état de complet bien-être physique, mental et social et ne consiste pas seulement en l'absence de maladie ou d'infirmité ». Enfin, en 1998[705], l'Assemblée mondiale de la santé a décidé de confirmer la définition de la santé en ne l'élargissant pas davantage. En effet, un groupe spécial du Conseil exécutif chargé de l'examen de la Constitution de l'OMS avait proposé de remplacer l'actuelle définition par : « La santé est un état dynamique de complet bien-être physique, mental, spirituel et social, et ne consiste pas seulement en une absence de maladie ou d'infirmité.[706]» L'ajout du bien-être spirituel aurait certainement renforcé les critiques sur le champ d'application de la définition de la santé. On notera toutefois que l'OMS avait déjà étendu en

[698] HAUT COMITE DE LA SANTE PUBLIQUE, *La santé en France – Rapport général*, *op.cit.*, p.16.

[699] E. MINELLI, *World Health Organization - The mandate of a specialized agency of the United Nations*, Dissertation for the Political Science Degree specializing in International Relations at the Catholic University of Milan, 2003, p.17.

[700] C. EVIN, « *La portée de la définition OMS de la santé* », *op.cit.*, p.120.

[701] HAUT COMITE DE LA SANTE PUBLIQUE, *La santé en France – Rapport général*, *op.cit.*, p.16.

[702] C. EVIN, « *La portée de la définition OMS de la santé* », *op.cit.*, p.120.

[703] E. MONDIELLI, « *Etude 135 : Organisations Internationales* », *op.cit.*, n°135-75.

[704] M. MANCIAUX, « *Equité et droit à la santé* », », *op.cit.*, p.170.

[705] OMS, *Examen de la Constitution de l'Organisation mondiale de la Santé : rapport du groupe spécial du Conseil exécutif*, 101e Session du Conseil exécutif, Document EB101.R2, 22 janvier 1998.

[706] OMS, *Examen de la Constitution et arrangements régionaux de l'organisation mondiale de la Santé (...)*, *op.cit.* p.2. V. également M.H. KHAYT, « *Spirituality in the definition of health: the World Health Organisation's point of view* », 1998 et N. AWOFESO, « *Re-defining health* », *op.cit.*

1978, en dehors de la Constitution, la notion de santé en ajoutant, dans la Déclaration d'Alma-Alta, que « l'un des principaux objectifs [... était] de donner à tous les peuples du monde, d'ici l'an 2000, un niveau de santé qui leur permette de mener une vie socialement et économiquement productive (Article V) ».

328. L'étendue du mandat de l'OMS est déterminée *inter alia* par la notion de santé prévue dans sa Constitution en tant qu'objet principal de sa mission et droit reconnu, et en tant qu'institution spécialisée des Nations unies. En effet, le mandat de l'OMS est limité par son domaine de compétence selon le principe de spécialité [707] des organisations internationales, qualifié de « principe général » par la CIJ[708], en vertu duquel « les droits et les devoirs d'une organisation internationale sont restreints aux buts et aux fonctions de celle-ci, énoncés ou impliqués par son traité constitutif et développé dans la pratique [709] ». Toutefois, si l'organisation internationale n'a que les compétences qui lui sont nécessaires pour s'acquitter de ses fonctions, elle a aussi « toutes celles qui lui sont nécessaires à cette fin, même lorsqu'elles ne sont pas expressément prévues par l'acte constitutif – et c'est la théorie des compétences implicites énoncée avec force par la CIJ dans l'avis de 1949 et constamment mise en œuvre par elle depuis lors[710] ». A cet égard, l'étendue de la notion de la santé rend difficile la limitation des compétences de l'OMS qui est susceptible d'intervenir dans des domaines qui ne seraient pas en rapport direct avec l'aspect sanitaire[711].

329. Par ailleurs, la Constitution de l'OMS reconnaît implicitement et *a posteriori*, un droit à la santé, qui a servi de fondement à son développement actuel.

2. La reconnaissance d'un droit à la santé

330. Une évolution majeure et précurseuse est la reconnaissance *a posteriori* dans la Constitution d'un droit fondamental à la santé (a) dont le contenu est aujourd'hui étendu (b).

<u>a. La Constitution, une source *a posteriori* de reconnaissance</u>

331. A l'origine, lors des travaux préparatoires à la création de l'OMS, la proposition de préambule reconnaissant explicitement un droit à la santé avait

[707] Le principe de spécialité a, d'abord été dégagé par le CPJI (Avis du 8 décembre 1927 de la Cour Permanente de la Justice internationale, *Compétence de la Commission européenne du Danube, Rec.* 1949, p.64) puis, ensuite, confirmé par la CIJ (V. en ce sens, Avis Consultatif du 11 avril 1949 de la Cour internationale de Justice (CIJ), *Réparation des dommages subis au service des Nations unies,* CIJ Recueil 1949 et Avis Consultatif du 8 Juillet 1996 de la Cour internationale de Justice (CIJ), *Licéité de l'utilisation des armes nucléaires par un Etat dans un conflit armé,* CIJ Recueil 1996). V. notamment Ch. CHAUMONT, « *La signification du principe de spécialité dans les organisations internationales* », in *Problèmes de droit des gens. Mélanges offerts à H. Rolin,* Pedone, 1964, pp.55-66.

[708] Avis Consultatif du 11 avril 1949 de la Cour internationale de Justice (CIJ), *Réparation des dommages subis au service des Nations unies,* CI J Recueil 1949, § 26, p.80.

[709] J. SALMON, *Dictionnaire de Droit international public, op.cit.,* « spécialité (Principe de-)» p.1047.

[710] A. PELLET, *Le droit international à l'aube du XXIème siècle – La société internationale contemporaine – Permanences et tendances nouvelles,* Reproduction des « Cours euro-méditerranéens Bancaja de droit international, 1997, pp.79-80

[711] E. MONDIELLI, « *Etude 135 : Organisations Internationales* », *op.cit.,* n°135-75.

été rejetée. En effet, selon les documents officiels, un projet pour le « Préambule » à la convention de l'organisation mondiale de la santé, présenté par la Sous-Commission de la Commission technique préparatoire, prévoyait la formulation suivante : « Le droit à la santé est un des droits fondamentaux que peut revendiquer tout être humain, sans distinction de race, de sexe, de langue ou de religion[712] ». Le rejet de cette formulation explicite en faveur de la reconnaissance du droit à la santé démontre la volonté des fondateurs de l'OMS de ne pas reconnaître ce droit au sein du Préambule de la Constitution. Les enjeux ainsi que les risques en terme juridique et économique d'une telle reconnaissance expliquent ce choix a minima dans la formulation actuelle : « la possession du meilleur état de santé qu'il est capable d'atteindre constitue l'un des droits fondamentaux de tout être humain, quelles que soient sa race, sa religion, ses opinions politiques, sa condition économique ou sociale ». Reconnaître la santé en tant que droit individuel, alors que certains Etats étaient en reconstruction après la Seconde guerre mondiale ou en difficulté, n'est pas apparu opportun à cette époque. Le besoin de compromis a guidé ce choix.

332. Toutefois, la formulation employée combinée à son interprétation *a posteriori* par l'OMS, démontre la volonté de reconnaître un droit à la santé. On trouve trace d'une reconnaissance explicite d'un droit à la santé lors de l'Assemblée mondiale de la santé de 1970 par le biais d'une résolution[713] selon laquelle : « la Vingt-Troisième Assemblée mondiale de la santé (…) réaffirme que le droit à la santé est un droit fondamental de l'être humain ». Ces propos sont confirmés en 1977 où l'Assemblée mondiale de la santé considère que « la santé est un droit fondamental de l'homme et une finalité sociale universelle[714] ». Les deux fois, la santé est garantie en tant que droit de l'homme. Cette reconnaissance du droit à la santé sera définitivement consacrée en 1978 avec la Déclaration d'Alma-Ata[715] qui dispose dans l'article 1er que « la Conférence réaffirme avec force que la santé (…) est un droit fondamental de l'être humain ». A cet égard, sur ce point, la déclaration d'Alma-Ata « va donc encore plus loin[716] » que la Constitution de l'OMS.

333. Cette notion de droit à la santé a connu une reconnaissance parallèle dans d'autres textes fondamentaux internationaux. Dès 1948, l'article 25 de la Déclaration universelle des droits de l'homme disposait que « Toute personne a droit à un niveau de vie suffisant pour assurer sa santé, son bien-être et ceux de sa famille, notamment pour l'alimentation, l'habillement, le logement, les soins médicaux, ainsi que pour les services sociaux nécessaires ». On notera que cette référence est assez modeste[717] et ne reprend pas, deux ans après, les dispositions de la Constitution de l'OMS. A cet égard, une proposition indienne a souhaité inclure dans cette disposition l'expression « droit à la

---

[712] Document du 21 mars 1946 E/H/PC/W.2 in OMS, Actes officiels de l'OMS, n°1, *Résumé des débats de la Commission technique préparatoire*, Annexe 10, Octobre 1947, p.61.
[713] Résolution, « *Droits de l'homme* », WHA23.41, 21 Mai 1970.
[714] Résolution, « *Coopération technique* », WHA30.43, 19 Mai 1977.
[715] Déclaration d'Alma-Ata sur les soins de santé primaires du 12 Septembre 1978.
[716] S. KARAGIANNIS, « *Le droit à la santé dans certains textes internationaux et constitutionnels : entre généreuse utopie et mesquin pragmatisme ?* », *op.cit.*, p.7.
[717] B. TOEBES, *The Right to Health as a Human Right in International Law*, Anvers, Intersentia / Hart Publishing, 1999, p.36 et s.

santé » mais la délégation soviétique s'y est opposée en considérant qu' « il [était] tout à fait vague de parler de droit à la santé[718] ». Pour le Professeur KARAGIANNIS le droit à la santé est « un droit entièrement dépendant d'un autre droit, pourtant, lui, « fonctionnel » et donc un peu fragile. On pourrait parler, à son égard, de droit secondaire (ou de seconde zone ?)[719] ». Toutefois, même sans référence explicite au droit à la santé mais seulement par l'allusion aux soins médicaux et aux services sociaux[720], sa reconnaissance implicite apparaît nécessaire afin de garantir le droit à la santé découlant nécessairement du droit à la vie[721].

334. Par la suite, de nombreux traités internationaux et régionaux ainsi que des constitutions nationales dans le monde entier ont reconnu le droit à la santé, parachevant sa consécration. En effet, dès 1976 avec l'adoption du Pacte international relatif aux droits économiques, sociaux et culturels en 1966 – entré en vigueur le 3 janvier 1976– l'article 12.1 reprend le texte du préambule de l'OMS. Ce dernier dispose que « les Etats parties au présent Pacte reconnaissent le droit qu'a toute personne de jouir du meilleur état de santé physique et mentale qu'elle soit capable d'atteindre ».

335. D'autres instruments à vocation universelle ou régionale, à portée globale ou spécifique (en fonction de l'âge, du sexe et de l'état de santé) ont consacré ce droit à la santé[722]. Par exemple, au niveau régional, on peut citer la Charte des droits des malades promulguée par le Conseil de l'Europe, la Charte sociale européenne de 1961 et la Charte africaine des droits de l'homme et des peuples de 1981. Plus particulièrement, les traités relatifs aux droits de l'homme ont consacré un tel droit, y compris la Convention sur l'élimination de toutes les formes de discriminations à l'égard des femmes de 1979[723], la Convention des Nations unies sur le droit de l'enfant de 1989[724] et, plus récemment, la Convention relative aux droits des personnes handicapées de 2006[725].

336. Ensuite, en 2000, le Comité des droits économiques, sociaux et culturels a publié son Observation générale n°14 sur le droit au meilleur état de

---

[718] A. VERDOODT, *Naissance et signification de la Déclaration universelle des droits de l'homme*, Louvain, Paris, Éditions Nauwelaerts, 1964, p.233-234.

[719] S. KARAGIANNIS, « *Le droit à la santé dans certains textes internationaux et constitutionnels (...)* », *op.cit.*, p.3.

[720] M. MANCIAUX, « *Equité et droit à la santé* », », *op.cit.*, p.171.

[721] P. MOLINARI, « *Le droit à la santé : de la solennité des énoncés aux enjeux de l'exercice* », RILS, vol.49, n°1, in Numéro spécial « *La législation sanitaire à l'aube du XXIe siècle* », Genève, OMS, 1998, XVII-289 pages, p.42. L'auteur constate que « le droit à la santé découle de la nécessité élémentaire de donner au droit à la vie un sens plus généreux que le simple fait de l'existence. » Sur le droit à la vie V. notamment C. TOMUSCHAT, E. LAGRANGE et S. OETER (dir.), *Le droit à la vie. The Right to Life*, Brill, 2010.

[722] M. MANCIAUX, « *Equité et droit à la santé* », », *op.cit.*, p.171.

[723] Article 11 « 1. Les Etats parties s'engagent à prendre toutes les mesures appropriées pour éliminer la discrimination à l'égard des femmes dans le domaine de l'emploi, afin d'assurer, sur la base de l'égalité de l'homme et de la femme, les mêmes droits, et en particulier: (…)f) Le droit à la protection de la santé et à la sécurité des conditions de travail, y compris la sauvegarde de la fonction de reproduction. »

[724] Article 24 « 1. Les Etats parties reconnaissent le droit de l'enfant de jouir du meilleur état de santé possible et de bénéficier de services médicaux et de rééducation. Ils s'efforcent de garantir qu'aucun enfant ne soit privé du droit d'avoir accès à ces services. »

[725] Article 25 : « Les Etats parties reconnaissent que les personnes handicapées ont le droit de jouir du meilleur état de santé possible sans discrimination fondée sur le handicap. Ils prennent toutes les mesures appropriées pour leur assurer l'accès à des services de santé qui prennent en compte les sexospécificités, y compris des services de réadaptation. »

santé susceptible d'être atteint, reconnaissant que « la santé est un droit fondamental de l'être humain, indispensable à l'exercice des autres droits de l'être humain[726] ». Encore, en 2002, le Conseil des droits de l'homme a créé le mandat du Rapporteur spécial sur le droit de chacun au plus haut standard possible de santé physique et mentale.

337. Les Constitutions nationales contribuent également à la reconnaissance de cette notion de droit à la santé qui a été graduellement incorporé. Par exemple, la Constitution de la République française du 27 octobre 1946 précise dans son préambule que « la nation garantit à tous, notamment à l'enfant, à la mère et aux vieux travailleurs, la protection de la santé, la sécurité matérielle, le repos et les loisirs ». C'est sur ce fondement que la doctrine estime que « la France, comme beaucoup d'autres pays, proclame le droit à la santé[727] ». A titre d'exemple révélateur, la Constitution chilienne prévoyait dès 1925 dans sa constitution une garantie explicite au droit à la santé. De même, bon nombre de pays de constitutions socialistes, tels que Cuba, ont inclus ce droit comme droit fondamental au même titre que les autres droits économiques, sociaux et culturels[728]. De façon générale, beaucoup d'Etats ont reconnu le droit à la santé, soit implicitement, soit expressément, avec un degré de précision différent[729].

338. Ainsi la Constitution de l'OMS est considérée aujourd'hui comme l'un des fondements essentiels de la reconnaissance internationale du droit à la santé[730], qui se voit donc inclus dans le mandat de cette institution spécialisée. Si à l'origine la Constitution est apparue comme un paradoxe[731], les différentes évolutions permettent d'affirmer aujourd'hui qu'il n'y a plus d'ambiguïté au sujet de la reconnaissance d'un droit à la santé[732]. Le Conseil d'Etat dans un

---

[726] Comité des droits économiques, sociaux et culturels, Observation générale 14, U.N. Doc. E/C.12/2000/4 (2000), réimprimé en Récapitulation des observations générales ou recommandations générales adoptées par les organes créés en vertu d'instruments internationaux relatifs aux droits de l'homme, U.N. Doc. HRI/GEN/1/Rev.7 (2004).

[727] J. MORANGE, « *Droits de l'homme et libertés publiques* », PUF, Paris, 1989.

[728] L'article 49 : « L'Etat garantit le droit à la protection, à la sécurité et à l'hygiène du travail moyennant l'adoption de mesures adéquates pour la prévention des accidents, et des maladies professionnelles. Celui qui subit un accident du travail ou contracte une maladie professionnelle a droit aux soins médicaux, à une aide ou à une retraite, dans les cas d'incapacité temporaire ou permanente. »

[729] M. BELANGER, *Introduction à un droit mondial de la santé,* Agence Universitaire de la francophonie, éd. des archives contemporaines, 2009, p.28. L'auteur différencie ainsi les pays qui se limitent à énoncer le droit à la santé (Afrique du Sud, Arabie Saoudite et Japon) des pays qui apportent (plus ou moins) des précisions quant à la mise en œuvre du droit à la Santé (Brésil, Sénégal, Cuba, Chine, Russie, Italie). V. également pour une étude détaillée S. KARAGIANNIS, « *Le droit à la santé dans certains textes internationaux et constitutionnels : entre généreuse utopie et mesquin pragmatisme ?* », *op.cit.*, pp.10-11.

[730] E. MONDIELLI, « *Etude 135 : Organisations Internationales* », *op.cit.*, n°135-75. « Il semble indispensable de souligner que la Constitution de l'OMS est le premier instrument juridique international important à affirmer le droit de l'homme relatif à la santé. »

[731] S. KARAGIANNIS, « *Le droit à la santé dans certains textes internationaux et constitutionnels : entre généreuse utopie et mesquin pragmatisme ?* », *op.cit.*, p.3. L'auteur précise que « précédant de quelques mois l'adoption par référendum de la Constitution française d'octobre 1946, la Constitution de l'Organisation mondiale de la Santé sera donc un paradoxe. Elle servira de base à un nouveau droit de l'homme que les Constitutions étatiques ne connaissaient presque pas à l'époque alors que, traditionnellement, un droit de l'homme est d'abord consacré nationalement / constitutionnellement avant de trouver éventuellement sa place dans un traité international, grâce à ce que l'on pourrait considérer comme un mûrissement progressif de la communauté internationale, mûrissement proche, par certains côtés, de ce que les internationalistes appelleraient l'*opinio juris sive necessitatis* des États. »

[732] P. MOLINARI, « *Le droit à la santé : de la solennité des énoncés aux enjeux de l'exercice* », *op.cit.*, p.2. L'auteur parle « d'un faisceau convergent », T. GRÜNDLER, *Affirmation du droit à la santé (Section 1)* in J.-M. THOUVENIN et A. TREBILCOCK (dir), *Droit international social, tome 2 – Règles du droit*

arrêt rendu le 25 octobre 2002 a considéré que le droit fondamental à la santé était garanti par la Constitution de l'OMS[733]. L'étendue de cette notion y compris en matière d'obligations internationales reste toutefois plus incertaine.

b. L'étendue du droit à la santé

339. Le Préambule de la Constitution offre une définition du contenu du droit à la santé en le conditionnant à l'exigence du principe de non discrimination[734] et en considérant les disparités de développement entre Etats[735]. L'OMS *a posteriori* a donc fondé la consécration du droit à la santé dans sa Constitution. Ce droit est source d'incompréhension et de critiques[736]. A ce titre, ses contours apparaissent imprécis et sa nature incertaine[737]. Pour certains, la formule « droit à la santé » relève donc du mythe[738] et serait un « kaléidoscope de droits[739] ». Pour les Professeurs LAUDE, MATHIEU et TABUTEAU, « le droit à la santé se caractérise également par l'impossible réalisation de son objet[740] ». Ainsi, la santé apparaît comme « une situation passagère » qui ne peut faire l'objet de règles subjectives[741].» Certains préfèrent ainsi l'expression de « droit à la protection de la santé » car la santé est évanescente et aucun instrument juridique ne peut garantir un bon état de santé[742].

340. On notera toutefois que cette terminologie est également critiquée. Ainsi, le Professeur BELANGER considère que le droit à la protection de la santé est un droit fluctuant, artificiel et qui connaît des « errements[743] ». A ce titre, considérer la définition du droit à la santé par le droit à la protection de la santé est « ambigu » en raison de la confusion entre les approches possibles de la protection sanitaire et de la possibilité par cette affirmation de justifier

---

international social, Bruylant, CEDIN, 2013, p.1567. L'auteure parle d'une « unanimité de la consécration. »

733 Conseil d'État, 25 octobre 2002, n°251161 : « qu'en privilégiant le système de l'abonnement la commune supprime toute possibilité de prendre des repas impromptus, les tickets devant être achetés au plus tard la veille du repas ; que cette procédure engendre des contraintes financières importantes pour les familles, notamment les plus modestes, prive les enfants de la possibilité d'avoir une nutrition équilibrée et va ainsi à l'encontre du droit fondamental à la santé garanti par la charte de l'organisation mondiale de la santé (...) ». On notera la confusion du juge administratif entre « charte » et « constitution » qui doivent être considérées comme synonymes.

734 « (...) quelles que soient sa race, sa religion, ses opinions politiques, sa condition économique et sociale »

735 « L'inégalité des divers pays en ce qui concerne l'amélioration de la santé et la lutte contre les maladies transmissibles est un péril pour tous. »

736 E. MONDIELLI, « *Etude 135 : Organisations Internationales* », *op.cit.*, n°135-75. « notion qui fait l'objet souvent d'incompréhension. » V. également : E. MONDIELLI, « *L'action de l'OMS en faveur de l'enfance* », Thèse Montpellier, 1990, p.51-65 ;

737 T. GRÜNDLER, *Affirmation du droit à la santé (Section 1), op.cit.*, pp.1572-1576. L'auteure fait état des contours imprécis et de la nature incertaine du droit à la santé.

738 J. MOREAU et D. TRUCHET, *Droit de la santé publique*, Dalloz Mémentos, 5e édition, 2000, p.27.

739 E. DAVID, « *Le droit à la santé comme droit de la personne* », RQDI, vol.II, 1986, p.64.

740 A. LAUDE, B. MATHIEU et D. TABUTEAU, *Droit de la santé*, 3ème éd., PUF, Themis droit, 2012, p.2.

741 E. MONDIELLI, « *Etude 135 : Organisations Internationales* », *op.cit.*, n°135-80.

742 T. GRÜNDLER, *Affirmation du droit à la santé, op.cit.* V. également M. BELANGER, *Introduction à un droit mondial de la santé, op.cit.*, p.102. L'auteur parle d'une « conception moderne du droit à la protection de la santé. »

743 M. BELANGER, *La protection de la santé publique : aspects européens et internationaux*, RGDM, Bordeaux, nunméro spécial : La protection de la santé publique, 2005, pp.18-21.

l'adoption de mesures restrictives[744]. Par ailleurs, le droit à la santé est critiqué pour sa dépendance aux ressources [745]. Enfin, d'autres auteurs ont nié l'existence de ce droit dont Monsieur GROSS qui ne reconnaît pas sa dimension sociale[746]. De même, Monsieur RODGERS considère qu'« affirmer que la santé est un droit, c'est un peu comme si l'on voulait abolir la maladie par décret[747] ».

341. Néanmoins, pour d'autres auteurs, si le droit à la santé est d'émergence récente[748], il justifie « une existence propre et un libellé qui n'est pas du tout différent de celui de plusieurs droits fondamentaux modernes » ni « des droits plus classiques[749] ». En particulier, pour les Professeurs LAUDE, MATHIEU et TABUTEAU, il est « un droit particulier qui se rapporte à la fois à l'individu en ce qu'il a de plus personnel et à l'organisation sociale en ce qu'elle a de plus essentiel[750] ». Le droit à la santé apparaît comme double. D'une part, en tant que droit fondamental, il ne crée pas formellement de créance [751] dont une personne peut rechercher l'exécution mais constitue l'expression normative d'un engagement des Etats à favoriser la réalisation d'un droit fondé sur des prémisses d'égalité. Le caractère programmatoire est ici retenu tel le droit au travail ou le droit à la sécurité sociale[752]. D'autre part, en tant que droit classique, sa formulation est souvent exprimée en termes très généraux et se réfèrent à des concepts flous tel le droit à l'intégrité physique et psychique ou le droit à la vie privée[753].

342. Cependant, certains auteurs n'hésitent pas à considérer le droit à la santé comme un « droit réel » car il existe des indicateurs de l'état de santé et l'état de santé est plus ou moins durable[754]. Enfin, Monsieur CAYLA estime que « (...) l'état de santé est certes un état passager, plus ou moins durable,

---

[744] M. BELANGER (coord.), *Droit et santé en Afrique*, Bordeaux, Les Etudes hospitalières, Agence universitaire de la francophonie, 2006, p.221.

[745] J.-L. BAUDUIN, *Quelques réflexions sur la reconnaissance du droit à la santé dans les systèmes internationaux et régionaux des droits de la personne »*, Journal international de la bioéthique, 1998, p.72. Pour l'auteur « aucun Etat, même le plus riche du monde, ne peut garantir à l'ensemble de sa population, à la fois une protection intégrale contre toute interférence et un accès complet, universel et performant à tous les soins de santé ».

[746] J. GROSS, *Die persönliche Freiheit des Patienten,* Stämpfli, 1977, p.49 (cité par M. BELANGER, « *Une solution dans le débat sur le droit à la santé ? Le droit à la sécurité sanitaire. Approche de droit international,* in *Mélanges Dubouis,* Dalloz, 2002, p.768. pp.767-775).

[747] J. RODGERS, « *La santé n'est pas un droit »,* Forum mondial de la santé, 1982, vol.3, n°2, p.212.

[748] O. GUILLOD et D. SPRUMONT, *Le droit à la santé : un droit en émergence*, De la Constitution, Etudes en l'honneur de Jean-François Aubert, Bale, Francfort-sur-le-Main, 1996, p.337-353 ; J. MOREAU, *Le droit à la santé*, AJDA, 1998, p.185.L'auteur constate que « ce thème n'a pas suscité de très nombreuses études. »

[749] P. MOLINARI, « *Le droit à la santé : de la solennité des énoncés aux enjeux de l'exercice* », *op.cit.*, p.46.

[750] A. LAUDE, B. MATHIEU et D. TABUTEAU, *Droit de la santé, op.cit.*, p.2.

[751] V. E. JAULNEAU, « *La force normative des « droits à... » : le prisme du droit au logement opposable* », in C. THIBIERGE et al., *La force normative, op.cit.*, p.211 (p.211-221) : « Par opposition aux « droits de... », droits-libertés constituant des « pouvoirs d'agir », ils représentent des droits-créances contre l'Etat, des « pouvoirs d'exiger » tels le droit à la santé ou le droit à un environnement sain ».

[752] P. MOLINARI, « *Le droit à la santé : de la solennité des énoncés aux enjeux de l'exercice* », *op.cit.*, p.46.

[753] *Ibid.*

[754] J.-S. CAYLA, « *L'OMS et la défense des droits de l'homme* », RDSS, 1982, p.237-248. « L'état de santé est d'abord l'absence de maladie ou d'infirmité qui est un état objectif pour l'observateur s'il ne l'est pas toujours pour le sujet. Dans les collectivités, le niveau de santé s'évalue avec des indicateurs ou taux de mortalité infantile. »

toutefois, si les règles juridiques ne pouvaient s'appliquer aux situations passagères, elles n'auraient guère d'application[755] ».

343. Le droit à la santé connaît également deux aspects. D'un côté, le droit à la santé, par son aspect négatif, se rapproche des droits fondamentaux traditionnels « en ce que les titulaires ont droit à ce que l'Etat s'abstienne de tout acte qui pourrait mettre en danger leur santé[756] ». D'un autre côté, son aspect positif[757] « engage les Etats à adopter les mesures nécessaires à la prévention et au traitement des maladies ainsi qu'à mettre en place les structures et les services propres à la protection ou au rétablissement de la santé des titulaires du droit. Ainsi, sans intégration des normes internationales en droit interne, l'individu ne bénéficie pas d'une créance mais le droit de la santé internationalement reconnu constitue un devoir social. Ces obligations des Etats se retrouvent dans le contenu même du droit à la santé qui est de « nature multiforme » car il est à la fois un droit économique et social, civil et politique voire culturel[758]. Ainsi, le droit à la santé apparaît comme « une 'norme-cadre', c'est-à-dire une norme générale destinée à être précisée par des 'normes ordinaires' dénommées également 'normes fonctionnelles'[759] ».

344. Le contenu de la notion de droit à la santé a été précisé notamment par l'OMS selon laquelle « le droit à la santé suppose de pouvoir accéder en temps opportun à des soins acceptables, abordables et de qualité appropriée[760] ». L'OMS considère que « pour que le droit soit une réalité, les Etats doivent créer des conditions permettant à chacun de jouir du meilleur état de santé possible, c'est-à-dire garantir la disponibilité des services de santé, veiller à la santé et à la sécurité au travail et assurer l'accès à des logements adéquats et à des denrées alimentaires nutritives[761] ». Cependant, la limite tient à ce que « le

[755] *Ibid.*

[756] P. MOLINARI, « *Le droit à la santé : de la solennité des énoncés aux enjeux de l'exercice* », *op.cit.*, p.46.

[757] V. S. KARAGIANNIS, « *Le droit à la santé dans certains textes internationaux et constitutionnels : entre généreuse utopie et mesquin pragmatisme ?* », *op.cit.*, n.d.p.30. L'auteur explique ainsi que « Le droit à la santé est entendu, (...) sous un aspect que certains auteurs appellent positif. En tant que tel, le droit à la santé oblige à l'adoption de mesures positives et devient par excellence un droit dit de deuxième génération. Cela dit, le droit à la santé peut parfaitement englober aussi un aspect négatif impliquant l'obligation pour les États de ne pas porter atteinte à l'état de santé des individus. Sous son aspect négatif, le droit à la santé se confond donc largement avec nombre de droits « civils », tel le droit à ne pas être soumis à des actes de torture, le droit à l'intégrité corporelle, etc. » V. sur l'éspect négatif M. BOTHE, « *Les concepts fondamentaux du droit à la santé : le point de vue juridique* » in R.-J. DUPUY (dir.), *Le droit à la santé en tant que droit de l'homme*, Colloque de l'Académie du droit international, Alphen aan den Rijn, Sijthoff et Noordhoff, 1978, pp.14-34, p.19. V. également Décision 155/96 de la Commission africaine des droits de l'homme et des peuples, Social and Economic Rights Action Center (SERAC) and Center for Economic and Social Rights (CESR) c. Nigeria,13 octobre 2001, §152 : « le droit de jouir du meilleur état de santé physique et mental possible, conformément aux dispositions énoncées dans l'article 16, § 1 de la Charte Africaine, ainsi que le droit à un environnement global acceptable et favorable au développement [...], obligent les gouvernements à cesser de menacer directement la santé et l'environnement de leurs citoyens. L'État a l'obligation de respecter les droits mentionnés, et cela exige un comportement largement non-interventionniste de la part de l'État, par exemple, ne pas exercer, sponsoriser ou tolérer toute pratique, politique ou mesure légale violant l'intégrité de l'individu » (pt 52).

[758] M. BELANGER, *Origine et histoire du concept de santé en tant que droit de la personne*, Journal international de la bioéthique, 1998, p.61.

[759] M. BELANGER (coord.), *Droit et santé en Afrique*, *op.cit.*, p.123. L'auteur considère que le droit de la santé est constitué de l'ensemble de ces normes fonctionnelles.

[760] OMS, « *Droit à la santé* », aide-mémoire n°323, Novembre 2013 (http://www.who.int/mediacentre/factsheets/fs323/fr/). Dernier accès le 17/12/2014.

[761] *Ibid.*

droit à la santé n'est pas le droit d'être en bonne santé[762] ». A ce titre le Professeur BELANGER estime qu'il ne s'agit pas d'un « droit à la 'bonne' santé, mais en quelque sorte, le droit à la meilleure santé possible[763] ». Toutefois, le Professeur EMMANUELLI considère qu'il s'agit d'un droit « pratiquement illusoire » dont le « contenu purement théorique (...) demeure lettre morte pour la plupart des hommes, sinon pour tous[764] ». Pour le Professeur BELANGER, le droit à la santé est un droit fondamental de la personne humaine aussi bien en droit interne qu'en droit international[765].

345. Le Pacte international relatif aux droits économiques, sociaux et culturels de 1976 énumère, dans le second paragraphe de l'article 12, « une série de mesures non limitatives que les parties s'engagent à prendre pour assurer le plein exercice du droit à la santé : de l'épidémiologie aux mesures générales de contrôle sanitaire et de promotion de la santé publique, ces mesures incluent des garanties d'accès aux services de santé et à l'assistance médicale[766] ». Sont ainsi énoncées les mesures que les Etats parties au présent Pacte devront prendre en vue d'assurer le plein exercice de ce droit a) la diminution de la mortinatalité et de la mortalité infantile, ainsi que le développement sain de l'enfant ; b) l'amélioration de tous les aspects de l'hygiène du milieu et de l'hygiène industrielle ; c) la prophylaxie et le traitement des maladies épidémiques, endémiques, professionnelles et autres, ainsi que la lutte contre ces maladies et d) la création de conditions propres à assurer à tous des services médicaux et une aide médicale en cas de maladie.

346. Enfin, le Comité des droits économiques, sociaux et culturels interprète, au paragraphe 11 de l'Observation générale n°14 sur le droit à la santé de 2000, le droit à la santé comme « un droit global, dans le champ duquel entrent non seulement la prestation de soins de santé appropriés en temps opportun, mais aussi les facteurs fondamentaux déterminants de la santé tels que l'accès à l'eau salubre et potable et à des moyens adéquats d'assainissement, l'accès à une quantité suffisante d'aliments sains, la nutrition et le logement, l'hygiène du travail et du milieu et l'accès à l'éducation et à l'information relatives à la santé, notamment la santé sexuelle et génésique ». De même, le Comité considère que le droit à la santé comporte quatre éléments : la disponibilité, l'accessibilité, l'acceptabilité et la qualité[767]. Trois types d'obligations s'imposent aux Etats parties : respecter, protéger et mettre en œuvre[768].

347. Aujourd'hui, en application de sa consécration constitutionnelle, l'OMS considère que les éléments essentiels du droit à la santé sont les suivants : l'accès à des soins de santé primaires essentiels ; l'accès à une alimentation essentielle minimale nutritive, l'accès à des moyens d'assainissement ; l'accès à de l'eau salubre et potable et l'accès aux

---

[762] *Ibid.*, L'OMS reprend ici la limitation faite dans l'Observation générale n°14 (*op.cit.*)
[763] M. BELANGER (coord.), *Droit et santé en Afrique*, *op.cit.*, p.124.
[764] C. EMANUELLI, *Le droit international de la santé*, RQDI, 1985, p.16.
[765] M. BELANGER (coord.), *Droit et santé en Afrique*, *op.cit.*, p.124.
[766] P. MOLINARI, « *Le droit à la santé : de la solennité des énoncés aux enjeux de l'exercice* », *op.cit.*, p.44.
[767] V. en ce sens, pour plus de détails, le paragraphe 12 de l'Observation générale n°14.
[768] V. en ce sens, pour plus de détails, les paragraphes 33 et suivants de l'Observation générale n°14.

médicaments essentiels[769]. De même, une autre obligation fondamentale est l'adoption et la mise en œuvre au niveau national d'une stratégie et d'un plan d'action en matière de santé publique répondant aux préoccupations de l'ensemble de la population dans le domaine de la santé[770].

348. La reconnaissance du droit à la santé participe du mouvement des « droits à... » [771] dont le droit à la culture ou le droit à l'éducation. Ainsi, l'OMS doit donc, d'une part, assurer un niveau de santé élevé dans le monde et, d'autre part, garantir le respect du droit à la santé pour ces titulaires. Avec la réforme de 2010, en ce qui concerne le droit à la santé, l'OMS affirme encore davantage son rôle dans les domaines technique, intellectuel et politique. La définition retenue par l'OMS de la santé confère au mandat de cette organisation « une dimension très vaste[772] ». Afin d'atteindre cet objectif étendu, la Constitution a doté l'OMS de moyens d'action importants.

§2 : L'attribution de moyens d'action conséquents

349. La Constitution de l'OMS attribue une panoplie de fonctions variées (A) ce qui rend difficile leur catégorisation (B).

A. Une panoplie de fonctions variées

350. L'OMS, en tant qu'organisation internationale, se présente avant tout comme un acteur fonctionnel. En effet, son rôle se définit « non par la défense de ses intérêts propres mais par rapport à une fonction ou un ensemble de fonctions qui lui sont assignées et qui dans une large mesure la dépassent[773] ». A cet égard, les fonctions de l'OMS couvrent un contenu hétéroclite (1) qui démontre que cette notion est à géométrie variable (2).

1. Un contenu hétéroclite

351. Avant de discuter de la liste des fonctions de l'article 2 de la Constituions de l'OMS (b), il convient de s'attarder sur une obligation particulière de l'OMS, la législation sanitaire internationale (a).

a. Une fonction particulière : la législation sanitaire internationale

352. La panoplie des fonctions de l'OMS, en dehors de l'article 2, est complétée par l'obligation des Etats membres, suivant l'article 63, de « communiquer rapidement à l'OMS, les lois, règlements, rapports officiels et

---

[769] OMS, « droit à la santé », aide-mémoire n°323, *op.cit.*

[770] *Ibid.*

[771] Les « droits à... » suscitent de nombreux débats V. D. COHEN, « *Le droit à* » in *l'avenir du droit. Mélanges en hommage à François Terré*, PUF, Dalloz, 1999, spéc. P.393 et s., M. BORGETTO, « *L'irrestible ascension des « droits à... »*, in *Le droit à... De l'émergence à l'effectivité*, Informations sociales, n°81, Numéro spécial, 2000, p.4 et s. et M. PICHARD, *Le droit à. Etude de législation française*, Thèse, Paris II, 2004, Economica 2006.

[772] E. MONDIELLI, « *Etude 135 : Organisations Internationales* », *op.cit.*, n°135-75.

[773] M. VIRALLY, « *La notion de fonction dans la théorie des organisations internationales* », in *La communauté internationale. Mélanges offerts à Charles Rousseau*, Pedone, 1974, pp.277-300 (pp.278-280).

statistiques importants concernant la santé et publiés dans cet Etat ». Si cette obligation de législation sanitaire existait avant la mise en œuvre de l'OMS[774], elle a été confiée, par la Commission intérimaire à l'Organisation dès sa création afin « de présenter la législation sanitaire dans une revue entièrement nouvelle, le *Recueil international de Législation sanitaire*[775] ». Ce recueil imprimé depuis 1948 et en ligne depuis 2000[776] contient une sélection de textes législatifs internationaux, nationaux et infranationaux[777]. La législation sanitaire internationale est définie par BELANGER comme « l'ensemble des textes internationaux destinés, à titre unique, principal ou accessoire, à la protection de la santé humaine[778] ». Cela comprend donc les dispositions juridiques ainsi que les dispositions purement techniques. FLUSS constate que « c'est essentiellement sur la base de [l'article 63] que, au cours des cinquante dernières années, l'OMS a réussi à insuffler vigueur et dynamisme à un Programme de Législation sanitaire axé principalement sur le transfert d'informations mais aussi sur la coopération technique et, dans certains cas, sur des activités à caractère normatif[779] ».

353. L'Assemblée mondiale de la santé et le Conseil exécutif ont adopté un grand nombre de résolutions portant sur les aspects juridiques, législatifs ou réglementaires[780]. Pour chaque adoption d'une résolution, le Programme a engagé des consultations avec les personnels techniques intéressés aux fins de déterminer la meilleure manière d'aborder les dispositions particulières concernant la composante législative. Par ailleurs, cette fonction permet également le renforcement des capacités nationales dans le domaine de la législation sanitaire par laquelle certains pays sollicitent et obtiennent une coopération multiforme de la part de l'OMS[781].

---

[774] S. FLUSS, « *Le rôle de l'OMS dans le domaine de la législation sanitaire : aperçu historique* », RILS, vol.49, n°1, p.111 (p.111-127). [Numéro spécial, *La législation sanitaire à l'aube du XXIe siècle*, Genève, OMS, 1998, XVII-289 p.]. L'auteur rappelle que « le 30 janvier 1909, dans une circulaire adressée aux administrations des États participant à l'Arrangement de Rome du 9 décembre 1907, qui portait création de l'Office international d'Hygiène publique, le directeur de l'Office rappelle que, en exécution de ses statuts, l'Office doit procéder à la publication " des lois et règlements généraux et locaux publiés dans les différents Pays concernant les maladies transmissibles ". Par la suite, le *Bulletin de l'Office*, publié en français seulement entre 1909 et 1946, a consacré une rubrique permanente aux instruments législatifs internationaux et nationaux pertinents relatifs non seulement à la lutte contre les maladies transmissibles, mais également à divers aspects de la santé. »

[775] S. FLUSS, « *Le rôle de l'OMS dans le domaine de la législation sanitaire : aperçu historique* », *op.cit.*, p.112. L'auteur explique que par la suite « en 1948, fut créée le Service de Législation sanitaire ».

[776] A l'adresse suivante : http://idhlrils.who.int/index.cfm.

[777] OMS, *Options pour rationaliser la présentation des rapports des Etats membres et la communication avec ces derniers*, EB 132/5 Add. 4, 132e Conseil exécutif, 18 janvier 2013, p.3.

[778] M. BELANGER, « *L'avenir de la législation sanitaire internationale* », in RILS, Genève, OMS, vol.40, n°1, 1989, p.1. (p.1-8).

[779] S. FLUSS, « *Le rôle de l'OMS dans le domaine de la législation sanitaire : aperçu historique* », *op.cit.*, p.112.

[780] En matière de salubrité des aliments, l'utilisation de substituts du lait maternel, l'abus de drogues, la sécurité du sang, les produits pharmaceutiques et biologiques, la santé en matière de reproduction, la protection de l'environnement humain, l'hygiène du travail, la transplantation d'organes ou le clonage. (S. FLUSS, « *Le rôle de l'OMS dans le domaine de la législation sanitaire : aperçu historique* », *op.cit.*, p.112).

[781] Par exemple, l'OMS a été le siège de consultations avec des hauts fonctionnaires de la Fédération de Russie et a apporté soutien et contribution à une série d'ateliers nationaux sur la législation sanitaire organisés en Chine entre 1986 et 1995. L'Organisation panaméricaine de la santé a déployé une activité particulièrement intense dans ce domaine et de nombreux exemples pourraient être évoqués quant aux multiples formes prises par le soutien tant officiel qu'officieux apporté aux pays d'Amérique latine et des Caraïbes ainsi qu'à des organismes intergouvernementaux dans la formulation de législations compatibles avec les nouvelles orientations en matière de soins de santé, à savoir notamment, pour nombre de ces pays,

354. Toutefois, la portée de la législation sanitaire internationale est à relativiser. Si l'objectif est de « sous-tendre, d'orienter ou de coordonner les législations sanitaires nationales, la diversité des systèmes juridiques nationaux ainsi que l'état inégal de leur développement sont autant d'obstacles préalables à l'unification[782].» Le contenu de la législation sanitaire internationale (LSI) a été qualifié de « travail sans cesse remis en question[783] » en raison notamment de la diversification intrinsèque de la LSI. Il est regrettable que cette fonction de l'OMS ait connu un désintérêt criant de la part de l'OMS. Ainsi, dans les années 1970 était prévue la fin de cette unité au sein de l'OMS par le non remplacement du responsable de l'unité qui partait à la retraite et la réaffectation du personnel, majoritairement des traducteurs et écrivains, dans le département des publications avec pour objectif de continuer la publication du Recueil de législation sanitaire internationale. Toutefois, le nombre de pages serait grandement réduit[784]. Cette évolution a, par la suite, donné lieu à la fin de la publication papier du Recueil en 1999 afin d'offrir une publication uniquement numérique[785].

355. Aujourd'hui, le recueil de la législation sanitaire semble davantage en difficulté comme l'illustre l'inaccessibilité du site internet dédié. L'OMS elle-même reconnaît que « le potentiel de cette publication n'est cependant pas pleinement exploité » car seulement « quelques Etats membres communiquent systématiquement leurs lois, règlements et autres rapports officiels importants directement à l'OMS[786] ». Pour certains Etats, il y a un manque de ressource et de moyens car par exemple, « tous les pays ne mettent pas leur législation en vigueur sur Internet[787] ».

356. Parallèlement à cette fonction relative au recueil des législations sanitaires, la Constitution de l'OMS prévoit une liste de 22 fonctions.

b. Une liste de vingt-deux fonctions

357. Selon la Constitution, l'OMS exerce des fonctions afin d'atteindre son but. Ainsi, de nombreuses fonctions sont énumérées à l'Article 2 de la Constitution de l'OMS offrant à l'Organisation un champ d'action conséquent. Cet article doit être lu avec d'autres dispositions constitutionnelles qui donnent des pouvoirs ou fonctions spécifiques aux organes de l'OMS[788]. Vingt-deux fonctions sont listées à l'article 2 de la Constitution. La diversité des fonctions prévues participe à l'immensité du mandat de l'OMS ainsi qu'à la confusion

---

le rôle croissant du secteur privé dans la dispensation des soins de santé (voir S. FLUSS, « *Le rôle de l'OMS dans le domaine de la législation sanitaire : aperçu historique* », *op.cit.*, p.112.

[782] M. BELANGER, « *L'avenir de la législation sanitaire internationale* », *op.cit.*, p.1.

[783] *Ibid.*, p.3.

[784] W. CURRAN, « *International health legislation at the World health organization*, Public Health and the Law, AJPH, vol.67, n°10, 1977, p.984.

[785] EDITORIAL, *International Digest of Health Legislation*, AJPH, vol. 91, n°3, Mars 2001, p.506-507. Les éditeurs du journal tout en reconnaissant le travail accompli par l'OMS depuis la mise en œuvre du recueil, appelaient l'OMS à maintenir la même qualité pour sa publication en ligne.

[786] OMS, *Options pour rationaliser la présentation des rapports des Etats membres et la communication avec ces derniers*, *op.cit.*, p.3.

[787] *Ibid.*

[788] V. les articles 18 à 23 qui confèrent notamment l'autorité à l'Assemblée mondiale de la santé d'adopter des conventions, des réglementations et des recommandations ainsi que l'article 28 qui liste les fonctions confiées au comité Exécutif et l'article 50 qui énumère les fonctions confiées aux comités régionaux.

des compétences véritablement octroyées à l'Organisation. Cette hétérogénéité impose de les énumérer :

a) agir en tant qu'autorité directrice et coordonnatrice, dans le domaine de la santé, des travaux ayant un caractère international ;

b) établir et maintenir une collaboration effective avec les Nations unies, les institutions spécialisées, les administrations gouvernementales de la santé, les groupes professionnels, ainsi que telles autres organisations qui paraîtraient indiquées ;

c) aider les gouvernements, sur leur demande, à renforcer leurs services de santé ;

d) fournir l'assistance technique appropriée et, dans les cas d'urgence, l'aide nécessaire, à la requête des gouvernements ou sur leur acceptation ;

e) fournir ou aider à fournir, à la requête des Nations unies, des services sanitaires et des secours à des groupements spéciaux tels que les populations des territoires sous tutelle ;

f) établir et entretenir tels services administratifs et techniques jugés nécessaires, y compris des services d'épidémiologie et de statistique ;

g) stimuler et faire progresser l'action tendant à la suppression des maladies épidémiques, endémiques et autres ;

h) stimuler, en coopérant au besoin avec d'autres institutions spécialisées, l'adoption de mesures propres à prévenir les dommages dus aux accidents ;

i) favoriser, en coopérant au besoin avec d'autres institutions spécialisées, l'amélioration de la nutrition, du logement, de l'assainissement, des loisirs, des conditions économiques et de travail, ainsi que de tous autres facteurs de l'hygiène du milieu ;

j) favoriser la coopération entre les groupes scientifiques et professionnels qui contribuent au progrès de la santé ;

k) proposer des conventions, accords et règlements, faire des recommandations concernant les questions internationales de santé et exécuter telles tâches pouvant être assignées de ce fait à l'Organisation et répondant à son but ;

l) faire progresser l'action en faveur de la santé et du bien-être de la mère et de l'enfant et favoriser leur aptitude à vivre en harmonie avec un milieu en pleine transformation ;

m) favoriser toutes activités dans le domaine de l'hygiène mentale, notamment celles se rapportant à l'établissement de relations harmonieuses entre les hommes ;

n) stimuler et guider la recherche dans le domaine de la santé ;

o) favoriser l'amélioration des normes de l'enseignement et de celles de la formation du personnel sanitaire, médical et apparenté ;

p) étudier et faire connaître, en coopération au besoin avec d'autres institutions spécialisées, les techniques administratives et sociales concernant l'hygiène publique et les soins médicaux préventifs et curatifs, y compris les services hospitaliers et la sécurité sociale ;

q) fournir toutes informations, donner tous conseils et toute assistance dans le domaine de la santé ;

r) aider à former, parmi les peuples, une opinion publique éclairée en ce qui concerne la santé ;

s) établir et réviser, selon les besoins, la nomenclature internationale des maladies, des causes de décès et des méthodes d'hygiène publique ;

t) standardiser, dans la mesure où cela est nécessaire, les méthodes de diagnostic ;

u) développer, établir et encourager l'adoption de normes internationales en ce qui concerne les aliments, les produits biologiques, pharmaceutiques et similaires ;

v) d'une manière générale, prendre toute mesure nécessaire pour atteindre le but assigné à l'Organisation.

358. Les dispositions prévues à l'article 2 montrent la volonté des fondateurs de l'OMS de faire de cette nouvelle institution le catalyseur central de la reconstruction et du développement des systèmes de santé dévastés après la Seconde guerre mondiale en lui conférant une large panoplie de fonctions[789]. Toutefois, elle démontre également les difficultés à cerner le contenu exact de ces fonctions dont la notion même est floue.

2. La notion de fonction à géométrie variable

359. La notion de fonction fait figure de 'parent pauvre' de la théorie du droit des organisations internationales[790]. Ainsi, le terme de « fonction » employée par l'article 2 de la Constitution peut renvoyer à plusieurs définitions (a). On constate que la liste de l'article 2 contient à la fois des fonctions et des activités (b).

a. La définition des fonctions

360. En biologie, une fonction est un « ensemble d'opérations concourant au même résultat et exécutées par un organe ou un ensemble d'organes (fonctions de nutrition, de relation, de reproduction, etc.[791]) ». Au sens commun, la notion de fonction correspond à « l'activité déterminée dévolue à un élément d'un ensemble ou à l'ensemble lui-même[792] ». En matière juridique, pour VIRALLY, la fonction se définit « comme une activité spécifique orientée vers la poursuite d'une finalité déterminée et extérieure à celui qui en est chargé[793] ». Trois éléments définissent ainsi la fonction : son objet, sa finalité et le sujet qui en est chargé, ici l'OMS. Selon SALMON, une fonction au sens général est une « activité professionnelle dont est chargé celui qui occupe un emploi donné » ou un « ensemble de personnes qui assurent une activité professionnelle donnée[794] ». On parle ainsi « d'actes accomplis dans l'exercice des fonctions[795] ». On constate alors le lien apparent entre la

[789] G. L. BURCI et C.-H. VIGNES, *The World Health Organization*, *op.cit.*, p.119.

[790] G. CAHIN, « *La variété des fonctions imparties aux organisations internationales* », in E. LAGRANGE et J.-M. SOREL, *op.cit.*, p.674 (pp.672-704).

[791] Dictionnaire Larousse (en-ligne) « fonction »

[792] Centre national de ressources textuelles et lexicales « fonction »

[793] M. VIRALLY, « *La notion de fonction dans la théorie des organisations internationales* », *op.cit.*, p.281. L'auteur différencie cette approche de celle du sociologue ou du politologue où la fonction est « un facteur assurant ou facilitant la conservation du système (ou sous-système) ou son adaptation aux changements internes ou externes auxquels il est confronté ».

[794] J. SALMON, *Dictionnaire de Droit international public, op.cit.*, « fonction » p.507.

[795] *Ibid.*

fonction et les actes ou activités pouvant être accomplis par le détenteur de la fonction.

361. Il convient de différencier la notion de fonction de celle de compétence ou encore de pouvoir. Comme indiqué précédemment, les compétences de l'Organisation sont « la sphère d'action ouverte à chaque organisation[796] » ou sont le « champ d'application[797] » de l'Organisation. Elle constitue « l'ensemble des pouvoirs reconnus ou conférés par le droit international à un sujet de droit ou à une institution ou un organe, les rendant aptes à remplir des fonctions déterminées et à accomplir les actes juridiques qui en découlent [798] ». Il s'agit du « pouvoir juridique attribué à une organisation internationale, ou à l'un de ses organes, d'examiner une question, de prendre une décision, d'accomplir un acte ou une action[799] ». Ainsi, la compétence apparaît plus large et générale que la fonction qui désigne une catégorie d'actes ou d'activités que peut prendre une organisation dans le cadre de sa compétence.

362. La notion de fonction se différencie également de celle de pouvoir qui représente les « moyens que (l'Organisation) peut déployer à l'intérieur de sa compétence [800] ». Ainsi, le pouvoir est « l'autorité reconnue à un organe international pour accomplir certains actes ou remplir certaines fonctions[801] ». Plus précisément, la fonction est le « contenu d'un 'pouvoir' attribué à une institution[802] ». En d'autres termes, le pouvoir est « l'instrument juridique de l'exercice de la fonction[803] ». On constate donc que si la compétence permet l'attribution d'un ou de plusieurs pouvoirs à l'Organisation, la fonction garantit un contenu à ce ou ces pouvoirs, permettant la mise en œuvre de ce dernier et donc de la compétence de l'Organisation. Ces notions agissent en forme de poupées russes, chaque notion englobant la suivante afin de permettre à l'Organisation d'agir : compétence – pouvoir – fonction. Les fonctions permettent de « définir, sur le plan juridique, la compétence et l'étendue des pouvoirs[804] » de l'OMS. A cet égard, la CIJ différencie bien la notion de fonction de celle de pouvoir en précisant que « selon le droit international, l'organisation (des Nations unies) doit être considérée comme possédant ces *pouvoirs* qui, s'ils ne sont pas expressément énoncés dans la Charte sont, par une conséquence nécessaire, conférés à l'organisation en tant qu'essentiels à l'exercice des *fonctions* de celle-ci[805] ». Plus précisément, à l'égard de l'OMS, la CIJ constate que « l'OMS ne saurait avoir *compétence*

---

[796] J. COMBACAU et S. SUR, *Droit international public, op.cit.*, 2014., p.722.

[797] G. CAHIN, « *La variété des fonctions imparties aux organisations internationales* », in E. LAGRANGE et J.-M. SOREL, *op.cit.*, p.674.

[798] J. SALMON, *Dictionnaire de Droit international public, op.cit.*, « compétence» p.210. Dès 1931, Bourquin considérait qu'une « compétence, c'est le pouvoir d'accomplir certains actes » M. Bourquin, *Règles générales du droit de la paix*, RCADI, 1931-I, vol.35, p.112.

[799] J. SALMON, *Dictionnaire de Droit international public, op.cit.*, « compétence des organisations internationales » p.216.

[800] J. COMBACAU et S. SUR, *Droit international public, op.cit.*, 2014., p.722.

[801] J. SALMON, *Dictionnaire de Droit international public, op.cit.*, « pouvoir» p.857.

[802] M. De VILLIERS et A. LE DIVELLEC, *Dictionnaire de droit constitutionnel*, 9e édition, Sirey, p.164-165 (« fonction »).

[803] G. CAHIN, « *La variété des fonctions imparties aux organisations internationales* », *op.cit.*, p.674.

[804] *Ibid.*, p.675.

[805] Avis CIJ 1949, *op.cit.*, p.14 et p.183

que pour mener des actions de « prévention primaire » entrant dans les *fonctions* définies (et énumérées en vingt-deux points à l'article 2 de sa Constitution[806] ».

363. Toutefois, la distinction entre fonction et activité est moins nette car au gré des définitions ces notions peuvent être utilisées indifféremment. La notion d'activité est « l'exercice ou la manifestation concrète (d'un) pouvoir[807] ». Il s'agit de « la manifestation de la faculté, de la puissance d'agir[808] » et l'activité correspond au « champ d'action » d'un organe. En termes juridiques, l'action est « toute forme d'intervention, comportant des conséquences juridiques ou matérielles[809] ». Ainsi, la notion de fonction dépend de celle d'activité et vice versa.

364. On peut néanmoins considérer que les fonctions d'une organisation internationale sont les activités que l'organisation a le droit de prendre afin de répondre à l'objectif poursuivi. Lors des discussions au moment de la création de l'OMS, un avis considérait que les fonctions de l'OMS représentaient les « méthodes à suivre pour parvenir à son but[810] ». Les fonctions seraient ainsi plus englobantes que les notions d'activité qui auraient un champ d'application et un contenu délimité et précis. Dès lors, les activités découleraient de la fonction attribuée afin de permettre à l'OMS d'agir et d'exercer sa compétence par le biais d'actions. L'analogie avec les poupées russes apparaît pertinente : fonction – activité – action.

365. Par conséquent, en considérant ces éléments théoriques, on observe que la liste prévue à l'article 2 qui énonce des fonctions, contient également des activités conférées à l'OMS qu'il convient de différencier.

b. Un contenu entre fonctions et activités

366. La liste prévue à l'article 2 de la Constitution de l'OMS est ainsi très inégale en termes de contenu. Pour certains auteurs, cette liste mal ordonnée serait la conséquence de compromis durant la phase de négociation de l'OMS[811]. L'absence de hiérarchie dans la liste rend sa lisibilité difficile. Cette difficulté à catégoriser les éléments énumérés par l'article 2 est accentuée par le fait que ces éléments de la liste ne correspondent pas tous à des fonctions à proprement parler, mais plutôt à des activités[812]. En effet, à sa création, les fondateurs avaient identifié le besoin de « porter ses efforts sur six activités particulièrement urgentes à cette époque : le paludisme, la tuberculose, les maladies vénériennes, la protection maternelle et infantile, la nutrition et l'hygiène[813] ». En dehors de ces activités prioritaires, l'OMS a « poursuivi une série de fonctions héritées de l'Office international d'hygiène publique et du Bureau d'Hygiène de la Société des nations, en particulier celles touchant à

[806] Avis CIJ 1996, *op.cit.*, p.62.
[807] Centre national de ressources textuelles et lexicales « activité »
[808] Dictionnaire Larousse (en-ligne) « activité»
[809] J. COMBACAU et S. SUR, *Droit international public, op.cit.*, 1999, p.635.
[810] OMS, Actes officiels de l'OMS, n°1, *Résumé des débats de la Commission technique préparatoire de la Conférence internationale de Santé*, Annexe 23, Octobre 1947, p.70.
[811] G. L. BURCI et C.-H. VIGNES, *The World Health Organization, op.cit.*, p.119.
[812] *Ibid.*
[813] E. BERTHET, « *L'Organisation mondiale de la Santé* », *op.cit.*,, p.59.

l'épidémiologie et aux statistiques sanitaires, à la standardisation biologique et à l'uniformisation des pharmacopées[814] ». Cette volonté se retrouve ainsi dans la liste de 'fonctions' énumérées à l'article 2. Il paraît intéressant d'actualiser cette liste en la limitant afin de faire ressortir les fonctions principales et essentielles de l'OMS. Cela permettrait de clarifier cette disposition et d'affermir les missions de l'OMS.

367. Par exemple, la Constitution assigne explicitement des activités à l'OMS : les paragraphes (g) visant à « stimuler et faire progresser l'action tendant à la suppression des maladies épidémiques, endémiques et autres », (h) visant à « stimuler, en coopérant au besoin avec d'autres institutions spécialisées, l'adoption de mesures propres à prévenir les dommages dus aux accidents », (i) visant à « favoriser, en coopérant au besoin avec d'autres institutions spécialisées, l'amélioration de la nutrition, du logement, de l'assainissement, des loisirs, des conditions économiques et de travail, ainsi que de tous autres facteurs de l'hygiène du milieu » et (l) « faire progresser l'action en faveur de la santé et du bien-être de la mère et de l'enfant (...)[815]. La Constitution y fait référence également de façon explicite au paragraphe (m) « favoriser toutes activités dans le domaine de l'hygiène mentale (...) ». En effet, le degré de précision de l'action à entreprendre et de l'objectif à poursuivre délimite la marge d'action de l'OMS. Les fondateurs voulaient ainsi clairement s'assurer que ces activités particulières seraient mises en œuvre par l'OMS. Dès lors, certains préfèrent décrire l'OMS au travers de ses principales activités, sans faire référence aux différentes fonctions de l'Organisation[816].

368. Toutefois, d'autres éléments énumérés correspondent davantage à la notion de fonction ainsi prévue. Par exemple, l'article 2 (n) confère à l'OMS la fonction de stimuler et guider la recherche dans le domaine de la santé. Par cette fonction, l'OMS a la possibilité d'engager des actions ou des activités concrètes en matière de recherche afin de mettre en œuvre l'objectif de cette fonction. Le contenu ainsi que la forme de l'exercice de cette fonction de recherche sont laissés au libre arbitre de l'OMS. La quantité et la qualité de l'action ou des activités de l'OMS dans un domaine permettent d'évaluer l'efficacité de l'OMS dans la mise en œuvre de la fonction correspondante.

369. Cependant, indépendamment de la qualification de fonction et/ou activité, le choix d'une liste sans priorité particulière accordée à une attribution à l'égard d'une autre, ni logique apparente dans leur énumération, rend leur lisibilité difficile. Des modifications doivent être apportées à cette liste. En effet, ces difficultés se retrouvent dans les tentatives de classification des fonctions attribuées, élément essentiel à une mise en œuvre efficace de la politique de l'OMS.

---

[814] E. BERTHET, « *L'Organisation mondiale de la Santé* », *op.cit.*, p.59.

[815] G. L. BURCI et C.-H. VIGNES, *The World Health Organization*, *op.cit.*, p.119.

[816] V. en ce sens la description réalisée par BERTHET (E. BERTHET, « *L'Organisation mondiale de la Santé* », *op.cit.*, pp.59-62).

B. Des difficultés à catégoriser les fonctions

370. Deux types de catégorisations sont possibles afin de clarifier les fonctions énumérées : d'abord, par leur contenu (1), ensuite, par leur priorité (2).

1. Une catégorisation en fonction de leur contenu

371. L'analyse du contenu de l'article 2 impose une distinction voire une hiérarchie entre, d'une part, la fonction d'autorité coordinatrice (a) et, d'autre part, les cinq fonctions au contenu singulier (b).

a. Une fonction principale et des fonctions subordonnées

372. La fonction qui apparaît le plus clairement est la première énoncée. L'article 2 (a) précise que l'OMS a pour fonction « d'agir en tant qu'autorité directrice et coordonnatrice, dans le domaine de la santé, des travaux ayant un caractère international ». Cette première fonction vient ainsi consacrer l'autorité de l'OMS et constitue la fonction la plus importante et en quelque sorte suprême[817] de l'OMS. Elle est non pas une activité voire une fonction mais, plus largement, la compétence générale de l'OMS. Cette disposition lui confère une qualité propre voire un objectif. Elle apparaît ainsi, à la différence des autres fonctions et activités, comme plus importante.

373. En effet, selon la proposition de Constitution de la Commission technique préparatoire en vue de la Constitution de l'OMS, cette fonction était listée comme une fonction principale englobant les autres fonctions considérées comme des fonctions supports afin de poursuivre cet objectif principal.

374. Cette proposition de Constitution, énonce un article III intitulé 'Fonctions' dont le chapeau précise qu' « en vue d'atteindre les buts et objectifs ci-dessus définis, l'(OMS) devrait constituer l'autorité chargée de la direction générale et de la coordination de l'œuvre de la santé internationale, que cette tâche s'accomplisse par l'Organisation elle-même ou en liaison avec d'autres institutions. Ces fonctions devraient être les suivantes : (...)[818] ». L'article poursuit par l'énumération d'une liste des fonctions attribuées à l'OMS afin de réaliser l'objectif énoncé. L'autorité de direction générale ainsi confiée se retrouve en chapeau de la liste des fonctions énoncées. Suivant une interprétation littérale de cette proposition, cette attribution n'est pas considérée par les rédacteurs en tant que fonction, ces dernières sont listées par la suite. Un traitement différencié est ainsi appliqué entre cette attribution principale, qui apparaît davantage comme un objectif à atteindre, et les fonctions listées qui correspondent à des moyens pour atteindre l'objectif mentionné. Cette disposition sert de chapeau, c'est-à-dire qu'elle englobe les autres fonctions énoncées qui servent ainsi de supports.

---

[817] G. L. BURCI et C.-H. VIGNES, *The World Health Organization*, *op.cit.*, p.119.

[818] OMS, Actes officiels de l'OMS, n°1, *Résumé des débats de la Commission technique préparatoire (...)*, *op.cit.*, p.70.

375. Toutefois, cette rédaction n'a pas été retenue dans le texte final dans lequel cette disposition se retrouve citée au sein de la liste de l'article 2 avec l'ensemble des autres fonctions. Néanmoins, l'absence de différenciation de traitement n'empêche pas, en raison du contenu de l'article 2 (a), de considérer sa portée supérieure aux autres fonctions. Au sein des fonctions restantes, il est possible de distinguer des fonctions principales conférées à l'OMS.

b. Cinq fonctions principales au contenu particulier

376. Malgré des classifications diverses[819] ainsi que des difficultés de classification, aujourd'hui il semble communément admis que l'on puisse catégoriser la liste de l'article 2 au regard de son contenu et distinguer cinq catégories[820] principales de fonctions sans hiérarchie entre elles. L'OMS exerce ainsi :

- une *fonction normative et de standardisation*[821], qui prévoit de stimuler, en coopérant au besoin avec d'autres institutions spécialisées, l'adoption de mesures propres à prévenir les dommages dus aux accidents (paragraphe h), de proposer des conventions, accords et règlements et des recommandations relatives aux questions internationales en santé (k), établir et réviser la nomenclature internationale des maladies, des causes de décès et des méthodes d'hygiènes publique (s) ; standardiser les méthodes de diagnostics (t) de développer, établir et encourager l'adoption de normes internationales en ce qui concerne les aliments, les produits biologiques, pharmaceutiques et similaires (u) et d'une manière générale, prendre toute mesure nécessaire pour atteindre le but assigné à l'Organisation (v) ;
- une *fonction de recherche* qui prévoit de favoriser, en coopérant au besoin avec d'autres institutions spécialisées, l'amélioration de la nutrition, du logement, de l'assainissement, des loisirs, des conditions économiques et de travail, ainsi que de tous autres facteurs de l'hygiène du milieu (i), de favoriser la coopération entre les groupes scientifiques et professionnels qui contribuent au progrès de la santé (j) et de stimuler et guider la recherche dans le domaine de la santé (n) ;
- une *fonction de formation* qui prévoit de favoriser l'amélioration des normes de l'enseignement et de celles de formation du personnel sanitaire, médical et apparenté (o), et d'étudier et de faire connaître les techniques administratives et sociales concernant l'hygiène publique et les soins médicaux préventifs et curatifs, y compris les services hospitaliers et la sécurité sociale (p) ;
- une *fonction d'information* qui prévoit d'établir et maintenir une collaboration effective avec les Nations unies, les institutions spécialisées, les administrations gouvernementales de la santé, les groupes professionnels, ainsi que telles autres organisation qui paraîtraient indiquées (b), d'établir et

[819] F. GODLEE, « *WHO in retreat: is it loosing its influence* », BMJ, vol.309, 1994 p.1491-1495.

[820] E. MONDIELLI, « *Etude 135 : Organisations Internationales* », *op.cit.*, n°135-85 ; Y. BEIGBEDER, *L'OMS en péril*, *op.cit.*, pp.24-25 ; J. M. CROUZATIER, *Droit international de la santé,* Agence Universitaire de la Francophonie, Edition des archives contemporaines, 2011, pp.26-27.

[821] Certains auteurs considèrent cette fonction en tant qu'activités normatives. V. en ce sens K. LEE and J. FANG, *Historical Dictionnary of the World Health Organization*, 2nd éd., Scarecrow Press Inc., 2013, p.260.

d'entretenir tels services administratifs et techniques jugés nécessaires, y compris des services d'épidémiologie et de statistiques (f), et d'aider à former, parmi les peuples, une opinion publique éclairée en ce qui concerne la santé (r) et fournir toutes informations, donner tous conseils et toute assistance dans le domaine de la santé (q) ;

- une *fonction opérationnelle* qui prévoit d'aider les gouvernements, sur leur demande, à renforcer leurs services de santé (c), de fournir l'aide appropriée et, dans les cas d'urgence, l'aide nécessaire, à la requête des gouvernements ou sur leur acceptation (d), de fournir ou aider à fournir, à la requête des Nations unies, des services sanitaires et des secours à des groupements spéciaux tels que les populations des territoires sous tutelle (e), de stimuler et faire progresser l'action tendant à la suppression des maladies épidémiques, endémiques et autres (g), de faire progresser l'action en faveur de la santé et du bien-être de la mère et de l'enfant et de favoriser leur aptitude à vivre en harmonie avec un milieu en pleine transformation (l) et de favoriser toutes activités dans le domaine de l'hygiène mentale, notamment celles se rapportant à l'établissement de relations harmonieuses entre les hommes (m).

377. Toutefois, si le classement en fonction du contenu est pertinent, le choix de l'orientation du fonctionnement de l'OMS ne se fait pas uniquement selon ces catégories mais également suivant des priorités accordées à chaque fonction.

2. Une catégorisation en fonction de leur priorité

378. Au-delà du contenu de l'article 2, des catégorisations ont émergé en raison des priorités accordées aux différentes fonctions. Ces priorités sont apparues soit pour des raisons historiques (a), soit en fonction des choix des politiques que l'OMS devait mener (b).

a. Des raisons historiques

379. La question de la catégorisation des fonctions de l'OMS est importante non seulement afin de délimiter le mandat de l'OMS mais également afin de cerner les fonctions prioritaires et non prioritaires dont elle dispose. Dès l'origine, l'idée de faire évoluer les fonctions par rapport aux évolutions des priorités de politiques publiques surgissait[822]. A la création de l'OMS, des activités urgentes ont été identifiées, ainsi que le besoin de « porter ses efforts sur six activités particulièrement urgentes à cette époque : le paludisme, la tuberculose, les maladies vénériennes, la protection maternelle et infantile, la nutrition et l'hygiène[823] ».

380. Ainsi, une première tentative de catégorisation a été proposée par la Conférence sanitaire internationale. En effet, la première catégorisation historique des fonctions de l'OMS est intervenue lors du résumé de la Conférence sanitaire internationale par les rédacteurs de la Constitution eux-mêmes, comme s'ils avaient eu besoin de clarifier les fonctions énumérées à

[822] E. BERTHET, « *L'Organisation mondiale de la Santé* », *op.cit.*, p.59.
[823] *Ibid.*

l'article 2. Selon les actes officiels, « les 22 fonctions se répartissent entre six catégories apparentées :

(1) *direction et coordination* selon laquelle l'OMS occupera une place de premier plan par rapport aux autres institutions intergouvernementales qui s'intéressent à tel ou tel aspect du problème de la santé ;

(2) *collaboration avec d'autres organisations* ;

(3) *services de recherches et services techniques* telles que la direction et le développement des recherches ;

(4) *activités relatives au progrès et à l'enseignement* visant à favoriser la santé et le bien-être de la mère et de l'enfant et favoriser toutes activités dans le domaine de l'hygiène mentale ;

(5) *fonctions pratiques* autorisant l'OMS à aider directement les gouvernements des Etats membres, sur leur demande, à renforcer leurs services de santé et

(6) *mesures de réglementation* visant les trois types d'action régulatrice internationale qu'elle est autorisée à instaurer[824] ».

381. Face aux difficultés de catégorisation qui ne favorisent pas la lisibilité de ses fonctions, l'OMS a voulu, en 1998, modifier le contenu de l'article 2 sur proposition du groupe spécial du Conseil exécutif sur l'examen de la Constitution[825]. Ce groupe spécial recommandait une révision de l'article 2 fondée sur les évolutions des politiques de santé depuis 1948 et leur avenir. L'article 2 s'articulerait autour de fonctions larges et flexibles définies en tant que quatre principes généraux plutôt que des activités spécifiques :

« 1. Agir en tant qu'autorité directrice et coordinatrice, dans le domaine de la santé, au niveau international ;

2. Conduire le développement sanitaire international ;

3. Etre l'organisation internationale chargée de fixer et de surveiller les règles et les normes en matière de santé ;

4. Coopérer avec les Etats membres en apportant des conseils et une coopération technique[826] ».

382. Ensuite, sous chaque grand principe, des activités spécifiques pourraient y être rattachées. Toutefois, le Conseil exécutif n'a pas soumis cette proposition à l'Assemblée mondiale de la santé au motif que si l'article 2 ne constitue pas une « disposition parfaite » elle a été au service des objectifs de l'OMS[827]. Une clarification dans la catégorisation des fonctions énumérées permettrait, une lisibilité plus facile et renforcerait indirectement la compétence de l'OMS. En effet, les difficultés de délimitation de la compétence de l'OMS, rendent son action davantage confuse. Cette clarification n'affaiblirait pas les moyens d'action de l'OMS mais permettrait d'identifier précisément le domaine de compétence de l'OMS. Afin de pallier

---

824 OMS, Actes officiels de l'OMS, n°2, *Débats et actes finaux de la Conférence internationale de la Santé qui s'est tenue à New York du 19 juin au 22 juillet 1946*, 1948, pp.16-17.

825 Proposition du groupe spécial du Conseil exécutif sur l'examen de la Constitution, *Amendements à l'article 2 de la Constitution*, Conseil exécutif, Document EB101/1998/REC/1, Annexe 3, p.52.

826 OMS, *Amendements à l'article 2 de la Constitution - Observations des comités régionaux concernant une proposition du groupe spécial du Conseil exécutif sur l'examen de la Constitution,* Conseil exécutif, Document EB103/14.

827 OMS, *Procès-verbaux des travaux de la cent troisième session du Conseil*, Conseil exécutif, Document EB103/1999/REC/2, p.139.

à cette confusion, des priorités ont été établies afin de concentrer les efforts de l'OMS.

b. Des catégories de priorités

383. De nombreux auteurs ainsi que l'OMS elle-même ont cherché à catégoriser les fonctions de l'OMS par rapport à leur caractère essentiel[828] et/ou prioritaire.

384. En 1997, Monsieur FRENK considère qu'il existe cinq fonctions prioritaires essentielles pour l'OMS[829] qu'il catégorise ainsi : « (1) surveillance et contrôle des maladies qui représentent un menace mondiale ou régionale ; (2) promouvoir la recherche et le développement de la technologie ; (3) développer les standards et les normes pour la certification internationale ; (4) protection des réfugiés internationaux et (5) agir en tant qu'agent d'assistance et défendre les populations extrêmement vulnérables qui sont sans recours ». On retrouve des similarités entre cette catégorisation et la catégorisation par contenu dont l'importance de la recherche, le partage de l'information et le développement de la norme. Toutefois, le choix de mettre en avant les réfugiés internationaux ainsi que les populations extrêmement vulnérables est un élément de différenciation. En faire une fonction prioritaire de l'OMS s'explique notamment par le contexte particulier des années 1990. La mondialisation a accru les risques pour la santé notamment la menace mondiale pour l'environnement, l'utilisation excessive des ressources et le déplacement des populations en raison de guerre ou de crises économiques et environnementales[830].

385. De même, pour les Professeurs RUGER et YACH, les fonctions essentielles sont à catégoriser en trois : (1) les fonctions normatives, qui incluent les conventions et accords internationaux, les standards non contraignants et les recommandations, (2) la fonction coordinatrice et directrice, qui inclut la santé pour tous, la pauvreté et la santé, les activités liées aux médicaments essentiels et les programmes de maladies spécifiques et (3) les fonctions de recherche et de coopération technique qui incluent l'éradication des maladies et les urgences sanitaires[831].

386. Selon Monsieur CLIFT, les fonctions essentielles[832] sont les fonctions qui « nécessitent une action collective que les Etats nations individuellement ne pourraient entreprendre seuls[833] ». Elles se différencient ainsi des fonctions supports ou de soutien ou non essentielles qui sont « menées au niveau international dans le but principal de soutenir les gouvernements mais qui devraient pouvoir se réaliser au niveau national et que les gouvernements ne

---

828 E. RENGANATHAN, *The World Health Organization as a key venue for global health diplomacy*, Chapitre 13 in I. KICKBUSCH et al., *Global Health Diplomacy, Concepts, issues, actors, instruments, fora and cases*, Springer, 2013, pp.173-186 (174).

829 J. FRENK et al., « *The new world order and international health* », BMJ, vol.314, 10 May 1997, p.1406. Les auteurs regrettent également que des fonctions essentielles soient négligées.

830 *Ibid.*, p.1404.

831 J. P. RUGER et D. YACH, *The Global role of the World health organization*, Global Health Governance, vol.2 (2), 1er Avril 2009, pp.1-11.

832 V. également : K. LEE, *The World health organization (WHO)*, Routledge, Global Institutions, 2009, p.20.

833 C. CLIFT, *What's the World Health Organization For ?*, *op.cit.*, p.9. L'auteur parle de « core functions »

sont pas capables d'entreprendre seul[834] ». L'élément qui ressort est la nécessité ou non d'une coopération collective au niveau international afin de mettre en œuvre la fonction[835]. Certains estiment que les fonctions essentielles transcendent la souveraineté de tout Etat[836]. Les fonctions essentielles intéressent l'ensemble des Etats alors que les fonctions supports assistent les pays avec les plus grands besoins. Ainsi, est une fonction support, toute fonction qui pourrait être réalisée par un Etat seul, mais dont l'absence de ressource l'oblige à faire appel à la communauté internationale. Monsieur CLIFT propose ainsi une classification entre les fonctions essentielles (article 2 (a), (b), (d), (f), (k), (s), (t), (u) et (v)) et les fonctions supports ou non essentielles (article 2 (c), (e), (g), (h), (i), (j), (l), (m), (n), (o), (p), (q), (r))[837].

387. Enfin, l'OMS, différencie les fonctions essentielles et les priorités. Les fonctions essentielles, sont définies, plus largement, comme « la façon dont fonctionne l'OMS », « découlent directement de l'article 2 de la Constitution de l'OMS et sont donc relativement immuables, même si l'orientation technique de fond des activités de l'OMS évolue avec le temps[838] ». Aucune distinction au sein des fonctions listées à l'article 2 n'est envisagée. A la différence, les priorités sont « l'importance relative donnée aux catégories et fonctions selon des critères prédéfinis appliqués suivant une méthodologie donnée pour prendre des décisions visant à privilégier des programmes et à établir des distinctions pour l'allocation des ressources[839] ».

388. Dès lors, périodiquement, l'OMS énonce, dans ses programmes généraux de travail, les priorités autour desquelles vont s'articuler ses travaux dans une période donnée. Ainsi, lors du 12e programme général de travail – qui couvre la période 2014-2019 – six fonctions ont été considérées comme essentielles « (1) jouer un rôle moteur dans les domaines essentiels pour la santé et établir des partenariats lorsqu'une action conjointe est nécessaire ; (2) établir les priorités de la recherche et encourager la production, l'application et la diffusion de connaissances dignes d'intérêt ; (3) fixer des normes et des critères, encourager et surveiller leur application ; (4) définir des politiques conformes à l'éthique et fondées sur des données probantes ; (5) fournir un appui technique, se faire l'agent du changement et renforcer durablement les capacités institutionnelles et (6) surveiller la situation sanitaire et évaluer les tendances dans ce domaine ».[840]

389. Le point commun qui ressort des différentes catégorisations est la dichotomie[841] entre d'une part les fonctions techniques de coopération et d'assistance opérationnelle et d'autre part les fonctions rattachées au rôle de

---

[834] *Ibid.*, p.9. L'auteur parle de « supportive functions ».

[835] On retrouve cette distinction fonction essentielle/fonction support dans D. T. JAMISON, J. FRENK et F. KNAUL, « *International collective action in health : objectives, functions, and rationale* », Lancet, vol.351, n°9101, pp.514-517.

[836] *Ibid.*

[837] C. CLIFT, *What's the World Health Organization For ?*, Rapport final du Centre on Global Health Security Working Group on Health Governance, Chatham House Report, May 2014, pp.8-9.

[838] OMS, *Réforme de l'OMS : programmes et définition des priorités*, Réunion des Etats membres, Document 1, 20 février 2012, p.2.

[839] *Ibid.*

[840] OMS, *Projet de douzième programme général de travail*, 66ème AMS, DocumentA66/6, 19 avril 2013, p.14.

[841] G. L. BURCI et C.-H. VIGNES, *The World Health Organization*, *op.cit.*, p.120.

direction et de coordination intégrant la fonction normative étendue de l'OMS. Aussi bien historiquement qu'en raison de son contenu et, aujourd'hui, en raison de ces choix prioritaires, on constate que l'Organisation dispose d'une fonction normative reconnue, légitime et essentielle aux moyens d'action conséquents et diversifiés.

390. Ces moyens d'action couplés à un objectif très étendu en raison d'une définition englobante de la santé confèrent à l'OMS un mandat ambitieux. Toutefois, l'action de l'OMS se limite à son domaine de compétence au nom du principe de spécialité des organisations internationales.

CONCLUSION DU CHAPITRE 1

391. L'analyse des fondements de l'OMS permet de rendre compte de la particularité de cette organisation internationale qui repose sur une structure innovante et un mandat ambitieux. L'OMS dispose d'un fonctionnement singulier qui se fonde sur une volonté d'autonomie confrontée à un double équilibre. En effet, son statut intergouvernemental impose la participation des Etats membres à son fonctionnement. Par ailleurs, la présence des organisations régionales limite parfois son champ d'action. La prise en compte de ces deux facteurs est source de difficultés dans le fonctionnement interne de l'OMS qui affectent sa légitimité.

392. Toutefois, la volonté d'autonomie de l'OMS dans la mise en œuvre de sa politique est corroborée par le mandat ambitieux conféré par sa Constitution en tant qu'institution spécialisée de santé. Il repose, par ailleurs, sur des moyens d'action étendus. L'OMS dispose ainsi, en vertu de sa Constitution, d'une autorité au niveau international en matière de santé sans précédent. Cette dernière est néanmoins limitée par la difficulté à cerner son but et à délimiter ses fonctions.

393. Si les dysfonctionnements internes de l'OMS ont des conséquences sur son autorité de santé publique au sein du paysage mondial, l'OMS est également mise en difficulté par la concurrence d'autres acteurs de la santé mondiale.

CHAPITRE 2

LA MULTIPLICATION DES ACTEURS DE LA SANTÉ MONDIALE

394. L'article 2 (b) de la Constitution reconnaît à l'OMS la fonction « d'établir et de maintenir une collaboration effective avec les Nations unies, les institutions spécialisées, les groupes professionnels, ainsi que telles autres organisations qui paraîtraient indiquées ». Ainsi, la collaboration de l'OMS avec d'autres acteurs en matière de santé mondiale est encouragée. Toutefois, cette collaboration donne lieu aujourd'hui à une « parcellisation sanitaire internationale[842] » dans laquelle l'OMS se trouve confrontée à « pléthore d'acteurs[843] ». Cette situation soulève des problèmes quant à la légitimité de l'OMS qu'il convient d'analyser. Afin d'évaluer le rôle des acteurs de la santé mondiale, il convient d'opérer une distinction entre, d'une part, les acteurs étatiques et interétatiques et, d'autre part, les acteurs non étatiques.

395. La première catégorie historique comprend ainsi des acteurs étatiques et interétatiques très variés qui participent à la santé mondiale et ont une influence sur l'autorité de l'OMS (Section 1). La seconde catégorie émergente des acteurs non étatiques comprend les organisations non gouvernementales. Il convient d'y ajouter les acteurs issus du secteur privé qui jouent un rôle croissant dans la santé mondiale (Section 2).

La présence des acteurs étatiques et interétatiques (Section 1)
L'émergence des acteurs non étatiques dans la santé mondiale (Section 2)

SECTION 1 : LA PRESENCE DES ACTEURS ETATIQUES ET INTERETATIQUES

396. Historiquement, la coopération en matière de santé mondiale s'est fondée sur la volonté des Etats de mettre en place une organisation internationale spécialisée. Ainsi, l'OMS dépend de ses Etats membres et doit faire face à leur compétence sanitaire au niveau national. Cette présence étatique s'accompagne également de celle d'organisations sanitaires régionales

[842] M. BELANGER, *Droit international de la santé*, Economica, 1983, p.61.
[843] B. R. BLOOM, « *WHO needs change* », Nature, vol.473, n°7346, pp.143-145.

(§1). Par ailleurs, de nombreuses organisations internationales participent à la santé mondiale (§2).

§1 : Les Etats et les organisations régionales

397. Les Etats apparaissent comme les premiers acteurs de la santé mondiale en tant que sources de la compétence de l'OMS et bénéficiaires de son action (A). Par ailleurs, les organisations régionales disposent de compétences renforcées en matière de santé qui en font des acteurs essentiels de la santé mondiale (B).

A. Les Etats, premiers acteurs de la santé mondiale

398. D'une part, du fait de la diversité des 194 membres qui composent l'Organisation, les Etats apparaissent comme des acteurs hétérogènes (1). D'autre part, cette hétérogénéité a une conséquence sur le financement de l'OMS par les Etats membres en tant que contributeurs principaux de son budget (2).

1. Des acteurs hétérogènes

399. Si, à l'origine, l'ensemble de la communauté internationale a souhaité la création de l'OMS (a), les Etats apparaissent également comme des acteurs de la santé mondiale potentiellement concurrents de l'Organisation (b).

a. Une reconnaissance internationale

400. Dès l'origine, les Etats ont joué un rôle essentiel dans le développement de la coopération sanitaire internationale. Ainsi, la volonté de la communauté internationale d'apporter une solution contre les épidémies dont le risque s'accroit en raison de l'augmentation des échanges internationaux initie la coopération sanitaire internationale. Par exemple, la France a accueilli de nombreuses Conférences sanitaires internationales à Paris dont la première a eu lieu en 1851. Cette conférence ouvrit « une ère nouvelle d'action internationale dans le domaine de la santé publique[844] ». Par ailleurs, la France organisa le premier congrès international de médecine à Paris en 1867, « année où LISTER énonça pour la première fois le principe de la chirurgie antiseptique, auquel l'avaient conduit les travaux de Pasteur sur la fermentation[845] ».

401. Par la suite, les Etats – acteurs fondateurs de l'OMS – participèrent activement à la mise en place de l'Organisation. Ainsi, c'est à nouveau à Paris que se réunissait la Commission technique préparatoire en mars et en avril 1947. Les membres de la Commission notamment les membres français, anglais, américains et yougoslaves préparèrent un certains nombre de

[844] OMS, *Les dix premières années de l'OMS, Chapitre 1 – Les conférences sanitaires internationales*, OMS, 1958, p.5.
[845] *Ibid*, p.6.

mémorandums qui servirent de « base de discussion solide et substantielle, et la plupart des idées qu'ils renfermaient furent finalement incorporées dans la Constitution[846] ».

402. De même, la coopération entre les Etats membres et l'OMS est une nécessité évidente de survie pour l'Organisation. Rappelés par la Constitution, les enjeux de la santé mondiale et « la nécessité de la protection internationale générale de la santé des populations des Etats[847] » imposent une coopération nationale pour la mise en œuvre de l'action de l'OMS. Ainsi, les Etats, en particulier les pays en développement, reconnaissent d'autant plus la place de l'OMS qu'ils sont les premiers bénéficiaires de son action. En effet, selon Monsieur WALT, « s'il existe un débat important sur l'utilité de l'assistance technique de l'OMS aux pays développés, il n'y a aucun doute que beaucoup de pays en développement – en particulier les plus pauvres – valorisent toute assistance qu'ils peuvent recevoir[848] ». Depuis 1948, l'OMS a mis en place de nombreux programmes afin d'améliorer les conditions de santé dans le monde : des efforts allant de l'éradication de la variole à la mise en place de programmes éducatifs relatifs aux risques liés au tabagisme.

403. Dans la mise en œuvre de priorité, l'OMS a été confrontée à la conciliation entre les préférences d'une minorité de nations qui finance en grande partie l'OMS et les demandes des Etats en développement qui détiennent la majorité des votes[849]. L'action de l'OMS a toujours été en faveur des pays en développement que ce soit de droit, avec la mise en place de programmes et d'initiatives à l'attention particulière de ces pays, ou de fait, par les besoins et les risques sanitaires accrus de ces pays qui concentrent les efforts de l'OMS. Ainsi, les différentes crises sanitaires mondiales démontrent le besoin des pays en développement qui oriente mécaniquement les efforts de l'OMS. Par exemple, le H1N1 et les pays d'Asie, le H5N1 et le Mexique, ou encore récemment le virus *Ebola* et les pays africains. Pour l'ensemble de ces cas, ce sont les pays en développement qui sont en premier touchés. Toutefois, comme le rappellent certains, si « ces épidémies menacent en premier les systèmes les plus pauvres en ressources, elles concernent également l'ensemble de la communauté mondiale[850] ».

404. Enfin, a titre d'exemple de cette collaboration entre les Etats membres et l'OMS, la création du bureau OMS de Lyon pour la préparation et la réponse des pays aux épidémies. Lancée à la fin des années 1990, cette coopération a été formalisée en 2000 par la signature d'un accord quinquennal. Ce dernier fut renouvelé en 2005, puis cinq ans plus tard pour la période 2010-2015, avec pour objectif de renforcer les systèmes nationaux de surveillance et d'intervention afin de mieux détecter, évaluer et notifier les événements de portée internationale. Le but est de mieux faire face aux situations d'urgence d'ampleur internationale présentant un danger pour la santé publique.

---

[846] *Ibid.*, p.5.
[847] M.BELANGER, *Réflexions sur la mondialisation du droit de la santé,* in M. BELANGER, *La mondialisation du droit de la santé*, Bordeaux, Les Etudes Hospitalières, 2011, p.18.
[848] G. WALT, « *WHO under stress : Implications for health policy* », *op.cit.*, p.132.
[849] N. CHOREV, « *The World health organisation between North and South* », Cornell University Press, 1st edition, May 2012 p.287.
[850] S. B. KENNEDY et R. A. NISBETT, *The Ebola epidemic : a transformative moment for global health*, Bulletin World Health Organisation, vol.93:2, 2015.

405. Toutefois, si les Etats reconnaissent, bénéficient et collaborent avec l'OMS, ils peuvent également être en concurrence avec cette dernière.

b. Des acteurs concurrents de l'OMS

406. Comme l'énonce le Professeur CAHIN, toute organisation internationale constitue un « procédé de représentation multiforme des Etats les uns auprès des autres[851] ». A ce titre, l'OMS n'est pas une organisation supranationale en mesure d'imposer ses décisions contre la volonté des Etats[852]. Ainsi, la souveraineté, « qui dans l'ordre interne, exprime la puissance suprême de gouverner, de commander et de décider [853]» et qui, dans l'ordre international, signifie « que l'Etat n'est soumis à aucun autre pouvoir de même nature[854] », permet aux Etats de développer leurs politiques de santé de façon indépendante[855] de l'OMS. Cette indépendance de certains pays à l'égard de l'OMS a été accentuée par deux aspects complémentaires.

407. D'une part, la force financière et économique des pays développés a renforcé leur capacité à développer leur politique de santé indépendamment de l'OMS. L'utilité limitée de l'OMS a été confirmée par l'évolution positive des systèmes de santé de certains Etats membres. Par exemple, le système français a été reconnu par l'OMS comme étant le meilleur système de santé dans le monde en 2000[856]. Si ce classement a été critiqué de façon pertinente en raison notamment de la méthode employée[857], il est représentatif des avancées en matière de santé des pays développés. Ainsi, ces avancées rendent le travail de l'OMS parfois moins pertinents pour ces Etats. Par ailleurs, il arrive que l'OMS préconise ainsi des évolutions des systèmes de santé qui sont déjà présentes au sein des pays développés. Par exemple, l'OMS a la volonté de mettre en place la Couverture (sanitaire) universelle[858], alors que le principe

---

[851] G. CAHIN, « *La variété des fonctions imparties aux organisations internationales* », in E. LAGRANGE et J.-M. SOREL, *op.cit.*, p.679.

[852] J. COMBACAU et S. SUR, *Droit international public, op.cit.*, 1999, p.227. Les auteurs considèrent que « Dans l'ordre international au contraire affirmer qu'il est souverain signifie qu'on en trouve au-dessus de lui aucune autorité dotée à son égard d'une puissance légale : la souveraineté internationale se définit négativement comme la non-soumission à une autorité supérieure, le fait d'être le sujet 'au sens assujetti) d'aucun sujet (au sens de personne juridique). » V. également E. MONDIELLI, « *Etude 135 : Organisations Internationales* », *op.cit.*, n°135-55.

[853] J. SALMON, *Dictionnaire de Droit international public, op.cit.*, « souveraineté » p.1044.

[854] *Ibid.*

[855] Synonyme de souveraineté extérieure (cf. *Ibid.*, p.1045. V. également Ch. ROUSSEAU, « *L'indépendance de l'Etat dans l'ordre international. Cours de droit international public* », RCADI, vol.73, 1948, pp.167-253) ou souveraineté externe (RIALS (S.), « *La puissance étatique et le droit dans l'ordre international. Eléments d'une critique de la notion usuelle de 'souveraineté externe'*, in *Le droit international*, APD, 1987, vol.32).

[856] OMS, *Rapport sur la Santé dans le Monde 2000 – Pour un système de santé plus performant*, 2000 « L'analyse conclut que la France fournit les meilleurs soins de santé généraux. »

[857] J. DE KERGUIZIAU DE KERVASDOUE, « *Le système de santé français : une excellence menacée* », Communication devant les membres de l'Académie des sciences morales et politiques, 22 avril 2013. Il explique « En l'an 2000, l'Organisation Mondiale de la Santé (OMS) annonça que le système de santé français était le meilleur du monde (...). Depuis, on a découvert que cette première place était notamment due à un mauvais score de notre système d'éducation, or ce paramètre jouait un rôle inverse dans la mesure d'un des critères du classement. Tout ceci dit plus de la méthodologie discutable du palmarès de l'OMS que de la qualité de notre système, il demeure remarquable, mais n'a jamais été premier que dans les ordinateurs de cette organisation onusienne ».

[858] OMS, *Structures durables de financement de la santé et couverture universelle*, WHA64.9, 64e AMS, 24 Mai 2011 et OMS, *Plaidoyer pour la couverture sanitaire universelle*, 2013.

existe déjà en France notamment par le biais de la Couverture maladie universelle (CMU) et la CMU complémentaire (CMU-C)[859].

408. Parallèlement, d'autre part, pendant longtemps, la priorité de l'action de l'OMS a visé davantage à aider les pays à améliorer le niveau de santé de leur population, notamment par le biais du financement de programmes verticaux, que d'améliorer structurellement les systèmes de santé des pays développés. La disparité des Etats membres et la priorité donnée aux pays avec les plus grands besoins ont créé un écart entre l'action de l'OMS et sa réception par certains Etats membres. L'objectif de l'OMS est apparu donc plus limité et moins pertinent pour les pays développés.

409. Ce détachement des pays développés à l'égard de l'OMS dans la mise en place de leur politique de santé s'observe également dans les références explicites à l'OMS ou à ses travaux au sein des systèmes juridiques. Dans l'ensemble du Code de la Santé Publique, seulement quatorze dispositions mentionnent explicitement l'OMS[860]. De même, concernant la jurisprudence, on constate que pour le Conseil d'Etat, les références à l'OMS dans les décisions rendues accessibles par internet sont limitées à treize[861]. Ainsi, si l'on écarte une décision où la référence est non pertinente[862], seulement douze arrêts font une référence expresse à « l'Organisation mondiale de la santé ». La majorité évoque l'OMS en tant qu'autorité normative scientifique et cite l'Organisation en tant que référence scientifique[863]. Dans deux situations, la jurisprudence du Conseil d'Etat fait référence à l'OMS pour des éléments davantage juridiques et politiques[864].

410. Enfin, on peut regretter que la dernière loi de modernisation de notre système de santé en 2016[865] ne fasse qu'une seule référence explicite à

---

[859] Adoptées par la loi du 27 juillet 1999 portant création d'une couverture maladie universelle

[860] Les articles L.5121-1-4 ; L.3115-1 ; L.5121-1-2 ; L.5121-1-3 ; R.3115-1 ; R.5121-1 ; R.3115-3 ; R.3115-47 ; R.3115-70 ; R.5131-4 ; R.5132-79 ; R.5132-102 ; R.5141-1 et D6431-17.

[861] Recherches effectuées sur le site Ariane web du Conseil d'Etat (14/05/2015).

[862] La décision du Conseil d'Etat n°93109 du 21 Septembre 1992 relative à une révision de pension versée par l'Etat fait référence à l'Organisation mondiale de la santé uniquement en ce que le requérant a été placé en position de détachement auprès de l'OMS pendant une période déterminée.

[863] L'analyse de cette jurisprudence montre que l'OMS est fait référence en tant qu'autorité normative scientifique : sur la formation des professionnels de santé (Conseil d'État, 23 mars 2016, n°387595), sur la qualité de l'air (Conseil d'État, 10 juin 2015, n°369428), sur les ultraviolets artificiels (Conseil d'État, 3 février 2015, n°386809), sur la microscopie optique (Conseil d'État, 23 octobre 2013, n°360731), sur la formation de base et la sécurité en chiropratique (Conseil d'État, 17 juillet 2013, n°347291), sur la compatibilité électromagnétique (Conseil d'État, 20 mars 2013, n°354321), sur la légionellose (Conseil d'État, 10 janvier 2011, n°345329), sur les nuisances sonores (Conseil d'État, 26 octobre 2007, n°299883), sur la toxicité des produits anti-parasitaires (Conseil d'État, 4 février 2004, n°242782) et sur les dénominations communes internationales (Conseil d'État, 20 décembre 2003, n°243954).

[864] L'analyse de cette jurisprudence montre que l'OMS est fait référence en tant qu'autorité normative juridique : sur le droit fondamental à la santé (Conseil d'État, 25 octobre 2002, n°251161 : « qu'en privilégiant le système de l'abonnement la commune supprime toute possibilité de prendre des repas impromptus, les tickets devant être achetés au plus tard la veille du repas ; que cette procédure engendre des contraintes financières importantes pour les familles, notamment les plus modestes, prive les enfants de la possibilité d'avoir une nutrition équilibrée et va ainsi à l'encontre du droit fondamental à la santé garanti par la charte de l'organisation mondiale de la santé (…) »)et sur la séropositivité des pilotes (Conseil d'État, 27 juin 1997, n°152280 : « Considérant que la circonstance, à la supposer avérée, que l'administration fédérale des Etats-Unis pour l'aviation, l'Organisation mondiale de la santé et les ministres de la santé de la communauté économique européenne, ainsi que diverses instances ou autorités, adopteraient une position différente de celle du conseil médical de l'aéronautique civile quant aux conséquences à tirer de l'éventuelle séropositivité des pilotes, est en tout état de cause sans incidence sur la légalité de la décision attaquée »).

[865] Loi n°2016-41 du 26 janvier 2016 de modernisation de notre système de santé (JORF n°0022 du 27 janvier 2016, texte n°1).

l'OMS[866] alors même que certains problèmes de santé présents dans le texte sont appréhendés par l'OMS, par exemple la question de la lutte antitabac par le biais de la CCLAT[867]. Si ces critères ne sont pas les seuls permettant d'identifier la place de l'OMS, ils sont représentatifs et symptomatiques d'un manque de considération de cette Organisation au sein des systèmes de santé de certains Etats. L'OMS ne peut être ainsi perçue comme une autorité mondiale de santé publique de référence.

411. Néanmoins, il convient de nuancer cette concurrence des Etats membres envers l'OMS. On notera par exemple pour la France une évolution depuis les années 2000. Ainsi, à l'exception d'une décision rendue en 1997, l'ensemble des décisions du Conseil d'Etat faisant référence à l'OMS l'a été entre 2002 et 2016. Par ailleurs, le développement de la fonction normative dans les années 2000 vient tempérer ces propos[868]. Enfin, le rôle joué par les organisations régionales, en l'espèce l'Union européenne, dans le développement du droit français explique en partie l'absence de référence à l'OMS notamment dans la loi relative à la santé. Il en reste pas moins que la souveraineté des Etats peut être amenée à concurrencer ou même à ignorer l'OMS en cas d'opposition entre la politique préconisée par l'OMS et celle appliquée par un Etat membre.

412. De même, il convient ici de distinguer les références explicites des travaux de l'OMS dans les législations nationales de la reprise implicite de son activité normative[869]. En effet, ce second aspect, bien plus diffus, est difficilement quantifiable mais demeure bien réel. Les références implicites à l'OMS c'est-à-dire la reprise du contenu d'un instrument de l'OMS sans mentionner sa source, au sein des systèmes nationaux notamment en matière de standards, existent.

413. Au-delà de considérations pratiques, il demeure des facteurs politiques qui expliquent l'influence limitée de l'OMS au sein des systèmes nationaux. Par exemple, l'exploitation du diesel en France, malgré la reconnaissance de sa dangerosité par l'OMS[870], s'explique par des considérations politiques. On notera simplement que 60% du parc automobile français fonctionne au diesel. Toutefois, des mesures sont effectives depuis le 1er juillet 2016 à Paris[871] et sont annoncées dans toute la France au 1er janvier 2017 dont la mise en place obligatoire de la pastille verte et de la prime à la conversion. De même, avant la réforme sanitaire de 2013 du Président Obama, pendant longtemps, l'accès

---

866 L'article 49 alinea 1 de la loi précise « ces valeurs-guides et ces niveaux de référence sont fixé en conformité avec ceux définis par l'Union européenne et, le cas échant, par l'Organisation mondiale de la santé ».

867 V. *infra* n°0.

868 On note par exemple que le Règlement sanitaire international, révisé en 2005, a accru les références dans le Code de santé publique.

869 V. l'exemple de la Convention-cadre pour la lutte antitabac de 2003 et la reprise du paquet neutre dans la Loi n° 2016-41 du 26 janvier 2016 de modernisation de notre système de santé. V. *infra* n°0.

870 L'OMS classe le diesel comme « cancérigène certain » pour l'homme (groupe 1) depuis 2012. Il était considéré jusqu'alors comme « cancérigène probable » (groupe 2A) (Classement établi par le Centre International de Recherche contre le Cancer). V. *infra* n°0 et s.

871 Arrêté n°2016 P 0114 instaurant des restrictions de circulation pour certaines catégories de véhicules en fonction de leur niveau d'émission de polluants atmosphériques. Selon cet arrêté du Conseil de Paris, les véhicules individuels (essence comme diesel) immatriculés avant 1997, et les deux-roues motorisés antérieurs au 1er juin 1999, sont interdits de circulation dans Paris, en semaine, de 8h à 20h.

aux soins défendus par l'OMS n'était pas complètement mis en œuvre aux Etats-Unis. En d'autres termes, au nom de la souveraineté des Etats, il n'y a aucune obligation pour les derniers de suivre la politique menée par l'OMS alors même qu'elle est décidée par les Etats membres eux-mêmes au sein de l'Assemblée mondiale de la santé. Il faut reconnaître que cette impuissance n'est pas propre à l'OMS mais concerne l'ensemble des organisations internationales.

414. Enfin, s'ajoutent à cela plusieurs initiatives de santé mondiale qui se fondent sur les Etats ou un groupe réduit d'Etats indépendamment de l'OMS[872]. Par ailleurs, l'existence d'une aide bilatérale en santé par le biais d'agences nationales[873] contourne l'autorité et le financement de l'OMS. Ces institutions bilatérales sont considérées comme politiquement et économiquement influentes[874]. Elles ont, en outre, l'avantage de financer directement les Etats qui leur sont redevables à la différence des agences multilatérales comme l'OMS qui fonctionnent sur le principe de l'universalité et ne suivent pas l'approche de l'aide liée. Par ailleurs, la mise en place de réseaux multipays tels que le G8, G20 et G24 intervient dans la santé publique mondiale[875]. Enfin, la santé publique mondiale et plus particulièrement l'OMS, se trouve confrontée à la montée en puissance des pays émergents qui s'organisent au sein de groupements d'Etats tels que les BRICS[876] (Brésil, Russie, Inde, Chine et Afrique du Sud) ou les CIVETS (Colombie, Indonésie, Vietnam, Egypte et Turquie)[877].

415. Cette superposition étatique a des répercussions sur l'engagement des Etats à l'égard de l'OMS qui sont visibles notamment dans les contributions financières.

2. Les Etats, contributeurs de l'OMS

416. En cohérence avec le principe de l'obligation de financement des dépenses de l'organisation internationale par ses membres rappelé par la CIJ[878], les Etats demeurent les premiers contributeurs du budget de l'OMS.

---

[872] D. SRIDHAR et al, « *Are existing governance structures equipped to deal with today's global health challenges – Towards systematic coherence in scaling up* », Global health governance, vol.II, n°2 (Fall 2008/ Spring 2009), pp.1-25 (p.3); N. WOODS, A. BETTS, J. PRANTL, D. SRIDHAR, « *Transforming global governance for the 21st century* », UNDP Human Development Report Office, 2013.

[873] Pour la France, l'Agence française du développement (AFD) ; pour les Etats-Unis, l'Agence des Etats-Uni pour le développement international (USAID) ; pour l'Allemagne, l'Agence allemande pour la coopération technique (GTZ) et pour le Royaume-Unis, le Département du développement international (UK DFID).

[874] R. DODGSON et al., « *Global Health Governance : A Conceptual Review* », Centre on Global Change & Health Dept of Health & Development, London School of Hygiene World Health Organization & Tropical Medicine, and Department of Health and Development, World Health Organization Discussion Paper n°1, Feb 2002, p.22.

[875] D. SRIDHAR, « *Post-Accra : is there space for country ownership in global health* », Third World Quarterly, 30(1), Janvier 2009, pp.1363-1377.

[876] Par exemple, les BRICS, organisent une conférence annuel des ministres de la santé afin de renforcer leur coopération notamment en matière de transfert de technologie pour la production médicale ou en matière de couverture universelle de santé (J. BARBOSA DA SILVA, K. DESIRAJU et al., « *BRICS cooperation in strategic health projects* », Bulletin World health organization, vol.92 :388, 2014).

[877] V. en ce sens : D. SRIDHAR et al., « *Recent Shifts in global governance : implications for the response to non-communicable diseases* », Plos Medecine, vol.10 n°7, Juillet 2013, pp.1-6 (p.1).

[878] CIJ, avis consultatif du 20 juillet 1962, *Certaines dépenses des Nations unies (art. 17 § 2 de la Charte)*, CIJ Rec. 1962, p.151.

Toutefois, cette contribution générale est en baisse (a) et ses modalités en évolution (b).

a. Une contribution des Etats en baisse

417. Le désengagement de certains Etats à l'égard de l'OMS s'observe dans les contributions financières du budget de l'Organisation, devenu biannuel à partir de 1980-1981[879]. N'ayant pas de ressources propres comme la plupart des organisations intergouvernementales[880], le budget de l'OMS est financé à la fois par les contributions fixes des Etats membres et par les contributions volontaires versées par des acteurs étatiques et non étatiques. L'OMS dispose donc d'un budget ordinaire et extraordinaire[881] ce qui « limite nécessairement son autonomie d'action et de décision[882] ».

418. Concernant le budget ordinaire, il est financé par les contributions des Etats prévues à l'article 5.6 du Règlement financier. Le montant des contributions est basé sur le barème de l'ONU[883] qui se fonde notamment sur la capacité de paiement des Etats membres et le revenu comparé par habitant ainsi que sur d'autres facteurs[884]. La contribution minimum est de 0,0010 % et le plafond maximal était fixé à 25 %, à l'origine, comme à l'ONU. Toutefois, en 2000, sous la pression des Etats-Unis, seul Etat membre à l'atteindre, le plafond a été rabaissé à 22 % à l'ONU[885]. Cela ne s'est pas répercuté au sein du calcul à l'OMS mais a abouti à un accord sur le consensus budgétaire à respecter [886]. En effet, les menaces du Congrès américain de réduire unilatéralement sa contribution a mené à un accord permettant l'adoption du budget par consensus ce qui a accentué davantage le risque d'influence des contributeurs les plus importants par rapport à une approche purement numérique[887].

419. En effet, certains Etats participent grandement aux contributions fixes ce qui pose des difficultés. Ainsi, la contribution des Etats-Unis, même si elle est justifiée par les données économiques, donne à ce pays « un pouvoir de pression, et même de chantage[888] » important. L'histoire a montré que le Congrès des Etats-Unis a souvent utilisé sa contribution pour « obtenir des changements de programmes, des réformes de gestion et, en tout état de cause,

---

[879] Article 56 de la Constitution de l'OMS. V. également : G. L. BURCI et C.-H. VIGNES, *The World Health Organization*, *op.cit.*, p.202.

[880] Y. BEIGBEDER, *L'Organisation mondiale de la santé*, QSJ, PUF, 1997, p.109. A l'exception du produit des ventes de publications qui reste minimal. Par exemple, en 1992-1993 il était de 7,2 millions de dollars

[881] Les fonds extraordinaires correspondent à « toutes les ressources, autres que celles prévues par le budget ordinaire administrés par l'Organisation » (K. LEE et J. FANG, *Historical Dictionnary of the World Health Organization*, *op.cit.*, p.137.).

[882] Y. BEIGBEDER, *L'Organisation mondiale de la santé*, QSJ, PUF, 1997, p.109.

[883] Ceci découle d'une résolution adoptée lors de la première Assemblée mondiale de la santé en 1948 : « Il est décidé que les pourcentages et unités de contribution indiqués [...] seront calculés conformément aux règles adoptées par les Nations unies pour fixer les contributions de leurs Membres au titre des exercices 1948 et 1949 (OMS, *Barème des contributions, Commission des questions administratives et financières*, A/AF/29, 15 juillet 1948, OMS, Actes officiels n°10, p.45).

[884] Y. BEIGBEDER, L'Organisation mondiale de la santé, QSJ, PUF, 1997, p.111.

[885] ONU, Résolution A/RES/55/5, Assemblée générale, Décembre 2000.

[886] Y. BEIGBEDER, L'Organisation mondiale de la santé, QSJ, PUF, 1997, p.111.

[887] G. L. BURCI et C.-H. VIGNES, *The World Health Organization*, *op.cit.*, p.203.

[888] Y. BEIGBEDER, L'Organisation mondiale de la santé, QSJ, PUF, 1997, p.112.

le gel ou la diminution des budgets[889] ». Par exemple, les Etats-Unis étaient contre le programme de médicament essentiel ce qui a mené à la retenue de sa contribution au budget ordinaire en 1985[890].

420. Plus largement, malgré la limite maximum de contribution par un Etat afin de garantir l'autonomie de l'OMS[891], le fait que les contributions de six Etats membres participent au financement de près de 60 % du budget ordinaire[892] offre un pouvoir certain d'influence à ces derniers. Cette influence « s'exerce, par exemple, sur le niveau des prévisions budgétaires, sur le choix des programmes, sur le recrutement et parfois la carrière des ressortissants de ces pays au sein du secrétariat (…)[893] ». Cette prépondérance témoigne du renforcement du contrôle de certains Etats sur l'action de l'OMS.

421. A l'origine, l'OMS devait être financée uniquement par le biais du budget ordinaire émanant des contributions fixes des Etats membres comme en 1949[894]. Toutefois, les contributions fixes des Etats ont diminué. La raison invoquée initialement était d'éviter une trop grande « politisation » de l'OMS par la domination de certains pays et donc leur influence[895]. Durant les années 1980 et 1990, plusieurs budgets furent votés avec une croissance réelle de zéro. Depuis 1998-1999, les budgets ont été votés avec une croissance nominative de zéro[896]. Par exemple, de l'année 2012-2013 à l'année 2014-2015 les contributions fixes des Etats sont restées à 929 milliards[897]. On peut même considérer que ces dernières vont baisser si les recettes non fixées provenant des Etats membres sont intégrées au calcul. Autre exemple, les Etats Unis, premier contributeur du budget ordinaire de l'OMS, est passé de 25 % en 1995[898] à 22 % de contributions pour 2014-2015[899]. Il en va de même pour la France, qui est passée de 5,90 % en 1995[900] à 5,59 % du budget ordinaire 2014-2015[901].

422. Enfin, le montant global du budget de l'OMS (ordinaire et extraordinaire) est en baisse. Avec un montant de cinq millions de dollars en 1949, le budget a été en 1993 plus d'un milliard de dollars. Le budget de l'OMS était alors le deuxième après celui de l'ONU. Si cette augmentation a continué jusqu'en 2011 avec un budget de plus de 4,5 milliards de dollars[902], il a évolué à la baisse ces dernières années. En effet, selon le budget 2014-2015,

---

[889] *Ibid.*

[890] E. MISSONI, « *A healthier political functioning* », Bulletin de Medicus Mundi Suisse, n°122, décembre 2011.

[891] *Ibid.*

[892] Les Etats-Unis restent le plus gros contributeur de fonds des Etats membres en contributions fixes avec près de 22% des contributions fixées, suivent Japon (10,8%), Allemagne (7%), France (5,6%), Royaume-Uni (5,2%), et la Chine (5%) (Source : OMS, *Barème des contributions 2014-2015*, WHA 66.15, 27 mai 2013).

[893] Y. BEIGBEDER, L'Organisation mondiale de la santé, QSJ, PUF, 1997, p.112.

[894] *Ibid.*, p.114.

[895] E. MISSONI, « *A healthier political functioning* », *op.cit.*, Cette volonté a d'ailleurs eu lieu dans de nombreuses agences des Nations unies dont l'UNESCO et l'OIT dès 1982.

[896] G. L. BURCI et C.-H. VIGNES, *The World Health Organization*, *op.cit.*, p.204.

[897] OMS, *Projet de budget programme 2014-2015*, A66/7, 66e AMS, 19 avril 2013 p.13.

[898] Y. BEIGBEDER, L'Organisation mondiale de la santé, QSJ, PUF, 1997, p.112.

[899] OMS, *Barème des contributions 2014-2015*, WHA66.15, 66E AMS, 27 mai 2013, p.2.

[900] Y. BEIGBEDER, L'Organisation mondiale de la santé, QSJ, PUF, 1997, p.112.

[901] OMS, *Barème des contributions 2014-2015*, *op.cit.*, p.2.

[902] OMS, *Financement de l'Organisation mondiale de la Santé*, Conseil exécutif, Session extraordinaire sur la réforme de l'OMS, EBSS/2/INF./DOC./2, 25 octobre 2011.

le montant total du budget de l'OMS s'élève à 3,977 milliards de dollars, soit une baisse d'environ 15 %[903]. On constate, cependant, une augmentation sensible pour l'exercice 2016-2017 à hauteur de 4,3849 milliards de dollars[904]. Cette crise du financement a été confirmée par la Directrice générale elle-même qui parle d'austérité financière[905]. On observe donc que ce blocage du budget ordinaire qui induit une diminution du budget global, s'accompagne d'une évolution dans la modalité des contributions.

b. Une évolution dans les modalités de contribution

423. Parallèlement à cette mainmise sur le budget ordinaire par certains Etats, ce dernier a été vu progressivement dépassé par le budget extraordinaire composé de contributions volontaires. Ainsi, le budget extraordinaire est passé de 25 % en 1970 à 40 % en 1980 à plus de 50 % en 1990[906]. Aujourd'hui, les contributions volontaires représentent 77 % du financement de l'OMS avec le risque qu'elles représentent 80 % à l'avenir[907]. Ainsi, pour l'année 2014-2015 les prévisions sont de 929 millions de dollars pour les contributions fixes et de 3,048 milliards pour les contributions volontaires. Ces dernières sont en augmentation de 1,1 % par rapport à 2012-2013 (3,015 milliards de dollars).

424. Parmi les contributions volontaires du budget biannuel 2012-2013, 53 % provenaient des Etats membres[908]. Si ce pourcentage a beaucoup diminué, puisqu'en 1995 il était encore de 80 %[909], il démontre toute de même la place des Etats dans le financement de l'OMS, aussi bien par le biais des contributions fixes que volontaires. En effet, la contribution totale, fixe et volontaire, des Etats membres représente encore 62 % pour l'année 2012-2013[910].

425. Par ailleurs, la part importante de contributions volontaires illustre la volonté des Etats membres de cibler davantage l'utilisation de leur argent pour des enjeux de santé particuliers sans contrôle de la part de l'Assemblée mondiale de la santé, qui a uniquement autorité sur les contributions fixes[911]. Par exemple, la France a signé un accord-cadre avec l'OMS pour la période 2014-2019[912] dans lequelle elle s'engage à contribuer à hauteur de 10 millions

---

[903] OMS, *Projet de budget Programme 2014-2015*, A66/7, 19 avril 2013, p.4.

[904] V. OMS, Résolution WHA68.1, 2015.

[905] OMS, *Allocution du Margaret CHAN, Directeur général, à la Soixante-Quatrième Assemblée mondiale de la santé*, A64/3, 16 mai 2011.

[906] P. VAUGHAN et al, « *WHO and the effects of extrabudgetary funds : is the Organization donor driven ?* », Health Policy and Planning, 11(3), Oxford University Press, 1996 (p.253-264) p.254.

[907] « Les contributions fixées restent au niveau de 2012-2013 – avec une croissance zéro en valeur nominale – et permettront de financer 23% environ du budget programme, les 77 % restants devant être financés par les contributions volontaires » (OMS, *Projet de budget Programme 2014-2015*, A66/7, 19 avril 2013, p.4).

[908] OMS, *Financial report and audited financial statements for the yar ended 31 December 2013*, A67/43, 63ᵉAMS, 17 avril 2014, p.6.

[909] P. VAUGHAN et al, « *WHO and the effects of extrabudgetary funds : is the Organization donor driven ?* », Health Policy and Planning, 11(3), Oxford University Press, 1996 (p.253-264) p.254.

[910] OMS, *Financial report and audited financial statements for the year ended 31 December 2013*, A67/43, 63ᵉAMS, 17 avril 2014, p.67.

[911] « Aujourd'hui, cependant, l'Assemblée mondiale de la santé approuve *uniquement* la part du budget financée par les contributions fixées (soit environ 25 %). » (OMS, *Réforme de l'OMS, Financement de l'OMS*, A66/48, 66ᵉ AMS, 13 mai 2013, p.1.).

[912] Décret n°2014-318 du 10 mars 2014 portant publication de l'accord-cadre entre le Gouvernement de la République française et l'Organisation mondiale de la santé (OMS) pour un partenariat renforcé pour la

d'euros par an aux projets mis en œuvre par l'OMS. L'article 2 de l'accord précise ainsi les domaines prioritaires : « la sécurité sanitaire, les objectifs du développement en santé, la prévention des facteurs de risques et le renforcement des systèmes de santé ». Cela solidifie l'influence des Etats membres sur l'OMS dans le choix des priorités stratégiques de santé au delà de leur présence reconnue dans le fonctionnement de l'Organisation. Cette évolution traduit, du point de vue des Etats, une critique du système en place. Il apparaît aussi comme la conséquence plutôt que la cause des difficultés rencontrées par l'OMS dans son leadership en tant qu'autorité de santé publique.

426. S'ajoutent à ces difficultés pour l'OMS, les retards de paiement ou les non paiements des contributeurs. En effet, ces retards s'expliquent pour des raisons variées allant des motifs économiques et administratifs aux divergences politiques[913]. Le taux de recouvrement s'est grandement amélioré passant d'un taux très faible de 56,31 % en 1995 à 67 % en 2000 puis s'est stabilisé autour de 87 % (taux en 2012). On constate donc que si ce chiffre est en progression, il apparaît toujours insuffisant et instable puisqu'en 2013 il est retombé à 85 %[914].

427. En principe, selon l'article 7 de la Constitution, l'OMS peut suspendre les privilèges attachés au droit de vote lorsqu'un Etat membre ne remplit pas ses obligations financières vis-à-vis de l'Organisation ou dans d'autres circonstances exceptionnelles[915]. Toutefois, l'application de cet article est difficile en raison notamment de la grande tolérance de l'OMS à cet égard[916] et de la mise en place d'une procédure de discussion en cas de manquement, entre le Directeur général et l'Etat membre retardataire. Cette procédure permet à l'Etat membre, après discussion avec le Directeur général, de mettre en place un nouveau calendrier afin de payer les arriérés. En résumé, l'article 7 de la Constitution de l'OMS ne peut avoir qu'un « effet dissuasif » mais n'empêche pas « les pressions politiques déterminées d'un Etat puissant[917] ».

428. Si les Etats membres ont un positionnement ambigu à l'encontre de l'OMS, d'autres acteurs de santé régionalisés participent également à cette confusion.

---

période 2014-2019 (ensemble cinq annexes), signé à Paris le 2 décembre 2013, publié au JORF n°0060 du 12 mars 2014, p.5141, texte n°7.

[913] Y. BEIGBEDER, L'Organisation mondiale de la santé, QSJ, PUF, 1997, p.113.

[914] OMS, *Etat du recouvrement des contributions, et notamment celles des Membres, redevables d'arriérés de contributions dans une mesure qui justifierait l'application de l'article 7 de la Constitution*, A67/44, 67e AMS, 4 avril 2014. V. également, G. L. BURCI et C.-H. VIGNES, *The World Health Organization, op.cit.*, p.204 et Y. BEIGBEDER, L'Organisation mondiale de la santé, QSJ, PUF, 1997, p.112.

[915] Article 7 de la Constitution dispose : « Lorsqu'un Etat membre ne remplit pas ses obligations financières vis-à-vis de l'Organisation, ou dans d'autres circonstances exceptionnelles, l'Assemblée de la Santé peut, aux conditions jugées par elle opportunes, suspendre les privilèges attachés au droit de vote et les services dont bénéficie l'Etat membre. L'Assemblée de la Santé aura pouvoir de rétablir ces privilèges afférents au droit de vote et ces services. »

[916] G. L. BURCI et C.-H. VIGNES, *The World Health Organization, op.cit.*, p.208.

[917] Y. BEIGBEDER, L'Organisation mondiale de la santé, QSJ, PUF, 1997, p.113.

B. Les organisations régionales, acteurs essentiels de la santé mondiale

429. Une organisation régionale est une « organisation internationale intergouvernementale regroupant un nombre restreint d'Etats choisis principalement selon un critère géographique[918] ». Le positionnement des organisations régionales de santé à l'égard de l'OMS apparaît ambivalent oscillant entre la volonté d'améliorer la santé au niveau régional et celle de collaborer pour améliorer la santé mondiale. Ainsi, à la manière des Etats, certaines organisations régionales disposent d'une compétence en matière de santé qui peut concurrencer la place de l'OMS. Deux organisations régionales [919] illustrent bien ces difficultés d'articulation. D'une part, la compétence de santé de l'Union européenne a connu un développement important (a). D'autre part, historiquement, l'Organisation Panaméricaine de la Santé a toujours bénéficié d'une indépendance forte à l'égard de l'OMS malgré son statut de région de l'OMS (b).

1. L'Union européenne, une organisation régionale autonome

430. Par le développement de sa compétence en matière de santé (a), l'Union européenne a développé des outils institutionnels efficaces qui fondent un système de santé européen (b).

<u>a. L'élargissement des compétences sanitaires</u>

431. L'Union Européenne (UE), malgré une conception à l'origine comme organisation à vocation économique et commerciale visant à mettre en place un espace économique intégré, a développé des compétences en matière sanitaire. Dès lors, la santé n'est évoquée que de façon indirecte dans le Traité de Rome de 1957 par le biais du droit du travail (hygiène, sécurité et accident du travail) [920] . C'est un des domaines dans lequel « la compétence supranationale de l'UE est la plus restreinte[921] ». Toutefois, l'évolution du droit originaire[922] de l'Union européenne a été décisive.

---

[918] J. SALMON, *Dictionnaire de Droit international public, op.cit.,* « organisation régionale » p.793. L'auteur poursuit : « La notion d'organisation régionale repose à la fois sur la contiguïté ou proximité géographique et la communauté d'intérêts politiques (par exemple : O.E.A., O.U.A., Ligue des Etats arabes, Conseil de coopération du Golfe, OTASE etc.), économiques (par exemple : CEE, Organisation des Etats de l'Amérique centrale, etc.), militaires (OTAN), etc. ».

[919] Il existe d'autres organisations intergouvernementales régionales disposant également de compétence en matière de santé telles l'Union Africaine créée en 2002 dont l'article 13 de son acte constitutif confère : « à son Conseil exécutif la coordination et la décision des politiques dans les domaines d'intérêts communs pour les Etats membres notamment dans les domaines suivants : (…) (h) éducation, culture et santé et mise en valeur des ressources humaines. »

[920] Ainsi, le Traité de Rome ne reprend pas l'avant-projet de Communauté européenne proposé en 1952 par Paul Ribeyre, le ministre français de la Santé de l'époque. Comme le rappelle Dubouis et Blumann « ce texte visait à réaliser, en plus d'un marché commun des professions et des produits de santé, une très large coopération dans les domaines de la formation, de la recherche et de l'action sanitaire, ainsi qu'une unification progressive des régimes de Sécurité sociale » (L. DUBOUIS et C. BLUMANN, « *Droit matériel de l'Union européenne* », Montchrestien, Domat droit public, 2004, 3e éd., p.147).

[921] T. KOSTERA, « *La santé, nouvelle frontière de l'intégration européenne* », Emulations, 2009, pp.3-4.

[922] Pour une explication détaillée du droit de l'Union européenne voir : K.-D. BORCHARDT, *L'ABC du droit de l'Union européenne*, Office des publications de l'Union européenne, 2010, pp.84-86 et spéc, p.85 « La première source juridique est constituée des traités instituant l'UE, y compris les annexes et les protocoles qui leur sont joints ainsi que leurs compléments et modifications ultérieurs ».

432. En effet, si l'UE à l'origine ne considérait pas la santé comme un domaine de coopération, il y a eu petit à petit dans la construction européenne une « consécration de la légitimité européenne[923] » dès l'Acte unique européen de 1986. Ce dernier disposait que les directives européennes doivent permettre d'assurer un haut niveau de protection de la santé[924]. Puis, selon l'article 3 du Traité de Maastricht adopté en 1992, « l'action de la Communauté comporte (...) une contribution à la réalisation d'un niveau élevé de protection de la santé ». Cet article est renforcé par l'article 129 du même Traité consacré à la santé publique, qui dispose que « « la Communauté contribue à assurer un niveau élevé de protection de la santé humaine en encourageant la coopération entre les Etats membres et, si nécessaire, en appuyant leur action ».

433. Par la suite les différents Traités adoptés ont confirmé la place de la santé au sein de l'Union européenne[925] avec en dernier lieu le Traité sur le fonctionnement de l'Union européenne (TFUE) de 2010. Ce dernier précise qu'« un niveau élevé de protection de la santé humaine est assuré dans la définition et la mise en œuvre de toutes les politiques et actions de l'Union[926] ». Parallèlement, la Cour de Justice de l'UE (CJUE), « sur la base des articles 36 (marchandisation), 45 (personnes) et 62 (services) du TFUE, [a pu décider] des mesures d'interdiction d'importation[927], d'utilisation[928] ou encore de publicité[929] en faveur de produits jugés dangereux pour la santé des personnes[930] ».

434. La santé relève aujourd'hui de deux régimes de compétence. D'une part, concernant « les enjeux communs de sécurité en matière de santé publique (...) », selon l'Article 4 du Traité sur le fonctionnement de l'Union européenne de 2010, l'Union dispose d'une compétence partagée avec les Etats membres, c'est-à-dire que l'UE et les Etats membres sont habilités à adopter des actes contraignants. Toutefois, les Etats membres ne peuvent exercer leur compétence que dans la mesure où l'UE n'a pas exercé ou a décidé de ne pas exercer la sienne. En d'autres termes, l'UE dispose d'un droit de priorité.

435. D'autre part, concernant « la protection et l'amélioration de la santé humaine », selon l'article 6 du Traité, l'UE dispose d'une compétence d'appui pour mener des actions afin d'appuyer, de coordonner ou de compléter l'action des Etats membres. L'UE ne dispose pas de pouvoir législatif dans ces domaines et ne peut pas interférer dans l'exercice de ces compétences réservées aux Etats membres. A l'inverse de l'union douanière ou de la politique monétaire, la santé ne fait pas partie des domaines de compétences exclusives de l'article 3 du Traité selon lequel l'Union est la seule à pouvoir

---

[923] A. SENN, *« La politique de santé de l'Union européenne – Question d'Europe n°25 »*, Fondation Rober Schuman – Le centre de recherches et d'études sur l'Europe, 18 avril 2004.

[924] V. articles 13, 36 et 130 des Traités instituant les Communautés européennes – Acte unique européen, 1986.

[925] V. Traité d'Amsterdam, 1997 et Traité de Nice, 2001.

[926] Article 168 du Traité sur le fonctionnement de l'Union européenne, 2010.

[927] CJCE, *Commission c. RFA*, C-274/87, 2 février 1989.

[928] CJCE, *Eyssen*, C-53/80, 5 février 1981.

[929] CJCE, *Aragonesa*, aff. C-1-176/90, 25 juillet 1991.

[930] T. GRÜNDLER, *La mise en œuvre du droit à la santé (Section 2)* in J.-M. THOUVENIN et A. TREBILCOCK (dir.), *Droit international social, tome 2 – Règles du droit international sociale*, Bruylant, CEDIN, 2013, p.1586.

légiférer et adopter des actes contraignants dans ces domaines. Cette compétence européenne limitée fait que « les Etats restent en conséquence « les premiers responsables de la santé des individus[931] ».

436. L'exercice de ces compétences est soumis à trois principes fondamentaux prévus à l'article 5 du Traité sur l'Union européenne : le principe d'attribution, selon lequel l'UE ne dispose que des compétences qui lui sont attribuées par les traités, le principe de proportionnalité, selon lequel l'exercice des compétences de l'UE ne peut aller au-delà de ce qui est nécessaire afin de réaliser les objectifs des traités et le principe de subsidiarité pour les compétences partagées, selon lequel l'UE ne peut intervenir que si elle est en mesure d'agir plus efficacement que les Etats membres. Si la compétence en matière de santé n'est pas exclusive, cette double compétence partagée et d'appui a permis à l'UE de développer une politique européenne de santé[932] et de devenir ainsi un acteur de la diplomatie de la santé mondiale[933].

437. L'évolution de la compétence au niveau européen en matière de santé s'accompagne du développement d'outils institutionnels qui servent de fondement au système de santé européen.

b. Des outils institutionnels, fondements d'un système de santé européen

438. Cette évolution de compétence en matière de santé se traduit par une concurrence institutionnelle, illustrée par l'existence d'une direction générale de la « Santé et de la sécurité alimentaire » à la Commission européenne. Dernière née des vingt-quatre directions existantes en 1999, dans un contexte de crise sanitaire due à l'Encéphalopathie spongiforme bovine (ESB)[934], la Direction générale Santé (DG Santé) dont l'acronyme a quelque peu évolué[935] a notamment pour objectif de protéger et améliorer la santé publique. Malgré les difficultés de fonctionnement notamment en raison de l'importance du domaine de la santé pour les Etats souverains ainsi que l'éclatement de son traitement entre plusieurs directions-générales au sein de l'Union européenne[936], la DG Santé participe grandement à la mise en place d'une politique européenne de santé.

---

[931] T. GRÜNDLER, *La mise en œuvre du droit à la santé (Section 2) op.cit.*, p.1587.

[932] Ainsi, comme l'observait Cassan « la réunion d'un certain nombre d'États européens relativement homogènes est la condition *sine qua non* d'une action sanitaire unifiée », M. CASSAN, *« L'Europe communautaire de la santé »*, Université Aix Marseille III, Centre d'études et de recherches internationales et communautaires, Economica, 1989, p.12.

[933] T. EMMERLIN et J. HEYDERMANN, « *The EU as an actor in global health diplomacy* » Chapter 16, pp.223-242 in I. KICKBUSCH et al., « *Gloal health diplomacy – Concepts, issues, actors, instruments, fora and cases* », Springer, 2013.

[934] V. en ce sens : T. KOSTERA, « *La santé, nouvelle frontière de l'intégration européenne* », *op.cit.*, p.14. « A l'époque, la sécurité alimentaire et les aspects vétérinaires connexes étaient de la responsabilité de la DG VI « Agriculture ». Cependant, à la suite de la gestion calamiteuse de cette crise par la Commission et du véritable tollé qu'elle provoque à tous les étages de l'institution, ils vont lui être retirés. Une séparation claire des fonctions législatives, d'expertise scientifique et de contrôle est opérée. La future DG SANCO devient dépositaire d'une fonction législative vétérinaire. »

[935] A sa création le 13 septembre 1999, placée sous l'autorité du commissaire irlandais David Byrne, l'intitulé était « Politique du consommateur et protection de la santé du consommateurs », ensuite « Santé et Protection des consommateurs », puis « Santé et consommateurs ».

[936] V. en ce sens : T. KOSTERA, « *La santé, nouvelle frontière de l'intégration européenne* », *op.cit.*, p.15 : « Ainsi, la DG Entreprises et industrie est compétente pour utiliser l'article 152 et dispose de trois unités intervenant dans le domaine de la santé : la « F-2 produits pharmaceutiques », la « F-3 : Cosmétiques et

439. Par ailleurs, la création d'agences de l'Union européenne dans le domaine de la santé participe à la fortification des liens régionaux. Ainsi, en 1994[937] est créée l'Agence européenne pour la sécurité et la santé au travail « en vue de promouvoir l'amélioration, notamment du milieu de travail, pour protéger la sécurité et la santé des travailleurs (...) pour objectif de fournir (...) les informations techniques, scientifiques et économiques utiles dans le domaine de la sécurité et de la santé au travail[938] ». En 2013, elle disposait d'un budget de près de 16 millions d'euros. Par ailleurs, en 1995 nait l'Agence européenne des médicaments[939], qui « est chargée de coordonner les ressources scientifiques existantes mises à sa disposition par les Etats membres en vue de l'évaluation, de la surveillance et de la pharmacovigilance des médicaments[940] ». Elle disposait d'un budget de plus de 230 millions d'euros pour l'année 2013[941]. De même, en 2002, l'Union européenne se dote d'une Autorité de sécurité des aliments[942], chargée de l'évaluation des risques dans le domaine des denrées alimentaires[943].

---

dispositifs médicaux » et la « F5 : Compétitivité de l'industrie pharmaceutique et des biotechnologies ». La DG Société de l'information et médias possède une unité chargée des nouvelles technologies de l'information et de la communication en matière de santé. Elle s'occupe entre autres des questions de télémédecine et de santé en ligne (« ehealth »). L'une des quinze directions de la DG de la recherche porte également l'intitulé « santé » et les fonctionnaires qui y servent sont chargés de mettre en œuvre le septième programme-cadre de recherche et de développement (PCRD) technologique pour la période 2007-2013. De nombreux projets de recherche dans le domaine de la santé sont financés et bénéficient d'une partie des 53,2 milliards d'euros disponibles (sur sept ans) à travers ce PCRD. La DG Emploi et affaires sociales Santé, quant à elle, traite de questions sanitaires au sein de l'unité « Sécurité et hygiène au travail » (F-4), mais également dans la direction « Protection et intégration sociales » (E), où une unité « Coordination des régimes de sécurité sociale, libre circulation des travailleurs » est notamment chargée de faire fonctionner le règlement n°1408/71 précité. La DG EMPL gère également le Fonds social européen, au travers duquel sont financées certaines actions de formation pour les professionnels de santé. Enfin, la DG REGIO est en charge du Fonds européen de développement régional (FEDER), qui sert notamment pour le cofinancement de projets en matière d'infrastructures sanitaires. »

[937] Aujourd'hui la base légale des activités de l'Agence repose sur quatre règlements du Conseil : Règlement (CE) n°2062/94 du Conseil du 18 juillet 1994 ; Règlement (CE) n°1643/95 du Conseil du 29 juin 1995 ; Règlement (CE) n°1654/2003 du Conseil du 18 juin 2003 (mise à jour du règlement de l'Agence conformément aux nouvelles dispositions de l'UE en matière financière et d'accès du public aux documents) ; Règlement (CE) n°1112/2005 du Conseil du 24 juin 2005 (modifications des structures de direction et de gestion de l'Agence).

[938] Article 2 du Règlement (CE) n°2062/94 du Conseil du 18 juillet 1994.

[939] De 1995 à 2004, elle portait le nom d'Agence européenne pour l'évaluation des médicaments. L'agence a été instituée par le règlement (CEE) n°2309/93 du Conseil du 22 juillet 1993 établissant des procédures communautaires pour l'autorisation et la surveillance des médicaments à usage humain et à usage vétérinaire et instituant une Agence européenne pour l'évaluation des médicaments. Aujourd'hui la base de l'Agence est : Règlement (Ce) n°726/2004 du Parlement européen et du Conseil du 31 mars 2004 établissant des procédures communautaires pour l'autorisation et la surveillance en ce qui concerne les médicaments à usage humain et à usage vétérinaire.

[940] Article 55 du Règlement (Ce) n°726/2004 du Parlement européen et du Conseil du 31 mars 2004 établissant des procédures communautaires pour l'autorisation et la surveillance en ce qui concerne les médicaments à usage humain et à usage vétérinaire.

[941] EUROPEAN MEDICINE AGENCY, *Report on budgetary and financial management – Financial year 2013*, EMA/14575/2014, 27 février 2013, p.1.

[942] Institué par le Règlement (CE) n°178/2002 du Parlement européen et du Conseil du 28 janvier 2002 établissant les principes généraux et les prescriptions générales de la législation alimentaire, instituant l'Autorité européenne de sécurité des aliments et fixant des procédures relatives à la sécurité des denrées alimentaires.

[943] Article 22 du Règlement (CE) n°178/2002 du Parlement européen et du Conseil du 28 janvier 2002 établissant les principes généraux et les prescriptions générales de la législation alimentaire, instituant l'Autorité européenne de sécurité des aliments et fixant des procédures relatives à la sécurité des denrées alimentaires.

440. Par conséquent, le système de l'Union européenne, malgré une compétence en santé partagée avec les Etats membres, bénéficie d'un panel d'outils institutionnels lui permettant la mise en œuvre d'une politique de santé qui, de fait, peut concurrencer celle de l'OMS.

441. Toutefois, il faut noter que la coordination entre l'UE et l'OMS « s'est améliorée depuis l'entrée en vigueur du traité de Lisbonne, qui se traduit, par un alignement des positions des Etats membres en matière de santé sur celle de l'Union européenne[944] ». Par exemple, l'UE a souhaité établir une position commune relative à la procédure de réforme actuelle de l'OMS[945]. Malgré les divergences entre les Etats membres[946], l'UE a présenté des positions communes sur les réformes à entreprendre[947] et joue un rôle de chef de file dans ce processus en se coordonnant avec l'OMS[948]. Par ailleurs, le « Traité de Lisbonne devrait permettre la mise en œuvre d'un rôle consolidé et cohérent de l'UE dans les affaires de l'OMS[949] ». S'il est important que l'UE façonne une position commune, encore faut-il que cette dernière soit en accord avec la position de l'OMS.

442. A l'inverse, en terme de représentation dans la gouvernance de l'OMS[950], le formalisme est très peu poussé car l'UE n'a qu'un statut d'observateur au sein de l'OMS, c'est-à-dire sans droit de vote. Elle continue donc à « s'appuyer sur la représentation de ses Etats membres[951] », renforçant davantage leur rôle. Ainsi, « les instruments adoptés dans le cadre de l'OMS comportent simplement une indication que leur application s'étend aux organisations régionales dont l'Union européenne[952] ». Toutefois, au moment de l'obtention du statut d'observateur de l'UE à l'ONU, après l'adoption du Traité de Lisbonne[953], des discussions ont eu lieu sur la possibilité d'étendre le

[944] L. GROZDANOVSKI, « *The European Union in international organizations and global governance* », Centre d'études juridiques européennes, Centre d'excellence Jean Monnet, 20 novembre 2013.
[945] S. BATTAMS, L. G. VAN SCHAIK et R. VAN DE PAS, « *The EU's role in global health and the WHO reform; between health and foreign policy* », Lisboan Erasmus Academic Network workshop, « EU external representation in international contexts: reform practices after Lisbon », The Hague: Clingendael Institute, 21 février 2012.
[946] L. G. VAN SCHAIK, « *The EU's Performance in the World Health Organization: Internal Cramps after the 'Lisbon cure''* », European Integration, vol.33, n°6, Novembre 2011, pp.699-713.
[947] UNION EUROPEENNE, *First Comments of the European Union and its 27 member states to the three concept papers on the reform of the WHO,* Geneva, 29 July 2011 ; UNION EUROPEENNE, WHO Executive Board 130th Session, *EU Statement: WHO Reform – Priority Setting (Agenda point 5)*, Geneva, 17 January 2012 ; UNION EUROPEENNE, WHO Executive Board 130th Session, *EU Statement: WHO Reform – Governance (Agenda point 5)*, Geneva, 17 January 2012 ; UNION EUROPEENNE, WHO Executive Board 130th Session, *EU Statement: WHO Reform – Managerial Reforms (Agenda point 5)*, Geneva, 18 January 2012.
[948] S. BATTAMS, L. G. VAN SCHAIK, R. VAN DE PAS, *« The European Union's voice and influence on global health and the reform of the World health organisation : the role of diplomacy »*, Paper présenté lors du The European Union International Affairs AAA Conference, Brussels, 3-5 Mai, 2012, p.1.
[949] *Ibid.*, p.25.
[950] V. G. L. BURCI, « *The European Union and the World Health Organization : Interactions Collaboration from a Governance and Policy Perspective* », in C. KADDOUS « *The European Union in International Organisations and Global Governance : Recent developments,* Hart Publishing, 2015.
[951] L. GROZDANOVSKI, « *The European Union in international organizations and global governance* », *op.cit.*
[952] *Ibid.*
[953] En effet, le statut d'observateur à l'ONU a été donné dès le 11 octobre 1974 à la Communauté économique européenne puis la Communauté européenne et non à l'Union européenne dans son ensemble.

droit de réponse de l'UE[954]. L'Assemblée générale des nations unies a ainsi adopté une résolution rappelant la qualité d'observatrice de l'UE à ses sessions et travaux tout en lui conférant, sur décision du président, un droit de réponse, limité à une intervention par point de l'ordre du jour, au sujet des positions de l'Union européenne. Lors des discussions a également été envisagé, sans que cela soit approuvé, d'étendre le droit de réponse de l'UE également conféré pour l'ONU aux autres institutions spécialisées de l'ONU dont l'OMS[955]. Cette évolution est souhaitable en ce qu'elle permettrait de consolider la position commune de l'UE et ainsi diminuer les dissensions entre les Etats membres de l'UE. Toutefois, cela pourrait constituer une amélioration limitée au vu de la diversité et du nombre d'Etats membres.

443. Par ailleurs, l'UE est partie à deux instruments juridiques adoptés par l'OMS : la CCLAT de 2003 et le Règlement Sanitaire International (2005). Enfin, l'OMS dispose d'une représentation auprès de l'UE afin de collaborer, faire progresser et enrichir le partenariat stratégique établi entre l'OMS et l'UE.

444. Malgré des critiques sur l'intervention de l'UE dans le domaine de la santé[956], les outils institutionnels dont elle dispose, à des degrés variables, façonnent une politique régionale de la santé. L'Organisation Panaméricaine de la Santé, notamment pour des raisons historiques, est également un acteur régional important de la santé mondiale.

2. L'Organisation panaméricaine de la santé, une organisation régionale singulière

445. Première organisation permanente de santé, l'Organisation panaméricaine de la santé (OPS) dispose de compétences historiques en matière de santé (a). L'OPS a également développé sa propre structure qui mène une politique de santé régionale (b).

a. Des compétences historiques

446. L'OPS a la particularité d'avoir été créée avant l'OMS, lui conférant ainsi une légitimité et un traitement singulier au sein de la Constitution de l'OMS[957]. L'OPS est composée de 35 Etats membres auxquels s'ajoutent des Etats participants[958] avec droit de vote (la France, les Pays-Bas et le Royaume-

---

[954] ONU, « *Participation de l'Union européenne aux travaux de l'Organisation des Nations unies* », A/RES/65/276, Assemblée générale de l'ONU, 65e session, 88e séance plénière, 2011.

[955] V. en ce sens les débats : ONU, *A/65/PV.88*, Assemblée générale de l'ONU, 65e session, 88e séance plénière, 2011.

[956] SENAT, *L'Union européenne et les services de santé*, Rapport du Sénateur Roland Ries n°186, du 30 janvier 2007 : « Il n'en reste pas moins que l'action de l'Union demeure limitée et qu'elle n'a vocation à intervenir, en vertu du principe de subsidiarité, que si ses actions sont plus efficaces que celles menées au niveau national. De fait, l'intervention de l'Union se borne pour l'essentiel à encourager et faciliter la coopération des États membres en matière de santé publique. »

[957] Article 54 de la Constitution de l'OMS.

[958] « La Constitution de l'OPS stipule que les territoires ou groupes de territoire dans l'hémisphère occidental qui ne sont pas responsables de la conduite de leurs relations internationales et dont les sièges de gouvernement se trouvent en dehors de la région auront le droit d'être représentés et de participer dans l'Organisation, en tant que gouvernements participants, en accord avec les résolutions XV et XL de la V réunion du Conseil de direction, 1951. La nature et l'étendue des droits et obligations de ces territoires et

Unis depuis 1949), des Etats participants[959] (Puerto Rico depuis 1992) et des Etats observateurs[960] (l'Espagne depuis 1881 et le Portugal depuis 1986).

447. L'OPS dispose d'une double compétence en matière de santé. D'une part, l'OPS a la responsabilité du bureau de région Amérique de l'OMS. Dès la création de l'OMS, il a été prévu à l'article 54 que « l'OPS (...) existant avant la date de signature de cette Constitution, ser[ait] intégrée(s) en temps voulu dans l'Organisation. Cette intégration s'effectuera dès que possible par une action commune, basée sur le consentement mutuel des autorités compétentes exprimé par les organisations intéressées ». C'est ce qui arriva par la signature de l'accord entre l'OMS et l'OPS en 1949 dont l'article 1er dispose que « les Etats et territoires de l'hémisphère occidental constituent la Région géographique d'une organisation régionale de l'Organisation mondiale de la Santé comme il est prévu au chapitre XI de sa Constitution ». Cette intégration singulière dans le processus de régionalisation mis en place par l'OMS est la conséquence de la volonté des Etats-Unis de maintenir leur mainmise diplomatique en santé sur l'hémisphère ouest, ce qui a obligé l'OMS à accepter que la région Amérique opère au sein de l'OPS préexistante[961]. Cette démarche était également justifiée selon les propres mots du Directeur de l'OPS à l'époque, par les liens particuliers qui unissaient les Etats membres de l'OPS[962]. L'OPS correspond donc à la région Amérique de l'OMS (AMRO) dont le siège est à Washington.

448. D'autre part, elle conserve la responsabilité d'être une organisation intergouvernementale régionale de santé en tant qu'entité spécialisée de santé

groupes de territoire dans l'Organisation doivent être déterminées dans chaque cas par le Conseil de direction après consultation du gouvernement qui a la responsabilité de leurs relations internationales. Ainsi, les gouvernements de la France, du Royaume des Pays-Bas et du Royaume-Uni de Grande-Bretagne et d'Irlande du Nord ont été admis en tant que gouvernements participants et représentent les territoires sous leur juridiction dans la région. » (UNESCO, Guide des archives des organisations internationales, 1984).

[959] « La XLVI réunion du conseil de direction (1992) a créé par le moyen de la résolution II une procédure d'admission des membres associés de territoires ou groupes de territoire dans la région, dont les relations internationales sont la responsabilité des Etats avec leur siège de gouvernement dans ou en dehors de la région. La nature et l'étendue des droits et obligations de ces territoires ou groupes de territoire dans l'Organisation sont déterminées dans chaque cas par le Conseil de direction ou la Conférence sanitaire panaméricaine, après consultation avec le gouvernement responsable de leurs relations internationales. Le Commonwealth de Porto Rico a été admis comme membre associé de l'OPS le 22 Septembre 1992, par le moyen de la résolution III de la XLVI réunion du Conseil de direction tenue cette année-là. » (UNESCO, Guide des archives des organisations internationales, 1984).

[960] « La Conférence sanitaire ou le Conseil de direction, selon la situation, décide si un Etat demandeur peut obtenir le statut d'observateur. Les pays bénéficiant du statut d'observateur dans l'OPS jouissent de certains privilèges déterminés par la Conférence sanitaire ou le Conseil de direction. Le Portugal et l'Espagne ont obtenu le statut d'observateur dans l'OPS. » (UNESCO, Guide des archives des organisations internationales, 1984).

[961] H. B. CALDERWOOD, « *The World Health Organisation and its regional organizations* », *op.cit.*, pp.15-26.

[962] V. en ce sens : F. L. SOPER, « *International health : Some Aspects of the WHO's programs in the Americas* », American Journal Public Health, 1951, pp.1464-1467 : « Les six Régions de l'OMS varient considérablement dans les facteurs climatiques, ethniques, politiques, religieux, culturels, économiques et épidémiologiques qui influent sur la nature des problèmes de santé régionaux et le développement des services de santé nationaux, et qui déterminent la facilité de la collaboration internationale. Les 22 nations et les presque aussi nombreux territoires des Amériques ont un patrimoine culturel commun d'une petite section de l'Europe occidentale et ont aucune des dissensions profondes raciales, religieuses, idéologiques, et territoriales qui rendent si difficile la collaboration internationale dans certaines des Régions ».

pour l'Organisation des Etats américains (OEA)[963]. Cette organisation, reconnue comme une agence internationale composante du système des Nations unies, est la plus ancienne institution régionale du monde[964]. L'organisation est créée dans le but d'obtenir dans ses Etats membres « un ordre de paix et de justice, de maintenir leur solidarité, de renforcer leur collaboration et de défendre leur souveraineté, leur intégrité territoriale et leur indépendance[965] ». L'OEA constitue la « principale tribune gouvernementale du Continent pour les questions d'ordre politique, juridique et social[966] ». Elle dispose ainsi d'une compétence en matière de santé publique, qui du fait de sa double appartenance peut poser des problèmes d'harmonisation entre l'activité de santé publique voulue par l'OMS et celle demandée par l'OEA, du moins en principe.

449. Cette indépendance de droit en tant qu'entité spécialisée de santé pour l'OEA est corroborée par l'indépendance financière dont dispose l'OPS en tant que région OMS. Ainsi, les tensions au moment de la création de l'OMS afin de conserver l'autonomie de l'OPS[967] à l'égard de l'OMS sont visibles dans l'adoption d'un accord unique relatif au budget de l'OPS. Selon cet accord, le budget de l'OPS est composé de deux ressources : la part la plus importante provient de l'OPS elle-même et l'autre part provient de l'OMS. Concernant cette dernière part, l'OMS devait financer l'OPS séparément du budget annuel de l'OMS tout en garantissant un financement autonome lui permettant d'atteindre les priorités régionales de santé. Ainsi, l'OPS bénéficie d'un budget propre ce qui la différencie des autres bureaux régionaux. Pour l'année 2014-2015, les contributions des Etats, en tant que membres de l'OPS (fixes et volontaires) atteignent plus de 404 millions de dollars alors que les contributions des Etats en tant que membres de la région AMRO atteignent près de 165 millions de dollars pour un budget total de plus de 569 millions de dollars. Par ailleurs, le Directeur de l'OPS est également le Directeur régional de l'OMS pour les Amériques, renforçant davantage son pouvoir à l'égard du Directeur général de l'OMS car il bénéficie de la singularité de l'OPS. Il convient de noter que pendant longtemps les Etats membres de l'OPS n'étaient pas entièrement identiques à ceux de la région AMRO, affaiblissant davantage la coordination entre l'OPS et l'OMS.

450. Les compétences de l'OPS sont renforcées par des outils institutionnels et structurels qui fondent une politique de santé adaptée aux besoins de la région.

---

963 « En 1951, l'OPS a signé un accord officiel avec l'Organisation des Etats américains, qui reconnaîtson rôle en tant qu'organisation spécialisée du système interaméricain », OMS, *« Centenaire de l'Organisation panaméricaine de la santé »*, A55/4, 54e AMS, 13 mars 2002.

964 On trouve trace de ses origines à la Première conférence internationale américaine tenue à Washington d'octobre 1889 à avril 1890. V. en ce sens : K. LEE et J. FANG, *Historical Dictionnary of the World Health Organization*, op.cit., p.273.

965 Article 1er de la Charte de l'Organisation des Etats d'Amériques signée en 1948.

966 Site internet de l'Organisation des Etats d'Amériques.

967 V. en ce sens : H. VAN ZYLE HYDE, « *International health: Bilateral International Health Programs of the United States* », AJPH 41, 1951, pp.1473-1476; F. L. SOPER, « *Ventures in world health: the memoirs of Fred Lowe Soper* », Pan American Health Organization, 1977 et H. CALDERWOOD, « *The World Health Organisation and its regional organizations* », *op.cit.*, p.26.

b. Une organisation structurée, fondement d'une politique régionale

451. Sa création en 1902 sous l'appellation du Bureau sanitaire panaméricain émanait de la volonté des Etats d'harmoniser les règlementations nationales relatives à la quarantaine afin de les coordonner pour contrôler les maladies infectieuses et garantir de meilleurs échanges commerciaux dans les Amériques. Le Bureau devait ainsi agir en tant qu'« agence central de coordination sanitaire » et de « centre de distribution de l'information sanitaire[968] ».

452. Toutefois, le Bureau a été restructuré en 1947 afin de garantir son indépendance à l'égard de la future Organisation mondiale de la santé qui allait être créée et ainsi réaffirmer sa volonté de conserver une organisation régionale[969]. Dès lors le Bureau, devenu l'OPS, s'est accompagné d'une modification de la structure de l'Organisation[970], similaire à celle de l'OMS, qui comprend quatre éléments majeurs : (1) la Conférence sanitaire panaméricaine[971], l'organe suprême de gouvernance dans lequel tous les gouvernements membres sont représentés, (2) le Conseil de Direction[972], qui agit par délégation à la Conférence et remplit, par ailleurs les fonctions du comité régional de la région AMRO[973], (3) le Comité Exécutif[974], organe exécutif, composé des représentants des neuf gouvernements membres élus pour trois ans par la Conférence ou le Conseil et (4) le Bureau Sanitaire Panaméricain[975] qui agit en tant que Secrétaire exécutif et applique les directives des organes de gouvernement. Cette dernière structure permet ainsi « à la politique aux directives et lignes directrices de devenir des programmes opérationnels[976] ». Le Bureau rempli également les fonctions du bureau

---

968 V. en ce sens, B. M. MEIER et A. S. AYALA, « *The Pan American Health Organization and the mainstreaming of human rights in regional health governance* », Journal of Law, Medical and Ethics, Fall, vol. 42 (3), 2014, pp.356-374.

969 K. LEE et J. FANG, *Historical Dictionnary of the World Health Organization*, op.cit., p.281.

970 Pour plus de précisions voir : N. HOWARD-JONES, « *The Pan American Health Organization : Origins and Evolution* », History of international public health, n°4, WHO Chronicle, 1981.

971 Articles 4 à 8 de la Constitution de l'OPS. Elle se tient tous les quatre ans et a pour but de définir la politique générale de l'Organisation, de servir de forum sur les questions de santé publique et d'élire le Directeur du Bureau sanitaire panaméricain. Depuis 1986, la Conférence approuve la stratégie d'orientation de l'OPS et les priorités de programmes pour les quatre années à venir. Selon l'article 4 G, elle évalue et valide le programme et le budget biennal de l'Organisation.

972 Articles 9 à 13 de la Constitution de l'OPS. Il est composé de représentants des gouvernements membres. Il siège une fois par an, et agit par délégation de la Conférence les années où celle-ci ne se réunit pas. Le Conseil de Direction examine et approuve les programmes de l'OPS et le budget.

973 Article 2 de l'accord entre l'OMS et l'OPS, 1949 précise que « La Conférence sanitaire panaméricaine, par l'intermédiaire du Conseil de Direction de l'Organisation sanitaire panaméricaine, et le Bureau sanitaire panaméricain, rempliront respectivement les fonctions de comité régional et de bureau régional de l'OMS [...] ».

974 Articles 14 à 19 de la Constitution de l'OPS. Elus pour trois ans, les représentants se réunissent en Comité deux fois par an afin de discuter des questions technique et administrative dont le programme et le budget qu'il soumet à la Conférence ou au Conseil. Par ailleurs, il émet des recommandations à la Conférence ou au Conseil dans des domaines de compétence de l'OPS.

975 Articles 20 à 23 de la Constitution de l'OPS. Le Bureau a un directeur, élu lors de la Conférence sanitaire par la majorité des votes des gouvernements de l'Organisation. En accord avec le Conseil exécutif, le Directeur sélectionne et désigne un sous-directeur et un directeur adjoint, et désigne également tout le reste du personnel du Bureau. D'après l'article 21 C de la Constitution de l'OPS, il est également responsable de la création des « sections qui sont estimées nécessaires pour mener à bien le programme des activités de santé autorisé par l'Organisation. »

976 Guide des archives des organisations internationales, UNESCO.

régional de l'OMS[977]. Les deux premiers organes sont l'équivalent de l'Assemblée mondiale de la santé, le troisième se rapproche du Conseil exécutif et enfin le Bureau est similaire au Secrétariat de l'OMS.

453. Cette double compétence ainsi que l'engagement historique en matière de santé de l'OPS ont donc conduit l'OMS à procurer à l'OPS une autonomie exceptionnelle à l'égard de l'OMS qui mène parfois à des divergences entre ces deux organisations. Par exemple, cette indépendance régionale, son mandat de santé publique ainsi que sa collaboration avec la Cour interaméricaine des droits de l'homme ont permis à l'OPS de développer et de mettre en œuvre efficacement un droit de l'homme de la santé, ce que l'OMS a tardé à reconnaître[978]. Certains se posent donc la question de la réalité de « l'intégration » prônée par l'article 54 de la Constitution de l'OMS[979]. La position officielle de l'OMS a cet égard est évocatrice : « l'intégration entre les deux organisation n'a pas atteint un niveau tel que l'OMS et l'OPS forment une seule entité.[980]» Ainsi, l'OMS rappelait dans un rapport de 1998 que les « deux entités sont juridiquement distinctes[981] » et reconnaissait qu' « en ce qui concerne l'article 54, (…), l'intégration prévue de l'OPS et de l'OMS n'a pas été entièrement réalisée en 50 ans (…)[982] ».

454. Toutefois, les difficultés et différences entre l'OPS, en tant que région OMS et organe de l'OEA, et l'OMS, ne doivent pas faire oublier le fondement de leur coopération. L'OPS demeure le bureau régional de l'OMS et doit donc, selon la Constitution de l'OMS, mettre en œuvre la politique de l'OMS en l'adaptant aux contextes régionaux. Par ailleurs, même si l'OPS dispose d'un budget propre en tant qu'organe de l'OEA, elle est également financée par l'OMS. Sa participation, même inférieure, reste essentielle au bon fonctionnement de l'OPS. Dès lors, « si elle ne forme pas une seule entité (…) l'OMS et l'OPS sont en grande partie fonctionnellement intégrées[983] ». En effet, « il n'y a pas double emploi entre les activités des deux organisations, étant donné que c'est le même bureau qui fonctionne simultanément comme partie de l'Organisation des Etats américains et comme bureau régional de l'OMS[984] ». La situation particulière de l'OPS doit être clarifiée quant à la répartition des compétences et, en particulier, quant à la capacité de l'OMS à avoir le dernier mot en cas d'opposition dans la mise en œuvre de sa politique. Il est difficile, dans le cadre d'une organisation internationale décentralisée,

---

[977] Article 2 de l'accord entre l'OMS et l'OPS, 1949 précise que « La Conférence sanitaire panaméricaine, par l'intermédiaire du Conseil de Direction de l'Organisation sanitaire panaméricaine, et le Bureau sanitaire panaméricain, rempliront respectivement les fonctions de comité régional et de bureau régional de l'OMS [...] ».

[978] B. M. MEIER et A.S. AYALA, « *The Pan American Health Organization and the mainstreaming of human rights in regional health governance* », Journal of Law, Medical and Ethics, Fall, 2014, 42 (3), pp.356-374.

[979] V. en ce sens : G. L. BURCI et C.-H. VIGNES, *The World Health Organization*, *op.cit.*, pp.60-61. Les auteurs considèrent qu' « au vu des difficultés, on peut se demander si « l'intégration » prévue dans l'article a été entièrement effectuée. »

[980] OMS, Document EB/Constitution/4/5 §10.

[981] OMS, *Examen de la Constitution et arrangements régionaux de l'Organisation mondiale de la Santé*, EB101/7, 101e Conseil exécutif, 14 novembre 1997, p.10, §9.

[982] *Ibid.*, p.10, §10.

[983] OMS, Document EB/Constitution/4/5 §10.

[984] OMS, *Examen de la Constitution et arrangements régionaux de l'Organisation mondiale de la Santé*, *op.cit.*, p.10, §10.

qu'une région persiste à faire entendre, parfois fortement, son indépendance et puisse s'ériger contre le siège de l'organisation à laquelle elle appartient et qu'elle s'est engagée à respecter.

455. Au delà des structures et des compétences élargies, la particularité de ces organisations tient également dans leur limitation géographique qui leur permet une mise en œuvre plus efficace de leur politique de santé à la différence de l'OMS, caractérisée par l'universalité de son mandat de santé mondiale. Toutefois, le découpage régional dans la mise en œuvre des politiques de santé n'est pas en contradiction avec la capacité de l'OMS à développer une compétence générale de santé mondiale.

456. La présence d'Etats, sources fondatrices de la compétence de l'OMS, ainsi que le développement de la compétence des organisations régionales de santé viennent empiéter sur le mandat et la compétence de l'OMS. Toutefois, si ces derniers ont une compétence étendue elle reste limitée à des territoires donnés, ce qui relativise leur concurrence. Cependant, d'autres organisations internationales apparaissent comme des acteurs clefs de la santé mondiale.

§2 : De nombreuses organisations internationales à compétence sanitaire

457. Malgré l'ambitieux mandat prévu dans sa Constitution, l'OMS n'a pas le monopole de la compétence de santé mondiale. Dès l'origine, les Etats membres ont confié des compétences en santé à d'autres organisations internationales (A). Par ailleurs, alors qu'elle n'avait pas pour mission d'intervenir dans la santé, la Banque mondiale est devenue un acteur de santé important (B).

A. La prolifération de compétences sanitaires

458. Dans sa Constitution, il est prévu que l'OMS collabore notamment avec les Nations unies et les institutions spécialisées ainsi que telles autres organisations qui paraîtraient indiquées[985]. A ce titre, l'OMS a conclu des accords formels avec près de seize organisations en plus des Nations unies[986]. Ainsi, l'OMS n'est pas « l'organisation sanitaire unique[987] ». Au sein du système onusien de nombreuses organisations bénéficient de compétences sanitaires dont l'exécution soulève des difficultés (1). Par ailleurs, l'Organisation mondiale du Commerce apparaît singulière en ce qu'elle dispose d'une compétence juridique incidente en matière de santé (2).

1. Une superposition de compétences sanitaires, source de difficultés

---

[985] Article 2 (b) de la Constitution de l'OMS « établir et maintenir une collaboration effective avec les Nations unies, les institutions spécialisées, les administrations gouvernementales de la santé, les groupes professionnels, ainsi que telles autres organisations qui paraîtraient indiquées ; » et Article 70 de la Constitution de l'OMS « L'Organisation doit établir des relations effectives et coopérer étroitement avec telles autres organisations intergouvernementales jugées souhaitables. Tout accord officiel conclu avec ces organisations doit être approuvé à la majorité des deux tiers de l'Assemblée de la Santé. »

[986] L. BURCI et C.-H. VIGNES, *The World Health Organization*, *op.cit.*, p.73.

[987] E. MONDIELLI, « *Etude 135 : Organisations Internationales* », *op.cit.*, n°135-55. « L'OMS ne constitue pas actuellement l'organisation sanitaire unique, contrairement aux mouvements d'idées qui ont présidé à sa création. »

459. Si à l'origine les organisations internationales ont été construites suivant le principe de spécialité pour « agir de façon isolée et non dans le cadre d'objectifs communs », l'enjeu de la santé dépasse « cette approche purement sectorielle[988] ». La liste des organisations internationales liées, de près ou de loin, à la santé est très importante[989]. Il y a près d'une dizaine d'organisations concernées dont la FAO (santé alimentaire), le PNUD (santé et développement), le PNUE (santé et environnement), le FNUAP (santé populationnelle), l'UNESCO (éducation pour la santé), l'OIT (hygiène au travail), l'AIEA (médecine nucléaire) et l'ONUDI (santé industrielle). Toutefois, deux organisations sont symptomatiques de cette concurrence des mandats. D'une part, l'UNICEF illustre les origines historiques du compromis entre coopération et confusion des mandats (a). D'autre part, la mise en place de l'ONUSIDA découle de l'échec de l'OMS en matière de lutte contre le VIH/SIDA (b).

a. Le Fonds des Nations unies pour l'Enfance (UNICEF), entre coopération et confusion des mandats

460. Dès juillet 1949, le Conseil exécutif de l'OMS « invita le Directeur général à se concerter avec le Directeur exécutif de l'UNICEF ainsi qu'avec l'ONU et les institutions spécialisées compétentes afin de présenter conjointement au Comité administratif de coordination une proposition de création d'un comité *ad hoc* du secrétariat général des Nations unies des Directeurs généraux de la FAO, de l'OIT, de l'UNESCO et de l'OMS[990] ». La création de ce comité démontre le besoin de coordination de l'OMS avec les autres institutions spécialisées compétentes en matière de santé. En effet, cette coordination est nécessaire pour plusieurs raisons énoncées par BEIGBEDER : « éviter les conflits de compétence au niveau des sièges, ou au niveau opérationnel dans les pays en développement, éviter le double emploi et donc le gaspillage des ressources, utiliser les ressources d'autres organisations dans un même programme quand ce programme inclut des éléments hors de la compétence de l'OMS (santé et agriculture) et quand les moyens de financement nécessaires ne peuvent être obtenus que par le canal d'autres organisations[991] ».

461. En particulier, l'UNICEF est l'organisation qui a « des liens les plus étroits avec l'OMS depuis sa création[992] ». Historiquement, l'UNICEF fut créée en 1946, soit deux ans avant l'OMS, en tant qu'organisation temporaire afin d'assister les enfants et adolescents après la Seconde guerre mondiale. La santé de cette population a donc été reconnue comme essentiel dans la mise en œuvre de cette assistance. En effet, placée sous l'autorité du Conseil

---

[988] V. TOMKIEWICZ, « *Concurrence chevauchements de compétences et coordination entre organisations internationales* », *op.cit.*, p.892.
[989] K. LEE, « *Who should be doing what in international health : a confusion of mandates in the United Nations ?* », BMJ, 312, 3 février 1996, p.2. V. également: E. MONDIELLI, « *Etude 135 : Organisations Internationales* », *op.cit.*, n°135-55. « De nombreuses organisations ont des compétences sanitaires ou interviennent dans des domaines où les problèmes de santé sont importants. »
[990] Y. BEIGBEDER, *L'Organisation mondiale de la santé,* PUF, 1995, pp.172-173.
[991] *Ibid.*, p.167.
[992] L. BURCI et C.-H. VIGNES, *The World Health Organization, op.cit.*, p.76.

économique et social des Nations unies, l'UNICEF avait pour mission d'utiliser ses ressources afin « d'assurer l'hygiène de l'enfance en *général*, en accordant la priorité aux enfants des pays victimes d'agression[993] ». Il est donc apparu nécessaire à la création de l'OMS, en raison du risque de recoupement[994], de définir les compétences et les domaines d'action des deux institutions[995] afin de permettre la coopération. La Résolution 57 (1) fondatrice de l'UNICEF précisait que « le Fonds aura recours, dans toute la mesure du possible, au personnel administratif et technique des institutions spécialisées, notamment de l'Organisation mondiale de la santé ou de sa Commission intérimaire, afin de réduire au minimum l'effectif de son personnel[996] ».

462. De même, dès juillet 1948, l'Assemblée mondiale de la santé a reconnu que les programmes d'ordre sanitaire de l'UNICEF étaient de la compétence de l'OMS et qu'elle était prête à se saisir de ces projets dès que les dispositions appropriées auraient été prises [997]. En outre, l'Assemblée considérait qu'aucune action ne devait être prise qui aurait pour effet de réduire, dans quelque mesure que ce soit, les activités de l'UNICEF. Ainsi, afin de faciliter ce transfert d'activité, en juillet 1949 fut mis en place un Comité mixte UNICEF/OMS, appelé Comité des directeurs sanitaires. Composé des représentants de l'OMS et de l'UNICEF, il devait être un organe temporaire, dissous lorsque les activités sanitaires de l'UNICEF auraient été totalement prises en charge par l'OMS. Il est devenu par la suite le mécanisme principal afin de mettre en œuvre la collaboration des activités sanitaires entre les deux institutions et de déterminer les principes de division des activités. Il s'agit aujourd'hui du plus vieux comité inter-agence du système des Nations unies[998].

463. En 1951, l'Assemblée mondiale de la santé adopta sur recommandation du Comité mixte[999] le principe qui guidera la coopération OMS/UNICEF : l'UNICEF fournit les approvisionnements et les services au gouvernement et l'OMS fournit l'expertise au gouvernement et à l'UNICEF. Cette division des tâches perdure aujourd'hui et a fait de « l'UNICEF une agence opérationnelle avec une capacité de collecter des fonds lui permettant de prendre en charge les composants les plus dispendieux des programmes de coopération [1000] ». A l'origine temporaire, l'UNICEF est devenue une organisation permanente en 1953 en raison du besoin continu des enfants dans

---

[993] ONU, *Création d'un Fonds international de secours à l'enfance*, Résolution 57, Assemblée générale, 11 décembre 1946, I.1.c).

[994] Y. BEIGBEDER, *L'Organisation mondiale de la santé,* PUF, 1995, p.171 « La plupart de ses programmes recoupent ceux de l'OMS dans le domaine spécifique de la santé : la lutte contre les maladies par l'immunisation, l'assistance aux centres d'hygiène maternelle et infantile, l'amélioration de l'hygiène du milieu, la planification familiale, les programmes de nutrition appliquée, les secours immédiats dans les situations d'urgence. »

[995] *Ibid.,* pp.171-172. A cet effet, « à la création de la UNICEF, la Commission des Questions sociales de l'ONU a attiré l'attention de l'AMS et du Conseil économique et social sur la question de la coordination des ressources techniques et administratives entre l'OMS et l'UNICEF (AMS, *Résolution WHA 1.120*, juillet 1948).

[996] ONU, *Création d'un Fonds international de secours à l'enfance*, Résolution 57, Assemblée générale, 11 décembre 1946, I.4.c).

[997] Y. BEIGBEDER, *L'Organisation mondiale de la santé,* PUF, 1995, p.172.

[998] L. BURCI et C.-H. VIGNES, *The World Health Organization*, *op.cit.*, p.77.

[999] OMS, *Résolution WHA 3.46,* AMS, mai 1950.

[1000] L. BURCI et C.-H. VIGNES, *The World Health Organization*, *op.cit.*, p.76.

le monde, du fait des conséquences des guerres, de la pauvreté et des autres causes de dépravation[1001].

464. Cette répartition des rôles ainsi clarifiée a permis aux deux institutions de mieux coordonner leur action comme en témoigne la modification du mandat du comité mixte en 1960 « dans le sens d'une meilleure définition de son rôle, étant donné l'évolution satisfaisante des relations de coopération UNICEF/OMS[1002] ». Par ailleurs, en 1975 et 1977, le Conseil exécutif de l'OMS se félicitait de « l'excellent esprit de coopération qui continuait de régner entre l'UNICEF et l'OMS[1003] ». Fort de son succès et à la demande du Fonds des Nations unies pour la Population (FNUAP)[1004], ce dernier fut intégré au Comité mixte qui devint en 1999 le Comité de Coordination OMS/UNICEF/FNUAP sur la Santé[1005]. Ce comité a notamment pour rôle de « faciliter la coordination des directives et programmes sanitaires des trois organisations[1006] ».

465. Enfin, la coopération réussie a également été à l'origine de l'élaboration du Code international de commercialisation des substituts du lait maternel de 1981. Ce dernier fut le résultat d'une recommandation d'une réunion conjointe de l'OMS/UNICEF sur l'alimentation du nourrisson et du jeune enfant tenue en octobre 1979[1007]. Les deux institutions ont eu pour mission « d'organiser le processus de préparation du Code[1008] ».

466. Si les débuts furent laborieux, « la répartition des rôles entre les deux institutions [est] plus claire et mieux appliquée[1009] ». Toutefois, cela n'empêche pas que l'UNICEF dispose de compétences sanitaires indépendantes de l'OMS qui ont mené à des conflits occasionnels[1010]. Si l'OMS a été confinée a un rôle d'experte et de conseiller dans la planification des programmes et leur mise en œuvre, l'UNICEF a été perçue comme une organisation opérationnelle directe et concrète bénéficiant d'une meilleure visibilité médiatique[1011].

467. Il faut noter que la mise en place de comité mixte a eu lieu avec de nombreuses organisations internationales par le biais d'accords. Ainsi, l'OMS adopta des accords de coopération avec l'ONU, l'OIT, la FAO, l'UNESCO et l'ONUDI[1012]. Si l'ensemble des accords prévoit des clauses relatives notamment « à la représentation réciproque, l'échange d'information et de documents », seuls les accords avec la FAO, l'UNESCO et l'ONUDI

1001 K. LEE et J. FANG, *Historical Dictionnary of the World Health Organization, op.cit.*, p.355.

1002 Y. BEIGBEDER, *L'Organisation mondiale de la santé,* PUF, 1995, p.174.

1003 OMS, Résolution EB56.R6, 56e Conseil exécutif, juin 1975 et OMS, Résolution EB60.R.1, 60e Conseil exécutif, mai 1977.

1004 OMS, Document EB99/22 add 1, 99e Conseil exécutif, 1999.

1005 OMS, Résolution EB99.R23, 99e Conseil exécutif, 1999.

1006 OMS, *Mandat du Comité de coordination OMS/UNICEF/FNUAP sur la Santé*, 103e Conseil exécutif, EB103/22, 9 novembre 1998, p.3.

1007 Y. BEIGBEDER, *L'Organisation mondiale de la santé,* PUF, 1995, p.174.

1008 OMS, Résolution WHA 33.32, mai 1980 Chapitre IV.

1009 Y. BEIGBEDER, *L'Organisation mondiale de la santé,* PUF, 1995, p.175.

1010 L. BURCI et C.-H. VIGNES, *The World Health Organization, op.cit.*, p.77 et G. WALT, « *WHO under stress : Implications for health policy* », *op.cit.,* p.137. Dans les années 1980, il y eu un conflit entre l'OMS et l'UNICEF sur la démarche à suivre en matière de politique de soins de santé.

1011 Y. BEIGBEDER, *L'Organisation mondiale de la santé,* PUF, 1995, p.175.

1012 Le contenu de ces accords se trouve dans les Documents fondamentaux, OMS, 1992 pp.38-73.

prévoient la création de commissions mixtes pour « toute question d'un intérêt commun[1013] ».

468. Ces différents mandats sanitaires conférés à d'autres organisations dès leurs créations démontrent que l'OMS ne dispose pas de l'entièreté de la compétence sanitaire mondiale ce qui demeure, vu de l'extérieur, source de chevauchements et donc de confusions sur la place de l'OMS. Par ailleurs, l'OMS a démontré ses limites dans la gestion de certains enjeux sanitaires mondiaux.

b. Le Programme commun des Nations unies sur le VIH/sida (ONUSIDA), conséquence de l'échec de l'OMS

469. La découverte du VIH/SIDA en 1981 a obligé la communauté internationale à apporter une réponse mondiale qui a tardé à se matérialiser. En effet, à l'origine le VIH/SIDA semblait n'affecter que les Etats développés avec une majorité des cas connus apparus sur le territoire des Etats Unis pour l'année 1983. Le Zaïre[1014] était le seul pays africain à avoir fait état d'un cas de VIH/SIDA[1015]. L'argument était alors que les Etats développés avaient les moyens pour gérer le risque eux-mêmes[1016]. Ainsi, en 1985, le Directeur général MAHLER recommandait aux Etats africains de ne pas concentrer leurs énergies sur le VIH/SIDA car cela les détournerait du paludisme et d'autres maladies tropicales[1017]. Toutefois, en raison du nombre croissant de cas de VIH, l'Assemblée mondiale de la santé demanda à l'OMS, en mai 1986, d'agir en tant qu'organisme coordinateur de l'assistance multilatérale et bilatérale dans la lutte contre le SIDA. Le 1er février 1987, le Directeur général créa donc le Programme spécial OMS de lutte contre le SIDA, dirigé par le Monsieur MANN. L'année suivante, ce dernier fut renommé Programme mondial de lutte contre le SIDA.

470. Malgré la volonté affichée d'en faire une agence chef de file en matière de coordination des activités VIH/SIDA au sein du système des Nations unies[1018], ce programme fut un échec. En effet, si le programme fut parti intégrante de l'OMS, il ne recevait aucun budget de l'Organisation et était financé uniquement par des contributions extrabudgétaires. Ces contributions étaient rendues possibles en grande partie par l'investissement personnel de son directeur[1019]. Les critiques internes au sein de l'OMS sur le fonctionnement de ce programme qui ne correspondait pas à la structure traditionnelle de l'OMS ainsi qu'à la jalousie des autres départements de l'OMS en raison du succès financier du programme ont abouti à la démission du son Directeur emblématique en 1990[1020]. Après sa démission publique, le

[1013] Y. BEIGBEDER, *L'Organisation mondiale de la santé,* PUF, 1995, p.168.
[1014] Aujourd'hui la République démocratique du Congo.
[1015] AVERT, « *History of AIDS up to 1986* », 1986 (http://www.avert.org/history-aids-1986.htm).
[1016] F. LISK, *Global Institutions and the HIV/AIDS Epidemic : Responding to an International Crisis,* Routledge, 2010, pp.11-12.
[1017] *Ibid.,* p.13.
[1018] *Ibid.,* pp.13-15.
[1019] *Ibid.,* pp.16-18.
[1020] J. YOUDE, *Global Health Governance*, Polity Press, 2012, p.65.

programme fut évalué par un Comité externe[1021]. Ce dernier critiqua le programme à cause des difficultés de collaboration avec les autres organisations, les ministères de la santé[1022] et l'OMS elle-même notamment en raison de la répétition de certaines activités[1023]. La raison principale était que le « programme était *dans* l'OMS mais pas *de* l'OMS[1024] ».

471. Certains pays dont l'Ouganda, pays le plus touché par la pandémie, exprimèrent leur frustration en raison du « manque de coordination des actions menées sur le terrain par les différentes institutions et agences de l'ONU ». Ceci démontrait l'échec du rôle de l'OMS en tant qu'organisme coordinateur de l'assistance multilatérale et bilatérale dans la lutte anti-SIDA prescrite en 1986 par l'Assemblée mondiale de la santé. Cette dernière, reprenant une recommandation du Comité d'évaluation, décida d'étudier la « possibilité théorique et pratique de créer un programme commun coparrainé par les Nations unies sur le VIH/SIDA en consultation étroite avec l'UNICEF, le PNUD, le FNUAP, l'UNESCO et la Banque mondiale[1025] ». Après des consultations parfois difficiles, un rapport fut soumis lors de la 93e session du Conseil exécutif avec trois options afin de mettre en œuvre le programme commun coparrainé[1026]. Après de multiples discussions, l'Assemblée mondiale de la santé adopta la création de l'ONUSIDA en 1995 coparrainé par l'ensemble des organisations des Nations unies concernées[1027].

472. Lancée définitivement en 1996[1028] par le Conseil économique et social des Nations unies et présent dans 130 pays, l'ONUSIDA a pour objectif de « renforcer la manière dont les Nations unies ripostent au sida[1029] ». Ainsi, le but est « d'assurer la coordination mondiale des politiques, des méthodes et du financement de la lutte pour ralentir la propagation de la maladie[1030] ». Il ne s'agit pas d'une organisation qui vise directement à financer les programmes mais plutôt à agir comme catalyseur et coordinateur, afin d'éviter la superposition et encourager la coopération[1031]. Elle a notamment pour fonction de collecter et disséminer des données, formuler, sans directement mettre en œuvre, des stratégies de prévention et de traitement et d'attirer l'attention sur ce problème sanitaire[1032]. Cette structure hybride qui travaille en lien avec l'ensemble des agences onusiennes concernées mais qui existe séparément de l'OMS apparaît comme très singulière[1033]. Ces éléments se retrouvent ainsi dans l'organisation interne de l'ONUSIDA qui est tripartite : le Secrétariat, le

---

1021 L'AMS nomma un Comité d'évaluation externe afin d'évaluer l'efficacité du Programme (*Ibid.*, p.65).
1022 L. KNIGHT, *ONUSIDA : les 10 premières années*, ONUSIDA, 3 novembre 2008, p.18.
1023 J. YOUDE, *Global Health Governance*, *op.cit.*, p.65.
1024 L. KNIGHT, *ONUSIDA : les 10 premières années*, *op.cit.*, p.20.
1025 OMS, *Résolution WHA46.37*, 46e AMS, mai 1993 in WHA46/1993/REC/1, p.40.
1026 OMS, *Document EB93/27*, 46e AMS, mai 1993 in EB93/1994/REC/1, Annexe 3 pp.163-167.
1027 Les coparrainants sont au nombre de onze en 2015 : HCR, UNICEF, PAM, PNUD, FNUAP, ONUDC, ONU Femmes, OIT, UNESCO, OMS, Banque mondiale (ONUSIDA, *Composition du Conseil de Coordination du Programme*, 1er Janvier au 31 décembre 2015).
1028 ONU, Document E/1996/42, Appendix, 1996. Pour un récit des différentes étapes de son lancement voir L. BURCI et C.-H. VIGNES, *The World Health Organization*, *op.cit.*, pp.84-88.
1029 L. KNIGHT, *ONUSIDA : les 10 premières années*, *op.cit.*
1030 Y. BEIGBEDER, *L'Organisation mondiale de la santé*, PUF, 1995, p.141
1031 J. YOUDE, *Global Health Governance*, *op.cit.*, p.64.
1032 P. PIOT, *« Global AIDS epidemic : time to turn the tide »*, Science, 288 (5475), pp.2176-2178 (p.2177).
1033 J. YOUDE, *Global Health Governance*, *op.cit.*, p.64.

Conseil de coordination du Programme et les coparrainants[1034]. Qualifiée d'inhabituelle et sans précédent au sein du système onusien, cette structure n'est pourtant pas une entité séparée légalement de l'OMS. En effet, l'ONUSIDA semble bénéficier de la personnalité juridique de l'OMS et c'est ainsi qu'elle est traitée par la Suisse, pays hôte de l'Organisation[1035]. Malgré les critiques quant à son action[1036], l'ONUSIDA dispose d'un mandat récemment accordé et apparaît aujourd'hui comme le visage de la lutte contre le VIH/SIDA au niveau mondial.

473. Si l'OMS a un rôle important dans le fonctionnement de l'ONUSIDA et qu'ils coopèrent notamment pour la coordination des équipes médicales, la mise en place de cette structure est la conséquence de l'échec de la politique de l'OMS en matière de SIDA. Cette création « apparaît comme le résultat de la concurrence entre les agences et non de leur collaboration[1037] ». Par ailleurs, la fin du programme de l'OMS pour la lutte contre le VIH/SIDA agit comme un désaveu[1038] clair de « l'OMS qui n'a pas été en mesure d'accomplir seule la tâche de lutter contre ce fléau[1039] ». L'OMS a donc cédé le leadership en matière de VIH/SIDA à l'ONUSIDA[1040]. Ceci illustre ainsi les limites de la compétence de l'OMS qui ne dispose pas de l'intégralité du mandat de la santé.

474. On observe donc une concurrence en matière de santé publique par des organisations internationales historiques qui disposent d'un mandat délimité de santé ainsi que par des entités plus récentes, sans véritable rôle de coordination de l'OMS. Cette superposition onusienne est renforcée par une concurrence extérieure au système des Nations unies incarnée par le rôle joué par l'OMC. Cette dernière empiète sur le domaine de la santé par le biais de ses compétences en matière de commerce.

2. L'Organisation mondiale du commerce (OMC), une compétence incidente en santé

475. L'Organisation mondiale du commerce agit en tant qu'organisation multilatérale du commerce mais ses décisions affectent la santé mondiale (a). Cela oblige à une coopération entre l'OMS et l'OMC (b).

[1034] Pour des éléments détaillés de cette structure voir : J. YOUDE, *Global Health Governance*, *op.cit.*, pp.67-68 et L. BURCI et C.-H. VIGNES, *The World Health Organization*, *op.cit.*, pp.86-88.

[1035] L. BURCI et C.-H. VIGNES, *The World Health Organization*, *op.cit.*, p.86.

[1036] J. YOUDE, *Global Health Governance*, *op.cit.*, p.69.

[1037] M. DIXNEUF, « *La santé, enjeu de la gouvernance mondiale ?* », Les Etudes du CERI, n°99, décembre 2003, p.17.

[1038] L. KNIGHT, *ONUSIDA : les 10 premières années*, *op.cit.*, p.23 « L'initiative en faveur de l'ONUSIDA ne vient certainement pas des agences de l'ONU. Elle provient des donateurs qui étaient exaspérés d'avoir à répondre individuellement aux demandes de financement de chacune de ces agences, exaspérés avec le manque de coordination et exaspéré de l'incapacité de l'OMS de véritablement être opérationnel au niveau des pays. »

[1039] M. NDOUR, « *Partenariats public-privé mondiaux pour la santé : L'émergence d'une gouvernance transnationale des problèmes de santé des pays en développement* », Idées pour le débat, n°07/2006, IDDRI, 2006, p.6.

[1040] L. O. GOSTIN, *Global Health Law*, *op.cit.*, p.99.

a. Une organisation multilatérale de commerce

476. L'OMC est « la seule organisation internationale qui s'occupe des règles régissant le commerce des pays[1041] ». Le but affiché est d'aider les producteurs de marchandises et de services, les exportateurs et les importateurs à mener leurs activités[1042]. Succédant à l'Accord général sur les tarifs douaniers et le commerce (GATT) créé au lendemain de la Seconde guerre mondiale, l'OMC est née de négociations en 1995. S'il est de création récente, le système commercial multilatéral initialement institué dans le cadre du GATT, en réponse à la croissance exponentielle du commerce mondial[1043], avait déjà près d'un demi-siècle[1044]. L'Organisation repose sur les Accords de l'OMC qui énoncent les règles juridiques fondamentales régissant le commerce international. Les accords en vigueur découlent des négociations du Cycle Uruguay (1986 à 1994) qui ont donné lieu à une révision majeure du texte original du GATT. Les Accords de l'OMC se composent donc aujourd'hui de trois principaux accords : le GATT, l'Accord général sur le commerce des services (AGCS) et l'Accord sur les aspects des droits de propriété intellectuelle (ADPIC).

477. L'OMC compte 150 membres qui représentent environ 95 % du commerce mondial et une trentaine d'autres pays négocient actuellement leur accession[1045]. Elle n'est pas une organisation de financement mais a pour fonction essentielle de servir d'instance pour les négociations commerciales[1046]. Elle apporte également une assistance technique aux pays en développement afin de mettre en œuvre les accords de l'OMC et former les fonctionnaires[1047]. Elle dispose de plusieurs organes. Premièrement, l'organe de décision suprême de l'OMC est la Conférence ministérielle, qui se réunit au moins une fois tous les deux ans et exerce les fonctions de l'OMC en prenant les mesures nécessaires à cet effet[1048]. Deuxièmement, le Conseil général, composé des représentants de tous les membres, se réunit quand cela est approprié[1049], en général plusieurs fois par an au siège de Genève[1050]. Le

---

1041 Premier paragraphe du Préambule de l'Accord instituant l'Organisation mondiale du commerce, signé à Marrakech en avril 1994 : « Reconnaissant que leurs rapports dans le domaine commercial et économique devraient être orientés vers le relèvement des niveaux de vie, la réalisation du plein emploi et d'un niveau élevé et toujours croissant du revenu réel et de la demande effective, et l'accroissement de la production et du commerce de marchandises et de services, tout en permettant l'utilisation optimale des ressources mondiales conformément à l'objectif de développement durable, en vue à la fois de protéger et préserver l'environnement et de renforcer les moyens d'y parvenir d'une manière qui soit compatible avec leurs besoins et soucis respectifs à différents niveaux de développement économique. »

1042 OMC, « *Qu'est-ce que l'OMC ?* » (http://www.wto.org/french/thewto_f/whatis_f/whatis_f.htm).

1043 Par exemple, les exportations de marchandises ont augmenté de 6 % par an en moyenne.

1044 Pour un compte rendu détaillé voir OMC, *« Les années GATT : de La Havane à Marrakech »*, Comprendre l'OMC : éléments essentiels (http://www.wto.org/french/thewto_f/whatis_f/tif_f/fact4_f.htm).

1045 OMC, *« qu'est-ce que l'OMC – l'OMC en quelques mots, « fonctions »* (http://www.wto.org/french/thewto_f/whatis_f/inbrief_f/inbr02_f.htm).

1046 Article III Accord instituant l'Organisation mondiale du commerce, signé à Marrakech en avril 1994.

1047 OMC/OMS, « *Les accords de l'OMC et la santé publique, étude conjointe de l'OMS et du Secrétariat de l'OMC* », 20 août 2002, p.28.

1048 Article IV (1) Accord instituant l'Organisation mondiale du commerce, signé à Marrakech en avril 1994.

1049 Article IV (2) Accord instituant l'Organisation mondiale du commerce, signé à Marrakech en avril 1994.

1050 OMC/OMS, « *Les accords de l'OMC et la santé publique, étude conjointe de l'OMS et du Secrétariat de l'OMC* », *op.cit.*, p.27.

Conseil général se réunit aussi en tant qu'Organe d'examen des politiques commerciales et Organe de règlement des différends (ORD). Troisièmement, l'OMC dispose d'un Conseil du commerce des marchandises, du Conseil du commerce des services et du Conseil des aspects des droits de propriété intellectuelle qui touchent au commerce[1051]. Enfin, de nombreux comités spécialisés, groupes de travail et groupes d'experts s'occupent des domaines visés par les différents accords. Les décisions sont prises par consensus, tant lors des négociations que durant les travaux des comités[1052]. Le vote est possible, mais il n'a jamais été utilisé[1053].

478. Par ailleurs, l'OMC a un Secrétariat[1054] de petite taille avec un budget limité comparé à l'OMS[1055] car il n'est pas investi du pouvoir décisionnel qui incombe aux autres organes exécutifs internationaux dont l'Assemblée mondiale de la santé. En effet, les décisions sont prises par les Membres eux-mêmes. Les principales fonctions du Secrétariat consistent à fournir un appui technique aux différents conseils et comités, ainsi qu'aux conférences ministérielles, à offrir une assistance technique aux pays en développement, à analyser le commerce mondial et à exposer les activités de l'OMC à l'opinion publique et aux médias.

479. Avec la création de l'OMC, les règles ont été étendues à des domaines nouveaux. Alors que le GATT ne concernait que le commerce des marchandises, l'OMC couvre aussi le commerce des services et la propriété intellectuelle. Dans certains domaines tels que les textiles, l'agriculture et les mesures sanitaires et phytosanitaires, l'OMC va plus loin que le GATT puisqu'elle a établi des règles commerciales spécifiques[1056]. Par ailleurs, la mise en place de l'engagement unique par lequel l'adhésion à l'OMC emporte l'adhésion à l'ensemble des Accords y compris ceux liés à la santé a fortement participé à l'universalisation de l'Organisation et à son renforcement.

480. Par cet élargissement du domaine de compétence et les moyens d'actions dont dispose l'OMC, notamment par le biais de l'Organe de règlement des différends, l'OMC a les moyens d'empiéter sur le champ de la santé mondiale et donc sur le mandat de l'OMS.

b. L'empiètement de compétence en santé

481. L'élargissement du domaine de compétence de l'OMC à la santé se traduit dans les accords signés à la naissance de l'Organisation en 1995. En effet, pour les accords principaux de l'OMC, il existe des exceptions prévues en ce qui concerne la santé. Selon l'article XX b) du GATT, les Etats membres ont le droit de prendre des mesures pour restreindre les importations et les exportations de produits lorsque ces mesures sont nécessaires à la protection

---

[1051] Article IV Accord instituant l'Organisation mondiale du commerce, signé à Marrakech en avril 1994.

[1052] *Ibid.*

[1053] OMC/OMS, « *Les accords de l'OMC et la santé publique, étude conjointe de l'OMS et du Secrétariat de l'OMC* », *op.cit.*, p.28.

[1054] Article VI Accord instituant l'Organisation mondiale du commerce, signé à Marrakech en avril 1994.

[1055] Le Secrétariat de l'OMS est composé de 600 fonctionnaitres (contre environ 3000 à l'OMS) pour un budget de 150 millions d'euros (contre 4 milliards d'euros à l'OMS).

[1056] OMC/OMS, « *Les accords de l'OMC et la santé publique, étude conjointe de l'OMS et du Secrétariat de l'OMC* », *op.cit.*, p.27.

de la santé et de la vie des personnes et des animaux ou à la préservation des végétaux. De même, l'article XIV de l'AGCS autorise les Membres à prendre des mesures pour limiter les services et les fournisseurs de services étrangers afin de protéger la santé et la vie des personnes et des animaux ou de préserver les végétaux. Ainsi, ces exceptions[1057] indiquent « l'importance que les Membres attachent à l'autonomie nationale pour ce qui est de protéger la santé[1058] ».

482. Il existe, par ailleurs, des règles commerciales spécifiques qui régissent les obstacles au commerce pour protéger la santé des personnes. D'une part, l'article 2 de l'accord sur les obstacles techniques au commerce (OTC), prévoit le droit de restreindre le commerce pour réaliser des objectifs légitimes dont celui de protéger la santé ou la sécurité des personnes. D'autre part, en lien direct avec la santé, l'accord sur l'application des mesures sanitaires et phytosanitaires (SPS) a pour double objectif i) de reconnaître le droit souverain des Membres de déterminer le niveau de protection sanitaire qu'ils jugent approprié ; et ii) de faire en sorte qu'une prescription sanitaire ou phytosanitaire ne constitue pas une restriction non nécessaire, arbitraire, scientifiquement injustifiable ou déguisée au commerce international[1059]. Pour atteindre son objectif, l'article 3 de l'accord SPS encourage les Membres à utiliser les normes, directives et recommandations internationales lorsqu'elles existent. Toutefois, les Membres peuvent adopter des mesures SPS qui entraînent un niveau de protection sanitaire plus élevé - ou des mesures axées sur des problèmes de santé pour lesquels il n'existe pas de normes internationales - à condition qu'elles soient scientifiquement justifiées[1060].

483. Au vu de la multiplication du nombre de règles de commerce qui impliquent la santé, l'OMS se devait d'intervenir et de participer à l'activité de l'OMC. En effet, « l'OMS doit contrebalancer l'OMC et ses règles de commerce qui, lorsqu'elle prennent en compte la santé, sont désignées principalement afin de faciliter le commerce[1061] ». Ainsi, bien qu'aucun accord formel n'ait été conclut, l'OMS a le statut d'observateur auprès des organes de l'OMC afin de suivre les discussions sur des questions qui les intéressent. L'OMS est présente au Comité des mesures sanitaires et phytosanitaires et au Comité des obstacles techniques au commerce. Elle a également le statut d'observateur *ad hoc* au Conseil des aspects des droits de propriété intellectuelle qui touche au commerce et au Conseil du commerce des services. Par ce statut d'observateur, l'OMS participe au Comité en assistant aux réunions des Comités et peut notamment suivre l'évolution des décisions prises relatives à l'OTC et l'AGCS.

1057 « L'Accord sur les ADPIC ne prévoit pas d'exception pour la santé en soi, mais il permet d'adopter les mesures nécessaires pour protéger la santé publique et la nutrition, à condition qu'elles soient compatibles avec les autres dispositions de l'Accord (Accord sur les ADPIC, article 8 - Principes). » OMC/OMS, « *Les accords de l'OMC et la santé publique, étude conjointe de l'OS et du Secrétariat de l'OMC* », 20 août 2002, p.33.

1058 OMC/OMS, « *Les accords de l'OMC et la santé publique, étude conjointe de l'OMS et du Secrétariat de l'OMC* », *op.cit.*, p.33.

1059 OMC, « *Introduction à l'Accord SPS – Objectifs fondamentaux de l'Accord* », (http://www.wto.org/french/tratop_f/sps_f/sps_agreement_cbt_f/c1s1p1_f.htm).

1060 Article 3 (3) de l'accord SPS.

1061 L. O. GOSTIN, *Global Health Law*, *op.cit.*, p.271.

484. Ce rôle se limite toutefois à celui de représentation à l'exception de l'accord SPS pour lequel le *Codex Alimentarius* FAO/OMS[1062] est désigné comme une organisation de normalisation compétente pour les produits alimentaires. L'accord SPS stipule en effet « qu'afin d'harmoniser le plus largement possible les mesures sanitaires et phytosanitaires, les Membres établiront leurs mesures sanitaires ou phytosanitaires sur la base de normes, directives ou recommandations internationales, dans les cas où il en existe (…)[1063] ». D'autres formes de coopération existent notamment dans la création conjointe avec la Banque mondiale, la FAO et l'OIE du Fonds pour l'application des normes et le développement du commerce.

485. La coopération entre l'OMS et l'OMC s'observe également au niveau des Secrétariats qui collaborent étroitement dans les secteurs se rapportant à la santé et aux mesures sanitaires et phytosanitaires. Ils poursuivent ainsi leurs efforts communs pour attirer l'attention sur la nécessité d'une cohérence des politiques concernant les questions commerciales et les questions sanitaires au niveau mondial et national[1064]. Si l'OMS dispose d'un rôle d'observateur lui permettant de participer aux activités de l'OMC, elle ne dispose pas de pouvoir de décision formellement reconnu et reste un participant sans être le chef de file de l'activité. Ces domaines de compétence restent rattachés à l'activité de l'OMC par le biais du commerce. Or, dans le cadre du droit de l'OMC « la santé n'est perçue […] que comme une exception à la règle et risque […] d'être interprété de façon restrictive[1065] ».

486. L'ensemble des acteurs exposés ont des compétences de santé qui découlent de leurs mandats respectifs. Toutefois, d'autres acteurs ont développé un intérêt plus récent pour la santé, dont en particulier la Banque mondiale.

B. La Banque mondiale, acteur récent de santé

487. Aujourd'hui devenue la plus importante organisation intergouvernementale travaillant sur les enjeux de santé mondiale, la Banque mondiale n'est pas, à l'origine, une organisation de santé (1). Toutefois, depuis les années 1980, la Banque mondiale est la plus grande contributrice financière de la santé mondiale, non sans critique (2).

1. Une banque pour la reconstruction et le développement

488. Créée en 1944, la Banque internationale pour la reconstruction (BIRD) avait initialement pour objectif de soutenir le processus de reconstruction et de développement d'après-guerre (a). Ses compétences se situaient dans l'analyse et la régulation financière (b).

[1062] Le *Codex Alimentarius* est discuté en détail V. *infra* n°s0 et s.

[1063] Article 3 de l'Accord sur l'application des mesures sanitaires et phytosanitaire.

[1064] OMC, « *L'OMC et l'Organisation mondiale de la santé* » (http://www.wto.org/french/thewto_f/coher_f/wto_who_f.htm).

[1065] M. SAMSON, « *Réflexions sur le rôle du droit dans la gouvernance de la santé mondiale* », in E. MONDIELLI, F. VIALLA et E. CADEAU (coord.), *op.cit.*, p. 127 (pp.117-134).

a. De la Banque mondiale au groupe Banque mondiale

489. Vers la fin de la Seconde guerre mondiale, les délégués de 44 nations alliées se sont retrouvés à Bretton Woods aux Etats-Unis afin de participer à la Conférence financière et monétaire des Nations unies[1066] en juillet 1944. A la suite des accords de Bretton Woods, le 27 décembre 1945, a été mis en place, en même temps que le Fonds Monétaire international, la Banque internationale pour la reconstruction (BIRD) en tant qu'institution spécialisée des Nations unies[1067]. En effet, c'est à cette date que vingt-un Etats ont signé les articles de l'accord conclu à Bretton Woods[1068], donnant naissance aux Statuts de la BIRD contenant XI articles. Le premier Conseil des gouvernants a eu lieu le 7 Mars 1946 afin de nommer son premier président, M. Eugene Meyer. La BIRD s'établit définitivement le 18 juin 1946 à Washington.

490. Considérée comme la « première banque multilatérale [1069] », bénéficiant de la personnalité juridique[1070], elle avait un double rôle à tenir en matière de reconstruction et de développement afin d'aider l'Europe et le Japon à se reconstruire après la Seconde guerre mondiale[1071]. Elle aidait au refinancement de la dette souveraine et offrait des prêts à effet de levier[1072]. Son premier prêt de reconstruction a été émis à la France le 9 Mai 1947 pour 250 millions de dollars soit la moitié du montant demandé[1073]. Durant cette année 1947, la BIRD émit de nombreux prêts pour les pays européens[1074]. Toutefois, rapidement, des pays non-européens ont pu bénéficier de l'aide financière de la BIRD. Ainsi, le Chili reçut un prêt de 16 millions de dollars le 25 mars 1948 afin de développer l'électricité et des plans d'irrigation[1075].

491. Par la suite, la BIRD a été complétée par la création de quatre autres institutions : la Société financière internationale créée en 1956 (SFI), l'Association internationale de développement (AID), en 1960, le Centre international de règlement des différends (CIRD) créé en 1966 et l'Agence multilatérale de garantie des investissements (MIGA) fondée en 1988. Dès lors, une distinction s'opère aujourd'hui entre d'une part la Banque mondiale qui regroupe la BIRD et l'IAD et, d'autre part, le Groupe Banque mondiale qui

---

[1066] BANQUE MONDIALE, « Pages from World Bank History: Bank's First Development Loans » (http://web.worldbank.org/)

[1067] Pour un récit détaillé de l'origine de la Banque mondiale voir : V. D. KAPUR et al (éd.), *The World Bank – It's First Half Century – vol.1 : History*, Brookings Institution Press, 1997, pp.1-56 (Chapitre « *Introduction* »).

[1068] Ensuite, 29 pays signèrent le 31 décembre 1945. Par ailleurs, le Conseil des Gouvernants se réunit pour la première fois le 7 Mars 1946 (BANQUE MONDIALE, « Pages from World Bank History: Bank's First Development Loans », *op.cit.)*

[1069] J. P. RUGER, « *The changing role of the world bank in global health* », AJPH, vol.95, n°1, 2005, pp.60-70 (p.61).

[1070] Article VII, Section 2 des Statuts de la BIRD.

[1071] Pour un récit détaillé V. D. KAPUR et al (éd.), *The World Bank – It's First Half Century – vol.1 : History*, Brookings Institution Press, 1997, pp.57 à 84 (Chapitre 2 « *The Bank for Reconstruction, 1944-1948* »).

[1072] J. YOUDE, *Global Health Governance, op.cit.*, p.47.

[1073] BANQUE MONDIALE, « Pages from World Bank History: Bank's First Development Loans », *op.cit.*

[1074] *Ibid.*

[1075] *Ibid.*

regroupe la Banque mondiale et la SIF, le CIRD et la MIGA[1076]. En effet, c'est à partir de 1975 que le nom de Banque mondiale est officiellement entériné[1077].

492. La Banque mondiale est définie comme « une coopérative, dans laquelle les actionnaires sont ses 188 pays membres[1078] ». Si le nombre d'Etats membres varie au sein de chaque institution[1079] qui la compose, les Etats disposent de « l'ultime pouvoir de décision en leur sein sur toutes les questions, y compris celles sur la politique menée, sa gestion financière ou les questions d'accession par d'autre pays ». Pour devenir membre de la Banque mondiale un pays doit d'abord adhérer au Fonds monétaire international (FMI). Par ailleurs, les adhésions à l'IDA, l'IFC et la MIGA sont conditionnelles à l'adhésion à la BIRD. Ainsi, tout Etat souhaitant adhérer au FMI doit communiquer des informations sur son économie, qui sont confrontées à celles des autres Etats membres ayant une économie de taille comparable[1080]. Le budget de la BIRD provient essentiellement d'emprunts sur les marchés financiers, le reste émane des souscriptions des Etats-membres appelés quotes-parts. Depuis toujours et encore aujourd'hui, le premier contributeur sont les Etats-Unis. En effet, pour l'année 2010 les Etats Unis contribuaient à hauteur de 16,36 % suivis par le Japon (7,85 %), l'Allemagne (4,48 %), le Royaume-Uni et la France (4,30 %)[1081].

493. Par ailleurs, la Banque mondiale se compose de deux organes où l'Etat joue un rôle essentiel. D'une part, constitué en général des ministres des finances ou du développement des pays membres, le Conseil des Gouverneurs est l'organe de décision suprême de la Banque mondiale. Le Conseil se réunit une fois par an à l'occasion des Assemblées annuelles. Selon un système de pondération des voix, tout Etat membre dispose de deux cent cinquante voix plus une voix supplémentaire pour chaque part détenue dans le capital social de la Banque (quotes-parts)[1082]. Ainsi, à la différence de l'OMS, le droit de vote dépend de la contribution de l'Etat membre au budget de la Banque. C'est pourquoi les Etats les plus influents sont, dans l'ordre décroissant de leur contribution : les Etats-Unis, le Japon, l'Allemagne, le Royaume-Uni et la France. A l'exception de ceux mentionnés dans les statuts[1083], le Conseil des

---

[1076] BANQUE MONDIALE, *Guide de la Banque mondiale*, *op.cit.*, p.10.

[1077] Il faut savoir que la dénomination « Banque mondiale » a été utilisée pour la première fois dès la création de la BIRD puisque la première réunion des Conseils des Gouverneurs de la BIRD et du FMI en mars 1946 a été appelée officiellement « Assemblée d'inauguration du Fonds international et de la Banque mondiale » (V. en ce sens : BANQUE MONDIALE, *Guide de la Banque mondiale*, *op.cit.*, p.11.

[1078] BANQUE MONDIALE, « *Organisation* » (http://www.banquemondiale.org/fr/about/leadership).

[1079] A comparer pour l'ensemble des 5 institutions : Il y a 172 Etats membres à l'IDA, 184 à l'IFC, 181 à la MIGA et 150 au CIRD.

[1080] BANQUE MONDIALE, « *Conseil des administrateurs* », http://www.banquemondiale.org/fr/about/leadership/directors .

[1081] BANQUE MONDIALE, « *Réforme de la voix au sein du groupe de la Banque mondiale : renforcer la voix et la participation des pays en développement et en transition en 2010 et au-delà* », Annexe 1, Comité du développement de la Banque mondiale, Document DC2010-0006/1, 25 avril 2010, p.24.

[1082] Article V, Section 3 (a) des Statuts de la BIRD. Toutefois, il faut souligner que la répartition des droits de vote varie d'une institution à l'autre au sein du Groupe de la Banque mondiale.

[1083] Ces pouvoirs sont : « Admettre et suspendre des États membres ; augmenter ou réduire le capital social ; fixer la répartition du revenu net de la Banque ; statuer sur les recours exercés contre les interprétations des Statuts données par les Administrateurs ; conclure des accords formels et exhaustifs en vue de coopérer avec d'autres organismes internationaux ; suspendre de façon permanente les opérations de la Banque ; augmenter le nombre des Administrateurs élus et approuver les amendements aux Statuts de la Banque. » (Article V, Section 2 des Statuts de la BIRD).

Gouverneurs peut déléguer tous ses pouvoirs aux Administrateurs. Ce système a le mérite d'être davantage transparent sur les rapports de force entre les pays à la différence du système de l'OMS, qui sous-couvert du système d'un vote par pays, favorise les pressions et autres mécanismes d'influence. Si ce système est peu convaincant en matière de santé, qui ne réponds pas seulement à des considérations économiques, il soulève la question de la remise en question du système actuel de l'OMS.

494. D'autre part, le Conseil des administrateurs est « chargé de la conduite des opérations générales de la Banque[1084] ». Aujourd'hui, le Conseil est composé de 25 administrateurs[1085]. Selon les Statuts de la BIRD[1086], cinq Administrateurs sont désignés par les cinq plus grands actionnaires qui sont actuellement les Etats-Unis, le Japon, l'Allemagne, la France et le Royaume-Uni. Par ailleurs, la Chine, la Fédération de Russie et l'Arabie saoudite désignent chacune leur propre Administrateur. Le reste des Administrateurs sont élus par les autres membres[1087]. Le Conseil des administrateurs se réunit au moins deux fois par semaine afin de superviser les activités de la Banque et notamment pour approuver les opérations de prêt ou de garantie, les nouvelles politiques, le budget administratif, les stratégies d'aide aux pays et les décisions touchant aux emprunts et aux finances de l'institution.

495. Enfin, le fonctionnement de la Banque mondiale est assuré sous l'impulsion et la conduite du Président, des membres de la direction et des Vice-présidents responsables des différents bureaux régionaux, secteurs et réseaux. Le président du Groupe de la Banque mondiale, actuellement Jim Yong Kim, préside les réunions du Conseil des Administrateurs et est responsable de la gestion générale de la Banque. Il est sélectionné par le Conseil des Administrateurs pour un mandat renouvelable de cinq ans. Une règle tacite imposait que le Président de la Banque soit de nationalité américaine et que celui du FMI émane d'un pays européen[1088]. Toutefois, si cette fois-ci encore un candidat américain a été élu en 2012, pour la première il y a eu une réelle compétition pour la présidence de la Banque mondiale. Le ministre des finances du Nigéria, Ngozi Okonjo-Iweala, soutenu par l'Afrique du Sud et le Brésil, fut un adversaire solide, dénonçant le système d'élection[1089].

496. L'organisation et le fonctionnement prévus à la création de la Banque mondiale ont fait de cette dernière une institution financière, très éloignée des considérations sanitaires.

[1084] Article V, Section 4 des Statuts de la BIRD.

[1085] « Avant le 1er novembre 1992, le Conseil comptait 22 Administrateurs dont 17 étaient élus. En 1992, eu égard au nombre élevé de nouveaux adhérents à la Banque, le nombre des Administrateurs élus passe à 20. Les deux nouveaux sièges, à savoir la Russie et un nouveau groupe constitué autour de la Suisse, complètent le nombre total et le portent à 24. Au 1er novembre 2010, le nombre des Administrateurs augmente, passant à 25 au total. » (Banque mondiale, « *Conseil des administrateurs* », http://www.banquemondiale.org/fr/about/leadership/directors).

[1086] Article V, Section 4 (b) (i) des Statuts de la BIRD.

[1087] *Ibid.*

[1088] BANQUE MONDIALE, *Guide de la Banque mondiale*, 1ère édition, La Banque mondiale, p.9.

[1089] Il soulignait le besoin d'une procédure « ouverte, transparent et basée sur le mérite afin d'éviter de participer au déficit démocratique de la gouvernance mondiale » (L. WROUGHTON, « *World Bank picks health expert Kim as President* », Reuters, 16 Avril 2012).

b. Une organisation financière

497. Si, à l'origine, le rôle de la Banque mondiale était d'aider principalement l'Europe, aujourd'hui elle intervient dans l'ensemble des pays en développement. Le mandat principal est celui de lutter contre la pauvreté[1090] avec pour ambition de « mettre fin à l'extrême pauvreté en l'espace d'une génération et promouvoir une prospérité partagée[1091] ». Elle s'est donc fixée deux objectifs chiffrés : (1) réduire à 3 % la proportion de personnes vivant avec moins de 1,25 dollars à l'horizon 2030 et (2) favoriser, dans chaque pays, la croissance du revenu des 40 % les plus pauvres[1092]. Cette ambition découle des cinq objectifs énoncés dans l'Article I des Statuts de la BIRD dont ceux d'aider à la reconstruction et au développements des Etats membres ; promouvoir les investissements privés à l'étranger au moyen de garanties ou de participations aux prêts et autres investissements effectués par les fournisseurs privés de capitaux et promouvoir l'expansion harmonieuse, sur une longue période, des échanges internationaux et l'équilibre des balances des paiements, en encourageant les investissements internationaux[1093]. Par ailleurs, au fil des années, la mission de la Banque mondiale s'est élargie « à la promotion de la gouvernance et la lutte contre la corruption, à la promotion du développement durable et à la lutte contre le changement climatique[1094] ». Enfin, la Banque qui s'est engagée[1095] dans les objectifs de développement du millénaire, adoptés en septembre 2000, s'est à nouveau engagée dans les objectifs de développement durable, post-2015[1096].

498. Les cinq institutions qui composent le groupe Banque mondiale ont des missions différentes. La BIRD accorde des prêts aux gouvernements des

---

[1090] LA DOCUMENTATION FRANÇAISE, « *La Banque Mondiale* », 22 Avril 2012.

[1091] BANQUE MONDIALE, « *Ce que nous faisons* », (http://www.banquemondiale.org/fr/about/what-we-do).

[1092] *Ibid.*

[1093] Article 1er des Statuts de la BIRD – Objectifs « La Banque a pour objectifs: (i) D'aider à la reconstruction et au développement des territoires des Etats membres, en facilitant l'investissement de capitaux consacrés à des fins productives, - y compris la restauration des économies détruites ou disloquées par la guerre, la réadaptation des moyens de production aux besoins du temps de paix et l'encouragement au développement des ressources et moyens de production des pays les moins avancés. (ii) De promouvoir les investissements privés à l'étranger au moyen de garanties ou de participations aux prêts et autres investissements effectués par les fournisseurs privés de capitaux; et, à défaut de capitaux privés disponibles à des conditions raisonnables, de compléter l'investissement privé sous des modalités appropriées et en fournissant à des fins productives des moyens financiers tirés de son propre capital, des fonds qu'elle s'est procurés et de ses autres ressources. (iii) De promouvoir l'harmonieuse expansion, sur une longue période, des échanges internationaux et l'équilibre des balances des payements, en encourageant les investissements internationaux consacrés au développement des ressources productives des Etats membres, contribuant par là à relever, sur leurs territoires, la productivité, le niveau d'existence et la situation des travailleurs. (iv) De combiner les prêts accordés ou garantis par elle avec les prêts internationaux d'autre provenance, en donnant la priorité aux projets les plus utiles et les plus urgents, quelle qu'en soit l'envergure. (v) De conduire ses opérations en tenant dûment compte des répercussions économiques des investissements internationaux dans les territoires des Etats membres et de faciliter, pendant les premières années de l'après-guerre, une transition sans heurts de l'économie de guerre à l'économie de paix. Dans toutes ses décisions, la Banque s'inspirera des objectifs énoncés ci-dessus. »

[1094] BANQUE MONDIALE, « *Ce que nous faisons* », *op.cit.*

[1095] *Ibid.*

[1096] Déclaration commune des banques de financements multilatérales et du Fonds monétaires internationales « *From Billions to Trillions – Transforming Development Finance - Post-2015 Financing For Development: Multilateral Development Finance* », 16 avril 2015 (http://www.worldbank.org/en/news/press-release/2015/04/16/joint-statement-mdbs-imf-head-financing-for-development).

pays à revenu intermédiaire et des Etats pauvres solvables ; l'IDA fournit des prêts à intérêt zéro, appelés crédits, aux gouvernements des pays les plus pauvres ; la SFI octroie des prêts directement au secteur privé des pays en développement ; la MIGA offre des garanties contre les pertes occasionnées par des risques non commerciaux à ceux qui investissent dans les pays en développement ; et le CIRDI fournit les infrastructures internationales nécessaires à la conciliation et à l'arbitrage des conflits dans ce domaine[1097]. Le Groupe de la Banque mondiale accorde donc aux pays en développement des prêts assortis de faibles taux d'intérêt, des crédits ne portant pas intérêt ou encore des dons.

499. La qualification d'institution financière émane notamment des modalités d'intervention de la Banque mondiale qui sont de deux sortes. D'une part, la Banque mondiale émet des prêts, c'est-à-dire des prêts octroyés pour financer des projets d'investissement (infrastructures notamment) mais également des prêts d'ajustement qui visent à accompagner les Etats membres dans la mise en œuvre de réformes économiques, financières, structurelles. Les conditions financières des prêts sont liées aux situations des pays concernés. D'autre part, la Banque émet des garanties destinées à couvrir le risque de défaut de paiement du service de la dette de l'Etat, et des garanties destinées à couvrir le risque de crédit du secteur privé[1098]. Pour l'année fiscale 2012, le groupe Banque mondiale a prêté 35,3 milliards de dollars, soit une hausse de plus de 30 % par rapport à l'année fiscale 2008 (24,7 milliards de dollars).

500. Elle apparaît ainsi comme « une source essentielle d'appui financier et technique pour les pays en développement du monde entier[1099] ». Elle ne correspond toutefois pas à « une banque au sens habituel du terme mais d'un partenariat sans équivalent voué à réduire la pauvreté et à appuyer le développement[1100] ». Institution financière[1101] multilatérale, elle intervient dans un vaste éventail de secteurs sous la forme « de conseils stratégiques, d'études et d'analyses et d'une assistance technique[1102] ». Ces travaux analytiques servent de socle aux opérations de financement de la Banque et permettent d'orienter les investissements des pays en développement eux-mêmes. Le travail de la Banque est fondé sur l'approche du résultat avec depuis 2012 le lancement du « Program for results » qui lie déboursement et résultats du programme gouvernemental[1103].

501. Si la Banque mondiale a eu avant tout un rôle en matière de reconstruction et de développement, elle a évolué pour devenir un acteur essentiel de la santé mondiale. Ce changement est source de critique.

[1097] BANQUE MONDIALE, *Guide de la Banque mondiale*, *op.cit.*, p.4.

[1098] LA DOCUMENTATION FRANCAISE, « *La Banque Mondiale* », 22 Avril 2012.

[1099] BANQUE MONDIALE, « *Ce que nous faisons* », *op.cit.*

[1100] *Ibid.*

[1101] V. D. KAPUR et al (éd.), *The World Bank – It's First Half Century – vol.1 : History*, Brookings Institution Press, 1997, pp.905 à 950 (Chapitre 14 « *The Evolution of the World Bank as a Financial Institution* »).

[1102] BANQUE MONDIALE, « *Ce que nous faisons* », *op.cit.*

[1103] BANQUE MONDIALE, « *Résultats 2013* » (http://siteresources.worldbank.org/PROJECTS/Resources/40940-1367867968385/2013_WorldBankforResults.pdf).

2. Un rôle central en santé critiqué

502. Alors qu'il ne s'agissait pas de l'objectif initialement conféré à la Banque mondiale, l'institution financière a développé une compétence en matière sanitaire (a). Toutefois, cette compétence, du fait de l'approche économique choisie, soulève des difficultés (b).

a. La première contributrice de la santé mondiale

503. La santé n'est jamais apparue dans l'agenda de la Banque mondiale avant la présidence de Robert McNAMARA en 1968. La Banque avait jusqu'alors concentré ses efforts sur les projets infrastructuraux et industriels[1104] avec des financements limités pour le secteur des politiques sociales [1105]. L'objectif restait avant tout celui du développement économique[1106]. En effet, à cette époque la Banque mondiale « évitait tout investissement public dans l'assainissement, l'éducation et la santé[1107] » car cela « ne produisait pas des effets tangibles, quantifiables et directs[1108] ». Dès les années 1950 les opérations et le développement de la Banque ont eu lieu dans « le moule de banquier[1109] ». La Banque ne proposait que des prêts liés à des projets jusque dans les années 1960[1110].

504. L'arrivée de McNAMARA en 1968 a marqué le début d'un changement profond de l'Institution. La considération de la Banque mondiale non plus « seulement comme une institution financière » mais comme une agence de développement a coïncidé avec le changement de perception de la notion de développement[1111]. Ainsi, McNAMARA a encouragé la Banque mondiale « à reconceptualiser le sens de développement et des facteurs visant à promouvoir la réduction de la pauvreté[1112] ». Il considérait la « santé de l'homme » comme central au modèle de développement socio-économique promu par la Banque[1113]. L'approche intégra l'idée selon laquelle « un pays ne pouvait se développer sans prendre en considération les besoins en matière d'éducation, d'assainissement et de santé[1114] ». La Banque a donc fait une première incursion dans le domaine de la santé par le biais du planning familial en émettant un prêt de 2 millions de dollars, à la Jamaïque[1115]. Pour

---

[1104] Pour un récit détaillé V. : V. D. KAPUR et al (éd.), *The World Bank – It's First Half Century – vol.1 : History*, Brookings Institution Press, 1997, pp.85 à 138 (Chapitre 3 « *The Bank of the 1950s* »).

[1105] S. DAVIES, *Global Politics of Health*, Polity Press, 2010, p.43.

[1106] J. YOUDE, *Global Health Governance*, *op.cit.*, p.47.

[1107] J. P. RUGER, « *The changing role of the world bank in global health* », *op.cit,* p.62.

[1108] J. YOUDE, *Global Health Governance*, *op.cit.*, p.47.

[1109] D. KAPUR et al (éd.), *The World Bank – It's First Half Century – vol.1 : History*, Brookings Institution Press, 1997, pp.85 à 138 (Chapitre 3 « *The Bank of the 1950s* »), p.85.

[1110] M. ALACEVICH, « *The World Bank's early reflections on development : A development institution or a Bank ?* », Policy Research Working Paper 4670, The World Bank Archives, Juillet 2008 (p.2).

[1111] L. O. GOSTIN, *Global Health Law, op.cit.*, p.134.

[1112] J. YOUDE, *Global Health Governance*, *op.cit.*, p.47.

[1113] S. HARMAN, *The World Bank and HIV/AIDS : Setting a Global Agenda*, Routledge, 2010, p.31.

[1114] J. P. RUGER, « *The changing role of the world bank in global health* », *op.cit.*, p.63 ; D. SRIDHAR, « *Economic ideology and politics in the World Bank : defining hunger* », New Political Economy, 12 (4), pp.499-516 (p.501).

[1115] BANQUE MONDIALE, « *World Bank Group Historical Chronology 1970-1979* » (http://web.worldbank.org/WBSITE/EXTERNAL/EXTABOUTUS/EXTARCHIVES/0,,print:Y~isCURL:Y~contentMDK:20035661~menuPK:56317~pagePK:36726~piPK:437378~theSitePK:29506,00.html)

l'année fiscale 1973, le total de prêts dédiés au planning familial était de 22 millions de dollars soit moins de 10 % des prêts consacrés à l'électricité[1116]. Par ailleurs, la Banque a continué à intervenir en santé pour la première fois par le biais de la nutrition, pour le Brésil en 1976, avec un prêt de 19 millions de dollars et par le biais des services de santé essentiels pour la Tunisie en 1981[1117]. L'histoire entre la Banque mondiale et la santé est marquée par trois tournants.

505. Un premier tournant a eu lieu avec la création en 1979 d'un département consacré principalement à la santé (Population, Santé et Nutrition) au sein duquel des prêts étaient considérés pour des programmes de santé autonomes, non liés directement à d'autres secteurs[1118]. La mise en place de ce département marquait le changement de paradigme au sein du mandat de développement en raison du lien entre santé de la population et productivité économique[1119]. La publication du rapport sur le Développement dans le Monde en 1980 est apparue comme une reconnaissance officielle du besoin d'investir en santé, facteur avec la nutrition, de croissance économique[1120]. Par la suite, de nombreux programmes en faveur de la santé ont été financés par la Banque mondiale dont notamment le programme de la maternité sans risque[1121].

506. Un deuxième tournant très important a été la publication du Rapport sur le Développement dans le Monde en 1993 dont l'intitulé « Investir en santé » apparut évident Ce rapport a donné à la Banque mondiale une « plus grande exposition et légitimité dans le secteur de la santé[1122].» Il plaça l'institution au « centre de l'architecture de la gouvernance de la santé mondiale[1123] ». En effet, ce rapport annuel était le premier entièrement consacré à la santé, en identifiant les enjeux principaux des systèmes de santé internationaux tels que l'insuffisance des fonds et des ressources humaines, l'inéquitable accès aux soins essentiels et l'accroissement du coût des soins de santé. La Banque mondiale émit des recommandations afin d'améliorer la santé dans le monde, dont l'éducation des jeunes filles, de redistribuer des ressources gouvernementales vers les soins primaires et de promouvoir l'assurance privé et sociale. Ces recommandations empiétaient clairement sur le mandat de l'OMS.

507. Enfin, depuis 1993, la Banque mondiale a continué à investir dans la santé au point de se demander s'il s'agissait d'une banque ou d'une institution de développement[1124]. Par ailleurs, la mission de la Banque en matière de santé a évolué vers des programmes opérationnels de recherche et d'analyses comme en témoigne la mise en place du Programme Spécial de recherche, de

---

1116 J. P. RUGER, « *The changing role of the world bank in global health* », *op.cit.*, p.64.
1117 BANQUE MONDIALE, « *World Bank Group Historical Chronology 1980-1989* » (http://web.worldbank.org/).
1118 J. YOUDE, *Global Health Governance*, *op.cit.*, p.48.
1119 L. O. GOSTIN, *Global Health Law*, *op.cit.*, p.136.
1120 J. P. RUGER, « *The changing role of the world bank in global health* », *op.cit.*, p.65.
1121 Pour un récit détaillé voir *Ibid.*, pp.60-70.
1122 *Ibid.*, p.66.
1123 J. YOUDE, *Global Health Governance*, *op.cit.*, p.50.
1124 V. en ce sens M. ALACEVICH, « *The World Bank's early reflections on development : A development institution or a Bank ?* », *op.cit.*

développement et de formation en matière de reproduction humaine. Cette évolution s'est également accompagnée d'un soutien de la recherche au niveau des Etats membres[1125]. Aujourd'hui, la Banque mondiale apparaît comme un acteur essentiel de la santé mondiale et assume pleinement cette mission : « en ligne avec sa stratégie mondiale pour la santé, la nutrition et la population, le Groupe de la Banque mondiale fournit un financement, une analyse actualisée et des conseils stratégiques pour aider les pays à élargir l'accès à des soins de qualité et abordables ; protège les personnes de la pauvreté ou l'aggravation de la pauvreté pour cause de maladie ; et favorise les investissements dans tous les secteurs qui constituent le fondement des sociétés saines[1126] ». Un autre exemple est le lancement en 2012 d'un site dédié à la santé, la nutrition et la démographie visant à devenir le « nouveau point d'accès pour explorer, visualiser et télécharger des données sur ces questions[1127] ».

508. Par ailleurs, tout au long de son expérience en santé, la Banque mondiale a cherché à mettre en place des partenariats avec l'OMS. En atteste par exemple le Programme de lutte contre l'onchocercose en Afrique de l'Ouest adopté, dès 1974, en partenariat notamment avec la FAO et l'UNDP. Plus tard, plusieurs partenariats ont été mis en place : le programme de la maternité sans risque (en 1987), le Programme sur la recherche des maladies tropicales et l'Initiative pour les micronutriments.

509. Toutefois, au vu du rôle de plus en plus important de la Banque mondiale en santé mondiale, la participation de l'OMS apparaît ténue. En effet, la Banque mondiale est devenue un acteur majeur de la santé mondiale notamment en matière de financement. Ainsi, la Banque mondiale consacre près de 1,5 milliards de dollars par an dans le domaine de la santé[1128]. Ce repositionnement de la Banque mondiale est source de critiques.

b. Les leçons à tirer du positionnement sanitaire de la Banque mondiale

510. La Banque mondiale est devenue le plus grand contributeur de la santé mondiale alors même qu'elle ne disposait pas de mandat officiel en matière de santé. Les raisons de ce changement sont multiples. D'une part, à la différence de l'OMS, la Banque mondiale a pu profiter d'une image d'institution technocratique et apolitique afin d'accroître son influence. Le fait que la Banque mondiale finance ses programmes « sur des équations et la recherche donnait un éclat technocratique[1129] ». Par ailleurs, le fait que le système de vote soit fondé sur les contributions financières, à la différence du système de l'OMS qui est fondé sur un Etat un vote, permet aux Etats les plus riches de bénéficier d'une influence disproportionnée pour atteindre leur objectif[1130]. Cette proportionnalité des votes en fonction des contributions confère à

[1125] J. P. RUGER, « *The changing role of the world bank in global health* », *op.cit.*, p.65.
[1126] BANQUE MONDIALE, « *Santé* » (http://www.worldbank.org/en/topic/health).
[1127] BANQUE MONDIALE « *Health, Nutrition and Population Data and Statistics* » http://datatopics.worldbank.org/hnp/).
[1128] D. MCCOY, « *The World Bank's new health strategy : reason for alarm* », The Lancet, vol.379, 2007, pp.1499-1501, (p.1499).
[1129] J. YOUDE, *Global Health Governance*, *op.cit.*, p.49.
[1130] S. HARMAN, « *The World Bank and health* » in A. KAY and D. W. OWAIN (dir.), *Global health Governance : Crisis, Institutions and Political Economy*, Palgrave Macmillan, 2009 p.229.

quelques Etat un avantage, de fait, accru et supérieur à leur contribution initiale. La Banque se trouve contrôlée par un certain nombre d'Etats membres. Toutefois, il faut également reconnaître que ce système a l'avantage d'être plus transparent que le système de vote de l'OMS qui laisse place à des manœuvres en coulisse dominées par un nombre réduit de pays où les voix des autres pays peuvent être influencées. L'ouverture d'un débat sur le système de vote de l'OMS apparaît primordiale.

511. D'autre part, le budget de l'OMS est gelé en terme réel depuis 1980 ce qui l'a empêché de prendre de nouveau projet sans en réduire d'autres. Ce gel eut un impact négatif sur son influence[1131]. Ainsi, alors que l'OMS n'avait plus d'argent, les Etats se sont tournés vers la Banque mondiale qui en avait beaucoup à prêter même si les conditions associées n'étaient pas idéales[1132]. Enfin, de façon générale, l'OMS était en perte de vitesse et de légitimité et n'arrivait pas à s'adapter aux nouveaux défis de la santé. La Banque mondiale apparaissait « robuste, responsable et concentrée sur sa mission de réduction de la pauvreté[1133] ». La présence de la Banque mondiale a comblé un vide laissé par l'OMS, et, pour certains a « éclipsé » l'OMS dans les années 2000[1134].

512. Si la Banque mondiale doit être « applaudie d'avoir attirée l'attention sur le besoin de renforcer les systèmes de santé[1135] », le constat selon lequel son omniprésence reste critiquable. En effet, malgré les évolutions de la Banque mondiale qui soulève des questions sur la nature de cette organisation[1136], elle demeure une banque. Depuis sa création, son activité en tant qu'institution de développement a été vivement critiquée. Ces critiques ont été confirmées avec le rapport de 1993 qui place la santé au centre de l'action de la Banque mondiale en raison du peu de pertinence des stratégies développées et de la promotion d'un « agenda étroit qui bénéficie les plus riches[1137] ». Le traitement de la santé par la Banque mondiale opère un déplacement fondamental et risqué de la conception de la santé en tant que droit de l'homme fondamental à une conception de la santé en tant que bien privé dépendant du marché[1138]. Cela a pour conséquence une définition restrictive de la santé à la différence de celle énoncée par l'OMS.

513. Certains auteurs regrettent également que le rapport de 1993 ait permis davantage à la Banque mondiale de promouvoir son idéologie que de réellement répondre aux besoins de la santé mondiale[1139]. Dans ce rapport, la

---

[1131] S. DAVIES, *Global Politics of Health*, Polity Press, 2009, p.44.

[1132] J. YOUDE, *Global Health Governance*, *op.cit.*, p.50.

[1133] K. ABBASI, « *The World Bank and world health : changing sides* », BMJ 318 (7187), 1999, pp.865-869 (p.868).

[1134] K. BUSE et G. WALT, « *The World Bank and the world's health* », Social Science and Medicine 50, 2000, pp.177-179 (p.177).

[1135] D. MCCOY, « *The World Bank's new health strategy : reason for alarm* », *op.cit.*, p.1501.

[1136] M. ALACEVICH, « *The World Bank's early reflections on development : A development institution or a Bank ?* », *op.cit.*, La question de la qualification entre banque et institution de développement est posée par cet auteur.

[1137] J. YOUDE, *Global Health Governance*, *op.cit.*, p.61.

[1138] M. NURUZZAMAN, « *The World Bank, health policy reforms and the poor* », Journal of Contemporary Asia 37(1), 2007, pp.59-72 (p.59).

[1139] A. UGALDE et J. T. JACKSON, « *The World Bank and international health policy : a critical review* », The Journal of International Developpement 7(3), 1995, pp.525-541 (p.530).

Banque mondiale préconisait un rôle réduit des gouvernements, dénonçait l'accent mis sur l'individu dans l'atteinte de la santé, ignorait le rôle des entreprises dans l'occurrence de maladie et encourageait la recherche du profit au détriment de résultats positifs de santé. La vision de la Banque mondiale apparaissait « trop homogène, sans prise en compte de la diversité des expériences en santé dans le monde[1140] ».

514. Néanmoins c'est grâce à cette approche néolibérale[1141], affichant une volonté d'efficacité, que la Banque mondiale a pu mobiliser des ressources financières pour investir dans le domaine de la santé. Cette capacité de mobilisation reste l'atout principal de cette Institution[1142]. Toutefois, c'est toujours cette approche néolibérale qui a mené la Banque à soutenir pendant longtemps les privatisations en particulier dans le secteur de la santé, vision assez éloignée de celle défendue par l'OMS. Le fait que le secteur de la santé ne soit pas considéré comme l'intérêt premier de la Banque mondiale qui repose sur des principes économiques, et qu'il le soit devenu notamment en raison de la faiblesse de l'OMS est révélateur. En effet, encore dans les années 2000, Messieurs BUSE et WALT espéraient que « l'investissement de la Banque dans la santé ne représente pas seulement les intérêts des économistes » mais que cette dernière devienne une institution chef de file du développement du système de santé[1143].

515. En 2007, Monsieur McCOY estimait que la stratégie en santé proposée par la Banque donnait des raisons de s'alarmer. Il considérait qu'il « serait irresponsable de ne pas s'alarmer au vu des dommages causés par la Banque aux systèmes de santé, son ébranlement des institutions publiques, son allergie à l'universalisme et l'équité et sa relation borgne avec le marché et les considérations financières[1144].» La Banque mondiale est également critiquée sur la qualité de ses recherches qui fondent ses programmes[1145].

516. Enfin, en 2013, les critiques résonnent toujours et certains auteurs considèrent que la Banque mondiale doit « renouveler son attention sur les politiques de santé » car la Banque se trouve à un moment crucial pour la santé mondiale[1146]. Ainsi, la Professeure RUGER propose des évolutions dans l'activité de la Banque mondiale afin d'atteindre des résultats concrets en santé sur le terrain[1147] et répondre aux critiques. De même, la santé ne peut être soumise aux mêmes principes d'efficacité et de rentabilité – fondement de la Banque mondiale – que tout autre bien commercial.

517. Il faut rappeler que la Banque mondiale n'avait pas de mandat en santé et n'a toujours pas de mandat juridique pour intervenir dans le domaine de la

---

[1140] J. YOUDE, *Global Health Governance*, *op.cit.*, p.61.
[1141] L. O. GOSTIN, *Global Health Law*, *op.cit.*, p.143.
[1142] J. P. RUGER, « *The changing role of the world bank in global health* », *op.cit.*, p.67
[1143] K. BUSE et G. WALT, « *The World Bank and the world's health* », *op.cit.*, p.178.
[1144] D. MCCOY, « *The World Bank's new health strategy : reason for alarm* », *op.cit.*, p.1501.
[1145] R. BROAD, « *Research, knowledge, and the art of paradigm maintenance: the World Bank's development economics vice-presidency (DEC)* » Review of International Political Economy, vol.13 :3, 2006, pp.387–419; A. BANERJEE et al., « *An evaluation of World Bank research, 1998–2005* », Banque mondiale, 24 septembre 2006.; A. ATTARAN et al., « *The World Bank: false financial and statistical accounts and medical malpractice in malaria treatment* » Lancet, vol.368, 2006, pp.247-252.
[1146] J. P. RUGER, « *The World Bank and global health : time for a renewed focus on health policy* », Commentary, Journal of Epidemiology and Community Health, 18 octobre 2013, pp.1-2.
[1147] *Ibid.*

santé[1148], deux atouts dont dispose l'OMS depuis sa création. Malgré cela, la Banque mondiale reste un concurrent du mandat de l'OMS et sa puissance financière risque de la maintenir dans ce rôle. Pour certains la montée en puissance de la Banque mondiale dans les années 1990 a confronté l'OMS à une « crise d'autorité[1149] ».

518. Toutefois, si l'OMS est concurrencée, elle n'est pas dépassée. Monsieur DODGSON estime que « l'OMS et la Banque mondiale sont centrales (dans la santé mondiale) car elles représentent la source principale de l'expertise sanitaire et le financement du développement respectivement[1150] ». De façon générale, si la multiplication des acteurs institutionnels n'est pas forcément incompatible avec l'action de l'OMS, elle nécessite une clarification dans les formes et les conditions que peuvent prendre les collaborations et coopérations entre ces acteurs, avec l'OMS en chef de file. Les deux approches retenues sont donc complémentaires dès lors qu'elles sont encadrées. Il apparaît qu'un rééquilibrage des capacités de l'OMS et de la Banque mondiale est nécessaire. Il est préférable que la Banque mondiale ne devienne pas l'unique acteur de santé mondiale.

519. Si les acteurs institutionnels ont pour points communs d'avoir l'Etat comme fondement de leur compétence, il en va différemment pour les acteurs non étatiques, ce qui est source de complication. En effet, aujourd'hui « les organisations internationales (ex. OMS et Banque mondiale) sont au centre » de la santé mondiale. Elles sont cependant « accompagnés par des acteurs non étatiques qui se 'déploient' vers l'extérieur et traitent d'enjeux spécifiques de santé[1151] ».

SECTION 2 : L'EMERGENCE DES ACTEURS NON ETATIQUES DANS LA SANTE MONDIALE

520. Si les Etats sont les seuls à disposer de la qualité de membre plénier de l'OMS, « d'autres[1152] » participants[1153] peuvent également intervenir dans ses activités. On observe ainsi une montée en puissance des acteurs non étatiques

---

[1148] A. TAYLOR, *« Global Health Law »*, in I. KICKBUSCH et al., *Global Health Diplomacy, Concepts, issues, actors, instruments, fora and cases*, Springer, 2013, pp.37-54 (p.44).

[1149] N. CHOREV, « *Restructuring neoliberalism at the World Health Organization* », Review of International Political Economy, vol.20, n°4, p.646.

[1150] R. DODGSON et al., « *Global Health Governance : A Conceptual Review* », Centre on Global Change & Health Department of Health & Development, London School of Hygiene World Health Organization & Tropical Medicine, and Department of Health and Development, World Health Organization Discussion Paper n°1, Feb 2002, p.21.

[1151] D. SRIDHAR, « *Are existing governance structures equipped to deal with today's global health challenges – Towards systematic coherence in scaling up* », Global Health Governance, vol.II, n°2 (Fall 2008/Spring 2009), p.3.

[1152] V. S. EL BOUDOUHI, « *Les qualité autres que celle de membre* », in E. LAGRANGE et J.-M. SOREL, *op.cit.*, pp. 350-371.

[1153] REISMAN se réfère au terme de « participant » pour désigner les acteurs non étatiques qui interviennent dans l'ordre juridique international sans en être des sujets (M. REISMAN, « *Avant-propos* », in J. D'ASPREMONT (éd.), *Participants in the International Legal System, Multiple Perspectives on Non-State Actors in International Law,* Routledge, 2011).

en général[1154] et, en particulier, au sein de la communauté de la santé mondiale. A ce titre, il existe une diversité des acteurs non étatiques au statut inégal (§1). Les conséquences de cette présence sur l'autorité de l'OMS sont multiples (§2).

§1 : Une diversité des acteurs au statut inégal

521. Selon la catégorisation envisagée par l'OMS[1155], il existe quatre différents groupes d'acteurs non étatiques : les organisations non gouvernementales (ONG), les entités du secteur privé, les fondations philanthropiques et les établissements universitaires. La collaboration avec les organisations non gouvernementales apparaît difficile (A). Par ailleurs, la place de plus en plus importante prise par les acteurs économiques défendant des intérêts privés[1156] soulève la question d'un risque de concurrence, au détriment de l'autorité de l'OMS (B).

A. Une collaboration difficile avec les ONG

522. Sans être membres pléniers, les autres acteurs dont les ONG peuvent se situer « à l'intérieur du système mis en place par l'Organisation et ses membres[1157] ». A ce titre, les ONG bénéficient d'une reconnaissance officielle (1) qui leur confèrent une place limitée au sein de l'OMS (2).

1. Le choix de la reconnaissance officielle

523. Le nombre et la diversité des acteurs formant le groupe d'organisations non gouvernementales confèrent à cette catégorie une place importante dans la santé mondiale (a). Toutefois, la relation avec l'OMS est encadrée (b).

a. Un groupe diversifié

524. Selon le Professeur SALMON, une organisation non gouvernementale est « une association privée qui exerce ses activités à but non lucratif, sur le plan interne ou dans le cadre international[1158] ». Cette définition est très large. Pour certains, la notion d'ONG est « vague[1159] » et il n'existerait pas de

---

[1154] V. C. CHAVAGNEUX, « *La montée en puissance des acteurs non étatiques* », in JACQUET (P.) et al., La documentation française, 2002, pp.230-256.

[1155] OMS, « *Cadre de collaboration avec les acteurs non étatiques* », Rapport du Secrétariat, A67/6, 67e AMS, 5 mai 2014.

[1156] Une distinction est faite avec les acteurs « civils » -ONG- défendant des intérêts publics (V. R. MEHDI, « *Introduction. Mutations de la société internationale et adaptations institutionnelles : le grand défi* », in L. BOISSON DE CHAZOURNES et R. MEHDI (dir), *Une société internationale en mitation : quels acteurs pour une nouvelle gouvernance*, Bruylant, 2005, p.9.

[1157] S. EL BOUDOUHI, « *Les qualité autres que celle de membre* », in E. LAGRANGE et J.-M. SOREL, *op.cit.*, p. 359.

[1158] J. SALMON, *Dictionnaire de Droit international public, op.cit.*, « organisation (internationale) non gouvernementale » p.793.

[1159] G. PERROULAZ, « *Le rôle des ONG dans la politique de développement : forces et limites, légitimité et contrôle* », in « *Les ONG de développement : rôles et perspectives* », Annuaire suisse de politique de développement, vol.23, n°2, 2004, p.9.

« définition précise et unanimement acceptée[1160] ». En effet, comme le précise RANJEVA, la nature « non gouvernementale » « ne suffit pas à définir tant en fait qu'en droit l'organisation non gouvernementale[1161] ». Dans cette optique, le Professeur RYFMAN refuse les définitions unidimensionnelles [1162] et considère que les ONG sont les entités qui réunissent un faisceau de cinq caractéristiques[1163], repris par Monsieur PERROULAZ :

« La notion d'association (soit le regroupement de personnes privées) avec un projet non lucratif au bénéfice d'autrui.

1. La forme juridique d'association à but non lucratif, selon les droits nationaux.

2. Le fait d'être un espace autonome face à l'Etat ou des puissances privées. L'Etat ne doit pas être à l'origine de la création de l'ONG même si celle-ci peut avoir des liens avec l'Etat. La même autonomie doit exister face à l'économie privée, l'Eglise, des sectes ou des groupes criminels.

3. La référence à des valeurs impliquant, en même temps qu'un engagement librement consenti, la volonté affichée d'inscrire l'action associative dans une dimension citoyenne insérée dans un cadre démocratique. L'ONG devient ainsi un des segments de ce que l'on appelle la 'société civile'.

4. Le caractère transnational de l'action: une action qui est menée dans un autre pays (que le pays d'origine) où elle cherche à défendre les droits humains ou à intervenir pour la protection de l'environnement et le développement durable[1164] ».

525. Deux sous catégories d'ONG apparaissent également entre celles de créations purement gouvernementales c'est-à-dire les Organisations non gouvernementales organisées par le gouvernement (ONGOG ou GONGO en anglais) et les organisations mises sur pied par des entreprises ou des milieux défendant des intérêts commerciaux (BINGO)[1165]. Aujourd'hui, la littérature

---

[1160] *Ibid.* p.9.

[1161] R. RANJEVA, « *Les organisations non gouvernementales et la mise en œuvre du droit international* », RCADI, vol.270, 1997, pp.9-105 (V. notamment les développements sur la définition d'organisation non gouvernementale pp.24-30).

[1162] V. notamment la liste proposée par la Banque mondiale : « 1) une organisation volontaire, à but altruiste, soit dans l'intérêt de ses membres pris collectivement, soit dans l'intérêt des autres membres de la société ; 2) une organisation de personnes privées qui se fondent sur un certain nombre de principes moraux et sociaux et qui structurent leur activité pour apporter le bien-être et le bonheur aux communautés ; 3) une organisation pour le développement culturel, économique et social qui assure l'encadrement et la sociabilisation des populations ; 4) une organisation de personnes travaillant de façon indépendante de tout contrôle externe avec des objectifs précis et dont la finalité consiste à apporter des modifications importantes dans une communauté donnée, un espace déterminé ou une situation particulière ; 5) une organisation démocratique non sectaire travaillant pour le renforcement de l'économie et pour l'insertion des groupes marginaux ; 6) une organisation non affiliée à des partis politiques engagée pour la continuité de l'aide aux démunis, le développement et le bien-être des communautés ; 7) une organisation pour l'éradication des maux et des problèmes de société en vue d'une meilleure qualité de la vie en faveur des pauvres, des opprimés, des marginaux, en ville et à la campagne ; 8) une organisation établie par et pour la communauté sans intervention du gouvernement ; 9) une organisation qui est flexible et démocratique dans son organisation et qui tente de servir la population sans but lucratif » (BANQUE MONDIALE, « *How the World Bank Works with Non-Governmental Organizations* », The World Bank, 1990). Cette liste, certes exhaustive, n'est pas une définition mais davantage un inventaire qui décrit les différentes possibilités d'insertion ou d'utilisation de ces organisations dans le cadre des projets de la Banque et de celui de l'allocation des ressources y afférentes.

[1163] P. RYFMAN, *Les ONG*, Coll. Repères, Paris, La Découverte, 2004, pp.28-30.

[1164] G. PERROULAZ, « *Le rôle des ONG dans la politique de développement : forces et limites, légitimité et contrôle* », *op.cit.*, p.9.

[1165] *Ibid.*, p.11.

semble davantage faire référence à la terminologie d'Organisations de la Société Civile (ou civil society organisation, CSO)[1166].

526. Toutefois, l'OMS dispose d'une définition propre des organisations non gouvernementales, ne reprenant pas le lexique d'organisation de la société civile. L'OMS considère ainsi que les organisations non gouvernementales sont « des entités à but non lucratif qui agissent indépendamment des gouvernements. Ce sont en général des organisations dont les membres sont des entités ou des personnes physiques sans but lucratif qui exercent leur droit de vote au sujet des politiques de l'ONG, ou qui sont sinon constituées en vue de la poursuite d'objectifs d'intérêt général dénués de but lucratif ». Elles ne doivent pas « avoir d'intérêts de nature principalement privée, commerciale ou lucrative ». L'OMS précise « qu'elles comprennent notamment les organisations communautaires, les groupes et réseaux de la société civile, les organisations confessionnelles, les groupements professionnels, les groupes se consacrant à des maladies données et les groupes de patients[1167] ».

527. Ainsi, la notion d'ONG apparaît très étendue et « les organisations utilisant l'étiquette « ONG » peuvent être de nature très différente[1168] ». Dès lors la notion d'ONG englobe des organisations très diversifiées. Il n'existe pas de schéma organisationnel en termes de structure ou de financement. Sont concernées aussi bien des organisations volontaires de longue date de compétences multinationales que des ONG locales mises en place pour répondre aux besoins sanitaires locaux[1169].

528. Si connaître exactement les acteurs qui composent cette catégorie d'ONG est difficile, la reconnaissance d'une relation officielle entre l'OMS et les ONG permet de cerner davantage ces acteurs.

b. Une relation encadrée par l'OMS

529. Dès les discussions sur la mise en place du système des Nations unies en vue de poursuivre des objectifs humanitaires et sociaux, il est apparu essentiel de permettre une coopération avec les organisations non gouvernementales[1170]. Cette volonté se retrouve dans la Constitution de l'OMS. Ainsi, l'article 71 de la Constitution de l'OMS dispose que « l'Organisation peut, en ce qui concerne les questions de son ressort, prendre toutes dispositions convenables pour se concerter et coopérer avec des organisations internationales non gouvernementales et, avec l'approbation du gouvernement intéressé, avec des organisations nationales, gouvernementales ou non gouvernementales ». Cet article est à lire en combinaison avec l'article 2 qui liste les fonctions de l'Organisation et en particulier « la collaboration effective avec (…) les groupes professionnels, ainsi que telles autres organisations qui paraitraient indiquées » b) et « favoriser la coopération entre

---

[1166] V. notamment L. BURCI et C.-H. VIGNES, *The World Health Organization*, *op.cit.*, p.89. et J. YOUDE, *Global Health Governance*, *op.cit.*, p.100.

[1167] V. OMS, *Projet de cadre général de collaboration avec les acteurs non étatiques*, A67/6, 67e AMS, 5 mai 2014, pp.3-4.

[1168] G. PERROULAZ, « *Le rôle des ONG dans la politique de développement : forces et limites, légitimité et contrôle* », *op.cit.*, p.11.

[1169] J. YOUDE, *Global Health Governance*, *op.cit.*, p.61.

[1170] L. BURCI et C.-H. VIGNES, *The World Health Organization*, *op.cit.*, p.89.

les groupes de scientifiques et professionnels qui contribuent au progrès de la santé ». Enfin, l'article 18 de la Constitution de l'OMS relatif aux fonctions de l'Assemblée mondiale de la santé reconnaît également un droit de participation des ONG[1171]. Néanmoins, la qualité de membre plénier n'est formellement ouverte qu'aux Etats[1172].

530. Le fondement initial de la relation entre les ONG et l'OMS se trouvait dans un texte adopté en 1987 qui fait partie des documents fondamentaux de l'Organisation intitulé « Principes régissant les relations entre l'Organisation mondiale de la santé et les organisations non gouvernementales[1173] ». L'OMS établit une distinction entre relation officielle et relation de travail. Ce texte précise que l'OMS ne reconnaît « qu'un seul type de relations formelles, appelées relations officielles, avec les ONG qui répondent aux conditions spécifiées dans les présents Principes ». En effet, « tous autres contacts, y compris les relations de travail, sont considérés comme étant de caractère informel ». Toutefois, l'adoption du cadre de collaboration avec les acteurs étatiques est venue préciser et élargir cette notion ainsi que les critères d'admission centralisée par le registre OMS des acteurs non étatiques. Réservé aux ONG, les relations officielles, désigne aujourd'hui, « un privilège que le Conseil exécutif peut accorder à des organisations non gouvernementales, des associations internationales d'entreprises ou des fondations philanthropiques qui ont collaboré et continuent de collaborer de manière durable et systématique en servant les intérêts de l'Organisation[1174] ».

531. L'OMS indique ainsi les conditions précises devant être remplies par les ONG afin d'être admises à des relations officielles avec l'OMS, notamment par la description d'un processus précis « caractérisé par une succession d'étapes distinctes ».

532. Toute démarche commencera par des contacts informels afin de « favoriser une compréhension mutuelle et la définition d'intérêts communs » par le biais d'échanges d'information et une participation réciproque à des réunions techniques. Après un recensement des activités communes spécifiques, la collaboration devient une relation de travail. D'une durée généralement de deux ans, elle se caractérise par l'échange de lettres détaillant les bases convenues pour la collaboration, dont les détails des activités entreprises et une estimation des ressources apportées par l'OMS et l'ONG. Enfin, une fois cette phase terminée et un bilan commun dressé, il peut être décidé de poursuivre la collaboration, y mettre fin ou soumettre, pour examen par le Conseil exécutif, une demande d'admission d'une ONG à des relations officielles avec l'OMS. Cette relation doit être fondée sur « un certain nombre

---

[1171] Article 18 dispose que « Les fonctions de l'Assemblée de la Santé consistent à (...) (h) inviter toute organisation internationale ou nationale, gouvernementale ou non gouvernementale, assumant des responsabilités apparentées à celles de l'Organisation, à nommer des représentants pour participer, sans droit de vote, à ses sessions ou à celles des commissions et conférences réunies sous son autorité, aux conditions prescrites par l'Assemblée de la Santé ; cependant, s'il s'agit d'organisations nationales, les invitations ne pourront être envoyées qu'avec le consentement du gouvernement intéressé. »

[1172] M. POULAIN, « *Les négociations du droit de la santé : l'OMS à la croisée des chemins* », in E. MONDIELLI, F. VIALLA et E. CADEAU (coord.), *op.cit.*, p.111.

[1173] Ce texte a été adopté par la 40e AMS (Résolution WHA40.25) en remplacement des Principes adoptés par la Première et la Troisième AMS, Mai 1987.

[1174] OMS, Résolution WHA69.10, *op.cit.*, p.16.

d'activités qui pourraient former la base d'une relation durable et plus étroite ».

533. Ce même document liste les conditions régissant l'admission d'une ONG à des relations officielles avec l'OMS. Ainsi, le principal domaine d'activité de l'ONG doit relever de la compétence de l'OMS et les buts et activités doivent être en harmonie avec l'esprit, les fins et les principes de la Constitution de l'OMS, axés sur le développement dans le domaine de la santé ou des domaines apparentés et exempts de toute visée de nature essentiellement commerciale ou lucrative. Par ailleurs, l'ONG est normalement internationale de par sa structure et/ou son champ d'action et représente une proportion importante des personnes organisées sur le plan mondial. Enfin, l'ONG doit être dotée d'une constitution ou d'un document fondamental analogue, d'un siège permanent, d'un organe directeur, d'une structure administrative à différents échelons d'action[1175]. Dans des situations exceptionnelles, après recommandations du Directeur régional et de l'Etat membre, une ONG national peut être admise dès lors que la majorité de son activité et de ses ressources est dédiée à la santé internationale et a développé des programmes d'activités collaboratives avec l'OMS. Dans tous les cas, une relation informelle de travail d'une durée de deux ans doit normalement avoir eu lieu avant toute admission officielle.

534. En 1951, il y avait 26 ONG admises aux relations officielles avec l'Organisation[1176]. Ce nombre a augmenté régulièrement[1177] en passant à 46 en 1958[1178] pour atteindre 202 en 2015 selon le dernier décompte officiel de l'OMS[1179]. Par ailleurs, la nature des ONG concernées varie car on retrouve « parmi elles des associations de caractère strictement médical (Association internationale pour l'étude du foie), écologique (Union internationale pour la Conversation de la nature et de ses ressources), social (Conseil international de l'action sociale), professionnel (Fédération mondiale des ergothérapeutes), politique (Union internationale des Villes et Pouvoirs locaux) etc.[1180] ». Il existe également des ONG réunissant plus d'une caractéristique à la fois. Sans compter les relations informelles, l'ensemble de ces ONG en relation officielle pèse un poids y compris financier considérable dans la santé mondiale.

535. Les formes d'intervention des ONG sont multiples. En 1997, l'OMS listait les exemples types de collaboration entre l'OMS et les ONG[1181]: action consultative, action de plaidoyer, coordination et prestation de services,

---

[1175] Pour un détail de ces conditions voir OMS, *Principes régissant les relations entre l'Organisation mondiale de la santé et les organisations non gouvernementales*, Résolution WHA40.25, *Documents fondamentaux,* 40e AMS, Mai 1987, pp.82-83, §3 ; WHO Civil Society Initiative, *Principles governing relations with Nongovernmental Organisations.* (http://www.who.int/civilsociety/relations/principles/en/).

[1176] Y. BEIGBEDER, *L'Organisation mondiale de la santé,* PUF, 1995, p.73.

[1177] Ainsi, elles étaient 68 en 1966, 82 en 1970, 125 en 1981 et 177 en 1993 (*Ibid.*, p.73).

[1178] OMS, « *Organisations non gouvernementales entretenant des relations officielles avec l'OMS* », Annexe 10 in OMS, *Les premières années de l'Organisation Mondiale de la Santé*, 1958, pp.515-516.

[1179] OMS, « *Liste en anglais et français des 202 organisations non gouvernementales en relations officielles avec l'OMS prenant en compte les décisions de la cent trente sixème session du Conseil exécutif, janvier 2015.* », OMS, 2015.

[1180] Y. BEIGBEDER, *L'Organisation mondiale de la santé,* PUF, 1995, p.73.

[1181] OMS, « *Collaboration avec les organisations non gouvernementales – Examen de la politique générale concernant la collaboration avec les organisations non gouvernementales* », Rapport du Directeur général, EB101/33, 101e Conseil exécutif, 9 décembre 1997, Annexe, pp.4-5.

collecte de données et gestion de l'information sanitaire, aide d'urgence et action humanitaire, appui financier, développement des ressources humaines, illustré par deux approches, participation à des réunions d'ONG, action professionnelle, publications, analyse scientifique et appui clinique et fixation de normes et mise au point d'une nomenclature. Par ailleurs, les ONG avec d'autres institutions jouent un rôle également dans le financement de l'OMS par le biais des contributions volontaires à hauteur de 5 %[1182].

536. Les ONG bénéficient donc d'une reconnaissance officielle au sein de l'OMS. Toutefois leur rôle apparaît divisé.

2. Un rôle divisé au sein de l'OMS

537. Les ONG sont des acteurs opérationnels essentiels au fonctionnement de l'OMS (a). Toutefois, leur reconnaissance au sein de la gouvernance de l'Organisation est plus limitée (b).

a. Des acteurs opérationnels essentiels

538. Selon Madame EL BOUDOUHI, la participation des ONG « aux activités opérationnelles des organisations internationales est aussi ancienne que la mise en place de ces activités[1183] ». Cette coopération est ainsi mentionnée tout au long de la Constitution de l'OMS[1184].

539. Selon les Principes adoptés en 1987, les objectifs de la collaboration entre l'OMS et les ONG sont de « (1) promouvoir les politiques, stratégies et programmes issus des décisions prises par les organes directeurs de l'Organisation ; (2) collaborer pour ce qui concerne différents programmes de l'OMS à des activités convenues d'un commun accord pour la mise en œuvre de ces stratégies et (3) enfin, par des dispositions appropriées, harmoniser les intérêts intersectoriels des différents organes sectoriels concernés dans un contexte national, régional ou mondial[1185] ». Ces objectifs sont essentiellement basés sur la mise en œuvre de l'action de l'OMS. En effet, cette collaboration avec les « ONG internationales est, et continue à être, l'instrument le plus actif et vibrant par lequel l'Organisation poursuit son mandat.[1186] » La complexité et l'évolution constante du domaine de la santé expliquent le besoin évident de consulter et coopérer avec des professionnels, des scientifiques et des organisations de base. Cette coopération bénéficie également aux ONG en santé concernées pour qui l'interaction avec l'OMS « représente une plateforme unique afin de faire entendre sa voix au niveau intergouvernemental afin d'essayer d'influencer et construire les politiques de santé internationale[1187] ».

[1182] OMS, *Financial report and audited financial statements for the year ended 31 December 2013*, A67/43, 63ᵉAMS, 17 avril 2014, p.6.

[1183] V. S. EL BOUDOUHI, « *Les qualité autres que celle de membre* », in E. LAGRANGE et J.-M. SOREL, *op.cit.*, p.368.

[1184] V. notamment les articles 2 (b) et (j) et 71 de la Constitution de l'OMS.

[1185] OMS, *Principes régissant les relations entre l'Organisation mondiale de la santé et les organisations non gouvernementales*, Résolution WHA40.25, *Document fondamentaux*, 40ᵉ AMS, Mai 1987, p.81, §1.3.

[1186] L. BURCI et C.-H. VIGNES, *The World Health Organization*, *op.cit.*, p.89.

[1187] L. BURCI et C.-H. VIGNES, *The World Health Organization*, *op.cit.*, p.89.

540. Sans généraliser l'observation à l'ensemble des ONG, les avantages de leur participation sont multiples. D'une part, elles apparaissent plus transparentes et responsables que les gouvernements[1188] et plus adaptables au changement sur le terrain de par leurs tailles plus réduites[1189]. D'autre part, elles sont plus démocratiques en permettant à l'ensemble des acteurs de se faire entendre[1190]. Elles peuvent également servir de contrepoids en cas de violations des obligations des Etats. En effet, sans pouvoir de sanction directement, elles peuvent dénoncer les gouvernements en violation[1191]. Enfin, leur intérêt principal réside dans leur capacité à intervenir dans les situations où les gouvernements ne peuvent ou ne veulent intervenir afin de fournir des services de santé essentielle[1192]. Elles sont situées « à l'articulation de la société civile et de la société étatiques[1193] ». Pour reprendre l'expression employée par Monsieur LEMONDE, « sans les ONG, l'ONU serait en chômage technique[1194] ».

541. La raison d'être de cette coopération opérationnelle et technique est qu'elle correspond aux activités de l'OMS qui, à sa création, étaient majoritairement d'ordre scientifique et technique[1195]. En effet, l'OMS n'étant pas une agence opérationnelle, elle a un besoin crucial de l'action des ONG. Toutefois, cette coopération se limite, en grande majorité, aux ONG de santé. En effet, l'OMS a traditionnellement exprimé des réserves à la collaboration avec des ONG actives dans d'autres domaines. Il existe ainsi un nombre limité d'organisations non sanitaires admises dans des relations officielles[1196]. La question a été posée de réviser les critères régissant l'admission aux relations officielles pour permettre l'instauration de relations formelles avec des ONG travaillant dans des secteurs autres que la santé ou les domaines apparentés. Après avoir reconnu que l'officialisation de certaines collaborations officieuses avec des ONG ne travaillant pas dans le domaine d'activité de l'OMS n'avaient pas modifié « sensiblement la situation actuelle pour l'OMS », le Conseil exécutif a tout de même estimé qu'il était préférable « d'encourager un renforcement des contacts officieux avec des ONG

1188 J. YOUDE, *Global Health Governance*, *op.cit.*, p.61.

1189 A. T. SCHURMANN et S. MAHMUD, « *Civil society, health, and social exclusion in Bangladesh* », Journal of Health, Population, and Nutrition, vol.27(4), 2007, pp.536-544 (p.537).

1190 W. MUHUMUZA, « *State-civil partnership in poverty reduction in Uganda* », Eastern Africa Social Science Research Review vol.26(1), 2010, pp.1-21 (pp.5-6).

1191 L. S. RUBENSTEIN, « *How international human rights organizations can advance economic, social, and cultural rights : a response to Kenneth Roth* », Human Rights Quarterly, vol.26(4), 2004, pp.845-865 (pp.847-848.)

1192 S. HARMAN, « *Fighting HIV and AIDS : reconfiguring the State ?* », Review of African Political Economy, vol.36(121), 2009, pp.353-367 (p.363). L'auteur estime que les ONG peuvent « servir de modèle pour les efforts de réforme en matière de gouvernance. »

1193 S. GUILLET, *Nous, les peuples des Nations unies. L'action des ONG au sein du système de protection international des droits de l'homme*, Paris, Montchrestien, 1995, pp.145-146.

1194 L. LEMONDE, « *Le rôle des organisations non-gouvernementales* », RQDI, vol.11.2, 1998, pp.207-214 (p.209).

1195 L. BURCI et C.-H. VIGNES, *The World Health Organization*, *op.cit.*, p.89. Toutefois, avec l'adoption, lors de l'Assemblée mondiale de la santé, du Programme de gestion des urgencies sanitaires, l'OMS ajoute un role opérationnel consequence dans la gestion de crise sanitaire (OMS, « *Réforme de l'action de l'OMS dans la gestion des situations d'urgence sanitaire. Programme OMS de gestion des situations d'urgence* », A69/30, 5 mai 2016).

1196 On peut citer l'Union interparlementaire, l'Association internationale de transport aérien (IATA), l'organisation internationale de normalisation (ISO) et l'Union internationale des architectes.

travaillant dans des secteurs autres que la santé, en demandant que soit établi un rapport sur les résultats de ces contacts[1197] ». Le maintien du principe d'un niveau officieux de relation est justifié en raison de l'absence du cadre programmatique nécessaire, l'absence d'expertise au sein de l'OMS afin d'évaluer le potentiel de ces ONG et le risque de voir l'axe des activités de l'OMS se déplacer indûment vers des secteurs autres que la santé[1198]. Par ailleurs, la notion élargie de santé retenue par l'OMS justifie d'autant moins une ouverture. Toutefois, la procédure et les conditions permettant d'obtenir le statut de « relation officielle » devrait être simplifiées pour permettre à un maximum d'ONG intéressées et concernées de collaborer.

542. Enfin, l'adoption lors de l'Assemblée mondiale de la santé du Programme de gestion d'urgence sanitaire vient modifier le rôle historique de l'OMS, technique et normatif. En effet, ce Programme prévoit le financement d'une véritable capacité opérationnelles pour l'OMS afin d'intervenir en cas de crise sanitaire.

543. La participation des ONG aux activités opérationnelles de l'OMS ne se limite pas à l'exécution matérielle des décisions de l'OMS et inclut une implication aux différents stades du cycle de vie d'un projet (préparation, mise en œuvre, pilotage et évaluation). Néanmoins, leur rôle en matière de gouvernance demeure très limité.

b. Des acteurs de gouvernance limités

544. Le statut de « relation officielle » avec l'ONG lui permet non seulement une collaboration dans la mise en œuvre des activités de l'OMS mais lui confère également des privilèges. L'ONG concernée a la possibilité de nommer un représentant pour participer, sans droit de vote, aux réunions de l'OMS ou à celles des comités et conférences convoquées sous son autorité. L'ONG aura la possibilité avec l'accord du président de la réunion, de faire une déclaration pendant les dites réunions, et de présenter le cas échéant un exposé supplémentaire pour éclaircir tel ou tel point. Par ailleurs, depuis le nouveau cadre de mai 2016, l'ONG à la possibilité de présenter la déclaration préalablement aux débats en la mettant en ligne sur un site Internet spécialisé[1199]. Enfin, l'ONG bénéficiera de l'accès à la documentation non confidentielle et à toute autre documentation que le Directeur général pourra juger opportun de mettre à leur disposition. Enfin, l'ONG aura le droit de soumettre des mémorandums au Directeur général, qui déterminera la nature et la portée de la circulation à leur donner. Dans certains cas, ce mémorandum peut être inscrit à l'ordre du jour de l'Assemblée mondiale de la santé.

545. Il apparaît donc que l'ONG en relation officielle dispose de privilèges qui vont au delà de la simple coopération opérationnelle, en permettant une participation aux instances de l'OMS fondée sur l'interaction et la

[1197] OMS, « *Collaboration avec les organisations non gouvernementales – Examen de la politique générale concernant la collaboration avec les organisations non gouvernementales* », Rapport du Directeur général, EB101/33, 101e Conseil exécutif, 9 décembre 1997, p.2.
[1198] *Ibid.*
[1199] OMS, Résolution WHA69.10, *op.cit.*, p.17.

collaboration. Cependant, cette participation dans la gouvernance de l'OMS reste limitée.

546. Si l'OMS reconnaît le rôle des ONG dans sa Constitution en particulier un droit de participation dans les réunions de l'OMS, elle ne bénéficie d'aucun droit de vote. Ainsi, l'article 18(h) précise que l'Assemblée mondiale de la santé doit « inviter toute organisation internationale ou nationale, gouvernementale ou non gouvernementale, assumant des responsabilités apparentées à celles de l'Organisation, à nommer des représentants pour participer, sans droit de vote, à ses sessions ou à celles des commissions et conférences réunies sous son autorité ». Ce droit permet donc la participation d'organisations qui sont en dehors de tout contrôle d'Etat membre[1200] au sein d'une organisation entièrement interétatique. Néanmoins, ce droit de participation ne donne pas aux ONG le droit de participer directement aux sessions de l'Assemblée mondiale de la santé ni à celles du Conseil exécutif. Selon les privilèges accordés, elles peuvent uniquement soumettre un mémorandum dont l'inscription éventuelle à l'ordre du jour de l'Assemblée sera décidée par le Directeur général[1201].

547. Par ailleurs, ce droit de participation reconnu constitutionnellement est également restreint. En effet, les mêmes articles constitutionnels qui consacrent cette collaboration limitent les circonstances de sa mise en œuvre. Ainsi, les articles 18(h) et 71 de la Constitution disposent que la collaboration avec les ONG ne peut se faire « qu'avec le consentement du gouvernement intéressé » et « avec l'approbation du gouvernement intéressé ». Pour certains auteurs, cela confère aux Etats la capacité de bloquer la participation de toute ONG pour toute raison. [1202] Ainsi, un gouvernement pourrait exclure la participation d'une ONG qui exprimerait une voix différente et opposée de la sienne. La mainmise des Etats membres est donc importante. Cette approche découle de la méfiance des Etats à l'égard des ONG en tant qu'acteur de gouvernance.

548. Dès lors, l'OMS n'a pas fait le choix d'accorder un statut consultatif à la différence des ONG en relation avec le Comité économique et sociale de l'ONU[1203]. Cette participation a minima, qui fait dire à certains auteurs que les ONG n'ont aucun rôle formel dans les structures gouvernantes de l'OMS[1204], se justifierait par la nature de l'OMS. En effet, à la différence de l'ONU, l'OMS ne serait pas une organisation de nature parlementaire où la coopération avec les ONG est fondée entièrement sur leur participation à des réunions et des débats. Cet argument tient uniquement du choix réalisé dans la mise en œuvre de la politique de l'OMS de ne pas être une telle organisation. L'OMS dispose néanmoins des moyens pour devenir une organisation de nature parlementaire. L'exclusion de tiers dans la gouvernance et dans le processus décisionnel est regrettable à l'instar de l'ONUSIDA où des

---

1200 J. YOUDE, *Global Health Governance*, *op.cit.*, p.106.

1201 OMS, *Principes régissant les relations entre l'Organisation mondiale de la santé et les organisations non gouvernementales*, Résolution WHA40.25, *Documents fondamentaux*, 40e AMS, Mai 1987, pp.85-86, §6.2.

1202 S. DAVIES, *Global Politics of Health*, Polity Press, 2010, p.49.

1203 L. BURCI et C.-H. VIGNES, *The World Health Organization*, *op.cit.*, p.89.

1204 L. O. GOSTIN, *Global Health Law*, *op.cit.*, p.116.

représentants de la société civile sont membres des organes de gouvernement sans droit de vote.

549. Il convient d'évoquer le rôle plus général des ONG au sein de la société internationale. Si elles apparaissent comme la voix de la société civile, elles ne sont pas exemptes de toute critique. En effet, au delà des critiques traditionnelles fondées sur leurs statuts non étatiques, les ONG souffrent de la mondialisation. A cet égard, l'argument démocratique et participatif n'est pas toujours en adéquation avec la réalité en particulier dans le cas d'ONG d'envergure internationale[1205]. Ainsi, leur indépendance notamment est remise en cause en raison de l'influence de groupes extérieurs qui les financent[1206].

550. Toutefois, le risque de confluence d'intérêts de certaines ONG avec des groupes de financement extérieurs ou avec certains Etats ne peut remettre en cause l'intégralité de la société civile et l'exclure *ab initio* de tout processus décisionnel au sein de l'OMS. Il apparaît très important – au nom notamment de la démocratie participative – de consolider la présence des ONG non seulement en tant que caution de légitimité pour l'OMS mais en tant que véritable acteur de gouvernance au sein de l'OMS. Ce nouveau statut des ONG à l'OMS permettant leur participation active renforcera ainsi la légitimité de l'OMS. En effet, cela favoriserait l'acceptation – notamment par les citoyens – de la compétence de l'OMS et de son activité.

551. Il y a eu des tentatives afin d'améliorer les relations entre les gouvernements et la société civile avec la création de l'Initiative pour la Société civile qui a pour but de mettre en relation, officielle et informelle, l'OMS avec les ONG. 482 relations ont été identifiées. Toutefois, cette initiative n'a pas véritablement amélioré la situation une fois le départ de la Directrice générale, Madame BRUNDTLAND en 2003[1207]. Enfin, dès 2006, l'actuelle Directrice générale, Madame CHAN a fait de la construction de partenariat avec la société civile l'une de ses priorités, qui est restée longtemps non définie[1208]. Toutefois, une partie entière de la réforme envisagée depuis 2010 vise à mettre en place un cadre de collaboration avec les acteurs non étatiques qui a enfin été adopté lors de la 69e Assemblée mondiale de la santé[1209].

552. Il importe de noter que les ONG qui ne disposent pas de « relation officielle » avec l'OMS peuvent néanmoins intervenir dans le processus décisionnel à travers la coopération opérationnelle. En effet, les ONG qui ne remplissent pas les critères établis, notamment l'absence d'envergure internationale, peuvent bénéficier du « statut opérationnel[1210] ». Ce dernier leur permet un « véritable dialogue sur les questions de fond alors que le statut

---

[1205] J.-M. CHASLES, *Le mythe de la democratisation internationale : La place des ONG dans la société internationale à travers les exemples des conventions d'Ottawa et Rome*, Thèse Paris I, 2009, 486 pages.

[1206] J. YOUDE, *Global Health Governance*, *op.cit.*, p.103.

[1207] J. YOUDE, *Global Health Governance*, *op.cit.*, p.104.

[1208] K. LEE, « *Civil society organizations and the functions of global health governance : what role within intergovernmental organizations ?* » Global health governance, vol.3(2), pp.1-20 (pp.3-4).

[1209] V. *infra* n°s 0 et s.

[1210] S. EL BOUDOUHI, « *Les qualité autres que celle de membre* », in E. LAGRANGE et J.-M. SOREL, *op.cit.*, p. 369.

consultatif est perçu comme un moyen pour l'organisation d'obtenir un soutien pour l'adoption de ses décisions[1211] ».

553. Les ONG collaborent avec l'OMS sur des aspects opérationnels et de façon limitée sur la gouvernance de l'organisation par le droit de participation. Ce dernier, de surcroît, est restreint par un contrôle exercé par les Etats membres et l'OMS. Dès lors, la concurrence des ONG est limitée à l'inverse de celle proposée par les acteurs privés.

B. Une concurrence des acteurs privés

554. En raison de l'absence de considération historique des acteurs privés, l'encadrement de leur existence par l'OMS est très limité (1). Toutefois, leur importance s'accroit en raison de la diversification de leur mode d'action (2).

1. Des « acteurs privés » difficiles à encadrer

555. La relation entre les acteurs privés et l'OMS a été prise en compte tardivement dans la mise en place d'un encadrement (a). En outre, la notion d'acteurs privés de la santé mondiale apparaît toujours difficile à cerner (b).

a. L'encadrement nécessaire d'une relation récente

556. Les relations avec le secteur privé sont devenues un élément essentiel dans les efforts consentis par l'OMS afin d'atteindre son objectif de santé publique. Toutefois, la question n'apparaît quasiment pas dans la Constitution de l'OMS. En effet, il s'agissait d'une question « largement ignorée lors des travaux préparatoires[1212] ». Comme le rappelle Messieurs BURCI et VIGNES « lors de la création de l'OMS, les entreprises commerciales n'étaient pas universellement reconnues comme des contributeurs potentiel important de la santé publique internationale[1213] ». Ainsi, malgré le rôle évident joué dans la découverte, la production et livraison de produits et de technologie de santé, la volonté des politiques de l'OMS était focalisée sur le rôle principal du secteur public, à l'exception de certaines ONG, en tant que « seul partenaire légitime de l'organisation intergouvernementale[1214] ».

557. Dès lors, la seule disposition pertinente en matière de secteur privé est l'article 57 de la Constitution relatif aux dons et legs. Il dispose que « l'Assemblée de la Santé, ou le Conseil agissant au nom de l'Assemblée de la Santé, a pouvoir d'accepter et d'administrer des dons et legs faits à l'Organisation, pourvu que les conditions attachées à ces dons ou legs paraissent acceptables à l'Assemblée de la Santé ou au Conseil et cadrent avec les buts et la politique de l'Organisation ». Selon une interprétation constante du Secrétariat de l'OMS, cette disposition « permet d'accepter des donations de compagnies privées dès lors que cela ne génère pas de conflits d'intérêts ou

---

1211 CORPS COMMUN D'INSPECTION, « *Travailler avec les ONG : activités opérationnelles de développement du système des Nations unies avec les organisations non gouvernementales et les gouvernements à la base et au niveau national* », JIU/REP/93/1, 1993, p.61

1212 L. BURCI et C.-H. VIGNES, *The World Health Organization, op.cit.*, p.94.

1213 L. BURCI et C.-H. VIGNES, *The World Health Organization, op.cit.*, p.94.

1214 *Ibid.*

qu'elle n'est pas soumise à des conditions inacceptables[1215] ». Par la suite, selon une étude de 2005[1216], l'OMS a pris conscience du potentiel de collaboration avec le secteur privé au niveau mondial, régional et national ce qui a obligé au développement de leur relation.

558. Premièrement, le secteur privé, en particulier celui de l'industrie pharmaceutique, a joué un rôle de plus en plus accru dans la poursuite des objectifs de santé publique. Ainsi, le secteur privé a permis à « l'OMS d'atteindre un public plus large et d'avoir un impact significatif en santé publique mondiale par le biais de la recherche scientifique afin d'améliorer les interventions de santé et en permettant un meilleur accès à la santé, aux vaccins et aux médicaments[1217] ». En effet, le secteur privé bénéficie d'un certain nombre de valeurs ajoutées[1218] dont notamment dans le cadre de la recherche et du développement pour de nouveaux médicaments et vaccins en facilitant leur accès à des prix abordables. Par ailleurs, ils sont pionniers en matière d'innovation et de technologie et font bénéficier leur réseau de fabrication et de distribution.

559. Deuxièmement, la puissance économique de certains acteurs a obligé l'OMS à mettre en place des garanties de protection de l'image de l'OMS à l'égard des conflits d'intérêts. En effet, l'OMS rappelle que « les activités de l'OMS affectent plus largement le secteur commercial, par exemple par les conseils en matière de santé publique, les recommandations sur des normes réglementaires ou d'autres activités qui peuvent influencer le coût des produits, la demande ou la rentabilité de biens ou de services déterminés[1219] ».

560. L'intérêt grandissant du secteur privé à collaborer en matière de santé mondiale a obligé l'OMS à mettre en place un encadrement. Les principes adoptés en 2000 ont pour objet « d'aider le personnel de l'OMS à entretenir avec les entreprises commerciales des relations propres à déboucher sur des résultats positifs en matière de santé[1220] ». Ces principes établissent les différentes formes de relations entre l'OMS et les entreprises commerciales : la participation en compagnie d'une ou de plusieurs entreprises commerciales à des alliances et autres relations (parfois avec d'autres organes publics, gouvernements, organisations non gouvernementales et fondations) pour traiter de problèmes de santé déterminés ; l'échanges d'informations ; la recherche et le développement de produits pour améliorer la santé ; les activités visant à obtenir pour l'OMS des dons en espèces et en nature et les activités de plaidoyer pour la santé. L'OMS insiste sur le besoin de préserver « la réputation et les valeurs de l'OMS[1221] ».

561. Enfin, les Principes de 2000, énoncent les critères fondamentaux de toute relation : (1) contribuer à l'amélioration de la santé publique ; (2) les

---

[1215] *Ibid*

[1216] ONU-SLNG, « *UN System engagement with NGOs, civil society, the private sector and other actors – A compendium* », Nations unies, 2005, p.203.

[1217] ONU-SLNG, « *UN System engagement with NGOs, civil society (...)* », *op.cit.*, p.203.

[1218] J. L. STURCHIO et A. GOEL, « *The Private-sector role in public health – Reflections on the new global architecture in health* », Center for Strategic and International Studies, Janvier 2012, pp.9-11.

[1219] OMS, « *Principes directeurs applicables à la collaboration avec le secteur privé en matière de santé – Rapport du Secrétariat* », EB107/20, 107e Conseil exécutif, 30 novembre 2000, Annexe, p.3.

[1220] OMS, « *Principes directeurs applicables (...), op.cit.,* », p.2.

[1221] OMS, « *Principes directeurs applicables (...), op.cit.,* », p.2.

progrès de la santé publique doivent être en rapport avec le temps et les dépenses consacrés à leur établissement et à leur maintien et (3) reposer sur un échange de lettres ou d'accords écrits indiquant clairement la contribution (financière ou autre) de chacune des parties[1222].

562. Toutefois, si l'OMS a pris conscience de la présence des acteurs privés dans la santé mondiale, elle n'a pas su encadrer leur relation en raison de la difficulté à définir ces acteurs.

b. Une notion étendue et un encadrement flou

563. Selon les Principes adoptés en 2000, seules les entreprises commerciales étaient prises en compte c'est-à-dire « toute entreprise à but lucratif ». Le document précise qu'en cas de doute, une vérification systématique doit être entreprise par le département de l'OMS compétent. Par ailleurs, les Principes de 2000 peuvent également s'appliquer à « d'autres institutions, notamment aux entreprises publiques, aux associations représentant des entreprises commerciales, aux fondations qui ne se distinguent pas de leur source de parrainage et à d'autres organisations à but non lucratif telles que les établissements universitaires[1223] ». Toutefois, au vu de l'évolution des acteurs de la santé mondiale, cette définition est apparue dépassée et floue.

564. Ainsi, selon le cadre de collaboration adopté lors de la 69e Assemblée mondiale de la santé, l'OMS envisage les acteurs privés au sein de la notion générale d'acteurs non étatiques[1224]. Ainsi, sont rangés dans cette catégorie, les organisations non gouvernementales, les entités du secteur privé, les associations professionnelles internationales, les fondations philanthropiques et les établissements universitaires. Plus précisément, l'OMS considère que les entités du secteur privé « sont des entreprises commerciales, c'est-à-dire des entreprises dont l'objet est de faire des bénéfices pour leurs propriétaires[1225] », ce qui les différencie des associations professionnelles internationales « dont l'objet n'est pas de faire des bénéfices pour elles-mêmes, mais qui représentent les intérêts de leurs membres, c'est-à-dire des entreprises privées et/ou des associations professionnelles nationales ou autres associations[1226] ». Le critère du but lucratif, c'est-à-dire la réalisation de bénéficies, est déterminant de la qualification.

565. A l'inverse, l'OMS définit les fondations philanthropiques en tant « qu'entité à but non lucratif dont les avoirs proviennent de dons et dont les

[1222] *Ibid.*, p.3.
[1223] *Ibid.*, p.2.
[1224] OMS, RésolutionWHA69.10, 28 mai 2016.
[1225] « Cette expression désigne aussi des entités qui représentent des entités du secteur privé ou sont dirigées ou contrôlées par elles. Il peut s'agir notamment (mais pas seulement) d'associations professionnelles représentant des entreprises commerciales, d'entités qui ne sont pas indépendantes de leurs sponsors commerciaux, ou d'entreprises commerciales publiques ou semi-publiques qui agissent comme des entités du secteur privé. » (OMS, *Projet de cadre général de collaboration avec les acteurs non étatiques*, A67/6, 67e AMS, 5 mai 2014, p.4).
[1226] « Elles seront habilitées à s'exprimer au nom de leurs membres par l'entremise de leurs représentants officiels. Leurs membres exerceront le droit de vote au sujet des politiques de l'association. Ces organisations sont considérées comme des entités du secteur privé. » (OMS, *Projet de cadre général de collaboration avec les acteurs non étatiques*, A67/6, 67e AMS, 5 mai 2014, p.4).

revenus sont utilisés à des fins sociales ». L'OMS précise qu'elle « seront clairement indépendantes de toute entité du secteur privé dans leur direction et leur processus de prise de décisions[1227] ». Ainsi, l'OMS insiste sur la différenciation entre ces fondations et les entités du secteur privé en énonçant que « si une fondation philanthropique est manifestement sous l'influence d'une entité du secteur privé, elle sera considérée comme une entité de ce secteur ». Ainsi, le critère de but non lucratif est une condition à la qualification. Enfin, la notion d'acteurs non étatiques se compose également des établissements universitaires qui sont « des entités dont l'objectif est la recherche et la diffusion du savoir moyenne des activités de recherche, d'enseignement et de formation[1228] ».

566. La panoplie des acteurs considérés est donc très large et les sous catégories ne sont pas toujours imperméables notamment concernant la ligne de fracture entre les entités du secteur privé, les fondations philanthropiques et les associations professionnelles internationales. En effet, les fondations philanthropiques sont financées par le secteur privé ce qui accroît les risques d'influence. De même, la distinction entre le but lucratif des propriétaires et celui des entités privées à proprement parler ne garantie pas une distinction imperméable entre entités du secteur privé et associations professionnelles internationales. On constate pour ces trois catégories que le rôle du secteur privé apparaît essentiel soit directement soit indirectement. Dès lors, pour l'intérêt de cette recherche ce sont principalement ces catégories, sous la dénomination d'« acteur privé » qui seront analysées. Les établissements universitaires apparaissent à la marge quant à l'influence qu'elles peuvent exercer sur l'OMS.

567. Aujourd'hui, les acteurs privés, au sens large, jouent un rôle essentiel dans la santé mondiale en raison des modes d'intervention dont ils disposent.

2. Des modes d'action diversifiés

568. Les acteurs privés participent au financement de l'OMS par des contributions volontaires extrabudgétaires (a). D'autre part, le secteur privé, et en particulier les fondations philanthropiques, sont à l'origine du développement de partenariats public-privés (b).

a. Les contributions extrabudgétaires, ressource critique pour l'OMS

569. L'inquiétude autour du budget de l'OMS ne vient pas tant de son montant qui connaît une baisse[1229] que de sa composition qui a grandement été modifiée. Selon les chiffres pour l'année 2012-2013 déjà rappelés, la part fixe des contributions des Etats membres est en baisse depuis de nombreuses

---

[1227] OMS, *Projet de cadre général de collaboration avec les acteurs non étatiques*, A67/6, 67e AMS, 5 mai 2014, p.4.

[1228] *Ibid.*

[1229] Le budget total de l'OMS est passé de plus de 4,5 milliards de dollars pour les années 2010-2011 (OMS, *Financement de l'Organisation mondiale de la Santé*, Conseil exécutif, Session extraordinaire sur la réforme de l'OMS, EBSS/2/INF./DOC./2, 25 octobre 2011) à 3,977 milliards de dollars prévus pour les années 2014-2015 (OMS, *Projet de budget Programme 2014-2015*, A66/7, 19 avril 2013, p.4).

années atteignant 944 millions sur un total de près de 3,977 milliards[1230]. Ainsi, la part de contributions volontaires atteint près de 80 % du budget total de l'OMS[1231]. A titre de rappel, cette part était de 48,8 % pour les années 1998-1999[1232]. La Professeure SRIDHAR dénonçait ainsi en 2012 que « les contributions volontaires sont en augmentation alors que le budget ordinaire est 'à plat'[1233] ». Au vu de l'impossibilité pour le secteur privé de participer directement au budget ordinaire (contribution fixe) de l'OMS réservé aux seuls Etats membres, les contributions volontaires étaient le seul moyen pour les acteurs privés de participer à l'action de l'OMS. Ces contributions sont apparues comme un moyen efficace de financer des projets de santé publique mondiaux au sein de l'Organisation. On notera par exemple, que la flexibilité des contributions volontaires a permis de financer le fond d'urgence en réaction tardive à l'épidémie *Ebola*[1234].

570. La décision du Conseil exécutif en 2000[1235] approuvant « une nouvelle politique autorisant les entités du secteurs à contribuer aux ressources extrabudgétaires [a constitué] une innovation considérable[1236] ». En effet, pour le budget biannuel 2012-2013, au sein de cette partie variable, si les Etats membres sont toujours majoritaires avec 53 % de participation, suivis des Nations unies et des autres organisations intergouvernementales avec 22 %, les fondations privées représentent 19 % des contributions volontaires totales. Arrivent ensuite les organisations non gouvernementales et les autres institutions avec 5 %. Enfin, le secteur privé ferme la marche avec 1 %[1237]. Les fondations privées et le secteur privé représentent ainsi 20 % des contributions volontaires du budget de l'OMS. En particulier, la participation de la Fondation Gates est édifiante, « réussissant à devenir l'un des plus gros contributeurs volontaires de l'OMS en une décennie[1238] ».

571. Plus particulièrement, en 2007, avec une contribution de 11,8 %, la Fondation Gates faisait partie des cinq plus gros contributeurs des fonds extrabudgétaires dominés par les Etats-Unis (25 %). La fondation dépassait déjà la Commission européenne (10,2 %)[1239]. En 2013, la fondation est devenue le plus gros contributeur de l'OMS avec une participation à hauteur de 301,3 millions de dollars, dépassant la contribution combinée (fixe et volontaire) des Etats-Unis de 289,6 millions de dollars[1240]. Le fait qu'une

---

[1230] note supra

[1231] OMS, *Projet de budget Programme 2014-2015*, A66/7, 19 avril 2013, p.4

[1232] D. SRIDHAR, « *Who sets the global health research agenda ? The challenge of multi bi financing ?* », PLOS Medecine, vol.9, Numéro 9, Septembre 2012, p.2.

[1233] *Ibid.*

[1234] OMS, *Allocution du Margaret CHAN, Directeur général à la Soixante-Huitième Assemblée mondiale de la santé*, A68/3, 18 mai 2015 : « Avec l'appui des Etats membres, je constitue un fonds de réserve de US $100 millions, financé par des contributions volontaires flexibles (...) »

[1235] OMS, « *Principes directeurs applicables à la collaboration avec le secteur privé en matière de santé* », 107e Conseil exécutif, EB107/20, 30 novembre 2000.

[1236] Y. BEIGBEDER, « *Les partenariats de l'Organisation mondiale de la santé* », Etudes internationales, vol.41, n°2, 2010, pp.223-251 (p.234).

[1237] L'ensemble de ces chiffres sont disponibles : OMS, *Financial report and audited financial statements for the year ended 31 December 2013*, A67/43, 63ᵉAMS, 17 avril 2014, p.6.

[1238] C. CLIFT, *What's the World Health Organization For ?, op.cit.*, p.4.

[1239] D. SRIDHAR, « *Who sets the global health research agenda ? The challenge of multi bi financing ?* », *op.cit.*, p.2.

[1240] OMS, *Financial Report and Audited Financial Statements for the year ended 31 December 2013*, Annexe, Voluntary contributions by fund and by contributor, 17 avril 2014, p.5.

fondation privée détrône le premier pays contributeur du budget ordinaire est symptomatique de la modification du financement de l'OMS et indirectement, des rapports de force de la santé mondiale. Certains auteurs n'hésitent pas à considérer que la Fondation Gates « éclipse l'OMS [1241]». L'exemple de la Fondation Gates, s'il est unique dans le montant accordé, n'est pas isolé[1242]. Par exemple, pour l'année 2013, la Fondation Bloomberg pour la Famille a contribué volontairement à plus de 11 millions de dollars à l'OMS soit un peu plus que la contribution volontaire de la France (10,8 millions de dollars[1243]). De façon générale, « sur l'ensemble des investissements mondiaux effectués par les fondations américaines en 2007, 43 % ont été dédiés à la santé publique dans le monde – soit près de 1,8 milliard de dollars[1244] ».

572. Le budget officiel de l'OMS fait une distinction nette entre le secteur privé et les fondations philanthropiques et considère ainsi que la part attribuée aux fondations et différente de celle attribuée au secteur privé. Cette dernière apparaît donc très limitée. Si le secteur privé et les fondations sont différents en raison du but recherché (lucratif et non lucratif), la source réelle des fonds provient des acteurs privés. Dès lors, si la contribution du secteur privé au financement des fondations est difficile à identifier, l'absence totale de cette prise en compte dans le budget semble inexacte. En effet, les chiffres proposés par l'OMS ne permettent nullement de prendre en compte cette part. Or, il est évident que les fondations sont indirectement financées par le secteur privé.

573. Si la contribution exacte des intérêts privés au budget à l'OMS est difficile à cerner, le rôle des acteurs privés, secteur privé et fondations privées, dans le financement de l'OMS a pris de plus en plus de d'importance. Cette participation accrue au financement de l'OMS s'accompagne également d'institutions de santé qui concurrencent l'autorité de l'OMS : les partenariats public-privés.

b. Les partenariats public-privés, nouvelle forme de gouvernance

574. L'engagement de l'OMS au sein de partenariats public-privés a débuté dès les années 1970 sous la direction générale de Monsieur MAHLER afin de faire participer le secteur privé à la santé mondiale[1245]. En effet, « à l'époque où les premiers 'programmes spéciaux' de recherche sur les maladies

---

[1241] E. MISSONI, « *A healthier political functioning* », *op.cit.*,

[1242] « L'essor de ces fondations se fait particulièrement ressentir dans le domaine de la santé. (...) L'un des acteurs majeurs dans ce secteur est la Fondation Gates. D'autres fondations comme le Wellcome Trust (Grande-Bretagne), la fondation Rockefeller, la fondation Burroughs Wellcome, le Rotary International ainsi que des fondations créées par les firmes pharmaceutiques (Bristol Meyer Squibb, GlaxoSmithKline, Pfizer, Eli Lilly, Sanofi-Aventis...) ont aussi entrepris des actions aux retombées significatives. » (M. NDOUR, « *Philanthropie et santé publique* », Regards sur la terre, Presses de Sciences Po, 2009, p.179-181. (p.180)). On peut également citer les fondations Clinton et Bloomberg.

[1243] OMS, *Financial Report and Audited Financial Statements for the year ended 31 December 2013*, Annexe, Voluntary contributions by fund and by contributor, 17 April 2014, p.5 et p.7.

[1244] M. NDOUR, « *Philanthropie et santé publique* », *op.cit.*, p.180.

[1245] Y. BEIGBEDER, *Les partenariats de l'OMS*, *op.cit.*, p.234 ; V. également : A. GUILBAUD, *Les partenariats public-privé sanitaires internationaux : diffusion et incarnation d'une norme de coopération*, Mondes en développement, 2/2015 (n°170), p.91-104. L'auteure estime que « Le Programme de donation Mectizan, qui organise depuis 1987 la distribution du médicament de la firme pharmaceutique américaine Merck pour lutter contre l'onchocercose (la cécité des rivières), peut être considéré comme un 'ancêtre' des partenariats public-privés »

tropicales et la santé génésique ont été institués, l'OMS jouait alors le rôle d'organisme d'exécution[1246] ». Par la suite, la position du Conseil exécutif sur les travaux concernant l'instauration de partenariats public-privés en faveur de la santé a marqué un tournant. En effet, « les membres ont encouragé des formes nouvelles et plus souples de partenariat et d'autres relations en vue de faire progresser le programme de l'OMS en matière de santé[1247] ». L'OMS citait ainsi les partenariats déjà mis en place dans le secteur de la santé[1248] en insistant sur la création de la Fondation des Nations unies en 1998 et le don de 17 milliards de dollars fait par la Fondation Gates considéré comme « l'événement qui a eu les plus grandes retombées pour l'OMS[1249] ».

575. Dans ce document de 1999, l'OMS reconnaît le « potentiel de collaboration avec le secteur privé aux niveaux mondial, régional et au niveau des pays » ainsi que les nombreux avantages du secteur privé « dont l'OMS peut tirer parti pour élargir son action et exercer une plus grande influence sur la santé publique dans le monde [1250] ». L'OMS souhaitait ainsi élargir le domaine de compétence des partenariats qui étaient limités jusqu'à présent « aux dons de médicaments et de vaccins, dons en nature, services offerts à titre gracieux, activités de sensibilisation et de communication, et en un soutien financier[1251] ». Tout en reconnaissant le risque de conflit d'intérêts, l'OMS a, par cette décision, souhaité mobiliser de nouveaux acteurs sur la scène internationale. Le Secrétariat de l'OMS considérait les partenariats public-privés comme « un outil important pour mobiliser les entreprises privés afin d'atteindre des objectifs prioritaires de santé par des moyens innovants en adaptant les modèles de gouvernement d'entreprise en se fondant sur les avantages comparatives des partenaires [1252] ». L'objectif d'une telle collaboration est de permettre le partage des ressources et des expertises entre secteur public et secteur privé tout en permettant d'accéder à des avantages auxquels les deux entités ne pourraient prétendre individuellement[1253].

576. Toutefois, la notion de partenariats public-privés de santé mondiale (PPPSM) n'est pas évidente car longtemps l'OMS ne fournissait pas de définition. En 1998, la Professeure KICKBUSH définissait les partenariats dans le secteur sanitaire en tant que « moyen de réunir une série d'acteurs en vue d'atteindre un objectif commun, qui est d'améliorer la santé des

---

[1246] OMS, « *Partenariats – Rapport du Secrétariat* », 62e AMS, A62/39, 30 avril 2009, p.1.

[1247] OMS, « *Principes directeurs applicables à la collaboration avec le secteur privé en matière de santé* », 107e Conseil exécutif, EB107/20, 30 novembre 2000, p.1.

[1248] « L'OMS a toujours collaboré étroitement avec les fondations actives dans le secteur de la santé telles que la Nippon Foundation (lèpre), Rotary International (poliomyélite), Eli Lilly (santé mentale), Lions Clubs International (cécité) et la Fondation Rockefeller (vaccins, recherche sur les maladies tropicales, et autres). En 1999, on a pris des renseignements sur d'autres fondations et noué des contacts qui ont abouti à des engagements de leur part, par exemple celui de la Fondation David et Lucille Packard (santé génésique) et de la Fondation Hewlett (reproduction humaine). » (OMS, « *Partenariats public privé en faveur de la santé – Rapport du Directeur général* », 105e Conseil exécutif, EB105/8, 14 décembre 1999, p.1.)»

[1249] OMS, « *Partenariats public privé en faveur de la santé – Rapport du Directeur général* », 105e Conseil exécutif, EB105/8, 14 décembre 1999, p.1.

[1250] *Ibid.*

[1251] *Ibid.*

[1252] L. BURCI et C.-H. VIGNES, *The World Health Organization*, *op.cit.*, p.101.

[1253] H. S. YAYA, *Origines et développements des partenariats privé-public en santé dans les pays développés : principes, enjeux et défis institutionnels,* La revue de l'innovation dans le secteur public, vol.10 (3), n°4, 2005, p.5.

populations, en se fondant sur des rôles et des principes définis d'un commun accord ». Un élément opérationnel était parfois ajouté « considérant le partenariat comme une relation de collaboration entre des entités pour atteindre des objectifs communs grâce à une répartition des tâches décidée d'un commun accord » ou encore un mécanisme d'évaluation du partenariat ou de partage des bénéfices et des risques[1254].

577. Pour Messieurs BUSE et WALT cette notion manquait de précision et ils regrettaient que « la notion de partenariat ne (soit) pas plus spécifique que celle de partenaire[1255] ». L'absence d'exemple suffisant de partenariats ainsi que de recul sur leur fonctionnement rendait l'appréhension de la notion difficile[1256]. Toutefois, une définition, reprise par certains auteurs, considèrent que les PPPSM sont « des relations collaboratives qui transcendent les frontières nationales et rassemblent au moins trois entités – au sein desquelles une entreprise commerciale et/ou une association d'entreprise et une organisation intergouvernementale – afin d'atteindre un objectif partagé de santé sur la base d'une division du travail explicite et acceptée mutuellement[1257] ». De même, en 2015, GUILBAUD définissait un partenariat public privé sanitaire international comme « des relations de coopération institutionnalisées à dimension international entre des acteurs des secteurs public et privé comprenant au moins un acteur à but lucratif, qui s'engagent, par la formation d'une structure de gouvernance identifiable et permanente, à fournir un bien collectif sanitaire[1258] ».

578. Aujourd'hui, l'OMS considère, de façon imprécise, que les partenariats mondiaux pour la santé désignent « le plus souvent une relation formelle de collaboration entre plusieurs organisations dans laquelle les risques et les avantages sont partagés en vue d'un objectif commun. Ces partenariats ont leur propre organe de gouvernance [1259]». On constate que la qualité des organisations participantes n'est pas précisée. A défaut, l'OMS insiste sur l'étendu du champ couvert par ces partenariats qui inclut des « petites collaborations avec l'industrie relatives à des enjeux uniques jusqu'à de larges entités hébergés par une agence onusienne ou encore des organisations privés à but non lucratif[1260] ».

579. Il apparaît essentiel que le partenariat « implique non seulement une entité publique et privée à but lucratif mais également une entité privée à but non lucratif telle que les fondations philanthropiques qui soutiennent

---

[1254] K. BUSE et G. WALT, « *Partenariats mondiaux public-privé : partie I – Un nouveau développement dans le domaine de la santé ?* », Bulletin de l'Organisation mondiale de la Santé, Recueil d'articles n°3, 2000, pp.184-197 (p.185).
[1255] *Ibid.*
[1256] L. BURCI et C.-H. VIGNES, *The World Health Organization*, *op.cit.*, pp.97-98.
[1257] K. BUSE et G. WALT, « *The WHO and Global Public-Private Partnerships* », in M.R. RIECH, *Public-Private partnerships for public health*, Harvard University Press, 1ère édition, 2002, p.171.
[1258] A. GUILBAUD, *Les partenariats public-privé sanitaires internationaux : diffusion et incarnation d'une norme de coopération*, *op.cit.*, pp.100-101. L'auteure les différencie des structures *ad hoc* entre entreprises et organisations internationales ainsi que de la simple transposition à l'échelle internationale des partenariats public-privé « nationaux » qui renvoient avant tout à la concession à une entreprise privée de la production ou de la gestion de services publics.
[1259] OMS, « *Partenariats – Rapport du Secrétariat* », 62e AMS, A62/39, 30 avril 2009, p.1.
[1260] Site OMS, « *Public-private partnerships for health* » (http://www.who.int/trade/glossary/story077/en/#).

financièrement le partenariat[1261] ». Cette définition englobe une diversité dans la composition, l'objectif et les fonctions de ces PPSM. Ces derniers peuvent remplir différents objectifs : « la recherche et développement, l'assistance technique et le soutien au service/système de santé, le plaidoyer, la coordination et le financement[1262] ». Elles peuvent ainsi servir à développer un produit[1263], à distribuer ou subventionner un produit pour contrôler une maladie spécifique[1264], à renforcer les systèmes de santé[1265], à éduquer le public ou à améliorer la qualité des produits ou de la réglementation.

580. Le nombre de partenariats n'a cessé d'augmenter depuis les années 2000[1266]. En 2011 on comptait plus de cent partenariats de santé mondiale[1267]. Beaucoup de ces partenariats sont établis en relation avec l'OMS mais pas tous[1268]. Parmi les partenariats en place aujourd'hui, dont les classifications sont multiples[1269], il existe notamment (1) ceux hébergé par l'OMS tel que Faire reculer le Paludisme (RBM créée en 1998) ainsi que le Partenariat « Stop TB » (afin d'éliminer la tuberculose, créée en 1998) et Safe Injection Global Network (crée en 1999) ; (2) ceux dont le secrétariat est en dehors de l'OMS tel que l'Alliance GAVI (« Alliance Globale pour les Vaccins et l'Immunisation crée en 2000 dont le Secrétariat est hébergé à l'UNICEF) et (3) ceux qui sont des entités d'intérêt public légalement indépendant tel que le fonds mondial de lutte contre le SIDA, la tuberculose et le paludisme (créée en 2002)[1270].

581. Enfin, preuve de l'influence croissante du secteur privé, on indiquera que ces acteurs ont la possibilité, depuis mai 2016 et l'adoption du nouveau cadre de collaboration avec les acteurs non étatiques, d'entrer dans une « relation officielle » avec l'OMS, privilège jusqu'à présent réservé aux seules ONG. Si pour certains il s'agit d'un moyen d'encadrement, c'est également le signe d'une reconnaissance officielle de leur influence. Dans cette perspective, l'importance croissante des acteurs privés dans le paysage de la santé mondiale et au sein du fonctionnement de l'OMS risque d'entrainer une multitude de conséquences qui vont engendrer une concurrence de l'autorité de l'OMS.

1261 L. BURCI et C.-H. VIGNES, *The World Health Organization*, *op.cit.*, p.100.

1262 K. BUSE et A. HARMER, « *Global Health Partnerships : The Mosh Pit of Global health governance* » in K. BUSE et al, *Making sense of global health governance : the policy perspective* », Palgrave Macmillan, 2009, p.247.

1263 Medicines for Malaria Venture et Initiative internationale pour un vaccin contre le sida.

1264 Initiatives pour la distribution de médicaments contre la lépreose.

1265 The Gates Foundation/Merck Botswana Comprehensive HIV/AIDS partnership.

1266 « Pour faire face à l'augmentation du nombre de partenariats » (OMS, « *Partenariats – Rapport du Secrétariat* », 62e AMS, A62/39, 30 avril 2009, p.2).

1267 ACTION FOR GLOBAL HEALTH, « *Aid effectiveness for health : towards the fourth high-level forum, Busan 2011 : Making health aid work better* », Action for global health, 2011, p.8.

1268 L. O. GOSTIN, *Global Health Law*, *op.cit.*, p.146.

1269 V. en ce sens : K. BUSE et G. WALT, « *Partenariats mondiaux public-privé : partie II – enjeux d'une gestion mondiale* », *op.cit.*, *pp.*198-199) ; S. NISHTAR, « *Public-private 'partnerships' in health – a global call for action* », BioMed Central, 28 juillet 2004, p.2. L'auteure propose notamment de différencier trois catégories : (1) les partenariats qui sont initiés en place par le secteur public avec la participation du secteur privé (Alliance GAVI ou le Fond mondial) ; (2) les partenariats initiés par les entreprises commerciales (ex. Medecines for Malaria Venture) et (3) ceux initiés par la société civile et les organisations non gouvernementales (ex. Malaria Vaccine Initiative). V. également la typologie proposée par M. NDOUR, « *Partenariats public-privé mondiaux pour la santé : L'émergence d'une gouvernance transnationale des problèmes de santé des pays en développement* », *op.cit.*

1270 Il s'agit d'une des classifications proposées par l'OMS : Site OMS « *Public-private partnerships for health* » (http://www.who.int/trade/glossary/story077/en/#).

§ 2 : Une multitude de conséquences à l'égard de l'OMS

582. Il faut rappeler que l'intérêt principal de la participation des acteurs non étatiques est d'apporter aux Etats une expertise spécialisée « indispensable à la prise de décision dans un domaine qui n'est pas en lui-même de la compétence des diplomates[1271] ». En effet, selon l'OMS, les organisations privées sont une « source indispensable d'informations techniques pour concevoir des politiques et élaborer des normes[1272] ». Toutefois, la présence des acteurs privés dans le financement de la santé mondiale, qui compense les limites des contributions des Etats, affecte l'autorité de l'OMS (A). Cette présence entraîne un risque d'influence d'intérêts divergents au sein de l'OMS (B).

A. Des conséquences en raison du financement de l'OMS

583. Le financement des organisations internationales « constitue un moyen essentiel de l'autonomie et de l'efficacité de l'action de l'organisation internationale[1273] ». A cet égard, la participation nécessaire des acteurs privés au fonctionnement de l'OMS par le biais du financement engendre le risque d'une influence sur la politique de l'OMS (1). Par ailleurs, la multiplication de partenariats public-privés concurrence l'autorité de l'OMS en tant que chef de file de santé publique (2).

1. Les effets de la hausse des contributions volontaires sur le budget

584. La perte du contrôle du financement de l'OMS par ses organes s'explique par la hausse des contributions volontaires ce qui a des effets sur le budget de l'OMS. Cette hausse est, d'une part, un facteur d'instabilité budgétaire (a) et, d'autre part, elle engendre la perte du contrôle du budget par les organes de l'OMS (b).

a. L'instabilité du budget de l'OMS

585. Le tournant dans la hausse des contributions volontaires a eu lieu pour le budget biannuel 1998-1999 où pour la première fois « ces fonds ont dépassé le budget ordinaire[1274] » alors qu'ils constituaient seulement 20 % du budget en 1970[1275]. En 2013, la part des contributions volontaires constituaient près de 80 % du budget total de l'OMS[1276]. Seulement environ 1 milliard de dollars

---

[1271] M. POULAIN, « *Les négociations du droit de la santé : l'OMS à la croisée des chemins* », in E. MONDIELLI, F. VIALLA et E. CADEAU (coord.), *op.cit.*, p.107.
[1272] OMS, « *Réforme de la gouvernance de l'OMS* », Conseil Exécutif, EB/133/16, 17 mi 2013, p.2.
[1273] G. BASTID BURDEAU, « *Les finances des organisations internationales* », in E. LAGRANGE et J.-M. SOREL, *op.cit.*, p.566.
[1274] OMS, « *Implementation of Budget Resolutions* », EB105/17 Add.a, 105e Conseil exécutif, 16 décembre 1999.
[1275] Y. BEIGBEDER, « *Les partenariats de l'Organisation mondiale de la santé* », *op.cit.*, p.236.
[1276] « Les contributions fixées (...) permettront de financer 23% environ du budget programme, les 77 % restants devant être financés par les contributions volontaires » (OMS, *Projet de budget Programme 2014-2015*, A66/7, 19 avril 2013, p.4).

provient des contributions fixes contre un budget total de près de 4 milliards de dollars[1277], soit 3 milliards de dollars de contributions volontaires.

586. Cette participation volontaire est reconnue comme essentielle pour l'OMS si elle souhaite atteindre ses priorités mondiales[1278] en permettant en effet de pallier la politique à l'égard des contributions fixes à croissance zéro en valeur nominale[1279]. Ainsi, selon la catégorisation de l'OMS, le secteur privé avec les fondations philanthropiques finance 20 % de l'ensemble des contributions volontaires qui elles-mêmes représentent près de 80 % du budget total de l'OMS. Autrement dit, les acteurs privés (secteur privé et fondations philanthropiques) représentent 16 % du budget total de l'OMS. Comme le décrit Monsieur CLIFT, en 2014, « l'élément le plus marquant de ces douze dernières années est l'augmentation des contributions volontaires des Etats membres (de 138 %) et davantage des membres non étatiques (de 258 %)[1280] ».

587. Cette hausse des contributions volontaires est source d'instabilité financière. A l'origine, comme le définit SALMON « cette technique financière se caractérise par sa souplesse, notamment quant aux contributeurs éventuels[1281] ». En effet, elle permet d'éviter la complexité administrative liée à la mise en place du budget ordinaire qui doit entièrement être décidé par l'Assemblée mondiale de la santé.

588. Toutefois, cette même souplesse apporte également un risque de fluctuation important car les contributions dépendent de la volonté des donateurs. En effet, la contribution des acteurs privés peut être modifiée d'une année à l'autre en raison de tout type de facteurs y compris économiques, politiques et médiatiques. Par exemple, un acteur privé peut avantager le financement d'un enjeu de santé non seulement en raison de l'efficacité de résultat mais également en raison de l'intérêt pour l'image qu'il en tirera pour l'entité privé ou la fondation philanthropique correspondante. L'OMS reconnaît que « les programmes qui attirent l'intérêt des donateurs ont tendance à bénéficier d'un bon niveau de financement, alors que d'autres, malgré la priorité qui leur est donnée, souffrent d'un manque de fonds[1282] ». A l'origine, son avantage lui garantissant une forme de souplesse peut se transformer en un risque d'instabilité.

589. Par ailleurs, en plus de cette instabilité financière s'ajoute le « caractère profondément imprévisible des contributions volontaires [1283] ». Généralement, au moment de l'adoption du budget programme, le financement de l'exécution n'est assuré qu'à 50 % environ, ce qui réduit la possibilité pour le Secrétariat d'assurer une planification efficace, et le flux inégal des

---

[1277] Le budget total de l'OMS est passé de plus de 4,5 milliards de dollars pour les années 2010-2011 (OMS, *Financement de l'Organisation mondiale de la Santé*, Conseil exécutif, Session extraordinaire sur la réforme de l'OMS, EBSS/2/INF./DOC./2, 25 octobre 2011) à 3,977 milliards de dollars prévus pour les années 2014-2015 (OMS, *Projet de budget Programme 2014-2015*, A66/7, 19 avril 2013, p.4).

[1278] P. VAUGHAN et al, « *WHO and the effects of extrabudgetary funds : is the Organization donor driven ?* », Health Policy and Planning, 11(3), Oxford University Press, 1996 (p.253-264) p.253.

[1279] OMS, Projet de budget Programme 2014-2015, A66/7, 19 avril 2013, p.4.

[1280] C. CLIFT, *What's the World Health Organization For ?, op.cit.*, p.28.

[1281] J. SALMON, *Dictionnaire de Droit international public, op.cit.*, « contribution volontaire», p.260.

[1282] OMS, *Réforme de l'OMS – Réformes gestionnaires : rendre le financement de l'OMS plus prévisible*, EB130/5 add.5, 130e Conseil exécutif, 22 décembre 2011, p.1.

[1283] *Ibid.*

ressources qui en résulte conduit à des inefficacités en matière d'exécution.[1284] Ainsi, le budget de l'OMS qui « dépend excessivement sur le financement incertain et non flexible des contributions volontaire[1285] » rend difficile la gestion et l'organisation efficace de l'Organisation. Ce phénomène est facilité par l'absence totale d'obligation et de pression quant au recouvrement, à la différence des contributions ordinaires où une obligation est prévue à l'article 7 de la Constitution de l'OMS. Même si cette obligation est difficile à mettre en œuvre, elle a le mérite de proposer un encadrement assorti d'une sanction.

590. L'instabilité du budget de l'OMS s'accompagne également d'une perte de contrôle de ce budget par l'Assemblée mondiale de la santé.

b. La perte du contrôle du budget par les organes de l'OMS

591. L'augmentation de financement par le biais de contributions volontaires des acteurs privés engendre une double conséquence. L'Assemblée mondiale de la santé a perdu le contrôle exclusif du budget de l'OMS. L'article 18 (f) de la Constitution de l'OMS précise que l'Assemblée a pour fonction de « contrôler la politique financière de l'Organisation, examiner et approuver son budget ». Toutefois, cet article concerne le budget ordinaire de l'Organisation. Dès les années 1990, le risque de perte de contrôle avait été identifié notamment par Vaughan qui estimait que « le contrôle de l'Organisation sur l'utilisation des ressources est un enjeu central et un thème récurrent au sein de l'Organisation ainsi que pour les Etats membres et les donateurs[1286] ». Selon BEIGBEDER, la gestion des contributions volontaires relève « directement d'organes directeurs des programmes ou partenariats, et non directement du Conseil exécutif[1287] ».

592. Aujourd'hui, l'OMS reconnaît elle même que « l'Assemblée mondiale de la santé approuve uniquement la part du budget financée par les contributions fixes (soit environ 25 %)[1288] ». Alors qu'il s'agit d'une fonction prévue dans sa Constitution, l'OMS aujourd'hui contrôle à peine un quart de son budget par le biais de l'Assemblée mondiale de la santé. Par ailleurs, l'OMS constate que « l'AMS ne peut pas exercer de contrôle sur près de 80 % du budget total de l'Organisation et le Secrétariat ne peut être tenu pour responsable de l'utilisation de la totalité des ressources disponibles aux fins de la mise en œuvre du programme, des priorités et des prestations de l'OMS convenus[1289] ».

593. Alors même que les organes de l'OMS ont la responsabilité de la mise en œuvre du budget, en particulier le Directeur général[1290], la vision parfois à

[1284] « De plus, faute de recettes prévisibles, il est difficile de gérer les contrats du personnel pour lesquels une planification à moyen ou à long terme est indispensable. » (OMS, *Réforme de l'OMS – Réformes gestionnaires : rendre le financement de l'OMS plus prévisible*, EB130/5 add.5, 130e Conseil exécutif, 22 décembre 2011, p.1.)

[1285] C. CLIFT, *What's the World Health Organization For ?, op.cit.*, p.viii.

[1286] P. VAUGHAN et al, « *WHO and the effects of extrabudgetary funds : is the Organization donor driven ?* », Health Policy and Planning, 11(3), Oxford University Press, 1996 (p.253-264) p.253.

[1287] Y. BEIGBEDER, « *Les partenariats de l'Organisation mondiale de la santé* », *op.cit.*, p.236.

[1288] OMS, *Réforme de l'OMS, Financement de l'OMS*, A66/48, 66e AMS, 13 mai 2013, p.1.

[1289] *Ibid.*, p.2.

[1290] OMS, *Réforme de l'OMS – Réformes gestionnaires : rendre le financement de l'OMS plus prévisible*, EB130/5 add.5, 130e Conseil exécutif, 22 décembre 2011, p.1.

court terme des contributions volontaires pose parfois des problèmes[1291]. Ce déséquilibre n'est pas bénéfique à la santé dont les investissements ont souvent besoin d'être étalés dans le temps afin d'apporter une réponse efficace. En effet, l'OMS regrette que « la dépendance à l'égard des contributions volontaires conduit parfois à une correspondance imparfaite entre les priorités fixées par l'ensemble des Etats membres et les ressources disponibles pour les activités qui leur sont liées[1292] ».

594. La fluctuation et l'imprévisibilité des contributions volontaires obligent donc l'OMS à faire des choix de priorités en fonction des préférences des acteurs privés.

2. Les effets sur les choix stratégiques

595. La présence financière des acteurs privés a des conséquences sur les choix stratégiques au sein même de l'OMS (a). Par ailleurs, l'action des partenariats public-privés a une influence au sein du paysage de santé mondiale (b).

a. L'influence au sein de l'OMS

596. A titre de rappel, la particularité des contributions volontaires tient au fait qu'elles sont, pour la plupart, ciblées pour un programme c'est-à-dire une action particulière de l'OMS sur une ou plusieurs maladies. En effet, il est possible, pour les acteurs privés de financer volontairement des programmes spécifiques mis en place par le biais de l'OMS. Les contributions volontaires permettent aux acteurs privés « d'atteindre certains objectifs de santé par le biais de programmes particuliers qu'ils promeuvent ou favorisent[1293] ».

597. En effet, si en théorie les activités fondées par les contributions volontaires sont déterminées, après négociation, conjointement entre le Secrétariat de l'OMS et les contributeurs, elles ont souvent des difficultés à être alignées avec les priorités identifiées par le budget fixe approuvé par l'Assemblée mondiale de la santé[1294]. Une étude de 2008[1295] confirmait le « non alignement entre les priorités de santé et la recherche mondiale en santé » et concluait que « les fonds alloués par les donateurs extérieurs sont substantiellement différents que ceux alloués par les Etats membres de l'OMS ». Ce décalage rend difficile pour l'OMS de répondre efficacement aux priorités identifiées par les Etats membres lors des Assemblées mondiales de la Santé par manque de moyens. Certains auteurs considèrent que cette participation « restreint la capacité de l'OMS à entièrement planifier ses

---

[1291] V. en ce sens : D. SRIDHAR, « *Who sets the global health research agenda ? The challenge of multi bi financing ?* », *op.cit.*, p.5.

[1292] OMS, *Réforme de l'OMS – Réformes gestionnaires : rendre le financement de l'OMS plus prévisible*, EB130/5 add.5, 130e Conseil exécutif, 22 décembre 2011, p.1.

[1293] C. CLIFT, *The role of the World Health Organization in the International System*, Working Group on Governance, Paper 1, Chatham House, 2013, p.30.

[1294] C. CLIFT, *What's the World Health Organization For ?*, *op.cit.*, p.29.

[1295] D. STUCKLER et al, « *WHO's budgetary allocations and burden of disease : a comparative analysis* », Lancet, vol.372, 1er novembre, 2008, pp.1563-1569 (p.1563).

opérations ou à présenter une stratégie de base qui puisse être mise en œuvre avec souplesse[1296] ».

598. Par ailleurs, les contributions volontaires ne sont pas toutes négociées. Comme le rappelle Monsieur BEIGBEDER, par exemple pour l'exercice biennal 2008-2009 au sein du budget total de 4,2 milliards de dollars dont 23 % de budget ordinaire, les contributions volontaires négociées c'est-à-dire sans objet désigné ou destinées dans une large mesure aux priorités de l'Organisation représentaient seulement 600 millions de dollars[1297]. Ainsi « les autres contributions volontaires, soit 2 668 milliards, étaient des donations pour des programmes ou partenariats spécifiques qui ne correspondaient pas nécessairement aux priorités de l'OMS[1298] ». Il en va de même pour le budget biannuel de 2010-2011, où 71 % des contributions étaient à objet désigné contre 29 % pour les contributions fixées et les contributions volontaires dites flexibles[1299]. Le contrôle par les acteurs privés des orientations de santé au sein de l'OMS apparaît évident et critiquable.

599. L'influence du secteur privé sur les choix de l'OMS n'est pas toujours judicieuse. Ainsi, pour l'année 2008-2009, les fonds extrabudgétaires étaient majoritairement (60 %) consacrés aux maladies infectieuses et minoritairement aux maladies non transmissibles (3,9 %) et aux blessures (3,4 %)[1300]. Or, ces deux derniers sont responsables respectivement de 62 % et de 17 % de la charge mondiale de morbidité. Dès lors, 60 % des fonds extrabudgétaires sont destinés à des maladies responsables de seulement 21 % de la morbidité mondiale[1301]. Ce non alignement des priorités de santé est nettement plus faible dans le cadre du budget régulier[1302].

600. La dépendance croissante de l'OMS aux acteurs privés, entreprises et fondations philanthropiques comprises, « fait courir un risque sérieux de fausser davantage les priorités de santé de l'OMS [1303] ». Un exemple symptomatique de ce changement et de l'influence grandissante des acteurs privés est l'allocution de M. Bill Gates lors de la soixante-quatrième Assemblée mondiale de la santé en mai 2011[1304]. Malgré sa volonté affichée selon laquelle les priorités de l'Assemblée mondiale de la santé sont également les siennes[1305], le propos de ce discours apparaît comme une liste d'actions de

---

[1296] S. HARMAN, « *Is time up for WHO ? Reform, resilience, and global health governance* », Future United Nations Development System (FUNDS), briefing 17, May 2014, p.2.

[1297] Y. BEIGBEDER, « *Les partenariats de l'Organisation mondiale de la santé* », *op.cit.*, p.236.

[1298] *Ibid.*

[1299] OMS, *Financement de l'Organisation mondiale de la Santé*, Conseil exécutif Session extraordinaire sur la réforme de l'OMS, EBSS/2/INF./DOC./2, 25 octobre 2011.

[1300] D. SRIDHAR, N. T. WOODS, « *Trojan multilateralism: the changing face of global cooperation* », Paper presented at : International Studies Association 52nd Annual Convention, 16 mars 2011, Montreal, Canada.

[1301] OMS, *Statistiques sanitaires mondiales 2010*, 2010, p.70; OMS, *Global burden of disease*, Geneva, Switzerland, 2010, p.58.

[1302] A. LOPEZ, « *Health and health-research priorities: has WHO got it right?* », The Lancet, vol.372, 1er Novembre 2008, p.1525-1527.

[1303] PEOPLE'S HEALTH MOVEMENT, « *Comments on 'The future of financing for WHO'* », 64e AMS, Mai 2011, p.2; D. SRIDHAR et L. O. GOSTIN, *Reforming the World Health Organization*, Commentary, JAMA, 29 Mars 2011, p.E2.

[1304] OMS, « *Allocution de M. Bill Gates à la Soixante-quatrième Assemblée mondiale de la santé* », A64/DIV/6, 23 mai 2011.

[1305] « Nos priorités sont vos priorités » (OMS, « *Allocution de M. Bill Gates à la Soixante-quatrième Assemblée mondiale de la santé* », A64/DIV/6, 23 mai 2011, p.2). Il liste ainsi ces priorités communes :

santé à mettre en œuvre selon ses priorités. En effet, il insiste sur une intervention en particulier : les vaccins. Il expose sa vision des programmes et autres activités à entreprendre dans ce domaine précis et en appelle aux Etats membres afin d'agir en conséquence. Les remarques répétées et déférentes de la Directrice générale Madame CHAN à l'égard de la Fondation Gates sont symptomatiques[1306]. Certains auteurs n'hésitent pas à considérer la Fondation Gates comme étant « devenue de facto prescriptrice d'orientations de santé[1307] ». Or, l'utilisation des fonds de cette Fondation ne reflètent pas suffisamment la charge des maladies sur les pays les plus pauvres[1308].

601. Au-delà de la question du choix des priorités de l'OMS, se pose la question de son autorité et de son indépendance face à l'influence grandissante des acteurs privés dans les orientations de santé. Comme le note Monsieur BEIGBEDER, « la croissance de la proportion des contributions volontaires dans le budget total de l'OMS a causé une dépendance de celle-ci à l'égard de gouvernements, d'autres institutions comme la Banque mondiale ou l'Union européenne ou de fondations telles que la Fondation Gates ou, encore, d'entreprises pharmaceutiques telles qu'Aventis ou Boehringer[1309] ». Dès les années 1990, des questions quant à la dépendance de l'OMS étaient soulevées notamment par Monsieur VAUGHAN qui regrettait que l'OMS soit « régie par les donateurs[1310] ». Ces critiques sont d'autant plus valables aujourd'hui au vu du renforcement des acteurs privés dans le financement de l'OMS. Ainsi, pour certaiens auteurs, « l'OMS est de plus en plus un amalgame de différents projets et stratégies de santé mondiale dirigés par les acteurs externes et de moins en moins une organisation indépendante[1311] ». Il y a un risque que « les valeurs de l'Organisation soient influencées par des considérations purement commerciales ». Madame POULAIN évoque ainsi la « manipulation des décideurs par des intérêts extérieurs[1312] ».

602. Les contributions volontaires rendent l'OMS « vulnérable aux donateurs[1313] ». Il y a aujourd'hui, reconnue par l'OMS, une « perte de contrôle[1314] » des organes directeurs de l'Organisation sur ses programmes et priorités. La relation entre l'OMS et les laboratoires pharmaceutiques est aujourd'hui qualifiée d'interdépendante et soulève des soupçons de

---

« rendre la maternité plus sûre ; faire en sorte que les nouveau-nés survivent à leurs 30 premiers jours ; apporter aux enfants des éléments nutritifs. »

[1306] M. CHAN, « *Historical agreements at the Sixty-fourth Worl Health Assembly* », Remarques de conclusion de la Directrice-Général de l'OMS, 24 Mai 2011 (http://www.who.int/dg/speeches/2011/wha_20110524/en/#).

[1307] M. BUISSONNIERE, « *La nouvelle donne de la santé globale : dynamiques et écueils,* » RIPD, n°3, 2012, p.83.

[1308] D. McCOY et al, *Global health funding: how much, where it comes from and where it goes,* health Policy and Planning, vol.24, 2009, p.407-417.

[1309] Y. BEIGBEDER, « *Les partenariats de l'Organisation mondiale de la santé* », *op.cit.*, p.236.

[1310] P. VAUGHAN et al, « *WHO and the effects of extrabudgetary funds : is the Organization donor driven ?* », Health Policy and Planning, 11(3), Oxford University Press, 1996.

[1311] S. HARMAN, « *Is time up for WHO ? Reform, resilience, and global health governance* », *op.cit.*, p.2.

[1312] M. POULAIN, « *Les négociations du droit de la santé : l'OMS à la croisée des chemins* », in E. MONDIELLI, F. VIALLA et E. CADEAU (coord.), *op.cit.*, p.106.

[1313] D. SRIDHAR et al, « *Are existing governance structures equipped to deal with today's global health challenges – Towards systematic coherence in scaling up* », *op.cit.*, p.18.

[1314] Y. BEIGBEDER, « *Les partenariats de l'Organisation mondiale de la santé* », *op.cit.*, p.236.

collusion[1315]. Certains auteurs n'hésitent pas à parler de « privatisation » partielle de l'OMS au détriment de ses Etats membres[1316]. Il convient toutefois de préciser la définition de « privatisation » qui recouvre différentes réalités en droit des organisations internationales. La définition retenue est celle *stricto sensu* proposée par le Professeur BISMUTH, qui « concerne le transfert définitif au secteur privé de certaines activités des organisations internationales » [1317] ainsi que « l'intégration des opérateurs privés au fonctionnement de l'organisation internationale [1318] ». Si le terme de privatisation apparaît dès lors excessif car le transfert n'est pas définitif, il démontre bien l'influence[1319] des acteurs privés au sein de l'OMS notamment par son financement et sa présence accrue au sein des conseils d'administration de ces partenariats[1320].

603. La présence des acteurs privés dans le financement de l'OMS a des conséquences dans le fonctionnement de l'Organisation ce qui permet d'influencer la mise en œuvre de sa politique. Madame LEE soulève ainsi la question de savoir si les partenariats sont des accords de coopération ou de co-option[1321]. Par ailleurs, la présence de ces acteurs privés au sein de partenariats public-privés affaiblit davantage l'autorité de l'OMS dans le paysage de santé mondiale.

b. L'influence concurrente sur l'autorité de l'OMS dans la santé mondiale

604. La multiplication des acteurs privés a une forte répercussion sur le paysage de santé mondiale à plusieurs niveaux. D'une part, la mise en place de partenariats public-privés engendre une compétition entre les différents acteurs de la santé mondiale y compris de l'OMS. Cette « compétition » a pour conséquence la diminution des contributions au budget de l'OMS car les fonds sont orientés vers ces partenariats. En effet, certains pays investissent davantage dans les partenariats de santé mondiale qu'au sein de l'OMS. Le montant de la contribution de la France au Fonds mondial de lutte contre le sida, la tuberculose et le paludisme est un exemple. Par décision du Comité interministériel de la coopération internationale et du développement daté du 31 juillet 2013[1322], la France a maintenu son engagement à hauteur de 360 millions d'euros. Cette contribution fait de la France un des tous premiers contributeurs du fonds. En comparaison, la contribution fixe de la France à

[1315] A. GUILBAUD, « *OMS et laboratoires pharmaceutiques entre interdépendance et soupçons de collusion* » in B. BADIE et D. VIDAL, *La cassure : L'état du monde 2013*, Éd. La Découverte, 2012.
[1316] Y. BEIGBEDER, « *Les partenariats de l'Organisation mondiale de la santé* », *op.cit.*, p.236.
[1317] R. BISMUTH, « *La privatisation des organisations internationales* », in E. LAGRANGE et J.-M. SOREL, *op.cit.*, p.193 (pp.192-98) ; V. également H. GHERARI et S. SZUREK (dir.), *L'émergence de la société civile internationale. Vers la privatisation du droit international ?*, Pedone, 2003.
[1318] *Ibid.*
[1319] M. BUISSONIERE, *La nouvelle donne de la santé globale : dynamiques et écueils, op.cit.*, p.81. Pour l'auteure, « la consolidation des partenariats comme « modèle dominant semble donc avoir contribué à affaiblir la responsabilité publique tout en offrant au secteur privé la possibilité d'asseoir son influence. »
[1320] *Ibid.*, p.81. L'auteur estime à 23% des sièges des conseils d'administration occupaient par les entreprises privées à elles seules en 2006, plus de sièges que les gouvernements et les organisations internationales réunies.
[1321] K. LEE, *World health organization, op.cit.*, *p*115.
[1322] Comité interministériel de la coopération internationale et du développement, « *Relevé de décisions* », 31 juillet 2013, Décision n°8, p.4.

l'OMS autour de 6 % selon sa quote-part[1323], correspond à environ 60 millions d'euros par an. De même, par un accord-cadre signé en 2013 pour la période 2014-2019[1324], la France s'engage à contribuer volontairement à l'OMS à hauteur de 10 millions d'euros par an, soit un total de 50 millions sur 5 ans. Ainsi, le total de la contribution française fixe (environ 300 millions sur 5 ans) cumulée à la contribution volontaire (50 millions sur 5 ans) reste inférieur au financement du Fonds mondial de 360 millions. Ce choix vers les partenariats n'est pas un cas isolé au sein des autres Etats membres. Par ailleurs, il affaiblit le droit de regard de l'OMS qui n'exerce ainsi qu'un contrôle limité sur ces fonds.

605. D'autre part, la multiplication de ces partenariats et plus généralement des acteurs privés soulève la question de savoir qui détient aujourd'hui le choix de l'orientation de l'agenda de la santé mondiale[1325]. Pour certains, les entreprises privées sont en train de transformer cet agenda[1326]. Reprenant une inquiétude émise dès 2001 [1327], Madame SHAH considère que ce sont maintenant « les donateurs privés et non l'OMS qui décident à Genève et donc forment l'agenda de santé globale[1328] ». Ainsi, pour la Professeure BIRN, la Fondation Gates non seulement influence les décisions des autres donateurs mais des priorités de santé mondiale[1329]. En effet, la puissance financière des partenariats qui sont ciblés pour des domaines de santé particuliers oriente nécessairement les priorités de santé mondiale. Ainsi, l'existence du Fond mondial met la question du VIH/SIDA, de la tuberculose et du paludisme sur le devant de la scène. Il en va de même avec l'Alliance GAVI qui favorise la vaccination sur le plan mondial. Par définition, tout partenariat se concentre sur des enjeux de santé particuliers. Toutefois, leur force financière, qui attire également les fonds des Etats membres, fait de ces enjeux, des priorités pour lesquelles l'OMS ne joue pas son rôle d'autorité centrale de santé publique. Les autres domaines de santé qui ne bénéficient pas d'un tel financement se retrouvent alors pris en charge par l'OMS. Par manque de moyens, ils se trouvent alors en difficulté[1330].

606. Par ailleurs, les partenariats public privés de santé mondiale ne sont pas exempts de toute critique. Messieurs BUSE et HARMER[1331] constatent

---

1323 OMS, *Barème des contributions 2014-2015,* WHA66.15, 66E AMS, 27 mai 2013, p.2. Pour l'année 2014-2015 la France va contribuer à hauteur de 5,69% du budget ordinaire d'environ 950 millions.

1324 Décret n°2014-318 du 10 mars 2014 portant publication de l'accord-cadre entre le Gouvernement de la République française et l'Organisation mondiale de la santé (OMS) pour un partenariat renforcé pour la période 2014-2019 (ensemble cinq annexes), signé à Paris le 2 décembre 2013, publié au JORF n°0060 du 12 mars 2014, p.5141, texte n°7.

1325 D. SRIDHAR, « *Who sets the global health research agenda ? The challenge of multi bi financing ?* », *op.cit.*

1326 S. SHAH, « *How private companies are transforming the global public health agenda – A new era for the World Health Organization* », Foreign Affairs, 9 Novembre 2011.

1327 L. LERER, R. MARZOPOULOS, *The worst of the both worlds : the management reform of th World Health organization,* International Journal of Health Services, vol.31, n°2, 2001, p.421. L'auteur estimait ainsi que « dorénavant l'OMS ne fixe plus l'agenda de la santé international public »

1328 S. SHAH, « *How private companies are transforming the global public health agenda (...)* », *op.cit.*

1329 A.-E. BIRN, « *'Gates' Grandest Challenge: Transcending Technology as Public Health ideology* », Lancet 366, n°9483, 5 août 2005, pp.514-519.

1330 D. STUCKLER et al, « *WHO's budgetary allocations and burden of disease : a comparative analysis* », *op.cit.*

1331 K. BUSE et A. M. HARMER, « *Seven habits of highlty effective global public-private health partnerships : Practice and potential* », Social Science & Medecine, vol.64, 2007, pp.259-271.

« sept mauvaises habitudes » des partenariats : (1) un mauvais alignement de l'aide avec les priorités des pays partenaires ; (2) une absence de représentation de l'ensemble des parties prenantes ; (3) une mauvaise gouvernance ; (4) une « diabolisation » du secteur public ; (5) des ressources insuffisantes ; (6) une harmonisation insuffisante et (7) des incitations inadéquates. L'une des craintes principales est que les choix de priorités de santé mondiale soient réalisés sur le « marché des initiatives globales plutôt qu'au sein de la communauté qui devra vivre avec ces choix[1332] » ce qui risque « d'accroître les inégalités[1333] » Cet argument a été exprimé par les ministres de la santé des pays en développement qui craignent que ces mécanismes de financement imposent les priorités des Etats et institutions puissants sur les pays les plus pauvres dont la population ne peut pas influencer ces priorités[1334]. Corollairement, le risque de ces PPSM est la possibilité de « favoriser les bénéfices à court terme par rapport aux objectifs de santé à long terme[1335] ».

607. Ces critiques poussent certains auteurs à proposer, sans remettre en cause le potentiel et l'utilité de l'interaction entre le privé et le public, la modification de la forme des partenariats public-privés [1336]. D'autres considèrent, à juste titre, qu'il est essentiel de mettre en place un cadre afin d'évaluer l'efficacité de ces partenariats[1337].

608. Enfin, il convient de souligner l'importance de la participation informelle officieuse dont bénéficient les entités privées. En effet, s'il ne dispose pas de la possibilité de s'exprimer publiquement, du moins officiellement, l'intérêt est la « proximité physique qui s'établit alors avec les agents et les membres de l'organisation[1338] ». Cette « participation de couloir » des participants privés, difficile à mesurer, est « bien réelle et reconnue[1339] » par de nombreux représentants d'ONG[1340]. Par ces interactions informelles y compris à la cafétéria peuvent être reprises par les membres de certaines délégations lorsque leurs droits de participation sont insuffisants.

[1332] D. SRIDHAR, « *Who sets the global health research agenda ? The challenge of multi bi financing ?* », *op.cit.*, p.2.

[1333] G. WALT et K. BUSE, « *Partnership and fragmentation in international health : threat or opportunity ?* », Tropical medecine and international health, vol.5, n°7, juillet 2000, pp.467-471 (p.470).

[1334] D. SRIDHAR, « *Who sets the global health research agenda ? The challenge of multi bi financing ?* », *op.cit.*

[1335] *Ibid.*, p.5.

[1336] J. RICHTER, « *Public-private Partnerships for health : a trend with no alternatives ?* », Society for international development, vol.47(2), 2004, pp.43-48; K. BUSE et S. TANAKA, *Global Public-Private Health Partnerships: lessons learned from ten years of experience and evaluation*, International Dental Journal, vol.61(2), pp.2-10; M. BARRY, « *Les partenariats public-privé pour l'aide à la santé : quelles conditions d'efficacité prendre en compte* », Mondes en développement 2/2015 (n°170), p.75-90. L'auteur propose ainsi des conditions d'efficacité des partenariats différenciant les conditions « globales » et « spécifiques ».

[1337] D. A. BARR, « *A research protocol to evaluate the effectiveness of public-private partnerships as a means to improve health and welfare systems worldwide* », Health policy and ethics, vol.97, n°1, Janvier 2007, pp.19-25.

[1338] S. EL BOUDOUHI, « *Les qualité autres que celle de membre* », in E. LAGRANGE et J.-M. SOREL, *op.cit.*, p.366.

[1339] *Ibid.*

[1340] E. REBASTI, « *Beyond consultative status ; Which legal framework for enhanced interaction between NGOs and Intergovernmental organizations ?* » in P.-M. DUPUY et L. VIERUCCI, *NGOS in International Laaw. Efficiency in flexibility ?*, Edwardd Elgar Publishing, 2008, pp.32-33.

609. Si l'influence économique des acteurs privés joue un rôle dans le financement de l'OMS et de la santé mondiale, elle est également source de dysfonctionnements en raison de l'influence d'intérêts divergents.

B. Des conséquences en raison d'intérêts divergents de l'OMS

610. La présence des acteurs privés dans la santé publique mondiale multiplie les intérêts divergents qui influencent le fonctionnement de l'OMS. D'abord, cette influence est perceptible dans l'insuffisance de l'encadrement des conflits d'intérêts (1). Ensuite, cette influence a un impact sur la légitimité scientifique et démocratique de l'OMS (2).

1. L'encadrement insuffisant des conflits d'intérêts

611. On constate que l'encadrement des conflits d'intérêts concerne deux types de situations. Selon le bureau de déontologie de l'ONU, et plus récemment depuis l'adoption du nouveau cadre de collaboration avec les acteurs non étatiques[1341], il existe, d'une part, les conflits d'intérêts individuels (a) et, d'autre part, les conflits d'intérêts institutionnels (b).

a. Les conflits d'intérêts individuels

612. Selon l'ONU, « un conflit d'intérêts personnel existe dans une situation où les intérêts privés des personnes – telles que des relations professionnelles extérieures ou des avoirs financiers personnels – pourraient gêner l'exercice des fonctions officielles ou donner l'apparence de le faire[1342] ». Il s'agit aussi bien de l'influence d'intérêts divergents sur le personnel de l'OMS que sur les experts indépendants mandatés par l'Organisation au sein d'organes consultatifs et qui rendent des avis scientifiques[1343]. Pour reprendre la définition proposée par le Professeur RODWIN en matière de professionnel de santé, les professionnels sont « en situation de conflit d'intérêt lorsque leurs intérêts ou engagements compromettent l'indépendance de leur jugement ou leur loyauté[1344] ». En d'autres termes « le professionnel n'agit pas en fonction des intérêts qu'il est

[1341] OMS, Résolution WHA69.10, 28 mai 2016.

[1342] ONU, « *Conseils et orientation déontologiques – Conflits d'intérêts* », http://www.un.org/fr/ethics/conflictofinterest.shtml. V. à cet égard la définition proposée par Moret-Bailly : J.-M. MORET-BAILLY, *Les conflits d'intérêts*, LGDJ, coll. Forum, 2014 : « Situations dans lesquelles une personne en charge d'un intérêt autre que le sien n'agit pas ou peut être soupçonnée de ne pas agir de manière loyale ou impartiale vis-à-vis de cet intérêt, mais dans le but d'en avantager un autre, le sien ou celui d'un tier. » V. aussi D. THOMPSON, « *Understanding financial conflicts of interest* », NEJM, n°329 (8), 1993, pp.573-576. L'auteur estime les définit comme les situations « dans lesquelles le jugement professionnel concernant un intérêt primaire (tel que le bien être du patient ou la pertinence de la recherche) peut être indument influencé par un intérêt secondaire (tel que le gain pécuniaire) ».

[1343] OMS, Résolution WHA69.10, *op.cit.*, p.10. « Les conflits d'intérêts individuels au sein de l'OMS sont ceux impliquant des experts, quel que soit leur statut, et des membres du personnel ».

[1344] M. A. RODWIN, *Medicine, money and morals: Physicians' conflicts of interest*, New York and Oxford: Oxford University Press, 1993, p.9. V. également:

censé défendre ou prendre en charge, mais dans le but d'en avantager un autre : le sien ou celui d'un tiers[1345] ».

613. Pour le personnel de l'OMS, les principes adoptés en 2000 [1346] précisent que « le personnel doit (...) toujours se demander si la relation envisagée peut être à l'origine d'un conflit d'intérêts, réel ou perçu comme tel, que ce soit pour le fonctionnaire ou pour l'action de l'Organisation[1347] ». Il est précisé que ce sont le Statut et le Règlement du Personnel[1348] ainsi que le cadre éthique qui doivent guider les décisions pour ce qui est des conflits d'intérêts concernant le personnel. Selon le Statut du personnel, les membres du personnel « ne doivent solliciter ni accepter d'instructions [...] d'aucune autorité extérieure à l'Organisation » (Article I, Statut 1er juillet 2014). Par ailleurs, selon la règle 110.7 du Règlement du personnel, il revient au Directeur général de décider de « la compatibilité entre les intérêts déclarés par les membres du personnel et l'article Ier du Statut du Personnel ». Sa décision, à l'égard de tout membre, prend en compte « un quelconque intérêt dans une entité donnée ou est associé à ladite entité : 1) avec laquelle il peut être appelé à avoir, directement ou indirectement, des relations officielles pour le compte de l'Organisation, ou 2) qui a des intérêts commerciaux liés aux travaux de l'OMS, ou 3) qui a un secteur d'activité commun avec l'OMS[1349] ». Ces intérêts doivent être portés à la connaissance du Directeur général. La situation des experts a évolué.

614. Les experts indépendants mandatés par l'OMS doivent remettre à l'OMS une déclaration d'intérêts signée dans laquelle ils donnent des détails sur les éventuels intérêts professionnels ou financiers qui pourraient nuire à l'impartialité de leur avis[1350], l'objectif étant de « garantir le plus haut degré d'intégrité et s'assurer la confiance du public dans ses activités[1351] ». Ainsi, « tous les experts assumant des fonctions de consultation doivent révéler toutes circonstances qui pourraient constituer un conflit d'intérêts potentiel (c'est-à-dire tout intérêt qui pourrait affecter, ou être raisonnablement perçu comme affectant, l'objectivité et l'indépendance de l'expert) ». Ils doivent également déclarer les intérêts pertinents des membres de leur famille proche et d'autres parties avec qui ils entretiennent des intérêts majeurs qui pourraient être perçus comme influençant indûment leur jugement tel un employeur ou un associé professionnel étroit.

1345 J. MORET-BAILLY et M. A. RODWIN, « *La qualification de conflits d'intérêts des médecins en France et aux Etats-Unis* », RDSS, 2012, p.501 et s. V. également J. MORET-BAILLY, « *Definir les conflits d'intérêts* », Dalloz, 2011, p.1100. L'auteur les définit comme « les situations dans lesquelles une personne en charge d'un intérêt autre que le sien n'agit pas, ou peut être soupconnée de ne pas agir, avec loyauté ou impartialité vis-à-vis de cet intérêt, mais dans le but d'en avantager un autre, le sien ou celui d'un tiers ».

1346 OMS, « *Principes directeurs applicables à la collaboration avec le secteur privé en matière de santé – Rapport du Secrétariat* », EB107/20, 107e Conseil exécutif, 30 novembre 2000, p.2.

1347 *Ibid.*, p.3.

1348 OMS, *Règlement du personnel et statut du personnel*, 1er Janvier 2010.

1349 Article 110.7.1 du Règlement du personnel de l'OMS.

1350 Déclaration de l'OMS sur les allégations de conflits d'intérêts et de « fausse » pandémie, 22 janvier 2010.

1351 Déclaration d'intérêts 'experts de l'OMS), accessible à l'adresse suivante : http://www.who.int/vaccine_safety/committee/DOI_form_WHO_experts_FR.pdf?ua=1.

615. Il appartient au Secrétariat de conclure qu'il n'existe aucun conflit d'intérêts potentiel ou que l'intérêt n'est pas pertinent ou qu'il est minime. En cas de conflit majeurs, le Secrétariat peut tout de même autoriser une pleine participation dès lors que l'intérêt est rendu public. Il peut également ordonner une exclusion partielle, par exemple de la partie de la réunion ou de l'activité liée à l'intérêt déclaré. Enfin, le Secrétariat peut exclure totalement l'expert. On constate que malgré la présence d'un conflit d'intérêts majeur, il est possible pour un expert de participer aux travaux de l'organe consultatif dès lors que la transparence est respectée. De même, la présence d'un conflit d'intérêts mineur n'empêche pas la participation de l'expert sans même publication de sa déclaration d'intérêts. Des évolutions doivent être apportées à cet encadrement notamment au vu des scandales qui ont éclatés[1352].

616. Cet encadrement des conflits d'intérêts individuel a été, à l'origine, induit par des suspicions dans la gestion de la crise H1N1. En 2009, lors de la gestion de la pandémie H1N1 de « graves lacunes avaient été identifiées en ce qui concerne la transparence des processus de décision liés à la pandémie » dans le rapport de la Commission des questions sociales, de la santé et de la famille du Conseil de l'Europe présenté par Monsieur FLYNN le 7 juin 2010[1353]. Le rapporteur constatait que la gestion de la crise H1N1 touchait « à des questions sensibles telles que les relations contractuelles des experts de la santé avec des acteurs privés et le risque de conflits d'intérêts éventuels[1354] ». Cela soulevait ainsi des préoccupations sur l'éventuelle influence que l'industrie pharmaceutique aurait pu exercer eu égard aux principales décisions relatives à la pandémie. Les organes consultatifs de l'OMS sont particulièrement exposés au risque de conflits d'intérêts d'experts scientifiques. Le rapporteur constatait que « certains membres de ces groupes consultatifs ont manifestement des liens professionnels avec des groupes pharmaceutiques – ceux-ci leur accordent notamment d'importantes subventions de recherche – si bien que la neutralité de leurs avis peut être contestée [1355] ». La question du poids et de l'indépendance des experts mandatés par l'OMS est donc posée. Le rapporteur conclut « qu'[il] est convaincu que la gestion de la crise H1N1 manque de transparence[1356] ».

617. Les soupçons étaient accentués par l'absence de publication par le Secrétariat des déclarations d'intérêts des experts impliqués qui invoquait « l'argument de la protection de leur vie privée[1357] ». L'OMS a reconnu *a posteriori* que « bien que la confidentialité imposée ait correspondu à une volonté compréhensible de protéger les membres de toute pression extérieure, elle a paradoxalement alimenté les soupçons en portant à croire que l'Organisation avait quelque chose à cacher ». En effet, si « cette décision était conforme à la pratique suivie par l'OMS pour d'autres comités d'experts dont l'identité n'est normalement révélée qu'à l'issue de la consultation, laquelle ne

---

[1352] V. *infra* n°0 et s.
[1353] UNION EUROPEENNE, « *La gestion de la pandémie H1N1 : nécessité de plus de transparence* », Rapport de la Commission des questions sociales, de la santé et de la famille, Rapporteur : Paul Flynn, Document 12283, 7 juin 2010.
[1354] *Ibid.*, p.1.
[1355] *Ibid.*, p.4.
[1356] *Ibid.*, p.1.
[1357] *Ibid.*, p.4.

dure souvent qu'une journée, mais cette pratique convenait mal pour un comité dont les travaux allaient s'étendre sur plusieurs mois[1358] ». L'argument de la vie privée ne peut être soutenu en raison des enjeux sanitaires présents.

618. Les critiques à l'égard de l'OMS sont de plusieurs ordres selon Messieurs COHEN et CARTER[1359]. D'une part, de nombreux liens d'intérêts des experts de l'OMS ne seraient pas déclarés bien qu'inhérents au domaine médical. D'autre part, des conflits d'intérêts sont ignorés. Par exemple, certains experts « ayant préparés le premier plan mondial de l'OMS de préparation à une pandémie grippale, publié en 1999, travaillaient alors pour des entreprises pharmaceutiques ; plusieurs auteurs des recommandations de l'OMS en 2004 sur l'utilisation des vaccins et des antiviraux en cas de grippe pandémique avaient également des contrats professionnels avec des laboratoires pharmaceutiques[1360] ».

619. L'OMS est critiquée, à juste titre, pour son opacité et son incapacité à gérer les conflits d'intérêts[1361]. Elle le reconnaît elle-même dans un rapport d'experts indépendants visant à évaluer la gestion de la crise de la pandémie H1N1, regrettant « l'absence de procédures suffisamment solides, systématiques et transparentes pour révéler, reconnaître et gérer les conflits d'intérêts parmi les experts consultés[1362] ». Il s'agit ici d'un véritable enjeu majeur auquel l'OMS doit faire face. Ces difficultés augmentent par la multiplication de l'influence du secteur privé par le biais de conflits d'intérêts institutionnels.

b. Les conflits d'intérêts institutionnels

620. Selon l'OMS, un conflit d'intérêts institutionnel « est une situation où l'intérêt primaire de l'OMS tel que défini dans sa Constitution peut être indûment influencé par l'intérêt divergent d'un acteur non étatique d'une manière qui affecte ou peut être raisonnablement perçue comme affectant l'indépendance et l'objectivité des travaux de l'OMS[1363] ».

621. L'encadrement juridique en la matière date de 2000 avec l'adoption des Principes directeurs applicables à la collaboration avec le secteur privé en matière de santé. Ces derniers précisent que « lors d'établissement de relations avec des entreprises commerciales, la réputation et les valeurs de l'OMS doivent être préservées ». Le personnel doit toujours prendre en compte le risque de « conflit d'intérêts, réel ou perçu comme tel (…) pour l'action de l'Organisation ». Toutefois, l'encadrement reste vague et s'en remet au Bureau

---

[1358] OMS, *Rapport du Comité d'examen sur le fonctionnement du Règlement sanitaire international (2005) eu égard à la grippe pandémique A (H1N1) 2009*, A64/10, 64e AMS, 5 mai 2011, p.148.

[1359] D. COHEN et P. CARTER, « *WHO and the pandemic flu « conspiracies »*, BMJ, vol.340, 3 juin 2010.

[1360] SENAT, *Rapport de la commission d'enquête sur le rôle des firmes pharmaceutiques dans la gestion par le Gouvernement de la grippe A (H1N1)*, n°685, 30 juillet 2010, p.48.

[1361] *Ibid.*

[1362] OMS, *Rapport du Comité d'examen sur le fonctionnement du Règlement sanitaire international (2005) eu égard à la grippe pandémique A (H1N1) 2009*, A64/10, 64e AMS, 5 mai 2011, p.88.

[1363] OMS, Résoltuion WHA69.10, *op.cit.*, p.10. V. également la définition de l'ONU. Un conflit d'intérêts institutionnel existe lorsqu' « une organisation, en raison d'autres activités ou relations, n'est pas à même de fournir des services impartiaux, quand son objectivité dans l'accomplissement du mandat est compromise ou pourrait l'être, ou quand elle jouit d'un avantage compétitif inéquitable » (ONU, « *Conseils et orientation déontologiques – Conflits d'intérêts* », http://www.un.org/fr/ethics/conflictofinterest.shtml).

du Conseiller juridique en précisant que « le meilleur moyen de déterminer les domaines où peuvent surgir des conflits d'intérêts est de procéder à un examen méthodique de l'entreprise commerciale, et en particulier à une évaluation de la société visée, et de consulter le Bureau du Conseiller juridique ». Cet encadrement laissé sous la seule responsabilité du Bureau du Conseiller juridique – lorsque l'on sait la taille limitée de ce Bureau au regard de l'ensemble du personnel de l'OMS – apparaît très insuffisant d'autant plus que les critères précis d'évaluation de l'entreprise commerciale n'apparaissent pas.

622. Par ailleurs, ces principes dressent la liste des différentes interactions qui peuvent exister entre l'OMS et le secteur privé en détaillant les précautions à prendre. Les dons en espèces, par exemple, sont acceptés pour les entreprises commerciales dont les activités sont sans rapport avec celles de l'OMS « à condition que ces entreprises ne se livrent pas à des activités incompatibles avec celle de l'Organisation[1364] ». Il est précisé que l'OMS doit éviter d'entretenir des relations avec des entreprises de l'industrie du tabac ou de l'armement[1365]. Plus précisément, l'encadrement s'articule en fonction du type de dons. En particulier, une contribution concernant les réunions de l'OMS ne peut être acceptée « si elle vise expressément à couvrir les frais de participation d'un ou de l'ensemble des invités (y compris les frais de déplacement et d'hébergement), qu'elle soit fournie directement aux participants ou transite par l'OMS[1366] ». De même, les dons des entreprises commerciales ne peuvent être acceptés pour des activités conduisant à l'élaboration par l'OMS de lignes directrices ou de recommandations.

623. Enfin, on constate que ces principes couvrent un champ très large d'interactions entre l'OMS et le secteur privé qui inclut les contributions en nature, le personnel détaché, la mise au point de produits, le recouvrement des coûts, l'utilisation du nom ou de l'emblème de l'OMS ainsi que les autres formes d'interaction. En appendice, ces principes proposent également une procédure de mise en œuvre confiant un rôle de décision au Bureau du Conseiller juridique assisté par le Comité de la collaboration avec le secteur privé, supervisé par le Directeur général en dernier recours.

624. Théoriquement, cet encadrement apparaît complet. Toutefois, il est regrettable que le manque de précision dans la mise en œuvre des critères d'évaluation des entreprises commerciales qui entraîne une application difficile et opaque de cet encadrement. En effet, en souhaitant traiter de l'ensemble des difficultés envisagées par de telles relations, ces principes ne permettent pas une protection efficace contre les risques. Il est essentiel de réformer les relations entre l'OMS et le secteur privé car cette opacité ainsi que la réponse tardive de l'OMS en la matière ont été à l'origine des nombreuses difficultés rencontrées par l'OMS.

625. Avant la mise en place des principes de 2000, un des exemples les plus symptomatiques de la volonté du secteur privé d'influencer l'OMS a eu lieu dans le domaine du tabac. Un rapport publié en 2000 par un comité

[1364] OMS, « *Principes directeurs applicables à la collaboration avec le secteur privé en matière de santé – Rapport du Secrétariat* », EB107/20, 107e Conseil exécutif, 30 novembre 2000, p.4.
[1365] *Ibid.*, p.3.
[1366] *Ibid.*, p.5.

d'experts indépendants mandaté par la Directrice générale de l'OMS, en réaction à la publication de nombreux documents[1367] internes de plusieurs compagnies de tabac, démontre ainsi les stratégies utilisées par l'industrie du tabac pour contrer les activités de lutte antitabac à l'Organisation mondiale de la Santé[1368]. Alors que l'OMS a toujours lutté contre le tabagisme et considéré l'industrie comme « lourdement responsable des dommages infligés par la consommation de tabac[1369] ». Selon le rapport, les compagnies considéraient l'OMS comme leur « ennemi principal » et cherchaient à mettre en place des stratégies afin de « contenir, neutraliser et réorienter » les initiatives de l'OMS de lutte contre le tabagisme. Selon les termes employés, il fallait « attaquer l'OMS[1370] ». Parmi les stratégies utilisées, l'industrie souhaitait établir « des relations inappropriées avec des membres du personnel de l'OMS afin d'influencer la politique de l'Organisation » ; exercer des « pressions financières visant à influencer la politique de l'OMS » ; « discréditer l'OMS ou ses fonctionnaires afin d'amoindrir son efficacité » ; détourner l'attention de manifestations liées au tabac organisées par l'OMS en « montant » des événements médiatiques concurrents ou encore tenter « d'influencer la prise de décisions à l'OMS par personnes interposées[1371] ». Cette affaire, comme le rappelle GODLEE, démontre ainsi que « dans tout domaine où les intérêts commerciaux sont présents, il y aura des activités en dehors de toute bonne pratique des entreprises[1372] ».

626. Ce scandale, qui a confirmé la méfiance de l'OMS à l'égard de l'industrie du tabac[1373], a renforcé l'OMS dans sa lutte contre le tabagisme qui s'est illustrée dans un premier temps par la publication d'un rapport sur les moyens juridiques permettant d'attaquer les compagnies de tabac[1374]. Par la suite, ces révélations ont participé à la mise en place de la CCLAT en 2003[1375]. Toutefois, les tentatives d'influences de l'industrie du tabac continuent aujourd'hui comme en atteste la publication de 2009 relative à l'interférence de l'industrie du tabac avec la lutte contre le tabagisme[1376].

627. Par la suite, malgré la mise en place des principes directeurs, d'autres situations d'influence du secteur privé sont ainsi apparues. En 2002, l'OMS qui développait une Stratégie mondiale pour l'alimentation, l'exercice physique et la santé, avait mandaté un comité d'experts afin d'émettre des

---

[1367] Selon le Comité national contre le tabagisme, « En 1998, six millions de documents secrets, représentants plus de 35 millions de pages, ont été rendu publics (…) ». (http://www.cnct.fr/tous-les-dossiers-73/les-documents-internes-de-l-industrie-du-tabac-de-quoi-s-agit-1-39.html).

[1368] OMS, « *Les stratégies utilisées par l'industrie du tabac pour contrer les activités de lutte antitabac à l'Organisation mondiale de la Santé – Résumé d'orientation* », Rapport du Comité d'experts sur les documents de l'industrie du tabac, Juillet 2000.

[1369] L. BURCI et C.-H. VIGNES, *The World Health Organization, op.cit.*, p.104.

[1370] OMS, « *Les stratégies utilisées par l'industrie du tabac pour contrer les activités de lutte antitabac à l'Organisation mondiale de la Santé – Résumé d'orientation* », *op.cit.*, p.4.

[1371] *Ibid.*, p.5.

[1372] F. GODLEE, « *WHO faces up to its tobacco links* », BMJ, vol.321, 5 août 2000, pp.314-315 (p.315).

[1373] L. BURCI et C.-H. VIGNES, *The World Health Organization, op.cit.*, p.106.

[1374] OMS, « *Towards health with justice – Litigation and public inquiries as tools for tobacco control* », 2002.

[1375] V. *infra* n°0 et s.

[1376] OMS, « *Tobacco industry interference with tobacco control* », 2009. (http://whqlibdoc.who.int/publications/2008/9789241597340_eng.pdf?ua=1).

recommandations en matière de consommation de sucre[1377]. Ils ont proposé de limiter l'apport en sucre à 10 % ou moins de l'énergie calorique totale[1378]. Immédiatement les industries alimentaires, du sel, de l'huile de palme et du sucre ont vivement réagi. En particulier, l'industrie du sucre aux Etats-Unis, et en particulier l'Association mondiale de recherche sur le sucre (AMRS), avait menacé l'OMS, par le biais d'un courrier adressé directement à la Directrice générale BRUNDTLAND, de demander au Congrès américain d'arrêter de payer toute contribution à l'OMS si cette dernière publiait ces recommandations sur la santé alimentaire[1379]. L'inexactitude des raisons invoquées telles que la qualité des experts ou l'absence de procédure de contre évaluation du rapport, n'a pas empêché la publication du rapport et l'entame des discussions pour une Stratégie mondiale. Toutefois, ces dernières ont été entachées de tentatives d'influence de l'industrie du sucre sur les Etats membres[1380]. Ainsi, certaines recommandations émises par le Comité d'expert ont été modifiées et en particulier celle relative à la « limitation de toute sucre libre » qui est devenue une « limitation de la consommation de sucre libre[1381] ». Si ce travail de lobby de l'industrie n'a pas compromis entièrement l'adoption de la Stratégie mondiale en 2004[1382], il a participé à l'affaiblissement de l'autorité de l'OMS.

628. Ce même lobby de l'industrie du sucre, mené par l'AMRS, redouble d'effort aujourd'hui encore afin de mettre à mal le projet de recommandations de l'OMS 2014. L'association a également soumis des commentaires[1383] dans la lignée de ceux émis en 2003, exprimant les mêmes inquiétudes[1384] et prenant toujours la forme d'une lettre adressée[1385] à Madame CHAN, Directrice générale de l'OMS. Dans cette lettre, l'Association remet en cause les fondements scientifiques de certaines recommandations qui ne découleraient pas d'évidences prépondérantes et qui manqueraient d'objectivité. Par ailleurs, les rédacteurs regrettent les incohérences de mise en œuvre de la procédure qui

---

[1377] OMS, « *Technical Report Series n°916* » (http://www.who.int/dietphysicalactivity/publications/trs916/download/en/).

[1378] V. le rapport rendu par le Comité d'expert : OMS/FAO, *Expert consultation on diet, nutrition and the prevention of chronic diseases,* WHO Technical Report Series n°916, 2003 (http://whqlibdoc.who.int/trs/who_trs_916.pdf).

[1379] K. R. NORUM, « *World health organization's Global strategy on diet, physical activity and health : the process behind the scenes* », Scandinavian Journal of Nutrition, vol.49, n°2, 2005, pp.83-88 (p.84).

[1380] *Ibid.*, p.85.

[1381] OMS, *Stratégie mondiale pour l'alimentation, l'exercice physique et la santé*, WHA 57.17, 57e AMS, 2004, p.5. V. également : C. E. KEARNS *et al.*, « *Sugar industry influence on the scientific agenda of the National Institute of Dental Research's 1971 national Caries Profram : a historical analysis of internal documents* », PLOS Medecine, 2015, p.2.

[1382] OMS, *Stratégie mondiale pour l'alimentation, l'exercice physique et la santé*, WHA 57.17, 57e AMS, 2004.

[1383] V. WORLD SUGAR RESEARCH ORGANISATION, «*Comments from World Sugar Research Organisation on WHO draft guideline: Sugars Intake for Adults and Children* », 2014 et World Sugar Research Organisation, « *The Sugar Association Draft guidelines on free sugars released for public consultation 'Guideline: Sugars Intake for Adults and Children* », 2014.

[1384] WORLD SUGAR RESEARCH ORGANISATION, « *The Sugar Association concern regarding the World Health Organization (WHO) – Draft Guideline Development Process and Lack of Transparency* », 2014.

[1385] A.C. BRISCOE et P.C. GAINE (au nom de l'Association de Sucre), « *Letter to Dr CHAN, Director General, World Health Organization* », 2014 (http://www.sugar.org/wp-content/uploads/2014/09/WHO-Letter-Signed-8-28-14.pdf.

a mené à ces recommandations notamment en matière d'évaluation et d'analyse des données disponibles.

629. Aujourd'hui, l'un des acteurs privés qui participe à ce risque d'influence est le secteur de l'industrie pharmaceutique. Si, en 2007, des allégations d'influence[1386] ont été démenties par l'OMS[1387], des affaires de conflits d'intérêts se sont accumulées ces dernières années. Par exemple, en décembre 2009, une fuite sur le site *Wikileaks* avait révélé que la Fédération internationale des fabricants de médicaments (IFPMA) avait eu la possibilité de consulter, avant finalisation, le rapport d'un groupe d'experts mandatés par l'OMS afin d'améliorer le financement en matière de recherche et développement sur les maladies négligées. Le rapport de synthèse ainsi présenté devant le comité exécutif de l'OMS avait supprimé la quasi-totalité des propositions non voulue par l'IPFMA dont la remise en question du système actuel de brevets sur les médicaments[1388].

630. Une première tentative d'amélioration de l'encadrement de la relation avec le secteur privé a eu lieu en 2009. Ainsi, en réaction à la multiplication des partenariats avec le secteur privé, l'OMS avait développé en 2009 un projet de principes applicables à l'engagement de l'OMS auprès de partenariats mondiaux pour la santé et aux modalités d'hébergement de ces partenariats[1389]. Si ce dernier a été abandonné en raison du lancement de la réforme de 2010 qui a souhaité encadrer ces pratiques au sein d'un cadre général de collaboration avec les acteurs non étatiques, il démontre la volonté de l'OMS de réagir face aux difficultés rencontrées.

631. Par conséquent, les intérêts divergents des acteurs privés ont été à l'origine de différentes situations de conflits d'intérêts en raison d'un encadrement juridique insuffisant. Plus largement, l'accumulation d'affaires d'influence du secteur privé ont remis en cause la place de l'OMS comme autorité mondiale de santé publique.

2. La remise en cause de l'autorité de santé publique de l'OMS

632. La multiplication de situations de conflits d'intérêts au sein de l'OMS a terni l'image de l'OMS en particulier sur la qualité scientifique de son travail (a) mais également sur l'inégale représentation des différentes parties prenantes de la santé (b).

[1386] V. en ce sens : M. DAY, « *Who's funding WHO ?* », BMJ, vol.334, pp.338-340, 2007. L'auteur soulève des questions quant à la pratique de l'OMS d'utiliser des associations de patients afin de recevoir des donations interdites de la part de l'industrie pharmaceutique. En l'espèce, le Docteur Saraceno, Directeur du département de santé mentale, aurait suggéré par courriel, qu'une somme de 10 000 dollars de GlaxoSmithKline soit versée à une association de patients (EPDA) qui serait ensuite transmis à l'OMS afin de cacher l'origine de la donation.

[1387] V. en ce sens, C. McNAB, « *Response from World Health Organisation* », vol.334, 2007. La directrice de la Communication de l'OMS rappelle que l'OMS refuse toute contribution des entreprises commerciales, y compris par le biais de tiers. Le Docteur Saraceno, s'il reconnaît le mauvais choix de mots, réfute toute tentative de contournement des règles de l'OMS en matière de donations.

[1388] The Lancet (editorial), « *Drug development for neglected diseases : pharma's influence* », The Lancet, vol.375, n°9708, 2 Janvier 2010, p.2.

[1389] OMS, « *Partenariats* », WHA63.10, 63e AMS, 21 mai 2010.

a. Une crédibilité scientifique affaiblie

633. Alors qu'une de ses fonctions est de servir d'autorité scientifique de santé publique, l'OMS est confrontée à la remise en cause de la qualité scientifique de ses activités. La crise H1N1 en est un exemple pertinent à plusieurs niveaux.

634. D'une part, la gestion de cette crise a révélé les difficultés pour l'OMS de prendre une décision scientifique en raison du manque de données disponibles. Ainsi « à l'automne 2009, plusieurs experts médicaux indépendants ont mis en garde contre des activités de vaccination excessives qui, selon eux, ne se justifiaient pas au regard des données scientifiques disponibles[1390] ». Le rapporteur Monsieur FLYNN s'interroge « sur la façon dont les données scientifiques et pratiques ont été interprétées » par l'OMS. La question centrale posée est de savoir « si l'OMS n'a pas exagéré la menace posée par le virus, ignorant les signes selon lesquels la pandémie semblait être, dès le départ 'd'intensité modérée'[1391] ».

635. Par ailleurs, les soupçons de conflits d'intérêts à l'égard des experts ont accru les doutes sur des décisions qui seraient prises par l'OMS « sans évidence suffisante (par exemple, le schéma de vaccination à deux doses)[1392] ». En effet, l'impression donnée est celle de l'insuffisance de données scientifiques afin de justifier les actions menées par l'OMS. Le conseiller spécial auprès du Directeur général reconnaissait que « dans le cas d'urgence de santé publique, les autorités sanitaires devaient quelquefois arrêter des décisions urgentes, souvent de vaste portée, dans un climat d'incertitude scientifique considérable[1393] ». Même si l'OMS a conclu dans son rapport d'évaluation mis en place à la suite des difficultés rencontrées qu' « aucun élément montrant que des intérêts commerciaux auraient influé ou tenté d'influer sur les conseils donnés à l'OMS ou sur les décisions qu'elle a prises[1394] », la perception du public du travail effectué par l'OMS a été entachée. Par ailleurs, la multiplication de l'information par le biais des réseaux sociaux a amplifié ce phénomène d'autant que l'OMS a été « passive et lente » dans sa réponse à ces allégations[1395].

636. D'autre part, les modifications de la définition de la notion de « pandémie » en pleine crise[1396] ont participé à l'affaiblissement de la légitimité scientifique de l'OMS. La gravité n'est plus un critère de définition de la pandémie à la différence des définitions antérieures[1397]. Dans cette

---

[1390] UNION EUROPEENNE, « *La gestion de la pandémie H1N1 : nécessité de plus de transparence* », *op.cit.*, p.2.

[1391] *Ibid.*, p.3.

[1392] *Ibid.*, p.4.

[1393] *Ibid.*, p.5.

[1394] OMS, *Rapport du Comité d'examen sur le fonctionnement du Règlement sanitaire international (2005) eu égard à la grippe pandémique A (H1N1) 2009*, A64/10, 64e AMS, 5 mai 2011, p.19.

[1395] *Ibid.*, p.133.

[1396] « Les critères de définition d'une pandémie ont donc été modifiés, un peu plus d'un mois avant le passage en phase 6, le 11 juin 2009, pour une pandémie alors reconnue comme étant « de gravité modérée ». Cependant, rien n'indique une modification intentionnelle de la définition (…) » SENAT, *Rapport de la commission d'enquête sur le rôle des firmes pharmaceutiques dans la gestion par le Gouvernement de la grippe A (H1N1)*, *op.cit.*, p.47.

[1397] « La comparaison des documents de l'OMS montre que, dès 1999, les critères de nouveauté et d'extension géographique du virus ont toujours été au cœur de la définition de la pandémie (dont

perspective, « le relèvement rapide du niveau d'alerte pandémique à la phase 6 – alors que les symptômes de la grippe étaient relativement modérés – et les changements apportés à la définition d'une pandémie juste avant la déclaration de la pandémie H1N1 ont fait naître des interrogations et des soupçons au sein de la communauté scientifique[1398] ». L'OMS reconnaît que ce changement de définition, sans avis ni explication, « a éveillé les soupçons en laissant croire qu'elle avait subrepticement modifié la définition et non pas cherché à rendre ses descriptions de la pandémie plus précises et plus cohérentes[1399] ».

637. Au-delà de ces crises qui ont entamé le crédit scientifique de l'OMS, de façon générale, il y a un risque, d'une remise en cause de la qualité scientifique de l'OMS. Une étude de 2007 qui analyse le recours à la preuve scientifique dans l'adoption des recommandations de l'OMS montre que les travaux de l'Organisation se fondent rarement sur un système d'évaluation systématique et de résumés concis publiquement disponibles[1400]. A l'inverse, l'OMS a majoritairement recours à des experts sans prise en compte des particularités locales ce qui affecte la qualité et l'efficacité de la recommandation. Cette tendance a été confirmée, en 2010, par des chercheurs qui ont estimés que l'OMS entreprend des recherches secondaires fondées sur des données déjà publiées et font appel à d'autres institutions afin de réaliser les travaux de recherche par le biais de contrats ou de subventions de recherche[1401].

638. Un article de 2015 estime que la « corruption de l'OMS est la plus grande menace pour la santé publique mondiale de notre temps[1402] ». Se basant sur les revues systématiques Cochrane, les auteurs mettent en doute les recommandations de vaccins et de médicaments émises par l'OMS en particulier ceux utilisés en psychiatrie. Ils considèrent que ces dernières sont dangereuses et sans effet clinique significatif. Ils conseillent vivement de réviser le système de l'OMS en matière de recommandations scientifiques qui « a démontré sa perméabilité aux intérêts de l'industrie pharmaceutique ». Ils concluent que ces recommandations OMS « sont biaisées et ne constituent pas une source d'information fiable ».

639. De même, la Professeure SRIDHAR craint, à juste titre, que la double évolution des financements, d'une part, vers l'augmentation de contributions

---

l'étymologie même renvoie à sa seule diffusion), avant la gravité « probable » que revêt une pandémie. En 2005, si la gravité n'est qu'un des critères de passage d'une phase à une autre dans le plan mondial actualisé de l'OMS de préparation à une pandémie, un autre document de l'OMS de planification face à une pandémie grippale mentionne un « grand nombre de cas et de décès ». En revanche, dans le programme mondial de l'OMS d'avril 2009 de lutte contre une pandémie grippale, selon la version actuellement consultable sur son site Internet, la gravité n'est plus un critère de définition de la pandémie. » *Ibid.*

[1398] UNION EUROPEENNE, « *La gestion de la pandémie H1N1 : nécessité de plus de transparence* », *op.cit.*, p.3.

[1399] OMS, *Rapport du Comité d'examen sur le fonctionnement du Règlement sanitaire international (2005) eu égard à la grippe pandémique A (H1N1) 2009*, A64/10, 64e AMS, 5 mai 2011, p.147.

[1400] A. OXMAN, « *Use of evidence in WHO recommendations* », The Lancet, vol.369, 2 Juin, 2007, pp.1883-1889.

[1401] R. F. TERRY et T. VAN DER RIJT, « *Overview of research activities associated with the World Health Organization : results of a survey covering 2006/2007* », Health research policy and systems, BioMed Central, vol.8, 2010, p.25.

[1402] S. VENTEGODT, « *Why the corruption of the World health organization (WHO) is the biggest threat to the world's public health of our time* », Journal of Integrative Medicine & Therapy, vol.2, Issue 1, 9 Février 2015, pp.1-5.

volontaires et, d'autre part, vers les partenariats public-privés, qui détourne les fonds du budget ordinaire, réduise la capacité de l'OMS à développer les données scientifiques nécessaires à la mise en œuvre opérationnelle d'activités et de programmes de ces entités. La mise en place de partenariats fait courir « le risque d'éroder la capacité mondiale à créer et disséminer l'information, essentielle à la recherche[1403] ». En effet, ces partenariats s'appuient sur l'expertise technique des agences multilatérales telles que l'OMS et la Banque mondiale qui s'est façonnée depuis des décennies. Toutefois, cette expertise technique est susceptible de s'affaiblir au vu de la diminution des contributions fixes et de la multiplication de la concurrence des acteurs privés. A cet égard l'influence du financement par les acteurs privés et en particulier la domination de la Fondation Gates risque « d'étouffer la réflexion et la créativité au sein de la communauté scientifique[1404] ».

640. Dès lors, il apparaît que la crédibilité scientifique de l'OMS est mise à mal par les intérêts politiques afférents au fonctionnement de l'OMS[1405]. La caution scientifique de l'OMS est remise en cause alors même qu'il s'agit d'une fonction historique de cette Organisation. Cette crise d'autorité traversée par l'OMS est renforcée par la difficile représentation démocratique au sein de l'Organisation.

b. Une représentation démocratique inégale

641. Dans un premier temps, le statut de l'OMS qui fait reposer en grande partie son fonctionnement sur ses Etats membres, par définition, ne laisse que peu de place aux individus, qui ne disposent pas d'un droit de vote égalitaire dans les choix de l'Organisation. Ainsi, la représentation de l'intérêt des individus doit se faire par le biais des Etats membres. Or, certains Etats, non ou partiellement démocratiques, apparaissent moins enclins à défendre ces intérêts[1406]. De même l'influence plus importante de certains pays – gros contributeurs du budget de l'OMS – par rapport à d'autres pays participe de cette inégalité démocratique. L'universalité de l'OMS regroupant 194 membres rend la participation active des petits Etats membres à l'ensemble du fonctionnement de l'OMS parfois compliquée.

642. Dans un deuxième temps, la société civile n'est pas ou peu consultée dans la mise en œuvre des politiques publiques de santé. Discutée antérieurement, cette position est renforcée par la place limitée accordée aux ONG[1407] au sein de la gouvernance de l'OMS. Ces dernières peuvent uniquement interagir sur les aspects opérationnels des activités de l'Organisation. Dès lors, pour certains, l'OMS, comme l'ensemble des organisations multilatérales interétatiques, n'est pas « démocratiquement

[1403] D. SRIDHAR, « *Who sets the global health research agenda ? The challenge of multi bi financing ?* », *op.cit.*, p.5.
[1404] M. BUISSONIERE, *La nouvelle donne de la santé globale : dynamiques et écueils, op.cit.*, p.83.
[1405] J. P. RUGER, « *International institutional legitimacy and the World Health Organization* », J Epidemiol Community Health, vol.0, n°0, March 2014.
[1406] R. VAN DE PAS et L. G. VAN SCHAIK, « *Democratizing the World Health Organization* », Public Health I-7, 201, p.2.
[1407] V. *supra* n°0 et s.

organisée[1408] ». A cet égard, les ONG apparaissent en tant « qu'élément fondamental de la représentation du monde » et leur participation au sein d'organisations internationales est une « garantie de la légitimité politique de ces organisations (…) d'un point de vue de la démocratisation mondiale[1409] ».

643. La difficulté de la représentation de la société civile existe non seulement au sein de l'OMS mais également au sein des partenariats public-privés qui se multiplient. En effet, selon Messieurs BUSE et HARMER, les partenariats public-privés échouent à permettre à des parties prenantes légitimes dont la société civile à se faire entendre dans les prises de décisions des organes de gouvernement[1410]. Ainsi, les ONG sont représentées à hauteur de 5 % comparés au 23 % du secteur privé qui apparaît « sur représenté[1411] ». Si les Etats ont longtemps exprimé leur mécontentement à l'égard des activités des ONG[1412], ils savent néanmoins que la collaboration et l'appui des ONG sont parfois essentiel afin de légitimé leur actions gouvernementales et intergouvernementales[1413].

644. Enfin, cet argument structurel est accentué par la multiplication des acteurs, en particulier du secteur privé, dans le fonctionnement de l'OMS et plus largement au sein de la gouvernance de la santé mondiale. L'évolution récente a permis une concentration du pouvoir et de l'argent entre les mains d'un nombre limité de parties prenantes qui possèdent le pouvoir de prendre des décisions de santé mondiale[1414]. Inévitablement la question du contrôle de l'OMS se pose. Si l'OMS reste une organisation multilatérale dont le fonctionnement repose sur ses Etats membres, il apparaît également que la gouvernance mondiale est devenue polycentrique et que les Etats ont perdu leur autorité[1415].

645. En raison du statut interétatique de l'OMS couplé aux évolutions récentes du paysage de la santé mondiale, il y a une surreprésentation des acteurs privés au détriment des individus. De nombreux auteurs qualifient cela de « déficit démocratique[1416] » de l'OMS. Ce déficit est un enjeu prioritaire pour l'Organisation et plus largement pour la gouvernance de la santé

[1408] R. VAN DE PAS et L. G. VAN SCHAIK, « *Democratizing the World Health Organization* », *op.cit.*p.2.

[1409] S. ANBAZHAGAN et A. SUREKHA, « *Role of non-governmental organizations in global health* », International Journal of Community Medicine and Public Health, vol.3, n°1, Janvier 2016, pp.17-22.

[1410] K. BUSE et A. M. HARMER, « *Seven habits of highlty effective global public-private health partnerships : Practice and potential* », Socialcience & Medecine, vol.64, 2007, pp.259-271 (p.262).

[1411] *Ibid.*

[1412] P. RYFMAN, *Les ONG*, *op.cit.*, p.88.

[1413] P. NIGGLI et A. ROTHENBÜHLER, « *ONG et gouvernance mondiale: une légitimité contestée* », ASPID, vol.23, n°2, 2004, p.28. Les auteurs expliquent ainsi que: « lorsque les gouvernements autorisent des ONG à suivre les conférences internationales, leur communiquent certaines informations triées sur le volet ou les consultent sur des affaires en cours, cela contribue à masquer leur déficit démocratique. Si des ONG vont même jusqu'à critiquer les gouvernements et revendiquer d'autres solutions devant l''opinion mondiale', cela renforce l'apparence de débat démocratique. Quand ensuite un gouvernement affirme à une de ses commissions parlementaires qu'il a consulté les ONG à propos des affaires internationales importantes, il suggère avoir pris en considération autant que possible tous les points de vue de l'opposition. »

[1414] R. VAN DE PAS et L. G. VAN SCHAIK, « *Democratizing the World Health Organization* », Pulic Health I-7, 201, p.1.

[1415] J. A. SCHOLTE, « *Globalization and governance : from statism to polycentrism* », Centre for the study of Globalisation and Regionalisation, University of Warwick, Working Paper. n°130/04, Février 2004.

[1416] J. FRENK et S. MOON, « *Governance challenges in global health* », NEJM, vol.10, n°368, mars 2013, pp.936-942, (p.939) ; R. VAN DE PAS et L. G. VAN SCHAIK, « *Democratizing the World Health Organization* », *op.cit.*, p.1. Les auteurs parlent d'« un déficit de démocratie ».

mondiale[1417]. Une déclaration de nombreux représentants de la société civile s'alarment du besoin de démocratiser la santé mondiale en particulier par le biais de l'OMS dans le contexte de la réforme entreprise[1418]. L'Organisation reconnaît que « la collaboration avec un acteur non étatiques pourrait avoir une incidence négative sur la réputation et la crédibilité de l'OMS, notamment en portant atteinte à la valeur et à l'intégrité du nom, de l'emblème et des travaux de l'Organisation, ce qui ternirait alors son action[1419] ».

646. Un sondage effectué en 2012 sur la perception de l'OMS montrait notamment que 24 % des personnes interrogées extérieures et 40 % du personnel ne faisaient pas confiance à l'OMS et à l'action qu'elle mène[1420]. La crise de la pandémie A (H1N1) en est un parfait exemple. Ainsi, « la répugnance de l'OMS à reconnaître toute erreur et à admettre qu'elle avait sa part de responsabilité dans les inquiétudes qui se faisaient jour (...) a fini à son tour par saper sa capacité de répondre à des allégations sans fondement[1421] ». Toutefois, la perception ressentie par la population n'est pas tout à fait en adéquation avec le travail réel effectué par l'OMS. Il appartient dès lors à l'OMS de mettre en place un mode nouveau de fonctionnement afin d'éviter l'incompréhension de son action qui doit viser en priorité les besoins sanitaires des individus.

[1417] J. FRENK et S. MOON, « *Governance challenges in global health* », NEJM, *op.cit.* Les auteurs considèrent qu'il s'agit d'un « key challenge ».

[1418] THE DELHI STATEMENT, *Time to untie the knots : the WH0 reform and the need for democratizing global health*, 2012.

[1419] OMS, *Cadre de collaboration avec les acteurs non étatiques – Rapport du Secrétariat*, *op.cit.*, p.6.

[1420] OMS et GRAYLING, « *Stakeholder perception survey – Global communication Strategy Review* », Janvier 2013. V. également le site de l'OMS, « *Les parties prenantes s'expriment* », http://www.who.int/about/who_reform/change_at_who/who_perception_survey/fr/#.VNzNClOG_BQ.

[1421] OMS, *Rapport du Comité d'examen sur le fonctionnement du Règlement sanitaire international (2005) eu égard à la grippe pandémique A (H1N1) 2009*, A64/10, 64e AMS, 5 mai 2011, p.133.

CONCLUSION DU CHAPITRE 2

647. L'autorité de l'OMS apparaît concurrencée de toutes parts : des Etats membres en passant par les organisations multilatérales et, plus récemment, les acteurs privés. Or, chaque acteur peut être une source de difficultés pour l'OMS. D'abord, les Etats membres qui constituent, en amont, le fondement de la compétence de l'OMS agissent, en aval, comme les décideurs principaux de son orientation. Ensuite, les organisations multilatérales, régionales ou internationales, du fait d'une compétence sanitaire reconnue ou acquise, participent à un affaiblissement de son autorité de santé mondiale. Enfin, les relations avec les acteurs non étatiques, en particulier, privés sont peu ou mal encadrées. Ce « réel fractionnement institutionnel[1422] » affecte le contrôle de l'OMS notamment par son financement. Par ailleurs, le développement de partenariats public-privés de santé mondiale contribue à influencer les choix prioritaires de l'OMS en matière de santé mondiale.

648. On constate ainsi un éparpillement de la compétence de santé publique mondiale au détriment de l'OMS. Les conséquences de cette concurrence sont multiples. D'une façon générale, il y a une perte de légitimité et de crédibilité de l'OMS en particulier en matière scientifique, socle historique de l'Organisation. Cela donne lieu à une remise en cause de l'OMS en tant qu'autorité de santé publique.

[1422] V. HAROUEL-BURELOUP, *Histoire du droit international de la santé,* Les Etudes Hospitalières, Essentiel, 2014, p.28.

CONCLUSION DU TITRE I

649. Les fondements constitutionnels de l'OMS en font une organisation multilatérale intergouvernementale de santé. Toutefois, son fonctionnement ainsi que sa structure sont à l'origine de certaines difficultés auxquelles l'OMS doit faire face au risque d'affecter davantage sa crédibilité (Chapitre 1). Par ailleurs, la présence des acteurs étatiques et la multiplication des acteurs non étatiques ont fait évoluer le paysage de la santé mondiale. Ces différents acteurs concurrencent l'autorité de l'OMS (Chapitre 2) ce qui interroge sur les frontières de l'organisation internationale et plus généralement sur la fin du modèle intergouvernemental de l'organisation internationale [1423] . L'OMS apparaît comme une autorité mondiale de santé publique diminuée. Cet affaiblissement pose la question de la capacité de l'OMS à pouvoir continuer à protéger et promouvoir durablement la santé mondiale.

650. La concurrence institutionnelle apparaît d'autant plus dommageable qu'elle a une forte répercussion sur l'ensemble des compétences de l'OMS. Ainsi, concomitamment à son autorité en santé publique, l'OMS dispose d'une compétence normative, fondement de son autorité normative en santé. Dès lors, la remise en cause de son autorité en santé publique affecte également son autorité normative. Alors même qu'il existe un droit international de la santé, la question de la délimitation du rôle normatif de l'OMS et de son utilité au sein de ce droit est soulevée afin d'apporter des réponses lui permettant de se renforcer (Titre II).

[1423] S. CUENDET, « *La qualité de membre : acquisitions, évolutions, perte* », in E. LAGRANGE et J.-M. SOREL, *op.cit.*, p.301 (pp. 289-316).

TITRE II

UNE AUTORITÉ NORMATIVE DU DROIT INTERNATIONAL DE LA SANTE

652. L'OMS est définie comme une « autorité de santé publique, directrice et coordinatrice des travaux ayant un caractère international »[1424]. A ce titre, elle dispose d'une compétence normative[1425] qui lui confère *a priori* un pouvoir normatif – élément constitutif d'une autorité normative de santé. Toutefois, l'autorité normative de l'OMS dépend également de sa capacité à agir dans le domaine normatif ainsi que de la légitimité qui lui est reconnue.

653. A cet égard, l'analyse de l'autorité normative de l'OMS repose sur deux éléments. D'une part, l'OMS doit bénéficier d'une légitimité en tant qu'autorité générale de santé publique. Or, cette dernière est affaiblie. Dès lors, la remise en cause de la légitimité de son autorité générale a une influence sur la détermination de l'autorité normative de l'OMS. D'autre part, elle doit posséder une légitimité propre en matière normative. Or, des difficultés affectent particulièrement l'aspect normatif de son autorité.

654. Par ailleurs, parallèlement et consécutivement à la mise en place de l'OMS, le XXe siècle a vu naître le droit international de la santé en tant que branche du droit international public. La délimitation, le contenu voire même la dénomination du droit international de la santé sont aujourd'hui remis en cause. Dès lors, ces réflexions imposent de discuter du rôle spécifique que peut ou doit jouer l'OMS au sein de ce droit par son autorité normative.

655. Au vu de la vision historique de l'OMS qui a été conçue « comme une organisation avec un rôle principalement de direction et normatif[1426] », il convient de réfléchir, dans un premier temps, au renforcement de son autorité normative en santé (Chapitre 1). Dans un second temps, ce renforcement participera au développement du droit international de la santé (Chapitre 2).

Le renforcement de l'autorité normative en santé de l'OMS (Chapitre 1)
Le développement du droit international de la santé (Chapitre 2)

[1424] Article 2 (a) de la Constitution.

[1425] Articles 2 (k) et (v) de la Constitution.

[1426] G. L. BURCI et C.-H. VIGNES, *The World Health Organization*, *op.cit.*, p.124. Les auteurs précisent que la Constitution envisagait l'OMS en tant qu'Organisation qui utiliserait le droit et exercerait ses pouvoirs proactivement afin d'amener tous les peuples au niveau de santé le plus élevé possible.

CHAPITRE 1

LE RENFORCEMENT DE L'AUTORITÉ NORMATIVE EN SANTÉ DE L'OMS

656. Le fondement juridique de l'autorité normative de l'OMS découle, en premier lieu, de la compétence qui lui est conférée par son acte constitutif qui « ne régit pas principalement les obligations des Etats parties mais qui met en place un organe international susceptible d'exercer une puissance publique[1427] ». La CIJ reconnaît ainsi le caractère à la fois conventionnel et institutionnel de ces traités[1428].

657. La Constitution de l'OMS reconnaît à l'OMS une fonction normative qui apparaît comme un élément fondateur de son autorité normative. Néanmoins, cette dernière demeure limitée (Section 1). Par ailleurs, les difficultés rencontrées par l'OMS dans l'affirmation de son autorité imposent une évolution de son autorité à un double niveau (Section 2).

Une autorité normative limitée (Section 1)

Une évolution de son autorité normative à un double niveau (Section 2)

SECTION 1 : UNE AUTORITÉ NORMATIVE LIMITEE

658. L'autorité normative de l'OMS trouve son fondement dans le pouvoir normatif dont elle dispose en tant que titulaire de ce pouvoir. A cet égard, le pouvoir normatif de l'OMS en santé trouve sa source dans sa fonction normative étendue prévue dans sa Constitution (§1). Toutefois, « l'autorité en droit n'est pas seulement juridique » et « touche à la légitimité de l'autorité[1429] ». Ainsi, l'autorité se différencie du pouvoir en ce qu'elle est

---

[1427] G. ULFSTEIN, « *Les activités normatives de l'organisation internationale* », in E. LAGRANGE et J.-M. SOREL, *op.cit.*, p.739 (pp.737-755).

[1428] Avis Consultatif du 8 juillet 1996 de la Cour internationale de Justice (CIJ), *Licéité de l'utilisation des armes nucléaires par un Etat dans un conflit armé,* CIJ Recueil 1996: « Mais les actes constitutifs d'organisation internationales sont aussi des traités de type particulier (…) De tels traités peuvent poser des problèmes d'interprétation spécifiques en raison, notamment, de leur caractère à la fois conventionnel et institutionnel ».

[1429] C. M. HERRERA, « *L'autorité de la justice constitutionnelle* » in J. CAGIAO Y CONDE (dir.) « *La notion d'autorité en droit* », Auctoritas Éd., Le Manuscrit Savoirs, 2014, p.20.

légitime. Or, la légitimité de l'OMS en tant qu'autorité normative est aujourd'hui affaiblie (§2).

§1 : La reconnaissance d'un pouvoir normatif

659. L'emploi du terme « pouvoir normatif » apparaît « risqué » pour certains en ce qu'il « fait écho aux théories contemporaines du droit global et à l'analyse des institutions en termes de gouvernance[1430] ». Toutefois, plus simplement, selon le Professeur SALMON, un pouvoir est « l'autorité reconnue à un organe international pour accomplir certains actes ou remplir certaines fonctions[1431] ». Dès lors, le pouvoir normatif est l'autorité reconnue à l'OMS lui permettant d'accomplir certains actes normatifs ou de remplir certaines fonctions normatives. Il est issu de la doctrine anglo-saxonne de *law-making power*[1432]. La fonction normative de l'OMS est aujourd'hui reconnue par sa Constitution et apparaît comme la conséquence de l'existence de la capacité juridique de cette organisation (A). Par ailleurs, sa fonction normative s'exprime au travers de sa compétence d'adopter des instruments juridiques (B).

A. La capacité juridique de l'OMS

660. La reconnaissance de la capacité juridique de l'OMS ne souffre d'aucune contestation (1). Toutefois, cette consécration connaît des limites qui rappellent que sa capacité juridique n'est pas la même que celle des Etats (2).

1. Une capacité juridique reconnue

661. La capacité juridique est « l'aptitude à acquérir des droits, compétences ou pouvoirs et à les exercer[1433] ». La capacité se compose « des pouvoirs légaux que l'ordre juridique accorde aux êtres qu'il érige en sujets de droit grâce auxquels ils exercent une activité légale[1434] ». C'est donc sur cette aptitude que se fonde son activité normative. En l'absence de reconnaissance explicite, la capacité juridique des organisations internationales a été consacrée progressivement pour l'ensemble des organisations internationales par « la pratique des Etats, de la jurisprudence interne et internationale et d'une manière indirecte des dispositions fragmentaires des actes constitutifs[1435] ». Selon la distinction doctrinale la plus fréquente[1436], la capacité juridique peut

---

[1430] H. ASCENSIO et N. BONUCCI « *Avant-propos* » in SFDI, « *Le pouvoir normatif de l'OCDE* », Éd. Pedone, Journée d'études de Paris, 2013, p.3.

[1431] J. SALMON, *Dictionnaire de Droit international public, op.cit.*, « pouvoir », p.857.

[1432] H. W. ROGERS, « *The Law-Making Power* », Faculty Scholarship Series, Paper 4082, 1894.

[1433] J. SALMON, *Dictionnaire de Droit international public, op.cit.*, « capacité », p.146.

[1434] J. COMBACAU et S. SUR, *Droit international public, op.cit.*, 1999, p.308.

[1435] A. LEWIN et F. ANJAK, « *Fasc. 112-3, Principes communs aux organisations internationales – Statut juridique* », *op.cit.*, p.2, §2.

[1436] J. DEHAUSSY et H. ASCENSIO, « *Fasc. 14, Actes unilatéraux et action normative des organisations internationales* », in *JurisClasseur droit international*, 2008, p.4, §5.

être exercée tant dans les ordres juridiques internes (a) que dans l'ordre juridique international (b)[1437].

a. Une capacité de droit interne

662. La reconnaissance de la capacité juridique de droit interne de l'OMS est affirmée dans la Constitution au chapitre XV dont l'article 66 précise que « l'Organisation jouira sur le territoire de chaque Etat membre de la capacité juridique nécessaire pour atteindre son but et exercer ses fonctions »[1438]. Pour les Professeurs COMBACAU et SUR, la capacité juridique de l'OMS est ainsi explicitement et spécialement prévue dans son traité institutif[1439] comme cela avait déjà été le cas pour l'accord de Rome qui créa en 1907 l'Office international de l'hygiène publique. Dès lors, cette consécration explicite témoigne d'une volonté de donner à l'OMS les moyens de mise en œuvre de son autorité en lui permettant d'agir directement sur le territoire des Etats membres.

663. Cette volonté est consolidée par un accord de siège adopté entre l'OMS et la Suisse (état de siège), le 29 septembre 1955 avec effet rétroactif au 17 juillet 1948[1440], par lequel le Conseil Fédéral Suisse reconnaît la capacité juridique en Suisse de l'OMS. L'article 67 de cet accord garantit, par ailleurs, à l'OMS sur le territoire de chaque Etat membre « des privilèges et immunités nécessaires pour atteindre son but et exercer ses fonctions ». De même, la Constitution de l'OMS renvoie à un arrangement séparé la détermination du contenu de cette capacité juridique[1441]. Selon la Section 3 de la Convention sur les privilèges et immunités des institutions spécialisées adoptée par la Première Assemblée mondiale de la santé le 17 juillet 1948[1442], les institutions spécialisées ont la capacité : a) de contracter, b) d'acquérir et de disposer des biens immobiliers et mobiliers, c) d'ester en justice.

664. Dès lors, la capacité juridique de l'OMS lui confère une capacité d'agir ou une capacité d'exercice c'est-à-dire « l'aptitude à exercer soi-même un droit dont on a la jouissance, sans l'assistance ou la représentation par un tiers[1443] » qui lui permet d'intervenir sur le plan interne afin de prendre des mesures qui ont trait à son fonctionnement. Le droit interne de l'OMS inclut « l'ensemble des règles concernant la répartition des compétences, les rapports entre les organes de l'OMS, le statut des membres et celui des agents de

---

[1437] J. SALMON, *Dictionnaire de droit international public*, *op .cit.*, « capacité », p.147.

[1438] Cette disposition est une copie conforme de l'Article 104 de la Charte des Nations unies qui énonce que « L'organisation jouit, sur le territoire de chacun de ses membres, de la capacité juridique qui lui est nécessaire pour exercer ses fonctions et atteindre ses buts. »

[1439] J. COMBACAU et S. SUR, *Droit international public, op.cit.*, 2014, p.85.

[1440] Accord entre le Conseil Fédéral Suisse et l'Organisation Mondiale de la Santé, pour régler le statut juridique de cette organisation en Suisse. Conclu le 21 août 1948 et approuvé par l'Assemblée fédérale le 29 septembre 1955. Il est entré en vigueur avec effet rétroactif au 17 juillet 1948.

[1441] V. article 68 de la Constitution de l'OMS, *Accord sur les privilèges et immunités du personnel* ; J. COMBACAU et S. SUR, *Droit international public, op.cit.*, 2014, p.85.

[1442] Actes off. Organisation Mondiale de la Santé 13, 97, 332. Cette Convention s'inscrit dans la continuité de l'article 1er, Section 1 de la Convention sur les privilèges et immunités des Nations unies adoptée en 1946.

[1443] J. SALMON, *Dictionnaire de Droit international public, op.cit.*, « capacité juridique internationale », p.148.

l'OMS ainsi que les règles en matière budgétaire et de règlement intérieur[1444] ».

665. En plus de cette capacité d'agir en droit interne rappelant que l'OMS – en tant qu'organisation internationale – est un sujet de droit, elle possède également une capacité d'agir internationalement.

b. Une capacité de droit international

666. Selon le Professeur SALMON, la capacité juridique internationale renvoie à l' « ensemble des pouvoirs que l'ordre juridique international reconnaît ou accorde aux entités qu'il érige en personne juridique (...) qui leur permet d'exercer une activité juridique sur le plan international[1445] ».

667. Il convient, cependant, de distinguer la personnalité juridique internationale[1446] de la capacité juridique internationale. Ainsi, la personnalité internationale des sujets est « une qualité passive, qui leur permet de recevoir les droits et obligations résultant d'une activité interétatique à laquelle ils n'ont pas pris part[1447] ». A l'inverse, la capacité internationale est « une vertu active qui, si elle est reconnue à ces nouveaux sujets, les met en mesure de participer eux-mêmes à l'activité juridique internationale[1448] ».

668. Toutefois, pour les Professeurs COMBACAU et SUR, la capacité suppose l'existence d'une personnalité juridique[1449]. Les deux notions sont inextricablement liées[1450]. Or la Cour internationale de justice (CIJ) a constaté

[1444] J. DEHAUSSY et H. ASCENSIO, « *Fasc. 14, Actes unilatéraux et action normative des organisations internationales* », *op.cit.*, p.4, § 5.

[1445] J. SALMON, *Dictionnaire de Droit international public, op.cit.*, « capacité juridique internationale », p.147.

[1446] Pour une description des caractères de la personnalité juridique internationale voir G. DISTEFANO, « *Observations éparses sur les caractères de la personnalité juridique internationale* », AFDI, LIII, CNRS Éd., Paris, 2007.

[1447] J. COMBACAU et S. SUR, *Droit international public, op.cit.*, 1999, pp.312-313.

[1448] *Ibid.*

[1449] J. COMBACAU et S. SUR, *Droit international public, op.cit.*, 2014, p.85. V. également D. DORMOY, *Répertoire de droit international, organisation internationales, op.cit.*, p.2 §1 « Créées par un accord entre ces Etats, [les organisations internationales] sont dotées de la personnalité juridique distincte de celle de leurs membres ». A cet égard un débat doctrinal existe afin de déterminer si la capacité juridique est une conséquence de la personnalité juridique internationale (V. en ce sens :G. FITZMAURICE, *The Law and Procedure of the International Court of Justice – General principles and Sources,* BYBIL, 1953, vol.30 p.30 (pp.1-70) ; D. W. BOWET, *The Law of international Institutions, London*, 1970, p.307 ; P. REUTER, *Les institutions internationales,* Paris, 1956, p.232 et D. Mc RAE, « *Cooperation agreements concluded by international organizations* » in K. ZEMANEK (éd.), *Agreements of international organizations and the Vienna convention on the law of treaties*, ZEMANEK (K.) (éd.), *Agreements of international organizations and the Vienna convention on the law of treaties*, University of Toledo Law Review, vol. 89, 1971, p.162 (pp. 145-183). V. a contrario : B. KASME, *La capacité de l'organisation des Nations unies de conclure des traités*, Paris, 1960, p.31 ; R. J. DUPUY, « *L'application de règles du droit international général de traites aux accords conclus par les organisations internationales – Rapport provisoire et projet d'articles* » Institut de Droit international, Genève, 1972, p.40) ou s'il s'agit d'une preuve de la personnalité juridique internationale (V. en ce sens : J. CARROZ et Y. PROBST, *Personnalité juridique internationale et capacité de conclure des traités de l'O.N.U. et des institutions spécialisées*, Paris, 1953, pp.86-87) ou si ces deux éléments constituent deux catégories indépendantes (J. W. SCHNEIDER, *Treaty-making power of international organizations*, Genève, 1959, p.137 ; H. CHIU, *The capacity of international organizations to conclude treaties and the special legal aspects of the treaties so concluded*, Springer Netherlands, 1966, pp.33-34).

[1450] P. D'ARGENT, « *La personnalité juridique internationale de l'organisation internationale* », in E. LAGRANGE et J.-M. SOREL, *op.cit.*, p.454 (pp.439-464).

dès 1949[1451] que la Charte des Nations unies confère à l'Organisation des Nations unies, des droits et obligations distincts de ceux de ses membres. Les juges internationaux ont reconnu que l'ONU possède « une large mesure de personnalité internationale ». Ainsi, les organisations internationales sont à la fois « des êtres distincts des éléments qui les constituent (...) elles ont la personnalité juridique[1452] » mais également « c'est [aux Etats] qu'elles doivent leur existence (...) elles sont des sujets dérivés et fonctionnels[1453] ». C'est ce que confirme le 10e considérant du préambule de la Convention de Vienne de 1986[1454] qui énonce qu'« ayant présents à l'esprit les traits particuliers des traités auxquels des organisations internationales sont parties en tant que sujets du droit international distincts des Etats ». Pour CHARPENTIER, « l'organisation internationale est dotée dès sa naissance de la personnalité juridique et c'est une personne morale distincte des membres qui la composent[1455] ».

669. L'OMS dispose d'une personnalité juridique, élément constitutif d'une capacité juridique. En effet, la CIJ a estimé que l'ONU avait « la capacité d'agir sur le plan international bien qu'elle ne soit assurément pas un 'Etat', quel que soit le sens de cette expression[1456] ». Cet avis rendu à l'égard de l'ONU peut être généralisé, comme le suggère certains auteurs, à d'autres organisations internationales du système des Nations unies dont l'OMS.[1457]

670. Sur le plan international, la capacité juridique sert de fondement à son activité juridique internationale. En particulier, il s'agit « des règles produites par l'OMS permettant de régir le comportement des Etats membres indépendamment de leur participation au fonctionnement de l'organisation par l'intermédiaire de leurs représentants, ainsi que les rapports juridiques avec les autres sujets du droit international [1458] ». Cette capacité externe vise à « encadrer la puissance étatique et assurer la coopération internationale dans le

---

[1451] Avis Consultatif du 11 avril 1949 de la Cour internationale de Justice (CIJ), *Réparation des dommages subis au service des Nations unies,* CIJ Recueil 1949, p.9.

[1452] D. DORMOY, Répertoire de droit international, organisation internationales, *op.cit.,* p.5, § 18.

[1453] *Ibid.* V. également des discussions sur la théorie des compétences implicites dont l'origine remonte à une jurisprudence ancienne de la Cour suprême des Etats-Unis, Affaire *McCulloch c/ Maryland,* 1819 (répartition des compétences entre l'Etat fédéral et les Etats fédérés). V. également : B. ROUYER-HAMERAY, *Les compétences implicites des organisations internationales*, Paris, 1962, LGDJ.

[1454] Convention de Vienne sur le droit des traités entre Etats et organisations internationales ou entre organisations internationales, 1986.

[1455] J. CHARPENTIER, *Institutions internationales,* Dalloz, 15ème éd., 2002, p.50 V. également J. CHARPENTIER, « *Réflexions sur la personnalité juridique* », in J.-F. FLAUSS et P. WACHSMAN (éd.), *Le droit des organisations internationales. Recueil à la mémoire de Jacques Schwob,* Bruylant, 1997, p.5 (pp.3-17). L'auteur « On ne s'attardera pas longuement sur les conditions d'attribution de la personnalité juridique, qui coïncident avec celles de leur création ».

[1456] Avis Consultatif du 11 avril 1949 de la Cour internationale de Justice (CIJ), *Réparation des dommages subis au service des Nations unies,* CIJ Recueil 1949, p.9.

[1457] Il existe une « forme de présomption » P.-M. DUPUY et Y. KERBAT, « *Le droit international public,* Dalloz, éd. Précis, 11e éd., 2010, p.200 ; P. D'ARGENT, « *La personnalité juridique internationale de l'organisation internationale* », in E. LAGRANGE et J.-M. SOREL, *op.cit.*, p.440. « le principe même de la personnalité juridique international des organisations (est) désormais acquis » ; A. LEWIN et F. ANJAK, « *Fasc. 112-3, Principes communs aux organisations internationales – Statut juridique* », in *Jurisclasseur Droit International,* 1er Septembre 1989, p.3, §4 ; J. COMBACAU et S. SUR, *Droit international public, op.cit.,* 2014, p.720.

[1458] J. DEHAUSSY et H. ASCENSIO, « *Fasc. 14, Actes unilatéraux et action normative des organisations internationales* », *op.cit.,* p.4, §5.

domaine d'activité de [l'OMS][1459] ». Cette capacité juridique internationale « consiste en des 'pouvoirs', destinés à leur permettre d'agir à leur tour sur l'ordre juridique international qui inclut notamment un certain nombre de pouvoirs processuels [1460], « en poursuivant par leurs actions légales la réalisation effective des droits dont ils sont titulaires[1461] ».

671. Dès lors, l'OMS dispose d'une « capacité à agir processuelle » qui ouvre des voies de droit propres à l'ordre international[1462]. Dès 1949, la CIJ a reconnu un pouvoir de réclamation pour les dommages subis par l'ONU dans un avis consultatif [1463]. Ainsi, les juges internationaux ont reconnu à l'Organisation le pouvoir de déclencher un mécanisme de responsabilité pour demander réparation des dommages subis – dans les limites de sa compétence – dans l'exercice de son pouvoir. Cette capacité de présenter une réclamation internationale est « généralement reconnue depuis aux autres organisations internationales dont l'OMS[1464] ».

672. Par ailleurs, l'OMS se voit reconnaître un pouvoir d'action contentieuse limité devant la CIJ. Selon l'article 96 (2) de la Charte des Nations unies, « tous autres organes de l'Organisation et institutions spécialisées qui peuvent, à un moment quelconque, recevoir de l'Assemblée générale une autorisation à cet effet ont également le droit de demander à la Cour des avis consultatifs sur des questions juridiques qui se poseraient dans le cadre de leur activité ». Cela est d'ailleurs confirmé par l'article X, paragraphe 2 de l'Accord du 10 juillet 1948 entre l'OMS et l'ONU qui autorise l'OMS à demander un avis consultatif à la CIJ[1465]. De même, suivant l'article 77 de la Constitution de l'OMS le Directeur général « peut représenter devant la Cour l'Organisation dans toute procédure se rapportant à toute demande d'avis consultatif ». Ainsi la limitation du pouvoir d'action contentieuse à une simple demande d'avis consultatif[1466] démontre que la CIJ n'a pas été conçue comme le régulateur des rapports entre l'Organisation et ses membres.

673. Néanmoins, l'OMS a tenté de suivre une approche extensive dans l'interprétation de sa capacité juridique en matière d'action contentieuse par le biais d'une demande d'avis consultatif en matière d'armement et de désarmement nucléaire en raison des risques pour la santé publique. Le refus de cette demande par la CIJ, en 1996, a démontré les limites dans la capacité d'agir de l'OMS, rappelant que cette capacité n'est pas d'application générale.

[1459] *Ibid.*, §38.

[1460] J. COMBACAU et S. SUR, *Droit international public, op.cit.*, 2014, p.719.

[1461] J. COMBACAU et S. SUR, *Droit international public, op.cit.*,1999, pp.312-313.

[1462] J. COMBACAU et S. SUR, *Droit international public, op.cit.*, 2014., p.716.

[1463] Avis Consultatif du 11 avril 1949 de la Cour internationale de Justice (CIJ), *Réparation des dommages subis au service des Nations unies*, CIJ Recueil 1949, p.9. « Cela signifie que l'organisation est un sujet de droit international, qu'elle a capacité d'être titulaire de droits et devoirs internationaux et qu'elle a capacité de se prévaloir de ses droits par voie de réclamation internationale. »

[1464] J. COMBACAU et S. SUR, *Droit international public, op.cit.*, 2014., p.716.

[1465] *« 2. L'Assemblée générale autorise l'Organisation mondiale de la Santé à demander des avis consultatifs à la Cour internationale de Justice sur des questions juridiques qui se poseraient dans le cadre de sa compétence (...) »* Chapitre X – Relation avec la Cour internationale de justice.

[1466] J. COMBACAU et S. SUR, *Droit international public, op.cit.*, 2014., p.717.

2. Les limites de la capacité juridique

674. La jurisprudence de la CIJ relative aux limites de la capacité juridique d'une organisation internationale en particulier celle de l'OMS apparaît constante (a). Les juges internationaux fondent leur avis sur un raisonnement juridique rigoureux et limitatif (b).

a) Une jurisprudence constante

675. Par un avis rendu en 1949, la CIJ avait marqué « la limite fonctionnelle de cette personnalité en la comparant à celle de l'Etat qui dispose de la plénitude des compétences [1467] ». Elle avait considéré que les organisations internationales sont des sujets de droit international qui ne jouissent pas, à l'instar des Etats, de compétences générales[1468]. Par ailleurs, les juges précisent le caractère fonctionnel de cette capacité en admettant « qu'en assignant à l'ONU certaines fonctions avec les devoirs et les responsabilités qui les accompagnent, [les Etats] l'ont revêtue de la compétence nécessaire pour lui permettre de s'acquitter effectivement de ces fonctions[1469] ». Ainsi, la capacité d'agir de l'OMS est limitée à son domaine spécifique de compétence. A cet égard, les organisations internationales sont régies par le principe de spécialité ; c'est-à-dire qu'elles sont dotées par les Etats qui les créent de « compétences d'attribution dont les limites sont fonction des intérêts communs que ceux-ci leur donnent pour mission de promouvoir [1470] ». Toutefois, la CIJ a également énoncé le principe des compétences implicites selon lequel : « [pour] le droit international, l'Organisation doit être considérée comme possédant ces pouvoirs qui, s'ils ne sont pas expressément énoncés dans la Charte, sont, par une conséquence nécessaire, conférés à l'Organisation en tant qu'essentiels à l'exercice des fonctions de celle-ci[1471] ».

676. Néanmoins, la CIJ est venue rappeler le principe de spécialisation de l'OMS lors d'une demande d'avis consultatif[1472] prévue à l'article 96 de la

---

[1467] A. LEWIN et F. ANJAK, « *Fasc. 112-3, Principes communs aux organisations internationales – Statut juridique* », in Jurisclasseur Droit International, 1989, p.3, §4.

[1468]Avis Consultatif du 11 avril 1949 de la Cour internationale de Justice (CIJ), *Réparation des dommages subis au service des Nations unies,* CIJ Recueil 1949, p.9. « Cela signifie que l'organisation est un sujet de droit international, qu'elle a capacité d'être titulaire de droits et devoirs internationaux et qu'elle a capacité de se prévaloir de ses droits par voie de réclamation internationale. » et p.10 « Alors qu'un Etat possède, dans leur totalité, les droits et devoirs internationaux reconnus par le droit international, les droits et devoirs d'une entité telle que l'organisation doivent dépendre des buts et des fonctions de celle-ci, énoncés ou impliqués par son acte constitutif et développés dans la pratique. »

[1469] *Ibid.* p.9.

[1470] Avis Consultatif du 8 juillet 1996 de la Cour internationale de Justice (CIJ), *Licéité de l'utilisation des armes nucléaires par un Etat dans un conflit armé,* CIJ Recueil 1996, p.16. Sur le principe de spécialité, voir notamment : C. CHAUMONT, « La signification du principe de spécialité dans les organisations internationales », in *Problèmes de droit des gens. Mélanges offerts à H. Rolin*, Pedone, 1964, pp.55-66 ; R. KOLB, « *Du domaine réservé. Réflexions sur la théorie de la compétence nationale* », *RGDIP*, 2006, pp.618-620.

[1471] Avis Consultatif du 11 avril 1949 de la Cour internationale de Justice (CIJ), *op.cit.*, p.182. V. également: CPJI., avis consultatif du 23 juillet 1926, *Compétence de l'O.I.T. pour régler accessoirement le travail personnel du patron,* série B, n°13, p.18; Avis Consultatif du 8 juillet 1996 de la Cour internationale de Justice (CIJ), *Licéité de l'utilisation des armes nucléaires par un Etat dans un conflit armé,* CIJ Recueil 1996, p.79; V. également CJCE., 31 mars 1971, *Commission c. Conseil (A.E.T.R.),* Rec. 1971, p.263.

[1472] Avis Consultatif du 8 Juillet 1996 de la Cour internationale de Justice (CIJ), *Licéité de l'utilisation des armes nucléaires par un Etat dans un conflit armé,* CIJ Recueil 1996, p.16.

Charte des Nations unies. L'avis rendu en 1996 a été à l'origine de nombreux commentaires[1473]. En effet, si sur le fond, la décision prise par la CIJ marque un tournant dans l'histoire de la Cour[1474], la décision quant à la recevabilité de la demande de l'OMS a donné lieu au premier refus par la CIJ de rendre l'avis sollicité[1475]. Les juges internationaux viennent ici explicitement rappeler les limites de la capacité d'agir des institutions spécialisées dans le contexte sensible des armes nucléaires.

677. En l'espèce, la CIJ a été saisie de deux demandes d'avis consultatif, la première de l'OMS et la seconde de l'Assemblée générale des Nations unies en application de la Charte des Nations unies. L'Assemblée mondiale de la santé de l'OMS a posé, le 14 mai 1993, la question de savoir si compte tenu des effets des armes nucléaires sur la santé et l'environnement, leur utilisation par un Etat au cours d'une guerre ou d'un autre conflit armé constituerait une violation de ses obligations au regard du droit international, y compris de la Constitution de l'OMS[1476]. Les juges de la CIJ ont rejeté la demande d'avis émanant de l'OMS en suivant un raisonnement juridique rigoureux mais limitatif.

b. Un raisonnement juridique rigoureux et limitatif

678. L'avis rendu par la CIJ est d'une « construction rigoureuse »[1477] et a suivi un raisonnement par étapes suivant lequel trois conditions doivent être remplies[1478] en application de l'accord du 10 juillet 1948 entre l'OMS et l'ONU[1479].

679. Premièrement, quant à la qualité de l'auteur, les juges internationaux ont eu à se demander si l'institution dont émane la requête pour avis

---

[1473] M. STRAHAN, « *Nuclear weapons, the World Health Organisation and the International court of Justice : should an advisory opinion bring them together ?* », 2 Tulsa J. Comp. & Int'L. 395, Spring 1995 ; V. COUSSIRAT-COUSTERE, « *Armes nucléaires et droit international. A propos des avis consultatifs du 8 juillet 1996 de la Cour Internationale de Justice* », AFDI, vol.42, 1996. pp.337-356 ; S. GORDON, « *The propects for challenging US Nuclear weapons Policy in light of the world court's advisory opinion on the legality of the threat or use of such weapons* », 28 St. Mary's L. J. 665, 1997 ; J. MCNEILL, « *The International Court of Justice Advisory Opinion in the Nuclear Weapons Cases--A First Appraisal* » 316 International Review of the Red Cross 103, 1997, p.117.

[1474] E. DAVID, « *L'avis de la Cour internationale de Justice sur la licéité de l'emploi des armes nucléaires* », RICR, 28 février 1997, p.823 ; V. aussi l'avis dissident rendu par le vice-président de la CIJ, le juge Schwebel. L'auteur considère que « cette procédure judiciaire présente une tension titanesque entre la pratique étatique et les principes juridiques » (p.89).

[1475] M. PERRIN DE BRICHAMBAUT, « *Les avis consultatifs rendus par la CIJ le 8 juillet 1996 sur la licéité de l'utilisation des armes nucléaires par un Etat dans un conflit armé (OMS) et sur la licéité de la menace et de l'emploi d'armes nucléaires (AGNU)* », AFDI, vol.42, 1996, p.320, note 2 (pp.315-336). Selon l'auteur, « la Cour permanente de Justice internationale a estimé une seule fois qu'elle ne pouvait pas répondre à une demande d'avis qui lui était posée, eu égard cependant aux circonstances très particulières de l'espèce (Statut de la Carélie orientale, CPJI, série B, n°5) ».

[1476] Avis Consultatif du 8 juillet 1996 de la Cour internationale de Justice (CIJ), *Licéité de l'utilisation des armes nucléaires par un Etat dans un conflit armé,* CIJ Recueil 1996, p.6 §1.

[1477] M. PERRIN DE BRICHAMBAUT, « *Les avis consultatifs rendus par la CIJ le 8 juillet 1996(...)* », *op.cit.,* p.320.

[1478] Avis Consultatif du 8 juillet 1996 de la Cour internationale de Justice (CIJ), *op.cit.,* p.9 §10.

[1479] Article X §2 de l'accord du 10 juillet 1948 entre l'organisation des Nations unies et l'OMS « L'Assemblée générale autorise l'organisation mondiale de la Santé à demander des avis consultatifs à la Cour internationale de Justice sur des questions juridiques qui se poseraient dans le cadre de sa compétence, à l'exception de celles concernant les relations réciproques entre l'organisation et l'organisation des Nations unies ou d'autres institutions spécialisées. »

consultatif était dument autorisée conformément à la Charte. Il était ici difficile de contester cette autorisation eu égard à la lecture combinée de l'article 96 (b) ainsi que de l'article X, § 2 de l'accord entre l'OMS et l'ONU précité. Ce dernier autorise explicitement l'OMS à demander des avis consultatifs à la CIJ.

680. Deuxièmement, la CIJ a eu à déterminer si l'avis sollicité portait bien sur une question juridique. Plusieurs Etats dont la France avaient défendu l'idée selon laquelle la question posée était une question essentiellement politique [1480]. Cette impression était accentuée par les conditions dans lesquelles les demandes avaient été formulées avec un lobby important d'ONG anti-nucléaires[1481]. SUR considère que la demande d'avis est « conçue comme un élément d'une bataille politique [1482]» entre les Etats qui ne sont pas dotés de l'arme nucléaire qui cherchent à exercer une pression sur ceux dotés d'armes nucléaires afin de les contraindre à s'en détourner au plus tôt. La Cour a considéré que le fait que les questions juridiques revêtent des aspects politiques ne suffit pas à les priver de ce caractère et à enlever à la Cour une compétence qui lui est expressément conférée par son statut. Ainsi « la nature politique des mobiles qui auraient inspiré la requête et les implications politiques que pourrait avoir l'avis donné sont sans pertinence au regard de l'établissement de sa compétence pour donner un tel avis ». La CIJ ne fait ici que reprendre une jurisprudence traditionnelle et plusieurs fois confirmée[1483]. PERRIN estime même que la restriction de principe de la compétence consultative de la Cour aux « questions juridiques » doit être considérée comme plus théorique qu'effective[1484].

681. Troisièmement, la question juridique présentée doit s'inscrire dans le cadre de l'activité de l'institution spécialisée. C'est en raison de l'absence de réponse positive à cette question que la CIJ a fondé son refus. L'argument selon lequel l'OMS disposait d'une compétence en matière d'armement nucléaire découlant de sa Constitution[1485], et en particulier de l'article 2, n'a

---

[1480] Avis Consultatif du 8 juillet 1996 de la Cour internationale de Justice (CIJ), *Licéité de l'utilisation des armes nucléaires par un Etat dans un conflit armé*, CIJ Recueil 1996, p.10-11 §13 ; M. PERRIN DE BRICHAMBAUT, « *Les avis consultatifs rendus par la CIJ le 8 juillet 1996 (...)* », *op.cit.*, p.321. L'auteur explique que « les demandes adressées à la Cour tendaient à entraîner celle-ci dans un domaine qui ne relève pas de sa fonction judiciaire, en la faisant participer à un débat purement politique».

[1481] V. COUSSIRAT-COUSTERE, « *Armes nucléaires et droit international. A propos des avis consultatifs du 8 juillet 1996 de la Cour internationale de Justice* », *op.cit.*, p 339 (pp.337-356)

[1482] S. SUR, « *Préface* », in *La licéité de l'emploi d'armes nucléaires devant la Cour internationale de Justice*, M.-P. LANFRANCHI et T. CHRISTASKIS, Centre d'Études et de Recherches Internationales et Communautaires, Economica, 1997, p.1.

[1483] M. PERRIN DE BRICHAMBAUT, « *Les avis consultatifs rendus par la CIJ le 8 juillet 1996(...)* », *op.cit.*, p.321.

[1484] *Ibid.*

[1485] C'est l'argument défendu par Claude-Henri Vignes, conseiller juridique représentant de l'OMS lors de la procédure. Il a essayé de démontrer que l'OMS était compétente une fois les effets étudiés, dans la licéité de l'utilisation des armes nucléaires voir C.-H. VIGNES, *Exposé Oral*, p.22.

pas été retenu[1486], malgré les tentatives souhaitant démontrer l'intérêt croissant de l'OMS pour les effets du nucléaire[1487].

682. Cependant, la CIJ a retenu l'approche défendue notamment par la France selon laquelle le principe de spécialité s'applique aux institutions spécialisées. Ainsi, une simple référence aux effets des armes nucléaires sur la santé n'était pas, à elle seule, de nature à créer un lien avec la mission de l'Organisation requérante exigé par l'article 96 § 2 de la Charte. La Constitution de l'OMS ne pouvait donner compétence à l'Organisation en matière de questions liées aux conflits armés et au désarmement. La CIJ estime que « le caractère licite ou illicite des causes de dégradation de la santé humaine est par essence indifférent aux mesures que l'OMS doit en toute hypothèse prendre pour tenter de pallier leurs effets[1488] ». Pour la CIJ toute autre conclusion suivant laquelle la réglementation des armements et du désarmement est du ressort de l'ONU et échappe ainsi aux institutions spécialisées, viderait très largement de son contenu la notion d'institution spécialisée. Néanmoins, la CIJ aurait pu rendre un avis différent, en intégrant cette question dans le cadre de l'activité de l'OMS afin de donner une autre dimension juridique à l'OMS, lui permettant d'étendre sa compétence.

683. Cette prise de position couplée à la qualité des auteurs de la demande – l'Assemblée mondiale de la santé et l'Assemblée générale des Nations unies et non directement le Conseil de Sécurité – indiquent le contexte hautement politique de l'affaire[1489]. Toutefois, malgré ce contexte politique et l'absence de force contraignante de l'avis rendu par la CIJ, la décision prise a des conséquences juridiques sur la compétence de l'OMS. Cette limitation dans sa capacité à agir apparaît claire : l'OMS est renvoyée à son domaine de compétence, celui de la santé, sans qu'elle puisse interférer avec des problèmes qui relèvent de la sécurité internationale[1490]. Pour certains auteurs, la CIJ aurait 'sacrifié' l'OMS en adoptant une approche extrêmement stricte en raison de la politisation autour de cette demande conjointe de l'OMS et de l'Assemblée générale des Nations unies[1491].

684. La capacité d'agir internationalement n'est pas comparable à celle des Etats[1492] car l'OMS n'est pas capable de faire ce qu'elle veut. Cependant, en

---

[1486] Plus précisément, l'OMS défendait la thèse selon laquelle elle était compétente selon les articles 2 (a), (k) et (v). V. en ce sens M. STRAHAN, « *Nuclear weapons, the World Health Organisation and the International court of Justice : should an advisory opinion bring them together ?* », 2 Tulsa J. Comp.& Int'L. 395, Spring 1995 ; E DAVID, « *L'avis de la Cour internationale de Justice sur la licéité de l'emploi des armes nucléaires* », RICR, 28 février 1997, p.823.

[1487] L'argument défendu était de démontrer que l'OMS avait développé un intérêt et donc une compétence en matière de nucléaire en s'intéressant à certains aspects politiques et légaux des effets sur la santé de la guerre et de certaines catégories d'armes. Ainsi, l'Assemblée mondiale de la santé avait adopté plusieurs résolutions en matière de nucléaire : en 1970 la résolution WHA23.53 relative aux armes chimiques et biologiques ; en 1987 résolution WHA40.24 sur les effets sur la santé de la guerre nucléaire sur les services de santé

[1488] Avis Consultatif du 8 juillet 1996 de la Cour internationale de Justice (CIJ), *Licéité de l'utilisation des armes nucléaires par un Etat dans un conflit armé,* CIJ Recueil 1996, p.15 §23.

[1489] S. SUR, « *Préface* », in *La licéité de l'emploi d'armes nucléaires devant la Cour internationale de Justice*, M.-P. LANFRANCHI et T. CHRISTASKIS, *op.cit.*, p.1.

[1490] *Ibid.*

[1491] V. LEARY, « *The WHO Case : Implications for Specialized Agencies* » in L. BOISSON DE CHAZOURNES et P. SANDS, (eds), *International Law, the International Court of Justice and Nuclear Weapons,* Cambridge University Press, 1999, p.116 (112- 130).

[1492] J. COMBACAU et S. SUR, *Droit international public, op.cit.*, 2014., p.715.

dépit de la limite fonctionnelle de la compétence de l'OMS, l'importance de la fonction normative en tant que source de normes internationales confirme l'étendue de cette autorité normative.

B. Une fonction normative, source d'instruments internationaux

685. En complément de sa capacité processuelle, par le biais de sa capacité juridique internationale, l'OMS dispose d'une aptitude à la confection d'actes juridiques dans son domaine de compétence [1493] en tant que pouvoirs substantiels [1494], « en créant, par [son] engagement de nouveaux droits et obligations[1495] ». Ainsi, elle dispose d'un processus décisionnel qui lui permet de « produire une volonté distincte de celles des Etats membres[1496] ».

686. Plus largement, la création des organisations internationales a donné lieu « à un nouveau pouvoir en droit international, le *law-making power*[1497] ou le pouvoir « législatif » international[1498] », qui intègre les actes unilatéraux des organisations internationales[1499]. Ces derniers relèvent du « *droit dérivé* de l'organisation » qui est « l'ensemble des actes que le traité institutif habilite les organes à adopter », par opposition, à son *droit primaire*[1500] qui désigne le traité institutif de l'organisation.

687. A cet égard, fort de la capacité juridique internationale reconnue à l'OMS, sa Constitution prévoit à l'article 2 (k), une fonction normative et de standardisation[1501] qui précise que l'OMS a pour fonction de proposer des conventions, accords et règlements et faire des recommandations relatives aux questions internationales en santé et exécuter telles tâches pouvant être assignées de ce fait à l'Organisation et répondant à son but d'adopter trois types d'actes juridiques. Par ailleurs, cette capacité à adopter des actes juridiques est susceptible d'extension à l'article 2 (v) de la Constitution qui précise que l'OMS peut « d'une manière générale, prendre toute mesure nécessaire pour atteindre le but assigné à l'Organisation ». Ainsi, comme cela a été confirmé par le Préambule 11 de la Convention de 1986, l'OMS dispose d'une capacité étendue à adopter des actes juridiques qui est expressément prévue par sa Constitution mais qui est limitée par son caractère

---

[1493] *Ibid.*

[1494] *Ibid.*

[1495] J. COMBACAU et S. SUR, *Droit international public, op.cit.*, 1999, p.312-313.

[1496] J. D'ASPREMONT et D. VENTURA, « *La composition des organes et le processus décisionnel* », in E. LAGRANGE et J.-M. SOREL, *op.cit.*, p.431 (pp.402-433).

[1497] V. notamment D. H. ANDERSON, « *Law-making processes in the UN system – Some impressions* », Max Planck YBUNL, 2008, pp.23-50 et G. M. DANILENKO, *Law-making in the International Commmunity*, Nijhoff, 1993.

[1498] M. FORTEAU, « *organisations internationales et sources du droit* », in E. LAGRANGE et J.-M. SOREL, *op.cit.*, p.260.

[1499] V. notamment D. CARREAU et F. MARRELLA, *Droit international*, Pedone, 11e éd., 2012, p. 264 ; M. VIRALLY, « *Les actes unilatéraux des organisations internationales* », in M. BEDJAOUI, *Droit international : bilan et perspectives*, Pedone, 1991, pp.253-276, chapitre X.

[1500] M. FORTEAU, « *organisations internationales et sources du droit* », in E. LAGRANGE et J.-M. SOREL, *op.cit.*, p.261.

[1501] Selon la catégorisation majoritairement reconnue à la lecture de l'article 2, il existe une fonction normative et de standardisation. V. *supra* n°0.

fonctionnel[1502] : la mesure doit être nécessaire afin d'atteindre le but de l'Organisation, c'est-à-dire la protection de la santé mondiale.

688. Le contenu de la fonction normative est considéré, par les observateurs, comme extraordinaire, remarquable[1503], exclusif[1504] et sans précédent. En effet, la fonction normative a la particularité d'être très complète dans les formes qu'elle peut revêtir et puissante sur le fond des sujets qu'elle peut traiter. A ce titre, l'OMS peut adopter, par le biais de ses organes, des instruments contraignants[1505] (1) et des instruments non contraignants[1506] (2).

1. Des instruments contraignants

689. Eu égard au contenu de la fonction normative, prévu à l'article 2 (k) de la Constitution, l'OMS peut adopter, d'une part, des actes conventionnels (a) et, d'autre part, des actes réglementaires (b).

a. Les actes conventionnels

690. L'article 19 dispose que l'Assemblée mondiale de la santé a autorité pour adopter des conventions ou accords se rapportant « à toute question entrant dans la compétence de l'Organisation »[1507]. L'OMS se voit ainsi confier un pouvoir conventionnel propre mais limité par sa compétence. Il permet de conclure des conventions et accords au sein de l'Organisation. Ce pouvoir se distingue donc du pouvoir d'adopter des conventions par le biais de conférences diplomatiques, négociées directement par les Etats. Le rôle de l'organisation internationale est limité à « une action propulsive tendant à faciliter la rencontre des représentants des Etats qui vont chercher directement, en suivant la phase normale de la notification et de la ratification, à élaborer tel traité[1508] ». Dans le cas du pouvoir conventionnel propre dont dispose l'OMS, l'élaboration de la convention s'opère au sein de l'institution spécialisée. La procédure échappe davantage aux Etats et l'organisation internationale est un « facteur déterminant de la forme et du contenu de la convention[1509] ».

1502 A. LEWIN et F. ANJAK, « *Fasc. 112-3, Principes communs aux organisations internationales – Statut juridique* », *op.cit.*, p.5, §10.

1503 A. TAYLOR, « *Making the World Health Organization Work : A Legal Framework for Universal Access to the Conditions for Health* », American Journal of Law and Medecine, vol.18, 1992, pp.301-346; L. O. GOSTIN, « *Meeting Basic Survival needs of the World's Least healthy People Towards a Framework Convention on Global Health* », Georgetown University, O'Neill Institute for national and Global Health Law Scholarship, Research paper n°1, 2007, p.26.

1504 Y. BEIGBEDER, *L'OMS en péril*, Balises, éditions de santé, 2011, p.26.

1505 Plusieurs expressions peuvent être utilisées dont « les décisions normatives ayant un caractère obligatoire » J. DEHAUSSY et H. ASCENSIO, « *Fasc. 14, Actes unilatéraux et action normative des organisations internationales* », *op.cit.*, p.19, §.38.

1506 Plusieurs expressions peuvent être utilisées : « les décisions normatives n'ayant pas de caractère obligatoire » ou des instruments de « soft law » (J. DEHAUSSY et H. ASCENSIO, « *Fasc. 14, Actes unilatéraux et action normative des organisations internationales* », *op.cit.*, pp.19-20, § 38-39.)

1507 Cette disposition est en accord avec l'article 6 de la Convention de Vienne de 1986 qui précise que « La capacité d'une organisation internationale de conclure des traités est régie par les règles pertinentes de cette organisation ».

1508 C. VITTA, *Le droit sanitaire international*, RCADI, Tome 33, 1930, p.552.

1509 *Ibid.*

691. Au vu du large champ d'application de la définition de la santé retenue par sa Constitution, ce pouvoir apparaît comme sans limite[1510]. Cependant, au nom de la souveraineté westphalienne des Etats, un acte conventionnel international ne peut être imposé aux Etats. Selon l'article 19 de la Constitution de l'OMS « la majorité des deux tiers de l'Assemblée mondiale de la santé est nécessaire pour l'adoption de ces conventions ou accords, lesquels entreront en vigueur au regard de chaque Etat membre lorsque ce dernier les aura acceptés conformément à ses règles constitutionnelles[1511] ».

692. En outre, l'article 20 de la Constitution de l'OMS prévoit plusieurs obligations à l'égard de l'Etat membre. D'abord, chaque Etat membre est soumis à une obligation d'action par laquelle il s'engage, dans un délai de dix-huit mois après l'adoption d'une convention ou d'un accord par l'Assemblée mondiale de la santé, à présenter l'instrument adopté devant les institutions nationales compétentes. Ensuite, la Constitution prévoit une obligation de notification motivée de sa décision par laquelle chaque Etat membre devra notifier au Directeur général de l'OMS les mesures prises. En cas de non acceptation de cette convention ou de cet accord dans le délai prescrit, l'Etat membre devra adresser une déclaration motivant sa non-acceptation. Enfin, en cas d'acceptation chaque Etat membre doit adresser un rapport annuel au Directeur général.

693. Ainsi, la fonction permettant à l'OMS d'adopter des conventions ou accords est un pouvoir conventionnel reconnu par le droit des traités conféré aux organisations internationales qui s'inscrit plus largement dans le droit des organisations internationales. Cette compétence conventionnelle peut être qualifié de « législation conventionnelle internationale [1512] ». Le pouvoir conventionnel est donc fondé sur le consentement des Etats membres qui demeurent toujours libres de ratifier ou de ne pas ratifier les conventions adoptées par l'OMS[1513].

694. On notera toutefois, la volonté de l'OMS de conserver son pouvoir normatif lorsqu'en 1997 – c'est-à-dire bien avant l'adoption de la première Convention internationale en 2003 – le groupe spécial du Conseil exécutif estimait que « si l'autorité d'adopter des conventions internationales n'a jamais été exercée, il s'agit d'un pouvoir important qu'il convient de garder en réserve et, par conséquent, de ne pas supprimer dans la Constitution[1514] ».

[1510] D. FIDLER, « *The Future of the World Health Organization: What Role for International Law?* », Vanderbilt Journal of Transnational Law, vol.31, 1998, p.1087.

[1511] Article 60 de la Constitution de l'OMS « Les décisions de l'Assemblée de la Santé à prendre sur des questions importantes sont acquises à la majorité des deux tiers des Etats membres présents et votants. Ces questions comprennent : l'adoption de conventions ou d'accord (…) ».

[1512] J. DEHAUSSY, « *Travaux de la Commission du droit international des Nations unies* » in AFDI, vol.9, 1963, pp.594-611: « La notion de « législation conventionnelle internationale», c'est-à-dire d'un ensemble de normes formulées par une autorité internationale mais applicables seulement en vertu des actes par lesquels les autorités étatiques admettent et ordonnent que ces normes règlent les rapports internationaux de leurs ressortissants sur une base de réciprocité. » (p.608).

[1513] M. MERLE, « *Le pouvoir réglementaire des institutions internationales* », in AFDI, vol.4, 1958, p.342.

[1514] OMS, *Examen de la Constitution et arrangements régionaux de l'Organisation mondiale de la Santé,* EB101/7, 101e Conseil exécutif, 14 novembre 1997, p.5.

695. Le besoin de ratification, expression de la subordination de l'entrée en vigueur de l'acte au consentement des membres[1515], dans l'adoption des conventions traduit la volonté des rédacteurs de la Constitution de différencier ces actes conventionnels des actes réglementaires prévus à l'article 21.

b. Les actes réglementaires, quasi-réglementaires ou quasi-législatifs

696. Selon l'article 21, l'Assemblée mondiale de la santé a autorité pour adopter des règlements concernant : a) des mesures sanitaires et de quarantaines ou toutes autres procédures destinées à empêcher la propagation des maladies d'un pays à l'autre ; b) la nomenclature concernant les maladies, les causes de décès et les méthodes d'hygiène publique ; c) des standards sur les méthodes de diagnostic applicables dans le cadre international ; d) des normes relatives à l'innocuité, la pureté et l'activité des produits biologiques, pharmaceutiques et similaires qui se trouvent dans le commerce international et e) des conditions relatives à la publicité et à la désignation des produits biologiques, pharmaceutiques et similaires qui se trouvent dans le commerce international. A cet égard, comme le rappel MONDIELLI « il semble très clair que le pouvoir réglementaire n'existe que pour les matières techniques énumérées limitativement à cet article[1516] ». On peut noter une incohérence entre l'article 2 (u) qui intègre les aliments dans les produits pouvant faire l'objet de normes internationales et l'article 2 (d) qui concerne uniquement les produits biologiques, pharmaceutiques et similaires. Cela s'explique par la volonté de l'OMS de ne pas avoir une autorité contraignante sur les aliments afin de ne pas empiéter sur le mandat de la FAO[1517].

697. Selon l'article 22, les règlements ainsi adoptés entreront en vigueur pour tous les Etats membres après leur adoption dument notifiée exception faite des Membres qui pourraient faire connaître au Directeur général, dans les délais prescrits par la notification, qu'ils refusent ou font des réserves à leur sujet. A l'origine, l'article 22 de la Constitution de l'OMS pouvait être interprété comme donnant à une réserve le sens d'un rejet[1518]. Par ailleurs, le Secrétariat de l'OMS, sans pouvoir donner d'explication claire sur les raisons pour laquelle il a été proposé que la formulation de réserves empêche un règlement d'entrer en vigueur à l'égard de l'Etat réservataire, estimait que « les règlements devaient remplacer les conventions sanitaires internationales en grande partie inefficaces, qui pêchaient notamment par un manque de cohérence et d'uniformité dans leur application ; le fait d'imposer de fortes limitations au droit des Etats de formuler des réserves devait garantir une uniformité dans un domaine technique d'une importance capitale pour la santé

[1515] J. D'ASPREMONT et D. VENTURA, « *La composition des organes et le processus décisionnel* », in E. LAGRANGE et J.-M. SOREL, *op.cit.*, p.429.

[1516] E. MONDIELLI, « *Le Règlement sanitaire international (2005), un instrument moderne de lutte contre les pandémies* », in E. MONDIELLI, F. VIALLA et E. CADEAU (coord.), *op.cit.*, p.67.

[1517] G. L. BURCI et C.-H. VIGNES, *The World Health Organization*, *op.cit.*, p.131.

[1518] Commission des Questions juridiques lors de l'élaboration du projet de Règlement n°1 de l'OMS « une interprétation étroite de l'article pourrait avoir pour résultat que l'on donne à une réserve le sens de rejet » (V. H. DE POOTER, *Le droit international face aux pandémies : vers un système de sécurité sanitaire collective ?*, éd. Pedone, 2015, p.53).

publique[1519] ». Enfin, il fut décidé que l'article 22 permettait l'entrée en vigueur d'un règlement à l'égard des Etats membres formulant une réserve, et que seules ne seraient pas appliquées les parties ayant fait l'objet de réserves[1520]. Le Secrétariat justifie l'admission des réserves par le fait que l'article 22 « n'écarte pas explicitement la possibilité que l'on conçoive un mécanisme permettant aux Etats réservataires d'être liés par le règlement concerné dans certaines conditions[1521] ».

698. Par conséquent, ce pouvoir conféré à l'OMS peut être qualifié d'exceptionnel [1522]. Seules trois autres agences spécialisées onusiennes disposent d'une telle compétence : Le Fonds monétaire international, l'Organisation de l'aviation civile internationale et l'Organisation météorologique mondiale. Ce pouvoir permet à l'OMS d'adopter un règlement à la majorité simple[1523] qui sera ensuite contraignant pour l'ensemble des Etats membres sauf si ceux-ci décident, par un acte de notification, de refuser son application ou s'ils émettent des réserves. Cette possibilité de réserve fait que certains auteurs préfèrent parler de « compétence quasi réglementaire[1524] ».

699. A la différence d'une approche conventionnelle où la démarche impose la ratification par l'Etat membre en droit national de la convention internationale adoptée, le règlement est adopté automatiquement en l'absence de refus ou de réserves. Le règlement a ainsi force exécutoire à effets obligatoires sans aucune forme d'approbation préalable une fois la décision prise par l'organe international [1525]. Ce pouvoir ne concerne pas le fonctionnement de l'OMS mais bien le comportement des Etats membres et découle de sa fonction normative de droit externe [1526]. Ce pouvoir réglementaire acquiert un caractère autonome car il est inscrit dans la Constitution[1527]. Les règlements de l'article 21 sont donc des décisions de l'Assemblée mondiale de la santé, obligatoire pour les Etats membres[1528]. Il s'agit, par ailleurs, d'actes unilatéraux hétéronormateurs[1529], c'est-à-dire qui s'adressent « aux membres de l'organisation » et qui se différencient d'actes autonormateurs qui sont des actes « dont l'organisation (…) est à la fois l'auteur et le destinataire et qui concernent son fonctionnement interne

---

[1519] OMS, « *Examen et approbation des amendements proposés au Règlemnent sanitaire international. Réserves au Règlement sanitaire international. Rapport du Secrétariat* », Groupe de travail intergouvernemental sur la révision du Règlement sanitaire international, A/IHR/ICGWG/2/INF.DOC./2, 27 janvier 2005, p.2.

[1520] OMS, *Actes officiels de l'OMS*, n°13, pp. 99 et p. 335.

[1521] OMS, « *Examen et approbation des amendemants proposés au Règlemnet sanitaire international. Réserves au Règlement sanitaire international. Rapport du Secrétariat* », *op.cit.*, p.2.

[1522] G. L. BURCI et C.-H. VIGNES, *The World Health Organization*, *op.cit.*, p.132;

[1523] Article 60 de la Constitution de l'OMS « b) Les décisions sur d'autres questions, y compris la fixation de catégories additionnelles de questions devant être décidées par une majorité des deux tiers, sont prises à la simple majorité des Etats membres présents et votants ».

[1524] M. BELANGER, *Introduction à un droit mondial de la santé*, *op.cit.*, p.32.

[1525] M. MERLE, « *Le pouvoir réglementaire des institutions internationales* », *op.cit.*, p.353.

[1526] *Ibid.*, p.343.

[1527] *Ibid.*, p.345.

[1528] H. DE POOTER, *Le droit international face aux pandémies (…)* », *op.cit.*, p.49.

[1529] P. DAILLIER et al., *Droit international public*, LGDJ, 8e éd., 2009, p.410 ; A. PELLET, « *L'adaptation du droit international aux besoins changeants de la société internationale* », Conférence inaugurale, session de droit international public, RCADI, t. 329, p.32 ; E. YEMIN, *Legislative powers in the United Nations and specialized agencies*, Leyden : A. W. Sijthoff, 1969, p.201.

(relations entre organes de l'organisation ou relations entre l'organisation et ses agents)[1530] ».

700. Au niveau international, la qualification de ce type d'instruments apparaît difficile entre réglementaire ou législatif. En effet, il est difficile d'établir une distinction pertinente selon la différenciation de l'auteur de l'acte – entre actes réglementaires émanant du pouvoir exécutif et actes législatifs émanant du pouvoir législatif[1531] – en raison de l'absence d'une « théorie suffisamment élaborée de la séparation des pouvoirs en droit international[1532] ». L'OMS ne dispose ni d'un gouvernement ni d'un parlement en son sein. La division du travail entre l'Assemblée mondiale de la santé et le Conseil exécutif n'a pas la même portée qu'en droit interne[1533]. Cette confusion de terminologie est renforcée par les acteurs de l'OMS eux-mêmes : en 1948 le président de la Commission des Questions juridiques de l'OMS énonçait que « pour la première fois dans l'histoire du monde, on est en présence d'un organisme *législatif* international statuant dans le domaine de la santé[1534] ».

701. L'absence d'autorité exécutive, auteur de l'acte, a poussé une partie de la doctrine à s'accorder sur une terminologie hybride. Ainsi, les actes réglementaires pris par l'OMS suivant les articles 21 et 22 de la Constitution sont qualifiés d'actes quasi-législatifs[1535]. L'Assemblée mondiale de la santé peut en effet imposer le règlement adopté dès lors qu'il a été voté, même en l'absence du consentement d'un des Etats membres si aucun refus ou aucune réserve n'a été expressément notifié. Le pouvoir réglementaire apparaît ainsi comme « l'expression même du '*law-making power*' des organisations internationales[1536] ». Les Etats membres de l'OMS y sont *assujettis* du fait de leur participation à l'organisation, qu'ils en aient ou non, accepté le contenu au moment de leur adoption à la majorité. Cette procédure subordonne les effets de l'acte à une manifestation de volonté individuelle de l'Etat[1537].

702. L'Organisation possède des pouvoirs contraignants conséquents qui sont complétés par la possibilité d'adopter des instruments non contraignants.

[1530] M. FORTEAU, « *Organisations internationales et sources du droit* », in E. LAGRANGE et J.-M. SOREL, *op.cit.*, p.262.

[1531] M. MERLE, « *Le pouvoir réglementaire des institutions internationales* », *op.cit.*, p.342. L'auteur explique que « la distinction du pouvoir législatif et du pouvoir réglementaire est liée, dans les régimes politiques internes, à l'avènement du parlementarisme ».

[1532] J. DEHAUSSY et H. ASCENSIO, « *Fasc. 14, Actes unilatéraux et action normative des organisations internationales* », *op.cit.*, p.25, §50.

[1533] M. MERLE, « *Le pouvoir réglementaire des institutions internationales* », *op.cit.*, p.342.

[1534] OMS, *Actes officiels de l'OMS*, n°13, p.284.

[1535] C. H. ALEXANDROWICZ, *Law-making functions of the United Nations Specialized Agencies*, The Book Service, 1973, p.49 ; J. DEHAUSSY et H. ASCENSIO, « *Fasc. 14, Actes unilatéraux et action normative des organisations internationales* », *op.cit.*, p.25, §.49. H. SABA, « *L'activité quasi lésgilative des institutions des Nations unies* », RCADI, vol.111, 1964, pp.603-690. V. également la notion de « pouvoir législatif secondaire » défendu par J-M. DUPUIS, *L'unité de l'ordre juridique international : cours général de droit international public*, Recueil de cours, 2000.

[1536] M. FORTEAU, « *organisations internationales et sources du droit* », in E. LAGRANGE et J.-M. SOREL, *op.cit.*, p.262

[1537] J. D'ASPREMONT et D. VENTURA, « *La composition des organes et le processus décisionnel* », in E. LAGRANGE et J.-M. SOREL, *op.cit.*, p.430.

2. Des instruments non contraignants

703. Les instruments non contraignants trouvent leur source dans la Constitution en particulier dans la notion de recommandations (a). Cette notion est à géométrie variable (b).

a. Le fondement constitutionnel des recommandations de l'OMS

704. Le pouvoir pour l'OMS d'adopter des recommandations découle d'un double fondement constitutionnel. L'article 2 (k) de la Constitution précise que l'OMS a pour fonction d'adopter des recommandations. Par ailleurs, dans la volonté de renforcer la fonction normative et dans la lignée du pouvoir conventionnel et réglementaire, le pouvoir d'adopter des recommandations est réaffirmé dans l'article 23 de sa Constitution. Ainsi, la lecture combinée de ces deux articles confère à l'Assemblée mondiale de la santé autorité pour faire des recommandations aux Etats membres en ce qui concerne « toute question entrant dans la compétence de l'Organisation ».

705. Le champ d'action de l'OMS en matière de recommandations apparaît donc comme très large. Il est uniquement limité par le principe de spécialité à la différence du pouvoir réglementaire dont le champ d'action est restreint. Dès lors, la Constitution confère explicitement à l'OMS une fonction de mise en œuvre de normes non contraignantes[1538].

706. A l'origine, les recommandations des organisations internationales ont été mises en place car « les conditions de la vie internationale ne permettaient pas d'agir par voie d'autorité ce qui a mené à l'invention de procédures législatives ou para législatives inédites et suffisamment souples pour provoquer la plus large adhésion possible de la part des Etats[1539] ».

707. La notion de recommandation consiste en un « acte unilatéral non contraignant émanant d'un organe international et adressé à un ou plusieurs destinataires (en principe les Etats) les invitant à adopter un comportement déterminé, qu'il s'agisse d'une action ou d'une abstention[1540] ». Ainsi les recommandations apparaissent comme le moyen privilégié d'action des organes internationaux[1541].

708. Enfin, elles peuvent également être considérées comme des « normes véritables, mais dont le législateur (en droit interne) ou les Etats (en droit international) ont laissé aux organes d'application du droit le soin de dégager le sens exact, au fur et à mesure des affaires traitées[1542] ». Certains doutent toutefois de leur pertinence et considèrent que « les standards recèlent dans l'ordre international la même richesse de virtualités qu'en droit interne, ils sont le plus souvent incapables de dépasser le stade initial de la généralité et de

---

[1538] C. H. VIGNES, « *Towards the harmonization of health legislation: the role of the World Health Organization* », 46 International Digest of Health Legislation, n°3, 1995, p.422.

[1539] M. VIRALLY, « *La valeur juridique des recommandations des organisations internationales* » in AFDI, vol.2, 1956, p.78 (pp.66-96).

[1540] J. SALMON, *Dictionnaire de Droit international public, op.cit.*, « recommandation», p.937.

[1541] J. SALMON, *Dictionnaire de droit international public, op.cit.*,, p.937. Jean SALMON parle de « mode fréquent d'action ».

[1542] *Ibid.*

l'abstraction et d'amorcer le processus de développement qui devraient les conduire à une concrétisation progressive[1543] ».

b. Une délimitation à géométrie variable

709. Si la notion d'instruments non contraignants apparaît claire en ce qu'elle renvoie à des instruments juridiques qui ne produiraient aucun effet contraignant sur les Etats, sujets de droit, les contours de cette notion sont mouvants en particulier en ce qui concerne les recommandations.

710. En premier lieu, les recommandations n'ont pas de force contraignante et leur valeur juridique est comparable à celui d'un simple avis[1544]. Par ailleurs, les recommandations n'ont pas d'application directe dans les législations des Etats membres de l'OMS. Les recommandations ne peuvent s'appliquer que lorsqu'elles ont été acceptées par leurs destinataires et que ceux-ci ont décidé de coopérer avec l'organisation internationale[1545]. Elles sont ainsi perçues comme un instrument de collaboration entre l'organisation et ses membres qui illustrent une volonté de coopérer chez les uns comme chez les autres[1546]. Ainsi, dans la majorité des cas, comme toute organisation internationale, le pouvoir de recommandation permet à l'OMS « d'inviter ses membres à suivre un comportement (ou conduite) déterminé[1547] ». La recommandation est, selon la théorie classique du droit des organisations internationales, « dénuée de toute portée juridique[1548] » à l'exception des résolutions de l'Assemblée générale de l'ONU[1549]. Elle est donc définie de manière négative, par son absence de force obligatoire.

711. En deuxième lieu, cet aspect de la fonction normative de l'OMS nécessite une clarification quant à sa nature. En effet, si la notion de recommandation apparaît à l'article 23, il est possible d'adopter des recommandations en dehors de la procédure de l'article 23 et de l'Assemblée mondiale de la santé. Ainsi, en pratique, l'Assemblée mondiale de la santé n'a que très rarement utilisé explicitement la procédure de l'article 23 afin d'adopter des recommandations. Selon les recherches de Messieurs BURCI et VIGNES, seulement quatre ou cinq recommandations ont été adoptées suivant cette procédure[1550]. Toutefois l'utilisation ou non de l'article 23 ne change pas la nature de la décision prise. D'un point de vue juridique, elle est qualifiée de recommandation. La seule différence juridique soulevée émane –pour les recommandations de l'article 23– de l'obligation pour les Etats membres de

---

[1543] P. WEIL, « *Problèmes de normativité* », RCADI, Tome 237, 1992, p.138 (pp.129-369), pp.214-215.
[1544] E. MONDIELLI, « *La prise en compte des normes OMS par le droit français* », p.87-116 (p.98) in, *Cinquantenaire de l'Organisation mondiale de la santé,* Actes du colloque du CERDES-AFDS, 1998, RGDM, juin 1999, n°1, pp.61-185.
[1545] M. VIRALLY, « *La valeur juridique des recommandations des organisations internationales* », *op.cit.*, p.90.
[1546] *Ibid.*
[1547] M. FORTEAU, « *Organisations internationales et sources du droit* », in E. LAGRANGE et J.-M. SOREL, *op.cit.*, p.263 ; M. VIRALLY, « *La valeur juridique des recommandations des organisations internationales* », *op.cit.*, p.68.
[1548] M. FORTEAU, « *Organisations internationales et sources du droit* », in E. LAGRANGE et J.-M. SOREL, *op.cit.*, p.263
[1549] Avis CIJ 1996, *op.cit.*, p.254 § 70 « les résolutions des Assemblées générales, même si elles n'ont pas force obligatoire, peuvent parfois avoir une valeur normative ».
[1550] G. L. BURCI et C.-H. VIGNES, *The World Health Organization*, *op.cit.*, p.142.

produire un rapport annuel prévu à l'article 62 de la Constitution[1551]. Toutefois, l'absence, dans la pratique, du respect de cette obligation annuelle couplée à l'absence de sanction en cas de manquement renforce l'idée que cette différence est négligeable[1552].

712. Pour finir, il est possible de catégoriser les recommandations indépendamment de leur source mais en raison de leur objet. D'abord, il y a celles qui demandent aux Etats d'adopter des mesures sanitaires et ensuite les recommandations qui prévoient des normes, des principes directeurs ou des codes de conduite afin de proposer aux Etats de les intégrer dans leur législation nationale. Les recommandations et autres standards non contraignants que la fonction normative de l'OMS permet, jouent un rôle crucial dans le rôle normatif de l'OMS.[1553] Cet aspect participe à la richesse de la fonction normative et donc de son autorité normative.

713. Ainsi, l'autorité normative de l'OMS trouve son fondement, principalement, dans la fonction normative qui lui est confié par sa Constitution. La reconnaissance explicite de sa capacité à agir qui fonde l'existence d'une fonction normative forte confère à l'OMS un pouvoir normatif en santé. Par ailleurs, le processus décisionnel qui lui est reconnu apparaît comme « un indicateur de l'autonomie de l'organisation[1554] ».

714. Toutefois, la seule consécration explicite d'une fonction normative, à l'égard des Etats membres, dans l'acte constitutif de l'OMS est insuffisante pour déterminer son autorité. L'OMS doit également être légitime en tant qu'autorité normative. Or cette légitimité est affaiblie.

§2 : L'affaiblissement de la légitimité de l'autorité normative de OMS

715. La question de la légitimité d'une organisation internationale est un sujet dense en droit des organisations internationales et sa définition ne fait pas l'unanimité[1555]. Il apparaît essentiel que le titulaire du pouvoir établisse un « rapport de légitimité (Legitimitätsbeziehung)[1556] » à l'égard des Etats et de la population[1557]. EISENMANN identifie la problématique de la légitimité à celle de la reconnaissance[1558]. De même, pour le Professeur PELLET la légitimité

[1551] F. FLUSS, F. GUTTERIDGE, J. K. LITTLE, H. HARRIS, *World Health Organization*, in R. BLANPAIN, *International Encyclopedia of Law*, Deventer, Boston, Kluwer, 1998, p.29.

[1552] *Ibid.*

[1553] G. L. BURCI et C.-H. VIGNES, *The World Health Organization*, *op.cit.*, p.141 ; E. MONDIELLI, « *La prise en compte des normes OMS par le droit français* », *op.cit.*,

[1554] « Dans la doctrine, le processus decisionnel est perçu soit comme un élément constitutif de l'autonomie, soit comme sa manifestation » (V. J. D'ASPREMONT et D. VENTURA, « *La composition des organes et le processus décisionnel* », in E. LAGRANGE et J.-M. SOREL, *op.cit.*, p.431).

[1555] L. DUBIN et M.-C. RUNAVOT, « *Représentatitivité, légitimité, efficacité : des organisations internationales en crise ?* », in E. LAGRANGE et J.-M. SOREL, *op.cit.*, p.93 (p.77-103).

[1556] M. WEBER, *Wirtschaft und Gesellschaft*, vol.II, Kniepenheuer and Witsch, 1956, p.123.

[1557] L. HEUSCHLING, « *Le relativisme des valeurs, la science du droit et la légitimité – Retour sur l'épistémologie de Max Weber* », Jus Politicum, n°8, 2012, p.19. L'auteur parle davantage d'un rapport de légitimité « à la fois avec son appareil d'Etat et avec la population ».

[1558] C. EISENMANN, « *Sur la légitimité juridique des gouvernements* », PUF, 1967, p.97et s. Pour la reconnaissance internationale V. VERHOEVEN (J.), « *La reconnaissance internationale : déclin ou renouveau ?* », AFDI, 1993, pp.7-40.

du pouvoir exercé par les organisations « résulte du seul consentement donné par les Etats souverains[1559] ». Or, comme démontré précédemment, le pouvoir normatif de l'OMS est reconnu.

716. Toutefois, pour WEBER, la légitimité « s'affirme grâce au prestige de l'exemplarité ou de l'impératif » s'affranchissant ainsi « du seul critère de la contrainte (« *hard power* ») »[1560]. La légitimité est un « idéal moral, l'idée de ce qui *est*, en soi, objectivement, légitime, juste, *justifié* ». Ainsi, elle est la « qualité d'un pouvoir d'être conforme aux aspirations des gouvernés (notamment sur son origine et sa forme), ce qui lui vaut l'assentiment général et l'obéissance spontanée[1561] ».

717. Dès lors, si le pouvoir normatif de l'OMS est reconnu, c'est sa légitimité, critère supplémentaire, qui apparaît fragilisée (A) et concurrencée par l'existence d'autres acteurs compétents (B).

A. Une légitimité nécessaire fragilisée

718. Si le critère de légitimité apparaît nécessaire afin de différencier le pouvoir de l'autorité, l'OMS en tant qu'auteure de la norme est fragilisée, en premier lieu, par le principe de souveraineté (1). Ensuite, l'autorité normative de l'OMS subit les difficultés internes liées à son fonctionnement (2).

1. La légitimité, critère d'autorité face au principe de souveraineté

719. La légitimité apparaît comme un critère nécessaire à la reconnaissance de l'autorité normative de l'OMS (a). Par ailleurs, en droit international, toute organisation internationale reste confrontée au principe de souveraineté (b).

a. Une légitimité nécessaire

720. Pour WEBER, le pouvoir est « toute chance de faire triompher, au sein d'une relation sociale, sa propre volonté, même contre des résistances ; peu importe sur quoi repose cette chance[1562] ». Pour ARENDT, le pouvoir n'est toujours qu'un « potentiel » et ne « dépend que 'de l'accord incertain et seulement temporaire d'un grand nombre de volontés et d'intentions'[1563] ». Certes le pouvoir est « une donnée incontournable de l'existence en société » et « aucun ordre politique ne peut tenir durablement sans cette ressource[1564] ». Toutefois, « la manière et l'insistance avec lesquelles une forme politique se repose explicitement sur lui est une donnée contingente et historique[1565] ». Ainsi, « le problème du pouvoir est donc pour Arendt son inscription dans la durée[1566] ».

1559 A. PELLET, « *Le droit international à l'aube du XXIème siècle* », *op.cit.*, p.69.
1560 L. HEUSCHLING, « *Le relativisme des valeurs, la science du droit et la légitimité (...)* », *op.cit.*, p.18.
1561 S. GUINCHARD et T. DEBARD (dir.), *Lexique des termes juridiques 2014-2015*, Dalloz, 2014. « légitimité » p.593.
1562 M. WEBER, *Wirtschaft und Gesellschaft*, vol.II, Kniepenheuer and Witsch, 1956, p.152.
1563 Y. SINTOMER, « *Pouvoir et autorité chez Hannah Arendt* », L'Homme et la Société, n°113, juillet-septembre 1994, p.117.
1564 Y. SINTOMER, « *Pouvoir et autorité chez Hannah Arendt* », *op.cit.*, p.118.
1565 *Ibid.*
1566 *Ibid.*

721. L'autorité est double, d'une part, « ses caractéristiques sont largement tirées d'une phénoménologie de cette relation diffuse dans le corps social qui est appelée communément 'autorité' » et, d'autre part, « l'autorité constitue le principe actif de légitimation du gouvernement, et plus généralement, d'une forme politique [1567]». A la racine du mot *auctoritas* se trouve le verbe *augere* qui signifie « augmenter ». Cette autorité est « à la fois celle des ancêtres fondateurs et celle de ceux qui continuent leur action dans le présent[1568] ». Pour ARENDT, « s'il faut vraiment définir l'autorité, alors ce doit être en l'opposant à la fois à la contrainte par force et à la persuasion par arguments[1569] ». Ainsi, « l'autorité exclut l'usage de moyens extérieurs de coercition ; là où la force est employée, l'autorité proprement dite a échoué ». Il est ainsi essentiel de ne pas confondre autorité et pouvoir[1570].

722. Le pouvoir reconnu est donc nécessaire mais insuffisant pour la survie de l'autorité normative de l'OMS. Ainsi son pouvoir normatif permet à l'OMS *d'avoir* une autorité normative, mais ne garantit pas à l'OMS *d'être* une ou l'unique autorité normative en santé. En effet, afin d'être perçue comme telle, il est nécessaire que son pouvoir s'inscrive dans la durée. Cela est possible s'il est légitime[1571]. Dès lors, l'autorité serait un « pouvoir légitime[1572] ». Selon HURD, une règle ou un organe devient 'une autorité' dès lors qu'un Etat accepte que cette règle ou organe soit légitime[1573].

723. Alors même que CARRE DE MALBERG, selon une vision minoritaire[1574], considère que la légitimité provient du simple fait d'être titulaire du pouvoir par le biais de la Constitution[1575] – la légitimité serait intrinsèque à la compétence conférée – il est plus pertinent de suivre l'idée selon laquelle il ne peut y avoir d'autorité en droit sans légitimité reconnue formellement *a posteriori* par un pouvoir qui s'inscrit dans la durée – pour reprendre la thèse d'Arendt[1576]. La légitimité permet en effet de distinguer, dans la lignée de Carlos Herrera, l'autorité légitime [1577] – en tant que

---

[1567] *Ibid.*, pp.120-121.

[1568] H. ARENDT, « *Qu'est-ce que l'autorité ?* », in *La crise de la culture*, Coll. « Folio-essais » Gallimard, 1993, pp.160-162.

[1569] H. ARENDT, « *Qu'est-ce que l'autorité ?* », in *La crise de la culture*, *op.cit.*, 1993, p.123.

[1570] N. UPHOFF, « *Distinguishing Power, Authority & Legitimacy: Taking Max Webber at his word by using resources-exchange analysis* », Polity, vol.22, Winter, 1989, p.296, (pp.295-322).

[1571] *Ibid.*

[1572] R. DAHRENDORF, « *Class and class conflict in industrial society* », Stanford University Press, 1959, p.166.

[1573] I. HURD, « *Legitimacy and authority in international politics* », International Organization, vol.53, 1999, p.381.

[1574] L. HEUSCHLING, « *Le relativisme des valeurs, la science du droit et la légitimité (...)* », *op.cit.*, p.5. L'auteur explique en parlant de la position de Carré de Malberg que « Cette parole, au ton si tranchant, a pourtant connu peu d'échos dans la postérité : Qui s'en souvient à l'heure actuelle, à part les quelques spécialistes du maître strasbourgeois ? Le relatif oubli dans lequel elle est tombée s'explique du reste par les incohérences subséquentes de son auteur. »

[1575] R. CARRE DE MALBERG, *Contribution à la théorie générale de l'Etat*, t. 2, 1922 (rééd. Dalloz, Paris, 2004), pp.144-145. V. aussi « Réflexions très simples sur l'objet de la science juridique », *Mélanges F. Gény*, Paris, Sirey, 1935, t. 1, p.195, « où il lie la vertu obligatoire du droit positif non pas à un mérite intrinsèque (la légitimité), mais à sa validation formelle par l'Etat. »

[1576] Y. SINTOMER, « *Pouvoir et autorité chez Hannah Arendt* », *op.cit.*, p.118.

[1577] C. M. HERRERA, « *L'autorité de la justice constitutionnelle* » in J. CAGIAO Y CONDE (dir.) « *La notion d'autorité en droit* », Auctoritas Éd., Le Manuscrit Savoirs, 2014, p.20. L'auteur parle « d'autres significations qui se placent à l'extérieur des concepts juridiques et qui touchent à la *légitimité* de l'autorité »

représentation figurative de l'autorité – de l'autorité formelle ou juridique[1578] – sorte « d'autorité liée à l'exécution de la norme[1579] ».

724. Afin qu'un pouvoir permette à l'organe d'être considéré en tant qu'autorité, il doit être accompagné d'une forme de légitimité[1580] – c'est-à-dire « avoir la qualité de ce qui est légitime ou juste (conforme à la justice)[1581] ». L'autorité conférée doit être justifiée[1582]. Elle peut donc être justifiée par la reconnaissance du peuple[1583] ou de ses représentants – les Etats – (légitimité démocratique), selon un fondement sur l'histoire et/ou l'investiture divine (directe ou providentiel) du roi (légitimité monarchique) ou selon un fondement sur la révélation divine (légitimité théocratique)[1584]. Toutefois, c'est la légitimité démocratique qui intéresse ici. Cette notion[1585] exprime l'idée selon laquelle le « régime démocratique est le seul dont la capacité à dicter des ordres auxquels on doit obéir est acceptée ou reconnue[1586] ».

725. Pour certains, la reconnaissance par les Etats – sujets du droit international public– constitue la légitimité démocratique de l'OMS en tant qu'autorité normative. Toutefois, la légitimité apparaît comme une qualité subjective dans la relation entre les acteurs et l'institution et est définie par la « perception de l'acteur de l'institution[1587] ». Ainsi, la légitimité est une perception ou une présupposition généralisée que les actions d'une entité sont voulues, appropriées au sein d'un système construit socialement de normes, valeurs, croyances et définitions[1588]. A cela s'ajoute, une confrontation de la légitimité de l'OMS au principe de souveraineté.

[1578] *Ibid.*, p.19. L'auteur considère que ce « premier ensemble de significations (...) se construit à partir des énoncés internes du droit, et s'exprime dans des expressions du type : 'autorité de la chose jugée' pour dire qu'une décision d'un tribunal n'est plus susceptible d'appel ultérieur à l'intérieur du système juridique en question »

[1579] *Ibid.*, p.19.

[1580] Pour certains auteurs, la légitimité n'est pas nécessaire à une autorité pour gouverner tout en reconnaissant des avantages à être légitime. Cela permet de gouverner plus facilement et plus efficacement dès lors que le sentiment d'être autorisé à gouverner est répandu au sein de la population. V. en ce sens : T. TYLER, « *Legitimacy and the maintenance of public order* », Presentation at the SELA meeting, Mexico City, June 2012, p.4.

[1581] J. SALMON, *Dictionnaire de Droit international public, op.cit.*, « contribution obligatoire », p.260

[1582] C. M. HERRERA, « *L'autorité de la justice constitutionnelle* », *op.cit.*, p.20 ; V. également D. BEETHAM, *The legitimation of Power*, London: Macmillan, 1991, p.3. Il considère que la légitimité correspond à la justification.

[1583] C. EISENMANN, « *Sur la légitimité juridique des gouvernements* », PUF., 1967, p.97 et s.

[1584] S. GUINCHARD et T. DEBARD (dir.), *Lexique des termes juridiques 2014-2015*, Dalloz, 2014, « légitimité », p.593.

[1585] Sur la notion de légitimité voir D. BEETHAM, *The legitimation of Power*, London: Macmillan, 1991, p.27; I. HURD, « *Legitimacy and authority in international politics* », *op.cit.*, pp.379-408 ; H. C. KELMAN et V. L. HAMILTON, *Crimes of obedience*, New Haven: Yale, 1989 ; T. TYLER, *Why people obey the law*, Princeton University Press, 2006.

[1586] A.-J. ARNAUD et J.-G. BELLEY (dir.), *Dictionnaire encyclopédique de théorie et de sociologie du droit*, Paris/Bruxelles, LGDJ/E-Story-Scientia, 1988. V. également : J. D'ASPREMONT, *Emergence et déclin de la gouvernance démocratique en droit international*, RQDI, vol.22.2, 2009 ; P. ROSANVALLON, *La légitimité démocratique – Impartialité, réflexivité, proximité*, coll. Les livres du nouveau monde, Seuil, 2008.

[1587] I. HURD, « *Legitimacy and authority in international politics* », *op.cit.*, p.381.

[1588] M. SUCHMAN, « *Managing legitimacy: Strategic and institutional approaches* », Academy of Management Review, vol.20 (3), 1995, p.574.

b. La confrontation au principe de souveraineté des Etats

726. La légitimité de l'institution spécialisée est confrontée à la souveraineté des Etats[1589]. En effet, une organisation internationale publique « fonctionne sociologiquement souvent comme une instance de légitimation, mais sa propre légitimité puise *in fine* aux sources du pouvoir dans l'Etat[1590] ». Pour le Professeur BEAUD, « la souveraineté elle-même est un concept de légitimité[1591] ». Ainsi, « l'incorporation de l'idée de souveraineté à l'Etat transforme le pouvoir politique en un pouvoir légitime[1592] ». Dès lors, afin de permettre au pouvoir de l'OMS de devenir définitivement légitime encore faut-il que l'idée de souveraineté[1593] soit incorporée.

727. Or, si l'OMS dispose d'une personnalité juridique, il ne faut pas la confondre avec la souveraineté, qui est une notion fondamentalement distincte[1594]. Ainsi, en droit international, il est possible pour une organisation d'« avoir une personnalité juridique sans être souverain[1595] ». Selon PELLET, la souveraineté « caractérise l'Etat » et la personnalité juridique « signifie que son titulaire est le 'sujet' d'un ordre juridique donné, qu'il a, en vertu de ce droit, la capacité d'avoir des droits et des obligations, de faire valoir les premiers et de répondre du non-respect des secondes[1596] ». En effet, la personnalité *stricto* sensu est « simplement la possibilité d'avoir des droits et des obligations dans un système juridique donné[1597] ». Dès lors, au sein d'un même système juridique, des sujets souverains peuvent coexister avec d'autres qui ne le sont pas.

728. La souveraineté internationale de l'Etat « ne s'analyse pas en termes positifs, comme un ensemble de pouvoirs qu'il détiendrait sur ses sujets ou sur les autres, elle est un attribut négatif et signifie qu'aucun pouvoir légal ne peut s'exercer sur lui[1598] ». Si sur le plan interne la souveraineté de l'Etat a longtemps été considérée comme absolue[1599], sur le plan international, la souveraineté devient « relative dans sa sphère externe, où elle rencontre son alter ego, la souveraineté de l'autre Etat[1600] ». Deux conséquences sont attribuées à cette souveraineté internationale. Premièrement, comme le rappelle la CIJ, la reconnaissance d'une personne internationale « n'équivaut

---

[1589] V. *contra* GIRAUD (E.), « *Le rejet de l'idée de souveraineté, l'aspect juridique et l'aspect politique de la questions* », in *La technique et les principes du droit public : études en l'honneur de G. Scelle*, LGDJ, 1950, pp.253-266.

[1590] E. LAGRANGE, « *La catégorie 'organisation internationale'* », in E. LAGRANGE et J.-M. SOREL, *op.cit.*, p.66 (pp.35-70).

[1591] O. BEAUD, *La puissance de l'Etat*, PUF, 1994, p.20.

[1592] *Ibid.*

[1593] V. J.-A. CARILLO-SALCEDO, « *Droit international et souveraineté des Etats. Cours général de droit international public* », RCADI, vol.257, 1996, pp.37-221.

[1594] A. PELLET, « *Le droit international à l'aube du XXIème siècle* », *op.cit.*, p.69.

[1595] J.-M. SOREL, « *L'institutionnalisation des relations internationales* », in E. LAGRANGE et J.-M. SOREL, *op.cit.*, p.33 (pp.11-34).

[1596] A. PELLET, « *Le droit international à l'aube du XXIème siècle* », *op.cit.*, p.69.

[1597] J.-M. SOREL, « *L'institutionnalisation des relations internationales* », in E. LAGRANGE et J.-M. SOREL, *op.cit.*, p.33.

[1598] J. COMBACAU et S. SUR, *Droit international public*, Montchrestien-Lextenso, Domat Collection, 10e éd. 2012, p.23. V. également J. COMBACAU, « *Pas une puissance, une liberté : la souveraineté internationale de l'Etat* », Pouvoirs, n°67, 1993, pp.47-58.

[1599] D. ENGSTER, « *Divine Sovereignty: the origins of modern state power* », DeKalb, 2001, p.47.

[1600] O. BEAUD, « *Souveraineté* », P. RAYNAD et S. RIALS (dir.), *Dictionnaire de philosophie politique*, PUF, 1996, p.628 (pp.625-633).

pas à dire que l'Organisation soit un Etat (...) ou que sa personnalité juridique, ses droits et ses devoirs soient les mêmes que ceux d'un Etat (...) il n'existe pas de 'super-Etat'[1601] » et deuxièmement, tous les Etats sont égaux. On parle alors d'égalité souveraine[1602] entre les Etats qui sont juridiquement égaux entre eux[1603]. Les Etats entretiennent des relations entre eux semblables à celles entre les particuliers dans l'ordre interne. La différence est que dans l'ordre interne l'Etat est légalement qualifié pour dégager une expression autorisée de l'intérêt général face à ses sujets[1604]. A l'inverse, au niveau international, en l'absence d'un être juridiquement supérieur, « ce sont les intérêts particuliers des Etats qui animent leur action ou, au mieux, la représentation particulière que chacun se fait de l'intérêt général[1605] ». Dès lors, l'égalité souveraine apparaît davantage comme un objectif « car les règles réelles et matérielles du droit international sont organisées à partir de la constatation de l'inégalité réelle des Etats[1606] ».

729. Pour le Professeur PELLET, « si les Nations unies, comme les autres organisations internationales ont des droits et des obligations en vertu du droit international, et sont donc sujets de ce droit qui leur reconnaît une personnalité juridique, elles ne sont pas souveraines (...)[1607] ». Pour Monsieur ATTAR, l'Etat demeure le « grand ordonnateur de l'ordre juridique international[1608] » et détermine l'existence juridique des autres sujets du droit international et l'étendue de leurs droits et obligations[1609]. La souveraineté demeure un « monopole étatique[1610] » et les organisations internationales demeurent « des créations juridiques[1611] ».

730. Le corollaire de la souveraineté étatique est le principe de non-ingérence ou de non intervention qui constitue « une interdiction faite à tout Etat de s'immiscer dans les affaires internes ou externes relevant de la compétence exclusive d'un autre Etat »[1612]. La CIJ rappelle que « le principe de non intervention met en jeu le droit de tout Etat souverain de conduire ses affaires sans ingérence extérieure[1613] ». Toutefois, rien ne s'oppose à ce que l'Etat, à son initiative, « se soumette au droit que produit l'action conjointe d'Etats également souverains, c'est-à-dire à l'ordre juridique international[1614] ».

[1601] Avis Consultatif du 11 avril 1949 de la Cour internationale de Justice (CIJ), *Réparation des dommages subis au service des Nations unies,* CIJ Recueil 1949, p.9.

[1602] Cette notion est rappelé par la Charte des Nations unies à l'article 2 § 1 : « L'Organisation est fondée sur le principe de l'égalité souveraine de tous ses Membres »

[1603] J.-M. SOREL, « *L'institutionnalisation des relations internationales* », in E. LAGRANGE et J.-M. SOREL, *op.cit.*, p.28. V. également B. BOUTROS-GHALI, « *Le principe d'égalité des Etats et les Organisations Internationales* », RCADI, vol.100, 1960, pp.1-73.

[1604] J. COMBACAU et S. SUR, *Droit international public, op.cit.,* 2014., p.23.

[1605] *Ibid.*

[1606] J.-M. SOREL, « *L'institutionnalisation des relations internationales* », in E. LAGRANGE et J.-M. SOREL, *op.cit.*, p.28.

[1607] A. PELLET, *Le droit international à l'aube du XXIème siècle, op.cit.,* p.69.

[1608] F. ATTAR, *Le droit international entre ordre et chaos*, Hachette, Paris, 1994, p.68.

[1609] A. PELLET, *Le droit international à l'aube du XXIème siècle, op.cit.,* p.69.

[1610] *Ibid.*

[1611] *Ibid.*

[1612] J. SALMON, *Dictionnaire de droit international public*, *op.cit.*,, « principe d'ingérence ou de non intervention », p.746.

[1613] CIJ, *Détroit de Corfou*, Arrêt du 9 avril 1949, *Rec. 1949*, p.35.

[1614] J. COMBACAU et S. SUR, *Droit international public, op.cit.,* 2014., p.237.

731. Le principe de souveraineté qui permet l'indépendance des Etats et empêche l'exercice d'une contrainte qu'il n'aurait pas accepté, vient en contradiction avec l'autorité normative de l'OMS. Dès lors, si une autorité normative – c'est-à-dire sa fonction normative – est reconnue à l'OMS par les Etats, sa légitimité, qui s'inscrit dans la durée et compose son autorité figurative, se retrouve confrontée à l'indépendance des Etats. Les Etats, malgré cette reconnaissance *ab initio* d'une autorité normative, conservent toujours la possibilité de ne pas reconnaître l'OMS en tant qu'autorité normative légitime et figurative. D'ailleurs, si la Constitution enjoint en premier lieu à l'OMS d'agir en tant qu'autorité directrice et coordinatrice dans le domaine de la santé, elle stipule par contre en deuxième et troisième lieu que l'aide fournie aux gouvernements sous diverses formes fera dépendre cette assistance d'une demande des gouvernements intéressés ou de leur acceptation[1615].

732. En d'autres termes, l'OMS n'étant pas une organisation supranationale, supérieure aux Etats, son autorité – un pouvoir reconnu couplée à une légitimité affirmée – normative en santé sera toujours soumis au principe de souveraineté. Malgré des tentatives de remise en cause de la souveraineté des Etats[1616] ou de difficultés à cerner cette notion[1617] en droit international dans la doctrine, elle permet toujours aux Etats, sans avoir à se justifier juridiquement, de ne pas adopter ni ratifier les normes émises par l'OMS. Comme le soulignait GIRAUD « si l'on considère le comportement des gouvernants qui invoquent la souveraineté de l'Etat pour refuser d'accepter une limitation de la liberté de leur Etat, on s'aperçoit que l'argument qu'ils invoquent est plus souvent un prétexte qu'une raison[1618] ». Cette souveraineté se voit remise en cause en cas d'actes unilatéraux des organisations internationales en ce qu'un Etat peut se voir imposer un règlement auquel il n'a pas consenti, en cas de vote à la majorité. Toutefois, la souveraineté s'exprimera alors dans les difficultés ou les oppositions de mise en œuvre de l'instrument.

[1615] V. article 2 c) de la Consitution de l'OMS « aider les gouvernements, *sur leur demande*, à renforcer leurs services de santé ».

[1616] J. BASDEVANT, « *Règles générales du droit de la paix* », RCADI, vol.58, 1936, p.580 (pp.471-690) : « Pour l'auteur la souveraineté est une « 'pure mystique' : quoi qu'il en soit, ils sont guidés par cette mystique qui devient par là une réalité de la vie internationale. » ; L. BAL, *Le mythe de la Souveraineté en droit international, La souveraineté des Etats à l'épreuve des mutations de l'ordre juridique international*, thèse, Université de Strasbourg, 3 février 2012. V. également C. A. MORAND, *« La souveraineté, un concept dépassé à l'heure de la mondialisation ? », L'ordre juridique international, un système en quête d'équité et d'universalité, Liber amirocum Georges Abi-Saab,* Martinus Nilhoff Publishers, 2001 pp.151-175. L'auteur estime que la notion de souveraineté serait dépassée dans le cadre de la mondialisation. V. également J. CAMILLERI et J. FALK (dir.), *The end of sovereignty ? The politics of a shrinking and fragmenting world*, E. Elgar, 1992 et N. MacCORMICK, *Questioning sovereignty*, Oxford, 1999.

[1617] C. CHAUMONT, « *Recherches du contenu irréductible du concept de souveraineté internationale de l'Etat* » in *Hommage d'une génération de juriste au Président Basdevant*, Pedone, 1960, p.116 (pp.114-151). L'auteur précise que « c'est désir et non pas réalité, que de faire de la souveraineté soit un concept sacré, soit un concept disparu. » ; H. STEINBERGER, « *Sovereignty* », in R. BERNHARDT (dir.), *Encyclopedia of Public International law,* Elsevier, vol.4, 2000, p.500 (pp.500-521). L'auteur énonce que « la souveraineté est la notion la plus controversée de l'histoire, de la doctrine et de la pratique du droit international public. » ; N. POLITIS, « *le problème des limitations de la souveraineté et la théorie de l'abus des droits dans les rapports internationaux* », RCADI, vol.6, 1925 (pp.1-121) V. également M.-S. KOROWICZ, *Organisations internationales et souveraineté des Etats membres,* Pedone, 1961.

[1618] E. GIRAUD, « *Le rejet de l'idée de souveraineté, l'aspect juridique et l'aspect politique de la question* », *La technique et les principes du droit public : études en l'honneur de G. Scelle* », LGDJ, 1950, p.258 (pp.253-266).

733. A cette fragilisation *de jure* s'ajoute l'absence de perception *a posteriori* et continue de la reconnaissance de la légitimité de son pouvoir normatif. Cette reconnaissance limitée s'explique notamment en raison de difficultés de fonctionnement interne.

2. Un pouvoir normatif limité par des difficultés de fonctionnement interne

734. Les difficultés de fonctionnement interne à l'OMS qui affectent son autorité normative sont doubles. D'abord, il y a un manque de ressources au sein de l'OMS (a). Ensuite, un choix de priorités de l'OMS est fait au détriment de sa fonction normative (b).

a. Des ressources insuffisantes

735. Signe de la reconnaissance d'une autorité normative, il existe une division juridique au sein de l'OMS. Pour certains, elle occupe une place importante du fait de l'activité juridique de l'OMS sur le plan de la formulation des concepts, des normes et codes et sur le plan de l'application administrative des mesures adoptées[1619]. Par exemple, cette division juridique a la charge du bon fonctionnement et de l'application de la CCLAT, adoptée en 2003. Plus largement, la fonction essentielle de cette division juridique est de donner des avis sur différents aspects du programme de l'OMS et sur son exécution. Selon le Professeur BELANGER, elle apporte au Directeur général mais également aux bureaux régionaux, et aux organes politiques de l'OMS, son conseil sur les problèmes juridiques et questions de droit[1620] renforçant ainsi, en théorie, la volonté des constituants de permettre à l'OMS d'exercer son autorité normative.

736. Toutefois il apparaît que la composition du Secrétariat ne permet pas la bonne gestion de la tâche qui lui incombe de fait, en particulier en tant qu'autorité normative. D'après le rapport annuel des ressources humaines de 2013, au 31 décembre 2012, l'OMS comptait au total 7338 membres du personnel dans le monde, dont 6549 titulaires d'engagements à long terme et 789 d'engagements temporaires[1621]. Sur les titulaires d'engagements à long terme, 2155 (32,9 %) appartenaient aux catégories professionnelles de rang supérieur, 896 (13,7 %) étaient des administrateurs recrutés sur le plan national et 3498 (53,4 %) appartenaient à la catégorie des services généraux. L'ensemble des catégories professionnelles de rang supérieur, est aujourd'hui composé à 47,8 % de spécialistes médicaux dont 90,7 % de médecins. Les 50,2 % restant se répartissent entre les autres spécialités dont seulement 0,1 % d'économistes et 1,4 % de juristes et 1,6 % de spécialistes de sciences sociales[1622]. En valeur, le nombre de juristes au sein des catégories

[1619] E. MONDIELLI, « *Etude 135 : Organisations Internationales* », *op.cit.*, n°135-105.

[1620] M. BELANGER, *Droit international de la santé*, Economica, 1983, p.73-74.

[1621] OMS, *Ressources humaines : rapport annuel*, Rapport du Secrétariat Général A66/36 du 14 mai 2013, pp.1-2

[1622] *Ibid.*, Tableau 13 - *Répartition des postes des catégories professionnelle et de rang supérieur selon les principaux groupes professionnels.*

professionnelles de rang supérieur serait donc de 34 employés[1623]. Comment est-il envisageable pour une organisation d'une telle envergure d'être légitime en tant qu'autorité normative lorsque 34 personnes sur un total de 7338 membres sont des juristes ?

737. Il y a un manque criant de personnel juridique au sein de l'OMS afin de légitimer sa qualification d'autorité normative. D'autant plus que le tableau fait référence aux qualifications exigées pour l'emploi et non aux compétences du titulaire. Dès lors, il est incertain que la qualification exigée corresponde entièrement à la compétence mise en œuvre par le titulaire. Il est donc envisageable que des membres du personnel ayant obtenu une qualification juridique ne consacrent pas leur compétence à du travail juridique à proprement parler. L'inverse est également possible : du personnel non qualifié juridiquement travaillant à des postes juridiques ce qui pourrait affecter la qualité juridique du travail accompli.

738. Enfin, en termes de financement consacré à sa fonction normative, il est difficile, au regard des budgets de l'OMS de déterminer précisément le montant alloué à cette tâche[1624]. En effet, la fonction normative est souvent considérée comme une fonction d'appui ou de support aux différents programmes. Néanmoins, on constate des difficultés de financement de l'action générale de l'OMS auxquelles la fonction normative ne déroge pas.

739. Toutefois, dans son budget prévisionnel pour 2016-2017, en plus des cinq programmes annoncés, dans la dernière catégorie des programmes énoncés « Catégorie 6 : Services institutionnels et fonction d'appui », sous « Leadership et gouvernance » l'OMS précise qu'elle « exerce une action fédératrice qui lui permet d'organiser toutes sortes de négociations et de discussions sur des questions de santé publique entre les Etats membres, ainsi qu'avec d'autres parties prenantes. Elle exerce cette fonction aux différents niveaux de l'Organisation [dont] au Siège, du fait du nombre croissant de problèmes mondiaux appelant des négociations et des accords intergouvernementaux (...)[1625] ». Ainsi, est prévu pour le secteur de programme « Leadership et gouvernance » une enveloppe de 222,7 millions de dollars dont 82,7 millions au Siège[1626]. Au vu des multiples activités prévues dans ce secteur de programme, le financement spécifiquement dédié à la fonction normative apparaît quasi-inexistant. En termes d'efficacité, il est essentiel qu'une enveloppe propre au développement de la fonction normative soit accordée.

740. Cette absence de considération pour la fonction normative de l'OMS, constitutive de son autorité normative, se reflète également dans les priorités mises en avant par la Direction Générale de l'OMS.

[1623] On notera, par ailleurs, que des responsables à l'OMS s'étonnent d'un tel chiffre 'élevé'. Entretien avec G. L. Burcy, conseiller juridique de la Directrice de l'OMS, le 4 mars 2015.

[1624] OMS, *Projet de budget programme pour l'exercice 2016-2017,* 68ᵉ AMS, A68/7, 30 avril 2015.

[1625] *Ibid.*, p.111.

[1626] *Ibid.*, p.125.

b. Une priorité relative pour la Direction Générale

741. Avant même la mise en œuvre de la réforme, la fonction de « fixer des normes et des critères, encourager et surveiller leur application » était considérée comme l'une des six fonctions essentielles définies par l'OMS[1627]. Par la suite, dès le début de la réforme, l'OMS reconnaissait l'importance de sa capacité à adopter des normes. En 2010, l'OMS précisait dans la liste d'activités essentielles que « les pays s'adressent à l'OMS pour obtenir les conseils [… qui] peuvent prendre la forme de normes et de critères internationaux [1628] ». De même, l'OMS insistait sur « [les compétences techniques du Siège qui] lui permettent de jouer un rôle majeur dans le travail de fixation de normes et de critères accomplis par l'OMS [1629] » et des « mécanismes bien établis pour élaborer des lignes directrices, des normes et des écrits internationaux [qui] apportent une contribution incontestable à l'action sanitaire mondiale[1630] ».

742. Par la suite, en 2012, l'OMS considérait en tant que critère pour la définition des priorités et des programmes, notamment l'alignement sur sa Constitution. Elle retenait comme critères spécifiques « les instruments ayant fait l'objet d'un accord international et qui concernent la santé ou ont une incidence sur la santé ». De même, en 2013, dans le cadre de la réforme en cours et prenant exemple sur le Règlement sanitaire international de 2005, l'OMS rappelait l'importance de « la négociation d'instruments internationaux » en lien avec le renforcement des capacités dans les pays[1631]. L'OMS soulignait l'utilité de ces instruments qui peuvent réduire les menaces transnationales pour la santé[1632]. Cette impression de vouloir faire de l'OMS une autorité normative a été renforcée par le Douzième programme de travail 2014-2019 qui énonce à nouveau, cette fois en tant que troisième et non deuxième fonction essentielle, la fonction de « (3) fixer des normes et des critères, encourager et surveiller leur application[1633] ».

743. Ces différents éléments ainsi que l'adoption de la première convention internationale par l'OMS, issue de l'article 19 de la Constitution, ont pu susciter de l'enthousiasme chez certains auteurs quant à la volonté de l'OMS de renforcer davantage son autorité normative en santé. Ainsi, la Professeure TAYLOR estimait, en 2013, que « les mécanismes de l'OMS permettant de légiférer au niveau international de l'OMS faisaient l'objet d'une attention sans précédent dans les débats récents afin d'en faire une fonction prioritaire dans le futur[1634] ». L'auteure constatait un « large consensus en faveur d'un

[1627] V. OMS, *Onzième programme général de travail 2006-2015 – Rapport du Secrétariat*, Conseil exécutif, EB117/16, 12 décembre 2005.
[1628] OMS, *Le financement futur de l'OMS – Rapport du Directeur général*, Conseil exécutif, EB 128/21, 15 décembre 2010, p.2.
[1629] *Ibid.*, p.3.
[1630] *Ibid.*, p.4.
[1631] OMS, *Rôle de l'OMS dans la gouvernance de l'action sanitaire mondiale- Rapport du Directeur général*, Conseil exécutif, EB 132/5 Add.5, 18 janvier 2013, p.6.
[1632] *Ibid.*, p.2.
[1633] OMS, Résolution WHA66.1 « *Douzième programme de travail, 2014-2019* », Soixante-sixième Assemblée mondiale de la santé, du 20 au 27 mai 2013.
[1634] A. TAYLOR, « *Leveraging non-binding instruments for global health governance : reflections from the Global AIDS reporting mechanism for WHO reform*, Public Health XXX I-10, 2013, p.2.

rôle central de créateur de droit dans le cadre d'une Organisation réformée[1635] ».

744. Toutefois, si ces intentions affichées ont pu laisser penser à la volonté de faire de l'OMS une autorité normative, la prise en compte de cette fonction essentielle dans les mesures de mises en œuvre de la réforme apparaît très limitée. D'une part, aucune réforme envisagée intègre directement des éléments relatifs à l'action normative de l'OMS. Les priorités à mettre en œuvre concernent le financement, la collaboration avec les ONG ou encore l'amélioration de la prise de décision de l'Assemblée mondiale de la santé. A cet égard, l'encadrement théorique ne fait pas de référence à son activité normative en tant que priorité.

745. D'autre part, pour la Directrice générale actuelle, Madame CHAN, considérer l'OMS en tant qu'autorité juridique n'est pas une priorité de l'Organisation. Après la crise *Ebola*, elle a beaucoup insisté sur le fait que l'OMS est une « agence technique[1636] ». De même, les références aux normes et autres instruments juridiques adoptés par l'OMS sont très limitées voire inexistantes dans les allocutions prononcées par le Mme CHAN, démontrant le peu de considération pour ces aspects. Une de ses priorités principales est la Couverture sanitaire universelle[1637]. Cette position contraste grandement avec la volonté de Mme BRUNDTLAND qui avait pour ambition de lutter contre le tabagisme en particulier par la mise en œuvre d'une Convention internationale. L'incarnation de l'OMS par son Directeur général est essentielle : dès lors que la compétence est présente – ici en matière normative – il revient à ce dernier de décider – en concertation avec les Etats membres – de mettre en avant et d'orienter l'autorité de l'OMS en conséquence.

746. On regrettera enfin que l'adoption d'un Protocole à la CCLAT pour éliminer le commerce illicite des produits du tabac n'ait pas suscité d'enthousiasme particulier de la part de la communauté internationale. Ce Protocole adopté en 2012, n'est toujours pas entré en vigueur en raison d'un manque de signature par les Etats membres[1638], ce qui illustre les limites de la capacité fédératrice de l'OMS en matière normative.

747. Dès lors, l'autorité normative de l'OMS ne s'inscrit pas en tant que priorité de l'OMS. Sa légitimité ne s'est pas suffisamment inscrite *a posteriori* dans la durée. Si les Etats ont reconnu un pouvoir normatif à l'OMS, la perception par ces derniers de la légitimité de l'Organisation en tant qu'autorité normative apparaît affaiblie.

748. Toutefois, la difficulté supplémentaire dans l'affirmation de l'OMS en tant qu'autorité normative émane de sa légitimité qui est concurrencée par d'autres acteurs normatifs.

[1635] *Ibid.*

[1636] S. FINK, « *W.H.O. Leader describes the Agency's Ebola Operations* », Entretiens, New York Times, 4 Septembre 2014.

[1637] V. la déclaration de Mme CHAN « Je considère la couverture saitaire universelle comme le concept le plus efficace que la santé publique ait à proposer » (www.who.int/universal_health_coverage/fr/).

[1638] Au 20 janvier 2016, il y a seulement treize parties signataires sur les quarante nécessaires à son entrée en vigueur automatique. Ils étaient 23 parties signataires en octobre 2016.

B. Une légitimité concurrencée

749. A l'origine, c'est la nécessité d'une coopération internationale qui a légitimé la mise en place de l'OMS elle-même[1639]. Dès lors, si la concurrence de l'autorité normative est évidente à l'échelle étatique[1640], on constate que la concurrence des autres acteurs se fonde sur deux critères principaux. D'une part, l'existence d'un corpus juridique en santé davantage cohérent (2). D'autre part, la mise en œuvre d'un mécanisme juridictionnel qui permet le développement d'une jurisprudence propre (2).

1. Le développement d'un corpus juridique en santé

750. Ce corpus juridique en santé repose sur deux éléments complémentaires. D'une part, des instruments normatifs fondent le pouvoir normatif (a). Ensuite, des codes juridiques en santé compilent et consolident ce corpus juridique (b).

a. La présence d'instruments juridiques en santé

751. Tout comme la compétence sanitaire, la compétence juridique en santé n'est pas de l'exclusivité de l'OMS au niveau international, bien au contraire. Il existe ainsi au niveau mondial une concurrence des normes du fait de la multiplication des acteurs.

752. A ce titre, l'Union européenne (UE) dispose d'une compétence générale en santé, selon le Traité sur le fonctionnement de l'Union européenne de 2010, afin d'assurer un « niveau élevé de protection de la santé humaine (...) dans la définition et la mise en œuvre de toutes les politiques et actions de l'Union[1641] ». L'UE dispose de cette compétence soit de façon prioritaire aux Etats (compétence partagée), soit pour mener des actions afin d'appuyer, de coordonner ou de compléter l'action des Etats membres (compétence d'appui)[1642].

753. Dans le premier cas, l'UE peut donc adopter des actes juridiques contraignants relatifs aux « enjeux communs de sécurité en matière de santé publique (…) », selon l'Article 4 du Traité sur le fonctionnement de l'Union européenne de 2010. Les compétences du système juridique européen permettent à l'UE, en sus de l'évolution de son droit originaire, par le biais de ces institutions, d'adopter des instruments juridiques à caractère législatif

---

[1639] S. KARAGIANNIS, « *Le droit à la santé dans certains textes internationaux et constitutionnels : entre généreuse utopie et mesquin pragmatisme ?* », *op.cit.*, p.5. L'auteur précise ainsi que « Naturellement, c'est cette coopération internationale, ainsi devenue nécessaire, qui légitime la mise en place d'une organisation internationale, l'OMS elle-même. »

[1640] Par définition, les organisations interétatiques n'existent que par la volonté des Etats et leur souveraineté leur garantit une indépendance à l'égard de l'autorité normative de l'OMS. V. également : S. KARAGIANNIS, « *Le droit à la santé dans certains textes internationaux et constitutionnels : entre généreuse utopie et mesquin pragmatisme ?* », *op.cit.*, n.d.p.47. L'auteur précise que « Bien entendu, l'existence de l'OMS ne peut aboutir à une délégitimation de ses États membres et de leurs gouvernements, perspective qui, de toute façon, n'aurait jamais pu être acceptée par ces derniers. Rassurant, le neuvième et dernier alinéa du préambule [de la Constitution] précise que « les gouvernements ont la responsabilité de la santé de leurs peuples ; ils ne peuvent y faire face qu'en prenant les mesures sanitaires et sociales appropriées ».

[1641] Article 168 du Traité sur le fonctionnement de l'Union européenne, 2010.

[1642] V. *supra* n°0 et s.

(règlements, directives et décisions[1643]) qui participent à l'harmonisation régionale du système juridique de santé. Ainsi, l'adoption d'instruments juridiques à caractère législatif a donné lieu à un corpus législatif en droit de la santé au niveau européen très important.

754. Par ailleurs, la capacité d'autres organisations internationales d'adopter des instruments normatifs affecte l'autorité normative de l'OMS. Ainsi les différentes conventions internationales, fondées sur l'approche des droits de l'homme, et adoptées sous l'égide du système des Nations unies se sont multipliées[1644]. Si aucune ne concerne directement la santé, elles ont toutes incidemment un lien avec des enjeux de santé, en particulier, la dernière en date : la Convention relative aux droits des personnes handicapées de 2006 (entrée en vigueur en 2008).

755. Si l'OMS y est associée notamment dans sa participation « au Groupe d'appui inter-organisations chargé de promouvoir et de mettre en œuvre la Convention », elle reconnaît que « de nombreux articles de la Convention intéressent le mandat de l'OMS et, au sein de l'Organisation, beaucoup de départements œuvrent en faveur des droits des personnes handicapées[1645] ». Dès lors, l'OMS aurait tout à fait pu être davantage engagée dans l'élaboration de la Convention y compris dans sa mise en œuvre avec, par exemple, la création d'un bureau de suivi de la Convention comme pour la CCLAT de 2003 ou du moins garantir une coresponsabilité sous l'égide commune ONU-OMS. Or, malgré une participation de l'OMS à la Convention aux droits des personnes handicapées, il s'agit bien d'un instrument adopté sous l'égide principale de l'ONU.

756. Dernier point, l'autorité normative de l'OMS est affaiblie par le financement de son activité par des acteurs non étatiques[1646]. La possibilité qui leur est offerte d'agir sur le choix des actions et programmes à mettre en œuvre en priorité du fait des contributions volontaires agit également indirectement sur la capacité de l'OMS à adopter des instruments normatifs ainsi que sur le contenu de ces instruments éventuels.

[1643] Pour une explication détaillée du droit de l'Union européenne voir : K.-D. BORCHARDT, *L'ABC du droit de l'Union européenne, op.cit.,* p.85 : « Le droit créé dans l'exercice des compétences transférées aux institutions de l'Union est appelé droit dérivé de l'Union, la deuxième source de droit la plus importante de l'UE. Il comprend les actes législatifs, les actes juridiques délégués, les actes juridiques d'exécution ainsi que les autres actes juridiques. Les « actes législatifs » sont les actes juridiques édictés dans la procédure législative ordinaire ou spéciale (article 289 du traité TFUE). Les « actes juridiques délégués» sont les actes juridiques qui n'ont pas caractère de loi, mais ont un effet général et obligatoire et par lesquels peuvent être modifiées ou complétées certaines dispositions non essentielles d'un acte législatif. »

[1644] Dès 1965 avec la Convention internationale sur l'élimination de toutes les formes de discrimination raciale, puis le Pacte international relatif aux droits civils et politiques (1966) et le Pacte international relatif aux droits civils et politiques (1966). Ensuite la Convention sur l'élimination de toutes les formes de discrimination à l'égard des femmes (1979), la Convention contre la torture et autres peines ou traitements cruels, inhumains ou dégradants (1984), la Convention relative aux droits de l'enfant (1989), la Convention internationale sur la protection des droits de tous les travailleurs migrants et des membres de leur famille (1990) et la Convention internationale pour la protection de toutes les personnes contre les disparitions forcées (2006).

[1645] http://www.who.int/disabilities/media/news/unconvention/fr/

[1646] V. *supra* n°0 et s.

757. L'ensemble de ces corpus juridiques sanitaires, symptomatique d'un pluralisme des « producteurs[1647] » de normes est parfois accompagné par la mise en œuvre de codes sanitaires dont la valeur juridique peut varier.

b. Le développement de codes sanitaires

758. L'existence de codes sanitaires participe à la consolidation de l'autorité normative de ceux qui en ont la charge. A cet égard, comme le rappelle Madame la Professeure COULEE, « la notion de Code ne peut avoir le même sens en droit international qu'en droit interne[1648] ». En effet, il n'existe pas, en droit international, de Code réunissant « des textes à caractère obligatoire, dont l'application s'impose à tous de manière générale[1649] ».

759. Selon un premier sens, un code est un « instrument contenant un exposé systématique et complet des règles applicables à une matière déterminée[1650] ». Le caractère contraignant ou simplement incitatif de tels codes dépend des circonstances de l'adoption du texte. Ainsi, la codification « dans sa conception originelle de rassemblement, dans un unique code, des règles intéressant une matière, vise à donner un souffle cohérent à cette matière[1651] ». Parfois, les codes adoptés, « constituent plus un tout organique et se présentent souvent comme de simples compilations réunissant dans un même ensemble les dispositions touchant à un ordre de matières déterminés[1652] ». Enfin, elle peut également consister en une opération visant à « énoncer par écrit, au moyen notamment de traités, les règles du droit international (en grande partie coutumière) relatives à une matière déterminée[1653] ».

760. Suivant ce premier sens du code, on constate que l'Organisation panaméricaine de la santé a développé son propre code. Ainsi, le Code sanitaire panaméricain, à l'origine, désignait l'ensemble des fonctions et des obligations attribuées au Bureau. Le contenu du Code a, par la suite, été enrichi par d'autres responsabilités confiées par la Conférence sanitaire panaméricaine ou par le Conseil. A l'origine, le Code fut adopté par 18 Etats des Amériques, le 14 novembre 1924, à la Havane à Cuba[1654]. Par la suite, le Code fut ratifié par l'ensemble des Etats d'Amérique et est toujours en vigueur aujourd'hui.

761. Il représente « le plus grand accomplissement d'élaboration de politiques sanitaires dans l'hémisphère américain et d'accumulation de décennies d'initiatives internationales visant à prolonger la vie des populations

---

[1647] M. SAMSON, « *Réflexions sur le rôle du droit dans la gouvernance de la santé mondiale* », in E. MONDIELLI, F. VIALLA et E. CADEAU (coord.), *op.cit.*, p. 121 (pp.117-134).

[1648] F. COULEE, « *La codification du droit international. Le cas des réserves aux traités internationaux* », Leçon 9, in M. PERRIN DE BRICHAMBAUT, J.-F. DOBELLE avec la contribution de F. COULEE, *Leçons de droit international public*, 2e éd., Presses de Sciences Po et Dalloz, 2011, p.307 (pp.307-334).

[1649] *Ibid.*

[1650] J. SALMON, *Dictionnaire de Droit international public, op.cit.*, « code», p.188.

[1651] S. GUINCHARD et T. DEBARD (dir.), *Lexique des termes juridiques 2014-2015, op.cit.*, « codification » p.188-189.

[1652] *Ibid.*, p.189.

[1653] *Ibid.*

[1654] PAHO, *The Pan American Sanitary Code : Toward a hemispheric Health Policy,* Occasional Publication n°1, 1999.

et garantir leur bonheur[1655] ». Si le contenu du code a su évoluer avec son temps, les objectifs énoncés dès 1924 ont toujours été les mêmes : prévenir la propagation des infections transmissibles aux êtres humains, promouvoir les mesures de coopération entre les Etats et standardiser les statistiques de mortalité et de morbidité, stimuler l'échange mutuel d'information[1656]. A la différence du code européen, ce code bénéficie d'une valeur juridique contraignante.

762. Si le Code apparaît dépassé aujourd'hui notamment par l'adoption de nouveaux instruments internationaux[1657], il n'en demeure pas moins un élément essentiel dans la fondation du système panaméricain de santé, illustrant la cohérence souhaitée du corpus juridique.

763. Parallèlement, suivant un autre sens, un Code peut être « un instrument élaboré par un auteur de doctrine ou par une institution scientifique internationale[1658] ». Ce code n'a alors aucune force obligatoire. Suivant cette deuxième approche dite « académique », en 2009 un Code européen de la santé a été publié regroupant l'ensemble des textes à vocation sanitaire émanant des instances communautaires et du Conseil de l'Europe[1659]. On notera ici que l'inclusion des textes émanant du Conseil de l'Europe élargit la notion régionale à l'Europe et non uniquement à celle de l'Union européenne. Toutefois, les textes réunis couvrent un vaste ensemble des domaines de l'action sanitaire européenne dont la prévention, la santé et la protection du consommateur, les institutions européennes de la santé, les droits des patients, les professionnels de santé, les établissements de santé et les produits de santé[1660]. Malgré son absence de contrainte en tant qu'ouvrage académique ou scientifique[1661], ce code atteste d'un contenu du « droit européen de la santé » diversifié et complet.

764. Si de nombreux acteurs disposent d'une compétence juridique en santé, celle-ci est renforcée par leur capacité à développer une jurisprudence propre.

2. Un mécanisme juridictionnel, fondement d'une jurisprudence propre

765. La jurisprudence développée par ces autorités normatives se fonde sur des mécanismes de règlement existants (a) mais aussi par le biais de mécanismes incidents (b).

[1655] *Ibid.*

[1656] Article 1 du Code sanitaire panaméricain.

[1657] Ainsi, la révision du Règlement sanitaire international de 2005 (RSI 2005) a abrogé l'article 2 du Code sanitaire panaméricain.

[1658] J. SALMON, *Dictionnaire de Droit international public, op.cit.*, « code», p.188.

[1659] A. LAUDE et D. TABUTEAU (dir.), *Code européen de la santé*, Editions de santé, Collection Hygea, 2009.

[1660] S'ajoute à cela les domaines de santé suivants : la bioéthique, la recherche, la sécurité sanitaire, la santé et environnement, les produits alimentaires, les milieux physiques et la protection sociale contre la maladie. Ce travail universitaire démontre bien la diversité du domaine de la santé traité par l'Union européenne.

[1661] V. Y. DAUDET, « *Rapport général »*, in *La codification du droit international*, SFDI, 1999, p.129.

a. Des mécanismes de règlement existants

766. S'ajoute à la compétence juridique, une compétence juridictionnelle qui est le « pouvoir (...) d'administrer la justice par l'intermédiaire de juridictions[1662] ». En premier lieu, la jurisprudence de la Cour de Justice de l'Union européenne (CJUE) est bien fournie. En effet, une des conséquences du développement d'instruments juridiques est sa répercussion dans la jurisprudence de l'Union européenne (UE). Ainsi, en matière notamment de mobilité des patients qui a toujours accompagné la mobilité des travailleurs[1663], les juges européens jouent un rôle important. Même si l'organisation des systèmes de santé obéit au principe de subsidiarité et donc à la compétence des Etats membres, les services de santé sont également soumis au principe de libre circulation des services prévu à l'article 26 du Traité sur le fonctionnement de l'Union européenne.

767. Les prestations médicales rémunérées relèvent du champ d'application de la libre prestation de services[1664]. Dès lors, la CJUE a rendu un certain nombre de décisions[1665] relatives à la prise en charge de droit commun de soins exécutés dans un autre Etat membre que celui du ressortissant. On peut citer la décision rendue le 9 octobre 2014 (C-268/13) en faveur d'une amélioration de la prise en charge des soins de santé des citoyens européens dans d'autres Etats membres[1666], affirmant davantage la mobilité des patients. Cette jurisprudence « est de portée considérable car elle ouvre une autre voie de remboursement, distincte de celle prévue par les règlements européens[1667] ».

768. La CJUE est également intervenue en matière de médicaments afin de d'accroître la protection du développement de médicaments génériques dans le cadre du droit communautaire de la concurrence[1668] ainsi qu'en matière de qualification de produits de santé [1669] et de protection de la santé des

---

[1662] J. SALMON, *Dictionnaire de Droit international public, op.cit.*, « compétence juridictionnelle », p.210.

[1663] F. FILHON et al., « *La mobilité des patients dans l'Union européenne : les enjeux de la prise de décision* », in *Pratiques et organisation des soins*, vol.43, 2012/4, pp.285-294 et p.285.

[1664] F. FILHON et al., « *La mobilité des patients dans l'Union européenne (...)* », *op.cit.*,

[1665] V. les arrêts suivants : *Kohll et Decker* du 28 avril 1998 (C-120/95 et C-158/96), *Smits et Peerbooms* du 12 juillet 2001 (C-157/99), *Van Braeckel* du 12 juillet 2001 (C-368/98), *Müller-Fauré et Van Riet* du 13 mai 2003 (C-385/99), *Burbaud* du 9 septembre 2003 (C-285-01), *DocMorris* du 11 décembre 2003 (C-322-1) et *Watts* du 16 mai 2006 (C-372/04).

[1666] F. KASTLER, « *L'élargissement de la notion de mobilité médicale : un arbre qui cache la forêt* », Les tribunes de la santé, Edition Sciences Po, Hiver 2014, pp.15-16.

[1667] SENAT, « *L'Union européenne et les services de santé* », Rapport du Sénateur Roland Ries n°186, du 30 janvier 2007. Le rapport rappelle la position de la CJUE : « Au total, la Cour considère que des limitations au principe de libre circulation des services de santé ne sont compatibles avec le traité que si elles sont motivées par une raison impérieuse d'intérêt général susceptible de justifier une entrave, qui ne peut être qu'objective et proportionnée, à la libre prestation de service. À ce titre, en l'état actuel de la jurisprudence, le risque d'atteinte grave à l'équilibre des comptes sociaux, le maintien d'un service national et hospitalier accessible à tous ou des motifs de santé publique peuvent constituer de telles raisons d'intérêt général pouvant justifier, sous conditions, la planification sanitaire ou le maintien d'autorisation préalable pour des soins hospitaliers programmés. »

[1668] V. notamment l'arrêt CJUE, *O, S & L*, 6 décembre 2012 (C-356/11 et C-357/11). La CJUE rejette le pourvoi du groupe pharmaceutique AstraZeneca (groupe AZ) qui contestait une amende de 60 millions d'euros que lui avait infligée la Commission européenne en 2005 pour abus de position dominante.

[1669] V. notamment l'arrêt rendu le 3 octobre 2013 (C-109/12). La CJUE a décidé qu'un même produit de santé peut être qualifié de dispositif médical dans un pays de l'UE et de médicament dans un autre.

patients[1670]. Cette liste non exhaustive démontre le développement de la jurisprudence des juges européens en matière de santé – développement qui apparaît essentiel et inévitable au sein de l'UE mais qui ne facilite pas, pour autant, la mise en œuvre de l'autorité normative de l'OMS. On notera tout de même que la CJUE fait référence aux travaux de l'OMS dans les arrêts qu'elle rend. Ainsi, selon la base de données accessible sur internet, au 15 juin 2015, trente-huit arrêts rendus font une référence explicite à l'OMS dont six à l'égard de la CCLAT à laquelle l'UE est partie[1671].

769. En second lieu, l'Organe de règlement des différends (ORD) de l'OMC rend de plus en plus de décisions en matière de santé publique. En effet, il arrive que les relations commerciales mettent en jeu des intérêts contradictoires y compris en matière de santé. Ainsi, les « Etats membres qui pensent avoir était lésés du bénéfice attendu par un autre Etat membre en raison de la violation ou non d'une obligation prévue dans les Accord de l'OMC peuvent se présenter devant l'Organe de règlement des différends[1672] ». L'ORD[1673] est l'un « des mécanismes de droit international les plus puissants » et les « plus prolifique » avec 488 disputes traitées de 1995 – année de sa mise en place – à janvier 2015[1674]. En particulier, la jurisprudence de l'OMC en matière de santé publique s'est grandement développée ces dernières années[1675]. Or, cette jurisprudence a des « implications profondes sur la santé publique[1676] » en interdisant ou en autorisant des restrictions sur les échanges commerciaux pour des raisons de santé.

770. Le fait que ces aspects liés à la santé et au commerce soient dépendants de la juridiction d'un organe de l'OMC illustre pertinemment le déséquilibre au détriment de l'OMS. En effet, malgré une participation et une coopération avec l'OMC, l'OMS ne dispose pas de compétence ni de moyen afin d'intervenir en matière de règlement des différends. Même si l'OMC ne dispose pas d'un mandat direct en matière de santé[1677], elle produit des effets juridiques en santé publique, par sa jurisprudence, sur lesquels l'OMS n'a que

---

[1670] V. notamment l'arrêt rendu le 10 avril 2014 (C-269/13). La CJUE réaffirme l'étendue de la protection de la santé des patients en rejetant le pourvoi d'un laboratoire pharmaceutique, au nom du principe de précaution en raison du non-respect des bonnes pratiques de fabrication des médicaments.

[1671] Ces chiffres ont été obtenus sur le site de la CJUE (http://curia.europa.eu/) en cherchant les mots clefs : « Organisation mondiale de la santé » et « Convention-cadre pour la lutte antitabac ».

[1672] L. O. GOSTIN, *Global Health Law*, *op.cit.*, p.274.

[1673] Pour des explications détaillées sur la procédure de règlement d'un différend voir : OMC, « *Règlement des différends, Chapitre 3* » (http://www.wto.org/french/thewto_f/whatis_f/tif_f/disp1_f.htm).

[1674] OMC, « *liste chronologique des différends* », http://www.wto.org/french/tratop_f/dispu_f/dispu_status_f.htm.

[1675] V. notamment les cas suivants : Communauté européennes – Mesures concernant les viandes et les produits carnés (hormones), Affaires DS26, 12 juillet 1999 ; Communautés européennes – Mesures affectant l'amiante et les produits en contenant, Affaires DS135, 5 avril 2001 ; Brésil – Mesures visant l'importation de pneumatiques rechapés, Affaires DS332, 29 août 2008 ; Etats-Unis – Certaines mesures visant les importations de volaille en provenance de Chine, Affaire DS392, 29 septembre 2010 ; Etats-Unis – Mesures affectant la production et la vente de cigarettes aux clous de girofle, Affaire DS406, 4 avril 2012 ; Fédération de Russie – Mesures visant l'importation de porcins vivants, de viande de porc et d'autres produits du porc en provenance de l'Union européenne, Affaire DS475, 8 avril 2014 ; Indonésie – Mesures concernant l'importation de viande de poulet et de produits à base de poulet, Affaire DS484, 16 octobre 2014.

[1676] L. O. GOSTIN, *Global Health Law, op.cit.*, p.278.

[1677] A. TAYLOR, « *Global Health Law* », in I. KICKBUSCH et al., *op.cit.*, p.44.

peu d'influence. L'OMS doit jouer un rôle plus important dans le fonctionnement et la prise de décision à l'OMC.

771. Il existe également des mécanismes de règlement juridique qui, s'ils ne sont pas directement mis en œuvre sous l'autorité de l'organisation, permettent le développement d'une jurisprudence sanitaire.

b. Des mécanismes de règlement incidents

772. Même en l'absence de mécanisme judiciaire intégré, il arrive qu'une organisation compétente en santé en bénéficie indirectement. C'est ce qu'illustre la collaboration entre l'Organisation panaméricaine de la santé (OPS) et le système des droits de l'homme de l'Organisation des Etats américains. A première vue, l'OPS apparaît indépendante du système des droits de l'homme apparu avec l'adoption de la Convention Américaine des droits de l'homme en 1969, entrée en vigueur en 1978. Toutefois, l'OPS a développé une collaboration technique avec la Commission interaméricaine des droits de l'homme (CIADH) qui fait appel à l'OPS en matière de santé publique. Cette collaboration a débuté en 1990 en matière de santé mentale et a donné lieu à une expertise du Bureau de l'OPS devant la CIADH en 1994 sur les pratiques de santé mentale[1678]. Par la suite, cette collaboration s'est consolidée par la mise en place d'une procédure afin de demander le soutien technique de l'OPS dans le développement des droits de l'homme relatifs à des questions de santé publique.

773. Si l'OPS n'émet pas d'avis sur le fond des dossiers, elle aide « à la mise en place des présentations sur la base des lignes directrices de l'OPS[1679] ». Par exemple, en 2004, dans le cadre d'une affaire relative au VIH/SIDA où la société civile demandait à la Commission des mesures afin de garantir l'accès aux antirétroviraux, cette dernière a d'abord demandé l'avis sur les aspects techniques tels que la sévérité de l'épidémie VIH/SIDA, l'impact du traitement et le besoin de garantir la disponibilité de traitement combiné[1680]. Cette collaboration a eu lieu de nouveau en 2012, permettant à l'OPS de consolider sa position favorable à l'extension du droit à la santé en tant qu'indicateur des efforts en matière de VIH/SIDA[1681].

774. Si l'OPS ne peut pas ester en justice devant la Cour interaméricaine des droits de l'homme ou directement émettre des avis, elle peut influencer indirectement la jurisprudence de la Cour notamment en recommandant des experts extérieurs en matière de droits de l'homme. Ainsi, la participation de l'OPS à l'OEA en tant qu'organe d'expertise sanitaire lui ouvre indirectement les portes dans le système des droits de l'homme ce qui lui permet davantage de se détacher de l'OMS en renforçant sa volonté d'afficher une approche indépendante de la santé publique notamment en matière de droits de l'homme.

[1678] B. M. MEIER et A. S. AYALA, « *The Pan American Health Organization and the mainstreaming of human rights in regional health governance* », *op.cit.*, p. 19.
[1679] *Ibid.*
[1680] *Ibid.*, p.20.
[1681] *Ibid.*

775. Certes, l'OPS ne dispose pas d'un système judiciaire à proprement parler permettant de juger des conflits relatifs à la mise en œuvre des instruments juridiques sanitaires adoptés. Toutefois, par le mécanisme des droits de l'homme, l'OPS peut influencer l'interprétation normative et ainsi renforcer son autorité en parallèle – et parfois au détriment – de l'autorité de l'OMS. On regrettera, par ailleurs, que l'OMS ne dispose pas d'une telle coopération technique avec aucun système des droits de l'homme. Toutefois, selon la base de données consultée, la Cour Européenne des Droits de l'Homme fait référence à l'OMS dans les décisions rendues[1682]. S'il faut reconnaître que ces références à l'OMS par une juridiction sont une preuve de sa légitimité, il est regrettabble qu'il n'existe pas de collaboration en amont de la prise de décision finale.

776. L'OMS est donc fragilisée par ces difficultés internes mais également par la concurrence d'autres acteurs, reflet de sa remise en cause en tant qu'autorité de santé publique. A cet égard, s' « il n'y pas de doute que l'OMS occupe une place centrale dans le processus normatif dans le domaine de la santé[1683] », la perception de l'OMS en tant qu'autorité normative légitime apparaît insuffisante car affaiblie et concurrencée voir même dépassée par un ensemble d'acteurs.

777. Plus généralement, on voit apparaître des critères définissant l'autorité : d'une part, la reconnaissance constitutionnelle de son pouvoir normatif issue de sa capacité à agir et, d'autre part, la reconnaissance et la perception de sa légitimité et crédibilité en tant qu'autorité normative. Or cette dernière apparaît insuffisante. Il convient dès lors, dans le cadre du processus de réforme entamé en 2010, de proposer des éléments de renforcement de l'autorité normative de l'OMS et cela à double niveau.

SECTION 2 : UNE EVOLUTION DE SON AUTORITÉ NORMATIVE A UN DOUBLE NIVEAU

778. Les discussions autour du renforcement de l'autorité normative de l'OMS s'inscrivent dans un mouvement de réforme débuté en 2010. L'une des particularités de cette réforme est qu'elle a été initiée par la Directrice générale et non par les Etats membres. Par ailleurs, elle a été élargie de la simple question du financement. Son objectif a été d'engager une véritable discussion sur le rôle de l'OMS articulée autour de trois axes : la réforme programmatique, la réforme de la gouvernance et la réforme gestionnaire. C'est donc en prenant en compte la volonté affichée mais parfois limitée de l'OMS dans cette réforme toujours en cours en 2017 qu'il convient de proposer, lorsque les dispositions proposées sont insuffisantes, soit de les améliorer soit d'adopter de nouvelles dispositions afin de permettre le renforcement de l'autorité normative de l'OMS.

[1682] Sur la base de données HUDOC (http://hudoc.echr.coe.int/), on référence 30 décisions, avec le mot-clé « World Health organization » et 50 décisions avec le mot-clé « World health organisation ».
[1683] A. BOUFOUS, *L'action normative de l'OMS*, thèse, 1986, 618 pages, p.2.

779. Le renforcement de l'autorité normative de l'OMS apparaît ainsi à un double niveau. D'une part, son autorité générale en tant qu'organisation de santé publique doit être consolidée (§1). D'autre part, certaines modifications spécifiques à son autorité normative doivent être apportées (§2).

§1. L'intensification de son autorité de santé mondiale

780. Les réformes proposées sont de deux ordres. D'abord, il est essentiel de modifier un certain nombre de dispositions relatives au fonctionnement et à l'organisation de l'OMS afin d'accroître la crédibilité de son travail (A). Ensuite, il apparaît important que des dispositions soient adoptées afin d'encadrer la multiplication d'intérêts politiques divergents (B).

A. Des réformes relatives à la crédibilité du travail accompli

781. En premier lieu, il s'agit d'améliorer la qualité du travail accompli par l'OMS (1). En second lieu, il est nécessaire de pérenniser davantage son financement (2).

1. L'amélioration de la qualité du travail accompli

782. L'amélioration de la qualité du travail des organes, au vu des dysfonctionnements identifiés[1684], s'articule autour de la prise de décisions (a) et du renforcement de la gestion des conflits d'intérêts (b).

<u>a. Une prise de décision renforcée</u>

783. A la suite de la critique unanime contre l'organisation du travail à l'OMS notamment lors de l'Assemblée mondiale de la santé ou du Conseil exécutif où certains auteurs estiment « qu'aucun parlement national ne pourrait fonctionner ainsi [1685] », l'OMS a réagi en 2014 en adoptant des recommandations afin d'améliorer la prise de décision. En premier lieu, afin d'améliorer l'accès électronique aux réunions et à la documentation des organes directeurs, l'Assemblée a décidé de mettre en place la retransmission en direct des prochaines séances publiques des Commissions A et B et des séances plénières pour tous les utilisateurs d'internet par un lien sur le site Web de l'OMS[1686]. Malgré des réserves relatives aux éventuels problèmes techniques et la disponibilité de ressources financières, la 68e Assemblée mondiale de la santé en 2015 a été retransmise en direct pour la première fois dans son intégralité[1687]. Il faut reconnaître une avancée pour l'OMS même si cette technologie était réclamée par de nombreux observateurs[1688] et qu'elle

---

[1684] V. *supra* n°0 et s.

[1685] I. KICKBUSCH and M. BONK, « *Making the World Health Assembly fit for the 21st century* », *op.cit.*, p.4079.

[1686] OMS, *Amélioration de la prise de décisions par les organes directeurs*, WHA67.2, 23 mai 2014.

[1687] A l'adresse suivante : http://www.who.int/mediacentre/events/2015/wha68/webstreaming/en/

[1688] I. KICKBUSCH and M. BONK, « *Making the World Health Assembly fit for the 21st century* », *op.cit.*, A. ATTARAN et al., « *Webcast : the World Health Assembly* », Lancet, vol.383, 2014 (pp.125-126).

existait déjà dans les autres agences onusiennes[1689] ainsi que depuis 2013 pour les réunions du Comité du Programme, du Budget et de l'Administration du Conseil exécutif[1690].

784. L'objectif est double : permettre davantage de transparence et enrichir les débats grâce à une information transmise à l'ensemble des parties intéressées en temps utile. Si cette mesure semble renforcer la transparence des débats, la question aujourd'hui est d'évaluer son impact sur l'accessibilité des débats et des décisions ainsi que sur le coût. Il n'est ni certain que cela permette véritablement à des parties prenantes de suivre les débats ni garanti que cela réduise le nombre des acteurs présents à l'Assemblée mondiale de la santé. En termes de force de négociation, il est toujours préférable d'être physiquement présent. Par ailleurs, cela n'offre pas davantage de participation active aux parties prenantes en particulier les ONG.

785. En deuxième lieu, l'Assemblée mondiale de la santé a également adopté un système de vote électronique sécurisé et économiquement avantageux pour les processus futurs de désignation et de nomination du Directeur général[1691]. Après une évaluation de l'incidence sur le plan financier et de sécurité informatique en se fondant sur les expériences de l'OIT et de l'OMM[1692], l'OMS a décidé de tester ce système à l'avance en procédant à des votes fictifs lors de la 69e Assemblée en 2016 pour une utilisation effective en 2017 pour la nomination du Directeur général. Au vu de la périodicité assez longue (tous les cinq ans) l'Assemblée a également décidé de louer, au moins dans un premier temps, le système actuellement utilisé par l'OMM. Cette mesure est intéressante en vue de réduire les coûts de fonctionnement de l'OMS dans la continuité notamment des mesures visant à réduire l'utilisation de documents papier lors des réunions.

786. Ainsi, malgré des efforts entrepris depuis 2005[1693] qui ont permis une baisse de coûts[1694], le Secrétariat propose de nouvelles mesures afin de privilégier l'utilisation réduite de documents papiers lors des réunions : 1) afficher les documents de conférence sur les pages *web* dédiées à la documentation des organes directeurs ; 2) indiquer dans l'ordre du jour les liens hypertextes vers les documents de la réunion ; 3) adresser la correspondance officielle par courriel ou l'afficher sur la plate-forme et 4) créer une application pour les dispositifs mobiles donnant accès à l'ensemble des documents.

[1689] A. ATTARAN et al., « *Webcast : the World Health Assembly* », *op.cit.*,

[1690] OMS, *Options pour améliorer la prise de décisions par les organes directeurs. Rapport du Secrétariat* », EB134/6, 146e Conseil exécutif, 10 janvier 2014, p.2.

[1691] OMS, *Amélioration de la prise de décisions par les organes directeurs*, WHA67.2, 23 mai 2014.

[1692] OMS, *Amélioration de la prise de décisions par les organes directeurs - Rapport du Secrétariat*, A67/5, 7 mai 2014, p.2.

[1693] Pour une liste complète des mesures adoptées depuis 2005 : OMS, *Options pour améliorer la prise de décisions par les organes directeurs. Rapport du Secrétariat* », EB134/6, 10 janvier 2014, pp.2-3.

[1694] Par exemple le coût de la documentation pour l'AMS est passé de 401 907 dollars en 2006 à 253 621 dollars en 2013. De même le volume de la documentation de l'AMS est passé de près de 6,7 millions de dollars à un peu moins de 5 millions de dollars sur la même période. Enfin, il est précisé que sans les mesures prises depuis 2006, le coût en 2013 serait de 723 465 dollars (OMS, *Options pour améliorer la prise de décisions par les organes directeurs. Rapport du Secrétariat* », EB134/6, 146e Conseil exécutif, 10 janvier 2014, pp.3-4.

787. En troisième lieu, avec plus de 60 points à l'ordre du jour pour la 68e Assemblée mondiale de la santé en 2015 – malgré la volonté de l'articuler autour de 25 points du jour principaux[1695] – la question de l'organisation effective du travail pendant l'Assemblée est soulevée. En effet, cela pose des problèmes non seulement sur la capacité physique de travail mais également sur le temps de préparation des parties prenantes et donc *in fine* sur la qualité des débats. Beaucoup de délégations « ne font pas de contributions constructives » et le Secrétariat « peine à fournir les documents à temps[1696] ». Dès lors, l'Assemblée a adopté une modification de son règlement intérieur afin de « laisser aux Etats membres la souplesse suffisante pour soumettre des projets de résolutions d'un organe directeur en cours de session, tout en évitant que ces textes ne soient soumis très tardivement ». L'article 48 du règlement intérieur a donc été remplacé afin de fixer un délai ainsi qu'un calendrier clair pour accepter des propositions formelles prévues à l'ordre du jour selon qu'il s'agisse d'une session ordinaire (jusqu'au premier jour de la session) ou extraordinaire (deux jours avant l'ouverture de la session)[1697].

788. Cette disposition apparaît pertinente en ce qu'elle permet de mieux encadrer la question de la soumission tardive de documents garantissant une meilleure rationalisation de l'ordre du jour. Cela devrait participer à conduire des débats sur le fond et intelligibles. Toutefois, il est préférable de souligner l'importance d'éviter au maximum les soumissions tardives afin de finaliser au plus vite l'ordre du jour. Une réflexion sur la suppression d'un point à l'ordre du jour en cas de soumission tardive doit également être envisagée afin de renforcer la ponctualité des parties prenantes.

789. Il est regrettable, cependant, qu'un certain nombre de révisions soient absentes du processus de réforme afin d'améliorer la prise de décision, alors qu'elles sont proposées par le Secrétariat[1698] et intéressantes. Ainsi, le Secrétariat propose une meilleure gestion de l'ordre du jour non seulement en matière de soumission tardive de documents mais également quant au nombre de points inscrits à l'ordre du jour. En l'absence de consensus et afin de garantir « le respect du droit souverain des Etats membres à proposer des points à inscrire à l'ordre du jour », les différentes options proposées par le Secrétariat lors du Conseil exécutif de Janvier 2014 n'ont pour l'instant pas été adoptées par l'Assemblée mondiale de la santé. Il est crucial que la question de l'ordre du jour soit tranchée en conférant davantage de responsabilité au Secrétariat pour arrêter définitivement son contenu par la mise en place de délais précis et raccourcis pour sa mise en œuvre y compris dans la remise de la documentation suffisamment en amont des réunions.

[1695] De nombreux « sous-points » s'ajoutent à l'ordre du jour.

[1696] I. KICKBUSCH and M. BONK, « *Making the World Health Assembly fit for the 21st century* », *op.cit* ; PEOPLE'S HEALTH MOVEMENT, *Commentary on the Agenda of the 67th World health* Assembly, Genève, 19 Mai 2014, p.8: « Trop d'Etats membres répètent des phrases clés tirés des documents du Secrétariat, énoncent des généralités sur la question posée mais ne disent rien de nouveau ».

[1697] Article 48 du Règlement intérieur de l'AMS : « Des propositions formelles relatives à des points de l'ordre du jour peuvent être présentées jusqu'au premier jour d'une session ordinaire de l'Assemblée de la Santé et au plus tard deux jours avant l'ouverture d'une session extraordinaire. Toutes ces propositions sont renvoyées à la commission à laquelle le point en question de l'ordre du jour a été déféré, sauf si le point est examiné directement en séance plénière. »

[1698] OMS, *Options pour améliorer la prise de décisions par les organes directeurs. Rapport du Secrétariat »*, EB134/6, 10 janvier 2014, pp.5-6.

790. De même, la proposition de mettre en place une troisième réunion du Conseil exécutif[1699] – en plus de celle de janvier et de celle après l'Assemblée mondiale de la santé qui a lieu en mai – n'a pas été retenue. Or, il pourrait être intéressant pour les organes directeurs et en particulier du Conseil exécutif de disposer d'un temps accru pour débattre et discuter tout en renforçant le rôle exécutif et de surveillance du Conseil exécutif. D'autant plus que d'après l'analyse du Directeur général, si le coût d'une session du Conseil s'établit en moyenne à 1,2 million de dollars, une partie de ce coût supplémentaire serait compensée par la réduction du nombre ou de la durée des réunions des groupes de travail intergouvernementaux[1700].

791. Enfin, on regrettera que d'autres modifications d'ordre organisationnel ne soient pas prises en compte telles que la limitation du nombre de personne au sein d'une délégation étatique afin de restreindre les abus[1701]. Si les délégués sont limités à trois, le nombre de conseillers est lui illimité. De même quant à la composition ou la compétence des membres des délégations. Il est important qu'une interprétation stricte de l'article 11 de la Constitution soit énoncée afin d'éviter une surreprésentation d'intérêts divergents au sein d'une même délégation ou des différentes délégations, en particulier entre les intérêts diplomatiques et sanitaires. Le nombre de conseillers, comme celui des délégués, au sein des délégations doit être limité à trois ou quatre par délégation.

792. Ces réformes permettront de faire de l'Assemblée mondiale de la santé une instance coordinatrice de l'action de santé mondiale. Afin d'améliorer davantage la crédibilité de l'OMS, la gestion des conflits d'intérêts doit également être grandement révisée.

b. Une gestion des conflits d'intérêts à encadrer

793. Les conflits d'intérêts au sein de l'OMS sont au cœur des débats de la réforme et il a été très difficile d'obtenir un consensus en la matière entre les Etats membres comme le démontre le projet de cadre général de collaboration avec les acteurs non étatiques soumis à l'Assemblée mondiale de la santé en 2015[1702], définitivement adopté lors de l'Assemblée de 2016[1703]. Les parties semblent toutefois s'accorder sur la définition générale d'un conflit d'intérêt : « Un conflit d'intérêts survient lorsqu'il est possible qu'un intérêt secondaire (un intérêt catégoriel lié au résultat des travaux de l'OMS dans un domaine particulier) exerce une influence indue ou lorsque ce dernier peut être raisonnablement perçu comme exerçant une influence indue sur l'indépendance ou sur l'objectivité d'un avis professionnel ou de mesures concernant un intérêt primaire (les travaux de l'OMS) (...). Les conflits

---

[1699] OMS, *Réforme de l'OMS pour un avenir sain- Rapport du Directeur général »*, Conseil exécutif, EBSS2/2, 15 octobre 2011, p.13.

[1700] *Ibid.*

[1701] Jusqu'à 75 délégués pour certains pays : I. KICKBUSCH and M. BONK, « *Making the World Health Assembly fit for the 21st century », op.cit.,*

[1702] OMS, *Cadre de collaboration avec les acteurs non étatiques – Rapport du Directeur général*, A68/5, 1er mai 2015. De nombreux éléments ont été identifiés comme ayant « été examiné pendant la réunion sans qu'un consensus ne soit obtenu à son sujet (surligné en jaune) ».

[1703] OMS, Résolution WH69.10, 28 mai 2010.

d'intérêts ne sont pas seulement financiers mais peuvent prendre d'autres formes également[1704] ».

794. La question des conflits d'intérêts individuels n'est pas centrale au débat de la réforme de 2010. En effet, il est rappelé que ces situations sont régies par d'autres textes[1705]. Tout au plus le cadre de collaboration offre une définition des conflits d'intérêts individuels qui toutefois ne fait pas consensus entre les Etats membres[1706]. Or, le cadre actuel prévu pour les experts révisé en 2009[1707], suite de la gestion de l'épidémie de H1N1, n'apparaît pas satisfaisant en particulier en matière d'experts indépendants ce qui affecte la crédibilité scientifique de l'OMS[1708].

795. La définition d'un conflit d'intérêt individuel doit clairement être déterminée et suffisamment élargie afin d'englober un éventail de situations potentielles. Reprenant les mots de les Professeurs RODWIN et THOMPSON, cette définition doit intégrer toute situation susceptible d'influer négativement sur la soumission d'un individu aux intérêts qu'il est censé servir[1709]. En d'autres termes, dès lors qu'un intérêt secondaire est susceptible d'influencer le jugement d'un individu concernant un intérêt primaire pour lequel il est sollicité. Il faut chercher à savoir si l'indépendance ou plutôt l'impartialité de l'individu est ou a été remise en cause[1710]. Par ailleurs, un effort doit être réalisée quant au processus d'évaluation d'un conflit d'intérêt potentiel d'un expert.

796. Premièrement, le choix de l'OMS d'autoriser une pleine participation en cas de conflits d'intérêts minimes, y compris sans publication, ou d'intérêts majeurs dès lors qu'ils sont rendus publics ne permet pas la protection complète et efficace contre les situations conflictuelles. En effet, la politique de transparence dans la gestion des individus, c'est-à-dire de révéler publiquement mais pas automatiquement l'existence de conflits d'intérêts, ne permet pas de clarifier, à l'égard de la population, le doute sur la relation entre l'OMS et le secteur privé. Ce principe est repris dans la définition de conflits d'intérêts qui précise que « l'existence de toute forme de conflit d'intérêts ne signifie pas en soi qu'un acte incorrect a été commis, mais plutôt qu'il existe

---

1704 *Ibid.*, p.9. La définition est ici surlignée en vert dans le texte c'est-à-dire qu'elle « correspond à ce qui a été convenu lors de la réunion intergouvernementale à composition limité».

1705 *Ibid.*, p.7 : « Le cadre vise à régir la collaboration institutionnelle ; son application est étroitement coordonnée avec celle des autres politiques de l'organisation régissant les conflits d'intérêts individuels (voir paragraphe 48). » Dans ce paragraphe est précisé qu'en matière de conflits d'intérêts individuels relatifs aux experts, les lignes directrices relatives à la déclaration d'intérêts s'appliquent. De même, en matière de personnel, le Statut et le Règlement du personnel de l'Organisation s'applique.

1706 OMS, *Cadre de collaboration avec les acteurs non étatiques – Rapport du Directeur général*, A68/5, 1er mai 2015, p.9, n.d.p : « Les conflits d'intérêts individuels au sein de l'OMS sont ceux dans lesquels sont impliqués des experts, quels qu'ils soient, et des membres du personnel. »

1707 Les lignes directrices relatives à la déclaration d'intérêts (experts de l'OMS) et Le Statut et le Règlement du personnel de l'Organisation.

1708 V. *supra* n°0.

1709 D. THOMPSON, « *Understanding financial conflicts of interest* », NEJM, n°329 (8), 1993, pp.573-576 ; M. A. RODWIN, *Medicine, money and morals: Physicians' conflicts of interest*, New York and Oxford: Oxford University Press, 1993.

1710 J. MORET-BAILLY et M. A. RODWIN, « *La qualification de conflits d'intérêts des médecins en France et aux Etats-Unis* », RDSS, 2012, p.501 et s. Les auteurs rappelle que si « cette logique de l'indépendance a, en France, profondément marqué la question des conflits d'intérêts », il convient aujourd'hui de « privilégier le vocable d'impartialité et non celui d'indépendance ».

un risque qu'il le soit ». Cela ne devrait pas, pour autant, justifier l'absence de publication d'une certaine catégorie d'intérêts par rapport à une autre.

797. A cet égard, tout intérêt y compris mineur soit rendu public à l'ensemble des parties prenantes et cela de façon automatique. Même si ce dernier n'est pas encore définitif, l'OMS utilise doit maintenir ces efforts en développant, comme pour les conflits d'intérêts institutionnels, « un outil électronique (...) pour la gestion des conflits d'intérêts individuels afin d'harmoniser l'application du cadre avec celle de la politique sur la gestion des conflits d'intérêts individuels dans le cas des experts[1711] ». Il intègre ainsi un registre des experts et fournit une séquence des tâches électroniques pour la gestion interne de la collaboration. L'ensemble des intérêts liés à des experts soient publiés dans ce registre, et non simplement les conflits d'intérêts majeurs. De même, l'accessibilité d'un tel registre doit être la plus large possible c'est-à-dire accessible sur le site internet de l'OMS. Cette évolution s'inscrit dans la continuité des propositions faites par le Comité OMS d'experts sur l'industrie du tabac dès 2000[1712].

798. Deuxièmement, il ne peut être acceptable que la simple publication d'un intérêt majeur soit une condition suffisante à la participation d'experts aux comités. Si la transparence d'un intérêt potentiellement conflictuel permet la divulgation de l'information au plus grand nombre, les risques de conflits en cas d'intérêts majeurs doivent être traités avec plus de fermeté. Par exemple, il pourrait être envisagé qu'en cas d'intérêts majeurs, les autres membres du panel aient la possibilité d'exclure, à l'unanimité, l'expert en question. Sa participation ne peut pas être automatique du simple fait de la publication de son intérêt majeur. A cet égard, les recommandations faites par la Cour des comptes en mars 2016, peuvent être une source d'inspiration. Elles préconisent de « faire respecter rigoureusement l'obligation de déport systématique de tous les membres d'instances collégiales, commissions, groupes de travail et conseils, dès lors qu'ils ont un intérêt, direct ou indirect, à l'affaire examinée (article L. 1451-1 du CSP) (…)[1713] ».

799. Enfin, si le Secrétariat doit être responsable de la mission d'évaluer les conflits potentiels, les moyens mis en œuvre apparaîssent insuffisants pour mener à bien cette tâche essentielle au bon fonctionnement de l'OMS. Les ressources humaines, en particulier en matière de formation, et financières doivent être suffisantes afin d'effectuer un tel contrôle au vu de l'importante activité d'expertise de l'OMS. Par ailleurs, les critères d'évaluation des conflits d'intérêts doivent être clairement établis notamment par la mise en place d'une grille de lecture.

[1711] OMS, *Cadre de collaboration avec les acteurs non étatiques – Rapport du Directeur général »*, A68/5, 1er mai 2015, p.8.

[1712] OMS, « *Les stratégies utilisées par l'industrie du tabac pour contrer les activités de lutte antitabac à l'Organisation mondiale de la Santé – Résumé d'orientation »*, Rapport du Comité d'experts sur les documents de l'industrie du tabac, Juillet 2000, p.19. « Le comité d'experts a formulé plusieurs recommandations (...) afin d'éviter à l'avenir toute manipulation d'études scientifiques par l'industrie du tabac. Il s'agit notamment de lignes directrices écrites concernant : (...) 2) la révélation d'informations (...) ».

[1713] COUR DES COMPTES, « *La prévention des conflits d'intérêts en matière d'expertise sanitaire* », Communication à la commission des affaires sociales du Sénat Article LO. 132-3-1 du code des juridictions financière, Mars 2016, p.15.

800. Les conflits d'intérêts institutionnels peuvent également avoir une conséquence sur la crédibilité des décisions prises par l'OMS. La réforme en cours depuis 2010 tente également d'apporter des réponses aux difficultés identifiées par la refonte générale du cadre de collaboration entre l'OMS et les acteurs non étatiques adopté en mai 2016. Divisé en deux, cet encadrement prévoit, d'une part, un cadre général de collaboration avec les acteurs non étatiques et, d'autre part, quatre politiques et procédures de fonctionnement distinctes pour la collaboration de l'OMS avec les organisations non gouvernementales, les entités du secteur privé, les fondations philanthropiques et les établissements universitaires. Preuve que la question des conflits d'intérêts a été difficile à régler, la consultation des comités régionaux a fait ressortir cette thématique « comme l'aspect le plus critique du cadre de collaboration ». Certains Etats souhaitaient « une approche ou une politique plus strictes sur les conflits d'intérêts devant faire partie intégrante du cadre de collaboration [1714] ». Plus largement, la Cour des comptes recommande d'approfondir le dispositif de transparence proposé.

801. Toutefois, après de nombreuses discussions et interrogations[1715], le nouvel encadrement a enfin été définitivement adopté par l'Assemblée mondiale de la santé lors de sa 69e session en mai 2016[1716].

802. Dans cette perspective, le mécanisme de gestion des conflits d'intérêts prévue, à la suite de l'adoption du cadre de collaboration en 2016 est fondé sur la vérification diligente et l'évaluation des risques. Ainsi, lorsqu'une collaboration est envisagée avec un acteur non étatique, l'unité technique compétente du procède à un examen initial pour déterminer si cette collaboration est dans l'intérêt de l'OMS et conforme aux principes de la collaboration de l'OMS avec les acteurs non étatiques[1717]. Sauf exceptions[1718], toutes les collaborations doivent suivre la procédure complète. L'OMS définit la vérification diligente comme « les mesures prises par l'OMS pour obtenir et vérifier les informations utiles relatives à un acteur non étatique afin de se faire une idée claire de son profil[1719] ». Elle associe un examen des informations fournies par l'acteur non étatique à une recherche d'information sur l'entité

[1714] *Ibid.*, p.2.

[1715] *Ibid.*, p.1. Sont mentionnées, selon un code de couleurs, des éléments ayant obtenu un consensus ou non. On constate que de nombreux éléments clefs relatifs à la gestion des conflits d'intérêts n'ont pas obtenus de consensus (voir p.7 et s.).

[1716] OMS, Résolution WHA69.10, 28 mai 2016.

[1717] Ces principes sont : a) présenter des avantages manifestes pour la santé publique ; b) être conforme à la Constitution, au mandat et au programme général de travail de l'OMS ; c) respecter le caractère intergouvernemental de l'OMS et le pouvoir des États Membres en matière de prise de décisions prévu par la Constitution de l'OMS ; d) favoriser et renforcer, sans la compromettre, l'approche scientifique fondée sur des données factuelles qui sous-tend les travaux de l'OMS ; e) protéger l'OMS de toute influence indue, en particulier sur les processus qu'elle suit pour définir et appliquer des politiques, des normes et des critères ;1 f) ne pas compromettre l'intégrité, l'indépendance, la crédibilité et la réputation de l'OMS ; g) être efficacement gérée, y compris en évitant, lorsque cela est possible, les conflits d'intérêts et d'autres formes de risques pour l'OMS ; h) être fondée sur la transparence, l'ouverture, le pluralisme, la responsabilité, l'intégrité et le respect mutuel » (OMS, Résolution WHA69.10, 28 mai 2016, p.5).

[1718] En cas de collaboration qui présente peu de rsiques, par exemple en aison de con caractère répétitif, Pour autant que la vérification diligente et l'évaluation des risques aient déjà été menées et que la nature de la collaboration est restée inchangé, ou, car elle ne suppose pas d'élaborer des politiques, normes ou critères, une vérification diligente et une évaluation des risques simplifiées peut être prise (OMS, Résolution WHA69.10, *op.cit.*, p.10).

[1719] *Ibid.*

concernée provenant d'autres sources et à une analyse de l'ensemble des informations obtenues[1720]. Ensuite, la gestion des risques « concerne le processus aboutissant à une décision de gestion expresse et justifiée du Secrétariat d'engager une collaboration, de la poursuivre, de l'assortir de mesures d'atténuation des risques, de ne pas collaborer ou de se retirer d'une collaboration existante ou prévue avec des acteurs non étatiques[1721] ».

803. A l'inverse de la vérification diligente qui se rapporte à la nature de l'acteur non étatique concerné, l'évaluation des risques relève de l'évaluation de la collaboration proposée avec ce dernier. Dans cette perspective, « l'OMS aborde la collaboration selon une approche de gestion des risques, n'acceptant de collaborer avec un acteur non étatique que si les avantages en termes de contribution directe ou indirecte à la santé publique et à la réalisation du mandat de l'Organisation, (...) l'emportent sur les éventuels risques résiduels (...) ainsi que sur le temps et les dépenses nécessaires à l'établissement et au maintien de la collaboration[1722] ».

804. Face à ce cadre de collaboration, certains auteurs s'inquiètent que la réforme entreprise renforce davantage l'influence des entreprises privées et des fondations philanthropiques sur les enjeux de santé mondiale[1723]. Preuve en est, alors que, jusqu'à présent, les relations officielles étaient réservées aux ONG, le nouveau cadre de collaboration adoptée lors de la 69e assemblée mondiale de la santé l'élargit à l'ensemble des acteurs non étatiques (associations internationales d'entreprises et fondations philanthropiques). Par ailleurs, l'encadrement doit prévoir des standards d'éthique élevés, délimiter clairement ce qui est permis et ce qui est inacceptable, garantir la mise en œuvre d'organes de contrôle de ces comportements, instaurer des sanctions afin d'assurer le respect de ces règles, proposer des solutions en cas de dommages causés et mettre en place un contrôle public[1724]. L'objectif est de promouvoir, suivant la théorie de RODWIN, « l'évaluation d'impact des conflits d'intérêts institutionnalisés », c'est-à-dire des évaluations de toute proposition de politiques, de programmes, d'activités financières impliquant les acteurs du secteur privé. Le but est de garantir que ces nouvelles relations ne créent pas ou n'aggravent pas de conflits d'intérêts inacceptables ou non justifiés[1725].

[1720] « Elle suppose un examen minutieux de différentes sources d'informations publiques, juridiques et commerciales, notamment : les médias ; les rapports d'analystes, répertoires et profils de sociétés que l'on trouve sur le site Web de l'entité ; et les sources publiques, juridiques et gouvernementales » (*Ibid.).* Elle a pour fonctions essentielles de « préciser la nature et le but de l'entité avec laquelle il est proposé que l'OMS collabore ; préciser quel intérêt l'entité a à collaborer avec l'OMS, quels buts elle poursuit par cette collaboration et ce qu'elle attend en retour ; déterminer le statut juridique de l'entité, son domaine d'activité, sa composition, sa gouvernance, ses sources de financement, sa constitution, ses statuts, ses règlements et son affiliation ; définir les principaux éléments de l'historique et des activités de l'entité en ce qui concerne : les questions sanitaires, humaines et professionnelles ; les questions environnementales, éthiques et commerciales ; la réputation et l'image ; et la stabilité financière » (*Ibid.*, p.11).

[1721] *Ibid.*, p.12.

[1722] *Ibid.*

[1723] J. RICHTER, « *Time to turn the tide : WHO's engagement with non-state actors and the politics of stakeholder governance and conflict of interest* », BMJ (Clinical research éd.), vol.328, p.3351, 2014.

[1724] J. RICHTER, « *WHO reform and public interest safeguards : an historical perspective* », Social Medicine, vol.6, n°3, 2012, p.148.

[1725] M. A. RODWIN, *Medicine, money and morals: Physicians' conflicts of interest*, *op.cit.*, 1993; M. A. RODWIN, *Conflicts of interest and the future of medicine: The United States, France and Japan*, Oxford University Press, New York, 2011.

805. Dans l'ensemble, le contenu théorique de ce nouveau cadre apparaît relativement prometteur et répond à certaines inquiétudes notamment sur la gestion des conflits d'intérêts (vérification diligente et gestion des risques). Toutefois, il confirme d'autres inquiétudes illustrées par la reconnaissance de relations officielles avec le secteur privé. Dans ces circonstances, il faudra attendre sa véritable mise en œuvre pour déterminer si ces objectifs sont remplis en pratique. On notera qu'une évaluation initiale de l'application du Cadre de collaboration avec les acteurs non étatiques et de ses répercussions sur les travaux de l'OMS afin d'en présenter les résultats est prévu pour 2019.

806. Si l'ensemble de ces éléments a pour objectif de renforcer l'efficacité ainsi que l'indépendance du travail de l'OMS et donc la qualité de son fonctionnement, ils doivent également s'accompagner d'une pérennisation des ressources de l'OMS, sujet au cœur de sa réforme.

2. La pérennisation du financement

807. Selon les propos de l'OMS elle-même, « la façon dont l'OMS est financée détermine largement son efficacité[1726] ». Une des priorités dans le financement est de rééquilibrer la proportion du budget en faveur des contributions des Etats membres (a). Parallèlement, une meilleure stabilité et prévisibilité du financement doit être garantie (b).

<u>a. Une augmentation du financement fixe</u>

808. Le constat alarmant selon lequel « les contributions des Etats membres constituent moins de 20 % des recettes et où la majorité des contributions volontaires sont réservées à des utilisations déterminés[1727] » qui ne sont pas toujours des priorités de santé, impose une évolution dans la composition du financement. En effet, en raison de l'insistance des donateurs à maintenir le taux de dépenses d'appui aux projets artificiellement faible, les contributions des Etats membres servent « finalement à subventionner le déficit[1728] ». L'OMS reconnaît que tout ceci *in fine* « [l'] amène à travailler moins pour l'ensemble de ses Etats membres que dans l'intérêt de quelques-uns[1729] ». Dès 2011, l'OMS estimait que le « niveau actuel des contributions fixées n'était pas suffisant pour mener à bien les activités de l'OMS[1730] ».

809. Il est essentiel que les contributions fixes des Etats membres soient révisées. La société civile estimait dès 2010 que les Etats membres devaient s'engager à augmenter les contributions fixes à 50 % du budget total sur les cinq années à venir[1731]. En 2015, cet objectif n'a pas été atteint. Aujourd'hui encore des auteurs appellent à l'objectif des 50 % d'ici cinq ans afin de revenir

[1726] OMS, « *Le financement futur de l'OMS – Rapport d'une consultation informelle organisée par le Directeur général* », 12-13 Janvier 2010, p.19.
[1727] *Ibid.*
[1728] *Ibid.*
[1729] *Ibid.*
[1730] OMS, *Réforme de l'OMS pour un avenir sain – Rapport du Directeur general*, EBSS2/2, 15 octobre 2011, p.28.
[1731] PEOPLE'S HEALTH MOVEMENT, *Comments on 'The Future of financing for WHO'*, 64th World health assembly, Mai 2011, p.2.

au taux atteint dans les années 1990[1732]. Ces mêmes auteurs estimaient en 2011 qu'augmenter les contributions fixes des Etats membres constituerait une « solution idéale », reconnaissant ainsi la difficulté à la mettre en œuvre[1733]. En doublant le financement de l'OMS, cela permettrait aux Etats membres de devenir de véritables « actionnaires [1734] » du futur de l'OMS, d'agir collectivement et de limiter la prise en compte d'intérêts politiques étroits. Néanmoins, il faut reconnaître que ces propositions ne sont pas réalistes au regard du contexte économique actuel.

810. Afin d'augmenter la contribution fixe globale, il faut que l'OMS et les Etats membres en décident ainsi. A l'origine, le budget de l'OMS était fixé en fonction des besoins puis les Etats contribuaient en fonction de leur part respective. Aujourd'hui, le budget ordinaire étant bloqué depuis quelques années, l'OMS doit faire en fonction de la demande des Etats membres. La logique est donc inversée. Les besoins en santé au niveau mondial évalués par l'OMS doivent être le principe directeur dans la mise en place du budget de l'OMS tout en prenant en compte les capacités de chaque Etat en tant qu'exception.

811. La formule permettant le calcul des contributions fixes des Etats membres, découlant du système des Nations unies, devrait être réformée et révisée. Il apparaît surprenant que l'Inde ne contribue qu'à hauteur de 0,6660 % au budget ordinaire pour l'année 2016-2017, soit presque dix fois moins que la Chine (5,1484 %) et à peine plus que la Grèce (0,6380 %)[1735]. A titre de rappel, le mode actuel de calcul se fonde sur le barème des Nations unies qui prend en compte un certain nombre de facteurs dont la capacité de paiement[1736]. Il est préférable que la performance économique soit le critère principal de calcul. Plus précisément, le pourcentage de contribution doit être mis à jour année par année en fonction de la réussite économique du pays. Certains pays aujourd'hui économiquement forts, ont la capacité de contribuer davantage au budget ordinaire de l'OMS.

812. Par ailleurs, d'autres réformes sont à envisager en complément de la refonte du mode de calcul : d'une part, augmenter le seuil minimal et, d'autre part, réduire le seul maximal. Ainsi, au vu du nombre de pays qui contribue à hauteur de 1 % ou plus – seulement 17 pays sur 196 – il est souhaitable de relever le seuil minimal, de 0,0010 % à 0,1 % par exemple. Cela permettrait d'augmenter la part de contribution de plus de 72 pays[1737]. L'enjeu toutefois est ici la difficulté voire l'impossibilité pour certains Etats économiquement faibles à contribuer davantage au budget de l'OMS. De façon plus organisée, il est envisageable, après discussion, d'établir des contributions minimales en fonction de groupes de pays, fondées sur la performance économique de l'Etat

[1732] L. O. GOSTIN, « *Reforming the World Health Organization After Ebola* », JAMA, vol.313, Numéro 14, 4 Avril 2015.

[1733] L. O. GOSTIN et D. SRIDHAR, « *Reforming the World health organization* », JAMA, 29 mars 2011, p.E2.

[1734] M. CHAN, *Ad hoc advisory committee on reforming the WHO*, Discours, 2011. Dans le texte en anglais, elle regrette que les Etats membres n'agissent pas en tant que “shareholders” avec une véritable implication dans la réussite de l'organisation.

[1735] OMS, *Barème des contributions 2016-2017,* WHA68.12, 26 mai 2015.

[1736] Y. BEIGBEDER, L'Organisation mondiale de la santé, QSJ, PUF, 1997, p.111.

[1737] OMS, *Barème des contributions 2016-2017,* WHA68.12, 26 mai 2015.

membre. A cet égard, il pourrait être envisagé des arrondis vers le haut –toute valeur supérieur à .050 ou à .005 pourrait être augmentée à .100 ou 0.50– ou alors des catégories de contributions à la décimale près –par exemple, toutes les contributions comprises entre 0.0010 et 0.0100% seraient élevées à 0.0100%.

813. Parallèlement, une diminution du seuil de contribution maximale est recommandée. A titre de rappel, dès le milieu des années 1990, était proposé de diminuer la contribution fixe maximale actuellement de 22 % à 15 % à appliquer à l'ensemble des Etats membres[1738]. L'objectif était de réduire l'influence d'un groupe réduit d'Etats sur l'OMS. Ainsi, l'argument en faveur de l'accroissement du seuil maximal de contribution rabaissé à 22 % – atteint uniquement par les Etats-Unis – n'est pas souhaitable. Le but est de lisser au maximum la part des contributions des Etats membres.

814. Dès lors, resserrer les seuils maximaux et minimaux des contributions fixes est à envisager. Sans remettre en cause le système de vote égalitaire, il peut paraître injuste qu'une contribution de 0,0010 % confère un droit de vote égal aux Etats-Unis. Ainsi, cela aura un double effet : d'une part, augmenter le budget fixe total et, d'autre part, minimiser ou relativiser l'impact des plus gros contributeurs étatique de l'OMS dont la contribution des sept plus importants équivaut à plus de 60 % du budget ordinaire[1739]. Ceci aura une double conséquence bénéfique pour l'OMS : 1) garantir une plus grande indépendance à l'égard des Etats membres contributeurs et 2) garantir une plus grande indépendance à l'égard des contributeurs privés en rétablissant un équilibre entre les contributions fixes et volontaires.

815. La faisabilité d'une telle réforme financière repose en grande partie sur la volonté des Etats membres et qu'il est donc « très peu probable que cela ait lieu dans un futur proche[1740] ». Paradoxalement, on constate que les Etats membres refusent l'augmentation des contributions fixes alors qu'ils sont les premiers à demander que l'OMS soit plus efficace, légitime et crédible. On note également qu'en 2012, le rapport de la Deuxième réunion du Comité du programme, du Budget et de l'Administration du Conseil exécutif sur le financement futur de l'OMS soulignait que « même si les Etats membres ont exprimé des points de vue divergents sur l'augmentation des contributions fixées, les Etats membres ont été d'accord pour estimer que l'on pourrait envisager une possible augmentation des contributions fixées à long terme[1741] ». Ainsi, pour le projet de budget programme 2016-2017, ce même Comité a recommandé que l'augmentation du montant de 8 % du budget total de l'OMS à 4,3849 milliards de dollars « devait être financée en partie par une

[1738] Y. BEIGBEDER, *L'Organisation mondiale de la santé,* QSJ, PUF, 1997, p.112.

[1739] OMS, *Barème des contributions 2016-2017,* WHA68.12, 26 mai 2015 : États-Unis d'Amérique (22,00 %), Japon (10,8338 %), Allemagne (7,1416 %), France (5,5935 %), Royaume-Uni de Grande Bretagne et d'Irlande du Nord (5,1794 %), Chine (5,1484 %) et Italie (4,4483).

[1740] A. CASSELS, I. SMITH et G. L. BURCI, « *Reforming WHO : the art of the possible* », Public Health, 2014, p.203 (202-204).

[1741] OMS, *Rapport du Comité du Programme, du Budget, et de l'Administration du Conseil exécutif à sa deuxième réunion extraordinaire* », 132e Conseil exécutif, EB132/2, 14 décembre 2012, p.2.

augmentation de 5 % (soit 47 millions de dollars) des contributions fixes[1742] ». Cette augmentation de 5 % aurait été la première sur les huit dernières années[1743].

816. Toutefois, le rôle et la volonté du Directeur général sont également un facteur à prendre en compte. Ainsi, le positionnement de la Directrice générale actuelle à l'égard des contributions fixes n'apparaît pas en faveur d'une telle réforme en raison des difficultés à obtenir des résultats concrets. Elle met davantage en avant le besoin de diversification des donateurs – offrant des contributions fixes – et de leur encadrement car aujourd'hui seulement vingt donateurs assurent plus de 80 % du financement de l'OMS. Ainsi, face à l'opposition de certains Etats membres, la Directrice générale a informé le Comité, pour le projet de budget programme 2016-2017, « qu'au vu des commentaires communiqués par de nombreux Etats membres avant la réunion, [qu'] elle ne cherchera pas à obtenir une augmentation des contributions fixes[1744] ». Consécutivement, « de nombreux Etats membres ont salué [cette] proposition[1745] ».

817. Cependant, afin de pouvoir convaincre les Etats membres d'accepter l'augmentation des contributions fixes, il est essentiel de démontrer l'utilisation efficace des ressources. L'OMS reconnaît que pour inciter à contribuer davantage il faut « mieux préciser les objectifs, en définissant plus clairement les priorités, en étant plus efficace et en faisant preuve d'excellence dans l'exécution, tout en communiquant mieux et en expliquant à un large public la façon dont les résultats sont obtenus et dans quels domaines[1746] ». La réforme actuelle doit permettre le renforcement de la priorisation des objectifs de l'OMS pour une plus grande clarté. A cet égard, une évaluation des coûts des principaux postes de dépenses de l'OMS, suivant une approche coût-efficacité afin de réaliser des économies d'échelle, est à envisager. Dans ces travaux, Monsieur CLIFT propose d'analyser notamment comment les coûts administratifs et de gestion pourraient être diminués[1747].

818. En raison des difficultés à accroître le budget total de l'OMS par l'augmentation des contributions fixes des Etats membres, il est essentiel parallèlement de consolider le budget de l'OMS par une meilleure stabilité, prévisibilité et adéquation du financement.

[1742] OMS, *Projet de budget programme 2016-2017 – Rapport du Comité du programme, du budget et de l'administration du Conseil exécutif à la soixante-Huitième Assemblée mondiale de la santé*, 68e AMS, A68/55, 18 mai 2015, p.1.

[1743] OMS, *Proposed programme budget 2016-2017 – Process, costing and financing*, A68/INF./7, 12 Mai 2015, p.7.

[1744] OMS, *Projet de budget programme 2016-2017 – Rapport du Comité du programme, du budget et de l'administration du Conseil exécutif à la soixante-Huitième Assemblée mondiale de la santé*, A68/55, 18 mai 2015, p.1.

[1745] OMS, *Projet de budget programme 2016-2017, op.cit.,*

[1746] OMS, *Le financement futur de l'OMS – Rapport d'une consultation informelle organisée par le Directeur général*, 12-13 Janvier 2010, p.19.

[1747] C. CLIFT, « *What's the World Health Organization For ?* », *op.cit.*, pp.32-33.

b. Le respect des principes de stabilité, de prévisibilité et d'adéquation du financement

819. A défaut de ne pas pouvoir augmenter les contributions fixes permettant de garantir un contrôle direct par l'Assemblée mondiale de la santé, il est important, dans tous les cas, d'améliorer la gestion et l'encadrement des financements existants. Le budget des organisations internationales « constitue à la fois un acte de prévision et un acte d'autorisation des ressources et des dépenses de l'organisation[1748] ». D'un côté, il a pour objet de prévoir les ressources et d'un autre côté il doit prévoir et autoriser les dépenses pour la durée convenue, c'est-à-dire l'exercice budgétaire.

820. Dans cette perspective, les paramètres clefs tels que les coûts, la gestion financière, l'information du public et la réalisation des objectifs de développement ont été évalués par une étude indépendante en tant que « faibles » à l'OMS avec une « incertaine probabilité de changements positifs à l'avenir »[1749]. Dans la lignée du Dialogue sur le financement initié par l'Assemblée mondiale de la santé [1750] qui se fonde sur plusieurs principes[1751], des recommandations de certaines sont proposées.

821. L'objectif principal est de garantir, avec le financement disponible, un budget – fixe ou volontaire – stable et prévisible en adéquation avec les priorités énoncées par l'OMS. Le besoin de prévisibilité de financement est nécessaire pour un fonctionnement et une utilisation efficace du financement. Ce constat a été fait, dès le début de la réforme, par l'OMS qui estime que « la majeure partie du financement de l'OMS n'est pas suffisamment prévisible ou durable[1752] ». Dans le cadre de la réforme, plusieurs principes ont été énoncés et vont dans le bon sens[1753] et font échos aux principes budgétaires des organisations internationales[1754].

822. Premièrement, l'alignement, c'est-à-dire l'engagement de respecter les priorités définies par l'Assemblée mondiale de la santé – a été réaffirmé avec force[1755]. L'idée est que les participants qui prévoient de verser des fonds à objet désigné s'engagent à ce que ces affectations soient alignées sur ces priorités et présentées dans le budget programme. En effet, la dépendance à l'égard des contributions volontaires a « conduit parfois à une correspondance

---

[1748] G. BASTID BURDEAU, « *Les finances des organisations internationales* », in E. LAGRANGE et J.-M. SOREL, *op.cit.*, p.576.

[1749] UK Department for International Development, *Multilateral aid review: ensuring maximum value for money for UK aid trough multilateral organizations*, March 2011, p.44.

[1750] OMS, *Financement de l'OMS*, Résolution WHA66(8), 66ème AMS, 24 mai 2013.

[1751] OMS, *Dialogue sur le financement – Rapport du Secrétariat*, EB134/9, 134ème Conseil exécutif, 20 Décembre 2013, p.4-5. Les principes du financement sont les suivants : (1) prévisibilité ; (2) alignement et flexibilité ; (3) transparence et (4) vulnérabilité.

[1752] OMS, *Réforme de l'OMS pour un avenir sain – Rapport du Directeur general*, EBSS2/2, 15 octobre 2011, p.28.

[1753] OMS, *Proposals to improve WHO's financing – Report by the Secretariat*, EBPBAC/EXO2/2, 23 Novembre 2012, p.4-5.

[1754] G. BASTID BURDEAU, « *Les finances des organisations internationales* », in E. LAGRANGE et J.-M. SOREL, *op.cit.*, p.586 et s. L'auteure énonce les principes suivants : l'autonomie financière, l'équilibre du budget, la périodicité du duget, l'unité et l'universalité budgétaires, le principe de spécialité et le principe de transparence.

[1755] A. CASSELS, I. SMITH et G. L. BURCI, *Reforming WHO : the art of the possible, op.cit.*, Les auteurs estiment que « si la flexibilité a été un objectif annoncé dès le début de la réforme, le principe d'alignement avec les priorités de l'OMS est devenu l'enjeu primordial du financement. »

imparfaite entre les priorités fixées par l'ensemble des Etats membres et les ressources disponibles pour les activités qui leur sont liées[1756] ». En 2011, la très grande majorité des fonds donnés par les quatre plus gros donateurs était liés : 100 % pour les Etats-Unis, 84 % pour le Royaume Unis, 100 % pour l'Allemagne et 100 % pour le Canada[1757].

823. Toutefois, à cet égard, des évolutions sont perceptibles. La façon dont le budget est approuvé et financé a évolué depuis 2014[1758]. D'abord, les priorités et les programmes à mettre en œuvre sont validés par les Etats membres exclusivement lors de l'Assemblée mondiale de la santé. Ensuite, les Etats membres approuvent le budget total de l'OMS, contributions fixes et volontaires comprises. Cette évolution n'implique néanmoins pas d'obligations de financement du budget total par les Etats membres mais simplement l'approbation des programmes, de l'estimation des ressources nécessaires et des résultats attendus. Enfin, l'accord sur le budget total donne lieu à un dialogue sur le financement où les acteurs étatiques et non étatiques participent. L'objectif est de rendre le processus de financement plus ouvert et transparent pour qu'il soit davantage stable et prévisible.

824. Deuxièmement, l'OMS insiste, à cet effet, sur le besoin de prévisibilité, c'est-à-dire donner une indication générale du montant et de la composition du financement pour le budget à venir. En 2011, l'OMS soulignait sur le caractère profondément imprévisible des contributions volontaires et estimait qu'au moment de l'adoption du budget programme, le financement de l'exécution n'est assuré qu'à 50 % environ. Ceci a pour conséquence de réduire « la possibilité pour le Secrétariat d'assurer une planification efficace, et le flux inégal des ressources qui en résulte conduit à des inefficacités en matière d'exécution[1759] ». A ce titre, l'objectif affiché était d'accroître la part du budget de l'Organisation qui est prévisible – c'est-à-dire avant le début de l'exercice – pour atteindre au moins 70 %[1760]. Selon l'OMS, « la prévisibilité du financement s'est améliorée d'environ 20 % au début de l'exercice 2014-2015, comparativement à 2010-2011 [1761] ». Sans plus de précision, on en déduit que le taux actuel de prévisibilité est donc de 60 %. S'ajoute à ces difficultés de prévisibilité, la source des contributions volontaires. Pour l'année 2012, le total 1,122 milliards de dollars de contributions volontaires provenait de plus de 689 subventions[1762].

825. Enfin, un élément qui persiste est la capacité non seulement à prévoir le financement mais aussi celle des Etats membres à verser les financements annoncés. Ainsi, le constat en matière de retards ou de non-paiements fut

[1756] OMS, *Réforme de l'OMS – Réformes gestionnaires : rendre le financement de l'OMS plus prévisible*, EB130/5 add.5, 130e Conseil exécutif, 22 décembre 2011, p.1.

[1757] OMS, *Contributions volontaires par fonds et par donateurs pour l'exercice financier 2010-2011 (Annexe)*, A65/29 Add. 1, 5 avril 2012.

[1758] A. CASSELS, I. SMITH et G. L. BURCI, *Reforming WHO : the art of the possible, op.cit.*,

[1759] OMS, *Réforme de l'OMS – Réformes gestionnaires : rendre le financement de l'OMS plus prévisible*, EB130/5 add.5, 130e Conseil exécutif, 22 décembre 2011, p.2.

[1760] OMS, *Réforme de l'OMS pour un avenir sain- Rapport du Directeur général »*, Conseil exécutif, EBSS2/2, 15 octobre 2011, p.29.

[1761] OMS, *Réforme de l'OMS : vue d'ensemble de la mise en œuvre de la réforme – Rapport du Directeur général »*, A68/4, 8 mai 2015 p.3.

[1762] C. CLIFT, *What's the World Health Organization For ?, op.cit.*, pp.29-30. Par exemple, les Etats-Unis ont contribué à hauteur de 237,5 millions de dollars par le biais de 309 subventions différentes (tableau 2).

pendant longtemps un véritable problème dans la finalisation du financement de l'OMS. En 1995, le taux de recouvrement était de 56.31 %[1763]. Aujourd'hui, les efforts fournis par l'OMS ont permis de stabiliser ce taux à 86 % en 2013 – chutant de 1 % par rapport à 2012[1764]. Pour 2014, 142 – contre 127 en 2013 – sur 196 Etats membres et Membres associés avait réglé leurs contributions intégralement ou en partie. Or, afin d'assurer l'exécution du budget programme approuvé, il est essentiel que les contributions des Etats membres soient reçues à temps et dans leur intégralité, c'est-à-dire le 1er janvier de l'année à laquelle elles se rapportent[1765]. Qu'il soit volontaire ou fixe, le budget de l'OMS doit au maximum être en adéquation avec ses priorités, prévisible et non lié.

826. Si ces principes énoncés sont pertinents, la jeunesse de la réforme ne permet pas une véritable évaluation de la réussite de la mise en œuvre de ces principes. Toutefois, il est important que l'OMS est recours, en cas de manquement à la mise en œuvre d'un de ces principes, au droit de sanctionner l'Etat membre fautif en application de l'article 7 de la Constitution de l'OMS. Cet article permet à l'OMS de suspendre les privilèges attachés au droit de vote lorsqu'un Etat membre ne remplit pas ses obligations financières vis-à-vis de l'Organisation[1766]. Il s'agit de la procédure régulièrement suivie par l'OMS et qui fait état du recouvrement des contributions et des situations qui justifieraient de l'application de l'article 7 de la Constitution. En 2015, le Secrétariat soumettait à l'Assemblée des mesures à prendre concernant un certain nombre d'Etats en application de l'article 7[1767].

827. Le critère du retard de paiement ne doit pas être le seul à être pris en compte dans l'évaluation de la mise en œuvre de l'article 7 de la Constitution. Tout manquement à un principe de financement (alignement, prévisibilité, adéquation notamment) doit être soumis au champ d'application de l'article 7. On notera la volonté, en 1965, d'élargir le champ d'application de l'article 7 en intégrant des considérations pas uniquement financières. Ce régime de sanction est possible en raison de l'article 7 qui précise « ou dans d'autres circonstances exceptionnelles » signifiant que l'application de l'article 7 n'est pas réservée seulement aux obligations financières. A ce titre, un groupe spécial du Conseil exécutif proposait que « lorsqu'un Etat membre ne tient pas compte des principes humanitaires et des objectifs énoncés dans la Constitution, applique délibérément une politique de discrimination raciale, l'Assemblée de la Santé peut prononcer sa suspension ou son exclusion de

---

1763 Y. BEIGBEDER, *L'Organisation mondiale de la santé*, QSJ, PUF, 1997, p.113.

1764 OMS, *Etat du recouvrement des contributions, et notamment celles des Membres, redevables d'arriérés de contributions dans une mesure qui justifierait l'application de l'article 7 de la Constitution*, A67/44, 67e AMS, 4 avril 2014.

1765 V. § 6.4 du Règlement financier.

1766 Article 7 de la Constitution dispose : « Lorsqu'un Etat membre ne remplit pas ses obligations financières vis-à-vis de l'Organisation, ou dans d'autres circonstances exceptionnelles, l'Assemblée de la Santé peut, aux conditions jugées par elle opportunes, suspendre les privilèges attachés au droit de vote et les services dont bénéficie l'Etat membre. L'Assemblée de la Santé aura pouvoir de rétablir ces privilèges afférents au droit de vote et ces services. »

1767 OMS, *Etat du recouvrement des contributions, et notamment celles des membres redevables d'arriérés de contributions dans une mesure qui justifierait l'application de l'article 7 de la Constitution – Rapport du Secrétariat*, A68/39, 10 avril 2015.

l'Organisation mondiale de la Santé[1768] ». Si cette proposition a été adoptée par l'Assemblée mondiale de la santé le 20 Mai 1965 (Résolution WHA18.48), elle n'est toujours pas entrée en vigueur[1769].

828. Parallèlement à l'adoption de réformes garantissant l'amélioration de la crédibilité du travail de l'OMS, il convient d'assurer un encadrement effectif des intérêts divergents pour affirmer son autorité de santé publique.

B. Des réformes relatives à l'encadrement des intérêts politiques divergents

829. Des réformes sont envisagées, d'abord, au sein de l'OMS (1) et, ensuite, dans son interaction avec les acteurs de santé mondiale (2).

1. Des évolutions au sein de l'OMS

830. Des changements doivent avoir lieu afin de renforcer l'indépendance de l'OMS à l'égard des Etats membres (a) ainsi que dans sa structure régionalisée (b).

a. Le renforcement de son indépendance à l'égard des Etats membres

831. Deux éléments doivent être considérés afin de renforcer l'indépendance des travaux de l'OMS. Premièrement, des évolutions doivent avoir lieu quant à l'indépendance des membres du Conseil exécutif qui a longtemps été sujette à interprétations[1770]. Si l'Assemblée mondiale de la santé a un rôle à jouer, il revient aux Etats choisis de désigner les membres du Conseil exécutif, qui peuvent être, en théorie, d'une nationalité différente de celle de l'Etat choisi. Une réforme de ce mode de désignation entièrement entre les mains des Etats est à revoir. Il conviendrait de supprimer le filtre des Etats choisis afin d'accroître le rôle de de l'Assemblée.

832. Par ailleurs, sur la qualité de ces membres, initialement un compromis avait été trouvé par les constituants entre un Conseil composé de délégués gouvernementaux et un Conseil formé d'experts en matière de santé choisis sans tenir compte de la répartition géographique. Cela permettait notamment de renforcer leur indépendance car les membres du Conseil exécutif ne devaient pas exercer leur pouvoir en tant que représentants de leur gouvernement respectif mais à titre personnel. Toutefois, par une décision de 1998, l'Assemblée mondiale de la santé a proposé une interprétation unifiée selon laquelle les délégués seraient désignés en qualité de représentants

---

[1768] Cette révision précise « Toutefois, les droits et privilèges, ainsi que la qualité d'Etat membre, peuvent être rétablis par l'Assemblée de la Santé sur proposition du Conseil exécutif à la suite d'un rapport circonstancié prouvant que l'Etat en question a renoncé à la politique de discrimination ayant motivé sa suspension ou son exclusion. » V. : OMS, Résolution WHA18.48, « *Amendements de l'Article 7 de la Constitution* », 20 Mai 1965.

[1769] V. Constitution de l'OMS, note de bas de page 1 « L'amendement à cet article adopté par la Dix-Huitième Assemblée mondiale de la santé (résolution WHA18.48) n'est pas encore entré en vigueur. » Cet amendement doit encore être accepté par les deux tiers des Membres de l'Organisation pour entrer en vigueur. On rappellera que cette proposition s'inscrit dans le contexte de l'apartheid qui avait lieu en Afrique du Sud. L'OMS avait d'ailleurs sanctionner le pays d'une suspension de vote.

[1770] V. *supra* n°0 et s.

gouvernementaux. Afin de renforcer l'indépendance, les membres du Conseil exécutif, une fois désignés, le soient au titre de leur capacité personnelle afin de les rapprocher du statut du personnel du Secrétariat qui « en acceptant leur nomination, [les membres du personnel de l'OMS] s'engagent à s'acquitter de leurs fonctions et à régler leur conduite en ayant exclusivement l'intérêt de l'Organisation mondiale de la Santé[1771] ».

833. Cette proposition s'inscrit dans la continuité des recommandations émises en 1997 par un groupe spécial qui souhaitait « conserver la disposition selon laquelle les membres du Conseil siègent à titre personnel, ce qui ne les empêche pas d'exprimer les vues de leurs pays ou Régions[1772] ». De même, le maintien d'une représentation gouvernementale au détriment d'une représentation personnelle impliquerait une perte de temps. Les membres du Conseil seraient « obligés de consulter leurs autorités avant de prendre des décisions, ce qui ralentirait considérablement les travaux du Conseil[1773] ». Ce choix de l'Assemblée est regrettable et l'interprétation personnelle des membres du Conseil exécutif devrait être prédominante dans la composition du Conseil.

834. Par ailleurs, la proposition de Monsieur CLIFT de limiter le mandat du Directeur général à sept ans non renouvelable doit être retenue[1774]. Ceci permettrait d'éviter une trop grande influence des Etats en vue d'une probable réélection.

835. Deuxièmement, la collaboration entre les Etats membres et l'OMS doit être améliorée en particulier par le biais des rapports à communiquer. Par exemple, en matière de notification de données statistiques, si la plupart des pays produisent des rapports, il n'existe pas de système de mise en commun et de compilation de ces rapports à l'échelle de l'Organisation[1775]. De même, la faiblesse du Recueil international de législation sanitaire fondé sur les rapports des politiques de santé a déjà été évoquée. Le Secrétariat cherche donc à moderniser ce Recueil notamment en améliorant la plate-forme technologique actuelle qui est difficile à utiliser afin de faire participer davantage les Etats membres[1776].

836. Enfin, concernant les rapports sur la mise en œuvre des décisions de l'Assemblée mondiale de la santé, il n'existe pas de pratique établie[1777]. Ainsi, dès 2012, le Secrétariat regrettait le nombre illimité de rapports non coordonnés et trop fréquents, qui entraîne une surcharge de travail au Secrétariat et alourdit l'ordre du jour[1778]. Il proposait de limiter « le compte rendu sur la mise en œuvre des résolutions de l'Assemblée à un nombre déterminé de rapports (par exemple cinq ou six) » tout en confiant une

---

[1771] Article Ier, §1.1 du Règlement et Statut Du Personnel de l'OMS, mis à jours le 1er Juillet 2014: http://www.who.int/employment/staff_regulations_rules/FR_Staff_Regulations_and_Staff_Rules.PDF?ua=1

[1772] OMS, *Examen de la Constitution et arrangements régionaux de l'Organisation mondiale de la Santé,* EB101/7, 101e Conseil exécutif, 14 novembre 1997, p.6.

[1773] *Ibid.*

[1774] C. CLIFT, « *What's the World Health Organization For ? », op.cit.,* Mai 2014, 17.

[1775] OMS, *Options pour rationaliser la présentation des rapports des Etats membres et la communication avec ces derniers,* EB 132/5 Add. 4, 132e Conseil exécutif, 18 janvier 2013, p.2.

[1776] OMS, *Options pour rationaliser la présentation (...), op.cit.,* p.3.

[1777] *Ibid.*

[1778] OMS, *Rationalisation des travaux des organes directeurs et harmonisation et alignement des travaux des comités régionaux,* EB132/5 Add.3, 14 décembre 2012, p.11.

responsabilité accrue pour le Directeur général de faire un rapport « lorsque celui-ci estime qu'une question particulière nécessite de présenter un rapport de fond au Conseil ou à l'Assemblée soit pour suite à donner, soit pour qu'il soit pris note des progrès accomplis[1779] ».

837. Cette initiative du Secrétariat qui n'a pas encore été adoptée définitivement par l'OMS doit être poursuivie. Il convient de mettre en place un système cohérent, automatisé et régulier de remise de rapports et de diffusion de compte rendus afin d'accroître la communication avec les Etats membres, de répondre à l'approche hétérogène et dépassée afin de désengorger les travaux de l'Assemblée. Cela permettrait en sus au Secrétariat de ne pas dépendre constamment de la bonne volonté des Etats à fournir certaines données et informations essentielles au bon fonctionnement des travaux de l'Assemblée.

b. L'encadrement de sa structure régionalisée

838. La structure régionalisée, conséquence de la préexistence d'organisations de santé dont l'Organisation panaméricaine de de la santé, est la cause d'un certain nombre de difficultés[1780]. Il est essentiel, afin de renforcer l'autorité de l'OMS, d'apporter des modifications à cette organisation décentralisée.

839. Un des éléments les plus critiques émane de la nomination du Directeur régional par les Etats membres de la région. Malgré un système qui se veut hiérarchique suivant lequel les Directeurs régionaux sont placés sous l'autorité du Directeur général d'après les articles 31 et 51 de la Constitution, il s'avère « qu'en tant que tels, les Directeurs régionaux sont des responsables élus comme le Directeur général[1781] ». Plus particulièrement, il revient aux ministres de la Santé des régions d'élire les Directeurs régionaux. Ainsi, l'allégeance de ces derniers va aux régions plutôt qu'au Directeur général à Genève.

840. Il faut rappeler que les régions OMS disposent d'une indépendance unique au sein du système des Nations unies et ont autorité quant à la nomination du personnel régional et des pays[1782], « qui va au-delà des pratiques en vigueur dans beaucoup d'autres organisations du système des Nations[1783] ». Par ailleurs, chaque région a son propre budget dont la majorité provient du budget central de l'OMS, diminuant d'autant les capacités financières du siège de l'OMS. Cela créée donc des oppositions entre le Directeur général et ces Directeurs régionaux. Cette opposition s'est illustrée pendant la crise *Ebola* où la Directrice générale Madame CHAN et le

---

[1779] OMS, *Rationalisation des travaux des organes (...), op.cit.*, pp.11-12.

[1780] V. *supra* n°0.

[1781] CORPS COMMUN D'INSPECTION, *Examen de la gestion, de l'administration et de la décentralisation à l'Organisation mondiale de la Santé - Partie II. Examen de la décentralisation*, JIU/REP/2012/7, 2012, p.76.

[1782] *Ibid.*, p.31: « Conformément à l'autorité qui lui a été déléguée, le Directeur régional jouit de compétences globales pour toutes les décisions concernant les ressources humaines. Chaque Directeur régional approuve l'ensemble des nominations de la catégorie professionnelle jusqu'au niveau D.1 ; se prononce sur le classement des postes, l'octroi d'engagements continus et les réaffectations ; et exerce des responsabilités dans le mécanisme de règlement des litiges et des conflits».

[1783] *Ibid.*, p.77.

Directeur de la région AFRO ont chacun rejeté la responsabilité sur l'autre, au détriment de l'aide internationale[1784]. Le degré actuel de décentralisation fragmente l'organisation, met en danger la cohérence des programmes et affaiblit la responsabilisation[1785].

841. Il est essentiel, d'une part, que le siège de l'OMS exerce davantage de contrôle et de supervision sur les régions et les décisions prises comme le suggérait déjà Fiona Godlee en 1994[1786]. Sans remettre en cause le principe, elle insistait sur le besoin de mettre en place une décentralisation efficace, responsable financièrement et politiquement. Au minimum, l'OMS devrait publier les fonds reçus par chaque région ainsi que les objectifs fixés afin d'appliquer le même cadre d'évaluation de l'efficacité à l'action régionale. En effet, pour que l'OMS agisse de façon cohérente, le Directeur général doit avoir le contrôle sur l'ensemble des ressources financières et humaines mondiales disponibles ainsi qu'un accès au développement des normes et au déploiement d'urgence de santé mondiale[1787].

842. Le renforcement de ce contrôle passe, d'autre part, par la modification du système de nomination des Directeurs régionaux. A ce titre, il est important que ces derniers soient nommés par le Directeur général de l'OMS et non plus « par le Conseil en accord avec les comités régionaux » selon l'article 52 de la Constitution. Cette modification est défendue par certains auteurs depuis longtemps[1788]. Par ailleurs, cette recommandation avait déjà était soumise dès 1994 dans un rapport du Corps Commun d'Inspection (CCI) qui estimait que le Directeur général devait « être habilité à choisir et à désigner les Directeurs régionaux, pour confirmation par le Conseil exécutif, à l'issue de consultations et en accord avec les comités régionaux concernés ou leurs bureaux le cas échéant[1789] ». Les Inspecteurs estimaient également que « la durée du mandat des Directeurs régionaux, y compris du Directeur régional pour les Amériques/OPS, devait être fixée à cinq ans, et renouvelable une fois[1790] ». Ceci permettrait d'aligner le statut des Directeurs régionaux sur celui du Directeur général en place depuis 1996. Ces propositions pertinentes de modification sans changer de Constitution ont été reprises par le Corps Commun d'Inspection en 2012 tout en considérant que « la participation du Directeur général au processus de sélection des Directeurs régionaux ne constitue pas le seul moyen d'améliorer la voie hiérarchique, de renforcer la responsabilité et de parvenir à la cohérence ».

[1784] L. O. GOSTIN, « *Reforming the World Health Organization After Ebola* », JAMA, vol.313, Numéro 14, A4 Avril 2015, p.1407.

[1785] B. STENSON et G. STERKY, « *What future WHO ?* », Health Policy, vol.28, 1994, p.235-256.

[1786] F. GODLEE, « *The regions- too much power, too little effect* », *op.cit.*, pp.1566-1570.

[1787] L. O. GOSTIN et D. SRIDHAR, « *Reforming the World health organization* », JAMA, 29 mars 2011.

[1787] C. CLIFT, « *What's the World Health Organization For ?* », *op.cit.*, p.34.

[1788] L. O. GOSTIN, « *Reforming the World Health Organization After Ebola,* », *op.cit.*, p.1407; L. O. GOSTIN et D. SRIDHAR, « *Reforming the World health organization* », *op.cit.*,; F. GODLEE, « *The regions- too much power, too little effect* », *op.cit.*, pp.1566-1570.

[1789] CORPS COMMUN D'INSPECTION, *Décentralisation des organismes du système des Nations unies. Troisième partie : L'Organisation mondiale de la Santé*, JIU/REP/93/2, 1994, p.50.

[1790] *Ibid.* Cette proposition reprend la proposition déjà faite par un groupe special du Conseil exécutif en 1997 (OMS, *Examen de la Constitution et arrangements régionaux de l'Organisation mondiale de la Santé,* EB101/7, 101e Conseil exécutif, 14 novembre 1997, p.11).

843. Il faut donc modifier la nomination des Directeurs régionaux par le Directeur général tout en limitant le mandat à deux termes ou à un terme unique d'une durée de sept ans, comme proposé pour le Directeur général[1791]. Cela permettrait de consolider le contrôle du siège sur les régions. Il est regrettable d'ailleurs qu'aucune disposition ni même discussion n'aient eu lieu en ce sens lors de la réforme débutée en 2010 illustrant davantage la volonté de la Directrice générale. Ainsi, en 2012, « le Directeur général actuel a fait savoir aux inspecteurs qu'il avait choisi de concentrer ses efforts sur la promotion du travail d'équipe et sur la création d'une culture institutionnelle de l'unité d'action[1792] ». Les possibilités dont dispose actuellement le Directeur général pour renforcer la responsabilité de la Direction générale permettront au Directeur général d'exercer ses prérogatives de plus haut fonctionnaire technique et administratif sans qu'il soit nécessaire de modifier son rôle dans la procédure de sélection des Directeurs régionaux. Enfin, la Directrice générale a définitivement enterré les possibilités de changement en énonçant « des propositions visant à réviser et à harmoniser les procédures de désignation des Directeurs régionaux conformément au processus de désignation du Directeur général, sur la base des principes d'impartialité, de transparence ainsi que des compétences personnelles des candidats[1793] ».

844. Plus généralement, la structure régionalisée de l'OMS doit faire l'objet d'une discussion sur le modèle à envisager pour l'avenir de l'Organisation. Ainsi, deux modèles sont proposés par Monsieur CLIFT[1794]. D'abord, un modèle unitaire, à l'image des autres institutions spécialisées des Nations unies, vise à mettre fin aux trois niveaux de gouvernance (siège, régions, pays). Les besoins des régions sont ainsi déterminés dans le but d'atteindre les objectifs de l'Organisation, selon une approche globale. Cela impose la suppression de la nomination de Directeurs régionaux. Ensuite, l'auteur propose un modèle décentralisé, en suivant l'exemple de l'OPS, où les contributions volontaires sont directement versées des Etats membres de la région aux bureaux régionaux et non redistribuées par l'intermédiaire du siège. Cela impliquera une décentralisation poussée offrant une autonomie complète aux régions voire leur absorption par d'autres organisations régionales telles que la région AMRO et l'OPS ou la région EURO et l'UE.

845. Toutefois, la structure régionale unique, conséquence d'une dynamique historique et politique, fait de la fin de la régionalisation une perspective non seulement politiquement difficile mais également non souhaitable. Certes, la structure régionalisée doit évoluer car elle se retrouve actuellement entre unité (contrôle du montant du budget par le siège) et décentralisation (indépendance et autonomie dans l'utilisation du budget et dans la nomination du Directeur régional). L'OMS doit reprendre le contrôle sur les régions afin qu'elles soient parties intégrantes de l'Organisation, selon les dispositions de la Constitution. Pour cela, l'OMS doit (1) permettre la

---

1791 C. CLIFT, *What's the World Health Organization For ?, op.cit.*, p.17.

1792 CORPS COMMUN D'INSPECTION, *Examen de la gestion, de l'administration et de la décentralisation à l'Organisation mondiale de la Santé - Partie II. Examen de la décentralisation*, JIU/REP/2012/7, 2012, p.77.

1793 OMS, *Réforme de l'OMS – Rapport de synthèse du Directeur général*, A65/5, 25 avril 2012, p.9.

1794 C. CLIFT, *What's the World Health Organization For ?, op.cit.*, p.31.

nomination par le Directeur général des Directeurs régionaux qui devront lui répondre directement et (2) maintenir l'indépendance financière des régions par la réception directe d'une partie des contributions fixes aux régions tout en assurant un contrôle précis et transparent de l'utilisation de ces fonds par le siège. Le contrôle du siège dans le montant des ressources allouées n'a, en effet, pas permis le contrôle de l'allocation de ces dernières au sein des régions.

846. Par ailleurs, un renforcement de la surveillance de l'utilisation des fonds par le siège est indispensable afin de garantir un contrôle efficace sur les régions. Ceci permettrait « que les différents niveaux de l'Organisation (le siège, les six régions et les pays) agissent de concert, sachent définir des priorités communes, assurent la cohérence de leurs activités normatives et opérationnelles[1795] ». Il faut conserver le principe de décentralisation tout en y apportant des ajustements. En effet, les trois niveaux de l'Organisation doivent être maintenus car ils permettent notamment en matière de communication avec les Etats membres de « pouvoir établir des comparaisons au plan mondial, tenir compte des innovations et des spécificités régionales, et promouvoir une meilleure adaptation des réponses apportées par chaque pays à sa situation particulière[1796] ». Il faut davantage modifier la hiérarchie plus que la structure même de la régionalisation à l'OMS.

847. Pour finir, des réformes doivent être entreprises dans le choix de création et de composition des bureaux de pays. En raison de l'évolution de leur rôle, il apparaît qu'ils ne répondent plus de façon pertinente aux besoins des pays[1797]. Dès lors, il est essentiel que l'OMS mette en place des critères afin que les bureaux de pays correspondent davantage à ces besoins notamment en matière de personnel, d'activités et de compétences. A cet égard, comme le recommandait le Conseil exécutif dès 1997, certains pays, disposant d'une capacité financière suffisante, devraient pouvoir participer, partiellement ou entièrement, aux coûts de fonctionnement des bureaux de pays. De même, certains pays dont le statut économique et sanitaire a évolué, devraient ne plus avoir besoin de bureaux de pays. Enfin, d'autres mécanismes pourraient être envisagés dont l'idée de bureau partagé ou de bureaux de liaisons afin de gérer plusieurs pays ou activités[1798]. Le rapport de 2012 du Corps Commun d'Inspection recommandait à l'OMS de « s'entendre sur des critères assurant une présence minimum et solide dans les pays. Il convient également d'élaborer des critères et des procédures pour l'ouverture et la fermeture de bureaux sous-nationaux en fonction de l'évolution des besoins[1799] ». Il est nécessaire de répondre à cette recommandation afin de permettre l'adaptation aux réalités[1800].

[1795] E. MONDIELLI, « *Etude 135 : Organisations Internationales* », *op.cit.*, n°135-100, p.19.
[1796] OMS, *Options pour rationaliser la présentation des rapports des Etats membres et la communication avec ces derniers*, EB 132/5 Add. 4, 132e Conseil exécutif, 18 janvier 2013, p.4.
[1797] CORPS COMMUN D'INSPECTION, *Examen de la gestion, de l'administration et de la décentralisation à l'Organisation mondiale de la Santé. Partie II. Examen de la décentralisation*, JIU/REP/2012/7, 2012, pp.80-87 ; C. CLIFT, « *What's the World Health Organization For ?* », *op.cit.*, pp.25-27.
[1798] C. CLIFT, « *What's the World Health Organization For ?* », *op.cit.*, pp.25-27.
[1799] CORPS COMMUN D'INSPECTION, *Examen de la gestion, de l'administration (...)* », *op.cit.*, p.80.
[1800] C. CLIFT, « *What's the World Health Organization For ?* », *op.cit.*, pp.25-27.

848. Si certaines réformes doivent être entreprises au sein de l'OMS afin d'encadrer les intérêts politiques divergents, d'autres doivent également être envisagées dans la relation de l'organisation avec les acteurs de santé mondiale.

2. Des changements dans son interaction avec les acteurs de santé mondiale

849. Des réformes relatives à l'encadrement des intérêts politiques divergents sont à prévoir dans l'interaction de l'OMS avec les acteurs de santé mondiale : d'une part, dans le contrôle des financements privés (a) et, d'autre part, dans l'encadrement de leur rôle de gouvernance (b).

a. Le contrôle des financements privés

850. Dans la lignée des discussions relatives au financement par les Etats et des principes adoptés par l'OMS dans le cadre du Dialogue sur le financement, l'encadrement du financement par les acteurs non étatiques doit être davantage renforcé. Les financements volontaires apparaissent ainsi indispensables au bon fonctionnement de l'OMS. En effet, si « les opinions divergent sur l'opportunité de rechercher une augmentation dans les contributions fixes, (...) la nécessité d'une plus grande part de financement flexible a été généralement reconnue[1801] ». Deux éléments doivent être pris en compte.

851. Premièrement, le financement par les acteurs privés doit être amélioré. D'abord, en diversifiant les donateurs privés afin d'éviter la concentration du financement par un nombre restreints d'acteurs privés. Aujourd'hui, la Fondation Gates est le premier contributeur devant les Etats-Unis et le seul acteur privé parmi les vingt plus gros contributeurs[1802]. Il s'agit là d'un objectif de l'OMS qui vise à convaincre davantage de donateurs à contribuer afin d'éviter une trop grande vulnérabilité budgétaire inhérente à la dépendance financière de l'OMS[1803]. En effet, la participation concentrée de quelques contributeurs rend l'OMS davantage vulnérable et dépendante à leur égard. Ensuite, l'OMS doit garantir la transparence des financements des acteurs non étatiques. Ainsi, a été approuvé « un prototype de portail Web que l'OMS est en train de mettre au point pour répondre aux demandes de transparence et de responsabilité accrues en matière de financement de l'OMS formulées par les Etats membres. Le portail donnera accès aux résultats en temps réel, ainsi qu'à des informations programmatiques, budgétaires, financières et sur le suivi[1804] ». Cette orientation doit s'accompagner d'un encadrement rigoureux.

852. Deuxièmement, il faut mieux contrôler le financement extérieur. Dans la réforme de 2010, l'OMS prévoit un encadrement des ressources financières. Ainsi, « le niveau de risque associé à l'acceptation de ressources financières

---

[1801] OMS, *Rapport du Comité du Programme, du Budget, et de l'Administration du Conseil exécutif à sa deuxième réunion extraordinaire,* 132e Conseil exécutif, EB132/2, 14 décembre 2012, p.2.

[1802] C. CLIFT, « *What's the World Health Organization For ?* », *op.cit.*, p.28.

[1803] OMS, *Suivi du dialogue sur le financement – Rapport du Secrétariat,* A67/7, 11 avril 2014, p.5.

[1804] OMS, *Proposals to improve WHO's financing – Report by the Secretariat,* EBPBAC/EXO2/2, 23 Novembre 2012, p.4-5.

provenant d'entités du secteur privé dépend du domaine d'activité de l'entité, des activités de l'OMS pour lesquelles ces ressources sont utilisées et des modalités de contributions[1805] ». Néanmoins, plus largement, les contributions volontaires non étatiques doivent respecter les mêmes principes que les contributions étatiques : la prévisibilité, l'alignement et les délais de paiements.

853. Toutefois, les contributions volontaires des acteurs non étatiques doivent être, autant que possible, non liées. L'objectif doit être pour ces contributions de venir compléter le budget ordinaire. L'OMS doit conserver un contrôle optimum sur ces fonds. La solution idéale serait donc que la majorité de ces contributions soit non liée et contrôlée par l'OMS tout en garantissant les principes de surveillance et d'efficacité. La décision de l'allocation des fonds devrait revenir à l'OMS en priorité qui doit, par ailleurs, être responsable dans son utilisation. L'OMS doit établir de façon indépendante les priorités de santé mondiale en se fondant sur les besoins globaux et locaux avant tout engagement avec les donateurs volontaires. Il leur reviendra ensuite de participer à la réalisation de ses priorités par leurs contributions volontaires[1806]. Cela renforcerait clairement l'autorité de l'OMS à l'heure où seulement 20 % du budget total de l'OMS est directement contrôlé par son organe directeur, l'Assemblée mondiale de la santé[1807].

854. A défaut d'un changement radical dans les contributions fixes et volontaires, l'OMS pourrait envisager de facturer des frais généraux de l'ordre de 20 à 30 %, pour les contributions volontaires afin de compléter son budget de base[1808]. Les frais généraux comportent notamment les frais de mise en œuvre du financement dont les ressources humaines à déployer. En effet, pour Monsieur LEGGE, les contributions fixes sont utilisées afin de compenser les frais généraux générés par les contributions volontaires que les donateurs ne veulent pas payer[1809]. La solution serait donc d'intégrer ces frais généraux dans le versement des fonds pour le financement de programmes de santé particuliers. Le risque est que cela éloigne davantage les donateurs vers d'autres organisations qui n'appliquent pas ce principe, alors qu'il est tout à fait courant dans le milieu académique[1810]. Dès lors, Cette proposition est intéressante à défaut de pouvoir véritablement renforcer le contrôle de l'OMS sur les fonds extérieurs.

855. Le renforcement de l'autorité de l'OMS à l'égard des acteurs de la santé mondiale impose également des réformes en matière de gouvernance.

[1805] OMS, *Cadre de collaboration avec les acteurs non étatiques – Rapport du Directeur général »*, A68/5, 1er mai 2015, p271

[1806] M. MARUTHAPPU et C. WILLIAMS, « *Reversing the WHO crisis : transparent priority matching of global needs with donor objectives* », BMJ, Letters, 2012.

[1807] OMS, *Réforme de l'OMS, Financement de l'OMS*, A66/48, 66e AMS, 13 mai 2013, p.2 : « l'AMS ne peut pas exercer de contrôle sur près de 80 % du budget total de l'Organisation ».

[1808] L. O. GOSTIN et D. SRIDHAR, « *Reforming the World health organization* », JAMA, 29 mars 2011, p.E2; R. COLLIER, « *WHO reforms long overdue, critics say* », Canadian Medical Association Journal, vol.183, n°14, pp.1574-1575.

[1809] D. LEGGE, « *Future of WHO hangs in the balance* », *op.cit.*, p.3.

[1810] L. O. GOSTIN et D. SRIDHAR, « *Reforming the World health organization* », JAMA, 29 mars 2011, p.E2.

b. La délimitation de leur rôle de gouvernance

856. En premier lieu, afin de remplir sa fonction d'autorité coordinatrice et directrice en santé, l'OMS doit renforcer sa coopération avec l'ensemble des acteurs de santé qu'ils soient régionaux, multilatéraux ou non étatiques. A cette fin, il apparaît essentiel que des canaux d'échange et de coopérations réguliers entre ces acteurs, sous la responsabilité de l'OMS, soient mis en place. Sans remplacer l'Assemblée mondiale de la santé, des réunions entre ces différentes parties prenantes permettraient d'améliorer la coordination de l'action mondiale en santé. Ainsi, l'important est de connaître les activités entreprises au niveau mondial afin d'éviter des chevauchements et donc une mobilisation inefficace ou moins efficace des ressources. La forme ainsi que la régularité de ces rencontres restent encore à déterminer. L'OMS reconnaît elle-même qu'il n'existe « à l'heure actuelle aucune plate-forme unique permettant des échanges entre gouvernements, organisations consacrées à la santé mondiale, partenariats, organisations régionales, organismes multilatéraux et bilatéraux, fondations philanthropiques, organismes de la société civile, organisations du secteur privé et autres parties prenantes[1811] ».

857. Une tentative avait été lancée par la Directrice générale Madame CHAN afin de mettre en place un forum de santé mondiale pour la fin de l'année 2012 avec pour objectif « d'explorer, dans un cadre informel auquel participent de nombreuses parties prenantes, les moyens pour les principaux acteurs de l'action sanitaire mondiale de travailler ensemble de manière plus efficace – au niveau mondial et au niveau des pays – pour accroître l'efficacité, la cohérence et la responsabilité de chacun et réduire la fragmentation et les doubles emplois[1812] ». Le résultat espéré était de mettre en place une « action collective plus efficace de tout un éventail d'organisations et de partenaires » en s'inspirant de forums organisés par d'autres institutions. Cette initiative, fortement soutenue par la Directrice générale, a achoppé sur la participation d'un éventail d'organisations et de partenaires. Si l'initiative était intéressante, l'influence des partenaires en particulier privés dans sa mise en œuvre souleva des craintes. Monsieur MISSONI constatait que des Etats membres ainsi que la société civile avait exprimés de vives inquiétudes quant au risque d'influence croissante du secteur privé dans la mise en place de l'agenda en santé à l'OMS[1813]. Malgré les tentatives d'ajustements par le Secrétariat afin de répondre à tout soupçon, le projet a été abandonné ». Madame CHAN précisait que « les retours des Etats membres n'étaient pas favorables[1814] ». Si l'idée apparaît intéressante – en intégrant des partenaires généralement exclus des discussions – sa mise en œuvre doit protéger contre l'influence du secteur privé. En particulier, il faut mettre en place des garanties quant au rôle limité de décision et de gouvernance des partenaires privés. Par

---

[1811] OMS, *Forum mondial de la santé – note de synthèse*, 22 juin 2011 p.1.

[1812] OMS, *Forum mondial de la santé – note de synthèse*, 22 juin 2011 p.1.

[1813] E. MISSONI, « *A healthier political functioning* », Bulletin de Medicus Mundi Suisse n°122, décembre 2011 ; N. HAWKES, « *'Irrelevant' WHO outpaced by younger rivals, BMJ* », vol.343, 2011, p.1. Ces auteurs insistent également sur la transmission très tardive du projet de Forum mondial de la santé, quelques jours avant le début de la 64e AMS.

[1814] E. MISSONI, « *A healthier political functioning* », *op.cit.*,

exemple, la mise en œuvre de l'agenda en santé doit rester entièrement de la responsabilité de l'OMS.

858. Par ailleurs, en matière de gouvernance, il est primordial que l'OMS ait un rôle renforcé dans le contrôle, la supervision et la gestion des partenariats mondiaux de santé qui se développent. En effet, souvent en retrait, les priorités de santé et les programmes mis en avant par ces partenariats orientent indirectement l'agenda de l'ensemble de la santé mondiale et donc de celui de l'OMS. Il faudrait donc engager une réflexion sur les possibilités pour l'OMS d'accroître sa responsabilité dans ces partenariats qui restent importants. Par exemple, le simple rôle de participant au comité de pilotage, réservé souvent à l'OMS, est insuffisant. Plus largement, cela implique une réflexion sur les principes généraux qui gouvernent la mise en place de ces partenariats[1815]. Parallèlement, le nouvel encadrement des relations avec les acteurs non étatiques, qui est toujours en discussion, est trop favorable aux acteurs du secteur privé. C'est une des raisons qui n'a pas permis un consensus jusqu'en 2016 et a empêché son adoption.

859. Enfin, la dernière évolution qui est cruciale dans la gouvernance de l'OMS réside dans la participation accrue de la société civile au fonctionnement de l'OMS. Cela pose, plus largement la question du statut de la société civile dans l'ordre international[1816]. En effet, dans la lignée de la réflexion du Professeur MEHDI, « un degré plus complet de participation des acteurs non étatiques est atteint lorsque les rapports entre ceux-ci et les organisations internationales sont régis par des mécanismes institutionnalisés[1817] ». A cet égard, des propositions de réforme doivent intervenir à deux niveaux afin de renforcer cette institutionnalisation[1818] et légitimer davantage l'action de l'OMS[1819]. La consultation des ONG par les organisations intergouvernementales est devenue une obligation[1820] car « condition de la délibération démocratique[1821] ».

1815 Pour une discussion sur ces partenariats et les évolutions possibles V. notamment : J. RICHTER, « *Public-private Partnerships for health : a trend with no alternatives ?* », Society for international development, vol.47(2), 2004, pp.43-48; D. A. BARR, « *A research protocol to evaluate the effectiveness of public-private partnerships as a means to improve health and welfare systems worldwide* », Health policy and ethics, vol.97, n°1, Janvier 2007, pp.19-25; K. BUSE et A. M. HARMER, « *Seven habits of highly effective global public-private health partnerships : Practice and potential* », Social Science & Medecine, vol.64, 2007, pp.259-271 (p.262) et G. WALT et K. BUSE, « *Partnership and fragmentation in international health : threat or opportunity ?* », Tropical medecine and international health, vol.5, n°7, juillet 2000, pp.467-471 (p.470); A. GUILBAUD, *Les partenariats public-privé sanitaires internationaux : diffusion et incarnation d'une norme de coopération*, op.cit., pp.191-104.

1816 FRYDMAN (B.), « *Vers un statut de la société civile dans l'ordre international* », Droits fondamentaux, n°1, juillet-décembre 2001, p.156 (pp.149-156). L'auteur défend l'idée d'un « nouvel ordre cosmopolitique ».

1817 R. MEHDI, « *Mutations de la société internationale et adaptations institutionnelles : le grand défi* », in L. BOISSON de CHAZOURNES et R. MEHDI (dir.), *Une société internationale en mutation : quels acteurs pour une gouvernance ?*, Bruylant, 2005, p.10 (pp.7-18).

1818 B. FRYDMAN, « *Vers un statut de la société civile dans l'ordre international* », *op.cit.*, p.154.

1819 J. HABERMAS, *Après l'Etat nation, une nouvelle constellation politique*, Fayard, 2000, p.122. L'auteur considère qu'une « participation institutionnalisée d'organisations non gouvernementales renforcerait la légitimation de la procédure, dans la mesure où l'on réussirait par là même à faire en sorte que les processus de décision transnationaux soient transparents aux espaces publics nationaux et à les rattacher aux processus de décisions de ce niveau inférieur. »

1820 S. CHARNOVITZ, « *Nongovernmental organizations and international law* », AJIL, 2006, p.368 et s.

1821 L. BAL, « *Le mythe de la Souveraineté en droit international, La souveraineté des Etats à l'épreuve des mutations de l'ordre juridique international* », thèse, Université de Strasbourg, 3 février 2012, p.480.

860. Premièrement, les ONG devraient voir leur droit à participer accru en permettant une participation directe aux réunions et aux débats de l'OMS en particulier lors de l'Assemblée mondiale et du Conseil exécutif pour lesquelles elles sont pour l'instant exclues, à la différence de l'ONUSIDA ou du Fonds mondial où les ONG font partie du Comité de direction. Si la mise en place d'un accès par internet y contribue, elle ne permet pas une présence physique au sein de l'hémicycle. Les ONG ont pour seul droit l'envoi d'un mémorandum dont l'inscription à l'ordre du jour est décidée par le Directeur général[1822]. Elles devraient avoir la possibilité d'intervenir oralement pour faire des déclarations à la tribune et cela pas uniquement dans le cadre restreint et annuel de l'Assemblée mondiale de la santé[1823].

861. De même, les conditions d'admission [1824] en relation officielle pourraient être allégées afin de permettre une participation du plus grand nombre de parties prenantes pertinentes. Actuellement, la plupart des ONG doivent d'abord entrer en relation informelle avec l'OMS pendant, en moyenne, deux ans afin d'être admises en relation officielle. Ce lourd processus exclues les ONG nationales, peu financées, petites ou poursuivant une mission spécifique même si elles sont influentes [1825]. On constate qu'aujourd'hui, la majorité des ONG sont issues de l'hémisphère Nord[1826]. Par exemple, l'OMS devrait offrir des financements pour des ONG plus petites représentant les pays en développement.

862. Par ailleurs, l'obligation, pour une ONG, d'obtenir le consentement du gouvernement national afin de pouvoir demander la reconnaissance d'une relation officielle avec l'OMS, confère à l'Etat membre la capacité de bloquer la participation d'une ONG. Le principe du système des relations officielles doit être aménagé en supprimant cette condition qui permet à l'exclusion d'une ONG par l'Etat membre concerné.

863. Deuxièmement, les ONG devraient avoir, en sus du droit de participation, un droit de vote qu'il reviendrait de délimiter. Le droit de vote serait reconnu par le biais d'un système d'agrément et permettrait aux ONG de s'exprimer soit de façon unifiée, soit en fonction des intérêts – locaux ou mondiaux par exemple – qu'ils représentent. A cet égard, les ONG ne doivent pas se voir accorder simplement un statut consultatif à l'instar des ONG en relation avec le Comité économique et social de l'ONU[1827]. Ce dernier peut prendre la forme d'une prise de position, par votation, qui serait portée à l'AMS. Il peut également être envisager d'attribuer une ou des voix dans cette enceinte en sus de celles des Etats. Ceci impose une réflexion sur le statut des

---

[1822] OMS, *Principes régissant les relations entre l'Organisation mondiale de la santé et les organisations non gouvernementales*, Résolution WHA40.25, *Documents fondamentaux*, Mai 1987, pp.85-86, §6.2.

[1823] L. O. GOSTIN, *Global Health Law, op.cit.*, p.118.

[1824] WHO Civil Society Initiative, *Principles governing relations with Nongovernmental Organisations.* (http://www.who.int/civilsociety/relations/principles/en/)

[1825] L. O. GOSTIN, *Global Health Law, op.cit.*, p.118.

[1826] V. en ce sens : OMS, « *Liste en anglais et français des 190 organisations non gouvernementales en relations officielles avec l'OMS prenant en compte les décisions de la cent trente quatrième session du Conseil exécutif, janvier 2014.* », OMS, 2014. Pour une analyse détaillée: C. LANORD, *A Study of WHO's official relations system with Non-governmental Organizations*, CSI/2002/WP4, WHO Civil Society Initiative, 2002; T. SCHWARTZ, *A stronger voice of civil society at the world health assembly?*, Medicus Mundi International Network, Juin 2010.

[1827] L. BURCI et C.-H. VIGNES, *The World Health Organization, op.cit.*, p.89.

ONG en tant que véritable sujets reconnus de droit international public[1828]. La justification selon laquelle l'OMS serait une organisation de nature technique à la différence de l'ONU apparaît peu pertinente au regard de sa fonction normative qui devrait être davantage renforcée. A ce titre, le nouveau cadre de collaboration avec les acteurs non étatiques, adopté en mai 2016 par l'Assemblée mondiale de la santé, rappelle que les ONG en relation officielle peuvent « nommer un représentant pour participer, sans droit de vote, aux réunions des organes directeurs de l'OMS ou à celles des comités et conférences convoqués sous son autorité[1829] ». Il conserve la possibilité d'intervenir, par une déclaration, si le Président de la réunion l'accepte. Les ONG se voient, enfin, reconnu la possibilité de présenter leur déclaration sur un site internet spécialement dédié. Malgré des évolutions relatives sur leur participation, ce nouveau cadre n'offre « aucun rôle formel dans les structures gouvernantes de l'OMS[1830] ».

864. Les aspects développés permettent de renforcer l'autorité de l'OMS et son indépendance à l'égard des Etats et des acteurs de santé tout en garantissant également le renforcement, indirect de l'autorité normative de l'OMS. Toutefois, certaines révisions spécifiques visent à consolider spécifiquement son autorité normative.

§2. La mutation de son autorité normative

865. Le renforcement de l'autorité normative de l'OMS s'articule autour de révisions consécutives aux difficultés identifiées. A cet effet, une première catégorie de mesures tient au besoin de légitimité de l'organisation (A). Toutefois, une seconde catégorie de mesures implique une évolution dans la perception du rôle de l'OMS (B).

A. Une autorité normative légitimée

866. En s'inspirant des différents facteurs justifiant d'une autorité normative, l'OMS doit consolider sa légitimité normative en développant un système juridique (1) tout en renforçant sa collaboration juridique (2).

1. La création d'un système juridique

867. L'OMS doit développer un Code international de santé publique (a) et envisager un mécanisme juridictionnel (b).

[1828] V. en ce sens CICIRIELLO (M. C.), « *Les organisations non gouvernementales sujets de droit international : un problème ouvert* », in *International law : new actors, new concepts, continuing dilemmas, Liber Amicorum Boidar Bakoti,* Martins Nijhoff Publishers, 2010, pp.107-123.

[1829] OMS, « *Cadre de collaboration avec les acteurs non étatiques* », Résolution WHA69.10, 28 mai 2016, pp.16-17.

[1830] L. O. GOSTIN, *Global Health Law, op.cit.*, p.116.

a. L'élaboration d'un Code international de santé publique

868. En se fondant sur la compétence de l'OMS en matière de recueil international de législation sanitaire prévue à l'article 63 de la Constitution, l'OMS peut élaborer un Code international de santé publique. Cet article impose notamment aux Etats membres de communiquer rapidement à l'OMS les lois et règlements importants concernant la santé et publiés dans cet Etat. Par extension, dès sa mise en œuvre en 1948, le Recueil contenait une sélection de textes législatifs internationaux, nationaux et infranationaux en santé. Toutefois, si ce recueil a été considéré comme une fonction importante de l'OMS à sa création[1831], elle est aujourd'hui en difficulté comme en témoigne l'inactivité de son site dédié, au regret du Secrétariat[1832].

869. Le Secrétariat qui « examine actuellement des options en vue de moderniser le Recueil international de législation sanitaire[1833] » doit étudier la possibilité d'élaborer, en collaboration avec d'autres participants y compris universitaires, un Code international de santé publique. Il convient de préciser cette démarche à la lumière des discussions doctrinales relatives à la codification internationale[1834]. Cette dernière, selon une définition descriptive, technique et en quelque sorte « neutre[1835] » est employée, selon l'article 15 des Statuts de la Commission du droit international, pour couvrir les cas où il s'agit « de formuler avec plus de précision et de systématiser les règles du droit international dans des domaines dans lesquels il existe déjà une pratique étatique considérable, des précédents et des opinions doctrinales ». Elle désigne la fonction de constater les règles de droit, de les formuler de la façon la plus claire et la plus concise, car elle est simplement déclarative du droit existant. Toutefois, comme le soulevait DE VISSCHER dès 1925, elle impliquera « presque toujours quelque chose de plus que la constatation pure et simple d'une règle coutumière définitivement acquise[1836] » empiétant sur la législation internationale qui est une « activité créatrice ou constitutive du droit [1837]».

870. La codification a vocation à cristalliser, rationaliser et formuler solennellement la règle de droit[1838]. Elle apparaît comme un processus de démocratisation, puisque l'ensemble des acteurs de santé mondiale devrait pouvoir y participer et s'associer aux résultats. Enfin, la codification favorise l'universalisation, c'est-à-dire le degré de généralité et d'acceptation du droit[1839].

[1831] V. *supra* n°0.

[1832] OMS, *Options pour rationaliser la présentation des rapports des Etats membres et la communication avec ces derniers*, EB 132/5 Add. 4, 132e Conseil exécutif, 18 janvier 2013, p.3.

[1833] *Ibid.*

[1834] Y. DAUDET, *Les conférences des Nations unies pour la codification du droit international,* LGDJ, coll. Bibliothèque de droit international, t. XLIII, 1968. V. également B. OPPETIT, *Essai sur la codification,* PUF, 1998 ; R. AGO, « *La codification du droit international et les problèmes de sa réalisation* », Etudes en hommage à P. Guggenheim, Institut des hautes tudes de Genève, 1968 ;

[1835] A. MAHIOU, « *Rapport général* », in *La codification du droit international*, SFDI, 1999, p.13.

[1836] DE VISSCHER (Ch.), *« La codification du droit international »,* RCADI, 1925, vol.6, p.396 et 428.

[1837] A. MAHIOU, « *Rapport général* », *op.cit.*, p.16.

[1838] *Ibid.*, p.64.

[1839] H. LAUTERPACH, « *Codification and development in international law* », AJIL, 1955, p.38.

871. Dans un premier temps, suivant une conception contemporaine[1840], le Code international de santé publique aura pour ambition plus restrictive, en tant qu'ouvrage compilatoire, de répertorier l'ensemble des instruments internationaux, nationaux et infranationaux en santé et, en sus, énoncera par écrit les règles de droit applicables en matière de droit international de la santé. Il se fondera sur le droit international existant afin d'offrir un inventaire aussi complet que possible. Dès lors, l'ensemble des textes normatifs de l'OMS sera présent, accompagné de l'ensemble des textes normatifs des sujets de droit international. Il est également envisageable de recourir à la codification « afin de ramasser une jurisprudence éparse, difficile à regrouper et à identifier[1841] ».

872. Ce code permettra donc d'avoir, d'une part, une cartographie des textes de lois applicables dans chaque pays et, d'autre part, d'obtenir les instruments internationaux en la matière afin *in fine* d'en tirer les grands principes de droit international de la santé. Comme le Recueil qui a été qualifié de « programme unique dans le monde[1842] », ce Code, agissant en tant que Recueil consolidé devra être un outil normatif de l'OMS en faveur des pays souhaitant développer leur système de santé. Toutefois, il n'aura pas une valeur contraignante. L'objectif est avant tout d'offrir de la visibilité quant au corpus normatif en droit international de la santé pour assister les pays à développer leurs systèmes nationaux.

873. Dans un second temps, suivant une conception originelle[1843], il pourrait avoir pour ambition de réfléchir, par son biais, à la création de nouveau contenu au droit international de la santé puisque la codification « n'est pas uniquement, ni même principalement la constatation du droit existant, c'est incontestablement son adaptation progressive et plus régulière à des exigences et à des situations nouvelles[1844] ». Ainsi, la codification peut être perçue comme un « tout indissociable » mêlant inextricablement la formulation pure et simple du droit en vigueur, la révision des règles existantes et la formulation de nouvelles règles[1845]». Toutefois une telle distinction est « intellectuellement concevable[1846] » et en pratique préférable.

874. En effet, ce Code, d'autant plus s'il dépasse sa conception descriptive, est difficilement envisageable théoriquement. Toutefois, même dans sa version restreinte, il est confronté à des obstacles technique du fait de l'ampleur de sa mission. Cependant, il y a un besoin de consolider et de compiler l'activité normative de l'OMS, d'abord, afin d'apporter de la clarté et de la lisibilité à

[1840] « on trouve des codes qui ne constituent plus un tout organique et se présentent souvent comme de simples compilations réunissant dans un même ensemble les dispositions touchant à un ordre de matière déterminé » S. GUINCHARD et T. DEBARD (dir.), *Lexique des termes juridiques 2014-2015*, *op.cit.*, « codification » p.189.

[1841] F. COULEE, « *La codification du droit international. Le cas des réserves aux traités internationaux* », *op.cit.*, p.310.

[1842] W. CURRAN, « *International health legislation at the World health organization*, Public Health and the Law, AJPH, vol.67, n°10, 1977, p.984.

[1843] « La codification, dans sa concpetion originelle de rassemblement, dans un unique code, des règles intéressant une matière, vise à donner un souffle cohérent à cette matière » S. GUINCHARD et T. DEBARD (dir.), *Lexique des termes juridiques 2014-2015*, *op.cit.*, « codification » p.188.

[1844] DE VISSCHER (Ch.), « *La codification du droit international* », *op.cit*, p.397.

[1845] A. MAHIOU, « *Rapport général* », *op.cit.*, p.19.

[1846] Y. DAUDET et L. DUBOUIS, « *Fasc. 13-3. La codification internationale* », Jurisclasseur de droit international, p.5.

cette dernière et de dégager les principes fondamentaux de son activité. Cette tâche n'est pas insurmontable en ce qu'elle dépend uniquement de l'OMS. Ensuite, il est vrai que le regroupement de l'ensemble des instruments nationaux et infranationaux non seulement accroît le contenu mais impose la collaboration de nombreux acteurs. Il faut donc un engagement plein des Etats membres à fournir ces informations. Cette démarche sert, avant tout, les Etats membres dans le développement de leur activité normative en santé mais aussi les individus dans la meilleure connaissance de leurs droits.

875. La forme exacte de ce Code est à discuter mais une catégorisation en fonction des principes de droit dans le domaine de la santé, en intégrant les textes nationaux et internationaux, peut être envisagée. Comme point de départ, ce Code, pour la partie internationale pourra s'inspirer de l'approche d'inventaire suivie pour l'élaboration du Code européen de la santé[1847] à la différence notamment qu'il ne s'agira pas uniquement d'une codification doctrinale[1848] ni scientifique[1849]. La codification serait, d'abord, fondée sur la collecte d'information. A ce titre, le Secrétariat a eu pour mission, en 2013, d'analyser la faisabilité d'un système de notification à l'OMS pour les lois et règlements importants dans le domaine de la santé[1850] ». Ensuite, une réflexion pourra s'ouvrir sur la création de nouveaux droits et obligations.

876. En mettant en œuvre cette obligation prévue dans sa Constitution, l'OMS affirmera davantage son rôle de coordinatrice en matière normative. L'intérêt sera ainsi pluriel. D'abord, cela permettra d'avoir un outil juridique informatif et pédagogique amplifié par rapport au Recueil et également pertinent pour les parties prenantes de santé mondiale. La forme actuelle du Recueil ne permet pas l'exploitation complète du potentiel de cette publication[1851]. Plus précisément, cette compilation permettra une meilleure représentation des accomplissements de l'OMS en matière d'encadrement juridique de la santé. Afin d'améliorer la gestion des ressources, les efforts à faire pourront être davantage identifiés et les moyens à employer mieux orientés.

877. Ensuite, dans la lignée du Recueil, le Code permettra le renforcement des capacités nationales dans le domaine de la législation sanitaire. En effet, les Etats membres pourront s'inspirer de ce Code pour le développement de leur système de santé. L'objectif sera donc « d'orienter et de coordonner les législations sanitaires nationales[1852] ». Enfin, cela permettra, en fonction de la qualité du contenu du Code, une meilleure accessibilité pour les citoyens à l'ensemble des textes normatifs en matière de santé tout en garantissant davantage la protection de leurs droits. La difficulté à comprendre le corpus juridique actuel ne permet pas une visibilité effective de ces derniers. Il faudra réaliser un effort de rigueur et d'accessibilité au vu du contenu important

---

[1847] V. *supra* n°0.

[1848] Y. DAUDET, « *Rapport général* », in *La codification du droit international*, SFDI, 1999, p.129.

[1849] V. P. REUTERS, *Institutions internationales*, cité par J. BASDEVANT, *Dictionnaire de la temrinologie du droit international*, Sirey, 1960 (« codification du droit international »). La codification scientifique est « l'œuvre de la doctrine ou des practiciens (…) ui ne présente qu'une valeur d'information ».

[1850] OMS, « *Options pour rationaliser la présentation des rapports des Etats membres et la communication avec ces derniers* », EB 132/5 Add. 4, 132ᵉ Conseil exécutif, 18 janvier 2013, p.3.

[1851] *Ibid.*

[1852] M. BELANGER, « *L'avenir de la législation sanitaire internationale* », *op.cit.*, p.1.

prévu au sein du Code envisagé. A cet égard, une version électronique et un système de base de données permettant une navigation fluide devra accompagner voire supplanter la version papier. Les moyens techniques mis à disposition aujourd'hui permettent de croire à la mise en place d'un outil accessible aux Etats membres ainsi qu'aux citoyens.

878. L'élaboration et la gestion durable d'un Code contribuera *in fine* à légitimer davantage l'OMS en tant qu'autorité normative. Il faut profiter du regain d'intérêt pour le Recueil, qui a été abandonné, pour mettre en œuvre définitivement cette obligation constitutionnelle. Plus ambitieux, le développement d'un mécanisme juridique international dans le domaine de la santé doit être étudié.

b. La présence d'un mécanisme juridictionnel

879. L'analyse des faiblesses de l'OMS et des atouts d'autres acteurs démontrent que l'existence d'une jurisprudence à laquelle l'OMS pourrait participer à développer contribuerait à légitimer son autorité et structurer sa production normative. L'idée est donc de privilégier la juridictionnalisation de l'autorité normative de l'OMS. La juridiction internationale apparaît comme « la *transposition* dans l'ordre international d'un modèle du droit interne[1853] ». Elle est présentée comme un « organe chargé de dire le droit (*juridiction*) de manière obligatoire (*imperium*)[1854] ». Toutefois, le Professeur ASCENSIO relativise cette affirmation en considérant qu'il vaut mieux « parler d'organes internationaux plus ou moins juridictionnalisés et de juridictions plus ou moins internationalisées[1855] ».

880. Participant de la juridictionnalisation du droit international[1856], et en l'absence dun mécanisme juridictionnel en son sein[1857], deux possibilités sont à envisager pour l'OMS : soit un élargissement de la compétence de la Cour internationale de justice (CIJ), soit la mise en place d'un mécanisme juridique de traitement des contentieux au sein de l'OMS à l'instar des mécanismes de règlements des différends ou, enfin, une combinaison des deux.

881. Premièrement, la CIJ a suivi une interprétation restrictive de la compétence de l'OMS prévue à l'article 96 (2), dans un avis rendu le 8 juillet 1996[1858]. Cet article lui confère le « droit de demander à la Cour des avis consultatifs sur des questions juridiques qui se poseraient dans le cadre de leur activité ». Il est essentiel que l'OMS ait la possibilité d'accéder à la CIJ en cas de questions juridiques dans le cadre de son activité. Le test suivi en trois étapes demeure pertinent : 1) autorisation à demander l'avis 2) relatif à une question juridique et 3) dans le domaine de compétence. Toutefois,

---

[1853] ASCENSIO (H.), « *La notion de juridiction internationale en question* », in *La juridictionnalisation du droit international*, SFDI, Pedone, 2003, p.166 ; V. G. DE GEOUFFRE DE LA PRADELLE, « *La fonction des juridictions de l'ordre international* », JDI, 1998/2, p.389.

[1854] L. CAVARE, « *La notion de juridiction internationale* », AFDI, 1956, p.500.

[1855] ASCENSIO (H.), « *La notion de juridiction internationale en question* », *op.cit.*, pp.163-202.

[1856] V. *La juridictionnalisation du droit international*, SFDI, Pedone, 2003.

[1857] OMS, *Evaluation of WHO's Normative Function (Volume 1: Evaluation Report)*, Corporate evaluation commissioned by the WHO Evaluation Office, July 2017, p.3: « There is no legal power whereby WHO can order implementation and ensure compliance ».

[1858] Avis Consultatif du 8 juillet 1996 de la Cour internationale de Justice (CIJ), *Licéité de l'utilisation des armes nucléaires par un Etat dans un conflit armé*, CIJ Recueil 1996. V. *supra* n°0.

l'interprétation des juges internationaux de cette dernière condition est regrettable. Ils ont estimé que les effets du nucléaire ne sont pas du domaine de compétence de l'OMS. La limitation imposée par la CIJ, si elle apparaît justifiée, découle de la volonté des juges de ne pas étendre le champ de compétence de l'OMS. Cet avis, qui marque un tournant historique et symbolise le premier refus d'un avis sollicité[1859] a indéniablement restreint la compétence de l'OMS et son accès à une juridiction, y compris pour le futur.

882. Au-delà de l'interprétation de ces dispositions que apparaît insuffisantes, une réflexion sur l'élargissement de la compétence de l'OMS devrait être discutée. Ainsi, l'OMS pourrait détenir non seulement un droit d'avis mais également un droit d'ester devant la CIJ. Ceci permettrait à cette dernière de devenir le régulateur des rapports entre l'Organisation et ses membres par le biais d'un pouvoir d'action contentieuse. Toutefois, il existe un risque d'alourdissement de l'activité de la CIJ et afin de respecter le principe de spécialité, une autre alternative est préférable.

883. Deuxièmement, à défaut d'un tel mécanisme et en raison du rejet constant de compétence de la part de la CIJ, il pourrait être intéressant de réfléchir à la mise en place d'une section juridique voir même d'une juridiction au sein de l'OMS qui traiterait de conflits juridiques en matière sanitaire sur la base de la Constitution de l'OMS ainsi que des textes normatifs adoptés et ratifiés de l'OMS. A cet égard, le précédent du mécanisme prévu à l'article 93 du RSI dès la révision de 1969 peut servir d'exemple à suivre. Selon l'article 93, en cas de question ou différend dans l'application ou l'interprétation du RSI, tout Etat intéressé pouvait se tourner vers le Directeur général qui « s'efforce de régler la question ou le différend ». Il joue alors le rôle « d'amiable compositeur[1860] ». Toutefois, à défaut de règlement, le Directeur général pouvait – de sa propre initiative ou à la requête de tout Etat intéressé – soumettre le différend « au comité ou autre organe compétent de l'Organisation pour examen ». Si la première étape du Directeur général était qualifiée de politique, par la soumission au comité de surveillance internationale des maladies transmissibles, débutaient les questions techniques. Ces deux premières étapes constitue donc une « procédure précise de règlement technico-politique des questions ou différends[1861] ». En cas d'absence de règlement par cette procédure, tout différend « peut, par voie de requête, être porté par tout Etat intéressé devant la Cour internationale de justice pour décision ». C'est l'existence de ce règlement des différends à triple niveaux –Directeur général, organe compétent et CIJ– qui apparaît essentiel et qui le différencie de l'article 75 de la Constitution de l'OMS qui met l'accent sur la compétence des Etats[1862]. En effet, cela pouvait permettre

---

[1859] V. notamment E. DAVID, « *L'avis de la Cour internationale de Justice sur la licéité de l'emploi des armes nucléaires* », *op.cit.*, p.823.

[1860] C.-H. VIGNES, « *Règlement sanitaire international. Quelques aspects juridiques* », Annuaire français du droit international, vol.11, 1965, p.666 (pp.649-667).

[1861] M. BELANGER, *Droit international de la santé*, Economica, 1983, p.12.

[1862] Article 75 de la Constitution de l'OMS « toute question ou différend concernant l'interprétation ou l'application de cette Constitution, qui n'aura pas été réglé par voie de négociations ou par l'Assemblée de la Santé sera déférée par les parties à la Cour international de jusitice conformément au Statut de la dite Cour, à moins que les parties intéressées ne conviennet d'un autre mode re règlement ».

de développer une jurisprudence internationale en matière de sécurité sanitaire dont l'OMS avait la responsabilité juridique avec en dernier ressort la CIJ.

884. A ce titre, cette disposition a été utilisée une fois en 1970 afin de régler un différend entre la Turquie, d'une part et la Bulgarie et la Roumanie, d'autre part, à propos de l'application des règlements sur le choléra[1863]. Le Directeur général de l'OMS intervint pour résoudre ce différend et le Comité de la surveillance internationale des maladies transmissibles considéra cette action comme satisfaisante sans qu'il soit nécessaire que la CIJ intervienne[1864].

885. Il est regrettable que la révision de 2005 ne fasse plus de référence explicite à la possibilité pour le Directeur ou tout Etat intéressé de soumettre le différend à un autre organe et en dernier recourt à la CIJ. L'article 56 du RSI (2005) précise simplement que le Directeur général « fait tout son possible pour le régler ». La disposition insiste sur la possibilité pour un Etat membre de soumettre le différend à « l'arbitrage obligatoire » conformément au Règlement facultatif de la Cour permanente d'arbitrage. L'alinéa 4, ne citant plus formellement la CIJ, confirme le « droit qu'ont les Etats parties (...) de recourir aux mécanismes de règlement des différends mis en place par d'autres organisations intergouvernementales ou en vertu d'un accord international ». Cette évolution semble rendre la mise en œuvre de cette procédure « encore plus incertaine[1865] ». Or, la référence explicite à la possibilité de recourir à la CIJ renforce le pouvoir de persuasion et de dissuasion de l'OMS.

886. S'inspirant de ce comité prévu dans le RSI révisé en 1969, cette juridiction contentieuse pourrait faire partie intégrante de la division juridique au sein de l'OMS ou pourrait être constituée par un mécanisme juridique permettant la création d'une Cour *ad hoc* et temporaire, se réunissant uniquement en cas de conflits de façon périodique. Cette cour pourrait également être permanente et exister sous le nom de Cour internationale de la santé, par exemple.

887. La forme exacte entre système contentieux ou règlement alternatif des différends – sur la base de l'Organisme de Règlement des Différends de l'OMC ou du mécanisme prévu dans le RSI – reste à déterminer[1866]. L'intérêt principal d'un tel organe serait non seulement de trancher les litiges opposant les Etats voire les réclamations individuelles – après épuisement des recours internes– mais également d'avoir un pouvoir de sanction et de suivi. Le fondement juridique à la mise en place de cet organisme émane de l'article 18 (l) qui précise que l'Assemblée mondiale de la santé a notamment pour fonction de « créer telles autres institutions jugées souhaitables ». Cette compétence, par une interprétation *in extenso* permettrait théoriquement la mise en place d'une juridiction ou d'un organe de règlement des différends.

888. Le contenu de la compétence de cet organe pourrait être conséquent. D'une part, cet organe pourrait reprendre certaines prérogatives juridiques du

---

1863 M. BELANGER, « *Une nouvelle branche du droit international : le droit international de la santé* », Etudes internationales, Québec, 1982, pp.611-632 in M. BELANGER, *Eléments de doctrine en droit international de la santé,* Les Etudes Hospitalières, Etude 4, 2012, p.48.

1864 *Ibid.*

1865 M. BELANGER, *Introduction à un droit mondial de la santé, op.cit.,* p.36.

1866 V. C. SANTULI, « *Qu'est-ce qu'une juridiction internationale ? Des organes répressifs internationaux à l'ORD* », AFDI, 2000, pp.58-81.

Secrétariat et/ou du Directeur général notamment en matière de non-paiement des contributions fixes du budget ordinaire prévu à l'article 7 de la Constitution. De même, concernant les obligations de transmission et de communication de rapports prévus dans la Constitution, une compétence juridique particulière, différente du Directeur général, aurait surement un impact, au moins symbolique, plus important. En effet, l'existence d'une instance juridique *ad hoc* venant en soutien ou en dernier ressort après des demandes répétées du Directeur général, renforcerait la mise en œuvre de son autorité normative. Enfin, cet organe judiciaire pourrait se voir confier, en appui du Directeur général ou avec une compétence propre, le règlement des différends concernant l'application ou l'interprétation du RSI prévue par son article 56.

889. D'autre part, cet organe pourrait connaître du contentieux potentiel en matière de mise en œuvre des traités et autres textes normatifs contraignants soit de l'ensemble du corpus sanitaire international soit uniquement de celui de l'OMS. Par exemple, en matière d'obligation de notification, en particulier, dans le cadre du Règlement sanitaire international, un Etat partie pourrait saisir cet organe pour réparation du fait de l'absence de notification. En effet, l'article 7 permet la suspension des privilèges attachés au droit de vote et des services dont bénéficie un Etat membre lorsqu'il ne remplit pas ses obligations financières vis-à-vis de l'Organisation ou dans « d'autres circonstances exceptionnelles ». Pour Monsieur VIGNES, « les travaux préparatoires ne permettent pas de mieux cerner la formule [1867] ». Néanmoins, tout en reconnaissant sa possibilité hypothétique, Madame DE POOTER reconnaît que « l'expression [est] suffisamment vague pour inclure un cas de violation de son obligation de notification par un Etat[1868] ».

890. Par ailleurs, le champ de l'article 7 de la Constitution pourrait s'élargir de la simple suspension du droit de vote. Par exemple, les dommages sanitaires notamment subis par la propagation d'une épidémie causée par l'absence de notification pourraient faire l'objet d'une demande en réparation. De même, un individu pourrait saisir cet organe dans le cas où un instrument contraignant serait adopté et, le cas échéant, ratifié mais non mis en œuvre dans l'Etat membre concerné ou mal mis en œuvre.

891. L'information relative aux textes internationaux adoptés inscrite au sein du Code international de santé publique aurait toute son utilité pour le citoyen si un Etat partie adoptait une disposition contraire au niveau national. Ce mécanisme de plainte individuelle existe déjà dans les instruments de droits de l'homme notamment. Enfin, comme pour la CIJ, cet organe pourrait être consulté pour tout avis sur une question juridique liée à la compétence de l'OMS. En particulier, pourrait être envisagée, une compétence de cette entité juridique afin de traiter des conflits de « juridiction » entre les organisations internationales sanitaires dans la mise en place d'une politique, d'un programme, d'une action ou d'un instrument de santé. Il faudrait que les

---

[1867] C.-H. VIGNES, « *L'inspection international au sein de l'OMS* », in E. BRUYLANT et D. VIGNES, *L'inspection internationale : quinze études de la pratique des Etats et des organisations internationales* Bruylant,1976, pp.439-509.

[1868] H. DE POOTER, *Le droit international face aux pandémies (...) », op.cit.*, p.68.

principes de neutralité et d'impartialité soient respectés au sein de cette entité juridictionnelle afin de garantir une mise en œuvre d'une justice indépendante.

892. La panoplie de sanctions à adopter pourrait débuter par un simple rappel à l'ordre, qui aurait un effet politique certain. Puis, en application de l'article 7 de la Constitution, l'Organe pourrait prononcer une suspension temporaire du droit de vote. Toutefois, l'article 7 devrait également être révisé afin de permettre, dans un second temps, un retrait définitif de ce dernier. L'Etat serait rétrogradé au statut d'Etat observateur et devrait faire une nouvelle demande d'intégration à l'OMS. En cas de manquements répétés, une exclusion de l'OMS pourrait être prononcée. De même, d'autres sanctions alternatives pourraient être envisagées en cas de manquement, dans la lignée des changements envisagés dès 1997 : « (1) retrait à cet Etat membre du droit d'être appelé à désigner une personne devant faire partie du Conseil exécutif et (2) retrait aux représentants de cet Etat membre le droit d'être élus membres du Bureau de l'Assemblée mondiale de la santé[1869] ». L'Assemblée pourrait interdire à l'Organisation de conclure ou de renouveler des arrangements prévoyant la rémunération de services assurés par tout Etat membre[1870]. Enfin, ces sanctions pourraient s'accompagner de sanctions financières[1871] telles que le paiement d'une amende ou alors la suspension de contributions financières émises par l'OMS.

893. A la différence du Code international de santé publique qui apparaît réalisable au vu de la volonté de l'OMS de satisfaire son obligation constitutionnelle et de l'impact politique limité de sa mise en œuvre, l'élaboration d'un organe ayant une compétence juridique par le biais de la CIJ ou au sein de l'OMS apparaît davantage utopique. Toutefois, l'ouverture d'une réflexion sur cette question permettrait au moins de connaître la faisabilité ou non d'une telle réforme. De même, une application davantage extensive du pouvoir de sanction de l'article 7, en cas de circonstances exceptionnelles, apparaît essentielle. Une révision permettant le retrait définitif de l'Etat membre est davantage idéaliste. En l'absence d'un système juridique international de santé, la collaboration juridique entre les acteurs doit être consolidée.

2. La consolidation de la collaboration juridique

894. La collaboration normative avec les autres acteurs est possible dès lors qu'il y a une coopération accrue entre ces derniers (b). Cette coopération repose sur la mise en place d'une division juridique opérationnelle au sein du Secrétariat (a).

a. Une division juridique opérationnelle au sein du Secrétariat

895. La crédibilité d'une organisation passe par les moyens mis en œuvre pour mener à bien ses missions. En particulier, dans le domaine normatif, la

---

[1869] OMS, *Examen de la Constitution et arrangements régionaux de l'Organisation mondiale de la Santé*, EB101/7, 101e Conseil exécutif, 14 novembre 1997, p.4.

[1870] *Ibid.*

[1871] V. P. BAUMARD (dir.), *Les sanctions financières internationales*, La Revue Banque, 2012.

faiblesse du personnel juridique du Secrétariat est alarmante. Premièrement, déjà évoqué, la crise financière traversée par l'OMS a imposé une réduction dans son effectif[1872]. Or, disposer des ressources adéquates est essentiel afin non seulement d'accroître les recrutements mais également afin de retenir les employés de l'OMS qui ont une tendance à ne pas rester très longtemps au sein de l'Organisation[1873]. La question de la capacité humaine de l'OMS pour faire face aux enjeux de santé mondiaux est soulevée[1874].

896. Deuxièmement, un effort est attendue dans le recrutement et les profils du personnel. Le leadership attendu de l'OMS « nécessite de l'expertise dans le développement de norme et la capacité à influencer les secteurs clefs[1875] ». La méfiance de l'OMS à l'égard de son autorité normative est notamment causée par le « fait que l'agence n'a pas suffisamment de fonds ni d'expertise, lui permettant de faire apparaître son avantage comparé par rapport aux autres institutions des Nations unies[1876] ». Comme le constate, à juste titre, la Professeure SRIDHAR « l'OMS est la seule agence internationale qui peut générer des normes mondiales qui protègent la santé de tous mais qui est très sous-financée pour mettre en œuvre cette fonction fondamentale[1877] ».

897. A ce titre, l'OMS a notamment besoin de juristes, de diplomates, de médiateurs et d'économistes[1878]. Plus précisément, comme le préconise la Professeure KICKBUSCH, une expertise juridique dans plusieurs domaines est nécessaire : en droit international public (par exemple, en droit pénal international, en droit humanitaire, en droit de l'homme et on peut y ajouter en droit de la santé publique) et privé (par exemple, en droit commercial et en droit de la propriété intellectuelle). L'OMS doit organisée une évaluation indépendante ou un audit interne, sur ses ressources humaines afin d'analyser si les compétences du personnel sont en accord avec les fonctions prioritaires et essentielles de l'Organisation[1879].

898. Il est essentiel que l'OMS renforce sa division juridique et mette en place un véritable département juridique avec dans chaque département où cela est pertinent, un relais par le biais d'un juriste. Cela permettrait d'assurer une coordination et une collaboration accrue en matière juridique. D'une part, en matière d'activités internationales, au sein de ce département juridique pourrait figurer un comité de suivi pour l'ensemble de l'activité normative de l'OMS à l'image de ce qui existe pour la CCLAT. Ledit comité de suivi vise à suivre et surveiller la mise en œuvre de cet instrument. Il pourrait également servir d'appui pour les Etats membres susceptibles de l'adopter.

[1872] En 2011, le Conseil exécutif, lors d'une session extraordinaire sur la réforme de l'OMS a décidé de la suppression de 350 emplois sur les 2400 que compte le siège à Genève (Décision prise lors d'une session extraordinaire sur la réforme le 3 novembre 2011).

[1873] S. J. HOFFMAN et J.-A. ROTTINGEN, « *Split WHO in two : strengthening political decision-making and securing independent scientific advice* », Public Health, vol.128, Issue 2, p.188-194, p.190.

[1874] L. O. GOSTIN, D. SRIDHAR et D. HOUGENDOBLER, «*The normative authority of the World health organisation* », Public Health, Governance for health Special Issue Paper, XXX, 1-10, 2015, p.8.

[1875] L. O. GOSTIN, *Global Health Law, op.cit.*, p.115.

[1876] *Ibid.* p.116.

[1877] D. SRIDHAR et al, « *Global rules for global health : whe we need an independent, impartial WHO* », BMJ, vol.348, 18 juin 2014.

[1878] I. KICKBUSCH, *A game change in global health: the best yet to come,* Public Health Reviews, vol.35, n°1, 2013, pp.11-12.

[1879] C. CLIFT, *What's the World Health Organization For ?, op.cit.*, p.27.

899. D'autre part, cette division juridique étoffée serait davantage en mesure d'aider et de soutenir les Etats membres dans le développement de leurs droits nationaux par le biais notamment des fonctions de formation ou de recherche conférées à l'OMS. Cela permettrait aux Etats membres en difficulté de renforcer leurs systèmes nationaux par le biais d'un support technique de l'OMS[1880].

900. Enfin, cette division pourrait également être en charge de la coordination juridique avec l'ensemble des acteurs de santé mondiale.

b. Une coopération juridique accrue avec les autres acteurs

901. La collaboration juridique entre les différents acteurs de santé mondiale doit être renforcée au profit de l'OMS au sein d'une division juridique étendue. Ainsi, une unité dédiée à la coordination relative aux différentes activités juridiques en matière de santé mondiale pourrait être envisagée. Dans la lignée de l'élaboration d'un Code international de santé publique, l'objectif de cette unité permettrait de clarifier et, peut-être, de simplifier ce corpus juridique. Par ailleurs, en matière de collaboration juridique renforcée, il est important que l'ensemble des acteurs comprennent la capacité et le pouvoir de l'OMS afin qu'ils reconnaissent et acceptent davantage son autorité normative.

902. Il pourrait être envisagé, par exemple, que la Banque mondiale prenne davantage en compte le rôle de l'OMS dans la mise en œuvre de son activité de prêt notamment. A cet effet, la Banque mondiale, dans les conditions de prêt dans le domaine de la santé, pourrait envisager, en tant que condition, la mise en œuvre de certaines normes et/ou standards de l'OMS. La Banque utilise essentiellement deux catégories d'instruments de prêts : les prêts d'ajustement et les prêts d'investissement[1881]. Dans la première catégorie où ils peuvent émettre des prêts structurels (qui restructurent l'économie du pays) ou sectoriels (qui promeuvent notamment les changements de législation et de régulations dans différents secteurs), il apparaît difficile d'imposer dans les termes et les objectifs, l'intégration de dispositions relatives à la santé. On note tout de même, que « s'ils visaient au départ à fournir un appui aux réformes des politiques macroéconomiques, y compris en matière de politique commerciale et agricole, ils ont peu à peu évolué pour davantage cibler des réformes structurelles et des réformes du secteur financier ou des politiques sociales[1882] ».

903. Toutefois, les prêts d'investissements ont pour objet « de créer les infrastructures physiques et sociales nécessaires pour réduire la pauvreté et assurer un développement durable[1883] ». A ce titre, ils financent des fournitures, des travaux et des services à l'appui de projets de développement

---

[1880] G. MARKS et al, « *National Public Health Law: A Role for WHO in Capacity-Building and Promoting Transparency* », Bulletin of the World Health Organization, vol.94, pp.534-539, 2016.

[1881] BANQUE MONDIALE, *Brochure sur les Instruments de prêt de la Banque mondiale*, préparée par la Vice-présidence Politique et stratégie opérationnelles (Accessible sur le site de la Banque Mondiale,http://web.worldbank.org/ « Prêts d'investissement et prêts d'ajustement »).

[1882] *Ibid.*

[1883] *Ibid.*

économique et social dans des secteurs divers. Aujourd'hui, les projets bénéficiant de ce type de financement visent un certain nombre d'objectifs[1884] dont la santé, par exemple, en ouvrant des dispensaires ruraux et en formant des agents sanitaires. Il est tout à fait envisageable que l'OMS serve de référant en matière sanitaire. Par exemple, la formation à dispenser dans le cadre du prêt devrait être fondée sur les standards de l'OMS. Plus largement, ces prêts pourraient être conditionnés à la mise en œuvre de normes OMS. Ainsi, plusieurs leviers existent pour accroître le rôle de l'OMS en tant que référant normatif de la santé.

904. Par ailleurs, l'OMS devrait être davantage sollicitée afin de participer, au sein des différents comités, aux travaux des organisations internationales. Par exemple, dans le cadre des travaux de l'OMC, si l'OMS y est associée, sa participation reste limitée à un rôle d'observateur voir même de représentation[1885]. Elle ne dispose en aucun cas de pouvoir décisionnel lui permettant de « contrebalancer l'OMC et ses règles de commerce qui, lorsqu'elles prennent en compte la santé, sont désignées principalement pour faciliter le commerce international[1886] ». Des discussions doivent être ouvertes afin de réfléchir à des réformes garantissant à l'OMS une participation accrue aux travaux de l'OMC. L'objectif est de permettre le développement de l'activité normative en santé relative au commerce en coopération et en collaboration avec l'OMC voir même indépendante.

905. De même, la place de l'OMS au sein l'UE devrait être renforcée dans la continuité de la mise en place d'une représentation de l'OMS auprès de l'UE. Inversement, le statut de l'UE à l'OMS devrait être étendu. Ainsi, son statut d'observateur, sans droit de vote, devrait inclure un droit de réponse et de participation au sein des débats des organes. Des discussions sur l'extension d'un droit de réponse de l'UE afin d'établir des positions communes apparaît très souhaitable afin de renforcer la collaboration notamment juridique entre ces deux organisations.

906. Enfin, il revient également à l'ONU, en tant « qu'organisation-mère » de l'OMS de ne pas empiéter sur les compétences de l'OMS. On regrettera ainsi que la Convention relative aux droits des personnes handicapées de 2006 soit mis en œuvre en dehors de l'OMS ou que les initiateurs de la mise en place d'une Convention-cadre pour la santé mondiale considèrent l'ONU en tant que potentielle organisation d'accueil[1887]. Pour cette dernière convention, c'est le Secrétaire général de l'ONU en personne qui a mentionné une telle

---

[1884] « Les projets bénéficiant de ce type de financement visent des objectifs aussi variés que la réduction de la pauvreté urbaine (par exemple, en faisant participer des entrepreneurs privés à la construction de nouveaux logements) ; le développement rural (en formalisant le régime d'occupation des terres afin d'accroître la sécurité dont jouissent les petits exploitants) ; l'approvisionnement en eau et l'assainissement (en améliorant l'efficacité des services d'utilité publique) ; la gestion des ressources naturelles (en assurant une formation portant sur des pratiques agricoles et forestières écologiquement viables) ; la reconstruction après un conflit (en facilitant la réintégration des soldats dans la société civile) et l'éducation (en encourageant l'éducation des filles) » BANQUE MONDIALE, *Brochure sur les Instruments de prêt de la Banque mondiale*, *op.cit.*,

[1885] V. *supra* n°0.

[1886] L. O. GOSTIN, *Global Health Law*, *op.cit.*, 271.

[1887] JALI, « *Platform for a FCGH: Realizing the Universal Right to Health - Fundamental Principles and Joining the Platform* », 2014, p.2.

possibilité[1888]. Ces initiatives de contournement de l'OMS[1889], contribuent à brouiller la crédibilité de l'OMS. L'ONU doit prendre ses responsabilités dans son positionnement à l'égard de la santé et reconnaître le mandat de l'OMS en agissant en conformité avec ce dernier.

907. Il apparaît que ces différents ajustements essentiels imposent des changements profonds de l'OMS. Il convient de repenser la mise en œuvre de l'autorité normative de l'OMS.

B. Une autorité normative repensée

908. Afin d'affirmer la double compétence de l'OMS en tant qu'organisation technique et normative, des évolutions structurelles sont à prévoir (1). Cette démarche doit s'accompagner d'une délimitation de son mandat au profit de sa fonction normative (2).

1. Des évolutions structurelles envisagées

909. Une première piste pourrait être la création d'une troisième Commission C, en plus des Commissions A et B, permettant la prise en compte d'autres acteurs de santé mondiale (a). Par ailleurs, la possibilité d'une division entre les aspects techniques et politiques est à envisager (b).

a. La création d'une Commission C au sein de l'Assemblée mondiale de la santé

910. Proposée par des auteurs à la fin des années 2000, la création d'une Commission C a pour principal intérêt de réfléchir à de nouvelles procédures de décisions en permettant le renforcement de la transparence et de la responsabilité tout en plaçant ce mécanisme au cœur de l'Assemblée mondiale de la santé[1890].

911. L'objectif est de faire de la « coordination normative et stratégique de l'action de santé mondiale » une tâche principale de l'Assemblée afin d'être approuvée par les délégués représentants l'ensemble des gouvernements. A la différence des Commissions A et B, la Commission C aurait pour compétence les questions relatives à la cohérence, aux partenariats et à la coordination. Les fonctions de cette Commission permettraient de renforcer notamment la coordination normative pour aligner les standards de l'ensemble des acteurs de santé mondiale afin de d'obtenir un consensus entre les différentes parties prenantes. Ainsi, il est essentiel qu'un accord sur l'encadrement normatif de la santé mondiale puisse être adopté de manière cohérente et concertée. L'OMS servirait ainsi de plateforme de discussions normatives.

[1888] UN Secretary-General, « *Uniting for Universal Access: Towards Zero New HIV infections, Zero Discrimination and Zero AIDS-Related Deaths* », Report of the Secretary General, Doc A/65/797, 2011, p.20.

[1889] S. J. HOFFMAN et J.-A. ROTTINGEN, « *Dark sides of the proposed framework convention on global health's many virtue: a systematic review and critical analysis* », Health and Human Rights, Special Issue, vol.15, n°1, Juin 2013, p.125.

[1890] G. SILBERSCHMIDT, D. MATHESON et I. KICKBUSCH, « *Creating a committee C of the World health assembly* », The Lancet, vol.371, 3 Mai 2008.

912. La composition de cette Commission serait également novatrice en y intégrant des parties prenantes et pas seulement des représentants des Etats membres. Cette Commission aurait pour tâche de débattre des principales initiatives de santé proposées par les acteurs clefs de santé publique. Ces derniers auraient la possibilité de présenter leur plan aux délégués de l'Assemblée ainsi qu'aux ONG en relations officielles. Afin d'éviter un encombrement trop important des travaux de cette Commission, une liste de ces acteurs clefs serait arrêtée par les Etats membres après recommandation du Directeur général. L'objectif n'est pas de remplacer les Commissions et Comités déjà existants[1891] mais de renforcer notamment les mécanismes de participation des organisations non gouvernementales des Commissions A et B. Ces deux Commissions sont composées uniquement d'Etats membres et traitent principalement de questions de gouvernance et de finance[1892]. La coordination implique la mise en place cohérente de son pouvoir normatif par le biais de la transparence et de la responsabilité[1893]. L'idée est de permettre à l'Assemblée, et non au Secrétariat, d'être au cœur de ces changements. L'OMS a besoin de développer des nouveaux mécanismes afin de répondre à son mandat constitutionnel. Ainsi, par cette nouvelle Commission C, l'OMS répondrait davantage à sa fonction d'autorité coordinatrice et directrice de santé. Elle s'affirmerait en tant que référant en matière normative tout en préservant la souveraineté des Etats car les acteurs non étatiques n'auraient pas de droit de vote.

913. L'avantage de ce mécanisme est qu'il ne nécessitera pas de révision de la Constitution et peut donc être mis en œuvre rapidement si la volonté politique est mobilisée. Selon l'article 18 (e) de la Constitution de l'OMS, l'Assemblée mondiale de la santé a pour fonction de « créer toute commission nécessaire aux activités de l'Organisation ». Les Etats membres, réunis à l'Assemblée mondiale de la santé, pourraient décider de la mise en place de cette nouvelle Commission.

914. Enfin, la compétence dévolue à cette Commission devrait intègrer les questions normatives et juridiques de l'OMS en tant qu'axe principal de sa compétence. L'intérêt d'une telle Commission est double : (1) permettre une véritable discussion sur les questions normatives et juridiques à l'Assemblée mondiale de la santé notamment par la considération et la prise en compte des parties prenantes dans le processus décisionnel et (2) renforcer ainsi la crédibilité et la légitimité de l'OMS car les décisions adoptées prendraient en compte au mieux l'ensemble des acteurs de santé mondiale, permettant un niveau plus élevé de mise en œuvre étatique. Pour certains auteurs, la réorganisation de l'OMS devrait aller plus loin par la division de l'OMS entre organe technique et organe politique.

[1891] L'AMS a créé trois commissions d'assistance : la Commission de vérification des pouvoirs, la Commission des désignations et les Commissions principales. Ces dernières, essentielles au bon fonctionnement de l'Assemblée mondiale de la santé, sont composées de deux comités qui traitent principalement, pour le Commission A des questions de programmes, et pour le Commission B, des questions administratives, financières et juridiques. V. *supra* n°0.

[1892] L. O. GOSTIN, *Global Health Law*, *op.cit.*, p.118.

[1893] I. KICKBUSCH, W. HEIN et G. SILBERSCHMIDT, « *Addressing global health governance challenges through a new mechanism : the proposal for a Committee C of the World health assembly* », Journal of Law, Medecine & Ethics, Global Health Governance, Fall 2010, p.560.

b. La scission organique des missions techniques et politiques

915. Les difficultés de l'OMS à remplir sa mission originale d'être à la fois une autorité mondiale prééminente de santé publique et une plateforme intergouvernementale de négociations normatives en santé mondiale, imposent, selon les Professeurs HOFFMAN et ROTTINGEN, un changement profond dans l'organisation de l'OMS[1894]. Ainsi, ils regrettent que ces deux missions, scientifique et normative, soient affaiblies par la « conception institutionnelle » qui mélange les mandats techniques et politiques. Cette structure rend l'OMS incapable d'atteindre son potentiel.

916. N'hésitant pas à parler de « médiocrité politique et technique » ces deux auteurs proposent la scission, au sein de l'OMS, des activités techniques et politiques dans des entités séparées, qui collaboreront pour les aspects qui se chevauchent. Concrètement, le Conseil exécutif ainsi que le poste de Directeur général seraient également scindés. Les unités techniques se référeraient au 'directeur technique' et les unités politiques se référeraient à un 'directeur politique'. Ces deux directeurs, ensuite, répondront respectivement devant le Conseil technique et le Conseil politique rattaché au Conseil exécutif. Cette réforme permettrait notamment d'apporter des réponses aux inquiétudes en matière de composition du Conseil exécutif[1895]. A cet effet, le Conseil technique serait composé d'experts, qui, à la différence des membres actuels, n'interviendraient pas au nom des Etats membres mais au nom de leur capacité personnelle. A l'inverse, les membres du Conseil politique représenteraient leurs gouvernements respectifs. Les deux conseils seraient des comités exécutifs de l'Assemblée mondiale de la santé au sein de laquelle tous les Etats membres continueraient à exercer un contrôle. Cette distinction pourrait également se retrouver au sein du Secrétariat avec une répartition en fonction des fonctions et tâches à accomplir.

917. Parallèlement, les bureaux régionaux perdraient leur fonction politique afin de se transformer en entités purement techniques. Cela permettrait à ces derniers une intégration et une collaboration davantage harmonieuse avec le siège de l'OMS dont ils dépendraient et auraient à rapporter. Le rôle des deux directeurs techniques et politiques serait central pour la nomination de tout personnel sous leur autorité dont les Directeurs régionaux et les chefs de bureaux de pays.

918. Une telle proposition impose des changements en profondeur dans la structure de l'OMS[1896], sa mise en œuvre nécessitera, sans doute, une révision de la Constitution. Toutefois, des changements peuvent avoir lieu avec les outils constitutionnels disponibles. A ce titre, la fonction, prévue à l'article 18, permet la création d'une nouvelle Commission (e) ou de toute nouvelle institution jugée souhaitable (l). De même, l'Assemblée mondiale de la santé peut adopter une résolution afin de clarifier et réaffirmer la nature technique

---

[1894] S. J. HOFFMAN et J.-A. ROTTINGEN, « *Split WHO in two : strengthening political decision-making and securing independent scientific advice* », Public Health, vol.128, Issue 2, pp.188-194, p.191.
[1895] Développements paragraphe 0.
[1896] S. J. HOFFMAN et J.-A. ROTTINGEN, « *Split WHO in two (...)* », *op.cit.*, V. figure 1.

du Conseil exécutif, renversant son interprétation de 1998 [1897] tout en demandant au Directeur général de créer un nouveau secrétariat politique.

919. Dans tous les cas, ces réformes structurelles ne sont qu'un début et doivent s'accompagner d'un changement dans la culture et la perception de l'OMS. Cela commence par le comportement des Etats, en particulier, dans la composition des délégations, dans le respect de l'indépendance du personnel et du Directeur général prévue dans le Statut du Personnel de l'OMS[1898] et dans la Constitution[1899] garantissant l'esprit de corps du Secrétariat. Cela implique pour le personnel une volonté de changement en termes de transparence et de responsabilisation dans la procédure et les objectifs recherchés afin de justifier l'autonomie croissante. Enfin, pour l'OMS, la qualité des activités techniques doit être très élevée tout comme la volonté forte d'être en désaccord, le cas échéant, avec les Etats membres et cela de façon péremptoire, si nécessaire.

920. Si cette réforme apparaît difficile à accomplir – les auteurs qui soutiennent ce changement le reconnaissent eux-mêmes[1900] – elle a l'avantage de répondre durablement aux difficultés rencontrées par l'OMS. En particulier, elle permettrait d'accroître l'indépendance du versant technique de l'OMS des pressions politique. Ainsi, il convient d'opérer une scission de ces deux activités principales, scientifique et normative, avec des enjeux techniques et politiques, dans la mise en œuvre de l'action de l'OMS. Cette scission pratique et institutionnelle aurait certainement l'avantage de renforcer la scission théorique nécessaire.

921. Par ailleurs, le mandat de l'OMS doit être clarifié en particulier dans les fonctions qui lui sont conférées au profit de la fonction normative.

2. La mise en avant de sa fonction normative

922. Les écueils rencontrés par l'OMS pour s'imposer en tant qu'autorité normative de santé mondiale tiennent notamment aux difficultés de délimitation de son mandat ambitieux en particulier dans la confusion autour de ses fonctions. La fonction normative doit être renforcée : en affichant l'ambition de faire de la fonction normative une fonction prioritaire (a) et en proposant une nouvelle classification des fonctions prévues à l'article 2 de la Constitution (b).

[1897] V. *supra* n°0.

[1898] Article Ier, §1.1 du Règlement et Statut Du Personnel de l'OMS, mis à jour le 1er Juillet 2014 : « en acceptant leur nomination, (les membres du personnel de l'OMS) s'engagent à s'acquitter de leurs fonctions et à régler leur conduite en ayant exclusivement l'intérêt de l'Organisation mondiale de la Santé ».

[1899] L'article 35 de la Constitution dispose que « la considération primordiale qui devra dominer (...) sera de pourvoir à ce que l'efficacité, l'intégrité et la représentation de caractère international du Secrétariat soient assurées au plus haut degré. Il sera tenu compte également de l'importance qu'il y a à recruter le personnel sur une base géographique la plus large possible. L'article 37 de la Constitution précise que « dans l'exercice de leurs fonctions, le Directeur général et le personnel ne devront solliciter ou recevoir d'instructions d'aucun gouvernement ou d'aucune autorité étrangère à l'Organisation ».

[1900] S. J. HOFFMAN et J.-A. ROTTINGEN, « *Split WHO in two (...)* », *op.cit.*, pp.188-194. « Ce changement sera certainement difficile, compliqué et contesté »

a. Une fonction prioritaire pour l'OMS

923. Sans procéder à un changement constitutionnel, il est tout à fait envisageable de faire de la fonction normative une priorité future de l'OMS dans ses choix d'orientation. En effet, la fonction normative est ainsi constitutionnellement prévue.

924. La fonction normative doit être clairement affichée comme une ambition de l'OMS. Le contexte actuel de réforme de l'OMS est une plateforme idéale pour réaffirmer l'importance de cette fonction alors que la réflexion sur le rôle de l'OMS est au centre des débats. En particulier, la question de l'établissement et la définition des priorités a été soulevée dès le début de la réforme afin de d'optimiser l'action de l'OMS[1901]. En conséquence, l'Assemblée mondiale de la santé a adopté, lors du 12e programme général de travail[1902] – qui couvre la période 2014-2019 – six fonctions, qui ont été considérées comme essentielles dont « fixer des normes et des critères, encourager et surveiller leur application ». Néanmoins, cette ambition affichée ne semble pas se concrétiser dans l'action de l'OMS du moins en matière de développement d'instruments normatifs, en particulier, contraignants.

925. Par ailleurs, ce défaut de volonté s'illustre davantage avec la Directrice générale actuelle. A son arrivée à la tête de l'OMS, elle a insisté sur six priorités : le développement de la santé, la sécurité sanitaire, la capacité des systèmes de santé, l'information et la connaissance, les partenariats et la performance[1903]. Par ailleurs, elle soulignait « l'excellente performance en matière de fonction normative[1904] » en donnant l'exemple de la Régulation sanitaire internationale. Toutefois, au regard des diverses résolutions et autres documents fournis lors des Assemblées mondiale de la santé et du Conseil exécutif[1905], la fonction normative et la volonté de développer davantage d'instruments n'apparaît pas comme l'une de ses priorités. Au contraire d'autres thématiques dont le financement de l'OMS, l'encadrement des acteurs non-étatiques et la couverture sanitaire universelle sont très représentés. Or l'incarnation du Directeur général est essentielle dans les choix stratégiques afin de mettre en avant et d'orienter l'OMS en conséquence.

926. Il faut faire de la fonction normative une fonction prioritaire avec un soutien clair et assumé de la Directrice générale à l'image de ce qui avait été réalisé par Harlem Gro BRUNDTLAND précédemment avec la CCLAT[1906]. La Directrice générale doit être la porte-parole de l'autorité normative de

---

[1901] OMS, *Réforme de l'OMS pour un avenir sain- Rapport du Directeur général »*, Conseil exécutif, EBSS2/2, 15 octobre 2011, p.4.

[1902] OMS, *Projet de douzième programme général de travail*, 66ème Assemblée mondiale de la santé, DocumentA66/6, 19 avril 2013, p.14. S'ajoute à cela : jouer un rôle moteur dans les domaines essentiels pour la santé et établir des partenariats lorsqu'une action conjointe est nécessaire ; établir les priorités de la recherche et encourager la production, l'application et la diffusion de connaissances dignes d'intérêt ; définir des politiques conformes à l'éthique et fondées sur des données probantes ; fournir un appui technique, se faire l'agent du changement et renforcer durablement les capacités institutionnelles et surveiller la situation sanitaire et évaluer les tendances dans ce domaine. »

[1903] M. CHAN, *Interview on taking office as Director-General*, 4 Janvier 2007 (http://www.who.int/dg/chan/interviews/taking_office/en/#)

[1904] M. CHAN, *Interview on taking office as Director-General, op. cit.*

[1905] Recherches fondées sur l'ensemble des Conseil exécutifs et Assemblée mondiale de la santé qui ont eu lieu depuis le début de discussions relatives à la réforme en 2010.

[1906] V. *infra* n°0.

l'OMS par une approche répétée dans ses discours ainsi que dans la mise en place de l'ordre du jour de l'Assemblée mondiale de la santé. A défaut, une réflexion sur l'organisation de l'article 2 doit être menée afin de modifier la liste des fonctions prévues.

b. Une nouvelle classification des fonctions

927. Les difficultés à identifier et classer les fonctions de l'OMS ne permettent pas l'attribution d'un mandat clair. L'article 2 devrait être modifié afin de refléter les fonctions principales de l'OMS, dans la lignée des propositions faites dès 1997 par le groupe spécial du Conseil exécutif[1907]. Toute nouvelle organisation de l'article 2 devrait suivre les principes suivants : (1) une large gamme de fonctions propres à fournir la souplesse nécessaire et à assurer une mise en œuvre efficace, (2) un regroupement des fonctions par genre, (3) une organisation des fonctions par rang de priorité (4) des fonctions qui reflètent l'évolution de la politique sanitaire depuis 1948 et la perspective de la santé pour tous au XXI siècle, (5) des fonctions définies en termes de principes généraux plutôt qu'en termes d'activités spécifiques [1908]. Ces principes étaient articulée autour de 5 catégories de fonctions : (1) agir en tant qu'autorité directrice et coordonnatrice, dans le domaine de la santé, au niveau international, (2) conduire l'élaboration de la politique sanitaire internationale (3) être l'organisation internationale chargée de fixer et de surveiller les règles et les normes en matière de santé (4) coopérer avec les Etats membres, avant tout par l'intermédiaire des administrations sanitaires internationales, et, sur demande, en apportant des conseils et une coopération technique et (5) se faire au niveau international l'avocat de la sante pour tous[1909]. Ce groupe spécial proposait ainsi une réécriture de l'article 2, qui ne fut pas adoptée par les organes directeurs.

928. Dans la continuité de la proposition de scission entre organe politique et technique, les Professeurs HOFFMAN et ROTTINGEN proposent une réécriture de l'article 2 entre les fonctions politiques, les fonctions techniques et les fonctions qui impliquent les deux[1910]. Toutefois, les difficultés à faire ressortir la fonction normative – qui se retrouve dans la catégorie à double compétence, politique et technique –amène à réfléchir à une autre classification.

929. Ainsi, malgré l'existence de plusieurs classifications [1911], la classification suivante, fondée sur une compétence générale et deux grandes fonctions principales assorties de leurs déclinaisons doit être favorisée.

930. Premièrement, dans la lignée des interprétations historiques de l'article 2, la fonction d'agir en tant qu'autorité directrice et coordinatrice, dans le domaine de la santé, au niveau international doit être une fonction chapeau,

---

[1907] OMS, *Examen de la Constitution et arrangements régionaux de l'Organisation mondiale de la Santé*, EB101/7, 101e Conseil exécutif, 14 novembre 1997, p.2.
[1908] *Ibid.*
[1909] *Ibid.*pp.2-4.
[1910] S. J. HOFFMAN et J.-A. ROTTINGEN, « *Split WHO in two : strengthening political decision-making and securing independent scientific advice* », Public Health, vol.128, Issue 2, pp.188-194. V. tableau 1.
[1911] V. *supra* n°0.

recouvrant l'ensemble des autres fonctions[1912]. Elle apparaît comme une fonction transversale, comprenant des considérations politiques et techniques, scientifiques et normatives. Elle est l'essence même de l'OMS et s'apparente à sa compétence générale. Cette particularité doit ainsi être reflétée, en particulier, dans l'énoncé de l'article 2. Reprenant une proposition faite lors des débats à l'origine de la création de l'OMS, cette compétence doit être dans l'intitulé principal.

931. Deuxièmement, la fonction technique doit constituer l'une des deux fonctions principales et inclurait la fonction de recherche, de formation, d'information et opérationnelle. Ainsi, elle devrait servir d'intitulé de catégorie au sein de laquelle, l'ensemble des fonctions correspondantes seraient listées. Un effort de clarification pourrait également être entrepris afin de reformuler ou de supprimer certaines « fonctions » qui apparaissent davantage comme des activités concrètes et pratiques dévolues à l'OMS[1913]. Ces dernières participent à la confusion du mandat de l'OMS.

932. Enfin, la fonction normative doit constituer l'autre fonction principale de l'article 2 et inclurait notamment la fonction confiée à l'OMS d'adopter des instruments juridiques, contraignants et non contraignants. En fonction de l'évolution potentielle d'un système juridique en santé mondiale envisagée, d'autres fonctions pourraient être ajoutées à cette catégorie afin de refléter ce changement. Par exemple, une fonction mentionnant que l'OMS a pour fonction « de garantir la mise en œuvre des instruments juridiques de santé mondiale adoptés ». De même, l'article 2 pourrait insister sur la collaboration juridique entre les différents acteurs ou encore sur la capacité de sanction de l'OMS.

933. Dès lors, l'objectif de ce nouvel article 2 de la Constitution de l'OMS serait de faire ressortir les missions clefs de l'OMS afin de renforcer la protection de la santé mondiale.

[1912] OMS, Actes officiels de l'OMS, n°1, *Résumé des débats de la Commission technique préparatoire de la Conférence internationale de Santé*, Octobre 1947, Annexe 23, p.70.

[1913] V. *supra* n°0.

CONCLUSION DU CHAPITRE 1

934. Dans ce chapitre des pistes de réformes ont été exposées afin de parvenir à un double renforcement de l'OMS dans le but d'intensifier la protection de la santé mondiale. D'une part, des propositions ont été faites afin de consolider son rôle en tant qu'autorité de santé publique à l'égard notamment des autres acteurs de santé publique et des risques d'influence. D'autre part, des réformes spécifiques ont été présentées afin de renforcer l'autorité normative de l'OMS.

935. Ces réformes ont pour ambition d'éviter le *statut quo* qui persiste à l'OMS malgré la réforme en cours. Au contraire, ce contexte particulier devrait permettre d'ouvrir la porte à des réformes ambitieuses et importantes à l'OMS. En l'absence de changements en profondeur l'OMS continuera à être concurrencée voire contournée par les acteurs de santé mondiale.

936. Même si ces changements reposent en grande partie sur le consensus international entre les Etats membres, des évolutions sont possibles : soit parce qu'elles sont minimes et sont donc à la portée du Directeur général et du Secrétariat, soit parce que le Directeur général est en mesure de davantage chercher à convaincre les Etats membres de leur nécessité et pertinence.

937. De nombreuses pistes et réformes sont donc à envisager pour permettre l'accomplissement du potentiel offert à l'OMS dès sa création. D'autant plus que l'affirmation et la consolidation de l'autorité normative de l'OMS permettra également le renforcement du droit international de la santé.

CHAPITRE 2

LE DEVELOPPEMENT DU DROIT INTERNATIONAL DE LA SANTÉ

938. La reconnaissance de la qualité d'autorité normative à l'OMS, en particulier si cette dernière venait à être renforcée, confère à l'Organisation une position unique au sein du droit international de la santé. Ce droit est considéré comme une branche du droit international public en ce qu'il est appliqué au domaine de la santé. Or, s'il apparaît ancien, le droit international de la santé est également un « droit en devenir[1914] ».

939. Toutefois, les évolutions et les incertitudes relatives à sa qualification et à son contenu imposent, d'abord, une réflexion sur les délimitations de la notion de droit international de la santé (Section 1). Ensuite, une fois ce droit défini, il convient de discuter des justifications du choix de l'OMS comme acteur principal de ce droit (Section 2).

La notion de droit international de la santé (Section 1)

L'OMS, autorité principale du droit international de la sante (Section 2)

SECTION 1 : LA NOTION DE DROIT INTERNATIONAL DE LA SANTE

940. Les difficultés de délimitation de la notion de droit international de la santé émanent, d'abord, de l'incertitude de sa qualification (§1). S'ajoute à cela, de façon corollaire, une diversité dans le contenu ainsi que dans les sources de ce droit (§2).

§ 1 : Une qualification incertaine

941. Les difficultés de qualification de ce droit en tant que « droit international de la santé » s'expliquent, en partie, par ses origines diverses (A). Par ailleurs, les contours du droit international de la santé sont en pleine mutation (B).

[1914] S. DAGRON, « *L'avenir du droit international de la santé* », Revue de droit suisse, vol.135, II, 2016, p.14 (pp.5-88).

A. Aux origines du droit international de la santé

942. Le droit international de la santé repose sur des fondements anciens (1) qui ont bénéficié d'une considération récente (2).

1. Des fondements anciens

943. L'invention du droit international de la santé pour reprendre l'expression de Madame HAROUEL-BURELOUP [1915], repose sur deux fondements historiques : d'une part, sur les décisions prises en matière de politique sanitaire (a) et, d'autre part, en raison du développement d'un droit humanitaire pour la protection sanitaire des militaires blessés au combat (b).

a. Les politiques sanitaires pour faire face aux épidémies mondiales

944. L'origine historique de ce qu'on appelle aujourd'hui « la santé internationale » remonte aux pandémies de peste bubonique apparues au XIVe siècle, obligeant les Etats à « s'entendre les uns avec les autres[1916] » en raison du désastre humanitaire que cette maladie engendrait[1917]. A cette époque, le seul mécanisme de traitement[1918] afin de contenir la propagation de la maladie était l'isolement, technique issue du Livre Lévitique de la Bible[1919]. A cet effet, les « grandes cités italiennes recrutent des praticiens pour soigner gratuitement leurs malades les plus pauvres[1920] ».

945. Par la suite, cette technique medico-juridique fut à l'origine de la première mise en œuvre de la quarantaine en 1377 à Dubrovnik en Croatie[1921]. Appliquée à un bateau, la quarantaine interdisait tout échange commercial entre le bateau et le port d'entrée pendant quarante jours. C'était pour l'époque, une interruption sérieuse de navigation et de commerce ainsi qu'une menace notamment financière pour le capitaine, l'équipage et sa cargaison[1922]. Cela a obligé les Etats-nations à engager un dialogue diplomatique et s'efforcer de trouver des accords afin de protéger la santé publique en contenant la pandémie tout en minimisant les impacts financiers sur les échanges commerciaux. L'objectif était donc de contenir la contagion et l'approche était mondiale[1923]. Parallèlement à ce mouvement de quarantaine, le premier hôpital permanent pour le traitement de la peste (Lazaretto) ouvra à

[1915] V. HAROUEL-BURELOUP, *Histoire du droit international de la santé, op.cit.*, p.11.

[1916] J. E. BANTA, « *From international health to global health* », Journal of Community Health, vol.26, n°2, 2001, p.73.

[1917] V. HAROUEL-BURELOUP, *Histoire du droit international de la santé, op.cit.*, p.12 « (…) à la suite de la peste noire venue d'Asie centrale et sévissant en Europe entre 1347 et 1351 où elle engendre la mort d'environ 24 millions de personnes. »

[1918] A l'inverse, le seul mécanisme préventif se faisait « au moyen de la circulation de l'information » V. HAROUEL-BURELOUP, *Histoire du droit international de la santé, op.cit.*, p.12.

[1919] « Aussi longtemps qu'il aura la plaie, il sera impur: il est impur. Il habitera seul; sa demeure sera hors du camp » *Livre Lévitique* 13:46.

[1920] V. HAROUEL-BURELOUP, *Histoire du droit international de la santé, op.cit.*, p.12.

[1921] E. TOGNOTTI, *« Lessons from the History of Quarantine, from Plague to Influenza A »*, Emerging infectious diseases, vol.19, n°2, Février 2013.

[1922] J. E. BANTA, « *From international health to global health* », *op.cit.*, p.73.

[1923] *Ibid.*

Venize en 1423, imitée par la suite, par d'autres grandes villes dont Marseille en 1476 où un centre pour lépreux fut aménagé en lazaretto[1924].

946. L'utilisation de la quarantaine comme moyen de contrôle de la propagation de l'infection continua jusqu'au XXe siècle. Ainsi la peste bubonique se répéta et d'autres mesures réglementaires furent prises. Par exemple, la première réglementation de quarantaine fut adoptée en 1663 en Angleterre afin de confiner les bateaux dans l'estuaire de la Tamise. En France, sous l'Ancien Régime, fut mis en place le système des patentes maritimes, « un navire arrivant d'un port infesté était refoulé ou placé en quarantaine avant de pouvoir débarquer hommes et marchandises[1925] ». De même, à Marseille, en 1683 une « nouvelle loi exigeait que toute personne suspecte d'être contaminée devait être placée en quarantaine et désinfectée[1926] ». Grâce à ces mesures, les deux dernières grandes épidémies de peste (1667 dans le Nord de la France et 1720 en Provence) furent contenues géographiquement. La première n'atteignait pas Paris et la seconde et dernière fit environ 40 000 victimes[1927], grâce à la mise en place d'un mur gardé par une troupe qui isolait le secteur concerné du reste de la Provence.

947. Parallèlement, à partir du XVIIe siècle de nouveaux agents infectieux à l'origine d'épidémies majeures firent leur apparition telle que la varicelle, le typhus, la fièvre jaune, le cholera notamment durant les XVIIIe et XIXe siècles. A ce titre, les ports des villes d'Amérique du Nord ont introduit la quarantaine afin de contrôler la fièvre jaune qui apparut en 1688 à New York et en 1691 à Boston[1928]. Ces nouvelles épidémies étaient causées par l'expansion des empires européens et de leurs commerces au niveau mondial. Les bateaux et leurs voyages demeuraient le moyen privilégié de transmission des maladies contagieuses et les épidémies durant cette période.

948. Dès le début du XIXe siècle, l'expansion des relations internationales ainsi que le développement sans précédent des échanges commerciaux offraient les conditions propices à coopération internationale en santé comme l'illustre la première Conférence sanitaire internationale organisée à Paris le 23 Juillet 1851 pour répondre aux épidémies de choléra de 1830 et 1847 qui avaient causées la mort de centaine de milliers de personnes en Europe[1929]. Cette Conférence, qui avait pour objectifs difficilement conciliables d'éviter toute entrave au commerce et aux transports tout en garantissant la défense de l'Europe contre les maladies épidémiques[1930], aboutira à l'adoption d'une Convention sanitaire internationale relative au choléra et à la peste en 1903[1931].

[1924] E. TOGNOTTI, « *Lessons from the History of Quarantine, from Plague to Influenza A* », *op.cit.*,

[1925] V. HAROUEL-BURELOUP, *Histoire du droit international de la santé, op.cit.*, p.14.

[1926] E. TOGNOTTI, « *Lessons from the History of Quarantine, from Plague to Influenza A* », *op.cit.*,

[1927] V. HAROUEL-BURELOUP, *Histoire du droit international de la santé, op.cit.*, p.15. On notera que si ce chiffre apparaît très important, pour l'époque il apparaissait assez limité.

[1928] J. M. TONER, « *The distribution and natural history of yellow fever as it has occurred at different times in the United States* », Annual report of the supervising surgeon for the fiscal year 1873. Washington (DC): United States Marine Hospital Service, 1873. pp.78–96.

[1929] *Ibid.*, p.5 ; N. HOWARD-JONES, « *The scientific background of the International Sanitary Conferences, 1851-1938* », History of International Public Health, n°1, World Health Organization, Geneva, 1975 ; M. McCARTHY, « *A brief history of the World Health Organization* », Special Report, The Lancet, 2002, p.1.

[1930] Y. BEIGBEDER, *L'Organisation mondiale de la santé*, Que sais-je, PUF, 1997, p.4.

[1931] OMS, *Les dix premières années de l'OMS, Chapitre 1 [...], op.cit.*, p.3.

L'objectif était d'uniformiser les procédures de mises en quarantaine[1932]. Toutefois le code fut signé uniquement par la France, le Portugal et la Sardaigne. Ces deux derniers Etats se retirèrent de la Convention, qui devint ainsi complètement inopérante[1933].

949. Par la suite, des organisations « ancêtres » ou « pionnières » de l'OMS furent mises en place : en 1907, la première organisation à vocation mondiale, l'Office international d'hygiène publique fut créée avec pour mission principale de « communiquer aux Etats participants des informations de caractère général intéressant la santé publique, et spécialement des renseignements sur les maladies transmissibles – notamment le choléra, la peste et la fièvre jaune – ainsi que sur les mesures prises pour les combattre [1934] ». Par ailleurs, sur le plan régional, la première véritable organisation sanitaire intergouvernementale fut le Bureau sanitaire panaméricain (BSP) créé en 1902 qui avait pour objectif de s'occuper de façon permanente des questions de santé. Enfin, une deuxième organisation sanitaire internationale à vocation mondiale, l'Organisation d'hygiène de la Société des nations (OHSDN) fut créée après la Première guerre mondiale en 1923.

950. Ainsi une multitude de textes internationaux visant à mettre en place des politiques sanitaires de contrôle a été développée afin d'éviter la menace sanitaire liée aux épidémies. Conjointement à ce développement normatif en santé mondiale, est apparu le droit humanitaire.

b. Le droit humanitaire pour répondre aux dégâts de la guerre

951. Le droit international humanitaire trouve son origine contemporaine dans les travaux de Monsieur Henry DUNANT au XIXe siècle qui ont donné lieu à la Première Convention de Genève en 1864. Toutefois, les règles contenues ne sont pas complètement nouvelles et trouvent leur source, pour une grande partie, dans le droit international coutumier. On trouve ainsi trace de ces règles dans de nombreuses civilisations, « souvent d'origine religieuse ce qui leur donnait leur force obligatoire[1935] ». Par exemple, dans un traité appelé « Les Arts de la Guerre », écrit en 500 avant J-C, l'écrivain chinois Sun Tzu « ordonne des principes d'humanité à appliquer lors des combats comme le respect des prisonniers de guerre et l'interdiction d'exterminer l'adversaire[1936] ». De la même manière, on constate des règles similaires dans le sous-continent indien[1937].

1932 V. HAROUEL-BURELOUP, *Histoire du droit international de la santé, op.cit.,* p.18.

1933 OMS, *Les dix premières années de l'OMS, Chapitre 1 [...], op.cit.,* p.7.

1934 OMS, *Les dix premières années de l'OMS, Chapitre 2 – Les premières organisations sanitaires internationales,* OMS, 1958, p.17.

1935 F. BUGNION, *Droit de Genève et Droit de la Haye*, RICR, vol.83, n°844, Decembre 2001, p.902.

1936 V. HAROUEL-BURELOUP, *Des règles humanitaires issues du fond des âges*, La grande histoire de l'humanité, Grotius, 7 mars 2013.

1937 V. HAROUEL-BURELOUP, *Des règles humanitaires issues du fond des âges, op.cit.,* L'auteure explique ainsi que « Vers 200 av. J. C. en Inde, l'empereur Açoka, converti au bouddhisme, impose à ses sujets une règle de comportement, la « Loi de piété ». Celle-ci exige le respect de toute vie humaine ou animale. Açoka prévoit en outre que son principe doit être appliqué en temps de paix comme de guerre. En cela, Açoka est un précurseur des principes du droit humanitaire. Il commande aux soldats de l'infanterie, aidés de guerriers montés sur des chars, de transporter les blessés et les morts restés sur les champs de bataille. Açoka commande aussi la compassion à l'égard de l'ennemi blessé qui doit être renvoyé chez lui ou soigné lors de sa captivité. Toujours en Inde, les lois de Manou introduisent des règles chevaleresques afin

952. On trouve également trace de ces principes chez les Grecs. Hippocrate dans son serment « insistait sur la nécessité de soigner tout individu quelle que fût son origine[1938] ». Cette idée est à l'origine du principe de neutralité des médecins et des hôpitaux pour militaires blessés en cas de conflits. On constate une application de ce principe dès le XVIe siècle avec la mise en place de trêves humanitaires en cas de siège et l'édiction d'ordres visant à « rendre les conséquences de la guerre moins cruelles pour les blessés[1939] ». Le premier traité fut signé en 1581. Par ailleurs, pour le Professeur BELANGER, les origines du droit international de la santé remontent au premier traité à base humanitaire concernant la santé signé en 1679 entre l'Electeur de Brandebourg, représentant la Ligue d'Augsbourg et le Comte d'Asfield, commandant les forces françaises[1940]. Ce traité avait pour objet le respect mutuel des militaires blessés et des hôpitaux de campagne. Si par la suite, d'autres éléments historiques ont participé à la mise en œuvre du droit humanitaire[1941], son approche contemporaine trouve son origine dans la deuxième moitié du XIXe siècle.

953. Le Code de Lieber[1942] de 1863 apparaît ainsi comme la première tentative de « codifier dans un même document les lois et les coutumes de la guerre existantes et de les imposer à une armée en bataille[1943] ». Toutefois, s'il est perçu comme « la véritable origine de l'incrimination des crimes de guerre[1944] », ce dernier était destiné uniquement aux forces armées engagées dans la Guerre de Sécession et n'avait donc pas valeur de Traité. Dans son ouvrage *Un souvenir de Solférino* en 1862 où il décrit son expérience auprès des militaires blessés de la bataille du 24 juin 1859, Monsieur Dunant demande ainsi la création de sociétés de secours avec pour mission de relever et soigner les blessés de guerre. Sous son inspiration est organisée la conférence d'octobre 1863 de Genève qui a vu l'adoption de « dix résolutions prévoyant la création, dans chaque Etat d'un 'comité' de secours ayant pour but de seconder les services sanitaires des armées[1945] ». A partir de 1875, ce comité deviendra le Comité international de la Croix-Rouge (CICR).

---

d'atténuer les rigueurs des combats pour le soldat comme pour le civil. Elles interdisent les armes qualifiées de « perfides » et l'emploi de stratagèmes. Les lois de Manou établissent une distinction entre les combattants et les civils, ainsi qu'entre les objectifs militaires et les objectifs civils, ces derniers devant être épargnés. Les prisonniers doivent être traités avec humanité et, là aussi, avec compassion et ce qu'ils soient blessés ou non. »

[1938] V. HAROUEL-BURELOUP, *Histoire du droit international de la santé, op.cit.*, p.24.

[1939] *Ibid.*, p.24.

[1940] M. BELANGER, « *Réflexions sur la réalité du droit international de la santé* », RQDI, Montréal, vol.II, 1985, pp.19-62 in M. BELANGER, *Eléments de doctrine en droit international de la santé,* Les Etudes Hospitalières, Etude 5, 2012, p.86.

[1941] V. la description faite par Harouel-Boureloup in V. HAROUEL-BURELOUP, *Histoire du droit international de la santé, op.cit.*, pp.27-29.

[1942] « Rédigé par Francis Lieber, alors professeur au Columbia College à New York (puis révisé par un groupe d'officiers), il s'agit d'un manuel d'instructions destiné aux combattants de l'Union engagés dans la guerre de Sécession qui fut promulgué par le Président Lincoln le 24 avril 1863 sous l'intitulé "Instructions pour le comportement des forces armées des États-Unis en campagne" », Y. JUROVICS et M. EUDES, « *Fasc 412 - Crime de guerre* », Jurisclasseur, 5 janier 2011, § 3.

[1943] CICR, *Le droit international humanitaire contemporain*, Introduction, 13 Mai 2010 (https://www.icrc.org/fre/who-we-are/history/since-1945/history-ihl/overview-development-modern-international-humanitarian-law.htm).

[1944] Y. JUROVICS et M. EUDES, « *Fasc 412 - Crime de guerre* », *op.cit.*, § 3.

[1945] V. HAROUEL-BURELOUP, *Histoire du droit international de la santé, op.cit.*, p.29.

954. Parallèlement, en 1864, seize Etats adoptent la première convention de droit humanitaire (Convention de Genève[1946]), contenant dix articles visant « à garantir des soins à tous les soldats blessés sur le champ de bataille sans distinction et à quelque nation qu'ils appartiennent[1947] ». Cette Convention, révisée en 1906, institue la neutralité pour les membres du personnel sanitaire et adopte un emblème unique et neutre afin de garantir leur protection[1948] et leur indépendance[1949]. Cette Convention qui permet « une universalisation du droit international humanitaire[1950] » est qualifiée de « révolutionnaire pour l'époque » pour son caractère permanent[1951]. Par ailleurs, est adoptée en 1899 la Convention de La Haye visant à limiter les moyens et les méthodes de guerre (IIe Convention) ainsi que l'adaptation à la guerre maritime des principes de la Convention de Genève de 1864 (IIIe Convention). En 1907, une deuxième Conférence de La Haye a lieu, lors de laquelle la IVe Convention (Lois et coutumes de la guerre sur terre) est adoptée.

955. A la suite de la Première guerre mondiale, la Ière Convention de Genève est à nouveau révisée en 1929. Puis après la Seconde guerre mondiale, les quatre Conventions de Genève sont révisées et complétées en 1949[1952]. En particulier, adoptée par 64 Etats, la IVe Convention intègre la protection des civils en temps de guerre. Par ailleurs, les quatre Conventions comportent un article 3 commun relatif à la protection des victimes des conflits non internationaux. Enfin, sont adoptés deux Protocoles additionnels en 1977[1953], qui posent des limites à la conduite de la guerre, et un troisième en 2005[1954], traite du nouvel emblème du CICR, le cristal rouge. Aujourd'hui, 194 Etats sont partis aux Conventions de Genève.

956. L'intérêt de ce recensement[1955] des différentes Conventions adoptées, fondatrices d'un droit international humanitaire est de démontrer l'existence d'interrelations entre le droit de la santé et le droit humanitaire[1956]. Ces deux branches du droit ont des fondements communs tels que le droit à la vie et

---

1946 Convention de Genève du 22 août 1864 pour l'amélioration du sort des militaires blessés dans les armées en campagne. Genève, 22 août 1864.

1947 Article 6 de la Convention de Genève.

1948 CICR, *Le droit international humanitaire contemporain*, Introduction, 13 Mai 2010 (https://www.icrc.org/fre/who-we-are/history/since-1945/history-ihl/overview-development-modern-international-humanitarian-law.htm).

1949 V. HAROUEL-BURELOUP, *Le droit humanitaire au contact des ONG*, Revue Humanitaire, Enjeux pratiques et débats, n°23, Décembre 2009.

1950 H.-P. GASSER, « *L'universalisation du droit humanitaire : la contribution du CICR* », RICR, vol.76, n°809, Octobre 1994, pp.491-505.

1951 V. HAROUEL-BURELOUP, *Histoire du droit international de la santé*, *op.cit.*, p.28.

1952 Plus précisément, les Conventions de Genève de 1949 sont : Convention (I) de Genève pour l'amélioration du sort des blessés et des malades dans les forces armées en campagne, Convention (II) pour l'amélioration du sort des blessés, des malades et des naufragés des forces armées sur mer, Convention (III) relative au traitement des prisonniers de guerre et Convention (IV) relative à la protection des personnes civiles en temps de guerre.

1953 Protocole additionnel aux Conventions de Genève du 12 aout 1949 relatif à la protection des victimes des conflits armés internationaux (Protocole I) ; Protocole additionnel aux Conventions de Genève du 12 août 1949 relatif à la protection des victimes des conflits armés non internationaux (Protocole II).

1954 Protocole additionnel aux Conventions de Genève du 12 août 1949 relatif à l'adoption d'un signe distinctif additionnel (Protocole III).

1955 Pour une chronologie détaillée voir : CICR, *Dates importantes de l'histoire du droit international humanitaire et du Mouvement de la Croix-Rouge et du Croissant-Rouge*, 1er Janvier 2009 (https://www.icrc.org/fre/resources/documents/misc/mouvement-date-011006.htm).

1956 M. BELANGER, *Introduction à un droit mondial de la santé*, *op.cit.*, p.44.

l'obligation d'assistance[1957]. Ce dernier dispose ainsi d'un corpus textuel normatif important. A cet effet, il est communément admis que le droit international humanitaire s'entend « des règles internationales, d'origine conventionnelle ou coutumière, qui sont spécifiquement destinées à régler les problèmes humanitaires découlant directement des conflits armés, internationaux ou non, et restreignent, pour des raisons humanitaires, le droit des Parties au conflit d'utiliser les méthodes et moyens de guerre de leur choix ou protègent les personnes et les biens affectés, par le conflit[1958] ». Ce droit a donc une double mission : atténuer les souffrances de toutes les victimes des conflits armés et d'assurer la protection des populations civiles. Il a « pour but de réglementer les hostilités et d'en atténuer les rigueurs autant que les nécessités militaires le permettent[1959] ».

957. Par ailleurs, on voit également apparaître comme le souligne le Professeur CROUZATIER, « l'idée qu'il est de la responsabilité de la communauté internationale de protéger une population contre des catastrophes ou des violences lorsque l'Etat dont elle relève n'est pas disposé à le faire ou en est incapable[1960] ». Ce droit ou devoir d'ingérence humanitaire reformulé en « responsabilité de protéger[1961] » semblait ouvrir une brèche dans le principe de souveraineté, fondement au principe de non-ingérence[1962], notamment en cas de catastrophes naturelles. En effet, par une résolution de l'Assemblée générale de l'ONU de 1988[1963], était prévue une assistance humanitaire aux victimes de catastrophes naturelles et situations d'urgence du même ordre. Toutefois, cette même Assemblée a adopté, en 2005, une résolution par laquelle les Etats se disent « prêt à mener en temps voulu une action collective résolue, par l'entremise du Conseil de sécurité, conformément à la Charte (...) lorsque ces moyens pacifiques se révèlent inadéquats et que les autorités nationales n'assurent manifestement pas la protection de leurs populations contre le génocide, les crimes de guerre, le nettoyage ethnique et les crimes contre l'humanité[1964] ». Dès lors, la portée de cette reconnaissance explicite de la responsabilité de protéger est à relativiser[1965]. On indiquera principalement

[1957] *Ibid.*

[1958] Y. SANDOZ, C. SWINARSKI et B. ZIMMERMAN (éd.), *Commentaire des Protocoles additionnels du 8 juin 1977 aux Conventions de Genève du 12 août 1949*, CICR/Martinus Nijhoff Publishers, Genève, 1986, p.XXVII ; H. P. GASSER, *Le droit international humanitaire*, Brochure CICR ; tiré à part de H. HAUG, *Humanité pour tous*, Berne, Haupt, 1993, Genève, p.17.

[1959] J. PICTET, *Droit international humanitaire*, Genève, Centrale universitaire de polycopiés, 2ème éd., 1976, p.5.

[1960] V. J. M. CROUZATIER, *La responsabilité de protéger*, Agence Universitaire de la francophonie, éd. des archives contemporaines, 2008, p.14.

[1961] A. PETERS, *« Le droit d'ingérence et le devoir d'ingérence – vers une responsabilité de protéger »*, RDIDC, 2002, pp.290-308 ; M. BETTATI, *« Du droit d'ingérence à la responsabilité de protéger »*, Outre-Terre, n°20, 2007, pp.381-389. V. également R. KHERAD, « *Du droit d'ingérence à la responsabilité de protéger* », in *Les droits de l'homme : une nouvelle cohérence pour le droit international ?*, Pedone, 2008, pp.297-308.

[1962] V. *supra* n°0. V. *contra* H. THIERRY, « *Le droit d'ingérence n'existe pas* », in *La France, l'Europe et le Monde, Mélanges en l'honneur de Jean Carpentier*, Pedone, 2008, pp.233-237.

[1963] ONU, *Résolution AGNU 43/131*, 8 décembre 1988. V. également M. BETTATI, *Le droit d'ingérence, mutation de l'ordre international*, Odile Jacob, 1990.

[1964] ONU, *Résolution AGNU A/RES/60/1*, 25 Octobre 2005

[1965] V. notamment J.-M. CROUZATIER, « *L'intervention humanitaire : retour sur un oxymore dévastateur* », in E. MONDIELLI, F. VIALLA et E. CADEAU (coord.), *op.cit.*, p.33 (pp.27-44).

qu'au sein du champ de la responsabilité de protéger ne figure pas les catastrophes naturelles.

958. Dans cette perspective, il apparaît que le concept de sécurité humaine[1966] puisse agir comme fondement de la violation du principe de souveraineté. Ce concept est décrit par l'Assemblée générale de l'ONU dans la résolution de 2005 comme le droit des êtres humains de vivre libres et dans la dignité, à l'abri de la pauvreté et du désespoir. En particulier les personnes les plus vulnérables ont le droit de vivre à l'abri de la peur et du besoin et doivent avoir la possibilité de jouir de tous leurs droits et de développer pleinement leurs potentialités dans des conditions d'égalité. Parmi ses composantes pourrait figurer la sécurité sanitaire[1967]. Pour la Professeure KALDOR, la sécurité humaine « concerne la sécurité des individus et des communautés plus que celle des États, et elle combine les droits de l'homme et le développement humain[1968] ».

959. Pour conclure, le droit international humanitaire est un droit qui « participe à la protection générale des droits de l'homme[1969] ». Il est « en quelque sorte un droit international de la santé en période de guerre (conflit international ou guerre civile) ou de situation équivalente (l'intervention d'humanité par exemple)[1970] ». Pour le Professeur BELANGER, « son contenu apparaît donc plus large que celui du droit international de la santé mais son application est plus étroite[1971] ». Le droit international de la santé et le droit international humanitaire général « sont en étroite symbiose » en raison d'orientations normatives qui sont largement convergentes et grâce à la participation d'institutions « croisées[1972] » que sont le CICR et l'OMS.

960. Dès lors, le droit international de la santé a été forgé par ces deux composantes. Toutefois, il a connu une véritable consécration en tant que branche du droit international dans la deuxième partie du XIXe siècle.

1966 V. R. KHERAD (dir.), « *La sécurité humaine : théorie(s) et pratique(s). En l'honneur du Doyen Dominique Breillat* », LGDJ, 2010.

1967 Comme le rappelle la Professeure Kaldor, la notion de sécurité humaine a été promue pour la première fois dans le *Rapport sur le développement humain* du Programme des Nations unies pour le développement (PNUD) de 1994. Ce dernier indique que : « Le concept de sécurité fait depuis trop longtemps l'objet d'une interprétation restrictive, le cantonnant à la sécurité du territoire face aux agressions extérieures, à la protection d'intérêts nationaux face à l'étranger, ou à la sécurité de la planète face à la menace d'un holocauste nucléaire. S'il s'applique davantage aux États-nations qu'aux personnes, le rapport identifiait sept composantes de la sécurité humaine : sécurité économique, sécurité alimentaire, sécurité sanitaire, sécurité de l'environnement, sécurité personnelle, sécurité de la communauté, sécurité politique (V. K. MARY, « *La sécurité humaine : un concept pertinent ?* », Politique étrangère, 4/2006 (Hiver), p.909 (pp. 901-914)).

1968 K. MARY, « *La sécurité humaine : un concept pertinent ?* », *op.cit.*, p.902.

1969 M. BELANGER, « *Une nouvelle branche du droit international : le droit international de la santé* », Etudes internationales, Québec, 1982, p.611-632 in M. BELANGER, *Eléments de doctrine en droit international de la santé,* Les Etudes Hospitalières, Etude 4, 2012, p.46.

1970 *Ibid.*, p.46 ; M. BELANGER, *Droit international de la santé,* Economica, p.32.

1971 M. BELANGER, « *Une nouvelle branche du droit international (...)* », *op.cit.*, p.46.

1972 M. BELANGER, *Introduction à un droit mondial de la santé, op.cit.*, pp.46-49. L'auteur estime ainsi qu'il y a un arsenal conceptuel commun ainsi que des activités normatives similaires.

2. Une consécration au cours du XXe siècle

961. Définitivement consacré par la mise en œuvre de l'OMS (a), le droit international de la santé connaît aujourd'hui un regain d'intérêt ce qui en fait un objet d'étude prometteur (b).

a. L'ancrage du droit international de la santé par la création de l'OMS

962. Dès 1930, l'Académie de droit international de La Haye consacrait l'un de ses cours à ce qu'on appelait alors le droit sanitaire international[1973]. Plus particulièrement, le Professeur VITTA, en charge de l'enseignement, définissait le droit sanitaire international comme « une branche du droit international public régissant les rapports entre les Etats en matière d'administration sanitaire[1974] ». Cette notion découlait des politiques sanitaires développées et trouvait son origine dans « les conventions et les usages établis entre les Etats touchant la défense contre les maladies [1975] ». Pour EMMANUELLI, le droit sanitaire visait principalement à prévenir la propagation des épidémies dans le monde et ses normes étaient de « nature prophylactique[1976] ». Cette notion de « droit sanitaire international » a perduré jusqu'à la fin des années 1980[1977] avant d'être remplacé par celle de « droit international de la santé[1978] ».

963. Parallèlement, est apparu dans la littérature scientifique pour la première fois dans les années 1950, le terme de « droit international médical » qui englobait « l'ensemble des règles de droit international visant à renforcer la garantie juridique d'une meilleure protection des victimes de conflits armés, en particulier à propos de certains cas visés par les conventions humanitaires de Genève de 1949[1979] ». Ce droit concerne principalement les garanties et obligations applicables au corps médical ainsi qu'aux relations entre le patient et le médecin[1980]. Dans cette optique, l'objet du droit international médical est l'acte médical[1981].

964. Par la suite, la création de l'OMS marque un tournant dans la clarification de la terminologie. La notion de « droit international de la santé » est préférée à celle de « droit international médical » car « l'appellation reflète mieux le contenu de ses règles juridiques dans la mesure où elles visent à préserver la santé de l'homme[1982] ». Ainsi, pour le Professeur BELANGER, la création de l'OMS a « beaucoup fait pour qu'existât un droit international de la

---

[1973] C. EMANUELLI, *Le droit international de la santé – Evolution historique et perspectives contemporaines*, RQDI, 1985, p.11.
[1974] C. VITTA, *Le droit sanitaire international*, *op.cit.*, p.549 ; V. également M. BELANGER, *Droit international de la santé*, Economica, 1983, p.10.
[1975] C. VITTA, *Le droit sanitaire international*, *op.cit.*, p.552.
[1976] C. EMANUELLI, *Le droit international de la santé(...) »*, *op.cit.*, p.11.
[1977] M.-F. LÜCKER-BABEL, « *Le droit sanitaire international : un nouveau défi pour la coordination internationale en matière de santé* » in *L'avenir du droit international de la santé : table ronde*, RILS, vol.40, n°1, 1989, pp.29-31.
[1978] C. EMANUELLI, *Le droit international de la santé(...) »*, *op.cit.*, p.11.
[1979] V. S. MIHAJLOV, « *Le droit international de la sante : etat actuel et perspectives de developpement* », in *L'avenir du droit international de la santé : table ronde*, RILS, vol.40, n°1, 1989, p.9.
[1980] V. J. PATRNOGIC, « *Droit international médical : les nouvelles tendances* », RICR, 53/627, Mars 1971, pp.139-148.
[1981] S. DAGRON, « *L'avenir du droit itnernational de la santé* », *op.cit.*, p.15, ndp 38.
[1982] *Ibid.*, p.10.

santé[1983] ». Cette contribution au droit international de la santé a été double. D'une part, en matière de contenu, complétant les activités des organisations précédentes, l'OMS a adopté une « conception globale de sa mission[1984] ». D'autre part, sur le plan de la valeur juridique des décisions prises, l'OMS a été dotée de compétences quasi réglementaires et quasi législatives qui sont assez exceptionnelles dans le droit général des organisations internationales[1985]. Cette fonction normative de l'OMS est au cœur de la conception contemporaine du droit international de la santé. A ce titre, l'ensemble des interventions de l'OMS « vise à réaliser de façon concrète les conditions d'exercice d'un droit de la personne à la santé[1986] ». Ainsi, comme le décrit le Professeur BELANGER, « l'émergence du DIS a débouché sur sa formalisation, à travers sa conceptualisation » grâce à la création de l'OMS[1987].

965. On constate également que le corpus juridique préexistant en matière de politiques sanitaires et de droit international humanitaire a donné lieu aux « idées fondatrices[1988] » de l'OMS, d'une part, et de l'ONU, d'autre part. Madame HAROUEL-BURELOUP considère ainsi que si « logiquement (...) l'OMS tient la première place dans la formation du droit international de la santé, depuis une quarantaine d'années l'ONU se préoccupe de droit international humanitaire[1989] ». A cet effet, l'OMS est considérée, à juste titre, comme « le principal maître d'œuvre du droit international de la santé[1990] ». Avec la création de l'OMS est apparue la branche du droit que l'on appelle le droit international de la santé, en remplacement du droit sanitaire international[1991]. On parle alors de « droit de l'OMS » en tant qu'une des composantes du droit international de la santé[1992].

966. Toutefois, après ce tournant important, le droit international de la santé a été délaissé par la doctrine, ce qui a pu étonner[1993]. Dans les années 1980, EMMANUELLI constatait que « le droit international de la santé [était] encore largement inexploré et souvent ignoré des juristes[1994] ». Cependant, depuis le début des années 1980 jusqu'à aujourd'hui et en particulier depuis les années 2000 on observe un regain d'intérêt pour le droit international de la santé dans une approche contemporaine.

b. Un objet d'étude juridique

967. Le regain d'intérêt pour le droit international de la santé est la conséquence notamment de la notion de « nouvel ordre sanitaire international » fondement de la déclaration d'Alma-Ata, adoptée le 12 septembre 1978 qui « se justifie par l'idée d'interrelations entre santé et

---

1983 M. BELANGER, « *Une nouvelle branche du droit international (...) », op.cit.,* p.48.
1984 *Ibid.,* p.48.
1985 V. *supra* n°0.
1986 C. EMANUELLI, *Le droit international de la santé(...) », op.cit.,* p.14.
1987 M. BELANGER, *Le droit international de la santé,* Que sais-je ?, PUF, 1997, p.5.
1988 V. HAROUEL-BURELOUP, *Histoire du droit international de la santé, op.cit.,* p.75.
1989 *Ibid.,* p.79.
1990 *Ibid.,* p.80.
1991 C. EMANUELLI, *Le droit international de la santé(...) », op.cit.,* p.11.
1992 M. BELANGER, *Introduction à un droit mondial de la santé, op.cit.,* p.13.
1993 M. BELANGER, « *Réflexions sur la réalité du droit international de la santé », op.cit.,* p.71.
1994 C. EMANUELLI, *Le droit international de la santé(...) », op.cit.,* p.11.

développement.[1995] » Ainsi, la prise en compte du tiers-monde aboutit « à une remise en cause du droit international classique de la santé[1996] ». Le droit international de la santé ne considère plus les impératifs des pays industrialisés, au niveau mondial, comme prioritaires mais apparaît comme « devant comprendre les règles adaptées aux nécessités des pays en développement[1997] ».

968. La doctrine parle alors de « redécouverte du droit international de la santé[1998] » grâce notamment à la doctrine juridique contemporaine qui lui accorde une certaine spécificité. A ce titre, se développent des cours consacrés à cette matière au sein des Facultés de droit (Université de Sherbrooke, de Bordeaux, de Bologne et d'Amsterdam) mais également de médecine (Université de Gand)[1999]. A cette époque, le droit international de la santé devient une discipline comme les autres en tant que branche du droit international public[2000]. L'originalité du droit international de la santé par rapport au droit international humanitaire et au droit international médical tient « aux tentatives d'adaptation des règles juridiques de la protection internationale de la santé aux réalités sanitaires des années 1970[2001] ».

969. Dans les années 1980, la spécificité du droit international de la santé tient dans « l'analyse de la normalisation sanitaire internationale[2002] ». En particulier, ce droit « étudie les règles juridiques qu'adoptent les multiples organisations internationales qui interviennent dans la protection internationale de la santé[2003] ». Ainsi, ce droit fait « œuvre de rassemblement et de synthèse » entre, d'une part, les règles juridiques à portée sanitaire adoptées par les organisations internationales, y compris du droit international du travail ou de l'environnement et, d'autre part, toutes ces règles pour apprécier l'avancée de la normalisation internationale sur le plan sanitaire. Il est ainsi défini comme « l'ensemble des règles juridiques applicables par la Communauté internationale aux actions de santé[2004] ». L'expression de « droit international de la santé » est ainsi confortée. Il apparaît comme « la synthèse de l'approche globale par le droit international humanitaire et de l'approche technique par le droit international médical[2005] ». Se distingue un droit institutionnel, formé par les activités de structures juridiques créatrices de droit, et un droit matériel, établi avec la formulation de normes juridiques[2006].

970. Toutefois, l'élaboration d'instruments internationaux au début des années 2000 avec notamment la révision du RSI et l'adoption de la CCLAT, a

---

[1995] M. BELANGER, « *Réflexions sur la réalité du droit international de la santé* », *op.cit.*, p.91.
[1996] *Ibid.*
[1997] *Ibid.*
[1998] *Ibid.*
[1999] Pour un recensement détaillé voir : J. M. AUBY, *Législation sanitaire : programmes et moyens de formation en Europe*, Bureau régional pour l'Europe de l'OMS, Paris, 1984.
[2000] M. BELANGER, « *Réflexions sur la réalité du droit international de la santé* », *op.cit.*, p.71 ; C. EMANUELLI, *Le droit international de la santé(...)* », *op.cit.*, p.11.
[2001] M. BELANGER, « *Réflexions sur la réalité du droit international de la santé* », *op.cit.*, p.91.
[2002] *Ibid.*
[2003] *Ibid.*
[2004] J.-M. AUBY, *Le droit de la santé*, PUF, coll. Thémis, 1981, p.13 ; M. BELANGER, *Droit international de la santé,* Paris, Berger-Levrault, 1989, p.20. L'auteur propose la définition suivante : « l'ensemble des règles juridiques applicables par la communauté internationale aux actions de santé. »
[2005] M. BELANGER, *Droit international de la santé*, Economica, 1983, p.37.
[2006] M. BELANGER, « *Réflexions sur la réalité du droit international de la santé* », *op.cit.*, p.76.

offert un second souffle au droit international de la santé[2007] en particulier dans les pays francophones. Ces évolutions sont considérées comme « l'un des développements les plus important pour la diplomatie de santé mondiale[2008] ». Pour la Professeure TAYLOR, le domaine du droit international de la santé est en train de s'accroître et de s'étendre depuis ces quinze dernières années en raison de « l'intérêt mondial pour un encadrement formel de la coopération en santé mondiale[2009] ».

971. Cet engouement s'explique également par la mondialisation qui a un impact sans précédent sur la santé publique mondiale créant de nouveaux besoins en matière de politiques de santé. La mondialisation a accru les besoins d'un nouvel encadrement renforcé de la coopération internationale dont fait partie le droit international afin de répondre aux menaces émergentes et aux opportunités offertes par la santé mondiale. Enfin, la diffusion du savoir scientifique et de la technologie a permis une amélioration de la coopération internationale dans un certain nombre de traités en matière de sécurité des produits chimiques, des pesticides, de la nutrition et des déchets toxiques[2010].

972. Si l'évolution du contexte international a permis de replacer le droit international de la santé au centre des débats doctrinaux, il a également fait évoluer la notion et les contours du droit international de la santé.

B. Une notion en mutation

973. A l'origine, le droit international de la santé est apparu comme faisant partie du droit international public (1). Toutefois, la mondialisation remet en cause cette appartenance (2).

1. Le droit international de la santé, composante du droit international public

974. Définir le droit international de la santé comme branche du droit international participe au mouvement historique de sectorisation du droit international public (a). Toutefois, l'émergence de ce droit a été difficile (b).

a. La sectorisation historique du droit international public

975. On constate, dans les années 1980, que la fragmentation concerne « plus seulement (…) le morcellement du droit par région mais aussi par matière[2011] ». A cet égard, le droit international public est une matière « à

[2007] M. BELANGER, *« Réflexions sur la mondialisation du droit de la santé »,* in M. BELANGER, *La mondialisation du droit de la santé*, Bordeaux, Les Etudes Hospitalières, 2011, p.13. L'auteur estime que « le droit international est une matière et une discipline encore largement méconnues, en France comme ailleurs. On constate cependant – notamment depuis le début des années 2000 – un intérêt croissant pour cette branche du droit international général. »

[2008] A. TAYLOR, *« Global Health Law »*, in I. KICKBUSCH et al., *op.cit.,* p.38.

[2009] *Ibid.*

[2010] A. TAYLOR, *« Global Health Law »*, in I. KICKBUSCH et al., *op.cit.,* pp.37-54 (p.40).

[2011] A.-C. MARTINEAU, *« La fragmentation du droit international : un renouvellement répété de la pensée ? »*, International Law : Do We Need It ?, conférence bi-annuelle de la European Society of International Law, Paris, 18-20 mai 2006, p.13.

tiroirs[2012] » c'est-à-dire que ses divisions tendent à se multiplier. Plus particulièrement, il est reconnu un droit international pénal[2013], un droit international de l'environnement[2014], un droit du commerce international[2015], un droit international humanitaire[2016], un droit international économique[2017] et un droit international du développement[2018].

976. Dès les années 1980, le Professeur BELANGER, ajoutait à cette catégorisation fonctionnelle importante, une catégorisation géographique[2019]. Il considérait ainsi qu'il existait « un droit international continental (le droit international américain, etc.), un droit sous régional (par exemple, le droit communautaire européen) ou même un droit international transrégional (comme le droit international des pays socialistes) ». Pour Madame MARTINEAU, « ce sont principalement les *conséquences* à attribuer aux phénomènes de fragmentation qui font l'objet de désaccords tandis que leur *existence* n'est guère contestée[2020] ». Le Professeur Pierre-Marie DUPUY constatait, en 1996, que parmi les domaines fragmentés du droit international, « beaucoup semblent vouloir affirmer leur autonomie[2021] ». Signe de sa fragmentation avancée, le Professeur COMBACAU posait la question, dans les années 1980, de savoir si le droit international était un bric-à-brac ou un système[2022].

977. Alors que le droit international public est fragmenté en raison de la prolifération des normes et des organes judiciaires[2023], la question de la nécessité de faire du droit international de la santé une branche du droit international se pose. En effet, pour certains, la fragmentation et la parcellisation du droit international, qui découleraient de la diversification du

---

[2012] M. BELANGER, « *Une nouvelle branche du droit international (...)* », *op.cit.*, p.45.

[2013] O. DE FROUVILLE, *Droit international pénal – Sources, incriminations, responsabilité,* Pedone, coll. Etudes internationales, 2012.

[2014] S. DOUMBE-BILLE et al., *Droit international de l'environnement,* Larcier, coll. Masters droit, 2013.

[2015] J.-B. RACINE et F. SIIRIAINEN, *Droit du commerce international*, Dalloz, coll. Cours, 2ème éd., 2011.

[2016] J. D'ASPREMONT, et J. DE HEMPTINNE, *Droit international humanitaire : Thèmes choisis,* Pedone, 2012 ; P. BUIRETTE et P. LAGRANGE, *Le droit international humanitaire*, La Découverte, coll. Repères, 2008.

[2017] D. CARREAU et P. JUILLARD, *Droit international économique,* Dalloz, coll. Précis, 5ème éd., 2013.

[2018] A. PELLET, *Le droit international du développement,* PUF, coll. Que sais-je ?, 1987.

[2019] M. BELANGER, « *Une nouvelle branche du droit international (...)* », *op.cit.*, p.45.

[2020] A.-C. MARTINEAU, « *La fragmentation du droit international (...)* », *op.cit.*, p.1.

[2021] P.-M. DUPUY, « *Sur le maintien ou la disparition de l'unité de l'ordre juridique international* », in R. BEN ACHOUR et S. LAGHMANI (dir.), *Harmonie et contradictions en droit international,* Pedone, Paris, 1996, p.19.

[2022] J. COMBACAU, « *Le droit international : bric-à-brac ou système ?* », in *Le système juridique,* APD, t.31, 1986, pp.85-105.

[2023] V. en ce sens : E. L. COMTOIS-DINEL, « *La fragmentation du droit international : vers un changement de paradigme ?* », Lex Electronica, vol.11, n°2, Automne 2006 ; P.-M. DUPUY, « *Un débat doctrinal à l'ère de la globalisation : sur la fragmentation du droit international* », European Journal of Legal Studies, Issue 1, 2000 ; S. MOUNDOUNGA NTSIGOU, *La fragmentation du droit international public : l'œuvre de codification à la lumière de la fragmentation du droit international,* thèse Strasbourg, 2013 et J.-S BERGE, M. FORTEAU, M.-L. NIBOYET, J.-M. THOUVENIN, *La fragmentation du droit applicable aux relations internationales – Regards croisés d'internationalistes privatistes et publicistes*, Pedone, coll. Cahiers internationaux, 2010, pp.21-26 ; A. FISCHER-LESCANO et G. TEUBNER, *Collisions de régimes : la recherche vaine de l'unité juridique face à la fragmentation du droit mondial,* RIDE, vol.1, t. XXVII, 2013, pp.187-228 ; G. HAFNER, « *Pros and Cons ensuing from fragmentation of international law* », Michigan Journal of International law, vol.25, 2003-2004, p.845 ; R. TINIERE et J. ARLETTAZ (éd.), *Fragmentation en droit. Fragmentation du droit,* Colloque de Grenoble du 17 mai 2013, éd. l'Epitoge, coll. L'unité du droit, vol.8, 2014.

droit, menacerait son unité[2024]. Depuis la fin du XXe siècle, cette « tendance à la fragmentation » a été dénoncée par la doctrine et notamment le Professeur BROWNLIE qui estime que la qualité et la cohérence du droit international sont menacées[2025]. Pourquoi le droit international de la santé devrait-il alors devenir une nouvelle branche du droit international public alors que le contexte n'y est pas (nécessairement) favorable ?

978. La protection de la santé constitue « un besoin social urgent insuffisamment entendu sur le plan international[2026] ». Il est nécessaire de pouvoir contrebalancer les besoins sanitaires des populations face aux intérêts commerciaux et industriels ainsi qu'aux méfaits de la guerre. Ainsi, la protection de la santé est essentielle car être en bonne santé est une condition vitale pour le bien-être humain afin de poursuivre une vie dans la dignité. A ce titre, l'absence de protection de cet intérêt est une préoccupation internationale[2027]. En effet, la protection de la santé est une condition essentielle à l'accomplissement d'autres droits. Les enjeux sanitaires transfrontaliers et transversaux nécessitent une réponse mondialisée. Par ailleurs, l'objectif de ce mouvement international du droit est de s'éloigner d'un droit international public centré uniquement sur l'Etat[2028].

979. Il convient dès lors de promouvoir le droit international de la santé comme branche du droit international public afin non seulement de répondre aux besoins spécifiques de la santé face à la protection d'autres intérêts mais également afin de participer au mouvement de sectorisation du droit international public. Cette sectorisation n'est pas encore entièrement finalisée puisque comme le fait remarquer le Professeur BELANGER « tout ces 'tiroirs' ne sont pas encore véritablement ouverts : tel est le cas du droit international de l'agriculture, du droit international de l'industrie…[2029] ». Le tiroir apparaît toutefois entrouvert pour le droit international de la santé.

b. L'émergence difficile d'une branche du droit international

980. Les débats doctrinaux sur l'émergence d'un véritable droit international de la santé démontrent l'incertitude quant à la capacité de ce droit à constituer une branche autonome du droit international public[2030]. Le droit international public, selon les Professeurs COMBACAU et SUR est : « le droit produit par le concours de deux ou plusieurs Etats[2031] ». Toutefois le Professeur SALMON reconnaît que la définition du droit international public dépend des « sujets qu'il régit, les relations qu'il régit ou de l'origine des

[2024] M. KOSKENNIEMI, *Rapport préliminaire sur la fragmentation du droit international : difficultés découlant de la diversification et de l'expansion du droit international*, Groupe d'étude sur la fragmentation, Commission du droit international, ILC(CVI)/SG/FIL/CRD.1, 2004, p.1.

[2025] I. BROWNLIE, « *The Rights of People in Modern International Law* », p.15, in J. CRAWFORD, *The Rights of Peoples*, Oxford, Clarendon Press Oxford, 1988, p.15.

[2026] B. TOEBES, « *International health law : an emerging field of public international law* », IJIL, vol.55, n°3, September 2015, pp.299–328 (p.302).

[2027] C. C. BEITZ, *The idea of human rights*, Oxford : Oxford University Press, 2009, p.137.

[2028] B. TOEBES, « *International health law : (…)* », *op.cit.*, p.303.

[2029] M. BELANGER, « *Une nouvelle branche du droit international (…)* », *op.cit.*, p.45.

[2030] V. notamment : M. BELANGER, « *Une nouvelle branche du droit international (…)* », *op.cit.*, et B. TOEBES, « *International health law : (…)* », *op.cit.*, p.3.

[2031] J. COMBACAU et S. SUR, *Droit international public*, 4e éd., 1999, p.15.

normes dont il est composé ». Cette multiplicité de la définition du droit international public rend d'autant plus compliquée la reconnaissance du droit international de la santé en tant que branche de ce droit. Toutefois, d'autres auteurs soutiennent que cette reconnaissance est soumise à trois critères[2032].

981. Premièrement, il faut une prise de conscience internationale effective de la nécessité de règles juridiques dans un domaine particulier (ou dans une zone géographique spécifique). Le fondement du droit international public repose sur des principes généraux de droit tel que le principe de l'égalité des Etats et le principe de la liberté des mers. De même, le droit international économique repose sur des principes propres aux relations économiques internationales tels que le système commercial international, le système monétaire international et la coopération internationale pour le développement. Ainsi, le critère de la spécificité du droit international de la santé constitue une condition nécessaire.

982. Historiquement, les enjeux sanitaires ont imposé une réflexion juridique particulière, spécialisée et adaptée, ce qui a fait du droit international de la santé un droit à part entière. Il est ainsi apparu comme une nécessité par le biais des politiques sanitaires. Dès lors « l'immensité des tâches dans le domaine de la protection de la santé publique internationale (…), les domaines multiples d'intervention (…) et la protection des différentes catégories de personnes (…) fournissent une matière considérable à un droit international de la santé[2033] ».

983. Deuxièmement, l'action des organisations internationales doit être particulièrement étendue dans les matières considérées. Par exemple, en matière de droit international du travail on trouve l'Organisation international du travail qui agit en tant qu'acteur principal du droit international du travail. Il en va de même avec l'Organisation mondiale du commerce et du droit commercial international. Bien que corollaire à la première condition, cette deuxième condition impose un degré élevé « de précision des règles juridiques élaborées par ces organisations [2034] ». Plus précisément, le domaine de compétence des organisations internationales doit être important. A titre d'exemple, on peut citer la compétence de l'OMC[2035].

984. En l'espèce, le rôle joué par l'OMS aussi bien dans la compétence qu'il lui est conférée en matière d'autorité normative de la santé que de production normative a permis l'émergence d'un droit international de la santé. En tant qu'institution spécialisée de santé publique du système des Nations unies, l'OMS a servi de catalyseur pour le développement d'un droit international de la santé.

985. Enfin, la dernière condition afin de faire du droit international de la santé une branche du droit international public est la « présence de sources juridiques systématiques (actes internationaux, coutumes, principes généraux de droit, jurisprudence internationale et doctrine) ». Il apparaît nécessaire que pour constituer une branche de droit, tout ensemble doit reposer sur un corpus

---

[2032] M. BELANGER, « *Une nouvelle branche du droit international (...)* », *op.cit.*, p.45.
[2033] *Ibid.*, p.48.
[2034] *Ibid.*, p.45.
[2035] V. *supra* n°0.

juridique. Plus particulièrement, le droit, dans son acceptation objective, est « un ensemble de règles visant à organiser la conduite de l'homme en société (...)[2036] » ce qui implique une systématisation de ces règles.

986. Il apparaît que cette dernière condition rend difficile la qualification définitive du droit international de la santé en tant que branche du droit international public. En effet, s'il est démontré qu'il existe des sources juridiques du droit international de la santé comprenant les traités à base humanitaire[2037], des conventions humanitaires[2038] et des actes des organisations internationales intervenant dans le domaine de la santé[2039], le critère de systématisation et de cohérence de l'ensemble des règles fait défaut. Le droit international de la santé est « une matière considérable à défricher[2040] ». Cela est dû, en partie, au fait que le droit international de la santé est un droit, majoritairement, en formation ou de droit souple (*soft law*).

987. Parallèlement aux difficultés de qualification du droit international de la santé, la mondialisation dans les rapports entre les sujets de droit international remet en cause la notion et la dénomination même de droit international de la santé.

2. L'influence de la mondialisation

988. La mondialisation[2041] modifie la perception, d'une part, de la notion de santé (a) et, d'autre part, du champ d'application et des contours du droit international[2042] (b).

a. De la santé internationale à la santé mondiale

989. L'impact de la mondialisation sur la santé publique a été évalué dès la fin des années 2000[2043], y compris par l'OMS elle-même dans un numéro spécial de son Bulletin[2044]. La mondialisation des échanges, des transports, de la communication, de l'information et des habitudes de vie a durablement modifié la distinction entre santé nationale et mondiale[2045]. A cet égard, elle a eu pour principale conséquence de modifier les contours de la santé au niveau

---

2036 S. GUINCHARD et T. DEBARD (dir.), *Lexique des termes juridiques 2014-2015*, *op.cit.*, « droit » p.375.
2037 M. BELANGER, « *Une nouvelle branche du droit international (...)* », *op.cit.*, p.49. L'auteur estime que le premier accord conclu était entre le comte de STAIR et le duc de NOAILLES le 17 juillet 1743.
2038 Les quatre Conventions de Genève de 1949.
2039 Le Règlement Sanitaire international révisé en 2005 et la CCLAT de 2003.
2040 M. BELANGER, « *Une nouvelle branche du droit international (...)* », *op.cit.*, p.49.
2041 V. notamment J. CHEVALLIER, « *Mondialisation du droit ou droit de la mondialisation ?* », in MORAND (C.-A.), *Le droit saisi par la mondialisation,* Bruylant, 2001, pp.37-61.
2042 On évoquera notamment les travaux de MORAND : MORAND (C.-A.) (dir.), *Le droit saisi par la mondialisation,* Bruylant, 2001.
2043 V. notamment D. YACH et D. BETTCHER, *« The globalization of public health I : Threats and opportunities »,* AJPH, vol.88, 1998, pp.735-738 ; D. YACH et D. BETTCHER, *« The globalization of public health II : The convergence of self-interest and altruism »,* AJPH, vol.88, 1998, pp.738-741 ; G. WALT, « *Globalization of international health* », The Lancet, vol.351, 1998, pp.434-437.
2044 WHO, *Special theme issue : Globalization*, Bulletin of the World health organization, vol.79 (9), 2001.
2045 A. DEATON, « *Health in the age of globalization* » in C. GRAHAM et S. M. COLLINS (dir.), *Globalization, poverty and inequality*, 2004, Washington DC : The Brookings Institution, Brookings Trade Forum, pp.83-130.

international. A cet effet, il apparaît que la terminologie de santé mondiale (ou globale[2046]) remplace celle de santé internationale[2047].

990. La santé internationale est un terme faisant référence, à l'origine, au contrôle des épidémies transfrontalières entre les Etats[2048]. A ce titre, héritage de sa formation historique, la santé internationale se concentrait sur les activités de santé à l'étranger avec une préférence géographique donnée aux pays en développement et aux maladies infectieuses et tropicales[2049]. Un consortium universitaire a défini la santé internationale en tant qu'elle a trait aux pratiques, politiques et systèmes de santé qui souligne davantage les différences entre les pays que les ressemblances[2050]. Enfin, d'autres groupes de recherche limitent exclusivement la santé internationale aux maladies des pays en développement[2051].

991. Toutefois, il est également envisagé par certains que le terme « santé internationale » est « utilisable et adaptable afin de coïncider avec la philosophie et le contenu des pratiques de santé contemporaine[2052] », réfutant ainsi l'idée selon laquelle cette terminologie serait dépassée par celle de santé mondiale.

992. La notion de santé mondiale n'est pas si récente. Dès les années 1950 le terme « mondial » faisait son apparition dans le Programme mondial d'éradication du paludisme à l'OMS[2053]. Par la suite, le Parlement américain a publié un rapport sur les politiques de santé mondiale en 1971[2054]. Malgré tout ce terme était limité à des déclarations officielles ou des documents sporadiques[2055]. Aujourd'hui, il y a une augmentation dans le nombre de références à la santé mondiale. A la fin des années 1990 on parlait alors d'un changement de paradigme[2056]. En 2001, BANTA n'hésitait pas à considérer que la notion de « santé internationale » était démodée[2057].

993. Si l'origine et la définition exacte de la santé mondiale demeurent incertaines[2058] car plusieurs propositions de définitions ont été développées, les contours et principes majeurs sont délimités. Cette notion apparaît pour la première fois[2059] en 1997. L'Académie nationale de médecine[2060] des Etats-

---

[2046] A cet égard, ces deux notions seront utilisées indifféremment.

[2047] T. M. BROWN, M. CUETO et E. FEE, « *The World health organization and the transition from 'international' to 'global' public health* », AJPH, vol.96, n°1, Janvier 2006, pp.62-72.

[2048] *Ibid.*, p.62.

[2049] J. P. KOPLAN et al, « *Towards a common definition of global health,* » The Lancet, vol.373, 6 Juin 2009, p.1993.

[2050] *Ibid.*

[2051] V. M. H. MERSON, R. E. BLACK et A. J. MILLS, *International public health : diseases, programs, systems and policies*, 2e éd., Sudbury MA : Jones and Bartlett Publishers, 2006.

[2052] J. P. KOPLAN et al, « *Towards a common definition of global health* », *op.cit.*, p.1993.

[2053] V. R. M. PACKARD, « *No other logical choice : Global Malaria Eradication and the Poltiics of International Health in the Post-War Era* », Parassitologia, vol.40, 1998, pp.217-229.

[2054] RAPPORT, *The politics of global health, prepared for the Subcommittee on National Security Policy and Scientific developpments of the Committee on Foreign Affairs*, US House of Representatives, Washington, DC : US Government Printing Office, 1971.

[2055] T. M. BROWN, M. CUETO et E. FEE, *op.cit.*, p.63.

[2056] S. BUNYAVANICH et R. B. WALKUP, « *US public health leaders shift towards a new paradigme of global health* », AJPH, vol.91, 2001, pp.1556-1558 ; J. E. BANTA, *From international health to global health*, *op.cit.*, p.76

[2057] J. E. BANTA, « *From international health to global health* », *op.cit.*, p.76.

[2058] T. M. BROWN, M. CUETO et E. FEE, *op.cit.*, p.62.

[2059] D. KEROUEDAN, « *Globaliser n'est pas sans risques pour les populations les plus pauvres du monde – Emergence de la « Global Health » en Afrique subsaharienne* », in L. ATLANI-DUAULT et L. VIDAL

Unis publie alors un rapport qui énonce dans son titre que la santé mondiale est un intérêt vital pour les américains. Il propose donc une définition de la santé mondiale : « des enjeux sanitaires qui transcendent les frontières nationales, qui peuvent être influencés par l'expérience ou les circonstances d'autres pays et qui sont mieux traités par une action ou des solutions collectives[2061] ». Selon ce rapport, les questions de santé présentent deux caractéristiques : elles ne peuvent plus être considérées comme des questions purement nationales, ni être traitées dans un cadre purement national[2062]. Pour la Professeure KEROUEDAN, l'idée fondatrice de la santé mondiale « viendrait du sentiment que n'importe quel événement de santé se produisant en un point du globe terrestre porte en lui un potentiel de menace pour les populations, ou la sécurité nationale, d'un pays en un autre point de ce globe[2063] ». La santé globale apparaît comme « une sorte de 'solidarité intéressée[2064] ».

994. A la différence de la santé internationale, la santé mondiale s'éloigne de considérations au niveau des Etats uniquement en s'intéressant davantage aux besoins de santé des personnes sur l'ensemble de la planète s'approchant du concept de sécurité humaine. La santé mondiale va ainsi au delà des enjeux particuliers des nations[2065]. A ce titre, la notion de « mondiale » implique de ne pas se limiter aux enjeux purement transfrontaliers[2066]. Les enjeux de santé transcendent les frontières nationales. En effet, la notion de santé mondiale inclut « tout problème de santé qui concerne plusieurs Etats ou qui est affecté par un déterminant transfrontalier tel que le changement climatique ou l'urbanisation ou par une solution transfrontalière telle que l'éradication de la polio[2067] ». L'approche mondiale tient davantage à son étendue et à son champ d'application qu'à sa localisation. Ainsi, la santé mondiale s'intéresse aussi bien aux enjeux transfrontaliers qu'aux inégalités nationales de santé. Elle prend en compte l'ensemble du spectre des menaces directes ou indirectes sur la santé. La santé mondiale est perçue comme « un moyen d'atteindre un monde juste[2068] ».

995. La définition retenue et proposée par le Professeur KOPLAN et ses collègues, en 2009, est la suivante : la santé mondiale est « un domaine d'étude, de recherche et de pratique dont la priorité est l'amélioration de la santé et la réalisation de l'équité en santé pour l'ensemble de la population mondiale[2069] ». Par ailleurs, en ce qui concerne les acteurs, l'aspect global va

---

(dir.), *La santé globale, nouveau laboratoire de l'aide internationale ?*, Revue Tiers Monde, vol.3, n°215, 2013, p.116.

[2060] Traduit de l'anglais : *National Academy of Medecine (*anciennement *Institute of Medecine)*

[2061] INSTITUTE OF MEDECINE, « *America's vital interest in global health* », National Academy Press, 1997.

[2062] S. DAGRON, « *L'avenir du droit itnernational de la santé* », *op.cit.*, p237.

[2063] D. KEROUEDAN, « *Globaliser n'est pas sans risques (...)* », *op.cit.*, p.116.

[2064] D. VENTURA, « *Responsabilité et santé globale* », in A. SUPIOT et M. DELMAS-MARTY (dir.), *Prendre la responsabilité au sérieux*, PUF, 2015.

[2065] T. M. BROWN, M. CUETO et E. FEE, *op.cit.*, p.62.

[2066] J. P. KOPLAN et al, *Towards a common definition of global health*, *op.cit.*, p.1994.

[2067] *Ibid.*

[2068] B. M. MEIER, « *Global health takes a normative turn : the expanding purview of itnernational health law and global health policy to meet the public health challenges of the 21st Century* », The global community Yearbook of international law and jurisprudence, vol.1, 2011, p.108.

[2069] J. P. KOPLAN et al, « *Towards a common definition of global health* », *op.cit.*, p.1995.

au delà des acteurs étatiques et interétatiques traditionnels et souligne l'importance des acteurs non étatiques en incluant notamment les organisations non étatiques, les fondations et les entreprises transnationales[2070].

996. Il ne faut donc pas confondre la santé mondiale avec la santé internationale en ce que cette dernière, considérée comme une branche de santé publique, vise les pays en développement et les efforts d'aide des pays développés[2071]. L'enjeu est souvent bilatéral et non mondial. Dans cette perspective, le Conseil fédéral helvétique à propos de la politique extérieure de la Suisse en matière de santé rejette ainsi l'idée d'une politique extérieure fondée sur le concept de « santé internationale »[2072]. Pour certains auteurs, la santé globale s'articule autour de trois principes : la santé pour tous (visant à atteindre tous les individus), la santé par tous (promue par l'étendue très large d'acteurs) et la santé dans tous (la santé dans toutes les politiques, y compris celles influençant les déterminants sociaux et environnementaux)[2073].

997. Cette terminologie n'est pas sans critique. En effet, pour les Professeurs BIEHL et PETRYNA la santé globale est devenue une anarchie de codes recouvrant souvent des intérêts très hétérogènes, cachés par une sorte d'*ethos* de la responsabilité collective visant à faire face à des crises sanitaires (…) qui recouvrent en réalité des objectifs politiques et économiques fort différents[2074].

998. Pour autant, les notions de santé internationale et santé mondiale n'apparaissent pas opposées mais davantage complémentaires. On constate ainsi qu'en 1999, selon une étude[2075], seulement la moitié des leaders en santé au niveau international considérait qu'il y avait une réelle différence entre la santé internationale et la santé mondiale, insistant sur l'aspect transnational et transversal de cette dernière. Toutefois, l'autre moitié a considéré qu'il n'y avait pas besoin de nouvelle terminologie et que l'expression « santé mondiale » était inutile. Cette idée a été reprise par Monsieur BOZORGMEHR qui estime que les différentes définitions de santé mondiale ne permettent pas de la différencier suffisamment de la notion de santé internationale[2076].

999. Aujourd'hui, cependant, il apparaît, pour certains, une véritable différence entre ces deux notions comme le démontrent les travaux de Messieurs CAMPBELL et ses collègues qui tentent de conceptualiser la notion de santé mondiale afin de démontrer l'importance d'avoir une définition

---

[2070] K. LEE, *World health organization, op.cit.*, p.99.

[2071] F. M. M. WHITE et D. J. NANAN, « *International and global health* », in R. B. WALLACE et al, *Maxcy-Rosenau-Last Public Health and Preventive Medecine*, 15e éd., 2007, pp.1251-1258.

[2072] DEPARTEMENT FEDERAL DES AFFAIRES ETRANGERES (DFAE), « *Politique extérieure suisse en matière de santé* », 2012.

[2073] J. GARAY, L. HARRIS et J. WALSH, « *Global health : evolution of the definition, use and misuse of the term* » in *La santé globale existe-t-elle ? Santé, science et politique aux Sud* », Revue Face à Face, n°12, 2013.

[2074] J. BIEHL, A. PETRYNA, « *Critical Global Health* » *in* J. BIEHL, A. PETRYNA (éd.), *When People Come First*, Princeton University Press, 2013.

[2075] S. BUNYAVANICH et R. B. WALKUP, « *US public health leaders shift towards (…)* », *op.cit.*, pp.1156-1558.

[2076] J. GARAY, L. HARRIS et J. WALSH, « *Global health : evolution of the definition, use and misuse of the term* », *op.cit.*, pp.2-3.

commune de la santé mondiale[2077]. Ils décrivent les caractéristiques primaires et secondaires de la définition de la santé mondiale démontrant bien la différence de perception entre ces deux notions. Une étude de 2013 montre également que l'utilisation du terme « global health » dans la littérature scientifique a augmenté de façon exponentielle depuis le début des années 2000[2078].

1000. Enfin, on constate également une évolution, dans les pays francophones, vers une « santé globale[2079] ». Toutefois, cette terminologie n'a pas véritablement de différence de contenu avec la santé mondiale. La Professeure KEROUEDAN précise ainsi que « la traduction littérale de l'anglais au français invite à traduire « global health » par « santé mondiale », tout comme la « globalisation » se traduit par « mondialisation[2080] ». Toutefois, cela « ne préjuge pas de l'interprétation » du contenu[2081]. De même la question est soulevée de savoir si ce phénomène est un « effet de mode ou un renouvellement paradigmatique[2082] ». On notera que cette idée de santé globale semble trouver un écho dans le milieu académique avec notamment la création à l'Université de Genève de l'Institut de Santé Globale en 2014. L'objectif est de « poursuivre ses efforts de développement d'une santé globale académique[2083] ».

1001. Ces évolutions relatives aux qualificatifs « international », « mondial » et « global » ont également un impact sur les contours de ce droit.

b. Du droit international au droit mondial

1002. La notion de droit international de la santé a longtemps été privilégiée dans les débats doctrinaux d'autant plus qu'elle apparaissait comme une évolution du droit international sanitaire. C'est ainsi que dans les années 1980 certains parlaient de la redécouverte de ce droit[2084].

1003. Néanmoins, à cette même époque déjà, cette terminologie est apparue dépassée et inadaptée[2085]. Pour une partie de la doctrine, le droit international

---

[2077] R. M. CAMPBELL, M. PLEIC et H. CONNOLLY, « *The importance of a common global health definition : How Canada's definition influences its strategic direction in global health* », Journal of Global Health, vol.2, n°1, 2012.

[2078] K. BOZORGMEHR, « *Rethinking the 'global' in global health : a dialectic approach* », Globalization and health, vol.6, 2010, p.19.

[2079] V. LAPAIGE, *La santé publique globalisée,* Presses de l'Université Laval, coll. Société, culture et santé, 2009 ; P. BUEKENS et al., *Editorial - Santé globale : une santé publique mondialisée,* Revue d'épidémiologie et de santé publique, vol.59, n°2, 2011/04, pp.73-75.

[2080] Certains auteurs, en particulier de la doctrine québécoise, utilise le terme « globalisation » plutôt que mondialisation car « il fait référence à un espace complètement délocalisé qui engloberait tous les types de relation entre les acteurs étatiques, les marchés, les sociétés civiles, les organisations internationales, les individus, dépassant ainsi les rapports itnernationaux (entre nations) que sous-entend la simple mondialisation » (K. BENYEKLHEF, « *Droit global : un défi pour la démocratie* », Revue projet, n°353, 2016/4, p.14 (pp.14-22)).

[2081] D. KEROUEDAN, « *Globaliser n'est pas sans risques (...)* », *op.cit.,* p.114. L'auteur précise que « notamment en Afrique, où ils semblent tentés de parler de « santé globale ».

[2082] L. ATLANI-DUAULT et L. VIDAL, « *Le moment de la santé globale – Formes, figures et agendas d'un miroir de l'aide international* », in L. ATLANI-DUAULT et L. VIDAL (dir.), *La santé globale (...) », op.cit.,* p.7.

[2083] https://www.unige.ch/medecine/isg/fr/

[2084] C. EMANUELLI, *Le droit international de la santé(...) », op.cit.,* p.11.

[2085] L. BAYTI, « *L'avenir du droit international de la santé* », in *L'avenir du droit international de la santé : Table ronde,* RILS, vol.40, n°1, 1989, p.20.

de la santé devait être « repensé en fonction de nouvelles finalités[2086] ». Pour le Professeur BAYTI, « le droit naît des nécessités de la vie sociale et, les reflétant dans son contenu, il doit s'adapter aux transformations que subit ou engendre le groupe social[2087] ». Par ailleurs, le droit international de la santé est considéré comme étant trop centré sur les Etats ce qui empêche la prise en compte des nouveaux acteurs de la santé et fausse la mise en œuvre et le respect des engagements internationaux[2088]. Le droit international de la santé aurait été conçu « comme un moyen de protéger les intérêts indépendants des Etats contre les menaces sanitaires mondiales[2089] ».

1004. Malgré ces critiques, cette terminologie reste défendue par certains auteurs qui tout en reconnaissant la difficulté de le délimiter, préfèrent parler de « droit international de la santé[2090] ». Ainsi, si la Professeure TOEBES reconnaît la pertinence de parler d'un droit mondial de la santé, elle considère que « cette terminologie n'est pas congruente avec les autres branches du droit international public[2091] » tel que le droit du commerce international, le droit international de l'environnement et le droit humanitaire international. L'utilisation permet, en outre, de renforcer la dimension de droit international public. Toutefois, ces dernières années, un mouvement vers un droit mondial de la santé s'est formé.

1005. L'une des premières tentatives de définition[2092] d'un droit mondial[2093] de la santé apparaît avec les travaux des Professeurs GOSTIN et TAYLOR. Ils considèrent que l'approche centrée sur les Etats ne permet pas d'appréhender les enjeux sanitaires mondiaux contemporains en mutation en raison de la mondialisation et de l'émergence de nouveaux acteurs de santé[2094]. Ils définissent le droit mondial de la santé comme étant « le domaine qui intègre des normes, procédures et institutions juridiques nécessaires à la mise en œuvre des conditions permettant l'accomplissement de niveau le plus élevé de santé physique et mentale[2095] ». De même, en 2008, la Professeure RUGER analyse les fondements normatifs d'un droit mondial de la santé. Elle qualifie

---

[2086] *Ibid.*

[2087] *Ibid.*

[2088] L. O. GOSTIN, et A. TAYLOR, « *Global Health Law :A definition and grand challenges* », *op.cit.*, p.57.

[2089] B. M. MEIER, « *Global health takes a normative turn : (...)* », *op.cit.*, p.68.

[2090] J. M. CROUZATIER, *Droit international de la santé, op.cit.*, p.11 ; V. également B. TOEBES, « *International health law : (...)* », *op.cit.*, .

[2091] B. TOEBES, « *International health law : (...)* », *op.cit.*, p.302.

[2092] Il s'agit de la première recherche structurée sur le domaine de 'Global Health Law'. Il y avait déjà eu des références à cette notion. V. notamment D. P. FIDLER, *International law and public health : Material on analysis of global health jurisprudence*, 1ère éd., Transnational Pub, 2000. L'auteur suivait déjà une approche élargie de la notion de droit international en intégrant l'ensemble des régimes juridiques traitant de la santé publique dont le droit international de l'environnement, le droit international humanitaire, les droits de l'homme et le droit international du travail. On peut également citer les travaux de TAYLOR (A.L. TAYLOR, *Governing the globalization of public health*, Journal of Law, Medicine, Ethics, vol.32(3), 2004, pp.500-508) et Aginam (O. AGINAM, *Global health governance : International law and public health in a divided world*, University of Toronto Press, 2005).

[2093] On rappelera les travaux de DELMAS-MARTY sur le droit commun (M. DELMAS-MARTY, *Pour un droit commun,* Seuil, 1994) et sur le droit mondial (M. DELMAS-MARTY, *Trois défis pour un droit mondial,* Seuil, 1998).

[2094] L. O. GOSTIN, et A. TAYLOR, *Global Health Law :A definition and grand challenges*, Public Health Ethics, vol.1(1), 2008, pp.53-63.

[2095] L. O. GOSTIN, et A. TAYLOR, *Global Health Law :A definition and grand challenges*, *op.cit.*, p.55.

ce droit d'un « domaine académique relativement nouveau[2096] ». Cette affirmation se fonde sur l'importante distinction entre le droit international de la santé et le droit mondial de la santé. Selon l'auteure, le premier correspond à une approche plus traditionnelle dérivée des règles régissant les relations entre les Etats nations alors que le second vise à développer une structure internationale fondée sur le monde en tant que communauté et non simplement le regroupement d'Etats nations[2097]. Elle insiste sur le caractère intégratif du droit mondial de la santé qui inclut les individus et les organisations non gouvernementales.

1006. Dans la continuité de ces travaux, le droit mondial de la santé a été consolidé par la parution d'un ouvrage rédigé par le Professeur GOSTIN paru en 2014. L'auteur propose une nouvelle définition de ce droit en tant que « l'étude et la pratique du droit international – les instruments contraignants (par exemple, les Traités) et non contraignants (par exemple, les codes de pratique négociés par les Etats) qui forgent les normes, procédures et institutions permettant d'atteindre le standard le plus élevé de santé physique et mentale pour la population mondiale[2098] ». Cette définition étendue vise « à capturer les missions, les sources juridiques, les participants principaux et les fondations éthiques de ce droit[2099] ». Par cette définition, il vise à démontrer le besoin de changement de paradigme en raison des enjeux mondiaux de santé[2100]. Si cette définition très large ne permet pas véritablement de saisir les limites de cette discipline, elle a l'avantage de se différencier de la définition du droit international de la santé : d'une part, sur son contenu, en réaffirmant la notion de santé positive issue de la Constitution de l'OMS et, d'autre part, sur son application géographique et sur les sujets de droit en intégrant l'ensemble des acteurs de santé à tous les niveaux. Reprenant l'idée de Monsieur ROSENBERG et ses collègues, pour être effectif le droit mondial de la santé doit « engendrer une action collective, faciliter les partenariats entre les Etats et les acteurs non étatiques et le public et la sphère publique[2101] ».

1007. Cette vision ambitieuse, mais potentiellement en contradiction avec la réalité du contexte international, impose l'obligation de comprendre la santé, dont le droit de la santé, comme globale et comme directement connectée à d'autres enjeux de justice[2102]. Il promeut ainsi le principe « de la santé dans toutes les politiques publiques[2103] » et favorise une approche collective des enjeux de santé mondiaux.

1008. Parallèlement à ces développements doctrinaux, démontrant l'intérêt grandissant pour cette discipline, l'Université de Georgetown à Washington

---

[2096] J. P. RUGER, « *Normative foundations of global health law* », The Georgetown Law Journal, vol.96, 2008, p.424.
[2097] *Ibid.*
[2098] L. O. GOSTIN, *Global Health Law*, *op.cit.*, p.59.
[2099] *Ibid.*
[2100] D. M. STUDDERT, « *Lawrence O. GOSTIN, Global Health Law (2014) Book Review* », The Milbank Quarterly, vol.93, n°1, 2015, pp.211-214.
[2101] M. L. ROSENBERG et al., *Real collaboration : What Global health needs to succeed*, Berkeley, University of California Press, 2009.
[2102] H. WIDDOWS, « *Global health justice and the right to health* », Health Care Analysis, Springer, 2015, p.2.
[2103] *Ibid.*

s'efforce de promouvoir le développement du droit mondial de la santé[2104]. D'une part, l'Université a créé en 2007 l'Institute O'Neill pour le droit national et mondial de la santé[2105] qui promeut, par la recherche, le rôle du droit en tant qu'outil fondamental pour résoudre les problèmes de santé aux niveaux local, national et mondial[2106]. D'autre part, une formation de niveau master a été mise en place spécifiquement dédiée au droit mondial de la santé[2107].

1009. Le droit mondial de la santé a également trouvé un certain écho dans la doctrine française grâce aux travaux pionniers du Professeur BELANGER. Il a lui même fait évoluer sa définition du droit international de la santé proposée en 1983 en définissant le droit mondial de la santé en tant que « l'ensemble des règles juridiques destinées à la protection active de la santé des personnes, interconnectant les règles élaborées par les organisations internationales compétentes (ce qui correspond au droit international de la santé) et celles établies par les Etats (il s'agit des droits nationaux de la santé)[2108] ». Ainsi, par cette définition, il reconnaît les limites de la vision traditionnelle du droit international de la santé qui ne permet pas de répondre à l'ensemble des enjeux sanitaires mondiaux. Dans son ouvrage de référence, tout en élargissant le contenu d'un droit international de la santé, il insiste sur la généralisation géographique de son application. A ce titre, la mondialisation du droit[2109] de la santé dépasse l'étude spécifique du contenu et il ne s'agit pas *stricto sensu* que d'une simple orientation géographique du droit de la santé[2110]. Le Professeur BELANGER considère que la mondialisation impose deux tendances : une tendance externe, qui correspond à la mondialisation à proprement dite et qui impose une généralisation géographique, et une tendance interne, qui correspond à la globalisation et qui impose une extension de son contenu[2111].

1010. A cet égard, un mouvement doctrinal promeut également l'idée d'un droit global[2112]. Pour Monsieur SAUVE, ce droit « n'est pas un nouvel ordre normatif, structuré, hiérarchisé, articulé à la manière de la pyramide de Kelsen, mais il résulte d'une utilisation nouvelle du droit[2113] ». De même, le Professeur XIFARAS estime que la notion de droit global est « confuse parce qu'elle désigne des phénomènes juridiques hétérogènes [2114] ». Enfin, selon le

---

[2104] Pendant cette recherche, des échanges ont eu lieu avec ses membres notamment lors d'un séjour de trois mois en tant que chercheur invité à l'été 2013.

[2105] *O'Neill Institute for national and global health law* (http://www.law.georgetown.edu/oneillinstitute/).

[2106] http://www.law.georgetown.edu/oneillinstitute/about/index.cfm.

[2107] Global Health Law LL.M. (http://www.law.georgetown.edu/academics/academic-programs/graduate-programs/degree-programs/global-health/).

[2108] M. BELANGER, *Introduction à un droit mondial de la santé, op.cit.*, p.2.

[2109] V. E. LOQUIN et C. KESSEDJIAN, *La mondialisation du droit,* Litec, 2000.

[2110] M. BELANGER, « *Réflexions sur la mondialisation* », *op.cit.*, p.14.

[2111] *Ibid.*

[2112] On peut citer le programme central de recherche « Droit global » du Centre Perelman de Philosophie du droit de l'Université libre de Bruxelles, débuté à la fin des années 1990 qui étudie notamment les conséquences de la mondialisation sur le droit (http://www.philodroit.be/-Droit-global-?lang=fr). V. également : M. XIFARAS, « *Après les théories générales de l'Etat : le droit global ?* », Jus Politicum, n°8, 2012 ; B. FRYDMAN, « *Comment penser le droit global ?* », Series des Workings Papers du Centre Perelman de Philosophie du Droit n°2012/01, 2012 ; J.-M. SAUVE, « *Penser le droit global* », IHEJ, 2010. V. également G. TEUBNER (dir.), *Global law without a state,* Darmouth, 1997.

[2113] J.-M. SAUVE, « *Penser le droit global* », IHEJ, 2010.

[2114] M XIFARAS, « *Après les théories générales de l'Etat : le droit global ?* », *op.cit.*, p.4.

Professeur TWINING, appartiennent à cette catégorie les régimes juridiques dont la portée ou le domaine d'activité sont supra ou transnationaux[2115]. La caractéristique principale de ce droit est qu'il est avant tout le fait des acteurs transnationaux, il est « déterritorialisé ». En d'autres termes, il « tend à désarticuler l'espace et à brouiller la distinction entre les ordres juridiques nationaux, aussi bien qu'entre ceux-ci et le droit international classique[2116] ». Il puise ainsi sa légitimité de son efficacité[2117]. L'idée du droit global, si elle existe réellement[2118], est que ce droit va « progressivement influencer, 'métisser' ou 'hybrider' tous les droits nationaux[2119] ». Ce droit global « ne relève ni du droit national, ni du droit international[2120] ». Dès lors, on retrouve dans cette notion, des concepts et des principes similaires à ceux du droit mondial. Dans tous les cas, cette notion de droit global peut également s'appliquer au domaine de la santé dans le cadre d'un droit global de la santé selon l'idée qu'il existe un socle de « principes juridiques communs » qui existent dans le domaine de la santé.

1011. Toutefois, la question de la terminologie si elle est représentative d'une évolution dans la définition et le contenu de cette discipline, n'apparaît pas cruciale. En effet, il s'agit davantage d'une question d'approche du droit international de la santé que de terminologie. A cet égard, une approche horizontale du droit international de la santé est préférable. Cette dernière, intègre, d'abord, une approche finalisée « qui consiste à voir dans le droit internationale de la santé une volonté d'adaptation à des situations et des problèmes communs ou équivalents[2121] ». Elle repose donc sur la notion de droit régional de la santé qui permet au droit international de la santé de s'affiner ou de s'élaborer[2122]. Elle inclut, ensuite, une approche fonctionnelle, « qui s'intéresse avant tout à tel ou tel domaine spécifique du droit international de la santé à travers les fonctions déterminées des différentes organisations internationales à compétences sanitaires[2123] ». Enfin, elle prévoit une approche catégorielle qui prend en compte les catégories de personnes touchées par des problèmes de santé ou les catégories de maladies. L'approche horizontale s'oppose ainsi à l'approche verticale et organisationnelle[2124].

1012. Il convient dès lors soit d'adopter la notion de « droit mondial de la santé » avec le risque de faire face à des difficultés de contours, soit de penser

---

[2115] W. TWINNING, *General Jurisprudence, Understanding Law from a global perspective*, Cambridge University Press, 2009, pp.14-15.
[2116] J.-M. SAUVE, « *Penser le droit global* », IHEJ, 2010.
[2117] *Ibid.*
[2118] B. FRYDMAN, « *Comment penser le droit global ?* », *op.cit.*, p.1. L'auteur introduit ses propos ainsi : « Comment penser le droit global ? Question provocatrice car elle en suppose une autre résolue, et non des moindres : le droit global existe-t-il ? Rien n'est moins sûr. »
[2119] J.-M. SAUVE, « *Penser le droit global* », IHEJ, 2010.
[2120] K. BENYEKLHEF, « *Droit global : un défi pour la démocratie* », *op.cit.*, p.15.
[2121] M. BELANGER, « *Réflexions sur la réalité du droit international de la santé* », *op.cit.*, p.22.
[2122] *Ibid.*, p.23.
[2123] *Ibid.*, p.22.
[2124] M. BELANGER, « *Réflexions sur la réalité du droit international de la santé* », *op.cit.*, p.22. Pour l'auteur « dans une approche de type vertical (...) le droit international de la santé peut être conçu commme étant constitué essentiellement par des règles juridiques élaborées à un moment donné par l'instance internationale itnervenant de façon principale en matière de santé » et l'approche organisationnelle « s'intéresse à l'unification normative par une orgnaisation principale, quelle que soit l'activité sanitaire concernée. »

que le « droit international de la santé » peut s'adapter aux évolutions contemporaines. Cette seconde approche est préférable afin de recentrer le débat sur le contenu du droit international de la santé et non sur sa terminologie. La mondialisation actuelle du droit de la santé est plus qu'une « simple internationalisation » et qu'on est loin d'une « véritable unification[2125] ». Toutefois, cette dernière n'apparaît pas souhaitable.

1013. A ce titre, afin de protéger au mieux la santé et en considérant les mutations des enjeux de santé, leurs transfrontaliarités, les inégalités qu'ils engendrent ainsi que leur porosité avec d'autres domaines au niveau international, il convient de considérer que le droit international de la santé repose sur trois piliers : le droit de l'OMS en tant qu'autorité normative, le droit humanitaire international, en partie de la responsabilité de l'ONU, et les enjeux sanitaires relevant du champs d'application des autres domaines du droit international.

1014. Par ailleurs, dans la continuité de la pensée du Professeur BELANGER, en sus de ce contenu, il faut ajouter un double niveau d'étude territoriale : l'étude du droit de la santé au niveau international mais également national et régional caractérisant l'approche mondialisée. Le corpus de droit mondial de la santé est « un modèle juridique général aussi bien pour les droits internationaux et régionaux que pour les droits nationaux de la santé[2126] ». Il existe, au sein de ce droit mondialisé, une complémentarité essentielle entre le droit international de la santé – qu'il soit contraignant ou non contraignant – et les droits de la santé nationaux. Une fois le domaine d'étude délimité, il convient d'analyser le contenu et les sources de ce droit.

§ 2 : Un contenu et des sources diverses

1015. La diversité de la notion de droit international de la santé est la conséquence, d'une part, de la variété de son contenu (A) et, d'autre part, de la multitude de sources (B).

A. La multiplicité de son contenu

1016. Le droit international de la santé est caractérisé par son aspect transversal qui se reflète dans l'étendue de son contenu (1) ainsi que dans son champ d'application géographique à plusieurs niveaux (2).

1. L'étendue de son contenu

1017. Indépendamment du droit de l'OMS déjà abordé et de ses origines issues du droit humanitaire international, le droit international de la santé se rapporte à différents droits internationaux reconnus et consacrés. Pour reprendre les propos de l'Observation générale n°14, « la santé est un droit

[2125] M. BELANGER, *Réflexions sur la mondialisation, op.cit.*, p.16.
[2126] *Ibid.*

fondamental de l'être humain, indispensable à l'exercice des autres droits[2127] ». Certains droits sont directement liés aux enjeux sanitaires et sont des sous-branches ou des spécialités du droit international de la santé (a). D'autres droits mettent en jeu indirectement des enjeux sanitaires et apparaissent davantage comme des composantes connexes du droit international de la santé (b).

a. Des sous branches du droit international de la santé

1018. En premier lieu, le droit international médical[2128] est décrit comme une spécialité du droit international de la santé qui « rassemble les règles juridiques relatives aux droits et aux devoirs du personnel médical et paramédical en période de conflit armé ou de situation équivalente, mais aussi en temps de paix[2129] ». L'évolution de cette discipline a modifié sa définition en tant que « l'étude des relations juridiques internationales où sont engagés les médecins[2130] » ou plus précisément comme « un ensemble cohérent de principes, de règles et d'institutions destinés à assurer au maximum pour le bien de l'humanité, l'indépendance et l'efficacité de la profession médicale[2131] ». Elle dispose ainsi d'un domaine et de source propres[2132].

1019. A ce titre, alors que l'origine de ce droit découle des mêmes sources juridiques dont les Conventions de Genève, sa limitation aux personnels de santé la différencie du droit international humanitaire qui protège tout individu. Un « phénomène de dilution[2133] » du droit international médical s'opère au sein du droit international humanitaire. Par ailleurs, le droit international de la santé, qui s'applique au-delà des individus, englobe le droit international médical[2134]. Ce dernier est donc beaucoup plus spécialisé car s'il s'applique *a priori* en temps de guerre et *a posteriori* en temps de paix[2135] mais qu'il a pour but final « la protection internationale des médecins ». Si ce droit apparaît davantage déontologique que les autres droits plus techniques[2136], il s'opère entre les trois droits internationaux (médical, humanitaire et de la santé) une « interpénétration » qui n'empêche pas une distinction leur

2127 Comité des droits économiques, sociaux et culturels, Observation générale 14, U.N. Doc. E/C.12/2000/4 (2000), réimprimé en Récapitulation des observations générales ou recommandations générales adoptées par les organes créés en vertu d'instruments internationaux relatifs aux droits de l'homme, U.N. Doc. HRI/GEN/1/Rev.7 (2004).

2128 Expression préférée à celle de « droit médical international » parfois employée : P. DE LA PRADELLE, *Le droit médical international,* Paris, éd. internationales, 1952.

2129 M. BELANGER, « *Le droit international médical général* », Annales de droit international médical, Monaco, n°34, 1987-1988, pp.11-42 in M. BELANGER, *Eléments de doctrine en droit international de la santé,* Les Etudes Hospitalières, Etude 15, 2012, p.242 ; J. M. CROUZATIER, *Droit international de la santé, op.cit.,* p.65.

2130 B. AXELROUDE, « *Aperçu sur le Droit international médical* », Notes et études documentaires, La Documentation française, vol.2572, 1959, p.3.

2131 P. DE LA PRADELLE, « *Les problèmes du droit médical international* », Annuaire du droit international médical, 1957, p.39.

2132 M. BELANGER, « *Le droit international médical général* », *op.cit.,* pp.245-246.

2133 M. BELANGER, « *Le droit international médical général* », *op.cit.,* p.241. Ce phénomène se différencie de celui « d'assimilation » défendu par Benoit (M. BENOIT, « *Les nouvelles tendances du droit international médical* », Annuaire du droit international médical, n°19, Décembre 1969, pp.41-53).

2134 J. M. CROUZATIER, *Droit international de la santé, op.cit.,* p.66.

2135 M. BELANGER, « *Le droit international médical général* », *op.cit.,* p.245.

2136 J. PATRNOGIC, « *Droit international médical : les nouvelles tendances* »,*op.cit.*

permettant de conserver leur spécificité et d'approfondir leur analyse respective.

1020. En deuxième lieu, il existe, en tant que catégorie du droit international de la santé, le droit international pharmaceutique qui décrit « l'ensemble des règles juridiques établies par les organisations internationales compétentes, qui concernent les produits pharmaceutiques (à usage humain) ainsi que l'organisation et les activités de la profession pharmaceutique[2137] ». En raison de l'absence d'organisation intergouvernementale pharmaceutique[2138], c'est l'OMS qui, principalement, joue ce rôle notamment avec la création d'un département « médicaments essentiels et politique pharmaceutique » depuis 1998[2139]. Par ailleurs, l'OMS participe à un groupe de coordination avec quatre autres organisations : la Banque mondiale, l'ONUSIDA, l'UNICEF et le Fonds des Nations unies pour les activités en matière de population (FNUAP). Toutefois, la question de l'accès au médicament ainsi que celle des brevets sont « directement liées aux négociations menées dans le cadre de l'OMC[2140] ».

1021. Il existe, en sus, plusieurs organisations internationales non gouvernementales spécifiquement compétentes en matière pharmaceutique dont la Fédération internationale de l'industrie du médicament, la Société internationale des bulletins pharmaceutiques et l'Association médicale mondiale. Cet ensemble démontre bien que le droit international pharmaceutique constitue une branche essentielle du droit international de la santé.

1022. En dernier lieu, un droit international hospitalier s'est développé, fondé sur les travaux d'organisations internationales mais aussi sur les règles juridiques contenues dans des traités bilatéraux ou multilatéraux conclus directement par des Etats[2141]. Ce droit est défini en tant que « l'ensemble des règles juridiques établies par la communauté internationale concernant l'organisation des établissements hospitaliers, ainsi que l'exercice de leurs missions[2142] ». La notion d'établissement hospitalier est extensive puisque fondée sur celle de droit interne. Elle recouvre donc l'hôpital public, les établissements hospitaliers à but non lucratif, les cliniques privées et les simples établissements sanitaires. Seuls sont exclus les hôpitaux militaires. Est également exclu du champ du droit international hospitalier, le fonctionnement des établissements hospitaliers ce qui inclut l'organisation et les missions des

---

[2137] M. BELANGER, « *Le droit international pharmaceutique* » in C. MAURAIN et M. BELANGER (dir.) Jurisclasseur Droit Pharmaceutique, Paris, LexisNewis/Litec, 1ère éd., 2002, fasc. 80 in M. BELANGER, *Eléments de doctrine en droit international de la santé,* Les Etudes Hospitalières, Etude 16, 2012, p.283.

[2138] A l'exception du Comité international de médecine et de pharmacie militaire qui est avant tout une organisation pour le temps de guerre (M. BELANGER, *Le droit international pharmaceutique, op.cit.*, p.283).

[2139] T. GREEN et al, *« Les comités pharmaceutiques et thérapeutiques : pour un usage plus rationnel des médicaments »*, Médicaments essentiels : le point, n°032, OMS, 2003.

[2140] J. M. CROUZATIER, *Droit international de la santé, op.cit.*, p.47.

[2141] M. BELANGER, « *Le droit international hospitalier général* », in J.M. AUBY et C. BERGOIGNAN-ESPER (dir.), Jurisclasseur, Droit médical et hospitalier, Paris, LexisNexis, Litec, 1ère éd., 1992, fasc. 93 in M. BELANGER, *Eléments de doctrine en droit international de la santé,* Les Etudes Hospitalières, Etude 19, 2012, p.315.

[2142] M. BELANGER, « *Le droit international hospitalier général* », *op.cit.*, p.315.

hôpitaux [2143]. En termes de contenu, le droit international hospitalier comprend : le statut des personnels travaillant dans les établissements hospitaliers, les droits du malade hospitalisé et les techniques médicales utilisées à l'hôpital telles les vaccins, les médicaments, les produits sanguins, etc.... [2144].

1023. En définitive, on constate que la liste des spécialités qu'intègre le droit international de la santé est longue. A ce titre, ce droit concerne également, au niveau international, le droit des malades[2145], le droit de la protection sociale[2146], le droit de la vaccination[2147], le droit animal[2148], le droit de la bioéthique[2149], le droit des sciences de la vie[2150] voire celui de la cosmétique[2151].

1024. Cette extension du domaine du droit international de la santé a pour conséquence de le fragmenter davantage. Cette fragmentation est renforcée par d'autres composantes de droit initialement non concernées à titre principal par la santé mais qui l'intéressent par ricochet[2152].

b. Des composantes connexes du droit international de la santé

1025. Le lien entre le droit international de la santé avec d'autres branches du droit est inéluctable dès lors que la santé, définie positivement, touchant à la vie humaine, est très englobante. Cette logique s'applique ainsi au lien entre santé et environnement puisque « si le droit entend préserver la santé, il doit tenir compte du lien de causalité entre santé, condition de l'environnement et

2143 *Ibid.*
2144 *Ibid.*
2145 On peut évoquer ici le rôle joué par le Code de Nuremberg, premier texte international adopté sur la recherche biomédicale, dans la reconnaissance du consentement et de la dignité humaine. En effet, le Code de Nuremberg fait du consentement éclairé une condition préalable nécessaire à la conduite de toute recherche portant sur un sujet humain (Article 1er du Code de Nuremberg). V. également V. P. AMIEL et F. VIALLA, « *La vérité perdue du 'code de Nuremberg' : réception et déformations du 'code de Nuremberg' en France* », RDSS, n°4, 2009, pp.673-687 ; P. AMIEL et F. VIALLA, « *Le 'Code de Nuremberg', une jurisprudence pénale inaugurale en droit international de la santé* », in E. MONDIELLI, F. VIALLA et E. CADEAU (coord.), *op.cit.*, pp.573-585 ; P. FRAISSEIX, « *La protection de la dignité de la personne et de l'espèce humaines dans le domaine de la biomédecine : l'exemple de la Convention d'Oviedo* », RIDC, n°2, 2000, pp.317-343.
2146 Il convient également de souligner le développement, au niveau international, du droit de la protection sociale et de l'assurance maladie. En effet, sous la houlette de la Commission Bachelet mise en place en 2009 par le Bureau international du travail (BIT) en collaboration avec l'OMS, un rapport a été publié en 2011 relatif au « Socle de protection sociale pour une mondialisation juste et inclusive. » Par ailleurs, en juin 2012, l'assemblée générale de l'organisation internationale du travail (OIT) adoptait, sans aucun vote contre, un texte consacré à ce sujet (OIT, « *R202 - Recommandation (n°202) sur les socles de protection sociale* », 101ème session Conférence internationale du travail, 14 juin 2012). V. également M. HIRSCH, « *Le socle de protection sociale* », Les Tribunes de la santé, n°38, 1/2013, p.71-75.
2147 M. BELANGER, « *Droit international, européen, communautaire et vaccinations* », in M. BELANGER (dir.), Droit, éthique et vaccination. L'obligation vaccinale en question, Bordeaux, Les Etudes Hospitalières, 2006, 2006, pp.215-231.
2148 V. notamment O. DUBOS et J.-P. MARGUENAUD, « *La protection international et européenne des animaux* », Pouvoirs, n°131, 2009/4.
2149 S. HAMROUNI, *Le droit international à l'épreuve de la bioéthique,* coll. Thèses du CDSA, Les Etudes Hospitalières, Décembre 2009 ; J. M. CROUZATIER, *Droit international de la santé, op.cit.,* Chapitre 3.
2150 C. BYK, *Le droit international des sciences de la vie,* Les Editions Hospitalières, éd. Essentiels, 2003.
2151 M. BELANGER, « *Cosmétologie internationale : approche juridique* », RDSS, avril-juin 1993, pp.277-283 in M. BELANGER, *Eléments de doctrine en droit international de la santé,* Les Etudes Hospitalières, Etude 60, 2012, p.283.
2152 V. HAROUEL-BURELOUP, *Histoire du droit international de la santé, op.cit.,* p.96.

facteurs déterminant cette condition, c'est-à-dire, en définitive, l'activité humaine[2153] ». Ainsi, le droit international de l'environnement est « une invention relativement récente[2154] » dont l'événement majeur demeure la Conférence des Nations unies pour l'Environnement qui eut lieu à Stockholm en 1972. Il se définit comme « une branche du droit international dont l'objet est la protection de l'environnement[2155] ». Pour le Professeur KISS, il s'agit « d'un domaine spécial du droit international (...qui) a pour objet de protéger la biosphère contre les détériorations majeures et les déséquilibres qui pourraient en perturber le fonctionnement normal[2156] ».

1026. Par l'adoption de la Déclaration de Stockholm[2157], un « lien direct est reconnu entre une mauvaise santé physique ou mentale et un environnement dévasté, détruit ou pollué[2158] ». A ce titre, la défense de l'environnement et la protection des personnes sont fondamentalement liées[2159]. Par ailleurs, s'il n'existe pas d'organisations intergouvernementales dotées d'un pouvoir réglementaire en la matière, a été mis en place le Programme des Nations unies pour l'environnement (PNUE) institué par la résolution 2997 (XXVII) de l'Assemblée générale de l'ONU du 15 décembre 1972. De même, ce droit connaît une « vitalité normative et institutionnelle » qui donne une image « quelque fois brouillonne, voire désarticulée[2160] » du droit international de l'environnement.

1027. Toutefois, si le lien entre santé et environnement a été établi dès les années 1970, le « positionnement du droit international de l'environnement en matière de santé est récent[2161] ». A l'origine du PNUE, aucune compétence spécifique en matière de santé ne lui était conférée. Par la suite, grâce notamment à l'officialisation au plan international du lien fonctionnel global existant entre l'environnement et la santé[2162], puis à la création d'une commission santé et environnement à l'OMS en 1990, s'est construit « un droit mondial associant défense de l'environnement et protection de la santé[2163] ». On constate donc que le droit international de la santé et celui de l'environnement reposent sur des activités normatives communes. Leurs

---

[2153] M. BOTHE, « *La relation entre le droit international de la santé et le droit international de l'environnement* », RQDI, vol.II, 1985, p.126.

[2154] *Ibid.*, p.131.

[2155] J. SALMON, *Dictionnaire de Droit international public, op.cit.*, « droit international de l'environnement », p.383.

[2156] A. C. KISS, *Droit international de l'environnement,* Paris, Pedone, 1989, p.13.

[2157] Références à la santé au sens large dans la Déclaration finale de la Conférence des Nations unies sur l'environnement du 16 juin 1972, Point 3 « on constate (...) enfin de graves déficiences qui sont dangereuses pour la santé physique, mentale et sociale de l'homme, dans l'environnement qu'il crée, et en particulier dans son milieu de vie et de travail » ; Point 4 « Des millions d'hommes continuent à vivre bien au-dessous des niveaux les plus bas compatibles avec une vie humaine décente, privés du nécessaire en ce qui concerne l'alimentation, le vêtement, le logement, l'éducation, la santé et l'hygiène. » et Principe 7 « Les Etats devront prendre toutes les mesures possibles pour empêcher la pollution des mers par des substances qui risquent de mettre en danger la santé de l'homme, (...). »

[2158] V. HAROUEL-BURELOUP, *Histoire du droit international de la santé, op.cit.*, p.98.

[2159] M. BELANGER, *Introduction à un droit mondial de la santé, op.cit.*, p.52.

[2160] S. MALJEAN-DUBOIS, *« La mise en œuvre du droit international de l'environnement »*, IDDRI, Gouvernance mondiale, n°3, 2003, p.9.

[2161] M. BELANGER, *Introduction à un droit mondial de la santé, op.cit.*, p.52.

[2162] OMS, Résolution WHA 26.58, 26e AMS, Mai 1973 relative à l'identification précoce des risques que présente l'environnement pour la santé, ainsi qu'à la prévention de leurs conséquences. Un programme de surveillance de la salubrité de l'environnement a été mis en place à l'OMS en 1974.

[2163] M. BELANGER, *Introduction à un droit mondial de la santé, op.cit.*, p.53.

origines remontent aux premières préoccupations de l'hygiène du milieu[2164], puis de l'hygiène de l'environnement visant les problèmes d'assainissement et de manque d'approvisionnement en eau ainsi que les effets de l'urbanisation et de l'industrialisation. Par la suite, et la liste est longue, de nombreuses normes fonctionnelles, c'est-à-dire juridiques et chiffrées, ont été adoptées[2165]. Enfin, l'affirmation de la Cour internationale de justice (CIJ) face à la demande d'avis de l'Assemblée mondiale de la santé sur la licéité de la menace ou de l'emploi d'armes nucléaires en 1996 est probante : « l'environnement n'est pas une abstraction, mais bien l'espace où vivent les êtres humains et dont dépendent la qualité de leur vie et leur santé[2166] ».

1028. Par ailleurs, le droit international social[2167] – anciennement du travail[2168] - ne touche pas seulement à des activités d'ordre sanitaire mais « concerne de façon générale, sur le plan international, les règles relatives au travail[2169] ». Son appellation « social » fait que ce droit intègre également les questions de société ayant trait au travail. Il s'agit de « la partie du droit international qui se préoccupe de favoriser l'épanouissement des droits sociaux de l'homme de façon à en faire le véritable moteur du développement[2170] ».

1029. A ce titre, l'Organisation internationale du travail (OIT) est à la source du droit international du travail, exprimée dans ses conventions et recommandations, ainsi que dans les documents émanant des mécanismes de contrôle de l'application de ces normes. L'OIT propose à la ratification des Etats des conventions de « nature à favoriser les conditions de travail par les Etats membres sur des points tels que la réglementation du temps de travail, la sécurité, le recrutement, les pensions de vieillesse, la liberté syndicale, la formation des travailleurs etc. [2171] ». Toutefois, d'autres institutions internationales élaborent des instruments de cette nature dont l'ONU[2172] et l'OMS. Pour cette dernière, l'Assemblée mondiale de la santé a approuvé, en 1996, la Stratégie mondiale de l'OMS pour la santé au travail.

1030. Le droit international pénal[2173] intéresse également le droit international de la santé. Par une approche fonctionnelle, le droit pénal

[2164] La Première AMS en avait fait une priorité en 1948 puis un programme d'hygiène du milieu a été adopté en 1972 (M. BELANGER, *Introduction à un droit mondial de la santé, op.cit.*, p.53).

[2165] Convention de Bâle du 22 mars 1989 sur le contrôle des mouvements transfrontières de déchets dangereux, Convention-cadre de Rio du 4 juin 1992, la Convention de Rio sur la biodiversité du 5 juin 1992, Convention de Rotterdam du 10 septembre 1998, Convention de Stockholm du 22 mai 2011 (V. M. BELANGER, *Introduction à un droit mondial de la santé, op.cit.*, p.54).

[2166] Avis Consultatif du 8 juillet 1996, *op.cit. [...], op.cit.*, par. 29.

[2167] V. J.-M. THOUVENIN et A. TREBILCOCK (dir.), *Droit international social*, Bruylant, CEDIN, 2013 ; M. MINE et al., *Le droit social international et européen en pratique*, Eyrolles, 2e éd., 2013.

[2168] M. BELANGER, *Introduction à un droit mondial de la santé, op.cit.*, p.40 ; V. également : N. VALTICOS, « *Le droit international du travail face aux problèmes de la société internationale de 1980* », RDBI, vol.1, 1980, pp.5-19 ;

[2169] M. BELANGER, *Une nouvelle branche du droit international (...), op.cit.*, p.46.

[2170] J. SALMON, *Dictionnaire de Droit international public, op.cit.*, « droit international social », p.393.

[2171] *Ibid.*

[2172] Déclaration d'action du sommet mondial pour le développement social tenu à Copenhague, 12 mars 1995.

[2173] J. SALMON, *Dictionnaire de Droit international public, op.cit.*, « droit pénal international », p.391. « Classification d'origine doctrinale. Ensemble des règles gouvernant l'incrimination et la répression des infractions qui soit présentent un élément d'extranéité soit est d'origine internationale. »

vient « sanctionner des atteintes grave du second [2174] ». Toutefois, la responsabilité internationale de l'état de la santé de leurs peuples[2175] n'est pas reconnue pénalement[2176]. En revanche, la responsabilité pénale individuelle est affirmée dans des cas d'atteintes à la vie et à la santé des personnes par le biais du droit pénal humanitaire[2177]. Pour le Professeur BELANGER, même si les relations entre le droit international de la santé avec le droit international pénal ont été longtemps très réduites, sinon inexistantes, se pose la question de l'existence d'un droit international pénal de la santé[2178]. Ce dernier se fonde sur l'amorce d'une judiciarisation de la protection internationale de la santé, de la mise en œuvre d'infractions et d'incriminations sanitaires ainsi que sur le contentieux humanitaire international et l'émergence d'un droit international pénal de la bioéthique[2179]. Plus précisément, l'atteinte à la santé apparaît comme une infraction ou comme élément de preuve de l'infraction[2180]. Il en découle que « la pénalisation du droit international de la santé est pour partie engagée » et va se renforcer[2181].

1031. Enfin, de nombreux autres domaines intéressent le droit international de la santé dont le droit international économique[2182], de la consommation[2183] et de la propriété intellectuelle [2184]. La conséquence de cette multitude d'influence est le morcellement du droit international de la santé. Toutefois les éléments de ces différents droits doivent être intégrés au droit international de la santé en tant que droit cumulatif et intégrant[2185]. Il apparaît que cette « unification normative sectorielle [2186]» touche l'ensemble des branches du droit international au niveau général et régional. Ce phénomène est renforcé par son champ d'application géographique à plusieurs niveaux.

2. Un champ d'application géographique à plusieurs niveaux

1032. Si son contenu est influencé par d'autres droits, le droit international de la santé a une application géographique qui apparaît sans frontière. Il

---

[2174] A.-L. VAURS-CHAUMETTE, *Droit à la santé et droit international pénal* in J.-M. THOUVENIN et A. TREBILCOCK (dir.), *Droit international social – tome 2,* Bruylant, CEDIN, 2013, pp.1651-1661.

[2175] Neuvième considérant Constitution de l'OMS « Les gouvernements ont la responsabilité de la santé de leurs peuples ; ils ne peuvent y faire face qu'en prenant les mesures sanitaires et sociales appropriées. »

[2176] M. BELANGER, *Introduction à un droit mondial de la santé, op.cit.,* p.51.

[2177] L. MOREILLON et al (éd.), *Droit pénal humanitaire,* Bâle, Helbing et Lichtenhahn, 2006.

[2178] M. BELANGER, *« Existe-t-il un droit international pénal de la santé ? »,* Revue de droit social et sanitaire, 2008, pp.14-21.

[2179] X. AUREY, « *Le droit international pénal de la bioéthique* », in H. ASCENSIO, E. DECAUX, A. PELLET, *Droit international pénal,* (dir.), Pedone, 2e éd., 2012, pp.261-278.

[2180] A.-L. VAURS-CHAUMETTE, *Droit à la santé et droit international pénal, op.cit.,* pp.1651-1661.

[2181] M. BELANGER, *« Existe-t-il un droit international pénal de la santé ? », op.cit.,* p.19.

[2182] L'OMS a adopté une résolution invitant notamment les Etats à étudier les règles du commerce international concernant des questions de santé publique (OMS, Commerce international et santé, Résolution WHA 59.26 du 27 mai 2006).

[2183] M. BELANGER, *Introduction à un droit mondial de la santé, op.cit.,* pp.55-59 ; M. BELANGER, « *International health law and consumer autonomy* », Journal of Consumer Policy, Leude, vol.12, 1989, pp.333-342 ; M. BELANGER, *Le droit international de la santé,* QSJ, PUF, 1997, p.13. L'auteur considère que « le droit international de la consommation s'attache quant à lui, à protéger la santé et la sécurité des individus en tant que consommateurs de biens et de produits. »

[2184] R. CHERMAIN, *Droit de la propriété intellectuelle,* in J.-M. THOUVENIN et A. TREBILCOCK (dir.), *Droit international social tome 2,* Bruylant, CEDIN, 2013, pp.1606-1617.

[2185] M. BELANGER, « *Réflexions sur la réalité du droit international de la santé* », *op.cit.,* p.98.

[2186] *Ibid.*

s'applique au niveau national (a) mais également à d'autres espaces régionaux (b).

a. Un droit national de la santé

1033. Il apparaît que l'Etat est le premier niveau d'application du droit international de la santé par le biais du droit national de la santé. Il faut reconnaître que c'est ainsi qu'est « né et que s'est affirmé de prime abord le droit de la santé, dans le cadre de la mise en place des législations sanitaires nationales, et à travers l'analyse de ces textes ». Les premiers manuels consacrés à cette matière datent seulement des années 1980, en particulier grâce aux travaux de AUBY[2187]. On notera tout de même la parution dans les années quarante de l'ouvrage précurseur du Professeur TOBEY [2188]. Il appartient aux Etats de mettre en œuvre et de développer le droit de la santé au niveau national.

1034. Le droit de la santé est selon le Professeur LEMOYNE DE FORGES « l'ensemble des règles applicables aux activités dont l'objet est de restaurer la santé humaine, de la protéger et d'en prévenir les dégradations[2189] ». Pour les Professeurs LAUDE, MATHIEU et TABUTEAU, le droit de la santé « est un droit mixte (...) qui trouve dans (...) le droit international l'expression des principes sur lesquels il est constitué[2190] ». Ils le définissent comme « le droit applicable aux questions sanitaires, tant dans leur aspect individuel que dans leur aspect collectif[2191] » en le distinguant du droit à la santé. Enfin, pour le Professeur BELANGER, le droit de la santé réunit « l'ensemble des règles juridiques – principes généraux de droit, règles juridiques proprement dites, et normes – relatives aux actions de la santé[2192] ».

1035. Dès lors, le lien entre le droit à la santé, qui apparaît comme une norme-cadre, et le droit de la santé, perçu comme un ensemble de normes fonctionnelles, tient en ce que le droit à la santé est « l'objectif que cherche à mettre en œuvre le 'droit de la santé'[2193] ». Or le droit à la santé est un principe clef du droit international de la santé, en particulier du droit de l'OMS[2194]. Par ailleurs, le droit national de la santé, suivant la définition du droit mondial de la santé proposée par le Professeur BELANGER, fait partie intégrante de ce droit en tant qu'ensemble des règles établies par les Etats visant à protéger activement la santé des personnes. A ce titre, les Etats participent à l'élaboration du droit mondial de la santé en raison de leur rôle au sein de l'OMS ainsi qu'au sein des organisations, acteurs sanitaires, tel que les Organisations intergouvernementales (régionales et internationales) et les

---

[2187] J.-M. AUBY, *Le droit de la santé*, Paris, PUF, coll. « Thémis droit », 1981 ; A. LAJOIE, P. MOLINARI et J.-M. AUBY, *Traité de droit de la santé et des services sociaux*, Montréal, Presses de l'Université de Montréal, 1981.

[2188] J. A. TOBEY, *Public health law*, New York, Commonwealth Fund, 3e éd., 1947.

[2189] J.-M. LEMOYNE DE FORGES, *Le droit de la santé*, Paris, PUF, 2004, p.7.

[2190] A. LAUDE, B. MATHIEU et D. TABUTEAU, *Droit de la santé, op.cit.*, p.2.

[2191] A. LAUDE, B. MATHIEU et D. TABUTEAU, *Droit de la santé, op.cit.*, p.2.

[2192] M. BELANGER (coord.), *Droit et santé en Afrique*, *op.cit.*, p.123.

[2193] *Ibid.*

[2194] V. notamment S. DAGRON, « *L'avenir du droit international de la santé* », *op.cit.*

partenariats mondiaux. Ils participent également au développement de leur système juridique de santé.

1036. Les études sur le droit de la santé, qui tendent à se multiplier, reconnaissent le besoin « de connaître les règles qui sous-tendent l'organisation des systèmes nationaux de santé[2195] ». Dès lors, même si la mondialisation du droit porte « atteinte au principe traditionnel de la compétence fondamentale de l'Etat en matière de santé[2196] », ce dernier s'applique toujours dans le domaine essentiel de l'organisation des systèmes de santé.

1037. On notera, tout de même, que la compétence des Etats en matière de systèmes de soins est en train d'évoluer. D'une part, cette évolution est perceptible avec le développement du droit de l'Union européenne[2197]. D'autre part, la volonté de l'OMS de développer la couverture universelle de santé favorise le partage de compétences. Par la couverture universelle de santé, l'OMS vise à ce que l'ensemble de la population ait accès aux services préventifs, curatifs, palliatifs, de réadaptation et de promotion de la santé dont elle a besoin et à ce que ces services soient de qualité suffisante pour être efficaces, sans que leur coût n'entraîne des difficultés financières pour les usagers. Cependant, l'OMS vise, par le biais de la couverture universelle de santé, à accompagner les Etats membres dans la mise en place de leurs systèmes de santé. La couverture a un objectif mais l'OMS laisse aux Etats membres le choix de la mise en œuvre. Ceci renforce davantage le rôle du droit national de la santé.

1038. Toutefois, l'analyse de ce droit n'est pas toujours évidente. D'une part, la difficulté sera accrue en fonction du degré de centralisation ou de décentralisation d'un Etat. D'autre part, certains systèmes nationaux, souvent du Sud, se sont formés sur des règles de nature coutumière qui s'appliquent dans des communautés sub-étatiques[2198] « où ces traditions sont anciennes et vivaces[2199] ». De même, l'étude de ce droit de la santé implique parfois de réfléchir « sur les rapports existant entre le politique et la religion[2200] ». Il est ainsi nécessaire que le principe d'adaptation soit respecté à l'égard des spécificités de chaque Etat dans le développement du droit national.

1039. Enfin, en matière de droit national, le droit international de la santé intervient également par le biais du droit comparé de la santé. Ces comparaisons peuvent prendre plusieurs formes. Elles peuvent avoir lieu en

---

[2195] M. BELANGER, *Introduction à un droit mondial de la santé, op.cit.*, p.12.

[2196] M. BELANGER, « *Réflexions sur la mondialisation* », *op.cit.*, p.15.

[2197] Voir supra n°0 et s.

[2198] J. BAYLIS et S. SMITH, *The Globalization of World politics : An introduction to international relations*, Oxford University Press, 2e éd., 1997, p.163. Ces auteurs considèrent que des citoyens d'un même État ont des aspirations diverses, parfois contradictoires, et peuvent s'identifier à des entités subétatiques si la nation à laquelle ils vouent leur appartenance ne correspond pas aux frontières politiques de leur État. En 2000, selon Fry, on dénombrait 350 entités subétatiques (E. H. FRY, *« Quebec confronts globalization : a model for the future ? »*, Québec Studies, vol.30, FALL/Winter, 2000. A titre d'exemple on peut citer le Québec, les Etats fédérés des Etats-Unis et du Mexique, les Länder d'Allemagne et d'Autriche, les cantons Suisse ou encore l'Ecosse, la Flandre et la Catalogne. Par ailleurs, selon Paquin, « le phénomène ne se limite pas à l'Occident, on le rencontre également dans l'espace post-soviétique, en Asie du sud-est, en Amérique latine et en Afrique » (S. PAQUIN, « *Les actions extérieures des entités subétatiques : quelle signification pour la politique comparée et les relations internationales* », RIPD, 2/2005, vol.12, pp.129-142).

[2199] M. BELANGER, *Introduction à un droit mondial de la santé, op.cit.*, p.12.

[2200] *Ibid.*

fonction des systèmes juridiques de droit équivalents ou différents. Elles peuvent concerner un nombre plus ou moins important de pays, membres ou non d'une même organisation régionale. Enfin, elles peuvent avoir trait à des zones géographiques particulières ou variées en incluant des pays de continents divers, avec des législations sanitaires équivalentes ou non.

1040. Si les études de droit comparé de la santé sont peu nombreuses[2201], elles sont très enrichissantes pour connaître le contenu de ce droit. En effet, la comparaison de système de santé de plusieurs pays appartenant à une même région géographique peut permettre de « mettre en exergue aussi bien les spécificités des systèmes nationaux de santé que les règles communes, utiles à connaître en tant que fonds commun d'un droit globalisé[2202] ». C'est ce dernier point qui est crucial pour le développement du droit international de la santé. La découverte de règles et de principes communs par la comparaison des systèmes nationaux peut permettre le développement d'un socle commun, source du droit international de la santé. On notera à cet égard qu'il n'est toutefois pas possible d'établir un « modèle apodictique en droit de la santé[2203] » en raison de la diversité des droits nationaux où certains ont développé des constructions juridiques spécialisées tel le droit chinois de la santé et la médecine traditionnelle ou encore le droit français et la bioéthique. Il est essentiel de permettre le développement d'un droit national adapté à son contexte.

1041. Parallèlement à l'application nationale du droit international de la santé, il existe un droit régional de la santé.

b. Un droit régional de la santé

1042. L'idée d'un droit international régional a été affirmée par la doctrine dès les années soixante-dix[2204]. La doctrine fait ainsi état d'un « fait régional[2205] » au sein du droit international public. La spécificité de ce droit tient à ce qu'il emprunte aussi bien au droit international proprement dit, qu'au droit comparé et au droit national[2206]. La reconnaissance de certains droits internationaux régionaux repose sur l'existence d'organisations régionales dotées de compétences juridiques ainsi que sur la volonté d'une convergence des systèmes juridiques nationaux. A cet égard, comme le précise la Commission du droit international, dans un rapport de 2005, les régions sont « des instances privilégiées pour l'élaboration du droit en raison de

---

[2201] V. notamment P. DE CRUZ (éd.), *Comparative Healthcare Law*, Londres, Cavendish Publishing, 2001 et A.-L. LE FAOU, *Les systèmes de santé en question, Allemagne, France, Royaume-Uni, Etats-Unis et Canada*, Paris, Ellipses, coll. Sciences humaines en médecine, 2003. Plus récemment : I. IYIOHA et R. N. NWABUEZE (éd.), *Comparative Health Law and Policy*, Ashgate, 2015.

[2202] M. BELANGER, *Introduction à un droit mondial de la santé, op.cit.*, p.12.

[2203] M. BELANGER, *Introduction à un droit mondial de la santé, op.cit.*, p.14.

[2204] M. BELANGER, « *Existe-t-il un droit africain de la santé ?* » in D. DARBON et J. DU BOIS de GAUDUSSON (dir.), *La création du droit en Afrique*, Paris, Karthala, 1997, p.569.

[2205] V. J.-C. GAUTRON, « *Le fait régional dans la société internationale* », in *Régionalisme et unviersalisme dans le droit itnernational contemporain »*, Colloque de Bordeaux de mai 1976 de la SFDI, Pédone, 1977, pp.3-44 et M. VIRALLLY, « *Les relations entre Organisatiosn régionales et Organisatiosn unvierselles* », in *Régionalisme (...), op.cit.*, pp.147-165.

[2206] M. BELANGER, « *Existe-t-il un droit africain de la santé* », *op.cit.*, p.569.

l'homogénéité relative des intérêts et des acteurs concernés [2207] ». Le régionalisme apparaît également en tant « qu'exception géographique à des règles universelles du droit international[2208] ». Toutefois, comme pour le droit international, le droit régional doit être accepté par les Etats concernés pour être applicable, comme le rappelle la Commission en fondant son raisonnement sur les décisions de la CIJ [2209] dans les affaires du *Droit d'asile* [2210] et *Haya de la Torre* [2211]. Le développement de compétences régionalisées, notamment par le biais de l'activité normative des organisations internationales régionales à compétences sanitaires, participe à l'élaboration de droits régionaux de la santé.

1043. En premier lieu, le droit régional de la santé qui apparaît comme un « modèle[2212] » est le droit européen de la santé. On entend par « modèle » la capacité de l'Union européenne (UE) à développer ou tenter de développer un droit harmonisé au sein d'une organisation interétatique. Toutefois, la notion de modèle n'implique pas une reproduction à l'identique et imposée du corpus juridique de l'UE à d'autres Etats ou organisations régionales.

1044. Le droit européen de la santé est constitué du droit de l'UE et du Conseil de l'Europe touchant à la santé[2213]. Pour ce dernier cas, il s'agit de « l'ensemble des règles juridiques établies par le Conseil de l'Europe pour la protection de la santé des populations de ses Etats membres[2214] ». Si les bases constitutionnelles de la compétence du Conseil sont diversifiées, ce droit est principalement déclaratoire, c'est-à-dire que les textes adoptés n'ont pas valeur contraignante. Néanmoins, le Conseil de l'Europe apparaît comme un organe fédérateur dans le domaine de la santé et peut avoir une influence en fait[2215].

1045. A l'échelle de l'UE, le droit s'est davantage développé. Le droit communautaire[2216] de la santé a longtemps été un droit en formation, un droit jeune aussi bien du point de vue institutionnel que du point de vue matériel[2217]. A ce titre, il était soumis à de nombreuses critiques en raison principalement du silence du droit originaire de la santé, c'est-à-dire l'absence de bases juridiques du droit communautaire de la santé contenues dans les traités

---

[2207] ONU, *Rapport de la Commission du droit international*, Cinquante-septième session, 2 mai – 3 juin et 11 juillet – 5 août 2005, A/60/10, p.206.

[2208] *Ibid.*

[2209] *Ibid.*, p.207. Dans ces affaires « la Colombie affirmait notamment qu'un *droit régional* de la protection diplomatique avait vu le jour, dont l'objet était de déroger au droit général. Pour la Colombie, ce droit était applicable même aux Etats de la région qui ne l'acceptaient pas (…). La Cour ne s'est toutefois pas prononcée sur la possibilité théorique de l'existence de règles liant automatiquement les Etats d'une région et liant les autres Etats dans leur relation avec ces derniers. (…) Toutefois, il est très difficile d'accepter – il n'y a pas de décision incontestée à cet égard – qu'une règle régionale puisse lier les Etats d'une région ou d'autres Etats sans leur consentement. »

[2210] CIJ, *Affaire du droit d'asile*, Colombie/Pérou, Arrêts des 20 et 27 Novembre 1950.

[2211] CIJ, *Affaire Haya de la torre,* Colombie/Pérou, Arrêt du 13 Juin 1951.

[2212] M. BELANGER, *Le droit international de la santé,* QSJ, PUF, 1997, p.44.

[2213] M. BELANGER, *Réflexions sur la mondialisation, op.cit.*, p.15.

[2214] M. BELANGER, *Le droit international de la santé,* QSJ, PUF, 1997, p.41.

[2215] F. BENOÎT-ROHMER et H. KLEBES, *Le droit du conseil de l'Europe : vers un espace juridique européen,* éd. du Conseil de l'Europe, 2005.

[2216] La terminologie du droit a suivi les évolutions de terminologie de l'organisation passant d'une Communauté à une Union Européenne.

[2217] M. BELANGER, « *Le droit communautaire de la santé : un droit en formation lente* », Les cahiers du droit, Bordeaux, 1985, tome II, pp.183-208.

communautaires institutionnels[2218]. A la fin des années 1980, il n'était toujours pas officialisé malgré son existence[2219].

1046. Toutefois, aujourd'hui, le droit européen de la santé[2220] apparaît consistant, divers et appuyé par des mécanismes de mise en œuvre dans le droit des Etats membres[2221]. A ce titre, l'action sanitaire de l'Union ne se réduit pas au seul aspect défensif[2222] puisque le Traité de Maastricht a introduit, pour la première fois, une compétence générale de santé à l'article 129 du Titre X intitulé « santé publique ». Ainsi, parmi les objectifs de l'Union figure la protection de la santé humaine, l'article 3 précisant que cela consiste à « réaliser un niveau élevé de protection de la santé humaine ». S'ajoute à cela le développement d'organismes institutionnels à compétences sanitaires. Enfin, la publication académique du Code européen de la santé[2223] vient consolider l'existence de ce droit.

1047. Dès lors, la mondialisation du droit de la santé implique une réflexion sur la coordination du droit au niveau européen et international en raison de la similarité des enjeux sanitaires et du besoin de coopération à tous les échelons géographiques. Il en va de même avec le développement d'un droit africain de la santé même si ce dernier est loin d'être aussi abouti. La dénomination « droit africain de la santé » est davantage hasardeuse[2224] et controversée. Pour permettre cette dénomination, une définition assez large doit être envisagée incluant « l'ensemble des règles juridiques établies par les organisations internationales et les autorités étatiques nationales, applicables en Afrique aux actions de santé en vue de la protection des droits de l'homme et du développement[2225] ». Avec une telle définition le Professeur BELANGER permet de donner du contenu à ce droit. En effet, sont incluses les règlementations élaborées par les organisations régionales africaines dont l'Organisation de l'Union Africaine mais aussi les organisations universelles agissant en Afrique dont la région Afrique de l'OMS. Par ailleurs, l'intégration des notions de droits de l'homme et de développement repousse les limites de cette définition. Il constate toutefois, a juste titre, que le droit africain de la santé « s'insère dans le cadre de l'évolution du droit international général de la santé » ce qui induit une insuffisance dans la prise en compte des données culturelles de ce continent[2226]. A ce titre, la spécificité de ce droit apparaît difficile à cerner. Enfin, le caractère uniquement proclamatoire de ce droit rend difficile la mesure de son influence. A cet égard, il n'existe pas un véritable « droit africain de la santé ».

1048. La conséquence de la multiplicité du contenu du droit international de la santé par ses influences et son champ d'application à plusieurs niveaux a

---

2218 M. BELANGER, *« Quel bilan pour le droit communautaire de la santé »* in F.MASSART (dir.), *L'Europe de la santé : hasard ou nécessité ?,* Louvain, Editions Académia, 1988, p.67.
2219 *Ibid.*, p.67.
2220 N. DE GROVE-VALDEYRON, *Droit européen de la santé*, LGDJ, 2013 ; M. BELANGER, *Droit européen général de la santé (bilan d'un droit moderne),* Les Etudes Hospitalières, Cahiers du CERDES, 2013.
2221 M. BELANGER, « *Réflexions sur la mondialisation* », *op.cit.*, p.15.
2222 T. GRÜNDLER, *La mise en œuvre du droit à la santé (Section 2), op.cit.*, p.1587.
2223 V. *supra* n°0.
2224 M. BELANGER, *Le droit international de la santé,* QSJ, PUF, 1997, p.53.
2225 M. BELANGER, « *Existe-t-il un droit africain de la santé* », *op.cit.*, p.573.
2226 M. BELANGER, « *Existe-t-il un droit africain de la santé* », *op.cit.*, p.573.

pour corollaire une grande parcellisation et fragmentation de ce droit[2227]. Ces éléments se retrouvent dans les sources du droit international de la santé.

B. Une multitude de sources

1049. La définition retenue du droit international de la santé est large puisqu'elle inclut le droit issu de l'OMS, le droit des autres branches relatif à la santé et le droit international humanitaire avec une délimitation géographique à plusieurs niveaux. Dès lors, les sources [2228] du droit international de la santé apparaissent éclatées et inégales[2229]. Toutefois, elles peuvent être catégorisées, suivant l'approche classique de droit international public, en se fondant sur l'article 38 du Statut de la Cour internationale de justice [2230] en tant que texte de référence [2231]. En effet, malgré certaines critiques[2232] dont l'absence de prise en compte des actes unilatéraux, l'article 38 demeure une référence obligatoire car il n'en n'existe pas de plus satisfaisante mais surtout parce que « c'est dans ce cadre conceptuel que les tribunaux internationaux se placent[2233] ». Surtout cette référence datée sert de point de départ à la réflexion sur les sources afin de démontrer son caractère incomplet dans le cadre du droit international de la santé. A ce titre, il existe des sources directes du droit international (1) ainsi que des « moyens auxiliaires » pour déterminer les règles de droit[2234] (2).

[2227] J. M. CROUZATIER, *Droit international de la santé, op.cit.*, p.16.

[2228] Au sens premier, le mot « source » désigne «l'eau qui sort de la terre ; (l') issue naturelle ou artificielle par laquelle une eau souterraine se déverse à la surface du sol ». De manitère figurée, on vise sous ce terme « l'origne, (le) principe ». (V. Le Petit Robert de la langue française, 2006 « source »).

[2229] M. BELANGER, « Réflexions sur la réalité du droit international de la santé », op.cit., p.101

[2230] L'article 38 énonce que « La Cour, dont la mission est de régler conformément au droit international les différends qui lui sont soumis, applique : a. les conventions internationales, soit générales, soit spéciales, établissant des règles expressément reconnues par les Etats en litige; b. la coutume internationale comme preuve d'une pratique générale acceptée comme étant le droit; c. les principes généraux de droit reconnus par les nations civilisées; d. sous réserve de la disposition de l'Article 59, les décisions judiciaires et la doctrine des publicistes les plus qualifiés des différentes nations, comme moyen auxiliaire de détermination des règles de droit. (…) ».

[2231] J. COMBACAU et S. SUR, *Droit international public, op.cit.*, 2014., p.44. Les auteurs précisent qu' « en dépit de ses limites, l'article 38 demeure une *référence indispensable* ». Il « contient l'énumération la plus complète des éléments de formation du droit international » (p.43). Par ailleurs, il convient de rappeler que l'article 38 du Statut de la CIJ « n'est pas une création *ex nihilo* mais la reprise d'un projet d'énumération du droit international formulé pour la première fois à l'occasion de la création (avortée), en 1907, d'un tribunal international spécialisé : La Cour internationale des Prises maritimes » (V. R. RANJEVA et C. CADOUX, *Droit international public*, EDICEF/AUPELF, coll. Université francophones, 1992, p.31). Enfin, l'article 38 du Statut de la CIJ reprend « pour l'essentiel une disposition du Statut de la C.P.J.I., et donc remontant à 1920 (…) » (J. COMBACAU et S. SUR, *Droit international public, op.cit.*, 2014., p.43).

[2232] P. WEIL, *« Problèmes de normativité »*, RCADI, Tome 237, 1992, p.138 (pp.129-369). L'auteur estime que « l'énumération qui y figure est, en effet, tout à la fois pléthorique et incomplète. […] La liste de l'article 38 est discutable à d'autres égards encore : la distinction entre la source conventionnelle et la source coutumière tend à s'estomper ; quant aux 'principes généraux de droit reconnus par les nations civilisés', il s'agit d'un concept qui n'est devenu compréhensible qu'au prix d'un important travail interprétatif et qui, même épuré, est en fait peu utilisé. »

[2233] P. WEIL, *« Problèmes de normativité », op. cit.*, p.139.

[2234] Certes, la notion de « moyens auxiliaires » n'est plus pertinente, l'article 38 ayant vieilli (J. COMBACAU et S. SUR, *Droit international public, op.cit.*, 2014., p.44). Toutefois, cette dichotomie permet de faciliter la catégorisation des sources du droit international de la santé.

1. Les sources directes du droit international de la santé

1050. L'article 38 énumère ces sources sans hiérarchisation particulière[2235]. L'ordre de l'énumération n'est pas pertinent à cet égard[2236]. Toutefois, au sein de ces sources directes du droit international de la santé, traditionnellement, une différence existe entre les sources écrites (a) et celles non écrites (b).

a. Des sources écrites conséquentes

1051. En matière de sources écrites et en raison de la mondialisation du droit de la santé, un ensemble de sources textuelles nationales sont « la marque de ce qui correspond au droit international de la santé[2237] ». A cet effet, si peu de Constitutions se réfèrent expressément au droit de la santé, en particulier celles des pays industrialisés, de nombreux Etats mentionnent expressément la santé[2238].

1052. Sur un plan international, on retrouve en premier lieu, l'ensemble des traités [2239] sanitaires ratifiés. Historiquement, des traités bilatéraux ou plurilatéraux à base humanitaire ont été adoptés afin de protéger la santé de la population des Etats membres, soit en organisant un contrôle sanitaire aux frontières, soit en luttant contre un risque épidémique. A cet égard, on observe une évolution vers davantage de protection de la santé de l'ensemble des populations et non un accord dédié à une catégorie de personnes définies, notamment les militaires[2240]. Par ailleurs, les traités adoptés voient leur « technicité juridique renforcée » devenant « fortement normatifs ». Enfin, les traités bilatéraux tendent à se réduire au profit des conventions multilatérales.

1053. S'ajoutent aux traités sanitaires, les textes de droit positif adoptés par l'OMS – en particulier les conventions et les règlements prévus par sa Constitution dont le RSI et la CCLAT – ainsi que les textes de droit positif de la santé des autres organisations intergouvernementales. En effet, l'OMS n'a

[2235] A cet égard, Ranjeva et Cadoux estiment que « l'idée d'une certaine hiérarchisation des sources du droit international semble s'affirmer de plus en plus, par-delà l'hypothèse bien connue de l'article 103 de la Charte des Nations unies : le concept de *jus cogens* (Vienne, 1969) et celui de Traité multilatéral général vont dans ce sens » (R. RANJEVA et C. CADOUX, *Droit international public, op.cit.*, p.31.). V. également AKEHURST (M.), « *The hierarchy of the sources of international law* », BYBIL, vol.47, 1974-1975, pp.273-285.

[2236] J. COMBACAU et S. SUR, *Droit international public, op.cit.*, 2014., p.43.

[2237] M. BELANGER, *Introduction à un droit mondial de la santé, op.cit.*, p.27.

[2238] M. BELANGER, *Introduction à un droit mondial de la santé, op.cit.*, p.28. L'auteur différencie ainsi les pays qui se limitent à énoncer le droit à la santé (Afrique du Sud, Arabie Saoudite et Japon) des pays qui apportent (plus ou moins) des précisions quant à la mise en œuvre du droit à la Santé (Brésil, Sénégal, Cuba, Chine, Russie, Italie).

[2239] Reconnaissant qu'il existe de nombreuses dénominations (« plus de trente expressions » R. RANJEVA et C. CADOUX, *Droit international public, op.cit.*, p.33.) dont traité, accord, convention, protocole, acte final etc., l'expression « Traité » est préférée afin d'englober cet ensemble entendu en tant que « accord de volonté entre sujets de droit international et soumis au droit international ». Cette définition de Ranjeva et Cadoux permet d'élargir la conception de la Convention de Vienne de 1969 qui précise à l'article 2, al.1 a) « l'expression « traité » s'entend d'un accord international conclu par écrit entre États et régi par le droit international, qu'il soit consigné dans un instrument unique ou dans deux ou plusieurs instruments connexes, et quelle que soit sa dénomination particulière. » En effet, elle évite deux restrictions de cette définition : la limitation aux traités conclus qu'entre Etat et sous forme écrite. La définition de Ranjeva et Cadoux ressemble à celle de Cambacau et Sur qui ajoutent, expressément, une référence au fait que l'accord doit lier les parties et doit être exécuté de bonne foi (V. J. COMBACAU et S. SUR, *Droit international public, op.cit.*, 2014., pp.79-81).

[2240] M. BELANGER, *Introduction à un droit mondial de la santé, op.cit.*, p.31.

pas l'exclusivité de la compétence sanitaire et « toutes les OIG disposent (plus ou moins) de compétence d'ordre sanitaire[2241] ». Si parmi les OIG régionales, l'Union européenne apparaît unique en matière de droit positif européen de la santé, de nombreuses conventions multilatérales comprenant des dispositions sanitaires ont été adoptées sous l'égide notamment de l'ONU. Par exemple, la Convention sur l'élimination de toutes les formes de discrimination à l'égard des femmes en 1979, Convention contre la torture et autres peines ou traitements cruels, inhumains ou dégradants en 1984, la Convention sur les droits de l'enfant en 1989 ou encore la Convention relative aux droits des personnes handicapées en 2006. Cet ensemble, qui intègre donc les traités sanitaires, les textes de droit positif établis par les organisations intergouvernementales – l'OMS notamment mais aussi les autres OIG à compétences sanitaires – constituent le droit positif international de la santé.

1054. Il convient de distinguer cet ensemble du droit déclaratoire – non contraignant – international de la santé (ou *soft law*). Cette source fait ainsi défaut dans la liste prévue à l'article 38 du Statut de la CIJ, qui demeure incomplète [2242]. Dès lors, en sus des sources traditionnelles du droit international de la santé, il existe les textes internationaux à caractère non obligatoire pour leurs destinataires, en particulier les actes adoptés par les organisations internationales intergouvernementales. Toutefois, ces actes « représentent un droit dérivé des traités constitutifs des organisations internationales qui sont des traités[2243] ». A cet égard, les résolutions adoptées par l'Assemblée mondiale de la santé sont une source essentielle du droit international de la santé. Adoptées année après année et relatifs l'ensemble des questions du droit de la santé, ces résolutions constituent le socle du droit de l'OMS. Elles sont complétées par l'ensemble du contenu issu du pouvoir de recommandation de l'OMS à l'étude en seconde partie [2244]. Ce droit déclaratoire peut servir de « préalable à l'établissement de règles de droit positif » comme l'illustre le droit européen[2245].

1055. Enfin, au sein de ce droit déclaratoire international de la santé et en raison de leur multiplication, l'activité normative des ONG est à prendre en compte. Si les exemples sont peu nombreux, leur impact a pu être conséquent. Ainsi, en matière de droit international humanitaire, l'activité normative développée par le Comité international de la Croix-Rouge dès le XIXe siècle concernant directement la protection de la santé participe au droit international de la santé d'autant plus qu'elle s'est élargie. De même, d'autres ONG disposent d'une activité normative en santé dont Médecins du monde qui a adopté à Cracovie en 1990 une Charte de l'action humanitaire[2246].

1056. Le droit déclaratoire international de la santé intègre également les travaux de l'Organisation international de la normalisation (ISO) notamment

---

[2241] *Ibid.*, p.33.

[2242] R. RANJEVA et C. CADOUX, *Droit international public, op.cit.*, p.31 ; J. COMBACAU et S. SUR, *Droit international public, op.cit.*, 2014., p.43. Les professeurs Combacau et Sur relèvent « l'absence des relations entre droit international et droits internes, les actes unilatéraux étatiques ou les actes des organisations internationales. »

[2243] J. COMBACAU et S. SUR, *Droit international public, op.cit.*, 2014., p.44.

[2244] V. infra n°0 et s.

[2245] M. BELANGER, *Introduction à un droit mondial de la santé, op.cit.*, p.34.

[2246] *Ibid.*, p.34.

en ce qu'elle intervient spécialement auprès de l'OMS. L'ISO est une organisation non gouvernementale, sans but lucratif, de normalisation composée de représentants d'organisations nationales de normalisation de 162 pays[2247]. Elle se définit come « le premier producteur mondial de Normes internationales d'application volontaire » avec plus de 19 500 normes internationales. A ce titre, de nombreux standards ISO –plus de 1200– abordent des sujets de santé[2248] notamment dans le secteur de la médecine bucco-dentaire, des dispositifs médicaux, informatique de santé, des médecines traditionnelles et de la sécurité au travail.

1057. En outre, des sources non écrites contribuent à fonder le droit international de la santé.

b. Des sources non écrites limitées

1058. Parmi les sources non écrites[2249], et dans l'ordre énoncé par l'article 38 du Statut de la CIJ, la coutume « occupe une place centrale parmi les différents éléments de formation du droit international[2250] ». Pour le Professeur SALMON, elle est le « processus normatif consistant à la création d'une norme de droit international, au départ non écrite[2251] ». Cette règle de droit non écrite[2252] se distingue, en théorie, du simple usage et de la courtoisie internationale qui n'ont rien d'obligatoire[2253]. Selon l'article 38, alinéa 1, c), la coutume est « une preuve d'une pratique générale acceptée comme étant le droit ». A ce titre, deux éléments doivent être réunis : l'un matériel (*consuetudo*) – une répétition concordante d'actes et/ou de comportements d'un Etat pendant un certain temps – et l'autre psychologique (*opinio juris sive necessitatis*) – comportement répété en raison d'une conviction d'obéir à une règle de droit non écrite[2254]. Cette combinaison, qui comporte une part d'incertitude ou de subjectivité[2255], est à la fois nécessaire et suffisante[2256]. Par ailleurs, la coutume internationale[2257], qui est prouvée par la pratique et non

---

2247 http://www.iso.org/iso/fr/home/about.htm?=

2248 Il existe ainsi plus de 1200 normes « qui mettent l'accent sur la santé » (http://www.iso.org/iso/fr/home/news_index/iso-in-action/health.htm).

2249 V. notamment M. AKEHURST, « *Custom as a source of international law* », BYBIL, vol.47, 1974-1975, pp.1-53.

2250 J. COMBACAU et S. SUR, *Droit international public, op.cit.*, 2014., p.54. V. également, G. ABI-SAAB, *« La coutume dans tous ses états ou le dilemme du développement du droit international général dans un monde éclaté »*, in *Le droit international à l'heure de sa codification, Etudes en l'honneur de R. Ago*, t.1, A. Giuffrè, 1987, pp.53-65.

2251 J. SALMON, *Dictionnaire de Droit international public, op.cit.*, « coutume », p.283.

2252 A cet effet, on notera qu'elle est non écrite en ce « qu'elle ne tire pas son existence ou son autorité d'un acte ou d'une série d'actes écrits. » (J. COMBACAU et S. SUR, *Droit international public, op.cit.*, 2014., p.54). Il y a eu des manifestations d'une volonté de retranscrire la coutume « afin d'éclairer le processus d'identification des règles coutumières de droit international » V., ONU, *Rapport de la Commission de Droit International*, Assemblée générale, 65e session, A/68/10, 2013, p.94, §73).

2253 R. RANJEVA et C. CADOUX, *Droit international public, op.cit.*, p.60.

2254 *Ibid.*, p.60.

2255 *Ibid.*

2256 CIJ, *Affaire du Plateau continental (Jamahiriya Arabe Lybienne/Malte)*, 3 juin 1985, § 27 : « la substance du droit international coutumier doit être recherchée en premier lieu dans la pratique effective et l'*opinio juris* des Etats (…). »

2257 G. CAHIN, *La coutume internationale et les organisations internationales, l'incidence de la dimension institutionnelle sur le processus coutumier*, Pedone, 2001.

l'inverse, est un « processus d'induction et non de déduction[2258] ». Enfin, les écrits peuvent servir « d'éléments de preuve importants pour établir l'existence d'une règle ou l'émergence d'une *opinio juris*[2259] ».

1059. Pour la Professeure TAYLOR, la coutume est « une pratique internationalement répandue exercée en raison d'une obligation légale qui créé une attente raisonnable d'observance future et qui constitue un consentement implicite à la création d'une règle de droit[2260] ». Le principe, comme pour les sources écrites, est que la coutume est issue du consentement des Etats[2261]. On notera toutefois que l'existence de règles de droit écrit ne fait pas disparaître nécessairement le caractère coutumier de ces règles[2262]. L'écrit peut néanmoins « avoir un rôle important à jouer en enregistrant et définissant les règles dérivées de la coutume ou même en les développant[2263] ».

1060. La particularité de la coutume en tant que source du droit international de la santé tient en ce qu'elle s'analyse « au niveau local (coutumes nationales et/ou communautaires) et international (coutumes bilatérales/plurilatérales/universelles) [2264] ». En effet, dans le premier cas, l'existence de coutumes régionales ou particulières, « liant spécialement un groupe d'Etats, voire deux Etats seulement, a été admise par la CIJ, alors qu'elle n'est pas expressément reconnue par l'article 38 de la CIJ[2265] ». La diversité de la coutume internationale ainsi que son application locale et internationale rendent le contenu de la coutume en droit international de la santé inégal voire inexistant comme le soulignait BELANGER en 1983, préférant le terme de « l'établissement progressif de règles juridiques » en matière d'expérimentation médicale sur l'homme[2266]. En effet, l'absence de véritable répétition ne permet pas la qualification de coutume.

1061. Néanmoins, on constate que des coutumes internationales sont davantage présentes dans certains secteurs de la santé. Par exemple, à la différence des règles éthiques en matière de santé, les règles déontologiques applicables aux professionnels de la santé, énoncées notamment dans les déclarations de l'Association médicale mondiale comme le Serment de Genève de 1948 restent « essentiellement de nature coutumière[2267] ». Par ailleurs, le droit international humanitaire est fortement fondé sur les coutumes dont beaucoup visent expressément la protection de la santé. A ce titre, la proximité du droit international humanitaire avec le droit international de la santé,

---

[2258] « (...) ensemble auquel s'ajoute une série de règles coutumières dont la présence dans l'*opinio juris* des États se prouve par voie d'induction en partant de l'analyse d'une pratique suffisamment étoffée et convaincante, et non pas par voie de déduction en partant d'idées préconstituées *a priori.* » CIJ, *Délimitation de la frontière maritime dans la région du golfe du Maine*, 12 Octobre 1984, § 111.

[2259] Avis Consultatif du 8 juillet 1996 de la Cour internationale de Justice (CIJ), *Licéité de l'utilisation des armes nucléaires par un Etat dans un conflit armé,* CIJ Recueil 1996, § 70.

[2260] A. TAYLOR, *« Global Health Law »,* in I. KICKBUSCH et al., *op.cit.,* p.42.

[2261] *Ibid.,* p.44.

[2262] V. en ce sens CIJ, *Activités militaires et paramilitaires au Nicaragua et contre celui-ci,* 10 Mai 1984, § 178 : « la Cour n'y verrait pas une raison de considérer que l'incorporation de la norme coutumière au droit conventionnel doive lui faire perdre son applicabilité distincte. »

[2263] CIJ, *Affaire du Plateau continental (Jamahiriya Arabe Lybienne/Malte),* 3 juin 1985, § 27.

[2264] M. BELANGER, *Introduction à un droit mondial de la santé, op.cit.,* p.25.

[2265] V. CIJ, *Droit d'asile,* 20 novembre 1950 ; CIJ, *Ressortissants des Etats-Unis au Maroc,* 27 août 1952 et CIJ, *Droit de passage en territoire indien*, 12 avril 1960.

[2266] M. BELANGER, « *Droit international de la santé,* Economica, 1983, pp.37-38.

[2267] M. BELANGER, *Introduction à un droit mondial de la santé, op.cit.,* p.27.

confère aux règles coutumières de ce droit un contenu important[2268]. Malgré cela des doutes persistent quant à « la réalité et la pertinence[2269] » de la coutume en droit international de la santé.

1062. Si, au niveau international, il apparaît difficile de parler de coutume propre au droit international de la santé, la définition élargie de ce droit intégrant le niveau local permet d'enrichir son contenu. Ainsi, les coutumes locales dans le droit de la santé des pays à législation sanitaire récente sont plus développées comme, par exemple, la médecine traditionnelle des pays d'Afrique noire. En outre, dans les pays à législation sanitaire récente la coutume n'a pas entièrement disparu comme l'illustre l'exemple des *Heilpraktiker* – médecins pratiquant la médecine traditionnelle – en Allemagne.

1063. La catégorie des sources non écrites du droit international de la santé est également constituée par les principes généraux de droit (PGD) reconnus par les nations civilisées. Si l'expression « nations civilisées » apparaît datée[2270], ces principes doivent être juridiques au sens de l'article 38 du Statut de la CIJ et reconnus. Pour DE VISSCHER, les PGD ont leur origine dans une conviction juridique, sinon universelle, du moins très générale, qui a trouvé son expression dans les principaux systèmes juridiques internes des nations civilisées[2271]. A ce titre, ces PGD doivent être « des principes communs aux ordres juridiques internes (*in foro domestico*) et transposables à l'ordre juridique international[2272] ». Le terme de principes évoque « des données à la fois générales et primordiales, donc un ensemble de règles qui, au moins matériellement, domineraient l'ordre juridique international, assurant sa cohérence et sa complétude[2273] ». Ces PGD sont des « propositions premières communes aux droits nationaux[2274] ». L'objet de ces principes est de « fournir au juge les moyens d'apporter une solution juridique à tous les litiges qui lui sont soumis, en cas de silence du droit coutumier ou conventionnel[2275] ». A la différence de la coutume, les PGD sont dégagés à partir d'instruments juridiques spécifiquement internes[2276]. En d'autres termes, une fois reconnus dans l'ordre interne, ces principes doivent être « transportables[2277] » dans l'ordre international.

[2268] J.-M. HENCKAERTS et L. DOSWALD-BECK, *Droit international humanitaire coutumier,* Genève, CICR, Bruxelles, Bruylant, vol.I : Règles, 2006.

[2269] M. BELANGER, *Introduction à un droit mondial de la santé, op.cit.,* p.26.

[2270] Elle est liée à l'origine récente de ces principes apparus avec la création de la Cour permanente de justice internationale en 1920 (V. R. RANJEVA et C. CADOUX, *Droit international public, op.cit.,* p.60). Pour WEIL, « En un mot – là-dessus tout le monde est d'accord – il n'existe pas de nations non 'civilisées' tant et si bien que l'expressions 'reconnus par les nations civilisées' est lu aujourd'hui comme signifiant 'reconnus par les Etats' » (V. P. WEIL, *« Problèmes de normativité », op.cit.,* p.144).

[2271] C. DE VISSCHER, « *Contributions à l'étude des sources du droit international* », RDILC, 1933, p.406.

[2272] J. SALMON, *Dictionnaire de Droit international public, op.cit.,* « principal général du droit », p.879.

[2273] J. COMBACAU et S. SUR, *Droit international public, op.cit.,* 2014., p.108.

[2274] P. WEIL, *« Problèmes de normativité », op.cit.,* p.144.

[2275] J. COMBACAU et S. SUR, *Droit international public, op.cit.,* 2014., p.110.

[2276] *Ibid.*

[2277] J.-Y. DE CARA, *Les principes généraux de droit au sens de l'article 38 du statut de la Cour internationale de justice*, Bruylant, 2005. L'auteur précise qu' « en l'absence de règles conventionnelle ou coutumière formellement consenties par les Etats ou qui se sont dégagées de la pratique, en l'absence de législateur international, (...) au juge de « transporter » dans l'ordre international un principe général de droit découvert en droit interne et destiné à régir une situation ou un comportement analogue (V. également la définition de J. BASDEVANT, *Dictionnaire de la terminologie du droit international*, Paris, 1960, p.475).

1064. Ils se différencient à cet égard des principes généraux du droit international[2278] qui sont un « ensemble de propositions fondamentales du droit international[2279] » et dont les « principes gouvernent un domaine particulier du droit international[2280] ». Ainsi, les principes généraux du droit, à la différence des principes généraux de droit sont des « principes propres au droit international[2281] ». Plus largement et communément acceptée, la conception contemporaine les définit comme « l'ensemble des principes communs aux grands systèmes de droit contemporains et applicables à l'ordre international[2282] ». A ce titre, il s'agit de la notion retenue à l'article 21.1.C du Statut de la Cour pénale internationale où l'on fait référence aux « principes généraux du droit dégagés par la Cour à partir des lois nationales représentants les différents systèmes juridiques du monde ».

1065. En matière de droit international de la santé, la question est de savoir s'il existe des principes généraux de droit de la santé. Or, ces derniers, qualifiés de « très diversifiés[2283] » émanent de deux catégories selon le Professeur BELANGER. D'une part, apparaissent des PGD déjà connus des autres branches du droit et qui sont, simplement, repris par le droit international de la santé. Au sein de cette première catégorie, on retrouve des principes ordinaires et des principes fondamentaux dont le principe de liberté (au plan international, le principe de la libre circulation des professionnels de santé, des patients et des produits sanitaires) ainsi que le principe de non-discrimination. Ces principes connaissent un « processus d'internalisation » qui les renforce et les multiplie. A cet égard, l'adoption de la Déclaration universelle de bioéthique et des Droits de l'homme par l'Unesco en 2005 énonce des principes classiques (le principe d'égalité, article 10), novateurs (le principe de solidarité, article 13) ou émergents (le principe du respect de la diversité culturelle, article 12).

1066. D'autre part, on observe des PGD propres au droit de la santé tels que le principe d'intégrité de la personne physique, le principe de l'ordre public sanitaire et le principe d'indépendance du médecin. Toutefois, la capacité de mise en œuvre au niveau universel de ces derniers est moins évidente[2284]. Enfin, la notion même de « droit à la santé » peut être entendue comme un PGD de la santé. Toutefois, les conditions de transposabilité et d'internalisation n'apparaissent pas comme satisfaites. Par ailleurs, au vu des difficultés de mise en œuvre du droit à la santé, il convient de considérer ce droit comme un objectif ou une norme-cadre du droit de la santé qui regroupe l'ensemble des normes fonctionnelles.

[2278] V. J. BASDEVANT, *Dictionnaire de la terminologie du droit international*, Sirey (impr. Jouve), 1960. Il existe cinq définitions de cette notion. V. également D. CARREAU et F. MARELLA, *Droit international public*, Pedone, 11ème éd., 2012, pp.326-327 et A. PELLET, *Recherche sur les principes généraux de droit international*, Thèse Paris II, 1974.

[2279] J. SALMON, *Dictionnaire de Droit international public, op.cit.,* « principe (au singulier) » sens E, p.877. V. également H. ROLIN, *Les principes de droit international public*, RCADI, 1950, vol.77, pp.5-301)

[2280] J. SALMON, *Dictionnaire de Droit international public, op.cit.,* « principe (au singulier) » sens E, p.878.

[2281] P.-M. DUPUY, *Droit international public*, Dalloz, 3e éd., 1995, p.261,

[2282] D. CARREAU et F. MARELLA, *Droit international public, op.cit.,* p.327.

[2283] M. BELANGER, *Introduction à un droit mondial de la santé, op.cit.,* p.23.

[2284] *Ibid.,* p.25.

1067. Malgré les difficultés à identifier des éléments de coutumes et de PGD en droit international de la santé, le développement de ces sources sont nécessaires afin de répondre au besoin de la mise en œuvre de principes communs aux ordres juridiques des Etats comme fondement d'un droit international de la santé.

1068. Les sources non écrites du droit international de la santé apparaissent mouvantes. Toutefois, le développement de sources écrites conséquentes offre un contenu à ce droit. Ces sources directes sont, en outre, complétées par d'autres sources, en tant que « moyens auxiliaires » de détermination des règles de droit.

2. Des moyens auxiliaires de détermination des règles de droit

1069. Ces sources secondaires sont d'une importance inégale pour le droit international de la santé entre une jurisprudence quasi inexistante (a) et une doctrine en développement (b).

a. Une jurisprudence quasi inexistante

1070. Si l'article 38 du Statut de la CIJ se réfère aux décisions judiciaires, il est préférable de retenir l'expression plus englobante de « jurisprudence internationale » qui peut être définie comme « l'ensemble des solutions apportées par les juridictions internationales dans l'application du droit[2285] ». Malgré son influence limitée en raison « de la relative rareté des décisions judiciaires, du principe du consentement préalable à la juridiction et de l'absence de hiérarchie entre juridictions internationale », la jurisprudence joue un rôle qui « n'est nullement négligeable[2286] ». En particulier, selon les Professeurs COMBACAU et SUR, les décisions rendues par la CIJ, par la qualité de leur motivation qui comportent des exposés élaborés sur l'Etat du droit international, offrent une analyse extensive de ces différents aspects. Ainsi, l'absence d'un pouvoir législatif confère au juge le rôle de « combler les interstices » du droit international afin de mettre fin « aux incertitudes nées de l'auto-interprétation[2287] ».

1071. A l'égard de la jurisprudence relative au droit international de la santé, plusieurs éléments sont à prendre en compte. Premièrement, il n'existe pas de Cour de droit international de la santé ni de compétence en matière de protection internationale de la santé publique attribuée à la CIJ. On rappellera, à cet égard, le refus de reconnaître à l'OMS la compétence de saisir la CIJ pour un avis consultatif en raison du principe de spécialité des organisations internationales[2288]. L'absence de procédure de règlement juridictionnel général

---

[2285] J. SALMON, *Dictionnaire de Droit international public, op.cit.*, « jurisprudence internationale » p.629.
[2286] J. COMBACAU et S. SUR, *Droit international public, op.cit.*, 2014., p.44.
[2287] P. WEIL, *« Problèmes de normativité », op.cit.*, p.142. Pour reprendre la formule de CONDORELLI le juge a une « fonction de suppléance législative » (V. notamment E. CANAL-FORGUES, « *La procédure d'examen en appel de l'Organisation mondiale du commerce* », AFDI, CNRS éd.,XLII, 1996, p.851 (pp.845-863) et A. ORAISON, « *Reflexions sur 'l'organe judiciaire principal des Nations unies' (Stratégie globales et stratégies sectorielles de la Cour internationale de Justice)* », RDBI, éd. Bruylant, 1995/2, p. 448 (pp.397-467).
[2288] V. *supra* n°0.

des différends sanitaires internationaux, à l'exception de la jurisprudence sanitaire incidente qui se développe à l'OMC, est un élément que déjà critiqué en proposant de créer un organe de règlement des différends, au niveau international, en matière de santé[2289]. Pour l'heure, l'absence d'un tel organe a pour conséquence la quasi inexistence d'une jurisprudence internationale propre à ce droit. Toutefois, le seul exemple d'une jurisprudence propre à l'OMS est intervenu en 1970 en application du RSI de 1969 par laquelle le Directeur général a réglé le différend. Depuis aucun autre différend n'a été soumis et ce n'est pas la révision de 2005 qui promeut l'arbitrage international qui permettra le développement d'une jurisprudence de l'OMS.

1072. Deuxièmement, on voit apparaître une jurisprudence indirectement liée à la santé par le biais de domaines annexes. Historiquement, la jurisprudence internationale est intervenue dans le cadre de l'élaboration du droit international sanitaire avec, en particulier, le procès des médecins allemands à Nuremberg qui concernait des actes commis par certains médecins de camps de concentration nazis[2290] ainsi que le procès des médecins japonais à Khabarovsk en décembre 1949, accusés d'avoir préparé la guerre microbienne en se servant de cobayes humains parmi les prisonniers de guerre[2291]. La notion de crimes contre l'humanité, qui distingue les crimes contre la paix de ceux de guerre, fut établie par l'Accord de Londres du 8 août 1945 qui créa le Tribunal international de Nuremberg. L'ensemble des principes généraux de droit a abouti à un corps de règles qualifié de « droit de Nuremberg ». Ce droit s'est développé au sein du contentieux humanitaire international par le biais du « droit de Genève ». Ce dernier a depuis longtemps prévu des sanctions pénales[2292] en cas d'infractions graves[2293]. Parallèlement, ce droit humanitaire international devient étroitement associé au droit des juridictions internationales pénales.

1073. A ce titre, on observe le développement d'une jurisprudence internationale dans le domaine de la santé par le biais du droit international pénal[2294]. Ceci s'illustre par la pénalisation des atteintes à la santé des personnes par le biais des tribunaux pénaux internationaux[2295]. Ainsi, le jugement rendu par le Tribunal pénal international pour l'ex-Yougoslavie (TPIY) confirmait en 1998 que « constitue une infraction grave à chacune des quatre conventions de Genève (...) le fait de causer intentionnellement ou de porter des atteintes grave à l'intégrité physique[2296] ».

[2289] V. *supra* n°0.

[2290] E. J. JANECZEK, *Nuremberg Judgment in the Light of International Law*, Genève, Imprimeries Populaires, 1949, thèse n°67 et M. MERLE, *Le procès de Nuremberg et le châtiment des criminels de guerre*, Pedone, 1949.

[2291] Cette affaire a été jugée par le Tribunal de Khabarovsk du 25 au 30 décembre 1949. V. J.-M. CROZATIER, *Droit international de la santé*, *op.cit.*, pp.72-73.

[2292] V. respectivement les articles 49, 50, 129, 146 des quatre Conventions de Genève de 1949 (« Sanctions pénales ») ainsi que l'article 91 du Protocole additionnel I de 1977.

[2293] V. respectivement les articles 50, 51, 130, 147 des quatre Conventions de Genève de 1949 (« Infractions graves » : « (...) le fait de causer intentionnellement de grandes souffrances ou de porter des atteintes graves à l'intégrité physique ou à la santé (...) »).

[2294] M. BELANGER, *« Existe-t-il un droit international pénal de la santé ? »*, *op.cit.*,

[2295] K. DU PASQUIER, *« Les violations des conventions de Genève »*, in L. MOREILLON *et al* (dir.), *Droit pénal humanitaire*, Bâle, Halbing et Lichtenhan, Bruxelles, Bruylant, 2006, p.75.

[2296] TPIY, *Affaire MUCIC*, Affaire n°IT-96-21-T, 16 novembre 1998, §498.

1074. Ainsi, le contentieux humanitaire international ne vise plus à « établir la responsabilité étatique proprement dite (...) mais à reconnaître expressément la responsabilité pénale des individus[2297] ». Au sein du droit international humanitaire moderne dit « droit de New York » existe un dispositif qui vise « directement la protection pénale de la santé[2298] ». Par exemple, la pénalisation des atteintes à la santé des personnes apparaît dans le statut du Tribunal pénal international pour le Rwanda (TPIR)[2299] ainsi qu'au sein du Statut de la Cour pénale internationale. La jurisprudence du TPIR, dans les affaires *Akajesu*[2300], *Kayishema et Ruzindana*[2301] en 1999 et *Semanza*[2302] en 2003, et du TPIY, dans l'affaire *Celebici*[2303] en 1998 et *Furundzija*[2304] en 1998, sont autant de preuves de la pénalisation de tout acte qui porte gravement atteinte à la santé des personnes.

1075. On notera, par ailleurs, un mouvement de juridictionnalisation internationale des questions de santé au niveau régional par le biais des organes judiciaires des OIG en matière de droits de l'homme (la Cour Européenne des droits de l'homme et la Cour interaméricaine des droits de l'homme) ainsi que les travaux de la Cour de justice de l'UE (CJUE) par l'intermédiaire d'arrêts en manquement ou à la suite d'une question préjudicielle[2305].

1076. Un autre élément de source du droit international de la santé est la doctrine. Cette dernière s'est développée récemment.

b. Une doctrine en développement

1077. La doctrine, qui joue un rôle proportionnellement plus important en droit international qu'en droit interne[2306], cherche à « apporter des solutions hypothétiques, qui permettraient de définir la rationalité, ou d'atteindre la base ultime des normes[2307] ». Elle est ainsi « l'enseignement des auteurs de droit international[2308] ». Elle constitue une source non négligeable d'inspiration pour le droit international[2309].

[2297] M. BELANGER, *« Existe-t-il un droit international pénal de la santé ? », op.cit.*, p.16.

[2298] *Ibid.*

[2299] V. article 4 « Ces violations comprennent, sans s'y limiter : a) Les atteintes portées à la vie, à la santé et au bien-être physique ou mental des personnes, en particulier le meurtre, de même que les traitements cruels tels que la torture, les mutilations ou toutes formes de peines corporelles [...] ».

[2300] TPIR, *Affaire Akajesu*, Affaire n°ICTR-96-4, 2 septembre 1998.

[2301] TPIR, *Affaire Kayishema et Ruzindana*, Affaire n°ICTR-95-1-T, 21 mai 1999 : « La Chambre est d'avis que, dans une large mesure, l'expression 'atteinte grave à l'intégrité physique' se passe d'explication. Elle peut être interprétée comme renvoyant à un acte qui porte gravement atteinte à la santé de la victime ou qui a pour effet de défigurer ou de provoquer des altérations graves de ses organes externes, internes ou sensoriels. » (§109).

[2302] TPIR, *Affaire Semanza*, Affaire n°ICTR-97-20-T, 15 mai 2003.

[2303] TPIY, *Affaire MUCIC*, Affaire n°IT-96-21-T, 16 novembre 1998.

[2304] TPIY, *Affaire Furundzija*, Affaire n°IT-95-17/1-T, 10 décembre 1998, §144 « (...) l'interdiction de la torture est une norme impérative ou *jus cogens* [...]. »

[2305] M. BELANGER, *Introduction à un droit mondial de la santé, op.cit.*, pp.36-37.

[2306] D. CARREAU et F. MARRELLA, *Droit international*, 11e éd., Pedone, 2012, p.349.

[2307] J. COMBACAU et S. SUR, *Droit international public, op.cit.*, 2014., p.42.

[2308] J. SALMON, *Dictionnaire de Droit international public, op.cit.*, « jurisprudence internationale » p.352.

[2309] P. WEIL, *« Problèmes de normativité », op.cit.*, p.140 .

1078. S'il existe différentes approches doctrinales selon les Professeurs COMBACAU et SUR, entre analytique, théorique et militante[2310], son existence en tant que source du droit international de la santé a été, à l'origine, très limitée. Elle est apparue avec le droit médical international et notamment les travaux de la Commission médico-juridique de Monaco[2311]. Ensuite, elle s'est développée avec le droit international humanitaire et en particulier avec les travaux de Monsieur DUNANT et la création du Comité international de la Croix-Rouge. Malgré ces quelques éléments, dans les années 1980, la doctrine est une « source relativement peu importante » du droit international de la santé[2312].

1079. Toutefois, les travaux du CICR en matière de droit international humanitaire en fait « une matière considérable à défricher.[2313] » A cet égard, le CICR a publié, par exemple, en 2008 sa doctrine en matière de prévention afin de « rendre plus efficaces, et de faire mieux comprendre, l'approche et les activités du CICR en matière de prévention[2314] ». Le CICR n'hésite pas à faire référence à des publications antérieures en tant que « doctrine CICR[2315] ». Cette auto-proclamation par le CICR quant au statut de la documentation qu'elle produit, à défaut de répondre à la définition juridique exacte de doctrine, sert de fondement aux délimitations du droit international humanitaire.

1080. La fin du XIXe siècle et le début du XXe siècle ont vu évoluer la doctrine en droit international de la santé, en particulier avec les travaux considérables du Professeur BELANGER[2316]. La volonté de cet auteur a été, tout au long de ses écrits, de démontrer l'existence d'un droit international (ou mondial) de la santé et d'en déterminer les contours. On peut citer également en tant que contributeurs importants à la doctrine du droit international de la santé, les travaux du Professeur CROUZATIER, qui visent à analyser l'élaboration, le champ d'intervention et la mise en œuvre du droit international de la santé, ceux de Madame HAROUEL-BURELOUP qui reviennent sur l'histoire de ce droit et encore de Monsieur BEIGBEDER qui adopte une approche par le biais de l'évolution de l'OMS.

1081. Au niveau mondial, la doctrine internationale s'est grandement développée au début des années 2000 avec en particulier les travaux des

---

[2310] J. COMBACAU et S. SUR, *Droit international public, op.cit.*, 2014., p.44.

[2311] C'est à l'initiative de cette Commission que lors de la XXe Conférence internationale de la Croix-Rouge à Vienne en 1965 la résolution XXII a été adoptée « par laquelle elle a estimé indispensable de fournir, en cas de conflit armé, aux Puissances protectrices et à leurs éventuels substituts, un nombre suffisant de personnalités capables d'assurer impartialement le contrôle de l'application des Conventions. Elle invitait donc les Etats parties à ces accords à constituer des groupes de personnalités aptes à remplir ces fonctions et exprimait le souhait que le Comité international de la Croix-Rouge contribue à la formation de ces personnes. » CIRC, « *Commentaire des Protocoles additionnels du 8 juin 1977 aux Conventions de Genève du 12 août 1949* », Kluwer, 1986, p.94.

[2312] M. BELANGER, *Droit international de la santé*, Economica, 1983, p.44.

[2313] M. BELANGER, « *Une nouvelle branche du droit international (...) », op.cit.*, p.49.

[2314] CICR, *La doctrine du Comité international de la Croix-Rouge (CICR) en matière de prévention*, Adoptée par l'Assemblée du CICR le 18 septembre 2008, RICR, 2009, p.874.

[2315] V. notamment CICR, *La doctrine du Comité international de la Croix-Rouge (CICR) en matière de prévention, op.cit.*, Note de page 1 (« doctrine du CICR ») et p.10 (« Les doctrines du CICR clarifiant le rôle de l'institution dans les situations qui ne constituent pas un conflit armé doivent, elles aussi, être prises en considération. »).

[2316] L'ensemble de ses écrits est consultable dans M. BELANGER, *Eléments de doctrine en droit international de la santé*, Les Etudes Hospitalières, 2012.

Professeurs TAYLOR et GOSTIN [2317] qui ont mis l'accent sur la mondialisation du droit de la santé sous l'appellation « Global health law », des Professeurs KICKBUSCH[2318] et YOUDE[2319] par le biais de la diplomatie et la gouvernance mondiale de la santé et des Professeurs RUGER et YACH[2320], SRIDHAR[2321], Messieurs BURCI et VIGNES[2322], et Madame GODLEE[2323] dans l'analyse des évolutions de l'OMS. On constate donc une réelle évolution par rapport à l'état de la doctrine au début des années 1980, avec aujourd'hui le développement d'une véritable doctrine en droit international de la santé corrélative à l'adoption de nouveaux instruments juridiques au début des années 2000.

1082. Par conséquent, on constate que si la jurisprudence est limitée, la doctrine apparaît comme florissante, démontrant l'importance de la prise en compte par le droit international des enjeux de santé qui vont au-delà des enjeux humanitaires et sanitaires.

1083. L'étude du droit international de la santé par ses origines, sa définition, son contenu et ses sources montre que ce droit doit être considéré comme englobant. Ainsi, le droit international sanitaire inclut le droit de l'OMS, le droit humanitaire dont la compétence appartient davantage à l'ONU[2324] ainsi que l'ensemble du domaine sanitaire des autres branches du droit international. La particularité de l'approche contemporaine du droit international de la santé tient dans son application qui s'exerce au niveau mondial et national.

1084. Toutefois, ce corpus juridique hétérogène et étendu apparaît parcellaire, fragmenté, éclaté et sectorisé. A cet égard, il est insuffisant, notamment à propos du droit de l'OMS, et manque gravement de coordination et d'unicité, notamment à l'égard des autres branches du droit international public. En effet, les éléments constitutifs du droit international de la santé sont parfois « incomplets et lacunaires si l'on fait notamment référence aux mécanismes de contrôle, mais aussi aux sources » mais aussi « confus, parfois incertains si l'on se réfère aux modes d'élaboration des normes ordinaires et à leurs auteurs[2325] ». Ces lacunes remettent ainsi en cause la qualification même de branche de droit international public en raison de la difficulté à considérer les sources comme systématisées. S'ajoute à ces difficultés, l'impact de la mondialisation du droit de la santé qui fait de ce dernier un droit sans frontière et globalisé.

[2317] A. TAYLOR, « *Global Health Law* », *op.cit.*, pp.37-54 .; L. O. GOSTIN, et A. TAYLOR, « *Global Health Law : A definition and grand challenges* », *op.cit.*, ; L. O. GOSTIN, *Global Health Law*, *op.cit.*, 2013.

[2318] KICKBUSCH et al., *Global Health Diplomacy, (...), op.cit.*,

[2319] J. YOUDE, *Global Health Governance*, *op.cit.*,

[2320] J. P. RUGER et D. YACH, « *The Global role of the World health organization* », *op.cit.*,; J. P. RUGER, « *International institutional legitimacy and the World Health Organization* », *op.cit.*, ; J. P. RUGER, « *Normative foundations of global health law* », *op.cit.*

[2321] D. SRIDHAR et al, « *Are existing governance structures (...)* », *op.cit.*, ; D. SRIDHAR, « *Who sets the global health research agenda ? The challenge of multi bi financing ?* »,*op.cit.*, ; D. SRIDHAR et L. O. GOSTIN, *Reforming the World Health Organization*, *op.cit.*,

[2322] L. BURCI et C.-H. VIGNES, *The World Health Organization*, *op.cit.*, p.104.

[2323] F. GODLEE, « *The regions- too much power, too little effect* », *op.cit.*, ; F. GODLEE, *WHO in retreat: is it loosing its influence*, *op.cit.*,

[2324] B. TOEBES, « *International health law : (...)* », *op.cit.*, p.212, fig.1.

[2325] S. DAGRON, « *L'avenir du droit itnernational de la santé* », *op.cit.*, p.17.

1085. L'état actuel du droit international de la santé, comme le développement de nombreux autres domaines du droit international public participe à son morcellement. A ce titre, l'affaiblissement de l'OMS en tant qu'autorité normative et l'apparition d'autres acteurs de santé participent grandement à sa fragilisation et ne favorisent pas une coordination adéquate, pourtant nécessaire, de ce droit. Pour la Professeure TOEBES, à juste titre, il n'existe actuellement aucune reconnaissance suprême du droit international de la santé en tant que branche distincte du droit international public[2326]. Il est regrettable que ce champ du droit international public ne soit pas davantage développé et demeure très fragmenté en raison notamment de l'absence d'un « maître d'œuvre » efficace de ce droit.

1086. A cet égard, ce phénomène impose des évolutions afin que le droit international de la santé survive et se renforce pour affronter les épreuves à venir[2327]. Ces évolutions passent par le renforcement de ces sources ainsi que par une meilleure coordination du corpus juridique existant pour apporter de la cohérence à ce droit. Dans cette optique, les déficits identifiés, comme le souligne à juste titre la Professeure DAGRON, ne remettent pas entièrement en cause la caractérisation du droit international de la santé comme branche du droit international[2328] mais soulèvent la question du devenir de ce droit. C'est dans ce contexte que l'OMS a un rôle à jouer afin de déterminer l'avenir du droit international de la santé, question qui se posait déjà à la fin des années 1980[2329] sans que des réponses satisfaisantes ne soient apportées. Il revient à l'OMS de devenir l'autorité principale du droit international de la santé.

SECTION 2 : L'OMS, AUTORITÉ PRINCIPALE DU DROIT INTERNATIONAL DE LA SANTE

1087. Si l'OMS n'est pas l'autorité unique du droit international de la santé, elle doit être son autorité principale afin d'améliorer le niveau de la santé mondiale. En considérant les atouts de l'OMS pour le droit international de la santé qui peuvent être consolidés par les réformes envisagées, l'autorité de l'OMS apparaît comme unique au sein du droit international de la santé (§1). Par ailleurs, le rôle normatif de l'OMS doit s'exprimer à un double niveau (§2).

[2326] B. TOEBES, « *International health law : (...)* », *op.cit.*, p.301. V. également M. BELANGER, « *Réflexions sur la réalité du droit international de la santé* », RQDI, vol.II, 1985, p.19.

[2327] V. S. NEGRI, « *La santé mondiale dans l'Agenda du développement de l'après 2015 : quel rôle pour le droit international de la santé ?* », in E. MONDIELLI, F. VIALLA et E. CADEAU, *op.cit.*, pp.83-99.

[2328] *Ibid.*

[2329] M. BELANGER et al, *L'avenir du droit international de la santé : table ronde*, RILS, vol.40, n°1, 1989, pp.1-31.

§1 : Une autorité unique pour le droit international de la santé

1088. D'abord, afin de démontrer la place unique de l'OMS au sein du droit international de la santé, il convient de démontrer l'avantage comparé[2330] dont elle dispose en tant qu'institution spécialisée (A). Ensuite, il s'agit d'apprécier si l'OMS est une autorité irremplaçable au sein de ce droit (B).

A. Un avantage comparé certain

1089. En sus de sa compétence normative constitutionnelle qu'il convient de mettre en œuvre (1), l'OMS dispose d'autres avantages comparés par rapport à toute autre organisation (2) permettant d'intensifier la protection de la santé mondiale.

1. Une compétence normative constitutionnelle à mettre en œuvre

1090. Alors que l'OMS dispose d'un véritable socle juridique, ce dernier a été peu mis en œuvre (a). Toutefois, la méfiance de l'OMS à l'égard de la mise en œuvre de sa compétence juridique se dissipe davantage (b).

a. La mise en œuvre limitée du socle juridique de l'OMS

1091. Depuis la création de l'OMS, sa compétence juridique est restée pendant longtemps plus théorique que pratique. Sur le plan théorique, les compétences de l'OMS en matière normative font de cette organisation un « modèle[2331] » à suivre dans l'élaboration du droit international de la santé. A ce titre, le contenu de sa fonction normative confère à cette organisation un avantage certain par rapport aux autres organisations par le biais de son « ambition juridique[2332] » et de la « palette impressionnante[2333] » dont elle dispose. Si le pouvoir conventionnel de l'OMS apparaît classique en droit international public, c'est le caractère exceptionnel de ses compétences d'ordre réglementaire qui témoigne de l'intérêt de l'OMS pour le droit international de la santé.

1092. Le qualificatif « d'exceptionnel » s'explique par la combinaison unique de deux facteurs. D'abord, si de nombreuses organisations intergouvernementales disposent de compétence d'ordre sanitaire, l'OMS demeure la seule OIG universelle à objet sanitaire. Ensuite, seules trois autres organisations onusiennes disposent d'une telle compétence d'ordre réglementaire : le Fonds monétaire international, l'Organisation de l'aviation

[2330] V. le discours devant le Conseil exécutif en 2000 de la Directrice générale de l'époque, Gro Harlem BRUNDTLAND se demandant « Quel est notre avantage comparé ? » (V. K. LEE, *World Health organization, op.cit.*, p.108). On peut parler également de « valeur ajoutée ». V. en ce sens UK Department for international Development, « *Working in Partnership with the World Health Organization* », London, HMSO, 2002.

[2331] M. BELANGER, *Introduction à un droit mondial de la santé, op.cit.*, p.11.

[2332] J.-M. LEMOYNE DE FORGES, « *Irremplaçable O.M.S. ?* », (pp.179-185), p.180, in *Cinquantenaire de l'Organisation mondiale de la santé,* Actes du colloque du CERDES-AFDS, 1998, RGDM, juin 1999, n°1, pp.61-185.

[2333] M. SAMSON, « *Réflexions sur le rôle du droit dans la gouvernance de la santé mondiale* », in E. MONDIELLI, F. VIALLA et E. CADEAU (coord.), *op.cit.*, p. 120 (pp.117-134).

civile internationale et l'Organisation météorologique mondiale[2334]. Aucune organisation sanitaire internationale antérieure n'a été dotée de telles compétences[2335]. Si ce pouvoir est limité à certains domaines[2336], il peut être « activé à tout moment[2337] ».

1093. Il convient de préciser la qualification de « pouvoir réglementaire ». Pour certains auteurs, il est préférable d'évoquer un pouvoir « quasi-réglementaire » en raison de la possibilité laissée aux Etats d'émettre des réserves[2338]. Ainsi, le texte est obligatoire à l'égard des Etats sauf refus exprès[2339]. Il n'en demeure pas moins que cette compétence constitutionnelle constitue un avantage propre de l'Organisation. Ainsi, certains auteurs décrivent la Constitution de l'OMS comme une « constitution visionnaire[2340] ». En raison de ces compétences conférées, certains auteurs n'ont pas hésité à considérer que « les constituants de 1946 ont voulu, sans nul doute, donner à cette organisation des compétences supranationales[2341] ». Il apparaît évident que le droit international de la santé ne pourrait exister sans l'existence de l'OMS en tant que « porte étendard » et créateur de ce droit. En effet, le droit de l'OMS constitue l'apport principal du droit international de la santé.

1094. Sur le plan pratique, toutefois, on constate l'utilisation limitée de sa fonction normative dans l'adoption d'instruments contraignants. A ce titre, seulement trois instruments contraignants ont été adoptés par l'Assemblée mondiale de la santé depuis 1948, date de la création de l'OMS. Sur le plan réglementaire, le plus emblématique est le règlement sanitaire international révisé en 2005 ainsi que le Règlement n°1 relatif à la nomenclature concernant les maladies et causes de décès – règlement qui a existé avant même la création de l'OMS. Sur le plan conventionnel, seule la CCLAT adoptée en 2003 a fait appel, pour la première fois, à l'article 19 de la Constitution de l'OMS[2342].

1095. Néanmoins, le droit de l'OMS demeure un droit majoritairement proclamatoire, constitué par des textes internationaux à caractère non obligatoire pour les Etats, par le biais de recommandations, standards et autres

---

2334 M. BELANGER, *Introduction à un droit mondial de la santé, op.cit.*, p.33.

2335 M. BELANGER, *Droit international de la santé*, Economica, 1985, p.94.

2336 L'article 21 de la Constitution précise que « L'Assemblée de la Santé aura autorité pour adopter les règlements concernant : a) telle mesure sanitaire et de quarantaine ou toute autre procédure destinée à empêcher la propagation des maladies d'un pays à l'autre ; b) la nomenclature concernant les maladies, les causes de décès et les méthodes d'hygiène publique ; c) des standards sur les méthodes de diagnostic applicables dans le cadre international ; d) des normes relatives à l'innocuité, la pureté et l'activité des produits biologiques, pharmaceutiques et similaires qui se trouvent dans le commerce international ; e) des conditions relatives à la publicité et à la désignation des produits biologiques, pharmaceutiques et similaires qui se trouvent dans le commerce international. »

2337 M. BELANGER, *Introduction à un droit mondial de la santé, op.cit.*, p.33.

2338 Article 22 de la Constitution : « Les règlements adoptés en exécution de l'article 21 entreront en vigueur pour tous les Etats membres, (…), exception faite pour tels Membres qui pourraient faire connaître au Directeur général, dans les délais prescrits par la notification, qu'ils les refusent ou font des réserves à leur sujet. »

2339 M. BELANGER, *Droit international de la santé*, Economica, 1985, p.96 et s.

2340 D. LEGGE, « *Future of WHO hangs in the balance* », *op.cit.*, p.1 ; S. J. HOFFMAN et J.-A. ROTTINGEN, « *Dark sides of the proposed framework convention on global health's many virtue: a systematic review and critical analysis* », *op.cit.*, p.123 ; S. W. A. GUNN, P. B. MANSOURIAN (dir.), *Understanding the Global Dimensions of Health*, Springer, 2005, p.79.

2341 H. D. C. ROSCAM ABBING, *International Organisations in Europe and the Right to Health Care*, Kluwer, Deventer, 1979, pp.316-343.

2342 V. *infra* n°0 et s.

codes de pratique. Si dans les deux premier cas, l'aspect technique et scientifique de l'OMS est mis en avant, dans le cas des codes, est engagée sa capacité normative et juridique. Or dans ce cas, seuls deux codes ont été adoptés depuis la création de l'OMS avec une réussite inégale : le Code international de commercialisation des substituts du lait maternel de 1981 et le Code de pratique pour le recrutement international des personnels de santé en 2010[2343]. Cette faiblesse en matière de code normatif non contraignant cumulée à la faiblesse dans l'adoption d'instruments contraignants, apparaissent très insuffisantes pour constituer un droit international de la santé véritablement cohérent.

1096. Cette absence d'engagement par l'OMS dans une voie juridique s'explique par le manque de volonté, en particulier des Etats membres, sur lesquels repose en grande partie le fonctionnement de l'Organisation. Cependant, elle est également liée à la méfiance de l'OMS à s'engager dans la mise en œuvre de cette compétence juridique. Cette méfiance semble se dissiper désormais.

b. Vers la fin de la méfiance de l'OMS à l'égard de son rôle juridique

1097. Historiquement, l'absence d'incarnation de l'OMS pour son rôle juridique découle de la considération limitée que les Etats membres ont à son égard puisqu'ils l'ont longtemps associée à une organisation technique et d'assistance[2344]. Ils ne souhaitaient pas, en raison de facteurs politiques, faire de l'OMS une organisation juridique. Dès lors, cette « timidité » de l'OMS, reprenant l'expression de POULAIN[2345], et de ses Etats membres quant au recours au droit international dans le domaine de la santé a entretenu une réticence de l'OMS à se tourner vers des stratégies juridiques. En effet, la culture organisationnelle liée à une bureaucratie composée principalement de médecins et de spécialistes de santé publique « peu enclins à recourir au Droit pour encadrer une science dont les évolutions rapides ne se prêtent pas à l'abstraction juridique[2346] ».

1098. Par ailleurs, la philosophie médical[2347] inhérente à l'OMS a donné lieu un « conservatisme extrême dans l'utilisation des institutions juridiques qui reflète une prédisposition culturelle, une valeur dominante et une philosophie directrice à l'organisation[2348] ». Dans cette optique, l'OMS considérait son « rôle législatif non pas comme actif ou réactif mais comme

---

2343 V. *infra* n°0 et s.

2344 X. SEUBA, *La protection de la santé et la réglementation internationale des produits pharmaceutiques*, thèse, Université de Strasbourg, 2008. L'auteur précise que « La réalité est que l'OMS n'a prêté que peu d'attention au droit – en particulier au *hard law*- en tant qu'outil de protection et de promotion de la santé. Par contre l'organisation s'est montrée plus partisane de la recherche de l'accord politique, et s'est appuyée sur son profil médico-sanitaire pour assumer un rôle d'assistance que juridique. »

2345 M. POULAIN, « *Les négociations du droit de la santé : l'OMS à la croisée des chemins* », in E. MONDIELLI, F. VIALLA et E. CADEAU (coord.), *op.cit.*, p.123.

2346 V. O. AGINAM, « *Mission (im)possible ? WHO as a 'norm entrepreneur' in global health governance* in M. FREEMAN, S. HAWKES, *Law and Global Health,* Current Legal Issues vol.16, Oxford University Press, 2014, p. 563.

2347 M. VOLANSKY, « *Achieving global health : a review of the World Health Organization's Response* », Tulsa Journal of Comparative and International Law, vol.10, 2002, p.253.

2348 A. L. TAYLOR, « *Making the World Health Organization work : a legal framework for universal access to the conditions for health* », American Journal of Law and Medicine, vol.18, 1992, p.343.

purement observationnel[2349] ». Autrement dit, le rôle juridique de l'OMS ne faisait pas partie de la culture ni de l'ADN de l'OMS. Comme le rappelle la Professeure DAGRON, cette approche a été favorisée par la formation médicale d'une grande partie du personnel ainsi que par la réalisation de progrès scientifiques très importants dans le domaine médical à partir du milieu du XXe siècle[2350]. De même, ce rejet s'explique par le domaine particulier de la santé publique dont le recours à des instruments juridiques ne permet qu'une adaptation et une flexibilité limitées.

1099. Ces réticences s'illustrent également par la relation entre l'OMS, le droit à la santé et les droits de l'homme au commencement de l'Organisation. Malgré la reconnaissance *a posteriori* de la Constitution comme source d'un droit à la santé[2351], l'OMS n'a pas souhaité entreprendre d'activité normative en matière de droits de l'homme. A cet égard, Messieurs MEIER et ONIZIVU expliquent que même si l'OMS a joué un rôle vital dans le développement des droits de l'homme dans les cinq premières années de son existence, les enjeux politiques liés à la Guerre Froide l'ont obligé à se repositionner au sein de la santé internationale en tant qu'organisation purement technique[2352]. En effet, l'OMS voulait « éviter de politiser ses travaux » tout en maintenant « sa culture organisationnelle conservatrice à l'égard des professions médicales[2353] ». Ce conservatisme historique a eu pour conséquence que l'ensemble des Convention des droits de l'homme a été adopté sous l'égide de l'ONU alors même que certaines apparaissaient plus directement liées à la santé telle la Convention relative aux personnes handicapées de 2006.

1100. Ce conservatisme historique de l'OMS dans l'exercice de son autorité normative et sa méfiance à coopérer avec l'ONU sur les droits de l'homme a limité la capacité de l'Organisation, dans les années 1970, à mener des politiques de santé mondiale[2354]. Si des efforts en matière de droits de l'homme ont été entrepris, en particulier par la nomination de conseillers des droits de l'homme et par la création d'une unité spécialisée à Genève en 2003, il demeure un risque de retour à « son isolement institutionnel et abnégation à l'égard des droits de l'homme[2355] ».

1101. Par ailleurs, au fil des années, malgré les réussites en matière de santé au niveau mondial, la méfiance à l'égard de son rôle juridique a été maintenue en raison des difficultés que l'OMS rencontre notamment en matière de crédibilité et de légitimité[2356]. Ces différents éléments l'ont empêché de réellement assumer sa compétence normative. Plus particulièrement, cette réticence à utiliser le droit et les institutions juridiques afin de faciliter la mise en place de stratégies de santé est largement due aux

---

[2349] *Ibid.*

[2350] S. DAGRON, « *L'avenir du droit itnernational de la santé* », *op.cit.*, p.65.

[2351] V. *supra* n°0 et s.

[2352] B. M. MEIER et W. ONZIVU, « *The evolution of human rights in World health organization policy and the future of humain rights through global health governance* », Public Health (2015), p.181.

[2353] B. M. MEIER, « *Global Health Governance and the Contentious Politics of Human Rights: Mainstreaming the Right to Health for Public Health Advancement* », Stanford Journal of International Law, vol.46 (2010), pp.43-44.

[2354] *Ibid.*

[2355] B. M. MEIER et W. ONZIVU, *The evolution of human rights in World health (...), op.cit.*, p.181.

[2356] V. *supra* n°0 et s.

« dynamiques internes et politiques de l'organisation elle-même[2357] ». Cette méfiance de l'OMS est illustrée lors des négociations pour la mise en œuvre de la CCLAT. En effet, il y avait « une résistance considérable au sein des représentants de l'OMS [2358] », alors même que de nombreux facteurs contextuels favorables étaient réunis[2359].

1102. Cette méfiance « autodestructrice[2360] » de la part de l'OMS, si elle s'explique par l'absence de facteurs contextuels favorables permettant d'agir, est la conséquence de sa capacité insuffisante à prendre en charge la mise en œuvre d'instruments juridiques. En effet, les Etats n'ont jamais souhaité offrir à l'OMS la capacité financière et humaine d'assumer pleinement son rôle juridique en la cantonnant à son profil médico-sanitaire.

1103. Toutefois, on observe depuis le début des années 2000, une évolution qui a pu être considérée comme un tournant crucial dans l'activité mondiale de l'OMS. A cet égard, l'adoption de la CCLAT en 2003 a engendré, malgré les réticences internes, un élan pour l'action normative mondiale qui, pour certains auteurs, a fait entrer l'OMS dans « une nouvelle ère de coopération internationale en santé[2361] ». Par ailleurs, la révision du Règlement sanitaire international, deux années plus tard, est venue confirmer cette tendance. Cette « attention sans précédent » a enthousiasmé la doctrine qui n'a pas hésité à parler de « large consensus en faveur d'un rôle central de créateur de droit dans le cadre d'une Organisation réformée [2362] » et qui a multiplié les propositions pour l'adoption de nouveaux instruments internationaux dans divers domaines de santé. On regrettera cependant que cet enthousiasme n'ait pas continué au sein de l'OMS. Ainsi, la Directrice générale ne fait pas de la compétence juridique de l'OMS une priorité, malgré la reconnaissance de « l'importance de la négociation d'instruments internationaux[2363] ». Il convient d'insister sur le besoin de réforme, en renforçant ses capacités, afin de permettre à l'OMS d'assumer pleinement son rôle normatif.

1104. Par sa compétence et son activité normative – contraignante et non contraignante – l'OMS apparaît comme le « promoteur du droit international de la santé actuel[2364] ». Cette particularité est renforcée car elle possède des caractéristiques uniques pour le droit international de la santé.

[2357] A. TAYLOR, « *Making the World Health Organization Work: A Legal Framework for Universal Access to the Conditions for Health* », American Journal of Law and Medecine, vol.18, 1992, p.303.

[2358] R. ROEMER, A. TAYLOR et J. LARIVIERE, « *Origins of the WHO Framework Convention on tobacco control* », AJPH, 2005, p.937 ; B. M. MEIER, « *Breathing Life into the Framework Convention on Tobacco Control : Smoking Cessation and the Right to Health* », Yale Journal of Health Policy, Law and Ethics, vol.5, 2005, p.145.

[2359] V. *infra* n°0 et s.

[2360] F. KASTLER, « *Why the World Health Organization should take the lead for the future Framework Convention on Global Health?* », Global Health Governance, vol. IX, n°1, Spring-Fall 2015, p.141 (pp.131-148).

[2361] A. TAYLOR, « *Global Health Governance and International Law* », Whittier Law Review, vol.25, 2003, pp.261-262.

[2362] A. TAYLOR, « *Leveraging non-binding instruments for global health governance : reflections from the Global AIDS reporting mechanism for WHO reform* », Public Health, XXX I-10, 2013, p.2.

[2363] OMS, *Rôle de l'OMS dans la gouvernance de l'action sanitaire mondiale- Rapport du Directeur général*, Conseil exécutif, EB 132/5 Add.5, 18 janvier 2013, p.6.

[2364] V. HAROUEL-BURELOUP, *Histoire du droit international de la santé, op.cit.*, p.12.

2. Des caractéristiques uniques pour le droit international de la santé

1105. L'universalité de l'adhésion dont dispose l'OMS apparaît comme essentielle aux enjeux sanitaires contemporains (a). Par ailleurs, la structure décentralisée sur laquelle elle repose est un atout pour le développement du droit international de la santé (b).

a. Une universalité d'adhésion, critère essentiel aux enjeux de santé mondiale

1106. L'OMS est l'organisation internationale où le nombre d'Etats membres est le plus important parmi les organisations internationales, y compris devant l'ONU. Il y a actuellement 194 Etats membres à l'OMS[2365] et 193 à l'ONU[2366]. La différence s'explique principalement par le fait que l'OMS reconnaît des Etats membres que l'ONU ne considère pas en tant qu'Etat. A cet égard, le Liechtenstein est membre de l'ONU uniquement. A l'inverse, l'Ile Cook et le Noué sont membres de l'OMS uniquement. Ce nombre très important d'Etats membres, proche du nombre total d'Etats dans le monde[2367], confère à l'OMS une adhésion quasi universelle.

1107. On ajoutera également que cette volonté d'universalité de l'OMS, en tant que contrepoids à la souveraineté étatique, s'illustre par l'absence de référence explicite dans la Constitution au retrait ou à l'exclusion de l'OMS, à la différence d'autres organisations internationales telles que la Banque mondiale, l'UNESCO, la FAO ou encore l'OMC. La doctrine est partagée quant à l'existence d'un droit de retrait qui serait « inhérent à la participation volontaire aux organisations internationales[2368] », indépendamment de sa mention explicite dans l'acte constitutif. En particulier, la pratique de l'OMS démontre des difficultés à trancher le débat. Les Etats Unis, en réponse à l'absence d'une clause de retrait, avait réservé cette possibilité au moment de son adhésion[2369] et l'absence de protestation[2370] de la part de l'Assemblée mondiale de la santé semblait indiquer que « le retrait n'était pas incompatible avec la vocation universaliste et permanente de l'organisation [2371] ». Néanmoins, le refus du retrait en 1949 et 1950 de neuf Etats[2372], démontre la volonté d'universalisme de l'OMS. Ainsi, malgré leur demande de retrait qui indiquait, pour l'URSS par exemple, qu'elle ne se considérait « plus comme

[2365] http://www.who.int/countries/fr/.
[2366] http://www.un.org/fr/members/.
[2367] L'ONU estime à 197 le nombre d'Etats dans le monde : 54 en Afrique, 35 en Amérique, 47 en Asie, 45 en Europe et 16 en Océanie.
[2368] S. ROBERT-CUENDET, « *La qualité de membre : acquisition, évolution, perte* », in E. LAGRANGE et J.-M. SOREL, *op.cit.*, p.311.
[2369] La résolution commune du Congrès déclarait : « Le Congrès adopte la présente solution commune, étant entendu que, à défaut de toute disposition dans la Constitution de l'Organisation Mondiale de la Santé prévoyant, pour un Membre, le retrait de l'Organisation, les Etats-Unis se réservent le droit de s'en retirer, moyennant préavis d'un an (…) » (V. P. BERTRAND, « *La situation des 'membres inactifs' de l'OMS* », Annuaire français du droit international, vol.2, n°1, 1956, p. 603 (pp. 602-615)).
[2370] « Le 2 juillet, en séance plénière, l'Assemblée décidait à l'unanimité d'approuver l'acceptation américaine » (P. BERTRAND, « *La situation des 'membres inactifs' de l'OMS* », *op.cit.*, p. 603).
[2371] S. ROBERT-CUENDET, « *La qualité de membre : acquisition, évolution, perte* », in E. LAGRANGE et J.-M. SOREL, *op.cit.*, p.311.
[2372] L'Albanie, la Biélorussie, la Bulgarie, la Hongrie, la Pologne, la Roumanie, la Tchécoslovaquie, l'Ukraine et l'URSS

Membre de l'Organisation[2373] », le Directeur général estimait que cette communication ne pouvait constituer un retrait de l'Organisation en raison de l'absence de telle disposition.

1108. Par cette prise de position, il apparaît que d'un point de vue strictement juridique, les neuf Etats n'ont pas cessé d'être considérés comme Membres, étant régulièrement invités aux assemblées annuelles et aux sessions annuelles du Comité régional pour l'Europe. Ainsi la documentation officielle leur été adressée comme par le passé. De même, le montant de leurs contributions a continué à figurer au barème servant de calcul des contributions de chacun des Etats membres[2374]. Dès lors, ces neufs Etats sont restés des « membres inactifs[2375] » jusqu'à leur réintégration complète en 1957. Ils durent payer des arriérés de contributions pour leurs années : 5% de la contribution annuelle normale pour des années d'absence à l'OMS. Même symbolique, cette somme « est significative de l'idée que ces Etats n'étaient pas fondés à quitter l'organisation[2376] ». Malgré cette pratique de l'OMS, signe de sa détermination universelle, il apparaît complexe d'empêcher un membre « de rompre tout lien avec l'organisation dont il entend se désolidariser[2377] ». En effet, l'absence d'une telle clause n'empêche jamais un Etat de prendre ses distances avec l'institution.

1109. Cette quasi universalité d'adhésion à l'OMS apparaît comme cruciale pour faire face aux enjeux de santé mondiale. A ce titre, l'évolution d'une santé internationale à une santé mondiale souligne l'importance du caractère transfrontalier des problématiques de santé ainsi que de la reconnaissance qu'elles sont transversales, touchant de nombreux autres enjeux de politiques publiques. Afin de répondre à ces menaces sanitaires, il est essentiel de pouvoir engager une réponse coordonnée au niveau mondial incluant l'ensemble de la communauté internationale.

1110. Cet avantage est renforcé en ce que l'OMS est la seule organisation intergouvernementale à caractère universel à objet principalement sanitaire. Ceci la différencie des OIG à caractère régional tel l'Union européenne[2378] ou les OIG qui disposent d'une compétence sanitaire secondaire tel l'ONUSIDA[2379], l'UNICEF[2380], la Banque mondiale[2381] ou encore l'OMC[2382].

[2373] OMS, *Actes officiels de l'OMS*, n°17, p.52.

[2374] « Il a toutefois fallu faire intervenir la notion nouvelle de 'budget effectif'. Dans la pratique, l'Assemblée approuvait chaque année un « budget effectif », correspondant au programme réel de l'Organisation, auquel s'ajoutait ensuite, aux fins d'établir le 'budget total', le montant des contributions des 'Membres inactifs' et de la Chine ». (P. BERTRAND, « *La situation des 'membres inactifs' de l'OMS* », *op.cit.*, p. 606).

[2375] Dans la pratique, cette expression fut créé pour les désigner (P. BERTRAND, « *La situation des 'membres inactifs' de l'OMS* », *op.cit.*, p. 606).

[2376] E. DAVID, *Droit des organisations internationales*, Bruylant, 2016,, p.276. « Le retour de ces Etats se fit d'ailleurs, non par le dépôt d'une demande formelle d'admission aurpès des organisations qu'ils avaient quittées, mais par une simple *révocation* de leur acte de dénonciation (H. G. SCHERMERS et N. M. BLOKKER, *International Institutional Law*, Nijhoff, 2003 §129) ».

[2377] S. ROBERT-CUENDET, « *La qualité de membre : acquisition, évolution, perte* », in E. LAGRANGE et J.-M. SOREL, *op.cit.*, p.312.

[2378] V. *supra* n°0 et s.

[2379] V. *supra* n°0 et s.

[2380] V. *supra* n°0 et s.

[2381] V. *supra* n°0 et s.

[2382] V. *supra* n°0 et s.

1111. On observe, par ailleurs, que l'universalité, en sus de sa nécessité afin de répondre aux enjeux mondiaux, apparaît comme un critère du droit international public. En effet, l'idée dans la mise en place d'un droit international après la Seconde guerre mondiale était bien « d'accéder à une forme universelle d'organisation de société mondiale et de son droit[2383]. » Comme l'énonce le Professeur VERHOEVEN, c'est « une exigence rationnelle » du droit international que de vouloir mettre en place des règles générales qui « s'appliquent à toute les personnes qui ont qualité de sujets du droit dans le 'milieu' que celui-ci entend régir[2384] » au risque de remettre en cause son effectivité.

1112. Or cette universalité est difficile à atteindre. A cet égard, comme le rappelle la Professeure CHEMILLIER-GENDREAU[2385], le terme international n'est pas synonyme d'universel[2386]. S'il est fréquemment dit « universel » c'est parce que le droit international « déclare régir l'ensemble des collectivités humaines vivant sur la planète, après les avoir contraintes à se transformer en 'Etats' ou, du moins à trouver d'une manière ou d'une autre un abri auprès de l'un d'entre eux[2387]». En réalité, le droit international n'apparaît pas universel car, d'une part, il a davantage régi les rapports entre Etats et, d'autre part, il ne concerne pas l'ensemble des Etats, qui sont libres de s'y soumettre[2388].

1113. Toutefois, l'universalité d'adhésion de l'OMS participe à l'avènement d'un droit international qui vise à pouvoir s'appliquer de façon universelle tout en s'adaptant aux enjeux locaux. Ce deuxième objectif qui est facilité par la structure décentralisée de l'OMS.

[2383] M. CHEMILLIER-GENDREAU, *« A quelles conditions l'universalité du droit international est-elle possible ? », op.cit.*,p.20.

[2384] J. VERHOEVEN, *Droit international public*, Précis de la Faculté de Droit de l'Université catholique de Louvain, Ed. Larcier, 2000, p. 26.

[2385] M. CHEMILLIER-GENDREAU, *« A quelles conditions l'universalité du droit international est-elle possible ? », op.cit.*, p.17.

[2386] Universel ne s'entend comme pas ayant un caractère infini car « l'humanité est située sur un espace fini et elle forme un groupe limité d'êtres vivants, même s'il est en expansion indéfinie ». Toutefois, ce groupe est lui-même « organisé juridiquement en sous-groupes qui se sont dotés de systèmes juridiques divers ». (V. *Ibid.*, p.19.)

[2387] J. VERHOEVEN, *Droit international public*, *op. cit.*, p. 26.

[2388] Ainsi, Chemillier-Gendreau (M. CHEMILLIER-GENDREAU, *« A quelles conditions l'universalité du droit international est-elle possible ? », op.cit.*) énonce trois raisons qui font que le droit international public n'est pas universel et qui s'applique au droit international de la santé. D'une part, le droit international ne s'adresse pas à tous les groupes humains différenciés, mais seulement à ceux répondant à la catégorie de l'Etat. A ce titre, « la souveraineté permet à l'Etat de prétendre être la matrice dans laquelle s'exprime l'universel de ce groupe » et l'Etat apparaît comme le « Un qui exprime la totalité ». (pp.21-22). D'autre part, il ne garantit pas les droits de l'homme à tous les membres du genre humain. Ses droits ne peuvent être garantis indépendamment de la structure étatique. A cet égard « un humain, au lieu de détenir ses droits du seul fait d'appartenir à la communauté des hommes, ne les conquiert-il qu'à travers l'indépendance souveraine reconnu à un Etat » (p.24) Malgré l'adoption de la Déclaration universelle des droits de l'homme, ayant aucune force obligatoire, et des pactes internationaux de 1976 qui ne prévoient pas de clauses de juridiction, il apparaît que l'universalité des droits de l'homme est un objectif théorique et que la communauté mondiale n'a pas pour le moment les moyens de le réaliser. Enfin, le droit international y compris de la santé, ne propose pas de dispositif permettant de mettre en œuvre la responsabilité de tous les sujets de droit ayant commis des actes illicites. Ainsi, même la CPI, qui peut poursuivre et juger des responsables étatiques en passant outre leur immunité de juridiction, dispose d'une compétence « conditionnée à l'acceptation de son statut par les Etats concernés » (V. F. LATTANZI, « *Compétence de la CPI et consentement des Etats* », RGDIP, 1999, pp. 425-444 et O. TRIFFTERER (dir. publ.), *Commentary on the Rome Statute of the International Criminal Court: Observers'Notes, Article by Article*, Oxford, Hart, 2008).

b. Une structure décentralisée, atout essentiel du droit international de la santé contemporain

1114. Un atout essentiel de l'OMS pour le droit international de la santé, corollaire à son universalité, est la décentralisation de sa structure[2389]. A l'origine, l'OMS a souhaité maintenir une centralisation forte afin de demeurer une organisation unique à objet sanitaire, et ce malgré le développement de compétences sanitaires par de nombreux acteurs concurrents. Ainsi, l'OMS a préféré refuser, en optant, en théorie, pour une décentralisation « sage » et en préférant une déconcentration à l'égard de ses six régions. Toutefois, dans les années 1970 une décentralisation de fait ou « sauvage » a été entreprise de la part des régions OMS[2390]. Cette dernière apparaît pertinente, théoriquement, au vu du développement du droit international de la santé contemporain.

1115. A cet égard, le glissement de la santé internationale vers une santé mondiale où les enjeux sanitaires s'immiscent au sein de l'ensemble des politiques nationales, régionales et internationales au nom de la justice globale[2391], impose une mise en œuvre décentralisée du droit international de la santé. Ainsi, ce droit voit son application affecter plusieurs niveaux géographiques du fait du développement de la mondialisation du droit de la santé[2392] afin de s'adapter aux besoins et enjeux locaux. En effet, le droit institutionnel international de la santé apparaît dès lors « décentralisé » car régionalisé et nationalisé. Malgré ces difficultés l'OMS demeure « l'organisation centrale face aux multiples organisations régionales, transrégionales et sous régionales qui exercent des activités sanitaires[2393] ».

1116. Dès lors, la double implantation géographique de l'OMS permet une mise en œuvre du droit international de la santé adaptée aux besoins et aux enjeux sanitaires mondiaux et, surtout, locaux. D'une part, la création de ses six régions, témoigne de la volonté des fondateurs de l'OMS dont l'article 44 de la Constitution précise que « l'Assemblée de la Santé peut [...] établir une organisation régionale pour répondre aux besoins particuliers de cette Région ». Toutefois les régions rencontrent des difficultés dans les travaux de l'OMS en particulier en raison de leur politisation[2394]. D'autre part, son réseau national constitué de 151 bureaux de pays apportent un soutien technique, une mobilisation des ressources, une évaluation des besoins et des problèmes prioritaires et participent au développement de la formation du personnel. Ils apparaissent ainsi essentiels au fonctionnement de l'OMS[2395]. Cependant, il n'existe aucune définition constitutionnelle de ces entités et la sélection ainsi que la nomination des représentants de l'OMS amenés à les diriger dépendent du Directeur régional.

[2389] V. *supra* n°269 et s.

[2390] M. BELANGER, *Le droit international de la santé,* Que sais-je ?, PUF, p.33

[2391] V. L. O. GOSTIN, *Global Health Law, op.cit.*,; H. WIDDOWS, *« Global health justice and the right to health »*, Health Care Analysis, Springer, 2015.

[2392] M. BELANGER, *Réflexions sur la mondialisation, op.cit.,*

[2393] M. BELANGER, *Une nouvelle branche du droit international (...), op.cit.,* p.48.

[2394] V. *supra* n°0 et s.

[2395] V. le discours Mme Gro Harlem BRUNDTLAND à la réunion mondiale des Représentants OMS et Officiers de Liaisons le 26 mars 2001. Mme BRUNDTLAND, ex Directrice générale, estimait que « les bureaux nationaux sont un aspect vital de notre travail. Ils sont essentiels à la réussite de tous nos efforts visant à améliorer la santé des gens ».

1117. Il apparaît donc un parallèle évident entre le développement du droit international de la santé vers un droit mondial de la santé transfrontalier et transversal, et la structure et le fonctionnement de l'OMS qui lui confèrent une autorité normative à même de répondre à cette évolution, par son implantation décentralisée. En particulier, non seulement cette décentralisation permet une mise en œuvre adaptée du droit international de la santé forgée par les enjeux locaux mais elle devrait permettre, un suivi et un contrôle, théoriquement rigoureux, de cette mise en œuvre. Par leur proximité avec les Etats, les bureaux de pays ont la capacité d'évaluer la mise en œuvre du droit international de la santé au niveau local et de soutenir les Etats membres dans cette tâche.

1118. Cette décentralisation de l'OMS offre une structure adaptée au développement du droit international en participant à la technique de régionalisation du droit international général de la santé. Toutefois certaines réformes envisagées permettraient de consolider davantage ce lien. A cet égard, le transfert du pouvoir de nomination des Directeurs régionaux au Directeur général de l'OMS permettrait d'assurer davantage un contrôle sur les régions de l'OMS en réduisant les risques de politisation. Par ailleurs, cela renforcerait la cohérence entre les actions de Genève et ses régions dans l'établissement du droit de l'OMS. Or, la cohérence apparaît comme un élément essentiel au développement du droit international de la santé.

1119. Dès lors, sa compétence normative, l'universalité de son adhésion ainsi que la décentralisation de sa structure offrent à l'OMS un avantage comparé certain à l'égard d'autres structures du droit international de la santé. Pour autant, la question se pose de savoir si l'OMS est une autorité irremplaçable.

B. Une autorité difficilement remplaçable

1120. L'OMS est concurrencée en raison de la non exclusivité de la compétence sanitaire au sein du système des Nations unies ainsi que du développement de nouveaux acteurs de santé mondiale[2396]. A cet égard, l'ONU pourrait jouer un rôle renforcé au sein du droit international de la santé en tant qu'alternative à l'OMS (1). Toutefois, l'OMS apparaît difficilement remplaçable car elle joue un rôle essentiel pour le droit international de la santé (2).

1. L'ONU, une alternative à l'OMS ?

1121. L'ONU démontre un certain nombre d'avantages afin de jouer un rôle dans le domaine de la santé au détriment de l'OMS (a). La proposition de création d'un Groupe pour la gouvernance mondiale de la santé de l'ONU en est une illustration (b).

[2396] V. *supra* n°0 et s.

a. Une alternative fondée

1122. Pour certains auteurs, l'ONU bénéficie d'une position unique afin de répondre aux difficultés de l'OMS et jouer un rôle clef de coordination en matière sanitaire[2397]. D'une part, elle dispose d'une autorité en tant qu'acteur majeur mondial de gouvernance et du droit international[2398]. Ainsi, même si le statut de l'OMS à l'égard de l'ONU en tant qu'institution spécialisée confère à l'OMS une forme d'indépendance[2399], elle demeure « l'agence cadre[2400] » ou l'« organisation-mère » de l'OMS. Par ailleurs, sous l'autorité du système des Nations unies de nombreuses autres organisations internationales sont impliquées dans des activités sanitaires tels que l'UNICEF, le FNUP, le PNUD, le PAM, le PNUE, la FAO, le FIDA, la Banque mondiale, le FMI et l'ONUSIDA. A titre de rappel, la création de l'ONUSIDA est intervenue justement en réaction aux échecs de l'OMS dans la lutte contre l'épidémie du sida[2401]. Cette expérience pourrait servir dans le cadre d'une évolution favorable à l'ONU en tant qu'autorité du droit international de la santé.

1123. D'autre part, l'ONU dispose d'une compétence en matière sanitaire dont elle se sert afin d'engager des actions au niveau mondial. A cet égard, on retiendra l'adoption par le Comité des droits économique, sociaux et culturels de l'Observation général n°14 en 2000 relatif au droit au meilleur état de santé susceptible d'être atteint qui offre une définition de la santé et du droit à la santé[2402]. De même, en 2011, l'ONU a tenu une réunion de haut niveau sur « la prévention et la maitrise des maladies transmissibles » afin de répondre à cet enjeu sociétal et économique immense. A cette occasion et pour la première fois – démontrant ainsi les difficultés de l'OMS en la matière – un consensus dans le cadre de l'Assemblée générale des Nations unies sur des mesures pour combattre ces maladies a été trouvé à la suite d'une déclaration politique[2403]. En particulier, l'ONU a appelé à une meilleure prévention et contrôle de ces maladies, à une meilleure mise en œuvre des instruments et recommandations de l'OMS et à une meilleure coopération entre les différents acteurs dont le secteur privé. A cet effet, cette déclaration politique insistait sur le besoin d'actions coordonnées entre l'ONU et les différentes agences afin de développer un cadre de surveillance mondiale sur ces maladies[2404].

1124. Dès lors, si l'OMS a salué cette déclaration et l'a considérée comme un « engagement historique des Nations unies pour lutter contre les

---

[2397] T. K. MACKEY et B. A. LIANG, « *A United Nations Global Health Panel for Global Health Governance* », Social science & Medecine, vol.76, 2013, pp.12-15 (p.13).

[2398] V. notamment D. GAUTIER et E. TOURME-JOUANNET, *Une histoire du droit international : De l'antiquité à la création de l'ONU*, Presses Universitaires de Rennes, 7e édition, 2014.

[2399] V. *supra* n°0 et s.

[2400] T. K. MACKEY et B. A. LIANG, *A United Nations Global Health (...), op.cit.*, p.13.

[2401] V. *supra* n°0

[2402] U.N. Doc. E/C.12/2000/4 (2000), réimprimé en Récapitulation des observations générales ou recommandations générales adoptées par les organes créés en vertu d'instruments internationaux relatifs aux droits de l'homme, U.N. Doc. HRI/GEN/1/Rev.7 (2004).

[2403] ONU, *Déclaration politique de la Réunion de haut niveau de l'Assemblée générale sur la prévention et la maîtrise des maladies non transmissibles*, A/66/L.1, Soixante sixième session de l'Assemblée générale des Nations unies, 16 septembre 2011.

[2404] ONU, *Déclaration politique (...), op.cit.*, pp.12-13.

maladies[2405] », elle est également symptomatique de la capacité de l'ONU à s'immiscer dans le domaine de compétence de l'OMS. Dans cette déclaration, si l'ONU reconnaît le rôle de chef de file que joue à cet égard l'OMS en tant que principale institution spécialisée en matière de santé, elle recommande néanmoins de renforcer la coopération internationale[2406]. On retrouve dans ce texte l'emploi de termes à cet égard tels que « l'ONU (…) invite l'OMS à intensifier ses efforts » ou « demande à l'OMS (…)[2407] ». On en déduit que l'ONU n'est pas satisfaite de la coopération internationale en matière de santé soulignant les insuffisances de l'OMS qui justifient l'initiative de l'ONU. On rappellera que les difficultés à qualifier les rapports hiérarchiques ou horizontaux entre l'OMS et ONU ont fait l'objet de développements précédents[2408].

1125. Enfin, s'ajoute à ces éléments, la capacité de l'ONU qui lui permet également de développer le droit international y compris de la santé. Ainsi, selon l'article 13 de la Charte des Nations unies, l'Assemblée générale a le pouvoir d'entreprendre des études et de faire des recommandations en vue d'encourager le développement progressif du droit international et sa codification « en vue de développer la coopération internationale dans les domaines (...) de la santé publique ». A cet égard, la Sixième Commission de l'Assemblée générale est le principal forum pour l'examen des questions juridiques.

1126. Si l'état des traités multilatéraux déposés auprès du Secrétariat général[2409] recense plus de 560 principaux instruments couvrant une large gamme de sujets[2410], certains concernent indirectement la santé. On pense notamment aux Conventions des droits de l'homme[2411]. Plus récemment, l'ONU a été à l'origine de la Convention relative aux droits des personnes handicapées de 2006 alors même qu'elle aurait pu être du ressort de l'OMS. Si l'OMS collabore à sa mise en œuvre, on regrettera que cette Convention ne soit pas issue de l'OMS, organisation principale à objet sanitaire. De même, l'idée que l'OMS est remplaçable est renforcée par la récente proposition, issue de doctrine de l'Université de Georgetown, visant à mettre en œuvre une Convention-cadre pour la santé mondiale. Ainsi, cette doctrine n'exclut pas

---

[2405] OMS, *Engagement historique aux Nations unies pour lutter contre les maladies non transmissibles*, Note à l'intention des médias, 2011. (http://www.who.int/mediacentre/news/notes/2011/noncommunicable_diseases_20110919/fr/).

[2406] ONU, *Déclaration politique (…), op.cit.*, pp.12.

[2407] *Ibid.*, p.12 et p.14.

[2408] V. *supra* n°0 et s.

[2409] https://treaties.un.org/Pages/ParticipationStatus.aspx

[2410] On citera les droits de l'homme, le désarmement, les biens et services, les réfugiés, l'environnement et le droit de la mer.

[2411] Dès 1965 avec la Convention internationale sur l'élimination de toutes les formes de discrimination raciale, puis le Pacte international relatif aux droits civils et politiques (1966) et le Pacte international relatif aux droits économiques, sociaux et culturels (1966). Ensuite la Convention sur l'élimination de toutes les formes de discrimination à l'égard des femmes (1979), la Convention contre la torture et autres peines ou traitements cruels, inhumains ou dégradants (1984), la Convention relative aux droits de l'enfant (1989), la Convention internationale sur la protection des droits de tous les travailleurs migrants et des membres de leur famille (1990).

l'ONU en tant que potentielle organisation d'accueil[2412] en raison du soutien du Secrétaire général de l'ONU[2413].

1127. Plus récemment, l'intervention exceptionnelle du Conseil de sécurité de l'ONU[2414] dans la crise du virus *Ebola* par l'adoption de la Résolution 2177[2415] relative à la santé publique internationale est révélatrice. C'est seulement la troisième fois[2416] que le Conseil de sécurité intervient dans le domaine de la santé car il ne dispose pas, en principe de compétence en matière sanitaire. Toutefois, en application des articles 24 et 39 de la Charte des Nations unies, le Conseil de sécurité a estimé que l'ampleur de l'épidémie d'*Ebola* en Afrique de l'Ouest constituait « une menace pour la paix et la sécurité internationale[2417] ». Cette résolution est exceptionnelle, et se différencie des deux précédentes relatives au sida, par la qualification explicite du lien entre maladie extrêmement contagieuse pour la vie humaine et la paix et la sécurité internationales. Les résolutions précédentes avaient évoquée ce lien sans pour autant expressément qualifier la propagation du virus en tant que menace contre la paix et la sécurité internationales[2418].

1128. De même, si le Conseil de Sécurité, dans les deux résolutions précédentes, avaient simplement encouragé les Etats à intensifier leur coopération dans le domaine de la lutte contre la maladie, la Résolution 2177 a imposé, entre autres mesures, la création de la première mission sanitaire d'urgence de l'histoire des Nations unies (Mission des Nations unies pour l'action d'urgence contre l'*Ebola* – MINUACE)[2419] en septembre 2014. Cette mission avait pour priorité d'arrêté l'épidémie, traiter les personnes infectées, assurer les services essentiels, préserver la stabilité et prévenir de nouvelles épidémies[2420].

1129. Cette décision est symptomatique du manque de coordination de l'OMS dans la riposte face à l'urgence de la crise épidémique. Cette faiblesse justifie l'intervention exceptionnelle de l'ONU. Si cette résolution n'est pas contraignante et ne rend pas obligatoire le respect des recommandations de l'OMS, le Conseil de Sécurité joue de « son autorité naturelle afin d'inciter les

---

[2412] JALI, « *Platform for a FCGH: Realizing the Universal Right to Health - Fundamental Principles and Joining the Platform* », 2014, p.2.

[2413] UN Secretary-General, « *Uniting for Universal Access: Towards Zero New HIV infections, Zero Discrimination and Zero AIDS-Related Deaths* », Report of the Secretary General, Doc A/65/797, 2011, p.20.

[2414] D. THIERRY, « *La communauté internationale face à l'épidémie liée au virus Ebola : les difficultés à tirer les leçons de l'histoire* », RDSS, 2015, pp.471 et s.

[2415] ONU, Résolution 2177, S/RES/2177, 18 septembre 2014. V. L. BALMOND, « *Le Conseil de sécurité et la crise d'Ebola : entre gestion de la paix, d'une rupture de la paix et pilotage de la gouvernance mondiale* », Questions of International Law, QIL, Zoom-in 10, 2014.

[2416] En matière de Sida : Résolution 1308 du 17 juillet 2000, S/RES/1308, 2000 et Résolution 1983 du 7 juin 2011, S/RES/1983, 2011.

[2417] ONU, « *Paix et sécurité en Afrique* », S/RES/2177, 18 septembre 2014, § 5.

[2418] Dans le cadre de la Résolution 1308 du 17 juillet 2000 (S/RES/1308, 2000) le Conseil de Sécurité avait reconnu la gravité de la crise relative à la pandémie de VIH/sida et avait considéré que la propagation du virus pouvait *éventuellement* représenter une menace pour la stabilité. Dans le cadre de la Résolution 1983 du 7 juin 2011 (S/RES/1983, 2011), le Conseil avait considéré que le VIH :sida constituait un obstacle « des plus redoutables au développement, au progrès et à la stabilité des sociétés », sans pour autant qualifier cette crise de menace contre la paix et la sécurité internationales.

[2419] Cette Mission a été dissoute par l'ONU le 31 juillet 2015.

[2420] ONU, Procès-verbal des discussions au Conseil de sécurité, 7268e séance, 18 septembre 2014 (S/PV.7268), p.3.

Etats à mieux [les] respecter[2421] ». Les insuffisances de l'OMS sont directement visées par ces différentes interventions de l'ONU.

1130. C'est dans ce contexte « concurrentiel » d'une ONU impliquée dans la santé mondiale, que le principe d'un groupe pour la gouvernance mondiale de la santé de l'ONU a été proposé, ce qui participe à l'affaiblissement de l'OMS.

b. Une alternative proposée, un groupe pour la gouvernance mondiale de la santé sous l'autorité de l'ONU

1131. Conçu par Messieurs MACKAY et LIANG en 2013 comme une opportunité de transformer le rôle de coordination et de mobilisation de l'ONU en santé, le Groupe pour la gouvernance mondiale de la santé de l'ONU viserait à « coordonner les acteurs publics et privés afin de mettre en place un agenda de santé mondiale efficace et permettre une mobilisation des ressources[2422] ». Ces auteurs soutiennent qu'un tel panel pourrait être créé par adoption d'une résolution de l'Assemblée générale en coopération avec le Conseil économique et social de l'ONU à l'image de ce qui a été réalisé pour le Groupe d'auditeurs externes de l'ONU. Ce groupe disposerait d'un conseil exécutif permanent sur la base d'une composition rotative. Les auteurs précisent que les membres de ce Groupe seraient choisis en fonction de leur expertise et de leur engagement actif dans la santé mondiale. La catégorie des membres de droit inclurait des représentants des autres agences onusiennes, des ONG, des fondations, des représentants de patients et des entités industrielles. Par ailleurs, des membres représentant les Etats seraient élus par les régions de l'OMS.

1132. Le rôle de l'OMS apparaît comme essentiel car elle serait présidente du Groupe. Sa mission concernerait l'assistance technique, l'adoption de standards, la recherche en santé publique et le développement d'instruments juridiques internationaux[2423]. L'objectif est ainsi de maintenir les efforts de l'OMS dans son domaine d'expertise. A cet égard, les réunions du Groupe auraient lieu en même temps que l'Assemblée mondiale de la santé en mai. Enfin, la participation financière à ce groupe serait non liée et contribuerait à alimenter un fonds général et non des projets spécifiques.

1133. Cette proposition ne semble pas suffisamment pertinente pour plusieurs raisons. Premièrement, pour des raisons intrinsèques à l'OMS, il est nécessaire comme le rappelle Monsieur DUSSAULT, que l'OMS arrive d'abord à coordonner son activité en particulier juridique, notamment en se réformant avant de pouvoir se voir confier une telle tâche[2424]. Cet auteur ne remet ainsi en cause que l'opportunité actuelle d'une telle proposition. Par ailleurs, Monsieur HEIN, tout en soutenant le principe de cette initiative, doute de la volonté des Etats de financer un tel groupe : la différence entre les

---

[2421] D. THIERRY, *« La communauté internationale face (...) », op.cit.*, p.478.

[2422] T. K. MACKEY et B. A. LIANG, *A United Nations Global Health (...), op.cit.*, p.13.

[2423] *Ibid.*, p.14.

[2424] G. DUSSAULT, *« A United Nations Global Health Panel for Global Health Governance – Commentary »*, Social science & Medecine, vol.76, 2013, pp.16-17 (17).

difficultés pour financer l'OMS par des contributions fixes et pour financer ce groupe n'est pas évidente[2425].

1134. Deuxièmement, il y a risque que ce Groupe affaiblisse davantage l'OMS en particulier au sein du droit international de la santé. Si jusqu'à présent les interventions de l'ONU en santé ont été sporadiques et limitée, la mise en place de ce groupe agirait comme une reconnaissance formelle et officielle de l'affaiblissement de l'OMS par l'ONU. A cet égard, l'OMS dépendrait de l'ONU qui en serait l'Organisation directrice, ou exercerait une forme de contrôle ou de supervision sur l'OMS. Comme le mentionne Messieurs MACKAY et LIANG, l'ensemble des compétences de l'OMS dont celle en matière de développement d'instruments juridiques internationaux serait « sous le leadership du Panel[2426] », c'est-à-dire que l'OMS verrait son autorité normative potentiellement soumise à ce Groupe. Les relations entre l'ONU et l'OMS doivent être clarifiées au risque d'être au bénéfice de la première et au détriment de la seconde. A cet égard, il faut garantir à l'OMS un rôle prédominant et principal. De même, cette initiative cantonnerait son rôle à celui d'une organisation technique[2427], agissant en tant que fonction support et d'expertise, ce qui limiterait son intervention juridique.

1135. Par ailleurs, la création d'une entité de gouvernance mondiale de la santé en dehors de la « juridiction » de l'OMS, sous l'égide de l'ONU enverrait un signal fort quant à l'incapacité de l'OMS à agir dans le domaine de la santé mondiale ou, du moins, confirmerait les difficultés de l'OMS. Enfin, même si l'OMS le préside, son autorité dépendrait également d'autres acteurs. L'OMS serait une Organisation parmi les autres institutions. Comme le souligne Monsieur HEIN, « ce groupe coordonnerait la gouvernance de la santé mondiale en tant qu'effort qui va au-delà de l'OMS[2428] » ce qui risque de l'affaiblir. Par ailleurs, la volonté de développer des « sous-comités de standardisation » ainsi que des « groupes techniques » risquent de produire « [2429] des organisations parallèles » à la structure de l'OMS. Au vu des missions confiées, ce Groupe s'apparente davantage à une « super-OMS » sous le contrôle renforcé de l'ONU. Dans la continuité de la critique émise par SRIDHAR qui se fonde sur l'expérience de l'ONUSIDA, « les initiatives de coordination peuvent devenir, avec le temps, un nouvel organe de l'ONU qui a besoin de réforme[2430] ». A cet égard, l'ONUSIDA, envisagé comme une organisation de coordination, est devenue, *de facto*, un organe de l'ONU, du moins dans sa perception générale.

1136. Cette initiative qui risque, malgré la volonté contraire de ses créateurs[2431], de contourner l'autorité de l'OMS est donc peu judicieuse. Le renforcement de l'ONU au sein du droit international de l'OMS risque

---

[2425] W. HEIN, « *A United Nations Global Health Panel for Global Health Governance – Commentary* », Social science & Medecine, vol.76, 2013, pp.18-20 (19).

[2426] T. K. MACKEY et B. A. LIANG, « *A United Nations Global Health (...)* », *op.cit.*, p.14.

[2427] G. DUSSAULT, « *A United Nations Global Health (...)* », *op.cit.*, p.17.

[2428] W. HEIN, « *A United Nations Global Health (...)* », *op.cit.*, p.19.

[2429] *Ibid.*, pp.19-20.

[2430] D. SRIDHAR, « *Response to comments on 'A United Nations Global health panel for global health governance* », Social science & Medecine, vol.76, 2013, pp.24-27.

[2431] T. K. MACKEY et B. A. LIANG, « *Coordinating the UN system: Lessons from UNAIDS: a Commentary on Mackey* », Social science & Medecine, vol.76, 2013, pp.21-23 (p.23).

d'affaiblir l'OMS alors que l'existence de cette Organisation est essentielle au droit international de la santé.

2. Une organisation essentielle au droit international de la santé

1137. L'OMS est essentielle au développement du droit international de la santé afin de faire face, en premier lieu, au phénomène de perpétuelle transformation du droit international (a). En second lieu, l'existence de l'OMS est nécessaire afin de défendre l'intérêt sanitaire face aux autres enjeux mondiaux (b).

a. Un droit international en perpétuelle transformation

1138. Dès 1931, le Professeur BOURQUIN affirmait qu'il était « devenu une banalité que le droit international est en pleine transformation[2432] » et Madame MARTINEAU confirme que « soixante-quinze ans plus tard, il est tout aussi courant d'évoquer les bouleversements que connaît le droit international[2433] ».

1139. A l'origine, le droit international a été sectorisé en différents domaines et par région, ce qui a mené à sa fragmentation. En effet, déjà évoqué, le droit international tend vers une inéluctable division – voir éclatement – en différents régimes spécialisés[2434] en raison de « l'expansion de son champ d'application, la spécialisation de son objet et la diversification de sa pratique[2435] ». Le droit international est davantage appréhendé comme un champ disciplinaire, au sein duquel se déploieraient plusieurs branches voire disciplines quasi autonomes[2436].

1140. Ce phénomène de morcellement a été accentué par la mondialisation qui a soumis le droit international « à de multiples évolutions qui lui font traverser une véritable crise d'identité et qui amènent à repenser sa notion[2437] ». En effet, le phénomène de mondialisation, s'il a influencé la notion de droit international de la santé[2438], a également affecté le droit international général. En particulier, en raison de « l'émergence de nouveaux acteurs sur la scène internationale (...), de nouvelles préoccupations, de nouvelles formes de régulation (...)[2439] ». Ainsi, ces bouleversements imposent

---

[2432] M. BOURQIN, « Règles générales du droit de la paix (cours général) », RCADI, tome 35, 1931, p.5.

[2433] A.-C. MARTINEAU, « *La fragmentation du droit international : un renouvellement répété de la pensée ?* », International Law : Do We Need It ?, conférence bi-annuelle de la European Society of International Law, Paris, 18-20 mai 2006 (www.esil-sedi.eu/), p.1. V. aussi A.-C. MARTINEAU, *Le débat sur la fragmentation du droit international – une analyse critique*, coll. de droit international, Bruylant, 2015.

[2434] E. JOUANNET, « *L'influence des principes généraux face aux phénomènes de fragmentation du droit international contemporain ou l'ambivalence des principes généraux face au caractère étrange et complexe de l'ordre juridique international* », article rédigé dans le cadre de la conférence de la SEDI en 2005, p.2.

[2435] A.-C. MARTINEAU, « *La fragmentation du droit international (...), op.cit.*, p.1.

[2436] P. DAILLIER, M. FORTEAU et A. PELLET, *Droit international public*, Paris, LGDJ, 8e édition, 2009, p.84.

[2437] E. JOUANNET, (2013), *Le Droit international*, Paris, PUF, 2013, p.68.

[2438] V. *supra* n°0 et s.

[2439] A. GESLIN, *Droit international* in T. BALZACQ et F. RAMEL, Traité de relations internationales, Presses de Sciences Po, 2013, p.601.

une « reconfiguration[2440] » du droit international qui modifie l'ordre juridique international avec notamment l'émergence de nouveaux sujets de droit international. Reprenant l'idée de « communautés normatives » issue des réflexions du Professeur BERMAN[2441], la Professeure GESLIN constate qu'il existe « non seulement les lieux multiples de production du droit (organisations internationales ou régionales, conférences, juridictions, etc.), mais également les agencements multiples de sujets de droit international porteurs à un degré ou à un autre d'une capacité normative[2442]». Ils sont des « lieux de production alternative du droit[2443] y compris de droit international. L'auteure fait ici référence à « l'explosion institutionnelle » tant au plan universel que régional ou sous régional[2444].

1141. Par ailleurs, le droit international est soumis à la diversité des instruments qui « s'est accrue au rythme de l'expansion des besoins de la communauté internationale, de l'élargissement de l'espace normatif et de la participation grandissante de sujets non étatiques à la régulation internationale[2445] ». Ainsi, le droit proclamatoire (ou *soft law*), sans effet obligatoire, a pris une place très importante au sein du droit international y compris celui de la santé. Cette diversification des pratiques juridiques des acteurs et sujets de droit international mène, selon la Professeure GESLIN, à « l'explosion normative » que connaît l'ordre juridique international[2446].

1142. Enfin, cette auteure constate, à juste titre, une multiplication (relative) des juridictions internationales spécialisées et chargées de mettre en œuvre des régimes juridiques particuliers. A cet égard, l'absence de juridiction internationale de compétence sanitaire alors même qu'elle existe en matière pénale (Cour pénale internationale), en matière commerciale (Organe de règlement des différends de l'OMC) ainsi qu'au niveau régional (UE). Si cette multiplication juridictionnelle engendre un risque de « disharmonie jurisprudentielle dans l'interprétation des normes internationales en l'absence de juridiction ou « Grand juge » détenant la clef pour mettre en compatibilité tous les ensembles (ou sous-ensembles) de normes[2447] », il apparaît nécessaire qu'une telle juridiction existe en santé afin de participer à ce mouvement du droit international au risque de voir les enjeux sanitaires moins protégés face aux autres intérêts en particulier économiques.

1143. Dès lors, les sources, les sujets ainsi que les juridictions du droit international sont en pleine mutation. L'OMS doit pouvoir répondre à ces transformations dans son ensemble, qu'elles soient ou non souhaitables. Par sa présence, l'OMS peut offrir une cohésion au droit international de la santé en étant capable de suivre les évolutions du contexte contemporain afin de ne pas être dépassée. Par ailleurs, la présence de l'OMS permet d'apporter davantage

---

[2440] E. JOUANNET, (2013), *Le Droit international*, *op.cit.*, p.29.

[2441] P. S. BERMAN, « *From International Law to Law and Globalization* », Columbia Journal of Transnational Law, 43, 2005, pp.485-556. L'auteur fait référence à la notion de « normative communities ».

[2442] A. GESLIN, *Droit international, op.cit.*, p.606.

[2443] A.-J. ARNAUD, *Critique de la raison juridique, tome 2. Gouvernants sans frontières. Entre mondialisation et postmondialisation*, Paris, LGDJ, 2003, p.243.

[2444] A. GESLIN, *Droit international, op.cit.*, p.620.

[2445] *Ibid.*, p.619.

[2446] *Ibid.*, p.614.

[2447] *Ibid.*, p.615.

d'autorité et de cohérence au droit international de la santé face aux autres branches du droit international.

b. Des enjeux de santé à protéger au sein du droit international public

1144. Cette fragmentation du droit international de la santé engendre non seulement une menace à l'égard de l'unité et la cohérence du droit international dans son ensemble mais crée des inégalités dans le développement de certaines branches au détriment d'autres branches du droit international.

1145. A cet effet, la présence d'une organisation mondiale spécialisée forte constitue un atout considérable dans le développement de la branche de droit international concernée. On citera en particulier l'exemple de l'Organisation mondiale du commerce qui a permis le développement d'un droit de l'OMC[2448] par la signature des accords de l'OMC à la fin des années 1990. Par ailleurs, la mise en place d'un Organe de règlement des différends a permis l'interprétation de ces accords et la construction d'un corpus juridique fondé notamment sur une jurisprudence internationale. Ces mécanismes présents en matière d'échanges commerciaux internationaux sont à même de consolider et d'apporter de la cohérence aux principes juridiques ainsi développés. Si l'OMS est une organisation mondiale tout comme l'OMC, ce sont ces mécanismes qui font, en partie défaut, au sein de l'OMS.

1146. Par ailleurs, la présence de l'OMS est essentielle pour mettre en avant la question de santé mondiale sur l'agenda politique et juridique afin de contrebalancer d'autres intérêts notamment économiques. A cet égard, aujourd'hui, il apparaît que l'OMC vient empiéter sur le domaine de santé par le biais des intérêts commerciaux[2449]. Or la priorité est souvent donnée au commerce ou à l'intérêt des investisseurs[2450] par rapport à l'objectif de protection de la santé qui apparaît comme une exception à la règle. Dès lors, il est essentiel que l'OMS existe afin de défendre les enjeux sanitaires au niveau international, par le biais du droit. Il faut que l'OMS mette en place des « contre-feux normatifs[2451] ». En effet, la vision ainsi que les problèmes sanitaires ne peuvent être perçus de la même manière du point de vue de ces deux Organisations. Comme le souligne GOSTIN, « l'OMS doit contrebalancer l'OMC et ses règles de commerce qui, lorsqu'elle prennent en compte la santé, sont désignées principalement afin de faciliter le commerce[2452] ».

1147. A l'inverse, ce phénomène est également perceptible dans la comparaison avec le développement du droit international de l'environnement

---

[2448] M. SADOWSKY, *Droit de l'OMC, droit de l'Union Européenne et fiscalité directe,* Larcier, 2013 ; V. PACE, *L'Organisation mondiale du commerce et le renforcement de la réglementation juridique des échanges,* Editions L'Harmattan, coll. Logiques juridiques, 2000.

[2449] V. *supra* n°0 et s.

[2450] M. SAMSON, « *Réflexions sur le rôle du droit dans la gouvernance de la santé mondiale* », in E. MONDIELLI, F. VIALLA et E. CADEAU (coord.), *op.cit.,* p. 127 (pp.117-134).

[2451] H. RUIZ-FABRI, « *Concurrence ou complémentarité entre les mécanismes de règlement des différends entre le protocole de Carthagène et ceux de l'OMC* », in J. BOURRINET et S. MALJEAN-DUBOIS, *Le commerce international des organismes génétiquement modifiés,* La documentation française, 2002, p.151.

[2452] L. O. GOSTIN, *Global Health Law, op.cit.,* p.271.

qui souffre de l'absence d'une organisation mondiale spécialisée. Ainsi, « alors que des organisations internationales puissantes gèrent les dossiers économiques (OMC, FMI), et que les préoccupations sociales sont portées par l'OMS et l'OIT, l'environnement semble être un secteur négligé, puisque qu'aucune organisation internationale spécialisée n'en a la charge[2453] ». Si l'ONU s'efforce de jouer ce rôle par le biais du Programme des Nations unies pour l'Environnement, cette absence se fait sentir. L'environnement souffre, en effet, de l'absence d'une Organisation mondiale de l'environnement (OME) qui servirait de chef de file pour les questions environnementales au niveau international.

1148. Une OME permettrait de « rééquilibrer la gouvernance mondiale en faveur de l'environnement » face aux autres enjeux, en particulier commerciaux pouvant entrer en conflit[2454]. Par ailleurs, la présence d'une OME permettrait de « compléter de façon déterminante l'architecture institutionnelle internationale[2455] ». Enfin, à l'égard du droit international de l'environnement, la mise en place d'une organisation mondiale de l'environnement – ce que certains Etats refusent dont les Etats-Unis – permettrait « l'élaboration de nouvelles conventions internationales[2456] ».

1149. Dès lors, l'OMS en tant qu'unique OIG universelle à objet sanitaire répond aux besoins d'autorité et de cohérence du droit international de la santé. Ainsi, l'OMS façonne la politique sanitaire mondiale[2457] et elle est « le socle juridique à la fois réel (elle a fait ses preuves avec le RSI notamment) et potentiel du pouvoir de direction que possède l'OMS au plan mondial en matière de protection de la santé[2458] ». Comme le soulignait le Professeur LEMOYNE DE FORGES lors de la célébration du cinquantenaire de l'OMS, « Que se serait-il passé si l'O.M.S. n'existait pas ? (…) la majorité des Etats de la planète Terre devrait bien vite réunir une conférence internationale pour créer quelque chose qui ressemblerait, et que très probablement, on devrait appeler Organisation mondiale de la santé[2459] ». A ce titre, elle demeure donc irremplaçable dans la protection internationale de la santé.

1150. Toutefois, le rôle actuel de l'OMS au sein du droit international de la santé est insuffisant. L'OMS ne s'est pas impliquée suffisamment, au cours de son histoire, dans son rôle normatif au sein du droit international de la santé ce qui a freiné son développement. L'OMS a toute sa place à jouer au sein du droit international de la santé et cela d'autant plus si elle est renforcée. A cet égard, le rôle normatif de l'OMS au sein du droit international de la santé doit être double.

[2453] S. LEPELTIER, « *Rapport d'information sur la mondialisation et l'environnement* », n°233, mars 2004, p.44.

[2454] F. BIERMANN, E. ROLLAND-PIEGUE et K. VON MOLKTE, « *Créer une organisation mondiale de l'environnement – Eléments pour le débat* », n°01/2004, Iddri, 2004, p.10.

[2455] S. LEPELTIER, « *Rapport d'information sur la mondialisation et l'environnement* », *op.cit.*, p.44.

[2456] *Ibid.*, p.44.

[2457] M. BELANGER, *Introduction à un droit mondial de la santé, op.cit.*, p.32.

[2458] *Ibid.*, p.34.

[2459] J.-M. LEMOYNE DE FORGES, « *Irremplaçable O.M.S. ?* », *op.cit.*, p.185.

§2 : Un double rôle normatif

1151. L'OMS dispose d'une position unique au sein de la santé mondiale[2460], qui lui permet de jouer un double rôle. Comme l'énonce le Professeur VIRALLY, il existe, d'abord, une finalité fonctionnelle des organisations internationales par la coopération[2461]. Ensuite, cette finalité fonctionnelle se double d'un caractère normatif visant à créer du droit. Dans cette optique, d'une part, l'OMS apparaît comme une autorité coordinatrice du droit international de la santé (A). D'autre part, l'OMS demeure une autorité essentielle, créatrice du droit international de la santé (B).

A. L'OMS, autorité coordinatrice du droit international de la santé

1152. L'OMS en tant qu'autorité coordinatrice du droit international de la santé repose sur une compétence reconnue et délimitée (1). Toutefois, cette coordination normative doit être davantage mise en œuvre (2).

1. Une compétence reconnue et délimitée

1153. La compétence de l'OMS dans la coordination du droit international de la santé trouve sa source dans sa Constitution (a). Par ailleurs, la notion de coordination doit être délimitée (b).

<u>a. Une compétence constitutionnelle affirmée</u>

1154. La Constitution de l'OMS dans son article 2 énonce en tant que première fonction celle « d'agir en tant qu'autorité directrice et coordonnatrice, dans le domaine de la santé, des travaux ayant un caractère international ». A ce titre, la fonction de coordination apparaît comme essentielle au sein des compétences de l'OMS. Pour le Professeur MONDIELLI, l'OMS demeure une autorité centrale de santé publique « puisqu'[elle] a toujours pour principale activité la coordination sanitaire internationale[2462] ». Comme Madame SAMSON l'indique, l'OMS dispose d'un « mandat de coordination normative[2463] ».

1155. Cette fonction de coordination résulte d'une double volonté. D'abord, cette fonction s'inscrivait dans le mouvement de création des organisations internationales répondant au besoin de coordonner les efforts des différents Etats membres après la Seconde guerre mondiale. Ensuite, dans le cas de l'OMS, les fondateurs avaient pour ambition, par cette fonction coordinatrice, d'apporter une réponse à la présence d'organisations

---

[2460] D. LEGGE, « *Future of WHO hangs in the balance* », *op.cit.*, p.3.

[2461] M. VIRALLY, « *La notion de fonction dans la théorie de l'organisation international* », *op.cit.*, p.282 et s. L'auteur évoque comme finalité notamment l'harmonisatio ndes politiques et des comportements, la coordination des politiques et des comportements, la réalisation d'opérations collectives et la réalisation d'opérations institutionnelles.

[2462] E. MONDIELLI, « *Etude 135 : Organisations Internationales* », in Lamy Droit de la Santé, Tome 1, 2012, n°135-55.

[2463] M. SAMSON, « *Réflexions sur le rôle du droit dans la gouvernance de la santé mondiale* », in E. MONDIELLI, F. VIALLA et E. CADEAU (coord.), *op.cit.*, p. 120 (pp.117-134).

internationales de la santé préexistantes[2464] ainsi qu'à la mise en œuvre concomitante d'autres organisations internationales dont les compétences pouvaient empiéter sur celles de l'OMS[2465]. Par cette fonction, ils voulaient garantir que l'OMS demeure l'organisation internationale chef de file de la santé. Signe de l'importance de cette compétence conférée à l'OMS, il avait été envisagé d'en faire une « fonction chapeau », qui recouvrirait l'ensemble des fonctions listées dans cet article[2466]. L'objectif était de renforcer davantage le rôle coordinateur central de l'OMS en santé publique au niveau mondial.

1156. Cette volonté de coordination est davantage illustrée par l'article 2 (b) qui énonce que l'OMS doit « établir et maintenir une collaboration effective avec les Nations unies, les institutions spécialisées, les administrations gouvernementales de la santé, les groupes professionnels, ainsi que telles autres organisations qui paraîtraient indiquées ». De même, l'article 70 de la Constitution de l'OMS précise que « l'Organisation doit établir des relations effectives et coopérer étroitement avec telles autres organisations intergouvernementales jugées souhaitables ». Dès lors, la Constitution de l'OMS lui confère une compétence de direction et de coordination en santé mondiale.

1157. A partir de cette compétence, il est tout à fait envisageable de considérer que cette fonction offre à l'OMS une compétence en matière de coordination normative. D'une part, est précisé qu'il s'agit « des » travaux ce qui sous entend bien qu'il s'agit d'activités entreprises non seulement par l'OMS elle-même mais également par tout autre acteur concerné dans le domaine de la santé. D'autre part, la notion élargie de « travaux ayant un caractère international » permet d'inclure les travaux normatifs internationaux. Ainsi, la notion de « travaux » qui peut être définie comme « l'ensemble d'opérations propres à un domaine particulier d'activité[2467] » englobe tout type de travaux y compris normatifs. Dès lors, cette fonction est une source constitutionnelle de l'autorité coordinatrice de l'OMS au sein du droit international de la santé.

1158. Cette compétence constitutionnelle est renforcée également par l'article 63 de la Constitution de l'OMS selon lequel « chaque Etat membre communique rapidement à l'Organisation les lois, règlements, rapports officiels et statistiques importants concernant la santé et publiés dans cet Etat ». A cet égard, l'OMS, par cet article 63, a pour compétence de rassembler l'ensemble des instruments et dispositifs mis en œuvre au niveau national par les Etats membres. Ainsi, cet article a donné lieu au Recueil international des législations sanitaires qui, même s'il connaît des difficultés de mise en œuvre, témoigne de la capacité coordinatrice de l'OMS en matière normative[2468].

1159. Au sein du droit international de la santé, le double niveau géographique de son champ d'application est essentiel : international et national. En effet, si la coordination normative impose une coopération avec

---

[2464] V. *supra* n°275 et s.
[2465] V. *supra* n°0 et s.
[2466] V. *supra* n°0 et s.
[2467] Définition du Larousse « travaux ».
[2468] V. *supra* n°0 et s.

l'ensemble des acteurs de la santé mondiale afin d'arriver à un résultat commun – l'amélioration du niveau de santé – il y a besoin, en parallèle, d'un renforcement des systèmes de santé nationaux par le développement de leurs droits respectifs. Cette complémentarité entre droit international et droit national de la santé justifie pleinement le rôle de coordinateur que l'OMS se doit de jouer.

1160. L'OMS dispose donc de la compétence théorique afin de devenir une autorité coordinatrice du droit international de la santé. Toutefois, la notion de coordination reste à définir.

b. Une notion délimitée

1161. La notion de coordination qui exprime « l'action de coordonner » implique de « faire travailler ensemble » et « d'articuler » les différents éléments[2469]. Coordonner vise à « ordonner des éléments séparés, combiner des actions, des activités distinctes en vue de constituer un ensemble cohérent ou d'atteindre un résultat déterminé[2470] ». Le but est de parvenir à un objectif commun et à une forme de cohérence entre les différents droits préexistants. En l'espèce, le rôle de coordination de l'OMS vise à articuler les actes normatifs des différents acteurs qui ont pour ambition, directe ou indirecte, d'améliorer le niveau de santé dans le monde.

1162. Au sein de la notion de coordination, il y a une volonté de traiter ce qui existe déjà ou ce qui va exister sans remettre en cause le fondement de ces activités. L'OMS ne doit pas avoir pour ambition ni de remettre en cause du droit préexistant ni d'imposer une législation sanitaire modèle[2471]. Ce dernier point différencie ce droit de coordination d'un droit d'unification ou d'harmonisation[2472], tout deux critiqués notamment au niveau européen[2473].

1163. L'harmonisation et l'unification ont pour objectif commun un « rapprochement juridique entre les peuples [2474] ». Toutefois, selon le Professeur CORNU[2475], l'harmonisation peut être entendue principalement de trois manières différentes. D'abord, elle est l'opération législative consistant à mettre en accord des dispositions d'origines différentes, plus spécialement à modifier des dispositions existantes afin de les mettre en cohérence avec une

---

[2469] H. BATIFFOL, « *Principes de droit international privé* », RCADI, vol.57, 1959, p.443 (pp.431-474).

[2470] Définion du Larousse « coordonner ».

[2471] OMS, *Activité de l'OMS 1988-1989 : Rapport biennal du Directeur général*, Genève, 1990 ; p.39 Le rapport précise que « l'OMS n'est pas habilitée à proposer, et moins encore à imposer, de législation sanitaire modèle. »

[2472] M. BELANGER, *Introduction à un droit mondial de la santé, op.cit.*, p.13. V. également : C.-H. VIGNES, « *Vers une harmonisation des législations sanitaires : le rôle de l'Organisation mondiale de la santé* », RILS, vol.46, n°3, 1995, pp.469-474.

[2473] « *Pensée juridique française et harmonisation européenne du droit* », Introduction de M. G. CANIVET, Société de législation comparée, coll. Droit comparé et européen, vol.1, 2003 ; B. FAUVARQUE-COSSON, « *Faut-il un Code civil européen ?* », RTD civ., 2002, p.463 ; J. HUET, « *Nous faut-il un "euro" droit civil ?* », Dalloz, 2002, p.2611 ; Ph. MALAURIE, « *Le Code civil européen des obligations et des contrats, une question toujours ouverte* », JCP, 2002, I, p.110 ; Ph. MALINVAUD, « *Réponse – hors délai – à la Commission européenne : à propos d'un Code européen des contrats* », Dalloz, 2002, p.2542 ; H.-J. SONNENBERGER, « *L'harmonisation ou l'uniformisation européennes du droit des contrats sont-elles nécessaires ?* », Rev. crit. DIP, 2002, p.405.

[2474] I. F. KAMDEM, « *Harmonisation, unification et uniformisation. Plaidoyer pour un discours affiné sur les moyens d'intégration juridique* », Revue juridique thémis, vol.43, 2009, p.605.

[2475] G. CORNU, *Vocabulaire juridique*, PUF, 2014, 10e édition, p.505.

réforme nouvelle ; ensuite, elle peut se définir comme l'opération consistant à unifier des ensembles législatifs différents par élaboration d'un droit nouveau empruntant aux uns et aux autres ; enfin, l'harmonisation peut désigner un simple rapprochement entre deux ou plusieurs systèmes juridiques afin de réduire ou de supprimer certaines contradictions[2476]. L'harmonisation est perçue essentiellement comme un processus[2477]. Dans tous les cas, elle se différencie de la coordination qui doit faire avec ce qui a été développé ou va se développer sans réellement pouvoir influencer ni le contenu ni la forme du droit.

1164. A l'inverse, l'unification s'apprécie davantage en termes de résultats[2478]. Elle se « présente comme l'action de rendre semblables plusieurs éléments rassemblés pour former un tout unique [2479] ». A ce titre, « l'unification consiste à instaurer, dans une matière juridique donnée, une réglementation détaillée et identique en tous points pour tous les Etats membres tout en leur laissant le choix de la modalité de mise en œuvre des normes communes[2480] ». Cet élément est très éloigné du rôle de coordination de l'OMS qui vise à reconnaître la diversité des différents Etats membres dans la formation du droit international de la santé, qui apparaît *de facto* diversifié. Par ailleurs, une partie du droit international de la santé est composé d'un contenu à forte autonomie car il est issu d'autres branches du droit international. L'unification implique « une obligation d'identité par rapport à la règle de référence et conduit (...) à juger toute pratique non identique comme non conforme ». L'exemple typique en droit européen est la directive. A l'inverse, « l'harmonisation « repose sur une obligation de proximité et non d'identité, dès lors qu'une marge est admise[2481] ». La différence entre la coordination, l'harmonisation et l'unification – on pourrait ajouter l'uniformisation – réside dans le degré de similitude du contenu législatif ou réglementaire[2482]. Le degré de similitude (ou de rapprochement[2483]) dans le cadre d'une coordination peut être proche de nul alors qu'il peut être presque complet dans le cadre d'une uniformisation.

1165. Ainsi, l'idée défendue par le Professeur BELANGER, partiellement exacte, est que le droit de l'OMS n'est qu'un droit de coordination « des activités normatives en matière de santé des Etats membres – en l'occurrence tous les Etats du monde-, et, dans une certaine mesure, des mêmes activités normatives des OIG régionales, qu'elles soient intercontinentales, continentales ou sous régionales (...)[2484] ». Le droit de l'OMS est également

---

[2476] I. F. KAMDEM, « *Harmonisation, unification et uniformisation. (...) », op.cit.*, p.618.
[2477] V. H. P. GLENN, « *Unification of Law, Harmonization of Law and Private International Law* », dans J. ERAUW (dir.), *Liber Memorialis François Laurent*, Bruxelles, E. Story-Scientia, 1989, pp.783-784.
[2478] I. F. KAMDEM, « *Harmonisation, unification et uniformisation. (...) », op.cit.*, p.618.
[2479] E. LITTRÉ, *Dictionnaire de la langue française*, tome 7, Paris, Gallimard, Hachette, 1971, p.1450.
[2480] I. F. KAMDEM, *Harmonisation, unification et uniformisation. (...), op.cit.*, p.618.
[2481] M. DELMAS-MARTY, « *Le phénomène de l'harmonisation : l'expérience contemporaine* » in *Pensée juridique française et harmonisation européenne du droit*, Société de Législation Comparée, 2003, pp.47-49.
[2482] I. F. KAMDEM, « *Harmonisation, unification et uniformisation. (...) », op.cit.*, p.620.
[2483] D. JOUVE, « *La Cour de Justice de l'Union Européenne : instrument d'harmonisation des droits nationaux », * Revue des Mutations du Droit, Janvier 2011, p.1. L'auteur différencie la notion d'harmonisation de celle d'unification qui dispose d'un « degré supérieur de rapprochement des droits. »
[2484] M. BELANGER, *Introduction à un droit mondial de la santé, op.cit.*, p.13.

constitué d'un droit propre issu directement de l'Organisation et non simplement le résultat d'une accumulation des autres droits nationaux et régionaux relatifs à la santé. Ce droit apparaît également comme davantage qu'un simple droit de coordination.

1166. Enfin, nnon seulement l'OMS a un rôle de coordination du droit international de la santé mais doit disposer également de l'autorité principale pour agir ainsi. A ce titre, la notion d'autorité coordinatrice confère à l'OMS la responsabilité de coordonner le corpus juridique existant. Ceci implique l'acceptation par les autres acteurs, en particulier étatiques, de l'OMS en tant que moteur de ce processus. Elle doit se voir confier cette compétence afin de mener cette coordination en coopération avec d'autres acteurs. L'OMS doit avoir, le cas échéant, le dernier mot afin de pouvoir articuler et ordonner le droit international de la santé. Cela implique que l'OMS dispose d'une marge de manœuvre afin d'assurer cette coordination. Elle doit s'imposer en tant qu'autorité coordinatrice du droit international de la santé afin d'apporter de la clarté et de la lisibilité à ce droit en difficulté. A ce titre, ce rôle d'autorité coordinatrice doit être mis en œuvre.

2. Une coordination à mettre en œuvre

1167. L'OMS doit être responsable de cette coordination au bénéfice du développement des droits nationaux et de la santé mondiale (a). A cet égard, des moyens et des outils sont proposés (b).

a. Une responsabilité de l'OMS

1168. L'OMS « ne peut, à elle seule, régler tous les problèmes (de santé mondiale), à la fois matériellement et financièrement[2485] ». Ceci a eu pour conséquence une évolution dans le paysage (juridique) mondial de la santé ce qui s'observe également dans le développement du droit international de la santé. A cet effet, si l'OMS formule des normes juridiques, d'autres acteurs le font aussi ce qui induit un besoin de coordination. Le droit international de la santé est fragmenté à deux niveaux : d'abord, dans ses sources qui sont multiples et dont le contenu est difficile à délimiter et, ensuite, en raison de la multiplication des acteurs de santé du droit international de la santé. Toutefois, l'OMS se doit de demeurer le chef de file dans le développement du droit international de la santé. Dans ce contexte, la compétence de coordination de l'OMS est une opportunité pour la consolidation du droit international de la santé.

1169. L'OMS agirait, d'une part, en tant que coordinatrice des acteurs du droit international de la santé[2486]. D'abord, dans l'identification de ces acteurs qui apparaissent difficiles à cerner[2487]. En effet, leur multiplication (acteurs étatiques, interétatiques, non étatiques, privés), ne permet pas une vision

[2485] M. BELANGER, « *Réflexions sur la réalité du droit international de la santé* », *op.cit.*, p.79.
[2486] E. MISSONI, « *Who governs who ?* », Conférence « Agora Switzerland 2008, Accès illimité à la médecine, Martigny, Suisse, 16-17 Septembre 2009, p.9. L'auteur précise que « le centre de la gouvernance de santé mondiale apparaît bondé et il y a un besoin de coordination ».
[2487] T. GRÜNDLER, *Affirmation du droit à la santé*, *op.cit.*, p.1574.

d'ensemble. Dans le cadre d'une coordination renforcée, l'OMS doit pouvoir identifier les acteurs du droit international de la santé en fonction de critères précis par le biais d'un système d'agrément. Ensuite, dans l'encadrement de leur collaboration avec l'OMS, des principes directeurs sont à développer. A ce titre, des évolutions ont été adoptées dans le cadre de la réforme en cours qui sont insuffisantes[2488]. En matière normative, l'OMS doit conserver un droit de regard et de surveillance, en coopération avec les différents acteurs, sur les différents instruments juridiques existants et envisagés, dans le domaine de la santé.

1170. A cet égard, une distinction doit être faite entre la coordination normative avec les acteurs étatiques et celle avec les acteurs non étatiques. Pour les premiers, le rôle de l'OMS doit, au minimum, être celui de la coordination de l'ensemble des différentes activités normatives, qui peuvent être contraignantes et non contraignantes, afin de les ordonner et de les articuler vers un résultat commun. Cette coordination *a minima* s'exerce notamment, à l'égard des autres organisations internationales, par le biais d'accords formels prévus à l'article 70. Toutefois, elle n'est actuellement pas suffisamment appliquée et une concurrence existe entre les organisations internationales et l'OMS.

1171. L'OMS doit disposer d'une réelle compétence normative sur l'ensemble des organisations internationales dès lors que des enjeux sanitaires sont abordés. Pour assurer une coordination pertinente, il est essentiel qu'une entité ait une vision d'ensemble sur les éléments du droit international de la santé. Il revient à l'OMS d'assurer cette tâche. Il ne s'agit pas d'empêcher le développement du droit international de la santé au sein de ces organisations internationales qui disposent d'une compétence sanitaire mais de garantir une cohésion sous l'égide de l'OMS. L'absence d'un mandat exclusif en santé ne peut, en aucun cas, excuser l'absence de la prise en compte de l'OMS dans le développement du droit international de la santé par les organisations internationales compétences.

1172. A l'inverse, s'agissant des acteurs non étatiques, le rôle de l'OMS doit être plus important. La capacité normative des acteurs non étatiques doit être limitée à une force de proposition d'instruments non contraignants, soumise au contrôle de l'OMS. Ainsi, si les partenariats apparaissent comme une opportunité pour la mise en œuvre du droit international de la santé[2489], l'OMS doit jouer un rôle central de coordinateur et de contrôle sur les activités normatives envisagées. Le degré d'implication de l'OMS doit ici être supérieur à celui à l'égard des organisations internationales car les risques dans la mise en œuvre du droit international de la santé sont accrus[2490]. Un encadrement des relations entre les acteurs non étatiques et l'OMS doit prévoir des critères précis garantissant notamment la transparence. A cet égard, il y a un besoin d'une plus grande prise en compte des ONG au sein des activités de l'OMS y compris de coordination du droit international de la santé.

[2488] V. *supra* n°800.
[2489] G. PINET, « *Global partnerships : a key challenge and opportunity for implementation of itnernational health law* », Medicine and Law, vol.22, 2003, p.561.
[2490] En particulier en matière de conflits d'intérêts. V. *supra* n°0 et s.

1173. D'autre part, selon la définition proposée, le droit international de la santé inclut notamment les autres branches du droit international. A cet effet, l'OMS doit s'assurer de la coordination des sources et du contenu du droit international de la santé qui sont influencés par d'autres branches du droit international tels que le droit international de l'environnement, social, humanitaire ou médical. Ainsi, l'OMS doit, tout d'abord, pouvoir identifier clairement l'ensemble de ce contenu disparate afin de le consolider. Ensuite, l'OMS doit être impliqué, dans la mise en œuvre de ces droits internationaux dès lors qu'ils ont traits à la santé. Déjà évoquée, par exemple, la coopération de l'OMS avec l'OMC apparaît insuffisante notamment dans le cadre des mesures sanitaires et phytosanitaires[2491]. Il est essentiel que l'OMS participe à la mise en œuvre de ces droits internationaux qui ont une incidence sur la santé. Toutefois, l'OMS doit disposer de moyens et d'outils appropriés pour mener à bien cette coordination.

b. Des moyens et outils à développer

1174. La coordination normative de l'OMS, une fois son fondement considéré et ses principes détaillés, doit être mise en œuvre. A cet égard, en sus de moyens financiers renforcés qui apparaissent comme essentiel à l'OMS dans bien des domaines, l'OMS doit disposer d'outils juridiques adaptés.

1175. Dans le cadre de la coordination de l'ensemble du droit international de la santé, l'idée de développer un code de santé mondiale est d'autant plus importante. Par ce code, l'ensemble des activités normatives nationales et internationales, étatiques, interétatiques, non étatiques pourrait être regroupé dans un seul document, dans la continuité des travaux du Recueil international de législation sanitaire dont le fondement émane de l'article 63 de la Constitution. Pour le Professeur BELANGER, l'avenir du droit international de la santé dépendait en partie de l'avenir la législation sanitaire internationale[2492].

1176. Développer et consolider la législation sanitaire internationale par le biais de l'article 63 participeraient à la consolidation du droit international de la santé par le biais de l'identification du corpus juridique existant ainsi que des sources et des acteurs présents. Ainsi, l'idée d'un Code international de la santé publique serait certainement utile au droit international de la santé. En effet, déjà en 1989, BELANGER estimait que « le droit sanitaire international é(tait) une matière jeune dont l'existence est encore trop récente pour qu'il évoque d'emblée un code international de la santé regroupant les normes essentielles quoi le composent [2493] ». Depuis, il apparaît que le droit international de la santé a bien muri.

1177. De même, l'idée d'une compétence judiciaire en matière de santé au niveau international permettrait au développement d'un droit de coordination voire à un droit d'harmonisation comme il existe avec la CJUE et le droit

---

[2491] V. *supra* n° 0 et s.

[2492] M. BELANGER, « *L'avenir de la législation sanitaire internationale* » in M. BELANGER et al, *Droit international de la santé : table ronde*, *op.cit.*, p.20.

[2493] *Ibid.*, p.31

européen[2494]. Certes, le degré de rapprochement européen est plus élevé qu'au niveau international, toutefois la mise en place d'une autorité judiciaire ne pourrait être que bénéfique, au développement de la coordination du droit international de la santé. La mise en place d'une telle autorité permettrait la consolidation d'une jurisprudence propre au droit international de la santé notamment par le biais du pouvoir d'interprétation. Cela permettrait également de garantir une meilleure mise en œuvre des différents instruments juridiques de ce droit.

1178. Parallèlement, il y a un réel besoin de renforcer l'effectif juridique de l'OMS en particulier en créant un bureau de coordination normative qui aurait pour objectif de veiller au développement du droit international de la santé au sein de l'ensemble des acteurs concernés. Cette unité rattachée au département juridique actuel de l'OMS pourrait directement dépendre de la Directrice générale.

1179. Par ailleurs, une réflexion approfondie sur la compétence de coordination de l'OMS doit être menée afin d'insister sur son besoin essentiel. La compétence théorique existe, il faut maintenant convaincre les décideurs politiques de son intérêt. A cet égard, l'OMS doit assumer ce rôle de coordinateur en particulier du droit international de la santé. A l'égard des autres organisations internationales, l'OMS doit disposer d'un droit de participation dans les processus de formation et de mise en œuvre du droit international de la santé, qu'ils soient contraignants ou non. Par exemple, l'OMS doit être consulté et disposer d'un poids important dans les travaux sanitaires de l'UNICEF.

1180. A l'égard des acteurs non étatiques, en particulier privés, l'OMS doit définitivement renforcer son autorité normative en bénéficiant d'un véritable droit de participation dans leurs travaux normatifs non contraignants. A cet égard, il apparaît essentiel que l'OMS demeure l'autorité normative vis-à-vis des acteurs non étatiques. Si cela n'empêche pas la participation – au moins indirecte – des acteurs privés dans la formation du droit international de la santé, l'OMS doit pouvoir surveiller son contenu et sa mise en œuvre.

1181. Une véritable réflexion doit être engagée quant à la nécessité de faire de l'OMS une autorité coordinatrice du droit international de la santé. L'OMS doit aider au renforcement du droit international par la coordination des instruments internationaux ainsi que par une meilleure coordination des droits nationaux pour l'amélioration du niveau de santé mondiale. Le contenu du droit international de la santé existe, toutefois il manque de cohésion et de cohérence pour devenir un véritable droit international.

1182. L'OMS doit agir également en tant que créatrice de droit afin de donner une plus grande cohésion et cohérence au droit international de la santé.

[2494] D. JOUVE, « *La Cour de Justice de l'Union Européenne : instrument d'harmonisation des droits nationaux* », *op.cit.*,

B. L'OMS, autorité créatrice de droit international de la santé

1183. L'OMS a la capacité d'aider à l'élaboration du droit international et national de la santé (1). Par ailleurs, le renforcement du rôle de l'OMS en tant qu'autorité créatrice de norme peut servir à la consolidation du droit international de la santé (2).

1. Une autorité source de droit international et national

1184. L'OMS a un rôle à jouer dans le développement du droit international de la santé par le biais de deux approches. D'une part, grâce à sa compétence normative, l'OMS a développé un droit propre qui est apparu comme le pilier essentiel du droit international de la santé (a). D'autre part, l'OMS, de façon incidente mais essentielle, a la capacité d'aider les Etats membres à développer leurs droits et à construire leur système de santé par une collaboration juridique (b).

a. Le droit de l'OMS, pilier du droit international de la santé

1185. Selon la définition proposée, le droit de l'OMS fait partie intégrante du droit international de la santé au même titre que le droit international humanitaire et les autres branches du droit international qui ont trait à la santé[2495]. Le droit de l'OMS est le pilier essentiel qui alimente l'existence du droit international de la santé.

1186. On retrouve des parallèles dans le développement du droit international de la santé avec d'autres droits internationaux dans d'autres domaines. Ainsi, le droit de l'organisation internationale du travail fait partie du droit international du travail au même titre que le droit de l'OMC du droit international du commerce, tout deux en tant que branche de ces droits respectifs. Sans la présence d'institutions internationales à même d'adopter des normes de portée internationale, développant un droit propre, la formalisation d'un droit international apparaît difficile. Ainsi, reprenant la définition de BELANGER[2496], en particulier le troisième critère « la présence de sources juridiques systématique (actes internationaux, coutumes, principes généraux de droit, jurisprudence internationale et doctrine) » est nécessaire à la qualification de droit international. Or, l'existence d'une autorité développant un droit propre est plus à même de répondre à cette condition. En effet, l'absence d'un droit propre à une organisation internationale rend plus difficile le développement d'un corpus juridique ordonné, articulé et consolidé.

1187. On constate ainsi que ce n'est que tardivement que le droit international de l'agriculture est apparu comme une branche du droit international[2497] au sein duquel le droit de la FAO est limité. De même, l'absence d'une Organisation mondiale de l'environnement (OME) non seulement ne permet pas de garantir une forme de coordination de l'ensemble du droit international de l'environnement mais cela ne permet pas le

---

[2495] B. TOEBES, « *International health law : (...)* », *op.cit.*, p.3.
[2496] *Ibid.*, p.45.
[2497] E. ADAM, *Droit international de l'agriculture, Sécuriser le commerce des produits agricoles*, LGDJ, coll. Droit des affaires, 2012.

développement d'un droit de l'OME. Ce dernier pourrait être davantage bénéfique dans la mise en œuvre d'un droit international de l'environnement qui est confronté à des déficiences[2498] alors que la nécessité d'un tel droit est reconnue[2499]. On observe donc que la présence d'un droit de l'OMS sert de socle à l'existence d'un droit international de la santé. Cette volonté de faire de l'OMS une autorité créatrice de droit s'inscrit dans la continuité des autres branches du droit international avec des réussites plus ou moins avérées.

1188. Enfin, le développement d'un droit global[2500] n'est pas incompatible avec le renforcement de l'autorité créatrice de l'OMS au sein de la branche du droit international de la santé. En effet, la globalisation des droits impose au contraire l'existence d'autorité créatrice de droit dans chaque branche afin de les consolider et de les structurer, en particulier dans le cas de la santé et du droit international de la santé. L'objectif est de permettre à ce droit d'exister afin de défendre les enjeux sanitaires face à l'accroissement d'intérêts parfois concurrents tels les intérêts économiques.

1189. Il apparaît que l'avenir du droit international de la santé dépend en grande partie de l'avenir du droit de l'OMS et donc de sa capacité à créer des normes au niveau international et à participer au développement des droits nationaux des Etats membres. Sur ce second point, l'OMS doit renforcer ses efforts afin d'accompagner et d'aider les Etats membres par le biais d'une collaboration juridique.

b. La collaboration juridique essentielle dans la mise en œuvre des droits nationaux

1190. La collaboration juridique avec les Etats membres trouve son origine dans deux fondements différents. Premièrement, par le biais de l'assistance technique et de la fonction de formation confiées à l'OMS. En effet, l'OMS a pour fonction de « fournir l'assistance technique appropriée (article 2 (d)) » et de « favoriser l'amélioration des normes de l'enseignement et de celles de la formation du personnel sanitaire, médical et apparenté (article 2 (o)) ». La fonction d'assistance technique est commune à de nombreuses organisations internationales et « englobe toute forme d'aide à des organismes publics ou privés de pays en voie de développement en vue de permettre à leurs personnels d'amorcer ou améliorer leur formation technique dans quelque domaine que ce soit[2501] ».

1191. Par ailleurs, par le biais de la fonction de formation[2502], l'OMS a la capacité de soutenir les Etats membres dans la formation de juristes. Au cours de son histoire, l'OMS a mis en œuvre cette fonction afin de diffuser de

[2498] S. MALJEAN-DUBOIS, *La mise en œuvre du droit international de l'environnement, op.cit.,*

[2499] A. KISS, *Droit international de l'environnement*, 1er éd., Paris Pedone, 1989 ; S. DOUMBE-BILLE et al., *Droit international de l'environnement,* 1ère éd., Larcier, coll. Masters droit, 2013.

[2500] V. *supra* n°0 et s.

[2501] G. CAHIN, « *La variété des fonctions imparties aux organisations internationales* », in E. LAGRANGE et J.-M. SOREL, *op.cit.*, p.698.

[2502] On notera cette fonction est présente dès 1948 dans la liste des priorités retenues par la première AMS (V.OMS, « *Résolution WHA1.29* », juillet 1948 porte inscription de la formation technique des personnels de santé au sixième rang sur la liste des priorités (V. M. BELANGER, « *La formation en droit de la santé* », RILS, vol.49, n°1, 1998, in « *La législation sanitaire à l'aube du XXIe siècle* », n°spécial, OMS, pp.59-71 (n.d.p. 1).

« l'information législative[2503] » notamment en parrainant des cours nationaux de formation en législation sanitaire[2504]. Malheureusement, ces efforts n'ont « pas connu les résultats qu'il méritait[2505] ». Or, la question des enjeux normatifs de la santé est essentielle pour atteindre les objectifs de l'OMS. Dès lors, l'OMS a une compétence théorique lui permettant de mettre en place une collaboration normative afin de venir en aide et de soutenir les pays pour qu'ils développent leurs droits nationaux. Toutefois, il faut reconnaître que cette compétence est insuffisamment mise en œuvre[2506].

1192. De même, l'assistance technique est renforcée en matière de sécurité sanitaire au sein du Règlement sanitaire international. Les articles 5 et 44 prévoient l'assistance de l'OMS ainsi que la collaboration entre les Etats pour garantir la mise en œuvre de cet instrument international[2507]. Sans que l'assistance juridique soit mentionnée explicitement, l'OMS reconnaît la législation et les politiques nationales comme étant un indicateur de progrès du développement des capacités nationales essentielles de santé que les Etats doivent développer pour garantir la mise en œuvre du RSI[2508]. Une lecture combinée impose donc que l'OMS puisse offrir une assistance technique et juridique aux Etats concernés.

1193. Deuxièmement, l'article 63 de la Constitution au travers du Recueil de Législation sanitaire internationale prévoit la collaboration en matière juridique par la collecte de législation sanitaire. A cet égard, la compétence prévue à l'article 63 ne peut se limiter à celle de récupérer des copies des lois et autres législations sanitaires des Etats sans que l'OMS se serve de cette riche ressource. En effet, si la compétence principale prévue à l'article 63 est celle de récollecter des données relatives aux législations nationales, pour certains auteurs, elle implique également que l'OMS utilise ces données en

---

[2503] M. BELANGER, « *La formation en droit de la santé* », *op.cit.*, p.59.

[2504] En particulier, l'OMS a participé a des cours sur la gestion de la sécurité alimentaire à Pekin en 1982 et à Xi'an en 1983 (S. YOSHIMOTO, « *Atelier national relatif à la législation sanitaire en matière de sécurité alimentaire* », Xi'an, province du Shaanxi, Chine, 13-18 octobre 1983, RILS, n°35, n°3, 1984, pp.748-751) ainsi qu'a des cours consacrés à la législation sanitaire à Hangzouh en 1986, à Shangahi en 1988 et à Kunming en 1990 (Z. JUNBO et al, « *Troisième atelier national sur la législation sanitaire* », Kunming, Chine, 27 août-4 septembre 1990, RILS, vol.42, n°4, 1991, pp.841-845). Enfin la région européenne OMS a mis en place un Comité consultatif de législation sanitaire en 1981 avec pour mission d'aider le Bureau régional de l'OMS à gérer le programme à moyen terme de législation sanitaire pour la période 1980-1985 dont l'un des cinq sous programmes concerne la formation en législation sanitaire (OMS EURO, « *Première réunion du Comité consultatif de législation sanitaire auprès du Bureau régional de l'OMS pour l'Europe* », Dresde, République démocratique allemande, 24-26 juin 1981, RILS, vol.33, n°3, 1982, pp.651-653. V. également G. PINET, « *The WHO European programme of health Legislation and the Health for All Policy* », American Journal of Law & Medicine, vol.12, n°3/4, 1986, pp.441-460 (p.458-459). Pour une analyse détaillée de la mise en œuvre de la fonction de formation par l'OMS V. M. BELANGER, « *La formation en droit de la santé* », *op.cit.*, pp.59-60.

[2505] M. BELANGER, « *La formation en droit de la santé* », *op.cit.*, p.59.

[2506] G. MARKS et al, « *National Public Health Law: A Role for WHO in Capacity-Building and Promoting Transparency* », *op.cit.*

[2507] L'article 5 §3 du Règlement sanitaire international énonce que « l'OMS aide les Etats parties, à leur demande, à acquérir, renforcer et maintenir les capacités [...] ». De même, l'article 44 §2 précise que « l'OMS collabore, dans la mesure du possible, avec les Etats parties pour (a) évaluer et apprécier leurs capacités de santé publique (...) ; (b) assurer ou faciliter la coopération technique (...) et (c) mobiliser des ressources financières (...) ». De même, l'article 44 § 1 prévoit dans le cadre de la collaboration entre les Etats parties, dans la mesure du possible, afin de « (d) formuler des projets de loi et d'autres dispositions juridiques et administratives (...) ».

[2508] OMS, « *HR core capacity monitoring framework: Checklist and Indicators for Monitoring Progress in the Development of IHR Core Capacities in States Parties* », WHO/HSE/IHR/2010.1.Rev.1, 2011, p.17.

offrant une assistance juridique aux Etats qui le souhaite[2509]. Au vu des fonctions dont elle dispose, il est essentiel que l'OMS assiste, en matière juridique, les Etats au niveau national.

1194. Cette compétence d'assistance lui confère une capacité indirecte de création et de réalisation de ces droits nationaux. En d'autres termes, par sa collaboration avec les Etats membres, l'OMS apparaît comme une autorité créatrice de droit national au sein du droit international de la santé. A cet égard, la notion de « collaboration normative » est très importante afin de soutenir le renforcement des droits nationaux en tant qu'activité complémentaire au développement du droit de l'OMS.

1195. La forme de cette assistance ou collaboration juridique au niveau des Etats membres n'est pas précisée mais elle peut prendre deux formes. D'une part, elle peut prendre celle d'une assistance directe par le Secrétariat de l'OMS renforçant l'idée d'une intensification des ressources de cet organe[2510]. Les bureaux de pays sont des leviers importants. Malgré leur difficulté et le besoin de réforme, ces bureaux – formant un réseau de 151 bureaux – ont pour objectif principal de soutenir les ministères de la santé dans le développement de leurs systèmes nationaux. Il faut ainsi développer des critères pertinents afin de permettre la correspondance entre les besoins nationaux et l'existence et la composition de ces bureaux. A cet égard, la mise en place de critères pertinents afin de mettre en place des bureaux proportionnés aux besoins pourrait intégrer des aspects juridiques. En effet, le manque de soutien au développement des systèmes de santé au niveau national justifierait le développement de compétences juridiques au sein du personnel des bureaux de pays. Cette évolution est pertinente et permettrait à l'OMS de mettre en œuvre une collaboration normative au niveau des Etats afin de soutenir et développer des droits nationaux. Si les bureaux de pays ne sont pas la priorité de l'OMS, des efforts doivent être entrepris en ce sens.

1196. D'autre part, cette collaboration de l'OMS au niveau des Etats membres peut notamment prendre la forme de « centres collaborateurs ». A ce titre, aujourd'hui l'OMS collabore avec plus de 700 Institutions dans plus de 80 pays soutenant les programmes de l'OMS[2511]. Ces centres collaborateurs sont des « institutions, instituts de recherche, départements d'universités ou d'instituts universitaires » qui visent à « mener des activités de soutien en faveur des programmes de l'Organisation ». Ces derniers, désignés par le Directeur général, couvrent des domaines très variés[2512]. Dès la Deuxième Assemblée mondiale de la santé, il a été décidé que l'OMS ne devait pas créer sous ses propres auspices d'institutions internationales de recherche[2513]. Parmi les fonctions conférées à ces centres, sont prévus le recueil, le collationnement et la diffusion d'information, la normalisation de la terminologie et de la

---

[2509] G. MARKS et al, « *National Public Health Law: A Role for WHO in Capacity-Building and Promoting Transparency* », *op.cit.*

[2510] V. *supra* n°0 et s.

[2511] Site OMS « *Centres collaborateurs* » (http://www.who.int/collaboratingcentres/fr/

[2512] Parmis les domaines, on peut citer les soins infirmiers, la médecine du travail, les maladies transmissibles, la nutrition, la santé mentale, les maladies chroniques et les technologies sanitaires (V. base de données : http://apps.who.int/whocc/Default.aspx).

[2513] Site OMS « Historique » (http://www.who.int/collaboratingcentres/cc_historical/fr/).

nomenclature ou la formation, notamment dans le domaine de la recherche[2514]. Ces centres constituent « un mécanisme de coopération essentiel et rentable » et répondent à deux nécessités : mettre en œuvre les activités prescrites dans le cadre de l'OMS et développer et renforcer les capacités institutionnelles dans les pays et les régions. A l'inverse, les centres collaborateurs bénéficient d'une « reconnaissance et d'une visibilité renforcées » selon la Professeure LEE[2515].

1197. Par ces centres, l'OMS a la possibilité de renforcer les systèmes de santé des pays et en particulier leurs droits nationaux. Ainsi, une collaboration peut également être envisagée par le biais des centres collaborateurs, établit au sein des Etats, qui pourraient coopérer avec ceux qui souhaitent une assistance juridique. L'OMS jouerait davantage un rôle de coordination des travaux juridiques.

1198. Toutefois, la collaboration avec des centres nationaux de droit est insuffisante voire inexistante. Si un centre en partenariat avec les universités de John Hopkins et de Georgetown a été établi en 2005 afin de traiter du droit de la santé publique et des droits de l'homme[2516], l'état actuel de son activité est inexistant comme en témoigne le site dont la dernière mise à jour date de 2009[2517]. A ce titre, selon la base de données de l'OMS, la collaboration avec ce centre a été arrêtée en 2013[2518]. On constate, par ailleurs, qu'aucune catégorisation « droit » n'existe sur la base de données officielle de l'OMS[2519]. Les seuls centres qui disposent, dans sa fiche de compétence, de lien indirect avec le droit sont associés aux questions d'éthique et de bioéthique. Il en existe dix. Seul un centre fait référence directement au droit de la santé dans sa dénomination toutefois il est rattaché au département de médecine légale et éthique[2520].

1199. A cet effet, il est regrettable que le soutien apporté par l'OMS aux Etats dans le développement de leurs droits nationaux soit insuffisant comme le dénonce Madame MARKS et ses collègues. L'OMS, dans le cadre de son autorité normative, doit maintenir une activité juridique par le biais des bureaux de pays ou de centres collaborateurs notamment par la mise en place de formation juridique en santé publique. Comme le soulignent Madame MARKS et ses collègues, un moyen d'aider les Etats membres est de mettre en place des centres internationaux de collaboration en recherche afin de promouvoir le développement de leur système de santé[2521]. Parallèlement, peut être envisagée au sein de l'OMS, la mise en place d'un « Centre ou programme de droit de la santé publique », en lien avec des partenaires régionaux, qui aurait notamment pour mission d'aider à la formation de juristes au niveau national[2522]. Cela s'inscrirait dans la lignée de ce qui avait

---

[2514] Site OMS « Fonctions et rôle » (http://www.who.int/collaboratingcentres/cc_historical/fr/index2.html).

[2515] K. LEE, *The World health organization (WHO),* Routledge, Global Institutions, 2009, pp.37-38.

[2516] V. WHO/PAHO Collaborating Center on Public Health Law and Human Rights.

[2517] http://www.publichealthlaw.net/

[2518] V. la fiche relative à ce centre : http://apps.who.int/whocc/Detail.aspx?cc_ref=USA-311&cc_ref=usa-311&

[2519] http://apps.who.int/whocc/Search.aspx

[2520] Department of Medical Law and Ethics, The Asian Institute of Bioethics and Health Law (AIBHL), Yonsei University

[2521] G. MARKS et al, « *National Public Health Law: A Role for WHO in Capacity-Building and Promoting Transparency* », *op.cit.*

[2522] *Ibid.*

été réalisé en matière de législation sanitaire à la différence qu'il s'agit de formation en droit de la santé publique[2523]. Ceci contribuerait à la mondialisation de la formation en droit international et national de la santé. Ce Centre aurait également pour mission de définir et d'apporter une expertise technico-juridique aux travaux de l'OMS.

1200. Considérant la définition du droit international de la santé comme intégrant les droits nationaux, la capacité de l'OMS à créer du droit international de la santé est double. D'abord, elle peut créer du droit directement par sa fonction normative. Ensuite, elle peut accompagner et aider les Etats membres à développer leur système de santé. En tant qu'autorité normative l'OMS est à même de participer au renforcement du droit international de la santé, et cela, à deux niveaux.

2. Un renforcement du droit international de la santé à deux niveaux

1201. Par le renforcement de l'autorité normative de l'OMS, le droit international de la santé bénéficierait d'une reconnaissance accrue (a). Par ailleurs, ce renforcement permettra d'étoffer le contenu de ce droit (b).

a. Une reconnaissance accrue du droit international de la santé

1202. Déjà évoqué, le besoin d'accroître l'autorité normative de l'OMS notamment par le biais d'un renforcement de son autorité en tant qu'organisation de santé publique. Non seulement cela permettrait d'affirmer l'OMS à l'égard des autres acteurs de santé mondiale mais cela offrirait à son activité normative une reconnaissance accrue. Dans cette perspective, si le pouvoir normatif est essentiel à toute entreprise créatrice de droit – ce dont l'OMS dispose constitutionnellement – la capacité pour une organisation de s'inscrire dans la durée, par sa légitimé reconnue, lui confère la plénitude de son autorité. Or, le droit international de la santé bénéficierait de la légitimité retrouvée de l'OMS, par l'encouragement du développement de son droit. Le droit de l'OMS est partie intégrante du droit international de la santé. Certes, à l'heure actuelle, l'OMS rencontre des difficultés dans la reconnaissance de son autorité et de sa crédibilité. Toutefois, les différentes réformes proposées visent à consolider son autorité[2524].

1203. Ainsi, l'existence d'une autorité légitime créatrice de droit international de la santé permettrait la consolidation de ce dernier, en particulier à l'égard de deux conditions énoncées par le Professeur BELANGER. Premièrement, la légitimité normative de l'OMS permettrait une plus grande prise de conscience internationale de la « nécessité de règles juridiques[2525] » dans le domaine de la santé (ou dans une zone géographique

---

[2523] Il convient de souligner la distinction réalisée entre « législation sanitaire » et « droit de la santé ». La première notion fait référence uniquement aux textes législatifs auxquels il convient d'associer les textes réglementaires et exclut, à la différence du droit de la santé, l'ensemble des règles juridiques écrites, les décisions des juridictions, les coutumes et les principes généraux non écrits de droit (V. M. BELANGER, « *La formation en droit de la santé* », *op.cit.*, p.60).

[2524] V. *supra* n°0 et s.

[2525] M. BELANGER, « *Une nouvelle branche du droit international : le droit international de la santé* », *op.cit.*, p.45.

spécifique). En l'espèce, l'OMS doit exercer les moyens dont elle dispose afin d'agir normativement au niveau international. En effet, si sa légitimité en tant qu'autorité normative n'est pas absente, l'OMS doit assumer pleinement sont rôle d'auteur des règles ce qui permettra d'insister sur le besoin du développement d'un droit international de la santé.

1204. Deuxièmement, quant à l'action de l'OMS, « la précision des règles juridiques élaborées (...) doit être élevée ; (...) les compétences des organisations internationales doivent être importantes [2526] ». Or, les compétences de l'OMS si elles sont importantes, souffrent d'une concurrence accrue de nombreux acteurs. Dès lors, certaines réformes, telles que la prise en compte des acteurs non étatiques dans la gouvernance de l'OMS ainsi que la mise en place d'un organe judiciaire compétent en matière de santé mondiale sont à même d'offrir à l'OMS davantage de compétences en matière normative.

1205. Dès lors, la capacité du droit international de la santé à exister et à être reconnu serait renforcée grâce à la consolidation de la légitimité de l'OMS. Cette reconnaissance s'accompagne du développement d'un contenu étoffé du droit international de la santé.

b. Un contenu étoffé du droit international de la santé

1206. Au vu du contenu du droit international de la santé en partie constitué par l'activité normative de l'OMS, le développement du droit de l'OMS permettrait de consolider ce droit. Ainsi, comme le constate justement le Professeur BELANGER, « un droit institutionnel se forme avec les activités de structures juridiques créatrices de droit[2527] ». Or, l'OMS dispose, dans un Constitution, d'un pouvoir normatif très important –constitutif pour certain d'une « véritable législation sanitaire internationale[2528] »– mais qui demeure peu mis en œuvre.

1207. A ce titre, le développement du droit de l'OMS permettrait d'offrir au droit international de la santé un contenu davantage étoffé et consolidé. En effet, comme le rappelle le Professeur BURCI « (la) non utilisation du pouvoir normatif de l'OMS et la nature intrinsèquement imbriquée des questions de santé ont finalement conduit la communauté internationale à ne pas considérer la santé comme une branche autonome du droit international pouvant être l'objet d'une régulation par des instruments contraignants [2529] ». Le développement du droit de l'OMS apporterait une réponse à la troisième condition posée par le Professeur BELANGER. Pour qu'un droit international de la santé existe, il faut « la présence de sources juridiques systématisées (actes internationaux, coutume, principes généraux de droit, jurisprudence internationale et doctrine)[2530] ».

[2526] M. BELANGER, « *Réflexions sur la réalité du droit international de la santé* », *op.cit.*, p.76.
[2527] *Ibid.*
[2528] C. H. VIGNES, « *Le règlement sanitaire international* », in AFDI, vol.11, 1965, pp.649-667 (p.658) ; E. MONDIELLI, « *La prise en compte des normes OMS par le droit français* », *op.cit.*, p.87.
[2529] G. L. BURCI, « *La CCLAT* », Journal du Droit International (Clunet), n°1, Janvier 2005, var.1.
[2530] M. BELANGER, « *Une nouvelle branche du droit international : le droit international de la santé* », *op.cit.*, p.46.

1208. Si une partie de cette condition est remplie, la cohérence générale dans le contenu du droit international de la santé peut être améliorée. Or, l'OMS par sa compétence, peut non seulement développer le droit de l'OMS (contraignant et non contraignant, national et international) mais également offrir une systématisation et une structuration au droit de l'OMS, et par extension, au droit international de la santé. Il en va ainsi dans la mesure où l'OMS joue, par ailleurs, le rôle de coordinateur du droit international de la santé. La présence d'une autorité internationale créatrice de normes offre l'opportunité de consolider et d'apporter de la cohérence au droit international.

1209. Par ailleurs, s'il a été démontré que le droit international de la santé repose sur des sources importantes, la proposition de réfléchir à la création d'un organe judiciaire permettrait le développement d'une jurisprudence propre relative au droit international de la santé. Ceci permettrait non seulement d'étoffer le contenu du droit international de la santé, par le biais du précédent, mais également, grâce au pouvoir d'interprétation dont disposerait cet organe en renforçant la systématisation des principes du droit international de la santé.

1210. Parallèlement, l'OMS en tant qu'autorité normative qui collabore avec les Etats membres dans la mise en œuvre des droits nationaux – par le biais de centres collaborateurs ou de bureaux de pays – participerait au développement du contenu du droit international de la santé.

1211. Enfin, le renforcement du rôle normatif de l'OMS mais également l'adoption de mesures de réforme permettrait de répondre aux critiques fondées quant à l'absence d'universalité du droit international en général et donc du droit internationale de la santé en particulier[2531]. En effet, les réformes à l'égard du rôle des acteurs non étatiques sont nécessaires en leur accordant un droit de vote afin qu'ils participent activement au droit de l'OMS. De même, le développement d'un organe juridictionnel au sein de l'OMS (ou *ad hoc* ayant des compétences similaires) afin de régler des différends sanitaires internationaux permettrait de garantir des droits directement au genre humain tout en mettant en œuvre la responsabilité de tous les sujets de droit ayant commis des actes illicites.

1212. Face à la multiplication de « producteurs[2532] » de normes, l'OMS doit servir de « catalyseur » du droit international de la santé en tant qu'autorité directrice, coordinatrice et créatrice de droit de l'OMS. Ceci permettrait d'être en présence d'un droit international de la santé davantage unifié[2533].

[2531] M. CHEMILLIER-GENDREAU, *« A quelles conditions l'universalité du droit international est-elle possible ? », op.cit* ; V. *supra* n°0 et s.

[2532] M. SAMSON, « *Réflexions sur le rôle du droit dans la gouvernance de la santé mondiale* », in E. MONDIELLI, F. VIALLA et E. CADEAU (coord.), *op.cit.*, p. 120 (pp.117-134).

[2533] M. BELANGER, « *Réflexions sur la réalité du droit international de la santé* », *op.cit.*, p.60. L'auteur parle d'« unification normative ».

CONCLUSION DU CHAPITRE 2

1213. Le droit international de la santé existe malgré certaines difficultés à cerner ses contours. Il demeure fragmenté, parcellaire et éclaté à l'image du droit international public. Afin de tenter d'apporter une réponse à ces écueils, l'OMS doit être l'autorité principale et centrale du droit international de la santé sans en être son autorité unique. Ce positionnement s'explique en raison des qualités de l'OMS, à plus forte raison si cette dernière venait à être réformée.

1214. L'OMS pourrait servir d'autorité coordinatrice de l'ensemble des droits nationaux de la santé par une collaboration juridique renforcée. Elle offrirait également un contenu étoffé et délimité du droit international de la santé en participant directement à sa création. L'OMS pourrait ainsi participer au développement du droit international de la santé.

1215. Dans cette optique, une OMS améliorée permettrait une intensification et une consolidation du droit international de la santé qui en retour consoliderait son autorité normative. Ces évolutions synergiques offriraient également une meilleure protection de la santé mondiale.

CONCLUSION DU TITRE II

1216. L'analyse de l'autorité normative de l'OMS au sein du droit international de la santé permet deux constats. D'abord, liée à l'affaiblissement de son autorité de santé publique, son autorité normative est confrontée à un certain nombre de difficultés qui nuisent à sa légitimité. Les différentes propositions de réforme visent à surmonter ces dernières afin de renforcer son autorité normative. Ensuite, le droit international de la santé, qui a évolué dans sa dénomination et son contenu, souffre toujours d'un défaut de considération en raison d'un manque de contenu, de cohérence et de coordination.

1217. Le renforcement de l'OMS participera au renouvellement du droit international de la santé. Cette discipline demeure essentielle pour la protection de la santé mondiale qui est au cœur du mandat constitutionnel de l'OMS. Les différentes réformes proposées sont progressives et graduées. Si certaines réformes sont ambitieuses voire idéalistes, d'autres ne nécessitent pas d'efforts insurmontables. Ces réformes sont essentiels pour l'avenir de l'autorité normative de l'OMS.

CONCLUSION DE LA PREMIÈRE PARTIE

1219. L'évaluation de l'OMS, par le prisme de son autorité en tant qu'institution spécialisée en santé, a permis l'identification de certains dysfonctionnement. En particulier, la structure et l'organisation de l'OMS font état de la présence accrue des Etats membres dans son fonctionnement et à sa structure décentralisée (Chapitre 1). Par ailleurs, en raison de la multiplication des autres acteurs de santé, l'OMS est concurrencée dans le domaine de la santé. Les difficultés inhérentes à cette concurrence remettent en cause sa légitimité (Chapitre 2). A cet égard, dans un premier temps, l'affaiblissement de l'OMS impose d'envisager des réformes structurelles afin d'améliorer la protection de la santé, objectif principal du mandat de l'OMS.

1220. Dans un second temps, l'étude de l'autorité normative de l'OMS et en particulier de sa légitimité à faire usage de sa fonction normative dans le domaine de la santé démontre un affaiblissement de l'autorité de l'OMS. Cet affaiblissement a une influence sur sa capacité à être une autorité normative légitime. Ce constat a été renforcé par les difficultés propres à son rôle normatif. Cet ensemble a participé à l'affaiblissement de la protection de la santé mondiale. A cet effet, un certain nombre de recommandations ont été proposées afin de renforcer, d'une part, l'autorité globale de l'OMS et, d'autre part, son autorité normative (Chapitre 3). En outre, après une étude sur la notion et le contenu du droit international de la santé, le rôle que l'OMS peut ou doit jouer au sein de ce droit a été apprécié. Ainsi, l'OMS est une autorité principale du droit international de la santé qui, si elle est réformée, peut devenir une autorité coordinatrice et créatrice de ce droit (Chapitre 4).

1221. Ainsi, l'existence d'un droit international de la santé sera consolidée par le renforcement de l'autorité normative de l'OMS. Dès lors, il convient de discuter des aspects pratiques de cette autorité normative par le biais de l'analyse de la production normative de l'OMS depuis sa création. A cet égard, les moyens qui permettraient à l'OMS de faire évoluer son activité normative en droit international de la santé doivent être appréhendés. En effet, reprenant les mots du Professeur LEMOYNE DE FORGES, « [si] toute institution internationale est évidemment une 'organisation juridique' dès lors qu'elle est dotée de compétences juridiques (...) se pose toujours la question de 'densité juridique' dès que l'on a faire à une institution spécialisée[2534] ». A cet

[2534] J.-M. LEMOYNE DE FORGES, « *Irremplaçable O.M.S. ?* », *op.cit.*, p.180.

égard, l'autorité normative de l'OMS n'avait pas pour but « d'être admirée mais d'être utilisée[2535] ».

1222. A cette fin, après avoir analysé l'OMS en tant qu'autorité normative, il convient de discuter du contenu de sa production normative par le biais de son activité normative.

[2535] D. FIDLER, « *The Future of the World Health Organization: What Role for International Law?* », Vanderbilt Journal of Transnational Law, vol.31, 1998, p.10878.

DEUXIÈME PARTIE

L'ACTIVITÉ NORMATIVE DE L'OMS

1223. Une fois démontré que l'OMS possédait la légitimité en tant qu'autorité afin d'adopter des normes au niveau international, il convient d'étudier sa capacité à produire ou émettre des normes ainsi qu'à les mettre en œuvre et leurs contenus. En d'autres termes, l'OMS bénéficie d'une légitimité originelle conférée par son acte fondateur. En effet, le « fondement juridique explicite[2536] » de l'activité normative de l'OMS se trouve dans son acte constitutif qui lui confère, d'abord, une légitimité formelle. Il convient d'analyser, ensuite, la légitimité d'action[2537] qui « interroge sur l'usage qu'elles font du pouvoir par-delà son bien-fondé[2538] ».

1224. La notion « d'activité » se définit comme « la manifestation de la faculté, la puissance d'agir[2539] » ou en tant qu' « ensemble des actions diverses menées dans un secteur[2540] ». Pour le Professeur SALMON, l'activité officielle apparaît « pour une organisation internationale [comme l'] ensemble des actes et des travaux qu'elle mène dans le cadre des objectifs définis par son acte constitutif[2541] ». A ce titre, la notion « d'activité normative[2542] » recouvre l'ensemble des actions –travaux et actes– diverses menées en matière normative ou par la manifestation de sa faculté ou puissance d'agir en matière normative, afin d'atteindre les objectifs prévus par son acte constitutif, c'est-à-dire la protection de la santé. Cette notion s'apparente donc à celle de production ou de densité normative[2543]. Si la notion de production normative a

---

[2536] G. ULFSTEIN, « *Les activités normatives de l'organisation internationale* », in E. LAGRANGE et J.-M. SOREL, *op.cit.*, p.740.

[2537] V. J. D'ASPREMONT et E. DE BRABANDERE, « *The complementary faces of legitimacy in international law : the legitimacy of origin and the legitimacy of exercise* », Fordham International Law Journal, vol.34, 2010, pp.101-145.

[2538] L. DUBIN et M.-C. RUNAVOT, « *Représentativité, légitimité, efficacité* », in E. LAGRANGE et J.-M. SOREL, *op.cit.*, p.80.

[2539] Dictionnaire du Larousse

[2540] *Ibid.*

[2541] J. SALMON, *Dictionnaire de Droit international public, op.cit.*, « activité officielle » p.38.

[2542] Il convient de différencier cette définition de celle issue du droit de la concurrence. G. CLAMOUR, S. DESTOURS (actualisé par M. FOGLIA), « *Fasc. 724-20 Droit de la concurrence, - Droit public de la concurrence* », in Jurisclasseur Collectivités territoriales, 31/08/2014, §6 : « Activité normative – *Définition.* – Formule issue de la pratique du droit de la concurrence pour caractériser les activités publiques ne pouvant être considérées comme des activités de production de distribution ou de services ».

[2543] C. THIBIERGE, *La densification normative Découverte d'un processus*, LGDJ, 2014 ; P. MOOR, *Pour une théorie micropolitique du droit*, PUF, 2005, p.64.

pu être définie comme « l'art de faire des lois »[2544] celle d'activité normative apparaît comme « l'art de faire des normes ». A cet égard, l'activité normative d'une organisation « dépasse bien souvent le simple niveau de la coopération[2545] ». Dans cette perspective, l'ensemble de l'activité de l'OMS est « normative » « dans la mesure où elle consiste à informer, à donner des références communes, à harmoniser les méthodes de lutte et d'organisation des systèmes de santé[2546] ». Pour Monsieur NYEMB, l'activité normative des organisations internationales « s'attache avant tout à la protection juridique des populations[2547] ».

1225. Toutefois, l'analyse de la compétence conférée par l'acte constitutif impose une compréhension extensive de la notion de norme qui ne peut se limiter aux aspects juridiques. Ainsi, l'activité normative comprend toutes les activités de l'organisation internationale qui ont pour but d'orienter le comportement des Etats. On peut emprunter l'expression du Professeur MONDIELLI de « législation OMS » en ce qu'elle renvoie à « l'ensemble de l'activité normative de l'OMS[2548] ».

1226. L'objectif est à présent d'étudier *in concreto* les instruments normatifs qui émanent de l'OMS en les confrontant aux résultats obtenus en matière d'amélioration du niveau de santé mondiale. A cet égard, il convient dans un premier temps d'analyser le contenu déséquilibré de l'activité normative de l'OMS (Titre I).

1227. Par ailleurs, l'analyse de cette mise en œuvre impose une réflexion plus générale sur la notion de norme au sein de l'OMS. Ainsi, dans un second temps, cette mise en œuvre a pour conséquence de remettre en cause de la conception de norme de l'OMS. Afin de proposer des éléments d'évolution de l'activité normative de l'OMS, il convient alors d'apprécier la mutation de de son activité normative (Titre II).

Le contenu déséquilibré de l'activité normative de l'OMS (Titre I)

La mutation de l'activité normative de l'OMS (Titre II)

[2544] V. D. REMY, *Légistique. Art de faire les lois*, Paris, Romillat, 2004.

[2545] J.-M. SOREL, « *L'institutionnalisation des relations internationales* », in E. LAGRANGE et J.-M. SOREL, *op.cit.*, p.33.

[2546] Y. BEIGBEDER, *L'Organisation mondiale de la santé*, PUF, 1997, p.81.

[2547] G. NYEMB, *Droits humains, déontologie, droit de la santé*, Presses universitaires d'Afrique, 2012, p. 29.

[2548] E. MONDIELLI, « *La prise en compte des normes OMS par le droit français* », *op.cit.*, p.107, n.d.p.10. L'auteur rappelle que « l'OMS ne dispose pas de pouvoir législatif ».

TITRE I

LE CONTENU DÉSÉQUILIBRÉ DE L'ACTIVITÉ NORMATIVE

1228. La délimitation du contenu de l'activité normative de l'OMS dépend, avant toute chose, de la compétence qui lui est conférée, en particulier dans sa Constitution. Toutefois, elle découle, encore, de l'utilisation et de la mise en œuvre qui en est faite par les organes de l'OMS. A cet effet, la variété de la fonction normative, permettant l'adoption d'instruments diversifiés, contraignants et non contraignants, a pour conséquence le développement, par l'OMS, d'un contenu normatif hétéroclite. En effet, pour analyser le contenu de l'activité normative de l'OMS, il convient d'avoir une compréhension extensive de la norme au vu des instruments que l'Organisation a compétence de prendre. L'objectif est donc notamment d'analyser la prise en compte de l'activité normative de l'OMS par les législations nationales afin d'en tirer des enseignements pour la délimitation et l'amélioration de la norme de l'OMS.

1229. Il convient d'étudier la mise en œuvre par l'OMS de son activité normative, laquelle est déséquilibrée en ce qu'elle s'exerce principalement par son activité non contraignante au détriment de son activité contraignante. A ce titre, l'activité non contraignante de l'OMS apparaît comme large (Chapitre 1). A l'inverse, le rôle de l'OMS en matière d'activité contraignante est davantage limité (Chapitre 2).

Une activité non contraignante étendue (Chapitre 1)

Une activité contraignante limitée (Chapitre 2)

CHAPITRE 1

UNE ACTIVITÉ NON CONTRAIGNANTE ÉTENDUE

1230. Il faut reconnaître que l'activité non contraignante a été, et demeure, très florissante au sein de l'OMS[2549]. Elle est le « mode d'action privilégié » de l'OMS[2550]. A cet égard, il est très difficile de procéder à une analyse exhaustive de son contenu d'autant plus que la prise en compte de ces instruments apparaît très diffuse. En effet, observer cette prise en compte n'est pas aisé, en particulier en raison des références qui peuvent parfois être implicites[2551] au sein des systèmes juridiques nationaux. On observe, néanmoins, au sein de l'activité non contraignante de l'OMS, que plusieurs instruments, représentatifs de sa fonction normative, peuvent être analysés afin de déterminer leur influence sur les législations nationales.

1231. En particulier, on constate qu'au sein du contenu de l'activité non contraignante de l'OMS, une dichotomie se forme. D'une part, il existe des recommandations de l'OMS dont l'objet principal est de nature technique et scientifique afin de faire adopter des mesures sanitaires par les Etats[2552]. Le contenu technique de l'activité de l'OMS se caractérise par sa diversité (Section 1). D'autre part, il existe des recommandations, au contenu davantage juridique, qui prévoient des principes directeurs, des programmes d'action ou des codes de conduite visant à s'intégrer dans les législations nationales. Par ce biais, l'OMS a ainsi pu élargir son champ et ses moyens d'intervention (Section 2).

La diversité du contenu technique de l'activité de l'OMS (Section 1)

La volonté de l'OMS d'élargir son champ et ses moyens d'action (Section 2)

[2549] E. MONDIELLI, « *La prise en compte des normes OMS par le droit français* », *op.cit.*, p.87. L'auteur rappelle le « grand nombre et la valeur juridique très variable des normes établies par l'institution spécialisée. »

[2550] *Ibid.*, p.89.

[2551] Parfois des principes vont être repris au niveau national sans que soit mentionné expressément l'instrument original de l'OMS.

[2552] E. MONDIELLI, « *La prise en compte des normes OMS par le droit français* », *op.cit.*, p.88-89.

SECTION 1 : LA DIVERSITE DU CONTENU TECHNIQUE DE L'ACTIVITE DE L'OMS

1232. Sans être exhaustif, en particulier en raison de la multiplicité de la terminologie de « recommandations[2553] » qui offre un contenu sans fin à cette catégorie, l'objectif est d'analyser les contours de ce corpus d'activité normative. A cette fin, cette évaluation est envisagée au travers de certaines recommandations représentatives de la capacité de l'OMS à adopter des instruments non contraignants.

1233. Dès sa création, l'OMS a eu pour fonction de « développer, établir et encourager l'adoption de normes internationales en ce qui concerne les aliments, les produits biologiques, pharmaceutiques et similaires[2554] ». En application de cette compétence constitutionnelle, l'OMS est intervenue en matière de classification et de standardisation en santé (§1). Par ailleurs, au vu de sa compétence importante en santé[2555], on observe que l'OMS est intervenue au-delà sa compétence de standardisation et de classification. Le contenu technique de l'activité de l'OMS est aujourd'hui très riche et varié (§2).

§1 : La compétence reconnue de classification et de standardisation en santé

1234. L'OMS, en tant qu'organisation technique, a eu pour rôle d'élaborer des classifications et des dénominations (A). Par ailleurs, la mise en place du *Codex Alimentarius* apparaît comme un exemple intéressant de la capacité de l'OMS à édicter des normes en matière alimentaire (B).

A. Le rôle historique de dénomination et classification internationales

1235. L'OMS a élaboré des recommandations en matière pharmaceutique d'une part (1) mais également dans le cadre de la classification des maladies d'autre part (2).

1.Une élaboration différenciée en matière pharmaceutique

1236. L'activité pharmaceutique de l'OMS repose principalement sur la qualité scientifique des décisions prises. Toutefois, cette qualité scientifique ne repose pas uniquement sur la compétence de l'OMS. Le degré de participation scientifique des Etats peut varier dans l'élaboration de l'instrument. Ainsi, les Etats ont la possibilité de participer grandement à la détermination du contenu des dénominations communes internationales qui apparaissent aujourd'hui comme des recommandations exécutoires (a). A l'inverse, la liste modèle

---

[2553] V. *supra* n°0 et s.

[2554] Article 2 u) de la Constitution de l'OMS. Les autres dispositions de l'article 2 prévoit : « s) établir et réviser, selon les besoins, la nomenclature internationale des maladies, des causes de décès et des méthodes d'hygiène publique ; t) standardiser, dans la mesure où cela est nécessaire, les méthodes de diagnostic »

[2555] On citera notamment l'article 2 v) qui précise que l'OMS a pour fonction « d'une manière générale, [de] prendre toute mesure nécessaire pour atteindre le but assigné à l'Organisation. »

OMS des médicaments essentiels, élaborée exclusivement par l'OMS, est un exemple de la pertinence de l'activité non contraignante de l'OMS en ce qu'elle bénéficie d'une portée mondiale (b).

a. Le caractère exécutoire des dénominations communes internationales

1237. Les dénominations communes internationales (DCI) « identifient les substances pharmaceutiques ou les principes actifs pharmaceutiques[2556] ». Créé en 1950[2557], le système des DCI fonctionne depuis 1953 avec la publication de la première liste des DCI pour les substances pharmaceutiques. Cette liste agit comme une appellation unique reconnue au niveau mondial et qui relève du domaine public. Le qualificatif de « communes[2558] » vise à garantir leur universalité en les plaçant officiellement dans le domaine public. Ces DCI doivent ainsi se distinguer par leur consonance et leur orthographe afin de ne pas prêter à confusion avec d'autres désignations courantes.

1238. L'objectif de ce système est de « fournir aux professionnels de la santé un nom d'appellation unique et universellement reconnu permettant d'identifier chaque substance pharmaceutique[2559] ». Il permet, d'une part, d'identifier clairement, prescrire et délivrer en toute sécurité les médicaments aux patients et, d'autre part, aux professionnels de la santé et aux chercheurs du monde entier de communiquer entre eux et d'échanger des informations. En principe, les DCI sont seulement établies pour des substances uniques, bien définies et qui peuvent être désignées sans équivoque par un nom (ou une formule) chimique. A cet égard, les mélanges de substances ou les substances qui ne sont pas entièrement caractérisées sont exclues des listes ou alors inclues à titre exceptionnel[2560].

1239. La liste des DCI, publiée bi-annuellement, compte aujourd'hui près de 7000 noms et quelques 120 à 150 nouvelles DCI viennent la compléter chaque année. Elles sont destinées à être employées dans les pharmacopées, l'étiquetage, l'information relative au produit, la publicité et le matériel promotionnel, la réglementation pharmaceutique et la littérature scientifique ainsi que comme base de noms de produits pour des médicaments génériques par exemple.

1240. Si initialement l'élaboration de ces dénominations repose sur le fondement juridique d'une décision initiale de l'Assemblée mondiale de la santé de 1950[2561], l'Assemblée ne valide pas chaque liste publiée en tant que telle. Toutefois, la résolution de 1950 ainsi que les décisions postérieures prévoient une procédure de sélection des DCI et leur utilisation consécutive par les Etats membres[2562]. Ainsi, malgré l'absence de force contraignante de cette liste, la rigueur de la procédure couplée à la qualité du travail collaboratif

---

[2556] OMS, *The International Pharmacopeia*, vol.1, 4e éd., 2006, p.1441.
[2557] OMS, « *Non Proprietary Names for Drugs* », Résolution WHA3.11, 1950.
[2558] A cet égard, la dénomination anglaise fait référence aux « international *nonproprietary* names (INN) ».
[2559] OMS, « *Les dénominations communes internationales (DCI)* », http://www.who.int/medicines/services/inn/innguidance/fr/.
[2560] *Ibid.*
[2561] OMS, Résolution WHA3.11, 1950.
[2562] OMS, « *Guidelines on the Use of International Nonproprietary Names (INNS) for Pharmaceutical Substances* », 1997.

accompli confèrent à ce système une application et une reconnaissance dans le monde entier.

1241. En premier lieu, la procédure de mise en place des DCI repose sur une collaboration avec de nombreux organismes nationaux de nomenclature pharmaceutique. Selon l'OMS et en raison de cette constante collaboration, on constate que les dénominations de plusieurs systèmes nationaux tels que les British Approved Names (BAN), les dénominations communes françaises (DCF), les Japanese Adopted Names (JAN) et les United States Adopted Names (USAN) sont aujourd'hui, à de rares exceptions près, identiques aux DCI.

1242. En deuxième lieu, le système de DCI suit une procédure stricte qui fait intervenir l'avis d'experts inscrits au Tableau consultatif d'experts de la Pharmacopée internationale [2563] et des préparations pharmaceutiques. Le Secrétariat, après réception d'un formulaire de demande de DCI vérifie la conformité des dénominations suggérées avec les règles générales, recherche des similarités avec des DCI publiées et détecte d'éventuels conflits avec les désignations existantes. Une note résumant le résultat de ces contrôles est transmise aux experts des DCI pour observations. L'ensemble des experts consultés doit s'accorder sur une dénomination, d'abord par correspondance puis par un vote qui a lieu pendant une consultation officielle.

1243. En dernier lieu, une fois les DCI validées par les experts, elles vont faire l'objet d'une proposition par l'OMS (« DCI proposées ») aux Etats membres, sans qu'il soit nécessaire de passer par la validation officielle de l'Assemblée mondiale de la santé. Ces DCI proposées sont alors publiées (depuis 1987[2564]) dans la revue trimestrielle *Informations pharmaceutiques OMS.* Dès publication, un délai d'objection de quatre mois s'ouvre dont la date d'expiration est indiquée. Ce délai permet aux Etats membres de formuler des observations ou des objections concernant les dénominations publiées. Les motifs de toute objection doivent être clairement exposés et seront alors évalués par les experts. Dans ce cas, l'OMS reconnaît qu'elle « s'efforcera

---

[2563] Il convient d'évoquer succinctement la Pharmacopée internationale qui n'a plus été développée en tant que telle par l'OMS depuis sa dernière mise en jour en 1994 et la publication du 4ème volume de la 3e édition. Instrument non contraignant développé par l'OMS, la première édition a été publiée en 1951. Il s'agit d'un recueil de normes admises au niveau international, portant sur l'activité, la pureté et l'activité des produits pharmaceutiques qui entrent dans le commerce international. Leur adoption est recommandée aux Etats membres en vertu des Articles 21 d) et 23 de la Constitution de l'OMS et de la résolution WHA3.10 de l'Assemblée mondiale de la santé. La Pharmacopée internationale se pose donc « dans une large mesure comme une alternative à un certain nombre de pharmacopées nationales et régionales. Selon un Comité OMS d'experts la Pharmacopée internationale « aide, entre autres, à avancer l'adoption de normes à l'échelon national, en favorisant utilement les échanges d'expériences acquises dans des pays très divers » (V. OMS, *Vingt-huitième Rapport du Comité OMS d'experts des Spécifications relatives aux Préparations pharmaceutiques*, 1982). Le but de la Pharmacopée internationale est de fournir une analyse indépendante des formes pharmaceutiques. Toutefois, force est de constater l'échec de ce document, dont la dernière édition (la troisième) adopté en plusieurs volumes (le 1er en 1980 ; le 2e en 1981, le 3e en 1988, le 4e en 1994) est toujours en attente du 5e volume dont la dernière information date de 1998 et dont le statut était « en préparation ». Cette évolution s'explique, d'une part, en raison du développement des dénominations communes internationales par l'OMS et, d'autre part, du développement des pharmacopées nationales et de la pharmacopée européenne. A cet égard, le Code de la santé publique par exemple, fait référence à la dénomination commune internationale recommandée par l'OMS, à la pharmacopée nationale et européenne et non à la pharmacopée internationale de l'OMS (V. Article L.5121-1-4 du Code de la santé publique).

[2564] M. BELANGER, *Le droit international de la santé*, Que sais-je ?, PUF, 1997, p.28. « Auparavant, elles se trouvaient dans les suppléments semestriels de la *Chronique OMS.* »

d'obtenir le retrait de cette objection ou reconsidérera la dénomination proposée[2565] ». En d'autres termes, tant que l'objection subsistera, l'OMS ne publiera pas cette dénomination en tant que DCI recommandée. En l'absence d'objection, les DCI sont recommandées aux Etats (« DCI recommandées »). Par suite de cette dernière étape du processus, la DCI recommandée ne sera plus modifiée et sera prête à être employée dans l'étiquetage, les publications ou l'information relative aux médicaments.

1244. La particularité des DCI, instruments non contraignants de l'OMS, tient en ce qu'une fois qualifiées de « recommandées » les Etats doivent alors les adopter comme dénominations communes nationales « en prenant les mesures législatives et réglementaires nécessaires[2566] » afin de les intégrer dans l'ordre interne[2567]. En effet, leur emploi est « normalement exigé par la législation nationale ou, dans le cas de l'Union européenne, par la législation communautaire[2568] ».

1245. En France, dans le cadre des dispositions applicables aux produits pharmaceutiques, il est précisé qu' « on entend par (…) 5°Dénomination commune la dénomination commune internationale recommandée par l'Organisation mondiale de la santé, à défaut, la dénomination de la Pharmacopée européenne ou française ou, à défaut, la dénomination commune usuelle[2569] ». On constate donc que la dénomination commune dépend, au principal, de celle énoncée par l'OMS. De plus, on trouve des références aux DCI recommandées par l'OMS dans de nombreuses dispositions du Code de la santé publique[2570]. Le juge français également fait référence au DCI dans ses décisions[2571].

1246. Par ailleurs, en application d'une direction d'exécution européenne [2572], la loi du 24 février 2014 [2573] prévoit que lorsqu'une « prescription est établie à la demande d'un patient en vue de l'utiliser dans un autre Etat membre de l'Union européenne […elle] mentionne les principes actifs du médicament, désignés par leur dénomination commune internationale recommandée par l'Organisation mondiale de la santé ou, à défaut, par leur dénomination dans la pharmacopée, ainsi que le nom de marque et, le cas échéant, le nom de fantaisie du médicament prescrit[2574] ». Ainsi, la DCI est généralisée en France et au niveau européen.

2565 OMS, « *Les dénominations communes internationales (DCI)* », http://www.who.int/medicines/services/inn/innguidance/fr/.
2566 M. BELANGER, *Le droit international de la santé*, Que sais-je ?, PUF, 1997, p.28.
2567 J. M. CROUZATIER, *Droit international de la santé*, *op.cit.*, p.43.
2568 *Ibid.*, p.43.
2569 Article R.5121-1 du Code de la santé publique.
2570 Articles L.5121-1-3, R.5121-107-4, R.5121-15, R.1161-14, R.1161-15, R.5121-14 et R.5131-4 du Code de la santé publique.
2571 V. notamment Cass, Civ. 1, 6 janvier 2010, n°08-19.066 et CAA de Marseille, ch. 5, 6 janvier 2011, n°09MA00741. Dans les deux cas, le médicament est référencé par le biais de la dénomination commune internationale.
2572 Directive d'exécution 2012/52/UE de la Commission du 20 décembre 2012 établissant des mesures visant à faciliter la reconnaissance des prescriptions médicales établies dans un autre État membre. Le texte fait une référence expresse aux dénominations communes internationales recommandées par l'OMS.
2573 Loi n°2014-201 du 24 février 2014 portant diverses dispositions d'adaptation au droit de l'Union européenne dans le domaine de la santé.
2574 Article L.5121-1-4 du Code de la santé publique.

1247. A ce titre, comme le démontre l'analyse du Professeur BELANGER, les DCI sont « des actes mixtes, se présentant comme des recommandations exécutoires (c'est-à-dire à portée quasi obligatoire)[2575] ». En effet, elles sont établies en tant que recommandations (d'abord proposées puis recommandées) mais la procédure de mise en œuvre leur confère une force quasi obligatoire. A ce titre, la procédure proposée offre à l'Etat plusieurs possibilités de participation. En amont, l'OMS garantit une collaboration avec les organismes nationaux. En aval, l'Etat a la possibilité de formuler des objections à la DCI proposée. Néanmoins, une fois la procédure finalisée et si aucune objection n'a été soulevée, elles sont intégrées sans difficultés dans les règlementations des Etats membres. Malgré leur statut de « recommandation », elles ont une force quasi obligatoire et s'appliquent aux Etats membres.

1248. Cette force quasi obligatoire est conférée par le processus « participatif » des Etats. En d'autres termes, le processus d'élaboration des DCI permet aux Etats de faire respecter leur souveraineté en émettant une objection qui modifiera ou bloquera le processus. A cet égard, les Etats seront uniquement soumis à une DCI qu'ils auront préalablement acceptés ou, plus exactement, pour laquelle ils n'auraient pas émis d'objection. Ainsi, la difficulté pour l'OMS tient davantage dans l'élaboration du contenu de la DCI, en accord avec la volonté des Etats en amont et en aval, que dans sa mise en œuvre, qui n'implique pas de bouleversement majeur dans la législation nationale. Il s'agit ici d'aspects purement techniques de référencement.

1249. Dans l'ensemble cette procédure est convaincante car elle permet un compromis entre la souveraineté des Etats et la compétence normative internationale de l'OMS. En effet, il revient à l'OMS, sans passer par l'Assemblée mondiale de la santé, de proposer des DCI qui peuvent, après quatre mois, être considérées comme recommandées. Les 120 à 150 nouvelles DCI par an, pour un total de 7000 DCI, sont une preuve de la réussite de ce pouvoir propre conféré au Directeur général et au Secrétariat. Toutefois, il faut souligner que cela confère à tout Etat une capacité de blocage du processus d'élaboration sans que l'OMS ne puisse juridiquement forcer une DCI à ce qu'elle devienne recommandée. Si par définition une DCI doit être « commune », la capacité de nuisance d'un pays sur l'ensemble des 194 autres Etats membres de l'OMS témoigne du déséquilibre en faveur de la souveraineté des Etats et des efforts diplomatiques nécessaires de l'OMS afin d'élaborer une norme technique internationale.

1250. Les DCI servent également à désigner les médicaments présents dans la liste modèle OMS des médicaments essentiels. Cette liste est un instrument non contraignant mais qui apparaît comme une obligation commune minimum de portée mondiale.

[2575] M. BELANGER, *Le droit international de la santé*, Que sais-je ?, PUF, 1997, p.28.

b. La Liste modèle des médicaments essentiels, une obligation minimum de portée mondiale

1251. C'est dans les années 1970[2576] que le concept de médicaments essentiels voit le jour afin de « remédier aux carences des systèmes de santé des pays du tiers-monde dans la fourniture de médicament[2577] ». En effet, face à la prolifération de produits sur le marché et à la trop forte proportion des dépenses nationales de santé consacrées par les pays en développement à l'achat de médicaments[2578], l'OMS a souhaité réagir en développant la notion de médicaments essentiels[2579]. Dès 1975, le Directeur général de l'époque, Monsieur MAHLER, proposait la première définition de médicaments essentiels : « ceux considérés comme étant de la plus haute importance et donc essentiels, indispensables et nécessaires pour les besoins sanitaires de la population[2580] ». L'objectif de la liste est de servir de « fondement sur lequel les pays élaborent leurs propres listes de médicaments essentiels (LME) ». En 2002, un comité d'experts insistait sur le fait que « la liste modèle doit être considérée comme une tentative en vue de dégager un « tronc commun » de médicaments fondamentaux ayant une portée et une applicabilité universelles, ce qui ne signifie pas qu'un médicament qui n'y figurerait pas serait automatiquement rejeté[2581] ».

1252. A la suite des travaux d'un Comité d'experts de l'OMS[2582], l'OMS a publié la première liste modèle de médicaments essentiels en 1977 contenant 220 médicaments considérés comme indispensables à un bon exercice de la médecine. Par la suite, révisée de nombreuses fois et une fois tous les deux ans depuis 1997[2583], la 19ème liste (avril 2015 révisée en août 2015) contient 416 médicaments essentiels pour adultes et 289 pour enfants. Toutefois, une étude détaillée publiée en 2015 relative à l'évolution de la liste de 1977 à 2013

2576 I. CORNAZ, « *Les médicaments essentiels* », Annuaire suisse de politique de développement, n°13, 1994, p.2.

2577 L. BOISSON DE CHAZOURNES, « *Application de la notion de médicaments essentiels* », AFDI, vol.30, 1984, pp.692-703 (p.692).

2578 OMS, « *La sélection des médicaments essentiels* », Série de rapports techniques, n°895, 1977, p.9. Les dépenses liées à l'achat de médicaments « représentaient jusqu'à 40% de l'ensemble des dépenses nationales de santé. » Ces dépenses s'expliquent pour BOISSON DE CHAZOURNES en raison « [d]es nécessaires importations de médicament, [d]es achats de médicaments d'utilité très marginale en considération des besoins sanitaires réels des populations, [de] la prolifération de produits pharmaceutiques similaires mais vendus sous des noms de marque différentes, [d]es prix très élevés de certains médicaments à cause des sommes consacrées à la promotion de leur vente » (L. BOISSON DE CHAZOURNES, « *Application de la notion de médicaments essentiels* », *op.cit.*, p.693).

2579 G. VELASQUEZ, « *Origine et évolution du concept du médicament essentiel promu par l'OMS* », Tiers-monde « Investissement-travail et développement. Des approches et pratiques renouvelées ?, tome 32, n°127, 1991, pp.673-680 (p.674). L'auteur précise que l'OMS a tenu compte « de l'expérience de certains pays, comme le Pérou ou le Sri Lanka, ayant adopté l'approche 'médicaments de base' ou 'médicaments essentiels' pour améliorer l'accès des populations aux médicaments appropriés ».

2580 OMS, Actes officiels de l'OMS, n°226, Annexe 13, 1975, pp.96-110.

2581 OMS, « *L'utilisation des médicaments essentiels – Neuvième rapport du Comité OMS d'experts (comprenant la liste modèle révisée des médicaments essentiels)* », 2002, p.5.

2582 Le développement de cette liste a été demandé par l'Assemblée mondiale par la Résolution WHA28.66 en 1975. L'Assemblée priait le Directeur général de fournir des conseils aux Etats membres sur le choix et l'achat, à des prix raisonnables, de médicaments essentiels correspondant à leurs besoins sanitaires nationaux. Un Comité d'experts fut mis en place et été chargé d'étudier la question suivante : « combien de médicaments sont vraiment nécessaires pour répondre à la majorité des problèmes de santé ? ».

2583 Si la récurrence des révisions ne connaissait pas réellement de logique (en 1979, 1983, 1985, 1988 et 1990 par exemple), depuis 1997 la liste est mise à jour tous les deux ans.

constate des changements importants dans le contenu de la liste à quatre dates particulières dont en 2003 lors de l'intégration des médicaments antirétroviraux ainsi qu'en 2007 lorsque la liste a été élargie aux nouveaux vaccins développés notamment contre l'hépatite A et le rotavirus[2584].

1253. La procédure suivie pour l'inscription d'un médicament sur la liste est assez stricte. Certes, la procédure est ouverte à tout le monde (personnes individuelles, gouvernements, laboratoires pharmaceutiques ou associations médicales). Néanmoins il faut fournir des preuves de la sûreté, de l'innocuité, de l'efficacité, de la qualité et du rapport coût-efficacité du médicament proposé[2585]. En particulier, l'efficacité est entendue comme « l'aptitude d'un médicament, évaluée par des moyens scientifiques, à produire l'effet visé[2586] ». De même, la notion de coût est prise en compte. Non seulement le coût du médicament doit être le plus faible possible mais sont inclus le coût unitaire ainsi que le coût total que représente un traitement complet par ce médicament y compris le coût des actes thérapeutiques non pharmaceutiques[2587]. Par ailleurs, il faut démontrer que le médicament est à la fois essentiel pour satisfaire des besoins sanitaires prioritaires et qu'il est disponible en quantités suffisantes. Ainsi, l'OMS reconnaissait que « l'existence de la liste n'implique pas qu'aucun autre médicament n'est utile, mais simplement que les médicaments qui y figurent, lorsqu'ils sont utilisés conformément à des directives de traitement appropriées, sont ceux qui ont le meilleur rapport coût/efficacité pour répondre aux besoins de la majorité de la population en matière de soins de santé[2588] ».

1254. Enfin, le Comité d'experts de la LME s'efforce de suivre un processus transparent. Chaque demande est ainsi examinée par douze membres du Comité expert de l'OMS, nommés à partir d'un large tableau d'experts. Plus particulier, les opinions d'au moins deux évaluateurs sont demandées et transmises au comité. Les opinions ne sont pas contraignantes et peuvent être contestées par le comité. Le Comité se réunit en plénière pendant cinq jours afin de compiler (inclusion, suppression ou modification) la liste qui est présentée au Directeur général pour approbation définitive. En effet, en cas de désaccord, il ne peut y avoir de vote[2589] et la décision finale est du ressort du Directeur général de l'OMS. Comme pour les DCI, le développement de la liste modèle est un pouvoir propre du Directeur général sans qu'il soit nécessaire de soumettre la liste à l'approbation de l'Assemblée mondiale de la

---

[2584] L'étude rappelle qu'en 1979 la liste avait grandement changé car la première liste était encore en développement. Par ailleurs, l'étude a connu une évolution en 1998 par l'ajout des combinaisons de doses fixes contre la tuberculose (Institute for Healthcare Informatics (IMS), « *Understanding the role and use of essential medicines lists* », April 2015, p.3).

[2585] OMS, « *Stratégie pharmaceutique de l'OMS. Procédure révisée pour la mise à jour de la liste modèle OMS des médicaments essentiels. Rapport du Secrétariat* », Conseil exécutif, EB109/8, 7 décembre 2001, p.3.

[2586] L. BOISSON DE CHAZOURNES, « *Application de la notion de médicaments essentiels* », *op.cit.*, p.695.

[2587] OMS, « *La sélection des médicaments essentiels* », *op.cit.*, pp.10-14.

[2588] OMS, « *L'utilisation des médicaments essentiels – Neuvième rapport du Comité OMS d'experts (comprenant la liste modèle révisée des médicaments essentiels)* », 2002, p.5.

[2589] Règle 6: Les questions scientifiques ne doivent pas faire l'objet d'un vote. Si les membres d'un comité ne peuvent pas se mettre d'accord, les opinions de chacun sont consignés dans le rapport en expliquant les raisons du désaccord. (WHO Basic Documents. Regulations for Expert Advisory Panels and Committees.)

santé. Afin de garantir la transparence, les résultats sont publiés sur le site de l'OMS, sans identification du nom de l'expert afin d'éviter toute tentative d'influence. Ces résultats publiés peuvent être commentés.

1255. Si, à l'origine, elle a connu de vives critiques, cette liste joue un rôle important dans la mise en place des listes nationales de médicaments essentiels. En effet, l'Etat demeure responsable du choix du contenu de sa propre liste de médicaments essentiels pour l'ensemble de son secteur sanitaire public. Le Comité, dès l'origine, a souhaité conférer à cette liste une valeur purement indicative[2590] en précisant qu'« en raison des grandes différences qui existent d'un pays à l'autre, la préparation d'une liste de médicaments uniformément et universellement applicable et acceptable n'est ni réaliste ni possible[2591] ». Dès lors, cette liste a été présentée comme un modèle « à partir duquel les pays pourront déterminer leurs propres priorités et procéder à un choix[2592] ». L'OMS « se contente de proposer une liste type[2593] ». Elle n'est pas conçue comme une norme mondiale[2594]. En effet, la conception du médicament essentiel est variable selon les pays[2595] qui prennent en compte les schémas de prévalence des maladies, la disponibilité des médicaments, la capacité de traitement et le personnel, l'accessibilité des prix, et les facteurs génétiques, démographiques et environnementaux[2596]. Néanmoins, « au cours des 25 dernières années, la liste modèle a conduit à une acceptation mondiale du concept des médicaments essentiels[2597] ». Par ailleurs, cette liste a démontré sa prise en compte par les Etats membres qui développent des listes nationales afin de guider l'achat et les stocks dans le secteur public, les schémas de remboursement, les dons de médicaments et la production locale[2598].

1256. Malgré l'absence de force contraignante, la liste a permis, au cours du temps, l'accroissement du nombre de listes nationales de médicaments essentiels. Ainsi, en 1984, 80 pays du tiers-monde avaient adopté une liste de médicaments essentiels dont la majorité en adaptant la liste modèle de l'OMS[2599]. Plus tard, en 1999, 156 pays disposaient d'une liste officielle et 127 d'entre eux l'avaient actualisée au cours des cinq années précédentes[2600]. Selon l'OMS, en 2008, près de 95% des pays en développement ont élaboré une liste

---

2590 G. VELASQUEZ, « *Origine et évolution du concept du médicament essentiel promu par l'OMS* », *op.cit.*, p.674.

2591 OMS, « *La sélection des médicaments essentiels* », *op.cit.*, p.8.

2592 *Ibid.*

2593 J. POUSSON-PETIT, « *Propos introductifs* », in *Le médicament : aspects de droits international, communautaire et comparé*, IIème Journée d'études du master 2 Droit international et comparé Toulouse du 25 mars 2009, RGDM, n°33, Décembre 2009, p.170.

2594 OMS, « *Stratégie pharmaceutique de l'OMS. Procédure révisée pour la mise à jour de la liste modèle OMS des médicaments essentiels. Rapport du Secrétariat* », Conseil exécutif, EB109/8, 7 décembre 2001, p.2.

2595 H. VAN DEN BRINK, « *Existe-t-il des médicaments 'essentiels' auxquels privilégier l'accès ?* », in I. MOINE-DUPUIS (dir.), *Le médicament et la personne. Aspects de droit international*, Litec, vol.XXVIII, 2007, p.105.

2596 IMS, « *Understanding the role and use of essential medicines lists* », *op.cit.*, p.12.

2597 OMS, « *Stratégie pharmaceutique de l'OMS. Procédure révisée pour la mise à jour de la liste modèle (...)* », *op.cit.*, p.2.

2598 IMS, « *Understanding the role and use of essential medicines lists* », *op.cit.*, p.12.

2599 L. BOISSON DE CHAZOURNES, « *Application de la notion de médicaments essentiels* », *op.cit.*, p.697.

2600 OMS, « *La sélection des médicaments essentiels* », Perspectives politiques de l'OMS sur les médicaments, Juin 2002, p.1.

nationale dont 86% l'ont actualisée au cours des cinq dernières années[2601]. Par ailleurs, certains Etats ont adopté une liste à un niveau sous-étatique (Etats fédérés ou province) en fonction des besoins régionaux et des priorités de santé[2602]. On constate tout de même que certaines listes proposent, en plus du nom du médicament et la composition prévue par la liste OMS, des traitements standards recommandés pour des indications spécifiques[2603].

1257. Il apparaît, néanmoins, que l'élaboration de la liste nationale ne permet pas de garantir l'accessibilité des médicaments inclus dans la liste. En effet, certains facteurs limitent la mise en œuvre dont le prix, la disponibilité, le remboursement, l'initiative du gouvernement, les brevets et les infrastructures de soins[2604]. Dans le cas de la France, on notera par exemple que dans le cadre du don de médicaments, la réglementation fait référence aux médicaments qui « figurent sur la liste nationale des médicaments essentiels, ou à défaut de liste nationale, sur la liste modèle OMS des médicaments essentiels[2605] ».

1258. Par ailleurs, de nombreuses organisations internationales dont le Fonds des Nations unies pour l'Enfance (UNICEF) et le Haut Commissariat des Nations unies pour les Réfugiés (UNHCR) ont adopté le concept de médicaments essentiels en fondant leur système d'approvisionnement principalement sur la liste modèle de l'OMS[2606]. De même, des organisations non gouvernementales telles que *Médecins sans frontières* ainsi que des organismes internationaux de fourniture de médicaments à but non lucratif ont adopté le concept des médicaments essentiels[2607].

1259. En effet, cette liste qui s'appuie sur des critères et un processus définis par l'OMS et qui repose sur une efficacité scientifiquement prouvée, sert d'exemple pour les pays afin de sélectionner les meilleurs médicaments possibles pour satisfaire les besoins de leur population. Les médicaments qui sont présents sur la liste doivent être disponibles en quantité suffisante et à un prix accessible pour l'individu. Selon l'OMS, la sélection attentive d'un ensemble limité de médicaments essentiels conduit « à une amélioration de la qualité des soins, à une meilleure gestion des médicaments (ainsi qu'à une meilleure qualité des médicaments prescrits) et à une utilisation plus efficace des ressources sanitaires[2608] ».

1260. A cet égard, cette liste-type qui n'a pas de force obligatoire, apparaît comme une « obligation minimum[2609] » de portée mondiale afin de faciliter

---

[2601] OMS, « *Backgrounder and Facts for Launch of the United Nations Report Delivering on the Global Partnerships for Achieving The Millennium Development Goals* », 2008.

[2602] IMS, « *Understanding the role and use of essential medicines lists* », *op.cit.*, p.12.

[2603] *Ibid.*

[2604] *Ibid.*, p.14.

[2605] Arrêté du 18 août 2008 relatif aux bonnes pratiques de dons de médicaments (J.O. du 19 août 2008, n°192).

[2606] OMS, « *Stratégie pharmaceutique de l'OMS. Procédure révisée pour la mise à jour de la liste modèle (...)* », *op.cit.*, p.2.

[2607] OMS, « *Stratégie pharmaceutique de l'OMS. Procédure révisée pour la mise à jour de la liste modèle (...)* », *op.cit.*, p.2.; S. SEKHAR KAR, H. SEKHAR PRADHAN, et G. PRASAD MOHANTA, « *Concept of Essential Medicines and Rational Use in Public Health* », Indian Journal Community Medicine, 2010.

[2608] OMS, « *Stratégie pharmaceutique de l'OMS. Procédure révisée pour la mise à jour de la liste modèle (...)* », *op.cit.*, p.1.

[2609] S. KARAGIANNIS, « *Le droit à la santé dans certains textes internationaux et constitutionnels : entre généreuse utopie et mesquin pragmatisme ?* », *op.cit.*, §64. L'auteur malgré sa critique estime que la liste est

l'accès aux médicaments essentiels. Pour Messieurs BURCI et VIGNES, cette liste est « probablement le standard à valeur de recommandation le plus important développé par le Secrétariat de l'OMS sans qu'il y ait d'approbation au cas par cas d'un organe directeur[2610] ». En effet, cette liste est révisée tous les deux ans et approuvée directement par le Directeur général après recommandation du Comité d'experts. S'il faut reconnaître que cette liste ne s'impose pas en tant que telle aux Etats membres, ce qui n'était d'ailleurs pas son objectif, elle a permis la réalisation de deux choses. Premièrement, elle a servi de guide pour les politiques nationales de santé[2611]. Deuxièmement, et plus largement, cette liste a érigé le concept de médicaments essentiels en tant que priorité de l'agenda de la santé mondiale par une acceptation de sa prise en compte. Elle a été décrite comme une « révolution pacifique en santé publique internationale[2612] ».

1261. Si, pour les DCI comme pour la liste, la compétence d'élaboration est détenue par le Directeur général sans approbation officielle de l'Assemblée mondiale de la santé, on constate une différence dans le processus d'élaboration de la liste modèle avec celle suivie en matière de DCI. En effet, le contenu de la liste modèle repose principalement sur la compétence de l'OMS et du comité d'experts et non sur la volonté des Etats membres. En effet, ces derniers n'ont aucune capacité d'objection sur le contenu de la liste. A l'inverse, la mise en œuvre de la liste repose entièrement sur les Etats qui « découvrent » et adaptent cette liste modèle. Toutefois, ce n'est pas leur participation ou non au contenu de la liste mais davantage la crédibilité scientifique de la liste qui permet à cette dernière d'avoir une portée mondialement reconnue.

1262. Les deux instruments étudiés (DCI et liste) montrent qu'il y a donc deux processus d'élaboration qui permettent *in fine* une mise en œuvre nationale de normes non contraignantes. Dans le premier cas, la souveraineté des Etats est doublement respectée : par le pouvoir d'objection du contenu d'une DCI et par l'absence de contrainte dans son application. Dans le second cas, la souveraineté des Etats intervient uniquement dans la mise en œuvre de la liste et non dans l'élaboration du contenu de la liste modèle. Dans ce cas, la crédibilité et la qualité scientifiques justifient l'absence de participation des Etats tout en conférant aux Etats d'adapter la liste aux caractéristiques nationales. Si ces deux approches s'expliquent par l'objectif différencié poursuivie par ces deux instruments, ces derniers se fondent sur des compétences techniques et scientifiques dont l'OMS à la charge. Ceci soulève donc la question de la justification du rôle des Etats dans le développement du contenu des DCI c'est-à-dire la question de la légitimité (scientifique) de l'OMS face à la souveraineté des Etats.

---

une obligation minimum. « Toutefois, même des « obligations minimum », touchant de près au noyau dur du droit à la santé, comme celle de « fournir [à la population] les médicaments essentiels, tels qu'ils sont définis périodiquement dans le cadre du programme d'action de l'OMS pour les médicaments essentiels » risquent de dépasser les capacités de nombre d'États. » V. également H. P. HESTERMEYER, *Access to Medication as a Human Right,* Max Planck Yearbook of United Nations Law, 2004, p.101-180

[2610] G. L. BURCI et C.-H. VIGNES, *The World Health Organization, op.cit.,* p.151.

[2611] *Ibid.*

[2612] R. LAING et al., « *25 years of the WHO essential medecines lists : progress and challenges* », The Lancet, vol.361, 17 mai 2003.

1263. Parallèlement à son activité de dénomination pharmaceutique, l'OMS a développé des instruments normatifs dans le cadre de la classification internationale.

2. L'évolution de la classification internationale et les limites de la compétence technique de l'OMS

1264. Compétence historique de l'OMS, la classification internationale des maladies a bénéficié d'une nature juridique hybride dans sa mise en œuvre (a). Par ailleurs, la révision en 2001 de la classification du fonctionnement a marqué une évolution dans l'approche de la classification en cohérence avec la notion englobante de santé (b).

a. La nature juridique hybride de la classification internationale des maladies

1265. Historiquement, les origines de la classification statistique systématique des maladies remontent au dix-neuvième siècle et aux travaux de deux statisticiens médicaux : Messieurs FARR et BERTILLON. En particulier, la classification des causes de décès a été établie pour la première fois en 1893 par Jacques BERTILLON[2613]. Lors de la première conférence internationale, en août 1900, le gouvernement français a organisé la révision du Bertillon ou Classification internationale des causes de décès. Entre 1903 et 1938, cette classification a été révisée cinq fois tous les 10 ans[2614]. Lorsque l'OMS s'est vu confier la mise à jour (sixième révision) de cette classification, elle devint en 1948 le Manuel de classement statistique international des maladies, traumatismes et causes de décès. Par la suite, le nom a été simplifié, classification internationale des maladies (CIM), et le contenu plusieurs fois révisé, la dixième révision date de 2008 (CIM-10). Toutefois, un processus de révision est en cours afin d'élaborer la 11ème version et mieux refléter les progrès accomplis dans les sciences et la pratique médicales. Le processus de collaboration[2615] est novateur avec la participation d'experts et d'utilisateurs de la CIM par l'intermédiaire d'une plateforme *Web*[2616].

1266. Selon les propos de l'OMS, la CIM est la norme internationale permettant de rendre compte des données de mortalité et de morbidité. Elle « organise et code les informations sanitaires qui sont utilisées pour les

---

2613 I. M. MORIYAMA, R.M. LOY et A.H.T. ROBB-SMITH (H.M. ROSENBERG et D.L. HOYERT, éd.), *History of the statistical classification of diseases and causes of death,* Hyattsville, MD: National Center for Health Statistics. 2011.

2614 OMS, « *Documents portant sur la classification et la nomenclature des maladies* », Collection historique (http://www.who.int/library/collections/historical/fr/index1.html).

2615 L'OMS précise les caractéristiques de cette révision : (1) Le processus de révision de la CIM-11 permet l'édition sous forme de collaboration électronique, ouverte à toutes les parties intéressées. Dans un souci de qualité, la révision fera l'objet d'un examen collégial pour en vérifier l'exactitude et la pertinence. (2) Elle pourra être téléchargée gratuitement en ligne pour un usage personnel (et sera disponible sous forme imprimée moyennant une participation financière). (3) Elle sera disponible dans de nombreuses langues. (4) Les définitions, les signes et les symptômes, ainsi que le reste du contenu relatif aux maladies seront présentés et définis de manière structurée de façon à pouvoir être enregistrés plus précisément. (5) Elle sera compatible avec les applications médicales et les systèmes d'information électroniques.

2616 Le site est accessible à l'adresse suivante : http://apps.who.int/classifications/icd11/browse/l-m/en

statistiques et l'épidémiologie, la prise en charge des soins, l'allocation des ressources, le suivi et l'évaluation, la recherche, les soins primaires, la prévention et le traitement[2617] ». L'objectif est d'établir un langage commun entre les professionnels pour suivre et notifier les maladies.

1267. Aujourd'hui, la classification internationale des maladies a vu son fondement juridique renforcé par la mise en place du Règlement n°1 de l'OMS, un instrument contraignant. En effet, premier règlement international adopté par l'OMS le 29 juillet 1948[2618] en application de l'article 21 (b) de la Constitution[2619], le Règlement n°1 est relatif à la Nomenclature (y compris l'établissement et la publication de statistiques) concernant les maladies et causes de décès. L'objectif de ce Règlement est l'établissement et la publication annuelle « des statistiques de causes de décès[2620] ». Malgré une confusion sur sa terminologie [2621], ce règlement continue le travail de classification statistique et systématique des maladies entamé au XIXe siècle en intégrant la sixième révision des listes internationales des maladies et des causes de décès [2622]. L'objet de ce règlement impliquait des révisions fréquentes[2623]. Le Règlement de Nomenclature actuellement en vigueur date de 1967[2624]. Toutefois, un développement juridique pertinent permet aujourd'hui de réviser la classification plus rapidement afin de suivre les évolutions scientifiques en évitant la procédure plus longue et difficile d'adoption d'un règlement.

1268. A ce titre, l'innovation majeure de la révision de 1967 tient en son article 2. Ce dernier requiert des Etats membres qu'ils recueillent des statistiques de morbidité et de mortalité conformément « aux dispositions en vigueur de la Révision de la Classification internationale des maladies, traumatismes et causes de décès adoptée de temps à autre par l'Assemblée mondiale de la santé ». Dès lors, les Etats membres doivent utiliser la version la plus récente de la CIM pour notifier les statistiques de mortalité et de morbidité. Ce renvoi du Règlement à la CIM prévue à l'article 2 implique que « les révisions postérieures du CIM peuvent être adoptées par l'Assemblée mondiale de la santé sans avoir besoin de réviser le règlement[2625] ». En effet, le règlement, qui implique une procédure plus lourde de révision, renvoie à la CIM, qui est une classification médicale codifiée à valeur initialement de

---

2617 OMS, « *Classification internationale des maladies (CIM)-11e révision, Foire aux questions* », 5 mai 2012 (http://www.who.int/features/2012/international_classification_disease_faq/fr/)

2618 OMS, *Règlement n°1 de l'OMS relatif à la Nomenclature (y compris l'établissement et la publication de statistiques) concernant les maladies et causes de décès*, A/3 rev.3, 29 juillet 1948 (OMS, Actes officiels n°13, annexe 1, p.349-352).

2619 « L'Assemblée de la Santé aura autorité pour adopter les règlements concernant (…) b) la nomenclature concernant les maladies, les causes de décès et les méthodes d'hygiène publique. »

2620 Article 1er du Règlement.

2621 G. L. BURCI et C.-H. VIGNES, *The World Health Organization*, *op.cit.*, p.132. Les auteurs rappellent que le surnom de « Règlement Nomenclature » donné au Règlement n°1 a aggravé la confusion regrettable de terminologie dans l'article 21 (b) car l'objet du Règlement n'est pas la nomenclature des maladies mais l'unification des classifications statistiques de morbidité et de mortalité à des fins de comparaison.

2622 V. l'Annexe 1 du Règlement n°1 qui mentionne le *Manuel de la classification statistique internationale des maladies, traumatismes et causes de décès, Sixième Révision des Nomenclatures internationales des maladies et causes de décès adoptée en 1948* (p.7).

2623 La première révision a eu lieu en 1956 par la Résolution WHA9.29 puis la seconde a eu lieu en 1966 par la Résolution WHA19.45.

2624 OMS, « *Règlement de Nomenclature* », WHA20.18, 22 mai 1967.

2625 G. L. BURCI et C.-H. VIGNES, *The World Health Organization*, p.133.

recommandation et dont la révision est plus souple. Ainsi, la CIM est régulièrement révisée par l'Assemblée mondiale de la santé.

1269. Alors que la CIM n'avait pas à l'origine force obligatoire, la formulation de l'article 2 du Règlement de 1967 confère à la CIM, révisée périodiquement[2626], une telle force juridique tout en évitant la procédure lourde nécessaire à l'adoption d'un règlement. Ainsi, grâce au renvoi, la CIM est « juridiquement contraignante [2627] ». Selon Monsieur VIGNES, si ce Règlement est intéressant pour sa procédure d'adoption, sa « nature essentiellement technique ne pose pas de difficultés majeures sur le plan juridique[2628] ». En 2012, tous les Etats membres utilisaient la CIM, traduite en 43 langues. Une majorité (117) utilisait la CIM pour notifier les données de mortalité[2629]. Par la CIM, l'OMS vise à assurer que les « experts de santé et les systèmes d'information se réfèrent aux maladies et causes de décès d'une façon systématique et uniforme[2630] ».

1270. Pour preuve, dans le cas de la France, on constate l'intégration de la CIM dans la législation relative au Code de l'action sociale et des familles[2631] ainsi que dans la réglementation relative au recueil et au traitement des données d'activité médicale[2632]. De même, cette classification est utilisée comme référent dans le cadre d'une expertise psychiatrique devant le juge judiciaire[2633] ou par le juge afin d'établir la définition d'une maladie. La CIM est un référent pour les experts comme pour les politiques, en témoigne son

---

[2626] *Ibid.*, p.134.

[2627] E. GRANZIERA et R. KOSKENMÄKI, « *L'Organisation mondiale de la Santé (Sous-section 3)* », in J.-M. THOUVENIN et A. TREBILCOCK (dir), *op.cit.*

[2628] C. H. VIGNES, « *Le règlement sanitaire international* », in AFDI, vol.11, 1965, pp.649-667 (p.650).

[2629] OMS, « *Classification internationale des maladies (CIM)-11e révision, Foire aux questions* », 5 mai 2012 (http://www.who.int/features/2012/international_classification_disease_faq/fr/)

[2630] E. GRANZIERA et R. KOSKENMÄKI, « *L'Organisation mondiale de la Santé (...)* », *op.cit.*

[2631] V. Code de l'action sociale et des familles, Annexe 2-4 Guide-barème pour l'évaluation des déficiences et incapacités des personnes handicapées « La classification internationale des maladies de l'Organisation mondiale de la santé, ci-après désignée par les initiales C.I.M., utilisée dans la partie analytique du barème doit être considérée par l'expert comme un outil de base: il s'y reportera pour la conformité de ses conclusions diagnostiques ».

[2632] V. Arrêté du 20 septembre 1994 relatif au recueil et au traitement des données d'activité médicale et de coût (...) ; Arrêté du 31 décembre relatif au recueil et au traitement des données médicales des établissements de santé publics ou privés ayant une activité d'hospitalisation à domicile et à la transmission d'informations issues de ce traitement ; Arrêté du 29 juin 2006 relatif au recueil et au traitement des données d'activité médicale des établissements de santé publics ou privés ayant une activité en psychiatrie et à la transmission d'informations issues de ce traitement dans les conditions définies aux articles L. 6113-7 et L. 6113-8 du Code de la santé publique et Arrêté du 30 juin 2011 relatif au recueil et au traitement des données d'activité médicale des établissements de santé publics ou privés ayant une activité en soins de suite et de réadaptation et à la transmission d'informations issues de ce traitement, dans les conditions définies aux articles L. 6113-7 et L. 6113-8 du Code de la santé publique. Ils précisent que les diagnostics, les facteurs associés et les variables de morbidité sont « codées selon la classification de l'Organisation mondiale de la santé ».

[2633] La CIM est utilisé comme référent dans le cadre d'une expertise psychiatrique quant à la définition, par exemple, de troubles mentaux et troubles du comportement (CA de Lyon, 19 avril 2011, n°10/01723) ; du syndrome de fibromyalgie (CA de Toulouse, Chambre sociale 4, section 2, 29 Janvier 2010, n°08/02582) ; du trouble de l'identité sexuelle (transsexualisme) (CA d'Aix en Provence, Chambre 6 A, 20 Février 2008, n°07/16837). Elle sert également de référant pour les juges nationaux par exemple dans la définition de l'anxiété (Cass, Soc., 19 Novembre 2005, n°14-11.093-099 et CA d'Aix-en-Provence, Ch. 11 A, 8 octobre 2013, n°2013/487) ; douleur articulaire et les rhumatismes (Cass, Crim., 22 février 2011, n°10-83.767, 1230).

utilisation dans les réponses ministérielles[2634] malgré l'absence de force contraignante. De même, en Suisse la CIM est obligatoire pour tous les hôpitaux y compris les cliniques de réadaptation, psychiatriques et spécialisées.

1271. La qualité scientifique de la CIM est également à mettre en avant en tant que critère de réussite de la norme, comme pour les DCI et la Liste modèle des médicaments essentiels. En effet, cet aspect purement technique de la norme explique en grande partie la considération par les Etats membres. Cette qualité scientifique permet moins de divergences entre les Etats dans l'élaboration de la norme. Ceci se vérifie tant que la qualité scientifique proposée par l'OMS est maintenue et reconnue.

1272. Toutefois, ce constat fondé sur la science et la technique n'est pas sans contradiction. En effet, dans la continuité des efforts menés dans la cadre de la classification des maladies et de l'intégration d'une classification des troubles mentaux dans la CIM-10[2635], l'OMS a développé la classification du fonctionnement, du handicap et de la santé visant à ancrer davantage la définition englobante de la santé de l'OMS.

b. La définition englobante de la santé par la classification internationale du fonctionnement, du handicap et de la santé

1273. Succédant à la Classification internationale des déficiences, incapacités et handicaps (CIH), la classification internationale du fonctionnement, du handicap et de la santé (CIF) a été adoptée en mai 2001[2636]. En effet, dès les années 1970, l'OMS a considéré que la CIM était insuffisante pour « décrire les troubles en particulier dans les pathologies au long cours[2637] ». Dès lors, l'Assemblée mondiale de la santé a adopté la CIH lors de la 9e révision de la CIM en 1980.

1274. La CIF a pour objectif de fournir un langage uniformisé et un cadre pour la description et l'organisation des informations relatives au fonctionnement et au handicap. A cette fin, la CIF ne classifie pas les individus mais bien le fonctionnement des individus. La CIF recourt à des codes qualificatifs. L'idée de fonctionnement un est « terme générique qui se rapporte aux fonctions organiques, aux activités de la personne et à la participation au sein de la société[2638] ». Cette notion ne se limite pas uniquement à l'individu et détermine les composantes de la santé en prenant en considération les facteurs environnementaux. Par ailleurs, le terme handicap

---

[2634] V. les questions ministérielles sur l'autisme (Sénat, Question orale sans débat n°387S, Secrétariat d'Etat à la solidarité, « *Prise en charge des enfants d'autistes* ») ou sur le syndrome d'Asperger (Sénat, Question écrite n°5028, Ministère des Affaires sociales et de la santé « *Syndrome Asperger* »).

[2635] En effet pour la dixième révision (CIM-10) une classification des troubles mentaux a été intégrée, entrant en concurrence avec la classification de l'Association américaine de psychiatrie prévue dans le Manuel diagnostique et statistique des troubles mentaux ou DSM (V. B. LORMETEAU, « *L'universalisation d'une classification savante des troubles mentaux : la force normative du DSM* », in E. MONDIELLI, F. VIALLA et E. CADEAU (coord.), *op.cit.*, pp.553-569).

[2636] OMS, « *Classification internationale du fonctionnement, du handicap et de la santé* », WHA54.21, 22 mai 2001.

[2637] F. CHAPIREAU, « *La classification internationale* du fonctionnement, du handicap et de la santé », Gérontologie et société, vol.4, n°99, 2001, p.272.

[2638] OMS, *Classification internationale du fonctionnement, du handicap et de la santé,* 2001, p. 3.

vise à « désigner les déficiences, les limitations d'activités et les restrictions de participation[2639] ». Ainsi, la CIF est structurée en plusieurs classifications hiérarchiques constituées de catégories formulées de manière neutre. La CIF est ainsi complémentaire, dans son utilisation, à la CIM.

1275. En 2001, l'OMS énonçait plusieurs objectifs [2640]: (1) fournir une base scientifique pour étudier et comprendre les Etats de la santé, les conséquences qui en découlent et leurs déterminants, (2) permettre une comparaison des données entre pays, entre disciplines de santé, entre services de santé et (3) fournir un mécanisme de codage systématique pour les systèmes d'information sanitaire.

1276. La particularité de la CIF, par rapport à sa version antérieure la CIH[2641], est de s'être éloignée d'une classification des « conséquences de la maladie », prévue par la version de 1980, pour devenir une classification des « composantes de la santé ». Son titre annonce ainsi une « classification de la santé » et marque une « rupture dans l'approche conceptuelle du handicap [2642] ». Les « composantes » constituent la santé alors que les « conséquences » se focalisent sur l'impact de la maladie ou tout problème de santé qui peut en résulter. Cette approche neutre diffère néanmoins de celle de déterminants de la santé ou de celles de facteurs de risque. A cet égard, la première partie de la CIF traite du fonctionnement et du handicap et la deuxième partie couvre les facteurs contextuels. Dans la continuité de la définition englobante de la santé de l'OMS, la CIF prend en compte les Etats et les domaines connexes de la santé.

1277. La personne atteinte d'un handicap n'est plus évaluée en fonction de son degré de déficience mais de son adaptation aux différents domaines de fonctionnement contribuant à son *bien-être* général avec ses aspects physiques, psychiques et sociaux[2643]. La CIF prévoit quatre catégories : (1) la fonction organique propre au fonctionnement anatomique, (2) l'activité et la participation qui situent les fonctionnements concernés, (3) les facteurs environnementaux qui identifient les obstacles extérieurs et (4) les facteurs personnels. Dès lors, la CIF couvre « tous les aspects de la santé humaine et certains aspects du bien être relevant de la santé[2644] ». Il s'agit donc d'une « classification du fonctionnement humain dont le handicap est alors considéré comme la face négative[2645] ». L'OMS insiste, à juste titre, sur « la vision

---

[2639] *Ibid.*, p. 3. L'OMS préceise que l'handicap « désigne les aspects négatifs de l'interaction entre un individu (ayant un problème de santé) et les facteurs contextuels dans lesquels il évolue (facteurs personnels et environnementaux) ».

[2640] OMS, *Classification internationale du fonctionnement, du handicap et de la santé,* 2001, p. 5.

[2641] La CIH était critiquée pour être fondée sur le modèle biomédical du handicap (F. JAMET, *De la classification internationale du handicap (CIH) à la classification internationale du fonctionnement de la santé et du handicap,* La nouvelle revue de l'AIS, n°22, 2e trimestre, 2003, p. 163 (pp.163-171) ; C. BARRAL et P. ROUSSEL, « *De la CIH à la CIF. Le processus de révision* », Handicap, vol.94-95, 2002, pp.1-23). Par exemple, selon l'approche retenue par le CIH, seule la maladie engendre le handicap (P. ROUSSEL, « *CIH-1/CIH-2 rénovation complète ou ravalement de façade ?* », Handicap, vol.81, 1999, pp.7-19.).

[2642] F. JAMET, *De la classification internationale du handicap (CIH) (...) », op.cit.,* p. 167.

[2643] V. le site dédié à la CIF (http://www.who.int/classifications/icf/en/).

[2644] OMS, *Classification internationale du fonctionnement, du handicap et de la santé,* 2001, p. 5.

[2645] M.-C. LAGRANGE, « *Fasc 202-1-3 : Régime de la réparation – Evaluation du préjudice corporel. Atteintes à l'intégrité physique. Situations d'handicaps lourds et indemnisations spécifiques* », JurisClasseur Civil Code, 4 février 2014 § 6 : « Il s'en déduit que deux personnes souffrant de la même pathologie peuvent

élargie et plus moderne des concepts de 'santé' et de 'handicap'[2646] ». Elle offre un double avantage : une description universelle du fonctionnement humain et l'intégration d'une dimension environnementale. Si cette vision est louable et juste, concrètement, elle se trouve confrontée à la pratique et sa mise en œuvre est davantage relative.

1278. Depuis sa première version, la CIF a été utilisée comme outil statistique (pour recueillir et enregistrer des données), comme outil de recherche (pour mesurer les conséquences des maladies, la qualité de vie et les facteurs environnementaux), comme outil clinique (pour évaluer les besoin, choisir les traitements les plus adaptés et évaluer les aptitudes professionnelles), comme outil de politique sociale (pour planifier la sécurité sociale et les systèmes de compensation) et comme outil pédagogique (pour concevoir des programmes et mener des campagnes de sensibilisation). En particulier en France, la définition posée par le droit français aux articles L.114 et suivants du Code de l'action sociale et des familles s'inspire de la CIF élaborée par l'OMS en 2001[2647]. La définition posée[2648] est à la fois médicale et sociale, renvoyant à la limitation des possibilités d'interaction d'un individu avec son environnement, causée par une déficience provoquant une incapacité, permanente ou non[2649]. Ainsi, on retrouve une référence à la CIF dans les critères de handicap pour l'accès à la prestation de compensation de l'aide sociale[2650].

1279. Par ailleurs, la CIF donne des pistes pour une réparation intégrale et individualisée. Malheureusement, la CIF, à la différence de la CIM, semble souffrir d'une méconnaissance par les médecins[2651] et d'une méfiance par le juge notamment dans l'évaluation du préjudice corporel. A ce titre, la nomenclature Dintilhac, qui évalue le dommage par poste de préjudice[2652],

---

avoir des niveaux de fonctionnement différents et que deux personnes présentant le même niveau de fonctionnement n'ont pas nécessairement le même état pathologique ».

[2646] V. le site dédié à la CIF (http://www.who.int/classifications/icf/en/).

[2647] D. COHEN, « *La notion de handicap* », in S. AMRANI-MEKKI et A. BOUJEKA (dir.), *Contentieux et handicap*, LGDJ, coll. A. Tunc, 2010, p. 7.

[2648] Article L.114 du Code de l'action sociale et des familles « Constitue un handicap, au sens de la présente loi, toute limitation d'activité ou restriction de participation à la vie en société subie dans son environnement par une personne en raison d'une altération substantielle, durable ou définitive, d'une ou plusieurs fonctions physiques, sensorielles, mentales, cognitives ou psychiques, d'un polyhandicap ou d'un trouble de santé invalidant ».

[2649] D. ROMAN, « *Fasc 872 : Aide sociale – Prestation versées aux personnes handicapées* », JurisClasseur Protection sociale Traité, 10 mai 2015.

[2650] Code de l'action sociale et des familles, *Annexe 2-5, Référentiel pour l'accès à la prestation de compensation* « Concernant des informations complémentaires sur les activités, se reporter à la classification internationale du fonctionnement ».

[2651] SENAT, Question écrite n°16500, Ministère des affaires sociales, de la santé et des droits des femmes sur *« l'application de la classification internationale du fonctionnement, du handicap et de la santé en France »*, 28 mai 2015. La sénatrice indique que « cette classification semble pour le moment très peu, voire très mal connue des médecins. Or, cette CIF a, dans certains cas, une valeur légale. Un magistrat peut en effet être amené à prendre une décision sur la base d'un certificat médical circonstancié qui doit reprendre la CIF. De nombreux certificats médicaux sont cependant rédigés de manière incomplète par les médecins, qui ignorent cette classification ».

[2652] Issue du rapport « Dintilhac » (Rapport du groupe de travail chargé d'élaborer une nomenclature des préjudices corporels, juillet 2005*)*, cette nomenclature fait une distinction entre les préjudices patrimoniaux et extrapatrimoniaux. Une sous catégorisation est opérée entre les préjudices temporaires (avant consolidation) et permanent (après consolidation).

demeure la référence médico-légale[2653]. Dès lors, la volonté de l'OMS de développer une approche personnalisée et descriptive intégrant les aspects environnementaux (définition englobante) du handicap est malheureusement confrontée à la catégorisation par préjudice retenue par le juge et les assurances dans l'évaluation des indemnités[2654].

1280. L'exemple de la CIF démontre les limites de l'approche purement technique de l'activité normative de l'OMS. Ainsi, dès lors que l'OMS s'écarte d'une démarche médicale en intégrant des éléments environnementaux et connexes de la santé, l'intégration d'un instrument non contraignant par les Etats est plus faible. En d'autres termes, la marge d'interprétation laissée aux Etats par cette approche intégrative de la santé rend plus difficile une application uniforme de l'instrument. A la différence des DCI ou de la liste modèle voire de la CIM qui définissent des normes scientifiques, fondées sur des facteurs médicaux ou chimiques précis et claires, la prise en compte d'aspects connexes à la santé et environnementaux complexifient sa mise en œuvre au sein des Etats. Cette approche implique des évolutions conséquentes des systèmes de santé davantage transversales, ce que les Etats sont moins enclins à réaliser. Malgré la légitimité scientifique dont disposent ces instruments, le principe de souveraineté permet aux Etats de s'en détourner.

1281. Par ces divers instruments de classification et de standardisation, l'OMS fonde sa compétence sur sa légitimité scientifique permettant à ce contenu technique, *a priori* non contraignant, de se disséminer au sein des systèmes des Etats membres. Toutefois, à partir du moment où ce contenu technique s'émancipe en suivant une approche plus intégrative et englobante de la santé, la prise en compte par les Etats est davantage relative.

1282. Les standards alimentaires adoptés dans le cadre des travaux du *Codex Alimentarius* s'inscrivent également dans l'approche scientifique suivie par l'OMS dans l'élaboration de son activité normative. Toutefois, le *Codex Alimentarius* est fondé sur une méthode de réglementation internationale innovante.

B. Le Codex Alimentarius, une méthode de réglementation internationale innovante

1283. Le *Codex Alimentarius* est un instrument innovant sur plusieurs aspects (1). Toutefois, en dépit d'évolutions relatives à l'adoption des accords OMC adoptés en 1995, le *Codex Alimentarius* a une valeur juridique relative (2).

[2653] V. Circulaire de la DACS n°2007-05 du 22 février 2007 relative à l'amélioration des conditions d'exercice du recours subrogatoire des tiers payeurs en cas d'indemnisation du dommage corporel.

[2654] V. par exemple le Mémento de bonnes pratiques et les recommandations de bonnes pratiques en matière de réparation des dommages corporels de la Cour d'appel de Lyon (http://www.ca-lyon.justice.fr/fichiers/CONSIGNY/memento.pdf). V. M.-C. LAGRANGE, « *Fasc 202-1-3 : Régime de la réparation (...)* », *op.cit.* : « Lorsque la victime atteint le stade de la demande en indemnisation de ses préjudices, elle est confrontée à la nécessité de faire évaluer ceux-ci sur la base des différents postes de préjudice tels qu'ils sont désormais retenus par la jurisprudence et admis par les régleurs des compagnies d'assurance à partir de la nomenclature *Dintilhac* ».

1. Des aspects novateurs

1284. L'innovation principale du *Codex Alimentarius* réside dans sa genèse qui est le fruit d'un travail conjoint de l'Organisation des Nations unies pour l'alimentation et l'agriculture (FAO) et de l'OMS (a). Sa particularité ressort également dans son fonctionnement et dans la richesse de son contenu (b).

a. La genèse, fruit d'un travail conjoint

1285. On trouve les premiers écrits historiques de règles destinées à protéger le consommateur contre les pratiques malhonnêtes en matière de vente d'aliments dans l'Egypte ancienne[2655] et dans l'Athènes antique[2656]. Si des lois ont été adoptées en Europe au Moyen Age[2657], c'est durant le XIXe siècle que sont nées les premières lois générales sur les aliments et des systèmes fondamentaux de contrôle des aliments ont été établis pour en garantir le respect.

1286. Face au développement du commerce à la fin du XIXe siècle débute une nouvelle ère de transport de denrées alimentaires sur de longues distances avec les premières expéditions internationales de viande congelée d'Australie et de Nouvelle-Zélande vers le Royaume-Uni. Ce phénomène combiné à la multiplication de lois et normes alimentaires nationales constituant des barrières commerciales, des associations de négociants de denrées alimentaires essaient de faciliter les échanges en recourant à des normes harmonisées. Apparaissent donc des associations commerciales qui exercent une pression sur leurs gouvernements pour harmoniser la normalisation et la législation. Par exemple, en 1903, la Fédération internationale de laiterie (FIL) met au point des normes internationales pour le lait et les produits laitiers[2658].

1287. Parallèlement, sous l'Empire austro-hongrois, de 1897 à 1911, une série de normes et de descriptions visant un large éventail d'aliments a été élaborée sous le nom de *Codex Alimentarius Austriacus*. Dénué d'effet juridique, il servait tout de même de référence aux tribunaux pour établir des normes d'identité pour certaines denrées. Le *Codex Alimentarius* actuel tire son nom du code autrichien[2659].

1288. Dans ce contexte historique, la genèse du Programme mixte FAO/OMS en matière de standard alimentaire trouve sa source dans plusieurs développements parallèles. D'abord, dès la création de la FAO et de l'OMS, de nombreuses initiatives de collaboration sont apparues. Dès 1950, le Comité

2655 FAO/OMS, «*Comprendre le Codex Alimentarius* » 3e éd., 2006, pp.6-9. Les tables assyriennes décrivaient la méthode à utiliser pour déterminer correctement les poids et mesures pour les céréales vivrières, et des manuscrits égyptiens prescrivaient l'étiquetage de certains aliments.

2656 *Ibid.*, pp.6-9. Dans l'Athènes antique, on contrôlait la pureté et la qualité de la bière et des vins, et les Romains disposaient d'un système public de contrôle des aliments bien organisé pour protéger les consommateurs de pratiques frauduleuses ou de produits de mauvaise qualité.

2657 *Ibid.*, pp.6-9. En Europe, au Moyen-âge, certains pays votèrent des lois sur la qualité et l'innocuité des œufs, des saucisses, du fromage, de la bière, du vin et du pain. Certains de ces anciens règlements sont encore en vigueur aujourd'hui.

2658 R. KUMAR, « *Codex Committee on Milk and Milk Products and its impact on World dairy Trade : indian dairyman* », novembre 2001, pp.39-45, www.fil-idf.org.

2659 F. VOJIR, E. SCHÜBL et I. ELMADFA, «*The origins of a global standard for food quality and safety: Codex Alimentarius Austriacus and FAO/WHO Codex Alimentarius* », International Journal for Vitamin and Nutrition Research, vol.82(3), 2012, pp.223-227.

mixte FAO/OMS d'experts de la nutrition est créé. Ce dernier nota, lors de sa première session, que le caractère contradictoire des règlements relatifs aux denrées alimentaires peut « constituer un obstacle au commerce[2660] ». De même, la FAO et l'OMS entreprirent conjointement des travaux préparatoires en matière d'additifs alimentaires en 1955[2661] et en matière de résidus de pesticides en 1961[2662].

1289. Ensuite, la FAO, en réponse à la proposition de réglementation internationale du lait et des produits laitiers faite par la FIL en 1954, lors de sa neuvième session, mit en place, à l'unanimité, un comité d'experts gouvernementaux. Ce dernier adopta en 1958 le Code de Principes concernant le lait et les produits laitiers, accepté par 71 pays[2663]. Ce Code de Principes constitue une des sources principales du *Codex Alimentarius*[2664].

1290. Enfin, des initiatives régionales sont proposées avec le *Codigo Latino-Americano de Alimentos* en 1949 [2665] et le *Codex Alimentarius Europeaus* en 1958[2666] qui met en place un Conseil européen spécialement créé à cet effet[2667]. Puis en 1961 le Conseil du *Codex Alimentarius Europaeus* adopta une résolution proposant que ses travaux sur les normes alimentaires soient repris par le FAO et l'OMS. Pour faciliter la transition, des négociations eurent lieu entre 1962 et 1963 qui aboutirent, afin de garantir la continuité des travaux, à un Comité de coordination pour l'Europe en vertu d'une disposition spécialement insérée dans le Règlement intérieur (Article IX i (b))[2668].

1291. A sa onzième session, en 1962, la conférence de la FAO vote une résolution portant création de la Commission mixte du *Codex Alimentarius*[2669]. Organe intergouvernemental, il est alors chargé de « protéger la santé des consommateurs et d'assurer la loyauté des pratiques suivies dans le commerce des denrées alimentaires et, de ce fait, de faciliter le commerce

---

2660 OMS/FAO, Rapport de la première session du Comité mixte FAO/OMS d'experts de la nutrition, 1950 : «Les règlements relatifs aux denrées alimentaires sont souvent opposés et contradictoires selon les divers pays. Les dispositions législatives qui concernent la conservation des denrées alimentaires, leurs appellations et leur qualité standard varient, dans de nombreux cas, considérablement d'un pays à l'autre. Il arrive souvent que des textes nouvellement promulgués ne se fondent pas sur des connaissances scientifiques et que les principes de l'alimentation et de la nutrition ne soient guère pris en considération dans l'élaboration des règlements » (« Le codex depuis 1945 », http://www.codexalimentarius.org/about-codex/codex-timeline/fr/)

2661 FAO, « *Rapport Conférence FAO* », 10ème session, 1959, § 338. DOBBERT rappelle qu'à la suite « d'une Conférence FAO/OMS sur les additifs alimentaires qui eut lieu en 1955, les deux organisations ont établi un Comité mixte d'experts qui a proposé certaines spécifications relatives à l'identité et à la pureté d'agents inhibiteurs des micro-organismes, antioxydants et colorants alimentaires dont on envisageait à un moment donné la publication d'une collection comparable à la Pharmacopée internationale » (J.-P. DOBBERT, « *Le Codex Alimentarius vers une nouvelle méthode de réglementation internationale* », AFDI, 1969, p. 679, n.d.p. 7).

2662 J.-P. DOBBERT, « *Le Codex Alimentarius (...)* », *op.cit.*, p. 679, n.d.p 8.

2663 *Ibid.*, p. 701.

2664 *Ibid.*, p. 679.

2665 L'Argentine propose ainsi ce code alimentaire régional pour l'Amérique latine.

2666 De 1954 à 1958, M. Hans Frenzel (Autriche) défend l'idée d'un *Codex Alimentarius* à l'échelle de l'Europe fondé sur le *Codex Alimentarius* Austracius. Ces travaux débouchent sur la création du Conseil du Codex Alimentarius Europeaeus en juin 1958.

2667 V. Rapports de la Commission du Codex Alimentarius, 1ère session, §§ 6-9 et 2e session, §§ 4-5 et §§ 8-10 et Annexe A, §§ 10-11 et §§ 18-20

2668 J.-P. DOBBERT, « *Le Codex Alimentarius (...)* », *op.cit.*, p. 699.

2669 On peut souligner que la France a assez largement été à l'origine de du Codex (V. J.-P. DOUSSIN, « *Le* Codex Alimentarius, *l'heure de l'Organisation mondiale du commerce* », Annales des falsifications de l'expertise chimique et toxicologique, vol.933, 1995, 1995, p.281 (pp.281-292).

international[2670] ». La particularité de cette Commission réside dans le fait que le cadre institutionnel dans lequel devait se dérouler la codification de normes alimentaires avait été clairement arrêté par les deux organisations dont elle dépend : d'une part, par la Conférence de la FAO et, d'autre part, confirmé par l'Assemblée mondiale de la santé [2671] . Cette Commission du *Codex Alimentarius* est donc créée en 1963[2672] conjointement par la FAO et l'OMS en tant qu'organe international d'élaboration de normes garantissant la sécurité alimentaire. La Commission tint sa première session en juin 1963. En cinquante années de fonctionnement, le *Codex Alimentarius* s'est grandement enrichi.

b. Un fonctionnement particulier et un contenu étendu

1292. Aujourd'hui, le *Codex Alimentarius* –« code alimentaire »– est un ensemble de normes alimentaires internationales qui ont été adoptées par la Commission du *Codex Alimentarius*. Pour Monsieur VIGNES il s'agit « d'un ensemble de normes uniformes, régionales ou mondiales autorisant l'harmonisation des normes dans l'ensemble des pays liés par le *Codex*[2673]». Les statuts de la Commission du *Codex Alimentarius* sont « la base juridique de ses travaux[2674]». A ce titre, le mandat, la composition et le fonctionnement de la Commission sont régis par les Statuts qui ont été adoptés par les organes suprêmes des deux organisations[2675]. Pour le Professeur D'ASPREMONT, la Commission est un exemple de l'*outsourcing* de la décision qui témoigne de « la tendance croissante des organes décisionnels à faire dépendre leurs décisions de l'appréciation d'entités techniques[2676] ».

1293. La Commission, qui se réunit tous les deux ans, comprend 185 Etats membres et une organisation membre, l'Union européenne[2677]. A cet égard, plusieurs Etats non membres, quarante-six organisations intergouvernementales et quarante ONG ont un statut d'observateur et peuvent « présenter leurs points de vue à tout moment lors de la discussion d'une norme *Codex* (sauf au stade de la décision finale qui reste la prérogative des gouvernements membres)[2678] ».

1294. La mission principale de la Commission est d'établir des normes alimentaires internationales harmonisées pour protéger la santé des consommateurs tout en garantissant des pratiques équitables dans le commerce

---

[2670] E. MONDIELLI, « *La prise en compte des normes OMS par le droit français* », *op.cit.*, p.95.

[2671] Pour la FAO V. FAO, « *Résolution 12/61* » et Annexe B (Statuts de la Commission du Codex Alimentarius), 11e session, 1961 ; pour l'OMS V. OMS, « *Résolution WHA16.42* », 16e session de l'Assemblée mondiale de la santé, mai 1963.

[2672] OMS, *Programme commun FAO /OMS sur les normes alimentaires (Codex Alimentarius)*, WHA16.42, 16e Assemblée mondiale de la santé, 1963.

[2673] C.-H. VIGNES, « *Vers une harmonisation des législations sanitaires : le rôle de l'Organisation mondiale de la santé* », RILS, vol.46, n°3, 1995, p.471.

[2674] N. FERRAUD-CIANDET, « *La Commission du Codex Alimentarius* », Journal du droit international (Clunet), n°4, doctr. 10, octobre 2009, §7.

[2675] J.-P. DOBBERT, « *Le Codex Alimentarius (...)* », *op.cit.*, p. 680.

[2676] J. D'ASPREMONT et D. VENTURA, « *La composition des organes et le processus décisionnel* », in E. LAGRANGE et J.-M. SOREL, *op.cit.*, p.407.

[2677] Décision CE n°2003/822, 17 novembre 2003 relative à l'admission de la Communauté européenne à la commission du Code alimentaire, article 1er, §1, JOUE 26 novembre 2°°3, L.309.

[2678] N. FERRAUD-CIANDET, « *La Commission du Codex Alimentarius* », *op.cit.*, §7.

des denrées alimentaires. Dotée d'un comité exécutif, la Commission repose principalement sur ses organes subsidiaires dont la compétence est prévue à l'Article X du Règlement intérieur de la Commission. Ces organes subsidiaires se composent de comités du *Codex*, qui préparent les projets de normes avant soumission à la Commission et de comités de coordination régionaux, qui répondent aux intérêts régionaux et aux préoccupations des pays en développement. Ces comités de coordination peuvent être horizontaux ou verticaux[2679]. De façon générale, les gouvernements membres accueillent et financent de nombreux comités subsidiaires de la Commission et en assurent le secrétariat. Dans ce cadre, l'OMS a continué à jouer son rôle, c'est-à-dire à apporter son concours au *Codex* pour qu'il puisse prendre des décisions sur la base de données scientifiques solides et d'une analyse des risques appropriée[2680].

1295. La procédure complexe d'élaboration du *Codex* qui est prévue dans le Manuel de procédure de la Commission du *Codex Alimentarius* découle de son aspect collaboratif. La Commission prévoit, d'une part, une coopération avec les organisations intergouvernementales par la conclusion d'un accord avec le dirigeant de l'organisation coopérante. La Commission envisage une coopération aux premiers stades de la rédaction de la norme où l'organisation internationale peut se voir « confier la rédaction d'un avant-projet de norme notamment si elle possède des compétences dans le domaine concerné[2681] ». D'autre part, la procédure permet également une interaction avec les organisations internationales non gouvernementales fondée sur leur statut d'observateur. Si les ONG sont soumises aux conditions prévues par les actes constitutifs de la FAO et de l'OMS, elles se voient reconnaître certains privilèges[2682]. Ainsi, la finalité de la procédure est de « proposer les textes adoptés par la Commission à l'acceptation des gouvernements qui sont invités à faire connaître leur position[2683] ».

1296. Enfin, le *Codex Alimentarius* dispose d'un contenu substantiel qui peut être catégorisé en fonction de la nature juridique ou de l'objet des

---

[2679] *Ibid.*, §17. « Il existe onze *comités horizontaux* en activité dont la fonction est de préciser les concepts applicables à l'ensemble des denrées ou à des groupes d'aliments » (§16). Par exemple le comité sur les principes généraux, le comité sur l'étiquetage des denrées alimentaires, le comité sur l'hygiène alimentaire, le comité sur les additifs alimentaires et les contaminants. « Les *comités verticaux* sont chargés de mettre au point des normes sur des aliments spécifiques ou des catégories d'aliments ». Par exemple le comité sur les graisses et les huiles, le comité sur le poisson et les produits de la pêche, le comité sur les sucres et le comité sur les produits cacaotés et le chocolat.

[2680] Cela se traduit soit par l'émission d'avis scientifiques indépendants au niveau international concernant les risques microbiologiques et chimiques qui serviront à établir des normes alimentaires par le *Codex Alimentarius* ; soit par l'organisation de réunions d'experts en vue de donner des avis à la commission du *Codex Alimentarius* ainsi qu'aux Etats membres. L'OMS apporte également un soutien dans le domaine de l'administration, de la gestion et des questions financières pour le fonctionnement de la Commission du *Codex Alimentarius* et de ses comités, notamment pour les tâches assignées à l'OMS dans le Manuel de procédure de la Commission.

[2681] N. FERRAUD-CIANDET, « *La Commission du Codex Alimentarius* », *op.cit.*, §20.

[2682] *Ibid.*, §23. Elles peuvent « se faire représenter aux sessions de la Commission et d'organes subsidiaires par un observateur (sans droit de vote) qui pourra être accompagné de conseillers ; obtenir communication de tous leurs documents de travail et notes d'information ; communiquer leurs vues à la Commission et organes subsidiaires par écrit et *in extenso ;* participer aux discussions sur invitation du Président et participer à des réunions ou à des séminaires organisés dans le cadre du Programme mixte FAO/OMS sur les normes alimentaires portant sur des sujets qui relèvent du domaine dont elles s'occupent. »

[2683] E. MONDIELLI, « *La prise en compte des normes OMS par le droit français* », *op.cit.*, p.95.

instruments En effet, les statuts de la Commission prévoient trois types d'instruments : les normes, les codes d'usage du *Codex* et les directives du Codes. D'abord, les normes peuvent concerner toutes les caractéristiques réglementées par les Etats membres ou porter sur certaines d'entre elles uniquement. Le *Codex* contient plus de 200 normes référencées[2684] relatives notamment aux additifs alimentaires, aux contaminants et aux toxines. Il existe, par ailleurs, une norme générale *Codex* pour l'étiquetage des produits alimentaires préemballés qui englobe tous les aliments de cette catégorie. Ensuite, les codes d'usage du *Codex* sont adoptés pour la plupart en matière d'hygiène et fournissent des conseils pour une production alimentaire sans danger[2685]. Ces codes complètent les Principes généraux d'hygiène alimentaire qui s'appliquent à tous les aliments comme, par exemple, le Code d'usage sur le contrôle de l'utilisation des médicaments vétérinaires. Enfin, les directives du *Codex* ont pour but de protéger les consommateurs sur des sujets très divers[2686] en fournissant des interprétations aux principes et aux normes générales du *Codex*.

1297. En matière d'objet, on peut distinguer, selon la catégorisation proposée par le Professeur MONDIELLI, les normes d'identité (pour l'identification du produit faisant l'objet de la norme), les normes de composition (pour la détermination du contenu du produit), les normes de qualité (pour l'établissement de niveaux différenciés de qualité pour un même produit) et les normes d'étiquetages (afin d'uniformiser les normes de présentation)[2687].

1298. Si le contenu du *Codex Alimentarius* est nourri et diversifié et que son fonctionnement en fait « une nouvelle méthode de règlementation internationale[2688] », il convient d'analyser sa valeur juridique qui apparaît relative.

2. Une valeur juridique relative

1299. On constate que le *Codex Alimentarius* demeure un instrument volontaire fondé sur son acceptation par les Etats (a). Toutefois les accords de l'OMC adoptés en 1994 renforcent sa valeur juridique (b).

[2684] N. FERRAUD-CIANDET, « *La Commission du Codex Alimentarius* », *op.cit.*, §12. « Le *Codex Alimentarius* se trouve au final composé d'une mosaïque de textes variés portant sur des sujets de plus en plus riches. »

[2685] N. FERRAUD-CIANDET, « *La Commission du Codex Alimentarius* », *op.cit.*, §25. « Ils définissent des pratiques relatives à la fabrication, la transformation, le transport et le stockage des aliments ou des groupes d'aliments considérées comme essentielles pour garantir leur caractère comestible et leur sécurité sanitaire. »

[2686] Par exemple, la Commission du Codex a émis des limites indicatives sur les niveaux de radionucléides dans les aliments à la suite d'une contamination nucléaire accidentelle en 1989 en réponse à l'accident de Tchernobyl.

[2687] E. MONDIELLI, « *La prise en compte des normes OMS par le droit français* », *op.cit.*, p.95.

[2688] V. J.-P. DOBBERT, « *Le Codex Alimentarius vers une nouvelle méthode de réglementation internationale* », AFDI, 1969, pp. 677-717.

a. Un instrument volontaire fondé sur l'acceptation des Etats

1300. Il convient de rappeler que, depuis sa création, le *Codex Alimentarius* a toujours été purement volontaire[2689]. A l'origine, les normes *Codex* n'étaient donc « reconnues par aucun texte, national ou international [et…] n'avaient que la valeur attachée à toute autre norme facultative c'est-à-dire de représenter plus ou moins l'état des usages professionnels ou des règles de l'art dans un domaine, sans pouvoir être contraires à la règlementation[2690] ». Le *Codex* reposait uniquement sur un système d'acceptation du *Codex* par les Etats membres. Dès lors, ces derniers étaient libres de les ignorer. Toutefois, cela ne prive pas le *Codex* de toute valeur juridique. Par ailleurs, la mise en œuvre des accords de l'OMC en 1994 est venue renforcer la valeur juridique du *Codex*.

1301. La valeur juridique de l'activité normative de la Commission du *Codex Alimentarius* dépend, d'abord, du type d'instrument adopté. En ce qui concerne les Codes d'usage, ils revêtent le caractère de recommandations. En d'autres termes, ils ont « un caractère consultatif et il appartient à chaque gouvernement de décider de l'utilisation qu'il entend en faire[2691] ». A cet égard, s'ils peuvent fournir d'utiles listes de spécifications aux autorités nationales chargées de faire observer l'application des lois et règlements, ils ne sont pas contraignants. Il en va différemment des normes présentes dans le *Codex Alimentarius*.

1302. La valeur juridique des normes du *Codex* dépend, ensuite, de la force d'acceptation conférée par les Etats membres. En effet, une fois qu'une norme est émise, elle doit être acceptée par les pays afin qu'elle soit incluse dans le règlement national et être appliquée dans le cadre des politiques nationales de contrôle des aliments. A ce titre, les pays peuvent répondre soit par une acceptation pleine et entière (sans réserve), soit par une acceptation assortie de dérogations spécifiques, soit par une acceptation à titre d'objectif. Dans ce dernier cas, le caractère important est reconnu, mais l'Etat se réserve un laps de temps plus ou moins long pour l'acceptation définitive[2692].

1303. Une fois accepté, les gouvernements sont dans l'obligation d'introduire les spécifications dans le droit national et d'en assurer le respect[2693]. En acceptant, l'Etat émet une déclaration unilatérale qui l'engage sur le plan juridique et donc la norme s'impose à lui. Toutefois, l'Etat ne se trouve pas lié à l'égard de la Commission ou de l'OMS et de la FAO car le texte ne constitue pas une convention malgré son acceptation par plusieurs Etats[2694]. En effet, l'intégration dans le droit national ne se fait pas suivant la procédure de ratification prévue pour une convention[2695] mais par simple disposition réglementaire. Dès lors, la mise en œuvre du *Codex* au niveau national « reste du ressort des membres sauf si une règlementation nationale,

---

[2689] N. FERRAUD-CIANDET, « *La Commission du Codex Alimentarius* », *op.cit.*, §27.

[2690] A. DE BROSSES, « *La valeur juridique du Codex Alimentarius* », Lamy Droit de la Santé, Option qualité, n°185, Juillet 2000.

[2691] R. DEHOVE, A. SOROSTE et C. YEDIKARDACHIAN (dir.), « *Etude 101-202 : Codes d'usages et autres textes du Codex Alimentarius* », in Lamy Dehove, 2012.

[2692] E. MONDIELLI, « *La prise en compte des normes OMS par le droit français* », *op.cit.*, p.110 n.d.p.39.

[2693] *Ibid.*, p.89.

[2694] M. BELANGER, *Le droit international de la santé*, Que sais-je ?, PUF, 1997, p.207.

[2695] Article 11 de la Convention de Vienne sur le droit des traités, 1969.

régionale ou mondiale s'y réfère[2696] ». Or, en France, selon l'article 17 du Décret n°2009-697 du 16 juin de 2009 relatif à la normalisation « les normes sont d'application volontaire ». Néanmoins, la norme peut être rendue obligatoire par arrêté ministériel [2697] et acquérir une véritable valeur réglementaire dont la méconnaissance peut constituer une infraction à l'article 610-5 du code pénal[2698]. Dès lors le *Codex* n'a pas de caractère directement contraignant à l'égard des Etats membres démontrant les limites imposées par la souveraineté des Etats malgré l'approche technique suivie.

1304. Ce mécanisme d'acceptation confère au *Codex* un caractère « pré-législatif » en ce qu'il dépend du consentement des Etats membres pour sa mise en œuvre et donc pour ses effets contraignants[2699]. Pour certains, ces normes s'assimilent à des recommandations de l'OMS et de la FAO car « le *Codex* se présente dans son ensemble de façon moins élaborée[2700] ». Toutefois, il s'agit davantage d'un pouvoir quasi conventionnel[2701], issu de l'article 19 de la Constitution, en ce que l'instrument devient contraignant à l'égard de l'Etat membre en cas d'acceptation [2702]. Cependant, l'absence d'obligation de ratification rend la qualification de la nature juridique des normes *Codex* peu aisée à déterminer[2703]. En l'absence d'une telle intégration, la jurisprudence française est venue rappeler que ces normes n'avaient qu'une valeur purement indicative. En effet, la chambre criminelle de la Cour de Cassation a considéré que lorsqu'une entreprise méconnaît un élément de la réglementation interne française, elle ne peut se défendre en soutenant qu'elle n'a fait qu'appliquer une recommandation du *Codex Alimentarius* [2704]. Elles apparaissent alors comme des recommandations de portée quasi obligatoire, au même titre que les dénominations communes internationales.

1305. Toutefois, malgré le pouvoir d'acceptation de l'Etat membre qui rappelle le caractère non contraignant du *Codex*, la portée de ce dernier est renforcée par plusieurs éléments. En premier lieu, il existe une forte représentativité au sein de la Commission lors de l'élaboration des normes. Par exemple, en 2008, 35 normes ont été adoptées par 138 Etats dont des pays émergents (Brésil et Malaisie)[2705]. En deuxième lieu, le *Codex* a toujours été un organe délibératif qui encourage la participation active des Etats membres.

[2696] N. FERRAUD-CIANDET, « *La Commission du Codex Alimentarius* », *op.cit.*, §30.

[2697] Article 17 du Décret n°2009-697 du 17 juin 2009 prévoit que « Toutefois, les normes peuvent être rendues d'application obligatoire par arrêté signée du ministre chargé de l'industrie et du ou des ministres intéressés. V. par exemple, l'arrêté du 20 février 1997, JO 1er mars, relatif au contrôle des végétaux rend obligatoire plusieurs normes.

[2698] « La violation des interdictions ou le manquement aux obligations édictées par les décrets et arrêtés de police sont punis de l'amende prévue pour les contraventions de la 1re classe. »

[2699] S. SHUBBER, « *The Codex Alimentarius Commission under International Law* », The International and Comparative Law Quarterly, vol.21, n°4, 1972, pp.631-655 (p.650).

[2700] E. MONDIELLI, « *Etude 135 : Organisations Internationales* », *op.cit.*, n°135-205.

[2701] N. FERRAUD-CIANDET, « *La Commission du Codex Alimentarius* », *op.cit.*, §31.

[2702] S. SHUBBER, « *The Codex Alimentarius Commission under International Law* », *op.cit.* p.650) et N. FERRAUD-CIANDET, « *La Commission du Codex Alimentarius* », *op.cit.*, §27.

[2703] E. MONDIELLI, « *Etude 135 : Organisations Internationales* », *op.cit.*, n°135-205.

[2704] Cass crim., 12 octobre 1999, Bulletin Criminel, n°213, p.671. « Attendu que les juges, après avoir, énoncé que les dispositions du *Codex Alimentarius* ne présentent qu'un caractère indicatif, ajoutent qu'en l'absence de réglementation communautaire sur la dénomination des différents types de fromage, les Etats sont habilités à réglementer souverainement l'usage d'une dénomination, sauf restriction déguisée à l'importation des produits, ce qui n'est pas le cas en l'espèce. »

[2705] N. FERRAUD-CIANDET, « *La Commission du Codex Alimentarius* », *op.cit.*, §35.

De même, le processus décisionnel repose sur de longues consultations, l'échange des points de vue et des commentaires dans le cadre de nombreux comités[2706]. Ces comités agissent en respectant des grands principes, dont l'universalité, qui visent à faire reposer l'élaboration des avis scientifiques sur une large base de données scientifiques internationales[2707]. Enfin, le *Codex* encourage l'adoption de décisions par consensus. A cet égard, la majorité des normes sont adoptées à l'unanimité[2708]. En dernier lieu, la participation des Etats[2709] mais également des acteurs non étatiques[2710] a été prévue dès son origine, ce qui renforce davantage la légitimité démocratique des normes[2711]. Il s'agit donc d'un processus d'élaboration long et collaboratif qui témoigne de la volonté constante d'atteindre un consensus[2712] sur les standards sans vote[2713].

1306. Cependant, des difficultés demeurent au sein du système de délibération de la Commission du *Codex* dont les inégalités parmi les participants : entre pays développés et pays en développement en raison de manque de ressources, entre Etats et acteurs non étatiques en raison de pouvoirs plus limités pour ces derniers et au sein des acteurs non étatiques en raison d'une surreprésentation des groupes industriels et le moindre nombre de participants représentants les consommateurs[2714]. Dès lors se pose la question de la légitimité démocratique issue d'un petit groupe (pays développés et groupes industriels) et non de l'ensemble des acteurs de santé dans l'élaboration des normes du *Codex*.

1307. Malgré ces éléments contextuels qui favorisent la prise en compte des normes *Codex* par les Etats membres, celui-ci demeure un instrument sans contrainte. Toutefois, l'entrée en vigueur des accords de l'OMC en 1994 a renforcé sa valeur juridique.

b. La conséquence juridique des accords de l'Organisation mondiale du commerce

1308. Depuis l'entrée en vigueur des accords OMC en 1994, les normes du *Codex Alimentarius* ont « acquis une pertinence juridique accrue en raison de

---

[2706] S. SHUBBER, « *The Codex Alimentarius Commission under International Law* », *op.cit.* p.655.

[2707] Ces grands principes sont : l'excellence, l'indépendance, la transparence et l'universalité. (V. FAO/OMS, « *Comprendre le Codex Alimentarius* » 3e éd., 2006, pp.24-25).

[2708] N. FERRAUD-CIANDET, « *La Commission du Codex Alimentarius* », *op.cit.*, § 33.

[2709] L. THOME, « *Participation et représentation des états dans l''élaboration des normes du Codex alimentarius* », in E. BROSSET et E. TRUILHE-MARENGO (dir.), *Les enjeux de la normalisation internationale : Entre environnement, santé et commerce international,* La documentation française, CERIC, 2006, pp. 91-104 (V. également R. LECOURT, « *Quelques observations sur la participation des Etats aux travaux de la Commission du Codex alimentarius* », *Ibid.*, pp.153-158).

[2710] E. ETCHELAR, « *Expertise scientifique et normalisation. Le cas du Codex alimentarius* », in E. BROSSET et E. TRUILHE-MARENGO (dir.), *Les enjeux de la normalisation internationale (...) ; op.cit.*, pp. 159-174.

[2711] S. BERNSTEIN et E. HANNAH, « *Non-state global standard setting and the WTO : Legitimacy and the need for regulatory space* », Journal of International Economic law, 11(3), pp.575-608.

[2712] E. TRUILHE-MARENGO, « *Consensus comme modalité d'adoption des normes au sein du Codex alimentarius* », in E. BROSSET et E. TRUILHE-MARENGO (dir.), *Les enjeux de la normalisation internationale (...) ; op.cit.*, pp. 105-119.

[2713] G. L. BURCI et C.-H. VIGNES, *The World Health Organization, op.cit.*, pp.81-82.

[2714] V. N. FERRAUD-CIANDET, « *La Commission du Codex Alimentarius* », *op.cit.*, § 34-40.

la référence faite à celles-ci dans lesdits accords[2715] ». En effet, les accords font une référence explicite et implicite au *Codex*. D'une part, l'article 3 de l'Accord sur les mesures sanitaires et phytosanitaires (SPS) prévoit qu'afin d'harmoniser autant que possible les mesures dans ce domaine, les membres devront établir leurs mesures sur la base de normes directives et recommandations internationales. D'autre part, l'article 2 (4) de l'Accord sur les obstacles techniques au commerce recommande l'utilisation des normes internationales [2716]. Pour le Professeur MONDIELLI, cette référence uniquement implicite s'explique « compte tenu de l'application de l'instrument à toutes les marchandises » ce qui l'empêche d'être « aussi précis[2717] ». Si pour certains cette référence au *Codex* est la conséquence de l'absence de règlementation mondiale dans ce domaine[2718], elle démontre aussi la volonté de faire du *Codex* un élément de référence dans le domaine alimentaire. Dès lors, les standards du *Codex* sont considérés comme « scientifiquement justifiés et sont acceptés en tant que référence à l'égard de laquelle les mesures nationales restrictives du commerce sont évaluées[2719] ». Les normes *Codex* sont « devenues les points de repères sur lesquels fonder les évaluations des mesures et des règlementations nationales dans le cadre des paramètres juridiques de l'OMC[2720] ».

1309. Par le biais de cette compétence textuelle, l'Organe de règlement des différends (ORD) de l'OMS a donc « le pouvoir d'interpréter et d'appliquer ces normes dans les contentieux interétatiques[2721] ». Selon l'ORD, dans son rapport concernant l'affaire relative aux injections d'hormones aux bovins du 16 janvier 1998[2722], une présomption simple de compatibilité est conférée aux mesures nationales pertinentes lorsqu'elles se fondent sur les normes, orientations et recommandations adoptées par la Commission du *Codex*[2723]. A l'inverse, un Etat membre qui choisit d'établir un niveau de protection plus élevé ou différent de celui établi par la norme internationale doit procéder à une évaluation des risques et être en mesure d'apporter des preuves scientifiques suffisantes du bien-fondé de sa position[2724]. Dès lors, depuis les accords OMC, décider de s'écarter d'une norme du *Codex* suppose « une réelle

---

[2715] R. DEHOVE, A. SOROSTE et C. YEDIKARDACHIAN (dir.), « *Etude 101-205 : Acceptation des normes du Codex Alimentarius* », in Lamy Dehove, 2012.
[2716] Article 2 (4) de l'Accord sur les obstacles techniques au commerce : « Dans les cas où des règlements techniques sont requis et où des normes internationales pertinentes existent ou sont sur le point d'être mises en forme finale, les Membres utiliseront ces normes internationales ou leurs éléments pertinents comme base de leurs règlements techniques, (...). »
[2717] E. MONDIELLI, « *La prise en compte des normes OMS par le droit français* », *op.cit.*, p.96.
[2718] A. DE BROSSES, « *La valeur juridique du Codex Alimentarius* », *op.cit.*,
[2719] G. L. BURCI et C.-H. VIGNES, *The World Health Organization*, *op.cit.*, p.82.
[2720] FAO/OMS, «*Comprendre le Codex Alimentarius* », *op.cit.*, *Préface.*
[2721] N. FERRAUD-CIANDET, « *La Commission du Codex Alimentarius* », *op.cit.*, § 41.
[2722] Communauté européenne – Mesures concernant les viandes et les produits carnés (hormones), Affaires DS26, Rapport du 16 janvier 1998.
[2723] L'ORD précise que dans le cas où un Etat membre intègre dans sa règlementions une mesure SPS intégralement conforme à une norme internationale (en l'espèce le Codex), une telle mesure « bénéficie d'une présomption (quoique réfragable) de compatibilité avec les dispositions pertinentes de l'accord SPS et du GATT de 1994 (§170 du Rapport). Si l'Etat membre n'intègre qu'une partie de la norme internationale dans sa règlementation, il ne bénéficie pas de la présomption de compatibilité (§ 171 du Rapport).
[2724] L'article 5(1) de l'accord SPS prévoit que « Les Membres feront en sorte que leurs mesures sanitaires ou phytosanitaires soient établies sur la base d'une évaluation (...) compte tenu des techniques d'évaluation des risques élaborées par les organisations internationales compétentes. »

capacité d'argumentation sur le plan scientifique[2725] ». Ceci confère donc une valeur indirecte au *Codex*. Si la non application est possible juridiquement, elle est difficile politiquement et scientifiquement. Si cela ne garantit pas la mise en œuvre automatique du *Codex*, elle permet *de facto* une prise en compte sérieuse de cet instrument par les systèmes nationaux.

1310. Madame FERRAUD-CIANDET, évoque une « déférence du droit de l'OMC aux règles du *Codex*[2726] ». Sans conférer une valeur contraignante au *Codex*, en cas de non-respect de la norme, « la charge de la preuve est en quelque sorte renversée puisque l'Etat membre est alors tenu de justifier de la raison pour laquelle il a établi un niveau de protection différent[2727] ». Pour MONDIELLI, « une réglementation nationale conforme à ces textes internationaux est, *a priori,* considérée comme « non abusivement 'entravante' » et la norme *Codex* « est opposable à tous les Etats, même ceux qui ne l'auraient pas formellement acceptée [2728]». Pour certains auteurs, il existe une séparation des pouvoirs entre la Commission en charge de l'élaboration de la norme et les juges de l'OMC compétents pour son application[2729]. Pour Messieurs BURCI et VIGNES, l'importance de la Commission et de la signification économique de ses décisions ont été renforcées « dramatiquement » depuis l'entrée en vigueur des accords de l'OMC en 1994[2730]. En effet, bien que dépourvues de force contraignante, ces normes sont néanmoins « dotées d'une réelle autorité ou d'une influence majeure dans le champ de compétence de l'OMC[2731] ».

1311. Pour conclure, malgré leur valeur purement indicative, les normes du *Codex Alimentarius* sont devenues des normes internationales *de facto* pour les produits alimentaires faisant l'objet d'un commerce international et, dans une large mesure, des points de référence pour les législations nationales en matière de sécurité sanitaire des aliments. Le *Codex* est devenu la référence mondiale pour les consommateurs, les producteurs et les transformateurs de denrées alimentaires, les organismes nationaux de contrôle des aliments et le commerce international des produits alimentaires[2732]. Reprenant les propos du Professeur MONDIELLI, « si théoriquement un Etat n'est pas obligé d'accepter une norme *Codex*, dans la pratique, depuis l'existence de l'OMC, l'acceptation apparaît quasi incontournable[2733] ». Comme le souligne Madame MALJEAN-DUBOIS, « un lien de complémentarité entre le droit de l'OMC et les normes techniques internationales est si fort qu'en faisant adopter son point

---

[2725] J. BIZET, *« Sécurité alimentaire, le Codex Alimentarius »,* rapport du sénat, n°450, 29 juin 2000.

[2726] N. FERRAUD-CIANDET, « *La Commission du Codex Alimentarius* », *op.cit.,* § 42.

[2727] A. DE BROSSES, « *La valeur juridique du Codex Alimentarius* », *op.cit.,*

[2728] E. MONDIELLI, « *La prise en compte des normes OMS par le droit français* », *op.cit.,* p.96.

[2729] N. FERRAUD-CIANDET, « *La Commission du Codex Alimentarius* », op.cit., § 42, V. également : R. HOWSE, « *A New Device for Creating International Legal Normativity : The WTO Technical Barriers to Trade Agreement and 'International Standards'* » in C. JOERGES et E.-U. PETERSMANN, *Constitutionalism, Multilevel Trade Governance and Social Regulation,* Hart Publishing, Oxford, 2006, pp.383-395 ; G. BOSSIS, *La sécurité sanitaire des aliments en droit international et communautaire,* Bruylant, 2005, pp.130-158.

[2730] G. L. BURCI et C.-H. VIGNES, *The World Health Organization, op.cit.,* p.81.

[2731] J. CAZALA, « *La force normative des instruments du* Codex Alimentarius », in C. THIBIERGE et al., *La force normative, op.cit.,* p.341 (pp.335-343).

[2732] FAO/OMS, «*Comprendre le Codex Alimentarius* » 3e éd., 2006, *Préface.*

[2733] E. MONDIELLI, « *La prise en compte des normes OMS par le droit français* », *op.cit.,* p.94.

de vue au sein d'un organisme international de normalisation, un Etat ou un groupe d'Etats se met à l'abri complètement ou presque d'une condamnation à l'OMC[2734] ».

1312. Il apparaît donc que cet ensemble d'activités normatives dans le domaine de l'établissement de nomenclatures et de standard, en particulier dans les domaines pharmaceutique et alimentaire, fait, comme le constate à juste titre Monsieur BEIGBEDER, « autorité scientifique sans être adopté en tant que règlement[2735] ». Par ailleurs, si historiquement l'OMS a développé une activité en matière de classification et de standardisation, son contenu s'est enrichi et diversifié.

§2. Un contenu riche et varié

1313. Le contenu riche et varié des instruments non contraignants l'OMS est la conséquence, d'une part, de la flexibilité dans la procédure d'élaboration des normes (A) et, d'autre part, de la variété des sujets traités (B).

A. Une flexibilité dans la procédure d'élaboration

1314. La flexibilité dans la procédure d'élaboration des normes s'explique, d'une part, par les multiples procédures prévues (1) et, d'autre part, par le rôle des experts extérieurs (2).

1. Les multiples procédures d'élaboration

1315. L'étude du contenu de l'activité non contraignante démontre un degré variable d'investissement de l'OMS (a). Toutefois cela n'empêche pas un certain contrôle de la part de l'organisation (b).

a. Un degré variable d'investissement de l'OMS

1316. L'étude des procédures qui permettent l'adoption de recommandations « de l'OMS » se caractérise par leur simplicité d'adoption ainsi que par leur souplesse qui permet de les modifier sans formalité particulière. On constate qu'en réalité il existe plusieurs procédures avec des degrés d'investissement et des niveaux d'intervention de l'OMS variés. Ainsi, Messieurs BURCI et VIGNES insistent sur le fait que « cette fonction normative de l'OMS (au sens général) a lieu à différents niveaux juridiques, politiques et pratiques ». En conséquence, cela rend difficile de déterminer à qui sont véritablement imputables les recommandations au sein de l'OMS, entre l'Assemblée mondiale de la santé, le Conseil exécutif ou le Directeur général à l'appui de son Secrétariat. Suivant la catégorisation de Messieurs BURCI et VIGNES, trois types de procédure sont envisageables[2736].

[2734] S. MALJEAN-DUBOIS, « *Relations entre normes techniques et normes juridiques : illustrations à partir de l'exemple du commerce international des produits biotechnologiques* », E. BROSSET et E. TRUILHE-MARENGO (dir.), *op.cit.*, p.211.

[2735] Y. BEIGBEDER, « *L'Organisation mondiale de la santé* », *op.cit.*, p.48.

[2736] G. L. BURCI et C.-H. VIGNES, *The World Health Organization*, *op.cit.*, p.142.

1317. En premier lieu, la procédure la plus formelle est celle issue de l'article 23 de la Constitution de l'OMS. A ce titre, il s'agit des recommandations adoptées par l'Assemblée mondiale de la santé ou par le Conseil exécutif dans les limites de ses fonctions constitutionnelles. Ces recommandations sont le plus souvent élaborées par le Secrétariat à sa propre initiative ou à celle d'un des organes. En pratique, l'Assemblée mondiale de la santé a peu suivi explicitement la procédure de l'article 23 afin d'adopter des recommandations[2737].

1318. Toutefois, en 2011, le Cadre de préparation au risque d'une pandémie grippale pour l'échange des virus grippaux et l'accès aux vaccins et autres avantages (Cadre PIP) a été adopté en se fondant expressément sur l'article 23 de la Constitution de l'OMS. Il est intéressant de noter que la référence expresse à l'article 23 n'était pas initialement inscrite dans le texte préparatoire[2738]. Elle a été rajoutée par la suite, ce qui est représentatif de la valeur symbolique de cette référence. Souvent, elle reflète la volonté des Etats d'affirmer l'absence de contrainte de l'instrument. La référence à l'article 23 agit ainsi comme une « garantie » supplémentaire de sa nature non obligatoire à l'égard des Etats malgré le contenu, en l'espèce, qui apparaissait évident[2739]. D'ailleurs, la référence, ou l'absence de référence, à l'article 23 ne change pas la nature de la décision prise. D'un point de vue juridique, elle est qualifiée de recommandation.[2740].

1319. En deuxième lieu, étant donné qu'il est possible d'adopter des recommandations en dehors de la procédure de l'article 23 et de l'Assemblée mondiale de la santé, il existe des standards ou recommandations développés par le Secrétariat sur le fondement d'une autorité confiée par les organes mais qui ne nécessitera pas l'approbation de ces derniers. Ainsi, les standards ou recommandations sont sous l'entière responsabilité du Secrétariat par délégation d'autorité. Toutefois, il arrive que des résultats découlant de l'adoption des standards développés par le Secrétariat soient, par la suite, approuvés par l'Assemblée mondiale de la santé. Il en va ainsi pour les dénominations communes internationales[2741].

1320. Cette variabilité du degré d'investissement de l'OMS est révélatrice des difficultés d'identification de la source de la reconnaissance de la norme. En effet, si la norme est identifiée en tant que « norme OMS », la participation (ou l'absence de participation) de l'Assemblée mondiale de la santé (ou du Conseil exécutif) confère un message symbolique particulier à la norme ainsi

---

[2737] *Ibid.*

[2738] OMS, « *Rapport du groupe de travail d'Etats membres à composition non limitée sur la préparation en cas de grippe pandémique : échange des virus grippaux et accès aux vaccins et autres avantages* », A64/8, 5 mai 2011, pièce jointe 3.

[2739] Le texte utilise le subjonctif lorsqu'il énonce les engagements attendus des Etats. Par exemple, aux paragraphes 5.1 et 6 on retrouve l'expression suivante : « Les Etats devraient (…) » (OMS, *Cadre de préparation en cas de grippe pandémique pour l'échange des virus grippaux et l'accès aux vaccins et autres avantages (Cadre PIP)*, Genève, 2012 (réimprimé en 2013), § 5.1 et § 6.).

[2740] La seule différence juridique soulevée, pour les recommandations de l'article 23, réside dans l'obligation pour les Etats membres de produire un rapport annuel prévu à l'article 62 de la Constitution. Toutefois, l'absence, dans la pratique, du respect de cette obligation annuelle couplée à l'absence de sanction en cas de manquement renforce l'idée que cette différence est négligeable (F. FLUSS, F. GUTTERIDGE, J.K. LITTLE, H. HARRIS, *World Health Organization*, *op.cit.*, p.29).

[2741] G. L. BURCI et C.-H. VIGNES, *The World Health Organization*, *op.cit.*, p.149.

adoptée. Par exemple, le recours à l'article 23 de la Constitution, sans affecter la valeur juridique de la norme, est un moyen d'insister, pour les Etats membres, sur la valeur purement non contraignante de la norme adoptée. A l'inverse, l'OMS peut agir en tant qu'organisation indépendante au nom de sa personnalité juridique internationale[2742] par le biais du Directeur général et du Secrétariat. Se pose alors la question de la validité de la norme adoptée par délégation d'autorité sans intervention étatique.

1321. Enfin, il existe une multitude de standards qui sont développés par des comités d'experts, agissant en tant qu'experts extérieurs, convoqués par le Secrétariat et qui seront publiés par l'OMS sans approbation formelle de cette dernière. Il en va ainsi des recommandations adoptées par le Centre international de Recherche sur le Cancer. La qualité et la crédibilité scientifiques justifient une telle approche.

1322. Néanmoins, l'absence d'approbation formelle de l'Assemblée mondiale de la santé ne signifie pas l'absence totale de contrôle de la part de l'OMS.

b. Un contrôle scientifique de son activité par l'OMS

1323. L'OMS exerce un contrôle de la qualité scientifique des recommandations émises. A ce titre, l'OMS a mis en place, depuis 2007, un Comité d'évaluation des directives afin de garantir une utilisation appropriée des données factuelles dans la mise en place de directives mondiales. Selon l'OMS, les recommandations qui ont des répercussions sur les politiques de santé ou les interventions cliniques sont considérées comme des directives[2743]. A cet égard, ces directives doivent être conformes aux meilleures pratiques acceptées sur le plan international et établies sur une utilisation appropriée des données factuelles avant d'être publiées sur le site de l'OMS dédié[2744].

1324. A cette fin, le Comité a pour objectifs[2745] :

(1) de définir des procédures adaptées et standardisées relatives à l'élaboration des directives, avec la mise au point de formats et modèles standardisés pour les différents niveaux de recommandations (par exemple, un avis rapide de politique ou des directives complètes) et aux divers stades de leur préparation ;

(2) de veiller à ce que toutes les directives préparées par l'OMS soient conformes aux Directives pour la conception de directives en donnant des avis, des orientations et l'approbation initiale et finale des documents OMS de directives ;

(3) d'élaborer et de mettre en œuvre un plan veillant à ce que les membres du Comité d'évaluation des directives de l'OMS aient une connaissance suffisante des méthodes approuvées pour l'élaboration des directives et à ce

---

[2742] V. *supra* n°0 et s.

[2743] Informations disponibles sur site de l'OMS « Comité d'évaluation des Directives » (http://www.who.int/publications/guidelines/review_committee/fr/).

[2744] Site de l'OMS « *Directives approuvées par le Comité d'évaluation* » (http://www.who.int/publications/guidelines/fr/).

[2745]Site de l'OMS « *Comité d'évaluation des Directives* » (http://www.who.int/publications/guidelines/review_committee/fr/).

que des opportunités soient trouvées, en collaboration avec le comité d'apprentissage mondial, pour renforcer les capacités du personnel de l'OMS en matière d'élaboration de directives ;

(4) de développer la collaboration et la coopération avec d'autres organisations et réseaux internationaux qui ont une expertise et des compétences méthodologiques en matière d'élaboration, d'adaptation et de mise en œuvre de directives (par exemple le *National Institute for Clinical Excellence* au Royaume-Uni, le *Guidelines International Network*, la *Cochrane Collaboration*, etc.).

1325. Le Comité est assisté dans la mise en œuvre de ces objectifs par un secrétariat [2746]. Ainsi, même en l'absence d'approbation formelle par l'Assemblée mondiale de la santé, l'OMS conserve un contrôle autonome des recommandations qu'elle émet. Fondé sur la qualité scientifique de la norme émise, le contrôle des recommandations est essentiel afin de justifier de sa crédibilité dans son élaboration. Dès lors que cette compétence est reconnue à l'OMS dans sa Constitution, il est nécessaire de mettre en place un mécanisme de vérification de la qualité scientifique des recommandations émises « au nom de l'OMS ».

1326. Toutefois, il apparaît parfois préférable ou nécessaire que la position défendue par le groupe d'experts obtienne une approbation politique formelle de l'Assemblée mondiale de la santé. Dans ce cas, la recommandation est soumise à l'Assemblée afin de devenir la position ou la politique officielle de l'OMS. Un exemple de cette possibilité provient de la mise en place du système de certification de la qualité des produits pharmaceutiques entrant dans le commerce international. Développé par un comité d'experts convoqué par le Secrétariat, ce système a ensuite obtenu l'approbation officielle de l'Assemblée mondiale de la santé par une première résolution adoptée en 1975[2747] puis par une autre en 1998[2748].

1327. Par conséquent, la multiplication des procédures engendre une facilité d'adoption de recommandations et participe à l'enrichissement perpétuel du contenu de ces activités. Toutefois, cela pose la question de la légitimité scientifique et juridique des recommandations ainsi adoptées. Ce questionnement est renforcé par la procédure d'élaboration des recommandations scientifiques qui permet à l'OMS de faire appel à des experts extérieurs. A cet égard, la sollicitation de ces derniers suit une procédure particulière.

[2746] Le Secrétariat du Comité est placé dans le département de l'OMS Politique et coopération en matière de recherche et a les objectifs suivants: (1) apporter un appui aux niveaux secrétariat et administration pour les travaux du Comité, en étant particulièrement attentif à l'enregistrement et au suivi des directives soumises au Comité pour approbation; (2) organiser, à l'intention du personnel de l'OMS, une formation adaptée pour la production de directives; (3) coordonner la collaboration avec des organisations et des réseaux externes dotés d'une expertise et de compétences méthodologiques en matière d'élaboration de directives et (4) coordonner et apporter un appui aux départements pour la production de directives (OMS « Comité d'évaluation des Directives » (http://www.who.int/publications/guidelines/review_committee/fr/).

[2747] OMS, *Règles de bonne pratique applicables à la fabrication des médicaments et au contrôle de leur qualité et système de certification de la qualité des produits pharmaceutiques entrant dans le commerce international*, WHA28.65, 29 mai 1975.

[2748] OMS, *Lignes directrices concernant l'application du système OMS de certification de la qualité des produits pharmaceutiques entrant dans le commerce international*, Résolution WHA50.3, 1998.

2. Le rôle scientifique des experts extérieurs

1328. Les formes de collaboration des experts extérieurs sont multiples ce qui participe à la complexification de la procédure d'élaboration des normes (a). Néanmoins, cette multiplicité offre un soutien essentiel aux travaux de l'OMS (b).

a. La multiplicité de collaboration

1329. Le mécanisme actuel le plus formalisé se fonde sur deux structures organisées principales : d'une part, les groupes d'experts et, d'autre part, les comités consultatifs d'experts[2749].

1330. Il convient de distinguer les experts, des groupes d'experts et des panels d'experts. Les panels consultatifs d'experts ont pour objectif d'assister l'OMS sur les aspects techniques à l'égard d'un sujet particulier, soit par correspondance, soit dans le cadre de réunions. Il s'agit donc d'une liste d'experts choisis principalement en raison de leur compétence technique et de leur expérience dans un domaine donné. Un expert devient membre d'un panel d'experts consultatif par nomination du Directeur général pour une durée maximale de quatre ans. Le Directeur général doit également prendre en compte la représentation internationale en termes de diversité des connaissances, des expériences et des différentes approches dans le domaine concerné[2750]. L'expert doit enfin consulter les autorités nationales concernées. Aussi bien le Directeur général que le Conseil exécutif ou l'Assemblée mondiale de la santé a le pouvoir de mettre en place ou de dissoudre des panels d'experts en tant que compétence de plein droit. Les experts ne reçoivent aucune gratification[2751] pour leur rôle en tant que membre d'un panel à la différence de leur rôle au sein d'un comité d'experts.

1331. Ces experts peuvent être sollicités à titre individuel ou être invités par le Directeur général à participer à un comité d'expert. Les comités consultatifs d'experts sont constitués de membres des panels consultatifs avec pour objectif la révision ou la recommandation sur un sujet spécifique de l'OMS. Ainsi, le comité d'experts a pour mission de soumettre des conclusions et des recommandations au Directeur général. Ce rapport n'engage pas l'Organisation tant que le Directeur général ne l'approuve pas spécifiquement[2752]. En effet, les comités demeurent des organes consultatifs. Toutefois, au vu de l'expertise précise dont disposent les comités, ces derniers exercent une influence de fait sur les décisions du Directeur général.

1332. A la différence des panels d'experts, la compétence de création des comités d'experts et de nomination de ses membres n'appartient qu'au Directeur général. Les membres de ces comités n'ont pas le statut de membre permanent et sont sélectionnés par le Directeur général pour chaque réunion ce qui permet au Secrétariat de répondre au mieux aux objectifs poursuivis en prenant en compte les compétences, l'expertise, la représentation

---

[2749] V. OMS, *« Expert advisory panels and committees »*, Fact Sheet, 2010 (http://www.who.int/kms/Factsheet_EAP2010.pdf?ua=1).

[2750] G. L. BURCI et C.-H. VIGNES, *The World Health Organization*, *op.cit.*, p.147.

[2751] OMS, *« Expert advisory panels and committees »*, Fact Sheet, 2010, p.1.

[2752] G. L. BURCI et C.-H. VIGNES, *The World Health Organization*, *op.cit.*, p.147.

géographique et la volonté de représentation des sexes. Le Directeur général soumet un rapport au Conseil exécutif sur l'avancement des réunions, sur les rapports des comités et sur les suites à donner à leurs travaux. Les membres du Conseil exécutif discutent du contenu et des recommandations mentionnées au sein du rapport du Directeur général. Les remarques du Conseil exécutif sont alors prises en compte par le Secrétariat par la suite[2753].

1333. On constate donc que l'Assemblée mondiale de la santé intervient uniquement dans la mise en place des panels consultatifs d'experts et ce de façon accessoire, puisque le Conseil exécutif et surtout le Directeur général sont également compétents. A ce titre, les recommandations émises par le comité d'experts, si elles ne sont pas officiellement approuvées par l'Assemblée mondiale de la santé, le sont par le Directeur général afin qu'elles puissent émaner de l'OMS. Néanmoins, le Conseil exécutif conserve un pouvoir de surveillance sur la procédure suivie et le Secrétariat doit prendre en compte ces remarques.

1334. Il convient d'évoquer le fait qu'en plus des comités d'experts, l'OMS, par le biais du Conseil d'Exécutif, peut mettre en place des groupes d'études, des groupes scientifiques ou des centres collaborateurs[2754]. Les groupes d'études sont généralement institués à la place de groupes d'experts quand le savoir et la connaissance dans une matière donnée est trop incertain afin d'émettre des conclusions définitives. Les groupes scientifiques traitent davantage de la recherche et ont pour fonction d'analyser les domaines de recherche de la santé médicale et des systèmes de santé. Ils jouent un rôle comparable à celui des groupes d'experts pour le programme de l'OMS en général.

1335. Enfin, les centres collaborateurs sont des institutions externes, désignés par le Directeur général afin de faire partie d'un réseau international de collaboration en soutien de l'OMS. Ils servent « d'alternative à la mise en œuvre d'institutions de recherche directement par l'OMS ». Leur relation avec l'OMS est prévue par un accord qui leur permet de se présenter en tant que centre collaborateur de l'OMS et d'utiliser l'emblème de l'OMS. Pour Messieurs BURCI et VIGNES, si leur rôle dans la mise en œuvre de standard n'est pas aussi « pertinente que les comités d'experts » de nombreux exemples de collaboration sous l'égide de l'OMS afin de développer des standards internationaux dans différents domaines existent[2755].

1336. On constate donc pléthore de procédures faisant appel à des experts extérieurs sans qu'elles ne soient nécessairement systématisées et encadrées ce qui rend parfois difficiles le suivi et la compréhension des différentes recommandations émises. Ces dernières perdent ainsi en valeur et la crédibilité de l'OMS peut être perçue comme affaiblie. Il serait préférable qu'un système de collaboration avec les experts extérieurs davantage encadré et surtout

---

[2753] *Ibid.*

[2754] V., OMS, *Regulations For Study And Scientific Groups, Collaborating Institutions and other Mechanisms of Collaboration*, Résolution EB69.R21, et des amendements ont été adoptés par la résolution EB105.R7 lors de la 105ème session du Conseil exécutif.

[2755] A titre d'exemple, on peut citer la classification internationale des maladies, la prévention de l'athérosclérose et en matière de substances biologiques utilisées en sciences humaines et vétérinaires (V. G. L. BURCI et C.-H. VIGNES, *The World Health Organization*, *op.cit.*, p.148).

simplifié soit envisagé. Ceci participerait grandement à améliorer notamment la perception du système de l'OMS par les acteurs des systèmes de santé mais également des individus et renforcerait sa crédibilité.

1337. La présence institutionnalisée d'experts extérieurs au sein de l'OMS est essentielle au développement de l'activité normative de l'OMS.

b. Une soutien essentiel à l'activité normative de l'OMS

1338. S'il existe différentes procédures d'élaboration, la plupart des recommandations et standards ne prennent pas la forme d'un véritable texte approuvé par l'Assemblée mondiale de la santé. Ils émanent le plus souvent de documents techniques élaborés par un groupe d'experts ou de collaborateurs extérieurs[2756]. En effet, le personnel actuel de l'OMS n'est pas en mesure de pouvoir répondre, de façon pertinente et constructive, aux demandes relatives à l'ensemble des domaines techniques souvent divers et complexes et qui évoluent parfois rapidement. Ainsi, cette diversité dans la compétence de santé de l'OMS associée au besoin de mettre en œuvre efficacement sa fonction normative est à l'origine du développement de différents mécanismes par lesquels l'OMS peut faire appel à l'avis et à l'appui d'experts compétents.

1339. L'objectif dans la collaboration avec les experts extérieurs est de permettre la représentation adéquate des différents domaines de connaissance et des expériences locales existantes au niveau international afin d'appuyer au mieux les travaux de l'OMS. Pour ces raisons, l'OMS a mis en place la distinction entre le panel d'experts qui vise à couvrir toutes les domaines et formes d'expériences au niveau international et les comités d'experts dont les membres sont issus des panels et sélectionnés en fonction de leur pertinence de la thématique abordée et de l'ordre du jour[2757].

1340. Il existait, en décembre 2014, 47 panels consultatifs d'experts pour un total de 653 experts[2758] représentant autant de disciplines médicales, issus de plus de 100 pays du monde[2759]. A titre d'exemples on citera les catégories les plus représentées : la mise en œuvre de la Pharmacopée internationale (72 experts), l'évaluation des médicaments (50), la sécurité alimentaire (29), la biologie et le contrôle des vecteurs de transmission (28), les infections sexuellement transmissibles (27) et la médecine traditionnelle (25)[2760]. Toutefois, l'OMS a la volonté, pour des raisons d'efficience et d'économie, de limiter le nombre d'experts tout en garantissant une forte représentativité internationale. A ce titre on observe la diminution du nombre d'experts puisqu'ils étaient 1337 en Janvier 2002[2761], 781[2762] en décembre 2009[2763], 750

[2756] G. L. BURCI et C.-H. VIGNES, *The World Health Organization*, *op.cit.*, p.149.

[2757] Site de l'OMS, « *Expert advisory panels and committees* », (http://www.who.int/kms/expert_panels/en/En).

[2758] *Ibid.*

[2759] A titre d'exemple, en 2010, il y avait 94 experts issus des Etats Unis, 76 du Royaume-Unis, 39 de l'Inde, 22 de la France, 15 de l'Iran, 11 du Nigéria. Site OMS, « *Expert advisory panels and committees* » (http://www.who.int/kms/expert_panels/en/En).

[2760] OMS, « *Expert advisory panels and committees* », Fact Sheet, 2010, p.1. (OMS, « *Expert advisory panels and committees* », Fact Sheet, 2010, p.2).

[2761] G. L. BURCI et C.-H. VIGNES, *The World Health Organization*, *op.cit.*, p.148.

[2762] Site de l'OMS, « *Expert advisory panels and committees* » (http://www.who.int/kms/expert_panels/en/En).

en 2010[2764] et 720 en décembre 2013[2765]. On regrettera que seuls 31% des experts sont des femmes[2766]. Par ailleurs, 53% des experts sont issus de deux régions (la région américaine et la région européenne) alors que seulement 9 % et 12 % sont issus respectivement de la région Asie du Sud-Est et de la région Africaine[2767].

1341. Dès lors, non seulement que ce mécanisme est essentiel car l'OMS ne dispose pas de la capacité matérielle et humaine pour prendre en charge l'ensemble des missions confiées mais également car il permet une forme d'autonomie dans la production normative de l'OMS à l'égard des Etats. C'est un point essentiel dans le développement du rôle normatif de l'OMS. En tant qu'institution spécialisée, bénéficiant d'une autorité normative reconnue, l'OMS doit pouvoir élaborer des normes de façon autonome à l'égard des Etats, en particulier en matière scientifique. Par la mise en œuvre de sa compétence technique, l'OMS opère un équilibre entre la volonté des Etats, fondée sur leur souveraineté, et le besoin de l'OMS de répondre aux défis sanitaires, fondé sur son mandat constitutionnel.

1342. En effet, le Directeur général possède un pouvoir en matière de création des comités d'experts mais également dans la reconnaissance de ces recommandations « au nom de l'OMS ». A cet égard, Messieurs BURCI et VIGNES considèrent que les comités d'experts « représentent le mécanisme le plus stable d'élaboration et de validation des standards techniques[2768] ». Si cette affirmation est vraie, elle peut être relativisée en raison des difficultés liées à la procédure notamment en matière de transparence des experts extérieurs[2769].

1343. L'ensemble de ces mécanismes prévus afin de conseiller l'OMS apparaissent aujourd'hui comme reflétant la position de l'OMS sur des enjeux scientifiques alors qu'officiellement il s'agit simplement de conclusions et de recommandations d'experts individuels consultés spécifiquement pour un enjeu de santé donné. Néanmoins, depuis la création de l'OMS, l'Organisation a favorisé cette « dualité de statuts[2770] ». En effet, cela laisse une marge de manœuvre à l'OMS. Cela permet à l'Organisation de mettre en œuvre sa fonction de standardisation tout en conservant, le cas échéant –notamment en présence de sujets controversés– la possibilité de se désolidariser des conclusions de ces comités en indiquant qu'il ne s'agit pas forcément de l'avis de l'OMS mais simplement de celles des experts. Dans ce cas, l'OMS va

---

[2763] On remarque néanmoins qu'ils étaient 738 en décembre 2008 (OMS, *« Expert advisory panels and committees »*, Fact Sheet, 2010, p.2).

[2764] OMS, *« Expert advisory panels and committees »*, Fact Sheet, 2010, p.1.

[2765]Site de l'OMS, « *Expert advisory panels and committees* », (http://www.who.int/kms/expert_panels/en/En).

[2766] En augmentation de 4 % par rapport à 2010 (OMS, *« Expert advisory panels and committees »*, Fact Sheet, 2010, p.2).

[2767] En 2014, en termes de distribution régional, 29% des membres du panel étaient issus de la région européenne, 25% de la région américaine, 14% de la région du Pacifique occidental, 12 % des membres de la région africaine, 10% de la région de la Méditerranée orientale et 9% de la région de l'Asie du Sud-Est. (Site OMS, « *Expert advisory panels and committees* », http://www.who.int/kms/expert_panels/en/En).

[2768] G. L. BURCI et C.-H. VIGNES, *The World Health Organization*, *op.cit.*, p.146.

[2769] V. *supra* n°0 et s.

[2770] G. L. BURCI et C.-H. VIGNES, *The World Health Organization*, *op.cit.*, p.149.

refuser la publication dudit rapport[2771]. A cet égard, le Directeur général a toujours la possibilité de demander une approbation officielle de l'Assemblée mondiale de la santé.

1344. Cette marge d'appréciation laissée à l'OMS, nécessaire dans la mise en œuvre de sa compétence technique, pose la question de la légitimité des recommandations ainsi émises. On observe une gradation de la légitimité de la norme technique de l'OMS. Il est évident que la légitimité d'une recommandation d'experts extérieurs non validée par le Directeur général n'a pas la même valeur juridique qu'en cas de validation. De même, l'approbation officielle de l'Assemblée mondiale de la santé, si elle ne change pas la valeur juridique de la recommandation, renforce la valeur symbolique de la recommandation car acceptée formellement par tous les Etats membres. Toutefois, il est essentiel que cette dernière étape ne soit pas obligatoire afin de permettre à l'OMS de répondre aux enjeux sanitaires mondiaux sans passer par une procédure lourde et lente.

1345. Par ailleurs, cette différenciation dans le développement des recommandations, entre celles qui émanent uniquement du niveau technique et celles qui ont reçu une approbation formelle de l'Assemblée, engendre un risque quant au degré de certitude du positionnement de l'OMS sur un enjeu de santé particulier. En effet, il n'est pas toujours évident de savoir si ladite recommandation émane de l'OMS formellement ou non. A cet égard, la prolifération des moyens de publications des rapports des groupes d'experts ne facilite pas cette impression. Ces moyens peuvent être très formels (Bulletin de l'OMS ou les Séries de Rapports Techniques[2772]) ou moins formels, par exemple les documents sont distribués à un public limité (le Relevé Epidémiologique hebdomadaire) ou très large (le site *web* de l'OMS).

1346. Malgré ces limites, la multiplicité des procédures normatives permet cependant à l'OMS de traiter une grande variété de sujets relatifs à la santé.

B. La variété des sujets traités

1347. La force du pouvoir de recommandation de l'OMS est de disposer d'une compétence large qui lui a permis d'adopter des recommandations afin de répondre à tout enjeu de santé mondiale. Les recommandations répondent à une multitude de sujets de santé (1) mais également à des enjeux contemporains et innovants (2).

1. Une multitude de sujets de santé

1348. Selon les articles de la Constitution de l'OMS, cette dernière dispose d'une compétence générale, lui permettant de « faire des recommandations aux Etats membres en ce qui concerne toute question entrant dans la compétence de l'Organisation[2773] ». Dès lors, l'OMS a adopté des recommandations sur de nombreux sujets (b). Toutefois, cette multiplicité rend difficile l'analyse de son domaine d'action (a).

[2771] *Ibid.*, p.149.

[2772] Traduction de l'anglais *Technical Reports Series*.

[2773] Article 23 de la Constitution. V. également les articles 2 k) et 2 t).

a. La difficile analyse de son domaine d'action

1349. Répertorier l'ensemble des recommandations de l'OMS est un travail fastidieux et ce n'est pas l'objet de cette recherche. En effet, il apparaît vain[2774] de procéder à une liste exhaustive de l'ensemble des recommandations émises par l'OMS depuis sa création. Comme évoqué précédemment, l'OMS a élaboré beaucoup de recommandations voire trop. A cet égard, cette multiplication d'instruments nuit à la cohérence générale de l'activité de l'OMS qui ressemble parfois à une organisation créatrice de recommandations « à tout va » sans véritable harmonie. Ceci est symptomatique des difficultés de l'OMS qui ne peut et ne doit pas intervenir dans tous les domaines de la santé. Toutefois, il est parfois compliqué de cerner les priorités sanitaires de l'OMS. Elle donne l'apparence de ne pas toujours agir de façon homogène. Ceci peut avoir une influence sur la perception de la qualité scientifique des travaux de l'OMS.

1350. Conscient de ce constat, il est davantage pertinent de réfléchir aux thématiques de santé qui ont été favorisées par l'OMS au cours de son histoire A cet égard, une étude publiée en 2013 a analysé les agendas de l'Assemblée mondiale de la santé de 1970 à 2012, soit sur 43 ans, afin de dégager les tendances des enjeux de la santé internationale[2775]. L'étude a porté sur les points à l'ordre du jour de l'Assemblée mondiale de la santé en distinguant les considérations administratives de celles techniques et sanitaires. Plus particulièrement, l'étude a analysé les ordres du jour du Commission A et du Commission B[2776]. Dans cette seconde catégorie, une différence a été faite entre les enjeux de santé et les rapports d'avancement qui ne faisaient que reprendre des éléments soulevés lors d'Assemblées précédentes. Ainsi, sur les 1647 points à l'ordre du jour analysés, 423 concernaient des enjeux de santé.

1351. Avant de constater les résultats de cette étude, il convient d'identifier ses limites pour cette réflexion juridique. D'une part, l'étude porte sur les points à l'ordre du jour adoptés par l'Assemblée mondiale et non uniquement sur les recommandations, et autres instruments assimilés. D'autre part, de nombreuses recommandations ne sont pas revues et validées par l'Assemblée mondiale de la santé, et n'apparaissent donc pas nécessairement dans les agendas de l'Assemblée mondiale de la santé.

1352. Néanmoins, ces éléments des agendas sont représentatifs des priorités de l'OMS et il convient de supposer donc que l'ensemble, ou du moins une majorité des recommandations émises par l'OMS sont dépendantes des priorités reconnues au sein de l'agenda mondial. Il y aurait ici une incohérence pour l'OMS d'émettre des recommandations sur des sujets de santé mondiale sans lien avec les priorités de l'OMS.

[2774] BURCI et VIGNES estiment que « le nombre et de l'étendu des recommandations fait par l'Assemblée depuis 1948 sur les thématiques les plus variés, rend la tentative de synthèse vide de sens (*purposeless*) ». (G. L. BURCI et C.-H. VIGNES, *The World Health Organization, op.cit.*, p.142.).

[2775] T. KITAMURA et al, « *World Health Assembly Agendas and trends of international health issues for the last 43 years : Analysis of World health Assembly Agendas between 1970 and 2012* », Health Policy, vol.110, 2013, pp.198-206.

[2776] A titre de rappel, l'Assemblée mondiale de la santé, est composée de deux comités qui traitent principalement, pour le Commission A des questions de programmes, et pour le Commission B, des questions administratives, financières et juridiques.

1353. De même, si toutes les recommandations ne sont pas validées *a posteriori* par l'Assemblée mondiale de la santé, souvent les résolutions adoptées par l'Assemblée servent de fondement pour la Constitution d'un groupe d'experts compétents pour la formulation de recommandations dans un domaine de santé particulier.

1354. Enfin, étant donné que les recommandations sont le mode d'action privilégié par l'OMS –au détriment des conventions et règlements–, cela renforce la corrélation entre priorité de santé et action de l'OMS. En effet, il apparaît que dès lors qu'un enjeu de santé est mis en avant par l'Assemblée mondiale de la santé, il est fortement probable que l'OMS intervienne par le biais de recommandations.

1355. On observe donc que l'OMS a privilégié certains enjeux de santé par rapport à d'autres au cours de son histoire.

b. Des enjeux de santé privilégiés

1356. Une fois ces précautions annoncées, on constate que, parmi les 423 points à l'ordre du jour relatifs aux enjeux de santé, l'OMS a privilégié, en tant que première catégorie, les maladies transmissibles qui représentent 25,3% (soit 107 sur 423 points à l'ordre du jour) de l'ensemble des thématiques de santé. Cette catégorie inclut notamment le sida, la tuberculose, la varicelle, la malaria, la polio, le choléra, la vaccination, les infections sexuellement transmissibles et les maladies tropicales.

1357. Deuxièmement, la catégorie des « systèmes de santé » (19,1% ; 81/423) intègre notamment les soins de santé primaires, la santé pour tous, le renforcement des systèmes de santé, les médicaments essentiels et la contrefaçon des produits médicaux. Troisièmement, la santé mentale, le cancer, le tabac, l'alcool, la sécurité routière et le handicap composent la catégorie des « maladies non transmissibles » (13,9% ; 59/423). De même, sont compris dans la catégorie « la préparation, la surveillance et la réponse au risque sanitaire » (13,7% ; 58/423) la grippe aviaire, l'eau, l'environnement humain, la gestion des produits chimiques, les questions relatives au nucléaire, le changement climatique et la sécurité alimentaire.

1358. La catégorie « santé au cours de la vie » (8,5%, 36/423), qui arrive en quatrième position, inclut la nutrition des enfants et adolescents, la santé reproductive et le vieillissement. Enfin, une catégorie « Autres » représentant 19,4% (82/423) a été proposée dès lors que les points ne correspondaient pas aux cinq autres catégories. Cette catégorie « fourre-tout » constituée de 19 enjeux de santé intègre notamment la promotion de la santé, la santé dentaire, la dépendance aux drogues, le clonage en santé humaine, la transplantation d'organe et (encore) une dernière catégorie « autres »[2777].

[2777] Pour avoir les détails de chaque catégorie voir le T. KITAMURA et al, « *World Health Assembly Agendas and trends of international health issues(...)* », *op.cit.*, Tableau 1, pp.200-201. On notera que les thématiques identifiées sont semblables à celles identifiées dans la littérature. V. notamment la liste proposée par MONDIELLI « l'abus de drogues, la salubrité des aliments, l'utilisation de substituts du lait maternel, les produits pharmaceutiques et biologiques, la santé en matière de reproduction, la protection de l'environnement humain, l'hygiène du travail, la transplantation d'organes, le clonage » (E. MONDIELLI, « *La prise en compte des normes OMS par le droit français* », *op.cit.*, p.111, n.d.p.47).

1359. Par ailleurs, les résultats de cette étude ont également pris comme facteur la décennie lors de laquelle le point à l'ordre du jour a été inscrit. On constate, d'abord, une augmentation du nombre d'éléments à l'ordre du jour depuis les années 2000. En effet, ensuite, au sein des éléments inscrits depuis 2000, une majorité l'ont été selon l'ordre suivant : (1) maladies transmissibles, (2) système de santé, (3) maladies non transmissibles, (4) préparation, la surveillance et la réponse au risque sanitaire et (5) santé au cours de la vie[2778]. On constate, par ailleurs, que cet ordre de priorité se maintient presque tout au long des décennies, du moins avec les maladies transmissibles en tant que catégorie prioritaire[2779]. Enfin, la catégorie maladies non transmissibles, qui pendant longtemps n'a pas été considérée en tant que priorité de l'agenda de santé mondiale, est devenue prioritaire dans la fin des années 1990 et au début des années 2000.

1360. De cet ensemble de données, on peut donc tirer comme conclusion que l'agenda de l'Assemblée mondiale de l'OMS a considéré en priorité les thématiques de santé relatives aux maladies transmissibles. On peut donc estimer, en prenant en compte les précautions précédemment évoquées, que de nombreuses recommandations issues de l'OMS ont eu pour principale thématique les maladies transmissibles.

1361. Face à ces différents éléments d'analyse, il est difficile de tirer des enseignements définitifs. On constate, au vu du nombre de thématiques de santé abordées, la difficulté à dégager une cohérence générale dans l'agenda de l'Assemblée mondiale de la santé sauf à considérer la santé au sens large en tant que thématique unique de l'agenda de l'OMS. Par ailleurs, l'étude fait ressortir 68 thématiques de santé abordées par l'Assemblée mondiale de la santé avec pour chaque catégorie sanitaire une sous division « autres ». Signe de la diversité du champ d'application de l'agenda de l'Assemblé, il existe une division « Autre » au sein de la dernière catégorie « Autre ».

1362. Toutefois, cette diversité s'explique par la volonté d'adaptation, parfois en retard, aux nouveaux enjeux de santé, par exemple dans le cas des maladies non transmissibles. Par ailleurs, cette diversité n'est que la conséquence du mandat prévu par la Constitution de l'OMS qui énonce une définition englobante de la santé[2780]. Tout au plus, on constate que l'OMS a, depuis sa création, adopté des recommandations dans de nombreux domaines de la santé et que les Etats membres, encore aujourd'hui, considèrent l'OMS en tant qu'autorité habilitée à émettre des avis scientifiques.

1363. Cette volonté de diversité se confirme encore aujourd'hui dans l'adoption de recommandations techniques sur des thématiques sanitaires contemporaines, innovantes et parfois sensibles et controversées.

[2778] T. KITAMURA et al, « *World Health Assembly Agendas and trends of international health issues (...)* », *op.cit.*, Tableau 1, pp.200-201.

[2779] On observe ainsi des variations mineures telles que la prise en compte prioritaire des systèmes de santé en raison du programme « Santé pour tous d'ici à l'an 2000 » développé pendant les années 1980 et 1990.

[2780] V. *supra* n°147 et s.

2. Des thématiques sanitaires contemporaines, innovantes et controversées

1364. L'OMS a toujours souhaité agir comme référence scientifique y compris en présence de thématiques difficiles et controversées. D'abord, cette volonté peut s'expliquer en raison du degré politique et économique de l'enjeu traité comme en attestent les recommandations émises par le Centre international de Recherche sur le Cancer (a). Ensuite, l'OMS peut être confrontée à des enjeux nouveaux comme le démontre son positionnement en matière de cigarette électronique (b).

a. L'exemple du Centre international de Recherche sur le Cancer

1365. En premier lieu, les avis du Centre international de Recherche sur le Cancer (CIRC) offrent un bel exemple de controverse politique et économique avec les avis[2781] sur les gaz d'échappement des moteurs Diesel et sur la viande rouge. Le CIRC a été créé en mai 1965[2782], sur une initiative française[2783], par une résolution adoptée unanimement lors de la 18ème Assemblée mondiale de la santé[2784], comme une extension de l'Organisation mondiale de la Santé[2785]. En tant qu'agence de l'OMS, le CIRC suit les règles générales régissant la famille des Nations unies. Il est toutefois régi par ses propres organes directeurs, le Conseil de Direction et le Conseil scientifique du CIRC. Néanmoins les recommandations que le CIRC émet sont considérées comme des recommandations de l'OMS. Elles ont une influence sur les connaissances scientifiques existantes mais également sur les politiques publiques ou, du moins, elles servent d'information à l'égard du public.

1366. A cet égard, le CIRC a classé en 2012 les gaz d'échappement des moteurs Diesel comme étant cancérogènes pour l'homme sur la base d'indications suffisantes prouvant qu'une telle exposition est associée à un risque accru de cancer du poumon. Plus particulièrement, si dès 1988, le CIRC avait considéré ces gaz comme « étant probablement cancérogènes pour l'homme », il estime dorénavant que les gaz d'échappement sont un « cancérogène certain » pour l'homme. Cette étude publiée conjointement sur le site du CIRC et dans la littérature scientifique[2786] apporte un éclairage scientifique sur un sujet sensible et a des répercussions sur les règlementations nationales.

1367. En effet, ces résultats sont contraires à certaines politiques nationales qui ont mis en avant les bienfaits du diesel afin de mettre en place des politiques favorables de développement de cette motorisation. Ainsi, en

---

[2781] On aurait également pu retenir l'avis rendu sur l'amiante en 1987.

[2782] Pour une histoire détaillée de l'origine du CIRC voir : R. SOHIER et A. G. B. SUTHERLAND, « *The origin of the International Agency for Research on Cancer* », IARC Technical Report n°6, Publication OMS/CIRC, 2015.

[2783] R. SOHIER et A. G. B. SUTHERLAND, « *The origin of the International Agency for Research on Cancer* », 2015, pp.14-15. Les auteurs rappellent ainsi le rôle joué par le Président de Gaulle.

[2784] OMS, « *Establishment of an International Agency for Research on Cancer* », WHA18.44, 18ème AMS, 1965.

[2785] Pour une analyse détaillée du statut du CIRC voir : C. H. VIGNES, « *Le Centre international de recherches sur le cancer* » AFDI, vol.13, n°1, 1967 pp.531-544.

[2786] L. BENBRAHIM-TALLAA et al., on behalf of the International Agency for Research on Cancer Monograph Working Group, « *Carcinogenicity of diesel-engine and gasoline-engine exhausts and some nitroarenes* », vol.13, n°7, July 2012, pp.663-664.

France, en raison de la forte présence de voitures fonctionnant au diesel au sein du parc automobile, près de 60%, et du lobby de cette industrie, il existe des mesures en particulier fiscales (prix de la voiture à l'achat et prix à la pompe) qui favorisent leur développement. Toutefois, le Parlement français envisage de mettre fin progressivement à ces avantages par le biais de la proposition de loi relative à la nocivité du diesel pour la santé. Même si les discussions sont toujours en cours au Parlement, ceci démontre que même dans un contexte national réfractaire, la démarche scientifique, dont l'OMS participe, finie par s'imposer. Il faut reconnaître que l'OMS, à elle seule, n'a pas permis ces changements législatifs mais son combat initié en 1988, et répété depuis, a contribué à cette évolution. A cet égard, l'exposé des motifs de la proposition de loi française[2787] fait plusieurs références explicites à l'OMS et aux recommandations du CIRC notamment quant à la certitude scientifique de la responsabilité des gaz d'échappement des moteurs de Diesel sur les cancers du poumon.

1368. En second lieu, un autre exemple où l'OMS est un référent scientifique ou émet une alerte scientifique en vue de préserver la santé humaine malgré les intérêts divergents est illustré par les dernières recommandations du CIRC en matière de viandes rouges et de charcuteries. Ainsi, le CIRC a publié fin 2015, sur son site et dans la littérature scientifique[2788], un avis relatif à la cancérogénicité de la consommation de la viande rouge et de la viande transformée en se fondant sur 800 études scientifiques[2789]. De façon similaire que lors de l'étude sur les gaz d'échappements en 1998, le CIRC a classé la viande rouge comme « probablement cancérogène pour l'homme ». A ce titre, l'étude précise que cette classification repose sur des indications limitées selon lesquelles la consommation de viande rouge induit le cancer chez l'homme, soutenues par de fortes indications d'ordre mécanistique militant en faveur d'un effet cancérogène. A l'inverse, le CIRC a estimé que la viande transformée était cancérogène pour l'homme sur la base d'indications suffisantes. Une analyse des données provenant de dix études a permis de calculer que chaque portion de 50 grammes de viande transformée consommée tous les jours augmente le risque de cancer colorectal de 18% environ. Dès lors, le CIRC a apporté des preuves scientifiques sur les risques de cancer associés à la consommation de viande rouge et de viande transformée[2790]. Toutefois, preuve de son aspect controversé, le débat est encore ouvert car d'autres études scientifiques indiquent des opinions contraires. De même, les producteurs de viande à travers le monde ont depuis violemment rejeté le rapport du CIRC et le ministre de l'agriculture australien l'a qualifié de 'farce'[2791].

[2787] SENAT, *Proposition de loi relative à la nocivité du diesel pour la santé*, Session ordinaire de 2013-2014, n°496, 5 mai 2014.

[2788] V. BOUVARD et al., on behalf of the International Agency for Research on Cancer Monograph Working Group, « *Carcinogenicity of consumption of red and processed meat* », vol.114, 26 October 2015.

[2789] Certaines études concernaient les deux types de viande; au total, plus de 700 études épidémiologiques concernaient la viande rouge et plus de 400 études épidémiologiques concernaient la viande transformée.

[2790] OMS, « *Cancérogénicité de la consommation de viande rouge et de viande transformée* », Foire aux questions, Octobre 2016, Question 3.

[2791] V. sur le site de Le Monde daté du 30 octobre 2015 (« L'OMS ne demande pas aux gens d'arrêter de manger de la viande »).

1369. Plusieurs lectures peuvent être faites de ces recommandations. D'une part, au vu du doute scientifique émis par l'OMS, il est possible que cette recommandation soit un parapluie de principe, potentiellement abusif, de précaution afin de se couvrir tout en restant vague. Il ne serait pas un véritable instrument scientifico-juridique. D'autre part, ce type de recommandation s'intègre dans ce qui est attendu de l'OMS : donner un avis scientifique à un instant T en fonction de l'ensemble des données disponibles afin de protéger au mieux la santé, au nom du principe de précaution. En effet, si pour la viande transformée, le risque est identifié et n'apparaît donc pas comme absurde, le cas de la viande rouge doit être davantage étudié. Toutefois, un risque a été identifié. Enfin, une dernière lecture, similaire à celle relative au diesel, peut voir l'influence des considérations financières impliquées dans le marché de la viande rouge sur le contenu de ces recommandations. Elles peuvent ainsi apparaître comme un compromis afin de ne pas remettre en cause l'intérêt de la viande rouge et des viandes transformées qui demeurent des aliments très consommés. Il est fort probable que dans quelques années, le lien entre le risque cancérigène et la viande rouge soit définitivement confirmé scientifiquement comme pour le diesel.

1370. S'il est encore trop tôt pour savoir l'application réelle d'une telle recommandation, elle a le mérite de diffuser un avis scientifique afin d'informer le public malgré l'importance des enjeux économiques. Signe de la sensibilité du sujet et de la difficulté à transmettre un message scientifique clair, l'OMS quelques jours après la publication a souhaité réagir, par le biais de questions réponses. Elle a ainsi précisé que « les classifications du CIRC décrivent la force des données scientifiques sur un agent comme étant une cause de cancer, mais n'évaluent pas le niveau du risque[2792] ». Par ailleurs, l'OMS a précisé qu'elle ne demande pas à la population de ne plus manger de la viande rouge, reconnaissant certains bienfaits pour la santé, mais de diminuer sa consommation[2793]. Le débat autour de ces recommandations démontre que l'OMS a des difficultés à communiquer les informations scientifiques qui nécessitent souvent une connaissance particulière pour les déchiffrer. Il est avant tout plus question de dosage de la quantité que d'une interdiction totale. Or, il aura fallu à l'OMS plusieurs communiqués pour se faire comprendre alors que les médias se sont emballés avec des raccourcis peu pertinents. Cette difficulté de communication de l'OMS ainsi que le florilège de recommandation adoptée sont, en partie, la raison de la remise en cause de sa crédibilité scientifique. Il y a donc un effort à faire de la part de l'OMS.

1371. Toutefois, son rôle en tant qu'autorité scientifique apparaît essentiel et doit perdurer. Si la communauté scientifique est mieux à même d'analyser les données scientifiques, l'OMS doit intervenir dans des situations d'incertitudes et d'opposition pour trancher les débats scientifiques afin de protéger la santé mondiale. Face aux incohérences scientifiques, l'OMS doit

---

[2792] OMS, « *Cancérogénicité de la consommation de viande rouge et de viande transformée* », *op.cit.*, Question 9.

[2793] V. *Ibid.*, Question 16 : « Nombre de recommandations nationales de santé conseillent aux individus de limiter leur consommation de viande transformée et de viande rouge, qui est liée à des risques accrus de décès par maladie cardiaque, par diabète et d'autres maladies »

informer au mieux les risques pour la santé mondiale et aider les Etats membres qui n'ont pas accès à des méthodes d'évaluation nationale. Par ailleurs, l'OMS intervient également face aux nouveaux enjeux sanitaires comme l'illustre l'exemple des cigarettes électroniques.

b. L'exemple des cigarettes électroniques

1372. L'OMS, par le biais de la Conférence des Parties à la CCLAT est intervenue sur le sujet sensible des « inhalateurs électroniques de nicotine » plus communément appelés les cigarettes électroniques.

1373. Dans son rapport du 21 juillet 2014[2794], l'OMS a analysé les éléments de preuve existants concernant la dangerosité de ces produits, l'efficacité en tant qu'aide au sevrage tabagique et l'interférence avec les mesures existantes de lutte antitabac[2795]. De façon générale, ce rapport, peu favorable aux cigarettes électroniques, a estimé que l'aérosol produit n'est pas simplement de la vapeur d'eau et que l'utilisation de ces dispositifs « présente un danger grave pour l'adolescent et le fœtus ». Elle a, toutefois, estimé qu'ils sont « probablement moins toxiques que les cigarettes classiques » tout en ignorant l'importance de la réduction des risques[2796]. Par ailleurs, le rapport conclut que les données sont actuellement insuffisantes pour pouvoir dire si les cigarettes électroniques aident ou non les fumeurs à arrêter de fumer.

1374. Si ce manque de précision peut être alarmant, il est davantage le reflet des incertitudes scientifiques face à un nouveau produit qui est peu réglementé. L'OMS se doit d'intervenir dans ces situations pour trancher avec toutes les précautions nécessaires afin d'aider à la prise de décision politique. C'est ainsi que l'OMS recommande que ces dispositifs soient « réglementés au niveau mondial dans l'intérêt de la santé publique[2797] » notamment en matière de publicité et d'utilisation dans les espaces fermés (interdiction).

1375. On voit ici tout l'intérêt du travail scientifique de l'OMS alors que le marché des cigarettes électroniques est en plein essor, 3 milliards de dollars ayant été dépensés en 2013, dans l'ensemble du monde pour ce produit et il existait, en 2014, 466 marques différentes. L'OMS est ainsi sollicitée afin de répondre à une « controverse de santé publique[2798] » entre les partisans du dispositif qui y voient un moyen de réduire la consommation de tabac et les opposants qui ont peur que cela réduise les efforts de réduction de consommation. L'OMS reconnaît elle-même que « les inhalateurs électroniques de nicotine se situent sur une frontière mouvante entre promesses et menace pour la lutte antitabac[2799] ». Toutefois, son rôle en tant qu'autorité de santé publique, est de fournir l'état de l'art aux pays qui ont des difficultés à produire des avis et analyses scientifiquement valables, rigoureuses et rationnelles par manque de données pertinentes au niveau mondial.

[2794] OMS, « *Inhalateurs électroniques de nicotine - Rapport de l'OMS* », FCTC/COP/6/10, 21 juillet 2014.
[2795] *Ibid.*, pp.3-4.
[2796] *Ibid.*, p.6.
[2797] OMS, « *Inhalateurs électroniques de nicotine - Rapport de l'OMS* »,*op.cit.*, p.13.
[2798] *Ibid.*, p.1.
[2799] *Ibid.*, p.2.

1376. Si les Etats membres ne sont pas obligés de suivre les recommandations émises par l'OMS, on constate que cela les oblige à réfléchir à leur position et a entamé un débat sur des sujets sensibles. Ainsi, si l'OMS émet des réserves quant à l'utilité de la cigarette électronique en matière de sevrage, le Royaume-Uni est en train d'examiner certains de ces produits en tant qu'aide au sevrage tabagique. Par ailleurs, en 2015, preuve des difficultés scientifiques à identifier les enjeux de santé, la France a mis en place un groupe de travail interministériel sur la cigarette électronique afin d'apporter des réponses à ce phénomène sanitaire. Si le débat public est l'une des raisons du lancement d'initiative nationale, le positionnement de l'OMS participe à ouvrir le débat sur des enjeux de santé nouveaux[2800].

1377. On observe donc que l'OMS, par sa compétence en matière de recommandation en santé couplée à des procédures d'élaboration variées, a développé un contenu technique riche qui repose sur les données scientifiques disponibles. Si certains instruments non contraignants sont pertinents et ont une influence sur les systèmes nationaux, il est difficile d'avoir une appréciation de l'ensemble des recommandations émises notamment parce que ce corpus est parfois vague et manque de cohérence. Toutefois, l'OMS a le mérite de vouloir s'adapter aux enjeux de santé mondiale en offrant une réponse scientifique, essentielle aux Etats membres en particulier les pays en développement.

1378. Parallèlement, l'OMS a souhaité se détacher de son autorité purement technique et scientifique en élargissant son champ et ses moyens d'action.

SECTION 2 : LA VOLONTE DE L'OMS D'ELARGIR SON CHAMP ET SES MOYENS D'ACTION

1379. La volonté de l'OMS de se détacher de son rôle purement technique et scientifique s'observe dans le développement de divers instruments dont le contenu est davantage juridique et politique. Ces instruments proposent des mesures et des politiques publiques à intégrer dans les législations nationales. Initialement, les instruments non contraignants au contenu juridique et politique ont été développés pour faire face à la difficulté d'obtenir un engagement juridique contraignant des Etats. Par la suite, ils ont également pu apparaître comme un moyen efficace, et non plus simplement par défaut, afin de répondre aux enjeux sanitaires mondiaux. A cet effet, l'OMS a élaboré des moyens d'action juridiques et innovants (§1). Par ailleurs, l'adoption de Codes

---

[2800] La liste des recommandations scientifiques étant très variée on peut citer les dernières de 2015 sur l'apport en sucres chez l'adulte et l'enfant, la prise en charge de l'infection tuberculeuse latente et l'utilisation de la cryothérapie pour le traitement du néoplasie cervical intraépithélial. Pour une liste chronologique complète voir le site de l'OMS consacrée aux directives mondiales de l'OMS (http://www.who.int/publications/guidelines/fr/). Ce site liste l'ensemble des Directives approuvées par le Comité d'évaluation. On notera que la liste diffère de la même liste référencée en langue anglaise (http://www.who.int/publications/guidelines/en/). Il y en a bien plus sur la version anglaise. Par exemple, pour l'année 2015, trois directives sont listées en français et douze en anglais.

de pratique par l'OMS témoigne de l'approche suivie, même si ces derniers ont donné des résultats divergents (§2).

§1. Des moyens d'action juridiques et innovants

1380. L'OMS adopte des recommandations, au contenu davantage juridique, par le biais de principes directeurs, de plans d'action et de stratégies mondiales. (A). Plus récemment, l'OMS a développé un mécanisme innovant qui vise à mettre en place l'échange de virus grippaux entre les Etats : le Cadre de préparation au risque d'une pandémie grippale pour l'échange des virus grippaux et l'accès aux vaccins et autres avantages (B).

A. Le développement nécessaire de principes directeurs, de stratégies mondiales et de plans d'action

1381. L'activité normative non contraignante de l'OMS a vu naître des principes directeurs en santé (1) ainsi que des stratégies mondiales et des plans d'action (2).

1. L'élaboration de principes directeurs en santé

1382. Les principes directeurs élaborés par l'OMS servent de guide pour les législations nationales (a) et répondent à deux particularités (b)

a. Un guide pour les législations nationales

1383. Au sein de l'OMS, la notion de « principes directeurs » est une traduction de celle de « guidelines » issue de l'anglais. Il faut reconnaître que ce vocable n'est pas réservé seulement à l'OMS. On retrouve cette notion en droit interne dans différentes disciplines telles qu'en droit civil[2801] ainsi qu'au sein d'autres organisations internationales ou régionales[2802]. L'OMS a ainsi adopté des principes directeurs dans des domaines de santé variés. A titre d'exemple, on trouve des principes directeurs en matière de transplantations d'organe[2803], de dons de médicaments[2804], pour la formation de base et la sécurité en chiropratique[2805], pour le stockage des médicaments essentiels[2806] et pour l'alimentation des enfants[2807].

[2801] E. VERGES, *Les principes directeurs du procès judiciaire – Etude d'une catégorie juridique,* thèse dactylographiée, Aix-en-Provence, 2000, pp.22-25.

[2802] Sans être exhaustif on citera : OCDE, *Les principes directeurs de l'OCDE à l'intention des entreprises multinationales*, éd. 2011 ; ONU, *Principes directeurs relatifs aux entreprises et aux droits de l'homme*, 2011.

[2803] OMS, *Principes directeurs de l'OMS sur la transplantation d'organes humains,* Résolution WHA44.25, 1991 ; OMS, *Principes directeurs de l'OMS sur la transplantation de cellules, de tissus et d'organes humains,* Résolution WHA63.22, 2010.

[2804] OMS, *Les principes directeurs applicables aux dons de médicaments,* WHO/EDM/PAR/99.4, 1999.

[2805] OMS, *Principes directeurs de l'OMS pour la formation de base et la sécurité en chiropratique*, 2005.

[2806] OMS, *Principes directeurs applicables au stockage des médicaments essentiels et autres produits de santé*, 2003.

[2807] OMS, *Principes directeurs pour l'alimentation des enfants âgés de 6 à 24 mois qui ne sont pas allaités au sein*, 2005.

1384. Les principes directeurs sont destinés à servir de base à l'élaboration de lignes directrices au niveau national ou institutionnel, à être révisés, adaptés et appliqués par les pouvoirs publics et par les organisations concernées[2808]. Ils ont ainsi pour objectif d'offrir un cadre régissant un domaine donné aux Etats membres afin qu'ils puissent les intégrer, en les adaptant si nécessaire, à leur législation nationale. Ils servent ainsi « d'orientation ou de principe d'action[2809] » pour les Etats membres. En effet, les Principes Directeurs « sont destinés à guider les politiques et la mise en œuvre des programmes aux niveaux mondial et national et au niveau de la communauté[2810] ».

1385. Ils sont utilisés en cas d'absence de consensus et de compromis entre les pays. Pour le Professeur PELLET « bien que ces pays conviennent de l'utilité d'un encadrement juridique des activités des sociétés transnationales au plan international, ils répugnent à l'idée d'édicter des règles obligatoires[2811] ». Ainsi, le recours à des principes directeurs « constitue dès lors à leurs yeux un compromis satisfaisant entre leurs convictions contradictoires[2812] ».

1386. Dès lors, il appartient à chaque juridiction de « déterminer les modalités pratiques de mise en œuvre de ces principes directeurs[2813] ». Comme toute recommandation, les principes directeurs ne constituent pas une règlementation internationale[2814]. Ils sont donc, par définition, volontaires et juridiquement non contraignants. La jurisprudence du Conseil d'Etat l'a confirmé dans un arrêt du 13 juillet 2013 : « Considérant, en troisième lieu, que les "Principes directeurs pour la formation de base et la sécurité en chiropratique", publiés par l'Organisation mondiale de la santé en 2005, n'ont qu'une visée documentaire et indicative et sont dénués de portée juridique ; (…)[2815] ».

1387. En d'autres termes, l'objectif des principes directeurs est de « responsabiliser » sans obliger[2816]. Toutefois, ils peuvent être intégrés dans la législation nationale par le biais du pouvoir réglementaire comme l'illustrent les principes directeurs applicables aux dons de médicaments[2817]. Par ailleurs, deux particularités des principes directeurs sont à souligner.

[2808] OMS, *Les principes directeurs applicables aux dons de médicaments, op.cit.*, pp.3-4.

[2809] A. BUCHANAN, « *Manuel d'élaboration de principes directeurs – Lignes de conduite relatives à la diversité* », Conseil canadien pour la coopération internationale, octobre 1998, p.2.

[2810] OMS, *Principes directeurs pour l'alimentation des (…), op.cit.*, p.7.

[2811] A. PELLET, « *Contre la tyrannie de la ligne droite - Aspects de la formation des normes en droit international de l'économie et du développement* », Cours donné à the International Law Institute of Thessalonica, 1988, *in Thesaurus Acroasium*, vol.XIX, 1992, p. 355 (pp.287-355).

[2812] *Ibid.*, p. 355.

[2813] OMS, *Principes directeurs de l'OMS sur la transplantation (…)*, 2010, *op.cit.*, p.1.

[2814] OMS, *Les principes directeurs applicables aux dons de médicaments, op.cit.*, p.3.

[2815] Conseil d'État, 17 juillet 2013, n°347291.

[2816] S. MALJEAN-DUBOIS, « *La portée des normes du droit international de l'environnement à l'égard des entreprises* », Journal du droit international (Clunet) n°1, var. 1, Janvier 2012, §. 22.

[2817] Arrêté du 18 août 2008 relatif aux bonnes pratiques de dons de médicaments, version consolidée au 1er novembre 2015, Article Annexe « Les distributeurs en gros à vocation humanitaire respectent les conditions d'attribution des donations de médicaments suivantes, qui sont conformes aux Principes directeurs applicables aux dons de médicaments » édités par l'Organisation mondiale de la santé (OMS) ».

b. La particularité des principes directeurs

1388. En premier lieu, la particularité de ces principes directeurs, du moins dans l'utilisation que l'OMS en a fait, est de pouvoir s'affranchir d'un rôle purement technique qui repose sur l'évaluation scientifique d'un enjeu sanitaire. A cet effet, les principes directeurs proposent un encadrement qui se fonde sur des mesures et politiques qui règlementent un domaine de santé donné. Par exemple, en 1991, l'Assemblée mondiale de la santé a approuvé les principes directeurs sur les transplantations d'organes humains[2818]. Le texte précise que les principes directeurs visent « à fournir un cadre rationnel, éthique et acceptable pour l'acquisition et la transplantation de cellules, de tissus et d'organes d'origine humaine à des fins thérapeutiques[2819] ». En se fondant sur des données scientifiques, l'OMS précise les conditions de prélèvement des organes et tissus sur les personnes décédées et sur les personnes vivantes en vue de transplantations.

1389. Par exemple, suivant le principe directeur 1, l'OMS reconnaît que des cellules, tissus et organes peuvent être prélevés sur le corps de personnes décédées aux fins de transplantation uniquement si tous les consentements prévus par la loi ont été obtenus et s'il n'y a pas de raison de croire que la personne décédée s'opposait à ce prélèvement. Ce principe directeur décrit le positionnement de l'OMS à l'égard de cet enjeu de société même s'il est précisé que « la question de savoir si le consentement (...) est 'explicite' ou 'présumé' dépend des traditions sociales, médicales et culturelles de chaque pays[2820] ».

1390. Signe de la volonté de l'OMS de s'adapter le plus fidèlement aux développements contextuels, l'OMS a mis à jour ces principes directeurs en 2010 « en incorporant de nouvelles dispositions pour tenir compte des tendances actuelles de la transplantation, en particulier des transplantations d'organes prélevés chez des donneurs vivants et de l'utilisation croissante de cellules et de tissus humains[2821] ». Toutefois, en raison de leur nature non contraignante, ils ne doivent pas être interprétés comme instituant de nouvelles obligations juridiques qu'un Etat aurait contractées ou auxquelles il serait assujetti conformément au droit international dans le domaine concerné[2822].

1391. En second lieu, les principes directeurs servent également à synthétiser et mettre en cohérence l'existant[2823]. Ainsi, la volonté de l'OMS de développer des principes directeurs répond souvent à la multiplicité de lignes directrices différentes dans la matière donnée. L'objectif est alors de définir un ensemble complet et cohérent de principes directeurs qui soient approuvés et appliqués par les principaux organismes internationaux œuvrant dans le domaine (donné)[2824]. Par exemple, c'est la volonté affichée dans l'adoption des

---

[2818] OMS, *Principes directeurs de l'OMS sur la transplantation d'organes humains, op.cit.*, 1991.
[2819] *Ibid.*, p.1.
[2820] OMS, *Principes directeurs de l'OMS sur la transplantation (...)*, 2010, *op.cit.*, p.2.
[2821] *Ibid.*, pp.1-2.
[2822] ONU, *Principes directeurs relatifs aux entreprises et aux droits de l'homme*, 2011, p.1.
[2823] S. MALJEAN-DUBOIS, « *La portée des normes du droit international de l'environnement (...)* », *op.cit.*, §. 22.
[2824] OMS, *Les principes directeurs applicables aux dons de médicaments, op.cit.*, p.6.

principes directeurs applicables aux dons de médicaments qui s'articulent autour de douze articles reposant sur quatre principes fondamentaux[2825].

1392. On en conclut que les principes directeurs peuvent avoir deux rôles. Premièrement, ils constituent une sorte de droit commun consensuel, c'est-à-dire qu'ils représentent les éléments de compromis entre les Etats. Des éléments sur lesquels les Etats se sont mis d'accord *a priori* à défaut d'obligations contraignants particulières et définitives. Deuxièmement, ils peuvent également agir en tant que rappel *a posteriori* de grandes lignes déjà appliquées par les Etats qu'ils souhaitent généraliser au niveau international.

1393. L'OMS a également la capacité d'adopter des stratégies mondiales en matière de santé, en particulier lorsque le contexte international ne permet pas l'adoption d'instruments contraignants par consensus.

2. L'élaboration de stratégies mondiales et de plans d'action

1394. Un exemple de la démarche de l'OMS est donné par la Stratégie mondiale pour l'alimentation, l'exercice physique et la santé (a). Il convient également de revenir sur les plans d'action que met en place l'OMS (b).

a. L'exemple relatif de la Stratégie mondiale pour l'alimentation, l'exercice physique et la santé

1395. Dans le cadre de son activité normative, l'OMS a également élaboré des stratégies mondiales. Dès 1978, l'OMS a adopté la Déclaration d'Alma-Ata sur les soins de santé primaires qui avait pour objectif principal la santé pour tous d'ici à l'an 2000[2826]. Si, par définition, elle n'avait qu'une portée déclaratoire elle démontre la volonté de l'OMS de développer un contenu en énonçant des droits reconnus aux individus et des devoirs à respecter pour les Etats.

1396. L'OMS continue à développer des Stratégies mondiales, en particulier depuis le début des années 2000 dont le contenu rappelle celui des traités[2827]. C'est à ce titre que l'OMS a élaboré, en 2004, la Stratégie mondiale pour l'alimentation, l'exercice physique et la santé[2828]. La Stratégie est l'aboutissement d'une large série de consultations avec toutes les parties intéressées qui a été organisée à la suite d'une demande présentée par les Etats membres à l'Assemblée mondiale de la santé de 2002[2829]. C'est la procédure élaborée de mise en œuvre permettant la participation de nombreuses parties prenantes qui a conféré à l'OMS une légitimité institutionnelle[2830].

[2825] Les quatre principes sont : « 1. Utilité maximale pour le bénéficiaire 2. Respect des souhaits et de l'autorité du bénéficiaire 3. Respect de normes de qualité identiques 4. Communication efficace entre donateur et bénéficiaire. » (OMS, *Les principes directeurs applicable aux dons de médicaments, op.cit.*, p.8).

[2826] OMS, Déclaration d'Alma-Ata sur les soins de santé primaires, 12 septembre 1978.

[2827] L. O. GOSTIN, *Global Health Law, op.cit.*, p.65.

[2828] OMS, « *Stratégie mondiale pour l'alimentation, l'exercice physique et la santé* », Résolution WHA57.17, 2004.

[2829] OMS, « *Diet, physical activity and health* », Résolution WHA55.23, 2002.

[2830] L. O. GOSTIN, *Global Health Law, op.cit.*, p.107.

1397. La Stratégie porte sur deux des principaux facteurs de risque de maladies non transmissibles, une mauvaise alimentation et le manque d'exercice physique. La Stratégie mondiale a quatre objectifs principaux[2831] dont encourager l'élaboration, le renforcement et l'application aux niveaux mondial, régional, national et communautaire de politiques et de plans d'action durables et complets pour améliorer l'alimentation et développer l'exercice physique, et qui associent activement tous les secteurs, y compris la société civile, le secteur privé et les médias.

1398. Deux particularités sont à souligner. D'abord, au-delà de fonder sa démarche sur des données scientifiques et sur le lien « entre les comportements [à l'égard de l'alimentation et l'exercice physique] et l'apparition ultérieure de la maladie ou un mauvais état de santé », l'OMS propose des « mesures individuelles et des interventions de santé publique[2832] ». Elle offre ainsi un cadre pour la mise en place de stratégies qui se présentent comme étant complètes, multisectorielles, multidisciplinaires et participatives. En d'autres termes, la stratégie mondiale fait appel à la fois à des politiques et des mesures dirigées contre toutes les grandes causes de maladies non transmissibles en même temps, dans le cadre d'une perspective à long terme impliquant tous les acteurs de la société. Elle tente de tenir compte des interactions complexes entre les choix personnels, les normes sociales et les facteurs économiques et environnementaux[2833]. On retrouve ici la volonté des stratégies de s'inscrire dans le mouvement de santé mondiale c'est-à-dire en prenant en compte des facteurs allant au-delà de la santé, avec des participants de la société civile afin de toucher l'ensemble des populations concernées. Cette approche novatrice à l'échelle mondiale, fondée sur des données scientifiques, est essentielle au vu du caractère multifactoriel des risques liés à l'alimentation, l'exercice physique et la santé. L'OMS, par l'instrument de la stratégie, va bien au-delà de la simple considération scientifique.

1399. Ensuite, la Stratégie mondiale s'articule autour de principes d'actions et de la responsabilité des différents acteurs. Dans cette dernière catégorie, la Stratégie mondiale prévoit ainsi des responsabilités pour l'ensemble des acteurs du secteur et formule des recommandations pour (1) les Etats membres, (2) l'OMS, (3) les partenaires internationaux, (4) la société civile et (5) le secteur privé. En effet, l'OMS estime que la modification des habitudes en matière d'alimentation et d'exercice physique exigera des efforts concertés de la part de nombreux partenaires, publics et privés, et ce sur plusieurs décennies.

[2831] Les trois autres objectifs sont : 1) réduire les facteurs de risque de maladies non transmissibles liées à une mauvaise alimentation et à la sédentarité par des mesures de santé publique essentielles et par des mesures de promotion de la santé et de prévention de la maladie; 2) se faire une meilleure idée et mieux faire prendre conscience de l'influence de l'alimentation et de l'exercice physique sur la santé ainsi que de l'effet positif des interventions préventives ; 4) suivre les résultats des travaux scientifiques et les principales influences sur l'alimentation et l'exercice physique ; soutenir les recherches dans toutes sortes de domaines apparentés, notamment l'évaluation d'interventions ; et développer les ressources humaines nécessaires dans ce domaine pour promouvoir et protéger la santé.

[2832] OMS, *Stratégie mondiale pour l'alimentation, l'exercice physique et la santé,op.cit.*, pp.3-4.

[2833] *Ibid.*, p.5.

1400. L'évolution du rôle de l'OMS démontre un affranchissement de son rôle purement technique en proposant un cadre afin de développer des politiques et d'adopter des mesures pour répondre à l'enjeux sanitaire que représente l'obésité notamment. L'OMS ne se contente plus d'agir en tant que référence technique mais en tant qu'autorité directrice de politiques publiques. Si ces éléments semblent évidents, de prime abord, le fait que l'OMS les inscrive dans une stratégie mondiale est symptomatique de l'évolution de l'OMS quant à son rôle normatif. Elle propose des évolutions pour la mise en place future de politiques de santé. Par ailleurs, l'intégration de l'ensemble des acteurs en leur attribuant un rôle singulier dans la mise en œuvre de politiques nationales démontre de cette volonté de l'OMS d'élaborer des instruments de politiques publiques. Enfin, la vision à long terme de cette stratégie participe de cette évolution dans l'approche de l'activité de l'OMS.

1401. Il faut reconnaître néanmoins que si l'objectif est louable, la mise en œuvre est plus compliquée car si ces stratégies sont novatrices, elles demeurent non contraignantes. Dès lors, la prise en compte par les Etats est difficiles à évaluer car aucun mécanisme de suivi ou étude d'impact n'est prévu. Elles ont au moins le mérite d'exister et participent plus largement à lutter contre des risques pour la santé au niveau mondial. On notera par exemple que certains pays y font référence lorsqu'ils mettent en place des plans nationaux[2834]. De même, au niveau européen, une charte sur la lutte contre l'obésité a été adopté le 16 novembre 2016[2835]. Toutefois, selon un rapport de 2014, dix ans après l'adoption de la stratégie mondiale aucun pays n'était parvenu à inverser la courbe de l'obésité ou du diabète et dans de nombreux pays à revenu bas ou intermédiaire, les maladies cardiovasculaires sont en augmentation rapide[2836].

1402. Preuve des difficultés de mise en œuvre de la stratégie mondiale, des discussions ont lieu sur l'élaboration d'une convention relative à l'alimentation et l'exercice physique. Toutefois, cette évolution peut, au contraire, démontrer que la stratégie est un premier pas dans la construction normative avant l'élaboration d'un instrument contraignant.

1403. En sus de la prolifération de stratégies mondiales[2837], l'OMS use également de plans d'action pour mettre en œuvre son activité normative ce qui ne facilite pas toujours la perception de l'activité normative de l'OMS.

[2834] Par exemple, la Suisse (*Programme national alimentation et activité physique 2008-2012*, 2008 : « par son Conseil fédéral a approuvé la résolution de l'OMS du 22 mai 2004 » ou encore le Luxembourg (*Vers un plan national. Alimentation saine et activité physique*, mars 2007).

[2835] OMS/EURO, *Charte européenne sur la lutte contre l'obésité*, Conférence ministérielle européenne de l'OMS sur la lutte contre l'obésité, Istanbul, Turquie, 15-17 novembre 2006, EUR/06/5062700/8, 16 novembre 2006.

[2836] CONSUMERS INTERNATIONAL, *« Recommandations en faveur d'une Convention mondiale pour la protection et la promotion d'une alimentation saine »*, 2014.

[2837] Dans la lignée de cette expérience, l'OMS a adopté d'autres stratégies mondiales. L'OMS a élaboré dès 2000 la Stratégie mondiale pour la prévention et le contrôle des maladies non transmissibles (Resolution WHA53.14, « *HIV/AIDS: confronting the epidemic* », 20 Mai 2000), qui a depuis été mise à jour d'abord pour la période 2008-2013 (OMS, Resolution WHA61.14, « *Prevention and control of noncommunicable diseases: implementation of the global strategy* », 24 mai 2008) puis pour celle de 2013-2020 (OMS, Résolution WHA66.10, « *Suivi de la Déclaration politique de la Réunion de haut niveau de l'Assemblée générale sur la prévention et la maîtrise des maladies non transmissibles* », Annexe plan d'action mondial pour la lutte contre les maladies non transmissibles 2013-2020, 27 mai 2013, p.7). Il en va de même de l'alimentation des nourrissons et du jeune enfant en 2003 (WHA55.25, *La nutrition chez le nourrisson et le*

b. La confusion des plans d'action de l'OMS

1404. Dans une moindre mesure, l'Assemblée mondiale de la santé adopte des plans d'action dans divers domaines. Le mandat pour développer des plans d'action est confié par l'Assemblée au Secrétariat, en amont. Ensuite, le Directeur général va élaborer le plan d'action, en consultation avec les Etats membres puis soumettre le plan d'action à l'Assemblée. En général, le plan d'action propose un ensemble de moyens à mettre en œuvre pour parvenir un but. Ainsi, il prévoit des objectifs à atteindre sur une période donnée à moyen terme de quelques années. Cette limitation temporelle les différencie des stratégies mondiales. Toutefois, les plans d'action de l'OMS participent à la confusion de son activité normative en raison de la difficile différenciation avec les stratégies mondiales, d'une part, et en raison de leur multiplication, d'autre part.

1405. Il convient de reconnaître que le choix de terminologie entre stratégie et plan d'action n'évoque pas de véritable différence entre les deux instruments. En effet, l'utilisation d'une stratégie ou d'un plan d'action n'a pas de conséquence quant à la nature juridique de l'instrument, qui demeure non contraignant et volontaire. Les résolutions qui adoptent les plans d'action précisent que ces derniers « invite(nt) instamment » les Etats membres à mettre en œuvre les mesures qui leur sont proposées dans le plan d'action. Ces plans d'action s'accompagnent d'un appui du Secrétariat par le biais de conseils, de formation, de soutien technique et d'élaboration d'un rapport sur les progrès accomplis dans l'application du plan d'action[2838].

1406. De même, on retrouve la volonté d'inclure l'ensemble des acteurs dans le développement du plan d'action mais aussi en tant que contributeurs à la mise en œuvre du plan. A ce titre, les plans d'action s'adressent à l'ensemble de la communauté concernée par l'enjeu de santé évoqué. Enfin, les plans d'action ont une portée mondiale et sont conçus « de façon à orienter les plans d'action nationaux[2839] ».

1407. Néanmoins, le plan d'action se différencie de la stratégie, parfois, dans le contenu de l'instrument en particulier quant au degré de précision des moyens et des objectifs à atteindre. Ainsi, un plan d'action prévoit toujours un but, des objectifs et des actions. Ces actions concernent aussi bien les Etats membres que les partenaires internationaux et nationaux ainsi que les actions à mener par le Secrétariat. Enfin, un plan d'action prévoit des indicateurs afin de mesurer les progrès accomplis par rapport aux cibles définies.

---

jeune enfant, 2003) ou de la Stratégie mondiale visant à réduire l'usage nocif de l'alcool datant de 2010 (OMS, « *Global strategy to reduce the harmful use of alcohol* », Résolution WHA63.13, 21 mai 2010). Enfin, l'OMS a annoncé trois projets de stratégies mondiales du secteur de la santé pour 2016-2021 : sur les infections sexuellement transmissibles (OMS, « *Projets de stratégies mondiales du secteur de la santé. Infections sexuellement transmissibles, 2016-2021. Rapport du Secrétariat* », EB138/31, 30 décembre 2015. Cette stratégie s'inscrit dans la continuité de celle couvrant la période 2006-2015), sur le VIH (OMS, « *Projets de stratégies mondiales du secteur de la santé. VIH, 2016-2021. Rapport du Secrétariat* », EB138/29, 18 décembre 2015. Cette stratégie s'inscrit dans la continuité de celle couvrant la période 2011-2015) et sur l'hépatite virale (OMS, « *Projets de stratégies mondiales du secteur de la santé. Hépatite virale, 2016-2021. Rapport du Secrétariat* », EB138/30, 27 novembre 2015. Cette stratégie est une première mondiale).

[2838] V. par exemple OMS, « *Plan d'action mondial de l'OMS relatif au handicap 2014-2012* ».

[2839] OMS, « *Plan d'action pour la santé mentale 2013-2012* », p 6.

1408. Par ailleurs, un plan d'action doit être élaboré afin de refléter les points de vue et les rôles de toutes les parties prenantes en assignant à chacun un rôle et des responsabilités clairs et partagés. Toutefois, comme la stratégie mondiale, le plan d'action permet avant tout à l'OMS de mettre en lumière une priorité de santé qui, parce qu'elle est mondiale et engendre des risques pour la santé, nécessite une réponse et des efforts globaux de l'ensemble des acteurs.

1409. Signe de la difficulté à différencier la stratégie du plan d'action, l'OMS a adopté la Résolution WHA67.13 de l'Assemblée mondiale de la santé exige l'élaboration d'une stratégie mondiale et d'un plan d'action global exhaustifs en matière de vieillissement et de santé[2840]. Ainsi, la résolution fait une référence conjointe à la stratégie et au plan d'action tout au long du texte. De même, en 2008, le plan d'action 2008-2013 pour la Stratégie mondiale de lutte contre les maladies non transmissibles[2841] a été adopté. Afin d'éviter la confusion, pour la période 2013-2020, l'Assemblée a limité l'intitulé à un plan d'action mondiale[2842].

1410. De façon générale, ces différentes confusions renforcent les difficultés de cohérence générale dans l'activité normative de l'OMS. Il serait préférable de diminuer le nombre des différents types d'instrument pouvant être élaboré par l'OMS afin de simplifier leur compréhension et leur visibilité. Comme pour les stratégies mondiales et malgré l'intégration d'indicateurs afin de mesurer les progrès accomplis par les systèmes nationaux, le nombre de plans d'action rend difficile l'analyse concrète e leur influence sur les réglementations nationales. Par exemple, si l'on peut se satisfaire qu'un plan européen sur la santé mentale ait été adopté en 2013, comment ne pas s'interroger sur l'efficacité concrète de tels plans sur la santé des populations.

1411. Enfin, en matière d'urgence sanitaire, en sus du Règlement sanitaire international, contraignant, l'OMS a élaboré un cadre d'action d'urgence pour décrire ses engagements de base, sa procédure de classification, ses critères d'exécution, ses fonctions essentielles, le rôle de l'équipe mondiale de gestion des situations d'urgence, les principes essentiels permettant d'optimiser son action et les procédures d'action d'urgence à appliquer dans toutes les situations d'urgence ayant des conséquences sur la santé publique. Parallèlement, ce cadre impose à l'OMS d'améliorer la rapidité et la prévisibilité de son action pour mieux servir tous ceux qui se trouvent confrontés chaque année aux conséquences sanitaires des situations d'urgence et pour accentuer sa responsabilité à leur égard. On constate alors cette idée que l'OMS offre un encadrement, qui va bien au-delà de la seule recommandation technique et scientifique, afin de répondre aux urgences sanitaires. Ainsi, l'OMS avec ce cadre d'action s'est détachée de son rôle normatif sans pour autant devenir opérationnelle. Toutefois, elle a franchi une

---

[2840] OMS, « *Action multisectorielle pour une approche du vieillissement en bonne santé prenant en compte tous les étapes de la vie* », Résolution WHA67(13), WHA67/2014/REC/1, 21 mars 2014, p.70.

[2841] OMS, « *Plan d'action mondial pour la Stratégie mondiale de lutte contre les maladies non transmissibles 2008-2013* », WHA61.14, WHA61/2008/REC/1, 24 mai 2008, Annexe 3, p.94.

[2842] OMS, « *Plan d'action mondial pour la lutte contre les maladies non transmissibles 2013-2020* », WHA66.10, WHA66/2013/REC/1, 27 mai 2013, Annexe 4, p.117.

étape supplémentaire dans ce sens en adoptant le Programme de gestion d'urgences sanitaires à l'Assemblée mondiale de la santé en 2016[2843].

1412. Si la multiplication des plans d'action[2844] et de stratégies mondiales est un signe de la capacité d'adaptation de l'OMS et de sa volonté de dépasser son rôle technique en étant chef de file des politiques de santé au niveau mondial, elle est également symptomatique des difficultés de l'OMS pour homogénéiser son action. On observe néanmoins une évolution avec la mise en place du Cadre de préparation au risque d'une pandémie grippale pour l'échange des virus grippaux et l'accès aux vaccins et autres avantages.

B. Un mécanisme innovant proposé par le Cadre de préparation au risque d'une pandémie grippale

1413. Le Cadre de préparation au risque d'une pandémie grippale pour l'échange des virus grippaux et l'accès aux vaccins et autres avantages (Cadre PIP[2845]) a été voté en 2011, conformément à l'article 23 de la Constitution de l'OMS expressément mentionné[2846]. Ce mécanisme intervient à la suite de cinq années d'efforts diplomatiques de santé mondiale pour d'améliorer la préparation et la réponse aux risques de pandémie grippale afin que tout Etat, indépendamment de sa richesse, ait accès à la technologie et aux produits nécessaires pour protéger sa population[2847]. La particularité de ce mécanisme, issu d'une recommandation, est de prévoir, dans une première partie, des engagements non contraignants pour les Etats et, dans une seconde partie, de proposer des accords types sur le transfert de matériels (SMTA[2848]).

1414. La mise en place du Cadre PIP est un exemple d'instrument équitable [2849] visant à prendre en compte les besoins des Etats en développement dans leurs échanges avec les Etats développés (1) tout en encadrant la participation des acteurs privés (2).

[2843] V. *infra* n°0.

[2844] De nombreux plans d'action ont été adoptés par l'OMS ou sont en cours d'élaboration. Par exemple, l'OMS a adopté en 2013, le Plan d'action pour la santé mentale couvrant la période de 2013 à 2020 (OMS, « *Plan d'action global pour la santé mentale 2013-2020* », WHA66.8, WHA66/2013/REC/1, 27 mai 2013, p. 13 et Annexe 3, p.70). Par ailleurs, l'OMS a adopté des plans d'actions en matière d'handicap (OMS, « *Plan d'action mondial de l'OMS relatif au handicap 2014-2021 : un meilleur état de santé pour toutes les personnes handicapés* », WHA67.7, WHA67/2014/REC/1, 24 mai 2014, p. 15 et Annexe 3, p.98), du nouveau-né (OMS, « *Plan d'action mondial pour la santé du nouveau-né* », WHA67.10, WHA67/2014/REC/1, 24 mai 2014, p. 20 et Annexe 4, p.120), de vaccins (OMS, « *Plan d'action mondial pour les vaccins* », WHA65.17, 26 mai 2012) et de la santé des travailleurs (OMS, « *Plan d'action mondial 2008-2017 pour la santé des travailleurs* », WHA60.26, 23 mai 2007). Enfin, lors de la 67e Assemblée mondiale de la santé en mai 2014, il a été demandé à l'OMS d'élaborer un projet de plan d'action mondiale pour combattre la résistance aux antimicrobiens (OMS, « *Projet de plan d'action mondial contre la résistance aux antimicrobiens* », WHA67/39 add.1, 8 mai 2014, p.60).

[2845] L'acronyme PIP provient de l'anglais : *Pandemic Influenza Preparedness.*

[2846] OMS, *Résolution WHA64.5 - Préparation en cas de grippe pandémique : échange des virus grippaux et accès aux vaccins et autres avantages*, 24 Mai 2011.

[2847] R. DETELS, M. GULLIFORD, Q. ABDOOL KARIM et C. CHUAN TAN (dir.), *Global Public Health – vol.1 The Practice of Public Health*, Oxford University Press, 6ème éd., 2015, p.355.

[2848] L'acronyme provient de l'anglais *Standard material transfer agreement.*

[2849] H. DE POOTER, *Le droit international face aux pandémies : vers un système de sécurité sanitaire collective ?*, éd. Pedone, 2015, p.99.

1. Un cadre d'échange entre les Etats

1415. La première partie du Cadre PIP précise les devoirs des Etats membres quant aux échanges de souches virales à potentiel pandémique mais aussi les bénéfices qui doivent revenir aux Etats fournissant ces virus. Ce mécanisme n'est pas sans rappeler, selon le Professeur HOUSSIN, l'accord pétrole contre nourriture[2850]. Toutefois, il est bien plus précis et détaillé. Il convient de revenir sur les défaillances du système antérieur (a). Ces dernières justifient le besoin d'une réponse normative de l'OMS reposant sur un système de partage des virus et des bénéfices (b).

a. Les dysfonctionnements du système antérieur

1416. Il convient de rappeler l'origine du Cadre PIP. En effet, dès la création de l'OMS, en 1952, avait été mis en place le Réseau mondial de surveillance de la grippe (GISN[2851]) devenu, en 2011, le Système mondial de surveillance de la grippe et de riposte (GISRS[2852]) dont le but est « d'assurer de nombreuses fonctions de santé publique notamment l'évaluation des risques de pandémie de grippe et la préparation à la pandémies[2853] » qui fonctionne sur le principe de l'adhésion volontaire[2854].

1417. Toutefois, en 2007, la collaboration internationale en matière de lutte contre la grippe pandémique au sein du Réseau mondial a révélé son « asymétrie[2855] ». En effet, à l'origine l'échange des virus de la grippe dans le cadre du Réseau mondial était fondé sur un échange consensuel en matière de grippe saisonnière. En d'autres termes, les centres nationaux de la grippe[2856] du Système mondiale collectent puis fournissent gratuitement aux centres collaborateurs pour la grippe [2857] de l'OMS des échantillons de virus représentatifs ou inhabituels prélevés sur des personnes infectées[2858].

[2850] D. HOUSSIN, *Face au risque épidémique*, Odile Jacob, 2014.

[2851] L'acronyme provient de l'anglais : *Global Influenza Surveillance Network.*

[2852] L'acronyme provient de l'anglais *Global Inglueza Surveillance and Response System.*

[2853] OMS, « *Lexique* », Réunion intergouvernementale sur la préparation en cas de grippe pandémique : Echange des virus grippaux et accès aux vaccins et autres avantages, A/PIP/IGM/INF.DOC./3, 23 novembre 2007, p.3.

[2854] OMS, *Rapport annuel 2012 du Groupe consultatif du Cadre PIP, soumis au Directeur général au titre de la section 7.2.5 du Cadre PIP*, EB 132/16, 16 novembre 2012, annexe 1, §2.1, p.10.

[2855] H. DE POOTER, *Le droit international face aux pandémies (...) », op.cit.*, p.100.

[2856] Au nombre de 143 répartis sur le territoire de 143 Etats. Il en existe 4 en France : Paris (Institut Pasteur), Lyon (hospices civils), Cayenne et Nouméa. (http://www.who.int/influenza/gisrs_laboratory/national_influenza_centres/list/en/).

[2857] Au nombre de six, il s'agit de laboratoires nationaux désignés par l'OMS pour accomplir des tâches déterminées au sein du Réseau mondial. Ils ont des responsabilités mondiales et des moyens techniques plus importants que ceux des centres nationaux. Ils sont situés en Australie, en Chine, au Japon, au Royaume-Uni et aux Etats-Unis (http://www.who.int/influenza/gisrs_laboratory/collaborating_centres/list/en/).

[2858] Pour être complet, il convient d'ajouter que le GISRS comprend également quatre laboratoires essentiels de réglementation en Australie, au Japon, au Royaume-Uni et aux Etats-Unis. Depuis 2004, un réseau *ad hoc* de 12 laboratoires OMS de référence H5, ont été désignés par l'OMS pour « renforcer les capacités nationales et régionales permettant de diagnostiquer de manière fiable l'infection à virus H5 jusqu'à ce que ces capacités soient plus répandues » (OMS, « *Lexique », op.cit.*, p. 3). Il y en a 13 répartis dans 11 pays (http://www.who.int/influenza/gisrs_laboratory/h5_reflabs/list/en/).

1418. Les centres nationaux de la grippe sont souvent décrits comme « l'épine dorsale[2859] » du Système mondial. A ce titre, selon l'OMS, chaque année les centres nationaux de la grippe collectent plus de 175 000 échantillons et soumettent environ 2000 virus aux centres collaborateurs de l'OMS pour la grippe [2860]. A partir de ces échantillons, les centres collaborateurs fabriquent des souches de semences qu'ils fournissent gratuitement en vue de la production de vaccins aux laboratoires pharmaceutiques où entre 250 et 300 millions de doses de vaccin sont produites pour se protéger contre les grippes saisonnières.

1419. Cet envoi se matérialise par la conclusion d'un accord de transfert de matériel entre le centre national et le centre collaborateur. A cet égard, l'OMS avait publié, en 2005, des lignes directrices pour le partage des virus de la grippe à potentiel pandémique en précisant notamment qu' « il n'y aura plus de distribution de virus/spécimens à l'extérieur du Réseau mondial (...) sans la permission de l'Etat/du laboratoire d'origine du virus[2861] ». Toutefois, ces lignes directrices avaient été supprimées du site de l'OMS[2862].

1420. Ainsi, ces vaccins constituent un des « avantages » qui découle de l'échange des virus au sein du Système mondial pour les pays en développement. Toutefois, les pays développés doivent acheter ces avantages afin de développer et garantir la vaccination de leurs populations. Ce système consensuel a, en premier lieu, été confronté à la gravité de la pandémie de grippe aviaire A (H5N1) en 2005.

1421. En 2007, un laboratoire pharmaceutique extérieur au Réseau mondial a proposé à l'Indonésie d'acheter un vaccin contre la grippe aviaire à partir de souche de virus versée au Réseau mondial par l'Indonésie elle-même sans avoir consenti au transfert du virus à un laboratoire pharmaceutique extérieur au Réseau mondial[2863]. Au vu de la gravité de la menace de la grippe aviaire[2864], l'Indonésie craignait que la collaboration efficace au niveau du partage du virus ne se poursuive pas au stade de la répartition des avantages issus de cet échange. En conséquence, l'Indonésie, par le biais de son ministre de la santé, annonça que son pays cessait de partager les échantillons de virus de la grippe aviaire avec les centres collaborateurs de l'OMS. Cette annonce s'accompagna d'une déclaration de l'Indonésie indiquant qu'elle reprendrait la fourniture des échantillons en échange de la garantie qu'ils ne seraient pas

---

[2859] OMS, « *Application du Règlement sanitaire international (2005). Rapport du Comité d'examen sur le fonctionnement du Règlement sanitaire international (2005) eu égard à la grippe pandémique A (H1N1) 2009. Rapport du Directeur général* », A64/10, 5 mai 2011, p.49.

[2860] OMS, « *Application du Règlement sanitaire international (2005). Rapport du Comité d'examen (...)* », *op.cit.*, p.49.

[2861] OMS, « *Guidance for the timely sharing of influenza viruses/specimens with potential to cause human influenza pandemics* ». Geneva, World Health Organization, 11 March 2005, p.6 (reproduit dans THIRD WORLD NETWORK, « *Briefing paper. Sharing of avian influenza viruses* »).

[2862] W. L. ALDIS et R. SOENDORO, « *Indonesia, power asymmetry, and pandemic risk : the paradox of global health security* », in S. RUSHTON et J. YOUDE (éd.), *Routledge handbook of global health security*, Routledge, 2015, p.320.

[2863] V. M. KHOR, « *Indonesia to share bird-flu samples only if there is new system* », South-North Development Monitor (SUNS), n°6195, 21 février 2007 ; M. KHOR et S. SHASHIKANT, « *'Sharing' of avian flu virus to be a major issue at WHA* », Sout-North Development Monitor (SUNS), n°6247, 8 mai 2007.

[2864] Le virus été installé de manière endémique sur le territoire atteignant un taux de létalité de 81% (J.-Y. NAU, « *Tirer profit de la grippe aviaire* », Le Monde, 16 février 2007).

utilisés à des fins commerciales. L'Indonésie signa un accord bilatéral d'exclusivité avec le fabriquant de vaccins Baxter visant l'échange des souches virales à titre gratuit contre la fourniture de vaccins à faible coût et l'assistance pour construire des usines de fabrication de vaccins par le biais du transfert de technologie[2865]. En raison de fortes critiques de la communauté internationale[2866] et du risque que cette position faisait courir pour la santé mondiale, l'Indonésie déclara, conjointement avec l'OMS, la reprise du partage des virus[2867].

1422. Toutefois, en second lieu, les craintes de l'Indonésie se confirmèrent avec la grippe pandémique A (H1N1) qui révéla la « redistribution inéquitable des avantages issus de l'échange des virus grippaux[2868] » qui, en raison de l'insuffisance des capacités de production, s'opéra sur la loi du mieux offrant par la conclusion de contrats d'achats anticipés créant des disparités d'accès[2869]. Face à l'insuffisance du droit en vigueur, le RSI ne prévoyant aucune obligation juridique quant au partage des avantages[2870] et l'application du droit à la santé étant ambiguë[2871], l'OMS fit appel à l'équité[2872] en 2009. Cet appel se matérialisa par des dons aléatoires. L'OMS espérait pouvoir couvrir 10% de la population des 95 Etats en développements éligibles[2873]. Toutefois, cet appel aux dons malgré des réussites ne pouvait être satisfaisant en ce qu'il reposait uniquement sur la volonté des Etats développés et des fabricants de vaccins. Symbole de son insuffisance, les Etats Unis estimèrent que « (ils) ne fer[aient] pas dons de vaccins contre la grippe aux Etats pauvres tant que les Américains exposés n'aur[aient] pas été vaccinés[2874] ».

[2865] J.-Y. NAU, « *A cause du H5N1, l'OMS doit revoir les pratiques mondiales d'élaboration des vaccins antigrippaux* », Le Monde, 21 février 2007 ; D. G. McNEIL Jr, « *Indonesia to send bird flu samples, with restrictions* » New York Times, 28 mars 2007.

[2866] K. MULLIS, « *Playing chicken with bird flu : 'viral sovereignty', the right to exploit natural genetic resources, and the potential human rights ramifications* », The American University international law review, vol.24, n°5, 2011, pp.966-967 ; R. HOLBROOKE et L. GARETT, « *'Sovereignty' that risks global health* » Washington Post, 10 août 2008.

[2867] Déclaration commune du Ministère indonésien de la Santé et de l'Organisation mondiale de la Santé « L'échange de virus de la grippe aviaire et la production de vaccins contre la grippe pandémique », 16 février 2007 (http://www.who.int/mediacentre/news/statements/2007/s02/fr/).

[2868] H. DE POOTER, *Le droit international face aux pandémies (...)* », *op.cit.*, p.106.

[2869] D. P. FIDLER, « *Negotiating equitable access to influenza vaccines : global health diplomacy and the controversis surrounding avian influenza H5N1 and pandemic influenza H1N1* », PLoS Medicine, vol.7(5), Mai 2010.

[2870] Ainsi, l'article 44 § 1 du RSI dispose que « [l]es Etats parties s'engagent à collaborer entre eux, dans la mesure du possible, pour : (...) b) assurer ou faciliter la coopération technique et l'apport d'un soutien logistique, en particulier pour l'acquisition, le renforcement et le maintien des capacités de santé publique conformément au présent Règlement ». Toutefois, l'énoncé est non contraignant et surtout l'acquisition de vaccins ne fait pas partie des capacités de santé publique visée par le RSI (2005) (V. H. DE POOTER, *Le droit international face aux pandémies (...)* », *op.cit.*, p.106, n.d.p. 476).

[2871] V. l'analyse pertinente de DE POOTER qui conclut au « jeu nul » du droit à la santé (H. DE POOTER, *Le droit international face aux pandémies (...)* », *op.cit.*, pp.121-122).

[2872] OMS, « *Renforcer la coopération multilatérale en matière de propriété intellectuelle et de santé publique* », CHAN, Allocution à la Conférence de l'Organisation mondiale de la Propriété intellectuelle sur les questions de propriété intellectuelle et de politique publique Genève, Suisse, 14 juillet 2009 : « Dans le domaine de la santé, l'équité est souvent synonyme de vie ou de mort. Elle est au cœur des problèmes de politique publique auxquels nous sommes confrontés ».

[2873] OMS, « *Dons de vaccins contre la grippe pandémique H1N1* », Déclaration, 10 novembre 2009 (http://www.who.int/mediacentre/news/statements/2009/pandemic_vaccine_agreement_20091110/fr/).

[2874] Déclaration du *Secratary of Health and Human Services* des Etats-Unis, Kathleen Sebelius, « *Americans first before US gives H1N1 flu vaccine* », Agence France-Presse, 29 octobre 2009.

1423. Au vu du contexte, l'OMS se devait de réagir en prenant en compte les dysfonctionnements du système en vigueur. L'OMS a ainsi fondé ce nouvel instrument normatif sur le partage des virus et des bénéfices.

b. Un système de partage des virus et des bénéfices

1424. Fin mars 2007 fut adoptée la Déclaration de Jakarta appelant à la création d'un cadre qui reconnaîtrait les besoins des Etats en développement de recevoir les avantages résultant d'un partage des échantillons biologiques liés à la grippe[2875]. Illustration du besoin d'équilibre entre partage du virus et des bénéfices, l'Assemblée mondiale de la santé reconnut « le droit souverain des Etats sur leurs ressources biologiques » tout en insistant sur l'importance de l'échange international d'échantillons cliniques et de virus qualifié « d'élément fondamental de la santé publique[2876] ».

1425. En premier lieu, en matière de champ d'application, le Cadre PIP s'applique uniquement « à l'échange du virus H5N1 et d'autres virus grippaux susceptibles de donner lieu à une pandémie humaine[2877] ». Plus précisément, le Cadre PIP s'applique aux « matériels biologiques PIP[2878] » avec pour objectif de mettre en place « un système juste, transparent, équitable, efficient et efficace pour, sur un pied d'égalité : (i) l'échange du virus (...) ; et (ii) l'accès aux vaccins et le partage des avantages[2879] ». Le Cadre PIP exclut précisément les virus de la grippe saisonnière ou autres pathogènes ou substances biologiques non grippaux[2880] ce que regrette GOSTIN[2881]. Le raisonnement des rédacteurs du PIP à l'égard de l'exclusion de la grippe saisonnière se justifie en ce qu'elle n'apparaît pas en tant que priorité de santé au niveau mondial et ne constitue pas une pandémie humaine nécessitant une réponse mondiale prioritaire. Toutefois, l'exclusion des autres pathogènes et substances biologiques non grippaux est davantage surprenante. En effet, par ces exclusions, le Cadre PIP n'est pas applicable à des virus dévastateurs tels le *MERS CoV* ou *Ebola*, ce dernier ayant été déclaré d'urgence de santé publique de portée internationale. Or, justement ces deux pandémies bénéficieraient grandement du Cadre PIP alors qu'aucun vaccin n'existe actuellement.

[2875] Déclaration de Jakarta, « *New mechanism needed for virus sharing equity* », 28 Mars 2007.

[2876] OMS, « *Préparation en cas de grippe pandémique : échange des virus grippaux et accès aux vaccins et aux autres avantages* », Résolution WHA60.28, 23 mai 2007, Préambule, al.5.

[2877] OMS, « *Cadre de préparation en cas de grippe pandémique pour l'échange des virus grippaux et l'accès aux vaccins et autres avantages (Cadre PIP)* », Genève, 2012 (réimprimé en 2013), §3.1.

[2878] Selon §4.1 du Cadre PIP, « Les « Matériels biologiques PIP » comprennent, aux fins du présent Cadre (ainsi que des Accords types sur le transfert de Matériels (SMTA) et des mandats figurant en annexe) et du dispositif de traçabilité des virus grippaux, les échantillons cliniques humains, les isolements du virus humain H5N1 et d'autres virus grippaux de type sauvage susceptibles de donner lieu à une pandémie ; et les virus modifiés à partir du virus H5N1 et/ou d'autres virus grippaux susceptibles de donner lieu à une pandémie mis au point par les laboratoires du GISRS de l'OMS, ceux-ci étant des virus vaccinaux candidats obtenus par génétique inverse et/ou des virus réassortis à forte capacité de croissance. Les « Matériels biologiques PIP » comprennent également l'ARN dérivé du virus H5N1 et d'autres virus grippaux de type sauvage susceptibles de donner lieu à une pandémie et l'ADN englobant toute la région codante d'un ou plusieurs gènes viraux. »

[2879] Cadre PIP §2.1.

[2880] V. §3.2 du Cadre PIP.

[2881] L. O. GOSTIN, *Global Health Law*, *op.cit.*, p.374. Il cite ainsi l'exemple du *MERS-CoV* qui ne peut bénéficier de ce Cadre PIP. On peut ajouter le virus Ebola également.

1426. En second lieu, le Cadre PIP, prévoit des engagements réciproques pour les Etats qui reposent sur deux « systèmes » (ou piliers)[2882]. D'abord, les Etats membres « devraient fournir de façon rapide et systématique et dans les meilleurs délais (...), des Matériels biologiques PIP (...), dans la mesure du possible, au Centre collaborateur de l'OMS pour la grippe ou au Laboratoire OMS de référence H5 du choix de l'Etat Membre d'origine[2883] ». Ce faisant, « les Etats membres donnent leur consentement au transfert et à l'utilisation ultérieurs des Matériels biologiques PIP aux institutions, organisations et entités sous réserve des dispositions des Accords types sur le transfert de Matériels ». Le Cadre PIP prévoit également, afin d'accroître la transparence, le partage des données sur les séquences génétiques [2884] ainsi que des dispositifs de traçabilité et de notification[2885]. Ainsi le Cadre a pour objectif pertinent de formaliser un système international de partage du virus.

1427. Ensuite, le Cadre PIP repose sur un second système par lequel « les Etats membres devraient, en collaboration avec le Secrétariat de l'OMS, contribuer à un système de partage des avantages pour la préparation en cas de grippe pandémique[2886] ». Dans la mise en place de ce partage, le Cadre reconnaît la spécificité des Etats en développement[2887] et notamment « aux pays touchés, selon le risque pour la santé publique et les besoins, et en particulier aux pays qui n'ont pas de capacité propre de production de matériel de diagnostic de la grippe, de vaccins et de produits pharmaceutiques antigrippaux, pour qu'ils profitent des avantages importants, y compris des médicaments antiviraux et des vaccins contre la grippe due au virus H5N1 et à d'autres virus grippaux susceptibles de donner lieu à une pandémie humaine ». Ce système de partage des bénéfices met ainsi en avant l'équité[2888] et offre un contenu à ce concept[2889].

1428. De plus, il est prévu que les fabricants de matériel de diagnostic de la grippe, de vaccins et de produits pharmaceutiques antigrippaux, à travers le GISRS de l'OMS, verseront à l'OMS une contribution annuelle de partenariat destinée « à améliorer la préparation et l'action mondiales en cas de grippe pandémique[2890] » selon un mécanisme de financement durable et innovant. A cet égard, les contributions annuelles doivent être équivalentes à 50% du coût de fonctionnement du réseau GIRSR. L'OMS a défini une méthode et une formule pour calculer la part à verser par chacun des contributeurs[2891]. L'OMS a estimé les frais de fonctionnement du système mondial à 28 millions de

---

[2882] L. O. GOSTIN, *Global Health Law*, *op.cit.*, p.374; H. DE POOTER, *Le droit international face aux pandémies (...) »*, *op.cit.*, p.128.

[2883] Cadre PIP §5.1.4.

[2884] *Ibid.*, §5.2.

[2885] *Ibid.*, §5.3.

[2886] « ...et exhorter les institutions, organisations et entités concernées, les fabricants de matériel de diagnostic de la grippe, de vaccins et de produits pharmaceutiques antigrippaux ainsi que les chercheurs en santé publique à apporter eux aussi le concours voulu à ce système », Cadre PIP § 6.0.1.

[2887] Il est prévu « d'accorder un degré de priorité élevé aux pays en développement » (Cadre PIP § 6.0.2.iii).

[2888] « La distribution entre les entreprises se fera sur la base des principes de transparence et d'équité, en fonction de leur nature et de leurs capacités. » Cadre PIP § 6.14.3

[2889] H. DE POOTER, *Le droit international face aux pandémies (...) »*, *op.cit.*, p.128.

[2890] Cadre PIP § 6.14.3.

[2891] OMS, « *Préparation en cas de grippe pandémique : échange des virus grippaux et accès aux vaccins et autres avantages. Rapport du Secrétariat* », EB138/21, 8 Janvier 2016, p.4.

dollars[2892]. La contribution servira « à améliorer la préparation et la riposte en cas de pandémie, entre autres pour la réalisation d'études sur la charge de morbidité, le renforcement des moyens de laboratoire et de surveillance, l'accès aux vaccins anti pandémiques et aux médicaments antiviraux et au déploiement efficace de ceux-ci[2893] ». Pour la période 2012-2016, environ 70 % des ressources provenant de la contribution de partenariat ont jusqu'à présent été consacrées aux activités de préparation en cas de pandémie, et 30 % aux activités de riposte[2894].

1429. En dernier lieu, en raison de la nature juridique de recommandation du Cadre PIP, il faut rappeler que les Etats ne sont pas obligés de respecter les obligations prévues tant qu'ils ne s'y sont pas engagés. En effet, fondée sur l'article 23 de la Constitution, la résolution votée ne suffit pas à engager l'Etat. Ce cadre n'a donc aucune force obligatoire. L'Etat pourra prendre toute mesure sans que cela ne constitue une violation d'une quelconque obligation. Par ailleurs, les Etats ne sont pas obligés de faire en sorte que les personnes privées visées par certaines dispositions respectent les prescriptions qui y sont contenues[2895].

1430. Toutefois, si le Cadre PIP n'est pas obligatoire à l'égard des Etats, il prévoit des dispositions obligatoires pour l'OMS. D'une part, en matière d'échange de virus, le Cadre PIP met en place un dispositif de traçabilité des matériels biologiques. D'autre part, dans le cadre du système de partage des avantages, sont prévues notamment la coordination de la préparation et de l'action en cas de pandémie avec le RSI (2005)[2896] et la mise en œuvre du mécanisme de financement fondé sur la contribution annuelle de partenariat[2897]. On rappellera que l'absence de force obligatoire ne signifie pas que la norme est dépourvue de tout effet juridique[2898]. A ce titre, le Cadre PIP, demeure une « norme d'habilitation pour les Etats[2899] » et sert de « ligne de conduite[2900] » qui indique le comportement à suivre dans le cas d'une grippe pandémique.

1431. Enfin, le Cadre PIP sert également à encadrer les personnes privées. Cet encadrement repose sur un système de contrats juridiques afin de garantir le partage des bénéfices entre les entités publiques et les acteurs privés.

[2892] En septembre 2015, 30 des 32 contributeurs recensés en 2013 et 36 des 43 recensés en 2014 avaient versé respectivement US$ 27 538 586 et US$ 26 933 271 (OMS, « *Préparation en cas de grippe (...)* », EB138/21, 8 Janvier 2016, p.4).

[2893] Cadre PIP § 6.14.4.

[2894] OMS, « *Cadre de préparation en cas de grippe pandémique pour l'échange des virus grippaux et l'accès aux vaccins et autres avantages* », Décision EB131(2), EB131/DIV/2, 11 juin 2012.

[2895] H. DE POOTER, *Le droit international face aux pandémies (...)* », *op.cit.*, p.127.

[2896] Cadre PIP § 6.1.

[2897] *Ibid.*, § 6.14.3.

[2898] J. COMBACAU et S. SUR, *Droit international public, op.cit.*, p.53.

[2899] H. DE POOTER, *Le droit international face aux pandémies (...)* », *op.cit.*, p.136.

[2900] H. SABA, « *L'activité quasi-legislative des Institutions spécialisée des Nations unies* », RCADI, t. 1, vol.111, 1964, p.662.

2. L'encadrement relatif des acteurs privés

1432. Le Cadre PIP prévoit l'élaboration d'accords types qui engagent les acteurs privés (a). Toutefois, le caractère volontaire des engagements a pour conséquence une mise en œuvre difficile des accords types (b).

a. L'élaboration des accords types

1433. L'aspect le plus innovant du Cadre PIP provient de l'engagement public-privé qui est prévu dans la seconde partie de l'accord par le biais des deux accords types sur le transfert de matériels (SMTA[2901]). Le premier, accord type n°1 (SMTA 1)[2902], est un contrat type avec des dispositions prénégociées qui visent à régir le transfert d'échantillon de virus au sein du GISRS. Les laboratoires en dehors du GISRS qui reçoivent du matériel de laboratoire du GISRS seront régis par un second type de contrat (accord type n°2, SMTA 2[2903]).

1434. Dans le cadre de l'accord type n°1, l'article 10 précise que les laboratoires de la grippe du GISRS devront accepter les termes de l'accord s'ils souhaitent continuer à participer au Système mondial. L'acceptation de l'accord est liée à la qualité de laboratoire du GISRS (article 1.1) qui est donc automatique sauf exigence particulière de signature d'un document imprimé de l'une des Parties (article 11). En tant qu'accord contractuel[2904], l'accord type n°1 s'applique entre un laboratoire qui fournit du matériel biologique PIP (fournisseur) et un laboratoire qui reçoit le matériel (bénéficiaire)[2905]. Ces derniers s'engagent à se conformer à leur mandat respectif au sein du GISRS et à « faire en sorte que les matériels soient traités conformément aux lignes directrices applicables de l'OMS et aux normes nationales de sécurité biologique[2906] ».

1435. A l'égard du fournisseur, le bénéficiaire « consent au transfert ultérieur des matériels à tous les membres du GISRS et à leur utilisation aux mêmes conditions que celles prévues dans l'accord type n°1[2907] ». De même, le fournisseur « consent au transfert ultérieur des matériels à des entités extérieures au GISRS de l'OMS à condition que le bénéficiaire potentiel ait conclu un Accord type sur le transfert de matériels en dehors du GISRS de l'OMS (SMTA 2)[2908] ». En contrepartie, le bénéficiaire recherche « activement la participation de scientifiques, dans toute la mesure possible des laboratoires d'origine et d'autres laboratoires autorisés, en particulier de pays en développement, à des projets scientifiques associés à la recherche (…) et de publication ». Le fournisseur reconnaît, par ailleurs, dans les présentations et publications « les contributions de collaborateurs (…)[2909] ». Enfin, les deux parties informent l'OMS de tous les transferts de matériels biologiques PIP en

---

[2901] L'acronyme provient de l'anglais : *Standard materiel transfer agreement.*
[2902] V. Cadre PIP, Annexe 1 « Accord type sur le transfert de matériels 1 (SMTA 1) ».
[2903] V. Cadre PIP, Annexe 1 « Accord type sur le transfert de matériels 1 (SMTA 2) ».
[2904] Cadre PIP Annexe I SMTA 1, Article 9.
[2905] *Ibid.,*Article 1.1.
[2906] *Ibid.,*Articles 4.1 et 5.1.
[2907] *Ibid.,*Article 4.2.
[2908] *Ibid.,*Article 4.3.
[2909] *Ibid.,*Articles 5.2 et 5.3.

« les enregistrant dans le dispositif de traçabilité des virus grippaux[2910] ». Par ailleurs, ni le fournisseur ni le bénéficiaire ne doivent chercher « à obtenir aucun droit de propriété intellectuelle sur les matériels[2911] ».

1436. Dans le cadre de l'accord type n°2, le Directeur général passera des accords avec des entités extérieures au GISRS[2912]. Dès lors, les parties à l'accord sont l'OMS et le bénéficiaire. Les bénéficiaires sont « toutes les entités qui reçoivent des « matériels biologiques PIP » du système mondial (...) tels que les fabricants de vaccins antigrippaux, de matériel de diagnostic ou de produits pharmaceutiques, ainsi que les entreprises de biotechnologie, les établissements de recherche et les établissements d'enseignement[2913]. » Pour recevoir du matériel PIP, chaque entité extérieure doit conclure un accord type n°2 avec l'OMS dont le droit applicable sera variable et devra être convenu par les parties[2914]. La question de la possibilité pour le bénéficiaire d'obtenir des droits de propriété intellectuelle n'est pas définitivement tranchée à la différence de l'accord type n°1. Le silence de l'accord semble *a priori* indiquer que les laboratoires extérieurs recevant du matériel PIP peuvent « obtenir des droits de propriété intellectuelle sur les inventions mises au point à partir de ces matériels et réaliser des profits[2915] ».

1437. En échange, les entités extérieures acceptent de faire une contribution à l'OMS et une première liste prévoit des engagements. Elle distingue, d'abord, les engagements des fabricants de vaccins et/ou antiviraux qui pourront donner des vaccins ou des traitements antiviraux notamment[2916]. Ensuite, pour les entités extérieures qui ne fabriquent pas de vaccins la liste prévoit des dons de kits diagnostic nécessaire pour une pandémie notamment[2917]. Ces contributions peuvent également être en nature ou monétaires telles que soutenir le renforcement de capacité de laboratoire, c'est-à-dire permettre au laboratoire de développer sa structure, d'améliorer son matériel ou accroître son personnel. Une seconde liste oblige les Etats à « envisager » de de donner des vaccins ou des médicaments pour les stocks de l'OMS, d'offrir des produits à des prix abordables pour les pays en développement et de rendre publics les droits de propriété intellectuelle[2918]. Cette contribution se fera en fonction de la « nature et les capacités » du bénéficiaire[2919]. Ces contrats représentent, pour certains auteurs, au vu de leur contenu, la meilleure méthode afin de faire avancer l'équité[2920]. Si cela est vrai

---

[2910] *Ibid.*,Articles 4.4 et 5.1.3.
[2911] *Ibid.*,Article 6.1.
[2912] Cadre PIP Annexe 2 SMTA 2, Article 5.4.2.
[2913] *Ibid.*,n.d.p. 1.
[2914] *Ibid.*,Article 13.
[2915] H. DE POOTER, *Le droit international face aux pandémies (...) », op.cit.*, p.142.
[2916] Cadre PIP Annexe 2. Article 4. A.
[2917] *Ibid.*, B.
[2918] La liste complète comprend :« Dons de vaccins, dons de vaccins prépandémiques, dons d'antiviraux, dons de dispositifs médicaux, dons de kits de diagnostic, prix abordables, transfert de technologie et de processus, octroi de sous-licences à l'OMS, renforcement des moyens de laboratoire et de surveillance. » (Cadre PIP Annexe 2. Article 4. C)
[2919] Cadre PIP Annexe 2 SMTA 2, n.d.p. 1.
[2920] D. P. FIDLER et L. O. GOSTIN, « *The WHO Pandemic Influenza Preparedness Framework : A Milestone in Global Health Governance for health* », JAMA, 306, n°2, 2011; N. JEFFRIE, « *Levelling the playing field? Sharing of Influenza viruses and access to vaccines and other benefits* », Journal of Law and Medecine 20, n°1, 2012, pp.59-73.

en principe car ils offrent un cadre d'échange bénéfique pour l'ensemble des parties, leur mise en œuvre reste relative.

b. Une mise en œuvre difficile

1438. Alors qu'ils existent dans le cadre non contraignant du Cadre PIP, ces deux contrats, une fois signés, sont juridiquement contraignants[2921] en tant que contrats entre l'OMS et les bénéficiaires des échantillons de virus. Dans le cadre de l'accord type n°1, en cas de violation grave, le Directeur général peut envisager de suspendre ou de révoquer la désignation par l'OMS du laboratoire concerné[2922]. Ceci est un pouvoir important et nécessaire pour garantir le respect du contrat. Toutefois, le respect de l'accord est dans « l'intérêt mutuel du centre collaborateur et de l'Etat sur le territoire duquel il est implanté[2923] ». Pour l'accord type n°2, en cas de différend entre l'OMS et l'entité extérieure au GISRS, il sera soumis à l'arbitrage contraignant dans des conditions convenues d'un commun accord si la négociation ou d'autres moyens non contraignants choisis par les Parties n'ont pas abouti[2924]. On constate que dans ce cas, l'OMS n'a aucun contrôle sur le respect du contrat. Si cela est cohérent avec la logique de ces accords, il est regrettable que l'OMS n'ait pas la capacité d'agir juridiquement en cas de différents sur l'interprétation ou l'exécution de ces contrats.

1439. Toutefois, il convient de s'intéresser à l'efficacité de ce processus. Pour certains, les promesses des accords types sur le transfert des matériels ne doivent pas faire oublier que les Etats n'ont pas réussi à s'engager dans des obligations contraignantes afin d'améliorer la santé mondiale [2925]. Le Professeur GOSTIN regrette ainsi qu'aucun engagement même volontaire n'ait eu lieu sur les vaccins et considère que le Cadre PIP permet en réalité de « sécuriser la norme de partage du virus tout en offrant un faible partage des avantages en retour[2926] ». Le Comité d'examen estimait lui-même que « les obligations et les avantages qui ne se rattache[raient] pas à un cadre juridique [auraient] peu de chances de durer[2927] » car ce cadre juridique n'est pas assorti de voies d'exécution[2928]. En effet, ces accords reposent sur des obligations contractuelles volontaires. Cette vision était juste puisqu'aucun accord n'a été adopté durant la première année de mise en œuvre du Cadre PIP alors que le transfert de matériel à des entités extérieures au GISRS a continué, en contradiction avec l'article 4.3 de l'accord type n°1 qui stipule que « le fournisseur consent au transfert ultérieur des matériels à des entités extérieures au GISRS de l'OMS à condition que le bénéficiaire potentiel ait conclu un

---

2921 OMS, *« Préparation en cas de grippe pandémique : échange des virus grippaux et accès aux vaccins et autres avantages. Rapport biennal 2013. Rapport du Directeur général »*, EB 132/16, 16 novembre 2012, §3.1., p.6.

2922 Cadre PIP, § 7.3.4.

2923 H. DE POOTER, *Le droit international face aux pandémies (...) », op.cit.*, p.142.

2924 Cadre PIP Annexe 2 SMTA 2, Article 5.

2925 L. O. GOSTIN, *Global Health Law, op.cit.*, p.377.

2926 *Ibid.*

2927 OMS, *Application du Règlement sanitaire international (2005) - Rapport du Comité d'examen sur le fonctionnement du Règlement sanitaire international (2005) eu égard à la grippe pandémique A (H1N1) 2009 - Rapport du Directeur général*, A64/10, p.23, § 52.

2928 H. DE POOTER, *Le droit international face aux pandémies (...) », op.cit.*, p.147.

Accord type sur le transfert de matériels en dehors du GISRS de l'OMS (SMTA 2) ».

1440. Néanmoins, pour d'autres auteurs, après une difficile mise en route, les « efforts portent leur fruits » puisqu'à l'été 2014, six accords type n°2 avaient été conclus[2929]. De même, en 2015, l'OMS faisait état de 29 accords signés avec des instituts de recherche ou des instituts universitaires[2930]. Enfin, en 2016, le Secrétariat a recensé la signature de 37 accords SMTA 2 avec les instituts de recherche ou universitaires et seulement 4 accords SMTA 2 avec des fabricants de vaccins[2931]. Un site internet dédié permet de suivre ces évolutions[2932]. Ainsi, par la conclusion des accords jusqu'à présent « l'OMS a déjà acquis 7,8% de la production potentielle de vaccin antipandémique[2933] ». Enfin, depuis 2014, le « Secrétariat du Cadre PIP a entamé des négociations avec plus de 20 fabricants de vaccins antigrippaux et de produits diagnostiques du monde entier pour conclure d'autres accords, et les négociations avancent[2934] ».

1441. L'OMS reconnaît certaines difficultés qui ont ralenti les négociations « par exemple le fait que les petites entreprises connaissent mal le Cadre PIP ». A ce titre, l'OMS a entrepris « un travail de communication et d'information pour mieux faire connaître le Cadre, et des séances d'information ont été organisées à l'intention des fabricants sur le processus de préqualification de l'OMS[2935] ».

1442. Il faut ainsi relativiser l'apparente faiblesse du Cadre PIP qui produit, malgré son absence de force obligatoire, « indéniablement des effets juridiques qui vont au-delà de ceux générés par la majorité des recommandations adoptées par un organe d'une organisation intergouvernementale[2936] ». En effet, les entités membres du GISRS doivent accepter les termes de l'accord type n°1 si elles veulent maintenir leur place dans le réseau mondial. De même, pour les accords types n°2, ils sont obligatoires une fois conclus et, si une entité extérieure au GISRS refuse de conclure un tel accord, elle ne pourra plus bénéficier du système mondial[2937]. De plus, même si l'OMS ne dispose pas de voies d'exécution, elle possède un moyen de pression pour faire accélérer la conclusion d'accords de type n°2 puisqu'aucun transfert de matériel biologique PIP aux entités extérieures au GISRS de l'OMS ne pourra

[2929] *Ibid.*, p.144. L'auteure recense ainsi trois accords « mineurs », retenant l'option C conclue avec l'Université de Floride (2012), Harvard Collage (2014) et Public Health Portown Down (2014) et trois accords plus importants conclus avec le groupe pharmaceutique GSK (2012), avec Serum Institute of India (2013) et Sanofi Pasteur (2014).

[2930] OMS, « *Préparation en cas de grippe (...)* », EB138/21, 8 Janvier 2016, p.4.

[2931] OMS, « *Préparation en cas de grippe pandémique : échange des virus grippaux et accès aux vaccins et autres avantages* », Rapport du Directeur général, A69/22 Add.2, 20 mai 2016, p.2.

[2932] http://www.who.int/influenza/pip/benefit_sharing/smta2_signed/en/. Accessible uniquement en anglais.

[2933] OMS, « *Préparation en cas de grippe (...)* », EB138/21, 8 Janvier 2016, p.3. « GlaxoSmithKline et le Serum Institute of India se sont chacun engagés à fournir à l'OMS 10 % des vaccins contre la grippe pandémique à mesure qu'ils sortiront de la chaîne de production ; Sanofi Pasteur fournira 15 % de sa production de vaccin antipandémique. GlaxoSmithKline s'est aussi engagé à mettre à disposition 10 millions de traitements antiviraux. »

[2934] OMS, « *Préparation en cas de grippe (...)* », EB138/21, 8 Janvier 2016, p.4.

[2935] OMS, « *Préparation en cas de grippe (...)* », EB138/21, 8 Janvier 2016, p.4.

[2936] H. DE POOTER, *Le droit international face aux pandémies (...)* », *op.cit.*, p.146.

[2937] Si aucun accord n'est conclu avec le bénéficiaire dans les six mois suivant le début des négociations, aucun autre matériel biologique PIP ne lui sera transféré (OMS, *Réunion du Groupe consultatif sur le Cadre de préparation en cas de grippe pandémique (22-24 février 2012)*, A65/19, 22 mars 2012, § 12).

se faire sans la conclusion d'un tel accord. Par ailleurs, l'OMS renforce actuellement ses capacités au sein du Secrétariat de l'OMS chargé du Cadre PIP afin de satisfaire notamment les demandes d'assistance juridique. Le Cadre PIP est, comme de nombreuses recommandations de l'OMS, paradoxal[2938] : l'instrument n'est pas contraignant mais il peut conduire à des obligations contraignantes.

1443. L'absence de recul dans la mise en œuvre du Cadre PIP ne permet pas véritablement de se prononcer sur sa véritable portée. Toutefois, on constate des progrès depuis son lancement. Par ailleurs, il possède la qualité, au moins, d'être novateur dans ce qu'il propose en répondant davantage aux enjeux de santé mondiale par : (1) la prise en compte des besoins des pays en développement ; (2) l'encadrement des acteurs privés et (3) la tentative de compromis entre instruments non contraignants et contraignants.

1444. Enfin, on peut tirer des enseignements de certains instruments, adoptés bien avant le Cadre PIP et soumis au même régime « paradoxal ». En effet, l'absence de contrainte, n'empêche pas le pouvoir de recommandation, dans certains cas, d'avoir une portée quasi obligatoire comme le démontre l'approche singulière des codes internationaux.

§2. L'approche singulière des Codes internationaux : deux exemples à relativiser

1445. Les Codes de conduite internationale sont, pour certains auteurs, les meilleurs exemples de la mise en œuvre du pouvoir de recommandation dont dispose l'OMS[2939]. Pour le Professeur SALMON, ce sont des « catégories juridiques concertées, résultant d'une pratique relativement récente, consistant pour les Etats, le plus souvent au sein d'organisations internationales et dans le domaine économique à se mettre d'accord sur un certain nombre de principes directeurs, de lignes directrices, de règles de comportement destinés à une multiplicité de partenaires, publics et privés, afin de régler leurs relations dans certains secteurs délicats[2940] ». Ces codes sont des instruments dont le degré de formalisation est avancé. Ils conservent une valeur de recommandation mais bénéficient d'une valeur symbolique renforcée.

1446. L'OMS a utilisé l'instrument du code, pour la première fois en 1981 lors de l'adoption du Code international de commercialisation des substituts du lait maternel. Ce code demeure un exemple prometteur de la capacité normative de l'OMS (A). Toutefois, en renouvelant l'expérience en 2010[2941]

[2938] Selon DE POOTER, la Directrice générale aurait éprouvé des difficultés à véritablement cerner la nature du Cadre PIP parlant de « quelque chose qui n'est pas tout à fait un traité » (V. H. DE POOTER, *Le droit international face aux pandémies (...)*, p.126).

[2939] L. O. GOSTIN, *Global Health Law*, *op.cit.*, p.104.

[2940] J. SALMON, *Dictionnaire de Droit international public, op.cit.*, « Code de conduite internationale », pp.188-189.

[2941] A cet égard, l'OMS a travaillé, conjointement avec la FAO, au développement d'une nouvelle version du Code de conduite international sur la gestion des pesticides, adopté en juin 2013. Toutefois, ce code, voté pour la première fois, en 1985 par la FAO n'a jamais été adopté par les organes directeurs de l'OMS. Le Conseil exécutif en a seulement « pris acte ». Ainsi, il n'entre pas dans la catégorie d'activité normative adoptée par l'OMS. (V. OMS, «*Code de conduite international sur la gestion des pesticides – Rapport du Secrétariat* », EB134/22, 29 novembre 2013.

avec le Code de pratique mondial pour le recrutement international des personnels de santé, l'OMS a démontré les limites dans l'utilisation de cette forme d'instrument (B).

A. Un exemple prometteur, le Code international de commercialisation des substituts du lait maternel

1447. Ce code est un exemple prometteur, d'une part, car il est innovant et symbolique de l'évolution de l'OMS (a) et, d'autre part, car son contenu bénéficie d'un degré relatif de prise en compte au sein du droit des Etats (b).

1. Un mécanisme symbolique et innovant

1448. D'abord, ce Code apparaît symbolique car il représente une évolution dans l'approche normative de l'OMS (a). Ensuite, il est innovant dans sa forme et dans son contenu (b).

a. Un signe précurseur de l'évolution normative de l'OMS

1449. Il convient de rappeler que ce code a été adopté « après onze années de travaux de comités » afin de répondre à la tendance, depuis les années 1950, à « remplacer l'alimentation au sein par le biberon [...] dans les pays riches et dans les pays en développement[2942] ». En particulier, les fabricants d'aliments pour nourrissons avaient mis en œuvre des pratiques « commerciales abusives » pour inciter les mères du tiers monde à abandonner l'allaitement au sein au profit du biberon, qui peut être « cause de malnutrition et de maladie ou de mortalité des enfants[2943] » en raison des difficultés d'accès à l'eau potable notamment. En effet, la qualité de l'eau pouvait engendrer des conséquences négatives pour la santé des populations en particulier dans les pays en développement.

1450. Face à ces pratiques, à partir des années 1970, l'OMS et l'UNICEF ont souhaité réagir d'abord par l'organisation à Bogota d'une réunion avec les différents acteurs (pédiatres, spécialistes de la nutrition et représentants des fabricants) afin de discuter des risques dans le déclin de l'allaitement maternel. Après une première résolution votée en 1974 invitant les Etats membres à prendre des mesures en matière de publicité relative aux aliments pour bébés[2944], il fut décidé de demander à l'OMS et à l'UNICEF de préparer un Code international de commercialisation des substituts du lait maternel par un mandat confirmé par l'Assemblée de l'OMS en mai 1980[2945].

[2942] Y. BEIGBEDER, *L'Organisation mondiale de la santé*, QSJ, *op.cit.*, p.49.

[2943] *Ibid.*

[2944] OMS, Résolution WHA27.43, « *Infant nutrition and breast feeding* », 23 mai 1974.

[2945] OMS, Résolution WHA33.32, « *Infant and young child feeding* », mai 1980 : « il faut définir un code international de commercialisation des préparations pour nourrissons et autres produits utilisés comme substituts du lait maternel. Ce code doit bénéficier de l'appui des pays exportateurs et importateurs, et il doit être respecté par tous les fabricants. »

1451. Par une résolution votée le 18 mai 1981[2946], l'Assemblée mondiale de la santé a adopté le projet de code par 118 voix contre une, celle des Etats-Unis[2947], et trois abstentions. A la suite de la proposition du Conseil exécutif et après de nombreux débats lors de la 67ème session du Conseil exécutif[2948], l'Assemblée a voté le projet de Code comme une recommandation, au sens de l'article 23 de la Constitution et non comme un règlement selon l'article 21. Ce code fut élaboré dans un climat politique tendu en raison des pressions des ONG et des contre-pressions des groupes industriels multinationaux en particulier à l'égard de l'intégrité du Directeur général et d'autres membres du secrétariat[2949].

1452. Ce code est emblématique, d'une part, car, pour la première fois, deux agences des Nations unies, l'OMS et l'UNICEF, avaient obtenu « le soutien presque unanime de leurs Etats membres pour contrôler l'action commerciale d'une puissante industrie transnationale dans le cadre de leur mandat de protection et de promotion de la santé mondiale[2950] ».

1453. D'autre part, ce code est révélateur de l'évolution, au sein de l'OMS, des débats, à l'origine, techniques, qui se sont davantage politisés. A ce titre, l'OMS est apparue comme l'arbitre entre deux camps opposés[2951] : d'un côté, la vision étatsunienne, contre la règlementation contraignante imposée aux industries nationales et du commerce international, contraire « au dogme du libéralisme économique » et d'un autre côté, la campagne menée par les ONG, jugée « parfois excessive et trop globale concernant les pays du tiers monde[2952] ». La campagne des ONG donnait « moins l'impression de chercher à résoudre les problèmes nutritionnels du Tiers Monde qu'à détruire l'image des multinationales de l'alimentation[2953] ». Cette entrée de l'OMS dans un débat public politique a été vécue par les dirigeants de l'époque comme « une expérience traumatisante ». A cet égard, si aujourd'hui le traumatisme s'est estompé, pendant longtemps l'OMS est restée très méfiante à l'égard de sa capacité normative en la cantonnant aux enjeux scientifiques[2954]. L'aspect marquant du Code s'accompagne d'une innovation dans sa forme et son contenu.

b. Une innovation dans sa forme et dans son contenu

1454. Ce code est un mécanisme innovant, d'abord, en raison de sa forme. En effet, c'est la première fois que l'OMS décide explicitement de faire référence à l'article 23 de la Constitution afin de mettre en place un Code

---

2946 OMS, Résolution WHA34.22, « *Le Code international de commercialisation des substituts du lait maternel* », 21 mai 1981.
2947 WHA34/1981/REC/1, pp.21-23.
2948 G. L. BURCI et C.-H. VIGNES, *The World Health Organization*, *op.cit.*, p.144.
2949 Y. BEIGBEDER, *L'Organisation mondiale de la santé*, QSJ, *op.cit.*, p.51.
2950 Y. BEIGBEDER, *L'OMS en péril*, *op.cit.*, p.130.
2951 G. L. BURCI et C.-H. VIGNES, *The World Health Organization*, *op.cit.*, p.144. V. également EDITORIAL, « *Unease prelude to meeting on infant feeding* », The Lancet, Londres, n°8144, 29 septembre 1979.
2952 Y. BEIGBEDER, *L'OMS en péril*, p.132.
2953 Y. BEIGBEDER, *L'Organisation mondiale de la santé*, QSJ, *op.cit.*, p.76.
2954 V. *supra* n°917 et s.

international[2955]. Ensuite, quant à la procédure d'élaboration, l'OMS a invité à la conférence d'octobre 1979 des ONG non admises aux relations officielles avec elle, leur donnant une représentativité et un statut particulier. Pour Monsieur BEIGBEDER, cette reconnaissance du statut particulier des ONG était « une sorte de première[2956] ».

1455. Le contenu même du Code est également novateur. Selon l'article 1er, le but du code est de contribuer à « procurer aux nourrissons une nutrition sûre et adéquate en protégeant et en encourageant l'allaitement au sein et en assurant une utilisation correcte des substituts du lait maternel, quand ceux-ci sont nécessaires, sur la base d'une information adéquate et au moyen d'une commercialisation et d'une distribution appropriées ». Le Préambule précise « qu'il est important pour le nourrisson de recevoir des aliments de complément appropriés généralement à partir de l'âge de quatre à six mois, et que rien ne devrait être négligé pour utiliser à cet effet des aliments disponibles sur le plan local ; et convaincus, néanmoins, que ces aliments de complément ne devraient pas être utilisés comme substituts du lait maternel ».

1456. Composé de 11 articles, ce Code offre un cadre normatif de commercialisation des substituts du lait maternel. Ainsi, il propose d'interdire la publicité et la promotion commerciale de ces produits (article 5) en prescrivant des mesures positives concernant : l'information et l'éducation pour la santé (article 4) ; l'encouragement et promotion de l'allaitement au sein (article 6) ; la protection des consommateurs au moyen de l'étiquetage (article 9) et la recherche de la qualité des produits (article 10). Selon l'article 11.3, cette approche normative vise à faire des principes et dispositions du Code un minimum à respecter par les Etats[2957]. Dès lors, l'article 11.1 du Code offre une large marge d'appréciation et d'initiative aux Etats pour déterminer les mesures à prendre afin de garantir la mise en œuvre du Code en considérant « leurs structures sociales et législatives, y compris par l'adoption d'une législation, d'une réglementation ou d'autres mesures nationales appropriées ».

1457. De même, le contrôle de l'application du Code est assuré « individuellement, et collectivement par l'entremise de l'Organisation mondiale de la Santé[2958] ». De façon originale, les fabricants et distributeurs des produits visés par le Code ainsi que les organisations non gouvernementales, les groupements professionnels et les organisations de consommateurs appropriés sont appelés à collaborer avec les gouvernements pour assurer ce contrôle. Dans tous les cas, une véritable procédure de notification est instituée. Conformément à l'article 62 de la Constitution de l'Organisation mondiale de la Santé, les Etats membres informeront annuellement le Directeur général des mesures prises pour donner effet aux principes et au but du Code. Le Directeur général fera un rapport à

[2955] S. SHUBBER, *The international code of marketing of breast-milk substitutes : an international measure to protect and promote breast-feeding*, Kluwer Law international, 1998.
[2956] Y. BEIGBEDER, *L'Organisation mondiale de la santé*, QSJ, *op.cit.*, p.77.
[2957] « Indépendamment de toute autre mesure prise en vue de la mise en œuvre du présent Code, les fabricants et distributeurs de produits visés par le présent Code devraient se considérer comme tenus de surveiller leurs pratiques de commercialisation conformément aux principes et au but du présent Code, et de faire en sorte que leur conduite à tous les niveaux soit conforme à ces principes et à ce but. »
[2958] Article 11.2 du Code.

l'Assemblée mondiale de la santé, les années paires, sur la situation en ce qui concerne la mise en œuvre du Code. Sur demande, il fournira un appui technique aux Etats membres préparant une législation ou une réglementation nationale, ou prenant d'autres mesures appropriées pour la mise en œuvre et la promotion des principes et du but du Code.

1458. Principalement en raison des freins politiques[2959], le Code est donc une recommandation faite aux gouvernements, invités à l'appliquer par des mesures législatives ou réglementaires propres à leur situation nationale. En ce sens, il représente « une exigence minimum et n'est qu'une des nombreuses mesures importantes nécessaires pour la protection de pratiques hygiéniques en matière d'alimentation du nourrisson et du jeune enfant ».

1459. Malgré les difficultés dans son élaboration, ce Code international est un « excellent exemple de la contribution de l'OMS au développement des législations sanitaires de ses Etats membres[2960] ». En effet, il offre un contenu juridique à l'encadrement de la commercialisation des substituts du lait maternel en dépassant les considérations purement scientifiques. Néanmoins, si des résultats peuvent être constatés, le Code bénéficie d'une prise en compte qui demeure relative au sein des droits nationaux.

2. Une prise en compte relative

1460. L'engouement pour ce Code au moment de son adoption s'est traduit par des résultats prometteurs dans l'intégration des principes du Code dans les droits nationaux (a). Toutefois des limites, inhérentes à ce type d'instrument, expliquent les difficultés qui persistent (b).

<u>a. Des résultats encourageants</u>

1461. D'une part, des résultats peuvent être constatés au travers de la situation globale de l'intégration nationale du Code. Ainsi, un rapport de situation pour l'année 2011 publié par l'OMS en 2013, prenant en compte les données récupérées par l'OMS et l'UNICEF faisait état de la mise en œuvre par les Etats du Code de 1981. A ce titre, selon la catégorisation retenue, l'UNICEF distinguait dix niveaux de statut législatif[2961] de la mise en œuvre

---

[2959] V. notamment B. M. MEIER et M. LABBOK, « *From the bottle to the grave : realizing a human right to breastfeeding through global health policy* », Case Western Reserve Law Review, vol.60, pp.1073-1142 (pp.1096-1097).

[2960] E. MONDIELLI, « *La prise en compte des normes OMS par le droit français* », *op.cit.*, p.100.

[2961] OMS, « *Country implementation of the International Code of Marketing of Breast-milk Substitutes: Status report 2011* », 2013, p.6. « 1. *full into law*, which means they have enacted legislation or other legal measures on all provisions of the Code; 2. *many into law*, which means they have enacted legislation or other legal measures on many provisions of the Code; 3. *few into law*, which means they have enacted legislation or other legal measures on a few provisions of the Code; 4. *voluntary*, which means they have adopted all or most of the provisions of the Code through non-binding measures; 5. *few voluntary*, which means they have adopted some but not all provisions of the Code through non-binding measures; 6. *drafted*, which means that there is a final draft of a law or other measures, but it is still awaiting approval; 7. *still studying*, which means they are still studying how to implement the Code; 8. *action to end free supplies only*, which means they have taken some action to end free and low-cost supplies of BMS, but they have not implemented other provisions of the Code; 9. *no action*, which means they have not taken any steps towards the implementation of the Code; and 10. *no available information*, which means there is no information to determine the legislative status of the Code in the country ».

du Code selon le type et l'étendue de l'intégration. Le rapport distingue donc soit l'intégration du Code par le biais de mesures contraignantes ou volontaires ; soit l'intégration totale, partielle ou inexistante du code ; soit en cas d'absence totale d'information. Sur les 194 Etats membres, seuls 21 n'ont pas fourni d'information. Le rapport fournit des informations détaillées en fonction de la mesure adoptée et de la région OMS souhaitée.

1462. En recoupant les informations obtenues par l'OMS, le rapport estimait qu'en avril 2011, sur 199 pays déclarants, 165 pays (83%) avaient traduit le Code dans une mesure nationale, une étape majeure dans les efforts en vue de la protection de l'allaitement maternel. Par ailleurs, parmi ces 165 pays, 105 (64%) ont traduit le Code dans la législation nationale.

1463. D'autre part, il peut être intéressant de constater l'intégration du Code en France. Il convient à cet égard de distinguer les intégrations explicites du Code de celles qui sont implicites. S'il n'existe aucune référence explicite en droit français au Code, il faut reconnaître le rôle joué par le droit communautaire. Ainsi, la Communauté européenne qui avait engagé une démarche d'intégration dès 1981 [2962], a adopté, après de nombreuses péripéties[2963], la directive du 14 mai 1991 n°91/321/CEE concernant les préparations pour nourrissons et les préparations de suite. L'article 1er de la directive énonce ainsi clairement que cette directive « permet également aux Etats membres de mettre en application les principes et les objectifs du Code international de commercialisation des substituts du lait maternel en matière de commercialisation, d'information et de responsabilités des autorités sanitaires ». Si l'Union européenne fait ici une référence explicite au Code, il peut en aller différemment des Etats membres qui ont transposé la Directive européenne.

1464. En France, c'est par une loi de 1994 modifiant le Code de la consommation puis par un décret du 30 juillet 1998[2964], pris en application du Code de la consommation que la France a intégré certaines dispositions du Code international. A cet égard, le décret fait directement référence à la Directive européenne sans mentionner le Code international de l'OMS qui l'a inspiré. Cette référence, même si elle est implicite, est une preuve de l'intégration des dispositions du code notamment dans le système français.[2965]

[2962] Le Parlement européen avait adopté, le 15 octobre 1981 une Résolution sur le code international de commercialisation des substituts du lait maternel voté par l'Assemblée de l'Organisation mondiale de la santé (OMS) qui précisait au paragraphe 9 que le Parlement européen « invite en particulier la Commission, en accord avec les fabricants concernés, à soumettre sans délai au Conseil des propositions de directives visant à garantir une application uniforme du Code et à éviter toute distorsion de-concurrence entre les fabricants et les distributeurs» (J.O.C.E, n°C287/75-76, 9 novembre 1981). Cette même résolution invitait les Etats « la Commission à faire rapport chaque année au Parlement, sous une forme appropriée, sur l'application et le respect du code de commercialisation, aussi bien dans la Communauté que par les entreprises qui ont leur siège dans la Communauté et qui opèrent dans le reste du monde, ainsi que sur l'évolution de l'allaitement au sein et de l'utilisation » (paragraphe 21).
des substituts du lait maternel dans les États membres

[2963] Pour un détail des différents événements qui ont retardé l'adoption de cette directive alors qu'elle était envisagée depuis 1981 voir E. MONDIELLI, « *La prise en compte des normes OMS par le droit français* », *op.cit.*, n.d.p.69.

[2964] Décret n°98-688 du 30 juillet 1998 pris en application de l'article L. 121-53 du code de la consommation relatif à la distribution gratuite des préparations pour nourrissons, à la documentation et au matériel de présentation les concernant

[2965] Comme élément de preuve de la volonté d'intégrer le Code international en droit français sans pour autant y faire une référence explicite par le biais du décret 1998 : V. la réponse du Ministère de la santé à

Si ces chiffres globaux sont encourageants, ils cachent une réalité plus difficile.

b. Des difficultés persistantes

1465. Un premier constat : 30 ans après son approbation, seulement 37 des 199 pays rapporteurs (19%) ont adopté des lois qui reflètent toutes les recommandations du Code. Plus précisément le rapport estime que: 62 pays (35%) interdisent totalement la publicité des substituts du lait maternel ; 62 (31%) interdisent complètement les échantillons gratuits ou à faible coût ; 64 (32%) interdisent complètement les dons de toute sorte de fabricants pour les travailleurs de la santé ; et 83 (42%) imposent un message sur la supériorité de l'allaitement maternel sur les étiquettes de substitution. Enfin, seuls 45 pays (23%) déclarent avoir un système de mise en œuvre et de suivi efficace. Ainsi, l'OMS estime, dans ce rapport, que bien qu'il y ait eu des progrès majeurs dans la mise en œuvre nationale du Code, il reste beaucoup à faire pour aider les pays à veiller à ce que toutes ses dispositions soient traduites dans la législation nationale.

1466. Le rapport identifie les principaux domaines dans lesquels des efforts supplémentaires sont nécessaires selon les Etats membres qui sont : 1) les lacunes dans la législation nationale existante ; 2) la clarté sur les processus nécessaires à l'adaptation du Code ; 3) la difficulté à obtenir l'approbation réglementaire des projets de mesures ; 4) la mise en œuvre faible ; 5) les systèmes de surveillance pauvres ; et 6) le signalement des violations par l'industrie. Pour ce dernier élément, l'OMS se déclarait « profondément préoccupée » par les violations du code par certains fabricants et distributeurs d'aliments pour nourrissons en ce qui concerne la promotion ciblant les mères et les agents de santé, et par l'inefficacité des mesures, en particulier des mesures facultatives, visant à faire respecter le code dans certains pays[2966]. Le rapport proposait, afin d'assurer une meilleure mise en œuvre du Code, de renforcer les éléments suivants : 1) l'engagement politique et de plaidoyer ; 2) une masse critique de partisans ; 3) la législation et 4) la connaissance du Code et de ses implications.

1467. Par ailleurs, le rapport de situation contient une limite inhérente en ce qu'il dépend uniquement des rapports fournis par les gouvernements qui peuvent parfois être incomplets[2967]. Le travail des ONG, dont celui du Réseau international des groupes d'action pour l'alimentation infantile (IBFAN) permet de compléter l'analyse. L'IBFAN surveille l'application du code et des résolutions ultérieures pertinentes. Il répertorie les violations constatées et publie tous les deux ans deux documents : (1) l'état d'application du code et (2) l'état de mise en œuvre du code dans la législation de chaque pays. Un

---

une Question écrite n°14350 de l'Assemblée nationale « En juillet 1998, un décret permettant la mise en œuvre du code international de commercialisation des substituts du lait maternel de l'OMS a été publié » (J.O. Assemblée nationale du 17 mars 2003).

[2966] OMS, Résolution WHA63.23, « *La nutrition chez le nourrisson et le jeune enfant* », mai 2011.

[2967] Y. BEIGBEDER, *L'OMS en péril*, *op.cit.*, p.134.

rapport d'IFBAN de 2011 confirme que même dans les Etats où le Code a été adopté, les mesures qui ont été prises sont variables et limitées[2968].

1468. Ainsi, seuls 67 pays des 193 Etats membres (34,7%) ont adopté des lois ou des règlementations ou toute autre mesure juridiquement contraignante qui intègre tout ou une majorité des dispositions du Code. Par ailleurs, 43 Etats (22,3 %) n'ont pris aucune mesure à ce sujet. Dans les 83 Etats membres (43%), le statut varie de quelques dispositions adoptées dans le droit positif à différents niveaux de dispositions volontaires.

1469. Plus largement, ces résultats, certes prometteurs mais insuffisants, posent la question de la nécessité du caractère contraignant ou non de l'instrument. D'un côté, il apparaît que le Code a permis l'intégration dans 165 pays de l'application partielle ou totale de ses dispositions. D'un autre côté, malgré ces réussites, une étude de 2012 constate que le Code a été « affaibli, au cours des années, par les ressources apparemment inépuisables des industries pharmaceutiques mondiales[2969] ». Selon cette étude, les violations au Code sont nombreuses. Par exemple, 500 violations ont été constatées dans 46 pays en 2010[2970]. Une autre analyse de 2013 constate les échecs systématiques à tous les niveaux de mise en œuvre et de contrôle. En particulier cette étude souligne la difficulté de l'OMS à réussir à convaincre les gouvernements à l'intégration totale du Code ainsi que l'absence de volonté politique des Etats membres et l'absence d'une structure formelle et transparente[2971].

1470. Dès lors, pour l'ONG Déclaration de Berne, un code volontaire ne suffit pas pour protéger l'allaitement maternel[2972]. En effet, l'IFBAN a constaté que les infractions les plus massives sont signalées dans les pays qui n'ont pas mis en place de législations comme en Thaïlande et aux Emirats Arabes Unis ou qui ont voté des lois sans mécanismes de sanction comme en Chine ou en Indonésie[2973]. Pour certains auteurs, une législation contraignante au niveau international serait « idéale[2974] ». Au vu des difficultés dans la mise en place du Code à ses débuts, il apparaît très difficile politiquement d'envisager une législation contraignante pour renforcer le Code.

1471. Néanmoins, s'il a pu être perçu comme prometteur à son origine et s'il a démontré des résultats, le Code adopté en 1981 demeure limité. A cet effet, les résultats obtenus après plus de 30 ans imposent une réflexion sur la véritable portée du mécanisme du Code en général. A cet égard, les difficultés de mise en œuvre du Code en 1981 ont fait échouer, en 1986, le projet de

---

[2968] Y. J. KEAN et A. ALLAIN, « *State of the Code by Country 2011. A survey of measures taken by governments to implement the provisions of the International Code of Marketing Breastmilk Substitutes & subsequent World Health Assembly resolutions* », Baby Food Acton Network and International Code Documentation Centre, 2011

[2969] J. P. BRADY, « *Marketing breast milk substitutes : problems and perils throughout the world* », Archives of Disease in Childhood, vol.97(6), 2012, pp.529-532.

[2970] Y. J. KEAN, A. ALLAIN, R.A. RAZAK, « *Breaking the Rules, Stretching the Rules 2010 (...)* », *op.cit.*

[2971] S. FORSYTH, « *Non-compliance with the International Code of Marketing of breast milk substitutes is not confined to the infant formula industry* », Journal of Public Health, Publié en ligne, 8 Mai 2013, pp.1-6.

[2972] J. K. YEONG, « *Un Code volontaire ne suffit pas !* », 2004 (https://www.ladb.ch/fileadmin/files/documents/CSR/20041203Interview_Code-volontaire-ne-suffit-pas.pdf)

[2973] Y. J. KEAN, A. ALLAIN, R.A. RAZAK, « *Breaking the Rules, Stretching the Rules 2010 (...)* », *op.cit.*

[2974] Y. BEIGBEDER, *L'OMS en péril*, *op.cit.*, p.135.

programme d'action sur les médicaments essentiels qui prévoyait une codification internationale[2975].

1472. La discussion sur l'intérêt des Codes de pratique est d'autant plus importante que l'OMS s'est engagée dans le développement d'un code international relatif au recrutement des professionnels de santé qui a été adopté en 2010. Ce dernier semble démontrer davantage les limites de ce type d'instrument.

B. Le Code de pratique mondial pour le recrutement international des personnels de santé, symptomatique d'effets limités

1473. Le Code de pratique mondial pour le recrutement international des personnels de santé apporte une réponse normative de l'OMS à un enjeu essentiel de santé (a). Toutefois, cinq ans après son adoption, le Code n'a pas eu l'effet escompté notamment en matière de prise en compte au niveau national (b).

1. Une réponse normative à un enjeu essentiel de santé

1474. Le développement du Code de pratique mondial est intervenu afin de répondre à la pénurie mondiale des professionnels de santé (a). Dans la lignée du Code international de 1981, il prévoit un encadrement normatif (b).

a. La pénurie de professionnels de santé

1475. Par une résolution de 2004[2976] qui constatait « que les personnels de santé des pays en développement hautement qualifiés et compétents continuent à émigrer à un rythme croissant dans certains pays, ce qui fragilise les systèmes de santé des pays dont ils sont originaires », l'Assemblée mondiale de la santé priait les Etats membres d'élaborer, en consultation avec les Etats membres et tous les partenaires concernés, y compris les organismes de développement, un « code de pratique pour le recrutement international des personnels de santé en particulier des pays en développement ». Par la suite, une Résolution de 2005 encourageait les Etats membres à « intensifier (leurs) efforts pour mettre pleinement en œuvre la résolution WHA57.19[2977] ».

1476. L'objectif de ce code était de répondre à « une situation préoccupante[2978] » dans laquelle la demande de services est en augmentation constante dans les pays riches qui attirent des professionnels formés dans les pays pauvres. Ces derniers sont dans une situation de sous-effectif de personnels de santé. L'OMS estimait, en 2006, qu'il faudrait 4,3 millions de professionnels supplémentaires pour répondre aux objectifs du millénaire pour

---

[2975] J. M. CROUZATIER, *Droit international de la santé, op.cit.*, p.34.

[2976] OMS, Résolution WHA57.19, « *Migrations internationales des personnels de santé : un défi pour les systèmes de santé des pays en développement* », 22 mai 2004.

[2977] OMS, Résolution WHA58.17, « *Migrations internationales des personnels de santé : un défi pour les systèmes de santé des pays en développement* », 25 mai 2005.

[2978] J. MORET-BAILLY et J-M. BRAICHET, « *Le Code de pratique mondial de l'OMS pour le recrutement international des personnels de santé* », Gazette du Palais, 15 janvier 2011, p.35.

le développement lié à la santé dont 1,5 millions en Afrique[2979]. Par ailleurs, l'OMS constatait que 57 pays faisaient face à une pénurie sévère de personnels de santé, 36 étaient des pays de l'Afrique[2980]. A cet égard, l'Afrique supporte « 25% du fardeau de la maladie dans le monde mais ne dispose que de 3% de la main d'œuvre mondiale en santé[2981] ».

1477. Par ailleurs, 50 % des personnels de santé recrutés dans les pays en pénurie de tels professionnels, se destinent à exercer aux Etats-Unis. Ce phénomène à « des conséquences importantes en termes de santé publique, non seulement pour les pays pauvres, mais également potentiellement pour les pays riches dans la mesure où le manque de professionnels dans les premiers peut favoriser le développement de pathologies ou d'épidémies susceptibles de toucher également les seconds[2982] ». L'OMS décrit cette situation comme une crise en santé[2983] et l'obstacle le plus sérieux à la mise en œuvre des plans nationaux de traitement[2984].

1478. Une étude de 2015 de l'OCDE démontre que le nombre de médecins et d'infirmiers immigrés exerçant dans un pays de l'OCDE a augmenté de 60 % en dix ans[2985]. Par ailleurs, en 2010/2011, les médecins et infirmiers originaires de pays en situation de pénurie critique en personnels de santé et ayant émigré dans un pays de l'OCDE, représentent 20 % des besoins estimés en ressources humaines dans ces pays, contre 9 % en 2000/2001[2986]. Enfin, l'OMS estime que « pour la région Afrique, la pénurie chiffrée d'après les besoins devrait en fait s'aggraver au cours de la période 2013-2030, alors qu'elle devrait rester sensiblement stable pour la région Méditerranée orientale[2987] ».

1479. Pour ces raisons, après un processus de négociation témoin d'une maturité dans la diplomatie mondiale de la santé[2988], l'Assemblée mondiale de la santé a adopté en mai 2010, un Code de pratique mondial pour le recrutement international des personnels de santé pour faire face à la pénurie mondiale de personnels de santé. Le Code reconnaît que des effectifs suffisants et disponibles de personnels de santé sont un élément fondamental d'un système de santé intégré et efficace pour la fourniture des services de santé essentiels. Ce code vise à définir et promouvoir des principes et des pratiques non contraignants pour le recrutement international éthique des personnels de santé de façon à renforcer les systèmes de santé des pays en

---

[2979] OMS, « *Travailler ensemble pour la santé* », Rapport sur la santé dans le monde 2006, p.12.
[2980] *Ibid.*
[2981] M. ROBINSON et P. CLARK, « *Forging solutions to health worker migration* », Lancet, vol.371, 2008, pp.691–693.
[2982] J. MORET-BAILLY et J-M. BRAICHET, « *Le Code de pratique mondial de l'OMS (...)* », *op.cit.*, p.35.
[2983] OMS, « *Ressources humaines pour la santé – Rapport du Secrétariat* », Conseil exécutif, EB114/17, 29 avril 2004.
[2984] OMS, « *Travailler ensemble pour la santé* », *op.cit.*, p.20.
[2985] OCDE, « *Nouvelles tendances des migrations internationales de médecins et d'infirmiers vers les pays de l'OCDE* », in *Perspectives des migrations internationales 2015*, OCDE, 2015, p.112 (p.111-190).
[2986] *Ibid.*, p.113.
[2987] OMS, « *Ressources humaines pour la santé : stratégie mondiale à l'horizon 2030* », Projet présenté lors de la 69ème Assemblée mondiale de la santé, avril 2016, p.47.
[2988] A. TAYLOR et I. S. DHILLON, « *The WHO Global Code of Practice on the International Recruitment of Health Personnel: the evolution of global health diplomacy* », Global Health Governance, vol.V, 2011 ; M. ROBINSON M, P. CLARK, « *Forging solutions to health worker migration* », *op.cit.*

développement, des pays à économie en transition et des petits Etats insulaires[2989].

1480. L'objectif du code n'était en aucun cas d'empêcher les personnels de migrer [2990] car cette migration présente « de réels effets positifs[2991] ». Le code vise à proposer un encadrement éthique et « dynamique[2992] » de ce phénomène mondial de façon à renforcer les systèmes de santé, y compris des stratégies efficaces de planification, d'éducation et de fidélisation de ces personnels. Ainsi, le Code vise davantage à « atténuer les aspects pénalisants (de ce phénomène) pour les systèmes de santé des pays d'origine[2993] ». Le Code propose ainsi un encadrement normatif qui comporte dix articles.

b. L'élaboration d'un encadrement normatif

1481. Pour la Professeure TAYLOR, le Code offre une « architecture globale[2994] » qui inclut des normes juridiques et éthiques. Il propose de « multiples registres d'action, étatiques [2995] » relatifs aux recruteurs des professionnels mais également à la situation des personnels de santé eux-mêmes. Ainsi, l'objectif est la mise en place, au niveau mondial, de normes destinées à assurer le respect de « l'équilibre des droits et obligations des Etats d'origine, des Etats destinataires et des personnels de santé[2996] ». Toutefois, l'article 2.2 du Code précise bien qu'il s'adresse également aux « recruteurs, aux employeurs, aux organisations de professionnels de la santé, aux organisations infrarégionales, régionales et mondiales intéressées, qu'elles soient publiques ou privées, y compris non gouvernementales, et toutes les personnes concernées par le recrutement international des personnels de santé ». Ainsi, le cadre prévu intègre, à juste titre, les ressources humaines comme essentielles à tout système de santé. La question des ressources humaines est cruciale pour tout système de santé davantage lorsque ces derniers sont en difficultés et font face à des nombreux enjeux de santé.

1482. On citera parmi les principales recommandations du Code celles relatives au pays destinataires telles que s'assurer que la migration internationale des personnels de santé ait un effet positif sur le développement des pays à travers l'assistance technique, le soutien à la santé, la formation du personnel et le transfert de compétences notamment (article 3.3) et le principe selon lequel les systèmes de santé tant des pays d'origine que des pays de destination devraient retirer des avantages des migrations internationales des

---

2989 Article 2.3 du Code

2990 Article 3.4 du Code « Aucune disposition du présent Code ne devrait toutefois être interprétée comme restreignant la liberté des personnels de santé, conformément au droit applicable, d'émigrer dans des pays qui souhaitent les accueillir et les employer. »

2991 J.-M. BRAICHET, « *L'adoption du Code de Pratique de l'OMS pour le recrutement international des personnels de santé : une étape importante pour tous les personnels de santé au niveau mondial* », Santé Publique, vol.22, 6/2010, pp.599-600.

2992 OMS, « *Code de pratique mondial de l'OMS pour le recrutement international des personnels de santé - Rapport du Secrétariat* », A68/32, 17 avril 2015, p.1.

2993 J.-M. BRAICHET, « *L'adoption du Code de Pratique de l'OMS (...)* », *op.cit.*

2994 A. TAYLOR et al., « *Stemming the brain drain – A WHO Global Code of Practice on international recruitment of health personnel* », New England Journal of Medicine, vol.365, n°25, 22 décembre 2011, p.2349 (pp.2348-2351).

2995 J. MORET-BAILLY et J-M. BRAICHET, « *Le Code de pratique mondial de l'OMS (...)* », *op.cit.*, p.36.

2996 V. Article 1er du Code « Objectifs ».

personnels de santé (article 5.1). De même, à l'égard des pays d'origine le Code insiste notamment sur la nécessité de l'effort des Etats pour répondre à leurs besoins intérieurs avec leurs propres ressources grâce à la planification, l'éducation et la formation des personnels de santé (articles 3.6 et 6.1) ou encore la fidélisation des professionnels (articles 5.4 et 5.7). Enfin, le Code prévoit des recommandations quant à la protection des droits des professionnels migrants qui doivent bénéficier des mêmes droits et responsabilités que les professionnels formés nationalement (art. 4.5 et 4.6). Clef du phénomène de migration des professionnels de santé, le Code prévoit l'établissement de mécanismes financiers volontaires de soutien des efforts des pays en développement afin de renforcer leurs systèmes sanitaires (article 10.3).

1483. Dès sa conception, les Etats membres souhaitaient l'élaboration d'un instrument non contraignant puisque la Résolution WHA57.19 définissait la notion de « codes de pratique » en tant qu'« instruments qui ne sont pas juridiquement contraignants[2997] ». Au sein même du texte, la nature et la portée du Code sont indiquées. Pour la Professeure TAYLOR, de prime abord, l'élaboration de ce Code apparaît ainsi comme un « signal de réussite » au vu de la réticence à l'égard du pouvoir conventionnel et le désengagement de l'économie mondiale[2998].

1484. De même, si « le Code n'est pas contraignant, les Etats membres et les autres acteurs sont vivement encouragés à l'utiliser[2999] ». Ainsi, le Code est destiné à servir de guide aux Etats membres dans leur collaboration avec l'ensemble des acteurs concernés[3000]. Il est prévu, à cet égard, que le Code soit « un texte dynamique à actualiser selon les besoins[3001] ».

1485. Enfin, si l'instrument est non contraignant, il contient des caractéristiques du droit contraignant : mécanisme de contrôle et de suivi, échange d'informations, *reporting* (faire des rapports), désignation d'une autorité nationale et calendrier de mise en œuvre[3002].

1486. Ce Code a une importance historique. En effet, il s'agit de la première fois, depuis le code de 1981, que l'OMS utilise son autorité constitutionnelle pour élaborer un code en dehors du support d'un traité[3003]. Il a une structure bien organisée[3004]. De plus, sa nécessité est évidente afin de répondre aux besoins sanitaires. Dès lors, il a bénéficié d'un soutien fort lors de son adoption. D'abord, les Etats ont voté à l'unanimité. Ensuite, les commentateurs et experts étaient majoritairement optimistes[3005]. La Directrice

---

[2997] OMS, Résolution WHA57.19, *op.cit.*, n.d.p 1.
[2998] A. TAYLOR et al., « *Stemming the brain drain (...)* », *op.cit.*
[2999] Article 2.1. du Code.
[3000] Article 2.2 du Code.
[3001] Article 9.5 du Code.
[3002] L. O. GOSTIN, *Global Health Law*, *op.cit.*, p.357.
[3003] L. DAYRIT et al., « *WHO code of practice on the international recruitment of health personnel* », Bulletin of the World Health Organization, Volume 86, Number 10, October 2008, pp.737-816.
[3004] L. O. GOSTIN, *Global Health Law*, *op.cit.*, p.104.
[3005] A. TAYLOR et I. S. DHILLON, « *The WHO Global code of practice on the international recruitment of health personnel : the evolution of global health diplomacy* », Georgetown Law and Legal Theory Research Paper n°11-140, 2011 ; A. TAYLOR et L. O. GOSTIN, « *International recruitment of health personnel* », The Lancet, vol.375, 15 mai 2010 ; J. MORET-BAILLY et J-M. BRAICHET, « *Le Code de pratique*

générale, Madame CHAN, évoquera le Code en le considérant comme « rendant un grand service à la santé publique partout dans le monde[3006] ». Toutefois, les réserves émises quant aux difficultés de mise en œuvre, vont s'avérer en partie fondées cinq ans après sa mise en œuvre.

2. Des difficultés unanimement reconnues

1487. Les deux principales difficultés du Code sont, d'abord, le difficile suivi des progrès réalisés par les Etats (a), puis, l'utilité et de l'efficacité du Code (b).

a. Un suivi insuffisant des progrès réalisés par les Etats

1488. Plusieurs dispositions prévoient des mécanismes d'examen et de suivi. En premier lieu, selon l'article 9.5 du Code, l'Assemblée de la Santé doit périodiquement faire le point sur l'utilité et l'efficacité du Code. En second lieu, dans le cadre de l'établissement de rapports périodiques, le Directeur général est prié de faire des propositions, si besoin est, quant à la révision du texte du Code à la lumière du premier examen et quant aux mesures nécessaires à sa bonne application[3007]. Enfin, le Code prévoit également à l'article 7.2.c) que les Etats membres devraient, dans la mesure du possible, communiquer tous les trois ans au Secrétariat de l'OMS les données recueillies en application des paragraphes a) et b) de l'article 7.2, en commençant par un premier rapport dans les deux ans suivant l'adoption du Code par l'Assemblée de la Santé.

1489. D'abord, quant au respect de l'obligation de communication des Etats membres, à l'issue du premier cycle de notification en 2013, seuls 85 Etats membres de l'OMS sur 193 ont indiqué avoir désigné une autorité nationale[3008]. Ces autorités sont chargées de l'échange d'informations sur les migrations de personnels de santé et sur l'application du Code. Par ailleurs, 56 Etats membres ont présenté des rapports nationaux en répondant aux questions de l'instrument national de notification. Toutefois, à juste titre, l'OMS regrette que les données qui fondent le rapport soient représentatives uniquement de 56 pays issus, majoritairement, de la région européenne[3009].

1490. Ainsi, en 2013, l'ensemble des rapports représentait « plus de 80% de la population mondiale vivant dans des pays destinataires mais ne reflétait la situation que d'une minorité des pays d'origine[3010] ». Il faut espérer que le

---

mondial de l'OMS (...) », op.cit., ; J.-M. BRAICHET, « *L'adoption du Code de Pratique de l'OMS (...) », op.cit.*,

[3006] OMS, « *Un engagement indéfectible en faveur des objectifs du Millénaire pour le développement* », M. CHAN, Allocution de clôture de la soixante-troisième Assemblée mondiale de la Santé Genève, Suisse, 21 mai 2010. Il est intéressant de remarquer que la version anglaise fait référence à un « cadeau » pour la santé publique (« a real gift to public health, everywhere ».

[3007] Paragraphe 3.4) du Préambule du Code.

[3008] OMS, « *Code de pratique mondial (...) »*, A68/32, 17 avril 2015, p.3.

[3009] *Ibid.*, Pour un détail de la mise en œuvre du Code dans la région européenne voir G. DUSSAULT et al., « *Implementing the WHO Global Code of Practice on International Recruitment of Health Personnel in the European Region. A policy brief* », WHO, 2012.

[3010] OMS, « *Personnels de santé : actions menées pour faire face aux problèmes de pénurie et de migration et pour parer aux besoins émergents. Rapport du Secrétariat* », A66/25, 12 avril 2013, p. 2 ; A. SIYAM et

deuxième cycle de notifications, qui doit s'achever en mai 2016, permettra une collecte davantage étendue. A cet égard, les premiers résultats du deuxième cycle de notification nationale révélés lors de la 136e session du Conseil exécutif en Janvier 2016 sont encourageants[3011].

1491. D'une part, sur les 60 pays qui ont soumis un rapport, 40 (67 %) indiquent que des mesures ont été prises en vue de l'application du Code. La moitié de ceux-ci déclare avoir procédée à une évaluation des besoins en vue de l'application du Code aux niveaux national, infranational et local. On a une idée plus claire des problèmes rencontrés au niveau national qu'au niveau infranational ou local. Par ailleurs, sur les 60 pays ayant soumis un rapport, 43 (72 %) ont indiqué que des mesures avaient été prises pour remédier à la mauvaise répartition géographique des personnels de santé au niveau national. A ce titre, l'OMS conclut que « la quantité et la qualité des données notifiées par les Etats membres concernant l'application du Code se sont considérablement améliorées au cours du deuxième cycle de notification[3012] ».

1492. D'autre part, il apparaît que des progrès sont observables quant à l'obligation de mettre en place des autorités nationales désignées. En effet, des autorités nationales ont été désignées dans 117 pays, soit une augmentation de 37 % depuis le premier cycle de notification nationale en 2012-2013 ; 85 % de ces autorités relèvent du ministère de la santé, 9 % d'instituts de santé publique et 6 % d'autres institutions (autorités sanitaires, conseils de la santé ou ressources humaines pour les observatoires de la santé). Cette augmentation aura un impact important sur l'application du Code pour ces Etats membres.

1493. Enfin, parmi les principales réalisations, l'OMS se félicite, à raison, des efforts des Etats membres pour traduire le Code dans leur langue officielle (notamment l'allemand, le catalan, le finnois, l'indonésien, l'italien, le japonais, le néerlandais, le polonais, le roumain et le thaï). De même, l'introduction des dispositions du Code dans la législation nationale (par exemple en Allemagne) et dans des accords bilatéraux (plus précisément dans des pays de départ tels que la République de Moldova et les Philippines) est une preuve de sa prise en compte au niveau national. Enfin, le Code est utilisé pour promouvoir le dialogue multisectoriel sur la pérennisation des systèmes de santé (El Salvador, Indonésie, Maldives, Ouganda et Philippines)[3013].

1494. Plus largement, cela soulève tout de même une question quant à l'utilité et l'efficacité de ce Code et donc sur la pertinence de l'utilisation de la norme pour répondre à un enjeu de santé mondial.

b. L'utilité et l'efficacité du Code

1495. Au sein du Préambule de la résolution de 2010, l'Assemblée avait décidé que le premier examen de son utilité et de son efficacité serait effectué par la 68ème Assemblée mondiale de la santé en 2015. A ce titre, un groupe

---

al, « *Monitoring the implementation of the WHO Global code of practice on the international recruitment of health personnel* », Bulletin de l'OMS, vol.91, 2013, p.817 (pp.816-823).

[3011] OMS, « *Code de pratique mondial de l'OMS pour le recrutement international des personnels de santé : deuxième cycle de notification nationale. Rapport du Secrétariat* », EB138/35, 20 novembre 2015.

[3012] OMS, « *Code de pratique mondial de l'OMS (...)* », *op.cit.*, p.7.

[3013] *Ibid.*, p.3.

consultatif d'experts a publié un rapport sur l'utilité et l'efficacité du Code en mai 2015[3014]. Les experts estiment que le Code est « un instrument juridique novateur » et constitue « un jalon essentiel de la santé publique internationale[3015] ». En particulier, ils considèrent que malgré l'absence de contrainte du Code, il demeure « important sur le plan juridique » notamment parce qu'il a été adopté « par consensus [et] en tant que résolution de l'Assemblée mondiale de la santé, il est l'expression de la volonté solennelle et de l'intention de la communauté internationale[3016] ». Il faut reconnaître que le symbole sur le plan juridique est essentiel, en particulier dans les relations internationales. Or, l'adoption d'un instrument constitue un pas avancé dans la prise de conscience des pouvoirs publics et des individus de l'importance de l'enjeu sanitaire au niveau mondial. Toutefois, cette symbolique n'est pas suffisante. Il faut que l'instrument soit également utile et efficace dans la réalisation de son objectif afin d'avoir un véritable impact juridique sur les législations nationales.

1496. Quant à l'étude de l'utilité du Code[3017], le Groupe a conclu à l'unanimité que le Code « demeurait utile face aux difficultés rencontrées par les Etats membres concernant le développement des personnels de santé[3018] ». Les experts fondent leur raisonnement notamment sur le fait que de nombreux pays s'appuient toujours considérablement sur le personnel de santé formé à l'étranger. Par ailleurs, les projections de tendance donnent à penser que la demande mondiale en personnels de santé s'accélérera à cause de la croissance démographique, du vieillissement des populations et des personnels de santé, de l'urbanisation et de la libéralisation croissante des réglementations liées à la migration des compétences. En parallèle, des capacités financières restreintes et des cadres de travail médiocres, surtout dans certains pays à revenu faible ou intermédiaire, sont des facteurs qui contribuent à la migration mondiale des personnels. Dès lors, l'évaluation de l'utilité n'apparaît pas véritablement pertinente sauf à rappeler qu'il existe toujours un besoin de répondre au phénomène de migration des personnels de santé.

1497. Quant à l'efficacité[3019] du Code, le groupe a vérifié si les pays modifiaient les directives et politiques de renforcement des ressources humaines pour la santé conformément aux intentions du Code. Reconnaissant

---

[3014] OMS, « *Code de pratique mondial de l'OMS pour le recrutement international des personnels de santé - Rapport du Groupe consultatif d'experts sur l'utilité et l'efficacité du Code de pratique mondial de l'OMS pour le recrutement international des personnels de santé (2010) - Rapport du Directeur général* », A68/32 Add.1, 20 mai 2015, p.1.

[3015] *Ibid.*

[3016] *Ibid.*, p.3.

[3017] Les experts retiennent la définition suivante, fournie par le Conseil exécutif : « mesure dans laquelle les objectifs, les principes et les articles du Code continuent d'être pertinents et peuvent aider à trouver des solutions aux défis mondiaux liés aux migrations de personnels de santé et au renforcement des systèmes de santé. » (OMS, » *Code de pratique mondial de l'OMS pour le recrutement international des personnels de santé – Rapport du Secrétariat* », EB136/28, 5 décembre 2014, p.2).

[3018] OMS, « *Code de pratique mondial de l'OMS pour (...)* », A68/32 Add.1, 20 mai 2015, p.3.

[3019] Les experts retiennent la définition suivante, fournie par le Conseil exécutif : « mesure dans laquelle l'application des objectifs, des principes et des articles du Code ont influencé les actions et les politiques de renforcement des personnels de santé (par exemple celles touchant aux systèmes d'information sur ces personnels, à la planification, à la formation et aux stratégies de fidélisation) aux niveaux national, régional et mondial. » (OMS, » *Code de pratique mondial de l'OMS pour le recrutement international des personnels de santé – Rapport du Secrétariat* », EB136/28, 5 décembre 2014, p.2).

l'insuffisance de données transmises par les Etats, le rapport conclut à « des lacunes importantes, notamment en ce qui concerne l'application et la diffusion intégrales du Code dans les pays et les Régions[3020] ». Le rapport identifie les facteurs qui contribuent à la réussite de la mise en œuvre dans les Etats membres dont le niveau de sensibilisation, l'engagement politique, les ressources techniques et financières pour soutenir l'application systématique et l'établissement de rapports périodiques sur le Code et, s'il existe, un engagement de toutes les parties prenantes pour produire les résultats escomptés.

1498. Le rapport conclut à la pertinence du Code de pratique mondial de l'OMS notamment dans le contexte de la mobilité croissante des personnels aux niveaux régional et interrégional. En particulier, le rapport s'appuie sur des éléments de preuve concernant l'efficacité de ce Code qui émergent dans certains pays. Toutefois, les experts reconnaissent que le Code doit être soumis à des examens périodiques afin de s'assurer qu'il demeure un cadre essentiel pour traiter les questions liées à la migration des personnels de santé aux niveaux régional et mondial, au développement des personnels de santé et à la pérennité des systèmes de santé.

1499. Par ailleurs, les membres du groupe insistent sur le besoin de remédier au manque de connaissance, de promotion et de diffusion du Code dans d'autres pays – comme le montre la réponse limitée apportée au premier cycle de notification. Ils formulent, à cet égard, trois recommandations dont celle « d'envisager une nouvelle évaluation de l'utilité et de l'efficacité du Code conformément au troisième cycle de notification nationale et au rapport de situation prévu à la Soixante-Douzième Assemblée mondiale de la santé en 2019 ».

1500. De plus, plusieurs réserves doivent être émises. D'une part, le petit nombre d'Etats ayant fourni des données relativise toute conclusion définitive. D'autre part, l'efficacité de certains Etats membres ne permet pas une extrapolation sur l'ensemble des Etats membres. Comme le reconnaissent les experts, « les lacunes de la mise en œuvre exigent une évaluation complète de l'efficacité du potentiel du Code ». Par ailleurs, l'absence de données chiffrées fondant une évaluation systématisée et structurée, à l'instar de ce qui existe pour le Code de 1981, quant à la prise en compte ou l'intégration de certaines ou de l'ensemble des dispositions prévues par le Code, démontre l'impact limité du Code. Il est vrai que la jeunesse du Code explique en partie les difficultés rencontrées. Néanmoins, l'évaluation demeure symptomatique de cet instrument juridique.

1501. A cette analyse de l'OMS s'ajoute une évaluation empirique réalisée par les Professeurs EDGE et HOFFMAN en 2013 sur l'impact du Code en Australie, au Canada, au Royaume-Uni et aux Etats-Unis[3021]. Cette étude confirme les difficultés rencontrées par le Code y compris au sein de pays développés. Cette étude repose sur une enquête impliquant 42 « informateurs

---

[3020] OMS, « *Code de pratique mondial de l'OMS pour (...)* », A68/32 Add.1, 20 mai 2015, p.4.

[3021] J. EDGE et S. HOFFMAN, « *Empirical impact evaluation of the WHO global code of practice on the international recruitment of health personnel in Australia, Canada, UK and USA* », Globalization and Health, vol.9:60, 2013.

clefs » issus des gouvernements, de la société civile et du secteur privé afin de déterminer leur sensibilisation à l'égard du Code. Ainsi, 60% des participants pensent que leurs collègues ne sont pas au courant de l'existence du Code. De même, 93% considèrent qu'aucun changement spécifique n'a pu être observé dans leurs travaux résultant de l'adoption du Code. Enfin, et c'est assez alarmant, 86% des participants ont déclaré que le Code n'avait pas eu d'impact significatif sur les politiques, les pratiques et les règlementations dans leurs pays. Ceci tempère fortement l'efficacité du Code. Il faut, cependant rester prudent quant à la généralisation de cette étude qui s'applique à quatre Etats membres et émettre des réserves car l'étude a été réalisée dans les 12 premiers mois après l'adoption du Code. Toutefois, elle permet au moins de démontrer la difficulté à faire connaître ce Code afin de permettre sa prise en compte, en cohérence avec les résultats partiels compilés quelques années plus tard par l'OMS. Il est essentiel que d'autres études, de l'OMS et scientifique, à moyen et plus long terme soient conduites afin de pouvoir analyser l'impact du Code sur les législations nationales.

1502. Enfin, un numéro spécial de la revue *Human resources for health* paru en 2016 essaye de démontrer, notamment par des études par pays, la pertinence et l'effectivité du Code[3022]. Ainsi, des succès sont à souligner notamment dans le cadre de l'Ethiopie dans la capacité du pays à retenir les professionnels de santé[3023] même si le lien entre ce succès et le Code n'est pas véritablement établi. Plus largement, Messieurs ABUGALA et BADR estiment que le Code permet de « galvaniser l'action au niveau national dont la signature d'accords bilatéraux avec les pays destinataires[3024] ». Toutefois, dans l'ensemble, les auteurs identifient des lacunes du Code : les difficultés à recueillir des données et à échanger des informations ce qui crée un décalage de connaissance, la nature volontaire du Code qui empêche sa force exécutoire et la participation limitée de la société civile[3025].

1503. Plus largement, ce Code est symptomatique des risques inhérents au recours au pouvoir de recommandation de l'OMS. En effet, plusieurs éléments peuvent expliquer l'échec de cet instrument. Premièrement, l'absence de force contraignante peut apparaître comme la première raison de l'échec. Toutefois, la réussite d'autres instruments contraignants dont le Code de 1981 démontre qu'a elle seul, l'absence de force contraignante ne peut être une raison suffisante. Tout du moins, l'absence de force contraignante justifie davantage pour les Etats la non prise en compte du Code. Deuxièmement, l'inadéquation

[3022] J. CAMBELL, I. S. DILHON et A. SIYAM, « *The WHO Global code : increasing relevance and effectiveness* », Human Ressources for Health, vol.14, Suppl. 1, n°39, 2016, pp.1-3.

[3023] A. ABUGAL et E. BADR, « *Challenges to implementation of the WHO Global Code of Practice on International recruitment of health personnel : the case of Sudan* », Human Ressources for Health, *op.cit.*, pp.6-10 et F. M. ABDALLAH et al., « *Contribution of sudanse medical diaspora to the halth care delivery system in Sudan: exploring options and barriers* », Human Ressources for Health, *op.cit.*, pp.66-77.

[3024] A. ABUGAL et E. BADR, « *Challenges to implementation of the (...)* », *op.cit.*

[3025] L. PAINA et al., « *Implementing the Code of Practice on International recruitment in Romania : Exploring the current state of implementation and what Romania is doing to retain its domestic health workforce*, Human Ressources for Health, *op.cit.*, pp.23-31 ; R. van PAS et al., « *The Code of Practice and its enduring relevance in Europe and East and Southern Africa* », Human Ressources for Health, *op.cit.*, pp.55-63 et I. L. BOURGEAULT et al., « *Knowledge and potential impact of the WHO Global Code of Practice on the International Recruitement of Health Personnel: Does it matter for source and destination country stakeholders?* », Human Ressources for Health, *op.cit.*, pp.121-123.

du contenu et de l'ambition de l'instrument avec l'enjeu de santé concerné peut expliquer son échec. Si l'objectif est louable, peut être que l'instrument intervient trop tôt dans la réflexion institutionnelle. En d'autres termes, avant de proposer un cadre de mesures encore faut-il que l'OMS et les Etats concernés aient les moyens de les mettre en œuvre. Ici se pose la question de la « maturité » du contexte international. Enfin, et de façon corollaire, cet exemple rappelle également que la volonté des Etats dans l'application d'un instrument contraignant demeure essentiel. Ainsi, le contexte politique, initié par la Finlande sur ce projet, n'a pas été suffisamment suivi par l'ensemble des Etats. Or, la condition de réussite de tout instrument international de santé est la participation du plus grand nombre. En particulier, dans le cas de la lutte contre la pénurie des professionnels de santé, si un Etat applique les mesures, il risque de se priver de personnels médicaux qualifiés qui auront la possibilité d'aller dans un autre pays n'appliquant pas ledit instrument.

CONCLUSION DU CHAPITRE 1

1505. Après l'analyse des instruments non contraignants par le prisme d'une liste non exhaustive, plusieurs éléments sont à relever. Premièrement, l'OMS a développé de nombreux instruments non contraignants en élargissant son champ de compétence en y intégrant, en plus d'éléments scientifiques et techniques, des éléments juridiques et politiques. Cette évolution avait notamment pour but d'apporter des solutions aux enjeux de santé qui évoluent. Si ce mouvement est la conséquence d'une incapacité à rassembler les Etats sur des instruments contraignants, il demeure louable car certains Etats sont en demande d'un encadrement juridique des enjeux de santé. L'OMS se doit de proposer, en tant qu'autorité coordinatrice et directrice des travaux de portée internationale, des mesures d'application et un cadre normatif.

1506. Deuxièmement, il faut reconnaître que l'application et l'utilité de ces instruments sont variables. Pour certains instruments, en particulier au contenu scientifique, des résultats positifs sont observables au sein des droits nationaux. A l'inverse, s'agissant de l'ensemble des recommandations de l'OMS, il est difficile d'avoir une vision générale sur la capacité de l'Organisation à les faire appliquer au sein des systèmes nationaux de santé. En particulier, dans le cas des recommandations au contenu juridique, l'analyse de leur prise en compte n'est pas non plus tranchée. L'absence de visibilité quant à la mise en œuvre des instruments non contraignants de l'OMS affaiblit *de facto* le pouvoir de recommandation de l'OMS et questionne l'intérêt, dans certains cas, de développer de tels instruments.

1507. En effet, au vu du nombre de recommandations émises par l'OMS, il est difficile d'analyser la mise en œuvre précise de chacune d'elles en raison du caractère diffus du rôle normatif de l'OMS. Il est diffus par son caractère incident ainsi que par sa multiplicité. Dans le premier cas, les recommandations énoncent parfois des principes généraux voire des objectifs à atteindre ou reposent sur des éléments de preuve dont la véracité n'est pas définitivement établie scientifiquement. Dès lors, il est possible qu'un Etat intègre des éléments d'une recommandation sans que la source ne soit explicitement mentionnée dans le texte national. De même, face à l'incertitude scientifique, les Etats peuvent choisir une autre voie que celle préconisée par l'OMS. Dans le second cas, la multiplication des dénominations des recommandations de l'OMS participe également à la difficulté d'analyse et de suivi de leur mise en œuvre. A cet égard, si les efforts de l'OMS afin de développer des normes juridiques et scientifiques sont importants, il faut aussi qu'elle ait la capacité d'analyser la mise en œuvre au niveau national de ces instruments pour tirer les leçons de ces expériences en vue d'améliorations futures.

1508. L'étude de son activité contraignante est facilitée à ce propos. D'abord, l'OMS a élaboré seulement deux instruments contraignants. Ensuite, des mécanismes un peu plus développés ont été mis en place pour vérifier leur mise en œuvre au niveau étatique. Dès lors, il apparaît opportun d'analyser les instruments normatifs que l'OMS a adoptés par son activité contraignante. Ceci permettra, par ailleurs, d'analyser l'importance du rôle joué par la contrainte dans la prise en compte des normes par les Etats.

CHAPITRE 2

UNE ACTIVITÉ CONTRAIGNANTE LIMITÉE

1509. Au cours de son histoire, l'OMS a utilisé de façon très limitée sa fonction normative prévue par sa Constitution afin d'adopter des instruments contraignants. Ainsi, les premiers instruments ont été adoptés, dès la création de l'OMS avec le recours à son pouvoir réglementaire exceptionnel prévu à l'article 21 de sa Constitution. En particulier, l'OMS a adopté puis révisé en 2005 le règlement sanitaire international (Section 1).

1510. Au début des années 2000, l'OMS a utilisé pour la première fois sa compétence conventionnelle prévue à l'article 19 de sa Constitution en adoptant la Convention-cadre de l'OMS pour la lutte antitabac (Section 2).

Un pouvoir réglementaire exceptionnel, le Règlement sanitaire international (Section 1)

Un pouvoir conventionnel unique, la Convention-cadre de l'OMS pour la lutte antitabac (Section 2)

SECTION 1 : UN POUVOIR REGLEMENTAIRE EXCEPTIONNEL, LE REGLEMENT SANITAIRE INTERNATIONAL

1511. Avant de discuter principalement du Règlement sanitaire international, il convient de rappeler que la création de l'OMS s'intégrait plus largement dans un mouvement historique de coopération sanitaire internationale. A ce titre, l'Organisation a rapidement adopté deux règlements internationaux en application de l'article 21 de sa Constitution afin de s'inscrire dans la continuité des travaux entamés au cours du XIXe siècle avec pour vocation « d'énoncer des normes et des règles de nature technique[3026] ».

1512. A cet effet, le premier règlement international, le Règlement n°1 de l'OMS relatif à la Nomenclature (y compris l'établissement et la publication de statistiques) concernant les maladies et causes de décès a été adopté le 29 juillet 1948 en application de l'article 21 (b) de la Constitution. Si ce dernier a

[3026] L. BOISSON DE CHAZOURNES, « *Le pouvoir réglementaire de l'Organisation mondiale de la santé à l'aune de la santé mondiale : réflexions sur la portée et la nature du Règlement sanitaire international de 2005* », in *Droit du pouvoir, pouvoir du droit : mélanges offerts à Jean Salmon*, Bruxelles : Bruylant, 2007, pp.1157-1181 (p.1158).

démontré un intérêt certain dans le développement de la Classification internationale de maladie[3027], il demeure surtout un instrument technique et n'a pas soulevé de véritable problème juridique ni lors de son adoption, ni dans son application.

1513. Toutefois, un deuxième règlement a vu le jour avant la création de l'OMS, le Règlement sanitaire international (Règlement n°2 ou RSI). Aujourd'hui, avec plus de 60 ans de recul depuis son élaboration et sa révision en 2005, on peut constater que ce Règlement a suivi une procédure particulière d'adoption et bénéficie d'un contenu quasi *sui generis* (§1). Par ailleurs, malgré son caractère contraignant, l'application de cet instrument demeure difficile (§2).

§1. Une procédure et un contenu *sui generis*

1514. Le Règlement sanitaire international est adopté le 25 mai 1951, soit trois ans après le Règlement n°1 ou le « Règlement Nomenclatures », en tant que Règlement n°2 ou « Règlement Sanitaires ». L'adoption de ce Règlement a suivi une procédure particulière (A). Son contenu actuel et innovant est issu de la dernière révision de 2005, entrée en vigueur en 2007 (B).

A. Une procédure unique

1515. L'adoption du Règlement en 1951 est la conséquence d'un contexte historique riche en matière de coopération sanitaire (1). De même, la procédure d'entrée en vigueur participe au caractère exceptionnel de cet instrument (2).

1. Une adoption, conséquence du contexte historique

1516. L'adoption du Règlement sanitaire international en 1951 est la conséquence d'une maturité historique en matière de coopération sanitaire internationale (a). Ce contexte a permis l'entrée en vigueur de cet instrument en suivant une procédure unique prévue par l'article 22 de la Constitution de l'OMS (b).

a. Une maturité historique

1517. Dès la première Conférence sanitaire internationale en 1851, les douze pays présents, affichaient la volonté de réunir et de coordonner en un Code sanitaire officiel de la Méditerranée les dispositions sanitaires rendues uniformes pour toutes les parties[3028]. Ce Code ne fut jamais adopté. Les délégués de la Conférence préféraient en effet travailler sur le projet d'une convention internationale suivie de l'adoption d'un règlement sanitaire[3029]. Le

---

[3027] V. *supra* n°0.
[3028] Annexe n°2 au rapport de la Commission (Résumé analytique des études de la Commission sur le programme, et les solutions motivées qu'elle propose, *op.cit.*, 1852, p.9.
[3029] Séance du 9 août 1951, *op.cit.*, 1852, p.6.

but était d'uniformiser les mesures de lutte contre les maladies transmissibles afin d'éviter toute entrave inutile au commerce[3030].

1518. Le 16 janvier 1852, apparut pour la première fois, en annexe du texte de la première Convention sanitaire internationale, un Règlement sanitaire international comportant 137 articles. Malgré la signature de l'ensemble des délégués présents, la Convention devint inopérante[3031]. Par la suite, de nombreuses autres Conférences sanitaires internationales furent organisées à intervalles irréguliers, interrompues notamment par les deux guerres mondiales. Ces Conférences eurent un succès mitigé. En effet, la question demeure de savoir si l'harmonisation des pratiques des Etats trouve véritablement son origine dans ces Conférences ou si elle découle en réalité de la nécessité pour ces Etats de coopérer afin d'éviter les entraves aux commerces. En d'autres termes, les évolutions en la matière semblent s'expliquer davantage par la nécessité d'agir ensemble que par la formalisation du besoin de coopération dans un texte international.

1519. Ainsi, la codification internationale à marche forcée se traduisait par l'adoption de nouvelles conventions, conférence après conférence, qui créaient des obligations uniquement entre les Etats qui les ratifiaient et les autres Etats demeuraient liés par les conventions antérieures. De même, la lenteur des procédures du droit des traités ne permettait pas la prise en compte des changements épidémiologiques, des progrès scientifiques et techniques et de l'expérience acquise[3032]. Ainsi, en 1951, Monsieur DOROLLE, Directeur général adjoint de l'OMS, estimait que la situation actuelle des Conférences sanitaires internationales offrait « une impression de confusion inextricable[3033] ». Pour Monsieur VIGNES, la multiplicité des conventions sanitaires internationales créait « des difficultés sans nombre[3034] ».

1520. Au moment de la création de l'OMS, le contexte international était propice au développement d'un instrument sanitaire international efficace, afin de tirer les leçons des nombreuses difficultés rencontrées au cours des quatorze conférences sanitaires internationales ayant précédé cette création. Les progrès de la science médicale et l'augmentation constante du trafic mondial et des risques d'épidémies « exigeaient une réglementation adaptée[3035] ». Dès mars-avril 1946, la Commission intérimaire de l'OMS définit comme une de ses priorités la révision et la codification en un instrument unique les règles contenues dans les multiples conventions sanitaires internationales. Par ailleurs, lors de la Conférence sanitaire internationale de la santé, réunie à New-York du 19 juin au 22 juillet 1946, les Etats participants estimèrent que l'unification des conventions sanitaires internationales était nécessaire[3036].

1521. Initialement, selon Madame DE POOTER, la Conférence internationale de la santé considérait que le pouvoir conventionnel prévu à l'article 19 de la future Constitution de l'OMS conféré à un organe de l'OMS

[3030] H. DE POOTER, *Le droit international face aux pandémies (...)*, *op.cit.*, p.31.
[3031] V. *supra* n°0 et s.
[3032] OMS, Actes officiels n°37, p.1.
[3033] *Ibid.*, p.36.
[3034] C. H. VIGNES, « *Le règlement sanitaire international*, *op.cit.*, p.651.
[3035] *Ibid.*
[3036] OMS, Actes officiels n°37, p.2.

(l'Assemblée mondiale de la santé) permettrait l'unification et le perfectionnement des conventions sanitaires internationales. L'auteure estime qu'il est donc « vraisemblable que la Conférence internationale de la santé souhaitait que l'OMS poursuive le recours à une méthode (...), à savoir l'adoption d'une convention sanitaire internationale sur la base de l'article 19 à laquelle serait annexé un règlement sanitaire élaboré sur la base de l'article 21[3037] ». Toutefois, la pratique a démontré que l'OMS a tout simplement ignoré le pouvoir de l'article 19 afin de recourir uniquement à l'article 21 dans le développement du Règlement sanitaire international en 1951.

1522. Afin de répondre à cette attente, l'OMS développa un instrument international capable de répondre aux menaces sanitaires transfrontalières en suivant une procédure d'entrée en vigueur unique et inattendue.

b. Une adoption et une élaboration consensuelles

1523. En premier lieu, la particularité de la procédure visée à l'article 21 tient dans la procédure d'adoption des règlements. Selon l'article 60 de la Constitution de l'OMS, seules les décisions de l'Assemblée mondiale de la santé sur des « questions importantes » requièrent la majorité des deux tiers des Etats membres présents et votants. Ces décisions comprennent, selon la liste explicite et exhaustive de l'article 60 a), l'adoption de conventions ou d'accords. Toutefois, les règlements n'étant pas expressément visés, leur adoption semblait devoir respecter la procédure prévue pour la catégorie des décisions sur « d'autres questions ». Ces dernières sont prises à la simple majorité des Etats membres présents et votants en application de l'article 60 b) de la Constitution de l'OMS. Cette analyse fut confirmée, en 1955, lors du vote d'un amendement au règlement de 1951, par lequel le service juridique précisa que puisque les règlements ne sont pas énumérés dans la liste de l'article 60 a), leur adoption est régie par l'article 60 b)[3038]. Cette interprétation est exacte puisque la Constitution précise les cas nécessitant une majorité des deux tiers sans laisser aucune marge d'interprétation. En effet, la liste des décisions visées n'est pas précédée de l'adverbe « notamment » ce qui conduit à la conclusion que cette liste doit être considérée comme non-exhaustive[3039]. Dès lors, que le pouvoir réglementaire ne fait pas partie de cette liste exhaustive, il appartient nécessairement à la catégorie des « autres questions ». Preuve de la justesse du service juridique, cette position a été confirmée par la pratique de l'Assemblée mondiale de la santé qui a toujours suivi le principe de la simple majorité dans le cas des révisions successives du règlement de 1951.

1524. Ainsi, l'ancien Règlement sanitaire international a été adopté, par consensus, lors de la Quatrième Assemblée mondiale de la santé en 1951 et

---

[3037] H. DE POOTER, *Le droit international face aux pandémies (...)*, *op.cit.*, p.43.

[3038] OMS, Actes officiels n°63, p.126.

[3039] Article 60 a) de la Constitution de l'OMS : « a) Les décisions de l'Assemblée de la Santé à prendre sur des questions importantes sont acquises à la majorité des deux tiers des Etats Membres présents et votants. Ces questions comprennent : l'adoption de conventions ou d'accords ; l'approbation d'accords liant l'Organisation aux Nations unies, aux organisations et aux institutions intergouvernementales, en application des articles 69, 70 et 72 ; les modifications à la présente Constitution ».

constituait alors le premier code international unique destiné à prévenir la propagation internationale de certaines maladies infectieuses et dont les cas de survenance exigeaient une notification[3040]. Il convient de noter qu'en pratique, les règlements ainsi que les révisions consécutives ont toujours été adoptés sans vote ou sans objection.

1525. En second lieu, l'élaboration du RSI, si elle est similaire à celle du pouvoir conventionnel, c'est-à-dire confiée à l'organe plénier comprenant tous les Etats membres[3041], a évolué avec la révision de 2005. D'abord, le processus de révision a été largement ouvert. En effet, outre les Etats membres, les bureaux régionaux de l'OMS, les organisations internationales intéressées pour leur propre compte à une bonne application du RSI dont l'OACI, l'OMI, l'OMC et la FAO ainsi que des représentants de la société civile ont pris part aux travaux. A cet égard, Monsieur POULAIN rappelle que « tous les agents de liaison des ONG en relations officielles avec l'OMS sont invités aux réunions du groupe de travail ». A cette occasion, ils peuvent faire des déclarations sur des questions figurant à l'ordre du jour et participent aux sessions informelles organisées par les Etats membres[3042]. On peut ainsi distinguer, selon les propos de Monsieur POULAIN, trois phases de négociations[3043] : de 1995 à 1999 des consultations informelles entre des spécialistes de santé publique et le groupe de travail intergouvernemental permettent la rédaction d'un avant-projet[3044]. Puis, de 1999 à 2002, l'équipe de révision est renforcée et le cercle des intervenants élargi[3045]. Enfin, de 2003 à 2005, après l'épidémie de SRAS, l'Assemblée mondiale de la santé demande au Directeur général de « tenir compte des données, de l'expérience, des connaissances et des enseignements de la riposte au SRAS dans la révision du RSI[3046] ». En 2004, les propositions de révision établies par un comité d'experts sur la base des résultats obtenus lors des phases précédentes et du retour d'expérience de la gestion du SRAS sont soumises à des consultations sous-régionales et régionales avant d'être examinées par l'Assemblée de la santé en 2005[3047].

1526. Ensuite, la conséquence de l'élargissement du processus de révision a été la confection d'un texte de compromis. On constate que la notion de « maladie » a été modifiée à plusieurs reprises afin d'étendre la portée du règlement aux menaces inconnues et/ou imprévisibles et ainsi s'appliquer au « maximum de potentialité[3048] ». Preuve de cette avancée, certains Etats étaient

---

[3040] OMS, « *Révision du Règlement sanitaire international. Rapport du Secrétariat* », A56/25, 23 mai 2003, p.1.
[3041] M. MERLE, « *Le pouvoir réglementaire des institutions internationales* », *op.cit.*, p.350.
[3042] V. *supra* n°0.
[3043] M. POULAIN, « *Le Règlement Sanitaire International de l'OMS* », in E. LAGRANGE et J.-M. SOREL, *op.cit.*, p.758 (pp.756-765).
[3044] « Des modifications y sont apportées par le comité de surveillance des maladies transmissibles. Enfin, une étude-pilote est réalisée avec un groupe de vingt et un Etats volontaires ».
[3045] « Un forum de discussion électronique accessible de manière permanente à tous les acteurs du processus de révision est ouvert. Lors de cette phase est mis au point le concept d'urgence de santé publique de portée internationale et des études de compatibilité entre le RSI et d'autres accords internationaux sont réalisées ».
[3046] OMS, « *Syndrome respiratoire aigu sévère (SRAS)* », WHA 56.29, 28 mai 2003, p.4.
[3047] M. POULAIN, « *Le Règlement Sanitaire International de l'OMS* », in E. LAGRANGE et J.-M. SOREL, *op.cit.*, p.758.
[3048] *Ibid.*, p.759. « L'avant-projet de 2004 évoque toute pathologie d'origine biologique, chimique ou radionucléaire pouvant causer des dommages importants aux êtres humains ; en janvier 2005, on précise

réfractaires à cette extension et souhaitaient qu'une liste d'exemples de maladies soit conservée[3049]. Ils considéraient que cela constituait « un changement qualitatif par rapport à l'orientation passée du Règlement et des conventions sanitaires internationales qui l'ont précédé[3050] ».

1527. Par ailleurs, la crainte principale était liée à la présence, dans les domaines chimique et radionucléaire, de plusieurs organisations et instruments internationaux traitant des accidents et autres formes de pollution à l'origine de la dissémination dans l'environnement d'agents chimiques ou radionucléaires. Les Etats faisaient référence à un « élargissement illimité[3051] » du champ d'application et de l'autorité de l'OMS. Cette crainte apparaît dans le prolongement de l'avis rendu par la CIJ en 1996 qui limite la compétence de l'OMS en matière sanitaire en excluant de son champ de compétence les enjeux relatifs au nucléaire[3052]. Le groupe intergouvernemental en charge de la révision estima qu'il n'était pas nécessaire de répondre spécifiquement à ces craintes et que la coordination internationale des activités du RSI prévue par l'article 12 avec les autres organisations internationales permettrait d'éviter un chevauchement de compétence. De même, la liste historique des maladies a été intégrée en annexe en tant que maladie nécessitant automatiquement une notification à l'OMS. Le choix d'élargissement du champs d'application du RSI est judicieux et pertinent. En effet, considérant la multiplication des menaces sanitaires, il est nécessaire de disposer d'un instrument international capable de répondre à ces nouveaux enjeux. Le RSI, restreint à certaines maladies, était devenu obsolète.

1528. Pour finir, l'avant-projet interdisait de mettre en place des mesures plus poussées que celles demandées par l'OMS. Toutefois, les Etats-Unis considéraient que cette disposition constituait un « empiètement intolérable sur les prérogatives de souveraineté des Etats membres[3053] ». Les discussions ont abouti à un compromis prévu par l'article 43. En particulier, les Etats peuvent adopter des mesures sanitaires supplémentaires « supérieures aux recommandations de l'OMS », dès lors qu'elles sont « compatibles avec le présent Règlement » et ne sont pas « plus restrictives pour le trafic international, ni plus intrusives ou invasives pour les personnes que les autres mesures raisonnablement applicables qui permettraient d'assurer le niveau approprié de protection de la santé[3054] ».

1529. Pour Monsieur POULAIN, « la méthode utilisée au long du processus de révision a permis d'affiner progressivement le projet définitif en répondant aux observations soulevées tout en préservant l'efficacité de

---

pathologie 'humaine ou animale' ; la définition finale est encore élargie : 'pathologie humaine ou affection, quelle qu'en soit l'origine ou la source, ayant ou susceptible d'avoir des effets nocifs importants pour l'être humain ».

3049 *Ibid.*, p.758.

3050 OMS, « *Examen et approbation des amendements proposés au Règlement sanitaire international. Notes explicatives. Rapport du Secrétariat* », Groupe de travail intergouvernemental sur la révision du Règlement sanitaire international, A/IHR/ICGWG/4/, 7 octobre 2004, § 3, p.2.

3051 *Ibid.*

3052 V. Avis Consultatif du 8 juillet 1996 de la Cour internationale de Justice (CIJ), *Licéité de l'utilisation des armes nucléaires par un Etat dans un conflit armé*, CIJ Recueil 1996. V. *supra* n°0.

3053 OMS, « *Travaux préparatoires* », ICWG/Working paper/12.2003, 2003.

3054 Article 43.1 du RSI.

l'instrument[3055] ». Toutefois, l'efficacité de cet instrument dépend également de la nature juridique du RSI, qui n'est pas évidente.

2. La nature juridique du RSI

1530. La particularité du RSI tient à sa procédure d'entrée en vigueur quasi obligatoire (a) qui fait de ce dernier un instrument juridiquement obligatoire (b).

a. Une entrée en vigueur quasi obligatoire

1531. En matière d'entrée en vigueur, les instruments adoptés selon l'article 21 lieront tous les Etats membres à moins qu'ils ne communiquent dans un certain délai au Directeur général de l'OMS leur souhait de ne pas être liés par ceux-ci ou qu'ils émettent des réserves quant à la portée de leur engagement[3056]. Les règlements de l'article 21 sont donc des décisions unilatérales de l'Assemblée mondiale de la santé qui fixent la date d'entrée en vigueur de ces règlements à l'égard des Etats membres. Ainsi, l'entrée en vigueur est automatique y compris pour l'Etat membre qui a voté contre l'adoption du texte, sans que la ratification en droit interne ne soit nécessaire, à moins que celui-ci ne manifeste expressément une intention contraire[3057]. Atypique[3058] en droit international où un Etat n'est lié par une obligation écrite que s'il manifeste expressément sa volonté en ce sens, cette acceptation tacite trouve sa justification dans le consentement à être lié par la Constitution de l'OMS[3059].

1532. Ce système d'acceptation est appelé le système d'*opting out*[3060]. Ce système s'oppose à l'*opting in* ou le *contracting* qui « vise l'acte positif par lequel un Etat décide d'être lié par un acte ou instrument conventionnel[3061] » par une signature, une ratification, une adhésion ou une approbation. L'*opting out*, dont on trouve des parallèles notamment en droit de la consommation

---

[3055] M. POULAIN, « *Le Règlement Sanitaire International de l'OMS* », in E. LAGRANGE et J.-M. SOREL, *op.cit.*, p.758.

[3056] L. BOISSON DE CHAZOURNES, « *Le pouvoir réglementaire de l'Organisation mondiale de la santé à l'aune de la santé mondiale : réflexions sur la portée et la nature du Règlement sanitaire international de 2005* », *op.cit.*, p.1168.

[3057] Pour l'OMS « Cette procédure met chaque Etat membre de l'Organisation dans l'obligation de faire connaître son refus d'accepter un règlement. En d'autres termes, il devra « se dégager » de cette obligation par déclaration préalable, au lieu d'avoir le droit de « s'engager » par un acte d'acceptation officiel » (OMS, Actes officiels n°2, p.20).

[3058] « Cette procédure est issue d'une proposition des Etats-Unis qui, en supprimant la nécessité d'un examen par le pouvoir législatif, souhaitaient faciliter l'adoption d'instruments traitant de sujets techniques susceptibles de devoir être amendés rapidement ». H. DE POOTER, *Le droit international face aux pandémies (...)* », *op.cit.*, p.35. Cette proposition ne fut pas accueillie favorablement par tous les Etats (V. W. R. SHARP, « *The new World Health Organization* », AJIL, vol.41, n°3, 1947, p.525 et C. H. VIGNES, « *Le règlement sanitaire international* », *op.cit.*, p.650).

[3059] H. DE POOTER, *Le droit international face aux pandémies (...)*, *op.cit.*, p.46.

[3060] V. M. M. MBENGUE, « *La technique de l'*opting out' : *acceptation par les Etats des normes techniques internationales* » in E. BROSSET et E. TRUILHE-MARENGO (dir.), *Les enjeux de la normalisation internationale : Entre environnement, santé et commerce international,* La documentation française, CERIC, 2006, pp.121-152 (pour des détails sur l'origine de la conception de la technique de l'*opting out* voir p.122).

[3061] L. BOISSON DE CHAZOURNES, « *Le pouvoir réglementaire de (...)* », *op.cit.*, p.1168.

dans le cadre du recours collectif[3062], consiste donc « en un acte négatif par lequel un Etat exprime son intention de ne pas appliquer une norme technique donné (*opting out* total), ou de limiter l'application d'une telle norme (*opting out* partiel)[3063] ». Cet acte prend la forme de désapprobation, de refus d'être lié ou d'objections ou de réserves[3064]. Ainsi, au moment de son adoption, à la différence du pouvoir conventionnel, aucun acte positif n'est requis pour que les Etats membres deviennent partis au Règlement[3065]. La technique de l'*opting out* permet d'atteindre un « équilibre entre autonomie de la volonté des Etats et exercice de la compétence normative des organisations internationales[3066] ».

1533. Cette technique n'est pas exclusive de l'OMS puisqu'elle existe dans de nombreuses Conventions : la Convention relative à l'aviation civile internationale de 1944[3067], la Convention portant création de l'Organisation météorologique mondiale de 1947, la Constitution de l'Union internationale des télécommunications de 1992, la quasi-totalité des Conventions internationales de pêcheries[3068], et plus récemment la Convention internationale contre le dopage dans le sport de 2005[3069].

1534. En cas de silence d'un Etat membre, l'article 59 du Règlement sanitaire international (2005) prévoit que le refus ou les réserves seront sans effet s'ils sont reçus par le Directeur général de l'OMS après expiration dudit délai. En d'autres termes, en cas de silence, il est présumé « de manière irréfragable être lié par les dispositions du Règlement[3070] ». Les refus ou réserves postérieurs sont considérés comme nuls et sans effet *ab initio*. Aucun mécanisme de recours n'est prévu.

1535. Enfin, en matière de réserve[3071] (refus partiel), la procédure prévue aux articles 62 et 63 du RSI (2005) est ici également intéressante. Elle apparaît

---

[3062] Aux Etats-Unis, l'*opt out* consiste a intégrer par défaut toutes les victimes potentielles d'un comportement identifié à l'exception de celles qui manifestent la volonté de s'exclure du groupe ainsi défini. A l'inverse, en Suède, l'*opt in* concerne que les personnes qui manifestent leur volonté d'être partie à l'action intentée (G. CANIVET, « *Des obstacles juridiques à l'action de groupe* », Discours du Premier Président de la Cour de cassation, Colloque organisé le 10 novembre 2005). En France, la loi n°2014-344 (dite « Loi Hamon ») du 17 mars 2014 sur le droit à la consommation a choisi un système mixte dans lequel le juge a un rôle prépondérant pour constituer le groupe de consommateurs qui pourra agir par l'intermédiaire d'une association nationale de consommateurs (V. G. RAYMOND, « *Fasc. 29 – Impact de la Loi n°2014-344 du 17 mars 2014 sur le droit de la consommation* », JurisClasseur Commercial, 17 avril 2014, § 154). V également L. 423-1 et s. du Code de la consommation.

[3063] L. BOISSON DE CHAZOURNES, « *Le pouvoir réglementaire de (...)* », *op.cit.*, p.1169.

[3064] H. SABA, « *L'activité quasi-législative (...)* », *op.cit.*, p.605.

[3065] C. H. VIGNES, « *Le règlement sanitaire international* », *op.cit.*, p.650.

[3066] V. M. M. MBENGUE, « *La technique de l'*opting out' (...) », *op.cit.*, p.122.

[3067] V. articles 38 et 90.

[3068] L. BOISSON DE CHAZOURNES, « *Le pouvoir réglementaire de (...)* », *op.cit.*, p.1170.

[3069] V. Article 34 du RSI.

[3070] L. BOISSON DE CHAZOURNES, « *Le pouvoir réglementaire de (...)* », *op.cit.*, p.1172.

[3071] Il est important de préciser que la notion de réserve est entendue différemment de celle prévue pour la mise en place de convention. L'utilisation du terme « réserve » est trompeuse car cela laisse à penser que cet instrument suit la procédure conventionnelle. Or, les réserves apportées à un traité ne peuvent se faire qu'après signature, ratification, ou adoption du traité. Elles ne peuvent pas être soumises après l'entrée en vigueur de ce dernier (V. Article 19 de la Convention de Vienne sur le droit des traités adoptés le 23 mai 1969 par l'Assemblée générale des Nations unies et entrée en vigueur le 27 janvier 1980.). Pour les règlements, il est possible pour tout Etat membre d'émettre une réserve ou de refuser un règlement une fois son entrée en vigueur acquise. L'entrée en vigueur du règlement a lieu au moment où l'adoption par l'Assemblée mondiale de la santé est notifiée aux Etats membres (V. C. H. ALEXANDROWICZ, *Law-making functions of the United Nations Specialized Agencies*, *op.cit.*, p.51).

comme une réponse aux dispositions ambigües de l'article 22 de la Constitution de l'OMS[3072]. La réserve est considérée comme acceptée si un tiers des Etats partie au RSI ne sont pas opposés à la réserve dans un délai de six mois. Dans le cas contraire, l'Etat réservataire est tenu de retirer sa réserve dans un délai de trois mois. En cas de refus de retrait après le délai expiré et après avis du Comité d'examen, le Directeur général soumet la réserve et l'avis à l'Assemblée de la Santé pour examen. Si l'Assemblée de la Santé, par un vote à la majorité simple, s'oppose à la réserve au motif qu'elle est incompatible avec l'objet et le but du Règlement en question, la réserve n'est pas acceptée et ledit Règlement n'entre en vigueur à l'égard de l'Etat réservataire qu'après qu'il a retiré sa réserve, conformément à l'article 63. Si l'Assemblée de la Santé accepte la réserve, le Règlement entre en vigueur à l'égard de l'Etat réservataire avec cette réserve. Dans tous les cas, dès lors qu'un Etat émet une réserve, à la différence du refus total, il doit motiver son refus partiel.

1536. Toutefois, dans la pratique, il est rare que les Etats usent de leur faculté d'examiner et de faire objection aux réserves y compris à l'OMS[3073]. L'objectif ici est d'éviter le « morcellement excessif des effets du règlement et permet d'assurer à la fois le maintien de l'homogénéité du texte et l'uniformité du champ d'application des réserves[3074] ». Néanmoins, l'ajout, par la révision RSI (2005) modifiant la version de 1951, de la possibilité d'acceptation de la réserve si moins d'un tiers des Etats membres s'y oppose avant soumission à l'Assemblée de la santé, rend en pratique l'opposition à une réserve peu probable car « les Etats ne prennent pas toujours la peine d'objecter et que le contrôle par les pairs est imparfait[3075] ». En l'espèce, si deux Etats ont officiellement soumis des réserves au titre de l'article 62 du RSI (2005)[3076], le nombre d'objections requises n'a pas été atteint et le RSI (2005) est entré en vigueur à l'égard des États réservataires.

1537. La procédure de refus et de réserve opère un équilibre. D'une part, il apparaît difficile pour un Etat de refuser un règlement car cela implique un acte négatif de sa part. Pour Madame DE POOTER, « le refus d'un règlement est juridiquement possible mais politiquement délicat, ce qui est tout l'intérêt de l'*opting out*[3077] ». D'autre part, une fois la réserve émise, il apparaît difficile qu'elle soit rejetée. La conséquence des modifications du RSI (2005) est visible : alors que le régime des réserves a été assoupli par la révision de 2005, il y a eu beaucoup moins d'Etat réservataires au RSI (2005) que pour le RSI

[3072] V. *supra* n°0.
[3073] H. DE POOTER, *Le droit international face aux pandémies (...) »*, *op.cit.*, p.56.
[3074] M. MERLE, « *Le pouvoir réglementaire des institutions internationales* », *op.cit.*, p.355.
[3075] H. DE POOTER, *Le droit international face aux pandémies (...) »*, *op.cit.*, p.57.
[3076] Les Etats-Unis ont estimé que la mise en œuvre du RSI devait se faire dans le respect de leur système fédéral de gouvernement. Ils ont déposé une réserve en ce sens. Le système fédéral confère une certaine indépendance aux Etats fédérés. Ces derniers sont olibés de notifier au niveau national uniquement certaines maladies et menaces pour la santé. Les obligations de notification prévue par le RSI (2005) pouvait mettre à mal la répartition de compétences entre les deux niveaux de gouvernement (V. R. KATZ et H. ALLEN, « *Domestic understanding of the Revised International Health Regulations* », Public Health Reports, vol.124, n°6, 2009, pp.805-812 ; V. aussi K. WILSON, C. MCDOUGALL et R. UPSHUR, « *The new international health regulations and the federalism dilemma* », PLoS Medicine, vol.3, n°1, e1).
[3077] *Ibid.*, p.49.

(1951)[3078]. Ainsi la procédure prévue par les articles 62 et 63 offre une plus grande universalité du RSI en encourageant les Etats à ne pas manifester leur refus du règlement[3079]. La procédure d'adoption et d'entrée en vigueur est plus simple que pour une Convention[3080]. A cet égard, cette simplicité est inversement proportionnelle au champs d'application limité du règlement[3081].

1538. Participant de la particularité et de la volonté d'universalité du RSI est la possibilité pour les Etats non membres de l'OMS de devenir parties au règlement. Prévue dès le règlement de 1951, cette possibilité a été confirmée par l'article 64 du RSI (2005). Si aujourd'hui cette disposition est désuète du fait de la participation quasi-universelle des Etats à l'OMS, elle démontre la volonté « d'assurer la plus large application des règlements internationaux[3082] ». A cet égard, l'histoire relative à l'adhésion du RSI et de ses différentes révisions a démontré l'universalité attachée à cet instrument. Actuellement 196 Etats, soit l'ensemble des Etats membres de l'OMS, et le Liechtenstein depuis 2012[3083], sont Parties au RSI. Ainsi, « l'objectif d'universalité du RSI est une réalité[3084] ». On rappellera à cet égard que la Constitution de l'OMS ne contient pas d'indication permettant la sortie sur un plan juridique de l'organisation pour les Etats membres, même si l'Etat peut *de facto* refuser de participer aux activités de l'OMS[3085].

b. Un instrument juridiquement obligatoire

1539. De nombreux observateurs s'accordent pour reconnaître que le RSI est un instrument essentiel[3086], perçu comme « le grand règlement adopté par l'OMS » et comme « la source principale du droit international des maladies transmissibles[3087] » ou « du droit relatif aux urgences sanitaires menaçant la sécurité sanitaire mondiale[3088] ». Toutefois, la classification juridique de ce dernier est ambiguë.

1540. En premier lieu, la nature juridique du RSI dépend de celle du pouvoir réglementaire dont dispose l'OMS. Pour certains auteurs, les normes techniques adoptées et soumises à l'*opting out* peuvent être qualifiées d'actes juridiques unilatéraux[3089]. Or, le RSI est l' « exemple le plus parfait[3090] » de

---

[3078] Seulement deux Etats ont formulé des réserves au RSI (2005).

[3079] H. SABA, « *L'activité quasi-législative (...)* », *op.cit.*, p.679.

[3080] H. DE POOTER, *Le droit international face aux pandémies (...)* », *op.cit.*, p.57.

[3081] P. DAILLIER, M. FORTEAU et A. PELLET, *Le Droit international public, op.cit.*, p.410. Sur le domaine d'application du pouvoir réglementaire V. *supra* n°0.

[3082] M. MERLE, « *Le pouvoir réglementaire des institutions internationales* », *op.cit.*, p.354.

[3083] OMS, *Application du Règlement sanitaire international (2005)*, WHA65.23, 26 mai 2012, n.d.p.2.

[3084] E. MONDIELLI, « *Le Règlement sanitaire international (2005), un instrument moderne de lutte contre les pandémies* », in E. MONDIELLI, F. VIALLA et E. CADEAU (coord.), *op.cit.*, p.69.

[3085] V. *supra* n°0.

[3086] V. notamment L. O. GOSTIN, « *Législation sanitaire et maladies transmissibles : rôle du droit à une époque de menaces microbiennes* » in Numéro Spécial, *La législation sanitaire à l'aube du XXIe siècle*, RILS, pp.215-233.

[3087] E. MONDIELLI, « *La prise en compte des normes OMS par le droit français* », *op.cit.*, p.107.

[3088] E. MONDIELLI, « *Le Règlement sanitaire international (2005), un instrument moderne de lutte contre les pandémies* », in E. MONDIELLI, F. VIALLA et E. CADEAU (coord.), *op.cit.*, p.62.

[3089] V. notamment R. I. R. ABEYRATNE, « *The legal status of the Chicago Convention and its Annexes* », Air and Space Law, vol.19, n°3, 1994, pp.113-123 et J.-P. JACQUE, *Eléments pour une théorie de l'acte juridique en droit international public* », LGDJ, 1962, pp.360-370 et pp.410-411. V. aussi développements paragraphes 0 et s.

l'*opting out.* En effet, selon les Professeurs COMBACAU et SUR, « l'acceptation tacite est ainsi le fondement du caractère obligatoire des actes en cause [3091] ». Dès lors, le pouvoir réglementaire est « un indéniable élargissement du domaine de la réglementation 'autoritaire' des organisations internationales[3092] ». A cet égard, par le système d'*opting out*, il est possible pour un Etat d'être lié contre sa volonté par une ou plusieurs normes techniques. Ceci constitue un très bon exemple de ce que peut réaliser l'OMS dans le cadre du droit international de la santé. En effet, cet instrument opère un compromis raisonnable entre la protection de la souveraineté des Etats, qui peuvent émettre une réserve en amont par un acte positif, et l'autorité normative de l'OMS, qui peut imposer sa mise en œuvre, une fois l'entrée en vigueur actée par le vote. Ce pouvoir est exceptionnel et remarquable. D'un point de vue purement juridique, il est regrettable toutefois qu'il soit si peu utilisé. On rappellera que la possibilité de refuser le règlement, reprise par l'article 61 du RSI, n'a pas été exercée dans le cadre de la révision de 2005.

1541. Dès lors, en raison de système de réserve particulier, le RSI ne peut être considéré comme dépendant du régime d'obligations conventionnelles. Il n'est pas soumis au droit des traités[3093]. Cette position est notamment défendue par SKUBISZEWSKI qui considère que le RSI s'inscrit dans une logique 'anti-contractualiste', propre aux traités, en se fondant sur la pratique de l'OMS vis-à-vis de certains Etats. Il estime que « le système de réserve fait qu'un Etat est souvent lié par acceptation tacite. En effet, s'il ne soulève aucune réserve ou si sa réserve intervient après la période consacrée l'Etat sera considéré comme ayant consenti à son entrée en vigueur [3094] ». A titre d'illustration, en raison d'une émission de réserves tardives, l'OMS ne laissa pas le choix à la Norvège qui souhaitait soumettre le RSI (1951) à son Parlement pour acceptation puis à une ratification par le Roi. L'OMS n'accepta pas la position norvégienne et le RSI devint contraignant pour la Norvège en contradiction avec sa loi nationale[3095].

1542. La nature juridique du RSI en tant que règlement à deux conséquences. D'abord, le RSI peut être applicable et contraignant à l'égard d'un Etat alors même que celui-ci n'a pas voté pour ce dernier en raison de la règle d'adoption de l'instrument à la majorité simple. Par ailleurs, il entre en vigueur par acceptation tacite c'est-à-dire si l'Etat n'a émis aucune réserve ou a émis des réserves tardivement. Ensuite, le RSI est « incompatible avec la notion d'obligations contractuelles[3096] » remettant par la-même en cause son caractère conventionnel.

[3090] J. D'ASPREMONT et D. VENTURA, « *La composition des organes et le processus décisionnel* », in E. LAGRANGE et J.-M. SOREL, *op.cit.*, p.430.

[3091] J. COMBACAU et S. SUR, *Droit international public, op.cit.*, p.106.

[3092] P. DAILLIER, M. FORTEAU et A. PELLET, *Le Droit international public, op.cit.*, p.410.

[3093] V. K. SKUBISZEWSKI, « *Enactement of law by international organisations* », BYBIL, vol.XLI, 1965-1966, pp.201 et 261 ; F. WOLF, « *Les activités normatives et quasi-normatives des organisations internationales* », in R.-J. DUPUY, *Manuel sur les organisations internationales,* Martinus Nojhoff, 1988, pp.277-302.

[3094] K. SKUBISZEWSKI, « *Enactement of law by international organisations* », *op.cit.*, pp.222-223.

[3095] *Ibid.*, V. également H. BLIX, *Treaty-making power,* Stevens & Sons, 1960, pp.295-296.

[3096] K. SKUBISZEWSKI, « *Enactement of law by international organisations* », *op.cit.*, p.223.

1543. Toutefois, le RSI semble également se détacher de sa nature juridique entendue en tant que « pouvoir réglementaire ». En effet, pour la Professeure BOISSON DE CHAZOURNES, le caractère non conventionnel du RSI doit être « relativisé car un faisceau d'indices concourt à qualifier le RSI de traité international ou du moins de 'traité en forme simplifiée'[3097]». Signe de cette confusion, le Directeur général de l'OMS qualifia le RSI de « moyen flexible de '*treaty-power*' particulièrement adapté à un accord technique international qui doit suivre les changements de la situation épidémiologique[3098] ». En particulier, la Professeure BOISSON DE CHAZOURNES rappelle un certain nombre de facteurs particuliers au RSI[3099], à des degrés de pertinence variable. Ainsi, le RSI s'adresse aux Etats parties et non aux Etats membres. De plus, il prévoit une procédure d'acceptation par les Etats non membres qui s'apparente à un système d'acceptation de traités. Enfin, il est enregistré en tant que traité auprès du Secrétariat général de l'ONU en application de l'article 102 de la Charte des Nations unies et son processus de négociation se rapproche de celui d'instruments conventionnels. De même, le Conseil exécutif de l'OMS lui-même[3100] a recommandé à l'Assemblée mondiale de la santé de recourir à une technique de mise en œuvre provisoire pour que le RSI (2005) s'applique dans le contexte de la prévention internationale de la grippe aviaire, et ce avant son entrée en vigueur prévue le 17 juin 2007. Cette mise en œuvre provisoire est une technique connue en droit des traités.

1544. Ces différents éléments ne forment qu'un faisceau d'indices, qui font du RSI « un instrument *sui generis* dans sa nature juridique[3101] » mais ne modifient pas la nature contraignante de ses dispositions. En effet, le RSI demeure « le seul ensemble de dispositions impératives, pour les Etats membres de l'OMS, relatives à l'alerte et à la riposte mondiale aux maladies infectieuses[3102] ». Il est décrit, à juste titre, en tant qu'instrument universel à caractère obligatoire [3103]. Si l'OMS n'est pas une organisation supranationale[3104], le pouvoir réglementaire incarné par le RSI lui confère un « élément de supranationalité[3105] ». A ce titre, le pouvoir règlementaire de l'OMS est un pouvoir unique par sa procédure d'élaboration mais également car il n'a connu que deux applications pratiques. Par ailleurs, le contenu innovant, élargi et adapté du RSI contribue également à faire de ce dernier un instrument particulier.

[3097] L. BOISSON DE CHAZOURNES, « *Le pouvoir réglementaire de (...)* », *op.cit.*, p.1177.
[3098] OMS, Actes officiels n°37, p.332.
[3099] L. BOISSON DE CHAZOURNES, « *Le pouvoir réglementaire de (...)* », *op.cit.*, pp.1177-1178.
[3100] OMS, « *Application du Règlement sanitaire international (2005)* », EB117.R7, 26 janvier 2006.
[3101] L. BOISSON DE CHAZOURNES, « *Le pouvoir réglementaire de (...)* », *op.cit.*, p.1177
[3102] OMS, « *A crises mondiales, solutions mondiales. Gérer les urgences sanitaires de portée internationale au moyen de la version révisée du Règlement sanitaire international* », WHO/CDS/CSR/GAR/2002.4, 2002, p.1.
[3103] E. MONDIELLI, « *Le Règlement sanitaire international (2005), un instrument moderne de lutte contre les pandémies* », in E. MONDIELLI, F. VIALLA et E. CADEAU (coord.), *op.cit.*, p.65 et s.
[3104] V. *supra* n°0.
[3105] M. BELANGER, *Droit international de la santé*, Economica, 1983, p.135 + E. MONDIELLI, « *La prise en compte des normes OMS par le droit français* », *op.cit.*, p.88.

B. La conséquence de la révision de 2005 : un contenu innovant et élargi

1545. Allant au-delà des compétences conférées par l'Article 21 de la Constitution, le contenu offert par la révision de 2005 a pour principal objectif de mettre en œuvre un instrument de portée mondiale contre les épidémies (1). Il prévoit des obligations pour les Etats tout en conférant un rôle central à l'OMS (2).

1. Un instrument de portée mondiale contre les épidémies

1546. La révision de 2005 est apparue nécessaire dès le milieu des années 1990 en raison des limites des versions antérieures de l'instrument (a). La révision de 2005 est ainsi qualifiée de substantielle (b).

a. Les limites des versions antérieures

1547. Plusieurs éléments ont participé à l'évolution du Règlement sanitaire international jusqu'à sa version de 2005. D'abord, l'objectif principal dans la mise en œuvre du RSI était l'harmonisation de la lutte contre les menaces transfrontalières[3106]. La mise en place du RSI (1951)[3107] démontrait une « tendance à l'unité[3108] » afin de répondre à son morcellement consécutif aux différentes Conventions sanitaires internationales et leur degré d'adoption variable. Ainsi, l'article 105 du RSI (1951) posait pour principe de remplacer les dispositions d'un certain nombre de conventions sanitaires et d'arrangements de même nature afin de répondre à l'ensemble « chaotique[3109] » des dispositions des conventions sanitaires internationales antérieures. Si ce remplacement ne fut que partiel, dans la mesure où subsista notamment le Code sanitaire panaméricain[3110], le RSI remplaça treize conventions ou arrangements. Ainsi, l'article 105 établit une liste comprenant les conventions sanitaires internationales de 1903, de 1912 et de 1926.

1548. Par ailleurs, le mécanisme de réserve contrôlé par un organe intergouvernemental, l'Assemblée mondiale de la santé en l'espèce, reflète « le désir général des Etats membres de l'OMS de mettre en place un système

---

[3106] Le préambule de la résolution portant adoption du Règlement sanitaire international énonçait « la nécessité de réviser et d'unifier les dispositions des diverses conventions sanitaires internationales ; ainsi que les arrangements de même nature, actuellement en vigueur, et de remplacer et compléter ces conventions et arrangements par une série de Règlements sanitaires internationaux (…) » (OMS, *Adoption du Règlement sanitaire international (Règlement n°2 de l'OMS)*, Résolution WHA4.75, 25 mai 1951.

[3107] Le RSI (1951) est entré en vigueur le 1er octobre 1952. Pour un historique de mise en œuvre de ce Règlement V. D. M. LEIVE, *International regulatory regimes. Case studies in health, meteorology, and food*, vol.1, Lexington : Lexington Books, 1976, pp.15-42.

[3108] C. H. VIGNES, « *Le règlement sanitaire international* », *op.cit.*, p.656.

[3109] P. DOROLLE, « *Fléaux anciens et temps modernes. Aspects internationaux de la lutte contre les maladies transmissibles : le présent et l'avenir* », Chronique OMS, vol.23, n°3, 1969, p.113.

[3110] « A l'origine l'abrogation totale de ce code avait été prévue, mais certaines délégations sud-américaines et le Directeur du Bureau sanitaire panaméricain firent remarquer que le code, ou une série de dispositions sanitaires, constituait la base constitutionnelle du Bureau. Il fut donc décidé que le Code resterait en vigueur (…) » C. H. VIGNES, « *Le règlement sanitaire international* », *op.cit.*, p.656.

centralisé qui permette une décision collective quant à savoir si une réserve déterminée porte atteinte ou non à l'intégrité du Règlement[3111] ».

1549. Toutefois, l'article 107, alinéa 3, prévoit formellement qu'un Etat lié peut, sous certaines conditions, être tenu d'assumer les obligations précédemment acceptées par lui en vertu de conventions ou d'arrangements sanitaires antérieurs. Dès lors, pour VIGNES, la situation était « loin d'être claire » quant à la coordination entre le RSI et les autres instruments antérieurs. Les révisions successives du RSI ont permis de clarifier cette situation.

1550. Une première révision majeure a eu lieu en 1969[3112]. Toutefois, à la fin du XXe siècle, cet instrument conçu comme un « mécanisme de régulation concernant le partage des informations épidémiologiques sur la propagation transfrontière des maladies infectieuses[3113] », est apparu dépassé pour de nombreuses raisons. La principale difficulté du RSI, qui a poussé à sa marginalisation, était la limitation du champ d'application à certaines maladies. En effet, malgré une adaptation de cette liste en fonction des priorités sanitaires[3114], seuls le choléra, la fièvre jaune et la peste restaient à déclaration obligatoire. Cette approche centrée sur la maladie rendait inapplicable le RSI aux nombreuses maladies émergentes ou réémergentes qui apparaissent à la fin du XXe siècle. Les maladies non soumises à déclaration et les maladies nouvelles « se heurtent à un vide juridique total[3115] ».

1551. Par ailleurs, le RSI ne protégeait pas les Etats qui notifiaient par une alerte les réactions excessives et dommageables des autres pays[3116] et permettait, en raison d'un système défaillant de contrôle, aux Etats d'adopter des mesures plus entravantes que celles prévues par le RSI[3117]. Enfin, l'approche des mesures maximales n'était pas compatible avec l'approche scientifique prévue par les accords de l'OMC en particulier l'accord sur les mesures sanitaires et phytosanitaires. Pour Monsieur BURCI, ces accords ont, en pratique, remplacé partiellement le RSI en tant qu'instrument référent permettant l'équilibre entre le commerce et la protection de la santé[3118].

[3111] L. BOISSON DE CHAZOURNES, « *Le pouvoir réglementaire de l'Organisation mondiale de la santé à l'aune de la santé mondiale : réflexions sur la portée et la nature du Règlement sanitaire international de 2005* », *op.cit.*, pp. 1175-1176.

[3112] OMS, « *Règlement sanitaire international* », Résolution WHA22.46, 25 juillet 1969. Pour une étude détaillée sur cet instrument, V. A. TAYLOR, « *Controlling the global spread of infectious diseases : Toward a reinforced role for the International Health Regulations* », Houston Law Review, vol.33, n°55, 1997, pp.1327-1362 ; B. J. PLOTKIN, « *Mission possible : the future of the international health regulations* », Temple International and Comparative Law Journal, vol.10, 1996, pp.503-515 ; B. P. FIDLER, « *Return of the Fourth Horseman : Emerging Infectious Diseases and International Law* », Minnesota Law Review, vol.81, n°4, 1997, pp.771-868.

[3113] OMS, « *A crises mondiales, solutions mondiales (...)* », WHO/CDS/CSR/GAR/2002.4, 2002, p.4.

[3114] La liste a évolué incluant le choléra, la peste, la fièvre jaune, la variole, la fièvre récurrente et le typhus.

[3115] M. POULAIN, « *Le Règlement Sanitaire International de l'OMS* », in E. LAGRANGE et J.-M. SOREL, *op.cit.*, p.757.

[3116] Pour THIERRY « (...) parce que les Etats, en dépit de ce régime limité de notification, se sont parfois montrés réticents à communiquer auprès de l'OMS par crainte des conséquences négatives sur leurs activités économiques. » D. THIERRY, « *Le nouveau règlement sanitaire international : vers plus d'efficacité pour combattre les épidémies* », RDSS, 2007, p.447 et s.

[3117] G. L. BURCI, « *Health and infectious disease* », in T. G. WEISS et S. DAWS (eds), The Oxford Handbook on the United Nations, Oxford : Oxford University Press, 2007, p.585.

[3118] *Ibid.*

1552. L'OMS elle-même reconnaît[3119] que la portée limitée du RSI, sa dépendance à l'égard de la déclaration officielle des pays fondée sur une procédure de communication volontaire, et l'absence d'un mécanisme formel coordonné au niveau international empêchant l'OMS d'adopter des mesures spécifiques imposaient une révision du RSI de 1969. En effet, les maladies à déclaration dont le RSI (1969) était censé enrayer la propagation « n'ont jamais disparu sauf la variole[3120] ». Dès lors, la révision était non seulement nécessaire mais elle se devait d'être substantielle.

b. La révision substantielle de 2005

1553. Conformément au principe de la primauté de la loi postérieure, l'article 58 du RSI précise que le présent Règlement remplace les accords et règlements sanitaires internationaux antérieurs. La liste en cause comprend notamment les Conventions sanitaires internationales. Composée de 66 articles accompagnés de 7 annexes le RSI rassemble un ensemble de règles obligatoires.

1554. Cette révision est qualifiée de « révision substantielle[3121] » de 2005 car elle a grandement participé à faire du RSI un instrument de portée mondiale pour lutter contre les menaces transfrontalières. Le RSI (2005) a pour objectif de « prévenir la propagation internationale des maladies, à s'en protéger, à la maîtriser et à y réagir par une action de santé publique proportionnée et limitée aux risques qu'elle présente pour la santé publique, en évitant de créer des entraves inutiles au trafic et au commerce internationaux[3122] ». Preuve de l'importance de la révision et des enjeux présents est la longueur de la procédure de révision entamée en 1995[3123] et terminée en 2005[3124]. Le Professeur MONDIELLI rappelle qu'avec le nouveau RSI « nous ne sommes pas en présence d'un simple toilettage, d'une simple actualisation[3125] ». L'auteur évoque un « bouleversement juridique et technique (…) bien plus grand[3126] ».

1555. La révision est substantielle car, comme l'annonçait l'OMS avant son adoption, « nombre des concepts essentiels proposés pour la révision du RSI sont nouveaux[3127] ». Toutefois, certains éléments existaient déjà dans le RSI

3119 OMS, « *Questions souvent posées sur le Règlement sanitaire international (2005)* », 2009 (http://www.who.int/ihr/about/ihr_faq_2009_fr.pdf).

3120 M. POULAIN, « *Le Règlement Sanitaire International de l'OMS* », in E. LAGRANGE et J.-M. SOREL, *op.cit.*, p.757.

3121 Terminologie employée par l'OMS. V. « *Avant-propos* » du Règlement sanitaire international (2005), p.vii.

3122 Article 2 du RSI.

3123 OMS, « *Résolution sur la révision et la mise à jour du Règlement sanitaire international* », WHA48.7, 12 mai1995.

3124 OMS, « *RSI* », WHA58.3, 23 mai 2005.

3125 E. MONDIELLI, « *Le Règlement sanitaire international (2005), un instrument moderne de lutte contre les pandémies* », in E. MONDIELLI, F. VIALLA et E. CADEAU (coord.), *op.cit.*, p.70.

3126 E. MONDIELLI, « *L'application du règlement sanitaire international révisé 2005* », in M. BELANGER (dir.), *La mondialisation du droit de la santé*, LEH Edition, 2011, pp.37-76.

3127 OMS, « *A crises mondiales, solutions mondiales (…)* », WHO/CDS/CSR/GAR/2002.4, 2002, p.4.

antérieur et la révision les renforce. Cette révision transforme l'ancien RSI passif en un « ensemble de règles proactives[3128] ».

1556. D'une part, cette révision a été conséquente car la procédure d'élaboration ne s'est pas limitée aux Etats membres et a suivi un processus collaboratif[3129]. D'autre part, l'innovation de cet instrument découle de son champ d'application, qui couvre toute « pathologie humaine ou d'une affection, quelle qu'en soit l'origine ou la source, ayant ou susceptible d'avoir des effets nocifs importants pour l'être humain[3130] ». Cette définition large permet d'inclure « une dissémination naturelle, accidentelle ou délibérée de matériels biologiques, chimiques ou radionucléaires[3131] ».

1557. Ainsi, le RSI ne s'appuie plus sur une liste[3132] de maladies à déclaration obligatoire « mais sur un algorithme, ou instrument de décision, prenant en compte la gravité de l'événement, son caractère inhabituel ou inattendu, son risque de propagation internationale, et le risque de restrictions aux voyages et au commerce international[3133] ». Des catastrophes liées à des accidents industriels de type Tchernobyl ou dans l'hypothèse d'attaques terroristes au moyen d'agents chimiques ou biologiques. Le RSI apparaît ainsi comme un instrument « moderne[3134] » de lutte contre les pandémies.

1558. Pour le Professeur FIDLER, les dispositions prévues par le RSI révisé « ne rentrent pas dans le cadre des justifications traditionnellement invoquées au soutien d'une procédure d'adoption simple et d'une entrée en vigueur automatique[3135] » qui caractérise les règlements. Ainsi, le RSI s'émancipe par rapport à la rédaction initiale de l'article 21 a) de la constitution de l'OMS[3136]. En effet, il dépasse la compétence listée et exhaustive ce qui permet à l'OMS de s'affirmer dans son rôle normatif. Le RSI est un exemple de la capacité de l'OMS à agir en coopération avec les Etats mais également, lorsque cela est nécessaire, de s'imposer à leur égard dans la mise en œuvre d'instruments internationaux. Les Etats eux-mêmes reconnaissent le changement qualitatif[3137] opéré par le RSI. Certes, les Etats conservent un contrôle sur la mise en œuvre de ce pouvoir réglementaire par le

---

[3128] OMS, « *Règlement sanitaire international (2005) : Domaines de travail pour la mise en œuvre du règlement* », WHO/CDS/EPR/IHR/2007.1, juin 2007, p.11.

[3129] OMS, « *A crises mondiales, solutions mondiales (...)* », WHO/CDS/CSR/GAR/2002.4, 2002, p.4.

[3130] Article 1 du RSI (2005), p.8.

[3131] V. en ce sens la position des Etats-Unis (« *Appendice 2, Réserve et autres communications des Etats parties en rapport avec le Règlement sanitaire international (2005)* », Règlement sanitaire international (2005), p.73).

[3132] A cet égard un simple élargissement de la liste des pathologies relevant du RSI ne pouvait constituer une réponse appropriée. Cette question a été débattue lors des travaux préparatoires (OMS, « *Examen et approbation des amendements proposés au Règlement sanitaire international. Notes explicatives* », Groupe de travail intergouvernemental sur la révision du règlement sanitaire international, A/IHR/IGWG/4, 7 octobre 2004, § 7 et § 8, p.3.).

[3133] G. RODIER, « *Le règlement sanitaire international révisé* », Annales des Mines – Responsabilité et environnement, 3/2008, n°51, pp.75-77 (p.76).

[3134] E. MONDIELLI, « *Le Règlement sanitaire international (2005), un instrument moderne de lutte contre les pandémies* », in E. MONDIELLI, F. VIALLA et E. CADEAU (coord.), *op.cit.*, pp.61-81.

[3135] D. P. FIDLER, « *Globalization, international law, and emerging infectious diseases* », in Emerging infectious diseases, vol.2, n°2, 1996, p.81 (pp.77-84).

[3136] E. MONDIELLI, « *Le Règlement sanitaire international (2005) (...) pandémies* », *op.cit.*, p.71.

[3137] OMS, « *Examen et approbation des amendements proposés au Règlement sanitaire international. Notes explicatives. Rapport du Secrétariat* », Groupe de travail intergouvernemental sur la révision du Règlement sanitaire international, A/IHR/ICGWG/4/, 7 octobre 2004, § 3, p.2 ; V. également développements paragraphe 0.

biais de l'Assemblée mondiale de la santé. Néanmoins, la force d'initiative et l'influence sur le contenu de ce pouvoir est symptomatique du rôle de l'OMS. A cet égard, certains qualifient le RSI de « convention de lutte contre la propagation internationale des maladies[3138] ».

1559. Indépendamment de la qualification juridique du RSI, la révision du RSI opère ainsi un changement de nature, de dimension et de paradigme. Il est vrai que ce changement n'a été possible que par le consentement des Etats à cette interprétation extensive de l'article 21. En particulier, l'interdépendance des Etats dans le domaine de la propagation internationale des maladies infectieuses a « transformé leur solidarité 'passive' en solidarité 'active' dont le RSI est le fruit[3139] ». Toutefois, ce changement est essentiel dans l'évolution du rôle normatif de l'OMS en tant qu'autorité directrice et coordinatrice des travaux sanitaires au niveau international d'autant que le RSI met en place un mécanisme international qui impose des obligations aux Etats membres ainsi qu'à l'OMS.

2. Des obligations réciproques

1560. Le RSI (2005) définit des procédures pour la détermination et la mise en œuvre des mesures à prendre. Ainsi, il propose un cadre international à la gestion des risques sanitaires qui implique des obligations des Etats membres (a) et la participation active de l'OMS (b).

a. Des obligations pour les Etats

1561. Concernant les Etats membres, le RSI oblige ces derniers « à endiguer à la source les urgences de santé publique[3140] ». En effet, concrétisant une proposition faite lors de l'examen du projet RSI (1951)[3141], le RSI (2005) fait obligation aux Etats parties de développer des capacités essentielles minimum en santé. Les articles 5 et 13 et son annexe 1 décrivent « les capacités dont un système national de surveillance des maladies devra disposer pour que (les) urgences soient détectées, soient évaluées et fassent l'objet d'une riposte rapide[3142] ».

1562. Les Etats doivent ainsi renforcer leurs moyens de veille épidémiologique, de diagnostiques de laboratoire et de préparation aux crises sanitaires, y compris au niveau des ports, aéroports et postes frontières terrestres désignés à cet effet. A ce titre, les Etats doivent faire une évaluation de la capacité de leurs structures et ressources nationales existantes à satisfaire aux prescriptions minimales de l'annexe 1. Ensuite, les Etats parties doivent

---

[3138] E. MONDIELLI, « *Le Règlement sanitaire international (2005) (...) pandémies* », *op.cit.*, p.71.

[3139] *Ibid.*

[3140] G. RODIER, « *Le règlement sanitaire international révisé* », *op.cit.*, p.76.

[3141] V. la déclaration du Docteur Grear en 1951 au sein la Commission spéciale pour l'examen du projet de RSI (1951) « La protection d'une collectivité contre les maladies infectieuses dépend essentiellement de sa situation intérieure et de l'amélioration de ses services de santé publique et médicaux, et non sur des barrières érigées d'après les méthodes quarantenaires. » (OMS Actes officiels, n°37, p.39).

[3142] OMS, « *Révision du Règlement sanitaire international – rapport de situation, mai 2002* », Relevé épidémiologique hebdomadaire, vol.77, n°19, 10 mai 2002, p.159.

élaborer et appliquer des plans d'action afin que les moyens correspondants puissent être déployés sur l'ensemble du territoire.

1563. Cette obligation a été considérée, dès son origine, comme étant « surement la norme la plus importante du Règlement sanitaire international[3143]» car elle impose aux Etats d'être « proactifs[3144] », et constitue un « pilier de l'action collective contre les pandémies ». Par ce mécanisme, l'ambition était de développer « une norme minimale mondialement acceptée[3145] » dans la veine de l'objectif d'un « droit commun sanitaire » défendu par SEGUR DUPEYRON en 1834[3146].

1564. Par ailleurs, le RSI impose aux Etats une obligation de notification à l'OMS qui donne au règlement un « caractère administratif particulier[3147] ». Cette obligation prévoit l'évaluation des événements détectés sur leur territoire dans les 48 heures suivant leur signalement[3148]. A ce titre, l'annexe 2 du RSI prévoit un instrument de décision permettant d'évaluer et de notifier les événements qui peuvent constituer une urgence de santé publique de portée internationale (USPPI). Suivant un schéma décisionnel ou algorithme, l'Etat peut déterminer l'ampleur internationale pour la santé publique, y compris des événements dont les causes ou l'origine sont inconnus. Les questions posées ont trait à la gravité des répercussions de l'événement sur la santé publique, le caractère inhabituel ou inattendu de l'événement, le risque important de propagation internationale ainsi que le risque important de restrictions aux voyages internationaux et au commerce international.

1565. Certains événements sont toujours considérés comme des USPPI soumis à notification à l'OMS[3149] et sont des maladies à déclaration obligatoire. Pour les autres événements, si au moins deux des questions posées reçoivent une réponse positive, ils doivent être notifiés à l'OMS en tant qu'USPPI potentiel.

1566. Parallèlement à cette obligation de notification, l'article 4 du RSI (2005) prévoit la désignation pour chaque Etat d'un « point focal national RSI » qui doit être à tout moment capable de communiquer avec les « points contact RSI » désignés par l'OMS au siège de l'organisation ou au niveau régional. Par exemple, en France, le point focal national est le Centre opérationnel de réception et de régulation des urgences sanitaires et sociales, placé sous la responsabilité de la Direction générale de la santé. C'est par l'intermédiaire de ce point focal que l'Etat doit notifier tout événement survenu sur son territoire pouvant constituer une USPPI. L'Etat doit continuer

---

[3143] L. O. GOSTIN, « *Influenza A(H1N1) and pandemic preparedness under the rule of international law* », JAMA, vol.301, n°22, 2009, p.2377.

[3144] OMS, « *Règlement sanitaire international. Domaines de travail pour la mise en œuvre du Règlement* », WHO/CDS/EPRH/IHR/2007.1, juin 2007, p.11.

[3145]OMS, « *Révision du Règlement sanitaire international (...)* », *op.cit.*, p.159.

[3146] P. DE SEGUR DUPEYRON, *Rapport adressé à Son Exc. Le Ministre du Commerce par M. de Ségur Dupeyron,* Secrétaire du Conseil supérieur de santé, chargé de procéder à une enquête sur les divers régimes sanitaires de la Méditerranée, et sur les modifications qui pourraient être apportées aux tableaux qui fixent la durée des quarantaines en France, Paris : Imprimerie Royale, 1834, pp.83-84.

[3147] A. BOUFOUS, *L'action normative de l'Organisation mondiale de la santé*, Thèse, Université de Paris I, 1985.

[3148] Article 6 §1 et annexe IA 6 a) du RSI 2005.

[3149] Il en va ainsi de la variole, de la poliomyélite due à un poliovirus de type sauvage, de la grippe humaine causée par un nouveau sous-type et du syndrome respiratoire aigu sévère (SRAS).

à communiquer avec l'OMS sur les évolutions futures de l'événement[3150]. L'OMS se voit également confiée des fonctions importantes dans la mise en œuvre du RSI.

b. La participation active l'OMS

1567. En sus de la coordination du mécanisme de notification, l'OMS a pour fonction, par le biais de son Directeur général, de qualifier l'événement et de publier les recommandations. A cet effet, l'OMS a un rôle de qualification d'un événement en tant qu'USPPI ou de le disqualifier lorsqu'il s'agit de répondre aux rumeurs[3151], en se fondant notamment sur le Réseau mondial d'alerte et d'action en cas d'épidémie (GOARN[3152]). Ce dernier permet de s'informer de l'apparition d'une maladie, de confirmer ou non sa véracité, et d'évaluer sa dangerosité. Par ailleurs, l'article 9 du RSI permet à l'OMS d'être saisie par une autre source que l'Etat concerné, c'est-à-dire par des Etats tiers, des organisations internationales, des organisations non gouvernementales ou tout autre acteur non étatique. Cette saisine par une autre source n'est pas automatique. Ces sources doivent saisir l'OMS qui considérera les informations transmises comme des éléments pouvant ou non servir à fonder la décision prise. Il ne s'agit en aucun cas d'une procédure obligatoire. Il pourrait être intéressant, à cet égard, de prévoir un mécanisme déclenché automatiquement en cas d'événement visant à prendre en compte toute information pertinente.

1568. Le Directeur général, après consultation obligatoire du Comité d'urgence[3153] doit déterminer, sur la base des informations qu'il reçoit, en particulier de l'Etat partie concerné, si un événement constitue une USPPI[3154]. Une USPPI s'entend :

« d'un événement extraordinaire dont il est déterminé, comme prévu dans le présent Règlement,

i) qu'il constitue un risque pour la santé publique dans d'autres Etats en raison du risque de propagation internationale de maladies ; et

ii) qu'il peut requérir une action internationale coordonnée ; « vecteur » s'entend d'un insecte ou de tout animal qui véhicule normalement un agent infectieux constituant un risque pour la santé publique[3155] ; »

1569. Dans sa prise de décision, le Directeur général doit prendre en compte, selon l'article 12 § 4 du RSI, les informations fournies par l'Etat partie, l'instrument de décision figurant à l'annexe 2, l'avis du Comité d'urgence, les principes scientifiques et les éléments de preuve scientifiques disponibles et autres informations pertinentes, ainsi qu'une évaluation du

---

[3150] Article 6 §2 du RSI (2005).

[3151] Réseau qui se fonde sur des sources variées : instituts nationaux, bureaux régionaux de l'OMS, centres collaborateurs, ONG, journaux, télévisions, radios et internet (http://www.who.int/csr/outbreaknetwork/fr/).

[3152] Acronyme en anglais : *Global Outbreak Alert and Response Network*.

[3153] Article 48 §1 et §2 du RSI prévoit que « Le Comité d'urgence est composé d'experts choisis par le Directeur général parmi les membres de la liste d'experts du RSI et, s'il y a lieu, d'autres tableaux d'experts de l'Organisation. Le Directeur général détermine la durée du mandat des membres afin d'assurer la continuité de l'examen d'un événement particulier et de ses conséquences. »

[3154] Article 12 du RSI (2005).

[3155] Article 1 du RSI (2005).

risque pour la santé humaine, du risque de propagation internationale de maladies, et du risque d'entraves au trafic international. Il y a donc une volonté de l'OMS de bénéficier d'une information complète, objective et sérieuse afin de pouvoir analyser la situation épidémique dans un Etat ou une région donnée. Ceci est une évolution par rapport aux RSI précédents qui étaient centrés sur les Etats et pour lesquels la procédure de décision était moins encadrée. Ceci est tout à fait profitable à la prise de décision par le Directeur général.

1570. Par ailleurs, toujours dans la volonté de transparence, l'OMS publie sa décision (ou son absence de décision) sur le site de l'OMS tout en apportant les motivations de sa décision. Même si ces motivations ne sont pas toujours évidentes lorsque l'on compare par exemple la déclaration d'USPPI pour le virus *Ebola* et la non déclaration d'USPPI pour le virus *MERS-CoV*. Les deux cas semblent répondre aux critères d'une USPPI.

1571. De même, l'Etat partie sur le territoire duquel s'est produit l'événement peut demander à l'OMS de l'aide afin de vérifier les informations épidémiologiques qu'il a pu obtenir[3156]. Dans ce contexte l'OMS publie, en consultation avec les Etats membres, des principes directeurs pour « aider les Etats parties » à acquérir les capacités de santé publique nécessaires[3157]. Il convient de rappeler que la déclaration d'USPPI ne conduit pas à imposer des d'obligations juridiques contraignantes additionnelles par rapport aux obligations habituellement prévues par le RSI. La déclaration d'USPPI a pour objectif de « mettre en lumière un enjeu particulier afin de motiver la mobilisation de ressources extraordinaires[3158] ».

1572. En cas de désaccord dans les 48 heures après la conclusion du Directeur général dûment notifiée à l'Etat partie concerné, ce dernier peut présenter ses vues au Comité d'urgence qui communiquera un avis au Directeur général, lequel décidera en dernier ressort. Ainsi, même si l'Etat concerné est toujours consulté, c'est le Directeur général qui décide *in fine* de la qualification à attribuer. En cas d'accord sur les conclusions, le Directeur général sollicite le Comité d'urgence afin d'établir des recommandations temporaires.

1573. A cet égard, l'article 15 § 2 précise que « les recommandations temporaires peuvent concerner les mesures sanitaires à mettre en œuvre par l'Etat partie où survient l'urgence de santé publique de portée internationale, ou par d'autres Etats parties, en ce qui concerne les personnes, bagages, cargaisons, conteneurs, moyens de transport, marchandises et/ou colis postaux pour prévenir ou réduire la propagation internationale de maladies et éviter toute entrave inutile au trafic international ».

1574. Ces recommandations peuvent être positives (renforcement de la surveillance) ou négatives (interdiction de fermer les frontières ou de restreindre les voyages internationaux). Il convient de rappeler qu'en vertu de

---

[3156] Article 8 du RSI.

[3157] Article 13 du RSI.

[3158] P. VILLARREAL, « *Reforms of the World health organisation in light of the Ebola crisis in West Africa : More delegation, more teeth ?* », Völkerrechtsblog, 26 août 2015 (http://voelkerrechtsblog.org/reforms-of-the-world-health-organization-in-light-of-the-ebola-crisis-in-west-africa-more-delegation-more-teeth/).

l'article 2 de la Constitution, cette dernière peut toujours émettre des recommandations en dehors de toute USPPI. Cette compétence est rappelée par l'article 14 § 3 du RSI : « aucune disposition du présent Règlement n'empêche ni ne limite la fourniture par l'OMS de conseils, d'un soutien ou d'une assistance technique ou autre à des fins de santé publique ».

1575. Le Règlement sanitaire international révisé en 2005 apparaît encore davantage comme une « véritable législation internationale[3159] » comme l'écrivait déjà VIGNES à propos du RSI de 1951. Toutefois, la mise en œuvre pratique de cet instrument international révèle également les limites de ce pouvoir réglementaire

§2. Une mise en œuvre révélatrice de ses limites

1576. Les presque dix années depuis son entrée en vigueur ont été le témoin des difficultés de mise en œuvre du RSI aussi bien en ce qui concerne le rôle de l'OMS que celui des Etats. Ainsi, son application dépend, d'une part, de sa prise en compte par les Etats (a) et, d'autre part, de la capacité de l'OMS (B).

A. La prise en compte du RSI par les Etats, entre souveraineté et incapacité

1577. D'abord, le RSI (2005) offre la possibilité aux Etats de faire respecter leur souveraineté en raison des effets juridiques limités du RSI (1). Ensuite, sa mise en œuvre est confrontée à l'incapacité de certains Etats à l'appliquer (2).

1. Des effets juridiques limités

1578. Si l'instrument est juridiquement contraignant, la question de l'applicabilité directe du RSI se pose (a). Par ailleurs, ce dernier ne prévoit pas de sanctions en cas de violation de l'obligation de notification (b).

a. L'applicabilité directe du RSI, l'exemple de la France

1579. La question de l'applicabilité directe[3160] du RSI, et plus généralement des actes unilatéraux des organisations internationales[3161], a été soulevée en

---

[3159] C. H. VIGNES, « *Le règlement sanitaire international* », *op.cit.*, p.658.

[3160] Si cette notion est controversée car les définitions proposées sont en effet très nombreuses et aucune ne réussissant à obtenir l'assentiment de chacun (V. notamment les définitions citées in F. DUMON, « *La notion de « disposition directement applicable » en droit européen* », Cah. dr. europ., 1968, pp. 376 ss), traditionnellement, l'applicabilité directe peut être entendue « de l'aptitude d'une règle de droit international à conférer par elle-même aux particuliers, sans requérir aucune mesure interne d'exécution, des droits dont ils puissent se prévaloir devant les autorités (juridictionnelles) de l'Etat où cette règle est en vigueur » ou « est directement applicable la règle de droit international qui, sans requérir aucune mesure interne d'exécution, peut être appliquée dans l'Etat où cette règle est en vigueur » (V. J. VERHOEVEN, « *La notion d''applicabilité directe' du droit international* », RBDI, 1980, pp.243-264). V. également H. BRIBOSIA, « *Applicabilité directe et primauté des traités internationaux et du droit communautaire - Réflexions générales sur le point de vue de l'ordre juridique belge* », RDBI, Bruylant, 1996/1.

[3161] V. notamment M.-P. LANFRANCHI, « *La valeur juridique en France des résolutions du Conseil de sécurité* », AFDI, vol.43, 1997, pp.31-47 ; D. RUZIE, « *Le juge français et les actes des organisations internationales* », in *L'application du droit international par le juge français*, A. Colin, 1972, p.75 et s., D.

France devant le juge. Il convient de rappeler l'état de l'intégration du RSI en France. D'une part, ce pays n'a fait aucune réserve au RSI. D'autre part, les différentes révisions du RSI ont toujours fait l'objet d'une publication par décret depuis 1969[3162]. En effet, le décret n°53-192 du 14 mars 1953 relatif à la ratification et à la publication des engagements internationaux souscrits par la France précise que « les règlements (…) de nature à affecter, par leur application, les droits ou les obligations des particuliers, doivent être publiés au Journal officiel de la République française ».

1580. Dans le cas du RSI (2005), il a été intégré en droit français par le décret n°2007-1073 du 4 juillet 2007[3163] puis par le Décret n°2013-30 du 9 janvier 2013[3164]. Par ailleurs, depuis 1965[3165], le Code de la Santé publique précise que « le contrôle sanitaire aux frontières est régi, sur le territoire de la République française, par les dispositions des règlements sanitaires pris par l'Organisation mondiale de la santé conformément aux articles 21 et 22 de sa constitution (…)[3166] ». Ceci inclut donc le territoire de la métropole mais également les territoires d'outre mer.

1581. Néanmoins, malgré ces différents éléments d'intégration en droit interne français, la jurisprudence judiciaire semble maintenir une position « en retrait[3167] » quant à l'admission de l'effet direct des Règlements de l'OMS en considérant que ceux-ci ne lieraient, à titre principale, que les Etats. En effet, la cour d'appel de Paris a refusé de reconnaître l'applicabilité directe du RSI que l'OMS avait adopté en 1951 dans un arrêt *Epoux Pivert* du 18 novembre 1967[3168]. En l'espèce, l'arrêt concernait deux personnes de retour e France après un séjour en Tunisie mais qui ne disposaient pas d'un certificat de vaccination valable contre la variole à leur arrivée en France. Les deux personnes refusaient de se soumettre à la vaccination malgré l'intervention des services sanitaires de l'aéroport.

1582. Les juges ont estimé que ce Règlement n'était pas de plein droit applicable en droit interne des pays membres de l'OMS car son application nécessitait « des mesures réglementaires dans chacun des pays signataires ». Ainsi, la Cour ne reconnaît pas l'invocation directe « alors même que le RSI a été notifié à l'Etat français et a fait l'objet d'une publication[3169] ». En réponse à l'argumentation des prévenus[3170], la Cour d'appel a estimé que l'article 1 du

---

ALLAND, « *L'applicabilité directe du droit international considérée du point de vue de l'office du juge : des habits neufs pour une vieille dame ?* », RGDIP, 1998, p. 201 et s. et C. DEFFIGIER, « *L'applicabilité directe des actes unilatéraux des organisations internationales et le juge judiciaire* », Revue critique de droit international privé, 2001, pp.43-53.

[3162] Décret n°71-547 du 15 juin 1971, J.O. du 9 juillet 1971 (pour le RSI révisé en 1969) et Décret n°89-38 du 24 janvier 1989 (pour le RSI révisé en 1973 et 1981).

[3163] Décret n°2007-1073 du 4 juillet 2007 portant publication du règlement sanitaire international (2005) adopté par la cinquante-huitième Assemblée mondiale de la santé le 23 mai 2005, J.O. du 7 juillet 2007.

[3164] Décret n°2013-30 du 9 janvier 2013 relatif à la mise en œuvre du règlement sanitaire international (2005), J.O. du 11 janvier 2013, p.831.

[3165] Loi n°65-510 du 1er juillet 1965 relative au contrôle sanitaire aux frontières terrestres, maritimes et aériennes, J.O. du 2 juillet 1965, p.5540.

[3166] Article L.3115-1 du Code de la santé publique.

[3167] C. DEFFIGIER, « *L'applicabilité directe des actes unilatéraux (…)* », *op.cit.*, p.44.

[3168] CA Paris, 18 novembre 1967, Epoux Pivert c/ Ministère public.

[3169] C. DEFFIGIER, « *L'applicabilité directe des actes unilatéraux (…)* », *op.cit.*, p.44.

[3170] Ces derniers considérait que l'article 1 sanctionnant l'ensemble des obligations prévues par le Règlement, l'article 2 était inutile (C. DEFFIGIER, « *L'applicabilité directe des actes unilatéraux (…)* », *op.cit.*, n.d.p.24).

décret de publication « prévoit des sanctions pour l'ensemble de la réglementation prise en droit interne français pur l'application du RSI », tandis que l'article 2 sanctionne les « seules situations qui se trouvaient en dehors du champ d'application de cette réglementation. Selon l'analyse de DEFFIGIER, pour les juges l'article 1 ne couvrait pas toutes les situations envisagées dans le RSI alors que l'article 2 assortissait directement de pénalités certaines dispositions du RSI, qui s'appliqueraient alors par elles-mêmes, sans être sanctionnées en droit interne. La Cour d'appel laisse place potentiellement à l'effet direct de certaines dispositions de ce Règlement.

1583. Par conséquent, selon l'analyse pragmatique des juges, le RSI « peut fixer des règles insuffisamment précises, ne poser qu'un cadre d'action, des standards ou des principes généraux auxquels les Etats sont seulement tenus de se conformer, en croissant les mesures d'applications adéquates[3171] ». Pour KAHN cela signifie, à l'inverse, que si la transposition consiste uniquement à faire référence à des dispositions du Règlement suffisamment précises afin de les assortir de sanctions pénales en droit interne, certaines dispositions n'ont pas besoin d'être complétées pour être immédiatement applicables aux personnes privées[3172]. Le RSI « s'impose donc au juge français, tout au moins dans ses dispositions qui, par leur objet et leur rédaction, produisent des effets directs, et qui sont publiées au Journal officiel[3173] ».

1584. L'ensemble de la doctrine considère, à juste titre, que cette jurisprudence est tout à fait discutable et critiquable[3174]. Elle contribue à « l'appréciation au cas par cas des dispositions» soumises aux juges et reflète une jurisprudence « rare et plutôt mal établie[3175] ». Pour LACHAUME, le RSI « ne peut produire d'effets de droit que par et à travers les mesures réglementaires édictées par les autorités françaises ». En effet, les effets du RSI dans l'ordre interne sont subordonnés à sa réception par des mesures réglementaires appropriées[3176]. Or, l'article 22 de la Constitution de l'OMS dispose que, passé un certain délai, le RSI entre en vigueur et devient obligatoire pour les Etats. Il est « directement applicable à l'égard de tous les membres dès qu'ils en ont reçu notification[3177] ». Ainsi, l'article 22 « impose la solution opposée[3178] » à celle proposée par le juge judiciaire français.

1585. Au vu de l'étonnement généralisé de la doctrine ainsi que de la révision postérieure du RSI en 2005, la position française à l'égard du RSI

[3171] Par exemple le titre IV, article 23 du Règlement : « les mesures sanitaires permises par le présent Règlement constituent le maximum de ce qu'un État peut exiger à l'égard du trafic international pour la protection de son territoire contre les maladies quarantenaires » (C. DEFFIGIER, « *L'applicabilité directe des actes unilatéraux (...)* », *op.cit.*, n.d.p.26)

[3172] Note P. KAHN, Journal de Droit International, 1968, p.728.

[3173] J-F. LACHAUME, « *Droit international et juridiction judiciaire* », Répertoire du droit international, Dalloz, Octobre 2009, p. 18.

[3174] *Ibid.*, M.-P. LANFRANCHI, « *La valeur juridique en France des résolutions du Conseil de sécurité* », *op.cit.*, p.48, C. DEFFIGIER, « *L'applicabilité directe des actes unilatéraux des organisations internationales et le juge judiciaire* », *op.cit.*, p.43.

[3175] J-F. LACHAUME, « *Droit international et juridiction judiciaire* », Répertoire du droit international, Dalloz, Octobre 2009, p. 18 et s., E. MONDIELLI, « *La prise en compte des normes OMS par le droit français* », *op.cit.*, p.93.

[3176] CA Paris, 18 nov. 1967, *Pivert ;* JDI 1968, p. 728, note Kahn ; AFDI 1968, p. 866.

[3177] C. DEFFIGIER, « *L'applicabilité directe des actes unilatéraux (...)* », *op.cit.*, p.44.

[3178] M.-P. LANFRANCHI, « *La valeur juridique en France des résolutions du Conseil de sécurité* », *op.cit.*, p.48.

peut évoluer en particulier au regard du degré de précisions du nouvel instrument. Toutefois, cette jurisprudence demeure représentative de la difficulté au RSI à être mis en œuvre au sein des Etats. Cette difficulté est renforcée par l'absence de mécanisme de sanction en cas de violation de l'obligation de notification prévue par le RSI.

b. L'absence de sanction en cas de violation de l'obligation de notification

1586. Un des éléments défaillants du système d'urgence tient en l'absence de sanction en cas de violation de l'obligation de notification. Justifiée dès 1894 par la crainte des Etats à l'égard des « pressions de l'intérêt commercial [qui] fai[sait] qu'on hésit[ait] à déclarer la maladie parce que l'on crai[gnait] des mesures trop rigoureuses[3179] », la violation de l'obligation de notification ne fait toujours pas l'objet d'une sanction au sein du RSI (2005). Pour certains Etats, cette absence est davantage justifiée car l'obligation ne s'applique plus à une liste fermée de maladies. Elle s'applique à tout élément indiquant la survenue d'un événement inattendu ou inhabituel sur son territoire, qu'elle que soit l'origine ou la cause susceptible de constituer une USPPI.

1587. Au sein du RSI (2005), l'article 56 décrit les modes de règlement des différends entre Etats concernant l'interprétation ou l'application du Règlement. Les Etats parties peuvent régler un différend par la négociation, les bons offices, la médiation d'un tiers, la conciliation ou le recours au Directeur général. Suivant une approche classique de droit international, un Etat « peut à tout moment déclarer par écrit au Directeur général qu'il accepte de soumettre à l'arbitrage obligatoire tous les différends (…) ». Dès lors, le mécanisme potentiel de sanction en cas de manquement à l'obligation de notification est soumis au consentement des parties au litige. Cette condition rend très improbable la constatation d'une violation par un tribunal arbitral.

1588. Plus généralement, l'article 7 de la Constitution de l'OMS autorise l'Assemblée mondiale de la santé à suspendre les privilèges attachés au droit de vote et les services dont bénéficie l'Etat membre lorsque celui-ci ne remplit pas ses obligations financières vis-à-vis de l'Organisation, ou dans d'autres circonstances exceptionnelles. Malgré son aspect hypothétique, théoriquement, il est possible pour l'Assemblée mondiale de la santé de sanctionner un Etat partie en cas de violation de son obligation de notification dans le cadre du RSI. En effet, l'expression « d'autres circonstances exceptionnelles » est ouverte à une interprétation ne limitant pas l'article 7 de la Constitution de l'OMS à la violation des obligations financières d'un Etat vis-à-vis de l'Organisation[3180]. Toutefois, il est plus probable qu'un Etat qui ne respecterait pas son obligation de notification n'ait à craindre aucune sanction[3181]. D'autant

[3179] A. PROUST, « *Séance du 5 août 1851* », France, Ministère des affaires étrangères, *Procès-verbaux de la Conférence sanitaire internationale ouverte à Paris le 27 juillet 1861*, vol.1, Paris, Imprimerie nationale, 1852, p.26.

[3180] Une interprétation de cette expression a d'ailleurs été invoquée dès 1965 par l'adoption d'une résolution qui n'est cependant jamais entrée en vigueur (V. *supra* n°0).

[3181] H. DE POOTER, *Le droit international face aux pandémies (…) »*, *op.cit.*, p.68: « La crainte stimulante de voir ses privilèges et les services dont il bénéficie suspendus en vertu de l'article 7 de la Constitution de l'OMS risque donc de ne pas égaler la crainte paralysante de subir les conséquences économiques des mesures de protection adoptées par les autres Etat s'il notifie un événement ».

qu'il est tout à fait envisageable pour un Etat de mettre en avant la « subjectivité[3182] » des critères mis en place dans « l'arbre à décision » relatif aux événements susceptibles de constituer une USPPI. En effet, un Etat pourrait justifier l'absence de notification d'un événement en invoquant le fait que ce dernier ne remplissait pas les critères de notification à ses yeux. Toutefois, l'annexe 2 prévoit des exemples dans les cas où l'instrument de décision doit être appliqué afin d'évaluer et de notifier les événements qui peuvent constituer une USPPI[3183].

1589. Si le système de notification n'est pas assorti de sanction, certains facteurs sont de nature à inciter l'Etat à notifier. En premier lieu, l'article 11 § 2 garantit la confidentialité des informations reçues par l'OMS notamment tant qu'il n'est pas déterminé que l'événement constitue une USPPI ou que les informations attestent d'une propagation internationale. L'objectif de cette confidentialité est de prévenir toutes réactions ou accusations injustifiées avant vérification par l'OMS. A cet égard, on notera que l'article 11 précise que l'OMS « ne communique généralement pas ces informations à d'autres Etats parties », impliquant par la même qu'elle se laisse la possibilité de le faire. En deuxième lieu, le RSI insiste sur le besoin d'éviter toute entrave inutile au trafic et au commerce international[3184] en limitant les mesures à ce qui « permettraient d'assurer le niveau approprié de protection de la santé[3185] ». Cette volonté doit permettre, une fois les informations publiées, d'éviter que l'Etat qui a notifié subisse des conséquences préjudiciables à son économie.

1590. Toutefois, la pratique démontre la réticence des Etats à notifier, de façon réactive, la survenance d'événements susceptibles de constituer des USPPI. Ceci est dommageable à l'ensemble du système de notification qui repose en grande partie sur l'information transmise par les Etats concernés. Si l'OMS peut être saisi par d'autres sources, l'obligation de notification repose sur les Etats. Cette réticence s'explique en grande partie en raison des retombées économiques et politiques négatives que peuvent subir les Etats une fois un événement déclaré. En effet, malgré la confidentialité des informations, d'autres canaux d'information dont les médias et les réseaux sociaux servent de canaux de transmission. Un Etat est rapidement identifiable. Toutefois, ces éléments d'information existent, indépendamment de la transmission d'information à l'OMS. Par ailleurs, le risque est d'autant plus grand pour un Etat s'il est découvert tardivement la présence d'événements susceptibles de constituer une USPPI d'autant si cette découverte est réalisée des sources non officielles.

1591. A ce propos, en dernier lieu, et il s'agit de l'élément le plus incitatif pour un Etat, le RSI confère à l'OMS la possibilité de prendre en compte des « rapports émanant de sources autres que les notifications ou les consultations[3186] ». Déjà évoqué, le GOARN, réseau reliant de nombreux

---

[3182] D. BISHOP, « *Lessons from Sars : Why the WHO must provide greater economic incentive for countries to comply with International Health Regulations* », *Georgetown journal of international law*, vol.36, 2005, p.1195.

[3183] V. RSI (2005), p.57-59. Ces exemples étant intégrés à l'annexe 2 du RSI ont la même valeur obligatoire que le RSI.

[3184] Article 2 du RSI (2005).

[3185] Article 43 § 1 du RSI (2005).

[3186] Article 9 du RSI (2005).

partenaires dont des établissements scientifiques et des organisations internationales non gouvernementales, permet à l'OMS une collecte en temps réel des données scannées sur internet pouvant faire état de certaines rumeurs quant à l'apparition de cas de maladies suspectes. Dès lors, si l'Etat ne fait pas part d'événements ayant lieu sur son territoire, l'OMS a la possibilité d'en être informée. Cette « fin du monopole étatiques en matière d'information[3187] » participe grandement au mécanisme de notification. Si l'Etat doit être consulté avant toute action de l'OMS en raison de l'impossibilité pour l'Organisation d'agir uniquement sur la base des rapports non étatiques, son refus de notification peut avoir des conséquences économiques dramatiques et plus importantes pour les autres Etats en raison de la révélation d'informations non étatiques agissant en tant que lanceur d'alerte.

1592. Par ailleurs, un autre élément démontrant des difficultés dans le système d'urgence est illustré par les recommandations temporaires que l'OMS peut adopter en application de l'article 15 du RSI (2005). En effet, par définition la recommandation est un « avis non contraignant émis par l'OMS[3188] ». Une première proposition suggérait que l'OMS puisse formuler des directives obligatoires mais dont la portée aurait été réduite à trois mois. L'objectif était de préserver la souveraineté des Etats qui n'aurait alors été affectée que pour une courte durée, celle considérée comme nécessaire afin d'apporter une réponse à une situation d'urgence[3189]. Toutefois, les Etats ont exprimé leur préférence pour le recours à de simples recommandations, soit un instrument non obligatoire. L'absence de contrainte permet ainsi aux Etats membres de décider de suivre ou non les recommandations émises par l'OMS. Cette position soulève un problème quant à l'utilité de ces recommandations temporaires et à la leur crédibilité scientifique.

1593. Confrontée à la souveraineté des Etats dans la mise en œuvre du système d'alerte du RSI, l'OMS se heurte à l'incapacité de certains Etats notamment sur le plan financier, dans l'accomplissement de leur obligation de développer des capacités essentielles minimum en santé.

2. Les capacités essentielles minimum en santé : un objectif difficile à atteindre

1594. Si le développement des capacités essentielles minimum en santé est un objectif central du RSI (a), les progrès dans sa mise en œuvre sont insuffisants (b).

a. Un objectif central du RSI

1595. En application des articles 5 et 13 et de l'annexe 1 du RSI (2005), chaque Etat partie doit acquérir, renforcer et maintenir des capacités essentielles minimum en santé. Afin de répondre efficacement à cette

---

[3187] H. DE POOTER, *Le droit international face aux pandémies (...) »*, *op.cit.*, p.70.

[3188] V. Article 1 du RSI (2005).

[3189] OMS, « *Crises et solutions au niveau mondial. Gestion des événements de santé publique exigeant une attention immédiate au niveau international au titre du règlement sanitaire international révisé* », Document d'information présenté par l'OMS à l'OMC, 31 mai 2000, G/SPS/GEN/179.

obligation, ces capacités doivent être mises en œuvre « dès que possible mais au plus tard dans les cinq ans suivant l'entrée en vigueur du RSI à l'égard de cet Etat partie[3190] ». Or, le RSI étant entré en vigueur le 15 juin 2007, l'expiration du délai de cinq ans est intervenue le 15 juin 2012. Toutefois, ce délai s'accompagne d'une première extension d'une durée de deux ans supplémentaires en cas de besoin justifié et, encore, d'un prolongement de même durée en cas de circonstances exceptionnelles[3191] aboutissant au total au mois de juin 2016.

1596. Dès l'adoption du RSI (2005), cette obligation est apparue « fort lourde » pour de nombreux Etats[3192]. Pour Madame DE POOTER, il s'agit d'un minimum élevé pour plusieurs raisons. D'abord, les Etats doivent posséder les capacités de détecter l'apparition de maladies dont l'origine est peu ou mal connue et de réagir rapidement en conséquence. Ensuite, le champ d'application du RSI (2005) implique la capacité de détecter non seulement l'apparition naturelle de maladie mais également l'apparition d'une menace biologique d'origine accidentelle ou intentionnelle. Dès lors, un paradoxe apparaît : ces obligations sont trop lourdes pour les Etats à faibles revenus et à revenus intermédiaires alors même que ce sont précisément les Etats les plus susceptibles d'être touchés en priorité par une USPPI[3193]. Ainsi, pour Monsieur THIERRY, cet instrument est « très exigeant ». Conscient de cette exigence, l'ONU reconnaissait dès 2003 « l'importance d'une coopération internationale active (…) dans le domaine de la lutte contre les maladies infectieuses, aux fins d'intensifier le renforcement des capacités dans le secteur de la santé publique en particulier dans les pays en développement[3194] ».

1597. A cet égard, le RSI prévoit une collaboration et une assistance de l'OMS dans la mise en œuvre de ces capacités minimum sanitaires. D'une part, selon l'article 5 § 3, « l'OMS aide les Etats parties, à leur demande, à acquérir, renforcer et maintenir les capacités (…) ». D'autre part, l'article 44 § 2 précise que l'OMS collabore, dans la mesure du possible, avec les Etats parties notamment pour « (a) évaluer et apprécier leurs capacités de santé publique (…) ; (b) assurer ou faciliter la coopération technique (…) et (c) mobiliser des ressources financières (…) ». Enfin, l'article 44 § 1 RSI insiste également sur la collaboration entre les Etats parties, dans la mesure du possible, afin de « (a) détecter et évaluer les événements (…) ; (b) assurer ou faciliter la coopération technique et l'apport d'un soutien logistique (…) ; (c) mobiliser des ressources financières (…) et (d) formuler des projets de loi et d'autres dispositions juridiques et administratives (…) ». Le besoin d'assister et d'aider les pays en développement à répondre aux exigences du RSI ayant été anticipé dès son élaboration, le règlement prévoit des mécanismes de

[3190] Article 5 § 1 ; article 13 § 1 et Annexe IA RSI (2005).

[3191] Article 5 § 2 ; article 13 § 2 et Annexe IA RSI (2005).

[3192] M. POULAIN, « *Révision du Règlement sanitaire international, réseau « Alerte et action » : l'efficacité des outils de réaction de l'OMS à l'épreuve du SRAS et de la grippe aviaire* » in R. MEHDI et S. MALJEAN-DUBOIS (dir.), *La société internationale et les grandes pandémies, op.cit.*, 2006, p.116.

[3193] L. O. GOSTIN, « *Influenza A(H1N1) and pandemic preparedness under the rule of international law* », *op.cit.*, p.2377 ; D. THIERRY, « *Le nouveau règlement sanitaire international (…)* », *op.cit.*, pp.456-457.

[3194] ONU, « *Intensification du renforcement des capacités dans le secteur de la santé publique à travers le monde* », A/RES/58/3, 27 octobre 2003, p.1 ; A/RES/59/27, 23 novembre 2004, p.1 et A/RES/60/35, 30 novembre 2005 p.1.

collaboration. En pratique, avec l'accord de l'Etat affecté, l'OMS pourra « envoyer des équipes sur le terrain, procéder à des examens d'échantillons dans ses propres laboratoires et rechercher les moyens les plus adaptés pour contenir le risque d'épidémie[3195] ».

1598. Par ailleurs, pour Madame MARKS et ses collègues, cette assistance de l'OMS intègre également une aide juridique dans la mise en œuvre de leur système de santé[3196]. En effet, même si ce type d'assistance par l'OMS n'est pas directement mentionné, il est énoncé dans le cadre de la collaboration entre les Etats mise en avant par l'article 44 (d) : « Les Etats parties s'engagent à collaborer entre eux, dans la mesure du possible, pour (...) formuler des projets de loi et d'autres dispositions juridiques et administratives aux fins de l'application du présent Règlement ». De même, l'OMS considère comme un indicateur de progrès les législations et les politiques nationales visant à évaluer la mise en œuvre des capacités essentielles du RSI au sein des Etats[3197]. Dès lors, l'assistance prévue par le RSI ne se limite pas à une collaboration technico-scientifique et prévoit, en outre, une coopération juridique entre les Etats et entre les Etats et l'OMS. Ainsi, l'OMS doit, sur demande de l'Etat concerné et en fonction des ressources de ce dernier, doit offrir une assistance aux pays, en particulier, ceux en développement.

1599. Cette disposition, initialement, est apparue comme « centrale » au RSI 2005 en raison du « changement notable de priorité par rapport aux règlements et conventions sanitaires antérieurs qui mettaient l'accent sur la protection des Etats par des logiques de quarantaine et d'embargo[3198] ». Anticipant les difficultés de cette nouvelle approche qui nécessite une capacité de l'OMS à mobiliser les acteurs concernés et à offrir les moyens de ses ambitions, Monsieur THIERRY estimait que le « succès du RSI (2005) dépend très largement de l'importance des moyens engagés et des décisions courageuses qui seront prises par les Etats[3199] ».

b. Des progrès insuffisants

1600. Depuis son entrée en vigueur en 2007, la mise en œuvre du RSI et des différentes obligations y afférentes est difficile. Selon la résolution WHA61.2[3200], les Etats parties au RSI (2005) et le Directeur général doivent faire un rapport tous les ans à l'Assemblée de la Santé sur l'application du Règlement, et en particulier sur l'acquisition et le maintien des principales capacités requises. Cette obligation répond à plusieurs objectifs : encourager les Etats à progresser sur la voie de la conformité car ils seront tenus de faire état, en toute transparence, de leurs progrès, ou de l'absence de progrès, sur la

3195 D. THIERRY, « *Le nouveau règlement sanitaire international (...)* », pp.454.
3196 G. MARKS et al, « *National Public Health Law: A Role for WHO in Capacity-Building and Promoting Transparency* », *op.cit.*
3197 OMS, « HR core capacity monitoring framework: Checklist and Indicators for Monitoring Progress in the Development of IHR Core Capacities in States Parties. WHO/HSE/IHR/2010.1.Rev.1, 2011, p.17. V. également M. C. HARDIMAN, « *World Health Organization perspective on implementation of International Health Regulations* », Emerging Infectious Diseases Journal, vol.18, 2012, pp.1041-1046.
3198 D. THIERRY, « *Le nouveau règlement sanitaire international (...)* », *op.cit.*, p.454.
3199 *Ibid.*
3200 OMS, « *Application du Règlement sanitaire international (2005)* », Résolution WHA61.2, 23 mai 2008, § 2.1, WHA61/2008/REC/1, 2008, p.3.

voie de la conformité ; rassurer les autres Etats quant à la mise en place des capacités appropriées ; permettre de dresser un tableau exact des zones où des menaces pour la santé publique pourraient surgir sans être remarquées, ou trop tard, ou dans lesquelles elles seraient difficiles à maîtriser ; et aider à planifier dans le détail la riposte mondiale à une urgence de santé publique[3201]. Après l'entrée en vigueur du RSI en 2007, l'OMS a élaboré un cadre de suivi. Ce dernier se présente sous la forme d'un questionnaire incluant une liste d'indicateurs que les Etats parties utilisent pour évaluer leurs progrès sur la voie de la mise en place des capacités requises.

1601. Malgré des progrès notables, le résultat en matière de capacité essentielle minimum en santé est toujours insuffisant. Dès 2011, le Directeur général anticipait que de « nombreux Etats parties n'aur[aient] pas acquis les principales capacités en matière de surveillance et d'action (...) avant la date limite du 15 juin 2012[3202] ». Ainsi, en mai 2012, malgré la recommandation du Comité d'examen[3203] du besoin d'accélérer la mise en place des principales capacités requises[3204], « un certain nombre d'Etats parties avaient fait part à l'OMS de leur intention de demander un délai supplémentaire de deux ans[3205] ». Plus particulièrement, selon l'OMS « pour la période 2012-2014, 118 des 196 Etats parties concernés ont sollicité et obtenu une prolongation[3206] ». Seuls 42 Etats avaient affirmé clairement ne pas avoir besoin de délai supplémentaire. Ces chiffres sont insuffisants et sont le signe des difficultés voire de l'impossibilité de certains Etats à se mettre en accord avec le RSI sans avoir recours à une aide extérieure. Toutefois, il faut reconnaître que la cause de la demande de la prorogation du délai de certains Etats n'était pas liée à des difficultés financières mais à la nécessité pour ces Etats de modifier des éléments règlementaires internes afin de les adapter aux nouvelles dispositions du RSI[3207]. Néanmoins, beaucoup de pays en développement n'ont pas les moyens pour mettre en œuvre le RSI dans son ensemble. Il s'agit d'un point crucial du RSI. Alors que des discussions sont en cours afin d'améliorer le RSI, il est important également de permettre la bonne application du RSI actuellement en vigueur.

1602. Par ailleurs, au 11 mars 2014, 122 pays soit 62% des 196 Etats parties, avaient répondu au questionnaire d'autoévaluation de façon

---

[3201] OMS, « *Application du Règlement sanitaire international (2005)* », Rapport du Comité d'examen sur le rôle du Règlement sanitaire international (2005) dans le cadre de l'épidémie de maladie à virus Ebola et de la riposte, Rapport du Directeur général, A69/21, 13 mai 2016, p.20.

[3202] OMS, « *Application du Règlement sanitaire international (2005) – Rapport du Directeur général* », A64/9, 17 mars 2011, p.7.

[3203] Prévu à l'article 50, le Comité d'examen a pour fonctions : « a) adresser des recommandations techniques au Directeur général concernant des amendements au présent Règlement ; b) donner au Directeur général des avis techniques concernant les recommandations permanentes et toute modification ou annulation de celles-ci ; c) donner des avis techniques au Directeur général sur toute question dont il est saisi par celui-ci concernant le fonctionnement du présent Règlement. »

[3204] OMS, « *Application du Règlement sanitaire international (2005) – Rapport du Comité d'examen sur le fonctionnement du Règlement sanitaire international (2005) eu égard à la grippe pandémique A5H1N1) 2009 – Rapport du Directeur général* », A64/10, 5 mai 2011, p.14.

[3205] OMS, « *Application du Règlement sanitaire international (2005) – Rapport du Directeur général* », A64/17, 22 mars 2012, p.7.

[3206] OMS, « *Application du Règlement sanitaire international (2005) – Rapport du Directeur général* », A65/17, 2 mai 2014, p.4.

[3207] On notera à cet égard que la France et l'Allemagne avaient sollicité un délai supplémentaire pour la mise en œuvre du Règlement.

satisfaisante. En d'autres termes, 74 pays n'ont pas répondu au questionnaire d'autoévaluation de façon satisfaisante. A la lecture du Tableau de suivi des capacités nationales relatif aux Etats parties ayant transmis des réponses pour l'année 2013, on constate que, parmi les 42 pays qui n'ont pas transmis de données, 14 sont issus de la région Afrique et 24 sont issus de la région Europe[3208].

1603. Selon les dernières données disponibles en date du 21 mars 2015, 160 Etats parties sur 196 au total ont transmis un rapport sur la mise en œuvre du Règlement en 2014. Toutefois, seuls 64 Etats parties ont indiqué au Secrétariat qu'ils avaient acquis ces capacités essentielles. Si cela constitue une évolution notable par rapport aux 42 Etats parties en 2014 (+ environ 50%), il demeure que 81 ont demandé une prolongation du délai imparti – et l'ont tous reçus[3209]– et 48 n'ont pas fait part de leur situation ou intention. Ainsi, alors que la date d'échéance du dernier délai accordé approche – 15 juin 2016– seuls 32,65 % des Etats parties ont acquis les capacités essentielles près de sept ans après l'entrée en vigueur du RSI (2005).

1604. Ces différents chiffres sont clairement insuffisants voire alarmants plus de sept ans après l'entrée en vigueur du RSI. Ces résultats s'expliquent principalement en raison de l'incapacité des Etats à répondre aux exigences du RSI (2005) et de leur manque de moyens et de ressources, alors même que des dispositions en matière de collaboration sont prévues à cet effet.

1605. A cet égard, le RSI (2005) ne prévoit pas d'obligation stricte pour les Etats développés d'accroître le financement pour le renforcement des capacités de santé publique. Le comité d'examen sur le fonctionnement du RSI reconnaissait ainsi l'impossibilité de la mise en œuvre du RSI du fait du manque de financement pour le renforcement des capacités dans de nombreux pays en développement [3210]. Le financement est « l'un des points d'achoppement actuel » de la mise en œuvre du RSI (2005)[3211].

1606. L'absence d'uniformisation de capacité essentielle minimum en santé en matière de système de surveillance et d'action est problématique. Cela affecte le bon fonctionnement du RSI en limitant la capacité des Etats à remplir leur obligation de notification à l'OMS. Toutefois, si ces difficultés expliquent en partie les dysfonctionnements du RSI (2005), l'OMS est également responsable de la mise en œuvre du RSI.

[3208] OMS, « *Annexe Tableau. Règlement sanitaire international (2005) : suivi des capacités nationales. Notation des capacités dans tous les États Parties ayant transmis des réponses pour l'année 2013* », A67/35 add.1, 9 mai 2014, p.2.

[3209] Les demandes de prolongation des délais pour la période 2014-2016 ont été accordées par le Directeur général à la suite de la convocation du Comité d'examen des deuxièmes demandes de prolongation des délais pour l'établissement des capacités nationales en santé publique et l'application du RSI (2005) (V. OMS, « *Application du Règlement sanitaire international (2005) – Faire face aux urgences de santé publique – Rapport du Directeur général* », EB136/22 Add.1, 9 janvier 2015, p.6.).

[3210] OMS, « *Rapport final du comité d'examen sur le fonctionnement du règlement sanitaire international national (2005) eu égard à la pandémie (H1N1) 2009. Rapport du Directeur général* », A65/10, 5 mai 2011, p.23.

[3211] M. SAMSON, « *Réflexions sur le rôle du droit dans la gouvernance de la santé mondiale* », in E. MONDIELLI, F. VIALLA et E. CADEAU (coord.), *op.cit.*, p.123 (pp.117-132).

B. La mise en œuvre limitée des responsabilités de l'OMS

1607. D'une part, l'OMS en tant que responsable de la qualification d'USPPI a démontré un manque d'autorité par une qualification rare, imprécise et parfois tardive (a). D'autre part, la confusion autour des recommandations à suivre en cas d'urgence sanitaire participe aux difficultés de mise en œuvre (b).

1. Une qualification d'USPPI confuse

1608. La qualification d'USPPI est le « seul mécanisme permettant de mobiliser les ressources financières et humaines considérables qui sont nécessaires pour riposter à une urgence mondiale, qu'il s'agisse du personnel à déployer, de l'accès aux produits de diagnostic et aux médicaments ou de la recherche-développement nécessaire pour un vaccin[3212] ». Or, depuis l'entrée en vigueur du RSI (2005), la qualification d'urgence de santé publique de portée internationale a été utilisée quatre fois : dans le cas de la grippe A(H1N1) le 25 avril 2009[3213], dans le cas de la propagation internationale du *poliovirus* sauvage le 5 Mai 2014[3214], dans le cas de la maladie à virus *Ebola* le 8 août 2014[3215] et enfin, lors du virus *Zika* le 1er février 2016[3216]. Ces quatre illustrations permettent de tirer des leçons sur l'évolution du rôle joué par l'OMS. D'une part, initialement, la qualification d'USPPI était rare (a). Toutefois, si les épidémies des virus *Ebola*, *Zika* et du *poliovirus* semble démontrer que l'OMS assume davantage son rôle, elles ne permettent pas véritablement de délimiter les critères de qualification d'USPPI (b).

a. Une rareté initiale expliquée

1609. D'abord, cette rareté s'explique par des raisons intrinsèques du RSI (2005). En effet, sont article 1er établit la nécessité de se fonder sur des événements « extraordinaires » afin de pouvoir qualifier USPPI ce qui limite l'étendue de cette qualification. A ce titre, il existe des événements de propagation internationale qui ne sont pas ou plus « extraordinaires » car latents depuis de trop nombreuses années tel le VIH/Sida. En effet, cette maladie qui à l'origine apparaissait comme « extraordinaire » dans les années 1970, époque où le RSI ne s'appliquait qu'à une liste limitée de maladies, constitue aujourd'hui une endémie mondiale c'est-à-dire une présence « habituelle » de la maladie au niveau mondial. Dès lors, en application du

---

[3212] OMS, « *Application du Règlement sanitaire international (2005)* », Rapport du Comité d'examen (…), *op.cit.*, p.45.

[3213] OMS, « *Le point sur la grippe porcine* », 25 avril 2009 (http://www.who.int/mediacentre/news/statements/2009/h1n1_20090425/fr/).

[3214] OMS, « *Déclaration sur la réunion du Comité d'urgence du Règlement sanitaire international concernant la propagation internationale du poliovirus sauvage* », 5 mai 2014 (http://www.who.int/mediacentre/news/statements/2014/polio-20140505/fr/).

[3215] OMS, « *Déclaration sur la réunion du Comité d'urgence du Règlement sanitaire international concernant la flambée de maladie à virus Ebola en Afrique de l'Ouest en 2014* », 8 août 2014 (http://www.who.int/mediacentre/news/statements/2014/ebola-20140808/fr/).

[3216] OMS, « *Déclaration sur la 1ère réunion du Comité d'urgence du Règlement sanitaire international concernant le virus Zika* », 1er février 2016 (http://www.who.int/mediacentre/news/statements/2016/1st-emergency-committee-zika/fr/).

RSI, le virus VIH/Sida ne constitue pas un événement extraordinaire susceptible de constituer une USPPI. Si la limitation du champ d'application du RSI dans sa version en vigueur en 1980 explique la non prise en compte du virus VIH/Sida, elle ne justifie pas les manquements de l'OMS au début de l'épidémie du virus VIH/Sida dans les années 80 qui ont menés à la création de l'ONUSIDA[3217].

1610. Par ailleurs, il faut également reconnaître que l'OMS dispose d'autres compétences permettant des qualifications extraréglementaires qui évitent, remplacent ou « concurrencent » une qualification d'USPPI. En effet, l'OMS a développé une définition de « pandémie de grippe » notamment lors de la crise du virus A(H1N1) en 2009. En effet, il existe un cadre d'action d'urgence[3218] et, très récemment, l'OMS a adopté un Programme de gestion des situations d'urgence sanitaire[3219]. L'OMS peut également désigner les différentes maladies qui émergent[3220] : en fonction de la région du monde où elle est apparue en premier ou de l'animal touché. Dans les deux cas cette désignation peut avoir des répercussions importantes[3221].

1611. Ensuite, la pratique faite par le Directeur général de la qualification d'USPPI apparaît modérée voire exagérément précautionneuse. En effet, selon le Comité d'examen, à la suite de la crise du virus A(H1N1) en 2009, « l'OMS a[vait] semble-t-il choisi de fixer à un niveau élevé le seuil à partir duquel est déclarée une urgence de santé publique de portée internationale, sans doute parce que le processus de déclaration nécessit[ait] des ressources considérables ». Par ailleurs, le Comité estime que « plusieurs autres événements auraient pu être déclarés urgences de santé publique de portée internationale puisqu'il s'agissait d'événements extraordinaires constituant un risque pour la santé publique dans d'autres Etats en raison du risque de propagation internationale de maladies et susceptibles de requérir une action internationale coordonnée[3222] ». De nombreux exemples d'événements non qualifiés ont eu lieu depuis la mise en place du RSI.

1612. On peut évoquer les exemples du cas du virus Nipah au Bangladesh en 2009 particulièrement meurtrier en Asie, la flambée du choléra en Haïti en 2010 et la recrudescence des cas de poliomyélite en Asie centrale en 2010. De même, l'OMS n'a pas retenu la qualification d'USPPI lors de l'épisode de contamination par certaines bactéries *Escherichia coli* ayant frappé en particulier l'Europe en juin 2011, ni lors du virus de la grippe aviaire A (H7N9) en Chine en 2013 ou lors des cas du coronavirus du syndrome respiratoire du Moyen-Orient (*MERS-CoV*). Malgré de nombreuses infections et de nombreux décès, on constate que l'OMS adopte une interprétation restrictive de la notion d'USPPI en particulier à l'égard de la notion de « propagation internationale ». En effet, malgré des flambées exceptionnelles

[3217] V. *supra* n°0 et s.
[3218] OMS, *Cadre d'action d'urgence*, 2014 (http://apps.who.int/iris/bitstream/10665/105634/1/9789242504972_fre.pdf?ua=1&ua=1).
[3219] Programme de gestion des situations d'urgence sanitaire.
[3220] H. DE POOTER, *Le droit international face aux pandémies (...) »*, *op.cit.*, pp.78-79.
[3221] V. le développement de H. DE POOTER, *Le droit international face aux pandémies (...) »*, *op.cit.*, p.78-80.
[3222] OMS, « *Application du Règlement sanitaire internationa (2005) (...) »*, A64/10, 5 mai 2011, p.86.

causées par des souches rares, le risque de propagation internationale apparaît insuffisant pour qualifier un événement d'USPPI.

1613. Par exemple, dans le cas des bactéries *Escherichia coli*, l'OMS qualifiait, le 25 mai 2011, cette flambée épidémique « d'exceptionnelle » dans la mesure où elle se développait « très rapidement » et qu'elle touchait un nombre « inhabituellement élevé » d'adultes[3223]. Toutefois, dans la mesure où la flambée épidémique « rest[ait] essentiellement centrée en Allemagne[3224] » la propagation internationale a été considérée comme réduite alors même qu'elle affectait tout de même treize autres Etats du continent européen et que des cas furent même signalés en Amérique du Nord. De même, dans le cadre du *MERS-CoV*, l'OMS a reconnu que la propagation internationale est réelle, grave et très préoccupante[3225]. Enfin, alors que le champ d'application est élargi, l'OMS ne reconnaissait pas non plus la qualification d'USPPI dans le cadre de l'explosion de la centrale nucléaire de Fukushima en 2011. L'exceptionnalité de la qualification faisait craindre au Comité d'examen en 2011 que le RSI ne soit « considéré comme uniquement applicable à des événements aussi rares qu'une pandémie mondiale de grippe[3226] ».

1614. Toutefois, les qualifications d'USPPI lors du *poliovirus* et du virus *Ebola,* et plus récemment lors du virus *Zika* ont pu rassurer quant à la capacité de l'OMS à mettre en œuvre sa compétence ainsi qu'à faire évoluer ses contours. Néanmoins, cet événement a également démontré la difficulté à délimiter la qualification d'USPPI, entre défaut de réactivité et surréactivité ou précocité de réaction au nom du principe de précaution.

b. Les limites de la qualification d'USPPI

1615. Dans le cas de la propagation internationale du *poliovirus*, le Comité d'urgence, a estimé à l'unanimité que les cas recensés dans neuf pays[3227], s'ils n'étaient pas maitrisés, pouvaient « entraîner un échec de l'éradication mondiale de l'une des plus graves maladies à prévention vaccinale[3228] ». Par ailleurs, le Comité considérait que fin 2013, 60% des cas de poliomyélite résultaient de la propagation internationale du *poliovirus* sauvage et de plus en plus d'éléments probants indiquaient que les voyageurs adultes contribuaient à cette propagation. Insistant sur la mise en place d'une action coordonnée plutôt que des mesures unilatérales moins efficaces pour stopper la propagation

---

[3223] OMS Europe, « *Flambée épidémique est provoquée par une souche rare de E. coli non rencontrée lors d'épidémies précédentes* », Actualité, 2 juin 2011 (http://www.euro.who.int/fr/countries/germany/news/news/2011/06/ehec-outbreak-rare-strain-of-e.-coli-unknown-in-previous-outbreaks).

[3224] OMS Europe, « *Flambée épidémique causée par ECEH : 14e Bulletin* », 11 juin 2011 (http://www.euro.who.int/fr/countries/germany/news/news/2011/06/ehec-outbreak-update-14).

[3225] OMS, « *Deuxième réunion du Comité d'urgence du RSI sur le Coronavirus du syndrome respiratoire du Moyen-Orient (MERS-CoV)* », Déclaration de l'OMS, 17 juillet 2013 (http://www.who.int/mediacentre/news/statements/2013/mers_cov_20130717/fr/).

[3226] OMS, « *Application du Règlement sanitaire international (2005) (...)* », A64/10, *op.cit.*, p.86.

[3227] Afghanistan, Cameroun, Guinée équatoriale, Éthiopie, Israël, Nigéria, Pakistan, République arabe syrienne, Iraq et Somalie.

[3228] OMS, « *Déclaration sur la réunion du Comité d'urgence du RSI concernant la propagation internationale du poliovirus sauvage* », 5 mai 2014 (http://www.who.int/mediacentre/news/statements/2014/polio-20140505/fr/).

internationale, le Directeur général, suivant l'avis du Comité, a déclaré une USPPI le 5 mai 2014.

1616. Toutefois, certains estiment que la déclaration d'USPPI était contre-intuitive car seulement quelques cas avaient été déclarés[3229]. A cet égard, si l'on compare cet événement à d'autres antérieurs, on peut s'étonner, au vu du nombre limité d'Etats affectés, de cette classification. A l'inverse, on peut également se réjouir que l'OMS ait réagi de la sorte en prenant en compte non seulement la propagation actuelle mais surtout le risque de propagation dans le futur. Le Comité insistait sur « les conséquences d'une nouvelle propagation internationale particulièrement aiguë aujourd'hui compte tenu du nombre important d'Etats exempts de poliomyélite mais fragiles et déchirés par des conflits, dont les services de vaccination systématique sont gravement compromis et qui sont donc fortement exposés à une réinfection ». Ainsi, le Comité d'urgence, dans son appréciation de la situation, prend en compte la situation politique et économique des pays touchés. On comprend ainsi la différence avec la bactérie *Escherichia coli* concentrée dans des pays développés. Cela est plus surprenant dans le cas du *MERS-CoV*. Preuve de l'évolution de la position de l'OMS quant au nombre de pays touchés, le Comité d'urgence a confirmé l'USPPI du *poliovirus* lors de sa 7ème réunion alors même que seulement deux nouvelles exportations ont été signalées au Pakistan et en Afghanistan en 2015 en précisant que « la propagation du *poliovirus* entre deux Etats membres constitue une propagation internationale au sens du RSI[3230] ». Toutefois, si on reconnaît l'évolution positive de l'OMS dans la gestion du *poliovirus*, celle du virus Ebola est représentative de la confusion de cette qualification et du rôle de l'OMS.

1617. A l'inverse, dans le cas du virus *Ebola*, selon les données de l'OMS, entre le 1er janvier 2014 et le 28 février 2015 le nombre total d' « événements » comptabilisés dans le système de gestion des événements de l'OMS s'élevait à 321[3231]. Au cours de la même période, l'OMS a diffusé plus de 400 mises à jour et communications sur le site d'information à l'attention des points focaux nationaux du RSI. Si ces chiffres peuvent paraître importants, cela n'a pas empêché que l'action de l'OMS dans la gestion de la crise *Ebola* soit critiquée notamment quant à la lenteur de la qualification d'USPPI par la Directrice générale. A cet égard, le premier cas déclaré d'*Ebola* a été observé le 26 décembre 2013 en Guinée. Par la suite, l'OMS a continué à accumuler des données démontrant la progression de l'épidémie. Or, lors de la 64e Assemblée mondiale de la santé en mai 2014, aucun élément à l'ordre de jour ne traitait de l'épidémie *Ebola*.

1618. Ce n'est que le 8 août 2014, soit près de neuf mois après la première déclaration par la Guinée et *Médecins sans frontière* (MSF), que la Directrice

---

[3229] L. O. GOSTIN et al., « *The International Health Regulations 10 years on : the governing framework for global health security* », The Lancet, vol.386, 28 Novembre 2015.

[3230] OMS, « *Déclaration sur la 7ème réunion du Comité d'urgence du RSI concernant la propagation internationale du poliovirus sauvage* », 3 décembre 2015 (http://www.who.int/mediacentre/news/statements/2015/ihr-ec-poliovirus/fr/).

[3231] OMS, « *Application du Règlement sanitaire international (2005). Faire face aux urgences de santé publique – Rapport du Directeur général* », A68/22, 15 mai 2015, p.1.

générale a qualifié l'événement d'USPPI. Pour le Professeur GOSTIN[3232] et MSF[3233], ce délai était trop long. Toutefois, il ne faut pas pour autant considérer que l'OMS n'a rien fait jusqu'à la qualification d'USPPI. Pour Monsieur KAMRADT-SCOTT, le Secrétariat de l'OMS n'a pas été négligent dans son action[3234]. En effet, ce n'est pas parce qu'une USPPI n'a pas été déclarée *ab initio*, que l'OMS n'a pas agi. De nombreux arguments sont avancés pour expliquer le retard de l'OMS dans la déclaration de l'USPPI. Aucune des raisons invoquées ne concerne véritablement l'absence des conditions nécessaires afin de déclarer une USPPI, à savoir l'existence d'un risque sanitaire inhabituel ou d'une propagation internationale.

1619. Au contraire, les raisons invoquées étaient davantage économiques et politiques. D'abord, selon des membres de l'OMS[3235], le délai de réaction était du a un mauvais calcul des conséquences économiques que le virus *Ebola* allait avoir sur les pays affectés[3236]. Ensuite, Madame CHAN estimait que l'OMS n'est pas le « premier intervenant[3237] ». Ainsi, elle considérait que les gouvernements nationaux « avait la première priorité afin de prendre en charge les besoins de leur population[3238] ».Enfin, des raisons politiques ont été révélées par un mémo interne de l'OMS justifiant la nécessité de minimiser l'impact de la maladie. Ainsi, la déclaration d'USPPI était associée à un « acte hostile[3239] » envers les pays concernés. Cela pourrait avoir des conséquences économiques négatives surtout pour l'industrie minière. De même, les restrictions de voyage auraient un impact sur le pèlerinage à la Mecque, faisant ainsi écho au virus *Mers-CoV* qui n'avait pas été déclaré en tant qu'USPPI pour des raisons similaires. La note arrivait à la conclusion que cet événement devait être considéré comme un enjeu de santé sous régional. Il est inacceptable que des considérations non sanitaires aient été prises en compte dans la qualification d'USPPI.

1620. La question du délai de déclaration de l'OMS est révélatrice, plus largement, du pouvoir discrétionnaire dont dispose le Directeur général de l'OMS dans la déclaration ou non d'une USPPI. En effet, l'article 12(4) du RSI (2005) prévoit la prise en compte de l'avis d'un Comité d'urgence pour

---

[3232] L. O. GOSTIN, « *Ebola : towards an international health system fund* », The Lancet, vol.384, n°9951, 11 octobre 2014, e49-e51; L. O. GOSTIN et al. « *The Ebola epidemic : A global health emergency* », JAMA, vol.312, n°11, 17 septembre, 2014 ; L. O. GOSTIN et E. FRIEDMAN, « *A retrospective and prospective analysis of the west African Ebola virus disease epidemic: robust national health systems at the foundation and an empowered WHO at the apex* », The Lancet, vol.385, n°9980, 9 mai 2015, pp.1902-1909 ; L. O. GOSTIN, « *Critical choices for the WHO after the Ebola Epidemic* », JAM Forum, 27 mai 2015.

[3233] MÉDECINS SANS FRONTIÈRE, « *Ebola Response : Where are we now ?* », MSF Briefing Paper, Décembre 2014.

[3234] A. KAMRADT-SCOTT, « *WHO's to blame ? The World Health Organization and the 2014 Ebola outbreak in West Africa* », Third World Quarterly, 2016, p.4.

[3235] P. VILLAREAL, « *Reforms of the World health organisation in light of the Ebola crisis in West Africa : More delegation, more teeth ?* », Völkerrechtsblog, 26 août 2015 (http://voelkerrechtsblog.org/reforms-of-the-world-health-organization-in-light-of-the-ebola-crisis-in-west-africa-more-delegation-more-teeth/).

[3236] *Ibid.*

[3237] S. FINK, « *W.H.O. Leader describes the agency's ebola operations* », The New York Times, 4 Septembre 2014.

[3238] *Ibid.*

[3239] Le 10 juin 2014 un memo interne envoyé à CHAN indiquait que des cas avaient été révélés au Mali, en Côte d'Ivoire et en Guinée équatoriale (V. Assistant Director-General, *Briefing note to the Director-Général*, 10 juin 2014).

déterminer si un événement constitue une USPPI. Toutefois, aucune procédure n'est prévue pour déterminer qu'un événement ne constitue pas une USPPI. En effet, aucune disposition du RSI ne prévoit les suites à donner à une décision de ne pas déclarer une USPPI. Ainsi, cette autonomie de décision du Directeur général de l'OMS est une limite de la qualification d'USPPI. A cet égard, les différentes interprétations des événements qui constituent (ou non) une USPPI laissent place à sa politisation. S'il faut reconnaître qu'il n'est pas certain, selon les experts, qu'une déclaration plus rapide aurait permis d'empêcher la propagation internationale, cela a véritablement affecté la crédibilité de l'OMS. Cependant, le 29 mars 2016[3240] l'OMS a mis fin à la déclaration d'USPPI du virus *Ebola*, soit plus de 3 ans après les premières notifications d'événements suspects. Il y a une marge de progression en particulier dans le délai de déclaration. Ces progrès sont déjà observables dans le cas du virus *Zika*.

1621. L'exemple du virus *Zika*, déclarée en tant qu'USPPI le 1er février 2016, vient apporter des réponses quant à l'évolution de l'OMS. En effet, cette réaction apporte certaines réponses quant au doute de la capacité de l'OMS à déclarer une USPPI. En l'espèce, le premier cas de maladie à virus *Zika* a été notifié par le Brésil en mai 2015. Afin de justifier la qualification d'USPPI, plusieurs éléments ont été mis en avant par les membres du Comité d'urgence. D'abord, ils ont considéré que le lien entre la contamination de certaines femmes par le virus et les malformations congénitales dont souffraient leurs enfants, qui étaient nés avec une tête et un cerveau anormalement petits constituait un « événement extraordinaire ». Reconnaissant que la transmission par une femme enceinte à son fœtus n'était pas prouvée scientifiquement, l'OMS a estimé que cette relation causale n'en demeurait pas moins « fortement suspecte », fondant ainsi son raisonnement sur le principe de précaution.

1622. Ensuite, l'événement doit être de portée internationale. Le Comité a ainsi analysé la distribution géographique des moustiques qui peuvent transmettre le virus et son modèle de propagation. Le virus *Zika* se transmet par des moustiques du genre *Aedes*[3241]. Si ces derniers représentent seulement deux espèces de moustiques sur les 3 500 identifiés, ils sont connus pour leur adaptabilité et leur expansion à travers le monde. Lors d'une déclaration jeudi le 28 janvier 2016, Madame CHAN a reconnu que le virus se propage de « manière explosive »[3242]. En effet, 3 à 4 millions de personnes pourraient être infectées en 2016. Dans 20% des cas, le virus *Zika* se traduit par de la fièvre, des irritations de la peau, des douleurs articulaires ou des conjonctivites. L'OMS rappelle que la maladie à virus *Zika* est « en général relativement bénigne[3243] ». Toutefois, la situation du Brésil est apparue alarmante en particulier à l'égard du nombre anormalement élevé de microcéphalies : en

---

[3240] OMS, « *Statement on the 9th meeting of the IHR Emergency Committee regarding the Ebola outbreak in West Africa* », 29 mars 2016 (http://www.who.int/mediacentre/news/statements/2016/end-of-ebola-pheic/en/).

[3241] OMS, « *Maladie à virus Zika* », Aide-mémoire, Février 2016 (http://www.who.int/mediacentre/factsheets/zika/fr/).

[3242] Déclaration de M. CHAN du 28 janvier 2016 reprise par le Centre d'actualités de l'ONU (V. http://www.un.org/apps/newsFr/storyF.asp?NewsID=36519#.Vsw7MMcU1R.5).

[3243] OMS, « *Maladie à virus Zika* », Aide-mémoire, Février 2016, *op.cit.*

2015, les autorités brésiliennes ont recensé 3 174 cas confirmés ou soupçonnés contre environ 150 cas annuels entre 2010 et 2014. Au 27 janvier 2016, l'OMS estimait que la maladie avait gagné vingt-trois pays de la région de l'Amérique latine.

1623. Le Comité a conclu que ces éléments, couplés à l'absence de vaccin et de tests fiables, et au manque d'immunité de la population dans les pays nouvellement touchés constituaient des causes supplémentaires d'inquiétude justifiant une action internationale coordonnée. Ainsi, l'OMS a pertinemment attendu que cet événement soit, d'une part, extraordinaire c'est-à-dire qu'il ait des répercussions graves sur la santé publique et qu'il soit inhabituel et inattendu et, d'autre part, qu'il soit de portée internationale.[3244] A cet égard, il faut bien comprendre que le mécanisme de l'USPPI n'a pas pour vocation à répondre à l'ensemble des nouvelles infections qui apparaissent sur la planète. Cela n'empêche pas l'OMS de collaborer avec les Etats concernés même en l'absence de qualification Toutefois, l'OMS doit avoir la capacité d'analyser rapidement et efficacement la situation afin de vérifier que les conditions de déclaration d'USPPI sont réunies. C'est ce qu'elle semble avoir réussi à faire avec le virus *Zika.*

1624. Toutefois, ce virus est différent des épidémies précédentes en particulier celle du virus *Ebola*[3245]. En premier lieu, la transmission du virus *Zika* se fait principalement[3246] par le moustique du genre *Aedes* et non par l'homme. Ainsi, ce virus « ne tue pas des professionnels de santé[3247] ». En second lieu, les maladies consécutives au virus *Zika* ne sont pas comparables aux autres USPPI déclarées en termes de sévérité. En effet, la contagion au virus *Zika* est rarement mortelle mais inquiète en raison des conséquences sur les nouveau-nés[3248]. Or ce lien n'était pas encore définitivement prouvé scientifiquement[3249] au moment de la déclaration d'USPPI.

[3244] F. KASTLER, « *Après le virus Ebola, le virus Zika : la réaction de l'OMS (enfin) dans les temps ?* », Chaire de recherche du Canada sur la culture collaborative en droit et politiques de la santé Blogue, 4 février 2016.

[3245] A. VILLAREAL, « *Zika virus as a Public health emergency of international concern : insights from previous cases* », Global Health Law Groningen Blog, 8 février 2016.

[3246] Le premier cas de transmission sexuelle du virus Zika a été détecté, le 2 février 2016, par le Département des Services de santé et humain du Comté de Dallas au Etats-Unis (V. D. G. McNEIL et S. TAVERNISE, « *Zika infection transmitted by sex reported in Texas* », The New York Times, 2 février 2016). Par ailleurs, l'OMS reconnaît que le virus Zika a été retrouvé « dans le sperme humain et une étude a décrit un cas de transmission lors de rapports sexuels. Il faudra néanmoins réunir davantage de données factuelles pour confirmer si le virus Zika se transmet fréquemment lors des rapports sexuels » (V. OMS, « *Microcéphalie et maladie à virus Zika : réponses aux questions des femmes* », Questions-réponses, 2016, http://www.who.int/features/qa/zika-pregnancy/fr/). De même, l'OMS estime que « le virus Zika pourrait présenter un risque pour la sécurité transfusionnelle » (V. OMS, « *Virus Zika et sécurité transfusionnelle* », Questions-réponses, 19 février 2016, http://www.who.int/features/qa/zika-safe-blood/fr/). Par ailleurs, les autorités sanitaires américaines par le biais du CDC (Center for Disease and Control) ont annoncé le 23 février 2016 enquêter sur quatorze possibles cas d'infection par le virus Zika, qui pourrait avoir été transmis par voie sexuelle. L'infection a été confirmée chez deux de ces femmes (V. S. TAVERNISE, « *C.D.C. investigating 14 new reports of Zika transmission through sex* », The New York Times, 23 février 2016). Enfin, le premier cas de Zika contracté par voie sexuelle en France a été déclaré le 27 février 2016.

[3247] M. EDELSTEIN et B. McCLOSKEY, « *Zika is not the new ebola* », Chatham House, 29 janvier 2016.

[3248] « Des organismes enquêtant sur les flambées épidémiques dues au virus Zika mettent à jour un nombre de données croissantes établissant un lien entre ce virus et la microcéphalie » (OMS, « *Maladie à virus Zika* », Aide mémoire, Février 2016, *op.cit.,)*.

[3249] « D'autres investigations seront toutefois nécessaires pour pouvoir comprendre la relation entre la microcéphalie des nourrissons et le virus Zika » (OMS, « *Maladie à virus Zika* », Aide mémoire, Février 2016, *op.cit.).* « Lorsqu'une infection à virus Zika survient à proximité du terme de la grossesse, il y a un

1625. La réaction de l'OMS face au virus *Zika* permet, d'une part, de montrer les progrès réalisés en matière de réactivité. D'autre part, l'OMS a également joué son rôle de chef de file en matière scientifique. En effet, même en l'absence d'une corrélation scientifique certaine entre le virus *Zika* et les complications, l'OMS a déclaré l'USPPI en se fondant sur le principe de précaution. Cette approche dans l'application du RSI est nouvelle pour l'OMS. Elle apparaît comme essentielle face à la menace sanitaire qui peut s'avérer incertaine et qui doit être anticipée. Preuve que l'OMS a su prévoir le risque, des études scientifiques *a posteriori* ont démontré le lien certain entre le virus et les microcéphalies et le syndrome de Guillaume-Barré. Enfin, l'OMS a rassuré dans sa capacité à interpréter plus largement la notion d'USPPI. En effet, la mise en œuvre du RSI 2005 semblait initialement démontrer une méfiance de l'OMS dans l'utilisation de sa compétence de qualification d'USPPI et des recommandations qui en découle. La prise en compte d'un virus dont les conséquences ne sont pas mortelles, difficilement compréhensibles et à long terme, à la différence d'Ebola par exemple, atteste de l'évolution positive de l'OMS dans l'application du RSI. Dès lors, cette USPPI constitue une nouvelle interprétation juridique du RSI (2005) et démontre que la notion d'USPPI telle que prévue par le RSI (2005) peut englober différentes situations à venir.

1626. Toutefois, le Comité d'examen de la riposte *Ebola* a estimé que « la signification d'une déclaration d'urgence de santé publique de portée internationale n'était pas comprise par toute la communauté internationale[3250] ». Aussi est-il crucial que l'OMS communique clairement avec tous les acteurs concernés au sujet des actions qui doivent être déclenchées lorsqu'un comité d'urgence est convoqué, et lorsqu'une USPPI est déclarée. Il est également indispensable de communiquer clairement les différences et les relations qui existent entre les alertes issues du mécanisme du RSI, celles qui émanent du Cadre d'action d'urgence et celles qui ont été données dans le secteur de l'action humanitaire par le Comité permanent interorganisations. En effet, l'aspect binaire d'une USPPI, un événement pouvant ou non être déclaré une USPPI, est problématique : la période précédant la déclaration, au cours de laquelle l'OMS intensifie ses évaluations des risques et se prépare à convoquer un comité d'urgence, peut s'apparenter à un exercice d'équilibre. Les Etats parties et les autres acteurs concernés ne savent pas comment se comporter en l'absence de lignes directrices de l'OMS ou ils donnent des directives qui risquent de ne pas être conformes aux avis de l'OMS. Ainsi que l'a recommandé le groupe d'experts chargé de l'évaluation intérimaire de la riposte à *Ebola*, la coordination et l'harmonisation du système d'alerte devront être améliorées[3251].

---

risque potentiel de transmission pendant l'accouchement, bien qu'on n'en ait pas eu la preuve jusqu'à maintenant » (OMS, « *Microcéphalie et maladie à virus Zika : réponses aux questions des femmes* »», Questions-réponses, 2016, *op.cit.*).

[3250] OMS, « *Application du Règlement sanitaire international (2005)* », Rapport du Comité d'examen sur le rôle du Règlement sanitaire international (2005) dans le cadre de l'épidémie de maladie à virus Ebola et de la riposte, Rapport du Directeur général, A69/21, 13 mai 2016, p.45.

[3251] *Ibid.*, p.46.

1627. Par ailleurs, il faut reconnaître que les expériences de l'OMS en matière de déclaration d'USPPI imposent une réflexion sur la capacité de l'OMS à répondre efficacement à ces enjeux. Ces expériences soulèvent également la question du respect de l'obligation de diligence qui impose un soin attentif, rapide et sans délai dans l'accomplissement de ses obligations[3252]. Au-delà de la qualification d'USPPI, l'OMS démontre également un manque d'autorité dans le développement et l'application des recommandations temporaires qu'elle émet.

2. Des recommandations difficilement appliquées

1628. Une fois la qualification d'USPPI déterminée, selon l'article 15 § 2 du RSI (2005), il revient au Directeur général, aidé par le Comité d'urgence, d'énoncer des recommandations temporaires afin d'apporter une réponse à l'urgence de la situation. Deux éléments sont à étudier : le contenu de ces recommandations (a) et leur application (b).

a. Le contenu des recommandations temporaires

1629. Concernant le contenu de ces recommandations, l'article 18 du RSI (2005) vient encadrer le recours aux recommandations, temporaires, en définissant à l'avance le type de conseils pouvant y être inclus. L'OMS peut ainsi émettre des recommandations qui visent à endiguer ou atténuer l'USPPI.

1630. Dans le cadre de la grippe A(H1N1), la Directrice générale, en se fondant sur l'avis rendu par le Comité d'urgence, a émis trois recommandations principales[3253] : « (1) que tous les pays intensifient la surveillance afin de détecter des flambées inhabituelles de syndrome de type grippal et de pneumonie grave ; (2) de ne pas fermer les frontières et de ne pas limiter les voyages internationaux. La prudence veut que les personnes malades reportent un voyage international et que celles qui présentent des symptômes à la suite d'un tel voyage recherchent un avis médical et (3) que la production du vaccin contre la grippe saisonnière se poursuive pour le moment, sous réserve d'une réévaluation si la situation évolue ». Il était essentiel pour l'OMS de mettre en place des mesures d'atténuation au vu du degré de propagation du virus H1N1. L'objectif, notamment en incitant à ne pas fermer les frontières et à ne pas limiter les voyages internationaux, était de réduire l'impact de la maladie. Il n'était plus nécessaire d'énoncer des mesures d'endiguement qui visent à interrompre, à la source, la propagation d'une flambée[3254]. Si les recommandations émises par l'OMS ont pu paraître pertinentes, c'est davantage la confusion liée à la définition d'épidémie qui a pâti sur la gestion générale de la crise.

1631. Dans le cadre de la flambée du virus *Ebola*, une fois l'USPPI déclaré le 8 août 2014, la Directrice générale a formulé et régulièrement renouvelé

[3252] V. notamment A. OUEDRAOGO, « *La* due diligence *en droit international : de la règle de la neutralité au principe général* », Revue général de droit, vol.42, n°2, 2012, pp.641-683.

[3253] OMS, « *Troisième réunion du Comité d'urgence du Règlement sanitaire international – Epidémie (H1N1) 2009* », 5 juin 2009 (http://www.who.int/csr/disease/swineflu/3rd_meeting_ihr/fr/).

[3254] H. DE POOTER, *Le droit international face aux pandémies (...) », op.cit.*, p.81.

toute une série de recommandations aux Etats[3255]. Ces dernières variaient en fonction des Etats considérés. Une classification des Etats en trois catégories correspondant à leur degré de vulnérabilité a été établie. Elle comprends les Etats déjà affectés par l'épidémie, ceux qui sont vulnérables parce qu'ils ont enregistré un cas de contamination sans transmission sur leur territoire ou qui ont une frontière commune avec un Etat contaminé et enfin tous les autres Etats[3256]. Certaines recommandations indiquent les mesures qui doivent être prises pour contenir la propagation, notamment comme veiller à ce que les obsèques soient assurées par du personnel bien formé ou faire en sorte que les centres de traitement soient situés aussi près que possible des zones de transmission. D'autres recommandations visent à indiquer ce qu'il convient de ne pas faire, par exemple, « il ne doit y avoir d'interdiction générale appliquée aux voyages ou au commerce ». Une exception existe en cas de détection d'un cas de virus *Ebola*. Encore une fois, les recommandations, certes tardives, démontrent une volonté de l'OMS de préserver l'équilibre entre garantir la gestion de la pandémie et éviter les pressions économiques inutiles du commerce international.

1632. Enfin, dans le cadre du virus *Zika*, l'OMS a catégorisé ces recommandations[3257] en fonction de leur objet en distinguant celles relatives à la transmission du virus *Zika*, celles au long terme, celles concernant les voyages et enfin celles relatives à l'échange des données. Ainsi, l'OMS a adapté ses recommandations à la particularité de cette maladie. En effet, la transmission sexuelle et transfusionnelle est encore indéterminée. De même, le lien entre le virus et les maladies des nouveau-nés doit être précisé. Toutefois, face à ces incertitudes, l'OMS a eu le courage d'énoncer des recommandations. On notera d'ailleurs qu'une recommandation revient dans toutes les USPPI, celle de ne pas imposer de restrictions aux voyages ou aux échanges commerciaux avec les pays, zones ou territoires où il y a une transmission du virus *Zika*.

1633. Il est difficile d'évaluer la qualité scientifique des recommandations de l'OMS en particulier dans des situations où des éléments sont inconnus. Toutefois, on constate que la forme, la catégorisation et le contenu des recommandations de l'OMS varient en fonction des USPPI. Dans certains cas cela peut être la conséquence d'une adaptation des recommandations aux besoins particuliers du virus. Toutefois, dans d'autres cas, c'est le signe d'une confusion du positionnement de l'OMS. On notera des éléments positifs. D'une part, l'OMS émet des recommandations ce qui est un élément nécessaire dans la bonne application du RSI (2005). La simple déclaration d'USPPI, si elle joue un rôle symbolique essentiel, doit en effet être accompagnée de recommandations de l'OMS. Elles ont le mérite d'exister en soi. Ces recommandations ne doivent pas considérées comme la seule source

---

[3255] Les recommandations temporaires ont été publiées le 8 août 2014 puis prorogées à intervalles réguliers et encore le 5 octobre 2015 (OMS, « *Déclaration sur la 7e réunion du Comité d'urgence du Règlement sanitaire international concernant la flambée de maladie à virus Ebola en Afrique de l'Ouest* », 5 octobre 2015 (http://www.who.int/mediacentre/news/statements/2015/ebola-4th-ihr-meeting/fr/).

[3256] V. les déclarations de l'OMS suite aux différentes réunions du Comité d'urgence du RSI concernant la flambée de maladie à virus Ebola (http://www.who.int/ihr/ihr_ec_ebola/fr/).

[3257] OMS, « *Déclaration sur la 1ère réunion du Comité d'urgence du Règlement sanitaire international concernant le virus Zika* », 1er février 2016, *op.cit.*

d'expertise scientifique mondiale mais comme un moyen pour les Etats touchés de se coordonner pour limiter les conséquences sanitaires. Ceci démontre bien le rôle normatif de l'OMS en tant que leader de la santé mondiale. D'autre part, le nombre et la précision des recommandations a évolué avec le temps. Cette évolution démontre la volonté de l'OMS d'améliorer ces recommandations temporaires.

1634. On regrettera cependant que les recommandations comme la qualification d'USPPI soient parfois guidées ou limitées par des intérêts autres que sanitaires. Par exemple, alors que de nombreux Etats l'avaient recommandé tels les Etats-Unis[3258] et la France[3259], l'OMS n'a initialement pas décidé de restreindre le voyage des femmes enceintes. Elle l'a cependant fait dans un second temps, le 8 mars 2016, soit plus d'un mois après la déclaration d'USPPI tout en encourageant néanmoins les voyages au Brésil pour les Jeux Olympiques à l'été 2016. De même, on regrettera que l'OMS n'ait pas répondu aux recommandations faites par certains pays qui conseillaient à leurs ressortissants de ne pas tomber enceinte pendant une période durée ce qui apparaît adhérant eu égard à leur caractère disproportionné. A cet égard, on notera le rôle joué par l'ONU. Par le biais du Haut-Commissaire des Nations unies aux droits de l'homme, l'ONU a encouragé les pays d'Amérique latine concernés à « abroger les lois et les politiques qui restreignent l'accès des femmes aux services de santé sexuelle et reproductive, notamment en matière de contraception et d'avortement[3260] ». Si cette déclaration est essentielle, il apparaît regrettable que ces recommandations n'émanent pas de l'OMS. En particulier, l'OMS recommande que les femmes qui souhaitent mettre fin à une grossesse par crainte de la microcéphalie aient « accès à des services d'avortement sécurisé dans toute la mesure permise par la législation[3261] ». Cette recommandation va donc à l'encontre de la position du Haut-Commissaire. Si cela n'a aucune conséquence juridique *stricto sensu*, ce genre de prise de position affaiblit d'autant plus l'OMS qui n'assume pas son rôle normatif et se limite à des recommandations moins polémiques. L'OMS doit prendre position y compris lorsque la controverse politique s'ajoute à l'incertitude scientifique. Toutefois, si la qualité des recommandations temporaires peut être reconnue, leur application demeure limitée.

[3258] CDC, « *Interim Guidelines for pregnant women during a Zika virus Outbreak* », Morbility and Mortality Weekly Report, 22 janvier 2016.

[3259] Ministère des Affaires Sociales, de la Santé et des Droits des Femmes, « *Epidémie de Zika : recommandations pour les femmes enceintes* », 22 janvier 2016 (mis à jours le 29 janvier 2016) : « Il est recommandé aux femmes enceintes ou ayant un projet de grossesse et ayant le projet de se rendre dans des zones où sévit le Zika, d'envisager un report de leur projet de voyage, ou, en tout cas de consulter un médecin avant le départ pour être informées sur les complications pouvant survenir lors d'une infection par le virus Zika ».

[3260] Déclaration du Haut-Commissaire des Nations unies aux droits de l'homme M. Z. RA'AD AL HUSSEIN le 5 février 2016 reprise par le Centre d'actualités de l'ONU (http://www.un.org/apps/newsFr/storyF.asp?NewsID=36572#.VsxOLscU1R4).

[3261] OMS, « *Microcéphalie et maladie à virus Zika : réponses aux questions des femmes* », Questions-réponses, 2016, *op.cit.*

b. L'application des recommandations temporaires

1635. Concernant l'application des recommandations, la situation est plus délicate. Plusieurs raisons expliquent que leur application soit limitée. A titre rappel, les recommandations sont des « avis non contraignants[3262] ». S'ils sont incités à les respecter par de nombreux éléments prévus dans le RSI (2005), les Etats membres ont la possibilité de ne pas suivre ces recommandations.

1636. Les trois seuls exemples de qualification d'USPPI sont autant d'exemples de non-respect des recommandations par certains pays. A cet égard, lors de la crise H1N1 en 2009, plusieurs Etats parties avaient pris des mesures d'endiguement du virus telles que l'annulation d'importation de porcs et l'annulation de vols en provenance du Mexique, malgré les recommandations émises par l'OMS[3263].

1637. Dans le cas de la propagation internationale du *poliovirus* sauvage, le Comité d'urgence se félicitait des progrès accomplis tout en regrettant que les « recommandations temporaires concernant les voyageurs internationaux de tous âges ne soient pas totalement appliquées en Afghanistan (...) et qu'en 2015, le Pakistan (ait) notifié moins d'un tiers du nombre de cas notifiés pendant la même période en 2014[3264] ».

1638. Enfin, dans le cas de la crise *Ebola*, le Comité d'urgence insistait sur les méfaits du non-respect des recommandations, en particulier de l'interdiction de voyage et des échanges commerciaux internationaux : « une interdiction générale des voyages entraînerait probablement des difficultés économiques et pourrait par la suite entraîner des migrations non contrôlées de personnes en provenance des pays touchés, ce qui élèverait le risque de propagation internationale du virus *Ebola* ». En dépit de ces risques, le Comité a regretté à plusieurs reprises le non-respect des recommandations par certains Etats. Le 22 septembre 2014, il notait que « des annulations de vols et autres restrictions aux voyages continuent d'isoler les pays touchés avec des conséquences économiques préjudiciables et entravent les efforts de secours et d'assistance[3265] ». De même, le 21 janvier 2015, le Comité s'inquiétait de voir que « des mesures supplémentaires allant au-delà des recommandations temporaires et ayant des répercussions sur les voyages, le transport et le commerce [aient] été mises en place dans plus de 40 pays[3266] ».

1639. La seconde raison qui explique la difficile application des recommandations est l'insuffisance de moyens et de structures comme le reconnaissait Madame CHAN qui a indiqué ne pas souhaiter ne plus jamais voir l'OMS « confrontée à une situation à laquelle elle ne peut faire face faut

---

[3262] Article 1 du RSI (2005).

[3263] OMS, « *Application du Règlement sanitaire international (2005). Rapport du Comité d'examen sur le fonctionnement du Règlement sanitaire international (2005) eu égard à la grippe pandémique A(H1N1) 2009. Rapport du Directeur général* », A64/10, 5 mai 2011, p.90.

[3264] OMS, « *Déclaration sur la 6ème réunion du Comité d'urgence du RSI concernant la propagation internationale du poliovirus sauvage* », 17 août 2015. http://www.who.int/mediacentre/news/statements/2015/ihr-polio-17-august-2015/fr/.

[3265] OMS, « *Déclaration sur la deuxième réunion du Comité d'urgence du Règlement sanitaire international concernant la flambée de maladie à virus Ebola en Afrique de l'Ouest* », 22 septembre 2014 (http://www.who.int/mediacentre/news/statements/2014/ebola-2nd-ihr-meeting/fr/).

[3266] OMS, « *Déclaration sur la 4ème réunion du Comité d'urgence du Règlement sanitaire international concernant la flambée de maladie à virus Ebola en Afrique de l'Ouest* », 21 janvier 2015 (http://www.who.int/mediacentre/news/statements/2015/ebola-4th-ihr-meeting/fr/).

d'y être préparée, d'avoir le personnel, le financement ou les structures administratives[3267] ». Par exemple, comme le rappelle Monsieur THIERRY, en l'absence de centres d'isolement des malades en nombre suffisant, « ceux-ci vont parfois imposer la mise en quarantaine de villages entiers chaque fois qu'un soupçon de contamination pèse sur l'un de ses membres. Or, les villageois sont parfois tentés de cacher leurs malades afin d'éviter ces contraintes, quitte à prendre le risque d'une propagation de la maladie[3268] ». A cet égard, l'OMS a reconnu que le financement de la réponse mondiale aux épidémies est un enjeu essentiel. En effet, suite au virus *Ebola*, l'OMS a mis en place un fond d'urgence de 100 millions de dollars[3269]. Si la création de ce fond, recommandé dès 2011 par le Comité est un premier pas encourageant, elle apparaît bien insuffisant afin de lutter contre les menaces futures d'autant plus que que seul un quart des 100 millions de dollars prévus, soit 25 millions de dollars, ont été effectivement collectés[3270]. Ce fond fait appel aux contributions volontaires des Etats membres à la différence des contributions fixes.

1640. Par conséquent, le non-suivi des recommandations remet en cause « l'autorité même de l'OMS[3271] ». Conséquence des difficultés rencontrées par l'OMS, le Conseil de sécurité de l'ONU est intervenu exceptionnellement. Il a considéré que l'épidémie *Ebola* « constitu[ait] une menace pour la paix et la sécurité internationale » et a créé la Mission des Nations unies pour l'action d'urgence contre l'*Ebola* (MINUACE)[3272]. On ne peut que constater le parallélisme avec l'ONUSIDA, vingt ans après sa création[3273]. Si les conséquences sont différentes, notamment quant à l'entité créée, une mission onusienne et non une organisation internationale, les similitudes sont symptomatiques des limites de l'OMS à agir pour protéger la santé globalement, malgré sa compétence, son mandat et ses instruments.

1641. Toutefois, l'OMS a cherché à réagir après l'échec d'*Ebola* en mettant en place une réserve mondiale de personnels pour les urgences sanitaires tout en renforçant les effectifs de base et les effectifs supplémentaires pour l'intervention en cas d'urgence[3274]. Annoncée en 2015, cette réserve n'a pas encore été mise en œuvre en 2016 à l'exception de l'annonce faite par la Commission européenne de la création d'un corps médical européen le 15 février afin de contribuer à la réserve mondiale de l'OMS[3275]. Par ailleurs, l'Assemblée mondiale de la santé a adopté en 2016 un Programme de gestion des situations d'urgence sanitaire. Ce Programme ajoute des capacités

---

[3267] OMS, *Allocution de Margaret CHAN, Directeur général à la Soixante-Huitième Assemblée mondiale de la santé*, 18 mai 2015.
[3268] D. THIERRY, *« La communauté internationale face (...) », op.cit.*, p.477.
[3269] OMS, *Allocution de Margaret CHAN, op.cit.*, « Avec l'appui des Etats membres, je constitue un fonds de réserve de US $100 millions, financé par des contributions volontaires flexibles ».
[3270] Entretien avec l'ancien conseiller juridique de la Directrice générale de l'OMS, M. Burci, 9 mars 2016.
[3271] D. THIERRY, *« La communauté internationale face (...) », op.cit.*, p.477.
[3272] V. *supra* n°0.
[3273] V. *supra* n°0 et s.
[3274] OMS, *Allocution de Margaret CHAN, Directeur général à la Soixante-Huitième Assemblée mondiale de la santé*, 18 mai 2015 : « Je constitue une réserve mondiale de personnels pour les urgences sanitaires et je renforce nos effectifs de base et nos effectifs supplémentaires pour l'intervention en cas d'urgence ».
[3275] F. KASTLER *« Le corps médical d'urgence, un premier pas encourageant ? »*, Les Tribunes de la Santé, Rev. Trim., 2016/4, n°50, Ed. Santé, Les Presses de Sciences Po, Printemps 2016.

opérationnelles en cas de flambées épidémiques et de situations d'urgence humanitaire[3276] ce qui modifie sensiblement le rôle de l'OMS dans la gestion de crise sanitaire. Avec un total de 494 millions de dollars américains, le budget est en hausse de 160 millions par rapport au budget programme existant, consacré à l'action de l'OMS dans les situations d'urgence. Ce Programme permet à l'OMS d'être opérationnelle et d'apporter un appui rapide, prévisible et complet aux pays et aux communautés qui se préparent à une situation d'urgence due à un risque quelconque pour la santé humaine, qu'il s'agisse d'une flambée épidémique, d'une catastrophe naturelle ou d'origine humaine ou d'un conflit, à ceux qui sont confrontés à une telle situation ou à ceux qui s'en relèvent.

1642. Enfin, le non-suivi des recommandations temporaires s'explique par le foisonnement de recommandations dans le cadre de la sécurité sanitaire. En effet, l'OMS a la possibilité d'adopter des recommandations dans des formes variées, en dehors des mécanismes du RSI (2005). Par exemple, l'OMS émet des recommandations dans le cadre de Questions-réponses accessibles sur le site internet de l'Organisation. Ainsi, l'OMS précise que la transfusion sanguine ne doit pas être interdite dans les pays touchés par l'infection à virus *Zika*[3277], ou encore qu'il faut fournir des « conseils sur le risque de transmission par voie sexuelle et sur la nécessité des pratiques sexuelles à moindre risque, parmi lesquelles l'utilisation correcte et régulière du préservatif[3278] ». Ces recommandations ne font pas parties de la liste de recommandations temporaires faisant suite à l'avis du Comité d'urgence. Cela contribue à la confusion dans la compréhension et la mise en œuvre des recommandations émises par l'OMS.

1643. On constate que l'OMS a su évoluer dans la qualification d'USPPI et se détacher de sa méfiance initiale à l'égard d'une telle déclaration. Toutefois, des difficultés demeurent quant à l'application des recommandations du fait de leur nature juridique, mais aussi des hésitations de l'OMS. Ces dernières sont la conséquence, d'une part, d'un manque de financement et de moyens. Il est regrettable, d'autre part, qu'elles reflètent un manque d'autorité de l'OMS qui semble se laisser influencer par des intérêts étrangers à sa mission principale.

1644. Si le RSI (2005) met en place un véritable cadre juridiquement contraignant en matière de sécurité sanitaire, sa mise en œuvre depuis environ dix ans reflète les difficultés rencontrées par les Etats et l'OMS. En effet, si les Etats apparaissent comme les principaux responsables de la difficile mise en œuvre du RSI pour des raisons inégales (souveraineté ou incapacité), l'OMS a, au vu des responsabilités qui lui sont conférées, un rôle normatif à jouer pour assurer une meilleure mise en œuvre du RSI. Preuve des difficultés rencontrées dans la mise en œuvre du RSI, l'OMS a mis en place, en août 2015, un comité d'examen sur le rôle du RSI dans le cadre de l'épidémie de maladie à virus *Ebola* et de la riposte présidée par Monsieur HOUSSIN. Ce comité doit évaluer l'efficacité du RSI (2005), évaluer le degré d'application

---

[3276] OMS, « *Réforme de l'action de l'OMS dans la gestion des situations d'urgence sanitaire. Programme OMS de gestion des situations d'urgence* », A69/30, 5 mai 2016.

[3277] OMS, « *Virus Zika et sécurité transfusionnelle* », Questions-réponses, 19 février 2016, *op.cit.*

[3278] OMS, « *Microcéphalie et maladie à virus Zika : réponses aux questions des femmes* », Questions-réponses, 2016, *op.cit.*

des recommandations faites par le précédent comité d'examen en 2011 et faire des recommandations afin d'améliorer le fonctionnement, la transparence et l'efficacité du RSI[3279]. Toute ces thématiques apparaissent essentielles afin de renforcer la mise en œuvre du RSI.

1645. Si le RSI (2005) est un instrument international essentiel afin d'apporter une réponse internationale et coordonnée face aux situations sanitaires d'urgence, la pratique démontre les limites du RSI et plus largement du pouvoir réglementaire. Toutefois, cet instrument demeure quasi-unique[3280] en tant qu'application du pouvoir réglementaire prévu par l'article 21 de la Constitution de l'OMS et joue un rôle double rôle essentiel. D'abord, le RSI (2005) est un instrument contraignant qui constitue le fondement du développement du droit international de la santé. Ensuite, il permet à l'OMS d'agir en tant qu'autorité normative coordinatrice et directrice des enjeux sanitaires. Ces derniers demeurent primordiaux afin d'améliorer le niveau de santé mondiale, objectif principal de l'OMS.

1646. Certes, l'élaboration de cet instrument est unique car elle est la conséquence d'un compromis historique sur la lutte contre les menaces sanitaires. Elle est également l'exemple le plus avancé d'une soumission de la souveraineté des Etats à la compétence normative de l'OMS. En effet, adopté à une majorité simple, il entre en vigueur, et devient contraignant à l'ensemble des Etats, sauf réserve expressément notifié dans un délai imparti. Il est également illustratif de l'évolution du rôle normatif de l'OMS en tant qu'« instrument juridique international et non un instrument de santé technique[3281] ».

1647. Toutefois, il convient de dépasser le stade de cette élaboration exceptionnelle afin de porter l'analyse sur la capacité de mise en œuvre et d'application du RSI par l'OMS et les Etats. Cette capacité est aujourd'hui insuffisante. Preuve en est, l'OMS réfléchit à des éléments de réformes dix ans seulement après son adoption et alors que la majorité des mesures préconisées ne sont pas intégrées dans les systèmes nationaux. Trois faiblesses sont ainsi identifiées : le mécanisme de suivi et de contrôle est fondé uniquement sur l'auto-évaluation des Etats parties ; le RSI ne permet pas directement une assistance financière ou tout autre aide pour la mise en œuvre des capacités essentielles et l'absence de mécanisme de sanction en cas de non respect du RSI[3282].

1648. Jusqu'en 2003, le RSI restait le seul exemple pertinent d'un instrument contraignant adopté par l'OMS. L'adoption de la CCLAT, première convention adoptée en application de l'article 19 de la Constitution, vient étoffer le contenu de l'activité contraignante de l'OMS. Il convient dès lors d'étudier ce pouvoir conventionnel unique.

[3279] OMS, « *Rapport de la première réunion du Comité d'examen sur le rôle du RSI (2005) dans le cadre de l'épidémie de maladie à virus Ebola et de la riposte. Adapter le RSI pour faire face aux menaces futures pour la santé mondiale* », 25 aout 2015.

[3280] Il convient de rappeler l'adoption du Règlement n°1 (V. *supra* n°0 et s.).

[3281] OMS, « *Application du Règlement sanitaire international (2005)* », Rapport du Comité d'examen (…), *op.cit.*, p.86.

[3282] ONU, « *Protecting Humanity from Future Health Crises. Report of the High-level Panel on the Global Response to Health Crises* », 25 January 2016, p.44.

SECTION 2 : UN POUVOIR CONVENTIONNEL UNIQUE, LA CONVENTION-CADRE DE L'OMS POUR LA LUTTE ANTITABAC

1649. A l'origine, le choix opéré d'exercer l'essentiel de son activité normative par voie de recommandation ou de règlement sanitaire s'explique notamment par la multiplication des conventions sanitaires en vigueur au moment de sa création et, consécutivement, la confusion de la situation internationale[3283]. Le besoin de simplification et de rapidité pour mieux adapter et appliquer les normes internationales à la réalité du terrain justifiait une telle approche. Par ailleurs, en 1973, le Directeur général précisait ainsi que « l'activité de l'organisation n'a[vait] pas pour finalité d'empiéter sur la souveraineté nationale des Etats membres[3284] ».

1650. Toutefois, le contexte de la fin du XXe siècle et du début des années 2000 a démontré que la finalité de l'OMS doit toujours être l'amélioration de la santé de la population mondiale, surtout lorsqu'elle est confrontée à un fléau sanitaire. A cet égard, l'OMS a adopté la Convention-cadre de l'OMS pour la lutte antitabac (CCLAT) en 2003. Comme pour le RSI (2005), la CCLAT est unique en ce qu'elle est le seul exemple du pouvoir conventionnel dont dispose l'OMS. Toutefois ce n'est pas seulement son unicité qui fait de la CCLAT un instrument novateur mais également le modèle proposé (§1). De même, considérant sa forme de convention-cadre, son application démontre une réussite relative, plus de dix ans après son entrée en vigueur (§2).

§1. Un instrument novateur

1651. La CCLAT est un instrument novateur, d'une part, en raison de la genèse particulière de son adoption (A). D'autre part, le contenu de la CCLAT participe à son originalité (B).

A. Une genèse particulière

1652. La genèse de la CCLAT se caractérise par une évolution historique progressive initiée en 1993 (1). Par la suite, de nombreux facteurs ont offert un contexte favorable à la mise en œuvre de la CCLAT (2).

1. Un mouvement historique

1653. Le mouvement historique en faveur de la CCLAT a d'abord été l'œuvre d'une impulsion doctrinale (a). Ensuite, les négociations autour du texte ont révélé le rôle joué par l'ensemble des acteurs de la santé (b).

[3283] OMS, Actes officiels n°56, § 3.
[3284] OMS, Actes officiels n°193, Annexe 11, p.71.

a. Une impulsion doctrinale

1654. L'idée de recourir au droit international afin de lutter contre les fléaux de santé dont le tabac et l'alcoolisme trouve sa source dans les travaux de MIHAJLOV. Dans un article de 1989, il considérait que « pour irréaliste, voire fantaisiste, que cela puisse paraitre, (il était) convaincu que le jour viendrait où le droit international de la sante contiendra des règles visant à éliminer l'ivrognerie, l'alcoolisme et le tabagisme, lesquels causent d'énormes préjudices à la sante[3285] ». Il évoquait ainsi les exemples de développement de conventions interdisant la publicité des produits de tabac et le renforcement de la coopération internationale afin de lutter contre le commerce illégal de boissons alcoolisées.

1655. Dans le prolongement de cette doctrine, en 1993, deux professeurs américains, Mesdames ROEMER [3286] et TAYLOR, ont débuté une collaboration académique[3287] qui mena au développement d'une CCLAT. Après une « campagne universitaire mondiale[3288] » et la publication de la thèse de la Professeure TAYLOR sur une stratégie de règlementation internationale pour le contrôle mondial du tabac[3289], la Professeure ROEMER a présenté, lors de la « 9e Conférence mondiale sur le tabac ou la santé » une résolution recommandant l'adoption d'un instrument international pour le contrôle du tabac en initiant immédiatement une action pour préparer un tel instrument[3290]. Cette résolution, rédigée avec l'aide de Madame MACKAY, a été adoptée à Paris en octobre 1994 à une large majorité soutenue par les défenseurs de la lutte antitabac et les organisations non gouvernementales.

1656. Par la suite, Monsieur LARIVIERE, délégué canadien à l'Assemblée mondiale de la santé a soutenu cette initiative et a soumis une résolution dans ce sens lors du 95e Conseil exécutif en janvier 1995. Malgré quelques objections et réticences, y compris au sein de l'OMS[3291], un texte intitulé « Stratégie mondiale de lutte antitabac [3292] » a été adopté par le Conseil exécutif[3293] puis par l'Assemblée mondiale de la santé. Ce texte demandait au

---

[3285] V. S. MIHAJLOV, « *Le droit international de la sante : etat actuel et perspectives de developpement* », *op.cit.*, p.13.

[3286] L'auteure avait été commissionnée par l'OMS pour rédiger un ouvrage sur l'utilisation de la législation pour combattre l'épidémie du tabac dans les années 1980 (V. R. ROEMER, *L'action législative contre l'épidémie mondiale de tabagisme*, OMS, 2e éd., 1993).

[3287] Une rencontre entre les deux professeurs a eu lieu à l'Université de Californie Los Angeles (UCLA). Ensuite, dans un échange de lettre ROEMER a proposé à TAYLOR de réfléchir à l'utilisation du droit international pour règlementer le contrôle du tabac.

[3288] Aussi bien TAYLOR que ROEMER ont promu cette idée au sein de colloques, à l'OMS et devant des ONG (R. ROEMER, A. TAYLOR et J. LARIVIERE, « *Origins of the WHO Framework convention on tobacco control* », AJPH, vol.95, n°6, Juin 2005, pp.936-938 (937)).

[3289] A. TAYLOR, « *An international regulatory strategy for global tobacco control* », Yale J Int Law, vol.21, n°2, 1996, pp.257–304.

[3290] J. MACKAY, « *The making of a convention on tobacco control* », Bulletin of the World health organization, vol.81(8), 2003, p.551.

[3291] « A l'origine, des responsables de l'OMS se sont opposés vigoureusement à la recommandation de ces deux professeurs. Ils leur ont demandé de modifier leur proposition dans le sens d'une codification, sur le modèle du code international de commercialisation des substituts du lait maternel, qui pourrait être adopté par l'Assemblée mondiale de la santé par une résolution juridiquement non contraignante ». (Y. BEIGBEDER, *L'OMS en péril, op.cit.*, p.126. V. également R. ROEMER, A. TAYLOR et J. LARIVIERE, « *Origins of the WHO Framework (...)* », *op.cit.*

[3292] OMS, « *An international strategy for tobacco control* », Resolution WHA48.11, 12 mai 1995.

[3293] OMS, « *Stratégie mondiale de lutte antitabac* », Résolution EB95.R9, 26 janvier 1995.

Directeur général d'établir un rapport[3294] lors de la quarante-neuvième Assemblée mondiale sur la faisabilité de développer un instrument international, telles que des recommandations, une déclaration ou une convention sur le contrôle du tabac, qui devra être adopté par les Nations unies et qui prendrait en compte les conventions préexistantes sur le commerce et autres.

1657. Un an après, l'OMS a officiellement entamé la période d'élaboration d'une CCLAT par l'adoption de la résolution WHA49.17 en mai 1996[3295]. Précisément, l'Assemblée mondiale de la santé a demandé au Directeur général d'initier le développement d'une Convention-cadre en accord avec l'article 19 de la Constitution[3296]. L'objectif était de développer une stratégie afin d'encourager les Etats membres à progressivement avancer vers l'adoption de politiques de contrôle de tabac et aborder les aspects qui transcendent les frontières.

1658. Malgré le mandat officiel confié à l'OMS, les réticences internes ont entraîné un ralentissement du processus. C'est l'élection de Madame BRUNDTLAND en tant que Directeur général qui lança définitivement les négociations quant à la forme et au contenu de ce futur instrument. En effet, elle avait clairement annoncé que ses deux priorités seraient la lutte contre le paludisme et la lutte contre le tabac. Dans un discours devant l'Assemblée mondiale en 1998, elle insistait sur le soutien technique et le travail normatif de l'OMS en amenant l'organisation plus fermement dans l'arène politique[3297]. Affirmant sa position, Madame BRUNDTLAND créa à l'OMS le Département « Un monde sans tabac » (TFI[3298]) afin de travailler sur la CCLAT.

1659. Les discussions internationales autour de cet instrument bénéficièrent alors d'un *momentum* politique. On constate que ce contexte politique favorable a grandement facilité l'élaboration de la CCLAT. Plus largement, il est essentiel au développement de tout instrument juridique international. Les discussions menées par l'OMS fondèrent alors un mouvement mondial de santé publique[3299]. Cela donna lieu à la mise en place d'une procédure particulière d'élaboration de la CCLAT.

b. Une procédure particulière

1660. Si les Conventions de Vienne du 23 mai 1969 pour les traités entre Etats et du 21 mars 1986 pour les organisations internationales précisent la

---

[3294] Ce rapport sera publié en Janvier 1996 et soumis au Conseil exécutif. V. OMS, « *The Feasibility of Developing an International Instrument for Tobacco Control - Report by the Director General* », EB97/INF, Doc. 4, 30 November 1995.

[3295] Une première résolution avait été adoptée par le Conseil exécutif en Janvier 1996 : OMS, « *International framework convention for tobacco control* », EB97.R8, Janvier 1996.

[3296] OMS, « *International framework convention for tobacco control* », Resolution WHA49.17, 25 mai 1996.

[3297] D. H. BRUNDTLAND, « *Allocution prononcée à la Cinquante et Unième Assemblée mondiale de la santé* », Genève, 13 mai 1998, « C'est pourquoi je souhaite à la fois mieux cibler le travail technique et normatif de l'Organisation mondiale de la Santé et implanter plus fermement l'Organisation sur la scène politique ».

[3298] L'acronyme provient de l'anglais *Tobacc Free Initiative*.

[3299] R. ROEMER, A. TAYLOR et J. LARIVIERE, « *Origins of the WHO Framework (...)* », *op.cit.*, p.938.

procédure conventionnelle, elles laissent cependant « une grande latitude aux négociateurs, ouvrant le plus souvent des options entre lesquelles le choix est libre, et qui ne sont pas même limitativement énumérées[3300] ». En particulier, lorsque le le Traité est élaboré au sein de l'organisation internationale[3301], l'OMS prépare entièrement l'instrument. Or, l'OMS n'avait jusqu'alors jamais adopté de traité. Par ailleurs, comme le rappelle l'OMS, la résolution WHA49.17 conférant un mandat officiel à l'Assemblée mondiale de la santé « n'énonç[ait] pas de processus propre à l'élaboration et à la négociation des instruments proposés[3302] ». Le processus de négociations mis en place était ainsi ouvert.

1661. L'Assemblée mondiale de santé a établi, en mai 1999, un groupe de travail technique afin de rédiger des éléments de la CCLAT ainsi qu'un Organe intergouvernemental de négociation (INB[3303]) pour rédiger et négocier un projet de CCLAT et les protocoles additionnels[3304]. L'Assemblée mondiale prévoyait également un calendrier de travail avec une échéance prévue pour mai 2003. Cette répartition du travail entre deux organes reposait en grande partie « sur la réticence de nombreux Etats membres de s'engager directement dans un processus de négociations officielles[3305] ». Vu l'inexpérience de l'OMS, il y avait donc une « certaine hésitation à voir un tel processus, dont la portée restait encore incertaine, s'engager directement[3306] ». Dès lors, les négociations officielles ont été précédées d'une « phase exploratoire ».

1662. Symbole de cette phase exploratoire placée sous le signe de la volonté d'ouverture des négociations, l'OMS organisa deux jours d'auditions publiques relatives au projet de CCLAT où de nombreuses parties prenantes étaient présentes, dont la communauté de santé publique et l'industrie du tabac, par le biais de témoignages écrits ou oraux[3307]. Cette audience a permis à la CCLAT de bénéficier d'un intérêt sociétal important notamment par le biais d'une couverture médiatique large. Cela fut une « vraie réussite[3308] » aussi bien sur le plan de la participation que sur celui des positions exposées.

1663. Par la suite, entre octobre 2000 et mai 2003, six sessions de négociations –d'une durée d'une à deux semaines– furent organisées par l'INB. Plus de 170 Etats membres participèrent à au moins une des sessions. L'intensité du processus de négociations conféra à la question du tabac une tournure politique en tant qu'enjeu de santé publique mondiale. Au niveau de

[3300] J. COMBACAU et S. SUR, *Droit international public, op.cit.*, 2014., p.116.
[3301] En droit des Traités, il existe deux autres catégories de procédures classiques : le traité bilatéral et le traité issu de conférences internationales spéciales (J. COMBACAU et S. SUR, *Droit international public, op.cit.*, 2014., p.116 et s.).
[3302] OMS, « *Initiative pour un monde sans tabac. Rapport du Directeur général* », A52/7, 18 mars 1999, p.3.
[3303] L'acronyme provient de l'anglais *Intergouvernmental Negociation Body*.
[3304] OMS, « *Towards a WHO framework convention on tobacco control* », Résolution WHA52.18, 24 mai 1999.
[3305] G. L. BURCI, « *La Convention-cadre de l'OMS pour la lutte antitabac* », Journal du Droit International (Clunet), n°1, Janvier 2005, var.1.
[3306] *Ibid.*
[3307] « Plus de 500 dépôts écrits ont été reçus et des représentants de 144 organisations ont témoigné pendant audience publique ». OMS, « *Public hearings on the WHO Framework Convention on Tobacco Control* », 12-13 Octobre 2000 (http://www.who.int/tobacco/framework/public_hearings/en/).
[3308] G. L. BURCI, « *La Convention-cadre de l'OMS pour la lutte antitabac* », *op.cit.*

l'OMS, c'est le Secrétariat, par le biais du département TFI, qui administrait les négociations.

1664. Au cours des négociations, une partie des arguments concernaient la forme contraignante de l'instrument mais également son contenu. Pour Madame BRUNDTLAND et les défenseurs du projet, l'objectif de cet instrument était de répondre au tabagisme qui traverse les frontières nationales. Plus largement, les défenseurs du projet estimaient que cet instrument répondait à l'incapacité des Etats de contrôler individuellement leur environnement sans collaboration internationale[3309]en raison principalement de l'impact négatif de la publicité et de la promotion transnationale. L'objectif initial était davantage de réduire les effets négatifs de la mondialisation sur les programmes existants et politiques, plutôt que d'assister les Etats dans leurs efforts de contrôle du tabac au niveau national. Toutefois, afin de justifier davantage le besoin de la CCLAT, l'OMS insistait sur les bénéfices supplémentaires potentiels du processus, dont l'amélioration des politiques nationales de lutte contre le tabac qui n'avaient aucun impact transnational, telles que l'interdiction de fumer à l'intérieur des lieux publics. Dans le cadre de ces négociations, l'ensemble des acteurs concernés a fait part des positions respectives de chacun.

1665. En particulier, dès le début des discussions, l'industrie du tabac s'est opposée à cette Convention. Ainsi, dans une lettre du 30 août 2000, la société Philip Morris exprimait son accord sur un certain nombre de dispositions dont l'âge minimum pour acheter les produits du tabac et les restrictions raisonnables pour minimiser la fumée du tabac dans l'environnement. Toutefois, elle s'opposait à des taxes plus élevées sur ses produits, à l'interdiction de fumer en public sans ouvrir des zones pour les fumeurs et aux images « chocs » sur les produits de tabac[3310].

1666. Le processus de négociations fait apparaître trois éléments clefs[3311]. D'une part, un grand nombre de délégations étaient composées d'experts techniques issus de leurs ministères de la santé respectifs. Ces derniers étaient donc bien préparés pour connaître des aspects techniques du texte. Toutefois, ils étaient plus inexpérimentés pour mener des négociations et rédiger un projet de convention internationale ce qui a ralenti le processus[3312]. A cet égard, de nombreux experts ont soutenu des dispositions plus fortes de la CCLAT telles que l'impossibilité de formuler des réserves ou l'interdiction totale de la publicité[3313].

1667. D'autre part, selon Madame WIPFLI, il existait quatre groupes de négociation au sein des pays[3314]. La première catégorie comprenait les pays qui ont agi pour la CCLAT. Ce groupe était constitué des pays développés qui avaient déjà mis en œuvre des politiques fortes de contrôle du tabac et qui avaient joué un rôle essentiel dans l'initiative du processus dont l'Australie, le

---

[3309] H. WIPFLI, *Mapping the world's first public health treaty. The global war on tobacco,* John Hopkins University Press, 2015, p.37.

[3310] R. ROEMER, A. TAYLOR et J. LARIVIERE, « *Origins of the WHO Framework (...)* », *op.cit.,* p.938.

[3311] Pour une analyse détaillée du déroulement des négociations au sein de l'OMS, V. H. WIPFLI, *Mapping the world's first public health treaty (...) op.cit.,* pp.35-58.

[3312] G. L. BURCI, « *La Convention-cadre de l'OMS pour la lutte antitabac* », *op.cit.*

[3313] G. J. JACOB, « *Without Reservation* », Chicago Journal of International Law, vol.5, n°1, 2004.

[3314] H. WIPFLI, *Mapping the world's first public health treaty (...), op.cit.,* p.37.

Canada, la Finlande, la Norvège et la Nouvelle-Zélande[3315]. Dans la deuxième catégorie, on retrouve les pays qui souhaitaient agir. Ce groupe représentait les pays à revenus intermédiaires qui participaient aux processus de mise en œuvre de nouveaux programmes de contrôle du tabac et qui espéraient que la CCLAT permettent d'institutionnaliser ce contrôle[3316]. Dans la troisième catégorie il y avait les pays qui souhaitaient agir mais ne le pouvaient pas. Ce groupe était constitué de pays qui n'avaient pas ou peu d'expérience dans le domaine et n'avaient pas les capacités pour développer ou appliquer des politiques efficaces de contrôle du tabac. Enfin, le dernier groupe était constitué des pays qui ne souhaitaient pas agir c'est-à-dire les quatre pays majeurs tous liés à l'industrie du tabac : le Japon avec la Japan Tobacco Industry ; l'Allemagne et Rothmans à l'époque ; les Etats-Unis et Philippe Morris et la Chine propriétaire de la China National Tobacco Company.

1668. Enfin, ces négociations ont démontré les efforts payants de la société civile qui lui ont permis de se faire entendre malgré les limitations inhérentes à l'OMS[3317]. Les ONG ont eu un « rôle actif et organisé[3318] » malgré leur expérience limitée dans les négociations internationales. Certains pays ont directement utilisé les avis des ONG sur les aspects légaux et techniques souvent complexes. Signe de la reconnaissance de la société civile dans la lutte antitabac, l'Alliance pour la Convention-cadre (FCA[3319]) a été créée en octobre 1998[3320]. En effet, malgré les difficultés de représentation, il est évident que les ONG ont influencé le résultat des négociations[3321]. Le principal exemple de cette influence est l'insertion du principe directeur n°7 à l'article 4 de la CCLAT qui prévoit que « la participation de la société civile est essentielle pour atteindre l'objectif de la Convention et de ses protocoles ».

1669. On précisera que les négociations de la CCLAT ont été marquées par l'interdiction officielle faite à l'industrie du tabac de participer aux négociations. Toutefois, cela n'empêcha pas les tentatives d'influence de ces derniers. En particulier la tactique employée par l'industrie était d'affaiblir les positions nationales à l'égard de la CCLAT en influençant la composition des délégations nationales[3322].

1670. Les longues discussions entre les Etats et l'OMS quant aux dispositions clefs du texte[3323] ont abouti à un accord malgré le groupe d'Etats

---

[3315] Ces pays ont travaillé étroitement avec les ONG et l'OMS afin de mettre en avant les preuves de l'efficacité des mesures proposées par l'instrument et ont ralliéà leur cause les pays en développement ou à revenu intermédiaire.

[3316] On comptait l'Afrique du Sud, la Thaïlande, le Brésil et la Pologne.

[3317] On évoquera en particulier l'obligation pour une ONG d'être en relation officielle pour avoir le droit de participer aux discussions (V. *supra* n°0 et s.)

[3318] G. L. BURCI, « *La Convention-cadre de l'OMS pour la lutte antitabac* », *op.cit.*

[3319] L'acronyme en anglais est *Framework Convention Alliance for tobacco control* (FCA).

[3320] J. WILKENFELD, « *Saving the world from big tobacco : a case study of NGO coalition building* », Papier présenté à la conférence annuelle de l'International Studies Association, Honolulu, Hawai, 2005.

[3321] Pour BURCI « Quoi qu'il en soit, les négociations de la FCTC font aujourd'hui partie de celles dont les résultats auraient été différents sans l'influence décisive des ONG » (G. L. BURCI, « *La Convention-cadre de l'OMS pour la lutte antitabac* », *op.cit.*). V. contra G. J. JACOB, « *Without Reservation* », *op.cit.* : « Certains mettent en cause le rôle des ONG et estime que la pression des groupes de sensibilisation a eu pour conséquence le développement d'un Traité « tellement vaste que dénué de sens ».

[3322] H. WIPFLI, *Mapping the world's first public health treaty (...)*, *op.cit.*, p.51.

[3323] Les débats avaient lieu entre ceux qui souhaitaient développer des obligations contraignantes et ceux qui souhaitaient un texte volontaire. De même, les enjeux entre santé et commerce ont cristallisé les oppositions sans qu'une solution satisfaisante ne soit trouvée (V. notamment J. BURDA, « *La Convention-cadre de*

réfractaires constitué de quatre pays majeurs. En effet, la coopération des trois autres groupes favorables à une CCLAT forte a permis son adoption à l'unanimité par l'Assemblée mondiale de la santé le 21 mai 2003[3324]. On notera également, la particularité de la CCLAT, comme de nombreuses conventions-cadres, en matière de réserve puisque l'article 30 précise qu' « aucune réserve ne pourra être faite à la présente Convention[3325] ». Cette disposition est en quelque sorte le corollaire du besoin de ratification. Dès lors que les Etats ne sont obligés ni de l'adopter ni de la ratifier, il n'est pas nécessaire, à juste titre, de permettre d'émettre des réserves afin de garantir de mise en œuvre un minimum harmonisée. Ceci différencie le pouvoir conventionnel du pouvoir réglementaire, qui permet des réserves avant son adoption mais qui entre en vigueur sans ratification.

1671. La CCLAT fut ouverte pour signature du 16 juin 2003 et au 22 juin 2003. Pendant cette période, 168 Etats signèrent la convention. On notera que les quatre pays réfractaires (Japon, Chine, Allemagne et Etats-Unis) ont tous signé l'accord, preuve de la force de persuasion de l'OMS et de l'engouement internationale pour le développement de la CCLAT. Puis, le 29 novembre 2004, la 40e ratification fut déposée à l'ONU. Quatre-vingt dix jours plus tard, le 27 février 2005 la CCLAT entra en vigueur. La CCLAT a été l'un des traités les plus rapidement négociés officiellement, adopté et entré en vigueur dans l'histoire. En 2016, le nombre total d'Etats parties à la convention atteint 180, dont l'UE couvrant près de 90% de la population mondiale.

1672. D'une part, en matière de négociation internationale dans la mise en œuvre d'instruments juridiques, la CCLAT démontre la capacité de conviction de l'OMS, qui fut certes aidée par les Etats initialement favorables à la CCLAT. En effet, forte de la volonté de la Directrice générale couplée à celle de certains Etats, l'OMS a su convaincre ou passer outre les refus catégoriques initiaux d'Etats développés importants dont les Etats-Unis. Certes, ces derniers ont toujours la possibilité de ne pas ratifier la CCLAT mais le symbole est fort et la valeur juridique accrue. On peut faire le parallèle avec l'opposition des Etats-Unis à l'égard du code de 1981 pour lequel les discussions furent, dès l'origine, dirigées vers l'élaboration d'un instrument non-contraignant. Cette évolution démontre la légitimité de l'OMS à agir en tant qu'autorité normative de santé publique malgré l'inexpérience du Secrétariat en matière juridique.

---

l'OMS pour la lutte antitabac . Dans un monde aux échanges globalisés : progrès ou écran de fumée ? », RQDI, vol.19.1, 2006, pp.25 et s.).

[3324] OMS, «*Convention-cadre de l'OMS pour la lutte antitabac* », Résolution WHA56.1, 21 mai 2003.

[3325] Ce point fut contesté pendant les négociations comme le décrit Burci « Quelques pays, parmi lesquels les États-Unis, revendiquaient fermement ce droit, qu'ils l'exercent ou non, comme condition préalable à leur participation et nécessité indispensable pour leurs parlements respectifs. (…). L'incertitude a subsisté jusqu'à la dernière minute quant à la solution adoptée sur ces différentes questions qui sont d'une importance économique particulière. Elle a conduit ces États à considérer les réserves comme une garantie nécessaire contre des solutions inacceptables dans des domaines délicats tels que la taille des avertissements devant figurer sur les paquets, ou le respect de la liberté d'expression et son application commerciale. La grande majorité des participants, en particulier ceux issus des pays en développement, était inflexible quant au principe d'interdiction des réserves, ayant pris acte des nombreux compromis finalement admis pour prendre en compte les soucis de la minorité. La décision finale de l'INB a consisté en une prohibition absolue des réserves ». (V. G. L. BURCI, « *La Convention-cadre de l'OMS pour la lutte antitabac* », *op.cit.).*

1673. D'autre part, ces négociations font ressortir l'importance de la légitimité démocratique dans le processus de création de la norme. En effet, la participation de la société civile à l'élaboration de la CCLAT a, d'abord, légitimé davantage le contenu de la CCLAT. Ensuite, cela a permis une participation citoyenne pour sa mise en œuvre malgré l'expérience plus limitée de la société civile en matière de négociations internationales et la présence des industries du tabac.

1674. Participant de son originalité, il convient de s'attarder sur le contexte favorable dont a bénéficié la CCLAT et qui a permis son élaboration et sa ratification diligente.

2. Un contexte favorable

1675. Le processus de développement et d'élaboration finale de la CCLAT a bénéficié d'un contexte favorable multifactoriel. Certaines conditions sont extérieures à l'OMS (a) et d'autres sont propres à l'Organisation (b).

a. Des conditions extérieures à l'OMS

1676. La première condition nécessaire à toute initiative normative est l'existence d'un objectif d'amélioration de la protection de la santé en conformité avec l'objectif principal de l'OMS. En d'autres termes, il faut *ab initio* que les efforts internationaux visent à apporter une réponse à un enjeu mondial qui affecte gravement la santé. A cet égard, le tabac apparaît comme un enjeu « idéal » de santé. En effet, si pendant longtemps l'industrie du tabac a su promouvoir les produits du tabac, en particulier la cigarette, des études scientifiques allemandes ont montré, dès 1930, les ravages de cette consommation telle que la corrélation entre la consommation de tabac et le cancer[3326].

1677. Malgré les tentatives de l'industrie du tabac visant à minimiser l'impact de la consommation de tabac sur la santé, il est apparu scientifiquement prouvé que le tabac représentait un danger pour la santé. A ce titre, le tabac est le seul produit légal qui soit « uniformément dangereux[3327] ». En effet, la Convention se fondait sur « des preuves scientifiques de l'épidémie du tabac[3328] ». A ce propos, l'OMS fait référence, à juste titre, à une « épidémie mondiale du tabagisme[3329] ». La notion d'épidémie est entendu comme un « phénomène pernicieux, nuisible qui atteint un grand nombre d'individus[3330] ». Cette définition se différencie de l'approche biologique fondée sur le développement et la propagation rapide d'une maladie

---

[3326] F. LICKINT, « *Tabak unt Tabakrauch als Ätiologischer Factors des Carcinoms* », Journal of Cancer Research and Clinical Oncology, vol.30, n°1, 1930, pp.349-365 ; F. H. MÜLLER, « *Tabakmissbrauch un Lungencarcinom* », Zitschrift für Krebsforschung, vol.49, 1939, pp.57-85.

[3327] L. O. GOSTIN et al., « *The normative authority of the World Health Organization* », Public Health, 2015, p.3.

[3328] K. SHIBUYA et al., « *WHO Framework Convention on Tobacco Control : development of an evidence based global public health treaty* », BMJ, vol.327, 19 juillet 2003, pp.154-157 (p.157).

[3329] OMS, « *Rapport de l'OMS sur l'épidémie mondiale de tabagisme – Augmenter les taxes sur le tabac* », 2015.

[3330] Définition du Larousse.

contagieuse, le plus souvent d'origine infectieuse, dans une population[3331]. Par ailleurs, les rédacteurs de la CCLAT insistaient également sur l'efficacité des mesures proposées par la Convention afin de contrôler la consommation de tabac.

1678. Le deuxième élément favorable au développement de la Convention-cadre, qui touche davantage à la faisabilité politique, a évidemment été l'identification d'un ennemi : l'industrie du tabac. En effet, cette industrie persistait à promouvoir la consommation de tabac en niant notamment la relation entre tabac et problèmes de santé, dont le cancer notamment, en publiant ses propres études comme preuve du caractère inoffensif et non addictif de la cigarette. En 1994 encore, sept des plus grandes entreprises de tabac juraient sous serment devant le Congrès américain qu'elles ne pensaient pas que la cigarette était addictive[3332]. Néanmoins, ce qui a définitivement permis de décrédibiliser l'industrie et d'intensifier la protection de l'OMS contre l'influence de cette industrie, conduisant à sa mise à l'écart des négociations de la CCLAT, ont été les révélations des secrets de cette industrie en 1998.

1679. En effet, lors d'un litige[3333] afin d'obtenir une conciliation, l'industrie du tabac a été obligée de rendre public des documents officiels[3334] remontant à 1930 qui démontraient que l'industrie du tabac était au courant, dès le milieu des années 1950, des méfaits de la consommation de tabac. Ces révélations, par ailleurs, ont montré que l'industrie du tabac avait développé des stratégies mettant en avant de fausses informations sur l'innocuité du tabac et ciblant les enfants comme de nouveaux clients. Ils payaient des scientifiques afin de remettre en cause les méthodes scientifiques des études publiées[3335].

1680. Enfin, un rapport publié en 2000 par un comité d'experts indépendants mandaté par la Directrice générale de l'OMS, a démontré les stratégies utilisées par l'industrie du tabac pour contrer les activités de lutte antitabac à l'OMS que ces industries considéraient comme leur « ennemi principal » et pour mettre en place des stratégies afin de « contenir, neutraliser et réorienter » les initiatives de l'OMS de lutte contre le tabagisme[3336]. La publication de ce rapport a abouti « à une défaite sans précédent pour l'industrie[3337] ». Par conséquent, au début des années 2002, l'industrie du tabac a été identifiée comme l'ennemie de la santé. La combinaison de ces deux

---

[3331] Définition du Larousse.

[3332] J. E. HENNINGFIELD, C. A. ROSE et M. ZELLER, « *Tobacco industry litigation position on addiction : Continued dependence on past views* », Tobacco Control, vol.15, supplément 4, 2006, pp.27-36.

[3333] *State of Minnesota v. Philippe Morris Inc*, 551 N.W.2d 490 (Minn., 1996).

[3334] Selon le Comité national contre le tabagisme, « En 1998, six millions de documents secrets, représentants plus de 35 millions de pages, ont été rendu publics (…) ». (www.cnct.fr/tous-les-dossiers-73/les-documents-internes-de-l-industrie-du-tabac-de-quoi-s-agit-1-39.html).

[3335] J. DROPE et S. CHAPMAN, « *Tobacco industry efforts at discrediting scientific knowledge of environmental tobacco smoke : A review of internal industry documents* », Journal of epidemiology and community health, vol.55, n°8, 2000, pp.588-594 ; R. HURT et C. R. ROBERTSON, « *Prying open the door to the Tobacco industry's secrets about nicotine* », JAMA, vol.280, n°13, 1998, pp.1173-1181 et F. K. ONG et S. A. GLANTZ, « *Constructing 'sound science' and 'good epidemiliogy' : Tobbaco, lawyers, and public relations firms* », AJPH, vol.91, n°11, 2000, p.1749.

[3336] OMS, « *Les stratégies utilisées par l'industrie du tabac pour contrer les activités de lutte antitabac à l'Organisation mondiale de la Santé – Résumé d'orientation* », Rapport du Comité d'experts sur les documents de l'industrie du tabac, Juillet 2000. V. également développements paragraphes 0 et s.

[3337] Y. BEIGBEDER, L'OMS en péril, *op.cit.*, p.137.

éléments – produit dangereux et ennemi identifié– a permis l'intensification du soutien populaire dans la volonté de « punir » l'industrie du tabac et donc d'encadrer ses pratiques. Ainsi, le besoin d'encadrement est apparu nécessaire afin (1) d'améliorer la santé mondiale, (2) de règlementer l'industrie du tabac et (3) de réduire les coûts à long terme des risques de maladies chroniques, dont le cancer.

1681. Toutefois, si ces deux éléments ont participé à mettre définitivement le tabac sur le devant de la scène internationale de la santé, parallèlement, un troisième élément contextuellement favorable a constitué le moteur de l'activité normative de l'ensemble des acteurs internationaux. En effet, ce phénomène est renforcé par la conjonction de l'activité normative des Etats membres [3338] et des autres organisations internationales et régionales. En particulier, la dynamique initiée par l'OMS a été accompagnée par les contributions d'autres organisations internationales telles que l'ONU[3339], la FAO[3340], la Banque mondiale[3341] ainsi que par le Conseil de l'Europe[3342].

1682. En sus de ces différents éléments, l'élaboration de la CCLAT a également bénéficié de conditions propres à l'OMS.

b. Des conditions propres à l'OMS

1683. D'une part, l'OMS a également bénéficié d'une forme de « maturité normative » puisqu'entre 1970 et 2003, l'Assemblée mondiale de la santé a adopté 20 résolutions sur différents aspects relatifs au contrôle du tabac[3343]. En particulier, un nombre considérable de résolutions encourageait les Etats à adopter des mesures législatives nationales afin de mettre en place des politiques et des stratégies plus fermes et plus ciblées[3344]. Malgré quelques

---

[3338] Par exemple, en France, la loi Evin de 1991 (Loi n°91-32 du 10 janvier 1991 relative à la lutte contre le tabagisme et l'alcoolisme).

[3339] En 1999, le Secrétaire général de l'ONU, Kofi ANNAN, a créé l'équipe spéciale interorganisations de lutte contre le tabac menée par l'OMS dont 22 agences de l'ONU font parties. Ceci a grandement contribué à améliorer la collaboration multisectorielle de lutte antitabac au sein du système des Nations unies. Plus largement, le Comité économique et social de l'ONU a adopté trois résolutions relatives au tabac depuis 1999 relatives au contrôle du tabac (Résolution ECOSOC 1999/56) ; à l'interdiction du tabac au sein de l'ONU (Résolution ECOSOC 2008/231) et à la consommation de tabac et la santé maternelle et infantile (Résolution ECOSOC 2010/8).

[3340] En 2001, la FAO a développé un projet relatif à la production, la demande et le commerce du tabac

[3341] Dès 1999, la Banque mondiale a joué un rôle important afin de recueillir des preuves quant à l'impact économique du contrôle du tabac afin de proposer des politiques de lutte économiquement viable (V. BANQUE MONDIALE, « *Curbing the epidemic : governments and the economics of tobacco control* », 1999).

[3342] CONSEIL DE L'EUROPE, « *Recommandation du Conseil du 2 décembre 2002 relative à la prévention du tabagisme et à des initiatives visant à renforcer la lutte antitabac* », 2003/54/CE, J.O.U.E. du 23 janvier 2003 ; CONSEIL D'EUROPE, « *Conclusions du conseil sur la lutte contre la consommation de tabac. Création du comité pour une Europe sans tabac* », 18 novembre 1999.

[3343] OMS : Resolutions 23.32 (1970); 24.48(1971); 29.55 (1976); 31.56 (1978); 33.35 (1980); 39.14 (1986); 40.38 (1987); 41.25 (1988); 42.19 (1989); 43.16 (1990); 44.26 (1991); 45.20 (1992); 46.8 (1993); 48.11 (1995); 49.16 (1996); 49.17 (1996); 52.18 (1999); 53.16 (2000); 54.18 (2001); and 56.1 (2003). La liste est disponible sur le site de l'OMS dédié à la Convention-cadre de l'OMS pour la lutte antitabac « WHO Resolutions » (http://www.who.int/tobacco/framework/wha_eb/wha_resolutions/en/).

[3344] OMS, « *WHO's programme on smoking and health* », WHA33.95,1980 (Résolution demandant aux Etats de prendre des mesures visant à interdire ou à limiter la publicité concernant les produits à base de tabac) ; OMS, « *Tobacco or health* », WHA43.16, 1990 (Résolution recommandant l'adoption de politiques visant à accroître progressivement le prix du tabac) et OMS, « *Smoking and travel* », WHA44.26, 1990 (Résolution sur l'usage du tabac et les voyages, dans laquelle l'AMS demandait à tous les Etats membres

références à ces résolutions dans les législations nationales, cet ensemble non contraignant n'a pas eu l'effet escompté dans de nombreux pays, comme le reconnaissait le Directeur général en 1994[3345]. Dès lors, au vu de ces échecs répétés, une nouvelle approche était nécessaire.

1684. Si la genèse contemporaine de la CCLAT a été initiée par la doctrine dans les années 1990[3346], l'idée d'utiliser son autorité constitutionnelle pour mettre en place un instrument juridique relatif au contrôle du tabac a été développée par l'OMS dès la publication en 1979 d'un rapport établi par le Comité d'experts OMS sur le contrôle de la fumée[3347]. Dans ce rapport, le Comité suggérait qu'il serait envisageable d'avoir recours aux pouvoirs contraignants prévus aux articles 19 ou 21 de sa Constitution dans l'hypothèse où le programme envisagé dans ce rapport ne « produi[rait] pas les résultats escomptés dans un temps raisonnable[3348] ». Dès lors, l'idée de développer une convention était déjà présente dès la fin des années 1970 en tant que recours ultime en cas d'échec des programmes développés par l'OMS.

1685. D'autre part, le dernier élément favorable au développement de la CCLAT et qui est venu parachever les efforts fournis a été l'élection de Madame BRUNDTLAND en tant que Directrice générale. Elle est perçue comme « la championne[3349] » de la CCLAT en raison de son engagement personnel en faveur de la lutte antitabac, initié dès le début de son mandat. Elle bénéficie d'une carrière politique réussie en tant qu'ancienne premier ministre de Norvège et ancienne ministre des affaires environnementales, ainsi que membre de la Commission du Développement Durable auprès du Secrétaire général de l'ONU dans les années 1980. Elle avait donc de l'expérience dans la négociation de traités et savait mener les Etats membres dans un processus hautement politique au sein de l'ONU. Elle avait, par ailleurs, dû tenir tête aux compagnies multinationales lors de la marée noire dans la mer du Nord près des côtes de la Norvège[3350].

1686. Sans être l'unique élément expliquant la mise en place de la CCLAT, elle demeure la « pièce du puzzle[3351] » ayant permis sa finalisation. Elle a su profiter du contexte pour fédérer un consensus international sur le besoin d'une convention internationale mettant fin à la méfiance dont a fait preuve l'OMS dans l'utilisation de l'article 19 de sa Constitution depuis sa création, soit près de soixante années.

1687. L'analyse du contexte dans lequel la CCLAT a été adopté permet de définir les conditions propices de son élaboration. Cela permet également de constater qu'il existe une forme de légitimité contextuelle qui offre un terrain propice à la mise en œuvre du pouvoir conventionnel. En effet, l'effet « boule

---

d'adopter des mesures appropriées pour assurer une protection effective contre l'exposition involontaire à la fumée du tabac dans les transports publics).

[3345] OMS, « *Le tabac ou la santé* », Documents EB95/27, 24 janvier 1995.

[3346] V. *supra* n°0 et s.

[3347] OMS, « *Controlling the smoking epidemic* », Report of the WHO Expert Committee on Smoking Control, WHO Technical Report Series n°636, 1979.

[3348] *Ibid.*, p.64.

[3349] H. WIPFLI, *Mapping the world's first public health treaty (...), op.cit.*, p.27.

[3350] J. COLLIN, K. LEE et K. BISSELL, « *The Framework Convention on Tobacco Control : The politics of global health governance* », Third World Quarterly, vol.23, n°2, 2002, pp.265-282.

[3351] H. WIPFLI, *Mapping the world's first public health treaty (...), op.cit.*, p.27.

de neige », par lequel l'accumulation de certaines conditions propices va entraîner ou faciliter la réunion d'autres conditions propices, est particulièrement identifiable dans le cadre de la CCLAT. Ce mouvement, qui a créé l'opportunité d'agir normativement pour l'OMS, est essentiel dans le développement du droit international.

1688. Il est nécessaire de constater que les différents éléments contextuels présents au moment de l'élaboration de la CCLAT font de cette dernière un instrument *sui generis* comme le RSI (2005) mais d'autres raisons expliquent également sa particularité. L'originalité de la CCLAT s'observe dans sa forme et son contenu.

B. L'originalité de sa forme et de son contenu

1689. La CCLAT est intéressante en ce qu'elle suit l'approche de la convention-cadre qu'il convient de définir (1). Sans conséquence sur sa nature juridique, cette qualification a une influence sur le degré de précision du contenu de l'instrument (2).

1. La notion de convention-cadre

1690. La volonté d'élaborer une convention-cadre a été présentée « comme une solution de compromis pour voir les Etats s'engager de manière flexible et progressive dans un domaine nouveau[3352] ». A ce propos, l'utilisation de la terminologie de convention-cadre n'a pas de conséquence sur la nature juridique de la CCLAT qui demeure conventionnelle (a). Toutefois, la forme et l'objectif d'une convention-cadre diffèrent de celle d'une convention classique (b).

a. Une nature juridique conventionnelle

1691. Il faut reconnaître que le recours à une « convention-cadre » est une technique juridique récente de droit international[3353] qui ne possède pas un sens technique propre[3354]. Elle est perçue comme un traité « normal[3355] ». Cette absence de définition tient au fait que la Convention de Vienne sur le droit des Traité a été adoptée en 1969, soit avant l'apparition des conventions-cadres en tant qu'instruments. Ces instruments ne sont donc pas expressément mentionnés dans la Convention de Vienne. Néanmoins, il est reconnu que les

[3352] G. L. BURCI, « *La Convention-cadre de l'OMS pour la lutte antitabac* », *op.cit.*

[3353] MATZ-LÜCK estimait en 2009 que « La majorité de la littérature sur le droit des Traité n'a pas encore reconnu les accords-cadres comme un sujet de débat. » (N. MATZ-LÜCK, « *Framework Conventions as a Regulatory Tool* », Goettingen Journal of International Law, vol.1, n°3, 2009 (pp.439-458), p.440. Toutefois, l'ajout de l'entrée « *Accords cadres* » au sein de *Encyclopedia of Public International Law*, est un exemple de l'intérêt croissant pour les caractéristiques des conventions-cadres. (N. MATZ-LÜCK, « *Framework Agreements* », in R. WOLFRUM (éd.), Max Planck Encyclopedia of International Law, 2008. Dernière modification en février 2011 (http://www.mpepil.com/).

[3354] D. BODANSKY, « *The framework convention/protocol approach : the experience of international regimes* », Technical Briefing Series, Paper 1, WHO/NCD/TFI/99.1, 1999, p.15.

[3355] N. MATZ-LÜCK, « *Framework Conventions as a Regulatory Tool* », *op.cit.* p.451.

règles du droit des Traités mentionnées dans la Convention de Vienne s'appliquent aux conventions-cadres[3356].

1692. En d'autres termes, elle s'apparente à une catégorie de conventions, laquelle demeure soumise aux règles de droit international, en particulier celles relatives au droit des Traités. A cet égard, la Convention-cadre antitabac est un « traité international distinct de la Constitution de l'OMS et ses Etats parties peuvent parfaitement ne pas être tous ceux qui sont parties à la Constitution elle-même[3357] ». Elle apparaît comme du « droit dérivé » et agit en tant que « *lex specialis* par rapport à la Constitution de l'OMS[3358] ».

1693. Ainsi, la qualification de « convention-cadre » n'a aucune conséquence sur leur régime juridique applicable en droit des traités : les règles du droit international relatives aux réserves d'un traité, les interprétations, les modifications, les retraits ou suspensions s'appliquent[3359].

1694. A ce titre, en tant que traité, la Convention-cadre souffre de maux semblables. En effet, pour le Professeur BODANSKY, la mise en œuvre d'un traité et d'une convention-cadre font face a des difficultés similaires telles que le besoin de recourir à des négociations formelles longues, le choix du forum de négociations et la limitation par le mandat conféré aux négociateurs[3360]. De même, dans les deux cas la difficulté principale demeure celle d'arriver à un consensus, c'est-à-dire l'absence d'objection ou d'opposition formelle[3361]. A cet égard, comme pour un traité, les Etats doivent signer et ratifier l'instrument[3362].

1695. Si la convention-cadre n'est pas un instrument international à part entière et peut exister sous plusieurs formes[3363], elle dispose de caractéristiques qui lui sont propres. Ainsi, la notion de convention-cadre sert à définir une variété d'accords qui met en place « un système général de gouvernance dans un domaine donné afin de faciliter le développement d'un consensus sur des faits pertinents et sur la réponse internationale appropriée à donner[3364] ». Son apparition puis sa multiplication, d'abord en droit international de l'environnement[3365], puis dans d'autres domaines du droit[3366], ont poussé la doctrine à tenter de proposer une définition de cette approche.

1696. D'une part, l'une des caractéristiques des traités-cadres est d'énoncer des dispositions *de lege ferenda* en même temps que d'autres qui sont « plutôt

---

3356 *Ibid.*

3357 S. KARAGIANNIS, « *Le droit à la santé dans certains textes internationaux et constitutionnels : entre généreuse utopie et mesquin pragmatisme ?* », *op.cit.*, p.12.

3358 *Ibid.*

3359 N. MATZ-LÜCK, « *Framework Conventions as a Regulatory Tool* », *op.cit.*, p.442.

3360 D. BODANSKY, *The Art and Craft of International Environmental Law*, Harvard University Press, 2010, pp.167-168.

3361 *Ibid.*, p.170.

3362 *Ibid.*, p.171.

3363 N. MATZ-LÜCK, « *Framework Conventions as a Regulatory Tool* », *op.cit.*, p.441.

3364 D. BODANSKY, « *What makes international agreements effective ? Some pointers for the WHO Framework Convention on Tobacco Control* », Technical Briefing Series, Paper 4, WHO, 1999, p.25.

3365 L'un des exemples les plus marquants est la Convention-cadre des Nations unies sur les changements climatiques adoptés en 1992 (entrée en vigueur en 1994) et accompagnée du Protocole de Kyoto adopté en 1997 (entré en vigueur en 2005). On mentionnera également : La Convention pour la protection de la mer méditerranée contre la pollution, 1976 ; la Convention de Vienne sur la protection de la couche d'ozone, 1985 ; et la Convention sur la diversité biologique, 1992.

3366 V. la Convention-cadre pour la protection des minorités nationales, 1991.

des directives que des obligations juridiques[3367] ». D'autre part, on entend par convention-cadre « un document ayant pour but, non pas de fixer des règles de fond mais d'établir un cadre institutionnel produisant de telles règles[3368] ». En définitive, pour KISS, il s'agit d'une combinaison de ces deux approches : « un instrument conventionnel qui énonce les principes devant servir de fondement à la coopération entre les Etats parties dans un domaine déterminé, tout en leur laissant le soin de définir, par des accords séparés, les modalités et les détails de la coopération, en prévoyant, s'il y a lieu, une ou des institutions adéquates à cet effet[3369] ».

1697. Enfin, son utilisation permet d'analyser les raisons contextuelles qui favorisent l'adoption d'une convention-cadre. Selon le Professeur BODANSKY, l'intérêt d'une telle approche apparaît lorsque plusieurs facteurs sont réunis : l'absence d'un consensus sur les mesures importantes à prendre, l'évolution de la connaissance scientifique en la matière et la mutation du problème à combattre[3370]. En l'espèce, les méfaits du tabac étaient établis bien avant la mise en œuvre de la CCLAT. Toutefois, l'OMS considérait la CCLAT comme « nécessaire afin de promouvoir l'acceptation par les Etats membres de cette évidence scientifique[3371] ». Ainsi il y avait un intérêt à développer une telle convention-cadre afin de répondre à un enjeu de santé mondiale important et, a minima, pour mettre en avant la question du tabac dans les priorités sanitaires. Il ressort ainsi une stratégie politique dans le développement de la CCLAT comme le confirme sa forme et son objet.

b. Une forme et un objectif distincts

1698. Si elles n'ont d'autre qualification juridique que celle de traités « tout court », les conventions-cadres représentent « une catégorie particulière de traités[3372] ». La différence entre une convention-cadre et un traité ordinaire n'est donc pas « une différence de nature ; elle est relative à la substance des normes[3373] ».

1699. D'un point de vue formel, « le signe permettant d'identifier des traités cadres est l'existence d'une part d'une convention principale, d'autre part de protocoles ou autres accords complémentaires qui s'y rattachent tout en gardant une certaine autonomie[3374] ». A cet égard, les protocoles doivent être

---

3367 C. G. CAUBET, « *Le Traité de coopération amazonienne : régionalisation et développement de l'Amazonie* », AFDI, 1984, p.813.
3368 D. D. CARON, « *La protection de la couche d'ozone stratosphérique et la structure de l'activité normative internationale en matière d'environnement* », AFDI, 1990, p.707.
3369 A. KISS, « *Les Traités-cadres : une technique juridique caractéristique du droit international de l'environnement* », Annuaire français du droit international, vol.30, 1993, pp.792-797 (p.793).
3370 D. BODANSKY, « *The framework convention/protocol approach (...)* », p.15.
3371 *Ibid.*
3372 M. PRIEUR (dir), « *La mise en œuvre nationale du droit international de l'environnement dans les pays francophones* », Actes des troisièmes journées scientifiques du Réseau « Droit de l'Environnement » de l'Agences universitaires de la francophonie, Yaoundé (Cameroun), 14-15 juin 2001, Presses universitaires de Limoges, 2001, p.23.
3373 M. PRIEUR (dir), « *La mise en œuvre nationale du droit international de l'environnement dans les pays francophones* », *op.cit.*, p.23.
3374 A. KISS, « *Les Traités-cadres : une technique juridique caractéristique (...)* », p.793.

négociés, adoptés et ratifiés séparément de la convention principale[3375]. Il s'agit donc d'un système conventionnel « à la fois unique et multiple[3376] ».

1700. La forme des conventions-cadres peut varier quant à la précision des obligations et des mécanismes institutionnels. Toutefois pour Madame WIPFLI[3377], des éléments fondamentaux se retrouvent dans toute convention-cadre : (1) une déclaration sur les objectifs généraux et les principes directeurs de la Convention ; (2) les obligations fondamentales y compris l'engagement d'adopter des mesures nationales afin d'échanger des informations, de coopérer et de soumettre des rapports ; (3) la structure institutionnelle et les mécanismes financiers ; (4) une procédure d'évaluation de l'application de l'instrument et les mécanismes de disputes et (5) une procédure pour l'adoption d'engagements spécifiques dans le cadre de protocoles ou directives futurs. Pour PÜLZL, la convention-cadre peut être utilisée soit pour mettre en place un cadre organisationnel et décisionnel permettant l'adoption de protocole additionnel soit pour établir un standard minimum[3378].

1701. L'avantage de cette approche est d'offrir de la flexibilité en permettant l'adoption d'obligations politiquement faisables tout en confiant le règlement de sujets litigieux à des protocoles additionnels futurs[3379] perçus comme des « outils volontaires[3380] ». C'est dans la continuité de cette approche, que les initiateurs de la CCLAT ont envisagé cet instrument.

1702. En effet, pour la Professeure TAYLOR et Monsieur BETTCHER, les conventions-cadres, à la différence de nombreuses formes de traités, « ne visent pas à résoudre l'ensemble des enjeux substantiels dans un document unique[3381] ». L'intérêt est donc de diviser la négociation en fonction des différents enjeux à venir dans des accords séparés, appelés « protocoles ». Dès lors, les Etats adoptent une convention-cadre qui, en général, établit un consensus général sur les faits pertinents, les standards généraux internationaux et la structure institutionnelle de gouvernance. Ensuite, les protocoles précisent, modifient ou qualifient la convention-cadre et mettent en place des engagements spécifiques ou apportent des modifications institutionnelles[3382]. Cette approche permet, par le biais des protocoles,

---

3375 J. C. BARKER, « *Mechanism to create and support conventions, treaties and other responses* » (pp.32-55) in G. KUTTING (éd.), *Conventions, treaties and other responses to global issue*, vol.1, UNESOC, EOLSS, 2004.

3376 A. KISS, « *Les Traités-cadres : une technique juridique caractéristique (...)* », *op.cit.*, p.793.

3377 H. WIPFLI, *Mapping the world's first public health treaty (...)*, *op.cit.*, p.36.

3378 H. PÜLZL et al., « *Forms, structures and prototypes of international and multilateral agreements from a juridical point of view* », Report prepared for the 3rd 'MCPFE Working Group on exploring the potential added value and possible option for a legally binding agreement on forests in the panEuropean region' meeting, Rome, Italy, 30 September – 1 October 2010: 3 (http://www.foresteurope.org/eng/What_we_work_for/Legally_Binding_Agreement/Related_Documents/)

3379 L. O. GOSTIN, *Global Health Law*, *op.cit.*, p.436.

3380 S. MALJEAN-DUBOIS, « *La portée des normes du droit international de l'environnement à l'égard des entreprises* », Journal du droit international (Clunet), n°1, var. 1, Janvier 2012, § 23.

3381 A. TAYLOR et D. W. BETTCHER, « *Sustainable health development : Negotiation of the WHO Framework convention on tobacco control* », Development Bulletin, vol.54, avril 2001, p.7.

3382 A. TAYLOR et D. W. BETTCHER, « *WHO Framework Convention on Tobacco Control : a global 'good' for public health'* », Bulletin de l'OMS, vol.78, n°7, 2000, p.922.

d'adapter la convention-cadre en fonction des évolutions scientifiques[3383] et/ou du consensus politique quant à la mise en œuvre d'actions concrètes[3384].

1703. En d'autres termes, la CCLAT permet de créer le forum international au sein duquel les Etats coopèrent et négocient l'adoption de protocoles d'application qui contiennent des obligations substantielles ou des engagements institutionnels supplémentaires. A ce titre, l'objectif derrière la CCLAT est d'agir au niveau mondial afin de compléter (et non remplacer) les actions nationales et locales[3385]. On pourrait comparer cette approche à une sorte de cadre de pourparlers avant d'entrer dans le « vif du sujet » par le biais des protocoles additionnels. Toutefois, son caractère contraignant, lui confère une symbolique particulière et ne peut être écarter dans l'analyse juridique de l'instrument.

1704. Paradoxalement, cette approche permet aux Etats d'apporter une réponse à un problème sans qu'il ne soit nécessaire de trouver un consensus sur l'existence de ce problème ou sur les solutions envisageables[3386]. Par ailleurs, si cette approche permet d'agir rapidement, le risque est de développer un instrument général et aspirationnel, c'est-à-dire qui aspire à atteindre les objectifs énoncés, dont les règlementations substantives sont laissées aux protocoles additionnels, ce qui participe à la fragmentation du droit international[3387]. Ce mécanisme ne garantit en rien le succès futur de la procédure internationale. Toutefois, sur un plan théorique, dès lors que les Etats ont entamé le processus et que la convention-cadre a été adoptée, le processus législatif international prend son propre élan[3388]. La technique de la convention-cadre doit permettre l'initiation d'un mouvement avant tout politique, formalisé juridiquement mais dont les conséquences précises sont attendus par la suite. Toutefois, cela ne doit pas empêcher les Etats de développer des législations nationales en accord avec la convention-cadre, afin d'atteindre les objectifs prévus par cette dernière et d'améliorer la santé mondiale. Il ne faut pas que l'adoption et la ratification de la convention-cadre puisse servir d'excuse aux Etats pour se conforter dans leur inaction.

1705. A ce propos, l'avantage de ce mécanisme reste de ne « froisser » la souveraineté des Etats en offrant à ces derniers un contenu flexible pour la mise en œuvre des objectifs de la convention-cadre. A l'inverse, l'inconvénient d'une telle approche est sans conteste la nécessité d'une transposition et une mise en œuvre au niveau national ce qui laisse une marge de manœuvre aux Etats. Le risque est que cette approche conduise ainsi à une forte hétérogénéité dans le niveau de protection offert d'un Etat à un autre. En définitive, cette approche laisse un « degré de latitude pour les Etats afin de

---

[3383] E. BROWN WEISS, « *Risk assessment and scientific uncertainty* », in E. DOWN WEISS et al., *International environmental law and policy*, Aspen Law and Business, New York, 1998.

[3384] A. TAYLOR et R. ROEMER, « *International strategy for tobacco control* », Programme on susbstance abuse, WHO/PSA/96.6, 1996.

[3385] A. TAYLOR et D. W. BETTCHER, « *Sustainable health development (...)* », p.7.

[3386] B. TOEBES, « *The Framework Convention on Global Health : Considerations in light of international law* », Global Health Governance, vol.IX, n°1, Spring-Fall 2015, p.10.

[3387] N. MATZ-LÜCK, « *Framework Conventions as a Regulatory Tool* », *op.cit.*, p.447.

[3388] D. BODANSKY, « *The United Nations Framework Convention on Climate change: A Commentary* », Yale Journal of International Law, vol.18, 1993, pp.451-501 (p.495).

développer leurs propres législations nationales[3389] » sans qu'il y ait malheureusement de moyens notamment juridiques pour les y obliger.

1706. La procédure suivie pour la mise en œuvre de la CCLAT a permis d'atteindre un consensus. Toutefois, la nécessité de trouver un compromis a eu une influence sur le contenu de la CCLAT qui est variable.

2. Un contenu variable

1707. Il convient de reconnaître le travail fondamental de Monsieur JOOSSENS sur le contenu de la CCLAT. En effet, il a publié, à la demande de l'OMS, un rapport sur l'amélioration de la santé publique par la Convention-cadre internationale pour la lutte antitabac[3390]. Ce rapport contient, en grande partie, l'ensemble des thématiques que l'on retrouve dans le texte final. L'approche suivie pour la CCLAT est de considérer que la consommation du tabac est non seulement un fardeau pour la santé publique mais est négative pour les économies nationales[3391].

1708. Après avoir défini les termes dans une première partie[3392], la Convention énonce l'objectif ambitieux « de protéger les générations présentes et futures des effets sanitaires, sociaux, environnementaux et économiques dévastateurs de la consommation de tabac et de l'exposition à la fumée du tabac en offrant un cadre pour la mise en œuvre de mesures de lutte antitabac par les Parties aux niveaux national, régional et international, en vue de réduire régulièrement et notablement la prévalence du tabagisme et l'exposition à la fumée du tabac[3393] ». Tout au long des articles de la CCLAT, les rédacteurs insistent sur le fait que l'efficacité des mesures prévues est fondée sur des preuves scientifiques[3394].

1709. Par ailleurs, la CCLAT précise les principes directeurs (article 4) visant à guider les parties dans l'interprétation et l'exécution de leurs engagements[3395]. Par ailleurs, l'article 5 prévoit les obligations générales. En fonction de ses capacités, chaque Partie doit élaborer, mettre en œuvre, actualiser et examiner périodiquement des stratégies et des plans et programmes nationaux multisectoriels globaux de lutte antitabac conformément aux dispositions de la CCLAT. Ces obligations impliquent la mise en place ou le renforcement de moyens financiers et l'adoption et l'application de mesures législatives, exécutives, administratives et/ou autres

---

[3389] L. O. GOSTIN, *Global Health Law, op.cit.*, p.435.

[3390] L. JOOSSENS, « *Improving public health through an international framework convention on tobacco control",* Technical Briefing Series, Paper 2, WHO/NCD/TFI/99.2, 1999, p.15.

[3391] « Les revenus tirés de la culture, la fabrication et la taxation des produits du tabacs sont aujourd'hui plus que compensés par les coûts de santé et la perte de productivité due aux maladies et à la mortalité provoquées par la consommation de tabac » (G. L. BURCI, « *La Convention-cadre de l'OMS pour la lutte antitabac », op.cit.).* V. également K. SHIBUYA et al., « *WHO Framework Convention on Tobacco Control : development of an evidence based global public health treaty », op.cit.,*

[3392] Article 1er de la CCLAT

[3393] Article 3 de la CCLAT.

[3394] V. notamment A. TAYLOR et D. W. BETTCHER, « *WHO Framework Convention on Tobacco Control (...) », op.cit.*

[3395] Les principes les plus significatifs de cet article concernent (1) la nécessité d'un engagement politique fort de la part des gouvernements, prenant en compte la vulnérabilité particulière de certains groupes, (2) la nature intrinsèquement multisectorielle de la lutte contre le tabac, (3) le rôle de la société civile ainsi que (4) le rôle central joué par la coopération internationale et l'aide technique et financière.

mesures efficaces. Ainsi, les Etats parties s'engagent expressément à mettre en œuvre le contenu de la CCLAT. Toutefois, la portée de cet engagement dépend nécessairement de la capacité de l'Etat à l'appliquer ce qui limite fortement la contrainte, d'autant que cette capacité n'est pas définie. Elle peut être politique, financière, économique ou sociale.

1710. Cette Convention représente « une évolution fondamentale[3396] » dans les dispositions prévues qui affirment l'importance des stratégies de réduction de la demande du tabac au même titre que de réduction de l'offre tout en prévoyant des dispositions novatrices (a). Toutefois, la nécessité de parvenir à un compromis est à l'origine de certaines faiblesses inhérentes à la CCLAT (b).

a. Un contenu novateur

1711. Premièrement, les dispositions fondamentales de la convention visant à réduire la demande de tabac sont prévues dans la partie III de la CCLAT. Ces dernières constituent « la clef de la crédibilité des programmes de lutte contre le tabagisme [3397]». Une sous catégorisation est prévue entre les mesures financières et fiscales visant à réduire la demande de tabac (article 6) et celles « autres que financières » (articles 8 à 13) qui apparaissent nécessaires et complémentaires.

1712. Les mesures financières et fiscales sont « un moyen efficace et important de réduire la consommation de tabac pour diverses catégories de la population, en particulier les jeunes[3398] ». La CCLAT insiste, sans révéler de taux chiffré, sur l'application de « politiques des prix concernant les produits du tabac » et propose l'interdiction ou la restriction de l'importation de produits de tabac. Ainsi, cet article n'oblige pas les parties à détailler leurs mesures nationales en matière de fiscalité ou de prix. Tout au plus, il est indiqué que chaque partie « doit tenir compte » de ses objectifs nationaux. La logique sous-jacente à la rédaction d'un article isolé sur les mesures fiscales et financières repose sur le fait qu'il s'agit des mesures ayant l'impact le plus fort sur la consommation de tabac[3399]. Toutefois, afin d'être réellement efficaces, ces mesures doivent être accompagnées de mesures complémentaires. A cet égard, l'approche suivie par les rédacteurs varie.

1713. Pour certaines dispositions, le lexique est assez vague et ne propose pas de mesures concrètes ou chiffrées. Tel est le cas des dispositions relatives à la protection contre l'exposition à la fumée du tabac qui prévoient une « protection » non qualifiée (article 8) [3400] ; de la réglementation de la composition des produits du tabac qui préconise la mise en place de tests et d'analyses (article 9) ; et des dispositions ayant trait à l'éducation, la communication, la formation et la sensibilisation du public où « tous les outils

---

[3396]V. « *Avant-propos* » de la Convention-cadre pour la lutte antitabac.
[3397] G. L. BURCI, « *La Convention-cadre de l'OMS pour la lutte antitabac* », *op.cit.*
[3398] Article 6 § 1 de la CCLAT.
[3399] G. L. BURCI, « *La Convention-cadre de l'OMS pour la lutte antitabac* », *op.cit.*
[3400] La CCLAT reconnaît « sur des bases scientifiques que l'exposition à la fumée de tabac entraîne la maladie, l'incapacité et la mort ».

de communication disponibles » doivent être utilisés, et le conditionnement (article 12).

1714. A l'inverse, pour d'autres dispositions, les négociations CCLAT ont permis d'aboutir un consensus sur la mise en œuvre d'obligations précises. Tel est le cas de l'article 11 relatif à l'étiquetage des produits du tabac qui prévoit que chaque paquet de tabac ou de cigarettes devra désormais comporter « des mises en garde sanitaires » contre les dangers du tabac « de grande dimension, claires, visibles et lisibles » ; et que les avertissements devront couvrir au moins 30 % des principales faces des paquets. De même, l'article 13, considéré comme l'une des dispositions « les plus importantes[3401] » et les plus controversées[3402] de la CCLAT, énonce comme principe l'interdiction totale de toute publicité en faveur du tabac, de toute promotion et de tout parrainage du tabac. Cet article prévoit en outre qu'en cas d'incapacité à instaurer une interdiction globale « du fait de sa constitution ou de ses principes constitutionnels », l'Etat doit imposer des restrictions partielles. Ainsi, comme le rappelle la CJUE, les Etats « sont libres » de choisir entre une interdiction totale ou partielle[3403].

1715. Deuxièmement, la CCLAT cherche à réduire l'offre de tabac (partie IV) en traitant de l'enjeu du commerce illicite des produits du tabac (article 15). A cet égard, un « fort consensus [3404]» a été trouvé en faveur de mesures fortes pour empêcher ou décourager le commerce illicite du tabac. En effet, la Convention impose aux Etats de faire en sorte que les paquets et cartouches de cigarettes destinés à la vente comportent une marque pour aider les Parties à déterminer leur origine, leur destination, et dans la mesure du possible, leurs mouvements, de leur lieu de fabrication à leur point de vente. Ainsi, la CCLAT vise à mettre en place un système international de documentation et de surveillance des mouvements d'un produit spécifique du commerce international. De même, l'article 16 annonce expressément l'interdiction de la vente des produits du tabac aux personnes n'ayant pas atteint l'âge minimum prévu en droit interne par la législation nationale, ou a minima l'âge de dix-huit ans.

1716. Enfin, une autre nouveauté de la Convention est l'inclusion d'une disposition traitant de la responsabilité (article 19). Aucun article relatif à la responsabilité n'avait encore été intégré dans une convention-cadre. Ce dernier apparaît comme une « solution de compromis[3405] » et prévoit qu' « aux fins de la lutte antitabac, les Parties *envisagent* de prendre des mesures législatives ou de promouvoir les lois existantes, si nécessaire, en matière de responsabilité pénale et civile, y compris l'indemnisation le cas échéant[3406] ». A cet égard, un groupe d'experts sur la responsabilité a rendu un rapport sur l'application de l'article 19 lors de la sixième COP en 2014[3407]. Des mécanismes pour la

---

[3401] J. BURDA, « *La Convention-cadre de l'OMS pour la lutte antitabac (...)* », *op.cit.*, p.24.
[3402] G. L. BURCI, « *La Convention-cadre de l'OMS pour la lutte antitabac* », *op.cit.*
[3403] V. par exemple CJUE, *Allemagne c. Parlement et Conseil*, C-380/03, 12 décembre 2006, § 50.
[3404] G. L. BURCI, « *La Convention-cadre de l'OMS pour la lutte antitabac* », *op.cit.*
[3405] *Ibid.*
[3406] Le mot « envisagent » a été surligné.
[3407] CCLAT, « *Application de l'article 19 de la Convention : 'Responsabilité'* », Rapport du groupe d'experts, FCTC/COP/6/8, 5 juin 2014.

coopération scientifique et technique et la communication d'informations sont décrits dans les articles 20 à 22.

1717. Cet ensemble de dispositions affiche de « sérieuses ambitions dans la lutte contre le tabagisme[3408] ». En effet, si cet instrument est une « convention-cadre » qui a pour but d'offrir un cadre de mise en œuvre des mesures proposées, la précision de certaines de ses dispositions permet, en théorie, aux Etats parties, s'ils le souhaitent, de disposer d'un arsenal juridique garantissant, s'il est appliqué, une réduction de la prévalence du tabagisme. En d'autres termes, il repose sur la volonté des Etats de mettre en œuvre ces dispositions ou de les « adapter » selon le langage diplomatique adéquat. Le cadre juridique ainsi proposé par la Convention, renforcé par l'universalité de son adhésion par les Etats, fait de cette dernière une « véritable [3409] » convention internationale prête à être appliquée au niveau national. Pour Monsieur JACOB, le texte final de la CCLAT va au-delà des mesures ordinaires insérées dans une convention-cadre ce qui en fait plutôt « un instrument détaillé et normatif pour ce qui concerne plusieurs mesures[3410] ».

1718. Si la CCLAT peut être décrite comme un « extraordinaire instrument de santé publique[3411] », il faut reconnaître que son contenu est aussi la conséquence d'échecs dans la lutte antitabac en particulier à l'égard des échanges commerciaux.

b. Un contenu insuffisant

1719. L'insuffisance de certaines dispositions de la CCLAT s'explique, en partie, par l'approche particulière retenue dans leur processus d'élaboration où deux types de dispositions coexistent comme le rappelle Monsieur BURCI, dans le prolongement de la philosophie du Président de l'INB[3412].

1720. D'une part, il y a les dispositions qui répondent à des aspects domestiques de la lutte antitabac pour lesquelles une véritable dimension transnationale n'est pas évidente et pour lesquelles les Etats pourraient entièrement légiférer sans aucun engagement international fondamental. Il s'agissait bien souvent de mesures adoptées depuis longtemps dans certains pays telles que les mesures financières et fiscales. Pour ces mesures, un consensus a été plus simple à trouver, soit les Etats ne disposaient pas de telles

---

[3408] R. HAMMOND et M. ASSUNTA, « *The Framework convention on tobacco control : Promising start, uncertain future* », Tobacco Control, vol.12, septembre 2003, p.241.

[3409] J. LIBERMAN, « *The power of the WHO FCTC: Understanding its legal status and weight* », in A. MITCHELL et T. VOON (eds), *The tobacco epidemic and the law*, Edward Elgar, UK, 2014, p.5.

[3410] G. J. JACOB, « *Without Reservation* », *op.cit.*

[3411] P. BOVET et al., « *Convention-cadre pour la lutte antitabac : un instrument puissant de santé publique* », Revue Médicale Suisse, n°248, 2012, pp. 1438-1441.

[3412] Le Président de l'INB, dans une lettre, faisait part de son impression que « deux approches distinctes ont subsisté tout au long des négociations : la première part de l'idée selon laquelle la convention doit se substituer à une législation nationale naissante ou combler un vide lorsqu'elle n'existe pas encore, ce qui conduit à préférer une convention très spécifique visant à répondre avant tout aux besoins nationaux, sous-régionaux ou régionaux ; la deuxième aspire à définir un cadre mondial dans lequel on puisse résoudre, en prenant des mesures plus générales, les problèmes transnationaux liés à la lutte antitabac et encourage une large participation des Etats membres afin de stimuler la coopération internationale dans le domaine de la lutte antitabac » (V. OMS, « *Convention-cadre pour la lutte antitabac. Lettre du Président de l'organe intergouvernemental de négociation, Monsieur Luiz Felipe de Seixas Correa* »,A/FCTC/INB6/3 Rev.1, 5 février 2003, p.2.

mesures et la CCLAT était vue comme un outil fondamental afin d'introduire des mesures nationales fortes, soit les Etats disposaient déjà de programmes nationaux efficaces contre le tabac. Dans ce second cas, de prime abord, adopter la CCLAT pourrait paraître superflue. Toutefois, il faut comprendre que les enjeux de santé mondiale ont besoin de la participation active de l'ensemble des Etats et des parties prenantes afin de convaincre les Etats réticentes. Dès lors, la participation d'Etats ayant déjà un corpus juridique développé est nécessaire. En outre, la CCLAT, y compris pour ces Etats, est utile afin de protéger davantage la réglementation nationale et d'éviter que celle-ci soit remise en cause dans le futur. L'argument de l'existence de la réglementation internationale sert en effet de contrepoids lorsque d'autres intérêts en particulier économiques tentent d'affaiblir la réglementation nationale. Par exemple, dans le cadre des discussions entre le ministère de la santé qui défend les intérêts sanitaires et le ministère des affaires étrangères qui défend davantage les intérêts diplomatiques, l'existence de la CCLAT sert d'argument de poids pour maintenir une protection contre le tabagisme.

1721. Certaines dispositions relatives aux aspects transnationaux, ne peuvent être abordées seuls par les Etas, comme par exemple les mesures relatives au commerce illicite. C'est dans ce second cas, que l'on retrouve les principales faiblesses du contenu de la CCLAT car le principe du plus petit dénominateur commun l'a souvent emporté dans ce domaine[3413]. Ainsi, le contenu de la CCLAT dans le cadre du contrôle transfrontalier est limité. Il n'y a aucune obligation contraignante relative aux prix, aucun accord sur une harmonisation des niveaux de prix et aucun engagement sur la publicité transfrontalière. En matière d'harmonisation des prix, il faut reconnaître qu'il y a eu peu de débats car presque l'ensemble des pays était d'accord sur l'idée qu'il appartient à chaque Etat membre de déterminer sa politique fiscale au nom de sa souveraineté[3414]. Par ailleurs, la vente du tabac en duty-free est restée autorisée. Dès lors, on déplore une influence évidente des Etats dans le contenu de la CCLAT contraire aux intérêts de santé mondiale. Si ceci fait écho au fait que cet instrument est surtout le résultat d'un compromis international fondé sur les Etats, acteurs attendus du droit international, ce compromis ne devrait se faire au détriment de la protection de la santé des individus et au bénéfice d'autres intérêts.

1722. Plus précisément, certains estiment que la Convention n'a pas répondu à toutes les attentes, en particulier en ce qui concerne son interaction avec les règles relatives à la libéralisation des échanges[3415] et au commerce. Les discussions autour du lien entre santé et commerce ont été particulièrement difficiles en particulier à l'égard de l'application des accords de l'OMC. En effet, les premiers projets de convention contenaient une clause tentant de concilier les objectifs de santé de l'OMS avec ceux de l'OMC. Ils reconnaissent que les mesures commerciales et les mesures de lutte antitabac pouvaient être mises en œuvre de manière à se soutenir mutuellement[3416].

[3413] H. WIPFLI, *Mapping the world's first public health treaty (...), op.cit.*, p.53.
[3414] *Ibid.*, p.60.
[3415] J. BURDA, « *La Convention-cadre de l'OMS pour la lutte antitabac (...)* », *op.cit.*, p.25.
[3416] *Ibid.*

L'objectif était de répondre aux préoccupations de certaines puissances commerciales quant aux effets restrictifs sur le commerce de certaines mesures. Le projet de CCLAT prévoyait, dans des termes identiques à l'article XX (b) de l'accord GATT, que les « mesures de lutte antitabac [ne constituent pas] un moyen de discrimination arbitraire ou injustifiable dans le commerce international[3417] ».

1723. Soutenu par le Département TFI[3418] afin d'arriver à un compromis, cette disposition a été supprimée de la dernière version par le Président de l'INB en raison de l'opposition de nombreux pays en développement[3419]. Ces derniers, au contraire espéraient qu'une disposition de la CCLAT affirmerait explicitement, d'une manière ou d'une autre, de la supériorité de la santé sur le commerce. Cette solution ne fut jamais intégrée à aucune proposition de rédaction de la CCLAT. En effet, Madame BRUNDTLAND elle-même indiqua qu'il ne fallait aucune mention du « commerce » dans la version finale. Cette position s'explique en raison du risque que de nombreux pays développés ne soutiennent plus le projet de CCLAT[3420]. C'est donc avant tout la conséquence d'un « compromis politique[3421] » qui explique l'absence d'une disposition explicite relative au commerce dans la CCLAT, mais cela n'est pas sans conséquence.

1724. Le seul élément qui fait écho à ces débats et qui donne l'impression, *a priori*, d'une victoire de la santé est la référence du Préambule qui précise que les Parties à la CCLAT sont résolues « à donner la priorité à leur droit de protéger la santé publique ». Pour certains auteurs, cette première phrase du Préambule suffit à affirmer le point essentiel de la « primauté de la santé publique sur les règles du marché[3422] », y compris celle du commerce[3423]. Toutefois, elle peut également être interprétée comme une simple déclaration d'intention. Les relations entre la CCLAT et les accords de l'OMC doivent être envisagées sous l'angle de l'article 30 de la Convention de Vienne sur le droit des traités ou de la coutume internationale[3424]. A ce titre, aussi bien par le biais du principe *lex posteriori deroga priori* que de celui *lex specialis derogat generali,* la Convention CCLAT, plus récente et plus précise sur les questions de santé que les règles de l'OMC, doit être prioritaire en cas de conflits[3425].

3417 OMS, « *New chair's text of a Framework convention on tobacco control* », Intergovernmental Negotiating Body on the WHO Framework Convention on Tobacco Control, 5e session, DOC.A/FCTC/INB5/2, 25 juin 2002, article 4 (5), p.5.

3418 Le département TFI défendait l'idée qu'un langage similaire était présent dans de nombreux accords environnementaux multilatéraux et que cette référence était protectrice de la santé publique (V. H. MAMUDU et al, « *International trade versus public health during the FCTC negotiations, 1999-2003* », Tobacco Control, vol.20, n°1, e3, 2011).

3419 G. L. BURCI, « *La Convention-cadre de l'OMS pour la lutte antitabac* », *op.cit.*

3420 H. WIPFLI, *Mapping the world's first public health treaty (...), op.cit.*, p.55

3421 H. MAMUDU et al., « *International trade versus* »*...)* », *op.cit.*

3422 P. BOVET et al., « *Convention-cadre pour la lutte (...)* », *op.cit.*

3423 Pour certaines délégations, cette référence signifiait que la santé serait reconnue comme une priorité par l'OMC (H. WIPFLI, *Mapping the world's first public health treaty (...), op.cit.*, p.56).

3424 G. L. BURCI, « *La Convention-cadre de l'OMS pour la lutte antitabac* », *op.cit.*

3425 J. BURDA, « *La Convention-cadre de l'OMS pour la lutte antitabac (...)* », *op.cit.*, pp.26-27.

1725. Toutefois, comme Monsieur BURDA l'avait anticipé[3426], et malgré l'annonce de certains pays de donner la priorité à la santé, l'absence de clause relative au commerce a ouvert un espace pour que l'industrie du tabac remette en cause les politiques nationales de lutte antitabac, notamment dans le cadre des accords OMC. Ainsi, les mesures restrictives au commerce, fondées sur la CCLAT, font l'objet d'un examen par les panels et l'Organe d'appel de l'OMC afin d'en apprécier la compatibilité avec les règles contenues dans les accords OMC. Dès lors, le fait que la CCLAT ne règlemente pas le commerce démontre la faiblesse de cette Convention à traiter un « élément majeur transnational[3427] » de l'épidémie mondiale de tabac. Le silence de la CCLAT sur sa relation avec les accords du commerce reflète « l'écrasante primauté accordée à la libéralisation des échanges par les Etats-Unis, le Royaume-Uni et les autres pays développés[3428] ».

1726. D'autres critiques sont faites au contenu de la CCLAT. D'abord, pour certains auteurs, malgré de nombreuses réussites, la CCLAT « vise à changer l'environnement social sans changer activement le comportement individuel[3429] ». Par ailleurs, inhérent à sa forme conventionnelle, la CCLAT est critiquée pour l'utilisation d'un certain lexique tel que : « en fonction de ses capacités[3430] » ; « dans les limites des moyens et des ressources dont elles disposent[3431] » ou l'utilisation répétée du verbe « s'efforcer[3432] ». Ce champ lexical minimise la portée de la CCLAT d'autant plus qu'aucun système de règlement des différends n'est prévu. En effet, l'article 27 de la CCLAT recommande le recours à la médiation, à la conciliation ou à l'arbitrage sans plus de détails. Enfin, il est regrettable, suivant l'article 26, que le financement de la CCLAT se fonde sur des mécanismes financiers existants avec l'addition de contributions volontaires *ad hoc*. D'abord, il est prévu une analyse de la mobilisation de toutes les ressources potentielles et existantes pertinentes, qu'elles soient financières, techniques ou autres, publiques ou privées. Ensuite, il sera déterminé s'il y a lieu de renforcer les mécanismes existants ou de créer un fonds mondial de contributions volontaires ou tout autre mécanisme de financement approprié en vue de canaliser des ressources supplémentaires.

1727. Toutes ces critiques trouvent une réponse dans la forme particulière de la CCLAT qui permet dans un second temps d'adopter des protocoles supplémentaires. Ainsi, si le contenu peut être faible sur certains éléments, c'est justement parce qu'aucun autre compromis ne pouvait être atteint au moment de son élaboration. Le forum international que constitue la CCLAT permet de prolonger les discussions afin d'élaborer de nouveaux instruments sous la forme de protocoles.

[3426] Il écrivait en 2006 qu' « un examen plus approfondi démontre cependant que la mise en œuvre de ces deux règles n'est pas aussi simple qu'il n'y paraît au premier abord ». J. BURDA, « *La Convention-cadre de l'OMS pour la lutte antitabac (...)* », *op.cit.*, p.27.

[3427] J. COLLIN, « *Global health, equity and the WHO Framework Convention on Tobacco Control* », Global Health Promotion, vol.17, n°1 supplémentaire (2010), pp.73-75 (p.73).

[3428] *Ibid.*, p.74.

[3429] B. M. MEIER, « *Breathing Life into the Framework Convention on Tobacco Control : Smoking Cessation and the Right to Health* », Yale Journal of Health Policy, Law and Ethics, vol.5, 2005, p.147.

[3430] Articles 12, 14 § 1, 15 § 7, 17, 20 § 1, 3 et 4 de la CCLAT.

[3431] Article 5 § 6 de la CCLAT.

[3432] C. WILLIAMSON, « *Clearing the Smoke : Addressing the tobacco issue as an international body* », Penne State International Law Review, vol.20, n°587, 2002, p.611.

1728. L'exemple de la CCLAT démontre le compromis nécessaire dans la conception de traité entre l'étendue de la participation (volonté d'une participation universelle dans l'élaboration et la mise en œuvre du traité) et la précision du contenu (obligations concrètes à l'égard des Etats). En d'autres termes, plus l'instrument est détaillé et précis, plus le nombre de participant sera limité.

1729. Les attentes placées dans le développement de la CCLAT étaient très importantes. BRUNDTLAND estimait que « la CCLAT n'est pas une convention ordinaire, elle représente potentiellement un mouvement pour la santé publique[3433] ». A ce titre, la CCLAT a « marqué un tournant historique pour la protection de la santé publique à l'échelle planétaire[3434] ». D'un point de vue substantiel et malgré quelques dispositions assez générales, la CCLAT apparaît comme une « réussite historique[3435] ». Toutefois, plus de dix ans après son adoption, il convient d'analyser son application et sa mise en œuvre.

§2. Une application relativement avancée

1730. Alors qu'il s'agit d'un instrument contraignant[3436], le bilan de la CCLAT apparaît contrasté. D'une part, des éléments de succès sont à souligner (A). D'autre part, certains efforts doivent être intensifiés (2).

A. Des éléments de succès

1731. Le premier élément à analyser est la volonté de la CCLAT de mettre en place une gouvernance structurée et active (1) ce qui lui a permis de bénéficier d'une prise en compte non-négligeable par les Etats membres (2).

1. Une gouvernance structurée et active

1732. La CCLAT prévoit la mise en place d'une structure institutionnelle accompagnée de compétences significatives (b) qui sont mises en œuvre (b).

a. Une structure institutionnelle

1733. L'une des conséquences à la suite de l'adoption d'une convention-cadre est la mise en œuvre d'un système institutionnalisé de gouvernance sur la base du modèle de conventions des Nations unies en matière environnementale. En effet, étant donné que les Etats parties doivent pouvoir continuer à discuter et négocier afin d'adopter des protocoles additionnels,

---

[3433] Déclaration de Mme BRUNDTLAND, Directrice Générale de l'OMS, 1999.

[3434] J. BURDA, « *La Convention-cadre de l'OMS pour la lutte antitabac (...)* », *op.cit.*, p.19.

[3435] G. L. BURCI, « *La Convention-cadre de l'OMS pour la lutte antitabac* », *op. cit.*

[3436] Ceci est notamment explicitement rappelé par la Directive 2014/40/UE du Parlement Européen et du Conseil du 3 avril 2014 relative au rapprochement des dispositions législatives, réglementaires et administratives des États membres en matière de fabrication, de présentation et de vente des produits du tabac et des produits connexes, et abrogeant la directive 2001/37/CE qui précise dans son 7ème considérant que « l'action législative au niveau de l'Union est également nécessaire pour mettre en œuvre la CCLAT de mai 2003, à laquelle sont parties l'Union et ses Etats membres, et pour lesquels les dispositions de cette convention-cadre sont *contraignantes* » (italique ajouté).

« ils doivent créer des cadres pour la négociation ultérieure[3437] ». Dès lors, la CCLAT prévoit, en partie VIII, les dispositions institutionnelles et les ressources financières.

1734. Précisément, l'article 23, comme dans tout « 'vrai' traité-cadre[3438] », institue une Conférence des Parties (COP) qui a pour mission principale d'examiner régulièrement l'application de la CCLAT et prendre les décisions nécessaires pour en promouvoir la mise en œuvre efficace. Elle est l'organe principal en charge de la surveillance de l'exécution de la convention et constitue dès lors l'organe directeur de la CCLAT. Composée de toutes les Parties à la Convention, la COP a lieu tous les deux ans. A cet égard, il convient de préciser qu'à l'origine le Secrétariat de l'OMS avait proposé de créer des organes pour surveiller l'exécution de la Convention et fourni à la COP des avis techniques et scientifiques. Toutefois, la mise en place d'arrangements institutionnels minimaux et rentables a été préférée pendant les négociations.

1735. L'article 23 confère de larges compétences à la COP dont la promotion de la coopération internationale, des stratégies nationales, des politiques et législations et la mobilisation des ressources financières conformément à l'article 26. La COP a également la responsabilité générale de guider le développement de la CCLAT par l'adoption des protocoles, des annexes et des amendements à la Convention. Enfin, elle peut créer tout organe subsidiaire jugé nécessaire aux fins de l'application de la Convention.

1736. Par ailleurs, un aspect important du rôle de la COP est d'examiner les rapports périodiques soumis par les parties. Divers articles prévoient cette obligation de transmettre des rapports dont les articles 6 et 13. En vertu de ce dernier, les parties doivent rendre compte des mesures spécifiques prises pour exécuter l'interdiction ou les restrictions à la publicité, la promotion et le parrainage. A ce titre, Monsieur BURCI estimait que « la bonne foi exigerait également d'elles, qu'elles rendent compte des obstacles constitutionnels qu'elles rencontrent pour poser le principe d'interdiction totale[3439] ». Ainsi, cela doit permettre de les examiner, d'en discuter et d'envisager une assistance technique pour étudier ces questions constitutionnelles ou les aider à rédiger une nouvelle législation.

1737. De même, dès sa première session en 2006, la COP a adopté de nombreuses décisions relatives à l'obligation prévue à l'article 21 de la CCLAT « Notification et échange d'informations » sur la périodicité et le contenu des rapports à remettre. En effet, chaque Partie doit présenter à la COP des « rapports périodiques sur la mise en œuvre de la Convention[3440] ». L'objectif de ces rapports est de permettre à chaque Partie de bénéficier de l'expérience des autres Parties dans la mise en œuvre de la CCLAT. En outre, cela permet à la COP d'examiner les progrès réalisés à l'échelle internationale dans la mise en œuvre. Depuis la 4ème session de la COP en 2010, les Etats

---

[3437] A. KISS, « *Les Traités-cadres : une technique juridique caractéristique (...)* », *op.cit.*, p.796.
[3438] *Ibid.*
[3439] G. L. BURCI, « *La Convention-cadre de l'OMS pour la lutte antitabac* », *op. cit.*
[3440] Article 21 § 1 de la CCLAT.

parties doivent remettre un rapport unique et biennal[3441], remis conjointement à la tenue de la COP, et composé, d'une part, d'un questionnaire obligatoire pour l'ensemble des Parties[3442] et, d'autre part, de questions supplémentaires visant à encourager les Parties à soumettre volontairement les informations requises [3443]. Si cette position constitue un compromis entre l'obligation contraignante et l'invitation volontaire, elle nuit à la cohérence de l'information obtenue. Non seulement il est difficile d'obtenir les informations obligatoires mais dès lors qu'elles sont volontaires il y a peu de raisons pour un état de les transmettre. On notera que si la participation aux premières sessions de la COP était « extrêmement forte[3444] », les sessions suivantes ont connu une diminution de la participation, passant de 95% en 2006 à 60% en 2010, puis à 75% en 2014 lors de la dernière session[3445]. Signe peut être d'une forme de lassitude des Etats plus de dix ans après l'entrée en vigueur de la CCLAT en raison de résultats insuffisants. De même, cela est représentatif d'un engouement mondial affaibli par rapport aux débuts des années 2000. Ceci démontre du lien entre le contexte politique mondial qui peut, par effet domino, permettre l'adoption de la première convention-cadre par l'OMS mais qui peut également freiner les efforts continus de son application.

1738. Parallèlement aux travaux effectués par la COP, le rôle du Secrétariat de la CCLAT est primordial afin de permettre le fonctionnement au quotidien de cette Convention. Organe permanent prévu par l'article 24 de la CCLAT, il permet l'administration de la Convention. Il organise les sessions de la COP, transmet les rapports, aide les Parties à compiler et communiquer les informations requises et de manière assure toute la coordination nécessaire. Un de ses objectifs principaux est de traduire les décisions de la COP en activités programmatiques. Lors de la première session de la COP a été décidé que le Secrétariat permanent serait établi au sein de l'OMS à Genève[3446]. De même, le financement du Secrétariat de la CCLAT, comme l'ensemble des activités liées à la CCLAT, se fonde sur un système de contributions volontaires évaluées (CVE) et sa gestion financière dépend des règles comptables de l'OMS[3447]. En d'autres termes, les CVE, établies par la convention, sont des contributions budgétaires provenant de chaque Parties suivant la règle de

[3441] OMS, « *Instrument de notification de la Convention-cadre de l'OMS pour la lutte antitabac* » (http://www.who.int/fctc/reporting/reporting_instrument/fr/).
[3442] Accessible en ligne à l'adresse suivante : http://www.who.int/fctc/reporting/FR_2016_updates.pdf?ua=1.
[3443] OMS, « *Instrument de notification de la Convention-cadre de l'OMS pour la lutte antitabac* », *op.cit.*
[3444] 95% des Parties à la CCLAT ont participé au moins à une des quatre premières sessions de la COP (V. H. WIPFLI, *Mapping the world's first public health treaty (...) op.cit.*, p.27).
[3445] Information disponible sur le site de la CCLAT dédié aux sessions de la COP « *Sessions de la Conférence des Parties à la Convention-cadre de l'OMS pour la lutte antitabac* » (http://www.who.int/fctc/cop/sessions/fr/).
[3446] A l'origine, les fonctions de ce Secrétariat étaient assurées par l'OMS temporairement (V. OMS, « *CCLAT. Note du Secrétariat* », A56/8, 10 avril 2003, p.2), jusqu'à ce qu'il soit désigné et établi. Même s'il apparaissait évident que l'OMS assume la fonction de secrétariat permanent en raison du déroulement de la négociation et de l'adoption de la CCLAT sous les auspices de l'OMS et de son objectif de santé publique, ce point n'a pas été réglé lors de l'adoption définitive de la CCLAT laissant la possibilité d'établir une institution séparée, avec toutes les conséquences juridiques et les implications financières que cela suppose (V. OMS, « *Dispositions financières applicables aux secrétariats de conventions pendant la période transitoire et à titre permanent : précédents dans les accords multilatéraux sur l'environnement. Rapport du Secrétariat* », A/FCTC/INB6/INF.DOC./3., 18 février 2003).
[3447] OMS, « *Adoption du Règlement financier de la Conférence des Parties à la Convention-cadre de l'OMS pour la lutte antitabac* », Décision FCTC/COP1(9), 15 février 2006.

calcul de l'OMS déterminée en fonction des revenus. La fourchette des CVE varient de plusieurs milliers à 116 dollars tous les deux ans. De même, le budget peut être complétées par des fonds extrabudgétaires obtenus par le Secrétariat et la CCLAT. Ceci implique les mêmes risques que pour le budget global de l'OMS : un montant insuffisant et des retards de paiement.

1739. Non seulement la CCLAT met en place une structure institutionnelle autour de deux organes principaux, ces derniers développent une activité significative.

b. Une activité significative

1740. Deux éléments principaux illustrent la volonté des organes de la CCLAT de jouer un rôle actif dans le développement de la CCLAT. En particulier, les organes de la CCLAT ont la possibilité de répondre par le développement d'instruments ultérieurs à des enjeux qui été controversés et dont il était difficile d'obtenir un compromis au moment de la négociation de la CCLAT.

1741. Premièrement, comme l'annonçait Monsieur BURCI, une des fonctions sur laquelle la Conférence devrait se focaliser devrait être le développement de directives[3448], normes et méthodologies « afin d'accroître la cohérence et l'uniformité des mesures nationales d'exécution[3449] ». En effet, dans le cadre de ses compétences prévues à l'article 23 de la CCLAT, la COP a la capacité de développer et d'approuver des instruments d'application du traité. Toutes les directives ont un objectif pédagogique afin de mieux comprendre et interpréter les dispositions clefs de la CCLAT. On retrouve plusieurs points communs au contenu des directives.

1742. D'abord, les directives énoncent des principes directeurs. Par exemple, en novembre 2008[3450], des directives ont été adoptées en relation avec l'article 5.3 relatives à l'influence des intérêts commerciaux et autres de l'industrie du tabac. Ces directives énoncent quatre principes directeurs dont celui qu'il existe « un conflit fondamental et inconciliable entre les industries du tabac et ceux de la santé publique (principe 1) ». Par ailleurs, une liste de huit recommandations est proposée dont « adopter des mesures pour limiter les interactions avec l'industrie du tabac et garantir la transparence de celles qui ont lieu ». Enfin, pour chaque recommandation, le document prévoit des mesures précises retenues pour protéger les politiques de santé publiques concernant la lutte antitabac des intérêts commerciaux et autres de l'industrie du tabac.

1743. Ensuite, ces directives proposent des définitions des principaux termes employés. Ces définitions ont été établies à la lumière de l'expérience de nombreux pays. Par exemple, dans le cadre des directives sur la protection

[3448] On notera que la terminologie provient de l'anglais « guidelines » et que la France a demandé, au nom de la Communauté européenne, que le mot « guidelines » soit traduit par « lignes directrices » et non par « directive » afin d'éviter toute confusion. Cette demande, examinée à la quatrième session de la COP n'a pas été retenue.

[3449] G. L. BURCI, « *La Convention-cadre de l'OMS pour la lutte antitabac* », *op. cit*

[3450] OMS, « *Décision FCTC/COP3(7)* », 3e session du 17 au 22 Novembre 2008, FCTC/COP/3/DIV/3, 16 février 2009, p. 5.

contre l'exposition à la fumée du tabac (article 8 de la CCLAT) adoptées en novembre 2007, sont définies les notions de « fumée secondaire[3451] », « fumée[3452] » et « lieux publics[3453] ».

1744. Enfin, les directives sont souvent accompagnées de documents ou de matériels de référence tels que des exemples de législations nationales et infranationales actuellement en vigueur « qui se rapprochent le plus des présentes directives sur les meilleures pratiques pertinentes[3454] » ou encore des documents apportant des preuves scientifiques. Ceci confirme davantage le rôle de référent des directives afin d'interpréter la CCLAT. En effet, en se fondant sur des preuves scientifiques et en proposant des exemples de législations déjà développées dans certains pays, l'OMS vise à offrir aux pays deux apports. Premièrement, il s'agit de convaincre du bien fondé scientifique des mesures proposées. Ceci est un argument clef dans les rapports de force au niveau national face aux intérêts diverses. Deuxièmement, l'OMS offre les moyens et les outils pour permettre aux Etats d'élaborer leur réglementation nationale en publiant des « législations types » qu'il convient d'adapter aux particularités locales. Cette idée de référence juridique est renforcée par les activités visant à aider les Parties à mettre en œuvre la CCLAT notamment par l'évaluation des besoins, les ateliers régionaux et les conseils d'experts.

1745. Jusqu'à présent la COP a adopté huit séries de directives couvrant les dispositions de neuf articles de la Convention : articles 5.3[3455] (intérêts commerciaux), 6[3456] (mesures financières et fiscales), 8[3457] (exposition à la fumée du tabac), 9 (composition des produits du tabac) et 10[3458] (information sur les produits tu tabac à communiquer), 11[3459] (conditionnement et étiquetage des produits du tabac), 12[3460] (éducation, communication, formation et sensibilisation du public), 13[3461] (publicité en faveur du tabac, promotion et parrainage) et 14[3462] (dépendance à l'égard du tabac et sevrage tabagique) de la CCLAT. A sa sixième réunion en 2014, la COP a adopté un ensemble de dispositions relatives aux activités de remplacement de la culture du tabac économiquement viables en relation avec l'article 17 (activités de

[3451] « La fumée secondaire peut être définie comme étant « la fumée produite par la combustion d'une cigarette ou d'un autre produit du tabac à laquelle s'ajoute généralement la fumée exhalée par le fumeur » (OMS, « *Directives relatives à la protection des politiques de santé publique en matière de lutte antitabac face aux intérêts commerciaux et autres de l'industrie du tabac* », p.3).

[3452] « Ce terme doit être défini comme incluant le seul fait de détenir ou d'utiliser un produit du tabac allumé, que la fumée soit ou non activement inhalée ou exhalée » (*Ibid.*, p.3)

[3453] « La définition précise des « lieux publics » peut varier d'un pays ou territoire à l'autre, mais il est important que la législation définisse ce terme de manière aussi large que possible. La définition utilisée doit s'appliquer à tous les lieux accessibles au grand public et à tous les lieux à usage collectif, indépendamment de leur régime de propriété ou des conditions d'accès » (*Ibid.*, p.3).

[3454] OMS, « *Liens avec des exemples de législation ou des documents de référence* », Directives sur la protection contre l'exposition à la fumée du tabac

[3455] *Décision FCTC/COP3(7),* Novembre 2008.

[3456] *Décision FCTC/COP5(7),* Novembre 2012.

[3457] *Décision FCTC/COP2(7)*, Juillet 2007.

[3458] *Décision FCTC/COP4(7),* Novembre 2010.

[3459] *Décision FCTC/COP3(10),* Novembre 2008.

[3460] *Décision FCTC/COP4(10),* Novembre 2010.

[3461] *Décision FCTC/COP3(12),* Novembre 2008.

[3462] *Décision FCTC/COP4(8),* Novembre 2010.

remplacement économiquement viables) et l'article 18 (protection de l'environnement et de la santé des personnes) de la CCLAT[3463].

1746. Les directives et les dispositions et recommandations sont élaborées au cours d'un large processus consultatif intergouvernemental établi par la COP et sont « reconnues par les Parties comme un outil utile pour la mise en œuvre de la Convention[3464] ». Ces directives ne sont pas juridiquement contraignantes. Toutefois, par leur adoption unanime « toutes les Parties sont d'accords sur les principes, les définitions et les éléments factuels qu'ils contiennent[3465] » comme le rappelle la jurisprudence de la CJUE[3466]. En d'autres termes, les parties à la CCLAT doivent considérer ces directives, une fois adoptées, comme une description pratique des obligations nécessaires à l'application de la CCLAT et des standards suivant lesquels la mise en œuvre de la Convention sera évaluée. Ainsi, les directives ont pour objectif d'aider les Parties à « s'acquitter des obligations juridiques qui leur incombent en vertu de la Convention[3467] ». Elles représentent une source riche dans le cadre de l'adoption de législations nationales.

1747. Deuxièmement, participant également de son activité, la COP a pour compétence d'adopter des protocoles additionnels « thématiques » à la CCLAT. Lors des négociations, cette possibilité avait été rendue nécessaire afin de faire émerger un consensus sur l'élaboration de la Convention-cadre. En effet, la question des protocoles devait de nouveau être soulevée après l'entrée en vigueur de la convention. Ainsi, l'article 33 de la CCLAT précise que toute partie peut proposer des protocoles qui seront examinés par la COP. En l'absence de consensus, en dernier recours, le protocole est adopté à la majorité des trois quarts des Parties présentes et votantes à la session. A ce titre, seules les Parties à la Convention peuvent être Parties à un protocole. Enfin, les protocoles à la Convention n'ont force obligatoire que pour les Parties aux protocoles en question.

1748. Si les champs d'application dans lesquels les protocoles peuvent être adoptés ne connaissent pas de limites, sauf celui de la CCLAT elle-même, initialement le Secrétariat avait identifié neuf matières[3468] susceptibles de faire l'objet de protocoles en raison des problèmes techniques et normatifs qu'elles

---

[3463] *Décision FCTC/COP6(11)*, Octobre 2014.

[3464] OMS, « *Les directives et les dispositions et recommandations pour la mise en œuvre de la Convention-cadre de l'OMS pour la lutte antitabac* » (http://www.who.int/fctc/treaty_instruments/fr/).

[3465] H. WIPFLI, *Mapping the world's first public health treaty (...), op.cit.*, p.63.

[3466] V. notamment CJUE, *Pologne c. Parlement européen et Conseil de l'Union européenne*, affaire C-358/14, 4 mai 2016, §45 « S'il est exact que les directives de la CCLAT n'ont pas de force contraignante, celles-ci ont pour objet, conformément aux articles 7 et 9 de la CCLAT, d'assister les parties contractantes aux fins de l'application des dispositions contraignantes de cette convention ».

[3467] OMS, « *Décision FCTC/COP3(7)* », 3e session du 17 au 22 Novembre 2008, FCTC/COP/3/DIV/3, 16 février 2009, p.2.

[3468] Les neuf matières retenues par le Secrétariat comme pouvant être l'objet d'un protocole sont les suivantes : les prix (à savoir l'harmonisation des taxes sur les produits du tabac afin d'éviter des différences excessives entre les prix pratiqués dans des pays voisins), la contrebande (le contrôle du transport international des cigarettes), les produits hors taxe, la publicité et le parrainage, la publicité et la vente sur internet, les tests (à savoir les méthodes suivies pour tester les substances présentes dans les produits du tabac), le conditionnement des produits du tabac et les mises en garde, l'agriculture et la question des subventions accordées à la production de tabac, l'échange d'informations entre États (V. OMS, « *Thèmes qui pourraient faire l'objet de protocoles se rapportant à la convention-cadre pour la lutte antitabac* », A/FCTC/WG1/3, 3 septembre 1999).

soulevaient[3469]. Finalement, l'INB a retenu les quatre matières les plus appropriées pour l'élaboration de protocoles séparés : (1) la publicité, la promotion et le parrainage, (2) la contrebande et le commerce illicite, (3) la responsabilité et (4) les méthodes à suivre pour tester et révéler les substances présentes dans les produits du tabac (incluant le conditionnement et l'emballage).

1749. Le premier Protocole à la convention-cadre pour éliminer le commerce illicite des produits du tabac a été adopté le 12 novembre 2012[3470] en se fondant sur l'article 15 de la CCLAT[3471] lors de la cinquième session de la COP. Présenté comme un nouveau traité international à part entière, il prolonge et complète l'article 15 de la CCLAT. Avec pour objectif d'éliminer toutes les formes de commerce illicite des produits du tabac[3472], il vise à sécuriser la chaîne logistique en instaurant un régime mondial de suivi et de traçabilité dans un délai de cinq ans après son entrée en vigueur. Il prévoit également des dispositions sur la responsabilité, les poursuites judiciaires et les sanctions, le recouvrement après saisie et les techniques d'enquête spéciales ainsi que l'élimination et la destruction des produits confisqués. En d'autres termes, ce Protocole est ambitieux. Toutefois, alors que c'est le seul Protocole adopté par la COP, il n'est toujours pas entré en vigueur depuis 2012 en raison de l'insuffisance du nombre de ratifications nécessaires (23 sur 40) en octobre 2016. On notera tout de même une accélération des Parties au protocole, leur nombre est passé de 13 en janvier 2016 à 23 en octobre 2016.

1750. Enfin, il convient d'évoquer le rôle actif joué par l'OMS en tant que porte-parole de la CCLAT et du besoin de sensibilisation générale à la protection de la santé des populations contre le tabac et ses produits dérivés. Ce rôle implique notamment l'organisation de la Journée mondiale sans tabac[3473], la publication de rapports mais également la prise de position sur l'application de la CCLAT. Ainsi, par exemple, le 1er février 2016, dans un rapport l'OMS a estimé que les films comportant des scènes de consommation de tabac devaient faire l'objet d'une classification[3474]. Pour le Directeur du Département OMS Prévention des maladies non transmissibles, la consommation de tabac dans les films peut constituer une forme efficace de promotion des produits du tabac. Or, l'article 13 de la CCLAT interdit la publicité en faveur du tabac, la promotion et le parrainage[3475]. Sont recommandés notamment l'interdiction de la cigarette au cinéma pour les mineurs, la diffusion de messages antitabac avant les films contenant des images de tabac dans l'ensemble des canaux (cinéma, télévision, internet) ou encore l'arrêt de la pratique tendant à faire apparaître des marques de tabac dans les films. Le rapport de l'OMS préconise également d'interdire toute

---

[3469] G. L. BURCI, « *La Convention-cadre de l'OMS pour la lutte antitabac* », *op. cit*

[3470] Décision FCTC/COP5(1) – Protocole pour éliminer le commerce illicite des produits du tabac.

[3471] Article 15 de la CCLAT relatif au commerce illicite des produits du tabac.

[3472] Selon l'OMS, une cigarette sur dix fumée dans le monde proviendrait du commerce illicite du tabac.

[3473] Cette journée a lieu chaque année le 31 mai.

[3474] OMS, « *Smoke-free movies ; from evidence to action* », 2016 ; V. également OMS, « *Les films comportant des scènes de consommation de tabac devraient faire l'objet de classification* », Communiqué de presse, 1er février 2016 (http://www.who.int/mediacentre/news/releases/2016/protect-children-from-tobacco/fr/).

[3475] OMS, « *Les films comportant des scènes de consommation de tabac (...)* », *op.cit.*

subvention publique aux productions médiatiques faisant la promotion de la consommation du tabac. Ces recommandations sont fondées sur des preuves scientifiques du lien entre l'exposition à la consommation de tabac dans les films et l'incitation d'enfants à devenir fumeurs[3476].

1751. On constate que la CCLAT a prévu la mise en place d'une structure organisée et active afin d'être mise en œuvre au niveau national notamment par les compétences de la COP, l'assistance de son Secrétariat, par l'adoption de protocoles ainsi que par l'analyse des progrès réalisés à la suite d'engagements adoptés. Comme l'espérait Monsieur BURCI en 2005, la CCLAT a « le potentiel pour devenir un instrument efficace et dynamique pour l'élaboration de normes progressivement plus efficaces contre le tabac afin de protéger la santé publique de manière globale ». Dix ans après, il convient donc d'analyser la mise en œuvre de la CCLAT et sa prise en compte par les Etats.

2. Une prise en compte relative par les Etats

1752. Depuis l'adoption de la CCLAT, la question de sa mise en œuvre est analysée par le Secrétariat à travers les rapports qui sont remis par les Etats parties. Toutefois, d'autres facteurs existent. Ces données démontrent des évolutions multifactorielles (a). Le cas particulier de la France est symptomatique de cette prise en compte (b).

a. Des évolutions multifactorielles

1753. Un premier facteur de prise en compte s'observe donc par les changements des législations nationales. A titre de rappel, en matière conventionnelle au niveau international, l'adoption ainsi que la ratification d'un traité ne déterminent pas la mise en œuvre des dispositions prévues par ce traité. Ainsi, il est tout à fait envisageable que la CCLAT soit adoptée puis ratifiée (ou non) par un Etat membre mais que sa mise en application au sein du système national juridique ne soit pas achevée, souvent en raison de l'absence de décrets exécutifs ou administratifs d'application.

1754. Par ailleurs, il faut reconnaître le phénomène décrit par la Professeure TAYLOR du « pouvoir du processus » qui expose les évolutions législatives de certains pays avant même l'adoption de la CCLAT[3477]. L'idée est que la procédure de négociations peut « stimuler l'opinion publique, l'action nationale et la coordination entre les Etats avant même l'adoption formelle d'un instrument international[3478] ». Ainsi, en particulier entre 1998 et 2003, de

---

[3476] « Des études menées aux États-Unis d'Amérique ont montré que, chez les adolescents, 37% des nouveaux fumeurs ont suivi l'exemple donné dans les films. Les Centers for Disease Control and Prevention des États-Unis d'Amérique ont estimé qu'en 2014, l'exposition à la consommation de tabac dans les films aurait incité dans ce seul pays plus de six millions d'enfants à devenir fumeurs. Deux millions d'entre eux décéderont de maladies liées au tabac » (OMS, « *Les films comportant des scènes de consommation de tabac (...)* », *op.cit.*).

[3477] A. TAYLOR, « *The framework convention on tobacco control : the power of the process* » 11ème Conférence mondiale sur le tabacco ou la santé, 2000.

[3478] A. TAYLOR, D. BETTCHER et R. PECK, « *International law and the international legislative process : The WHO Framework convention on tobacco control* », in R. SMITH, R. BEAGLEHOLE, D.

nombreux pays avaient modifié leur législation en « anticipation » de la CCLAT[3479]. Ces modifications anticipées complexifient l'identification de la CCLAT en tant que facteur unique, principal ou subsidiaire des évolutions législatives au niveau national. Enfin, il convient de rappeler que la prise en compte de la CCLAT peut se faire explicitement (par référence à la Convention dans la législation) ou implicitement (par référence à des principes de la Convention sans mention de cette dernière).

1755. Dans le cas de la CCLAT, des chiffres détaillés mais parfois imprécis font état de cette mise en œuvre. A ce titre, selon le rapport de l'OMS relatif au 10ème anniversaire de la CCLAT intitulé « Sauve des vies depuis dix ans », basé sur les 130 rapports des Etats membres transmis au Secrétariat sur 177 (soit un taux de 73,45%[3480]), le taux global de mise en œuvre de la Convention était de 54% en 2014[3481]. Toutefois, ce taux varie en fonction des nouveaux adhérents qui peuvent faire baisser le taux global. D'après le rapport biennal publié en 2013 sur les progrès mondiaux réalisés en 2012 dans la mise en œuvre de la CCLAT, l'OMS estimait que « globalement, le taux moyen de mise en œuvre des dispositions du traité figurant dans tous les articles de fond a progressé de 4 points de pourcentage, passant de 52 % en 2010 à 56 % en 2012 puis 59 % en 2014[3482] ».

1756. Par ailleurs, les taux de mise en œuvre varient d'un article à l'autre. Ainsi, le taux atteint 13% pour l'article 17 (fourniture d'un appui à des activités de remplacement économiquement viables) et 84% pour l'article 8 (protection contre l'exposition à la fumée du tabac)[3483]. Un site a été mis en place afin de connaître le niveau de mise en œuvre article par article de la CCLAT dans les pays ayant ratifiés la Convention[3484]. Enfin, les progrès réalisés varient également en fonction des Etats parties et des régions concernées[3485].

1757. De façon globale, l'OMS estime que 80 % des Etats membres ont renforcé ou adopté de nouvelles législations pour la lutte antitabac après ratification de la Convention. Par exemple, en 2014, 33 pays avaient augmenté les taxes sur le tabac dans une mesure dépassant 75% du prix de détail tout en reconnaissant que les taxes sur le tabac de cet ordre étaient « encore faibles dans beaucoup de pays et certains n'en prélèvent pas du tout[3486] ». En effet, seul un habitant de la planète sur dix est restreint dans son accès au tabac par un prix suffisamment élevé. De même, si en 2005 seulement cinq Etats avaient adopté une interdiction générale de fumer dans les lieux publics, les lieux de

---

WOODWARD, N. DRAGET (eds.), *Global public goods for health : health economics and public health perspectives,* Oxford University Press, 2003.

[3479] H. WIPFLI et G. HUANG, « *Power of the process : Evaluating the impact of the Framework convention on tobacco control negociations* », HealthPolicy, vol.100, n°2-3, 2011, pp.107-115.

[3480] H. NIKOGOSIAN, et V. L. DA COSTA E SILVA, « *WHO's first global health treaty : 10 years in force* », Bulletin of the World Health Organization, vol.93, Janvier 2015, p.211.

[3481] OMS, « *Progrès mondiaux réalisés dans la mise en œuvre de la Convention-cadre de l'OMS pour la lutte antitabac : résumé – Rapport du Secrétariat de la Convention,* FCTC/COP/6/5 », 25 juin 2014, p.1.

[3482] OMS, « *Progrès mondiaux réalisés dans la mise en œuvre de la Convention-cadre (...)* », p.4.

[3483] *Ibid.,* Annexe, p.3.

[3484] OMS, « *Implementation Database* », http://apps.who.int/fctc/implementation/database/

[3485] OMS, « *Progrès mondiaux réalisés dans la mise en œuvre de la Convention-cadre (...)* », *op.cit.,* p.19.

[3486] OMS, « *Rapport de l'OMS sur l'épidémie mondiale de tabagisme – Augmenter les taxes sur le tabac* », 2015, p.1.

travail et les transports publics, ils sont 48 a avoir adopté une telle mesure en 2014. Enfin, un dernier exemple : en 2005, seulement six Etats imposaient des avertissements imagés couvrant au moins 50% du paquet, ils sont 43 en 2014.

1758. En sus des travaux de l'OMS, la question de la mise en œuvre de la CCLAT s'impose ensuite au sein de la doctrine scientifique. A cet égard, les études confirment les progrès réalisés par les Etats depuis l'adoption de la CCLAT. Une étude réalisée en 2011 estime que des progrès indiscutables ont été réalisés dans la mise en œuvre des dispositions prévues par la CCLAT[3487]. Par ailleurs, une étude réalisée en 2013 démontre que « 51 sur 161 Etats parties et l'Union européenne ont intégré la CCLAT dans leurs objectifs législatifs, définition et/ou dispositions de la législation ou politiques pour lutter contre le tabac[3488] ». Enfin, une autre étude de 2013, fondée sur une analyse de plus de 20 ans de données, a démontré que l'application de politiques d'étiquetage avait été significativement accélérée par l'entrée en vigueur de la CCLAT[3489]. Plus spécifiquement, une étude de 2016 démontre que la ratification de la CCLAT a permis l'accélération de l'adoption d'une loi relative à l'interdiction du tabac dans les lieux publics[3490]. Plus particulièrement, cette dernière étude indique que la ratification de la CCLAT a augmenté la probabilité de l'introduction des lois prévoyant l'interdiction générale de fumer dans les lieux publics surtout dans les années immédiatement après la ratification. Les auteurs encouragent donc à continuer les efforts afin de permettre une mise en œuvre de la CCLAT dans les pays qui n'ont pas encore adoptés de telles lois.

1759. Des études sont également réalisées au sein des Etats ou en fonction de dispositions particulières dans le cadre de la première enquête de cohorte[3491] menée au niveau international sur le tabagisme, développée par le Projet international d'évaluation de la lutte antitabac (ITC)[3492]. Le projet ITC est une collaboration entre des chercheurs, des organisations internationales de santé et des responsables des politiques de santé. Son objectif est d'évaluer au niveau national l'impact psychologique et comportemental des dispositions fondamentales de la CCLAT. L'étude évalue si la mesure a eu les effets escomptés sur la population et pourquoi et comment ces effets sont réalisés.

1760. En 2015, le Projet ITC menait des recherches dans plus de 20 pays dont la France, couvrant 50% de la population mondiale, 60 % des fumeurs et 70 % des consommateurs de tabac. Dans chaque pays couvert, des chercheurs

---

[3487] H. WIPFLI et G. HUANG, « *Power of the process (...)* »,*op.cit.*

[3488] M. MUGGLI, A. ZHENG, J. LIBERMAN et al, « *Tracking the relevance of the WHO Framework Convention on Tobacco Control in legislation and litigation through the online resource* », Tobacco Control Laws. *Tobacco Control*, 2013.

[3489] A. N. SANDERS-JACKSON, A. V. SONG, H. HIILAMO et S. A. GLANTZ, « *Effect of the framework convention on tobacco control and voluntary industry health warning labels on passage of mandated cigarette warning labels from 1965 to 2012: transition probability and event history analyses* », AJPH 2013, vol.103, n°11, pp.2041-2047.

[3490] R. UANG, H. HILAMO et S. A. GLANTZ, « *Accelerated adoption of smoke-free laws after ratification of the world health organization framework convention on tobacco control* », AJPH, vol.106, n°1, Janvier 2016, pp.166-171.

[3491] Aussi appelée une étude de cohorte, elle est de type longitudinale. Elle se fonde sur l'étude de deux groupe de sujets : l'un est est soumis à une condition d'intérêts (par exemple, les personnes qui fument) et l'autre groupe ne l'est pa (les personnes qui ne fument pas).

[3492] PROJET ITC, « *Le projet international d'évaluation de la lutte antitabac – le Projet ITC – Promouvoir des stratégies fondées sur des preuves pour contrer l'épidémie mondiale de tabagisme* », 2015.

vont ainsi effectuer des études tous les deux ans pour évaluer les progrès réalisés en fonction d'une mesure particulière telle que l'étiquetage des paquets de cigarette, l'interdiction de fumée dans les lieux publics, le prix et la fiscalité des produits, l'éducation, la publicité et la promotion. En particulier, en 2014, dans l'ensemble des pays partis au projet ITC, aucun n'atteint l'objectif de l'OMS qu'au moins 70% du prix soit une taxe[3493].

1761. La prise en compte de la Convention au sein des juridictions est un autre facteur de réussite de cette dernière. Or, selon le Professeur LIBERMAN, il y a une vague de contentieux dans lesquels les dispositions de la CCLAT sont attaquées, aussi bien devant les cours nationales qu'internationales. La CCLAT joue ainsi un double rôle. D'une part, elle sert de source de normes et offre un cadre juridique qui fonde les actions juridiques des individus ou des Etats lésés. D'autre part, la compétence d'édicter des directives pour l'application d'articles de la CCLAT sert de source d'interprétation pour les juges nationaux et internationaux dans la formation de la décision juridique.

1762. Au niveau national, la CCLAT est en train de démontrer son poids en tant que source d'obligations juridiques et d'instrument de preuve scientifique de l'efficacité des mesures attaquées[3494]. Ainsi, en 2012, au moins vingt-six juridictions nationales avaient référencé la CCLAT d'une manière ou d'une autre dont le Canada (2007), Israël (2006), le Pérou (2011), la Norvège (2012) et l'Afrique du Sud (2012)[3495].

1763. Au niveau international, la CCLAT est également source de contentieux. En raison de l'absence de disposition relative au commerce dans la CCLAT, ce contentieux se retrouve devant l'Organisation mondiale du commerce (OMC). Ainsi, le panel de l'organe de résolution des disputes a fait référence à la CCLAT, pour résoudre un conflit entre l'Indonésie et les Etats-Unis alors même que ces pays ne sont pas partis à la Convention[3496]. De même, l'Uruguay[3497] et l'Australie[3498] se fondent sur la CCLAT dans leur argument de défense contre les accusations de l'industrie du tabac à l'égard des paquets de cigarettes devant le Centre international pour le règlement des différends relatifs aux investissements. La multiplication de ces contentieux

[3493] ITC, « *ITC Cross-country Report on Tobacco Tax and Price : Quick Summary* », 31 mai 2014 (http://www.itcproject.org/files/ITC_Price_and_Tax_infographic_May2014.pdf).

[3494] J. LIBERMAN, « *The WHO Framework Convention on Tobacco Control at 10: its power for global health and development in the 21st century* », Edward Elgar Blog, août 2014.

[3495] Pour une analyse détaillée des jugements rendus voir : M. MUGGLI, A. ZHENG, J. LIBERMAN et al, « *Tracking the relevance of the WHO Framework Convention on Tobacco Control in legislation* », *op.cit.*

[3496] OMC, *Etats-Unis – Mesures affectant la production et la vente de cigarettes aux clous de girofle*, Affaire DS406, 4 avril 2012 ; OMC, *Australie – Certaines mesures concernant les marques de fabrique ou de commerce et autres prescriptions en matière de banalisation des emballages applicables aux produits du tabac et à l'emballage de ces produits*, Affaire DS434 Août 2012. V. aussi R. LENCUCHA et al., « *Rhetoric an the law, or the lax of rhetoric : How countries oppose novel tobacco control measures at the World Trade Organization* », Social Science & Medicine, 2°16, pp.100-107.

[3497] *Philip Morris Brand Sàrl c. Uruguay*, Centre international pour le règlement des différends relatifs aux investissements, n°ARB/10/7, 2 Juillet 2013. Le 9 juillet 2016 le Centre international a définitivement rejeté la demande des requérants.

[3498] Cour permanente d'arbitrage, *Philip Morris Asia Limited (Hong Kong) v. The Commonwealth of Australia*, Affaire n°2012-12, 31 Décembre 2012.

relatifs à la CCLAT renforce l'idée du besoin d'un organe international de résolution des conflits spécifique en santé[3499].

1764. Ainsi, la CCLAT devient progressivement une norme de référence en matière de législation pour lutter contre le tabac au sein des systèmes juridiques. A cet égard, la France constitue un exemple prometteur.

b. Un exemple prometteur : la France

1765. Preuve que la France est un exemple encourageant en matière de lutte antitabac, elle sert d'exemple dans le rapport de l'OMS sur l'épidémie mondiale de tabagisme publié en 2015[3500]. On rappellera que la France fut dans les premiers pays à signer puis approuver la CCLAT dès le 10 octobre 2004. De même, la CCLAT fut publiée par décret le 22 mars 2015[3501]. Dans le cadre de la mise en œuvre française de la CCLAT, plusieurs mesures particulières sont mises en avant et doivent être soulignées.

1766. D'abord, en matière de fiscalité du tabac, la France est un exemple en raison des fortes augmentations de prix. A cet égard, l'OMS considère que des données probantes montrent que la hausse des prix des produits de tabac associée à l'augmentation des taxes entraîne une baisse de la prévalence du tabagisme et des effets néfastes associés. En France, les hausses de prix, qui ont commencé dès 1991 par la loi Evin, ont entrainé un triplement du prix des cigarettes ajusté en fonction de l'inflation. En 2005, une baisse de moitié de la consommation a été observée, passant d'environ 6 à 3 cigarettes par adulte par jour. Le taux de taxe par rapport au prix final du paquet de cigarettes est estimé à 81,53% par l'OMS[3502] soit le 7ème taux le plus élevé de la région européenne de l'OMS[3503] et le 9ème au niveau mondial[3504]. Dans tous les cas, ce taux supérieur à 80% va au-delà des recommandations des directives pour l'application de l'article 6 de la CCLAT. Ces dernières recommandent que « les droits d'accises sur le tabac représentent au moins 70% du prix de vente au détail des produits du tabac ».

1767. Ensuite, la France apparaît comme pionnière, avec l'Australie, l'Irlande et le Royaume-Uni[3505] dans la mise en œuvre de mesures relatives au paquet neutre. En effet, selon la loi de modernisation du système de santé adoptée le 26 janvier 2016[3506], l'article 27 prévoit l'insertion d'un nouvel article 511-6-1 qui prévoit que « les unités de conditionnement, les emballages extérieurs et les suremballages des cigarettes et du tabac à rouler, le papier à cigarette et le papier à rouler les cigarettes sont neutres et uniformisés ». Un

---

3499 V. *supra* n°0 et s.

3500 OMS, « *Rapport de l'OMS sur l'épidémie mondiale de tabagisme 2015 - Augmenter les taxes du tabac* », 2015.

3501 Décret n°2005-293 du 22 mars 2005 portant publication de la convention-cadre pour la lutte antitabac, faite à Genève le 21 mai 2003, J.O du 31 mars 2005, texte n°27.

3502 OMS, « *Rapport de l'OMS sur l'épidémie mondiale de tabagisme 2015 (...),* p.139.

3503 La France se classe derrière : Israël (84,28%), la Bulgarie (82,65%), la Bosnie-Herzégovine (82,33%), le Royaume-Uni (82,16%), la Turquie (82,13%) et la Slovaquie (81,54%).

3504 S'ajoute au classement des pays de la région européenne : la Jordanie (83,29%) et la Cisjordanie et Bande de Gaza (82,63%).

3505 OMS, « *Rapport de l'OMS sur l'épidémie mondiale de tabagisme 2015 (...),* p.67.

3506 Loi n°2016-41 du 26 janvier 2016 de modernisation de notre système de santé (JORF n°0022 du 27 janvier 2016, texte n°1).

décret en Conseil d'Etat fixera les conditions de neutralité et d'uniformisation. Ce changement entre en vigueur le 20 mai 2016. Cette disposition, controversée va au-delà de la directive européenne[3507] en la matière qui prévoit de porter à 65% la surface des paquets de cigarettes consacrée aux avertissements sanitaires[3508]. Preuve de la controverse[3509], le Sénat a souhaité, par 228 voix contre 16, une stricte transposition de la directive européenne mais l'Assemblée nationale, à une courte majorité de deux vois, a suivi le Gouvernement pour mettre en œuvre le paquet neutre. Toutefois, l'ensemble des dispositions contestées ont été déférées au Conseil Constitutionnel qui, dans sa décision n°2015-727 du 21 janvier 2016, les a entièrement validées[3510].

1768. On regrettera à cet égard, que la loi française ne fasse aucune référence explicite, y compris dans l'exposé des motifs, à l'OMS alors que l'Union européenne le fait dans la Directive tabac de 2014[3511], et plus particulièrement aux articles 11 et 13 de la CCLAT dont le conditionnement neutre est prévu par leurs directives d'application. En effet, selon la directive d'application de l'article 11, le conditionnement neutre vise « à limiter ou interdire l'utilisation de logos, de couleurs, d'images de marque ou de textes promotionnels sur les conditionnements hormis le nom de la marque et celui du nom du produit imprimés avec des caractères normaux et dans une couleur standardisée[3512] ». Si les directives d'application de l'article 13 précisent que le conditionnement neutre « n'est pas encore exigé[3513] », il est fortement encouragé. Cette avancée par rapport à la CCLAT offre à la France « une politique visionnaire en matière de lutte contre le tabac[3514] ». Cette absence de référence est d'autant plus regrettable que la CCLAT a été utilisée lors des

[3507] Directive 2014/40/UE du Parlement Européen et du Conseil du 3 avril 2014 relative au rapprochement des dispositions législatives, réglementaires et administratives des États membres en matière de fabrication, de présentation et de vente des produits du tabac et des produits connexes, et abrogeant la directive 2001/37/CE

[3508] On évoque ainsi l'idée de « sur transposition de la directive » par le lésiglateur français.

[3509] Les arguments mis en avant son de deux ordres : (1) la difficile corrélation scientifique entre la mise en place du paquet neutre et la baisse efficace de la consommation car cette mesure est accompagnée d'une hausse importante des prix du tabac et (2) les dommages collatéraux de la sur transposition tels que le désquilibre dans la concurrence, le risque de développement des ventes sur le marché parallèle, l'impact sur le réseau des buralistes et sur la structure du marché des produits d utabac ou encore sur l'issue de contentieux en matière de propriété intellectuelle (V. M. GROSSET, « *Les dispositions relatives à la lutte contre le tabac et la cigarette électronique* », in A. LAUDE et D. TABUTEAU, *La loi santé. Regards sur la modernisation de notre système de santé*, Presses de l'EHESP, 2016, pp.132-146).

[3510] *Ibid.*, p.133 et s.

[3511] La Directive 2014/40/UE du Parlement Européen et du Conseil énonce, dans son 7ème considérant que « l'action législative au niveau de l'Union est également nécessaire pour mettre en œuvre la CCLAT de mai 2003, à laquelle sont parties l'Union et ses Etats membres (…) ». A cet égard, par trois arrêts rendus le 4 mai 2016 (C-358/14, C-477/14 et C-547/14), la Cour de Justice de l'Union européenne (CJUE) a validé définitivement les dispositions contestées de la Directive n°2014/40 du 3 avril 2014 (2014/40/CJUE) sur les produits du tabac, ce qui a permis sa mise en application depuis le 20 mai 2016) (V. F. KASTLER, *« La directive sur les produits du tabac enfin applicable ! »*, Les Tribunes de la Santé, Rev. Trim., 2016/2, n°51, Ed. Santé, Les Presses de Sciences Po, Eté 2016.).

[3512] Directives* pour l'application de l'article 11 (Conditionnement et étiquetage des produits du tabac) de la CCLAT, § 46.

[3513] Directives pour l'application de l'article 13 (Publicité en faveur du tabac, promotion et parrainage) de la CCLAT, §17.

[3514] Citation reprise par Marisol Touraine (*Intervention de Marisol Touraine à l'Assemblée nationale lors de la présentation générale du projet de loi de modernisation du système de santé devant l'Assemblée nationale*, 31 mars 2015.

nombreux débats parlementaires[3515]. Cette ambiguïté à l'égard de la CCLAT se retrouve dans les débats universitaires où le lien entre la disposition relative au paquet neutre et la CCLAT n'est pas évoqué alors qu'il est évident[3516].

1769. Enfin, la loi HPST est venue renforcer l'interdiction de vente de tabac aux mineurs en relevant l'âge d'interdiction de vente des produits du tabac en le portant à 18 ans, contre 16 auparavant[3517]. A cet égard, alors que le texte de la loi HPST ne le faisait pas, la circulaire du 3 août 2011[3518], se réfère explicitement à la conformité de cette évolution législative avec l'article 16 de la CCLAT. Il en va de même pour l'interdiction de fumer dans les lieux à usage collectif prévue par un décret depuis le 15 novembre 2006[3519] et dont la circulaire du 27 novembre 2006[3520] fait référence explicite à l'article 8 de la CCLAT. Plus largement, on retrouve des références à la CCLAT dans certaines questions écrites au gouvernement[3521].

1770. Plus globalement, en 2011, le projet ITC a estimé notamment que « les lois françaises pour un environnement sans tabac ont considérablement réduit le tabagisme sur les lieux de travail, dans les cafés, les bars et les restaurants[3522] » et que « le tabagisme à domicile a diminué chez les fumeurs et chez les non-fumeurs depuis la mise en œuvre de la loi antitabac[3523] ». A l'inverse, le rapport constate que « la majorité des fumeurs ayant consulté un médecin ou un professionnel de santé n'ont pas reçu d'aide pour arrêter de fumer[3524] » et que l'augmentation de 6 % du prix des cigarettes qui a eu lieu en 2007 semble avoir eu un impact minime sur les attitudes des fumeurs concernant l'achat de leurs cigarettes[3525] ».

[3515] V. notamment l'intervention de Mme Orliac (ASSEMBLEE NATIONALE, « *Compte rendu intégrale, Deuxième séance du mardi 31 mars 2015* », Modernisation du système de santé, Suite de la discussion d'un projet de loi, point 1 de l'ordre du jour, XIV Législature, session ordinaire de 2014-2015) ; SENAT, « *Examen des articles* », Rapport n°653 de M. A. MILON, Mmes C. DEROCHE et E. DOINEAU fait au nom de la commission des affaires sociales, 22 juillet 2015 (« Vingt articles consacrés à la lutte contre le tabagisme ont été insérés à l'Assemblée nationale, principalement à l'initiative du Gouvernement. Celui-ci a souhaité inscrire dans la loi des mesures annoncées, à la suite du troisième plan Cancer, dans le cadre du programme national de réduction du tabagisme (PNRT), lesquelles reprenaient, pour partie, les préconisations de la Convention-cadre de l'Organisation mondiale de la santé (OMS) de lutte contre le tabac (CCLAT) ».

[3516] V. notamment M. GROSSET, « *Les dispositions relatives à la lutte contre le tabac et la cigarette électronique* », *op.cit.* L'auteure ne fait aucune référence à la CCLAT lorsqu'elle commente les dispositions relatives à la lutte contre le tabac.

[3517] Article L.3511-2-1 du Code de la santé publique.

[3518] Circulaire du 3 août 2011 relative aux mesures de lutte contre le tabagisme prévues par la loi n°2009-879 du 21 juillet 2009 portant réforme de l'hôpital et relative aux patients, à la santé et aux territoires (JORF n°0184 du 10 août 2011, texte n°12).

[3519] Décret n°2006-1386 du 15 novembre 2006 fixant les conditions d'application de l'interdiction de fumer dans les lieux affectés à un usage collectif (JORF n°265 du 16 novembre 2006, texte n°17).

[3520] Circulaire du 27 novembre 2006 relative aux conditions d'application dans les services de l'État et des établissements publics qui en relèvent de l'interdiction de fumer dans les lieux à usage collectif, prévue par le décret n°2006-1386 du 15 novembre 2006 (JORF n°281 du 5 décembre 2006, texte n°49).

[3521] ASSEMBLEE NATIONALE, Question écrite n°79958, Ministère de l'Intérieur et de l'Aménagement du territoire, « *Santé-Tabagisme-Jeunes. Lutte et prévention* »).

[3522] PROJET ITC, « *Rapport national ITC France* », Université de Waterloo, Waterloo, Ontario, Canada ; Institut national de prévention et d'éducation pour la santé (INPES), Institut national du cancer (INCa), Paris, France, Octobre 2011, p.2.

[3523] PROJET ITC, « *Rapport national ITC France* », *op.cit.*, p.3.

[3524] *Ibid.*, p.4.

[3525] *Ibid.*, p.6.

1771. La prise en compte par les Etats de la CCLAT croît progressivement depuis son adoption en 2003, comme l'illustre le cas de la France. Toutefois, des efforts sont encore attendus.

B. Des efforts à intensifier

1772. Aujourd'hui, 63 % des décès dans le monde sont attribués aux maladies chroniques dont le tabac est l'un des principaux facteurs de risque. A ce titre, l'OMS estime que le tabac tue la moitié de ceux qui en consomment et que l'épidémie mondiale de tabagisme tue près de six millions de personnes chaque année. Cinq millions d'entre elles sont des consommateurs ou d'anciens consommateurs, et plus de 600 000 des non-fumeurs involontairement exposés à la fumée. Si la tendance se maintient, le nombre de décès prématurés pourrait atteindre le chiffre de 8 millions par année d'ici 2030, 80 % de ces décès prématurés touchant des habitants de pays à revenu faible ou moyen[3526].

1773. L'amélioration relative de la situation du tabagisme dans le monde et les conséquences sur la santé justifient les critiques à l'égard de la CCLAT. Ces dernières s'articulent autour de facteurs inhérents à la CCLAT (1) et de facteurs extérieurs (2).

1. Les facteurs inhérents à la CCLAT

1774. On constate que les critiques énoncées au moment de l'adoption de la CCLAT à propos des difficultés liées à son contenu se sont confirmées. D'une part, il s'agit d'un instrument contraignant sans mécanisme d'exécution (a). D'autre part, il y a une incertitude quant à la corrélation directe entre l'application des dispositions de la CCLAT et les progrès réalisés dans la lutte antitabac (b).

a. Un instrument sans mécanisme d'exécution

1775. La CCLAT est un instrument contraignant de droit international public. Deux conséquences principales diminuent la portée de son application. D'une part, tout Etat est libre ou non d'adopter puis de ratifier la CCLAT ce qui fait que quatorze pays, membres de l'OMS, ne sont pas partis à la CCLAT. Il est tout à fait envisageable que la CCLAT ait été signée par un Etat sans que ce dernier ne le ratifie. Des Etats importants ne sont pas partis à la convention alors même qu'ils l'ont signé tels que les Etats-Unis et la Suisse. Ces absences sont la conséquence de la défense des intérêts de l'industrie du tabac.

1776. D'autre part, cet instrument international est contraignant mais sans mécanisme de contrainte. La COP peut, au mieux, « inviter instamment les Parties à renforcer » l'application de tels ou tels articles[3527]. En effet, aucune

---

[3526] OMS, « *Rapport de l'OMS sur l'épidémie mondiale de tabagisme. Mise en garde au sujet des dangers du tabac* », 2011.

[3527] V. par exemple OMS, « *Protection des politiques de santé publique en matière de lutte antitabac face aux intérêts commerciaux et autres de l'industrie du tabac* », Décision FCTC/COP6(14), 18 octobre 2014. La COP décide « d'inviter instamment les Parties à renforcer l'application de l'article 5.3 et à intensifier la collaboration pour contrer les efforts de l'industrie du tabac au niveau international ».

sanction n'est prévue en cas de non application de la convention-cadre[3528]. L'article 27 de la CCLAT prévoit simplement un mécanisme de règlement des différends entre deux ou plusieurs Parties à propos de l'interprétation ou de l'application « par les voies diplomatiques, par la négociation ou par tout autre moyen pacifique de leur choix [...]. En cas d'échec, les Parties en cause restent tenues de poursuivre leurs efforts en vue de parvenir à un règlement ».

1777. Ainsi, la COP ne dispose d'aucun pouvoir explicite pour surveiller ou remettre en cause le respect de la Convention. En d'autres termes, la CCLAT est obligatoire mais non exécutoire. Elle est aujourd'hui perçue comme un « instrument sans dent » ne lui permettant pas de garantir sa mise en œuvre. Il n'existe en effet aucun recours juridictionnel spécifique dans le domaine de la santé[3529]. Or, à elle seule, l'OMS ne peut pas garantir l'application de la Convention sans mécanisme de règlement des différends.

1778. A cet égard, l'absence de précision de certaines dispositions de la CCLAT renforce les difficultés d'exécution. Par exemple, la CJUE estime que la CCLAT n'« impose aux parties contractantes aucune obligation concrète au regard de la politique de prix en matière de produits du tabac, et ne fait que décrire les solutions possibles pour tenir compte des objectifs nationaux de santé en ce qui concerne la lutte antitabac[3530] ».

1779. Enfin, l'exemple symptomatique des difficultés dans la mise en œuvre de la CCLAT, consécutif à sa forme de convention-cadre, est illustré par l'expérience des protocoles. En effet, 10 ans après son entrée en vigueur, il n'y a actuellement qu'un seul exemple de Protocole additionnel[3531]. Le Protocole pour éliminer le commerce illicite des produits du tabac a été adopté en novembre 2012. Si le Protocole a été signé par 53 Etats et par l'Union européenne, quatre ans après son adoption, il y a été actuellement ratifié par vingt-trois Etats. Il n'est donc pour l'heure pas encore entré en vigueur. En effet, le Protocole entrera en vigueur le 90e jour suivant la date du dépôt du 40e instrument de ratification. On notera tout de même les efforts de sensibilisation générale fournis par l'OMS afin de promouvoir son entrée en vigueur et convaincre quarante pays à le ratifier en organisant une série d'ateliers régionaux[3532], en développant la coopération entre le Secrétariat de la CCLAT et les partenaires internationaux et en offrant une assistance juridique et technique[3533]. Concernant la France, malgré la présentation par le ministre des affaires étrangères et du développement international d'un projet de loi

[3528] En d'autres termes, aucun mécanisme de sanction n'est prévu au sein de l'OMS en cas de non application.
[3529] V. *supra* n°0.
[3530] CJUE, *Commission européenne v. Irlande*, 4 mars 2010, C-221/08, § 27.
[3531] Il y aurait également un autre Protocole en négociation selon la troisième recommandation dans la Déclaration lors de la 14e Conférence mondiale sur le tabac ou la santé qui s'est tenue à Mumbai du 8 au 12 mars 2009.
[3532] CCLAT, « *Sur la voie des 40 adhésions : le Secrétariat de la Convention de l'OMS poursuit sa série d'ateliers régionaux visant à promouvoir le Protocole* », http://www.who.int/fctc/mediacentre/news/2015/colomboworkshop/fr/, 2015.
[3533] OMS, « *Etat d'avancement du Protocole pour éliminer le commerce illicite des produits du tabac* », FCTC/COP/6/6, 29 mai 2014, p.2.

autorisant la ratification du Protocole pour éliminer le commerce illicite des produits du tabac le 29 avril 2015, ce dernier n'a toujours pas été adopté[3534].

1780. Toutefois, si l'OMS évoque une « accélération du rythme vers la réalisation de cet objectif[3535] », de nombreux obstacles demeurent dans le processus d'adhésion au Protocole : le pouvoir et la forte présence des acteurs de ce marché illicite, la complexité du problème et des procédures et la difficulté de susciter l'intérêt des parties prenantes et des responsables politiques de haut niveau à l'égard de cette question. Preuve de la dépendance politique dans la mise en œuvre de tout instrument juridique international, l'une des solutions envisagées par l'OMS est d' « obtenir le soutien d'une grande figure politique qui prenne fait et cause pour l'adoption du Protocole[3536] ».

1781. La difficulté à démontrer la corrélation entre les mesures prévues par la CCLAT et leur adoption dans les systèmes juridiques nationaux et l'amélioration *in fine* de la santé est source de méfiance à l'égard de cet instrument international.

b. L'incertitude quant à la corrélation directe avec la CCLAT

1782. Si le facteur du degré de réalisation de la CCLAT est important quant à l'appréciation de la réussite de la CCLAT, un autre facteur est de savoir si le cadre juridique proposé par cet instrument international permet *in fine* d'améliorer la santé publique des populations. En d'autres termes, la corrélation entre l'adoption et la mise en œuvre des mesures prévues par la CCLAT avec l'amélioration de la santé mondiale est difficile à établir. L'OMS reconnaît d'ailleurs, que les parties « ont beaucoup de mal à sensibiliser aux bénéfices pour la santé de la mise en œuvre de la CCLAT» et de son rôle « dans la réduction des dépenses de santé[3537] ». On constate que l'OMS considère toujours la consommation de tabac comme « l'une des plus graves menaces ayant jamais pesé sur la santé publique mondiale », tuant la moitié de ceux qui en consomment[3538]. Il existe encore aujourd'hui plus de 600 000 non-fumeurs involontairement exposés à la fumée[3539]. Ainsi, le combat contre le tabac est loin d'être terminé.

1783. Le rapport de l'OMS sur l'épidémie mondiale de tabagisme estimait en 2013 que, depuis l'adoption de la Convention il y a 10 ans, « des progrès considérables ont été accomplis dans le monde en matière de lutte antitabac[3540]». Deux années plus tard, l'OMS évoque des « progrès réguliers dans l'ensemble du monde[3541] ». L'évolution du lexique par l'OMS est

---

3534 ASSEMBLEE NATIONALE, Projet de loi autorisant la ratification du protocole pour éliminer le commerce illicite des produits du tabac, n°2741, 29 avril 2015.

3535 CCLAT, « *Sur la voie des 40 adhésions (...)* », *op.cit.*

3536 *Ibid.*

3537 OMS, « *Mesures durables destinées à renforcer la mise en œuvre de la Convention-cadre de l'OMS* », FCTC/COP/6/19, 18 juin 2014, p.9.

3538 OMS, « *Tabagisme* », Aide-mémoire n°339, Juillet 2015 (http://www.who.int/mediacentre/factsheets/fs339/fr/).

3539 *Ibid.*

3540 OMS, « *Rapport sur l'épidémie mondiale de tabagisme – Faire respecter l'interdiction de la publicité en faveur du tabac, de la promotion et du parrainage* », 2013, p.1.

3541 OMS, « *Rapport de l'OMS sur l'épidémie mondiale de tabagisme (...)* », *op.cit.*, 2015, p.1.

représentative des difficultés à démontrer le lien de causalité direct entre la Convention et les bénéfices pour la santé en raison des différents facteurs s'y rattachant. L'OMS reste ainsi assez vague, estimant que pendant les « 10 ans de son existence la CCLAT a réussi à maintenir la lutte contre le tabagisme comme priorité de l'agenda mondial tout en sauvant des vies et améliorant la santé mondiale[3542] ».

1784. Le rapport biennal de 2013 précisait cependant qu'il « ressort de données comparables que la prévalence du tabagisme continue ou commence à baisser dans plusieurs Parties, en particulier celles qui appliquent des politiques antitabac strictes » tout en précisant que « pour une évaluation plus complète sur ce point, il faudra toutefois disposer de davantage de données comparables, notamment de la part de pays à revenu faible et intermédiaire, et il faut donc améliorer la surveillance et le suivi dans la plupart des Parties[3543]».

1785. Pour le rapport des dix ans, la comparabilité des données s'est améliorée[3544] par rapport au cycle de notification de 2012. Ainsi, plus des deux tiers des Parties disposant de données comparables ont observé une baisse de plus d'un point de pourcentage de la prévalence du tabagisme chez les adultes et plus de la moitié ont observé le même phénomène chez les jeunes. En règle générale, le nombre des Parties faisant état d'une baisse de la prévalence du tabagisme et disposant de données comparables entre les périodes de notification a augmenté d'un tiers en 2014 par rapport à 2012. Par exemple, on peut noter que la prévalence du tabac a baissé de 22% et 25% respectivement en Uruguay et en Turquie en 10 ans. Plus globalement, l'OMS estime par exemple que « l'augmentation des taxes sur le tabac dans une mesure dépassant 75% du prix de détail est l'une des interventions de lutte antitabac les plus efficaces et les plus rentables[3545] ». Cette affirmation de l'OMS est confirmée par plus de « 100 études [qui] se rejoignent sur le fait que les droits d'accises sur les produits du tabac permettent de réduire la consommation du tabac mais également de générer des recettes dont les autorités publiques ont besoin[3546] ». Ainsi, le Professeur CHALOUKPA et ses collègues ont estimé qu'en plus d'avoir des effets positifs sur la santé publique, les recettes obtenues à partir des droits d'accises peuvent avoir une répercussion plus grande si elles sont utilisées pour les programmes de santé, par exemple, la lutte antitabac. Par ailleurs, ils constatent que les arguments opposés à la hausse des droits d'accises (conséquences sur l'emploi et l'inflation, effets régressifs et conséquences sur les plus démunies) sont soit erronés, soit exagérés[3547]. Or seul 10 % de la population mondiale vit dans des pays où les taxes sont suffisamment élevées.

[3542] OMS, « *10th Anniversary of the WHO Framework Convention on Tobacco Control – Saving Lives for a decade* », 2015, p.2.

[3543]OMS, « *Rapport sur les progrès mondiaux réalisés dans la mise en œuvre de la Convention-cadre de l'OMS pour la lutte antitabac* », 2013, p.69.

[3544] OMS, « *Rapport sur les progrès mondiaux réalisés dans la mise en œuvre de la Convention-cadre (...)* », p.18.

[3545] OMS, « *Rapport de l'OMS sur l'épidémie mondiale de tabagisme (...)* », 2015, p.1.

[3546] D. KO SY, N. SYAM et G. VELASQUEZ, « *Mécanismes de financement innovants : sources potentielles de financement de la Convention-cadre de l'OMS pour la lutte antitabac* », Document de recherche, Centre Sud, Septembre 2014, p.29.

[3547] F. J. CHALOUPKA et al., « *Tobacco taxes as a tobacco control strategy* », Tobacco Control, vol.21, 2012, pp.172-180.

1786. Si globalement ces chiffres apparaissent encourageants, les difficultés d'identifier véritablement la CCLAT comme cause principale ou incidente de ces améliorations de la prévalence de tabagisme démontrent l'impossibilité à pouvoir l'affirmer dans l'absolu. Par ailleurs, il n'existe pas d'étude mondiale permettant l'analyse de l'impact de la CCLAT sur les politiques nationales sur la prévalence du tabac. On notera que l'OMS a démontré l'évidence scientifique de l'efficacité de la mise en place de réglementations relatives à la commercialisation et à la publicité du tabac[3548]. Toutefois, au niveau mondial, les données scientifiques font défaut en grande partie en raison de la difficulté à identifier précisément les différents facteurs présents. A ce titre, il est difficile de déterminer si les évolutions législatives au niveau national sont liées à l'existence, l'adoption ou la mise en œuvre de la CCLAT, à d'autres facteurs politiques internes (choix gouvernemental, scandale sanitaire, crise économique) ou à de la combinaison des deux. Dans tous les cas, il est certain que la CCLAT ne peut avoir d'effets négatifs sur la lutte contre le tabac en vue l'amélioration de la santé.

1787. Au-delà des difficultés de mise en œuvre et de l'insuffisante amélioration du contrôle des produits tabac et de leur effet sur la santé, des critiques persistent à l'égard de la CCLAT. Ces dernières sont fondées sur des facteurs extérieurs de la volonté des organes de la CCLAT.

2. Des facteurs extérieurs aux organes de la CCLAT

1788. Les dix premières années de mise en œuvre de la CCLAT offrent un recul déjà suffisant pour constater que l'application de la CCLAT rencontre de multiples difficultés en particulier en raison des faiblesses du mécanisme de rapports fondé principalement sur la participation des Etats (a). Toutefois, le financement de la CCLAT ainsi que l'influence de l'industrie du tabac affaiblissent également les efforts des organes de la CCLAT (b).

a. Les faiblesses du mécanisme de rapports

1789. On rappellera, à cet égard, que la COP a pour compétence l'examen des rapports périodiques soumis par les parties. On peut noter qu'en 2012 le Secrétariat de la CCLAT estimait que « les Parties ont remis des rapports de meilleure qualité, ont mieux suivi l'instrument de notification et ont fourni bien plus d'informations, notamment de documents d'appui, contribuant ainsi à l'objectif de partage de l'information et d'apprentissage mutuel[3549] » Toutefois de nombreuses faiblesses persistent.

1790. Le taux de soumissions de ces derniers, qui doivent contenir un certain nombre d'informations dont les mesures législatives, exécutives,

---

[3548] Par exemple, il a été démontré que l'augmentation du prix du paquet de cigarette a un impact sur l'achat et la consommation des populations concernées. « En moyenne, une augmentation des prix de 10% sur le paquet de cigarettes devrait entraîner une baisse de 4% de la demande dans les pays à revenu élevé et de 4 à 8% dans les pays à revenu faible ou intermédiaire, où les revenus plus faibles des populations tendent à les sensibiliser davantage à l'évolution des prix ». (V. Site internet de l'OMS, « *Taxation des produits du tabac* » http://www.who.int/tobacco/economics/taxation/fr/).

[3549] OMS, « *Rapport 2012 sur les progrès mondiaux réalisés dans la mise en œuvre de la Convention-cadre de l'OMS pour la lutte antitabac* », 2013, p.69.

administratives ou toutes autres mesures prises pour la mise en œuvre de la CCLAT, peut être amélioré. En 2014, le taux de soumissions était de 75,6 % (soit 135 sur 180 Parties censées en présenter un). En d'autres termes, il y a 45 pays qui n'ont jamais remis de rapport. De même, le contenu de ces rapports ainsi que la comparabilité des données ne permettent pas d'avoir une vision globale pertinente de la mise en œuvre[3550]. Ainsi, le rapport reconnaît qu'environ deux tiers des Parties ont fait état de contraintes ou d'obstacles rencontrés dans la mise en œuvre de la Convention. Ainsi « les défis les plus fréquemment cités étaient les interférences de l'industrie du tabac, suivi par le manque d'appui politique et la faiblesse de la coordination intersectorielle[3551] ». Enfin, parmi les rapports remis par les Etats, si certains attestent des progrès conséquents, d'autres démontrent une inaction en matière de contrôle du tabac. Des pays importants tels que le Japon, la Chine et l'Allemagne, sont autant d'exemples de défaut de progrès. Ceci s'explique en grande partie par le lobby de l'industrie du tabac qui sévit dans de nombreux pays, comme l'illustre l'exemple du Ghana[3552].

1791. Il faut rappeler que le système d'évaluation prévu par la CCLAT repose entièrement sur l'auto déclaration de la part des Etats parties. Or, Madame WIPFLI constate, à juste titre, l'absence d'informations clefs et de rigueur dans les rapports remis par certains pays[3553]. En effet, si le questionnaire à remplir par les Etats parties est contraignant, le contenu des réponses reste à la discrétion des Etats.

1792. On peut néanmoins se satisfaire des évolutions récentes à l'égard de la société civile. Ainsi, les groupes de la société civile ont la possibilité de produire des rapports parallèles (non officiels). De même, les ONG accréditées en qualité d'Observateurs sont désormais également invitées à soumettre des rapports périodiques sur l'assistance qu'elles apportent aux Parties dans leurs travaux de mise en œuvre. Ainsi, elles rendent compte, une fois par an, de façon informelle de leurs activités liées à la mise en œuvre de la CCLAT, à l'occasion de la réunion du groupe de travail inter-agences des Nations unies sur les maladies non transmissibles.

1793. L'OMS reconnaît que si le contenu des rapports présentés par les Parties est la « pierre angulaire » de la CCLAT, « sans données, il manquerait des informations essentielles sur la mise en œuvre et sur l'efficacité des différentes approches » et en « leur absence il est extrêmement difficile de définir les objectifs stratégiques visant à améliorer le fonctionnement de la Convention[3554] ».

1794. Toutefois, l'évaluation de la mise en œuvre de la CCLAT bénéficie des travaux de réseaux d'évaluation parallèles. On évoquera les travaux réalisés par le Département de l'OMS « Un monde sans tabac » (TFI)

[3550] OMS, *Progrès mondiaux réalisés dans la mise en œuvre de la Convention-cadre de l'OMS pour la lutte antitabac : résumé – Rapport du Secrétariat de la Convention,* FCTC/COP/6/5, 25 juin 2014, p.18 : « Il est important d'harmoniser les méthodes utilisées pour ces travaux afin d'assurer une meilleure comparabilité des données. »

[3551] *Ibid.*

[3552] E. OWUSU-DABO et al., « *Status of implementation of framework convention on tobacco control (FCTC) in Ghana : A qualitative study* », BMC Public Health, vol.10, n°1, 2010.

[3553] H. WIPFLI, *Mapping the world's first public health treaty (...) op.cit.*, p.77.

[3554] V. le site internet dédié à la CCLAT (http://www.who.int/fctc/fr/).

notamment lors de la remise des rapports mondiaux sur le tabagisme. Si ce rapport se fonde sur les rapports des Etats parties à la CCLAT, le département TFI procède également à sa propre évaluation approfondie, notamment en recueillant des données additionnelles telles que des données fiscales[3555].

1795. On notera également les travaux coordonnés par TFI dans le cadre de l'Enquête mondiale sur le tabagisme parmi les jeunes[3556] (GYTS[3557]) et l'Enquête mondiale sur le tabagisme parmi les adultes (GATS[3558]), qui visent à aider les Etats à formuler, suivre et mettre en œuvre les mesures de contrôle du tabac et à permettre de comparer les Etats entre eux. Ces deux enquêtes contribuent plus largement au système mondial de surveillance du tabagisme[3559] (GTSS[3560]) mis en place en 1998 par le Center for Disease Control and Prevention (CDC) des Etats-Unis et l'Association canadienne de santé publique (ACSP).

1796. Enfin, l'étude réalisée dans le cadre du Projet ITC participe à l'évaluation de la CCLAT. Toutefois, s'il existe des réseaux d'évaluation, ils ne sont pas institutionnalisés ni reconnus officiellement par les mécanismes de la CCLAT et ne visent pas uniquement la mise en œuvre de la CCLAT.

1797. De même, le système d'évaluation de ces rapports de situation ne permet pas une véritable prise en compte des demandes et/ou besoins des Parties à la Convention. Si les résumés proposés sont relativement informatifs, il est regrettable qu'ils ne permettent pas d'assurer un suivi individualisé des Etats parties[3561]. Or, l'objectif de la CCLAT est notamment d'assister les Etats dans la mise en œuvre des mesures proposées. Le système d'évaluation permet davantage d'avoir une vision globale des progrès réalisés que de collaborer individuellement avec les Etats parties. Il ne s'agit pas d'une critique à l'égard du Secrétariat mais davantage à l'égard du mécanisme prévu par la CCLAT. Des lacunes demeurent également dans le financement et l'influence de l'industrie du tabac.

b. Le financement et l'influence de l'industrie

1798. L'OMS reconnaissait lors de la dernière session de la COP le manque de ressources financières pour la lutte antitabac et l'ingérence de l'industrie du

---

[3555] Information observée par l'auteur lors d'un stage effectué au sein de ce département durant l'été 2009.

[3556] Cette enquête fut le premier mécanisme créé et est une « pierre angulaire » du système mondial de surveillance du tabagisme (OMS, « *History of the WHO Framework Convention on Tobacco Control* », 2009, p.8).

[3557] L'acronyme provient de l'anglais : *Global Youth Tobacco Survey*.

[3558] L'acronyme provient de l'anglais : *Global Adult Tobacco Survey*.

[3559] Aujourd'hui ce système qui consiste à recueillir des données sur le tabagisme chez les jeunes (13-15 ans) et les adultes (15 ans et plus) repose sur, en plus du GYTS et du GATS, l'enquête mondiale sur les personnels scolaires (Global School Professionals Survey, GSPS) et l'enquête mondiale sur les étudiants se formant aux professions de santé (Global Health Professions Students Survey, GHPSS) (http://www.who.int/tobacco/surveillance/survey/fr/).

[3560] L'acronyme provient de l'anglais : *Global Tobacco Surveillance System*.

[3561] J. LIBERMAN, « *Four COPs and counting: achievements, underachievements and looming challenges in the early life of the WHO FCTC Conference of the Parties* », vol.21, n°2, Tobacco control, 2011, pp.215-220.

tabac dans l'élaboration des politiques de lutte antitabac faisaient partis des quatre « contraintes » les plus souvent cités par les Etats parties[3562].

1799. Concernant le financement de la CCLAT, la COP, lors de sa première session, reconnaissait que « l'ampleur et la nature des ressources destinées aux activités liées à la mise en œuvre de la lutte antitabac étaient difficiles à évaluer » du fait de la difficulté à déterminer les montants et les ressources nécessaires ainsi que le moment précis où les ressources sont nécessaires[3563] ». Pour l'exercice 2006-2007, la COP avait adopté un budget de 8 millions de dollars dont plus de 2 millions servirait à organiser les sessions de la COP[3564]. A titre de rappel, le budget est fondé sur un système de contributions volontaires. Ces dernières sont très variables et vont notamment de 0,00155% soit 124 dollars et 22% soit plus de 1,7 millions de dollars pour le Japon. Selon le projet de plan de travail et de budget pour l'exercice 2016-2017 qui a été scindé en deux entre le budget pour la CCLAT et le budget pour le Protocole, le montant global est d'environ 18,7[3565] millions (16,5 pour la CCLAT et 2,2 pour le Protocole) comprenant le coût des activités, les coûts salariaux, le totale des dépenses directes et les dépenses d'appui aux programmes[3566]. En effet, le plan de travail de la CCLAT comprend six sections : (1) la COP[3567], (2) les protocoles, les directives et les autres instruments éventuels visant à assurer la mise en œuvre du traité[3568], (3) la notification[3569], (4) l'apport d'une aide aux parties[3570], (5) la coopération internationale et intergouvernementale[3571] et (6) l'administration[3572].

1800. Plusieurs éléments sont à souligner. Premièrement, globalement ce budget apparaît insuffisant surtout si on le compare à d'autres priorités de santé[3573]. En effet, si le budget a plus que doublé depuis l'entrée en vigueur de la CCLAT le montant total des contributions volontaires évaluées n'a pas suivi le même rythme. A ce propos, ces dernières ont augmenté seulement de 12 %

[3562] Les deux autres sont « (1) l'absence ou le manque de volonté politique et (2) la coordination intersectorielle ou inexistante ou insuffisante dans le pays, notamment le manque de compréhension, d'intérêt ou d'engagement des secteurs autres que celui de la santé concernant la nécessité d'une action intersectorielle pour la lutte antitabac » (OMS, « *Mesures durables destinées à renforcer la mise en œuvre de la Convention-cadre de l'OMS ». Rapport du groupe de travail* », FCTC/COP/6/19, 18 juin 2014, p.1).

[3563] OMS, « *Ressources financières et mécanismes d'assistance »*, FCTC/COP1(13), 17 février 2006.

[3564] OMS, « *Budget et plan d'activités pour 2006-2007 »*, FCTC/COP1(11), 17 février 2006.

[3565] Il était de presque 17,3 millions pour l'exercice de 2014-2015 .

[3566] OMS, « *Projet de plan de travail et de budget pour l'exercice 2016-2017* », FCTC/COP/6/24 Rev. 1, 8 octobre 2015, p.15.

[3567] Il s'agit des dépenses liées à l'organisation des sessions de la COP et des réunions du Bureau de la COP (logistique, services de traduction, d'impression et d'interprétation, prise en charge des frais de voyage des délégués admissibles).

[3568] Il s'agit des dépenses liées à l'organisation des réunions des groupes de travail, des groupes d'experts ou des comités de négociation intergouvernementaux (logistique, services de traduction, d'impression et d'interprétation, prise en charge des frais de voyage des délégués admissibles).

[3569] Il s'agit notamment de la gestion d'un système de collecte et d'analyse des rapports, les réunions du groupe d'expert ou l'aide aux Parties afin qu'elles remplissent leurs obligations de notification (coût liés à la gestion de la base de données de rapports, à l'analyse des rapports, au recueil de commentaires à leur sujet mais aussi à la logistique des réunions, des ateliers et des missions nationales).

[3570] Il s'agit, notamment de l'évaluation des besoins, des ateliers régionaux et des conseils des experts (logistique, déplacements des experts et prise en charge des frais de voyage des parties admissibles).

[3571] Il s'agit des dépenses aux dépenses liées aux diverses réunions afin de promouvoir la CCLAT.

[3572] Il s'agit des dépenses liées au personnel, à l'équipement, à la communication mais aussi à la traduction et à la promotion des supports sur la CCLAT (ex. rapport sur les progrès mondiaux de la CCLAT et les directives de la CCLAT).

[3573] H. WIPFLI, *Mapping the world's first public health treaty (...) op.cit.*, p.87.

au cours de la même période alors que le nombre de Parties connaissait une hausse de plus de 50 %[3574]. Or, un plus grand nombre de partie entraîne une augmentation du plan de travail et, par conséquent, la nécessité de lever des fonds pour le mener à bien.

1801. Deuxièmement, au 5 mai 2014, près de 60 parties étaient redevables d'arriérés pour un ou plusieurs exercices incluant 21 Parties qui n'avaient jamais payé aucune contribution[3575]. Preuve de ces difficultés, la COP était invitée à « décider de la manière à améliorer le paiement des contributions des Parties à la CCLAT[3576] ».

1802. Enfin, dans la continuité du phénomène existant pour le financement de l'OMS, on constate malheureusement que si pour les deux premiers budgets (2006-2007 et 2008-2009) la prise en charge par les contributions évaluées était de 100 % pour l'année 2014-2015, elle était seulement de 52,6 % pour le budget 2014-2015 soit 9,1 millions de dollars sur 17,3 millions de dollars[3577]. Les 47,4 % (8,2 millions de dollars) sont, à regret, pris en charge par les fonds extrabudgétaires avec les différents risques que cela engendre[3578]. Cette tendance s'amplifie puisque pour l'exercice 2016-2017 plus de la moitié du budget de la CCLAT et du Protocole est pris en charge par des fonds extrabudgétaires (9,6 millions de dollars sur 18,7 soit 51,34 %). La CCLAT prévoyait à cet égard la possibilité de créer un fonds mondial volontaire afin d'assister les pays en développement dans la mise en œuvre de la CCLAT. Toutefois, en raison de son caractère volontaire, et des réticences des Etats à s'engager davantage, ce fonds n'a jamais été crée[3579]. Si les contributions volontaires, notamment des fondations privées telles que Bloomberg Initiative et la Fondation Gates, sont nécessaires une réflexion sur des formes de financement institutionnalisées et durables doit être poursuivie sur le long terme.

1803. Concernant l'influence des industries du tabac, elle continue avec la mise en place de stratégies mondiales pour contrer l'application de la CCLAT malgré l'adoption de directives pour l'application de l'article 5.3 dont le but est de protéger la lutte antitabac des intérêts commerciaux et autres de l'industrie du tabac de façon exhaustive et efficace[3580]. Preuve de cette difficulté, la Directrice générale Madame CHAN indiquait le 18 mars 2015 le besoin d'une action internationale pour forcer les industriels du tabac à « mettre la clé sous la porte[3581] ». Elle rappelait que les fabricants de tabac utilisent toutes sortes de tactiques en finançant des partis politiques et des politiciens pour qu'ils travaillent pour eux. Lors de la dernière session, la COP

[3574] FRAMEWORK CONVENTION ALLIANCE, « *Budget et plan de travail de la Convention-cadre pour la lutte antitabac – Fiche d'information* », 2014. (*http://www.fctc.org/images/stories/Fact%20Sheet_FCTCbudget_workplan_FR_web.pdf*).

[3575] OMS, « *Contributions volontaires évaluées* », FCTC/COP/6/23, 28 mai 2014, p. 2.

[3576] *Ibid.*, p. 4.

[3577] V. *Ibid.*, p. 1.

[3578] V. *supra* n°0 et s.

[3579] T. MULDER, « *Ebola in West Africa : Lessons to strengthen the WHO International Health Regulations* », Global Health Law Groningen Blog, 2 Novembre 2015.

[3580] Pour une analyse détaillée de l'application de l'article 5.3 de la CCLAT. V. notamment OMS, « *Application de l'article 5.3 de la Convention-cadre de l'OMS : Evolution des questions liées à l'ingérence de l'industrie du tabac. Rapport du Secrétariat de la Convention* », FCTC/COP/6/16.

[3581] Conférence mondiale sur le tabac ou la santé, 2015.

considérait la résistance à l'ingérence de l'industrie du tabac comme une des tâches nécessaires à l'accomplissement de ses objectifs[3582]. Les Parties soulignaient l'importance de contrer les « tactiques agressives de l'industrie du tabac, y compris, en particulier, les recours auprès des tribunaux et la promotion de variantes de produits à la nicotine[3583] ». A cet égard, l'industrie du tabac a investi massivement dans le domaine du tabac sans fumée et des cigarettes électroniques. Or, la CCLAT n'a pas anticipé les produits sans nicotine, et la non applicabilité de ses mesures est dès lors susceptible de nuire à son objectif[3584].

1804. Si pour le Professeur LIBERMAN, la CCLAT n'a pas besoin de Protocole pour être un traité « complet[3585] », les difficultés rencontrées pour son entrée en vigueur démontrent des réticences des Etats à son égard.

1805. En tirant les leçons pertinentes de l'expérience de la CCLAT, il apparaît que cet instrument reste, dans l'ensemble, un exemple de réussite pour l'OMS dans la lutte mondiale contre le tabagisme dans le monde. Les dix années de mise en œuvre de la CCLAT ont démontré l'intérêt d'un instrument juridique contraignant de portée internationale : 1) pour la santé mondiale, 2) pour les systèmes juridiques nationaux (législatifs et judiciaires), 3) afin d'affirmer le rôle de l'OMS et de renforcer le droit international de la santé et 4) en tant que modèle pour d'autres instruments internationaux éventuels à venir. En effet, la CCLAT démontre le rôle et la force du droit international en tant qu' « outil pour atteindre des objectifs de santé mondiale[3586] ».

[3582] OMS, « *Rapport de la sixième session de la Conférence des Parties à la Convention-cadre de l'OMS pour la lutte antitabac* », Moscou (Fédération de Russie), 13-18 octobre 2014, p.6.

[3583] OMS, « *Rapport de la sixième session de la Conférence des Parties (...), op.cit.*, p.9.

[3584] D. YACH, « *The origins, development, effects, and future of the WHO Framework convention on tobacco control : A personal perspective* », The Lancet, vol.383, n°9930, 2014, pp.1771-1779.

[3585] LIBERMAN estime que « le traité n'attend pas de futur protocole pour être réel. Il est déjà un instrument puissant et juridiquement contraignant de droit international» (V. J. LIBERMAN, « *The power of the WHO FCTC: Understanding its legal status and weight* », in A. MITCHELL et T. VOON (eds), *The tabacco epidemic and the law*, Edward Elgar, UK, 2014, p.5).

[3586] G. LIEN et K. DELAND, « *Translating the WHO Framework Convention on Tobacco Control (FCTC) : Can we use tobacco control as a model for other non-communicable disease control* », Public Health, vol.125, 2011, p.849 (pp. 847-853).

CONCLUSION DU CHAPITRE 2

1806. L'étude de l'activité contraignante de l'OMS confirme les réticences de l'OMS dans l'utilisation des articles 19 et 21 de sa Constitution. Cette timidité s'explique par la limitation du champ d'application de l'article 21, les difficultés dans la formalisation des exigences techniques afin de répondre à des enjeux qui évoluent rapidement, le coût de fonctionnement d'un tel instrument[3587] et la méfiance historique de l'OMS à s'engager dans son rôle juridique[3588].

1807. Malgré ces limites, on constate que la mise en œuvre de la fonction normative contraignante de l'OMS a eu un impact relativement positif quant à la protection de la santé mondiale. Surtout il apparaît que son élaboration ne peut intervenir seulement dans un contexte particulier. Ceci explique, en partie, l'utilisation étendue par l'OMS d'instruments non contraignants. En effet, la rapidité et la flexibilité de ces instruments font partie des facteurs qui justifient l'activité non contraignante pléthorique de l'OMS, dont certains instruments démontrent des résultats prometteurs.

1808. Au sein de l'activité normative de l'OMS, on observe une complémentarité entre son activité technique et son activité juridique. Malgré le contenu limité de son activité juridique, cette dernière ne doit pas apparaître comme une activité de second ordre car l'élaboration des normes est indispensable à la réalisation des buts qui lui sont assignés par son acte constitutif.

[3587] G. L. BURCI et C.-H. VIGNES, *The World Health Organization, op.cit.*, p.153.
[3588] Développements paragraphes 0 et s.

CONCLUSION DU TITRE I

1809. L'étude de l'activité normative de l'OMS démontre que l'Organisation intervient par le biais d'instruments contraignants et non contraignants. Cette analyse confirme la diversité de son activité normative tant dans la forme des instruments que dans leur contenu et dans les sujets traités. Sans conteste, il y a une volonté de traiter un maximum de sujets liés à la santé mondiale par le biais de la norme. Malgré l'existence de deux règlements et d'une convention, les recommandations demeurent l'instrument principal de l'activité normative de l'OMS.

1810. Pour autant, les recommandations ne sont pas les seuls instruments adaptés à l'exercice de l'action normative comme le démontrent les exemples du RSI et de la CCLAT. De même, le rôle normatif de l'OMS ne dépend pas uniquement de l'activité normative développée par l'Assemblée mondiale de la santé ou par le Conseil exécutif. Le Directeur général, assisté par le Secrétariat, joue un rôle non négligeable.

1811. A cet égard, la multiplicité de la forme, du contenu, de l'objet et de l'objectif des différents instruments développés par l'OMS fait émerger une conception particulière de la notion de norme de l'OMS. Cette dernière est dictée par la complexité de la situation sanitaire internationale et par le contexte politique entourant l'adoption de la norme. Il convient dès lors d'analyser la mutation de l'activité normative de l'OMS.

TITRE II

LA MUTATION DE L'ACTIVITÉ NORMATIVE DE L'OMS

1812. L'activité normative de l'OMS a connu des mutations au cours de son histoire. Considérée initialement comme une organisation purement technique dans la mise en œuvre de sa fonction normative, l'OMS a démontré sa capacité à adopter des instruments juridiques. Cette évolution s'explique, en partie, par la compétence normative extensive conférée à l'OMS par sa Constitution. S'ajoute à cela la politisation de son activité initiée au début des années 1970.

1813. Ces deux éléments, autorité normative reconnue par la Constitution et politisation de l'OMS, participent à la délimitation des contours de la norme qui s'émancipe, sans la renier, de son approche technique. Le corpus normatif de l'OMS se fonde sur une cohabitation, certes déséquilibrée, entre normes techniques et normes juridiques. A ce titre, ces deux notions, parfois différentes, parfois similaires, finissent par s'entremêler et la séparation entre activités normative et technique peut apparaître « artificielle[3589] ».

1814. Alors que l'activité normative de l'OMS est forte mais que son contenu juridique est plus réduit, il est essentiel de comprendre la perception de la notion de norme de l'OMS. Cette analyse a notamment pour objectif d'essayer d'anticiper, ou de forger, l'avenir du rôle normatif de l'OMS. Dès lors, l'analyse de son activité normative permet d'appréhender, en premier lieu, la conception de la norme de l'OMS (Chapitre 1). Une fois cette conception délimitée, il convient, en second lieu, d'étudier l'avenir de l'activité normative de l'OMS (Chapitre 2).

La conception de la norme de l'OMS (Chapitre 1)
L'avenir de l'activité normative de l'OMS (Chapitre 2)

[3589] V. K. LEE, *The World Health Organization (WHO)*, Global Institutions, Routledge, p.19. L'auteur pose la question de savoir « Comment l'OMS peut mettre en œuvre ses activités normatives sans engager un certain degré de travaux techniques ? ».

CHAPITRE 1

LA CONCEPTION DE LA NORME DE L'OMS

1815. Mise à part l'approche biologique de la notion de conception qui trouve un ancrage juridique dans le Code civil en droit de la famille[3590], la particularité de la notion de « conception » tient en son double sens parfaitement identifié par le Professeur Pierre-Marie DUPUY[3591].

1816. A ce titre, le premier sens du terme de « conception » évoque la « perception intellectuelle » ou l'« opinion que l'on a sur ce qu'[une chose] est ou devrait être[3592] ». La conception est donc l'« aptitude à comprendre quelque chose, à le saisir ou à le produire par l'esprit[3593] ». En d'autres termes, l'analyse de l'activité normative de l'OMS permet de délimiter la perception ou la vision de la norme de l'OMS. Il s'agit donc d'analyser les critères d'existence et de qualification de la norme de l'OMS. A cet égard, l'activité de l'OMS impose une interprétation de la juridicité de la norme (Section 1).

1817. Le second sens du terme « conception », d'autre part, fait référence davantage à la « création effective d'une chose[3594] ». On s'attache à l'« action d'élaborer quelque chose » et « au résultat de cette action[3595] ». Il s'agit donc d'analyser les critères propices à la mise en œuvre de l'activité normative de l'OMS. Ainsi, il convient d'interpréter, dans l'élaboration de la norme, les effets de la norme de l'OMS (Section 2).

L'interprétation de la juridicité de la norme (Section 1)
L'interprétation des effets de la norme (Section 2)

[3590] Article 311 du Code civil « La loi présume que l'enfant a été conçu pendant la période qui s'étend du trois centième au cent quatre-vingtième jour, inclusivement, avant la date de la naissance ». V. également la définition de conception proposée par CORNU (« Procréation d'un enfant résultant de la fécondation de l'ovule dans l'utérus maternel (normalement causée par le rapport sexuel d'un homme et d'une femme, mais pouvant être provoquée par insémination artificielle) ou même d'une fécondation *in vitro* suivie d'implantation » G. CORNU, *Vocabulaire juridique*, PUF, Quadrige, 10ème éd., 2014, p.220).
[3591] P.-M. DUPUY, « *Conceptions de l'ordre juridique international* », RCADI, n°297, 2002, p.43. L'auteur considère qu' « il y a une sorte de jeu de mots sur la signification du terme de 'conception' [...] ».
[3592] *Ibid.*, p.41.
[3593] Dictionnaire Larousse (en-ligne) « conception ».
[3594] P.-M. DUPUY, « *Conceptions de l'ordre juridique international* », *op.cit.*, p.43.
[3595] Dictionnaire Larousse (en-ligne) « conception ».

SECTION 1 : L'INTERPRETATION DE LA JURIDICITE DE LA NORME

1818. La juridicité est « la qualité de ce qui est juridique, ce qui relève du droit » et se distingue de ce qui est « moral ou purement politique[3596] ». A ce titre, la notion de « juridique », est « un adjectif qualifiant divers substantifs pour signifier qu'ils ont rapport au droit (international)[3597] ». En effet, la juridicité est assimilée au droit selon une lecture positiviste[3598]. En ce sens, pour le Professeur DUPUY, « un texte est juridiquement normatif s'il crée un ensemble de droits et d'obligations, et il ne l'est pas si cette condition n'est pas réalisée[3599] ». Dès lors, le droit ordonne, interdit, permet, autorise. Cette définition insiste sur la nécessité pour la norme internationale de régir les rapports sociaux. Pour les Professeurs COMBACAU et SUR, dans la même lignée, les normes internationales sont des « énoncés qui ont pour fonction, soit de déterminer les conduites de ceux qui entrent dans leur champ d'application, soit de permettre après coup d'apprécier ces conduites et d'en déterminer les conséquences[3600] ». Dès lors, un contenu particulier est attendu pour la norme juridique.

1819. Par ailleurs, selon la vision kelsénienne[3601], en droit interne comme en droit international, est considérée comme juridique toute norme qui respecte trois conditions. Premièrement, elle doit émaner de la puissance étatique, en tant qu'ordre juridique. A cet égard, KELSEN intègre également l'ordre juridique international car il estime que le droit international est un ordre obligatoire fondé sur les volontés convergentes des Etats[3602]. Deuxièmement, la norme doit être prescriptive. Plus particulièrement, la norme dite juridique doit prescrire ce qui « doit être » et non ce qui « est ». Enfin, la norme doit être assortie d'une sanction[3603]. Ces deux derniers éléments semblent, de prime abord, en opposition avec la conception de la norme de l'OMS. A suivre une telle analyse classique, une part substantielle de l'activité normative de l'OMS

[3596] J. SALMON, *Dictionnaire de Droit international public, op.cit.*, « juridicité » p.624. V. également la définition du Dictionnaire Larousse (en-ligne) le « fait d'être juridique ». V. également TIMSIT qui définit la juridicité comme étant une propriété permettant de « signifier à l'intention de ses destinataires un droit, une obligation, une habilitation, une permission, etc. ». (G. TIMSIT, *L'archipel de la norme*, PUF, 1997, p.10).

[3597] J. SALMON, *Dictionnaire de Droit international public, op.cit.*, « juridique », p.629.

[3598] E. LE ROY, « *Autonomie du droit, hétéronomie de la juridicité. Généralité du phénomène et spécificités des ajustements* », Séminaire international « *Le nuove ambizioni del sapere del guirista : l'antropologia giuridica e la traduttorologia guiridica* », Roma, Accademia nazionale dei Lincei, 12-13 mars 2008.

[3599] P.-M. DUPUY, *Droit international public*, 3 éd., Dalloz, 1995, p.284.

[3600] J. COMBACAU et S. SUR, *Droit international public, op.cit.*, p. 19.

[3601] H. KELSEN, « *Théorie générale du droit international public. Problèmes choisis* », RCADI, vol.42, 1932 Brill ; H. KELSEN, *La théorie générale du droit et de l'Etat. La doctrine du droit naturel et le positivisme juridique*, LGDJ, 1997.

[3602] V. H. KELSEN, « *Les rapports de système entre le droit interne et le droit international public* », RCADI, vol.14, 1926, IV, pp.227-352 ; V. également H. KELSEN, *Théorie pure du droit*, 2e traduction par Ch. EISENMANN, Dalloz, 1962 (1934) et F. RIGAUX, *« Kelsen et le droit international »*, Revuge belge de droit international, 1996/2, p. 382 (pp.381-408). Pour Kelsen, le droit international puiserait sa force obligatoire dans les volontés convergentes des États, et il serait même conçu comme un « droit commun ».

[3603] « Dans le sens restreint, une punition, peine infligée par une autorité à l'auteur d'une infraction, mesure destinée à le punir » (G. CORNU, *Vocabulaire juridique*, PUF, Quadrige, 10ème éd., 2014, p.941).

serait donc hors du champ du droit[3604]. Dans cette optique, les référentiels, les bonnes pratiques et les recommandations de l'OMS pourraient être perçus comme des « quasi normes » en santé[3605].

1820. En effet, dès lors que l'on considère que l'OMS, en tant qu'organisation internationale, fait partie de l'ordre juridique international, deux éléments ressortent de l'analyse de l'activité normative de l'OMS. En premier lieu, le caractère prescriptif de la norme juridique visant à créer un ensemble de droits et de devoirs n'est *a priori* pas conciliable avec la reconnaissance de la technicité de l'activité normative de l'OMS. Cette activité technique est parfois descriptive ce qui ne l'empêche pas d'avoir une portée juridique (§1). Par ailleurs, le besoin de sanction en tant que critère d'existence de la norme doit être relativisé en raison du développement d'un droit souple vecteur néanmoins d'une juridicité (§2).

§ 1. La reconnaissance de la technicité de la norme

1821. L'OMS participe à une « véritable inflation de la normalisation technique internationale dans le domaine de la santé[3606] ». Dès lors, l'étude de la technicité de la norme implique, d'abord, de délimiter les contours de cette notion protéiforme (A). Ensuite, la norme technique se caractérise par l'ambiguïté de sa portée juridique (B).

A. Une notion protéiforme

1822. La notion de « norme technique » *lato sensu* regroupe une floraison de dénominations qui forme un ensemble aux fonctions identifiables (1). Malgré cette diversité, l'analyse des normes techniques révèle qu'elles ont des caractéristiques communes (2).

1. Une floraison de dénominations aux fonctions identifiables

1823. La norme technique, qui se caractérise par sa polysémie (a), constitue une notion nécessaire dans la régulation internationale (b).

a. Une notion polysémique

1824. A première vue, la dénomination de « norme technique » peut être associée à celle de normalisation et de standard. Toutefois, l'analyse de l'activité normative de l'OMS démontre la multiplication des dénominations que l'on peut catégoriser en tant que « norme technique ». Ainsi, en sus des

---

[3604] J. DELLAUX, « *Contribution pour une (re)définition du concept de normativité en droit international. Questionnements autour d'instruments de* soft law *: les décisions des conférences des parties* », Hors-série, RQDI, mars 2016, p.144 (p.135-157).

[3605] D. TABUTEAU, « *Référentiels, bonnes pratiques et recommandations : nouvelles normes ou 'quasi normes' en santé ?* », JDSAM, n°3, 2015, pp.7-37. L'auteur emploie cette typologie mathématique car « le juge est susceptible d'en tirer des conséquences juridiques et où, dans cette limite, elles modifient l'ordonnancement juridique ».

[3606] M. SAMSON, « *Réflexions sur le rôle du droit dans la gouvernance de la santé mondiale* », in E. MONDIELLI, F. VIALLA et E. CADEAU (coord.), *op.cit.*, p. 120 (pp.117-134).

instruments attendus, issus de la Constitution dont les standards[3607] ou la classification, le pouvoir de recommandation large conféré à l'OMS permet également l'adoption de lignes directrices, de codes de conduite et de directives qui participent à la « normalisation des données de la science[3608] ». Dès lors, indépendamment de la terminologie retenue, il convient de définir les notions de normalisation et de standard.

1825. Au plan international, selon la définition proposée par l'Organisation internationale de la normalisation (ISO), reprise par le législateur national et européen[3609], la normalisation[3610] (entendue comme la « norme technique » *stricto sensu*) est un « document établi par consensus et approuvé par un organisme reconnu, qui fournit, pour des usages, communs et répétés, des règles, des lignes directives, ou des caractéristiques, pour des activités ou des résultats garantissant un niveau d'ordre optimal de la communauté dans son ensemble[3611] ». Plusieurs éléments caractéristiques de la norme technique sont à préciser. D'abord, la norme technique a une vocation générale « en ce sens qu'elle propose une solution à des problèmes répétés, et non des difficultés ponctuelles[3612] ». Ensuite, il s'agit de normes élaborées par un organisme de normalisation reconnu par les pouvoirs publics (l'ISO ou l'OMS par exemple). Ainsi, les normes officieuses, c'est-à-dire les spécifications techniques élaborées par des groupements de producteurs ou des associations de fabricants, sont à écarter.

1826. Enfin, la norme technique, exprimée dans un document, est le « fruit d'un consensus et de l'approbation générale de toutes les parties intéressées[3613] » dépassant la simple concertation. Cette définition apparaît comme « idéale » car le respect du consensus et la qualité scientifique font parfois défaut[3614]. Dès lors CORNU, propose une définition davantage fondée sur l'objectif à atteindre que sur le processus d'élaboration retenu. La

---

[3607] Il convient de faire une distinction entre les standards techniques dont l'OMS a compétence d'élaborer avec les standards juridiques qui sont des « notions critiques du droit » (S. RIALS, « *Les standards* », in Ch. PERELMAN et R. VANDER ELST, *Les notions à contenu variable en droit,* Travaux du CNRL, Bruylabnt, 1984, p.39) tels que l'intérêt de l'enfant, la faute, le sérieux ou encore le raisonnable (V. B. GENIAUT, *« La force normative des standards juridiques. Eléments pour une approche pragmatique »,* in C. THIBIERGE et al., *La force normative, op.cit.,* pp.184-197).

[3608] C. MASCRET, « *Les données de la science face à leur normalisation par les autorités sanitaires* », Médecine et Droit, n°93, 2008, p.165 (pp.165-171).

[3609] En droit français voir le décret n°84-74 du 26 janvier 1984 fixant le statut de la normalisation (article 1er : « La normalisation a pour objet de fournir des documents de référence comportant des solutions à des problèmes techniques et commerciaux concernant les produits, biens et services qui se posent de façon répétée dans des relations entre partenaires économiques, scientifiques, techniques et sociaux ») et en droit européen voir la directive 98/34/CE du Parlement européen et du Conseil du 22 juin 1998 prévoyant une procédure d'information dans le domaine des normes et réglementations techniques, JOCE n°L204 du 21 juillet 1998, p.37 (article 1er : « une spécification technique approuvée par un organisme reconnu à activité normative pour application répétée ou continue, dont l'observation n'est pas obligatoire »).

[3610] Sur l'émergence des processus de normalisation V. notamment P. AILLERET, *Essai de théorie de la normalisation,* éd. Eyrolles, 1991.

[3611] ISO, « *Normalisation et activités connexes. Vocabulaire général* », Guide ISO/CEI 2, 2004.

[3612] M. ROULAND, « *La normalisation technique (instrument de concurrence à la loi)* » in E. CLAUDEL et B. THULLIER (dir.), *Le droit mou : une concurrence faite à la loi,* Travaux du CEDCACE, 2004, p.2.

[3613] E. BROSSET et E. TRUILHE-MARENGO, « *Introduction* » in E. BROSSET et E. TRUILHE-MARENGO (dir.), *Les enjeux de la normalisation technique internationale, entre environnement, santé et commerce international,* La documentation française, coll. Monde européen et international, 2006, p.24.

[3614] *Ibid.,* p.29 (« Les éléments traditionnels de définition ne permettent pas de refléter la réalité de la norme et de la normalisation ») ; M. LANORD FARINELLI, « *La norme technique : une source du droit légitime* », RFDA, 2005, p.738.

normalisation est alors l'« ensemble des mesures techniques destinées à uniformiser les méthodes de travail et certains types de produits afin d'améliorer le rendement de la production et de la distribution[3615] ». En d'autres termes, la norme technique est une « formule[3616] » définissant un type d'objet, un produit, un procédé technique en vue de simplifier, de rendre plus efficace et plus rationnelle la production.

1827. On constate, par ailleurs, l'existence de deux types de normes techniques. Premièrement, il y a les normes facultatives que la Professeure BROSSET[3617] subdivise judicieusement entre celles fondées sur une démarche volontaire « spontanée » ou celle « provoquée ». Cette catégorie comprend les normes dites « autonomes » dont l'application est entièrement facultative, en ce sens qu'elles sont liées à aucune contrainte réglementaire. On pense ici notamment à la liste modèle OMS des médicaments essentiels[3618]. S'ajoutent également dans cette catégorie, les normes de renvoi qui sont intégrées dans un système au sein duquel le ou les destinataires ont intérêt à les appliquer afin de respecter les exigences réglementaires. Dans ce cas, « les normes sont référencées dans les dispositions des réglementations pour inciter à leur utilisation, même si parallèlement, ces normes restent d'application facultative ». On pense ici aux normes issues du *Codex Alimentarius* par renvoi au sein des accords de l'OMC[3619]. Deuxièmement, il existe les normes auxquelles la réglementation non seulement renvoie et auxquelles elle attribue une valeur impérative. On pense ici à l'intégration des dénominations communes internationales par la législation française[3620].

1828. Par ailleurs, la notion de normes techniques intègre également celles de standards[3621] puisque la technicité est « une marque de fabrique des standards internationaux[3622] ». Toutefois, un « flou terminologique entoure la notion[3623] » qui est associée à une « norme mystérieuse[3624] ». Le concept de standard[3625] *stricto sensu* peut être appréhendé comme celui de normalisation. Toutefois, le standard international *lato sensu* apparaît plus large que la

---

[3615] G. CORNU, *Vocabulaire juridique*, PUF, Quadrige, 10ème éd., 2014 p.689 ; V. également la définition proposée J. IGALENS et H. PENANT, *La normalisation*, QSJ, PUF, 1994 : « La normalisation est une technique de production méthodique permettant aux producteurs une organisation rationnelle accompagnée de l'accroissement de la production et d'une diminution des coûts de fabrication ».

[3616] E. BROSSET et E. TRUILHE-MARENGO, « *Introduction* », *op.cit.*, p.23.

[3617] *Ibid.*, p.15.

[3618] V. *supra* n°0 et s.

[3619] V. *supra* n°0 et s.

[3620] V. *supra* n°0 et s.

[3621] Pour certains les termes « norme technique » et « standard » sont synonymes (V. L. BOISSON DE CHAZOURNES, « *Standards, régulation internationale et organisations internationales* », in B. FRYDMAN et A. VAN WAEYENBERGE (dir.), *Gouverner par les standards et les indicateurs. De Hume aux rankings*, Bruylant/LGDJ, 2014, pp.69-72)

[3622] L. BOISSON DE CHAZOURNES, « *Standards et normes techniques dans l'ordre juridique contemporain : quelques réflexion* » in L. BOISSON DE CHAZOURNES et M. KOHEN, *International Law and the Quest for its Implementation = Le droit international et la quête de sa mise en œuvre : Liber Amicorum Vera Gowlland-Debbas* », Brill, 2010, pp.351-376 (p.354).

[3623] L. BOISSON DE CHAZOURNES, « *Standards et normes techniques dans l'ordre juridique contemporain (...)* », *op.cit.*, p.352.

[3624] P. JUILLARD, « *Phénix et ses cendres : le standard minimum de droit international* », in *Libres propos sur les sources du droit : mélanges en l'honneur de Philippe Jestaz*, Paris, Dalloz, 2006, p.257.

[3625] Pour un détail des deux temps historiques du concept de standard dans la normativité internationale (V. A. OUEDRAOGO, « *standard et standardisation : la normativité variable en droit international* », RQDI, vol.26, n°1, 2013, pp.154-186.

normalisation. Le standard renvoie « tantôt à une norme incontestée de droit international, tantôt à des principes n'ayant pas un seuil de normativité suffisant pour répondre à la définition de norme[3626] ». Il s'agit de façon spécifique « d'une norme impliquant l'idée d'un 'niveau' à atteindre ou d'un 'modèle' auquel il faut se conformer et par rapport auquel l'évaluation d'une situation ou d'un comportement doit être opérée [3627] ». En effet, la standardisation renvoie à l'idée d'harmonisation et de mise en place de pratiques uniformes dans le but de faciliter la coopération internationale[3628]. En d'autres termes, les standards internationaux « participent d'une logique 'processuelle' qui vise à modéliser, moduler et orienter le comportement des Etats et des autres acteurs de la scène internationale[3629] ».

1829. Il convient, néanmoins, de distinguer la norme technique des règles de l'art. Ces dernières sont « un comportement technique approprié, accessible à l'ensemble du corps professionnel dont son application relève, et qui correspond à l' état de la technique au moment de la réalisation de l'acte[3630] ». Ainsi, alors que les normes techniques sont le « fruit d'une procédure déterminée et décrivent souvent un résultat, les règles de l'art sont le fruit de pratiques spontanées et imposent généralement des moyens à mettre en œuvre[3631] ». Il arrive qu'une norme technique reprenne ou devienne une règle de l'art mais un tel cas de figure n'est pas « systématique[3632] ». De même, la norme technique se différencie des pratiques, usages et coutumes. Lorsque des pratiques professionnelles sont à la fois « anciennes, constantes, notoires et générales [3633] », elles deviennent des usages professionnels. Lorsque les personnes intéressées se conforment à l'usage en ayant « la conviction d'agir en vertu d'une règle qui s'impose à eux comme une règle de droit » cet usage devient une coutume[3634]. Spontanés dans leur création, lents et progressifs dans leur élaboration, l'usage et la coutume se différencient de la norme technique « fruit d'une procédure déterminée[3635] ».

1830. Pour conclure, l'approche de la notion de « norme technique » est plus large que celle de normalisation, qui repose sur la production technique,

---

[3626] P. WEIL, « *Problèmes de normativité* » RCADI, n°237, 1992.

[3627] J. SALMON, *Dictionnaire de Droit international public, op.cit.*, « standard », p.1049. La même définition se retrouve dans B. CASSIN (dir.), *Vocabulaire européen des philosophies : Dictionnaire des intraduisibles*, Le Seuil/Le Robert, 2004 « standard » : « jusqu'au XVIIIe siècle, standard permet surtout de rendre compte du bien vivre en société ou du bon goût. Sa traduction est alors : règle ou critère. Mais le sens du concept se déplace de plus en plus pour désigner une norme ou un principe qui permet de corriger l'expérience. Standard sert à définir une expérience réglée à partir d'une excellence ou à mesurer les écarts par rapport à cette excellence ». V. également J. BASDEVANT, *Dictionnaire de la terminologie du droit international*, Sirey, 1960 « standard » : « terme désignant le comportement moyen des Etats civilisés par référence auquel on apprécie la correction du comportement d'un Etat en la matière considérée ».

[3628] A. OUEDRAOGO, « *Standard et standardisation : la normativité variable en droit international* », *op.cit.*, p.164.

[3629] L. BOISSON DE CHAZOURNES, « *Standards et normes techniques dans l'ordre juridique contemporain (...)* », *op.cit.*, p.357.

[3630] A. PENNEAU, *Règles de l'art et normes techniques*, LGDJ, Bibliothèque de droit privé, 1989, t.203, p. 105.

[3631] M. ROULAND, « *La normalisation technique (instrument de concurrence à la loi)* », *op.cit.*, p.6.

[3632] *Ibid.*

[3633] J. GHESTIN, « *Normalisation et contrat* », in *Le droit des normes professionnelles et techniques*, Bruylant, 1985, p.485

[3634] *Ibid.*, p.485.

[3635] M. ROULAND, « *La normalisation technique (instrument de concurrence à la loi)* », *op.cit.*, p.6.

et se rapproche de celle de standard qui dépend de l'idée d'un modèle à atteindre. Ainsi, la norme technique est une « sélection de données techniques qui méritent d'être érigées au rang de références pour l'homme de l'art[3636] ». Elle est un mode de production de modèles de conduite. Pour le Professeur DE BECHILLON, la norme technique suggère « des schémas préconstitués auxquels il s'agit de se conformer[3637] ». Cette approche permet l'intégration de « tout autre appellation qui jouent un rôle dans la conduite des activités internationales[3638] ». Elle correspond pertinemment à l'activité normative technique de l'OMS qui vise à favoriser la coopération internationale en matière sanitaire. Par ailleurs, le flou de la notion et les difficultés de dénomination de la « norme technique » se retrouvent dans le contenu de l'activité normative de l'OMS. En effet, cette dernière use, voire abuse, de différentes terminologies afin d'élaborer des normes notamment techniques. Si les normes techniques « envahissent la société[3639] » c'est parce qu'elles sont devenues nécessaires dans la régulation internationale.

b. Une notion nécessaire

1831. La nécessité de la normalisation internationale est « très largement admise[3640] » pour de nombreuse raisons. D'abord, la norme technique remplit de multiples fonctions [3641] liées à son objectif d'harmonisation technique : promouvoir la qualité des produits et prestations, améliorer la sécurité et l'information des personnes et la protection de l'environnement, offrir une interchangeabilité et une comptabilité des produits, simplifier la production industrielle et, notamment au plan international, limiter les entraves aux échanges transnationaux. A cet égard, le rôle joué par le *Codex Alimentarius* relatif à la qualité des aliments dans le cadre des accords de l'OMC est révélateur. En effet, une présomption simple de compatibilité est conférée aux mesures nationales pertinentes lorsqu'elles se fondent sur les normes, orientations et recommandations adoptées par la Commission du *Codex*[3642].

1832. Ensuite, il y a un véritable besoin de ces normes afin de répondre à « la complexité des situations et des relations que l'on rencontre dans l'ordre international » ce qui explique que la normalisation internationale soit demandeuse et porteuse de technicité[3643]. En effet, la structuration de l'ordre juridique international fondée sur les sources traditionnelles du droit international (traités internationaux et coutume internationale) ne peut « couvrir la vaste sphère des activités internationales[3644] ». La technicisation

---

[3636] F. GAMBELLI, « *Définitions et typologies des normes techniques* », LPA, 11 février 1998, n°18, p.6.

[3637] D. DE BECHILLON, *Qu'est-ce qu'une règle de droit ?*, éd. Odile Jacob, 1997, p.171.

[3638] L. BOISSON DE CHAZOURNES, « *Standards, régulation internationale et organisations internationales* », *op.cit.*, p.73.

[3639] M. LANORD FARINELLI, « *La norme technique : une source du droit légitime* », *op.cit.*, p.738.

[3640] H. RUIZ-FABRI, « *Synthèse. Les enjeux de la normalisation internationale* », E. BROSSET et E. TRUILHE-MARENGO (dir.), *op.cit.*, p.317.

[3641] M. ROULAND, « *La normalisation technique (instrument de concurrence à la loi)* », *op.cit.*, p.13.

[3642] V. *supra* n°0 et s.

[3643] L. BOISSON DE CHAZOURNES, « *Normes, standards et règles en droit international* », in E. BROSSET et E. TRUILHE-MARENGO (dir.), *op.cit.*, p.46.

[3644] L. BOISSON DE CHAZOURNES, « *Standards et normes techniques dans l'ordre juridique contemporain (...)* », *op.cit.*, p.355.

des matières à règlementer par le droit international, et en particulier de la santé, impose en effet la formulation de normes techniques par l'OMS. Les enjeux pharmaceutiques (Dénominations communes internationales ou Liste modèle des médicaments essentiels) sont parmi les exemples de la technicisation de la règlementation internationale. Comme l'évoque le Professeur CHEVALLIER, le système normatif dans son ensemble doit s'imprégner de plus de savoir scientifique et la norme technique peut précisément jouer ce rôle[3645].

1833. Enfin, l'avantage de la norme technique s'exprime dans sa rapidité d'élaboration, sa flexibilité et sa souplesse afin de pouvoir « s'adapter à l'évolution du réel[3646] ». En effet, l'adaptation de la norme technique est un élément clef de la régulation internationale[3647]. La norme juridique, à l'inverse, se trouve parfois figée par son caractère obligatoire. Dès lors, le contenu de la norme technique pourra évoluer au gré des connaissances, des besoins et des capacités[3648]. A cet égard, cette « adaptabilité normative[3649] » est une caractéristique du pouvoir de recommandation technique de l'OMS ce qui le différencie des sources traditionnelles de la norme. Par exemple, la liste de dénominations communes internationales est évolutive. Certaines d'entre elles peuvent être ajoutées, modifiées ou supprimées. Plus largement, les enjeux de santé n'ont jamais été aussi diversifiés, nombreux et globalisés en raison notamment de la mondialisation des échanges, de l'évolution des technologies et des bouleversements climatiques. Or, la norme technique permet de répondre davantage à ces nouveaux enjeux.

1834. Malgré la polysémie de la notion de norme technique, des caractéristiques communes ressortent de cette analyse.

2. Des caractéristiques communes

1835. L'élaboration de normes techniques repose, du moins en théorie, sur deux fondements : d'une part, ces normes sont l'expression de la science (a) et, d'autre part, elles visent à favoriser la participation de multiples acteurs (b).

a. L'expression de la science

1836. L'élément qui détermine la norme technique n'est pas « une conception des choses, un présupposé mais une réalité scientifique, une conséquence d'un fait[3650] ». Elle bénéficie d'une « vérité extérieure à celle énoncée par la norme elle-même[3651] ». L'une des caractéristiques de la norme

---

[3645] J. CHEVALLIER, « *Vers un droit post-moderne ? Les transformations de la régulation juridique* », RDP et de la science politique en France et à l'étranger, n°3, 1998, pp.659-690 (p.679).
[3646] J. CHEVALLIER, « *Vers un droit post-moderne ? Les transformations de la régulation juridique* », *op.cit.*, p.679.
[3647] V. notamment A. PELLET, « *L'adaptation du droit international aux besoins changeants de la société internationale* », RCADI, vol.329, 2007, pp.17-47.
[3648] L. BOISSON DE CHAZOURNES, « *Standards et normes techniques dans l'ordre juridique contemporain (...)* », *op.cit.*, p.357.
[3649] *Ibid.*, p.356.
[3650] F. GAMBELLI, « *Définitions et typologies des normes techniques* », *op.cit.*, p.5.
[3651] D. VOINOT, *La norme technique en droit comparé et en droit communautaire*, Thèse, Université de Grenoble, 1993, p.35.

technique est qu'elle est élaborée en fonction de données de la connaissance[3652] reposant sur un « savoir acquis dont on s'efforce de tirer les applications pratiques auxquelles il peut se prêter[3653] ».

1837. Dès lors que le contenu de la norme est technique, cette dernière doit être « le résultat d'une préparation scientifique et doit pouvoir être réadaptée en fonction des évolutions scientifiques enregistrées[3654] ». L'objectif de la norme est de déterminer ce qui est acceptable comme risque pour la collectivité[3655]. On constate donc l'importance de la science dans l'élaboration de la norme technique à tel point que certains auteurs assimilent la norme technique à la norme scientifique[3656].

1838. Toutefois, une norme peut être technique sans être exclusivement scientifique et inversement, puisqu'elle n'a pas le même objet. En effet, dire que la technique se fonde sur la science ne veut pas dire que ce qui est technique est scientifique. Pour LALANDE, les techniques sont « des procédés bien définis et transmissibles destinés à produire certains résultats jugés utiles[3657] ». En d'autres termes, il s'agit de moyens que l'on peut décrire et transmettre afin d'atteindre une finalité déterminée à l'avance et qui ne s'impose pas d'elle-même. A l'inverse, la science est une notion « polysémique, à la fois dangereuse et commode, qui permet d'abriter bien des confusions[3658] ». Selon le Petit Robert, elle peut être synonyme de « savoir » en tant que « connaissance exacte et approfondie[3659] ». Elle est également « un ensemble de connaissances, d'études d'une valeur universelle, caractérisé par un objet et une méthode déterminés, et fondé sur des relations objectives vérifiables[3660] ». La science est l'activité qui a pour but de connaître ce qui est.

1839. Dès lors, la science et la technique ne peuvent être confondues : la première cherche à connaître le réel et la seconde cherche à le maîtriser ou à le modifier d'une manière déterminée à l'avance par la mise en œuvre de moyens appropriés. La science est contemplative et la technique relève de l'ordre de l'action. Néanmoins, la science demeure un fondement de la technique en ce que la technique est l'application de la science. Pour le Professeur AMSELLEK, « les normes techniques ne sont qu'une adaptation à des fins directives de normes scientifiques, une transformation d'un savoir scientifique en savoir-faire, en préceptes (ou « recettes ») pour l'action humaine[3661] ». On voit le passage au droit après l'inspiration première à la source en tant que processus de création.

[3652] L. BOY, « *Liens entre la norme technique et la norme juridique en droits communautaire et international* », E. BROSSET et E. TRUILHE-MARENGO (dir.), *op.cit.*, p.59.
[3653] P. AMSELEK, *Norme et loi*, APD, 1980, p.19.
[3654] E. BROSSET et E. TRUILHE-MARENGO, « *Introduction* », *op.cit.*, p.38.
[3655] *Ibid.*
[3656] A. OUEDRAOGO, « *Standard et standardisation : la normativité variable en droit international* », *op.cit.*, p.156.
[3657] A. LALANDE, *Vocabulaire technique et critique de la philosophie*, PUF, coll. Quadrige, 2010, « technique », p.
[3658] P. AMSELEK, « *Propos introductif* », in P. AMSELEK (dir.), *Théorie du droit et science*, PUF, coll. Léviathan, 1994, p.8.
[3659] *Le Petit Robert*, 1970, p.1618.
[3660] *Le Petit Robert*, 1970, p.1618.
[3661] P. AMSELEK, *Norme et loi*, *op.cit.*, p.100.

1840. A cet égard, la question de l'expertise scientifique est essentielle dans la constitutions des normes techniques afin de garantir « la rationalité scientifique [3662] ». En effet, la science agit en tant que « fondement indispensable » à la norme technique[3663]. Toutefois cette expertise n'est pas exempte de toute critique.

1841. Tout d'abord, l'indépendance de l'expertise doit être garantie et préservée des enjeux politiques et/ou économiques. Or, l'OMS est aujourd'hui critiquée pour l'opacité de sa procédure de sélection et de transparence des experts[3664]. Dans le cadre du *Codex Alimentarius*, par exemple, si un effort de transparence existe, la nomination des experts demeure discrétionnaire. Elle est de la responsabilité des directeurs de l'OMS et de la FAO.

1842. Ensuite, la qualité des critères d'évaluation utilisés par ces experts est à examiner. En effet, comme le rappelle Monsieur LAVAL, « les travaux normatifs ne sont jamais en phase avec l'état de la technique, parfois prématurés, parfois tardifs[3665] ». A cet égard, l'évolution rapide des données scientifiques ne permet pas aux travaux techniques de s'adapter suffisamment vite. Le temps d'élaboration et de révision des normes « risque de conduire ces dernières à imposer des contraintes dépassées, cessant de fait d'être un facteur dynamisant et sécurisant[3666] ».

1843. Enfin, fondées sur la science, les normes techniques se trouvent confrontées à la limite des données scientifiques qui, parfois, ne sont pas « encore totalement stabilisées, lors de l'adoption de la norme[3667] ». Dans certaines situations, en particulier dans le domaine de la santé ou de l'environnement, les scientifiques ne peuvent « apporter de réponse définitive au problème posé. Ils n'expriment, en toute rigueur, qu'un consensus minimal fondé sur une discussion permanente des connaissances actuelles et des effets prédits[3668] ». Cette approche soulève la question de l'application du principe de précaution. L'OMS, à ce sujet, ne semble pas avoir adopté une approche cohérente.

1844. Prenons l'exemple de sa prise en compte dans le cadre du *Codex Alimentarius* qui est limitée. Ce principe n'est pas encore reconnu comme principe applicable à l'analyse du risque[3669] dans l'évaluation préalable des normes *Codex*. En plus des critères scientifiques, des critères commerciaux sont pris en compte, dont l'impact économique d'un projet en tant que facteur légitime. Toutefois, le principe de précaution ne constitue pas un nouveau facteur légitime malgré des débats « particulièrement vifs entre partisans et

---

[3662] E. BROSSET et E. TRUILHE-MARENGO, « *Introduction* », *op.cit.*, p.38.

[3663] M. LANORD FARINELLI, « *La norme technique : une source du droit légitime* », *op.cit.*, p.749.

[3664] V. *supra* n°0.

[3665] P. LAVAL, « *Normes, marques et marquage CE : libre circulation des produits en Europe ?* », LPA, 11 février 1998, p.18.

[3666] M. LANORD, « *La norme technique et le droit : à la recherche de critères objectifs* », RRJ, n°2, 2005, p.641 (pp.618-649).

[3667] E. BROSSET et E. TRUILHE-MARENGO, « *Introduction* », *op.cit.*, p.39.

[3668] G. MEGIE, « *Risques et incertitudes : un pari de Pascal inversé* », in Cité des sciences et de l'industrie de la Villette, *Les paradoxes de l'environnement. Responsabilité des scientifiques, pouvoir des citoyens*, Colloque de la Villette, 27-28 avril 1994, Bibliothèque Albin Michel, 1994, pp. 78-79.

[3669] E. BROSSET et E. TRUILHE-MARENGO, « *Introduction* », *op.cit.*, p.39. V. J. CAZALA, *Le principe de précaution en droit international*, LGDJ, Bibliothèque de l'Institut des Hautes Etudes Internationales de Paris, 2006, pp.241-242.

opposants à [son] insertion dans les procédures du *Codex*[3670] » lors des sessions annuelles du Comité *Codex* sur les principes généraux. L'argument principal invoqué par les opposants à l'inclusion du principe de précaution est le risque que cela favorise « les détournements à des fins protectionnistes[3671] ».

1845. A l'inverse, l'approche suivie par l'OMS dans l'application du RSI 2005 indique une propension à recourir au principe de précaution. En effet, dans le cadre de l'adoption de recommandations temporaires afin de limiter la propagation du virus *Zika*, l'OMS a fondé sa décision sur le principe de précaution malgré des incertitudes scientifiques. En dépit des difficultés à déterminer le lien entre le virus et les conséquences sanitaires, l'OMS a déclaré une urgence de santé publique de portée internationale (USPPI) et a fait, en conséquence, des recommandations dont l'utilisation de moyens de protection lors de rapports sexuels. L'OMS a ainsi agi, sous couvert du principe de précaution.

1846. La différence avec le *Codex* s'explique par l'encadrement du rôle joué par l'OMS dans l'établissement des normes. Dans le cas du *Codex*, d'abord, l'OMS agit en accord avec la FAO et doit prendre une décision en concertation avec cette Organisation. Ensuite, une référence explicite est faite dans les accords de l'OMC dont l'objet principal est la régulation des échanges internationaux de commerce. L'OMS intervient à titre secondaire ou incident pour protéger les enjeux de santé dans un cadre économique. A l'inverse, dans le cas du RSI, certes les entraves au commerce doivent être limitées comme le rappelle son article 1er. Toutefois, l'OMS, par le biais de son Directeur général, dispose d'un pouvoir autonome d'élaboration de la recommandation, après consultation d'un comité d'experts scientifiques. Afin de protéger davantage la santé au niveau mondial, il paraît essentiel que le principe de précaution soit intégré dans l'élaboration de la norme, parmi les principes de rédaction des standards dans le Manuel de procédure du *Codex Alimentarius*[3672].

1847. La norme technique doit donc être fondée sur la science, avec les limites que cela implique. En particulier, la norme technique repose sur la connaissance d'experts. Cet aspect rend difficile, en matière de prise de décision collective, la diversification de la participation des acteurs.

b. La difficile diversification de la participation des acteurs

1848. La question de la légitimité des standards ne repose pas seulement sur l'adhésion et la reconnaissance de la norme par les Etats et des autres acteurs concernés mais également sur les conditions de son élaboration[3673]. En d'autres termes, qui a participé au processus d'élaboration, qui a été exclu et quelle expertise a été prise en compte ? En effet, afin que la norme reflète ce que la société considère comme acceptable, il faut qu'elle soit le résultat d'une

---

3670 J. CAZALA, *Le principe de précaution en droit international, op.cit.*, p.242.
3671 OMS/FAO, « *Rapport de la 16e session du Comité du Codex sur les principes généraux* », Commission du *Codex Alimentarius*, Paris, 23-27 avril 2005, Alinorm 01/33A, point 61.
3672 J. CAZALA, *Le principe de précaution en droit international, op.cit.*, p.241.
3673 L. BOISSON DE CHAZOURNES, « *Standards, régulation internationale et organisations internationales* », *op.cit.*, p.91.

« délibération collective[3674] ». A cet égard, le processus de normalisation internationale démontre une hétérogénéité d'acteurs publics, privés et hybrides participant au processus d'élaboration des standards mis en place[3675]. Décrite pertinemment par la Professeure BOISSON DE CHAZOURNES, la normalisation est « bel et bien à l'origine de réseaux d'acteurs nouveaux sur la scène internationale [3676] ». Cette participation de multiples acteurs fait apparaître des « poches d'autonomie normative[3677] ». Toutefois, le degré de participation des acteurs dépend du type d'acteurs et des intérêts en jeu.

1849. D'abord, dans le cadre de l'OMS, l'analyse de son activité normative démontre que le développement de normes techniques repose principalement sur les experts scientifiques extérieurs[3678]. En effet, les Etats n'apparaissent pas en tant que participants principaux dans l'élaboration de normes techniques. A cet égard, les travaux des comités d'experts dont l'établissement n'est pas toujours le fruit d'une décision interétatique sont également évocateurs de la génération de standards par des acteurs non étatiques. Leurs travaux bénéficient d'une quasi autonomie dans la confection des normes techniques par le biais de la délégation de compétence de l'Assemblée mondiale de la santé ou du Directeur général assisté du Secrétariat. Toutefois, les Etats ou les organisations internationales ont un droit de « regard » voire même de « subrogation[3679] » sur les décisions prises par les acteurs non étatiques. En effet, il est possible, par exemple, pour l'OMS de ne pas approuver formellement des recommandations techniques émises par un comité d'experts en particulier lorsque des intérêts divergents sont en jeu.

1850. Ensuite, dans le cadre du *Codex Alimentarius*, on constate un déséquilibre dans la représentation des acteurs en raison des enjeux commerciaux et juridiques présents. Or, il y a un intérêt « beaucoup plus fort à la participation pleine et entière des Etats à l'élaboration des normes *Codex* », dans le cadre de l'application des accords OMC. La possibilité qu'une norme *Codex* puisse être utilisée dans les conflits commerciaux est « évidemment présente à l'esprit des négociateurs[3680] ». Il ne s'agit pas simplement d'établir des normes techniques fondées sur la base de données scientifiques objectives mais de déterminer des stratégies politico-commerciales déconnectées de la science et de la technicité pour adopter des normes « les plus favorables aux intérêts économiques et commerciaux du groupe[3681] ». Incidemment, il y a un déséquilibre dans la représentation des acteurs non étatiques. En effet, la participation des organismes industriels est « beaucoup plus importante que

---

[3674] E. BROSSET et E. TRUILHE-MARENGO, « *Introduction* », *op.cit.*, p.39.

[3675] L. BOISSON DE CHAZOURNES, « *Standards et normes techniques dans l'ordre juridique contemporain (...)* », *op.cit.*, p.356.

[3676] L. BOISSON DE CHAZOURNES, « *Normes, standards et règles en droit international* », in E. BROSSET et E. TRUILHE-MARENGO (dir.), *op.cit.*, p.54.

[3677] *Ibid.*, p.54.

[3678] V. *supra* n°0 et s.

[3679] L. BOISSON DE CHAZOURNES, « *Normes, standards et règles en droit international* », in E. BROSSET et E. TRUILHE-MARENGO (dir.), *op.cit.*, p.55.

[3680] N. THOME, « *Participation et représentation des Etats dans l'élaboration des normes au sein du Codex alimentarius* », in E. BROSSET et E. TRUILHE-MARENGO (dir.), *op.cit.*, p.92 (pp.91-104).

[3681] *Ibid.*

celle des organisations de consommateurs[3682] ». Si cela se justifie en raison du degré de leur expertise, ils disposent également de moyens plus importants qui assurent leur position. Il est regrettable que le consommateur *stricto sensu* soit représenté que par l'intermédiaire des industriels censés représenter l'opinion publique dans sa totalité. Ce fort déséquilibre de représentation a deux conséquences : la capacité limitée d'impulsion de la norme par la société civile[3683] et l'importance du pouvoir d'influence de l'industrie sur l'élaboration de la norme[3684].

1851. Enfin, la particularité de la norme technique vient de son mode d'adoption qui repose sur le consensus. Ainsi, la norme technique « doit être le résultat d'un accord entre toutes les parties intéressées[3685] ». On retrouve ce procédé dans la majorité des mécanismes d'élaboration de la norme technique au sein de l'OMS. Toutefois, le *Codex Alimentarius* offre à nouveau un contre-exemple. Si la majorité des décisions ont été adoptées par consensus, l'on constate que cette règle de vote peut nuire à l'élaboration de la norme. En effet, au vu du regain d'intérêt des Etats pour le *Codex*, il y a une « politisation des débats qui deviennent plus tendus[3686] » et il est de plus en plus difficile d'atteindre le consensus. Ceci engendre un immobilisme croissant au sein de l'organisation.

1852. La procédure d'élaboration des normes techniques qui repose sur la participation d'acteurs aux statuts variés, permet de combler le déficit qualitatif apparent au sein de l'ordre juridique international, y compris à l'OMS[3687], par le biais des experts scientifiques. Toutefois, l'absence de participation de la société civile vient ternir cette analyse.

1853. L'analyse de la norme technique démontre son caractère flou mais révèle également l'ambiguïté de sa portée juridique.

B. L'ambigüité de la portée juridique

1854. Pendant longtemps le phénomène de technicisation de la norme est resté « l'angle mort[3688] » de la doctrine notamment juridique. En effet, les « normes techniques » sont présentées par la grande majorité des juristes « comme radicalement différentes des normes juridiques[3689] ». Toutefois, comme le rappelle justement la Professeure BOISSON DE CHAZOURNES, la variété des actes accomplis par les sujets de droit international est telle que « le juriste a du mal à déterminer [...] le seuil de normativité, c'est-à-dire le point de passage du non-juridique au juridique, ce qui n'est pas la norme à ce

---

[3682] P.-F. MORIN, « *Place des acteurs privés dans le processus de normalisation du Codex alimentarius* », in E. BROSSET et E. TRUILHE-MARENGO (dir.), *op.cit.*, pp.175-186 (p.181).

[3683] *Ibid.*, p.180.

[3684] *Ibid.*

[3685] E. BROSSET et E. TRUILHE-MARENGO, « *Introduction* », *op.cit.*, p.41.

[3686] *Ibid.*

[3687] V. *supra* n°0 et s.

[3688] C. NOIVILLE, « *Principe de précaution et OMC, le cas du commerce alimentaire*, JDI, 2, 2000, pp.284-285.

[3689] L. BOY, « *Normes techniques et normes juridiques* », Nouveaux Cahiers du Conseil constitutionnel, n°21, *La normativité* (dossier), janvier 2007.

qui est la norme[3690] ». Peu définie[3691], la notion de normativité, considérée par le Professeur SALMON comme un néologisme juridique désigne « le caractère de ce qui peut répondre à la définition d'une norme (caractère normatif)[3692] ». Il s'agit donc de la propriété d'une norme. Est-ce que les normes techniques de l'OMS ont un caractère normatif ? On constate que la norme technique agit en tant que source de droit aux effets juridiques (1). Toutefois, au-delà de l'interaction entre les deux normes, la frontière entre norme technique et norme juridique est poreuse (2).

1. Une source de droit aux effets juridiques

1855. La norme technique joue un rôle prépondérant dans la normativité juridique[3693]. D'un côté, la norme technique agit en tant que facteur de fabrication de la règle de droit. D'un autre côté, la règle de droit participe à la captation de la norme technique[3694]. Dès lors, la norme technique en tant que source de droit permet de fonder la règle de droit (a). Par ailleurs, le droit confère à la norme technique des effets juridiques (b).

a. La technicité, source de « fabrication » du droit

1856. La complexification des relations internationales et l'expansion du droit international font apparaître une inadaptation de sources traditionnelles du droit. Le système normatif, dans son ensemble, doit s'imprégner de plus de « savoir [3695]» y compris scientifique[3696]. En effet, si pendant longtemps les normes juridiques ont été définies de façon restrictive, le droit s'élargit à d'autres sources, comme les normes techniques qui « l'envahissent progressivement[3697] ». Ainsi, la norme technique fait partie intégrante des sources du droit. Pour la Professeure BOY « [s]i l'on s'attache aux modes de réception des normes techniques dans l'ordre juridique [...] il semble que l'on puisse affirmer que la normalisation est bien une source de droit. Elle participe de ce mouvement contemporain d'élaboration complexe du droit [...][3698] ». Ainsi, l'influence sans précédent de la technoscience dans la production

---

[3690] L. BOISSON DE CHAZOURNES, « *Normes, standards et règles en droit international* », in E. BROSSET et E. TRUILHE-MARENGO (dir.), *op.cit.*, p.42. L'auteure fait référence à la question de « l'effacement du seuil de normativité » développée par P. WEIL pour qui ce « problème (...) ne reçoit plus de réponse par oui ou par non ; il s'agit désormais d'une question de degré » (P. WEIL, « *Problèmes de normativité* », *op.cit.*, n°6).

[3691] J. DELLAUX, « *Contribution pour une (re)définition du concept de normativité en droit international (...)* », *op.cit.*, p.137.

[3692] J. SALMON, *Dictionnaire de Droit international public, op.cit.*, « normativité », p.751.

[3693] A. OUEDRAOGO, « *Standard et standardisation : la normativité variable en droit international* », *op.cit.*, pp.154-186 (p.164).

[3694] Pour BOISSON DE CHAZOURNES, « l'interaction se manifeste par la dialectique suivante : les standards internationaux jouent un rôle de 'fabrication' de la règle de droit international et cette dernière remplit une fonction de « captation » vis-à-vis des standards internationaux » (L. BOISSON DE CHAZOURNES, « *Normes, standards et règles en droit international* », in E. BROSSET et E. TRUILHE-MARENGO (dir.), *op.cit.*, p.45).

[3695] L. BOISSON DE CHAZOURNES, « *Normes, standards et règles en droit international* », in E. BROSSET et E. TRUILHE-MARENGO (dir.), *op.cit.*, p.46.

[3696] A. OUEDRAOGO, « *Standard et standardisation : la normativité variable en droit international* », *op.cit.*, p.161.

[3697] M. LANORD FARINELLI, « *La norme technique : une source du droit légitime* », *op.cit.*, p.739.

[3698] L. BOY, « *Normes* », RID éco, n°2, 1998, p.127.

juridique contribue au développement « d'une science juridique 'décomplexée' s'autorisant une approche éclatée et diachronique de la normativité dans toute son hétérogénéité[3699] ».

1857. A cet égard, le droit positif se caractérise par l'« internormativité qui l'entoure et lui donne naissance [3700] ». Développés par le Doyen CARBONNIER, les « phénomènes d'inter-normativité [3701] » évoquent les « rapports (en un sens large et vague : mouvements, conjonctions, conflits etc.) » entre le système juridique et les autres systèmes normatifs. Ce même auteur propose une autre définition de l'internormativité : « Entre le droit et les autres systèmes normatifs, des rapports se nouent et se dénouent, des mouvements, des conjonctions, des conflits se produisent. Ce sont là des phénomènes autonomes : les phénomènes d'internormativité[3702] ». Face à cette définition laconique[3703], le Professeur ROCHER propose une explication de texte. L'internormativité fait « référence au transfert ou passage d'une norme ou d'une règle d'un système normatif à un autre ». Dès lors, une règle formulée dans un système « se retrouve telle quelle, ou à peu près telle quelle, dans un autre ordre normatif[3704] ». Pour le Professeur BENYEKHLEF, on peut analyser l'internormativité comme un phénomène « d'incorporation ou d'acceptation par un ordre normatif d'une règle issue d'un autre ordre normatif ou porter son attention sur les acteurs eux-mêmes ». En tant que phénomène constitué par « les rapports qui se nouent et se dénouent entre deux catégories, ordres ou systèmes de normes [3705] », la norme technique, issue d'un ordre normatif différent, doit être intégré ou accepté dans l'ordre juridique. Toutefois, l'internormativité se retrouve également en amont au stade de la participation et de la concertation des principaux protagonistes à l'élaboration de la norme non étatique. Dès lors, la participation d'acteurs non étatiques est un élément clef de la conception de la norme technique par l'OMS comme en témoigne le rôle joué par les experts extérieurs[3706].

1858. Ce phénomène d'internormativité contribue à la « socialisation » des règles de droit décrite par la Professeure BOISSON DE CHAZOURNES dans le cadre du standard international. Ce dernier est « un outil par excellence d'une alchimie juridique entre différents pans du droit international qui peut conduire à plus de cohérence et de 'soutien mutuel' dans le droit international

[3699] A. OUEDRAOGO, « *Standard et standardisation : la normativité variable en droit international* », *op.cit.*, p.156.

[3700] M. LANORD FARINELLI, « *La norme technique : une source du droit légitime* », *op.cit.*, p.741.

[3701] J. CARBONNIER, « *Les phénomènes d'inter-normativité* », in B.-M. BLEGVAD, C. M. CAMPBELL et C. J. SCHUYT, *European yearbook in law and sociology,* Martinus Nojhoff, 1977, pp.42-52.

[3702] J. CARBONNIER, « *Internormativité* », in A. ARNAUD (dir.), *Dictionnaire encyclopédique de théorie et de sociologie du droit,* 2e éd., LDGJ, 1993, p.313.

[3703] K. BENYEKHLEF, *Une possible histoire de la norme : les normativités émergentes de la mondialisation,* Thémis 2008, p.797.

[3704] G. ROCHER, « *Les 'phénomènes d'internormativité' : faits et obstacles* », in J.-G. BELLEY (dir.), *Le droit soluble. Contributions québécoises à l'étude de l'internormativité,* LGDJ, 1996, p.27 (pp.25-42). L'auteur propose une autre signification à l'internormativité faisant référence « à la dynamique des contacts entre systèmes normatifs, aux rapports de pouvoir et aux modalités d'interinfluence ou d'interaction qui peuvent être observés entre deux ou plusieurs systèmes normatifs ».

[3705] A.-J. ARNAUD, *Dictionnaire encyclopédique de théorie et de sociologie du droit,* 2ème éd., LGDJ, 1993, « internormativité », p.313.

[3706] V. *supra* n°0 et s.

public[3707] ». Ainsi, l'activité normative de l'OMS est évocatrice à cet égard. L'OMS doit constamment trouver un équilibre entre la protection de la santé mondiale et les impératifs d'autres pans de l'ordre normatif ou d'autres ordres normatifs, tels que garantir les pratiques loyales dans le commerce alimentaire dans le cadre du *Codex Alimentarius*[3708].

1859. Par ailleurs, la norme technique, en tant que source de droit, permet « la fabrication[3709] » de la règle de droit. Ce phénomène se manifeste à plusieurs niveaux en matière de standards internationaux, qui ont été identifiés par la Professeure BOISSON DE CHAZOURNES. D'abord, par définition, la norme technique permet de « techniser » la règle de droit. Pour le Professeur CHEVALLIER, « la spécificité de la norme juridique par rapport à d'autres dispositifs normatifs est d'autant moins évidente qu'elle tend de plus en plus à prendre appui sur eux[3710] ». La règle de droit doit s'imprégner de la technique au risque de se retrouver isolée du reste du système normatif dans son ensemble.

1860. Ensuite, la norme technique va venir compenser et concrétiser la règle de droit qui est produite selon une « logique *ratione temporis* qui ne permet pas de prendre en compte les besoins des divers acteurs internationaux[3711] ». En effet, la norme technique va venir préciser le « déficit laissé par des normes formelles et traditionnelles[3712] ». Cette fonction de concrétisation, identifiée par le Professeur SALMON[3713], est la conséquence de « l'inadéquation de la règle de droit lorsqu'il s'agit de régler la conduite de la communauté réduite[3714] ». Ainsi, les normes du *Codex* relatif au commerce alimentaire ou les recommandations relatives à la prévention de la propagation transfrontalière dans le cadre du RSI sont autant de sujets que le droit international préfère laisser à la technique, celle-ci s'appuyant sur des modes alternatifs d'élaboration de la norme juridique internationale.

1861. Par conséquent, la norme technique peut servir de « passerelle vers le droit positif[3715] » et ainsi contribuer à la naissance d'une règle de droit[3716]. Plus largement, la norme technique participe au processus de production du droit[3717]. Au-delà de la technicité en tant que source du droit, celle-ci engendre également des effets juridiques dès lors qu'elle est « captée » par la règle de droit ou utilisée dans l'application du droit.

[3707] L. BOISSON DE CHAZOURNES, « *Normes, standards et règles en droit international* », in E. BROSSET et E. TRUILHE-MARENGO (dir.), *op.cit.*, p.49.
[3708] Article 1er des Statuts de la Commission du Codex alimentarius.
[3709] L. BOISSON DE CHAZOURNES, « *Normes, standards et règles en droit international* », *op.cit.*, p.45 et s.
[3710] J. CHEVALLIER, « *Vers un droit post-moderne ? Les transformations de la régulation juridique* », *op.cit.*, p.679.
[3711] L. BOISSON DE CHAZOURNES, « *Normes, standards et règles en droit international* », *op.cit.*, p.47.
[3712] *Ibid.*
[3713] J. SALMON, « *Les notions à contenu variable en droit international public* », in *Les notions à contenu variable de droit*, Bruylant, 1984, p.265.
[3714] L. BOISSON DE CHAZOURNES, « *Normes, standards et règles en droit international* », *op.cit.*, p.47.
[3715] L. BOISSON DE CHAZOURNES, « *Standards et normes techniques dans l'ordre juridique contemporain (...)* », *op.cit.*, p.374.
[3716] F. GAMBELLI, « *Définitions et typologies des normes techniques* », *op.cit.*, p.1.
[3717] L. BOY, « *Normes techniques et normes juridiques* », *op.cit*, p.2.

b. Les effets juridiques de la technicité

1862. D'abord, il faut comprendre que la règle de droit peut offrir à la norme technique des effets juridiques par le processus de captation très bien décrit par la Professeure BOISSON DE CHAZOURNES. La règle peut générer, formaliser et qualifier des normes techniques. En effet, dans le cadre de la génération de la norme technique, il est possible pour un Etat, plusieurs Etats ou une organisation internationale de prévoir que tels acteurs « disposent d'un pouvoir 'juridique' pour édicter des standards[3718] ». Ainsi, la Commission du *Codex Alimentarius* créée conjointement par l'OMS et la FAO a pour mandat : de promouvoir la coordination de tous les travaux en matière de normes alimentaires entrepris par des organisations internationales, d'établir un ordre de priorité et de prendre l'initiative et la conduite du travail de préparation des projets de normes, par l'intermédiaire des organisations compétentes et avec leur aide.

1863. Ensuite, dans les systèmes juridiques nationaux, européens et internationaux, la norme technique peut être « hissée » à la normativité juridique par « renvoi dans les textes publics à cette dernière[3719] ». Dès lors, la norme technique agit comme une présomption de conformité au système juridique. Si ce mécanisme est très fréquent en droit communautaire[3720], on le retrouve également dans l'activité de l'OMS. Par exemple, il y a des renvois aux dénominations communes internationales dans les législations nationales. C'est le cas de la France[3721]. De même l'exemple des accords OMC et des normes du *Codex* est évocateur. La norme fait office de « référentiel juridique[3722] » sur lequel est évalué et qualifié le comportement d'un Etat par rapport à une question donnée. Dès lors, un Etat qui prend une mesure conforme à un standard issu du *Codex* bénéficie d'une présomption de conformité ne nécessitant pas la preuve ou la justification scientifique du bien-fondé de la mesure envisagée[3723]. A cet égard, la technique permet d'orienter l'application de la règle de droit international[3724]. Ce mécanisme de renvoi « change la donne[3725] » et permet à la norme technique de produire des effets juridiques directement applicables dans le système juridique[3726]. La norme acquiert alors une « autorité de fait[3727] ».

1864. Enfin, la norme technique sert de source « d'interprétation » du droit notamment par sa réception par le juge. Le degré des effets juridiques varie en fonction du type de normes techniques. Premièrement, les normes techniques

---

[3718] L. BOISSON DE CHAZOURNES, « *Normes, standards et règles en droit international* », in E. BROSSET et E. TRUILHE-MARENGO (dir.), *op.cit.*, p.51.
[3719] L. BOY, « *Liens entre la norme technique et la norme juridique en droits communautaire et international* », E. BROSSET et E. TRUILHE-MARENGO (dir.), *op.cit.*, p.63.
[3720] *Ibid.*, p.57 et s.
[3721] V. *supra* n°0 et s.
[3722] L. BOISSON DE CHAZOURNES, « *Normes, standards et règles en droit international* », *op.cit.*, p.48.
[3723] V. *supra* n°0 et s.
[3724] L. BOISSON DE CHAZOURNES, « *Normes, standards et règles en droit international* », *op.cit.*, p.47.
[3725] E. BROSSET et E. TRUILHE-MARENGO, « *Introduction* », *op.cit.*, p.31.
[3726] J. CAZALA, « *La force normative des instruments du* Codex Alimentarius »,*op.cit*, p.343 : « Les normes *Codex alimentarisu* ne sont certes pas obligatoires mais leur force normative produit incontestablement des effets en droit que les Etats intègrent à la procédure d'élaboration et d'adoption de ces normes initialement strictement techniques ».
[3727] E. BROSSET et E. TRUILHE-MARENGO, « *Introduction* », *op.cit.*, p.31.

d'application impérative (faisant l'objet d'un renvoi textuel), sont une « référence pour l'appréciation des responsabilités civile et pénale[3728] ». A ce titre, le respect d'une norme technique défectueuse incorporée, dans une règlementation, est susceptible d'exonérer totalement ou partiellement de responsabilité le professionnel, sauf cas de vice manifeste[3729]. De même, le non-respect d'une norme technique obligatoire est susceptible de sanctions pénales[3730]. On observe donc une juridicisation des normes techniques[3731].

1865. *A contrario*, deuxièmement, les normes techniques d'application volontaire voient leurs effets juridiques limités en pratique[3732]. Ainsi, la jurisprudence reconnaît que le respect des normes techniques facultatives par le professionnel ne l'exonère pas forcément de sa responsabilité[3733]. Toutefois, comme le souligne Monsieur VIOLET, « le respect d'une norme technique constitue en somme un élément à inscrire au crédit du comportement du professionnel. En l'observant, il a opéré une démarche positive qui ne saurait lui nuire [...]. Ce respect permet de mieux apprécier la cause du dommage[3734] ». A l'inverse, en cas de non-respect d'une norme technique, la responsabilité, tant civile que pénale, de l'industriel ne semble pouvoir être engagée[3735] sauf si la norme technique reprend à son compte une règle de l'art[3736]. Dès lors, les normes techniques d'application volontaire sont un indice pour l'appréciation des responsabilités civile et pénale[3737]. Pour la Professeure BOY, « la contribution des normes, *via* le droit de la responsabilité, à la construction des systèmes juridiques est incontestable et témoigne de la juridicité de ces dernières[3738] ». Ainsi, les « juges du fond peuvent s'en inspirer pour apprécier une relation juridique [... et apprécier] la situation juridique [en tant que] mécanisme commode pour déterminer le

---

[3728] M. LANORD, « *La norme technique et le droit : à la recherche de critères objectifs* », *op.cit.*, p.629.

[3729] Article 1245-10-5° depuis le 1er octobre 2016, par Ordonnance n° 2016-131 du 10 février 2016 portant réforme du droit des contrats, du régime général et de la preuve des obligations (anciennement 1386-11-5°) du Code civil : « Le producteur est responsable de plein droit à moins qu'il ne prouve [...] que le défaut est dû à la conformité du produit avec des règles impératives d'ordre législatif ou réglementaire » ; Article 122-4 du Code pénal : « N'est pas pénalement responsable la personne qui accomplit un acte prescrit ou autorisé par des dispositions législatives et réglementaires. N'est pas pénalement responsable la personne qui accomplit un acte commandé par l'autorité légitime, sauf si cet acte est manifestement illégal ».

[3730] M. LANORD, « *La norme technique et le droit : à la recherche de critères objectifs* », *op.cit.*, p.629 et s.

[3731] L. JANICOT, « *L'efficacité de l'acte normatif, une exigence jruidique ? L'exemple du contentieux administratif* », in P. HAMMJE, L. JANICOT et S. NADAL (dir.), *op.cit.*, p.198 et s. (pp.175-213).

[3732] Article 1386-11-5° du Code Civil : « « Le producteur est responsable de plein droit à moins qu'il ne prouve [...] que le défaut est dû à la conformité du produit avec des règles impératives d'ordre législatif ou réglementaire ».

[3733] La Cour de Cassation a estimé que ne donne pas de base légale à sa décision, l'arrêt qui, pour dire que la chose n'avait pas été l'instrument du dommage, énonce qu'une fosse de réception de trampoline dans son processus d'amortissement était intervenue dans la réalisation du dommage tout en constatant que ce matériel avait été installé conformément aux normes du fabricant, était en parfait état et ne présentait pas de vice de fabrication, de conception ou d'installation » (Cass.Civ, 2ème, 8 juin 1994, n°92-19546, Bull Civ. II, n°151).

[3734] F. VIOLET, *Articulation entre la norme technique et la règle de droit*, *op.cit.*, p.93.

[3735] V. notamment Cass. Civ., 3ème, 4 oct. 1989, n°1345, Bull Civ. III, n°177.

[3736] Selon Anne Penneau, uen règle de l'art correspond à un « comportement technique approprié, accessible à l'ensemble du corps professionnel dont son application relève, et qui correspond à l'état de la technique au moment de la réalisation de l'act » (A. PENNEAU PENNEAU (A.), *Règles de l'art et normes techniques*, *op.cit.*, p.105.

[3737] M. LANORD, « *La norme technique et le droit : à la recherche de critères objectifs* », *op.cit.*, p.629.

[3738] L. BOY, « *Normes techniques et normes juridiques* », *op.cit.*, p.3.

moyen, le normal, le juste, la volonté commune [...][3739] ». Pour reprendre les mots du Professeur OUEDRAOGO, grâce à la norme technique, et en particulier au standard, « le juge cesse d'être simplement 'la bouche de la loi[3740]' pour devenir l'expert scientifique capable de distinguer le *normal* du pathologique[3741] ».

1866. On constate donc un « rapport interactif» entre les normes juridiques et techniques qui sont les unes au service des autres[3742] et où le rôle de chacune est identifié. Toutefois, l'étude des différences et ressemblances entre ces deux notions démontre une porosité et une perméabilité[3743] de la distinction entre la norme technique et la norme juridique.

2. Une frontière poreuse avec la norme juridique

1867. Comme l'évoque, à juste titre, la Professeure BOY, ce n'est que récemment que les juristes se sont intéressés à la juridicité éventuelle des normes techniques, d'abord pour leur dénier une telle valeur[3744], puis pour approfondir les rapprochements et les oppositions entre ces modèles[3745]. En effet, certains éléments différencient (a) et d'autres rapprochent (b) la norme technique de la norme juridique.

a. Les différences entre la norme technique et la norme juridique

1868. Ces différences se manifestent à l'égard du fondement, des caractéristiques et du contenu des deux normes. D'abord, la norme technique se fonde sur l'observation de ce qui existe et tire sa légitimité d'un savoir sur les faits[3746]. Elle est ainsi conçue comme « une adaptation à des fins directives de lois scientifiques[3747] ». Or, pour KANT, « jamais le fait ne peut se transformer en droit[3748] ». Au contraire, la norme juridique tire sa légitimité des fictions et des présomptions[3749]. Elle est « *un lieu d'utopie*[3750] ». La nature

---

[3739] F. VIOLET, *Articulation entre la norme technique et la règle de droit, op.cit.*, p.76.

[3740] Sur l'idée que le juge est la bouche de la loi V. MONTESQUIEU, *De l'esprit des lois,* Livre XI, Chapitre VI, 1777, p.357 : « Les juges de la nation ne sont que la bouche qui prononce les paroles de la loi, des êtres inanimés, qui n'en peuvent modérer ni la force ni la rigueur. » V. également J.-E.-M. PORTALIS, *Discours préliminaire sur le projet de Code civil*, présenté le 1er pluviôse an IX « La science du législateur consiste à trouver dans chaque matière les principes les plus favorables au bien commun ; la science du magistrat est de mettre ces principes en action, de les ramifier, de les étendre, par une application sage et raisonnée, aux hypothèses privées d'étudier l'esprit de la loi quand la lettre ne suffit pas »

[3741] A. OUEDRAOGO, « *Standard et standardisation : la normativité variable en droit international* », *op.cit.*, pp.154-186 (p.186). V. également V. aussi G. CANGUILHEM, *Le normal et le pathologique*, PUF, coll. Quadridge, 5ème éd., 1994.

[3742] L. BOISSON DE CHAZOURNES, « *Normes, standards et règles en droit international* », in E. BROSSET et E. TRUILHE-MARENGO (dir.), *op.cit.*, p.56.

[3743] E. BROSSET et E. TRUILHE-MARENGO, « *Introduction* », *op.cit.*, p.26.

[3744] A. PENNEAU, *Règles de l'art et normes techniques,op.cit.*

[3745] V. notamment F. GAMBELLI, *Aspects juridiques de la normalisation et de la règlementation technique européenne,* Eycholles, 1994 ; D. DE BECHILLON, *Qu'est-ce qu'une règle de droit ?,* éd. Odile Jacob, 1997 et « *Aspects juridiques de la normalisation* », LPA, 1998, n°18, p.47 ; L. BOY, « *Normes techniques et normes juridiques* », *op.cit.*; F. VIOLET, *Articulation entre la norme technique et la règle de droit,* PUAM, 2003.

[3746] E. BROSSET et E. TRUILHE-MARENGO, « *Introduction* », *op.cit.*, p.25.

[3747] E. NAIM-GESBERT, *Les dimensions scientifiques du droit de l'environnement, contribution à l'étude des rapports de la science et du droit,* Bruylant, VUBPRESS, 1999, p.494.

[3748] E. KANT, « *Le Conflit des facultés* », in *Œuvres complètes,* Gallimard, La Pléiade, t. III, 1986, p.902.

[3749] E. BROSSET et E. TRUILHE-MARENGO, « *Introduction* », *op.cit.*, p.25.

des deux normes est donc « profondément opposée[3751] ». La norme technique, à la différence de la norme juridique, semble relever de l'être (*sein*) puisqu'elle s'appuie sur la science et les lois naturelles. Elle a pour objet de réaliser une action en harmonie avec la nature[3752]. La norme technique relève de la « normalité[3753] » et provient de la nature. Dès lors, l'expression d'une norme technique correcte « empêche toute possibilité logique d'exprimer une autre norme technique dont le contenu serait rigoureusement contraire, parce que, la première dépendant d'une vérité placée sur un autre plan, l'identité de la vérité avec elle-même exclut sa négation[3754] ». La règle technique « tire sa validité de son efficacité d'où son caractère concret, mobile et facultatif[3755] ».

1869. A l'inverse, la norme juridique est l'expression de qui doit être (*sollen*). Elle relève de la « normativité [3756]» et découle de l'homme. Elle tire sa validité de « son insertion dans un système idéal de normes, le système juridique d'où son caractère général et abstrait, permanent et obligatoire[3757] ». Or, la Loi de Hume « et aussi surtout la Loi de Kant[3758] » prônent la séparation étanche de l'être et du devoir-être[3759]. Pour KELSEN, tout contenu qui ne relève pas du *sollen* est « juridiquement *irrelevant*[3760] ».

1870. Ensuite, l'autorité à l'origine de la norme se distingue. Dans le cas de la norme juridique, elle émane d'une autorité investie de ce pouvoir par une norme supérieure et légitimement reconnue par la société (un pouvoir public). A l'inverse, les normes techniques sont élaborées par des organismes de normalisation, de nature privée qui n'ont pas la capacité de créer de véritables règles juridiques. On constate ici la particularité de l'OMS qui agit en tant que pouvoir public et a compétence pour adopter des instruments juridiques.

1871. Corollairement, la valeur attribuée à la norme varie également. La norme technique est une proposition normativement non impérative[3761] ou à impératif conditionnel « présupposant le consentement du destinataire sur la finalité de la proposition [3762] ». En effet, la norme technique est, traditionnellement, un ordre volontaire dépourvu de toute force contraignante[3763]. La norme technique est une simple recommandation qui

---

[3750] F. GAMBELLI, « *Définitions et typologies des normes techniques* », *op.cit.*, p.6.
[3751] E. BROSSET et E. TRUILHE-MARENGO, « *Introduction* », *op.cit.*, p.25.
[3752] *Ibid.*, p.27.
[3753] A. OUEDRAOGO, « *Standard et standardisation : la normativité variable en droit international* », *op.cit.*, pp.154-186 (p.168).
[3754] C. COSSIO, « *La norme et l'impératif chez Hursell* », in *Mélanges en l'honneur de P. Roubier*, Dalloz, Paris, T.1, 1961, p.155.
[3755] E. BROSSET et E. TRUILHE-MARENGO, « *Introduction* », *op.cit.*, p.25.
[3756] A. OUEDRAOGO, « *Standard et standardisation : la normativité variable en droit international* », *op.cit.*, pp.154-186 (p.168).
[3757] E. BROSSET et E. TRUILHE-MARENGO, « *Introduction* », *op.cit.*, p.25.
[3758] A. VIALA, *Philosophie du droit*, Ellipses, Cours magistral, 2010, p.158.
[3759] V. notamment S. de CHARENTENAY, *Origines et développement de la loi de Hume dans la pensée juridique*, Thèse, Montpellier I, 2008.
[3760] V. H. KELSEN, *Théorie pure du droit*, LGDJ, 1999, p.60.
[3761] E. BROSSET et E. TRUILHE-MARENGO, « *Introduction* », *op.cit.*, p.26.
[3762] D. DE BECHILLON, *Qu'est-ce qu'une règle de droit ?*, *op.cit.*, p.92. L'auteur, s'appuyant sur la théorie kantienne, distingue « l'impératif catégorique » de « l'impératif conditionnel ».
[3763] D'abord, ce caractère est clairement consacré notamment à l'article 12 du décret n°84-74 du 26 janvier 1984 fixant le statut de la normalisation « « […] l'application d'une norme homologuée, ou d'une norme reconnue équivalente applicable en France en vertu d'accords internationaux peut être rendue obligatoire ». *A contrario*, elles sont en principes facultatives. Ensuite, les deux ordres de juridiction français ont confirmé cette approche. Le Conseil d'Etat confirme le caractère facultatif de la norme technique, en précisant, dans

s'analyse comme une norme directive « donnant la mesure des choses qu'il serait souhaitable, opportun mais non obligatoire de réaliser [3764] ». La normalisation cherche « à encadrer les conduites humaines, mais elle n'établit pas d'actes de contrainte en cas de conduites contraires[3765] ». L'emploi de la force physique n'est pas susceptible d'intervenir car la « norme est censée édicter un comportement naturel, logique, que l'homme ne peut qu'être enclin à suivre[3766] ». Dès lors, « les règles scientifiques ne peuvent être 'respectées' ou 'violées'[3767] ».

1872. Enfin, la règle de droit « a pour objet, et non seulement comme résultat, de créer des droits et, corrélativement, des obligations, quels que soient le mode de création de ce précepte, sa portée et ses destinataires[3768] ». Dès lors, en sus de sa valeur, la norme juridique doit « clairement et précisément déterminer des droits et des obligations[3769] ». Or, le standard comme instrument de mesure des comportements sociaux « susceptible de s'adapter aux particularités de chaque hypothèse déterminée[3770] », se distingue de la règle de droit. En effet, celle-ci donne une solution fixe et stable à une hypothèse déterminée[3771] : stabilité quant aux faits prévus et stabilité quant à la solution applicable à ces faits[3772]. Le standard n'a pas cette fixité rigide, ni la précision de la règle et ne vise pas des situations ou des faits déterminés et précis pour leur donner une solution juridique invariable et inflexible[3773]. A cet égard, le standard est utilisé, à l'origine, par opposition aux prescriptions rigoureuses de la loi. Pour le Professeur AL-SANHOURY, la règle et le standard se différencient également quant à leur mode de fonctionnement : l'application du standard est « empirique » et aboutit à une « justice individualisée », tandis que celle de la règle est « logique » et aboutit à une « justice abstraite »[3774].

---

un arrêt du 29 mai 1970 (CE, Sect. 29 mai 1970, *Sté Lamaraud et Cie et Perron,* n°73885, Rec. Lebon, p.1104) qu'aucune stipulation des clauses contractuelles n'a rendu applicable au marché l'alinéa 1.545 de la norme AFNOR P.03001 ». De même, la Cour de Cassation, dans un arrêt du 20 décembre 1978 (Cass. 3ème Civ., *Société française d'étanchéité et revêtement métallique c. Portes-es-qualités et autres,* Gaz.Pal., 1979, I, pp.118-119) a jugé qu' « une Cour d'Appel ne s'est pas contredite en énonçant qu'à défaut de stipulation spéciale du marché relativement aux effets de la double réception, il était d'usage pour les contractants de se référer à la norme AFNOR P. 33001 mais qu'en l'absence de référence contractuelle à cette norme, celle-ci, n'ayant pas de valeur légale ou réglementaire, ne pouvait suppléer le silence des parties ».

3764 P. AMSELEK, *Norme et loi, op.cit.*, p.101.

3765 E. BROSSET et E. TRUILHE-MARENGO, « *Introduction », op.cit.,* p.26.

3766 *Ibid.*

3767 F. VIOLET, *Articulation entre la norme technique et la règle de droit, op.cit.,* p.26.

3768 J. MASQUELIN, « *La formulation de la règle de droit* », in C. PERELMAN (dir.), *La règle de droit,* Bruylant, 1971, p.21.

3769 A. OUEDRAOGO, « *Standard et standardisation : la normativité variable en droit international* », *op.cit.*, pp.154-186 (p.168).

3770 L. BOISSON DE CHAZOURNES, « *Standards et normes techniques dans l'ordre juridique contemporain (...)* », *op.cit.,* p.375.

3771 L. BOISSON DE CHAZOURNES, « *Normes, standards et règles en droit international* », in E. BROSSET et E. TRUILHE-MARENGO (dir.), *op.cit.,* p.44.

3772 A. AL-SANHOURY, *Les restrictions contractuelles à la liberté individuelle de travail dans la jurisprudence anglaise.Contribution à l'étude comparative de la règle de droit et du standard juridique,* Marcel Giard, 1925, p.38.

3773 A. OUEDRAOGO, « *Standard et standardisation : la normativité variable en droit international* », *op.cit.*, p.169.

3774 A. AL-SANHOURY, « *Le standard juridique* », in *Les sources générales des systèmes juridiques, Recueil d'études en l'honneur de François Gény*, t.2, Sirey, 1934, pp.45-46.

1873. Ainsi, pour certains juristes, les normes techniques ne sont pas du droit car traditionnellement privées, pratiquées volontairement et relevant du « être » (*sein*). Elles n'auraient aucune valeur juridique. Pour la Professeure THIBIERGE, le standard n'est pas une règle de droit parce qu'il « ne constitue pas un outil de tracé, un modèle de référence pour guider l'action. Il ne fournit, en effet, aucune direction pour l'action mais constitue seulement un étalon, une jauge pour évaluer[3775] ». De même, la Professeure FRISON-ROCHE se demande si l'on assiste « à une montée du juridique [...] ou si s'opère au contraire celle de l'a-juridique, notamment des normes techniques [...] ne prenant à travers des règlements, des protocoles etc.... la forme du droit que pour mieux prendre la place de celui-ci[3776] ». La norme technique serait « a-juridique ». Ainsi, la différence apparaît *a priori* « tranchée[3777] ». Toutefois, cette différence est acceptable si on limite la norme technique à sa conception classique de mesure moyenne de conduite sociale qui offre une simple mesure et non un outil de tracé. Dès lors que les dimensions nouvelles de la norme technique sont appréhendées, des ressemblances apparaissent entre la norme technique et la norme juridique.

b. Les ressemblances entre la norme technique et la norme juridique

1874. On constate que les évolutions de la norme technique, notamment dans l'approche suivie par l'activité normative de l'OMS, remettent en cause l'idée selon laquelle la norme technique se limiterait à relever du *être*. Il faut reconnaître que « certains éléments font penser que ce type de règle relève de l'*être* alors que d'autres considérations nous font supposer le contraire[3778] ». Selon un raisonnement pertinent, Monsieur VIOLET, énonce plusieurs éléments qui démontrent que la norme technique appartient au *devoir être*. D'abord, la norme technique n'est pas une règle de l'*être* car « elle n'est pas gouvernée par la causalité entre deux actions[3779] ». Elle n'est que la résultante de la loi scientifique et ne fait que fonder un désir. En d'autres termes, certes la norme technique dicte un comportement en relation avec les lois naturelles et doit se conformer à celles-ci mais ce comportement, non obligatoire, n'est pas, non plus, naturel.

1875. Par ailleurs, la norme technique est élaborée par l'homme qui l'a voulue. En effet, la norme technique reste élaborée par l'homme et propose un modèle de conduite qui laisse « une liberté quant à sa mise en œuvre[3780] ». Certes, la norme technique est en parfaite conformité avec les règles de l'être. Toutefois, cette spécificité n'a aucune incidence sur son appartenance à une variété déterminée, cette appartenance dépendant de l'entité qui en est à l'origine. Autrement dit, « d'un fait *doit* découler un autre fait[3781] ». Ce n'est

---

[3775] C. THIBIERGE, « *Au cœur de la norme : le tracé et la mesure* », APD, n°51, 2008, p.348 (pp.341-371).
[3776] M.-A. FRISON-ROCHE, « *Le contrat et la responsabilité : consentements, pouvoirs et régulation économique,* RTD civ., 1998, p.43.
[3777] M. LANORD FARINELLI, « *La norme technique : une source du droit légitime* », *op.cit.*, p.739.
[3778] F. VIOLET, *Articulation entre la norme technique et la règle de droit*, *op.cit.*, p.31.
[3779] *Ibid.*
[3780] M. LANORD FARINELLI, « *La norme technique : une source du droit légitime* », *op.cit.*, p.739.
[3781] F. VIOLET, *Articulation entre la norme technique et la règle de droit*, *op.cit.*, p.30.

pas parce qu'elle émet des recommandations sur tel comportement à adopter, fondées sur des éléments naturels, qu'elle relève de la règle de l'*être*.

1876. Dans la continuité du raisonnement, la Professeure BOY, qui évoque les faux *a priori* de la norme technique, estime, à juste titre, que la norme technique appartient au « devoir être » puisqu'elle impose « un modèle à observer[3782] ». En effet, les normes techniques sont empreintes de dimensions nouvelles visant à fournir « une direction –jusqu'aux moindres détails– pour l'action[3783] ». Il ne s'agit non pas d'une simple mesure mais d'un véritable outil de tracé. Par exemple, la norme *Codex Stan 311* pour le poisson fumé, le poisson aromatisé à la fumée et le poisson fumé-séché préparé avec du produit frais, réfrigéré ou congelé, élaboré par le *Codex Alimentarius* en 2013, fournit une description très détaillée des procédés de transformation, les facteurs essentiels de composition et de qualité, notamment la matière première c'est-à-dire le type de poisson, les ingrédients, le bois ou autre matériel végétal utilisé pour la production de fumé. Cette norme imprime une direction à l'action donc un tracé pour les producteurs de poisson fumé. Cette fonction directive confère l'intensité normative à la norme technique même en l'absence de validité juridique formelle. Comme l'explique justement le Professeur OUEDRAOGO, « la distinction règle/standard n'est pas pertinente car *le standard est la règle*[3784] ». La norme technique, comme le démontre l'analyse de l'activité de l'OMS, est tantôt une mesure du 'juste milieu' tantôt un outil d'une extrême précision. La norme technique est une technique particulière d'expression de la règle de droit[3785].

1877. Dès lors, la norme technique se situe « aux frontières du droit[3786] ». Plus précisément, elle est aux « confins du droit et de la science[3787] ». La technicité rétrécit considérablement « la frontière classique entre le droit et le non droit[3788] ». Pour le Professeur AMSELEK, la norme technique n'est ni véritablement une norme de l'*être* ni du *devoir être*, elle constitue un « trait d'union[3789] » entre ces deux catégories de normes. L'auteur estime que « plutôt que de « devoir être », c'est de « pouvoir faire » que l'on devrait parler » car la fonction directive des normes est « assez peu heureuse[3790] ». Si cette approche ne permet pas de trancher le débat, elle a le mérite de reconnaître, que, dans certaines situations, la norme technique appartient au *devoir être*. Pour le Professeur PELLET, « entre le droit et le fait, il n'y a pas de seuil[3791] ».

3782 L. BOY, « *Normes techniques et normes juridiques* », *op.cit.*, p.2.
3783 A. OUEDRAOGO, « *Standard et standardisation : la normativité variable en droit international* », *op.cit.*, p.170.
3784 *Ibid.* p.171.
3785 *Ibid.*
3786 M. ROULAND, « *La normalisation technique (instrument de concurrence à la loi)* », *op.cit.*, p.2.
3787 M. SAMSON, « *Réflexions sur le rôle du droit dans la gouvernance de la santé mondiale* », in E. MONDIELLI, F. VIALLA et E. CADEAU (coord.), *op.cit.*, p. 120 (pp.117-134).
3788 A. OUEDRAOGO, « *Standard et standardisation : la normativité variable en droit international* », *op.cit.*, pp.154-186 (p.155).
3789 P. AMSELEK, *Norme et loi*, *op.cit.*, p.100.
3790 P. AMSELEK, « *Autopsie de la contrainte associée aux normes juridiques* », in C. THIBIERGE et al., *La force normative*, *op.cit*, p.4 (pp.3-11).
3791 Pour ce constat en droit international, V. A. PELLET, *Le bon droit et l'ivraie, plaidoyer pour l'ivraie*, *op.cit.*, pp.287-288.

1878. Suivant l'analyse de l'activité normative de l'OMS, l'opposition entre norme technique et norme juridique est dépourvue de sens. Preuve des difficultés à distinguer ces deux notions, elles poursuivent le même objectif qui vise « à l'avantage optimal de la communauté dans son ensemble[3792] ». Ces deux notions sont complémentaires, coexistent et, parfois, se confondent. En effet, reprenant la distinction proposée par BOBBIO, dans le cas d'un « système normatif complexe », tel l'ordre juridique international, les normes jouent une double fonction[3793]. D'une part, l'auteur identifie une fonction de « conservation » qui est davantage le propre de la règle de droit. D'autre part, il reconnaît une fonction de « transformation » du système ce qui caractérise la norme technique[3794]. Ainsi, la norme technique interagit avec la règle de droit ce qui reflète davantage « la réalité de la normativité internationale[3795] » illustrée par l'activité normative de l'OMS. En d'autres termes, la technicité structure la normativité de l'ordre juridique international[3796]en général, et de l'OMS, en particulier.

1879. Dès lors, la technicité est essentielle dans la conception de la norme de l'OMS. Plus précisément, l'OMS a besoin de son activité technique pour mettre en œuvre son rôle normatif. Or la technicité de la norme de l'OMS n'est pas *ab initio* un critère d'absence de juridicité de la norme dès lors qu'elle produit des effets juridiques. En effet, « la technicité émerge comme l'un des moteurs de la juridicité[3797] ». Toutefois, les normes techniques souffriraient également d'un manque de juridicité en raison de l'absence de contrainte puisqu'elles sont « empreintes de consensus et de volontarisme[3798] » dans leur création. A cet égard, l'activité normative de l'OMS participe au développement d'un droit souple en santé.

§2. Le développement d'un droit souple en santé

1880. En sus de l'activité normative technique développée par l'OMS, l'organisation a étendu sa compétence normative en offrant un contenu et une valeur juridique à ses normes. En effet, certains instruments adoptés par l'OMS visent ainsi à proposer un encadrement, des mesures, des droits et des obligations à l'égard des Etats membres afin d'améliorer la santé mondiale. L'analyse de cet ensemble normatif fait ressortir trois caractéristiques : le degré de précision du contenu de la norme, la variabilité des obligations prévues dans la norme et l'absence de sanction en cas de manquement à la norme. Or, traditionnellement, notamment selon la vision kelsénienne, pour être juridique, une norme doit être contraignante, potentiellement sanctionnée

---

[3792] J. IGALENS et H. PENANT, *La normalisation, op.cit.*, p.7.

[3793] N. BOBBIO, « *Nouvelles réflexions sur les normes primaires et secondaires* », in *Essais de théorie du droit*, LGDJ, 1998, pp.115-118.

[3794] L. BOISSON DE CHAZOURNES, « *Normes, standards et règles en droit international* », in E. BROSSET et E. TRUILHE-MARENGO (dir.), *op.cit.*, p.45.

[3795] *Ibid.*

[3796] A. OUEDRAOGO, « *Standard et standardisation : la normativité variable en droit international* », *op.cit.*, p.186.

[3797] L. BOISSON DE CHAZOURNES, « *Standards et normes techniques dans l'ordre juridique contemporain (...)* », *op.cit.*, p.351.

[3798] F. VIOLET, *Articulation entre la norme technique et la règle de droit, op.cit.*

de façon répressive par un pouvoir public compétent[3799]. En d'autres termes, le « critère du juridique est la sanction[3800] ». En effet, pendant longtemps, il était évident qu'il n'y avait de droit que contraignant[3801].

1881. Toutefois, cette approche doit être remise en cause. En effet, l'analyse de l'activité normative de l'OMS participe au développement, dans l'ordre juridique international, d'un droit souple dont l'une des caractéristiques est l'absence de sanction en cas de manquement. Or, la raison d'être des actes du droit souple réside dans ce paradoxe d'être tout à la fois « sans valeur contraignante mais non dépourvus d'effets juridiques[3802] ».

1882. Il s'agit d'abord, de délimiter la notion de droit souple (A). Ensuite, il convient d'aborder les effets de la souplesse de la norme au sein du corpus normatif de l'OMS pour démontrer de sa juridicité (B).

A. La délimitation de la notion de droit souple

1883. A l'origine, le concept de droit souple est la conséquence contemporaine de la traduction de *soft law,* expression employée, dès 1930[3803], en droit international, milieu propice à l'émergence du droit souple[3804]. Toutefois, il n'existe pas d'accord sur la signification de ce terme[3805] qualifié par certains de terme « attrape-tout[3806] ». Or, comme le souligne la Professeure THIBIERGE, « l'ampleur de ce phénomène est devenue telle, dans la pratique et dans la production juridiques, y compris en droit interne, qu'il n'est plus possible de l'ignorer sur le plan théorique [...][3807] ». A cet égard, la notion de droit souple est difficile à délimiter (1). Néanmoins, une classification du contenu du droit souple permet de mieux cerner ses contours (2).

1. Les difficultés de délimitation

1884. Cette notion est difficile à délimiter, d'abord, car elle regroupe un ensemble d'instruments très hétéroclites (a). Ensuite, la traduction de l'expression anglaise *soft law* n'est pas aisée et différentes notions connexes se confondent (b).

3799 H. KELSEN, « *Théorie générale du droit international public. Problèmes choisis* », RCADI, vol.42, 1932 Brill ; H. KELSEN, *La théorie générale du droit et de l'Etat. La doctrine du droit naturel et le positivisme juridique*, LGDJ, 1997.

3800 L. BOY, *« Normes », op.cit.*, p.2.

3801 C. THIBIERGE, « *Le droit souple. Réflexion sur les textures du droit »,* RTD civ. 2003, p.599.

3802 J. SIRINELLI, « *L'incertitude normative en droit de l'Union européenne,* Annuaire de droit européen, 2011, Editions Panthéons-Assas, 2012, p.94.

3803 V. I. DUPLESSIS, « *Le vertige et la* soft law : *réactions doctrinales en droit international »,* RQDI (Hors-série), 2007, pp. 246-268 (p. 252) « Le terme aurait été formulé à l'origine par Lord McNair pour désigner les principes abstraits en droit en opposition à la *hard law* ou le droit concret, opératoire, issue de l'épreuve judiciaire » (*Ibidem,* n.d.p. 23 : LORD A. McNAIR, « *The Functions and Differing Legal Character of Treaties »,* BYBIL, n°100, 1930, p.11).

3804 CONSEIL D'ETAT, « *Le droit souple »,* Etude annuelle, Les rapports du Conseil d'Etat, 2013, p.23 et s.

3805 A. AUST, *Handbook of International Law,* 2ème ed., Cambridge University Press, 2010, p.11.

3806 Y. KERBAT et P.-M. DUPUY, *Droit International Public,* 10e éd., Dalloz, 2010.

3807 C. THIBIERGE, « *Le droit souple. Réflexion sur les textures du droit », op.cit.*

a. Le contenu hétéroclite de la *soft law*

1885. Participant à l'avènement d'un droit postmoderne, caractérisé par la complexification croissante des modes de réglementation-régulation des conduites et par un droit en voie de mondialisation, le concept de la *soft law*[3808] se développe dans le cadre d'une réflexion sur les sources du droit international dans les années 1970[3809]. Deux enjeux ont focalisé les discussions doctrinales : la place des résolutions dans les organisations internationales et le caractère inapproprié du droit coutumier. Dans les années 1980, l'intérêt pour la *soft law* devient plus général et change d'orientation en raison de la pratique étatiques, entre 1974 et 1984, qui va avoir « recours à des instruments internationaux qui n'ont pas la forme des traités, mais qui disposent d'une portée politique, et peut-être juridique[3810] ». Ainsi, la notion recouvre des réalités hétérogènes [3811] en raison des différents instruments, acteurs, destinataires[3812] et contenus de la *soft law*. Dès lors, le sens même du concept de *soft law* est « vague et fluctuant[3813] ».

1886. Traditionnellement, la *soft law* intervient en opposition à la *hard law* (droit dur) et regroupe « les phénomènes que la théorie des sources en droit international ne reconnaîtrait pas[3814] ». Ainsi, la *soft law* est difficile à saisir car elle désigne « des phénomènes différents et des instruments à la normativité protéiforme[3815] ». L'analyse du contenu de l'activité normative de l'OMS permet de dresser une liste non exhaustive des instruments de *soft law* qui comprend : les recommandations, les résolutions de l'Assemblée mondiale de la santé, les programmes d'action, les plans d'action, les stratégies mondiales, les principes directeurs, les guides de bonnes pratiques (guidelines) et les codes de pratique. Plus largement, sont intégrés les autres positions prises en commun et les accords adoptés par les Etats[3816]. Ainsi, il s'agit *a priori,* des actes à faible caractère contraignant. La *soft law* s'appuie sur les

---

[3808] La question du genre de cette expression n'est pas tranchée au sein de la doctrine puisqu'on trouve l'emploi des genres masculin et féminin. Dans certains cas également, aucun genre n'est accordé. Toutefois, le féminin semble davantage être employé, contrairement à ce qui est attendu suivant les règles linguistiques. En effet, on notera que cette confusion provient de la traduction qu'on fait de *law*. Si on considère qu'il s'agit de la loi alors on emploiera le féminin. A l'inverse, s'il s'agit du droit, le masculin est attendu. Or, en l'espèce, la traduction de cette expression fait référence au droit. Néanmoins, l'usage doctrinal l'emporte sur l'erreur grammaticale dans notre démonstration.

[3809] F. CHATZISTAVROU, « *L'usage du* soft law *dans le système juridique international et ses implications sémantiques et pratiques sur la notion de règle de droit* », Le Portique, n°15, 2005, p.3.

[3810] *Ibid.*

[3811] I. HACHEZ, « *Balises conceptuelles autour des notions de 'source du droit', 'force normative', et 'soft law'* », RIEJ, n°2, vol.65, 2010, p.39.

[3812] C. THIBIERGE, « *Rapport de synthèse* », in *Le droit souple*, Actes du colloque organisé par l'Association Henri Capitant, Journées nationales, t. XIII, Dalloz, 2009, p.144.

[3813] F. CHATZISTAVROU, « *L'usage du* soft law *dans le système juridique (...)* », *op.cit.*, p.4.

[3814] M. OLIVIER, « *The relevance of 'Soft Law' as a Source of International Human Rights* », The Comparative and International Law Journal of Southern Africa, vol. 35, n°3, 2002, pp.289-307 (p.294).

[3815] R. R. BAXTER, « *International Law in "Her Infinite Variety"* », 29 I.C.L.Q., 1980, p.549 ; A. E. BOYLE, « *Some Reflections on the Relationship of Treaties and Soft Law* », 48 I.C.L.Q., 1999, p. 901 ; J. KLABBERS, « *The Undesirability of Soft Law* », 67 Nordic J. Int'l L. 381, 1998, p. 385; A. PELLET, « *Le "bon droit" et l'ivraie – plaidoyer pour l'ivraie (Remarques sur quelques problèmes de méthode en droit international du développement)* » in, *Le droit des peuples à disposer d'eux-mêmes : méthodes d'analyse du droit international*, Mélanges offerts à Charles Chaumont, Paris, Pedone, 1984, pp. 465-493.

[3816] F. CHATZISTAVROU, « *L'usage du* soft law *dans le système juridique (...)* », *op.cit.*, p.4.

critères de formation de la norme[3817]. On retrouve ici l'un des sens de la *soft law* qui exprime une « préférence et non une obligation visant à ce que les Etats agissent ou n'agissent pas d'une certaine manière [3818] ». Cette « préférence exprimée[3819] » pour certains comportements vise à atteindre une coopération fonctionnelle entre les Etats afin d'accomplir des objectifs internationaux[3820].

1887. Au regard de l'analyse de l'activité normative de l'OMS, on peut également intégrer dans le contenu de la *soft law* les dispositions imprécises ou indéterminées au sein d'un instrument contraignant. Dès lors, la *soft law* repose sur les critères relatifs au contenu de la norme[3821]. Ainsi, par exemple, dans le cadre de la CCLAT, on constate que si certaines dispositions mettent en place des obligations à l'égard des Etats, d'autres dispositions s'apparentent davantage à des objectifs aspirationnels. A cet égard, les mots employés sont révélateurs de la faiblesse des attentes[3822]. Certes, en tant que convention, il s'agit d'un instrument contraignant qui prévoit des obligations. Toutefois, certaines dispositions sont insuffisamment précises. S'ajoutent donc à la liste des instruments de *soft law* « les préambules des traités, les dispositions conventionnelles rédigées en des termes n'entraînant pas une modification de l'ordonnancement juridique, les traités non encore en vigueur, voire plus en vigueur, ou encore les déclarations finales de conférences internationales[3823] ».

1888. De même, on constate que le phénomène de *soft law* ne relève plus seulement de l'activité des organisations internationales mais qualifie également certaines relations normatives entre les Etats. Par ailleurs, la *soft law* est même récupéré de manière importante par des acteurs non étatiques afin d'encadrer les relations internationales. Dans le cadre de l'OMS, on pense aux différentes normes techniques adoptées. Néanmoins, il convient de différencier les normes techniques de la *soft law*. Certes, les normes techniques dont les standards internationaux revêtent des traits de la *soft law,* en particulier, celui de ne pas être contraignants. Ainsi, le Professeur JACQUET estime qu'il faudrait inclure les normes à contenu flexible, voire multiple (principes généraux de droit et standards) en tant qu'objet de l'étude[3824].

1889. Toutefois, « la *soft law* n'est pas *mutatis mutandis* un processus de standardisation ou de normalisation internationale[3825] » puisqu'elle n'a pas pour caractéristique première d'être technique. Ainsi, comme le souligne la Professeure BOISSON DE CHAZOURNES, la notion de *soft law* ne permet

---

[3817] R. IDA, « *Formation des normes internationales dans un monde en mutation. Critique de la notion de* soft law », in *Le droit international au service de la paix, de la justice et du développement, Mélanges Michel Virally,* Pedone, 1991, pp.333-340.

[3818] J. GOLD, *Interpretation: The IMF and International Law (International Banking and Finance Law),* vol.4, Springer, 1996, p.301.

[3819] D. L. SHELTON, « *Soft Law* », Public law and legal theory working paper n°32, The George Washington University Law School, 2008, p.3.

[3820] C. LICHTENSTEIN, « *Hard Law v. Soft Law: Unnecessary Dichotomy* », 35 Int'l Law, 2001, p.1433.

[3821] R. IDA, « *Formation des normes internationales dans un monde en mutation. (...)* », *op.cit.*

[3822] V. *supra* n°0 et s.

[3823] J. CAZALA, « *Le* soft law *international entre inspiration et aspiration* », RIEJ, vol. 66, n°1, 2011, pp.41-84 (p.44).

[3824] J-M. JACQUET, « *L'émergence du droit souple (ou le droit ''réel'' dépassé par son double)* », in *Études à la mémoire du professeur Bruno Oppetit,* Litec, 2009, p. 334.

[3825] L. BOISSON DE CHAZOURNES, « *Standards et normes techniques dans l'ordre juridique contemporain (...)* », *op.cit.,* p.354.

pas de couvrir l'ensemble des normes techniques « à moins de considérer que tout acteur de la société internationale est habilité à générer de la *soft law*[3826] ». Par ailleurs, les instruments de *soft law* ont généralement besoin d'être complétés par des instruments de droit positif que cela soit pour offrir un contenu précisé ou pour garantir sa mise en œuvre notamment en droit interne. Ainsi, ils n'ont pas de « vocation utilitariste» à la différence des normes techniques qui ont pour ambition première de « fixer une norme moyenne de conduite sociale[3827] ». Par ailleurs, comme le souligne Monsieur CAZALA, il « serait douteux de considérer qu'il est possible de remiser dans une même catégorie des notions aussi essentielles que la bonne foi, des standards comme le raisonnable et des énoncés programmatiques comme l'affirmation d'un rôle vital des femmes dans la gestion de l'environnement [3828]». Cette analyse permet de rendre compte de la différence entre la technicité et la souplesse de la norme reflétée par l'activité normative de l'OMS.

1890. Enfin, dans le but d'apporter de l'ordre dans cette notion, de nombreuses classifications de la *soft law* ont été proposées. Celle suggérée par le Professeur SALMON a l'avantage d'offrir une approche élargie du champ d'application de cette notion qu'il convient par la suite d'expliciter. Il considère que la *soft law* regroupe les « règles dont la valeur normative est limitée soit parce que les instruments qui les contiennent ne seraient pas juridiquement obligatoires [première hypothèse], soit parce que les dispositions en cause, bien que figurant dans un instrument contraignant, ne créeraient pas d'obligations de droit positif, ou ne créeraient que des obligations peu contraignantes [seconde hypothèse][3829] ». Ainsi, l'entrée dans la catégorie de *soft law* se fait soit par l'absence de caractère obligatoire de l'instrument soit par l'indétermination du contenu pour les normes formellement obligatoires. Preuve de la difficulté à cerner cette notion, de nombreuses typologies sont énoncées notamment par les Professeurs HACHEZ [3830], SHELTON [3831], THIBIERGE [3832], VAN GERVEN et LIERMAN[3833], CHINKIN[3834] et D'ASPREMONT[3835] et WEIL[3836].

3826 *Ibid.*

3827 *Ibid.*

3828 J. CAZALA, « *Le* soft law *international entre inspiration et aspiration », op.cit.*, p.44.

3829 J. SALMON, *Dictionnaire de Droit international public, op.cit.*, « soft law », p1039. L'auteur précise qu'i ls'agit d'une expression anglaise « employée parfois comme telle par certains auteurs francophones ».

3830 L'auteure propose, dans la continuité de la définition proposée par SALMON, une typologie fondée, d'un côté, sur la *soft law* para-législative et la *soft law* péri-législative (« elles ne sont pas portées par un instrument juridiquement contraignant », dans le premier cas, elles sont le fait d'acteurs privés, dans le second cas, elle se déploie dans l'environnement du droit positif en vigueur) et, d'un autre, sur la *soft law* intra-législative (« adoptée par l'autorité publique compétente » mais certaines normes énoncées le sont de manière fort imprécise) (I. HACHEZ, « *Balises conceptuelles autour des notions (...) », op.cit.*, p.38 et s.).

3831 L'auteure propose une distinction entre la *soft law* primaire (il s'agit des textes normatifs non adoptés sous la forme d'un traité, adressés à l'ensemble de la communauté internationale ou à l'ensemble des Etats membres de l'organisation ou l'institution ayant adoptée ledit texte. Il s'agit d'instruments soit qui déclarent de nouvelles normes précurseurs à l'adoption d'un traité futur, soit qui réaffirment ou précisent des normes adoptées par des instruments contraignants ou non) et la *soft law* secondaire (il s'agit des recommandations et des commentaires généraux des organes de supervisions internationaux, de la jurisprudence des courts et des commissions, des décisions des rapporteurs spéciaux ou d'autres organes *ad hoc* et les résolutions des organes politiques des organisations internationales. La majorité de ces textes sont prononcés par des institutions dérivées de traité et qui mettent en application ce même traité) (D. L. SHELTON, « *Soft Law* », *op.cit.*).

3832 L'auteure propose une distinction autour des différentes fonctions remplies par la norme (obligatoire - décliné en impératif, supplétif, facultatif et incitatif -, recommandatoire - décliné en incitatif, optatif et

1891. On constate donc que de nombreux instruments internationaux font partie de la *soft law* en raison de sa délimitation variable. Pour reprendre l'expression de la Professeure SHELTON, il existe une « quasi infinie de variétés de *soft law*[3837] » qui n'est pas un « concept univoque[3838] ». Toutefois, il ne s'agit pas d'un énoncé « attrape-tout[3839] ». En effet, pour les Professeurs GUZMAN et MEYER[3840], tout ce qui est *law like* (qui ressemble à du droit) peut être classé dans la catégorie de *soft law*. Ainsi des codes de conduite privée ou lignes directrices peuvent rentrer dans cette catégorie. Néanmoins, il est important, pour être qualifié *soft law,* que l'acte en question émanent d'une autorité publique (étatiques ou interétatique) compétente ou qu'il soit reconnu *a posteriori* par une telle autorité, par exemple, le juge.

1892. Preuve de son caractère hétéroclite, la notion de *soft law* connaît différentes traductions dans la doctrine francophone.

b. La confusion avec des notions connexes

1893. Si la dénomination *soft law* est aujourd'hui reconnue et acceptée par la doctrine internationaliste francophone, les diverses tentatives de traduction témoignent des difficultés à cerner cette notion et de l'étendue du champ d'application qu'elle peut potentiellement recouvrir. D'abord, DUPUY traduit la notion de *soft law* comme du droit mou ou droit vert aux fonctions néanmoins différentes[3841]. Le droit mou implique le caractère *infra-juridique* d'une règle de conduite. En d'autres termes, si la règle est « molle » c'est avant tout parce qu'elle n'a pas la même valeur juridique qu'une règle de droit. Elle ne dispose pas d'un caractère contraignant, condition essentielle à la

---

consultatif -, déclaratoire - décliné en proclamatoire et déclamatoire - et inspiratoire) (C. THIBIERGE, « *Rapport de synthèse* », in *Le droit souple*, Actes du colloque organisé par l'Association Henri Capitant, Journées nationales, t. XIII, Dalloz, 2009, p.155 et s.).

[3833] Les auteurs distinguent sur la base des fonctions remplies par le *soft law* juridiquement non contraignant entre *pre-law, post-law* et *para-law* (W. VAN GERVEN et S. LIERMAN, *Algemeen Deel, veertig jaar later. Privaat- en publiekrecht in een meergelaagd kader van regelgeving, rechtsvorming en regeltoepassing*, Kluwer, 2010, p. 148).

[3834] CHINKIN utilise la distinction entre la *legal soft law* et la *non legal soft law* (C. M. CHINKIN, « *The Challenge of Soft Law: Development and Change in International Law* », International and Comparative Law Quarterly 1989, pp. 850-866).

[3835] D'ASPREMONT évoque le *soft negotium* et le *soft instrumentum* (J. d'ASPREMONT, « *Softness in International Law: A Self-Serving Quest for New Legal Materials* », European Journal of International Law, 2008, n°5, pp. 1081-1087). Pour CAZALA « Il s'agirait d'opérer une distinction fondée sur la nature juridique de l'instrument portant l'énoncé *soft law*. Un tel énoncé inscrit dans un instrument obligatoire relèverait du *legal soft law* (*soft negotium*) tandis que son inscription dans un instrument dépourvu de force obligatoire l'enverrait vers le *non legal soft law* (*soft instrumentum*) (J. CAZALA, « *Le* soft law *international entre inspiration et aspiration* », *op.cit.*, p.44.).

[3836] L'auteur propose une vision péjorative de la *soft law* puisqu'il l'associe à la désignation des instruments juridiques portant des règles dont la normativité est atténuée. La *soft law* serait un droit faible et fragile (P. WEIL, « *Vers une normativité relative en droit international ?* », RGDIP, 1982, p.7.). A cet égard, Il rejette en revanche l'utilisation de l'expression *soft law* pour les « obligations pré-juridiques [qui] ne sont ni de la *soft law* ni de la *hard law* : elles ne sont tout simplement pas *law* du tout » (*Ibidem*, p.8).

[3837] D. L. SHELTON, « *Soft Law* », *op.cit*, p.3.

[3838] M. E. MEYO, « *La force normative 'invisible' de la* Soft law *para-législative de l'Union européenne en droit privé des contrats* », Revue de l'Union européenne 2014, p.94.

[3839] J. CAZALA, « *Le* soft law *international entre inspiration et aspiration* », *op.cit.*, p.43.

[3840] A. T. GUZMAN et T. L. MYER, « *International Soft Law* », 2 J. Legal Analysis, 171, 2010, pp.171-225 (p.175).

[3841] R. J. DUPUY, « *La technique de l'accord mixte utilisée par les Communautés européennes* », Annuaire de l'Institut de droit international, 1973, p. 259.

qualification de droit. Ainsi, elle s'oppose à la notion de *hard law* (ou droit dur) qui implique son caractère contraignant. A l'inverse, le droit vert se réfère davantage à « une connotation temporelle » de la formation du droit et conçoit la *soft law* comme pouvant « impulser le développement de la *hard law* (le *soft law* comme arrière-plan de la création d'une règle du droit dur)[3842] ». On retrouve cette idée dans l'élaboration de l'activité normative de l'OMS en tant qu'étape de création du droit, en particulier, dans le développement de plans d'action et de stratégies mondiales.

1894. Par ailleurs, d'autres auteurs ont proposé des traductions alternatives davantage péjoratives. Ainsi, le Professeur PESCATORE fait référence à la dénomination de droit vague et la Professeure DELMAS-MARTY de droit flou[3843]. Dans ce cas, on comprend que ces dénominations font références davantage au contenu de l'instrument et à son degré de précision qui ne permet pas nécessairement une application directe et uniforme des dispositions prévues. De même, le Professeur RIGAUX évoque quant à lui la notion de droit assourdi (immature)[3844] et le Professeur NGUYEN et ses collègues appellent ces actes des actes non concertés[3845]. Ainsi, selon eux, ces actes sont différenciés de « l'ensemble des résolutions des organisations internationales ». De même, WEIL évoque le droit faible ou droit fragile[3846]. Pour le Professeur COMBACAU, peu importe la dénomination de « pré-droit, droit mou, obligation flexible, inachevée, incomplète mais aussi modalité informelle de création du droit », la formule *soft law* « par son imprécision [...] baptise la difficulté sans la résoudre [3847] ». Elle comporte « des engagements restreints ou problématiques[3848] ». Il évoque ainsi des actes à autorité atténuée[3849].

1895. Enfin, VIRALLY, suivant une approche moins péjorative, préfère la traduction de droit doux[3850]. Il considère qu'il s'agit d'une sorte de « pré-droit » qui intègre également les considérations, les points de vue, les engagements de bonne volonté. En d'autres termes, il s'agit de moyens qui aident de façon appropriée l'action, la consultation, la négociation et la coopération sans que des obligations soient expressément prévues. Il propose ainsi quatre catégories de « textes incertains » : les communiqués conjoints, les déclarations conjointes, les textes concertés au sein d'un organe international et les accords informels. On notera que le Professeur EISEMANN divise les *gentlemen's agreements* en accords informels politiques, interprétatifs et

---

[3842] F. CHATZISTAVROU, « *L'usage du* soft law *dans le système juridique (...) », op.cit.*, p.3.
[3843] M. DELMAS-MARTY, *Le flou du droit*, PUF, 2004.
[3844] F. RIGAUX, « *Cours général de droit international privé* », RCADI de La Haye, t. 213, 1989-I, p. 362 et 375, cité par G.ABI-SAAB, « *Éloge du 'droit assourdi'. Quelques réflexions sur le rôle de la soft law en droit international contemporain* », in *Nouveaux itinéraires en droit. Hommage à François Rigaux*, Bruylant, 1993, p.59.
[3845] Q. D. NGUYEN, P. DAILLIER et A. PELLET, *Droit international public*, 5e éd., LGDJ, 1994, p.378.
[3846] P. WEIL, « *Vers une normativité relative en droit international ?* », RGDIP, 1982, p. 7. V. également C. LEBEN, « *Une nouvelle controverse sur le positivisme en droit international public* », Droits, 1987, p.123.
[3847] J. COMBACAU et S. SUR, *Droit international public, op.cit.*, 2014., p.89.
[3848] J. COMBACAU et S. SUR, *Droit international public, op.cit.*, 2014., p.49.
[3849] *Ibid.*, p.53.
[3850] M. VIRALLY, « *La distinction entre textes internationaux ayant une portée juridique entre leurs acteurs et textes qui en sont dépourvus* », Annuaire de l'Institut de droit international, vol.60-I, II, 1983, p.221-223.

normatifs[3851]. On peut ajouter à cette liste non exhaustive de dénomination les terminologies de droit gazeux, instable[3852], maniable ou élastique[3853], droit soluble[3854], droit spontané[3855], droit déclaratoire ou proclamatoire[3856] et droit flexible[3857] ce qui démontre « de sa diversité et de son insaisissabilité[3858] ».

1896. Cette revue doctrinale permet de constater plusieurs choses. Premièrement, si certaines notions peuvent se regrouper ou se recouper, elles sont également exclusives les unes des autres. Par exemple, le droit vague se rapproche du droit doux parce qu'il a trait au contenu de l'instrument. Au contraire, le droit mou ne peut être du droit vert et inversement. Il s'agit de discuter du contenant de la norme. Dès lors, aucune notion proposée ne permet d'englober l'ensemble du contenu de la *soft law*. Deuxièmement, consécutivement, cette analyse confirme la typologie proposée par le Professeur SALMON. D'abord, la *soft law* concerne le contenant normatif, c'est-à-dire la qualification de l'instrument lui-même et donc la vigueur et la portée normative de l'instrument qui n'est ni obligatoire ni contraignant (première hypothèse selon le Professeur SALMON). Ensuite, la *soft law* agit sur le contenu normatif de l'instrument et son degré de précision où les dispositions ne créent pas d'obligations de droit positif (seconde hypothèse selon le Professeur SALMON). Ainsi, l'hétérogénéité de cette notion rend « malaisé son approfondissement sur un plan conceptuel[3859] ». A cet égard, la définition de SALMON est pertinente mais insuffisamment précise conceptuellement. Elle ne permet pas de cerner et de catégoriser véritablement l'ensemble de l'activité de l'OMS.

1897. Ainsi, à la suite de l'identification de ces différents éléments, la notion de droit souple[3860] permet de répondre à ces difficultés. Il convient de retenir une classification conceptuelle au sein du droit souple dans la lignée de la pensée de la Professeure THIBIERGE. En effet, cette classification correspond à l'activité normative de l'OMS.

2. Une classification conceptuelle du droit souple

1898. Beaucoup discutée[3861], la notion de droit souple recouvre en réalité trois branches identifiées par la doctrine qui sont : le droit flou, le droit doux et

---

[3851] P. M. EISENMANN, « *Les* Gentlemen's agreements *comme source du droit international* », Journal du droit international, 1979, pp.326-348.

[3852] V. CONSEIL D'ETAT, « *Sécurité juridique et complexité du droit* », Rapport du Conseil d'Etat français, La Documentation française, 2006.

[3853] H. RASSAFI-GUIBAL, « *De quelques aspects des usages des instruments de* soft law *comme vecteurs de normativité économique* », Revue du marché commun et de l'Union Européenne, 2014, pp.85-93.

[3854] J.-G. BELLEY (dir.), *Le droit soluble. Contributions québécoises à l'étude de l'internormativité*, *op.cit.*

[3855] G. TEUBNER, « *Un droit spontané dans la société mondiale ?* », in MORAND (C.-A.) *Le droit saisi par la mondialisation*, Bruylant, 2001, pp.197-220.

[3856] DUPUY (R.-J.), « *Droit déclaratoire et droit programmatoire : de la coutume sauvage à la 'soft law'*, in *L'élaboration du droit international public*, SFDI, Pedone, 1975, pp.132-148.

[3857] CARBONNIER J., *Flexible droit. Pour une sociologie du droit sans rigueur*, LGDJ, 10e éd., 2001.

[3858] A. BOUVERESSE, « *La portée normative de la* soft law », Revue de l'Union européenne, 2015, p.291.

[3859] I. HACHEZ, « *Balises conceptuelles autour des notions (...)* », *op.cit.*, p.39.

[3860] La Commission spécialisée de terminologie et de néologie préconise l'usage de l'expression « droit souple », *Les Annonces de la Seine*, 2008, n°20, p. 4.

[3861] V. notamment *Le droit souple*, Association Henri Capitant, Journée national, Tome XIII, Boulogne-sur-Mer, 2009 ; CONSEIL D'ETAT, « *Le droit souple* », Etude annuelle, Les rapports du Conseil d'Etat, 2013

le droit mou[3862]. Au-delà de la possibilité offerte par la traduction de *soft*[3863], le qualificatif de souple permet de se détacher de la caractéristique négative, péjorative et restrictive du droit mou, flou, flexible, faible, doux ou fragile. La *soft law* n'existerait que par opposition au droit dur (*hard law*) qui serait empreint de rigueur (force obligatoire) et de vigueur (valeur normative). Le droit souple est davantage neutre et englobant. Il regroupe donc trois branches qui découlent d'une double opposition. D'une part, une distinction reconnue existe entre le droit flou et le droit doux et mou, fondée sur le degré de souplesse du contenu et du contenant (a). D'autre part, au sein de cette seconde catégorie, à l'égard du contenant, il faut différencier le droit doux du droit mou au regard de la force normative (b).

a. La souplesse du contenu et du contenant

1899. A cet égard, la première caractéristique du droit souple repose sur la distinction, reconnue par la doctrine depuis longtemps, entre le droit flou et le droit doux ou mou.

1900. Dans le premier cas, le flou est un caractère de la teneur de la norme qui est imprécise et indéterminée. On retrouve ici l'idée développée par la doctrine anglo-saxonne de *fuzzy law*[3864]. Toutefois, dans le cadre du droit flou, l'instrument peut être contraignant. La marge de souplesse a trait à l'interprétation et l'appréciation du contenu de l'instrument en question par les Etats membres. Par exemple, dans le cadre de la CCLAT, instrument contraignant, il y a des dispositions dont le degré de précision est limité. En effet, le lexique est assez vague et ne propose pas de mesures concrètes ou chiffrées. Tel est le cas des dispositions relatives à la protection contre l'exposition à la fumée du tabac où une « protection » non qualifiée est prévue (article 8)[3865] ; la réglementation de la composition des produits du tabac où des tests et analyses sont à prévoir (article 9) ; l'éducation, la communication, la formation et la sensibilisation du public où « tous les outils de communication disponibles » doivent être utilisés, et le conditionnement (article 12).

1901. Cette qualification *a posteriori* ne remet pas en cause la rigueur du droit. En effet, le flou est inhérent au langage en général y compris juridique. Le flou est donc naturel et HART fait référence à la « texture ouverte du langage[3866] » qui découle du caractère général et abstrait de la règle de

[3862] V. la première évocation de cette trilogie (M. DELMAS-MARTY, « *Le mou, le doux et le flou sont-ils des garde-fous de nos sociétés dites post modernes ?* » in J. CLAM et G. MARTIN (dir.), *Les transformations de la régulation juridique,* LGDJ, 1998, p.209).

[3863] On trouve plusieurs traduction de la notion de *soft* : souple, flou, flexible, tendre, moelleux, doux, léger, soyeux, velouteux et ramolli.

[3864] V. O. PEREZ, « *Fuzzy Law: A Theory of Quasi-Legality* », in P. GLENN et L. SMITH (eds), *Law and the New Logics,* Cambridge University Press, 2016 ; V. également M. DELMAS-MARTY, *Le flou du droit,* PUF, 2004.

[3865] La CCLAT reconnaît « sur des bases scientifiques que l'exposition à la fumée de tabac entraîne la maladie, l'incapacité et la mort ».

[3866] H. HART, *Le concept de droit,* 1961, éd. Faculté Université de St Louis, n°132, 1994 ; N. MACCORMICK, *La texture ouverte des règles juridiques. Controverses autour de l'ontologie du droit,* PUF, Questions, 1989.

droit[3867]. Toutefois, en droit international, ce flou peut également être recherché ou imposé. Recherché, car il permet une importante marge d'interprétation et d'appréciation de la norme par les Etats membres. Imposé, car il est parfois le seul moyen de compromis d'un langage international en raison des enjeux politiques en présence. A nouveau, dans le cadre de la CCLAT, les dispositions relatives à la fiscalité du tabac ne précisent pas un taux attendu ou un prix minimum. En effet, la CCLAT insiste, sans révéler de taux chiffré, sur l'application de politiques des prix concernant les produits du tabac et propose l'interdiction ou la restriction de l'importation de produits de tabac. Cet article n'oblige ainsi pas les parties à détailler leurs mesures nationales en matière de fiscalité ou de prix. Tout au plus il est indiqué que chaque partie « doit tenir compte » de ses objectifs nationaux. A cet égard, en matière d'harmonisation des prix, il faut reconnaître qu'il y a eu peu de débats car presque l'ensemble des pays était d'accord sur l'idée qu'il appartient à chaque Etat membre de déterminer sa politique fiscale au nom de sa souveraineté[3868].

1902. La souplesse réside donc « dans le caractère potentiellement évolutif de son sens[3869] ». En effet, d'un point de vue négatif, le droit flou s'apparente à un droit vague, imprécis voire imprévisible[3870]. Toutefois, pris positivement, il est un droit fluide, adaptable et évolutif[3871]. Il s'agit donc d'abord d'une question d'angle et de point de vue. Pour PERELMAN et VANDER-ELST, selon une qualification plus neutre, il s'agit d'un droit « à contenu variable[3872] » dont le sens peut varier dans l'espèce, l'espace et le temps. Dans le cadre du RSI, on constate que le terme de « capacités essentielles minimum en santé[3873] » est suffisamment flou pour qu'il puisse s'adapter aux besoins des Etats membres. A cet égard, le droit flou peut être à objets multiples.

1903. Dans un second cas, le caractère souple s'intéresse davantage au contenant, c'est-à-dire à la valeur juridique de l'instrument. On retrouve ici la distinction classique en droit international public, qui a d'ailleurs servi à l'analyse de l'activité normative de l'OMS, entre les instruments contraignants et non contraignants. Pour l'OMS, il s'agit respectivement de l'ensemble des instruments découlant de son pouvoir de recommandation d'un côté (notamment les Codes de pratique ou encore le Cadre PIP) et les instruments issus du pouvoir réglementaire (le RSI) et conventionnel (la CCLAT) de l'autre. Dès lors, à la différence du droit flou, la catégorie des droits doux et

---

[3867] C. THIBIERGE, « *Le droit souple. Réflexion sur les textures du droit* », *op.cit.*, p.599. L'auteure donne l'exemple de l'article 1382 du code civil (devenu, au 1er octobre 2016, l'article 1240 par Ordonnance n° 2016-131 du 10 février 2016 portant réforme du droit des contrats, du régime général et de la preuve des obligations) qui « contient des notions, comme la faute ou le dommage, floues à l'origine, dont le juge a, au fil du temps, précisé la teneur, et qui conservent, une texture ouverte leur conférant une adaptabilité, un caractère évolutif ».

[3868] H. WIPFLI, *Mapping the world's first public health treaty (...), op.cit.*, p.60.

[3869] C. THIBIERGE, « *Le droit souple. Réflexion sur les textures du droit* », *op.cit.*, p.599.

[3870] V. notamment D. MAZEAUD, « *Constats sur le contrat, sa vie, son droit* », LPA, n°54, 1998, p.8, n°4 (relatif au risque d'imprévisibilité des notions floues en droit du contrat).

[3871] V. J.-L. BERGEL, *Théorie générale du droit,* Dalloz, 2e éd., 1998, n°185 (relatif au recours du droit à des notions flexibles, susceptibles d'une appréciation subjective et évolutive).

[3872] C. PERELMAN et R. VANDER-ELST, *Les notions à contenu variable en droit,* Travaux du Centre national de recherches de logique, Bruylant, 1984.

[3873] V. *supra* n°0 et s.

mou offre une marge d'application (et non d'interprétation ou d'appréciation) de l'instrument aux Etats membres. Ainsi, les adjectifs doux et mou, sont des caractères liés à la vigueur et à la force normative de l'instrument qu'il convient d'étudier.

b. La souplesse de la force normative

1904. La force normative repose sur la distinction entre la force obligatoire et la force contraignante[3874]. En effet, deux questions doivent être posées. Premièrement, est-ce que la norme s'impose autrement dit quelle est la force obligatoire de la norme ? Cette force obligatoire de la norme renvoie à la « fonction de référence de la norme[3875] ». Deuxièmement, comment la norme s'impose-t-elle c'est-à-dire quelle est sa force contraignante ? Cette force contraignante renvoie « au sens exprimé par la norme[3876] ».

1905. D'abord, la souplesse de la force obligatoire caractérise le droit doux. Il n'est pas ou peu obligatoire ou non prescriptif. En effet, le droit doux est un droit non imposé, que ce soit dans son élaboration (droit négocié) ou dans son expression (droit non prescriptif)[3877]. Il est donc davantage recommandatoire qu'obligatoire. Il ne commande pas, ne donne pas d'ordre et n'est pas autoritaire. Au mieux, il invite, incite, recommande ou conseille. Ainsi, le droit doux est sans obligation, entendue comme « le lien juridique par lequel un sujet de droit international, est tenu envers un ou plusieurs autres, d'adopter un comportement déterminé ou de s'en abstenir[3878] ». Il incorpore des règles de conduite, sans pour autant impliquer la création, la préservation, le renforcement, la modification ou l'extinction des droits et des obligations, selon les règles classiques du droit international public[3879]. Il est donc soumis à des manifestations variées.

1906. On retrouve ici le pouvoir de recommandation de l'OMS. Indépendamment du contenu, l'instrument n'a pas pour objectif de mettre en œuvre des obligations précises et impératives. L'emploi du conditionnel est, à cet égard, révélateur. Par exemple, l'article 5.1 du Code international sur la commercialisation des substituts au lait maternel de 1981 précise qu' « il ne *devrait* y avoir ni publicité, ni aucune forme de promotion auprès du grand public de produit visés par le présent Code[3880] ». Toutefois, malgré son caractère non obligatoire, le droit doux peut être appliqué et respecté par ses destinataires. Sans régir, faute de caractère obligatoire, il est souvent adapté en ce qu'il régule le comportement de destinataires qui le font autant par la force du groupe que par celle du droit[3881]. La « contrainte » prend ici la forme d'une

---

3874 C. THIBIERGE, « *Le droit souple. Réflexion sur les textures du droit* », *op.cit.*, V. aussi C. GROULIER, « *La distinction de la force contraignante et de la force obligatorie des normes juridiques. Pour une approche duale de la force normative* » in C. THIBIERGE, *La force normative, op.cit.*, p.199-210.

3875 C. GROULIER, « *La distinction de la force contraignante et de la force obligatorie des normes juridiques* », *op.cit.*, p.201.

3876 *Ibid.*

3877 C. THIBIERGE, « *Le droit souple. Réflexion sur les textures du droit* », *op.cit.*

3878 J. SALMON, *Dictionnaire de Droit international public, op.cit.*, « obligation », p.765.

3879 F. CHATZISTAVROU, « *L'usage du* soft law *dans le système juridique (...)* », *op.cit.*, p.5.

3880 L'italique a été ajouté par l'auteur.

3881 C. THIBIERGE, « *Le droit souple. Réflexion sur les textures du droit* », *op.cit.*

force extérieure de la norme. A cet égard, le Code de 1981 témoigne de son intégration dans les systèmes juridiques nationaux[3882].

1907. Ensuite, la souplesse de la force contraignante, caractéristique du droit mou, implique des instruments pas ou peu contraignants. Il s'agit ici de tout type d'instrument, qui ne prévoit aucun mécanisme de sanction du moins juridique. Ce critère permet d'appréhender l'ensemble de l'activité de l'OMS. En effet, exceptée la sanction prévue à l'article 7 de la Constitution de l'OMS en cas de manquement par un Etat membre à ses obligations financières, aucune sanction juridique n'est prévue dans l'ensemble de l'activité normative de l'OMS. Il s'agit d'éclaircir la confusion entre sanction, sanction répressive étatiques et exécution. La sanction juridique « n'est pas nécessairement loin s'en faut, répression[3883] ».

1908. Reprenant la définition du Professeur SALMON, le terme sanction, qui se révèle protéiforme [3884] ou une inconnue du droit[3885], est souvent « utilisé pour désigner un large éventail de réactions adoptées unilatéralement ou collectivement par les Etats contre l'auteur d'un fait internationalement illicite pour faire assurer le respect et l'exécution d'un droit ou d'une obligation[3886] ». La sanction peut être morale, politique, juridique, économique, militaire ou religieuse. Dès lors, lorsque l'on précise que le critère du juridique réside dans la sanction « il faut prendre le mot sanction dans son sens substantiel à savoir la prise en compte formelle de comportements par le droit[3887] ». En d'autres termes, si le droit est toujours sanctionné, il n'est pas toujours assorti de sanctions répressives[3888]. En effet, il ne faut pas confondre sanctions, voies d'exécution et caractère coercitif. La sanction recouvre à la fois une idée de conformité et une idée d'acte[3889]. Pour le Professeur DAVID, « de manière très générale, dans un système juridique, la sanction est la réaction d'une collectivité affectée par la violation d'une règle[3890] ». Ainsi, la sanction est « une conséquence provoquée par une certaine manière d'agir et impliquant un ordre en vue de faire respecter les prescriptions de la norme[3891] ». En droit international, la sanction va de la protestation à la contrainte armée[3892]. Elle est

---

[3882] V. *supra* n° 0.

[3883] L. BOY, « *Normes techniques et normes juridiques* », *op.cit,* p.2.

[3884] G. LE FLOCH, *« L'adoption de sanctions »*, in E. LAGRANGE et J.-M. SOREL, *op.cit.*, p.833 (pp.832-858).

[3885] P. JESTAZ, « La sanction ou l'inconnue du droit », Dalloz-Sirey, Chronique XXXII, 1986, pp.197-204.

[3886] J. SALMON, *Dictionnaire de Droit international public, op.cit.,* « sanction », p.1017. V. également C.-A. MORAND, « *La sanction »*, APD, 1990, p.304, pp.293-312 « l'effet prévu par le droit à la suite de la violation d'un devoir, d'une prescription ».

[3887] L. BOY, *« Normes », op.cit.*, p.3.

[3888] G. DE LA PRADELLE, *Essai d'introduction au droit français,* Erasme, 1990, n°79 et M. MIAILLE, *Définir le droit,* in *Définir le droit*, t.2, *Droits*, PUF, n°11, 1990, p.41 et s.

[3889] R. RANJEVA et C. CADOUX, *Droit international Public,* EDICEF, coll. Universités francophones, 1992, p.23.

[3890] E. DAVID, *Droit des organisations internationales, op.cit.*, p.411.

[3891] R. RANJEVA et C. CADOUX, *Droit international public, op.cit.,* p.24.

[3892] A cet égard, « le droit pour un Etat de prendre, unilatéralement, des sanctions contre un Etat qui viole des règles internationales au préjudice du premier est reconnu depuis longtemps. Il s'agira de mesures de rétorsion réputées licites par définition (représentations diplomatiques, rupture des relations diplomatiques, dénonciation de traités dans les conditions prévues par ceux-ci, etc.), de représailles non armées prenant la forme de contre-mesures (projet CDI sur la responsabilité des Etats, art.22, 49ss.), de légitime défense (Charte des NU, art.51) » (E. DAVID, *Droit des organisations internationales, op.cit.*, p.411) ; V. également J. SALMON, *Droit des gens : les sujets de droit,* Presses Universitaires de Bruxelles, 1987, Part IV, Chap.2.

le constat de la conformité ou de la non-conformité à la norme des actes ou faits qui donnent lieu à interprétation. Dès lors, la qualification juridique de l'activité de l'OMS existe puisqu'un fait peut être qualifié de licite ou d'illicite selon sa conformité avec la norme applicable.

1909. A l'inverse, l'exécution de la règle représente « l'acte par lequel on rétablit matériellement la conformité à l'ordre normatif[3893] ». Pour le Professeur SALMON la force exécutoire est « en droit interne, caractéristique d'un acte ou d'une décision juridictionnelle qui est susceptible d'une exécution forcée par l'autorité publique ». Elle n'existe donc pas, en principe, en droit international « faute d'autorité publique supérieure aux Etats[3894] ». Ainsi, c'est donc l'éventualité d'un recours à un juge ou un à arbitre qui permet d'affirmer que telle norme de fait est en même temps une norme juridique ou ne l'est pas. En effet, l'adoption de sanctions par les organisations internationales traduit « l'exercice en leur sein d'une fonction juridictionnelle, par laquelle les actes des Etats sont jugés au regard de la légalité institutionnelle[3895] ». A cet égard, l'OMS ne dispose pas d'un organe juridictionnel.

1910. En général, cette fonction exécutrice est confiée à des organes politiques[3896]. Dans le cadre du RSI est prévu un recours à l'arbitrage en cas de différend dans l'application ou l'interprétation du RSI, et, en cas d'échec, au Directeur général[3897]. Toutefois, cette compétence concerne un différend entre Etats et non en cas de non application du RSI par un Etat. Par ailleurs, l'acte ne bénéficie pas d'une force exécutoire car l'OMS n'a pas d'autorité publique supérieure à ses Etats membres.

1911. Pour conclure, la force normative ne s'assimile pas uniquement à la force obligatoire et à la force contraignante. Elle peut se manifester de manière très différente selon les normes. En effet, elle se décline au pluriel[3898]. Suivant les travaux de la Professeure THIBIERGE, la force normative est constituée de trois pôles[3899]. Le premier pôle est celui de la force conférée par la source de la norme, c'est-à-dire la « valeur normative » entendue comme vocation de la norme à servir de référence, en lien notamment avec la qualité de sa source, l'autorité de son émetteur, sa place dans la hiérarchie des normes et la nature de l'instrument qui la porte. Elle dépend de la « logique déontique[3900] » qui gouverne la norme. Le deuxième pôle est celui de la force exercée sur les destinataires de la norme, c'est-à-dire la « portée normative », comprise comme le fait pour la norme de servir de référence, de produire des effets sur

---

[3893] R. RANJEVA et C. CADOUX, *Droit international public, op.cit.*, p.24.
[3894] J. SALMON, *Dictionnaire de Droit international public, op.cit.*, « force exécutoire », p.513.
[3895] C. LEBEN, *Les sanctions privatives de droits ou de qualité dans les organisations internationales spécialisées*, Bruylant, 1979, p.223.
[3896] V. G. LE FLOCH, *« L'adoption de sanctions »*, *op.cit.*, p.841. « C'est en principe l'organe plénier dans lequel sont représentés tous les Etats qui est investi du pouvoir de sanction ».
[3897] V. article 56 du RSI et développements paragraphe 0.
[3898] V. I. HACHEZ, « *Balises conceptuelles autour des notions (...)* », *op.cit.*, p.21. L'auteure expose la liste suivante « force contraignante ou coercitive, force exécutoire, force décisoire, force de chose jugée, force probante, force publique, force majeure, mais aussi force instituante, force interprétative, force recommandatoire ou informative, force dissuasive, force incitative, force harmonisatrice, force expressive, force pratique, force de persuasion ».
[3899] C. THIBIERGE (dir.), *La force normative. Naissance d'un concept*, LGDJ, Hors collection, 2009.
[3900] B. LORMETEAU, « *L'universalisation d'une classification savante des troubles mentaux* », in E. MONDIELLI, F. VIALLA et E. CADEAU (coord.), *op.cit.*, p.556 (pp.553-568).

les conduites et les pratiques, en lien avec la réception qui en est faite[3901]. On retrouve la notion d'effectivité de la norme. Le troisième et dernier pôle, c'est la force que le système juridique attribue à la norme, dénommé « garantie normative » et résulte de la réaction potentielle et/ou effective du système juridique pour assurer le respect et la validité de la norme. Cela concerne davantage l'effectivité juridique de la norme et non son effectivité sociale. Ainsi, la contrainte ou l'utilisation par le juge d'une norme sont des « attributs classiques et non ses caractères[3902] ». Ces attributs peuvent donc être absents, ne pas revêtir la même intensité ou être attribués après la formation des normes. Ainsi, des normes peuvent parfaitement « être dotées d'une force normative sans être des normes juridiques au sens strict[3903] ».

1912. Pour la Professeure THIBIERGE à chaque pôle correspond une étape de la vie de la norme (sa genèse pour le pôle valeur normative, sa réception pour le pôle portée normative et le contrôle dont, sa vie durant, elle est susceptible de faire l'objet pour le pôle garantie normative) et un acteur déterminé (l'émetteur de la norme pour la valeur normative, ses destinataires pour la portée normative et le juge pour la garantie normative)[3904]. Les étapes ne sont pas aussi cloisonnées notamment quand le juge intervient *in fine* pour des destinataires. Néanmoins, ces étapes ont le mérite de dépasser la simple valeur normative en appréhendant la norme dans sa globalité.

1913. Ainsi, il s'agit de rejeter les tenants d'une approche positiviste aux termes de laquelle la notion de droit souple est un « irréductible oxymore[3905] » au profit d'une théorie redéfinissant la norme pour tenir compte de cette échelle de normativité, la force normative. Il convient de reconnaître la variabilité de la précision des normes de l'OMS ainsi que la variabilité de la force obligatoire ou contraignante de l'activité de l'OMS et en particulier de ses recommandations[3906]. Toutefois, ces actes sont du droit car ils ne sont pas dénués de tout effet juridique[3907]. Afin de confirmer ce cadre théorique, il convient d'analyser les effets juridiques de la norme de droit souple.

B. Les effets juridiques de la norme de droit souple

1914. Le droit souple peut servir de véritable alternative au droit dur dans le développement du droit international de la santé (1). En outre, il s'impose comme un véritable droit au sein d'un système normatif en réseau (2).

[3901] Pour THIBIERGE la nuance est importante : « La première se réfère donc à une force normative théorique et potentielle alors que la second envisage une force normative et observable. » C. THIBIERGE (dir.), « *Conclusion* », in *La force normative. Naissance d'un concept*, LGDJ, Hors collection, 2009, p.826 (pp.816-838).

[3902] B. LORMETEAU, « *L'universalisation d'une classification savante des troubles mentaux* », *op.cit.*, p.556.

[3903] *Ibid.*

[3904] I. HACHEZ, « *Balises conceptuelles autour des notions (...)* », *op.cit.*, p.26.

[3905] B. BERTRAND, « *Rapport introductif : Les enjeux de la* soft law *dans l'Union européenne* », Revue de l'Union européenne, 2014, p.73.

[3906] GRIBEAUVAL (J.-P.), « *Force normative des recommandations : un concept à géométrie variable* », Revue Prescrire, t.28, fasc.294, 2008, pp.295-299.

[3907] J. COMBACAU et S. SUR, *Droit international public, op.cit.*, p. 53.

1. Une véritable alternative dans le développement du droit international de la santé

1915. Initialement, le choix du droit souple est apparu en tant qu'alternative afin de pallier aux difficultés à élaborer un droit international de la santé (a). Toutefois, le droit souple peut également être une alternative choisie en raison d'avantages qui lui sont propres et qui démontrent un intérêt pour le droit international de la santé (b).

a. Une alternative aux difficultés du droit international de la santé

1916. A l'origine, le droit souple est une alternative forcée afin de faire face à l'incapacité des Etats à développer un droit international contraignant (droit dur). Or, le droit dur, fondé sur les sources traditionnelles du droit international[3908] et de la contrainte sacrée, est demeuré pendant longtemps le Graal de la théorie générale du droit. La volonté de reproduire le schéma du droit interne au niveau international explique cette approche. En effet, les traités avaient pour objectif d'offrir aux Etats la possibilité de s'engager de façon crédible afin d'appliquer des obligations et de développer des mécanismes obligatoires d'interprétation et de résolution des conflits[3909]. Par ailleurs, l'élaboration d'un instrument contraignant, au-delà de sa valeur juridique, a une valeur politique et symbolique : politique, car l'instrument est le résultat d'un compromis international fort et symbolique, car il démontre la volonté des Etats de réguler, ensemble, un enjeu mondial.

1917. Preuve en est avec l'adoption de la première convention internationale par l'OMS en 2003. En effet, l'adoption de la CCLAT a été perçue comme un message fort de la capacité de l'OMS à agir juridiquement au niveau international. Elle demeure un symbole de réussite de l'OMS et de sa Directrice générale de l'époque, Madame BRUNDTLAND, dans la lutte mondiale contre la consommation de tabac. Plus largement, cette Convention s'inscrivait dans un mouvement pour la santé publique. Un Protocole a par la suite été adopté en 2012. Il en va de même pour la révision du RSI en 2005 qui a démontré la capacité de l'OMS à s'adapter, certes assez lentement, aux menaces sanitaires transfrontalières. Ceux sont les deux seuls exemples d'instruments contraignants, mais ils ont clairement marqué la santé mondiale et participé à renforcer le droit international de la santé.

1918. Toutefois, la recherche absolue du caractère contraignant de l'instrument a également participé au blocage du développement du droit

---

[3908] Les sources dites traditionnelles sont celles prévues à l'article 38 du Statut de la Cour internationale de justice ; V. *supra* n° 0. Il y a une forme de « sacralisation » de l'article 38 par la doctrine positiviste (V. I. DUPLESSIS, « *Le vertige et la* soft law : *réactions doctrinales en droit international* », *op.cit.*, p.254) ; V. également la notion de « sources canonisées » (H. HILLGENBERG, « *A fresh look at soft law* », European Journal of International Law, vol.10, n°3, 1999, pp.499-515 (p.499) ; de « *numerus clausus* des sources du droit international ou la loi constitutionnelle non écrite de la société internationale (U. FASTENRATH, « *Relative normativity in international law* », European Journal of International Law, vol.4, 1993, pp.305-340 (p.322)) et le « catalogue orthodoxe » des sources en droit international (K. ZEMANEK, « *Is the Term "Soft Law" Convenient?* » dans G. HAFNER etal. (dir.), *Liber Amicorum Professor Seidl Hohenvelden in honour of his 80th birthday*, La Haye, Kluwer Law International, 1998, pp.843-862 (p.843)).

[3909] K. A. KLOCK, « *The soft law alternative to the WHO's treaty powers* », GJIL, vol.44, 2013, pp. 822-846 (p.825).

international de la santé. En effet, le risque en imposant une contrainte, et en l'absence d'alternative, est l'arrêt du développement de l'instrument juridique. Ainsi, la contrainte « limite la capacité de l'Etat à suivre ses propres prérogatives nationales », conceptualisée par la théorie du « coût de la souveraineté[3910] ». En effet, savoir qu'une obligation juridique est en jeu engendre des barrières à l'entrée en négociation pour les Etats. Ces derniers risquent d'avoir une approche « sceptique[3911] » car une obligation juridique est plus difficile à être remise en cause par un Etat partie une fois adoptée[3912]. La volonté d'imposer une contrainte a pendant longtemps empêché le développement d'instruments contraignants au sein de l'OMS. A cet égard, il s'est écoulé plus de 50 ans entre l'adoption du premier instrument contraignant en 1951 (le RSI) et le second en 2003 (la CCLAT). Par ailleurs, depuis 2003, l'OMS n'a pas adopté de nouveaux instruments contraignants démontrant la difficulté à les élaborer. Ainsi, traditionnellement, l'absence de recours aux instruments contraignants par l'OMS a, pendant longtemps, été regrettée car cela pouvait affaiblir le développement du droit international de la santé dans son ensemble. Cette affaiblissement nuirait à l'action en santé mondiale et les engagements des Etats membres[3913].

1919. Par ailleurs, il existe d'autres inconvénients liés à la contrainte. En effet, les règlements et les conventions prennent beaucoup de temps à être élaborés et sont de la seule responsabilité des Etats qui doivent les mettre en œuvre [3914]. La procédure d'élaboration et de négociation d'instruments contraignants est lourde et longue à mettre en place. Pour certains auteurs, cette lenteur s'explique aisément car les travaux normatifs sont coordonnés par des technocrates et des diplomates, influencés par des intérêts divers, et non par les directeurs généraux et les parties prenantes concernées[3915]. A titre d'exemple, les négociations de la CCLAT auront duré une dizaine d'années[3916] si l'on considère que les négociations ont débuté officiellement lors du mandat conféré au Secrétariat visant à développer un tel instrument[3917].

1920. En outre, ces instruments ne sont pas toujours adaptés au besoin de souplesse et de flexibilité nécessaires pour répondre aux enjeux de la santé mondiale, qui sont en constante évolution. Les avancées scientifiques rapides peuvent affaiblir les accords internationaux statiques[3918] qui ne peuvent être modifiés rapidement[3919]. Ainsi, la dernière révision RSI a été entamée dès 1995 mais les enjeux sanitaires couplés à l'enjeu juridique (la présence d'une

[3910] C. BRUMMER, *Soft Law and the Global Financial System*, Cambridge University Press, 2011, p.125.
[3911] K. A. KLOCK, « *The soft law alternative to the WHO's treaty powers* », *op.cit.*, p.832.
[3912] C. BRUMMER, *Soft Law and the Global Financial System*, *op.cit.*, p.125.
[3913] A. L. TAYLOR, « *Governing the Globalization of Public Health* », The Journal of Law, Medecine & Ethics, vol.32, n°2, 2004, pp.500-508 (502).
[3914] C. BRUMMER, *Soft Law and the Global Financial System*, *op.cit.*, p.125.
[3915] T. A. LOYA et J. BOLI, « *Standardization in the World Polity: Technical Rationality over Power*, in J. BOLI et G. M. THOMAS (dir.), *Constructing World Culture*, Stanford University Press, 1999, pp.196-197.
[3916] En droit international public, ce délai est assez rapide si l'on compare à d'autres instruments internationaux.
[3917] Il faut prendre en compte le fait que cette idée existait déjà dès les années 1970 (V. *supra* n° 0).
[3918] P.-M. DUPUY, « *Soft Law and the International Law of the Environment* », Michigan Journal of International Law, vol.12, 1991, p.420-435 (p.421).
[3919] V. Article 9 de la Convention de Vienne sur les Traités, 1969.

contrainte) ont imposé dix ans de négociations afin qu'une simple révision[3920] soit adoptée en 2005[3921]. Par ailleurs, les difficultés révélées par l'épidémie du virus *Ebola* ont démontré l'inadaptation du RSI. L'OMS a engagé, à cet égard, des discussions en vue de réviser cet instrument.

1921. Enfin, on rappellera que ce n'est pas parce que l'instrument est contraignant qu'il est nécessairement plus « dur » qu'un instrument non contraignant et qu'il garantit des résultats. En effet, ce dernier peut contenir des obligations vagues, incorporées afin de favoriser la ratification des Etats membres sans qu'aucune obligation concrète ne soit prévue[3922]. On pense ici à certaines dispositions du RSI ou de la CCLAT dont le degré de précision ne garantit pas leur mise en œuvre. Preuve de l'imprécision des dispositions relatives à la publicité et la promotion, des auteurs proposent que la CCLAT prévoit précisément et explicitement l'interdiction ou la restriction des publicités sur les points de vente[3923] ce qu'elle ne fait pas aujourd'hui.

1922. Face à ce constat, le droit souple s'est développé afin de contourner ou pallier les difficultés inhérentes au droit dur : appréhension de la contrainte, inadaptabilité de la norme et lenteur du processus. En effet, les Etats refusent, en recourant à un énoncé de droit souple, à un engagement juridiquement contraignant[3924].

1923. Dès lors, le droit souple apparaît, initialement, comme la conséquence de l'échec du développement du droit dur. En effet, le recours au droit souple permettrait aux Etats « de favoriser des solutions souples leur ménageant des échappatoires[3925] ». Le droit souple intervient qu'en tant qu' « acte de diversion[3926] ». Dès lors, les actes non contraignants n'ont pas la même portée politique et symbolique que ceux contraignants. Ainsi, la symbolique péjorative attachée au recours par les Etats aux actes non contraignants peut s'apparenter à vouloir « éviter de traiter vraiment la question en prenant une décision contraignante avec des conséquences lourdes[3927] ». Il s'agit d'un choix par défaut dont les résultats peuvent être mitigés. A cet égard, l'élaboration d'instruments internationaux et leur application au sein des systèmes juridiques nationaux seraient désavantagées dès la conception de l'instrument. Cette conception ne permettrait pas, en l'absence de contrainte, de garantir la mise en œuvre de l'instrument adopté. L'activité normative de l'OMS offre de nombreux exemples de mise en œuvre du pouvoir recommandation y compris dernièrement. Le Code de 2010, expressément adopté en application de l'article 23 de la Constitution de l'OMS

[3920] Il convient de préciser que même s'il s'agissait d'une révision, l'instrument a été fortement modifié par rapport à la version antérieure (V. *supra* n°0). Cet argument peut toutefois être contrebalancé par le rôle joué par la crise du SRAS en 2003 qui a accéléré son adoption.

[3921] Sans compter sa mise en œuvre en 2007 puis les délais obtenus pour la mise en œuvre de certaines obligations prévues par le texte qui a couru jusqu'en juin 2016 afin de pouvoir développer les capacités minimums en santé (V. *supra* n°0).

[3922] P.-M. DUPUY, « *Soft Law and the International Law of the Environment* », *op. cit.*, p.429.

[3923] C. BUMP, « *Close but no cigar: The WHO Framework convention on tobacco control's futile ban on tobacco advertising* », Emory International Law Review, 2003, pp.1308-1309.

[3924] J. CAZALA, « *Le* soft law *international entre inspiration et aspiration* », *op.cit.*, p.47.

[3925] J. M. JACQUET, « *L'émergence du droit souple (ou le droit ''réel'' dépassé par son double)* », *op.cit.*, p. 332.

[3926] F. CHATZISTAVROU, « *L'usage du* soft law *dans le système juridique (...)* », *op.cit.*, p.6.

[3927] *Ibid.*

(pouvoir de recommandation), a eu une conséquence très limitée sur les législations nationales, notamment en raison de l'absence de caractère contraignant dans sa mise en œuvre[3928].

1924. Toutefois, on constate que le droit mou, caractérisé par l'absence de contrainte, permet de préserver la souveraineté des Etats membres qui conservent une marge significative d'application. Il permet également d'atteindre un compromis juridique sur le plan international en cas d'impasse au moment des négociations. Dès lors, le choix ne se fait pas tant entre un instrument contraignant ou un instrument non contraignant mais davantage entre un instrument non contraignant et aucun instrument ou aucune action[3929]. La symbolique positive du recours à ces instruments non contraignant implique donc l'idée que « c'est mieux que rien », à l'inverse de la symbolique péjorative perçue comme un échec du droit international.

1925. En d'autres termes, le droit souple est intéressant lorsque le coût de souveraineté est très élevé et qu'il y a un besoin « d'expérimentation normative [3930] ». Le droit souple, fruit d'un compromis, caractérisé par l'absence de contrainte, n'empêche pas son application au niveau étatique. Le Code de 1981 s'inscrit parfaitement dans cette démarche. En effet, face aux oppositions des Etats sur le caractère contraignant du futur instrument de régulation internationale, et en particulier des Etats-Unis[3931], l'OMS a proposé la mise en place d'un Code de conduite afin de développer un encadrement juridique de la commercialisation des substituts au lait maternel. Certes les Etats-Unis ont empêché l'élaboration d'un instrument contraignant mais par un énoncé de droit souple, un instrument juridique a tout de même pu être adopté.

1926. Dès lors, si ces instruments sont « une stratégie d'évitement du droit déployée par différents acteurs internationaux[3932] », ils offrent des avantages au développement du droit international de la santé. Par ailleurs, si aucun engagement juridiquement contraignant n'est attendu, faiblesse inhérente à ce type d'instruments, les Etats ne renoncent cependant pas à toute forme d'engagement[3933]. En effet, ces derniers y voient tout de même un intérêt à élaborer de tels instruments « qui rendent des services[3934] » et participent au développement du droit international de la santé.

b. Un intérêt pour le droit international de la santé

1927. En sus de « contourner » la procédure d'établissement du droit international classique fondée sur la contrainte, le droit souple offre plusieurs intérêts pour le droit international de la santé.

[3928] V. *supra* n°0 et s.
[3929] D. L. SHELTON, « *Soft Law* », *op.cit.*, p.15.
[3930] K. A. KLOCK, « *The soft law alternative to the WHO's treaty powers* », *op.cit.*, p.831.
[3931] V. *supra* n°0 et s.
[3932] I. DUPLESSIS, « *Le vertige et la* soft law : *réactions doctrinales en droit international* », *op.cit.*, p.245.
[3933] J. CAZALA, « *Le* soft law *international entre inspiration et aspiration* », *op.cit.*, p.47.
[3934] J. KLABBERS, *The Concept of Treaty in International Law*, Kluwer, The Hague, 1996, p. 27 ; A. AUST, « *The Theory and Practice of Informal International Instruments* », International and Comparative Law Quarterly, vol. 35, n°4, 1986, pp. 787-812 ; O. SCHACHTER, « *The Twilight Existence of Nonbinding International Agreements* », AJIL, vol. 71, n°2, 1977, p. 296-304.

1928. Premièrement, comme le souligne pertinemment Monsieur CAZALA, le droit souple sert d'inspiration pour le droit international. Ainsi, il agit en tant que « source matérielle de droit international[3935] ». En effet, le droit souple est un élément et une influence de la réglementation juridique[3936]. Au minimum, il permet d'inscrire sur l'agenda des négociations internationales une question spécifique. Il faut bien différencier l'agenda des négociations internationales de la visibilité médiatique. S'ils peuvent être liés en ce que l'un entraîne parfois l'autre, ils peuvent également être déconnectés. Cette distinction se retrouve dans les recommandations émises par l'OMS. Ainsi, certaines recommandations vont avoir un impact médiatique très important (par exemple la recommandation du CIRC à l'égard de la viande rouge en 2015 [3937]) mais ne vont pas nécessairement être suivies d'une négociation internationale menant au développement de droit international de la santé. A l'inverse, des enjeux moins médiatiques, parce qu'insuffisamment scandaleux, peuvent être au cœur de l'action de l'OMS et du droit international de la santé (par exemple le Code de pratique mondial pour le recrutement international des personnels de santé de 2010). Ces deux types de prise en compte, institutionnel et médiatique, peuvent se confondre au détriment de la première : l'aspect médiatique prenant le pas sur le besoin institutionnel. En effet, à force de les multiplier, il est parfois difficile de cerner les priorités de santé mondiale.

1929. Par ailleurs, cette prise de conscience peut constituer une première étape vers des négociations futures dans le but d'aboutir, à terme, à des engagements juridiquement obligatoires. En effet, le droit souple agit en tant que premier pas vers le consensus politique[3938]. Il est important de préciser que cette ambition n'est pas toujours anticipée au moment de l'élaboration de l'instrument non contraignant du moins officiellement par l'OMS elle-même[3939]. Cette constatation d'un premier pas peut intervenir *a posteriori* de l'adoption de l'instrument concerné. En d'autres termes, l'élaboration d'instruments contraignants a influencé ou inspiré le développement d'un instrument contraignant sans que cette ambition soit affichée *ab initio.* En effet, le recours au droit souple peut viser « à inciter une action normative de la part des Etats sans faire appel à la contrainte juridique[3940] ». L'ambition de

[3935] J. CAZALA, « *Le* soft law *international entre inspiration et aspiration », op.cit.*, p.46.
[3936] M. SORENSEN, *Les sources du droit international*, Einar Munksgaard, Copenhague, 1946, pp. 13-14. Pour l'auteur les sources matérielles du droit international (et du droit d'une manière générale) sont « les éléments et les influences qui déterminent le contenu de la réglementation juridique, que ce soient les intérêts et besoins pratiques des États ou les exigences idéales qui découlent, à un moment donné, de la conscience sociale, des idéologies prévalant dans la communauté internationale ».
[3937] V. *supra* n°0 et s.
[3938] R. BIEBER, B. KAHIL-WOLFF et L. MULLER, « *Cours général de droit communautaire* », Collected Courses of the Academy of European Law, vol.III, Book, I, pp.160-161.
[3939] L'OMS met davantage en avant les avantages de développer un instrument non cotnraignant que d'avancer qu'i ls'agit d'une première étape avant l'élaboration d'un isntrument contraignant. Toutefois, des discussions doctrinales peuvent avoir lieu (V. notamment la position de Taylor sur un futur encadrement international en matière d'alcool qui défend l'idée d'un premeir pas conscient non contraignant avant le développement d'un instrument contraignant, A. TAYLOR et I. DHILLON, « *An international legal strategy for alcohol control: not a framework convention--at least not yet* », Addiction, vol.108(3), 2013, pp.450-455).
[3940] I. DUPLESSIS, « *Le vertige et la* soft law : *réactions doctrinales en droit international », op.cit.*, p.247.

contrainte n'est pas présente[3941]. L'intérêt de développer volontairement un tel instrument non contraignant est qu'il est plus rapide à adopter, plus facile à modifier et plus utile pour les enjeux techniques qui ont besoin de révisions récurrentes[3942]. La capacité d'adaptation de l'instrument non contraignant est mise en avant[3943] afin d'appréhender les phénomènes émergents[3944].

1930. De même, il est possible pour l'énoncé de droit souple qu'il produise des effets sur des instruments de droit dur. Il s'agit des cas de « droit souple de proposition [3945] » où l'instrument « a toute les caractéristiques (énoncé prescriptif, précision etc.) d'un énoncé de droit « dur » mais n'est pas obligatoire. Si des exemples existent en droit commercial international[3946], cette hypothèse ne s'applique pas dans le cadre de l'activité normative de l'OMS.

1931. Parallèlement, toujours selon l'idée que le droit souple inspire le droit dur, il peut être une source d'interprétation du droit dur. Ici le droit souple joue un rôle complémentaire de celui du droit dur. En effet le droit souple peut « contribuer à l'interprétation [3947] » de normes obligatoires. Par exemple, l'instrument non contraignant va « accompagner un acte institutionnalisé, quand le dossier concerne des matières qui se chevauchent et ne permettent pas d'être traitées avec les mêmes outils juridiques[3948] ». Ici, l'exemple des directives adoptées par le Secrétariat de la CCLAT dans le cadre de la mise en œuvre de conventions est révélateur. En effet, ces directives, non contraignantes, permettent de préciser et d'interpréter le contenu des dispositions de la CCLAT pour faciliter une mise en œuvre harmonisée au sein des Etats membres. Ainsi, le droit souple peut accompagner la mise en œuvre du droit dur.

1932. Deuxièmement, le droit souple peut aspirer à devenir ou remplacer le droit « dur ». En effet, pour le Professeur JACQUET, dans certaines circonstances « la règle de droit souple s'imagine volontiers un 'destin' et projette, ou, en tout cas, n'exclut pas de se dépouiller de sa souplesse[3949] ». Dans le premier cas, le droit souple agit, d'abord, en tant que pré-droit. En effet, il constitue un préalable à la formulation du droit international. Pour le Professeur COMBACAU, le droit souple peut « préparer l'apparition de normes obligatoires [3950] ». A cet égard, un instrument souple peut

---

[3941] Ceci est différent de la situation où la volonté initiale est de mettre en place un instrument contraignant. Les instruments non contraignants ont pour objectif principal de développer un contexte favorable à son adoption. C'est le cas lorsque le droit souple aspire à être du droit « dur ».

[3942] D. L. SHELTON, « *Soft Law* », *op.cit*, p.15.

[3943] J. COMBACAU et S. SUR, *Droit international public, op.cit.*, p. 53.

[3944] CONSEIL D'ETAT, « *Le droit souple* », Résumé, Etude annuelle, Les rapports du Conseil d'Etat, 2013, p.4.

[3945] J. CAZALA, « *Le* soft law *international entre inspiration et aspiration* », *op.cit.*, p.49.

[3946] *Ibid.* L'auteur estime que « L'exemple le plus net est celui des lois- types de la Conférence des Nations unies pour le droit commercial international (CNUDCI). Ici, les États peuvent intégrer cette loi-type dans leur ordre juridique interne et ce n'est qu'avec cette introduction que l'énoncé deviendra obligatoire pour les acteurs du secteur. Tout est prêt pour que les États s'engagent ; ne manque que l'engagement qui créera l'obligation ».

[3947] J. COMBACAU et S. SUR, *Droit international public, op.cit.*, p.53.

[3948] F. CHATZISTAVROU, « *L'usage du* soft law *dans le système juridique (...)* », *op.cit.*, p.6.

[3949] J.-M. JACQUET, « *L'émergence du droit souple (ou le droit ''réel'' dépassé par son double)* », *op.cit.*, p. 347.

[3950] J. COMBACAU et S. SUR, *Droit international public, op.cit.*, p. 53.

volontairement viser à « faciliter l'adoption d'une norme sur un sujet controversé politiquement et qui rencontre des résistances de la part de certains Etats ou groupes de pression à l'intérieur des Etats[3951] ». Le droit souple permet de « franchir la ligne en limitant les barrières afin d'entrer en négociation[3952] ». Ils peuvent être des « actes préparatoires, des décisions sans pour autant constituer une base juridique dérivée[3953] ». Ici, l'ambition affichée est *in fine* d'élaborer un instrument contraignant. Toutefois, la volonté politique des Etats ne permet pas sa négociation *ab initio* si bien que le premier pas est celui du droit souple. Ce phénomène est renforcé par la conjonction de l'activité normative de l'OMS avec celles des autres organisations internationales et régionales. A ce titre, de nombreuses résolutions ont été adoptées relatives à un encadrement de la lutte antitabac à l'OMS mais également aux niveaux européen et national en amont de l'adoption de la CCLAT.

1933. Ensuite, le droit souple peut être incorporé en tant que tel au sein du droit « dur » suivant la théorie traditionnelle des sources, notamment lorsque les sujets de droit international décident de reprendre/transposer les termes d'un énoncé de droit souple dans une convention internationale[3954]. En effet, le droit souple va « s'incorporer dans une procédure conventionnelle[3955] ». Les règles de droit souple peuvent, par ailleurs, servir d'impulsion afin de changer les législations nationales (par exemple, Code international de commercialisation des substituts du lait maternel) et donc devenir du droit « dur » au niveau national.

1934. Dans le second cas, plus intéressant encore, on peut envisager le droit souple comme aspirant à remplacer le droit « dur »[3956] ou à se substituer au droit dur[3957]. En effet, malgré leur absence de force contraignante, les recommandations de l'OMS bénéficient d'une « influence morale de l'OMS[3958] ». Dès lors, elles ont une valeur politique et morale. Par exemple, si les résolutions de l'Assemblée mondiale de la santé ne sont pas contraignantes, elles sont tout de même considérées comme des « référence de l'action internationale[3959] ». Dans certaines situations, le droit souple n'est pas une limite à la mise en œuvre du droit international de la santé mais apparaît comme une opportunité pour sa mise en œuvre.

[3951] I. DUPLESSIS, « *Le vertige et la* soft law : *réactions doctrinales en droit international* », *op.cit.*, p.251 V. K. RAUSTALIA, « *Form and Substance in International Agreements* », AJIL, 2004, vol.99, p.582.
[3952] C. BRUMMER, Soft Law and the Global Financial System, *op.cit.*, p.125.
[3953] F. CHATZISTAVROU, « *L'usage du* soft law *dans le système juridique (...)* », *op.cit.*, p.6.
[3954] J. CAZALA, « *Le* soft law *international entre inspiration et aspiration* », *op.cit.*, p.59 et s. L'auteur décrit quatre hypothèses : « Premier cas, les sujets de droit international décident de reprendre/transposer les termes d'un énoncé *soft law* dans une convention internationale (A.1). Deuxième cas, l'énoncé *soft law* a un « pendant » en droit international coutumier (A.2). Troisième cas, un État accepte unilatéralement de conformer sa pratique à l'énoncé *soft law* (A.3). Les trois premières hypothèses renvoient à une même réalité, un même processus de transposition vers le *hard law*. La dernière hypothèse concernant le rôle du juge international est plus spécifique et renvoie plus à un jeu d'influence (A.4) ».
[3955] J. COMBACAU et S. SUR, *Droit international public*, *op.cit.*, p. 53.
[3956] J. CAZALA, « *Le* soft law *international entre inspiration et aspiration* », *op.cit.*, p.69 et s. L'auteur envisage deux possibilités : la situation où l'énoncé de droit souple génère une règle coutumière internationale et celle où un organe opère une « densification normative ».
[3957] CONSEIL D'ETAT, « *Le droit souple* », Résumé, *op.cit.*, p.4.
[3958] J.-M. LEMOYNE DE FORGES, « *Irremplaçable O.M.S. ?* », *op.cit.*, p.181.
[3959] E. MISSONI, « *Who governs who ?* », Conférence Agora Switzerland 2008, Accès illimité à la médecine, Martigny, Suisse, 16-17 Septembre 2009.

1935. Par ailleurs, dans certains cas, la souplesse *ab initio* du droit n'apparaît plus comme un frein à la reconnaissance de sa portée normative. A ce titre, l'évolution de la jurisprudence de la Cour internationale de justice concernant la valeur des résolutions est intéressante. En effet, dans un avis de 1996 licéité de la menace ou de l'emploi d'armes nucléaires[3960], la CIJ a fait allusion à la reconnaissance du caractère contraignant des résolutions de l'Assemblée générale de l'ONU[3961] en précisant que « les résolutions de l'Assemblée générale, même si elles n'ont pas force obligatoire, peuvent parfois avoir une valeur normative[3962] ». De même, dans un avis de 2004 Conséquences juridiques de l'édification d'un mur dans le territoire palestinien occupé[3963], la CIJ a traité, dans un même développement, de sources du droit international dont la force obligatoire n'est pas remise en cause et des résolutions de l'Assemblée générale des Nations unies[3964]. Monsieur CAZALA évoque ainsi une « densification normative » du droit souple sous l'action d'un organe de contrôle[3965]. Le droit souple peut devenir une alternative pérenne au droit dur[3966].

1936. Pour ces différentes raisons et en fonction du contexte, les instruments non contraignants sont susceptibles d'avoir des effets sur leur intégration dans les systèmes juridiques et sur l'amélioration de la santé mondiale. Ils offrent donc un « intérêt viable[3967] ». Ces différents avantages du droit souple démontrent qu'il faut relativiser l'opposition entre droit souple et droit dur dès lors qu'on leur reconnaît des effets juridiques propres. Chacun disposant d'avantages et d'inconvénients en fonction du contexte : souplesse, flexibilité, simplicité et influence mais sans garantie de résultats pour les instruments non contraignants et contraignant, symbolique[3968] mais sans que

---

[3960] Avis consultatif de la CIJ, *Licéité de la menace ou de l'emploi d'armes nucléaires*, 8 juillet 1996, § 32, *Rec.*, p. 242.

[3961] V. J. CAZALA, « *Le* soft law *international entre inspiration et aspiration », op.cit.*, p.74 « Tenant compte de ce que certains instruments ne sont pas encore contraignants pour tous les États, l'Assemblée générale, dans ladite résolution, ''*[l]ance un appel* à tous les États qui ne l'ont pas encore fait pour qu'ils deviennent parties aux conventions internationales pertinentes'' ». La Cour avait également dans cet avis fait référence à la déclaration finale de la Conférence des Nations unies sur l'environnement et le développement (Rio de Janeiro, 1992) pour affirmer que les considérations environnementales devaient être prises en compte pour apprécier la licéité de la menace et de l'emploi des armes nucléaires. Elle utilise d'ailleurs, dans la version française de l'avis, des termes qui alimentent l'ambiguïté du statut au regard du droit international d'une telle déclaration finale de conférence internationale. Au paragraphe 32 de l'avis, la Cour écrit « [c]e point de vue trouve d'ailleurs un appui dans le principe 24 de la déclaration de Rio, qui dispose : [...] ». Or, une déclaration finale de conférence diplomatique 'énonce' ' et serait bien en mal de disposer quoi que ce soit si elle n'est pas obligatoire ».

[3962] Avis Consultatif du 8 juillet 1996 de la Cour internationale de Justice (CIJ), *Licéité de l'utilisation des armes nucléaires par un Etat dans un conflit armé,* CIJ Recueil 1996, § 70.

[3963] Avis Consultatif du 9 juillet 2004 de la CIJ, *Conséquences juridiques de l'édification d'un mur dans le territoire palestinien occupé,* CIJ, CIJ Recueil 2004, §86.

[3964] J. CAZALA, « *Le* soft law *international entre inspiration et aspiration », op.cit.,* p.75 « [l]a Cour déterminera maintenant les règles et principes de droit international qui sont pertinents pour l'appréciation de la licéité des mesures prises par Israël. Ces règles et principes figurent dans la Charte des Nations unies et certains autres traités, dans le droit international coutumier et dans les résolutions pertinentes adoptées en vertu de la Charte par l'Assemblée générale et le Conseil de sécurité » (Avis Consultatif du 9 juillet 2004 de la CIJ, *op.cit.,* §86).

[3965] J. CAZALA, « *Le* soft law *international entre inspiration et aspiration », op.cit.,* p.73.

[3966] CONSEIL D'ETAT, « *Le droit souple »,* Résumé, *op.cit.,* p.4.

[3967] K. A. KLOCK, « *The soft law alternative to the WHO's treaty powers », op.cit.,* p.830.

[3968] Sur l'idée de la valeur symbolique du droit V. P. NOREAU, *« De la force symbolique du droit »,* in C. THIBIREG et al., *La force normative, op.cit.,* pp.137-150.

cela soit la panacée du droit international pour les instruments contraignants. Dès lors, le positivisme juridique[3969] (et la vision binaire contraignant/non contraignant) est remis en cause en positionnant davantage cette réflexion dans la théorie rationaliste[3970]. Selon la théorie rationaliste le droit souple et le droit dur ont des atouts distincts en fonction des contextes particuliers. Par ailleurs, ces deux droits ne sont pas opposés mais complémentaires et peuvent se nourrir l'un de l'autre.

1937. Ainsi, le droit souple n'est pas à considérer uniquement comme un instrument par défaut du droit international, dans la mesure où il dispose d'avantages qui lui sont propres, comme le droit « dur ». Il est une véritable alternative au droit des traités[3971]. Par ailleurs, s'il ne génère pas de règles primaires pour les destinataires ou les auteurs de l'instrument dans lequel ils sont inscrits, le droit « souple » participe à la diffusion d'effets juridiques. Ainsi, le développement du droit souple n'est pas simplement un symptôme de la dégradation de la norme[3972]. Le droit souple doit même être reconnu en tant que véritable droit au sein d'un réseau normatif.

2. La reconnaissance d'un droit au sein d'un réseau normatif

1938. Le droit souple apparaît ainsi comme un droit avant tout (a) qui participe, plus largement, à la remise en cause de l'ordre juridique vertical et hiérarchisé, et à l'émergence un système normatif en réseau (b).

a. Le droit souple, un droit avant tout

1939. Pour certains auteurs, la dénomination droit souple est le signe qu' « il ne s'agit ni vraiment de droit ni vraiment de non-droit mais d'une catégorie frontière, mouvante et étrangère à une classification binaire rigide[3973] ». En effet, *a priori* la notion de droit souple remet en question trois affirmations qui « à force de répétition, plus que de démonstration, sont devenu des vérités juridiques[3974] » : le droit est un ensemble de règles, les règles sont nécessairement obligatoires et contraignantes et la contrainte, exprimée par la sanction potentielle de l'autorité publique est le critère du

---

[3969] Le positivisme juridique favorise le droit dur et perçoit la relation droit souple-droit dur de façon binaire. Le droit dur fait référence aux obligations juridiques de nature formellement contraignante alors que le droit souple fait référence aux instruments qui ne sont pas formellement contraignant mais qui mener à du droit contraignant (Pour cette approche binaire V. notamment D. SHELTON, *Commitment and compliance : the role of non-binding norms in the international legal system,* Oxford University Press, 2000 ; J. KLABBERS, « *The Redundancy of Soft Law* », Nordic Journal of International Law, vol.65, p. 167, 1996 : F. SNYDER, « *Soft Law and International Practice in the European Community* », in S. MARTIN (dir.), *The construction of europe : essays in honour of emile Noël,* 1994). Il s'agit d'un « mode d'approcher le droit », comme « théorie de la science du droit » dont le but est de considérer le « droit tel qu'il est et non tel qu'il devrait être » (N. BOBBIO, *Essais théorie du droit,* LGDJ, 1998, pp.23-38 et p.44)

[3970] Cette théorie se différencie de deux autres théories, le positivisme juridique et le constructivisme. Pour une analyse comparative des trois théories V. G. C. SHAFFER et M. A. POLLACK, « *Hard vs. Soft Law : alternatives, complements, and antagonists in international governance* », Minnesota Law Review, 2010, pp.706-799 (p.707 et s.).

[3971] K. A. KLOCK, « *The soft law alternative to the WHO's treaty powers* », *op.cit.*

[3972] CONSEIL D'ETAT, « *Le droit souple* », Résumé, *op.cit.*, p.10.

[3973] I. HACHEZ, « *Balises conceptuelles autour des notions (...)* », *op.cit.*, pp.38 à 58 et J. CAZALA, « *Le* soft law *international entre inspiration et aspiration* », *op.cit.*, p.45.

[3974] C. THIBIERGE, « *Le droit souple. Réflexion sur les textures du droit* », *op.cit.*

droit. Selon cette conception, le droit souple est un non-sens, « une impossibilité radicale[3975] ».

1940. On évoquera notamment la position du Professeur THÜRER qui explique que le droit ne peut être plus ou moins contraignant, soit il s'agit d'un postulat soit il s'agit de droit dur au sens strict[3976]. Dans la même lignée, le Professeur KOKOTT considère que l'emploi de *soft law* est « auto-contradictoire » puisque le mot « droit » implique son caractère obligatoire[3977]. Encore le Professeur KLABBERS, suivant une approche positiviste, estime que le droit ne peut être « plus ou moins contraignant ». Suivant l'approche normativiste, WEIL critique l' « idée simpliste (qui) voudrait qu'une norme soit ou ne soit pas[3978] ». Cette distinction réductrice pourrait engendrer une déstabilisation du système normatif international et transformer le droit souple en un instrument qui ne pourra plus servir son objectif[3979]. Ainsi, le reproche fait au droit souple est de provoquer « une confusion conceptuelle au détriment de la théorie des sources énumérée à l'article 38 du Statut de la Cour de Justice internationale[3980] ». En effet, le droit souple introduit un relativisme quant au seuil de normativité[3981]. Si le droit souple gagne en flexibilité, il perd en précision dans la détermination des obligations juridiques internationales et serait contraire à la théorie formaliste des sources. Il aurait des « effets pervers [qui] consisteraient donc à affaiblir un système juridique construit au lendemain de la Seconde Guerre mondiale[3982] ». Enfin, pour le Professeur RAUSTALIA, le droit souple n'existe pas car il identifie « quelque chose entre le droit contraignant et non contraignant [3983] », or aucune catégorie intermédiaire n'existe. Pour l'auteur, il ne s'agit pas d'un concept cohérent en accord avec la pratique des Etats[3984].

1941. Toutefois, cette idée selon laquelle il n'y aurait pas de catégories intermédiaires d'instruments juridiques méconnait la polynormativité avancée

---

3975 *Ibid.*

3976 D. THÜRER, « *Soft law* », in R. WOLFRUM (dir.), *The Max Planck Encyclopedia of Public International Law*, Oxford University Press, 2010.

3977 J. KOKOTT, « *Soft law Standards under International Law* » in P. NOBEL (dir.), *International Standards and the Law*, Staempfli, 2005, p.17 V. également J.-L. BRIERLY, *« Le fondement du caractère obligatoire du droit international »*, RCADI, vol.25, 1928, pp.467-552 notamment p.469 et s. « Il y a deux explications traditionnelles rivales du fondement de l'obligation en droit international, la doctrine des droits naturels ou fondamentaux des États, et la doctrine du consentement de ces États » (

3978 P. WEIL, « *Le droit en quête de son identité. Cours général de droit international public* », RCADI, vol.237, 1992, p.219 ; P. WEIL, « *Vers une normativité relative en droit international* », *op.cit.* L'auteur souligne le risque pour le droit et la sécurité juridique de prendre en compte sous le vocable de normatif, des phénomènes infra-juridiques ou relevant du non-droit.

3979 *Ibid.*, V. également P. WEIL, « *Vers une normativité relative en droit international* », *op.cit.*, p.47 Pour l'auteur cela risque d'engendrer « une dislocation de la structure normative du droit international et la dénaturation de ses fonctions ».

3980 I. DUPLESSIS, « *Le vertige et la* soft law : *réactions doctrinales en droit international* », *op.cit.*, p.258.

3981 F. CRANCIONI, « *International 'soft law' : a contemporary assessment* », in V. LOWE et M. FITZMAURICE (dir.), *Fifty years of the International Court of Justice. Essays in honour of Sir Robert Jennings*, Cambridge University Press, 1996, pp.167-178.

3982 V. I. DUPLESSIS, « *Le vertige et la* soft law : *réactions doctrinales en droit international* », *op.cit.*, p.258.

3983 K. RAUSTIALA, « *Form and substance in international agreements* », AJIL, vol.99, p.586 (pp.581-614). Pour Bilder, il s'agit d'un concept dangereux en ce qu'il « déprécie la crédibilité du droit » (R. BILDER, « *Beyond compliance : helping nations cooperate* », in D. SHELTON, *Commitment and Compliance: The Role of Non-Binding Norms in the International Legal System*, Oxford University Press, 2000, p.65).

3984 K. RAUSTIALA, « *Form and substance in international agreements* », *op.cit.*, p.587 et s.

par WEIL lui-même, illustrée par le droit international public et notamment par l'activité normative de l'OMS. Cette pure construction doctrinale qui consiste à exclure le droit souple du système juridique représente une « vision statique[3985] » des sources du droit, qui seraient limitées à celles énoncées par l'article 38 du Statut de la CIJ, devenant ainsi « les tables de la loi de la nouvelle religion[3986] ». Ainsi, les intérêts à introduire de la notion de droit souple au sein de la théorie générale du droit sont multiples. On retiendra en particulier le besoin de mettre en cohérence les faits, en l'occurrence l'ampleur du phénomène de la *soft law* avec la conception du droit [3987]. Plus particulièrement, l'idée est de permettre de relier l'activité normative de l'OMS, conçue par son absence de contrainte, avec la conception du droit caractérisée de façon erronée par la contrainte. Ainsi, il faut que « l'obligatoriété ne soit plus le seul fondement de la règle de droit[3988] ».

1942. Dès lors, il convient de préciser ce qui lie le droit et le droit souple. Premièrement, il convient de désarticuler le lien entre droit et sanction (ou contrainte[3989]). En effet, serait juridique la norme dont la violation peut donner lieu à la sanction étatiques. On retrouve ici la position kelsénienne pour qui le « Droit est un ordre de contrainte : les normes constitutives d'un ordre juridique prescrivent la contrainte [3990] ». Or cette affirmation est erronée. Certes, comme le rappelle le Professeur SALMON « le point de savoir si la contrainte, ou encore la sanction, est un élément nécessaire de la règle de droit est une querelle traditionnelle en théorie du droit international[3991] ». Toutefois, comme l'exprime le Professeur DE BECHILLON, la thèse selon laquelle la sanction constituerait le critère du Droit est « mal fondée, fragile et inopérante[3992] ». Elle repose sur une idée fausse. En effet, le « droit parvient à être respecté, et à assujettir ses destinataires au-delà de la contrainte[3993] ». Le droit international se caractérise par l'équilibre qu'il opère entre volontarisme et contrainte[3994].

[3985] J. DELLAUX, « *Contribution pour une (re)définition du concept de normativité en droit international (...)* », *op.cit.*, p.137.
[3986] A. PELLET, « *Contre la tyrannie de la ligne droite – Aspects de la formation des normes en droit international de l'économie et du développement* », in Thesaurus Acroasium, vol. XIX, 1992, p.296
[3987] C. THIBIERGE, « *Le droit souple. Réflexion sur les textures du droit* », *op.cit.* Selon l'auteure les autres objectifs sont de développer « une notion juridiquement transversale, apte à créer le lien entre les divers ordres juridiques, international, communautaire et interne ; une notion mettant l'accent sur la genèse du droit, sur le droit en devenir ; une notion constituant une interface à la fois entre les valeurs et le droit dur, et entre le phénomène social du droit et le droit lui-même, une notion qui contribue à relier le droit à l'évolution sociale et aux autres sciences humaines et une notion qui participe du souci d'harmonisation des droits européen et international ».
[3988] A. OUEDRAOGO, « *Standard et standardisation : la normativité variable en droit international* », *op.cit.*, p. 155.
[3989] J. SALMON, *Dictionnaire de Droit international public, op.cit.,* « contrainte », p.253. La contrainte est un « acte ou menace de coercition exercés à l'encore d'un sujet de droit international ou de son représentant ».
[3990] H. KELSEN, « *La validité du Droit international* », RCADI, La Haye, 1932-IV, p.124.
[3991] J. SALMON, *Dictionnaire de Droit international public, op.cit.,* « contrainte », p.253.
[3992] D. DE BECHILLON, *Qu'est-ce qu'une règle de droit ?, op.cit.*, p.60 et s.
[3993] I. DORE, « *La force normative du pouvoir étatique dans la philosophie de Michel Foucault* », in C. THIBIERGE (dir.), *La force normative, op.cit.*, p.58. L'auteure précise « en vertu de la nature relationnelle de son pouvoir », elle préfère la notion de force normative à celle de force contraignante.
[3994] V. M. CHEMILLIER-GENDREAU, « *Le droit international entre volontarisme et contrainte* », in *L'évolution du droit internationale, mélanges H. Thierry*, Pedone, 1998, pp.93-105.

1943. La sanction n'est pas un critère d'existence du droit. En effet, la présence d'une sanction n'empêche pas tout un chacun de pouvoir, s'il le souhaite, adopter un comportement irrégulier ou illicite, transgressant. Ainsi, selon la formule du Professeur DE BECHILLON, « le propre du Droit (...), c'est de pouvoir être violé [3995] ». En effet, pour reprendre les mots du Professeur STRUPP « les délits n'annulent pas le droit, ils l'affirment plutôt[3996] ». Dès lors la sanction a pour rôle d'orienter le choix de respecter ou non la règle de droit lorsque la vertu (juridique ou morale) a échoué à le faire toute seule. Ainsi, la menace d'une rétorsion tend simplement à « convaincre le sujet qu'il n'a pas intérêt de s'affranchir de la règle[3997] ». La sanction sert à garantir l'effectivité de la norme qui n'est pas une condition de l'existence de juridicité. Autrement dit, « une règle n'est pas juridique parce qu'elle est sanctionnée, elle est sanctionnée parce qu'elle est juridique[3998] ». Dès lors, si l'absence de mécanisme de sanction ne rend pas l'activité normative de l'OMS dépourvu de juridicité, tout au plus cette juridicité est « atténuée[3999] ». Ainsi, le fait de constater l'absence de caractère contraignant des actes de droit souple, ce qui conduit à ce que leur non application ne soit pas forcément soumise à des sanctions, ne résout ni n'épuise le problème distinct de mesurer leur portée juridique. Cette appréciation dépend des effets en droit produit et d'une modification quelconque dans l'ordonnancement juridique existant[4000]. En d'autres termes, « la différence ne vient pas de l'existence ou de l'absence d'une sanction[4001] mais plutôt de l'intention de l'auteur de la norme soit d'obliger sur le terrain du droit (droit classique), soit de contraindre autrement ou de ne pas contraindre[4002] ».

1944. Deuxièmement, l'analyse de la force normative contribue à la qualification de droit en reconnaissant l'importance des effets juridiques. La valeur de la norme (contraignante ou non par exemple) est certes importante afin d'anticiper la vocation de la norme à servir de référence juridique mais elle ne suffit pas pour définir l'existence d'un droit. En effet, la portée ainsi que la garantie normative s'attachent à observer la réception des effets de la norme de droit souple par les destinataires de la norme et plus largement au sein du système juridique par sa mise en œuvre afin d'assurer son respect. A cet égard, les actes de droit souple sont dépourvus de force obligatoire ou de

[3995] D. DE BECHILLON, *Qu'est-ce qu'une règle de droit ?, op.cit.*, p.60.
[3996] K. STRUPP, « *Règles générales du Droit de la paix* », RCADI, vol.47, 1934, p.207.
[3997] D. DE BECHILLON, *Qu'est-ce qu'une règle de droit ?, op.cit.*, p.61.
[3998] G. MARTY et P. RAYNAUD, *Introduction à l'étude du Droit*, Dalloz, 2e éd., 1972, n°34.
[3999] G. FEUER et H. CASSAN, *Droit international du développement*, 2e éd., Dalloz, 1991.
[4000] F. CHATZISTAVROU, « *L'usage du* soft law *dans le système juridique (...)* », *op.cit.*, p.5.
[4001] V. notamment les conclusions de l'Avocat général Alber précédant l'arrêt C.J.C.E., 23 mars 2004, République française c. Commission, C-233/02, § 54 : « force est de constater tout d'abord que la circonstance que les lignes directrices ne prévoient pas de sanctions ni de responsabilité en cas de non-respect, ni de mécanisme de règlement des différends, n'interdit pas – contrairement à l'analyse de la Commission – de les considérer néanmoins comme document obligatoire car ce ne sont pas là des éléments indispensables à l'effet obligatoire d'un arrangement. L'absence de disposition expresse relative aux sanctions est sans incidence, puisque les traités internationaux sont soumis au principe *pacta sunt servanda* [...]. Du reste, s'il s'agit d'un accord obligatoire en droit international public, les principes généraux du droit international public relatifs à la responsabilité des sujets de droit international s'appliqueront en l'absence de règle expresse dans les lignes directrices. »
[4002] H. CULOT, « *Soft Law et droit de l'OMC* », RIDE, 2005, pp.251-289.

force contraignante mais « non de tout effet juridique[4003] ». Dès lors, ces effets juridiques permettent de caractériser les actes « souple » de droit. Cette caractérisation intervient par exemple, si le législateur intègre cet acte dans le système national ou encore si le juge est susceptible d'en tirer des conséquences juridiques qui modifient l'ordonnancement juridique[4004]. A cet égard, il s'agit de la position retenue récemment par le Conseil d'Etat lorsqu'il a eu à juger d'acte de droit souple dans deux arrêts du 21 mars 2016[4005]. En effet, il a jugé que pouvait être exercé un recours pour excès de pouvoir à l'encontre d'actes de droit souple pris par des autorités de régulation (Autorité des marchés financiers et Autorité de la concurrence). En l'espèce, il s'agissait de communiqués de presse et de prises de position. Le juge administratif français a ainsi estimé être compétent lorsque ces actes « sont de nature à produire des effets notables, notamment de nature économique, ou ont pour objet d'influer de manière significative sur les comportements des personnes auxquelles ils s'adressent ». Jusqu'alors le juge administratif se limitait, en principe, aux situations où l'acte avait un effet juridique direct. Or ici il retient les critères de l'influence significative sur les comportements des personnes destinataires de l'acte ainsi que les effets notables qu'il produit.

1945. Par ailleurs, comme le prouve l'ensemble des traductions de *soft law* qu'elles soient positives, négatives ou neutres, elles ont toutes en commun de la porter au rang de droit[4006]. Comme le précise DE LACHARRIERE, « dans les expressions de droit mou, tendre ou vert, il y a tout de même droit et c'est bien pourquoi on peut parler d'ambiguïté, ou plutôt d'une certaine ambiguïté[4007] ». Comme le souligne à juste titre la Professeure THIBIERGE, « sans précision (droit flou) ne signifie pas pour autant indéterminable, sans obligation (droit doux) ne veut pas nécessairement dire non respecté et sans sanction (droit mou) ne s'assimile pas à sans effets[4008] ». Comme le souligne à juste titre, le Professeur JACQUET, « [s]i non obligatoire était synonyme de 'ne produisant aucun effet', il ne serait pas justifié de parler de droit souple[4009] ». A cet égard, pour la Professeure HIGGINS, « l'adoption de décisions internationales obligatoires pour les Etats (n'est) pas le seul moyen

---

[4003] J. COMBACAU et S. SUR, *Droit international public, op.cit.*, p. 53.

[4004] D. TABUTEAU, « *Référentiels, bonnes pratiques et recommandations : nouvelles normes ou 'quasi normes' en santé ?* », JDSAM, n°3, 2015, p.7.

[4005] CE, Ass. 21 mars, 2016 n°368082, *Société Fairvesta International GMBH et autres* et CE, 21 mars 2016, n°390023, *Société NC Numéricable* (V. F. MELLERAY, « *Le contrôle juridictionnel des actes de droit souple* », RFDA 2016, p.679 ; O. DEXANT, « *contrôle et légitimation de l'activité des autorités de régulation* », Revue des sociétés 2016, p.608 et L. DUTHEILLET DE LAMOTHE, « *Un recours souple pour le droit souple,* AJDA 2016, p.717). Le Conseil d'Etat a confirmé sa jurisprudence dans un arrêt CE, 13 juillet 2016, n°38850, *Société GDF Suez* en précisant que le délai de recours contre un tel acte doit être formé dans un délai de deux mois à compter de la mise en ligne de l'acte dans des conditions précises. Si la demande de retrait est limitée par ce délai, la demande d'abrogation va au delà du délai à l'intérieur duquel il est possible d'en demander le retrait.

[4006] A. BOUVERESSE, « *La portée normative de la* soft law », *op.cit.*, p.291.

[4007] G. DE LACHARRIERE, *La politique juridique extérieure*, Economica, Paris, 1983, p. 102.

[4008] C. THIBIERGE, « *Le droit souple. Réflexion sur les textures du droit* », *op.cit.*

[4009] J.M. JACQUET, « *L'émergence du droit souple (ou le droit ''réel'' dépassé par son double)* », in *Études à la mémoire du professeur Bruno Oppetit*, Litec, 2009, p. 336. V. également G. ABI-SAAB, « *Cours général de droit international* », RCADI, 1987-VII, vol. 207, p.208.

d'assurer un développement du droit international[4010] ». Des effets juridiques peuvent également procéder d'actes qui ne sont pas formellement contraignants.

1946. Par conséquent, l'activité normative de l'OMS est en rupture avec l'approche kelsénienne[4011]. La porosité du droit souple participe à la remise en cause de la vision étroite d'un « positivisme strict[4012] » hérité de KELSEN. Ainsi, cette rupture contribue à développer une « nouvelle conception du droit[4013] ». En effet, il apparaît que la distinction entre droit dur et droit mou, fondée sur la sacralité de la contrainte, n'est pas pertinente afin d'analyser l'existence d'un droit. Seuls importent les effets juridiques que la norme, l'acte ou l'instrument ont sur l'ordre juridique international et interne. La contrainte n'est pas un critère d'existence ou de qualification de la norme juridique.

1947. L'intégration de la notion de droit souple en tant que droit, en raison de ses effets juridiques, implique l'élargissement de la notion de « normatif ». En effet, le normatif inclut alors ce qui doit être (*sollen*) mais aussi ce qui devrait être, ce qu'il pourrait être et ce qu'il serait souhaitable qu'il soit. Il intègre donc le « devoir-être » et le « pouvoir-être »[4014]. Ainsi le droit souple s'insère dans le normatif au sens d'appréciatif, de souhaitable c'est-à-dire le « normatif non obligatoire[4015] ». Dès lors, le normatif est constitué de droit dur et de droit souple.

1948. Le développement de l'activité normative de l'OMS participe à l'émergence un système normatif en réseau.

b. Le droit souple, au sein d'un système normatif en réseau

1949. Le droit souple issu de l'activité normative de l'OMS participe au développement d'un « réseau normatif », en réponse aux difficultés liées au modèle pyramidal comme l'exposent pertinemment les Professeurs OST et van DE KERCHOVE[4016]. L'image de la pyramide est utilisée pour illustrer la production de la normativité étatique et verticale. En effet, elle repose sur une « conception essentiellement hiérarchique, linéaire et arborescente [...] ; cette structure suppos[ant] des relations à sens unique entre [les] différents niveaux hiérarchiques, exclu[ant] toute forme d'inversion ou de rétroaction entre eux,

---

[4010] R. HIGGINS, *Problems and Process: International Law and How We Use It*, Oxford University Press, 1995, p. 25 ; S.SUR, « *Quelques observations sur les normes juridiques internationales* », RGDIP, 1985, n°4, p.915.

[4011] V. notamment L. BOY, « *Normes techniques et normes juridiques* », *op.cit.*, p.3. L'auteur précise qu' « on assiste à une production mixte de la norme juridique, en contradiction avec le modèle normatif kelsénien, principalement public et vertical ».

[4012] V. B. OPPETIT, *Philosophie du droit,* Dalloz, 1999, n°75 sur « La crise de la normativité et la controverse sur le positivisme ».

[4013] V. P. DEUMIER, *Le droit spontané,* LGDJ, 2002, p.258

[4014] C. THIBIERGE, « *Le droit souple. Réflexion sur les textures du droit* », *op.cit.*

[4015] *Ibid.*

[4016] V. F. OST et M. Van de KERCHOVE, « *Création et application du droit. Structure linéaire ou circulaire du système juridique ?* », in *Jalons pour une théorie critique du droit,* Publications des Facultés universitaires Saint-Louis, 1987, p.183 et s. ; F. OST et M. Van der KERCHOVE, « *De la pyramide au réseau. Vers un nouveau mode de production du droit* », RIEJ, n°44, 2000.

[…] les différents éléments s'engendr[ant] par démultiplication, à partir d'un foyer de création originel unique[4017] ».

1950. On retiendra particulièrement la critique liée à la structure du système juridique qui consisterait dans « une distribution linéaire des normes juridiques par couches qui réglementeraient chacun les conditions d'édiction des normes de la couche inférieure[4018] ». Pour résumer les critiques, selon les Professeurs OST et van DE KERCHOVE, trois hypothèses essentielles se dégagent : « sans disparaître, la *hiérarchie* révèle ses limites - discontinuité, inachèvement, alternance - où la subordination cède partiellement la place à la coordination et à la collaboration ; sans perdre toute vigueur, la *linéarité* se relativise et s'accompagne fréquemment de phénomènes de bouclage ou d'inversion dans l'ordre des relations; *l'arborescence* se dilue, dans la mesure où la multiplicité des foyers de création du droit ne peut pas toujours être dérivée d'un point unique et souverain[4019] ».

1951. Dès lors, la simplicité du modèle de hiérarchie normative[4020] ne permet pas de « rendre compte à lui seul de la complexité toujours croissante de la réalité juridique[4021] ». Preuve en est, de nombreux concepts démontrent les difficultés du modèle pyramidal et la nécessité de le complexifier[4022].

1952. L'idée d'un réseau normatif se fonde donc sur la notion d'horizontalité à l'égard des auteurs, du contenu et de la valeur de la norme. Ainsi, la production normative horizontale renvoie plutôt à la normativité issue d'acteurs multiples en liaison ou en interaction, partageant le même langage, et dont aucun n'est subordonné à un autre[4023]. L'activité normative de l'OMS, qui participe de la « communauté internationale à activité normative[4024] », est représentative d'un réseau normatif en santé.

1953. D'abord, les normes de l'OMS sont empreintes d'une multiplicité. Qu'elles soient techniques ou juridiques, contraignantes ou non contraignantes, l'OMS a compétence pour adopter différentes normes sur différents enjeux sanitaires. Ainsi, la valeur et le contenu sont caractérisés par

---

[4017] V. F. OST et M. Van de KERCHOVE, *De la pyramide au réseau ?,* Publications des Facultés universitaires Saint-Louis, 2002, p.44.

[4018] P. AMSELEK, *Réflexions critiques autour de la conception kelséniennen de l'ordre juridique,* RDP et de la science politique en France et à l'étranger, 1978, n°1, p.13.

[4019] F. OST et M. Van der KERCHOVE, « *De la pyramide au réseau (...)* », *op.cit.*, 2000, p.10.

[4020] D. SHELTON, « *Normative hierarchy in international law* », AJIL, 2006, pp.291-323.

[4021] F. OST et M. Van der KERCHOVE, « *De la pyramide au réseau (...)* », *op.cit.*, 2000, p.9.

[4022] Dans la doctrine, on retrouve les terminologies suivantes : « pyramides inachevées », « hiérarchies discontinues », « hiérarchies alternatives », « hiérarchies inversées » (M. DELMAS-MARTY, *Pour un droit commun*, Paris, Seuil, 1994, p.91 et s.), « archipel » (G. TIMSIT, *Archipel de la norme*, *op.cit.*), «rhizome »(M. DELMAS-MARTY, Introduction au thème «*Les nouveaux lieux et les nouvelles formes de régulation des conflits* », in J. CLAM et G. MARTIN, *Les transformations de la régulation juridique*, LGDJ, 1998, p.212; J. FAGET, *Le rhizome pénal. Milieu ouvert et décentralisation de la politique criminelle,* GERICO, 1989. Comme le rappellent les auteurs le concept est emprunté à G. DELEUZE et F. GUATTARI, *Mille plateaux. Capitalisme et schizophrénie*, Minuit, 1980, p.32), « polycentricité » (A. HIRVONEN, *Polycentricity. The multiple scenes of law*, Londres Sterling, Pluto press, 1998, notamment p.2 et s.), « structuration réticulaire », «compénétration » (M.-F. RIGAUX, *La théorie des limites matérielles à l'exercice de la fonction constituante*, Larcier, 1985, p.181), « coordination » (F. RIGAUX, *La loi des juges*, Odile Jacob, 1997, p.230-231.), « réseau », « interlégalité », « caméléon » (B. de SOUSA SANTOS, *Law: a map of misreading. Toward a postmodern conception of law*, Journal of law and society, vol.14, n°3, 1987, p.298- 299).

[4023] F. OST etM. Van de KERCHOVE, *De la pyramide au réseau ?, op.cit,* 2002, p.25.

[4024] L. BOISSON DE CHAZOURNES, « *Standards et normes techniques dans l'ordre juridique contemporain (...)* », *op.cit.*, p.351.

leur horizontalité. Ensuite, à l'égard de l'auteur de la norme, on constate également, dans l'élaboration de la norme, la place laissée aux acteurs non étatiques et en particulier des experts scientifiques. Si, *in fine,* il s'agit bien de normes de l'OMS, elles ne sont pas toutes formellement et explicitement approuvées par l'Assemblée mondiale de la santé mais par son Directeur général[4025]. De même, on peut souligner le rôle joué par la société civile dans le développement de la CCLAT.

1954. La question du réseau normatif répond à celle de l'adéquation du contenu avec le domaine spécifique de l'activité internationale. En effet, l'évolution de l'activité normative de l'OMS participe à l'adaptation du droit à de nouveaux enjeux de la société internationale grâce à la flexibilité de son contenu et à la relativité de sa valeur. Cette activité normative offre une déconstruction de la vision stato-centrée du droit international dans la double perspective de polynormativité et d'internormativité[4026].

1955. Pour conclure cette démonstration, selon l'analyse du corpus normatif de l'OMS, pour exister une norme peut être technique et ne pas prévoir de contrainte ni de sanction en cas de violation. En effet, le droit souple ainsi que la technicité de la norme participent à brouiller la frontière nette entre le droit et le non-droit[4027] qui est aujourd'hui difficile à tracer[4028]. Il faut, pour reprendre les mots de la Professeure THIBIERGE faire le « deuil de la croyance en un seuil net de juridicité[4029] » et reconnaître une gradation de la juridicité. Cette dernière s'analyse en une « qualité, plus ou moins forte[4030] » de la norme. Ainsi, le degré de juridicité de la norme de droit international de la santé varie et le critère de l'obligatoriété comme fondement de la règle de droit devient moins déterminant[4031]. Comme le précise le Professeur ABI-SAAB « juridicité ne signifie pas nécessairement obligatoriété et pertinence ou effet juridique ne se réduit pas seulement à effet obligatoire[4032] ».

1956. Cette juridicité atténuée n'empêche ni la qualification de norme ni celle de droit de l'ensemble de l'activité normative de l'OMS car la question centrale est celle de ses effets juridiques. Les notions de droit dur et de droit souple apparaissent ainsi comme des facettes du droit. Tout au plus est-il possible de distinguer la *soft law* du droit classique tout deux étant des catégories du droit. Pour reprendre les mots du Professeur PELLET, « sans doute arrive-t-il toujours un moment où l'analyse peut dire : ceci est du droit et cela n'en est pas, mais entre ces deux extrêmes on chercherait en vain une rupture nette. C'est bien plutôt d'un 'dégradé normatif' qu'il faut parler[4033] ».

[4025] V. *supra* n°0

[4026] A. OUEDRAOGO, « *Standard et standardisation : la normativité variable en droit international* », *op.cit.*, p.157.

[4027] Pour ce constat en droit international V. A. PELLET, *Le bon droit et l'ivraie, plaidoyer pour l'ivraie, op.cit.*, pp.287-288.

[4028] A. OUEDRAOGO, « *Standard et standardisation : la normativité variable en droit international* », *op.cit.*, p.185.

[4029] C. THIBIERGE, « *Le droit souple. Réflexion sur les textures du droit* », *op.cit.*

[4030] G. TIMSIT, *Archipel de la norme, op.cit.*, p.463.

[4031] L. BOISSON DE CHAZOURNES, « *Standards et normes techniques dans l'ordre juridique contemporain (...)* », *op.cit.*, p.351.

[4032] G. ABI-SAAB, « *Cours général de droit international public* », RCADI, 1987-VII, vol.207, pp.9-463 (p.208).

[4033] A. PELLET, *Le bon droit et l'ivraie, plaidoyer pour l'ivraie, op.cit.*, pp.287-288.

1957. Le débat quant à la validité de la norme n'a pas lieu sur la légitimité, le contenu ou la valeur de la norme dès lors que l'OMS a compétence pour l'adopter. La question doit davantage s'orienter sur les effets que la norme est susceptible de produire. Comme le souligne le Professeur ROUVILLOIS[4034], la validité du droit « ne réside plus en lui-même, dans la logique de sa propre construction, qu'elle ne résulte de sa réalisation sociale[4035] ». Ainsi, la justification de la règle de droit n'est plus exclusivement recherchée dans le respect de critère de légitimité tenant à la règle elle-même mais également dans les effets qu'elle est susceptible de produire. On aborde donc ici l'idée des effets de la norme[4036] de l'OMS. La conception de la norme de l'OMS, c'est-à-dire la réalité de la norme, repose sur l'interprétation des effets de la norme par l'OMS.

SECTION 2 : L'INTERPRETATION DES EFFETS DE LA NORME

1958. La question des effets de la norme n'est pas une question qui traditionnellement intéresse le juriste. Ce dernier a plutôt consacré ses travaux « à la systématisation des règles de droit ainsi qu'à l'interprétation et à l'application de normes générales et abstraites à des cas d'espèces[4037] ». Ainsi, le travail du juriste se concentre, plus encore aujourd'hui, sur le problème de la détermination du contenu des normes. Si cet aspect est important il demeure statique[4038]. Or, la recherche des effets de la norme de l'OMS est indispensable à la reconnaissance de sa crédibilité et de sa légitimité. Elle sert également à justifier le recours à la norme internationale notamment en raison de l'absence de contrainte rattachée à sa norme.

1959. Comme le souligne très justement Monsieur VIGNES, « il ne s'agit pas d'imposer, il faut faire en sorte d'être suivi (…) c'est là que se situe l'avenir du droit international de la santé[4039] ». De même, pour le Professeur BELANGER, l'objectif final pour l'OMS est « l'intégration dans le droit national des Etats des normes qu'elle établit[4040] ». On ajoutera à cet objectif celui d'améliorer le niveau de la santé mondiale. Dès lors, reprenant les mots du Professeur BOBBIO, il faut distinguer entre la notion de validité relative à la question de l'existence de la norme, de celle de l'efficacité de la norme[4041].

1960. A cet égard, l'analyse de l'activité normative de l'OMS démontre des effets contrastés des normes de l'OMS à deux niveaux. D'abord, des

---

[4034] F. ROUVILLOIS, « *L'efficacité des normes. Réflexions sur l'émergence d'un nouvel impératif juridique* », Working paper, Fondation pour l'innovation politique, Novembre 2006, p.4.

[4035] J. COMMAILLES, « *Effectivité* », in D. ALLAND et S. RIALS, *Dictionnaire de culture juridique*, PUF, 2003, p.583.

[4036] Pour certains auteurs les effets de la norme équivalent à la force normative (V. J. CAZALA, « *La force normative des instruments du* Codex Alimentarius », in C. THIBIERGE et al., *La force normative, op.cit.*, p.337 (pp.335-343).

[4037] V. DEMERS, *Le contrôle des fumeurs. Une étude d'effectivité du droit*, Montréal : Thémis, 1996, p.7.

[4038] L. MADER, *L'évaluation législative. Pour une analyse empirique des effets de la législation*, Payot, 1985, p.13.

[4039] C. H. VIGNES, « *L'avenir du droit international de la santé* », *op.cit.*, p. 19.

[4040] M. BELANGER, *Droit international de la santé*, QSJ, p.26.

[4041] N. BOBBIO, *L'Eta dei dirritti*, Einaudi, 1997, p.66.

difficultés sont observées dans la capacité des normes de l'OMS à s'intégrer dans les systèmes juridiques internes venant ainsi modifier l'ordre juridique. Ensuite, les normes de l'OMS offrent des résultats mitigés quant à l'amélioration du niveau de la santé des populations visées. A cette fin, la recherche des effets de la norme est au cœur de l'analyse de l'activité normative de l'OMS (§1).

1961. Par ailleurs, l'analyse du corpus normatif de l'OMS et de son effectivité sur le système juridique et sur la santé mondiale offre un panorama des situations propices à sa mise en œuvre. Autrement dit, le contexte juridique, politique ou encore économique joue un rôle déterminant sur la mise en œuvre des normes de l'OMS. Dès lors, l'objectif est d'exposer les facteurs ou conditions favorables aux effets de la norme de l'OMS (§2).

§1. Le critère des effets de la norme

1962. D'abord, l'analyse de l'activité normative de l'OMS démontre que les effets de la norme sont un critère de distinction entre l'effectivité et l'efficacité de la norme (A). Ensuite, les effets de la norme apparaissent comme un critère de justification du recours à la norme (B).

A. Entre effectivité et efficacité de la norme

1963. De prime abord, les notions d'effectivité et d'efficacité apparaissent étroitement liées, au point d'être parfois « interchangeables [4042] » ou confondues[4043]. Toutefois, non seulement elles se distinguent[4044] mais elles sont en réalité complémentaires. L'efficacité se fonde sur l'effectivité de la norme. Il est nécessaire de tenter de cerner les contours de l'effectivité qui demeurent ambigus (1). Néanmoins, l'OMS a la volonté ambitieuse de démontrer également l'efficacité de sa norme (2).

1. Les contours ambigus de l'effectivité

1964. Si l'usage de la fonction d'effectivité a été « exponentiel », ses contours « restent flous [4045] » voire « insaisissables [4046] » ce qui n'est pas nécessairement un handicap[4047] malgré des appels à sa dissolution[4048]. Une

---

[4042] L. HEUSCHLING, « *'Effectivité', 'efficacité', 'efficience' et 'qualité d'une norme du droit. Analyse des mots et des concepts* » in M. FATIN-ROUGE STEFANINI, L. GAY et A. VIDAL-NAQUET (dir.), *L'efficacité de la norme juridique. Nouveau vecteur de légitimité,* Bruylant, 2012, p.49 (pp.27-60).

[4043] V. CHAMPEIL-DESPLATS, « *Efficacité et énoncé de la norme* », in P. HAMMJE, L. JANICOT et S. NADAL (dir.), *L'efficacité de l'acte normatif. Nouvelle norme, nouvelles normativités* LGDJ, coll. LEJEP, 2013, p.63 (pp.63-74).

[4044] E. MILLARD, *Théorie générale du droit,* Dalloz, coll. Connaissance du droit, 2006, p.53 L'auteur précise que l' « effectivité n'est pas l'efficacité ».

[4045] F. COUVEINHES, *L'effectivité en droit international,* Thèse, Université Panthéon-Assas, 2011, p.18.

[4046] O. R. YOUNG et M. LEVY, « *The effectiveness of international environmental regimes* », in O. R. YOUNG (dir.), *The effectiveness of international environmental regimes: causal connections and behavioral mechanisms,* MIT Press, 1999, p.3 (« effectiveness is an elusive concept »).

[4047] E. MILLARD, *Famille et droit public – Recherches sur la construction d'un objet juridique,* thèse, droit, Lyon III, LGDJ, 1995, p. 11. L'auteur énonce que la « polysémie n'est pas un handicap aussi lourd qu'il paraît de prime abord ».

revue de la doctrine juridique montre un problème commun de délimitation relatif à « l'incertitude ou l'ambiguïté de sa définition et de ses usages[4049] ». Ces difficultés s'expliquent par le caractère équivoque de l'effectivité. Celle-ci repose sur un fondement factuel (a) et une perception élargie de la notion d'effets (b).

a. Un fondement factuel

1965. La notion d'effectivité[4050] repose sur un fondement factuel, celui des effets (réels) de la norme. Pour reprendre la définition proposée par le Professeur SALMON, l'effectivité est le « caractère de ce qui existe en fait ». Elle est la qualité d'une situation juridique qui « correspond à la réalité, d'une compétence qui s'exerce réellement[4051] ». Ainsi, en premier lieu, elle désigne « la réalité ou l'ensemble des faits existants[4052] ». En second lieu, elle fait également référence à la réalisation de quelque chose prévu sur le plan de l'idée ou du droit et qui va effectivement se réaliser[4053]. Ainsi, son évaluation s'apprécie dans la mesure de l'écart éventuel « entre le droit et sa réalisation, entre les comportements prescrits par le droit et les comportements réels des acteurs[4054] ». Comme l'exprime Monsieur BETAILLE, ce mot indique tantôt une « action en cours » (l'auteur fait référence à « l'effectivité-action »), tantôt un « état résultant du passé » (l'auteur fait référence à « l'effectivité-état »[4055]).

1966. A cet égard, l'effectivité repose sur le rapport[4056] ou le lien[4057] entre le fait et le droit[4058]. Pour Monsieur COUVEHAINES, ce rapport se ferait au détriment du droit où l'effectivité serait « l'expression d'une primauté du fait sur le droit, de la pratique sur la théorie[4059] ». L'effectivité de la norme, pour reprendre l'expression de KELSEN, désigne son respect « en gros et de façon générale[4060] ».

[4048] V. J. CARBONNIER, « *Effectivité et ineffectivité de la règle de droit* », L'année sociologique, LVII, 1958, p. 15. L'auteur considérait que « dans des recherches ultérieures, il pourrait être préférable de dissoudre la notion ».

[4049] F. COUVEINHES, *L'effectivité en droit international, op.cit.*, p.18.

[4050] Sur les origines du mot « effectivité » voir notamment J. BETAILLE, *Les conditions juridiques de l'effectivité de la norme en droit public interne : illustratiosn en droit de l'urbanisme et en droit de l'environnement*, Thèse, Université de Limoges, 2012, pp.2-7.

[4051] J. SALMON, *Dictionnaire de Droit international public, op.cit.*, « effectivité », p.411.

[4052] F. COUVEINHES, *L'effectivité en droit international, op.cit.*, p.19.

[4053] *Ibid.*

[4054] « *L'effectivité au regard des notions voisines* », in V. CHAMPEIL-DESPLATS et D. LOSCHAK (dir), *A la recherche de l'effectivité des droits de l'homme*, Presses Universitaires de Paris Ouest, coll. Sciences juridiques et politiques, 2008, p.27 (pp.27-30).

[4055] J. BETAILLE, *Les conditions juridiques de l'effectivité de la norme en droit public interne(...) », op.cit.*, p.2.

[4056] V. Ch. DE VISSCHER, *Les effectivités en droit international public*, Pedone, 1967, p.13. L'auteur considère que « la notion d'effectivité évoque celle du réel dans les rapports entre le fait et le droit ».

[4057] F. COUVEINHES, *L'effectivité en droit international, op.cit.*, p.19.

[4058] V. notamment G. MARTY, *La distinction du fait et du droit. Essai sur le pouvoir de contrôle de la Cour de Cassation sur les juges de fait*, Recueil Sirey, 1929 ; L. LEVENEUR, *Situations de fait et droit privé*, LGDJ, 1990 ; D. LOUIS, *La distinction du fait et du droit en droit judiciaire privé*, thèse, Université de Montpellier, 2014 et J. RIVERO, *La distinction du droit et du fait dans la juriprudence du Conseil d'Etat*, La Neuveville, éd. du Griffon, 1961.

[4059] F. COUVEINHES, *L'effectivité en droit international, op.cit.*, p.19.

[4060] La formule, reprise par COUVEINHES, est de H. KELSEN (F. COUVEINHES, *L'effectivité en droit international, op.cit.*, p.20, n.d.p. 4).

1967. Selon l'approche traditionnelle, l'effectivité se confond avec application. Ainsi, l'ineffectivité de la norme renvoie à l'idée qu'elle n'est pas appliquée. Comme le précise Monsieur PERRIN « application et inapplication, effectivité et ineffectivité sont les deux facettes d'un même problème[4061] ». A ce titre, une norme juridique est effective lorsqu'elle existe dans la réalité autrement dit lorsqu'elle est appliquée dans les faits. La notion d'effectivité, suivant les différents dictionnaires de droit, fait référence au « caractère d'une règle de droit qui est appliquée réellement[4062] ». Dès lors, dans sa première acception[4063] est effectif ce qui se traduit par des actes réels, tangibles, c'est-à-dire ce qui existe réellement et qui « produit des effets dans la réalité empirique[4064] ». Pour reprendre les mots du Doyen CARBONNIER, dans son article précurseur, il décrit l'effectivité comme « l'application effective[4065] » de la règle de droit. Ainsi, l'effectivité est le « degré de réalisation, dans les pratiques sociales, des règles énoncées par le droit[4066] ». Cette notion est assimilée à son effectivité juridique c'est-à-dire à son application[4067].

1968. La notion d'application implique un *continuum* d'éléments allant de l'intégration de la norme dans le système juridique de l'Etat par sa ratification à sa prise en compte par les juges qui peuvent sanctionner son non-respect. Ainsi, la norme est appliquée soit lorsque ses destinataires la respectent[4068], c'est-à-dire quand ils accomplissent l'obligation à laquelle la règle les soumet, soit lorsque les autorités chargées de sa mise en œuvre, juges compris, l'exécutent[4069]. L'exécution peut inclure mais sans être exclusif le contrôle et la sanction de violations[4070]. Dès lors, l'application d'une norme internationale par un Etat est un élément constitutif de l'effectivité de la norme. En effet, l'absence d'effets d'une norme renvoie « à l'idée qu'[elle] n'est pas appliquée par les autorités chargées de son contrôle et/ou par le juge compétent pour

---

[4061] J.-F. PERRIN, « *L'effectivité de l'ordonnance du 10 mars 1975* » in Ch. A. MORAND, J.-F. PERRIN, Ch.-N. ROBERT et R. ROTH (dir.), *Le port obligatoire de la ceinture de sécurité. Hypothèse et données pour l'étude des effets d'une norme,* Université de Genève, 1977, p.40.
[4062] H. REID, *Dictionnaire de droit québécois et canadien,* Wilson et Lafleur, 2e éd., 1996, « effectivité » p.209 et G. CORNU, *Vocabulaire juridique,* PUF, 10e éd., 2014, « effectivité », p.386.
[4063] V. les quatre concepts d'effectivité proposés par HEUSCHLING (L. HEUSCHLING, « *'Effectivité', 'efficacité', 'efficience' et 'qualité' d'une norme du droit. (...) », op.cit.,* n.d.p. 60, p.29 et s.).
[4064] D. DE BECHILLON, *Qu'est ce qu'une règle de droit ?, op.cit.*, p. 87.
[4065] J. CARBONNIER, « *Effectivité et ineffectivité de la règle de droit », op.cit.*p.3 et J. CARBONNIER, *Pour une sociologie du droit sans rigueur,* LGDJ, 9e éd., 1998, p.133.
[4066] P. LASCOUMES « *Effectivité »,* in A.-J. ARNAUD (dir.), *Dictionnaire encyclopédique de théorie et de sociologie du droit,* LGDJ, 1933, p.217.
[4067] D. BODANSKY, « *What makes international agreements effective ? Some pointers for the WHO Framework Convention on Tobacco Control »*, Technical Briefing Series, Paper 4, WHO, 1999, p.24. L'auteur fait référence à « legal effectiveness ».
[4068] G. DRAGO, « *L'effectivité des sanctions de la violation des droits fondamentaux dans les pays de la Communauté »,* in AUPELF, *L'effectivité des droits fondamentaux dans les pays de la Communauté francophone,* Colloque international, Port-Louis, 29-30 sept. et 1er oct., AUPELF-UREF, 1994, p.535. L'auteur considère que l'effectivité est la réalisation concrète, pratique de la règle de droit, son exécution, son application par les destinataires de celle-ci.
[4069] J.-F. PERRIN, « *L'effectivité de l'ordonnance du 10 mars 1975 »,* in Ch. A. MORAND, J.-F. PERRIN, Ch.-N. ROBERT et R. ROTH (dir.), *op.cit.*, p.38.
[4070] A. MONTEIRO FERNANDES, « *Réflexions sur l'effectivité en droit du travail à partir du cas portugais »,* in P. AUVERGNON (dir.), *L'effectivité du droit du travail : à quelles conditions ?,* Presses Universitaires de Bordeaux, 2008, p. 108. L'auteur souligne que « Le fait que la règle visant la « conformation » de certains comportements de ses destinataires ne soit pas respectée par eux ne signifie pas immédiatement qu'elle soit ineffective : si la sanction est normalement appliquée, il y a là quand même l'un des effets possibles de la règle, la conséquence juridico-pratique de sa violation ».

sanctionner les violations dont elle fait l'objet[4071] ». On retrouve ici la notion d'effectivité ou d'efficacité[4072] énoncée par KELSEN selon laquelle « une norme est efficace/effective soit lorsqu'elle est appliquée dans les cas concrets par les organes de l'ordre juridique, par les tribunaux ».

1969. Toutefois, il faut différencier les notions d'« effectivité » et d'« application » pour deux raisons. D'abord, la vision selon laquelle les effets de la norme se traduisent uniquement par son application implique une conception nécessairement impérative et répressive du droit[4073] contraire à la conception de la norme de l'OMS. En effet, l'OMS participe à une interprétation particulière de la juridicité de la norme qui n'implique pas nécessairement la sanction[4074]. Ensuite, l'application se limite à la mise en œuvre de la norme internationale au sein des systèmes nationaux en se concentrant sur la capacité de la norme à avoir intégré le système juridique. Ainsi, l'application ne prend pas en compte l'ensemble des effets de la norme qui vont au-delà de sa simple application.

1970. D'autres auteurs proposent de s'écarter de cette première conception traditionnelle en considérant que l'effectivité est la « capacité de la règle à orienter le comportement de ses destinataires dans le sens souhaité par le législateur[4075] ». La norme juridique constitue « une référence pour les actions[4076] ». Comme le précise justement Monsieur LEROY, « ce qui compte ce n'est pas que la règle de droit soit respectée, appliquée, mais c'est la circonstance qu'elle puisse être utilisée, mobilisée par les sujets de droit ou les autorités étatiques d'application[4077] ». Selon cette approche, est effective la règle utilisée par ses destinataires comme modèle pour orienter leur pratique, qu'il s'agisse des destinataires primaires, c'est-à-dire les individus auxquels la règle s'adresse, ou des destinataires secondaires[4078]. L'effectivité est ici assimilée à une effectivité comportementale c'est-à-dire la capacité de la norme à engendrer des changements des comportements des Etats dans une direction positive[4079].

1971. Pour le Professeur RANGEON, l'évaluation de l'effectivité de la norme repose sur les effets de la norme[4080]. En d'autres termes, l'effectivité n'est plus envisagée comme une action, celle pour les sujets de droit, à appliquer les prescriptions posées par la règle ou à utiliser les facultés qu'elle offre, mais comme le résultat de cette action. L'enjeu de l'effectivité se situe alors au « cœur même des effets produits par le droit[4081] ».

[4071] Y. LEROY, « *La notion d'effectivité du droit* », Droit et société, n°79, vol.3, pp.715-732 (p.717).

[4072] V. CHAMPEIL-DESPLATS, « *Efficacité et énoncé de la norme* », *op.cit.*, p.63. Les auteurs soulignent que « la traduction par les termes d'efficacité ou d'effectivité de certains passages de la *Théorie pur du droit* de Kelsen a fait l'objet de discussions particulières.

[4073] Y. LEROY, « *La notion d'effectivité du droit* », *op.cit.*, p.719.

[4074] V. *supra* n°0 et s.

[4075] F. OST et M. Van de KERCHOVE, *De la pyramide au réseau ?, op.cit.*, p.329.

[4076] Y. LEROY, « *La notion d'effectivité du droit* », *op.cit.*, p.724.

[4077] *Ibid.*, p.725.

[4078] F. OST et M. Van de KERCHOVE, *De la pyramide au réseau ?, op.cit.*, p.330.

[4079] D. BODANSKY, « *What makes international agreements effective ? (...)* », *op.cit.*, p.24. L'auteur fait référence à « behavioural effectiveness ».

[4080] V. F. RANGEON, « *Réflexions sur l'effectivité du droit* » in *Les usages sociaux du droit*, Centre universitaire de recherches administratives et politiques de Picardie (CURAPP), PUF, 1989.

[4081] Y. LEROY, « *La notion d'effectivité du droit* », *op.cit.*, p.727.

1972. La notion d'effectivité est donc fondée sur l'analyse des faits. Elle implique une analyse des effets produits par le droit. Ces derniers connaissent une interprétation élargie.

b. L'élargissement de la notion d'effet

1973. Il est important de considérer que l'effectivité de la norme joue un rôle symbolique[4082]. Dès lors, son évaluation ou appréciation[4083] ne peut « se borner à l'analyse des effets 'visibles' du droit, mais doit inclure les effets symboliques, tant juridiques que non juridiques[4084] ». L'idée de l'effectivité intervient *a posteriori* dans la constatation des effets de la norme, c'est-à-dire du passage du droit vers les faits. L'effectivité sert ainsi d'outil pour désigner en aval du droit le degré de réalisation de règles énoncées. C'est un concept *ex-post*[4085]. Dès lors, l'étendue des effets pris en compte pour l'évaluation de l'effectivité de la norme peut varier. Premièrement, ses effets dépassent la simple application de la norme.

1974. Deuxièmement, dans la lignée des travaux du Professeur RANGEON et de Monsieur LEROY, si l'effectivité dépasse la stricte application de la norme « elle ne s'étend pas à l'ensemble des effets du droit[4086] ». Certes, comme le note le Professeur ROCHER, les effets d'une norme peuvent être « voulus et involontaires, recherchés ou accidentels, directs ou indirects, prévus ou inattendus, sociaux, politiques, économiques et culturels[4087] ». L'analyse de cette conception de l'effectivité nécessite alors de « retracer la diversité de ses effets » et de « retrouver les voies par lesquelles passent ses effets et les mécanismes qui les produisent[4088] ». En d'autres termes, le Professeur ROCHER ne limite pas l'effectivité à la recherche des effets, de toute nature qu'ils soient, mais s'étend également aux raisons expliquant ces effets et à la façon dont ils se produisent[4089]. De même, DEMERS élargit, sans réserve, la notion d'effectivité à l'ensemble des effets produits par la règle de droit en considérant que le droit n'est qu'un mécanisme de régulation sociale, un déterminant des rapports sociaux, parmi d'autres[4090]. A cet égard, OST et

---

[4082] V. P. NOREAU, « *De la force symbolique du droit* », in C. THIBIERGE (dir.), *La force normative, op.cit.*, p.137.

[4083] J. CAZALA, « *Appréciation de l'efficacité de l'organisation internationale* », in E. LAGRANGE et J.-M. SOREL, *op.cit.*, p.969 et s. (pp.968-992). L'auteur différencie l'appréciation des notions d'évaluation, d'audit et d'inspection.

[4084] F. RANGEON, « *Réflexions sur l'effectivité du droit* », *op.cit.*, p.139.

[4085] L. HEUSCHLING, « '*Effectivité*', '*efficacité*', '*efficience*' et '*qualité d'une norme du droit. (...)* », *op.cit.*,n.d.p. 60, p.32.

[4086] Y. LEROY, « *La notion d'effectivité du droit* », *op.cit.*, et F. RANGEON, « *Réflexions sur l'effectivité du droit* », *op.cit.*

[4087] G. ROCHER, « *L'effectivité du droit* », in A. LAJOIE, R. A. MACDONALD, R. JANDA et G. ROCHER (dir.), *Théories et émergence du droit : pluralisme, surdétermination et effectivité*, Thémis, Bruylant, 1998, p.136.

[4088] G. ROCHER, « *L'effectivité du droit* », in A. LAJOIE, R. A. MACDONALD, R. JANDA et G. ROCHER (dir.), *op.cit.*, p.136.

[4089] Y. LEROY, « *La notion d'effectivité du droit* », *op.cit.*, p.728.

[4090] V. DEMERS, *Le contrôle des fumeurs. Une étude d'effectivité du droit*, Thémis, 1996, p.3. V. également E. MILLARD, Entrée « Effectivité des droits de l'homme », in J. ANDRIANTSIMBAZOVINA et al. (dir.), *Dictionnaire des droits de l'homme*, PUF, Paris, 2008, p.349. L'auteur, dans le cadre des droits de l'homme, considère que l'effectivité est « comprise au sens large comme réalisation sociale, jusqu'à un certain degré, de ce que (les) notions de droits recouvrent ».

VAN DE KERCHOVE définissent l'effectivité comme « capacité de la règle à orienter le comportement de ses destinataires[4091] ».

1975. Si l'idée selon laquelle l'effectivité doit dépasser la simple application de la norme afin de déterminer l'ensemble des effets, juridiques ou non de la norme, il existe un besoin d'exclure les phénomènes de rejet de la règle, de volonté de contournement de celle-ci ou encore les effets non voulus. Ces derniers forment des situations d'ineffectivité de la norme juridique. En effet, il apparaît erroné de considérer qu'une norme de l'OMS serait effective alors que les effets observés sont contournés, contraires ou pervers[4092]. L'effet pervers porte atteinte, selon la Professeure PIGNARRE, « soit à la finalité, soit aux bienfaits de la règle » et constitue une « réaction contre elle[4093] ». Certes, tout effet peut participer à l'analyse de son effectivité puisque la norme aura « produit un effet[4094] ». La notion de « degrés » d'effectivité prend alors tout son sens puisque la norme ne sera pas « ineffective » mais « moins effective » selon Monsieur BETAILLE[4095].

1976. Toutefois, comme le souligne justement Monsieur LEROY, parmi les effets non désirés, voire non prévus, seuls ceux « qui ne sont pas en opposition avec les valeurs que la règle véhicule [participent] de la notion d'effectivité[4096] ». Ici, la notion de finalité se distingue de celle d'objectifs ou de résultats attendus. L'identification d'effets contraires demeurent une donnée « riche d'enseignements » mais ne peut être intégrée dans l'analyse de l'effectivité au risque de « vider de son sens l'idée d'effectivité[4097] ». Cette approche se détache, en partie, de celle retenue par Messieurs ROCHER et BETAILLE et se rapproche de celle retenue par Messieurs LEROY et RANGEON.

1977. Dès lors que l'on intègre l'ensemble des effets de la norme sauf celui contraire à sa propre finalité, différents effets sont à prendre en compte dépassant ainsi une catégorie d'effets en particulier. Reprenant la définition proposée par LEROY, l'effectivité vise « tout à la fois les effets concrets ou symboliques, les effets juridiques, économiques, sociaux ou de quelque autre nature, les effets désirés ou non voulus, prévus ou non intentionnels, immédiats ou différés à la seule différence qu'ils n'entrent pas en contradiction avec les finalités des règles de droit évaluées ». On précisera que les effets juridiques incluent ceux qui ont force obligatoire ou simplement recommandatoire.

1978. A cette liste d'effets, il faut ajouter les effets diffus ou indirects c'est-à-dire les effets qui correspondent à la finalité de l'instrument mais qui ne sont pas directement ou explicitement liés à son adoption. Par exemple, la France

---

[4091] F. OST et M. VAN DE KERCHOVE, *De la pyramide au réseau – pour une théorie dialectique du droit*, Publication des Facultés universitaires de Saint Louis, Bruxelles, 2002, p. 329.

[4092] Ce terme est entendu comme « renversé », « retourné » « qui n'est pas recherché » (V. R. BOUDON, *Effets pervers et ordre social*, PUF, 1989, p.14).

[4093] G. PIGNARRE, « *L'effet pervers des lois* », RRJ, vol.59,n° 4, 1994, p.1113.

[4094] O. BLOCH et W. VON WARTBURG, *Dictionnaire étymologique de la langue française*, PUF, 2004, p.213 ; E. BAUMGARTNER et P. MENARD, *Dictionnaire étymologique et historique de la langue française*, Livre de poche, 1996, p.269.

[4095] J. BETAILLE, *Les conditions juridiques de l'effectivité de la norme en droit public interne (... », op.cit.*, p.16.

[4096] Y. LEROY, « *La notion d'effectivité du droit* », *op.cit.*, p.730.

[4097] *Ibid.*

dans le cadre de la loi de modernisation du système de santé adoptée en 2016 a prévu l'instauration du paquet neutre de cigarettes. Hormis une allusion dans les débats parlementaires[4098], aucune référence n'a été faite dans la loi à la CCLAT qui prévoit la mise en place du paquet neutre. Dès lors, l'adoption de cette disposition apparaît comme un effet de la CCLAT alors même qu'il n'y est pas fait référence.

1979. Si la notion d'effectivité doit être appréhendée comme l'ensemble des effets produits par la norme, l'OMS cherche également à démontrer des effets produits en fonction de l'objectif énoncé. Cette volonté offre une analyse de l'efficacité des normes de l'OMS, davantage pertinente dans le cadre du rôle normatif de l'OMS.

2. Une volonté ambitieuse d'efficacité

1980. La notion d'efficacité de la norme a connu un regain d'intérêt ces dernières années auprès de la doctrine qui a précisé ses contours. A cet égard, la notion d'efficacité de la norme a trait au but recherché (a). Elle doit, par ailleurs, être différenciée de la notion d'efficience (b).

a. L'adéquation des effets produits à l'objectif voulu

1981. Comme le souligne le Professeur ROUVILLOIS, la notion d'« efficacité normative » est complexe et assez peu familière es juristes[4099]. Le sens usuel d'efficacité, indépendamment de son sens juridique, fait référence, si l'on reprend la définition de l'Académie française, à « 1) la propriété de ce qui est efficace et 2) l'aptitude d'une personne à accomplir sa tâche avec succès, à réussir dans ses entreprises[4100] ». L'adjectif « efficace » provient du latin *efficax, -acis* (agissant, efficace). On retrouve dans toutes les définitions l'idée qu'efficace signifie « qui produit l'effet attendu », « qui réussit »[4101]. L'effet « attendu » est celui qui « non seulement concourt à la finalité de la norme, mais surtout atteint cette finalité, l'objectif posé par l'auteur de la norme[4102] ». Ainsi, la particularité de l'adjectif « efficace » tient en ce qu'il se réfère aux effets attendus, espérés, souhaités ou désirés[4103] à la différence de la notion d'effectivité qui constate simplement la production d'effets. L'efficacité est la propriété qu'a la norme de produire non pas seulement *des* effets mais bien « les effets que l'on attendait d'elle[4104] ».

[4098] V. *supra* la note de bas de page n°3515

[4099] F. ROUVILLOIS, *L'efficacité des normes (...) », op.cit.*, p.3.

[4100] *Dictionnaire de l'Académie française*, 9ème éd., t. 2 (de *Éocène* à *Mappemonde*), Imprimerie nationale/Fayard, 2005.

[4101] *Le Petit Larousse,* 2006, p.396.

[4102] J. BETAILLE, *Les conditions juridiques de l'effectivité de la norme en droit public interne (... », op.cit.*, p.18.

[4103] Il est fait référence ici à la distinction proposée par HEUSCHLING, selon laquelle « l'adjectif « souhaité/désiré » est à privilégier car il est plu clair que « attendu ». Vague, ce dernier terme pourrait à la limite désigner un effet pervers ! Le législateur peut « s'attendre » à tel effet pervers de sa loi, bien qu'il ne le souhaite pas. Analytiquement, il est utile et possible de distinguer : effets souhaités/non souhaités (par le législateur), effets prévus/non prévus (par le législateur) ». (L. HEUSCHLING, « *'Effectivité', 'efficacité', 'efficience' et 'qualité d'une norme du droit. (...) », op.cit.*,n.d.p. 60, p.49).

[4104] D. DE BECHILLON, *Qu'est-ce qu'une règle de droit ?, op.cit.*, p.10.

1982. Plus précisément, d'un point de vue juridique l'efficacité est le « mode d'appréciation des conséquences des normes juridiques et de leur adéquation aux fins qu'elles visent[4105] ». Pour DE VISSCHER, on peut tenir « pour efficaces les dispositions d'un acte international [...] quand considérées en elles-mêmes, elles sont en adéquation aux fins proposées[4106] ». L'efficacité ne porte donc aucun jugement sur le caractère approprié ou proportionné du moyen[4107]. Dès lors, comme le souligne le Professeur PERRIN, lorsqu'on confronte l'objectif de la norme avec son degré d'accomplissement on mesure l'efficacité de la norme ou d'un système de normes[4108]. Ainsi, l'efficacité est un concept qui sert à faire le lien entre le Droit et son environnement[4109]. La particularité de l'efficacité est de ne pas uniquement se placer dans l'*a posteriori* afin de constater les effets de la norme mais de se situer dans l'*a priori* « c'est-à-dire qu'on a posé l'effet à atteindre et que le phénomène en acte l'a effectivement produit[4110] ». Cela suppose donc l'accomplissement d'un projet.

1983. L'évaluation de l'efficacité suppose l'analyse du but de la norme, de sa raison d'être (*ratio legis*). Comme l'indique à juste titre Madame SIBONY, lorsqu'il s'agit d'analyser l'efficacité d'un dispositif, il faut pouvoir répondre à la question « est-ce que le dispositif a atteint son but. Trois réponses sont possibles : le dispositif a atteint son but, n'a pas atteint son but ou a atteint son but partiellement[4111]. Il faut, à cet égard, ne pas considérer que le but de la norme est d'être efficace[4112] puisque, par définition, l'efficacité s'analyse en fonction de l'effet réel de la norme au vu du but recherché.

1984. Dès lors, le but peut être celui souhaité, recherché ou fixé par l'auteur de la norme[4113]. Il s'agit de la définition la plus fréquente selon laquelle le but est inhérent à la volonté de l'auteur de la norme qui se l'est donnée en toute liberté[4114]. A juste titre, Monsieur MINCKE précise que le but de la norme

---

[4105] A. ARNAUD (dir.), *Dictionnaire encyclopédique de théorie et de sociologie du droit*, LGDJ, 1992 ; R. BETTINI, « Efficacité », *Dictionnaire encyclopédique de théorie et de sociologie du droit*, *op.cit.*, p.219. On soulignera que ce terme est absent du Dictionnaire Cornu (G. CORNU, *Vocabulaire juridique*, 10e éd., PUF, 2014).

[4106] Ch. DE VISSCHER, *Les effectivités en droit international public*, Pedone, 1967.

[4107] A.-L. SIBONY, « *Du bon usage des notions d'efficacité et d'efficience en droit* » in M. FATIN-ROUGE STEFANINI, L. GAY et A. VIDAL-NAQUET (dir.), *L'efficacité de la norme juridique. Nouveau vecteur de légitimité*, Bruylant, 2012, p.62 (pp.61-84).

[4108] J.-F. PERRIN, *Pour une théorie de la connaissance juridique*, Droz, 1979, p.91.

[4109] S. NADAL, « *L'efficacité des règles de droit pour repère : quel(s) horizon(s) ?* », in P. HAMMJE, L. JANICOT et S. NADAL (dir.), *L'efficacité de l'acte normatif. Nouvelle norme, nouvelles normativités* LGDJ, coll. LEJEP, 2013, pp.12-22 (p.16).

[4110] M.-A. FRISON-ROCHE, *« L'efficacité des décisions en matière de concurrence : notions, critères, typologie »*, LPA, n°259, 2000, p.4.

[4111] A.-L. SIBONY, « *Du bon usage des notions d'efficacité* », *op.cit.*, p.62.

[4112] *Ibid.*, p.64. L'auteure prise que « il y a confusion des genres lorsque l'efficacité ou l'efficience sont présentées comme des buts d'une norme juridique. En effet, une propriété d'un rapport but/moyen ne peut pas être en même temps le but assigné à une norme. Cela n'a tout simplement pas de sens. En bonne logique, il faut au contraire assigner un but propre à une norme (autre que l'efficacité ou l'efficience) pour qu'il devienne possible de s'interroger avec profit sur l'efficacité ou sur l'efficience de cette norme compte tenu de ce but ».

[4113] F. RANGEON, « *Réflexions sur l'effectivité du droit* », *op.cit.*, p.130.

[4114] L. HEUSCHLING, *« 'Effectivité', 'efficacité', 'efficience' et 'qualité d'une norme du droit. (...) »*, *op.cit.*, p.51.

n'est pas toujours facile à identifier[4115]. Toutefois, dans le cadre du développement de la CCLAT, l'OMS énonce le but de sa norme : « réduire régulièrement et notablement la prévalence du tabagisme et l'exposition à la fumée du tabac[4116] ». Elle insiste sur l'adéquation anticipée entre les mécanismes prévus par la CCLAT et la réduction de la consommation de tabac.

1985. Pour le Professeur HEUSCHLING, le but peut également être imposé à l'auteur de la norme par une norme supérieure du droit positif. Tel est le cas lorsque la Constitution de l'OMS prescrit l'atteinte du niveau de santé le plus élevé possible. Ainsi, toute norme de l'OMS doit poursuivre ce but. Enfin, le but en question peut être dégagé du droit naturel, de la philosophie, de la morale[4117]. Ainsi il s'agit d'un droit naturel à la santé qui s'imposerait aux normes de l'OMS. De ces différentes sources du but poursuivi on peut mesurer différemment l'adéquation/l'adaptation de la norme juridique. Ainsi, le degré d'adéquation d'une norme peut se faire par rapport aux buts fixés par l'auteur de la norme, par une norme supérieure du droit positif ou par une référence méta-positive (droit naturel, morale, principe d'utilité)[4118], à condition d'admettre l'existence d'une telle référence.

1986. Enfin, on retrouve la confusion entre application et effectivité dans les travaux sur l'efficacité des actes normatifs dans la définition proposée par les Professeurs JEAMMAUD et SEVERIN. Ces derniers considèrent que l'efficacité s'entend de son « aptitude à procurer le résultat en vue duquel ils ont été conçus [...]. Elle désigne l'obtention dans l'univers singulier des rapports juridiques, des résultats purement techniques recherchés, ou inhérents à leur réalisation[4119] ». Ainsi, cette approche de l'efficacité est « auto-référencée dans la mesure où elle intègre essentiellement des données juridiques[4120] ». En d'autres termes, toujours selon ces auteurs, ce n'est pas tant le lien entre le Droit et l'environnement que celui entre systèmes juridiques qui fonde la notion d'application. Or, afin de pouvoir évaluer l'adéquation entre le dispositif et le but recherché il faut dépasser la seule application de la norme au sein du système juridique afin d'analyser le but recherché.

1987. A la lumière de ces développements, on constate que l'efficacité, va au-delà de l'effectivité de la norme malgré certaines confusions[4121].

[4115] Ch. MINCKE, *« Effets, effectivité, efficience et efficacité du droit : le pôle réaliste de la validité »*, RIEJ, 1998, p.133. L'auteur souligne qu'il est difficile de cerner le but visé par un auteur lorsqu'il s'agit d'un organe complexe, composé d'une pluralité d'individus (à l'instar du parlement) et que s'entremêlent des buts déclarés avec des buts occultés.

[4116] V. L'article 3 « Objectif » de la CCLAT.

[4117] V. L. HEUSCHLING, *« 'Effectivité', 'efficacité', 'efficience' et 'qualité d'une norme du droit. (...) »*, *op.cit.*, n.d.p. 67, p.51. L'auteur fait référence aux écrits de BENTHAM sur la finalité du droit positif et le principe d'utilité (J. BENTHAM, *Of the limits of the penal branch of jurisprudence,* édité par Ph. SCHOFIELD, Clarendon, 2010, pp.55 et s.

[4118] V. F. OST et M. VAN DE KERCHOVE, *Jalons pour une théorie critique du droit,* Publications des Facultés Universitaires Saint-Louis, Coll. Travaux et Recherches, vol. 9, 1987, p.326.

[4119] A. JEAMMAUD et E. SEVERIN, « *Evaluer le droit* », Dalloz, chron., 1992, p.263.

[4120] V. C. BLERY, *L'efficacité substantielle des jugements civils,* LGDJ, 2000.

[4121] V. notamment D. BODANSKY, *« What makes international agreements effective ? (...)", op.cit., p.24.* L'auteur évoque la « *problem-solving effectiveness* » qui évoque lorsque la norme accomplit ses objectives, ce qui correspond à la définition « d'efficacité » à nos yeux.

L'effectivité invite le juriste à penser « l'écart[4122] » entre la norme et sa concrétisation alors que l'efficacité le convierait plutôt à réfléchir à l'adéquation des moyens aux buts, entre les résultats obtenus et le but recherché *ex ante* de la norme. Autrement dit, « l'efficacité correspond au degré d'effectivité qui correspond à l'objectif de la norme ». L'adéquation et l'effectivité sont les deux piliers ou composantes essentielles de l'efficacité[4123]. Prenons l'exemple de l'OMS qui annoncerait une stratégie mondiale visant à réduire de 20% le taux de mortalité infantile dans le monde. La stratégie sera *efficace* si ce taux est atteint ou supérieur ; *moins efficace* si le taux atteint oscille entre 0,1% et 20% mais néanmoins effective d'autant plus si d'autres effets sont constatés et *inefficace* si le taux est nul ou négatif et ineffective sauf si d'autres effets sont constatés. La notion d'efficacité implique donc à la fois « la réalisation des effets voulus par l'auteur de la norme et l'application des règles énoncées par celle-ci[4124] ». L'efficacité se distingue néanmoins de la notion d'efficience de la norme.

b. Au-delà de l'efficience de la norme

1988. Si le terme d'efficience se retrouve principalement dans le domaine économique, c'est avant tout parce qu'il a trait au rapport entre des moyens et une fin au regard des coûts[4125]. En effet, un dispositif efficient est celui qui atteint le résultat souhaité au moindre coût[4126] ou au coût optimal[4127]. Il faut souligner que cette notion a pu être considérée comme impropre car associée à un anglicisme[4128]. L'influence de l'analyse économique du droit a contribué à l'apparition du terme « efficience » dans la littérature juridique[4129]. Toutefois, une confusion a pu exister entre efficacité et efficience.

1989. A cet égard, le sens usuel d'efficacité, selon l'une des définitions du *Petit Robert,* participe de cette confusion en énonçant que l'efficacité est la « capacité de produire le maximum de résultat avec le minimum d'effort, de dépense[4130] ». Cette définition se rapproche de celle d'efficience qui se réfère à la dépense. A l'inverse, la notion d'efficience a pu être définie comme l'« efficacité, capacité de rendement ». Dès lors, la réponse à la question de l'efficience d'un dispositif implique une comparaison avec d'autres dispositifs qui atteindraient le même but (au même degré) et dont les coûts seraient

[4122] V. CHAMPEIL-DESPLATS, « *Effectivité et droits de l'homme : approche théorique* » in V. CHAMPEIL-DESPLATS et D. LOSCHAK (dir.), *A la recherche de l'effectivité des droits de l'homme, op.cit.*, pp.11-26 (p.11).
[4123] F. ROUVILLOIS, *L'efficacité des normes (...) », op.cit.*, p.3.
[4124] *Ibid.*, p.15.
[4125] A.-L. SIBONY, « *Du bon usage des notions d'efficacité », op.cit.*, p.62.
[4126] *Ibid.*
[4127] « *L'effectivité au regard des notions voisines* » in V. CHAMPEIL-DESPLATS et D. LOSCHAK (dir), *op.cit.*, pp.27-30.
[4128] *Nouveau Petit Robert de la langue française,* Paris, 2009 « Efficience ». V. aussi J. BALEYE, A. KURGANSKY, C. LAROCHE et J. SPINDLER, *Dictionnaire économique et juridique Française/Anglais et Anglais Français* 4ème éd., LGDJ, 1995.
[4129] M.-A. FRISON-ROCHE, *« L'efficacité des décisions en matière de concurrence : (...) », op.cit.*
[4130] *Le Petit Robert,* Edition 1986.

supérieurs ou inférieurs à ceux du dispositif considéré[4131]. On constate donc que les significations les plus usuelles du vocable efficacité invitent à le rapprocher du mot « efficience »[4132].

1990. Or, comme le souligne Madame SIBONY, la confusion des genres entre l'efficacité et l'efficience est délétère et contagieuse. Délétère, d'abord, car la recherche du meilleur rendement, en tant que but de la norme, occulte toute question de justice distributive[4133]. Ainsi, elle apparaît contraire à la recherche, par l'OMS, du niveau de santé le plus élevé possible. La santé ne peut être considérée de la même manière que les enjeux économiques. Contagieuse, ensuite, parce que cette volonté se retrouve aujourd'hui dans le droit européen[4134] mais également au sein du fonctionnement de l'OMS, notamment dans les principes de financement. Il y a dans l'élaboration des futurs instruments adoptés par l'OMS, en sus de la question de son efficacité, celle de son moindre coût. Cette considération économique qui a une influence sur les priorités de santé en raison des restrictions budgétaires constantes au sein de l'Organisation[4135].

1991. Il est donc essentiel de distinguer la notion d'efficacité de celle d'efficience. La notion d'efficience est liée à celle d'efficacité car elle est dépendante de cette dernière. Ainsi, l'efficience ne peut exister sans efficacité. En effet, lorsque l'on évalue une norme juridique, la question de l'efficience ne peut venir qu'en second dès lors que le dispositif n'est pas complètement inefficace. En d'autres termes, il n'y a pas de « raison de s'intéresser au rapport coût/efficacité si l'efficacité est nulle[4136] ». Toutefois, la prise en compte ou non du coût de la norme juridique constitue un élément essentiel de distinction entre ces deux notions, en particulier dans l'élaboration de la norme de l'OMS.

1992. A cet égard, l'OMS se trouve aujourd'hui confrontée à un difficile équilibre. D'une part, la conception de la santé, notamment prévue par sa Constitution, impose une vision élargie et un objectif ambitieux d'atteinte du niveau de santé le plus élevé possible. Dès lors, la perception de la santé n'impose pas *a priori* l'intégration du facteur coût optimal dans l'élaboration de ses normes. Néanmoins, d'autre part, la crise budgétaire subie depuis les années 1990 impose à l'OMS de respecter un certain nombre de principes de financement. Ainsi, non seulement l'OMS doit énoncer des priorités dans la conduite de son action mais elle doit également convaincre du bien-fondé de l'utilisation de son budget afin d'atteindre l'objectif souhaité. Il doit y avoir une adéquation entre les résultats et l'objectif souhaité (efficacité) et une adéquation, dans certaines situations, entre les résultats souhaités et les moyens employés (efficience). Toutefois, il convient de nuancer ce dernier élément en raison de l'importance des intérêts politiques, prioritaires sur ceux financiers dans la négociation du type d'instrument. Par ailleurs, si l'OMS a

---

[4131] A.-L. SIBONY, « *Du bon usage des notions d'efficacité* », *op.cit.*, p.63. L'auteure offre une métaphore parlante en référence à son ancien professeur Pascal COMBEMALE : « prendre un marteau-piqueur pour écraser une mouche, c'est être efficace, mais ce n'est pas efficient ».

[4132] S. NADAL, « *L'efficacité des règles de droit pour repère : quel(s) horizon(s) ?* », *op.cit.*, p.15.

[4133] A.-L. SIBONY, « *Du bon usage des notions d'efficacité* », *op.cit.*, p.70.

[4134] *Ibid.*, p.71.

[4135] V. *supra* n°0 et s.

[4136] A.-L. SIBONY, « *Du bon usage des notions d'efficacité* », *op.cit.*, p.63.

mis en avant l'efficacité de son action, elle ne s'est pas prononcée sur son efficience sauf dans l'analyse des systèmes de santé[4137].

1993. Une fois les contours de la notion d'effectivité précisés, il convient d'observer que l'évaluation des effets de la norme est une propriété nécessaire et recherchée. Elle permet, dans l'élaboration de l'activité normative de l'OMS, de justifier l'utilisation de la norme.

B. Une justification du recours à la norme

1994. Dans l'élaboration de ses normes, l'OMS recherche à démontrer les effets de la norme pour justifier son rôle normatif (1). Toutefois, cette recherche se heure à des limites (2).

1. Une justification nécessaire

1995. L'évaluation des effets de la norme apparaît comme nécessaire en tant que justification du recours à la norme pour l'OMS (b) étant entendu, au préalable, qu'elle n'est pas constitutive de la validité de la norme (a).

a. Une justification indépendante de la validité de la norme

1996. Comme le souligne la Professeure CHEMILLIER-GENDREAU, si l'effectivité peut être perçue comme une notion a-juridique elle n'est pas pour autant « étrangère au droit[4138] ». Elle est devenue une notion centrale ayant envahi le champ du droit international et le lexique de l'OMS. Traditionnellement deux visions s'opposent quant au rôle juridique des effets de la norme.

1997. D'abord, certains auteurs souhaitent démontrer que le droit international a « récupéré » l'effectivité en tant que concept opératoire de base[4139]. Ainsi, GUGGENHEIM précisait dès 1949 que la « validité d'une norme doit correspondre à son effectivité, son ineffectivité à sa nullité[4140] ». De même, TOUSCOZ considérait que « l'effectivité apparait comme étant elle-même un élément constitutif du droit, une notion proprement juridique[4141] ». En particulier, la fonction apparente de l'évaluation des effets de la norme, en droit international, serait de réaliser « la nécessaire adéquation du droit au fait[4142] ». L'idée que le droit se doit d'être efficace pour exister se retrouve également en droit interne. Pour Monsieur FAVEREAU, le droit est quasiment sommé « de faire preuve de son efficacité, faute de quoi il [le droit]

[4137] V. notamment le programme « *Using available resources in the most efficient and equitable way* » dans le cadre du financement de la couverture universel (http://www.who.int/health_financing/strategy/equity_efficiency/en/).

[4138] M. CHEMILLIER-GENDREAU, « *A propos de l'effectivité en droit international* », RDBI, vol.1, 1975, p.39 (pp.38-46).

[4139] *Ibid.*, p.40.

[4140] P. GUGGENHEIM, « *Cours de droit international* » in RCADI, 1949.

[4141] J. TOUSCOZ, *Le principe d'effectivité dans l'ordre international*, LGDJ, 1964.

[4142] M. CHEMILLIER-GENDREAU, « *A propos de l'effectivité en droit international* », *op.cit.*, p.41.

n'aurait plus le droit d'être du Droit[4143] ». A cet égard, l'efficacité bénéficie du statut de « référentiel pour juger les règles de droit[4144] ».

1998. Suivant la même idée conceptuelle, des Professeurs OST et van DE KERCHOVE estiment que la validité[4145] de la norme dépend, en plus de sa légalité et de sa légitimité, de son effectivité. En effet, l'effectivité, perçue comme la validité empirique ou factuelle, est une « condition nécessaire mais non suffisante de validité[4146] ». Ainsi, la norme serait une « question de fait [4147]». Une fois les effets factuels démontrés ainsi que leur légalité et leur légitimité, la norme serait validée. Pour BOBBIO, passé un certain délai, « l'efficacité d'une règle suffit à la confirmer[4148] », à prouver qu'elle est bien une règle de droit. Dès lors, l'efficacité de la norme serait un critère de la validité de la norme. Comme le souligne justement le Professeur ROUVILLOIS, l'efficacité de la norme ne peut donc être dissociée du problème de sa validité[4149].

1999. Cette approche *a posteriori* faisant dépendre exclusivement ou partiellement la validité de la norme de son efficacité est peu convaincante. D'abord, en retenant que la validité du droit s'apprécie uniquement à travers son entrée dans les faits on risque de limiter le seul « droit valable » à celui réellement appliqué[4150]. Ainsi, la validité ne peut pas se réduire à sa seule efficacité 'formelle'[4151]. A cet égard, comme le dit très justement le Professeur DE BECHILLON, une « norme juridique ne cesse pas d'être juridique lorsqu'elle n'est pas respectée[4152] ». En effet, « juridiquement, la désuétude n'entraîne pas en tant que telle l'annulation d'une règle de droit qui peut, après une longue période de non application, être redécouverte par ses destinataires[4153] ».

2000. Ensuite, l'élément décisif de la validité de la norme demeure celui de la légalité, c'est-à-dire de la compétence formelle de l'OMS qui est « conforme aux autres normes du système juridique[4154]». Ainsi, conformément à sa Constitution, l'OMS est fondée à adopter des normes internationales en santé[4155]. En d'autres termes, ce n'est pas parce que la CCLAT ou le RSI ne sont pas entièrement mis en œuvre et n'offrent pas les résultats souhaités que

---

[4143] O. FAVEREAU, « *Critères d'efficacité économique du droit du travail : un essai de classification raisonnée »*, in A. LYON-CAEN et J. AFFICHARD (dir.), *Evaluation du droit du travail : problèmes et méthodes*, Etude réalisée par l'Institute international pour les études comparatives (IPEC), 11 avril 2008.

[4144] S. CHASSAGNARD-PINET et D. HIEZ, « *Le système juridique français à l'ère de la contractualisation »* in S. CHASSAGNARD-PINET et D. HIEZ (dir.), *La contractualisation de la production normative,* Dalloz, coll. Thèmes et commentaires, n°35, 2008, pp.3-76.

[4145] La notion de validité de la norme peut être définie, au sens large, en tant que « caractère de la norme ou de l'acte juridique auxquels on reconnaît, dans un ordre juridique donné, qu'ils ont les effets juridiques que leurs auteurs entendent leur conférer » (F. OST « *Validité* », in A. ARNAUD (dir.), *Dictionnaire encyclopédique de théorie et de sociologie du droit,* LGDJ et Story-scientia, 1988.).

[4146] F. OST et M. Van de KERCHOVE, *De la pyramide au réseau ?, op.cit.,* p.325.

[4147] H.L.A. HART, *Le concept de droit,* traduit de l'anglais par M. van de Kerchove, Bruxelles, F.U.S.L., 1976, deuxième édition augmentée, 2005, p.38.

[4148] N. BOBBIO, « *Sur le principe de légitimité,* Droits, n°32, 2000, p.155.

[4149] F. ROUVILLOIS, « *L'efficacité des normes (...) », op.cit.,* p.4.

[4150] S. NADAL, « *L'efficacité des règles de droit pour repère : quel(s) horizon(s) ? », op.cit.,* p.24.

[4151] *Ibid.*

[4152] D. DE BECHILLON, *Qu'est-ce qu'une règle de droit ?, op.cit.,* p.61.

[4153] F. RANGEON, « *Réflexions sur l'effectivité du droit »,* in *Les usages sociaux du droit, op.cit.,* p.130.

[4154] C. THIBIERGE « *Conclusion* », in C. THIBIERGE, *La force normative, op.cit.,* p.823

[4155] V. *supra* n°0 et s.

ces deux instruments cessent d'être des normes juridiques internationales. Toutefois, à l'avenir, cela peut atténuer la justification du recours à une norme dans la réglementation internationale de l'enjeu de santé concerné. Par exemple, si la CLAT n'avait donné aucun résultat tangible dans la lutte antitabac, cela aurait pu remettre en cause la justification du recours à une Convention internationale pour des enjeux de santé similaires, les maladies non transmissibles par exemple. Ainsi, il convient ici de différencier la validité d'une norme de sa justification.

2001. Enfin, le risque à associer validité et efficacité de la norme est de voir « nombre de juristes répugner à utiliser le terme d'efficacité dans la mesure où il invite, à l'extrême, à s'interroger sur la pertinence de la science juridique elle-même [4156] ». De même, tenir pour juridiques les seules règles effectivement appliquées supposerait en particulier que l'on se résolve « à publier tous les jours de bien délicates statistiques[4157] ».

2002. Pour conclure, si l'évaluation des effets de la norme n'est pas la condition du droit ou une obligation juridique du droit positif, elle apparaît comme une justification recherchée par l'OMS pour recourir à la norme en tant qu'exigence d'ordre moral.

b. Une justification recherchée par l'OMS

2003. Si l'évaluation des effets de la norme n'est pas un critère de validité de cette dernière, elle demeure un critère qui justifie l'emploi de la norme par l'OMS. En effet, aujourd'hui, ce qui justifie le droit ce sont « moins ses qualités intrinsèques ou l'identité de son auteur que son efficacité[4158] ». Ainsi, le droit et l'action publique (comme nouvelle forme de politique) ne se justifient plus que par leurs résultats[4159]. A ce titre, l'importance du but recherché et de son adéquation avec les résultats obtenus « permet d'évaluer, de façon positive ou négative, les performances empiriquement constatables d'une norme juridique, voire du droit tout entier[4160] ». La question de l'efficacité de la norme devient une question capitale[4161] afin de justifier son utilisation par l'OMS et de déterminer son rôle normatif.

2004. En effet, la justification du recours n'est pas un préalable à la validité de la norme qui dépend uniquement de sa légalité –compétence conférée par sa Constitution. Toutefois, l'OMS, en tant qu'organisation intergouvernementale, dépend des Etats membres dans son fonctionnement et dans la mise en œuvre de sa compétence[4162]. A cet égard, l'OMS, par le biais de son Directeur général, afin de satisfaire à son objectif constitutionnel d'atteindre le niveau de santé le plus élevé possible, se doit de démontrer des résultats positifs pour la santé afin de convaincre de l'utilité de la norme.

4156 S. NADAL, « *L'efficacité des règles de droit pour repère : quel(s) horizon(s) ?* », *op.cit.*, p.13.

4157 H. DUPEYROUX, « *les grands problèmes du Droit, quelques réflexions en marge* », APD, 1938, p.37.

4158 F. ROUVILLOIS, *L'efficacité des normes (...)* », *op.cit.*, p.4.

4159 J. COMMAILLES, « *Effectivité* », in D. ALLAND et S. RIALS, *Dictionnaire de culture juridique, op.cit.*, p.584.

4160 L. HEUSCHLING, « *'Effectivité', 'efficacité', 'efficience' et 'qualité d'une norme du droit. (...)* », *op.cit.*,p.50.

4161 F. ROUVILLOIS, « *L'efficacité des normes (...)* », *op.cit.*, p.4.

4162 V. supra n°0

2005. Par ailleurs, l'analyse des effets de la norme permet de justifier la mobilisation des ressources financières afin de permettre l'élaboration de la norme. En effet, le contexte financier défavorable de l'OMS impose des choix et des priorités d'action où l'effectivité ainsi que l'efficacité (voir l'efficience) jouent un rôle non négligeable. Comment convaincre du besoin supérieur de la norme, à enjeux sanitaires égaux, sauf à démontrer de l'efficacité de la forme de la norme prévue ainsi que des dispositions qu'elle contient pour permettre une meilleure application au sein des Etats membres et protéger au mieux la santé mondiale ? L'OMS est jugée, par les Etats membres et plus largement la société, sur sa capacité à obtenir des résultats en matière d'amélioration de la santé.

2006. Cette approche de justification de la norme s'illustre dans l'activité normative de l'OMS qui a pour objectif de démontrer que les normes adoptées ont des effets (effectivité), si possible ceux escomptés (efficacité), pour justifier de sa légitimité à produire de telles normes en santé. Plus particulièrement, l'OMS dans le développement de mesures scientifiques et juridiques s'attache à démontrer de l'efficacité anticipée de ses instruments afin d'améliorer la santé, et d'atteindre le but spécifiquement recherché. L'objectif *in fine* est d'améliorer et d'adapter les normes aux besoins de santé mondiale.

2007. A ce titre, l'OMS met en place des mécanismes de suivi, des indicateurs ou encore des commissions *ad hoc* afin d'analyser les effets de ses normes. Par exemple, pour la CCLAT, le Secrétariat publie régulièrement des rapports afin de présenter, d'une part, le taux d'application de la Convention au sein des Etats membres et, d'autre part, les résultats en matière de consommation de tabac. Preuve de sa volonté d'assurer l'efficacité de la CCLAT, le Secrétariat essaye tant bien que mal de démontrer le lien de causalité entre les mécanismes prévus dans la Convention, son adoption par les Etats membres et les progrès réalisés. Lors des négociations de la Convention, l'OMS a souhaité fonder le contenu de la CCLAT sur la qualité scientifique des dispositions prévues pour permettre d'atteindre l'objectif annoncé.

2008. De même, dans le cadre du RSI révisé en 2005, l'OMS a développé des obligations pour les Etats et elle-même afin de garantir au mieux l'objectif énoncé à l'article 3 du RSI[4163]. Dans un souci d'efficacité, l'OMS émet également des rapports de mise en œuvre du RSI au sein des Etats membres. Par ailleurs, elle créé des comités d'évaluation du RSI dans sa capacité à répondre aux épidémies mondiales, au cœur de son objectif. Les exemples dans l'activité normative de l'OMS pourraient se multiplier.

2009. Si la qualité de l'évaluation des effets de ces instruments, qui dépend en grande partie de ses ressources financières et de la volonté des Etats membres, n'est pas toujours pertinente, elle démontre de la démarche suivie par l'OMS dans l'élaboration de la norme.

2010. Le choix de cette approche par l'OMS s'explique notamment en raison de la concurrence normative en matière de santé mondiale. En effet, du

---

[4163] L'article 3 du RSI prévoit « de prévenir la propagation internationale des maladies, à s'en protéger, à la maîtriser et à y réagir par une action de santé publique proportionnée et limitée aux risques qu'elle présente pour la santé publique, en évitant de créer des entraves inutiles au trafic et au commerce international. »

fait de la multiplication des acteurs de santé mondiale et donc de potentiels producteurs de normes, l'efficacité de la norme de l'OMS est devenue une condition de justification du recours à la norme en tant qu'élément de sa survie face aux normes concurrentes[4164].

2011. En conclusion, il apparaît suivant l'analyse de l'activité normative de l'OMS que l'efficacité de la norme n'est pas un critère d'existence ou de validité de la norme, qui dépend de la seule légalité ou compétence de l'OMS, mais est davantage un critère de justification de la norme pour l'OMS. Cette évaluation permet de démontrer l'utilité de l'instrument de l'OMS. Toutefois, l'évaluation des effets de la norme se révèle délicate.

2. L'évaluation difficile des effets de la norme

2012. L'appréciation de l'efficacité se fait en trois étapes comme le souligne justement Monsieur CAZALA[4165]. D'abord, elle peut se faire *ex ante* pour « définir les objectifs de l'action afin d'intégrer les retombées attendues[4166] ». Ensuite, elle peut avoir lieu en continu, par le biais d'étapes diverses (à la fin d'une phase, à mi-parcours, voire en temps réel). Il s'agit souvent d'une auto-évaluation qui est critiquable. Enfin, l'appréciation peut intervenir *ex post,* souvent peu de temps après l'exécution du programme.

2013. Ainsi, l'évaluation de l'ensemble des effets de la norme soulève deux problèmes majeurs : celui lié au besoin de détermination des effets (a) et celui lié au besoin de détermination de l'adéquation au but recherché (b).

a. Un besoin de détermination des effets

2014. L'interprétation large des effets de la norme rend leur évaluation plus difficile. Pour déterminer les effets de la norme, il faut, d'abord, pouvoir analyser et mesurer les résultats obtenus en se fondant sur des données empiriques fiables. Or, des risques existent quant aux enjeux pratiques liés à la mesure et à la technique évaluative qui est mise en œuvre[4167] : qui mesure ? selon quels critères ? par rapports à quels indicateurs ? A partir de quand sont attendus les effets ? Quel est le degré souhaité de progrès réalisés[4168] ? En

---

[4164] F. ROUVILLOIS, « *L'efficacité des normes (...)* », *op.cit.*, p.6.

[4165] J. CAZALA, « *Appréciation de l'efficacité de l'organisation internationale* », in E. LAGRANGE et J.-M. SOREL, *op.cit.*, p.973.

[4166] *Ibid.*, p.974. L'auteur estime qu'il « est possible d'évoquer une forme d'appréciation *ex ante* de l'efficacité de l'organisation dans la mesure où les mécanismes de planification, de suivi et d'évaluation au sens large incluent toujours une référence à ce qui a été fait auparavant dans des circonstances comparables (…) Les organisations internationales utilisent donc les résultats des études menées dans le cadre de leurs actions antérieures ».

[4167] S. NADAL, « *L'efficacité des règles de droit pour repère : quel(s) horizon(s) ?* », *op.cit.*, p.20.

[4168] Le Groupe des Nations unies pour l'Evaluation (GNUE) a établi, sous forme de recommandation, un ensemble de règles et de normes d'évaluation applicables au sein du système des Nations unies : « Les principes directeurs en matière d'évaluation (…) comporteront les éléments ci-après : Règles d'évaluation applicables dans le système des Nations unies 6 − Des méthodes d'évaluation, qui doivent répondre aux normes professionnelles les plus exigeantes; − Des processus d'évaluation, qui permettent de s'assurer que les évaluations sont réalisées de manière objective, impartiale, ouverte et participative, à partir de faits valides, fiables et vérifiés empiriquement, les résultats devant être accessibles; − Une éthique, afin de s'assurer que les évaluations sont réalisées avec le respect auquel ont droit les personnes évaluées » (GNUE, *Règles d'évaluation applicables au sein du système des Nations unies* », 29 avril 2005, pt.8. Cet ensemble « dépasse la stricte évaluation et est présent dans tous les instruments relatifs à l'appréciation de l'efficacité

effet, l'identification des résultats impose une réflexion sur l'autorité responsable et sur l'appréciation du lien de causalité entre la norme et les résultats obtenus.

2015. Quant à l'autorité responsable de la détermination des effets, deux possibilités sont envisageables. D'une part, l'appréciation peut être réalisée par des organes de contrôle opérationnel[4169]. Ainsi, l'OMS par le biais de son Secrétariat est compétente. Elle va ainsi centraliser les informations en se fondant sur des rapports régulièrement fournis par les Etats membres. Le Secrétariat est également compétent pour effectuer lui-même des recherches ou solliciter des acteurs indépendants afin de recouper les informations. Le mécanisme de suivi de la CCLAT repose sur cette démarche. En effet, la CCLAT prévoit des mécanismes de suivi et de contrôle de mise en œuvre. Ainsi, le Secrétariat de la CCLAT, sur le fondement des rapports étatiques[4170] mais également d'autres sources d'information, vise à déterminer les « avancées » ou « progrès réalisés » dans la mise en œuvre de l'instrument. De même, par le biais de rapports étatiques et non étatiques, le Secrétariat s'efforce de démontrer des progrès réalisés dans la lutte antitabac. La difficulté avec ce mécanisme est qu'il repose principalement sur les contributions des Etats qui ne sont pas toujours prompts à fournir leur rapport, ce qui affaiblit la qualité de l'évaluation malgré le recours à des données extérieures. Par ailleurs, régulièrement, dans le cadre de l'Assemblée mondiale de la santé, le Secrétariat fait état d'avancement ou de progrès réalisés notamment pour le RSI.

2016. D'autre part, l'appréciation des effets de la norme peut se faire par un groupe *ad hoc*. Suivant cette procédure d'externalisation, l'OMS a ainsi recours à des groupes de travail qui vont évaluer l'instrument afin de proposer des modifications en fonction des difficultés rencontrées ou pour déterminer l'efficacité de la norme. Ainsi, dans le cadre du RSI, l'OMS a mis en place un comité d'évaluation à la suite des difficultés rencontrées dans la gestion de l'épidémie *Ebola*. De même, dans le cas du Cadre PIP, l'OMS a prévu la mise en place d'un Comité relatif à l'utilité et l'efficacité de ce dernier vis-à-vis des objectifs poursuivis. Dès lors, l'OMS a une volonté d'évaluer l'efficacité de son activité normative. De façon générale, les effets de ces rapports, qui portent souvent des « propositions de réforme très ambitieuses, ne se traduisent pas par des réformes concrètes immédiates[4171] ». Elles servent principalement à « mettre en lumière certains ajustements nécessaires ou au moins souhaitables[4172] ».

2017. Enfin, la détermination des effets de la norme pose la question du degré de réalisation des effets dans le temps. Ainsi, dans le cadre des

d'une organisation internationale quelle que soit la nature de la procédure mise en œuvre » (J. CAZALA, « *Appréciation de l'efficacité de l'organisation internationale* », in E. LAGRANGE et J.-M. SOREL, *op.cit.*, p.985.).

[4169] J. CAZALA, « *Appréciation de l'efficacité de l'organisation internationale* », in E. LAGRANGE et J.-M. SOREL, *op.cit.*, p.977

[4170] Ces derniers remplissent un questionnaire faisant état des avancements constatés dans leur pays. V. *supra* n°0 et s.

[4171] J. CAZALA, « *Appréciation de l'efficacité de l'organisation internationale* », in E. LAGRANGE et J.-M. SOREL, *op.cit.*, p.982.

[4172] *Ibid.*

organisations internationales, plusieurs facteurs sont à prendre en compte. Premièrement, le degré de réalisation des effets de la norme peut varier au sein même d'un Etat. La norme peut avoir été adoptée, ratifiée, intégrée, entièrement ou partiellement au système juridique. Elle peut également avoir été exécutée, interprétée, appliquée et sanctionnée par les juges en cas de violations. Enfin, elle peut faire l'objet d'une prise de conscience par les citoyens. Il existe donc des critères objectifs et juridiques de mise en œuvre : adoption et ratification par l'Etat ainsi que prise en compte par le juge. En particulier, le rôle du juge dans l'interprétation ou l'application de la norme à un litige est un signe essentiel de la mise en œuvre de la norme de l'OMS. A l'inverse, il existe des critères plus subjectifs de prise en compte par les individus qui démontrent d'une connaissance de la norme de l'OMS. Cette reconnaissance s'exprime à la fois par la prise de conscience de la simple existence de la norme mais également par la compréhension de son utilité comme outil juridique qu'un justiciable peut invoquer devant les tribunaux. Il s'agit là de la question du fondement de l'argument juridique.

2018. Deuxièmement, le degré de réalisation des effets varie en fonction des Etats membres et des dispositions de l'instrument normatif. Ainsi, il est possible qu'une norme soit en grande partie appliquée par un Etat mais très peu par un autre. De même, une disposition d'un instrument peut trouver un fort écho dans les pays, comparée à d'autres dispositions. Ce phénomène s'observe dans le cadre de la CCLAT où le taux d'application d'un pays à l'autre ou d'une disposition à l'autre varie grandement. Dès lors, il est difficile de pouvoir évaluer précisément les effets globaux de la norme de l'OMS.

2019. Enfin, la dimension temporelle du droit international implique, comme le rappelle CHAYES et CHAYES, qu'il peut y avoir un « décalage considérable dans le temps[4173] » entre la norme adoptée par plusieurs ou tous les Etats et la mise en conformité du système juridique afin de produire les effets attendus. Ainsi, il y a toujours une période de transition nécessaire. L'évaluation des effets de la norme est perpétuelle et il est difficile de l'effectuer à un temps donné.

2020. A cet égard, malgré les efforts de l'OMS, il est évident que le degré de réalisation des effets de la norme ne doit pas être absolu pour démontrer son effectivité. En effet, il faut relativiser l'efficacité de la norme au regard des buts providentiels[4174] qui sont attribués aux organisations internationales, et à l'OMS en particulier avec sa définition élargie de la santé. Ces objectifs rendent difficile leur pleine réalisation.

2021. Toutefois, l'approche suivie par l'OMS manque cruellement d'harmonisation en raison notamment de la variété des moyens d'évaluation (indicateurs prédéterminés ou constatation *a posteriori)* mais également de la diversité des responsables de cette évaluation (l'OMS par le biais de rapports étatiques ou un comité *ad hoc* réuni spécifiquement à cette fin). Si la démarche est essentielle, elle manque de cohérence. Par ailleurs, elle souffre d'une

---

[4173] A. CHAYES et A. H. CHAYES, *The new sovereignty : compliance with international regulatory regimes*, Harvard University Press, 1995, p.15.
[4174] L. DUBIN et M.-C. RUNAVOT, « *Représentativité, légitimité, efficacité* », in E. LAGRANGE et J.-M. SOREL, *op.cit.*, p.94.

insuffisance de financement pour mettre en place de véritables mécanismes de suivi des instruments. Si les développements précédents ont démontré que l'ensemble des effets des normes de l'OMS ne pouvaient être soumis à évaluation en raison notamment d'effets diffus, voulus ou non, de la norme, la capacité à déterminer l'adéquation entre les résultats obtenus et le but recherché renforcerait la crédibilité de l'OMS.

2022. Ensuite, la détermination des effets impose l'identification d'une corrélation ou d'une causalité entre les effets produits. En effet, à partir du moment où l'ensemble des effets sont considérés pour évaluer l'effectivité de la norme, il est difficile non seulement de les identifier mais également de déterminer si l'élaboration de la norme par l'OMS a permis les évolutions identifiées. En d'autres termes, de nombreux facteurs, autre que l'activité normative, peuvent expliquer ou du moins influencer des évolutions au sein d'un système juridique. Par exemple, des intérêts politiques et/ou économiques peuvent être plus ou moins favorables indépendamment de la norme élaborée. Par ailleurs, au sein de la norme, il est parfois difficile d'identifier véritablement quelle est la disposition à l'origine des évolutions, dès lors que plusieurs d'entre elles sont appliquées. Par exemple, dans le cadre de la CCLAT la question est posée à l'égard du paquet neutre. En effet, il n'est pas encore démontré définitivement si la mise en place du paquet neutre est véritablement efficace pour diminuer la consommation de tabac étant donné que cette mesure a été accompagnée d'une augmentation du prix du paquet.

2023. Tous ces éléments participent à la difficulté de déterminer les effets de la norme de l'OMS et ce d'autant plus lorsqu'il s'agit de déterminer leur adéquation au but recherché.

b. Un besoin de détermination de l'adéquation au but recherché

2024. L'efficacité, selon l'approche décrite, présente plusieurs écueils à éviter qui sont liés au besoin d'évaluer l'adéquation entre les résultats obtenus et le but recherché. D'abord, il faut pouvoir déterminer le but recherché. En effet, l'efficacité mesure « un résultat en fonction d'un objectif et dans des conditions données[4175] ». Dès lors, l'efficacité implique une certitude sur l'objectif et le but à atteindre[4176] ce qui suppose que les intentions de l'auteur de la norme aient été clairement et précisément explicitées[4177]. Dans la situation idéale, les objectifs sont « clairs, univoques, précis, mesurables aisément, opérationnels, précisément déterminés, expressément exprimés, stables, certains, convergents et non contradictoires. Or, de telles conditions sont rarement réunies en pratique[4178] ». En effet, déterminer l'efficacité d'une norme devient une « opération périlleuse si les objectifs ne peuvent pas être définis avec un minimum de précision[4179] ». De même, cela suppose une

---

[4175] F. RANGEON, « *Réflexions sur l'effectivité du droit* », in *Les usages sociaux du droit, op.cit.*, p.131.
[4176] S. NADAL, « *L'efficacité des règles de droit pour repère : quel(s) horizon(s) ?* », *op.cit.*, p.20.
[4177] M.-A. FRISON-ROCHE, « *L'efficacité des décisions en matière de concurrence : (...)* », *op.cit.*, p.6.
[4178] A. FLÜCKIGER, « *L'évaluation législative ou comment mesurer l'efficacité des lois ?* », RESS, n°34, 2007, pp.83-10.
[4179] A. FLÜCKIGER, « *L'évaluation législative ou comment mesurer l'efficacité des lois ?* », *op.cit.*

« volonté unique et suffisamment précise de l'auteur de la norme[4180] ». Toutefois, les motifs du recours à la norme sont pluriels et comprennent « la diversité des visions du problème qu'elle reflète, ou encore la dimension non opérationnelle d'un texte (effet d'affichage politique, réaffirmation d'une valeur...)[4181] ». Il faudrait que les Etats membres et l'OMS fixent des objectifs clairs, mesurables et assortis de délais.

2025. Il faut reconnaître qu'il peut y avoir une divergence entre l'objectif explicite visant à améliorer la santé mondiale et l'objectif caché visant à satisfaire des intérêts politiques sous-jacents. Par exemple, lors des discussions relatives au Code international de commercialisation des substituts du lait maternel adopté en 1981, l'objectif principal des Etats-Unis n'était pas tant de protéger les nourrissons que de développer un instrument non contraignant afin qu'ils puissent librement s'en écarter. Cet exemple soulève la question de la cohérence et de la stabilité du but poursuivi. L'absence d'unicité du but de la norme entre les Etats membres rend difficile de penser en termes d'efficacité, car il faudra « préalablement déterminer à l'égard de quel but il faut mesurer l'efficacité[4182] ». Autrement dit, il est faux de considérer que le Code est inefficace aux Etats-Unis étant donné que dès l'origine, cet Etat membre ne comptait pas participer à sa mise en œuvre.

2026. Par ailleurs, de façon pratique, la volonté d'évaluer l'efficacité de la norme de l'OMS implique une capacité de financement conséquente de l'OMS afin de pouvoir assurer un suivi de son activité normative. Or, le financement de l'OMS est limité. Cela soulève la question des priorités de l'OMS. A défaut de pouvoir augmenter son budget, qui dépend principalement de ses Etats membres, il apparaît plus intéressant pour l'OMS d'encadrer son activité normative par l'institutionnalisation du critère d'efficacité. Ceci permettrait non seulement d'apporter un soutien financier et technique aux Etats membres afin de les mettre en œuvre mais également de garantir un meilleur suivi de son corpus normatif.

2027. Enfin, pour certains auteurs, la norme peut être efficace afin d'atteindre le but recherché mais ineffective car aucun effet réel n'est démontré. Pour DE VISSCHER, de nombreux traités d'organisation internationale dotés d'une efficacité certaine et pourvus d'adhésions nominales souvent nombreuses, « restent démunis d'effectivité[4183] ». Toutefois, cette observation implique une vision uniquement *a priori* de l'efficacité, la restreignant à l'adéquation supposée entre les dispositions prévues par l'instrument et le but recherché. Or, l'efficacité doit également se mesurer *a posteriori* au travers de l'analyse des résultats constatés et du lien de causalité avec l'instrument élaboré. Ainsi, une norme ne pourra être considérée comme

---

[4180] « *Préface* » in FATIN-ROUGE STEFANINI, L. GAY et A. VIDAL-NAQUET (dir.), *L'efficacité de la norme juridique. Nouveau vecteur de légitimité,* Bruylant, 2012, p.15 (pp.12-24).

[4181] *Ibid.*, p.15.

[4182] M.-A. FRISON-ROCHE, *« L'efficacité des décisions en matière de concurrence : (...) », op.cit.*, p.6.

[4183] Ch. DE VISSCHER, *Les effectivités du droit international public,* Pedone, 1967, p.18. L'auteur précise que l'efficacité « ne désigne que l'adéquation des moyens mis en œuvre à l'objectif recherché. On tiendra pour efficaces les dispositions d'un acte international, par exemple d'un traité multilatéral d'organisation internationale, quand considérées en elles-mêmes, ces dispositions apparaissent adéquates aux fins proposées. Elles seront, par la suite, tenus pour plus ou moins effectives, selon qu'elles se sont révélées capables ou non de déterminer chez les intéressés les comportements recherché ».

efficace malgré son efficacité supposée, si son efficacité réelle ou concrète n'est pas avérée en se fondant sur son effectivité réelle. En d'autres termes, si la norme n'a pas d'effets réels avérés, elle ne pourra pas non plus être efficace.

2028. Pour conclure, l'activité normative de l'OMS démontre une volonté d'effets de la norme en tant que critère de justification de la norme, et non d'existence ou de validité de cette dernière. Toutefois, l'évaluation des effets recherchés par l'OMS se heurte aux difficultés de mesurer les améliorations souhaitées par son activité normative. En effet, la mesure des effets va de son application dans les systèmes juridiques ainsi que de l'ensemble des effets produits (effectivité) à l'analyse des résultats obtenus au regard des objectifs annoncés (efficacité). En quelque sorte, l'activité normative de l'OMS cherche à être « effectivement efficace », c'est-à-dire que des résultats doivent être atteints effectivement en adéquation avec les objectifs souhaités.

2029. Toutefois, les difficultés de mesure des effets de la norme touchent plus généralement à la mesure des moyens et des conditions de réalisation de l'efficacité[4184]. A cet égard, il possible d'apprécier les conditions favorables aux effets de la norme de l'OMS.

§2. Les conditions favorables aux effets de la norme de l'OMS

2030. L'analyse de l'activité normative de l'OMS fait ressortir de nombreuses conditions favorables aux effets de la norme. Ces conditions peuvent être catégorisées selon qu'elles influencent indirectement la réalisation de la norme ou qu'elles concernent directement la norme. D'abord, il convient d'analyser les conditions externes ou extrinsèques favorables aux effets de la norme (A). Ensuite, les conditions internes ou intrinsèques de la norme peuvent être identifiées (B).

A. Les conditions extrinsèques à la norme

2031. Pour produire des effets, la norme de l'OMS doit répondre à un besoin de protection de la santé mondiale (1). Par ailleurs, le contexte dans lequel la norme va être élaborée puis appliquée joue un rôle essentiel dans la réalisation de ses effets (2).

1. Un besoin de protection de la santé mondiale

2032. La conception de nécessité de la norme est entendue largement par l'OMS puisqu'elle ne poursuit pas uniquement une approche quantitative de la santé. En effet, l'activité normative de l'OMS recouvre un objet sanitaire universel (a). Le besoin de coopération internationale favorise la réalisation de ses effets (b).

[4184] F. ROUVILLOIS, *L'efficacité des normes (...) »*, *op.cit.*, p.15.

a. Un objet sanitaire universel

2033. Si la question de l'efficacité de la norme sous-tend celle de son utilité[4185], car pour reprendre MONTESQIEU « les lois inutiles affaiblissent les lois nécessaires[4186] », il apparaît difficile de déterminer quand la norme de l'OMS doit être employée. Pour garantir la réalisation des effets d'une norme, il faut que cette dernière soit avantageuse voire indispensable[4187], pour traiter d'un problème sanitaire et ce afin d'enrichir les systèmes nationaux, soit par des informations techniques, soit par des dispositions juridiques. Toute la difficulté est donc de déterminer dans quelle situation l'OMS doit utiliser sa fonction normative d'autant plus que l'interprétation de la notion de « santé » par sa Constitution n'apporte aucune réponse.

2034. En effet, le mandat constitutionnel qui offre une conception étendue de la notion de santé[4188], impose à l'OMS une approche universelle dans l'utilisation de ses fonctions y compris normatives. Cette universalité est renforcée également par l'universalité d'adhésion à l'OMS[4189]. Ainsi, la Constitution de l'OMS a pour objectif d'atteindre un niveau de santé le plus élevé possible. Dès lors, l'OMS par le biais de la norme intervient dans un spectre élargi de santé sans qu'il soit nécessaire de satisfaire à un critère ou une condition préétablis d'intervention.

2035. En d'autres termes, si le critère de l'utilité de la norme comme outil effectif de l'amélioration de la santé demeure essentiel et si l'OMS a un objectif d'universalité, elle ne doit pas pour autant cantonner son activité à des enjeux sanitaires spécifiques et particuliers. L'adéquation entre la norme et les objectifs poursuivis est importante pour justifier de recourir à la norme mais son but n'a d'autres ambitions que d'améliorer la santé à tout niveau y compris local. En effet, tout l'intérêt de l'action de l'OMS est de pouvoir agir dans le cadre d'enjeux de santé aux risques sanitaires colossaux, telles que les épidémies mondiales (virus, tabac etc.) afin d'apporter une réponse coordonnée au niveau international. A cet égard, l'impact du tabac sur la santé fait de ce dernier une thématique essentielle pour la négociation multilatérale[4190].

2036. Toutefois, l'OMS intervient également dans l'élaboration de normes dans le cadre d'enjeux de santé moins importants, délaissés, négligés ou à petites échelles. Ainsi, malgré l'importance de l'application géographique du risque sanitaire et des enjeux économiques et financiers dans la réalisation des effets de la norme, l'OMS se doit de tenir compte de l'ensemble des risques sanitaires qui ne répondent pas à ces conditions. Ces risques limités pour la santé mondiale ne sont pas pour autant délaissés par l'OMS. D'une part, parce

---

[4185] M.-L. BASILIEN-GAINCHE, *Gouvernance et efficacité des normes juridiques,* in FATIN-ROUGE STEFANINI, L. GAY et A. VIDAL-NAQUET (dir.), *L'efficacité de la norme juridique. Nouveau vecteur de légitimité,* Bruylant, 2012, p.89 (pp.85-105).

[4186] MONTESQUIEU, *« Choses à observer dans la composition des lois »*, Livre XXIX, Chapitre VI, in *De l'esprit des lois,* éd. Nourse, 1172, tome 2, p.267 (pp.249-270).

[4187] M.-L. BASILIEN-GAINCHE, *Gouvernance et efficacité des normes juridiques, op.cit.,* p.89.

[4188] V. *supra* n°0 et s.

[4189] V. *supra* n°0 et s.

[4190] G. LIEN et K. DELAND, « *Translating the WHO Framework Convention on Tobacco Control (FCTC) : Can we use tobacco control as a model for other non-communicable disease control* », Public Health, vol.125, 2011,p.848 (pp. 847-853).

que si aujourd'hui ils apparaissent circonscrits, du moins dans certains pays (par exemple la variole, la gale, la poliomyélite, *Ebola*) une action permanente et constante de contrôle doit être coordonnée afin d'éviter une réapparition des risques, résurgence ou propagation. D'autre part, si l'OMS intervient à l'égard d'enjeux sanitaires négligés ou à petites échelles qui affectent la santé des populations, c'est d'abord car cela fait partie de son mandat. En outre, dans certaines situations l'OMS est la seule à même de pouvoir intervenir pour lutter contre ces risques sanitaires soit car les Etats concernés éprouvent des difficultés à intervenir soit car il ne s'agit pas des risques sanitaires nécessairement privilégiés par les contributeurs financiers de la santé mondiale.

2037. Il n'y a donc pas de hiérarchie des enjeux de santé dans l'élaboration de la norme comme le démontre l'étude de l'agenda de l'Assemblée mondiale de la santé. De très nombreux domaines de la santé ont été abordés au cours de son histoire[4191]. L'objectif pour l'OMS est de pouvoir démontrer que la norme a des effets attendus dans la protection de la santé considérée. Dès lors, en théorie, c'est l'adéquation du choix de recourir à la norme afin d'atteindre des objectifs attendus aux résultats obtenus qui est recherchée, indépendamment de l'étendue du risque pour la santé ou des intérêts économiques. En effet, l'une des caractéristiques cruciales du rôle normatif de l'OMS est de mettre en œuvre une action mondiale comprenant des enjeux de santé qui n'ont pas vocation à répondre uniquement à des intérêts économiques. Le Secrétaire général de l'ONU de Monsieur BAN KI MOON déclaré, à cet égard, le jour de son élection, le 20 octobre 2006, que « la vraie mesure du succès de l'ONU n'est pas combien elle promet, mais comment elle fournit ses services à ceux qui en ont le plus besoin[4192] ».

2038. Malgré cette approche, on remarque toutefois en pratique que la norme de l'OMS répond avant tout à un enjeu sanitaire transfrontalier.

b. Un enjeu transfrontalier privilégié

2039. La norme de l'OMS aura d'autant plus d'effets qu'elle répond à un besoin de coopération et de coordination internationale. Ce besoin est un fondement même de la création de l'OMS, comme l'illustre l'adoption du RSI qui précède l'Organisation, et tend à répondre aux méfaits et aux risques de la mondialisation des échanges et du commerce.

2040. Plus largement, l'activité normative de l'OMS répond à des enjeux de santé transfrontière qui impliquent une dépendance entre les Etats membres pour garantir la protection de la santé. En effet, le besoin d'action normative de l'OMS se faire ressentir lorsqu'un Etat ne peut gérer l'enjeu sanitaire à lui tout seul. En d'autres termes, l'absence de coopération entre les Etats peut non seulement empêcher l'Etat d'origine de maîtriser le risque mais peut également être propice à sa propagation à d'autres Etats membres. Ainsi, les maladies transmissibles sont apparues comme la priorité de l'OMS afin de

[4191] V. *supra* n°0 et s.

[4192] Extrait cité par CAZALA (J. CAZALA, « *Appréciation de l'efficacité de l'organisation internationale* », in E. LAGRANGE et J.-M. SOREL, *op.cit.*, p.968).

contenir la propagation des épidémies entre les Etats membres. A nouveau, le RSI est l'exemple type d'enjeux sanitaires transfrontaliers qui nécessitent un encadrement international en raison de son aspect transnational. Le critère de l'interdépendance des Etats est essentiel pour garantir la participation de tous à l'activité normative et ainsi mieux produire les effets de la norme.

2041. Toutefois, cette notion de « transfrontière » a évolué au sein de l'action de l'OMS. En effet, des enjeux de santé ont été considérés comme épidémies mondiales alors qu'ils ne s'inscrivaient pas dans la notion traditionnelle de maladies transmissibles. Par exemple, le tabac, au cœur de la CCLAT, est qualifié « d'épidémie mondiale » par l'OMS en raison du nombre de personnes affectées par sa consommation et cela, indépendamment, de son absence de « transmission ». Ici, la qualification d'épidémie ne réside pas dans la propagation virale au-delà des frontières mais dans la propagation d'un produit dangereux pour la santé. Le tabac, par les échanges, le marché noir et le commerce parallèle constitue un enjeu de santé mondiale auquel il faut apporter une réponse coordonnée internationale. Il y a moins d'effets à la lutte antitabac s'il est interdit de faire dans un pays ce qui est possible dans un autre pays voisin. Cette dépendance interétatique est la justification employée par l'Assemblée mondiale de la santé pour initier les discussions du recours à une convention-cadre pour réguler la consommation de tabac au début des années 2000. La consommation de tabac est un fléau de portée mondiale et impose un encadrement international pour y faire face.

2042. Dans la continuité, lorsque la Conférence des parties (COP) a adopté le Protocole pour éliminer le commerce illicite des produits du tabac en 2012, c'était pour faire face au « développement du commerce illicite international des produits du tabac qui menace sérieusement la santé publique ». En effet, le commerce illicite « accroît l'accessibilité et la disponibilité des produits du tabac ce qui contribue à l'épidémie du tabac et affaiblit les politiques de contrôle du tabac[4193] ».

2043. Toutefois, l'OMS n'hésite pas à intervenir même en l'absence de dimension transnationale afin de répondre à des enjeux sanitaires localisés géographiquement dans la continuité de son approche élargie de la santé.

2044. Pour reprendre l'expression formulée par LEVY en 1954, « s'il est un domaine où la coopération internationale est possible et fructueuse, c'est incontestablement celui de la santé (…) l'expérience a prouvé que les hommes peuvent arriver à s'unir (…) pour lutter contre ces fléaux qui ne tiennent compte ni des frontières ni des races[4194] ». Toutefois, ce même auteur se félicite que cette coordination s'exerce « en dehors de toute considération politique ou du moins en ne faisant à ces considérations une place minimum[4195] ». Or, l'analyse de l'activité normative de l'OMS démontre que les effets de sa norme dépendent du contexte dans laquelle la norme est réalisée.

[4193] Préambule du Protocole pour éliminer le commerce illicite des produits du tabac.
[4194] D. LEVY, « *L'Organisation mondiale de la santé* », Revue d'histoire moderne et contemporaine, n°4, 1954, p.64.
[4195] *Ibid.*, p.64.

2. Un contexte favorable à sa réalisation

2045. Les normes élaborées par l'OMS produisent davantage d'effets lorsque le contexte politique leur est favorable (a) en particulier si des considérations économiques sont en jeu (b).

a. Une volonté politique

2046. Le recours à une norme élaborée par l'OMS, et les effets qui peuvent en découler, est le résultat de deux priorités conjuguées.

2047. D'abord, l'OMS en tant qu'organisation intergouvernementale dépend principalement de la volonté de ses Etats membres[4196]. En effet, ces derniers interviennent en amont dans le choix des priorités d'orientation de l'OMS. Plus particulièrement, dans certaines situations, ils vont confier, par résolution, un mandat à l'OMS afin de développer des instruments normatifs[4197]. Par ailleurs, en aval, ils demeurent les acteurs principaux de la réalisation des effets de la norme. A ce titre, la norme de l'OMS repose sur son universalité et sa capacité à s'intégrer dans les systèmes des Etats membres afin de garantir une coordination et une coopération efficaces entre eux. Dès lors, si les Etats peuvent jouer un rôle décisif dans l'initiation de la procédure normative en reconnaissant ou soutenant formellement l'activité normative, dans tous les cas, ils sont les destinataires principaux des normes élaborées par l'OMS afin de les appliquer en leur sein.

2048. Par ailleurs, le degré et le type de soutien à l'activité normative de l'OMS sont précieux. Plus le projet de norme internationale est soutenu par les Etats, surtout les Etats influents, plus il a des chances de produire les effets désirés. En effet, il y a une corrélation entre le degré (ou le nombre) de soutien des Etats membres et la production d'effets. Ainsi, la CCLAT a connu un succès de ratification historique en termes de rapidité d'obtention, et produit des effets, même s'ils demeurent relatifs. De même, le type d'Etats membres qui soutient le projet peut également influencer les effets de l'instrument en raison de sa capacité à servir de porte étendard ou de rassembleur autour d'un projet de norme. Par exemple, toujours dans le cadre de la CCLAT, si certains pays importants s'y opposaient (Chine et Etats-Unis), la volonté de nombreux Etats couplée au soutien de certains Etats influents (France, Allemagne, Australie notamment) ont participé à son élaboration et permettent encore aujourd'hui de favoriser la réalisation des effets souhaités. Les initiatives visant à mettre en place les paquets neutres en Australie puis en France sont des symboles de la production, même indirecte, d'effets de la norme. Lors de l'élaboration du Code international de commercialisation des substituts au lait maternel de 1981, les Etats-Unis y étaient opposés. A nouveau, la mobilisation de nombreux Etats y compris d'Etats influents a été bénéfique à la réalisation des effets du Code par la suite.

2049. En comparaison, le Code de pratique mondial pour le recrutement international des personnels de santé de 2010 n'a pas connu le même soutien des Etats lors de son adoption ce qui a affaibli *a priori* la réalisation des

[4196] V. *supra* n° 0 et s.
[4197] C'est ce qu'a fait l'Assemblée mondiale de la Santé dans le cadre de l'élaboration de la CCLAT.

objectifs attendus. La Norvège en particulier souhaitait cet instrument mais il n'a pas bénéficié d'un soutien fort de l'ensemble des Etats membres notamment en raison d'un manque de connaissance comme l'admet l'OMS[4198]. A cet égard, il est important de relativiser le lien entre soutiens étatiques et effets de la norme. Il y a des situations où la volonté d'un Etat à soutenir un projet de norme peut être déconnectée de sa volonté de produire des effets. Par exemple, si *in fine* les Etats-Unis ont soutenu le projet de Code en 1981 c'est avant tout parce que ce dernier, étant non contraignant, les Etats Unis n'auraient aucune obligation à le mettre en œuvre sur leur territoire. De même, si ce pays a adopté la CCLAT ce n'est pas pour soutenir véritablement le projet mais parce qu'ils savaient qu'il fallait le ratifier pour qu'il produise ses effets, ce que les Etats-Unis ne comptaient pas faire. On est donc en présence d'enjeux politiques qui, s'ils participent à la production d'effets *a posteriori*, peuvent être également la source de contournement des obligations internationales aux effets nuls.

2050. Ensuite, la norme produira d'autant plus d'effets qu'elle sera affichée et défendue en tant que priorité par le Directeur général. En effet, cette volonté est essentielle dans l'initiative et l'élaboration de la norme comme le prouvent les efforts remarquables de la Directrice générale BRUNDTLAND pour la CCLAT. Toutefois, elle transparaît également une fois l'instrument adopté afin de le promouvoir. La création du Secrétariat de la CCLAT et le maintien du département *Un Monde Sans tabac* à l'OMS afin de promouvoir les dispositions de la Convention ont participé à en faire un instrument vivant en démontrant de son intérêt. Cette promotion, mise en avant par l'OMS, a contribué à son intégration dans les systèmes juridiques. De même, dernièrement l'organisation d'événements liés au Protocole de 2012 sur le commerce illicite afin d'atteindre les 40 ratifications minimums sont un exemple du rôle à jouer par l'OMS pour parvenir aux objectifs fixés. A l'inverse, l'apparent désintérêt ou l'absence de priorité du Code de 2010 par l'actuelle Directrice générale contribue à l'absence de considération pour cet instrument et donc à l'affaiblissement de son effectivité.

2051. Enfin, il faut insister sur le fait que ces deux niveaux de priorités sont plus largement influencés par le contexte général autour de l'élaboration de la norme. Ainsi, dans le cas du Code de 1981 comme de la CCLAT ou du RSI, il y a eu un événement public qui a mis en lumière soit une faiblesse du système actuel soit du besoin de réaction internationale pour faire face à des pratiques nuisibles à la santé mondiale. En effet, dans le cadre du Code de 1981 ou de la CCLAT de 2003, le rôle de l'industrie a participé à l'identification de comportements inacceptables justifiant l'intervention de la norme. Dans cadre du RSI, la crise sanitaire liée au SRAS et aux insuffisances dans la gestion a confirmé le besoin de révision de cet instrument et accéléré son élaboration.

2052. La présence d'un contexte politique favorable à la production des effets escomptés repose également sur les intérêts économiques dont les Etats peuvent bénéficier par l'instauration d'une norme internationale.

[4198]OMS, « *Code de pratique mondial de l'OMS pour (...)* », A68/32 Add.1, 20 mai 2015, p.5. « Néanmoins, il faudrait remédier au manque de connaissance, de promotion et de diffusion du Code dans d'autres pays – comme le montre la réponse limitée apportée au premier cycle de notification ».

b. Des intérêts économiques relatifs

2053. L'influence de la présence d'intérêts économiques et commerciaux dans la réalisation des objectifs visés et la production des effets de la norme constituent l'un des fondements de l'activité normative de l'OMS. En effet, historiquement, la coopération sanitaire internationale reposait à la fois sur la volonté d'améliorer la protection de la santé des populations mais également sur la volonté de limiter les entraves aux échanges commerciaux. Le développement industriel, à l'origine de la mondialisation, a ainsi fortement contribué à l'organisation des premières conférences sanitaires internationales dont la première eu lieu en 1851.

2054. Afin d'illustrer l'importance du commerce international comme source des effets de la norme de l'OMS, il suffit de voir l'objectif poursuivi par le RSI. Ce dernier vise à réduire la propagation d'épidémies tout « en évitant de créer des entraves inutiles au trafic et au commerce internationaux ». Si pendant longtemps, l'efficacité du RSI a été limitée, il apparaît aujourd'hui, grâce notamment à sa révision en 2005, comme un instrument produisant des effets comme le démontre la gestion du virus *H1N5* en 2009 et cela malgré les difficultés rencontrées dans la gestion de l'épidémie *Ebola* en 2014. Certes, des efforts sont encore nécessaires notamment afin de préparer les Etats membres à développer leur propre capacité mais certains mécanismes portent leurs fruits. Ainsi, l'obligation de notification et le rôle de coordination de l'OMS, même limité, demeurent des exemples de réussite de résultats[4199].

2055. Par ailleurs, le DCI, la CIM ou encore le *Codex alimentarius* sont autant d'illustrations du fait que la compétence de standardisation de l'OMS vise à faciliter les échanges entre les Etats membres. Cette volonté, si elle poursuit un but, avant tout, de meilleure protection de la santé, sert également à faciliter l'harmonisation des échanges. Cette approche est encore plus perceptible avec le *Codex Alimentarius*. En effet, depuis son intégration aux règles de l'OMC par les accords de 1994, il est apparu évident qu'il a pour rôle d'uniformiser la standardisation alimentaire afin de faciliter les échanges commerciaux entre les Etats en conférant une présomption de conformité à toute norme proposée par un Etat qui respecte le *Codex*. Ainsi, les effets produits par le *Codex* sont principalement liés à son rôle dans les accords de l'OMC où les intérêts économiques sont évidents.

2056. Enfin, le Cadre PIP également a pour but de permettre, certes de façon équitable, un partage des vaccins en échange des souches. Toutefois, si aujourd'hui les acteurs concernés sont intéressés et que le Cadre PIP produit des effets par la signature de contrats types, c'est notamment en raison des avantages que peuvent en tirer les industries pharmaceutiques. En effet, une fois les souches obtenues, les industries pharmaceutiques peuvent développer des vaccins qu'ils pourront par la suite commercialiser. Si cet instrument d'échange équitable est intéressant en ce qu'il vise à imposer un échange, il doit être bien encadré et suivi afin d'éviter des abus aux bénéfices des industries pharmaceutiques.

[4199] V. *supra* n° 0

2057. Si les enjeux financiers sont colossaux, dans d'autres situations, la présence d'intérêts économiques apparaît davantage comme un frein aux progrès de la norme internationale. En effet, la norme internationale est une limitation au développement économique. Par exemple, dans le cas du Code de 1981, des différentes stratégies mondiales notamment relatives à l'obésité et à l'alcool ou encore dans le cadre de la CCLAT, ces différents instruments interviennent dans des marchés économiques très lucratifs. L'industrie du sucre, les producteurs d'alcool ou de tabac sont les principaux réfractaires aux normes internationales. Ils peuvent essayer de retarder, influencer, diminuer ou annihiler les effets de la norme.

2058. En l'absence de comparaisons internationales sur le coût global du tabagisme, le cas de la France peut servir d'éléments d'analyse. Le chiffre d'affaires dégagé par l'industrie du tabac sur le marché français était de 15,5 milliards en 2012 (51,5 milliards de cigarettes vendues)[4200]. De même, une étude de l'Observatoire des drogues et du tabac publiée en 2015 démontre que les recettes fiscales liées au tabac pour la France s'élevaient à environ 10,4 millions d'euros[4201]. S'ajoutent à cela les économies réalisées sur les retraites en raison des décès prématurés d'un montant de 854 millions d'euros en 2015[4202].

2059. Toutefois, il faut relativiser les « gains » liés au tabac. Certes, il y a un intérêt économique pour les industries mais celui pour les pays est relatif. En effet, la même étude de 2015 démontre que le coût social est bien plus important. Ce coût intègre les coûts externes composés notamment de la valeur des vies humaines perdues (-61,5 milliards d'euros), les pertes de qualité de vie (-31,7 milliards d'euros) ainsi que les pertes de production (-8,6 milliards d'euros). Il prévoit également le coût pour les finances publiques, composé en plus des bénéfices tirés de la taxation et du non-paiement des retraites, du coût des soins (-25,9 milliards d'euros) et la prévention et répression (-182 millions d'euros). Des résultats similaires sont démontrés pour l'alcool. L'étude conclut à un coût social de 120 milliards d'euros du tabac et de 120 milliards d'euros de l'alcool en prenant en compte les « gains » de la taxation et du non-paiement des retraites.

2060. Pour conclure, si l'intérêt économique ne doit pas être la seule condition des effets de la norme, il peut en expliquer une partie. A cet égard, les intérêts économiques sont des arguments à double tranchant. D'un côté, ils servent de justification pour le recours aux (ou le rejet des normes internationales. D'un autre côté, ils exercent une influence constante sur les effets de la norme. Ainsi, il est possible d'élargir l'analyse de le Professeur GOSTIN, en considérant que si, de prime abord, la santé n'apparaît pas

---

[4200] En comparaison, 80,5 milliards de cigarettes ont été vendues en 2002 représentant un chiffre d'affaires de 13,5 milliards d'euros (INPES, « *L'industrie du tabac* », Janvier 2015, accessible en ligne).

[4201] P. KLOPP, *Le coût social des drogues en France*, Observatoire français des drogues et des toxicomanies, Décembre 2015. En comparaison, l'INPES estime qu'en 2012 les recettes des taxes issues de la vente du tabac était de 14 milliards d'euros (INPES, « *L'industrie du tabac* », *op.cit*).

[4202] P. KLOPP, *Le coût social des drogues en France, op.cit.*

comme quantifiable, elle a des effets profonds en tant que gain économique du libre-échange et pour l'économie des systèmes de santé[4203].

2061. Au-delà des conditions extrinsèques dont doit bénéficier la norme pour produire ses effets, il existe des conditions intrinsèques à la norme qui y sont favorables.

B. Les conditions intrinsèques de la norme

2062. D'une part, la procédure d'élaboration de la norme joue un rôle quant aux effets de celle-ci (1). D'autre part, la pertinence du contenu de ces normes influence les effets à plus long terme ainsi que leur appréciation (2).

1. La procédure d'élaboration de la norme

2063. Les effets d'une norme apparaissent favorisés lorsque la procédure d'élaboration est légitimée. Or, le consentement de l'Etat, représentatif de la légalité de la norme, n'est plus le seul critère de légitimité[4204]. En d'autres termes, apparaissant comme une supra-légalité, la légitimité de la norme de l'OMS repose d'abord sur la qualité scientifique de la norme (a). Ensuite, avec le développement de norme juridique, la représentation démocratique s'impose (b).

a. Une qualité scientifique essentielle

2064. Pour le Professeur HEUSCHLING, la qualité du droit peut être formelle (liée à la forme ou l'*instrumentum*), organique (liée à la procédure d'élaboration) et substantielle (liée au contenu matériel)[4205]. Il convient de retenir la qualité de la norme par le biais de la procédure d'élaboration en ce qu'elle est représentative de l'activité normative de l'OMS et influence indirectement son contenu. A cet égard, comme le reconnaissent Madame FATIN-ROUGE STEFANINI et ses collègues, la qualité de la norme « ne correspond pas à un concept juridique précis[4206] ». Selon le sens usuel, elle désigne une propriété ou caractéristique de la norme entendue comme « ce qui fait qu'une chose est telle[4207] ». Elle apparaît également comme un moyen susceptible d'améliorer l'application de la norme[4208].

2065. Toutefois, si la qualité de la norme dépend notamment de la clarté et de la simplicité[4209] de son énoncé[4210], elle dépend avant tout de son fondement scientifique. A ce titre, l'OMS s'efforce de fonder son activité normative sur

---

[4203] L. O. GOSTIN, « *World health law: toward a new conception of global heath governance for the 21st century* », Yale journal of Health Policy, Law, and Ethics, vol 5 Issue 1, article 14, 2013, p.416 (pp.413-424).

[4204] G. ULFSTEIN, « *Les activités normatives de l'organisation internationale* », in E. LAGRANGE et J.-M. SOREL, *op.cit.*, p.745.

[4205] L. HEUSCHLING, « *'Effectivité', 'efficacité', 'efficience' et 'qualité d'une norme du droit. (...)* », *op.cit.*, pp.57-58.

[4206] « *Préface* » in FATIN-ROUGE STEFANINI, L. GAY et A. VIDAL-NAQUET (dir.), *op.cit.*, p.13.

[4207] *Dictionnaire de la langue française, Littré.*

[4208] « *Préface* » in FATIN-ROUGE STEFANINI, L. GAY et A. VIDAL-NAQUET (dir.), *op.cit.*, p.14.

[4209] V. F. MILLET, « *La simplification du droit : l'exemple de l'ordonnance ayant réformé le droit de la filiation* », in P. HAMMJE, L. JANICOT et S. NADAL (dir.), *op.cit.*, pp.95-98.

[4210] V. CHAMPEIL-DESPLATS, « *Efficacité et énoncé de la norme* », *op.cit.*, pp.63-74.

l'évidence scientifique, non sans difficulté[4211]. Elle le fait, d'une part, dans le cadre de son activité scientifique, comme le démontrent les procédures suivies pour la CIM, la Liste modèle des médicaments essentiels, les DCI et le *Codex*. En effet, l'OMS fait appel à des experts pour apprécier la situation scientifique d'un enjeu sanitaire donné. Considérée comme une organisation technique et scientifique, l'OMS a pour principe fondamental le recours à la science dans l'élaboration de la norme.

2066. D'autre part, l'OMS s'efforce de développer des normes juridiques fondées sur des preuves scientifiques quant à leur efficacité afin d'atteindre l'objectif poursuivi. Par exemple, dans le cadre de la CCLAT, le Préambule précise que l'instrument a pour but de « promouvoir des mesures de lutte antitabac fondées sur les considérations scientifiques, techniques et économiques actuelles et pertinentes[4212] ». Ainsi, non seulement la CCLAT fonde sur des données scientifiques[4213] le besoin d'agir en raison des méfaits pour la santé de la consommation de tabac et de l'exposition à la fumée du tabac, elle insiste encore sur l'efficacité scientifique des mesures prévues. Par la suite, le Secrétariat s'efforce de faire des rapports démontrant le bienfait des mesures prévues par la CCLAT en se fondant sur des données scientifiques. A ce titre, le site de la CCLAT a une section dédiée aux publications techniques en fonction de leurs applications géographiques : mondiale, régionale et nationale[4214]. Par exemple, le Secrétariat a publié en 2014 une revue de littérature des effets en santé des politiques d'interdiction générales de fumer à la lumière de la CCLAT[4215].

2067. De même, dans le cadre des recommandations temporaires émises par le Directeur général en cas d'urgence de santé publique de portée internationale (USPPI), la procédure est fondée sur l'avis d'un Comité d'urgence constitué d'experts scientifiques. Ainsi, ces recommandations reposent sur une expertise scientifique, selon les données disponibles fournies par les Etats membres mais également par des études scientifiques comme le montre la gestion de la propagation du virus *Zika* [4216]. Lorsqu'elle recommandé, toujours dans le cas du virus *Zika*, le renforcement du recours au préservatif lors de rapports sexuels[4217], l'OMS prend cette décision même en l'absence de certitudes scientifiques[4218], au nom du principe de précaution.

4211 V. *supra* sur les conflits d'intérêts notamment n°0 et s.

4212 Alinéa 21 du Préambule.

4213 Alinéa 5 du Préambule.

4214 OMS, « *Series of technical publications* », http://www.who.int/fctc/publications/techseries/en/.

4215 OMS, « *Literature review on the health effets of smoke-free policies in light of the WHO FCTC* », Global Studies Series, Paper G/1, 2014.

4216 « Le Comité a pris note des nouvelles informations communiquées par les États Parties et les établissements universitaires figurant dans les notifications de cas, les séries de cas, une étude cas-témoins (SGB) et une étude de cohorte (microcéphalie) sur les anomalies congénitales et les troubles neurologiques en présence de l'infection à virus Zika » (OMS, « *Deuxième réunion du Comité d'urgence du Règlement sanitaire international concernant le virus Zika et la recrudescence des troubles neurologiques et des malformations néonatales* », Déclaration de l'OMS, 8 mars 2015).

4217 « Il faut spécialement veiller à ce que les femmes en âge de procréer et, plus particulièrement, les femmes enceintes aient les informations et le matériel nécessaires pour réduire le risque d'exposition » (OMS, « *Deuxième réunion (...)* », *op.cit.*).

4218 « Il a réaffirmé la nécessité de nouveaux travaux pour obtenir des éléments de preuve supplémentaires sur l'association et pour comprendre les éventuelles incohérences dans les données fournies par les pays » (OMS, « *Deuxième réunion (...)* », *op.cit.*).

2068. Il est essentiel d'avoir recours à la science non seulement dans l'élaboration de la norme technique mais également juridique. L'objectif est de pouvoir apprécier *ex ante* s'il existe des preuves scientifiques que la norme développée par l'OMS, en particulier les mesures adoptées, aura des effets positifs sur la santé, en particulier sur l'objectif recherché. Cette approche, fondée sur de l'*evidence-based law making* (l'élaboration des lois fondées sur des preuves), est essentielles comme pour de nombreux auteurs de la doctrine notamment lors des discussions autour de l'élaboration de la CCLLAT[4219]. Il faut essayer, pour l'OMS, d'avoir la même rigueur dans la mise en œuvre de normes juridiques que celle suivie dans l'élaboration de normes scientifiques.

2069. Cette qualité scientifique participe à favoriser les effets de la norme. D'une part, elle permet de convaincre et rassurer les Etats membres, élément essentiel de l'élaboration de la norme, dans le bien-fondé et l'utilité de la norme. Il faut démontrer que le droit est un outil au service de la protection de la santé. D'autre part, elle renforce l'idée que la norme sera effectivement effective, c'est-à-dire efficace. En effet, si l'adéquation entre les dispositions de la norme et les résultats attendus est anticipée, dès lors que des résultats similaires se produisent, il sera d'autant plus facile de démontrer cette adéquation *a posteriori.* La qualité scientifique de la norme renforce l'acceptabilité du recours à la norme et donc ses effets.

2070. Ainsi, le rôle normatif de l'OMS comprend notamment un droit d'expertise qui impose une rigueur scientifique. Toutefois, étant donné qu'il vise également à conférer des droits et des obligations et concerne *in fine* la santé des individus, il est important que ces derniers participent à l'élaboration de la norme afin de lui conférer une légitimité démocratique. Dès lors, la légitimité scientifique, plus technicienne de l'OMS, est aujourd'hui confrontée à la légitimité fondée sur l'élaboration démocratique de la norme.

b. Une participation démocratique à moduler

2071. La question du renforcement de la participation démocratique[4220] déjà évoquée dans le cadre du fonctionnement de l'OMS [4221] en tant que participation institutionnelle[4222] joue également un rôle sur ses effets par le biais de la participation à l'élaboration normative. On touche à la question de la légitimation du pouvoir, c'est-à-dire à la légitimité fondée sur l'élaboration

---

[4219] V. A. L. TAYLOR et D. W. BETTCHER, « *WHO Framework Convention on Tobacco Control : a global 'good' for public health* », Bulletin of the World Health Organization, vol.78, n°7, 2000, pp.920-929. V. également. K. SHIBUYA et al., « *WHO Framework Convention on Tobacco Control : development of an evidence based global public health treaty* », BMJ, vol.327, 19 juillet 2003, pp.154-157.

[4220] V. également FRYDMAN (B.), « *Vers un statut de la société civile dans l'ordre international* », *op.cit.* L'auteur défend l'idée d'un « nouvel ordre cosmopolitique ». Il estime que « si l'on est encore loin aujourd'hui d'une démocratie à l'échelle du monde ou même de l'Europe, le développement d'une société mondiale, où l'on échange des biens et des services, mais aussi des idées, des préoccupations et des revendications appelle le renforcement des institutions politiques internationales, ainsi que leur démocratisation. Dans ce jeu à trois entre le marché, la société civile et l'Etat, le pôle institutionnel doit, s'il veut poursuivre la partie, parvenir à coordonner son action au même niveau que ceux qu'il prétend régir ».

[4221] V. *supra* n° 0.

[4222] S. EL BOUDOUHI, « *Les qualités autres que celle de membre* », in E. LAGRANGE et J.-M. SOREL, *op.cit.*, p.362 et s.

démocratique de la norme, et non à la légitimité scientifique ou institutionnelle[4223].

2072. A ce titre, les effets de la norme dépendent notamment de « la légitimité du processus décisionnel qu'il soit la résultante de l'action du gouvernement, des organisations internationales ou régionales, d'agences privées de régulation, d'entreprises multinationales ou d'autres acteurs[4224] ». Certes, la question de savoir si « les Etats ou les autres concernés y ont adhéré ou non, ou ont voulu être liés » par la norme est importante. Toutefois, les effets de la norme dépendent également de *qui* participe à son élaboration[4225]. En d'autres termes, savoir qui a participé au processus d'élaboration, qui en a été exclu, quelle expertise a été retenue sont autant de facteurs qui influencent la légitimité de la norme. La participation démocratique joue également un rôle dans la mise en œuvre de la norme. En effet, « si traditionnellement, il revient à l'Etat souverain d'assurer l'effectivité à une norme de droit (...) dans les domaines du partenariat des organisations non gouvernementales, ce monopole de l'Etat est concurrencé directement par l'action de ces organisations qui sont parfois sollicitées ; des sujets de droit interne, dès lors, participent directement à cette mise en œuvre des normes juridiques internationales[4226] ».

2073. L'intérêt d'une telle participation pour la promotion de l'efficacité de la norme dépend de l'acteur considéré[4227]. D'abord, les acteurs privés, qui malgré la recherche de la défense des intérêts qu'ils représentent, « conduisent leurs actions d'influence en fournissant aux autorités publiques des données techniques, des analyses comparatives, des expertises fiables[4228] ». En effet, comme l'explique la Professeure BASILIEN-GAINCHE, les acteurs privés craignent « que les décisions (...) ne soient élaborées et adoptées sur la base d'une connaissance insuffisante, d'une compréhension erronée, d'une analyse incorrecte, des problèmes et des enjeux du secteur ». Si le lobby des acteurs privés[4229] n'est pas souhaité dans l'élaboration de la norme, il faut reconnaître qu'il existe et favorise, s'il est respecté, les effets de la norme. En effet, leur participation non seulement influence le résultat mais permet en les rassurant, d'influencer les effets de la norme. Si les acteurs privés avaient été exclus des négociations relatives à la CCLAT à juste titre, on retrouve cette « participation » des acteurs privés dans l'élaboration de certaines normes de l'OMS notamment en raison du besoin d'expertise scientifique.

2074. Ensuite, pour les parties prenantes ou représentants, l'intérêt est d'être « reçus et écoutés par les autorités publiques [et...] d'influer sur les

---

4223 « *Préface* » in FATIN-ROUGE STEFANINI, L. GAY et A. VIDAL-NAQUET (dir.), *op.cit.*, p.14.

4224 L. BOISSON DE CHAZOURNES, « *Standards et normes techniques dans l'ordre juridique contemporain (...)* », *op.cit.*, p.376.

4225 *Ibid.*

4226 R. RANJEVA, « *Les organisations non gouvernementales et la mise en œuvre du droit international* », *op.cit.* (V. notamment les développements sur Le cadre juridique de la mise en œuvre du droit international par les organisations non gouvernementales p.80 et s.).

4227 M.-L. BASILIEN-GAINCHE, *Gouvernance et efficacité des normes juridiques, op.cit.*, p.93.

4228 P. BOUWEN, « *Corporate lobbying in the European Union : the logic of access* », Journal of European Public Policy, juin 2002, pp.365-370.

4229 V. M.-L. BASTIEN-GAINCHE, « *La participation du lobbying à la conception de la norme* », in P. HAMMJE, L. JANICOT et S. NADAL (dir.), *op.cit.*, pp.133-144.

mesures envisagées par les autorités publiques[4230] ». Cette approche a été suivie lors des discussions autour de la CCLAT auxquelles ont notamment participé les organisations non gouvernementales[4231]. Cette participation a permis l'inscription dans le Préambule de la CCLAT du premier alinéa suivant « Résolues à donner la priorité à leur droit de protéger la santé publique ». Dès lors, cette participation démocratique fonde la légitimité de la norme. Le processus décisionnel doit traduire cette exigence.

2075. Dans l'ensemble, l'ouverture démocratique permet une meilleure « acceptabilité des dispositions normatives[4232] » grâce au caractère équitable de la procédure d'élaboration. En effet, elle contribue à une meilleure prise en compte des destinataires de la norme[4233] ce qui est favorable aux effets de la norme. A cet égard, lorsque les parties intéressées s'investissent dans l'élaboration de la norme « elles s'engagent dans son application au titre d'une subsidiarité que d'aucuns qualifient de fonctionnelle[4234] ». Il y a une forme de responsabilisation des auteurs de la norme. Un « processus vertueux d'entraînement[4235] » doit s'enclencher. La légitimité de la norme n'est pas à rechercher dans une autorité ultime détenue par une instance unique « mais dans une interactivité dispersée selon des mécanismes fluides de partage de pouvoirs[4236] ».

2076. Enfin, les effets de la norme dépendent du degré de participation des parties prenantes. En d'autres termes, en plus de savoir qui a participé, il est important de déterminer *comment* ils ont participé et ce qui a été retenu *in fine* de cette participation au sein de la norme. Il ne faut pas que la participation démocratique serve uniquement de faire valoir à l'élaboration de la norme. Comme le souligne à juste titre la Professeure BASILIEN-GAINCHE, il est « inutile d'insister sur le fait qu'une ouverture des processus décisionnels qui relèverait de la pure et simple stratégie de communication ne saurait dans un tel esprit se révéler porteuse d'une réelle utilité pour la norme[4237] ». Dans le cadre de l'activité juridique de l'OMS, il est essentiel que le degré de participation démocratique soit fort dans l'élaboration de la norme car cela garantira d'autant plus les effets de la norme.

2077. Pour conclure, la qualité scientifique ainsi que la participation démocratique sont deux conditions essentielles à la production d'effets de la norme afin de renforcer la légitimité et l'efficacité institutionnelles nécessaires. Toutefois, ces conditions ne sont pas nécessairement cumulatives et peuvent se compléter en fonction de la norme à élaborer. En effet, dans le cas de l'activité normative technique et scientifique de l'OMS, fondement d'un

---

[4230] M.-L. BASILIEN-GAINCHE, *Gouvernance et efficacité des normes juridiques, op.cit.*, p.93.

[4231] V. Un rapport sur la participation des organisations non gouvernementales aux travaux de l'organe de négociation a été présenté au Conseil exécutif à sa cent septième session en janvier 2001, Document EB107/19.

[4232] M.-L. BASILIEN-GAINCHE, *Gouvernance et efficacité des normes juridiques, op.cit.*, p.93.

[4233] S. NADAL, « *L'intégration des organisations professionnelles à a fonction législative en droit du travail : un vecteur d'efficacité de la loi* », in P. HAMMJE, L. JANICOT et S. NADAL (dir.), *op.cit.*, pp.119-131.

[4234] M.-L. BASILIEN-GAINCHE, *Gouvernance et efficacité des normes juridiques, op.cit.*, p.97.

[4235] *Ibid.*, p.98.

[4236] J. SCOTT et D. M. TRUBEK, « *Ming the gap : law and new approaches to governance in the European Union* », European Law Journal, VIII, 1, 2002, pp.1-18.

[4237] M.-L. BASILIEN-GAINCHE, *Gouvernance et efficacité des normes juridiques, op.cit.*, p.94.

droit d'expertise, la qualité scientifique de la norme est primordiale. Si la participation démocratique ne doit pas être entièrement mise de côté, elle doit, en cas de conflits, se soumettre à la qualité scientifique. A l'inverse, dans le cas de l'activité normative juridique de l'OMS, dès lors que la qualité scientifique est avérée, le rôle des parties prenantes devient essentiel afin de favoriser les effets de la norme.

2078. Toutefois, une fois considérée pour l'élaboration de la norme, la participation démocratique doit aussi contribuer au suivi et au contrôle des effets de la norme. L'efficacité de la norme dépend également des mécanismes prévus par la norme. Il s'agit donc d'insister sur la pertinence du contenu de la norme.

2. La pertinence du contenu de la norme

2079. Au-delà de la pertinence du contenu pour atteindre son objectif en santé notamment en intégrant les systèmes juridiques nationaux, la norme, pour garantir ses effets, doit mettre en place des mécanismes d'appréciation de son efficacité (a). Par ailleurs, la réalisation des effets de la norme de l'OMS passe également par des mécanismes d'accompagnement des Etats pour élaborer et adapter la norme (b).

a. Des mécanismes adéquats d'appréciation

2080. Comme le rappellent les Professeurs BOISSON DE CHAZOURNES et MBENGUE les effets d'une norme, et du droit international en particulier, « dépend(ent) nécessairement et de prime abord de la mise en place d'institutions propres à superviser et à contrôler la mise en œuvre des normes internationales [4238] ». La Cour internationale de justice l'évoquait « en filigrane[4239] » lorsqu'elle précisait que les organisations internationales ont « le devoir de rappeler (aux membres) certaines obligations[4240] ».

2081. Il convient d'écarter l'enjeu de la sanction en droit international pour garantir les effets de la norme. En effet, la sanction, en droit international, n'est pas un élément d'existence ni de validité de la norme[4241]. Elle peut participer à garantir les effets de la norme mais n'est pas exclusive de son efficacité [4242]. Elle doit néanmoins être exécutée comme en l'atteste l'expérience de l'article 7 de la Constitution de l'OMS. Ce texte prévoit une sanction (suspension du droit de vote, par exemple) notamment en cas de non-respect de ses obligations financières par l'Etat membre. Toutefois, la pratique révèle que des négociations entre le Directeur général et l'Etat en violation

[4238] L. BOISSON DE CHAZOURNES et M. M. MBENGUE, *« Suivi et contrôle »*, in E. LAGRANGE et J.-M. SOREL, *op.cit.*, p.801. Pour ces auteurs cela s'explique en raison d'un « système juridique international caractérisé par la décentralisation, la relativité, l'horizontalité voire l'anarchisme ».

[4239] *Ibid.*, p.801.

[4240] Avis consultatif du 11 avril 1949, *Réparation des dommages subis au service des Nations unies,* CIJ Recueil 1949, p.179.

[4241] V. *supra* n°0.

[4242] F. OST et M. VAN DE KERCHOVE, *De la pyramide au réseau – Pour une théorie dialectique du droit*, Bruxelles, Publications des Facultés universitaires Saint-Louis, 2002, p. 119. Ils reconnaissent que « l'absence de sanctions "officielles" ne fait pas obstacle » à l'efficacité des règle.

permettent toujours d'éviter la sanction juridique au profit d'un calendrier de paiements favorables.

2082. Par ailleurs, la présence d'une sanction dans le contenu de la norme peut être un frein à son élaboration. En effet, la difficulté d'un Etat à s'engager dans la réalisation d'une norme internationale est inversement proportionnelle au degré de contrainte y afférent. Or, l'opposition *ab initio* de certains Etats clefs a une conséquence sur les effets globaux de la norme. Autrement dit, les effets de la norme s'apprécient au regard de l'objectif souhaité qui, en raison du mandat de l'OMS, est le plus souvent universel. Si des Etats ne souhaitent pas y participer, les effets de la norme seront nécessairement amoindris.

2083. *A contrario*, le défaut de sanction n'empêche pas une norme d'efficacité dès lors qu'elle prévoit des mécanismes d'appréciation, de contrôle ou de surveillance. Dans cette perspective, plusieurs mécanismes existent.

2084. D'abord, le rôle du suivi et contrôle de la norme constitue « l'une des principales raisons d'être des organisations internationales[4243] ». Ce rôle est donc nécessaire et inhérent aux fonctions des organisations internationales[4244]. Les activités de suivi et de contrôle sont ainsi « toutes les activités de vérification de la conformité d'un acte, d'une situation ou d'un comportement aux normes qui régissent une organisation internationale[4245] ». Ce contrôle peut donc prendre des formes différentes d'une organisation à l'autre et parfois même d'une convention à l'autre au sein d'une même organisation. L'objectif des mécanismes de suivi et de contrôle est de vérifier le respect des engagements internationaux et des besoins nécessaires au respect de ceux-ci[4246]. Comme le rappelle le Professeur CHARPENTIER, le contrôle n'est pas une « activité gratuite, menée dans le but quasi esthétique de faire éclater la vérité, mais il est [...] orienté vers une finalité pratique qui est l'application correcte des obligations contractées par les Etats[4247] ».

2085. Si le suivi et le contrôle vont souvent de pair[4248] (et peuvent être confondus[4249]) en ce que « toute activité de contrôle est le prolongement

---

[4243] L. BOISSON DE CHAZOURNES et M. M. MBENGUE, *« Suivi et contrôle », op.cit.*, p.801.

[4244] V. N. BLOKKER et S. MULLER « *Towards more effective supervision by international organization* » in N. BLOKKER et S. MULLER (dir.), *Towards more effective supervision by international organizations. Essays in honour of Henry G. Schermers,* Martinus Nijhoff Publishers, vol.I, 1994, p.2.

[4245] L. BOISSON DE CHAZOURNES et M. M. MBENGUE, *« Suivi et contrôle », op.cit.*, p.801. V. également J. SALMON, *Dictionnaire de Droit international public, op.cit.*, « juridicité » p.261. L'auteur effectue une distinction entre l'organe qui exerce le contrôle (étatique ou commissions internationales), les modalités de contrôle (juridictionnel et exécutif ou administratif). V. également « contrôle par les organisations internationales » « opération par laquelle les organisations internationales surveillent l'exécution, par les Etats, des normes internationales contenues dans leur instrument constitutif ou élaborées en leur sein, et que ces derniers se sont engagés à appliquer » (*Ibid.*, p.264).

[4246] L. BOISSON DE CHAZOURNES, « *Suivi, supervision et coordination des instruments normatifs de l'UNESCO* », in A. A. YUSUF (dir.), *Elaboration de règles internationales sur l'éducation, la science et la culture. Essais à l'occasion du 60e anniversaire de l'UNESCO,* éd. UNESCO, 2007, p.51 (pp.51-73).

[4247] J. CHARPENTIER, « *Le contrôle par les organisations internationales de l'exécution des obligations des Etats* », RCADI, vol.IV, t.182, 1983, p.216.

[4248] V. notamment H. RUIZ FABRI, L.-A. SICILIANOS et J.-M. SOREL (dir.), *L'effectivité des organisations internationales : mécanismes de suivi et de contrôle,* Sakkoulas/Pedone, 2000. V. également certains auteurs anglo-saxons les réunissent sous une même appellation suivant un langage unitaire : « supervision » (V. notamment H. G. SCHERMERS et N. M. BLOKKER, *International Institutional Law. Unity within Diversity,* Brill-Nijhoff, 2011, p.873). On retrovue le même language dans le cadre des autortiés de contrôle frnaçaise : l'Autorité des marchés financiers (AMF) et l'Autorité de contrôle prudentiel et de résolution (ACPR).

naturel d'une activité de suivi », toute activité de suivi ne « débouche pas *ipso jure et ipso facto* sur une activité de contrôle[4250] ». Elles disposent chacune « d'une autonomie conceptuelle[4251] ». Pour simplifier, le suivi[4252] correspond à une procédure « encadrant la mise en œuvre » et le contrôle [4253] permet « d'établir des faits, de qualifier lesdits faits pour déterminer l'existence d'une situation de non-conformité[4254] ».

2086. Certains mécanismes de suivi et de contrôle reposent sur « l'envoi systématique et à intervalles réguliers de rapports des gouvernements intéressés [4255] ». On est en présence d'auto-évaluation. L'avantage est qu'officiellement les Etats sont les plus à même de déterminer le degré d'avancement des effets de la norme. L'inconvénient est qu'ils ont le contrôle sur les informations transmises [4256]. Or, comme le reconnaît le comité d'examen de l'application du RSI, l'utilisation exclusive de cette approche n'est cependant plus appropriée car « elle ne donne pas toujours des informations fiables et exactes et risque d'entamer la confiance des Etats parties dans les capacités d'autres Etats[4257] ».

2087. Ensuite, sont apparus les rapports émis par des acteurs non étatiques. Inspirés du mécanisme employé dans le cadre des conventions internationales des droits de l'homme et du *shadow reporting*[4258], la CCLAT et le RSI (depuis

---

[4249] Pour certains auteurs, le suivi et le contrôle émanent d'une même logique et aucune distinction ne doit être fait entre les deux (K. SCHMALENBACH, « *International Organizations or Institutions, Supervisions and Sanctions* », Max Planck Encyclopedia of Public International Law, Owford University Press, version électronique, 2012).

[4250] L. BOISSON DE CHAZOURNES et M. M. MBENGUE, *« Suivi et contrôle », op.cit.*, pp.802-803. A cet égard, plusieurs terminologies existent pour évoquer le « contrôle » : « supervision » (L. BOISSON DE CHAZOURNES, « *Suivi, supervision et coordination des instruments normatifs de l'UNESCO* », *op.cit.*) et « mise en œuvre » (S. MALJEAN-DUBOIS et V. RICHARD, « *Mécanismes internationaux de suivi et de mise en œuvre des conventions internationales de protection de l'environnement* », in IDDRI ? *Idées pour le débat*, n°9, 2004).

[4251] L. BOISSON DE CHAZOURNES et M. M. MBENGUE, *« Suivi et contrôle », op.cit.*, p.801.

[4252] Le suivi relève plus de la persuasion, de l'assistance voire de l'« accompagnement » (C. SCHNEIDER, « *Préface* » in M. AILINCAI, *Le suivi du respect des droits de l'homme au sein du Conseil de l'Europe. Contribution à la théorie du contrôle international,* Pedone, 2012, p.8).

[4253] Le contrôle s'apparente davantage à une technique visant à contraindre en vue de corriger un comportement déviant (J. E. ALVAREZ, *International Organizations as Law-Makers,* Oxford University Press, 2005, p.362).

[4254] L. BOISSON DE CHAZOURNES et M. M. MBENGUE, *« Suivi et contrôle », op.cit.*, p.803. Les auteurs proposent une « ligne de démarcation » à trois niveaux entre suivi et contrôle : « D'une part, au niveau de la temporalité qui les régit : le suivi s'inscrit dans la *durée* alors que le contrôle s'inscrit dans l'*instantané* (…) D'autre part, au niveau de la méthode sur laquelle elles reposent : le suivi procède d'une démarche d'*encouragement* et de « stimulation » (…) tandis que le contrôle relève plus d'une démarche d'*autorité* et de contrainte (…) Enfin, au niveau de l'effet qu'elles induisent : le suivi a pour effet d'*anticiper* le non-respect des règles de l'organisation, le contrôle a pour effet de *réagir* à des situations de non-conformité avec les règles de l'organisation. »

[4255] J. SALMON, *Dictionnaire de Droit international public, op.cit.,* « juridicité » p.264.

[4256] V. E. DAVID, *Droit des organisations internationales,*Bruylant, 2016, p.359 : « Bien que cette procédure semble laisser beaucoup de liberté aux Etats quant à la manière de faire leur rapport, il faut toutefois souligner que l'établissement et l'envoi du rapport sont une obligation internationale qui, à l'instar de toute obligation, doit être exécutée de bonne foi ».

[4257] OMS, « *Application du Règlement sanitaire international (2005)* », Rapport du Comité d'examen sur le rôle du Règlement sanitaire international (2005) dans le cadre de l'épidémie de maladie à virus *Ebola* et de la riposte, Rapport du Directeur général, A69/21, 13 mai 2016, p.21.

[4258] Traduit en français par des contre-rapports, des rapports alternatifs, des rapports bis ou des rapports parallèles. V. notamment en matière de tabac « *A guide to tobacco-related shadow reporting before United Nations human rights bodies* », O'Neill Institute for National and Global Health Law at Georgetown University et Fundacion InterAmerica del Corazon-Argentina, 2013.

la révision de 2005) reconnaissent l'importance de ces données « extérieures ». Toutefois, aucun mécanisme officiel de *shadow reporting* n'existe au sein de l'OMS sauf le mécanisme permettant pour des acteurs non étatiques de participer au mécanisme de notification du RSI[4259].

2088. De même, il est possible qu'un mécanisme de suivi soit déclenché indépendamment de tout contexte juridique mais pour des raisons d'ordre situationnel ou factuel[4260]. En effet, en cas d'événement de santé publique internationale, le RSI prévoit la mise en place, par le Directeur général de l'OMS, d'un comité d'urgence pour suivre et contrôler la situation dans un Etat partie au RSI sur le territoire duquel une urgence de santé publique internationale se déclarerait. Toutefois, il n'est pas prévu d'évaluation externe notamment pour l'acquisition et le maintien des capacités nationales essentielles.

2089. Par ailleurs, dans le cadre des stratégies mondiales ou de plan d'action, l'OMS développe également des indicateurs de progrès afin d'apprécier les effets de la norme. En effet, la plupart des stratégies et plans mondiaux sont accompagnés d'indicateurs afin de renforcer l'autorité des dispositions inscrites en leur sein et d'encourager leur transposition dans les droits nationaux de la santé[4261]. Par exemple, le dispositif de la lutte contre les maladies non-transmissibles, adopté en 2013, est composé du plan d'action mondial 2013-2020, du cadre mondial de suivi ainsi que d'un mécanisme mondial de coordination pour la lutte contre les maladies non transmissibles. Comme l'explique justement Madame SAMSON, l'utilisation d'indicateurs et la définition des rôles respectifs de tous les acteurs impliqués ont « pour effet de renforcer l'efficacité des recommandations adoptées malgré le caractère initialement volontaire de ces dernières ».

2090. Toutefois, les mécanismes de contrôle et de suivi ne sont pas les seuls garants du respect effectif du droit. D'autres mécanismes d'appréciation existent tel que l'évaluation qui « consiste à examiner, de manière indépendante, les résultats d'activités, de projets ou de programme afin d'en vérifier la pertinence, les avantages et l'impact. Elle permet de vérifier que la qualité et la quantité des résultats obtenus correspondent aux objectifs fixés[4262] ». De même, il existe l'enquête par le biais d'un comité *ad hoc* dont l'objectif est de « rechercher, de manière indépendante, des informations sur la conduite d'un fonctionnaire ou d'un groupe de fonctionnaires ou sur les mesures qu'ils ont prises, ou sur une situation ou un événement résultant d'un accident ou d'une catastrophe naturelle[4263] ». Certes, l'enquête « n'a pas la recherche de l'efficacité de l'organisation pour finalité directe[4264] » mais

[4259] V. *supra* n°0.
[4260] L. BOISSON DE CHAZOURNES et M. M. MBENGUE, *« Suivi et contrôle »*, *op.cit.*, p.801.
[4261] M. SAMSON, « *Réflexions sur le rôle du droit dans la gouvernance de la santé mondiale* », in E. MONDIELLI, F. VIALLA et E. CADEAU (coord.), *op.cit.*, p. 120 (pp.117-134).
[4262] CORPS COMMUN D'INSPECTION, « *Normes et directives du CCI* », A/51/34/Annexe I, 1997, § 10.b.
[4263] *Ibid.*, §10.c.). Le document précise que l'enquête « prend pour point de départ des informations faisant état de violations de règles, règlements et autres procédures officielles, d'une mauvaise gestion, de fautes, de gaspillages des ressources ou d'abus de pouvoir, cela en vue de proposer des mesures correctives au niveau de la gestion et de l'administration et, le cas échéant, de saisir soit les autorités judiciaires, soit les services d'investigation interne compétents, soit les deux »
[4264] J. CAZALA, « *Appréciation de l'efficacité de l'organisation internationale* », in E. LAGRANGE et J.-M. SOREL, *op.cit.*, p.973.

participe à son évaluation. En effet, si des irrégularités ont été commises, l'efficacité semble *a priori* altérée. On retrouve également l'audit, qui démontre l'adéquation et l'efficacité du système de contrôle interne d'une organisation[4265] et l'inspection, qui vise à améliorer l'efficacité et la rentabilité des opérations[4266].

2091. L'idée d'appréciation de l'efficacité de la norme, repose sur la notion d'*accountability*, issue du droit administratif américain[4267], selon laquelle « tout détenteur d'une autorité publique doit rendre compte au public concerné de la manière dont il l'exerce[4268] ». Plus largement, le « droit de la Société de demander compte à tout agent public de son administration » trouve son fondement dans l'article 15 de la Déclaration des droits de l'homme et du citoyen de 1789[4269]. Si la question de l'adaptation de ce concept aux organisations internationales se pose[4270], il n'en demeure pas moins que l'OMS a recours à l'un de ces piliers, la transparence. Cette notion est un prérequis de l'appréciation de l'efficacité de la norme en ce qu'il est « constamment mis en lumière dans les travaux relatifs à l'efficacité de l'action des organisations internationales[4271] ». L'argument repose sur l'idée qu'une organisation internationale sera toujours plus efficace si ses activités sont connues de l'ensemble de ses membres et des tiers. Il s'agit de l'approche qu'a décidé de suivre l'OMS depuis quelques années comme le montre le recours au *web*. D'une part, l'OMS publie de la documentation pertinente sur son site internet. Par exemple, chaque année, les documents de l'Assemblée mondiale de la santé s'y trouvent. De même, dans le cadre de la CCLAT, un site est dédié avec de nombreux documents permettant de suivre l'évolution de sa mise en œuvre par pays ou par article[4272]. D'autre part, l'OMS, depuis 2014, permet la retransmission en direct des différentes réunions de l'OMS. Malgré leurs utilités limitées[4273], ces mécanismes de contrôle sont autant d'outils pour

---

[4265] Il s'agit, selon CAZALA, d'une activité indépendante visant à déterminer l'adéquation et l'efficacité du système de contrôle interne d'une organisation (V. J. CAZALA, « *Appréciation de l'efficacité de l'organisation internationale* », in E. LAGRANGE et J.-M. SOREL, *op.cit.*, p.972 et s.). Il existe l'audit de conformité, le contrôle des résultats et le contrôle de gestion (GNUE, UNEG/REF(2007)/2, §20)

[4266] Il s'agit d'« examiner, sur place et de manière indépendante les activités des unités administratives afin de vérifier que celles-ci fonctionnent comme prévu. Les inspecteurs se penchent sur les modes de fonctionnement et les activités afin de s'assurer de leur efficacité et de leur efficience. » (CORPS COMMUN D'INSPECTION, « *Normes et directives du CCI* », *op.cit.*, §10.c.).

[4267] L. DUBIN et M.-C. RUNAVOT, « *Représentativité, légitimité, efficacité* », in E. LAGRANGE et J.-M. SOREL, *op.cit.*, p.100. Les auteures rappellent qu'à l'origine la notion d'*accountability* est une « notion maîtresse du droit administratif américain, révélée lors des débats sur l'Etat administratif américain et le fameux rapport Brownlow de 1937 dénonçant la prolifération d'agences administratives dénuée de légitimité ».

[4268] V. M. SAMSON, « *Réflexions sur le rôle du droit dans la gouvernance de la santé mondiale* », *op.cit.*, p.121; K. DAVIS et al., « *Indicators as a technology of global governance* », Working Paper 2010/2, Global Administration Law Series, 2010 ; M. SAMSON, « *Indicators as a monitoring tool for the implementation of global health law* », IRPA, Working Papers, 2012.

[4269] Article 15 de la DDHC « La Société a le droit de demander compte à tout Agent public de son administration ».

[4270] R. GELLERT, « *L'*accountability*, un concept adapté aux organisations internationales ?* », RDBI, n°2, 2010, pp.476-497.

[4271] J. CAZALA, « *Appréciation de l'efficacité de l'organisation internationale* », in E. LAGRANGE et J.-M. SOREL, *op.cit.*, p.969.

[4272] V. la base de données sur la mise en œuvre de la CCLAT (http://apps.who.int/fctc/implementation/database/).

[4273] V. *supra* n°s0-0.

participer aux travaux de l'OMS ou les contrôler ce qui renforce les effets de la norme.

2092. A cet égard, comme le souligne le Professeur BODANSKY, les Etats vont donner effet à la norme, malgré l'absence d'une sanction, afin d' « éviter d'être identifié comme celui qui a transgressé la norme (*lawbreaker*)[4274] ». En effet, cette violation peut affecter la réputation de l'Etat membre et ainsi affaiblir son positionnement pour de futures actions internationales. L'Etat membre est soumis à l'opinion publique négative aussi bien en interne qu'au niveau international. Le non-respect de la norme peut « affecter d'autres aspects des relations entre les Etats membres[4275] ». Il s'agit là de la théorie du *name and shame*[4276] appliqué en droit international et fondé davantage sur des aspects moraux que légaux. Ainsi, la transparence, qui démontre les effets ou l'absence d'effets de la norme, accroît la probabilité qu'un Etat applique la norme adoptée[4277]. La transparence est « presque un élément universel de stratégie de gestion de conformité[4278] ». Cette idée se vérifie notamment dans le cas du RSI. En effet, l'absence de respect des recommandations temporaires de l'OMS engendre un risque, pour le pays, de se voir identifié en tant que responsable de la propagation de l'épidémie[4279]. De même, les rapports émis par le Secrétariat sur les avancés réalisées à l'égard de la CCLAT sont autant d'arguments de la faiblesse de certains Etats à s'y conformer en particulier en raison d'un manque d'assistance à la mise en œuvre de la norme et d'adaptation de la norme aux évolutions.

b. Des mécanismes adéquats d'assistance et d'adaptation

2093. Une norme, pour être efficace et donc produire les effets souhaités, doit prévoir en son sein, d'abord, des mécanismes d'assistance par le financement et par la formation technique et juridique. Or ces mécanismes sont limités dans le cadre de l'activité normative de l'OMS.

2094. En premier lieu, cette évolution se traduit par la mise en place d'un système de financement adéquat. Déjà évoqué dans les développements sur le financement de l'OMS[4280], la question du financement de la norme de l'OMS est également essentielle. En effet, la capacité de production d'une norme dépend, pour partie, de sa capacité à financer les différentes étapes de l'élaboration de la norme. A cet égard, des financements sont nécessaires pour initier, négocier et élaborer la norme, mais il faut également des financements stables pour faire fonctionner les différents mécanismes prévus par la norme.

2095. Or, dans le cadre du RSI, le Comité d'examen du RSI eu égard au virus *Ebola*, reprenant les conclusions du Comité pour la grippe pandémique

---

[4274] D. BODANSKY, « *What makes international agreements effective ?(...)* », *op.cit.*,p.35.

[4275] A. CHAYES et A. H. CHAYES, *The new sovereignty*, Harvard Universtiy Press, 1995, p.152.

[4276] En français « Dénoncé et blamé ».

[4277] A. CHAYES et A. H. CHAYES, *The new sovereignty*, *op.cit.*, p.135 : « increased transparency sets up powerful dynamic for compliance with treaties ».

[4278] O. R. YOUNG, « *The effectiveness of international institutions hard cases and critical variables* », in J. N. ROSENAU et E.-O. CZEMPIEL (dir.), *Governance without government : change and order in world politics*, Cambridge University Press, 1992, pp.176-177.

[4279]On pense notamment à la grippe espagnole ou à la grippe meixaine.

[4280] V. *supra* n°0 et s.

A(H1N1) de 2011 estime qu' « actuellement, la capacité de l'OMS à préparer et mener une action prolongée en cas d'urgence de santé publique, quelle qu'elle soit, est sérieusement limitée par des déficits chroniques de financement qui sont aggravés par les restrictions à l'utilisation des fonds imposées par les Etats membres, les partenaires et d'autres donateurs[4281] ».

2096. De même, dans le cadre de la CCLAT, alors que des dispositions relatives à un financement particulier étaient prévues, elles n'ont pas été mises en œuvre et le financement de cet instrument demeure précaire[4282]. Or, le Secrétariat effectue un travail très important et lourd entre autres : suivre les évolutions de mise en œuvre de la CCLAT ; produire des Directives d'application des dispositions de la CCLAT et préparer le développement de futurs protocoles. Le financement des normes est l'élément crucial de ses effets car il permet de produire des données sur la mise en œuvre des normes au niveau des Etats en complément de celles fournies, partiellement par les Etats eux-mêmes. Un financement adéquat offre également au Secrétariat de la CCLAT la possibilité de développer davantage les directives d'application des dispositions de la CCLAT pour permettre son interprétation harmonisée.

2097. En second lieu, avec pour objectif principal de s'intégrer dans les systèmes nationaux, la norme doit prévoir des mécanismes d'assistance technique et juridique pour les Etats membres dans l'incapacité ou qui ont des difficultés à mettre en œuvre la norme de l'OMS. Dans le cadre du RSI, les derniers chiffres présentés à l'Assemblée mondiale de la santé en 2016 sont éloquents. Alors que 118 pays sur 196 Etats parties avaient demandé, en accord avec le RSI, un délai supplémentaire pour la mise en œuvre du RSI pour une durée de deux ans (2012-2014), ils étaient encore « 64 Etats parties (ayant) indiqué que les normes minimales concernant leurs principales capacités étaient respectées ; 81 Etats parties avaient demandé un nouveau délai supplémentaire de deux ans ; et 48 n'avaient pas communiqué leurs intentions à l'OMS[4283] ». En effet, le Comité d'examen de l'application du RSI reconnaît que « dans certains cas, les Etats parties ne peuvent fournir à eux seuls les ressources nécessaires pour acquérir et maintenir les principales capacités[4284] ».

2098. Ensuite, la norme doit avoir une capacité évolutive (d'adaptation ou d'adaptabilité [4285]) afin de pouvoir répondre au mieux aux enjeux en perpétuelle évolution. D'une part, cela se traduit, par une possibilité de révision de la norme ou d'ajouts à la norme. En effet, dans le cadre du RSI, on constate qu'il a été révisé à de nombreuses reprises ce qui lui a permis d'évoluer, certes à un rythme inférieur à celui espéré, afin de s'adapter aux évolutions des crises sanitaires. En particulier, la révision de 2005 a changé l'envergure de cet instrument par l'élargissement de son champ d'application limité jusqu'alors à trois maladies. De même, des discussions ont lieu en 2016

[4281] OMS, « *Application du Règlement sanitaire international (2005). Rapport du Comité d'examen sur un deuxième délai supplémentaire pour la mise en place des capacités nationales de santé publique et sur l'application du RSI. Rapport du Directeur général* », A68/22 Add.1, p.4.
[4282] V. *supra* n°0 et s.
[4283] OMS, « *Application du Règlement sanitaire international (2005). op.cit.*, p.4.
[4284] *Ibid.*, p.13.
[4285] L'adaption correspond à l'*action* de s'adapter et l'adaptabilité correspond à la *faculté* de s'adapter.

sur une possible révision du RSI (2005) afin de répondre aux critiques de la gestion du virus *Ebola*. Si ces mécanismes sont le signe d'une certaine faiblesse du RSI, ils démontrent également la capacité, certes laborieuse, d'évolution de l'OMS.

2099. Enfin, une autre approche a été suivie pour la CCLAT avec le recours à la Convention-cadre. Sa capacité d'adaptation et d'évolution est incarnée par la possibilité d'adopter des Protocoles qui vont compléter les dispositions de la CCLAT. Si la pratique est faible et laborieuse, cette approche démontre, néanmoins, la volonté de l'OMS de s'adapter au mieux aux évolutions contextuelles du marché du tabac. Il est vrai que cette approche répond également à la difficulté de trouver un compromis sur certains enjeux. Cette absence de compromis oblige à reporter les discussions et négociations à des instruments ultérieurs, signe d'une forme d'impuissance.

2100. D'autre part, la capacité évolutive d'une norme se traduit également par son interprétation. Toutefois, dans le cadre de l'activité de l'OMS on constate la faiblesse de cette capacité par l'interprétation. En effet, il n'existe quasiment pas d'autorité compétente forte ayant pouvoir d'interprétation ou d'application sur ces normes dans le cadre du RSI. A cet égard, le Directeur général participe à cette procédure en dernier recours mais, en pratique, elle n'a jamais été mise en œuvre. A l'inverse, dans le cadre de la CCLAT, existent les Directives d'application des dispositions de la CCLAT. Par manque de financement, plus de dix ans après l'adoption de la CCLAT, il manque de nombreuses dispositions ne bénéficiant pas de directives d'application. Il en va de même dans la mise en œuvre du Cadre PIP qui repose sur des connaissances juridiques de droit des contrats. L'OMS doit être en capacité de fournir de l'assistance juridique aux Etats membres.

2101. A ce titre, il est essentiel que l'OMS soit en capacité de soutenir les pays ayant besoin d'assistance technique et juridique dans la mise en œuvre des normes de l'OMS. Cela passe notamment par la possibilité de conseiller et former les acteurs concernés au niveau national et local. A cet égard, l'OMS met en place des formations dans le cadre du RSI et assiste les pays qui le demandent dans la mise en œuvre de la CCLAT, mais ceci demeure marginal et insuffisant. Ainsi, en particulier, dans le cadre du RSI, des Codes ou de la CCLAT où des connaissances juridiques sont nécessaires à leur mise en œuvre, il y a un besoin d'assistance juridique, soit par le biais de ressources internes à l'OMS, notamment par la création de départements de formation juridique, soit par des ressources externes à l'OMS par l'association de centres collaborateurs capables de former en droit international public afin de permettre aux Etats d'adapter et d'intégrer au mieux l'activité normative de l'OMS et donc les effets de la norme.

CONCLUSION DU CHAPITRE 1

2102. La conception de la norme de l'OMS démontre que cette Organisation a eu recours à de nombreux instruments variés afin de mettre en place son action mondiale. Cette dernière est tantôt juridique ou scientifique, tantôt contraignante ou non contraignante, sans pour autant que cela n'influence définitivement ses effets. Elle peut être technique et scientifique et non contraignante mais avoir des effets juridiques. Ainsi, la validité de la norme s'analyse, d'abord, par sa légalité et la compétence *ab initio* dont dispose l'OMS.

2103. Toutefois, cette étude soulève également la question de l'intérêt et de la justification du recours à la norme pour agir. Le rôle normatif de l'OMS se justifie, avant tout, dès lors qu'il produit des effets, en particulier ceux souhaités, par une intégration et un suivi au niveau des Etats membres. A cet égard, l'appréciation des différentes conditions favorables à la production des effets de la norme montre que l'OMS n'a pas la mainmise sur ces derniers mais que des évolutions sont possibles pour renforcer son rôle normatif.

2104. Alors que l'OMS est en pleine réforme et qu'elle a franchi un pas vers un rôle davantage opérationnel par l'adoption d'un Programme de gestion des situations d'urgence sanitaire lors de l'Assemblée mondiale de la santé en mai 2016, il s'agit à présent, d'analyser l'évolution et l'avenir de l'activité normative de l'OMS.

CHAPITRE 2

L'AVENIR DE L'ACTIVITÉ NORMATIVE DE L'OMS

2105. L'analyse de la conception de la norme de l'OMS démontre que le rôle normatif de cette Organisation doit demeurer étendue afin de répondre à l'ensemble des enjeux de santé mondiale dont elle a la responsabilité. Par ailleurs, la justification de la création de normes n'est pas seulement liée au mandat conféré par la Constitution de l'OMS, elle l'est également car cela permettra « des changements bien plus importants que le seul soutien scientifique et technique [4286] ». En effet, une meilleure utilisation des instruments juridiques internationaux aiderait à atteindre davantage les objectifs de santé mondiale[4287].

2106. Toutefois, aussi bien technique que juridique, contraignant que non contraignant, le contenu de l'activité normative de l'OMS démontre des faiblesses liées principalement aux difficultés de mise en œuvre de la norme pour produire les effets souhaités.

2107. Dès lors, l'objectif est de suggérer des éléments d'évolution, d'amélioration voire de réforme qui permettraient le renforcement l'activité normative de l'OMS. Néanmoins, si des exemples concrets de révisions à l'égard de certains instruments seront proposés, cette analyse n'a pas pour vocation à être prescriptive, ni exhaustive. Il s'agit davantage de pistes de réflexions sur l'avenir de l'activité normative de l'OMS.

2108. Il apparaît judicieux, pour l'avenir de l'activité normative de l'OMS, de proposer d'abord des améliorations de l'activité normative en vigueur (Section 1). Ensuite, il convient d'esquisser des éléments de réflexions pour le développement futur de l'activité normative de l'OMS (Section 2).

L'amélioration de l'activité normative en vigueur (Section 1)

Le développement futur de l'activité normative de l'OMS (Section 2)

[4286] L. O. GOSTIN, *Global health law, op.cit.*, p.120.

[4287] H. SHATTUCK et al., « *American Bar Association report (recommendations and reports): World health Organisation* », International Lawyer, vol.30, 1996, pp.686-695.

SECTION 1 : L'AMELIORATION DE L'ACTIVITE NORMATIVE EN VIGUEUR

2109. L'amélioration de l'activité normative en vigueur implique une vision graduée des évolutions proposées. La vision à court terme, afin d'aboutir à un changement plus rapide, est complétée par la vision à long terme qui impose des changements en profondeur des instruments en place. La première vision est, certes, plus réaliste car il s'agit davantage d'évolutions et d'amélioration dans la mise en œuvre d'éléments préexistants à la différence de la seconde vision qui se fonde sur une idéalisation du droit international de la santé. Toutefois, ces deux visions méritent tout autant notre attention. En effet, il est primordial de rappeler que la réalité des enjeux diplomatiques n'est pas un critère suffisant pour empêcher une réflexion sur ces évolutions.

2110. L'amélioration de l'activité normative repose sur deux catégories de mesures. En priorité, il y a celles fondées sur les dispositions existantes où le recours à des moyens particuliers permet un renforcement de leur mise en œuvre (§1). Puis, sont envisagées certaines révisions des instruments impliquant des modifications conséquentes et à plus long terme (§2).

§1. Le renforcement prioritaire de l'existant

2111. Un certain nombre de mesures vise à mettre en avant l'activité normative de l'OMS (A) alors que d'autres mesures visent à faire de l'activité normative une réussite (B).

A. Mettre en avant l'activité normative de l'OMS

2112. Afin que l'activité normative de l'OMS demeure une priorité de l'action de l'OMS, cette organisation doit la promouvoir (1) et assurer un accompagnement pour les Etats (2).

1. La promotion de l'activité normative

2113. La promotion de l'activité normative impose, d'abord, de faire de celle-ci un choix prioritaire dans l'élaboration du budget de l'OMS (a). Ensuite, cela implique une meilleure communication de l'OMS sur son activité normative (b).

<u>a. Un choix prioritaire dans le financement</u>

2114. Si l'OMS n'est pas une organisation de financement comme la Banque mondiale, il est néanmoins essentiel que l'OMS soit en capacité de pouvoir financer son activité normative ainsi que l'ensemble des activités connexes liées à cette activité. Le financement est le fondement de toute action de l'OMS, de la communication à l'accompagnement de la fonction normative en passant par le contrôle de sa mise en œuvre et son développement.

2115. Or, tout au long de l'analyse de l'activité normative de l'OMS on a pu constater que cette dernière souffrait d'un manque de financement stable et durable. En effet, reposant en partie sur des contributions volontaires, les besoins de financement ne s'accordent pas avec les dépenses pour la mise en œuvre de sa fonction normative. Un phénomène de sous-financement de la fonction normative de l'OMS est constaté, conséquence des difficultés financières générales de l'OMS.

2116. Dans le cadre de la CCLAT, alors qu'il est demandé à son Secrétariat de prendre en charge davantage de responsabilité notamment en raison de l'augmentation des Parties à la CCLAT et de l'adoption du Protocole pour éliminer le commerce illicite des produits du tabac en 2012, le budget demeure insuffisant et déséquilibré. Dans un rapport de 2014, l'OMS reconnaît que « conformément aux articles 5[4288] et 26 de la CCLAT, les Parties devraient mettre en place un mécanisme de financement durable pour appuyer la lutte antitabac grâce aux ressources nationales et prendre des mesures pour mobiliser d'autres ressources au niveau du pays si nécessaire[4289] ».

2117. De même, afin d'accompagner durablement la mise en œuvre du RSI, davantage de financement s'avère nécessaire. Ainsi, le Comité d'examen sur le rôle du RSI dans le cadre de l'épidémie de maladie à virus *Ebola* et de la riposte, considère que « l'OMS, les Etats parties et les partenaires internationaux du développement devront s'engager d'urgence à apporter un appui financier aux niveaux national, régional et international pour assurer le succès de la mise en œuvre [...][4290] ». Le Comité reconnaît que les faiblesses dans l'infrastructure du Secrétariat de l'OMS sont, en partie, « imputables à un manque de financement systémique [4291] ». Ainsi, le « le manque de financement prévisible et durable[4292] » est un des obstacles principaux à l'application du RSI.

2118. A défaut de pouvoir compter sur une augmentation du budget fixe de l'OMS[4293], et considérant le besoin de la fonction normative, il convient de procéder à un rééquilibrage du financement de la fonction normative. Il faut mettre en place des mécanismes garantissant de faire de la fonction normative une priorité dans le financement. Ceci doit s'accompagner également d'une meilleure utilisation, stabilité et pérennisation du financement de l'activité normative. Conscient que la détermination du budget dépend en grande partie de ses Etats membres, un travail afin de les convaincre est essentiel. Ce travail passe en partie par le rôle déterminant du Directeur général et par son investissement pour faire de la fonction normative une priorité. L'OMS ne doit pas simplement réagir mais doit pouvoir également agir de façon anticipée.

[4288] Article 5.6. du RSI « Les Parties, dans les limites des moyens et des ressources dont elles disposent, coopèrent pour obtenir les ressources financières nécessaires à la mise en œuvre efficace de la Convention par le canal de dispositifs de financement bilatéraux et multilatéraux » et l'article 26.1. du RSI « Les Parties reconnaissent le rôle important que jouent les ressources financières pour atteindre l'objectif de la présente Convention. »

[4289] OMS, « *Mesures durables destinées à renforcer la mise en œuvre de la Convention-cadre de l'OMS* », Rapport du groupe de travail, FCTC/COP/6/19, 18 juin 2014, p.9.

[4290] OMS, « *Application du Règlement sanitaire international (2005)* », Rapport du Comité d'examen sur le rôle du Règlement sanitaire international (2005) dans le cadre de l'épidémie de maladie à virus *Ebola* et de la riposte, Rapport du Directeur général, A69/21, 13 mai 2016, p.11.

[4291] OMS, « *Application du Règlement sanitaire international (2005)* », Rapport du Comité d'examen (...), *op.cit.*, p.40.

[4292] *Ibid.*, p.27.

[4293] V. *supra* n°0 et s.

2119. A cet égard, les réactions de l'OMS et de ses Etats membres face à l'épidémie du virus *Ebola* sont révélatrices des possibilités de réaction voire d'adaptation de cette organisation face à une situation d'urgence. Par exemple, pour répondre aux lacunes supposées dans la gestion d'*Ebola*, la Directrice générale a annoncé la mise en place d'un fond d'urgence de 100 millions de dollars et d'une réserve internationale d'urgence. De même, lors de la 69e Assemblée mondiale de la santé, en mai 2016, un Programme de gestion des situations d'urgence sanitaire a été adopté avec un budget pour 2016-2017 de 494 millions de dollars[4294]. Ceci représente une hausse de 160 millions par rapport au budget programme existant consacré à l'action de l'OMS dans les situations d'urgence. Si ce Programme est important, il est regrettable que l'OMS soit obligée d'être davantage dans la réaction face à l'urgence que dans l'action anticipative.

2120. Parallèlement, si l'OMS n'a pas vocation à financer directement la mise en œuvre du RSI, elle doit pouvoir aider les Etats à réfléchir à des moyens de financements propres. A ce titre, en raison de la difficulté à déterminer le coût de la mise en place des principales capacités requises par le RSI dans les pays[4295], dans la lignée de l'idée proposée par le Groupe d'experts chargé de l'évaluation intérimaire de la riposte à *Ebola*, il faudrait établir « un plan hiérarchisé et chiffré pour la mise en place des principales capacités dans tous les Etats, le financement devant être effectué en partenariat avec la Banque mondiale[4296] ». Dans certains pays, ces coûts peuvent être couverts par un financement national, dès lors qu'existe la volonté politique nécessaire. De solides données par pays concernant le retour sur investissement seront nécessaires pour convaincre certains gouvernements de l'opportunité d'investir des ressources nationales dans l'application du RSI.

2121. Si le financement prévisible, stable et durable est essentiel pour développer l'activité normative de l'OMS, il doit toutefois s'accompagner d'une meilleure communication par l'OMS du développement de son activité normative.

b. Une meilleure communication par l'OMS

2122. Afin de promouvoir l'activité normative de l'OMS, il faudrait *ab initio* qu'elle soit mise en avant de façon claire et précise. En effet, l'impression parfois donnée par les instruments normatifs de l'OMS est celle de l'absence de cohérence dans son utilisation pour les Etats membres et pour le grand public. La variété de la terminologie, de la valeur, des sujets de santé traités et du moyen de communication de ces instruments alimentent grandement cette confusion. A titre d'exemple, aussi bien lors de la gestion de l'épidémie du virus *H1N1*, que celle du virus *Ebola* ou encore lors de la publication des recommandations du Centre International de Recherche sur le

[4294] OMS, « *L'Assemblée mondiale de la Santé convient de créer un nouveau Programme de gestion des situations d'urgence sanitaire* », Communiqué de presse (http://www.who.int/mediacentre/news/releases/2016/wha69-25-may-2016/fr/).
[4295] OMS, « *Application du Règlement sanitaire international (2005)* », Rapport du Comité d'examen (...), *op.cit.*, p.27.
[4296] *Ibid.*, p.27.

Cancer (CIRC) relatives à la viande rouge ou à la cigarette électronique, il a été démontré que le message principal de l'OMS a été noyé par un manque de communication claire, créant une confusion générale au détriment de l'OMS et de sa fonction normative en particulier. On rappellera le sondage des parties prenantes de 2012 : si près de 90% des parties prenantes considèrent que l'information émanant de l'OMS est fiable et rigoureuse, un tiers des personnes interrogées à l'extérieur de l'Organisation et plus de deux cinquièmes des membres du personnel estiment que sa diffusion est trop lente et qu'il est difficile de naviguer dans les données[4297].

2123. Plus généralement, la fonction normative de l'OMS est mal ou peu connue du grand public mais surtout des décideurs publics. Par exemple, le RSI, en tant qu'instrument juridique international, apparaît difficile à promouvoir. Il est faiblement reconnu parmi les dirigeants politiques et les décideurs, les cliniciens et les professionnels de la santé publique, la société civile et d'autres acteurs[4298]. Alors qu'il fournit un cadre multilatéral essentiel qui, en vertu de la Constitution de l'OMS, lie juridiquement les Etats parties et l'Organisation à un accord qui vise à protéger la population mondiale contre les menaces de maladies, le RSI et son rôle potentiel lors d'une urgence de santé publique sont cependant mal compris, tant par les gouvernements que par le système des Nations unies[4299]. un rapport de Janvier 2016 du Panel relatif à la réponse mondiale des crises sanitaires conclut que le RSI est d'une « relative obscurité »[4300].

2124. De même, dans le cadre du Code de pratique mondial de l'OMS pour le recrutement international des personnels de santé adopté de 2010, un groupe d'experts mandaté par l'OMS reconnaît qu'il y a un « manque de connaissance, de promotion et de diffusion du Code dans d'autres pays[4301] ». Dès lors, le groupe d'experts estime que « la réalisation complète des objectifs du Code exige que les Etats membres, en collaboration avec les autres parties prenantes, élargissent la connaissance et l'application de l'instrument juridique au maximum de son potentiel[4302] ». Le Groupe recommande au Secrétariat de l'OMS (aux niveaux mondial, régional et des pays) d'élargir sa capacité à faire connaître l'instrument, à fournir un appui technique et à promouvoir l'application efficace du Code ainsi que l'établissement de rapports à son sujet[4303].

[4297] OMS et GRAYLING, « *Stakeholder perception survey – Global communication Strategy Review* », Janvier 2013.

[4298] OMS, « *Application du Règlement sanitaire international (2005)* », Rapport du Comité d'examen (…), *op.cit.*, p.54.

[4299] *Ibid.*, p.62.

[4300] ONU, « *Protecting Humanity from Future Health Crises. Report of the High-level Panel on the Global Response to Health Crises* », 25 January 2016, p.44.

[4301] OMS, « *Code de pratique mondial de l'OMS pour le recrutement international des personnels de santé - Rapport du Groupe consultatif d'experts sur l'utilité et l'efficacité du Code de pratique mondial de l'OMS pour le recrutement international des personnels de santé (2010) - Rapport du Directeur général* », A68/32 Add.1, 20 mai 2015, p.5.

[4302] *Ibid.*, .5. « Notamment, le Groupe réitère l'importance qu'il y a pour les États Membres de désigner une autorité nationale, ainsi qu'il est demandé à l'article 7.3 du Code, pour faciliter le dialogue national, soutenir la mise en œuvre et coordonner l'échange d'informations et l'établissement de rapports. En outre, le Groupe encourage vivement les États Membres à renforcer la capacité institutionnelle et les ressources ».

[4303] *Ibid.*, p.6.

2125. Non seulement les Etats parties ont des difficultés à cerner la position normative de l'OMS qui est confuse, mais il apparaît que les Etats membres ont des difficultés à connaître des moyens disponibles pour la mise en œuvre de l'instrument normatif adopté par l'OMS. Par exemple, dans le cadre de la CCLAT, l'OMS reconnaît que les Parties « manquent d'indications claires sur ce que peuvent faire le Secrétariat de la CCLAT, l'OMS (siège, bureaux régionaux et de pays) et la communauté internationale, selon leurs mandats respectifs, pour aider à la mise en œuvre de la CCLAT et sur la manière d'accéder à cette aide[4304] ». En effet, les Parties ont manifestement le besoin de savoir quels outils existent, comment y avoir accès, quelle organisation fournit telle ou telle assistance et comment adapter cette dernière à leur contexte national.

2126. La communication de l'activité normative de l'OMS doit donc être double. En premier lieu, un effort est à faire afin de montrer et promouvoir ce qu'elle *fait*. L'activité normative de l'OMS et l'intérêt qu'elle a pour les Etats membres et la santé mondiale doit être visible. Il peut être envisagé de mettre en place une plate-forme, dans la continuité de l'ambition du Recueil international de législation sanitaire[4305], afin de rendre accessible l'ensemble de l'activité normative de l'OMS et de renforcer sa visibilité sur le plan international. Aujourd'hui, par exemple, le site internet de l'OMS ne permet pas une utilisation simple et facile des ressources proposées afin d'accéder à l'ensemble de son activité normative ce qui est tout à fait regrettable.

2127. De même, il ne suffit pas de communiquer cette information. Il faut encore qu'elle soit communiquée pertinemment c'est-à-dire de façon claire, précise, cohérente et accessible à tous malgré, parfois, son haut degré de technicité ou de scientificité. Il faut, ainsi, envisager, un site *user friendly* permettant d'accéder simplement à l'ensemble de l'activité normative de l'OMS pour toutes les parties prenantes. De même, doit être prévue une disponibilité équivalente[4306] dans les six langues officielles. Le degré de précision de l'information à transmettre dépendra notamment du type d'instrument. Pour des recommandations techniques, la simple identification et classification de l'ensemble des recommandations adoptées permettrait une meilleure visibilité. A l'inverse, dans le cadre d'instruments juridiques contraignants davantage d'informations seraient nécessaires. Ainsi, dans le cadre de la CCLAT a été proposé de rendre accessible et plus conviviale, sur la plateforme d'informations sur la CCLAT, « les expériences réussies et les obstacles dans la mise en œuvre de la CCLAT et de diffuser ce retour d'information [...] afin de mutualiser les expériences entre les parties[4307] ». Cette idée de plateforme pourrait être élargie à l'ensemble de l'activité normative de l'OMS.

[4304] OMS, « *Mesures durables destinées à renforcer la mise en œuvre de la Convention-cadre de l'OMS* », *op.cit.*, p.7.

[4305] V. *supra* n°0 et s.

[4306] Par exemple, il arrive fréquemment qu'une page ne soit accessible qu'en anglais ou que le passage de l'anglais à au français réduise la quantité d'informations disponibles.

[4307] OMS, « *Mesures durables destinées à renforcer la mise en œuvre de la Convention-cadre de l'OMS* », *op.cit.*, p.8.

2128. Par ailleurs, dans le cadre du RSI, afin d'améliorer les activités d'évaluation des risques et de communication sur les risques par l'OMS, dont les difficultés ont été révélées par *Ebola* notamment l'aspect binaire d'une USPPI[4308], l'idée est pertinente de mettre en place un comité consultatif permanent et d'instaurer un niveau d'alerte intermédiaire en établissant une nouvelle catégorie de risques nécessitant un suivi particulier, dénommée « alerte de santé publique internationale[4309] ». Ce niveau intermédiaire avertirait la communauté internationale au sens large et « faciliterait la préparation, les actions préventives et l'allocation des ressources, ce qui pourrait permettre d'éviter que la situation ne dégénère[4310] ». Ce mécanisme d'alerte précoce aurait pour but de prévenir la communauté internationale de l'existence d'événements qui se situent entre les événements constituant des risques « normaux » pour la santé publique et ceux qui débouchent sur la déclaration d'une USPPI. Le Comité a également reconnu qu'une alerte précoce de ce type devait être accompagnée d'une déclaration claire des raisons pour lesquelles elle est donnée et des mesures qui doivent suivre[4311]. Il est important, par ailleurs, que l'OMS réagisse plus fermement en cas de diffusion d'informations erronées ou inexactes et qu'elle mette au point une stratégie de communication appropriée. Le comité reconnaît que cela risque toutefois de susciter un sentiment de lassitude et d'amoindrir l'impact du processus des comités d'urgence, et les ressources et les coûts associés seraient disproportionnés par rapport aux avantages qui en découleraient[4312]. Dans l'ensemble, cela favoriserait une communication plus claire et précise de l'OMS qui devra élaborer une stratégie de communication actualisée.

2129. En second lieu, l'OMS doit communiquer sur ce qu'elle peut *faire* afin de permettre une meilleure connaissance et compréhension de ses instruments normatifs. Elle doit assumer de faire un « service après-vente » de son activité normative. Ainsi, l'OMS insiste sur le besoin de « mettre en lumière[4313] » la CCLAT comme étant le premier traité mondial dans le domaine de la santé et ses vastes répercussions, non seulement pour la santé mais également pour l'économie d'un pays. Il faut « mieux promouvoir[4314] » la CCLAT dans les instances chargées de la santé publique. Cela passe par l'organisation d'événements pour expliquer son activité normative aux parties prenantes, de campagnes de promotion conjointes parrainées par des parties prenantes compétentes notamment par des personnalités, groupes et organisations de la société civile opportuns[4315]. Par exemple, face au faible nombre de signatures du Protocole à la CCLAT de 2012, l'OMS a décidé d'organiser un événement pour communiquer les bienfaits de ce protocole.

4308 L'OMS déclare ou non une USPPI.

4309 OMS, « *Application du Règlement sanitaire international (2005)* », Rapport du Comité d'examen (…), *op.cit.*, p.11.

4310 OMS, « *Groupe d'experts chargés de l'évaluation intérimaire de la riposte à Ebola* », Rapport, 2015, p.14.

4311 OMS, « *Application du Règlement sanitaire international (2005)* », Rapport du Comité d'examen (…), *op.cit.*, p.45.

4312 *Ibid.*

4313 OMS, « *Mesures durables destinées à renforcer la mise en œuvre de la Convention-cadre de l'OMS* », *op.cit.*, p.17.

4314 *Ibid.*

4315 *Ibid.*, p.18.

Même si le nombre de ratifications n'est toujours pas suffisant pour son entrée en vigueur, on constate que la politique de communication autour de cet instrument permet une augmentation significative du nombre de ratifications sur l'année 2016[4316]. De même, dans le cadre du Code de pratique mondial de l'OMS pour le recrutement international des personnels de santé, le Secrétariat a soutenu « une série d'activités et d'initiatives interpays pour promouvoir l'application du Code[4317] ».

2130. Par ailleurs, l'OMS reconnaît qu'elle doit « faire mieux connaître le RSI et réaffirmer le rôle directeur de l'OMS au sein du système des Nations unies dans l'application du RSI[4318] ». Il convient de désigner spécialement un responsable pour être en charge du RSI avec pour tâche de veiller à ce que le RSI soit bien compris. Il souhaite qu'une place importante lui soit accordée dans les différents secteurs, qu'il s'agisse des gouvernements ou des organisations internationales, et également à ce que l'application continue du RSI fasse l'objet d'un suivi attentif. A la différence de ce que propose le comité d'examen, la responsabilité du RSI ne devrait pas être incluse dans la mission du Représentant spécial du Secrétaire général de l'Organisation des Nations unies pour la réduction des risques de catastrophe. Cette incarnation devrait contribuer à faire mieux connaître et reconnaître le RSI dans le monde. La mise en place de ce représentant constituerait un signal puissant et extérieur à l'OMS sur l'importance que revêt le RSI pour les gouvernements nationaux, pas uniquement pour les ministères de la santé. Toutefois, il y a un besoin de maintenir cette fonction au sein de l'OMS. Faire sortir la responsabilité du RSI de l'OMS enverrait un signal négatif à l'égard de la capacité de l'OMS à gérer son propre instrument. Toutefois, cela n'empêcherait pas le responsable de l'OMS de se coordonner avec l'ONU pour promouvoir le RSI.

2131. Cette démarche de sensibilisation à l'activité normative de l'OMS comprend donc un effort de communication qui pourrait se matérialiser par la création d'un département spécifiquement responsable de la mise en avant, de la promotion et de la communication de la fonction normative de l'OMS, afin d'accroître la visibilité de sa fonction normative ainsi que les outils existants pour davantage accompagner les Etats membres.

2. L'accompagnement des Etats

2132. L'avenir de la fonction normative passe par l'accompagnement des Etats, qui le souhaitent, afin d'aider ces derniers à mettre en œuvre les normes de l'OMS dans leurs systèmes nationaux. Cet accompagnement implique, d'abord, une meilleure coopération entre les parties prenantes (a). Ensuite, l'OMS doit pouvoir proposer des mécanismes d'assistance renforcés (b).

[4316] Le nombre de ratification était de 13 en janvier 2016. En octobre 2016, ce nombre est passé à 23.

[4317] OMS, « *Code de pratique mondial de l'OMS pour le recrutement international des personnels de santé : deuxième cycle de notification nationale* », Rapport du Secrétariat, A69/37, 24 mars 2016, p.3.

[4318] OMS, « *Application du Règlement sanitaire international (2005)* », Rapport du Comité d'examen (…), *op.cit.*, p.11.

a. Une meilleure coopération internationale : l'intérêt des pôles de connaissances

2133. Fondée sur des enjeux transfrontaliers de santé mondiale, s'adressant à l'ensemble de ses Etats membres et nécessitant une mise en œuvre collective pour garantir au mieux son efficacité, la fonction normative repose, en priorité, sur la coopération internationale entre les Etats. Cette collaboration entre les Etats peut se traduire par une assistance financière ou technique dans la mise en œuvre de la fonction normative de l'OMS. Dans ce but, il convient de mettre en place un échange non seulement d'information sur les différents instruments mais également de connaissances et de retours d'expériences entre les Etats, en particulier sur ceux qui rencontrent des difficultés dans la mise en œuvre des instruments normatifs. L'idée est de se servir des expériences particulières des Etats pour aider d'autres Etats dans des situations locales similaires à répondre aux obstacles de la mise en œuvre de la norme.

2134. Par exemple, dans le cadre de la CCLAT, l'OMS a identifié la coopération internationale comme une « ressource importante qui peut répondre aux besoins des Parties pour la mise en œuvre de la Convention[4319] ». Une « large synergie » peut s'établir entre les acteurs concernés pour la satisfaction des besoins recensés par les Etats membres. A cet égard, des « pôles de connaissances[4320] » ont été mis en place afin de servir de catalyseurs dans l'échange des compétences et des connaissances et le renforcement dans leurs domaines de compétence respectifs. Ils doivent également « faciliter la diffusion interrégionale des informations de façon dynamique moyennant une liaison active avec les points focaux, les organisations de la société civile et les partenaires de développement[4321] ». Dans cette optique, des organisations de la société civile internationale sont invitées à y participer en qualité d'observateurs.

2135. Dans le cadre de la CCLAT, trois accords ont été signés pour mettre en place des pôles de connaissances avec des objectifs variés. Le premier accord a été signé avec l'Union internationale contre le cancer (UICC) où le *McCabe Centre for Law and Cancer* met ses compétences à disposition dans le domaine des procédures judiciaires engagées contre la mise en œuvre de la Convention. Le deuxième accord, signé avec l'Institut national finlandais pour la santé et le bien-être, vise à répondre aux besoins des Parties concernant la surveillance et le renforcement des capacités pour l'adoption d'une approche de la lutte antitabac commune à l'ensemble des pouvoirs publics. Enfin, un troisième pôle de connaissances a été créé avec le Ministère uruguayen de la santé publique pour faciliter les échanges de compétences et de connaissances dans les domaines liés à la mise en œuvre des articles 8 (protection contre l'exposition à la fumée du tabac), 11 (conditionnement et étiquetage des produits du tabac) et 14 (mesures visant à réduire la demande en rapport avec la dépendance à l'égard du tabac et le sevrage tabagique) de la CCLAT. Un

---

[4319] OMS, « *Coopération internationale pour la mise en œuvre de la Convention-cadre de l'OMS* », Rapport du Secrétariat de la Convention, FCTC/COP/6/18, 23 juillet 2014, p.5.

[4320] En anglais *Knowledge hubs.*

[4321] OMS, « *Coopération internationale pour la mise en œuvre de la Convention-cadre de l'OMS* », *op.cit.*, p.5.

site *Web,* annoncé en 2014, doit être opérationnel pour la prochaine session de la Conférence des Parties de la CCLAT fin 2016[4322]. Ce site doit recenser les différents pôles de connaissances accessibles aux Etats parties.

2136. Il convient de mettre en place des « pôles de connaissances[4323] ». Ces derniers sont essentiels non seulement dans le cadre de la CCLAT mais également pour d'autres instruments normatifs dont le RSI. Dans le cas du RSI, il est évident que la coopération entre les Etats est essentielle, comme le rappelle le Comité d'examen qui insiste sur le besoin de « soutenir en priorité les pays les plus vulnérables[4324] ».

2137. De même, on retrouve l'approche de collaboration dans la mise en œuvre du Code de pratique mondial de l'OMS pour le recrutement international des personnels de santé pour lequel le Secrétariat « favorise une collaboration entre de multiples partenaires, y compris des gouvernements et des universités, et des organisations et réseaux de la société civile afin de soutenir l'action de plaidoyer et le travail d'analyse qu'exige le Code[4325] ».

2138. Ensuite, afin de promouvoir la fonction normative de l'OMS, cette coopération doit s'effectuer avec les autres organisations internationales. En effet, au vu de la transversalité des enjeux de santé, il est important que d'autres organisations sectorielles participent à la mise en œuvre de la fonction normative de l'OMS en fonction des compétences de chacune. A titre d'illustration, dans le cadre de la CCLAT, l'OMS a identifié des organisations internationales susceptibles de participer à cette coopération ainsi que les principaux domaines couverts[4326].

2139. Par exemple, une réflexion a lieu actuellement avec le Programme des Nations unies pour le Développement (PNUD) sur l'élaboration d'une note relative à l'intégration de la mise en œuvre de la Convention dans les instruments du développement et les plans-cadres des Nations unies pour l'aide au développement. De même, avec la Banque mondiale, il est envisageable de collaborer dans le domaine des politiques fiscales et financières pour réduire la demande de tabac, conformément à l'article 6 de la Convention. Enfin, une coopération a été mise en place avec la Conférence des Nations unies sur le commerce et le développement (CNCUED) sur la mise en commun d'informations relatives aux recettes commerciales et les mesures tarifaires et non tarifaires.

2140. La coordination et la coopération avec les autres organisations internationales sont des éléments prépondérants dans la promotion des instruments de l'OMS. D'une part, cela permet d'améliorer la mise en œuvre de la fonction normative de l'OMS en créant des synergies avec l'ensemble des acteurs intéressés. D'autre part, une coopération aide à mieux faire connaître et défendre le point de vue de l'OMS sur sa fonction normative en

---

[4322] *Ibid.*

[4323] OMS, « *Coopération internationale pour la mise en œuvre de la Convention-cadre de l'OMS », op.cit.*, p.5.

[4324] OMS, « *Application du Règlement sanitaire international (2005) »*, Rapport du Comité d'examen (…), *op.cit.*, p.71.

[4325] OMS, « *Code de pratique mondial de l'OMS pour le recrutement international des personnels de santé (…) », op.cit.*, p.3.

[4326] OMS, « *Coopération internationale pour la mise en œuvre de la Convention-cadre de l'OMS », op.cit.*, p.6 et s.

garantissant une approche transversale de la santé, selon la doctrine de la santé mondiale[4327].

2141. Si certains Etats et organisations internationales ont un rôle à jouer dans l'accompagnement d'autres Etats et la promotion de la fonction normative, il revient également à l'OMS de renforcer son assistance envers les Etats membres pour promouvoir sa fonction normative.

b. Des mécanismes renforcés d'assistance juridique et technique de l'OMS

2142. L'analyse de l'activité normative de l'OMS démontre une fragmentation de l'assistance de l'OMS. En effet, l'OMS élabore des normes mais offre une assistance insuffisante aux Etats membres comme le reconnaît l'Organisation dans le cadre de la CCLAT. Cette fragmentation de l'assistance à laquelle peuvent accéder les Parties « nuit à l'efficacité et à l'efficience du déploiement des mécanismes d'assistance[4328] ». Cette absence de volonté de l'OMS de garantir ce rôle s'explique en raison notamment des difficultés financières et de ressources limitées dont elle dispose.

2143. Il y a une nécessité pour l'OMS, en tant qu'autorité normative du droit international de la santé, de pouvoir assister techniquement et juridiquement les Etats membres afin qu'ils puissent intégrer les normes internationales et les adapter à leurs systèmes nationaux[4329]. En particulier, l'OMS devrait réfléchir un renforcement du personnel juridique afin d'assister les Etats qui le demandent pour, par exemple, améliorer la mise en œuvre des instruments normatifs. En effet, il faut bien distinguer, même si cette distinction est parfois poreuse, au sein des Etats membres, les raisons de la non application d'un instrument normatif. Il y a ceux qui ne souhaitent pas mettre en œuvre l'instrument pour diverses raisons et ceux qui sont dans l'incapacité financière mais également technique pour le faire[4330].

2144. On constate que des ressources, limitées, existent pour l'accompagnement de la mise en place de système de santé dans le cadre de la Couverture sanitaire universelle[4331] ou encore dans l'aide au développement de contrat d'échange de virus dans le cadre du Cadre PIP[4332] ainsi qu'au sein du Secrétariat de la CCLAT qui assiste les Etats du mieux qu'il peut. Néanmoins, les moyens prévus ne permettent pas de répondre à la demande.

2145. L'OMS devrait garantir une assistance technique et juridique aux Etats membres dans la compréhension et la mise en œuvre de l'ensemble de la fonction normative dont elle dispose. Si la source de sa compétence d'assistance se trouve au sein du RSI[4333], elle est également présente dans la

[4327] V. *supra* n°0 et s.

[4328] OMS, « *Coopération internationale pour la mise en œuvre de la Convention-cadre de l'OMS* », *op.cit.*, p.6 et s.

[4329] V. *supra* n°0 et s.

[4330] V. *supra* n°0

[4331] Entretien avec M. Pace, Technical Officer à l'OMS, le 15 Mai 2014. Son rôle est d'accompagner et d'assister les pays d'afriques francophones dans la mise en œuvre de la couverture sanitaire universelle.

[4332] Recrutement de personnels juridiques au département du Cadre PIP dans l'année 2016 (Entretiens réguliers avec M.Hougendobler, Legal Officer au département PIP, recruté en mars 2016).

[4333] Articles 5.3 (« L'OMS aide les Etats parties, à leur demande, à acquérir, renforcer et maintenir les capacités visées au paragraphe 1 du présent article ») et 44 (« L'OMS collabore, dans la mesure du possible, avec les Etats parties pour : a) évaluer et apprécier leurs capacités de santé publique afin de faciliter

CCLAT[4334] et plus largement dans sa Constitution[4335]. A cette fin, plusieurs propositions sont envisageables.

2146. D'abord, on retrouve une approche fondée sur la visibilité et l'accessibilité de l'assistance technique et juridique offerte par l'OMS. En effet, un groupe de travail sur la CCLAT estime qu'« une cartographie complète des mécanismes d'assistance et des prestataires de cette assistance ainsi que le renforcement de la coordination entre les différents prestataires permettraient de rationaliser le processus d'accès aux mécanismes d'assistance et de faciliter l'accès aux mécanismes accessibles aux Parties et leur efficacité[4336] ». Ainsi, la proposition formulée à l'égard de la CCLAT d'une cartographie peut être élargie à l'ensemble des mécanismes d'assistance existants. Dans cette perspective, il faudrait réaliser un inventaire exhaustif des mécanismes d'assistance existants et informer les Etats membres des procédures d'accès. Par ailleurs, il s'agit de mettre en place une revue systématique des mécanismes d'assistance afin d'évaluer comment les Parties bénéficient (ou non) de leur utilisation.

2147. Ensuite, en parallèle de la sensibilisation aux mécanismes d'assistance, il faudrait également renforcer ces mécanismes en donnant plus de moyens et de ressources. Par exemple, dans le cadre du RSI et comme le recommande le comité d'examen, le Secrétariat de l'OMS doit pouvoir proposer une aide aux Etats parties pour l'élaboration d'un plan d'action national chiffré pour l'application du RSI, en particulier les capacités nationales requises. Il faudrait, à ce titre, renforcer les points focaux du RSI. Ces derniers devraient être des centres dotés d'un effectif suffisant de personnel expérimenté, compétent et à un niveau de responsabilité élevé, disposant des ressources nécessaires (administratives, logistiques et financières) pour s'acquitter de toutes les fonctions de coordination et de communication qui leur incombent – et de toute autre fonction qui peut leur être assignée par l'Etat partie[4337].

2148. Toutefois, conscients des limites inhérentes à l'OMS, ces mécanismes d'assistance ne doivent pas être du seul ressort de l'OMS. En effet, comme le démontrent les pôles de connaissances ou encore les centres collaborateurs de l'OMS, il est tout à fait envisageable de mettre en place des mécanismes collaboratifs d'assistance technique et juridique afin de former du personnel qualifié compétent pour accompagner la mise en œuvre des politiques nationales de santé. Ainsi, dans le cadre de la CCLAT, les Parties rencontrent de multiples difficultés dans la mise en œuvre de la Convention

---

l'application efficace du présent Règlement ; b) assurer ou faciliter la coopération technique et l'apport d'un soutien logistique aux Etats parties ») du RSI ; V. également développements paragraphes).

4334 Article 26 de la CCLAT (« (...) sur la base d'une étude entreprise par le Secrétariat et d'autres informations pertinentes, la Conférence des Parties examine à sa première session les sources et les mécanismes d'assistance existants et potentiels, et détermine dans quelle mesure elles sont adéquates).

4335 Article 2 d) (« fournir l'assistance technique appropriée et, dans les cas d'urgence, l'aide nécessaire, à la requête des gouvernements ou sur leur acceptation) et q) (« fournir toutes informations, donner tous conseils et toute assistance dans le domaine de la santé »).

4336 OMS, « *Mesures durables destinées à renforcer la mise en œuvre de la Convention-cadre de l'OMS* », *op.cit.*, p.7.

4337 OMS, « *Application du Règlement sanitaire international (2005)* », Rapport du Comité d'examen (...), *op.cit.*, p11.

dont « l'absence de personnel technique ou formé[4338] ». Enfin, il y a un manque de « personnel permanent qui se consacre exclusivement à la lutte antitabac[4339] ». L'OMS se doit, pour renforcer sa fonction normative, d'offrir une assistance juridique et technique aux Etats membres, soit directement, soit indirectement.

2149. L'OMS doit se donner les moyens d'accompagner les Etats dans la mise en œuvre de sa fonction normative même s'il ne s'agit pas uniquement du rôle de l'OMS mais également des Etats et des autres parties prenantes dont les organisations internationales par le biais de la coopération internationale. Plus largement, l'OMS doit intensifier ses efforts dans la promotion de sa fonction normative, la communication d'information et l'assistance technique et juridique. Par ailleurs, des mesures sont à envisager pour faire de la fonction normative une réussite.

B. Faire de l'activité normative une réussite

2150. Une des clefs de la réussite de l'activité normative est de garantir qu'elle demeure pérenne et continue (1). Toutefois, cela doit s'accompagner par un maintien de la crédibilité de cette fonction (2).

1. Garantir la pérennité et la continuité de l'activité normative de l'OMS

2151. L'OMS doit participer à la création d'un contenu interprétatif et vivant (a). Surtout, elle doit pouvoir garantir un contrôle sur l'activité des Etats (b).

a. Le rôle du Secrétariat dans l'interprétation de la norme

2152. Selon l'une des définitions proposées par SALMON, l'interprétation, au sens actif, implique une « opération intellectuelle tendant à établir le sens d'un ou de plusieurs termes, ou celui de dispositions d'un instrument juridique, notamment d'un traité[4340] ». Elle permet donc de déterminer le *sens* (degré de généralité et d'abstraction) ou la *signification* (détermination concrète de la portée du texte interprété, en vue de son application à une situation particulière) d'un texte. L'objectif de l'interprétation de la norme de l'OMS est de permettre son adaptation en précisant le contenu de la norme afin d'intégrer pertinemment la norme dans les systèmes nationaux pour protéger au mieux la santé des populations en fonction des besoins locaux. Si l'article 56 du RSI et l'article 27 de la CCLAT prévoient une procédure en cas de différends sur l'interprétation ou l'application de l'instrument, cette dernière n'a jamais été utilisée car il faut, au préalable, que les deux Etats membres acceptent de se soumettre aux procédures de règlement des différends[4341]. Dès lors, dans le cas de la fonction normative de l'OMS, un double phénomène apparaît.

[4338] OMS, « *Mesures durables destinées à renforcer la mise en œuvre de la Convention-cadre de l'OMS* », *op.cit.*, p.3.
[4339] *Ibid.*, p.7.
[4340] J. SALMON, *Dictionnaire de Droit international public, op.cit.*, « interprétation », p.603.
[4341] OMS, « *Application du Règlement sanitaire international (2005)* », Rapport du Comité d'examen (…), *op.cit.*, p.38.

2153. D'abord, la norme de l'OMS a pour ambition de s'adapter au contexte local afin d'intégrer au mieux les systèmes nationaux. A cet égard, l'Etat membre joue un rôle d'interprète de la norme internationale. Par exemple, face à l'indétermination des résolutions du Conseil de sécurité, les Etats sont dans l'obligation d'interpréter les termes et de prévoir les sanctions internes applicables en cas de violation[4342]. Il en va de même avec la norme OMS. Dans le cadre de la CCLAT, les Etats membres peuvent interpréter plus strictement les dispositions prévues[4343] comme l'illustrent notamment les législations australiennes et françaises qui mettent en place le paquet neutre de cigarettes en application des dispositions relatives à l'étiquetage et de conditionnement. De même, il est tout à fait possible pour un Etat de rendre une norme de l'OMS qui est non contraignante, obligatoire au sein du système national. Par exemple, certaines dispositions du Code international de commercialisation de substituts au lait maternel sont contraignantes au sein de nombreux Etats membres. Les Etats membres disposent donc d'une marge importante de liberté pour l'interprétation de l'instrument normatif élaboré par l'OMS.

2154. Ensuite, en raison de l'absence d'interprétation par le juge international de la norme OMS, le Secrétariat de l'OMS ou celui de la CCLAT[4344] font office d'interprètes des dispositions de la norme. En effet, il y a une demande ou une attente de certains Etats membres afin d'obtenir de l'aide pour interpréter au mieux la norme de l'OMS. L'imprécision de certaines dispositions impose de les compléter par des documents annexes. Ainsi, le Secrétariat de la CCLAT publie régulièrement des directives d'application afin de préciser le contenu de certains articles de la CCLAT. Actuellement, il existe des directives d'application pour huit articles de la CCLAT[4345]. Il est regretable que plus de dix ans après son adoption, il n'existe pas de directives d'application pour l'ensemble des articles de la CCLAT[4346].

2155. Le Secrétariat produit également de la documentation dérivée pour préciser la norme de l'OMS notamment dans le cadre du RSI. Ainsi, afin de préciser la notion de capacités essentielles ou principales souhaitées pour

---

[4342] J. MATRINGE, « *Problèmes et techniques de mise en œuvre des sanctions économiques de l'ONU en droit interne* », in L.-A. SICILIANOS, L. PICCHIO FORLATI (dir), *Les sanctions économiques en droit international,* Martinus Nijhoff 2004, p.643.

[4343] Article 2.1 de la CCLAT « Afin de mieux protéger la santé humaine, les Parties sont encouragées à appliquer des mesures allant au-delà des dispositions de la Convention et de ses protocoles, et rien dans ces instruments n'empêche une Partie d'imposer des restrictions plus sévères si elles sont compatibles avec leurs dispositions et conformes au droit international ».

[4344] A cet égard, il y a un besoin de travailler en synergie entre ces deux Secrétariats, qui « coopérent et s'appuyent mutuellement depuis neuf ans » (V. OMS, « *renforcer les synergies entre l'Assemblée mondiale de la Santé et la Conférence des Parties à la Convention-cadre de l'OMS pour la lutte antitabac* », A69/11, 15 avril 2016, p.5.).

[4345] Les articles 5.3 (intérêts commerciaux), 6 (mesures financières et fiscales), 8 (exposition à la fumée du tabac), 9 (composition des produits du tabac) et 10 (information sur les produits tu tabac à communiquer), 11 (conditionnement et étiquetage des produits du tabac), 12 (éducation, communication, formation et sensibilisation du public), 13 (publicité en faveur du tabac, promotion et parrainage) et 14 (dépendance à l'égard du tabac et sevrage tabagique) de la CCLAT. A sa sixième réunion en 2014, la COP a adopté un ensemble de dispositions relatives aux activités de remplacement de la culture du tabac économiquement viables en relation avec l'article 17 (activités de remplacement économiquement viables) et l'article 18 (protection de l'environnement et de la santé des personnes) de la CCLAT.

[4346] Une fois l'ensemble des directives adoptées, il pourrait être intéressant, à terme, de faire une version consolidée de la CCLAT.

l'application du RSI, l'OMS a indiqué que les législations ainsi que les politiques et les financements nationaux jouaient un rôle essentiel[4347]. Or, cet élément ne fait pas partie des dispositions du RSI. Certes, sa valeur n'est pas la même, mais elle permet un approfondissement du RSI en tant que critère d'interprétation de la norme.

2156. Par ailleurs, alors qu'il s'agit d'une disposition peu considérée à l'origine, le Secrétariat de la CCLAT a mis en place un groupe de travail afin de rédiger un rapport sur les faits, les informations et les options en relation avec la mise en œuvre de l'article 19 de la CCLAT sur la responsabilité[4348]. En particulier, le groupe d'experts va réfléchir aux questions relatives aux obstacles qui compromettent l'efficacité des actions en responsabilité civile et pénale. Il va proposer des options pour les surmonter dont un soutien technique et une coopération internationale d'échange d'informations pour une application efficace de l'article 19 de la CCLAT. Cet effort participe à l'interprétation de la norme OMS.

2157. Il en va de même pour l'ensemble de la fonction normative de l'OMS pour laquelle des documents dérivés d'interprétation sont essentiels pour préciser le contenu de la norme de l'OMS et contribuer à maintenir une fonction normative active. Ainsi, les documents « questions et réponses » publiés par l'OMS permettent de transmettre des informations claires et précises pour la mise en œuvre d'un instrument. Par exemple, pour le Cadre PIP, l'OMS a publié une foire aux questions sur l'utilisation des accords types sur le transfert de matériels n°2 (SMTA n°2) qui donne une définition, indique la procédure à suivre, rappelle les intérêts d'un tel contrat ou encore les obligations qui en découlent[4349].

2158. A ce titre, il est primordial pour le Secrétariat de continuer à réaliser ce travail d'interprétation, autant que faire se peut, en l'absence d'une véritable entité juridique spécifique compétente. Cela sert, en effet, les Etats membres dans l'interprétation de la norme mais permet également d'offrir une application la plus uniforme possible de la norme de l'OMS, condition essentielle d'une protection efficace de la santé mondiale.

2159. Enfin, vient s'ajouter au besoin d'interprétation, le besoin de prolonger ou de compléter l'action normative de l'OMS. Par exemple, le fondement même de la CCLAT repose sur l'adoption, d'abord d'une Convention-cadre, puis de Protocoles. Dès lors, il est essentiel que l'OMS poursuive ses efforts dans l'élaboration de nouveaux Protocoles sur des sujets sensibles, peu approfondis dans le texte de la CCLAT. Certes, l'expérience du premier Protocole adopté en 2012 n'est pas encourageante, en particulier au vu du nombre limité de ratifications. Toutefois, l'absence de nouveaux Protocoles pourraient remettre en cause l'architecture entière de la CCLAT.

[4347] OMS, « *HR core capacity monitoring framework: Checklist and Indicators for Monitoring Progress in the Development of IHR Core Capacities in States Parties* », WHO/HSE/IHR/2010.1.Rev.1, 2011, p.17 ; V. également OMS, « *Application du Règlement sanitaire international (2005)* », Rapport du Comité d'examen (…), *op.cit.*, p.19.

[4348] OMS, « *Application de l'article 19 de la Convention : 'Responsabilité'* », Rapport du groupe d'experts, CTC/COP/6/8, 5 juin 2014.

[4349] OMS, « *Frequently asked questions about Standard material transfer agreements 2* » (http://www.who.int/influenza/pip/benefit_sharing/smta2_FAQs.pdf?ua=1).

2160. De même, un projet de stratégie mondiale sur les ressources humaines pour la santé à l'horizon 2030 a été proposé lors de l'Assemblée mondiale de la santé, en mai 2016, notamment afin de réaffirmer « la nécessité d'utiliser les principes et les articles du Code de pratique mondiale de l'OMS pour le recrutement international des personnels de santé afin de dégager des solutions au problème des migrations des professionnels de la santé[4350] ». Cette nouvelle stratégie permet de prolonger les efforts insuffisants obtenus par le Code puisque, parmi ses principes, il est prévu d'« assurer des pratiques de recrutement éthiques, conformément aux dispositions du Code de pratique mondial de l'OMS pour le recrutement international des personnels de santé[4351] ». Il convient pour l'OMS de compléter les sources normatives primaires par des normes dérivées ou secondaires afin d'étoffer et de préciser son contenu.

2161. Ainsi, l'interprétation de la norme est nécessaire pour son application cohérente, mais également afin de garantir son adaptabilité et la maintenir en mouvement. Des propositions sont également à prévoir pour les mécanismes de suivi et de contrôle de la norme.

b. Le renforcement du suivi et du contrôle de la norme : l'importance des évaluations externes

2162. Déjà évoqués en tant que critères pour garantir les effets de la norme[4352], les mécanismes de suivi et contrôle prévus dans l'activité normative de l'OMS doivent être renforcés. Une fois que les mécanismes d'assistance ont été mis en œuvre, il est nécessaire de procéder à un suivi pour « surveiller les progrès[4353] » en se fondant sur des données empiriques fiables. Or aujourd'hui il y a manque criant d'évaluation empirique quant à l'influence des instruments de l'OMS sur les systèmes de santé interne.

2163. Reposant principalement sur des procédures d'autoévaluation fondées sur les rapports envoyés par les Etats membres, le suivi et le contrôle assurés par le Secrétariat de l'OMS ne permet pas une surveillance rigoureuse de sa fonction normative. En effet, l'autoévaluation était une approche qui se justifiait dans les premières années suivant l'entrée en vigueur du RSI car de « nombreux pays en étaient aux premiers stades de l'acquisition et du renforcement des capacités et le Règlement était nouveau et n'avait pas encore été mis à l'épreuve[4354] ». Depuis, bien que l'OMS ait participé à ce type d'évaluation, son utilisation exclusive remet en cause la fiabilité et la confiance entre Etats membres. Ainsi, dans le cas de la riposte internationale à la pandémie de maladie à virus *Ebola*, la dépendance excessive à l'égard de l'autoévaluation avait conduit à l'établissement de « rapports incomplets et

---

[4350] OMS, « *Personnels et services de santé. Projet mondiale sur les ressources humaines pour la santé à l'horizon 2030* », Rapport du Secrétariat, A69/38, 29 avril 2016, p.3.

[4351] OMS, « *Personnels et services de santé. Projet mondiale (...)* », *op.cit.*, p.7.

[4352] V. *supra* n°0 et s.

[4353] OMS, « *Mesures durables destinées à renforcer la mise en œuvre de la Convention-cadre de l'OMS* », *op.cit.*, p.7.

[4354] OMS, « *Application du Règlement sanitaire international (2005)* », Rapport du Comité d'examen (…), *op.cit.*, p.21.

sujets à caution sur l'acquisition des principales capacités[4355] ». Pour le Panel de l'ONU, le respect des capacités minimums essentielles est « trop important pour se fonder uniquement sur un système d'autoévaluation[4356] ». De même, le groupe d'experts chargé de l'évaluation intérimaire de la riposte à *Ebola* considère « qu'il est inacceptable que l'évaluation des capacités ne repose que sur une autoévaluation volontaire[4357] ».

2164. Dès 2014, l'OMS recommandait que soit renforcé le système des autoévaluations annuelles et qu'elles soient complétées par des évaluations extérieures[4358]. L'expérience[4359], fin 2014, du Bureau régional de l'OMS pour la Méditerranée orientale offre un exemple de la viabilité des évaluations indépendantes pour évaluer la préparation et la riposte nationales à l'épidémie de maladie à virus *Ebola*. Ces évaluations ont révélé que de nombreux pays, qui avaient précédemment déclaré à l'OMS qu'ils avaient acquis les principales capacités requises en vertu du RSI, étaient en fait loin d'être prêts à faire face à une urgence sanitaire comme l'épidémie de maladie à virus *Ebola*. Par ailleurs, les évaluations indépendantes ont surtout fait apparaître un important fossé entre l'évaluation de son propre fonctionnement par un pays et la réalité. Ainsi, les évaluations indépendantes ont identifié des insuffisances qui n'avaient pas été détectées ni reconnues lors d'autoévaluations antérieures. Aussi, l'évaluation externe apparaît comme un complément indispensable à l'autoévaluation. Ce constat soulève également la question de la différence des critères d'évaluations retenues pour comprendre cet écart entre l'autoévaluation et l'évaluation externe.

2165. Il est primordial de compléter l'autoévaluation par une évaluation externe, par des experts, des principales capacités requises par le RSI. Comme le précise le comité d'urgence il s'agit de la « meilleure pratique reconnue pour le suivi et le renforcement de l'application du RSI ». Dans cette perspective, un nouveau cadre de suivi et de contrôle est à envisager comprenant un outil d'autoévaluation ; un examen après les événements ; des exercices de simulation ; et une évaluation indépendante extérieure pour laquelle le Secrétariat a conçu un outil d'évaluation extérieure commun du RSI. Pour le Panel ONU, il faut mettre en place un système de suivi et de contrôle périodique au sein de l'Assemblée mondiale de la santé ou créer un comité spécifique à cet égard. Pour un Etat en cours d'évaluation, l'autoévaluation serait ainsi complétée par une évaluation du Secrétariat de l'OMS. L'Etat pourrait ainsi se défendre et discuter de cette évaluation[4360] tout en améliorant son œuvre d'évaluation avec cette nouvelle « menace ».

[4355] *Ibid.*

[4356] ONU, « *Protecting Humanity from Future Health Crises. Report of the High-level Panel on the Global Response to Health Crises* », 25 January 2016, pp.44-45.

[4357] OMS, « *Groupe d'experts chargés de l'évaluation intérimaire de la riposte à Ebola* », Rapport, 2015, p.11.

[4358] OMS, « *Application du Règlement sanitaire international (2005)* ». Rapport du Comité d'examen sur un deuxième délai supplémentaire pour la mise en place de capacités nationales de santé publique et sur l'application du RSI, A68/22 Add.1, 2015.

[4359] Ce Bureau a effectué fin 2014 des évaluations indépendantes dans tous ses États Parties (à l'exception d'Oman et des Émirats arabes unis)

[4360] ONU, « *Protecting Humanity from Future Health Crises. Report of the High-level Panel on the Global Response to Health Crises* », 25 January 2016, pp.44-45.

2166. L'OMS doit aller loin que le cadre du RSI, en développant davantage les évaluations externes afin d'obtenir des études fiables et rigoureuses sans pour autant arrêter les autoévaluations. En particulier, dans le cas de la CCLAT, si le Secrétariat se fonde déjà sur des études indépendantes, ces dernières ne sont pas institutionnalisées et des évaluations externes quant à la mise en œuvre de la CCLAT devraient exister tout en mettant un place un cadre pour la gestion des conflits d'intérêts. Certains auteurs regrettent l'absence de volonté des Etats, qui perçoivent cela comme une forme d'ingérence, d'adopter un système performant de surveillance de la mise en œuvre qui existe déjà pour les traités de l'environnement ou dans le domaine des droits de l'homme[4361]. Dans le cas de la CCLAT, le système d'évaluation de ces rapports de situation ne permet pas une véritable prise en compte des demandes et/ou besoins des Parties à la Convention. Si les résumés proposés sont relativement informatifs, il est regrettable qu'ils ne permettent pas d'assurer un suivi individualisé des Etats parties. Or, l'objectif de la CCLAT est notamment d'assister les Etats dans la mise en œuvre des mesures proposées. Actuellement, ce système permet davantage d'avoir une vision globale des progrès réalisés que de collaborer individuellement avec les Etats parties. Afin de garantir un véritable système de mise en œuvre, il faudrait faire appel à un organe indépendant d'évaluation qui pourrait émettre des recommandations individualisées afin de garantir une meilleure application de la CCLAT.

2167. Certes, l'intégration d'évaluations indépendantes « représente un changement de paradigme[4362] ». Toutefois, elle permettrait de connaître l'avancement dans la mise en œuvre d'un instrument de l'OMS et d'identifier les pays en difficultés et les raisons de ces difficultés. Ces évaluations serviront également à apprécier le degré de réalisation de l'objectif suivi et d'amélioration de la protection de la santé mondiale.

2168. Enfin, une autre proposition afin de renforcer le suivi et le contrôle des normes de l'OMS serait, pour les instruments issus de son pouvoir de recommandation notamment, d'envisager la création d'un service, au sein de l'OMS, chargé spécialement du suivi des instruments normatifs élaborés par l'OMS en se fondant sur des études empiriques quantitative et qualitative. Suggérée par PANG et GARETT, l'application des instruments normatifs de l'OMS « devrait être contrôlée par l'OMS », en tant que compétence propre et autonome[4363]. Ce département aurait pour mission principale d'analyser le devenir des résolutions, et en particulier, la prise en compte par les Etats et l'impact sur la santé des populations des Etats membres. Ceci participerait à l'amélioration de la qualité des résolutions adoptées en fonction des besoins. Certes, ce service travaillerait en collaboration avec l'ensemble des parties

---

[4361] J. LIBERMAN, « *Four COPs and counting: achievements, underachievements and looming challenges in the early life of the WHO FCTC Conference of the Parties* », vol. 21, n°2, Tobacco control, 2011, pp.215-220.

[4362] OMS, « *Application du Règlement sanitaire international (2005)* », Rapport du Comité d'examen (…), *op.cit.*, p.22.

[4363] T. PANG et L. GARRETT, « *The WHO must reform for its own health* », Nature Medecine, vol.18, 2012, p.646.

prenantes dont les Etats afin d'obtenir des informations mais il pourrait également faire appel à des évaluations externes.

2169. Si des mesures doivent être prises pour développer l'activité normative de l'OMS, il faut également renforcer la crédibilité de cette fonction

2. Garantir une activité crédible

2170. En plus d'un service juridique compétent avec des moyens et des compétences élargies, des mesures sont à envisager afin de garantir la transparence de l'activité normative de l'OMS (a). La recherche de crédibilité de l'activité normative implique également une réflexion sur la mise en place d'études d'impact sur la norme envisagée (b).

a. Garantir la transparence de l'activité normative

2171. Plusieurs mesures peuvent être adoptées afin de renforcer la transparence de l'activité normative de l'OMS, en complément aux différentes mesures proposées dans la gestion des conflits d'intérêts[4364].

2172. D'abord, dans l'amélioration de la transparence de l'information émise par l'OMS, on constate une évolution notamment avec l'utilisation accrue de son site internet pour partager des informations. Premièrement, il faut rendre le site internet de l'OMS plus accessible et ergonomique. Il est aujourd'hui assez difficile d'obtenir une information rapidement en naviguant sur les différents onglets proposés. Par exemple, la CCLAT dispose de son propre site internet ce qui n'est pas le cas pour d'autres instruments tels que le RSI ou les Codes. Un effort de systématisation, de classification et de simplification s'impose assurément afin d'atteindre un objectif de clarté et d'accessibilité[4365].

2173. Deuxièmement, dans le contenu de son activité normative, l'OMS doit rendre accessible par le biais de compte-rendu et de synthèses les éléments qui fondent la prise de décision normative de l'OMS. Plus largement, les avis des groupes de travail ou d'experts doivent être rendus publics. Dans le cadre de la qualification d'USPPI en application du RSI, actuellement, si l'OMS publie un compte-rendu ou une synthèse de l'avis du Comité d'urgence justifiant la prise de décision par le Directeur général, le contenu même de l'avis du Comité n'est pas publié. Or, il est essentiel au nom de la transparence, que cet avis, avec l'ensemble des motivations qui fondent la décision, soit publié. Cela apparaît d'autant plus pertinent dans le cas où le Comité émet un avis négatif de qualification d'USPPI pour mieux justifier les raisons de cette décision. Cela permettrait de dissiper certains doutes quant aux critères de qualification d'USPPI, en particulier si l'on compare les décisions prises dans le cas d'*Ebola* et *MeRS–Cov*. En effet, si la synthèse est essentielle pour une compréhension de tous, la publication de l'avis dans son intégralité permettrait aux parties prenantes d'obtenir une information complète et précise.

[4364] V. *supra* n°0 et s.

[4365] Un système inspiré du site *Légifrance* serait déjà une grande avancée.

2174. Enfin, il serait opportun que l'OMS harmonise le contenu et le format de sa production normative par le biais d'une standardisation de ses documents tout en respectant les informations confidentielles. Par exemple, dans le cas des décisions d'USPPI, il y a une dissymétrie d'information en fonction des avis rendus. Il est vrai qu'on constate une évolution positive avec les derniers avis rendus comparés aux premiers. Il y a, néanmoins, une nécessité de standardisation afin d'apporter davantage de rigueur, de crédibilité et d'homogénéité à la fonction normative. Elle permettrait également d'améliorer la publicité notamment des recommandations temporaires adoptées par le Directeur général en cas d'USPPI[4366].

2175. Ensuite, l'OMS doit être en capacité de pouvoir partager certaines informations relatives aux Etats dans la mise en œuvre de sa fonction normative. En effet, la transparence favorise également l'application de l'activité normative de l'OMS de façon plus positive en donnant « aux pays et à l'OMS la possibilité de nouer un dialogue constructif[4367] » sur l'application de sa norme. La transparence permet de tirer les enseignements de l'expérience d'autres pays. Toutefois, en règle générale, l'autorité dont jouit le Secrétariat de l'OMS, qui lui permet de diffuser les informations reçues d'un Etat à d'autres Etats parties, a été principalement conditionnée à ce jour par le consentement de l'Etat partie ayant communiqué l'information.

2176. Les dispositions du RSI, qui encouragent la transparence incluent le rapport annuel à l'Assemblée mondiale de la santé sur l'application du RSI (article 54.1) et la notification des événements et la communication d'autres rapports par les pays (articles 6-11). Par ailleurs, l'article 43(3) fait obligation aux pays de communiquer, et au Secrétariat d'échanger avec les autres pays, certaines informations qu'ils reçoivent sur les « mesures supplémentaires » appliquées par des pays qui entravent de manière importante le trafic international. Cet échange est indépendant du consentement du pays d'où émane l'information. Le Secrétariat a dernièrement commencé à procéder à cet échange par l'intermédiaire de son site d'information sur les événements. Dans un nombre limité de circonstances, il peut mettre les informations et « d'autres rapports » reçus d'Etats parties à la disposition d'autres pays, voire du public, sans le consentement de l'Etat partie concerné (articles 10.4 et 11). Néanmoins, compte tenu de la sensibilité des Etats parties en la matière, le Secrétariat a jusqu'ici appliqué ces dispositions avec précaution[4368]. Il convient, dès lors, que l'OMS renforce la transparence dans l'échange d'informations entre les Etats afin d'améliorer la mise en œuvre de ces instruments normatifs. Le risque est que l'Etat, craignant qu'une information puisse lui être préjudiciable, ne transmette pas l'information.

2177. C'est pour cela que cette transparence doit s'accompagner d'un mécanisme institutionnalisant le pouvoir d'enquête et le recours à des « informateurs tiers » en particulier les organisations non gouvernementales agissant en tant que lanceurs d'alertes. Ceci dissuaderait davantage les Etats

---

[4366] OMS, « *Application du Règlement sanitaire international (2005)* », Rapport du Comité d'examen (…), *op.cit.*, p.11.
[4367] *Ibid.*, p.38.
[4368] *Ibid.*

réfractaires à diffuser l'information. Il pourrait être intéressant pour l'OMS de mettre en place un cadre normatif, protecteur des lanceurs d'alertes. En effet, les relations, par exemple, entre les ONG locales et les Etats dont elles dépendent[4369] ne sont pas toujours évidentes. En particulier, des pressions peuvent être exercées afin d'éviter la transmission d'informations. Si le RSI prévoit que des sources informelles puissent servir de fondement à la qualification d'USPPI, leur rôle doit être généralisé à l'ensemble de l'activité normative pour accroître la transparence de celle-ci. Par ailleurs, l'idée de faire des études d'impact avant l'élaboration d'une norme à l'OMS permettrait de renforcer sa crédibilité par son efficacité *a priori* anticipée.

b. La mise en place d'études d'impact

2178. Pour permettre de rendre la fonction normative de l'OMS crédible et donc convaincre les Etats membres de la nécessité de la mettre en œuvre afin qu'elles produisent des effets, il convient d'institutionnaliser le recours aux études d'impact dans l'élaboration de la norme de l'OMS.

2179. Il est intéressant de s'inspirer de ce qui se fait dans les systèmes nationaux en matière d'environnement[4370] et dans l'élaboration législative[4371]. L'idée d'études d'impact[4372] est apparue dans les pays anglo-saxons (Etats-Unis, Canada et Royaume-Uni), dès les années 1970-1980 par l'adoption de dispositifs d'analyse d'impact de leur règlementation[4373]. On retrouve aussi ce mécanisme, en droit constitutionnel français, dans le cadre de l'élaboration des projets de loi. En effet, par renvoi de l'article 39, alinéa 3, de la Constitution[4374] tel qu'issu de la révision constitutionnelle du 23 juillet 2008[4375], la loi organique du 15 avril 2009 impose désormais au gouvernement français de déposer ses projets de loi devant le Parlement accompagné d'un document définissant, notamment, les « objectifs poursuivis par le projet de loi », recensant « les options possibles en dehors de l'intervention de règles de droit nouvelles », ou encore exposant « les motifs du recours à une nouvelle législation »[4376].

2180. Une étude d'impact doit notamment rappeler les objectifs poursuivis par le projet de loi, recenser les options possibles en dehors de l'intervention

[4369] Pour l'établissement de la relation officielle avec l'OMS (V. *supra* n°0 et s).

[4370] V. notamment l'article L122-1 Code de l'environnement « I. — Les projets de travaux, d'ouvrages ou d'aménagements publics et privés qui, par leur nature, leurs dimensions ou leur localisation sont susceptibles d'avoir des incidences notables sur l'environnement ou la santé humaine sont précédés d'une étude d'impact. » V. également E. NAIM-GESBERT, « *L'étude d'impact écologique* », RJE, n°4, vol.40, 2015, pp.597-599.

[4371] V. notamment M. PHILLIPE-GAY (dir.), *Les études d'impact accompagnant les projets de loi*, LGDJ, 2012.

[4372] Sur la notion V. notamment B.-L. COMBRADE, *L'obligation d'étude d'impact des projets de loi*, Thèse, Université de Paris I, Panthéon-Sorbonne, 2015.

[4373] B. LASSERRE, « *Pour une meilleure qualité de la réglementation* », Rapport au Premier ministre, la Documentation française, 2004, p.6.

[4374] Cet article prévoit que « la présentation des projets de loi déposés devant l'Assemblée nationale ou le Sénat répond aux conditions fixées par une loi organique ».

[4375] Loi constitutionnelle n°2008-724 du 23 juillet 2008 de modernisation des institutions de la Ve République, JORF n°0171 du 24 juillet 2008.

[4376] Loi organique n°2009-403 du 15 avril 2009 relative à l'application des articles 34-1, 39 et 44 de la Constitution, article 8, JORF n°0089 du 16 avril 2009, p. 6528 et s.

de nouvelles règles de droit et évaluer, au préalable, les conséquences attendues dans les domaines économiques, financiers, sociaux et environnementaux des dispositions envisagées dans le cadre d'un projet de loi. Réalisées sous la responsabilité du ministre en charge de présenter le projet de loi devant le Parlement, les études d'impact doivent obligatoirement être jointes au projet de loi lors de son dépôt aux Assemblées. Parallèlement, elles sont rendues publiques par leur mise en ligne. En cas de non-conformité d'une étude d'impact à la loi organique, le Parlement peut refuser de discuter le projet de loi qui lui est lié[4377].

2181. L'objectif des études d'impact est d'obliger l'auteur de la norme à « réfléchir avant d'agir[4378] » et dans le cadre de l'OMS de « convaincre avant d'agir ». L'étude d'impact s'attache à fournir une évaluation préalable de la réforme envisagée, aussi complète, objective et factuelle que possible. Parmi les effets attendus des études d'impact, sont notamment souhaitées une amélioration de la qualité de la législation (frein à l'inflation législative) et une participation des citoyens à l'élaboration des normes, par le biais de consultations publiques. L'élaboration de l'étude d'impact doit être engagée dès les premiers stades de la préparation de la norme, puis enrichie par itérations tout au long du processus de conception du projet de texte. A chacune de ces étapes, le travail d'étude d'impact implique de mener une réflexion sur le bien-fondé du recours à la norme. Ainsi, la norme sera légitimée à la fois par la procédure de l'étude d'impact, dès lors qu'elles intègrent l'ensemble des parties prenantes, mais également par le résultat de l'étude d'impact.

2182. On retrouve cette idée dans les propositions formulées par un groupe de travail afin d'améliorer la mise en œuvre de la CCLAT[4379]. En effet, les Parties, et en particulier les pays en développement et à économie en transition, ont besoin d'outils méthodologiques appropriés pour évaluer l'impact économique de la consommation de tabac sur la charge de morbidité et sur les systèmes de santé ainsi que d'autres coûts sociaux, environnementaux et économiques y afférents qui influent sur la pauvreté et le développement. L'objectif est ainsi de promouvoir « l'impact positif de la mise en œuvre de la Convention-cadre de l'OMS sur la santé publique et sur l'économie[4380] ». Le groupe de travail propose d'inviter la Banque mondiale à élaborer un outil méthodologique permettant d'évaluer l'impact économique de la consommation de tabac sur les systèmes de santé et la charge de morbidité ainsi que d'autres domaines connexes, tels que les coûts environnementaux et économiques qui ont une incidence sur la pauvreté et le

[4377] Article 39C, alinéas 3 et 4 « les projets de loi ne peuvent être inscrits à l'ordre du jour si la conférence des présidents de la première assemblée saisie constate que les règles fixées par la loi organique sont méconnues. En cas de désaccord entre la conférence des présidents et le Gouvernement, le président de l'assemblée intéressée ou le Premier ministre peut saisir le Conseil constitutionnel qui statue dans un délai de huit jours ».

[4378] B.-L. COMBRADE, « *Á qui profite l'étude d'impact ? Les effets de la constitutionnalisation d'une obligation d'étude d'impact des projets de loi sur les rapports entre Gouvernement et Parlement* », VIIIe Congrès national de l'AFDC Communication pour atelier n°6 : aspects institutionnels nationaux, p.1.

[4379] OMS, « *Mesures durables destinées à renforcer la mise en œuvre de la Convention-cadre de l'OMS* », *op.cit.*

[4380] OMS, « *Mesures durables destinées à renforcer la mise en œuvre de la Convention-cadre de l'OMS* », *op.cit.*, p12.

développement. Ceci permettra d'aider les Parties à mieux sensibiliser les responsables politiques et les décideurs afin de mobiliser des ressources internes sur la base d'éléments démontrant les effets économiques, sociaux et sanitaires de la consommation de tabac.

2183. Il est important que l'OMS systématise et institutionnalise la mise en place d'études d'impact dans l'élaboration de sa norme afin de démontrer son intérêt pour la santé mondiale mais également en termes de dépenses de santé, d'impacts sociaux et environnementaux. Ceci renforcerait l'approche mondialisée de la santé, entendue comme un enjeu horizontal et non seulement vertical. Il serait intéressant de créer un département d'études d'impact ou de faire appel à la Banque mondiale car « les expériences des pays de l'OCDE montrent que le contrôle des évaluations par un pôle central est indispensable [4381] ». Conscients des difficultés liées à la qualité et à l'objectivité de l'étude, le pôle est d'autant plus efficace qu'il est indépendant et animé par des experts et des représentants de la société civile. Si l'étude d'impact est perçue comme le « meilleur vecteur de simplification de la loi[4382] », elle est également utile afin de démontrer la crédibilité de la fonction normative de l'OMS.

2184. Certes, on constate qu'une première étape essentielle à franchir pour l'avenir de la fonction normative de l'OMS est la capacité d'application et de mise en œuvre des instruments existant dont le RSI et le CCLAT. Comme le précise le comité d'examen, « le plus grand problème concernant le RSI est l'insuffisance de son application[4383] ». Au vu du besoin de répondre à l'urgence des épidémies, il est vrai que « les risques associés à une modification du RSI l'emporteraient largement sur les avantages éventuels[4384] ». Ces risques seraient notamment d'entrée dans des négociations et des discussions longues sans aucune garantie de réussite. Cette démarche pourrait mettre en difficulté les acquis du texte original.

2185. Toutefois, si le déclenchement du processus de modification d'un instrument normatif en particulier juridique prendrait des années, à long terme cela pourrait être davantage bénéfique pour les instruments normatifs de l'OMS d'envisager des révisions des instruments en vigueur afin d'améliorer la norme de l'OMS.

§2 : La nécessité d'une révision des instruments en vigueur

2186. Dans le cadre d'une réflexion prospective de recherche, les révisions proposées sont confrontées à des difficultés pratiques de réalisation. Dans cette perspective, afin de ne pas faire reposer l'avenir du financement de l'activité normative uniquement sur un rééquilibrage du budget ordinaire, il convient de réfléchir à des mécanismes de financements innovants (A). Par ailleurs, l'enjeu

---

[4381] B. LASSERRE, « *Pour une meilleure qualité de la réglementation* », *op.cit.*

[4382] B.-L. COMBRADE, « *La simplification de la loi passera par l'étude d'impact* », Constitutions, 2014, pp.460 et s.

[4383] OMS, « *Application du Règlement sanitaire international (2005)* », Rapport du Comité d'examen (…), *op.cit.*, p.58

[4384] *Ibid.*, p.58. La recommandation n°1 énonce qu'« il n'y a aucune nécessité, au stade actuel, d'entreprendre la modification du RSI et aucun avantage à en retirer ».

de la sanction en cas de non-respect de la norme de l'OMS impose une réflexion sur des mécanismes alternatifs dès lors que la sanction juridique apparaît trop ambitieuse (B).

A. Des mécanismes de financement innovants

2187. La notion de financement novateur ou innovant implique les mécanismes qui servent à mettre en commun des fonds nouveaux ou supplémentaires ou à mobiliser de nouvelles sources de financement. Ces financements sont autonomes du financement ordinaire de l'OMS. Les critères de financement innovant sont « un niveau suffisant, un impact sur le marché, une faisabilité et un caractère durable et approprié[4385] ». Si l'OMS réfléchit à des mécanismes de financements innovants comme le démontre le Cadre PIP[4386], il existe de nombreuses pistes de réflexion à analyser pour l'avenir de l'activité normative de l'OMS. On constate que les propositions d'amélioration du financement des instruments normatifs de l'OMS, afin de permettre une meilleure mise en œuvre de l'activité normative de l'OMS, reposent sur deux fondements.

2188. D'une part, en raison d'une activité normative de santé mondiale qui vise en priorité les pays à faible revenu, le financement peut se fonder sur le principe de solidarité (1). D'autre part, il est possible de considérer des mécanismes de financement fondés sur le principe de responsabilité en raison d'enjeux économiques particuliers (2). Ces mécanismes ne sont pas opposés mais peuvent être complémentaires.

1. Des mécanismes fondés sur le principe de solidarité

2189. Plusieurs pistes de réflexion sont proposées en matière de mécanismes de financement solidaire, indépendamment de la responsabilité particulière des acteurs de la santé mondiale. D'abord, il y les ressources financières qui suivent une approche horizontale, c'est-à-dire déconnectée de l'enjeu sanitaire, illustrée par l'exemple du mécanisme de financement de l'UNITAID (a). Ensuite, il y a le financement qui suit une approche verticale, c'est-à-dire ciblée sur l'enjeu de santé mondiale, liée à une activité normative spécifique et illustrée par l'exemple de la contribution de solidarité sur le tabac (b).

a. L'approche horizontale : l'exemple d'UNITAID

2190. L'initiative mondiale UNITAID, mise en place en 2006, vise à « fournir un financement durable, prévisible et supplémentaire[4387] » afin de peser sur le fonctionnement du marché pour réduire les prix des médicaments pour le traitement du VIH/sida, de la tuberculose et du paludisme. L'objectif est de faciliter l'accès à ces médicaments à des populations touchées dans les

---

[4385] OMS, « *The solidarity tobacco contribution (STC): A new international health-financing concept prepared by the World health organization* », Discussion Paper, Octobre 2011, p.8.
[4386] V. *supra* n°0 et s.
[4387] UNITAID/ITAD, « *UNITAID 5-Year Evaluation Summary* », UNITAID/EB17/2012/6.1.1, 2012.

pays à faible revenu et les pays à revenu intermédiaire. Son financement est fondé sur une contribution de solidarité sur les billets d'avion. Cet impôt est prélevé sur les billets d'avion facturés aux passagers en partance des aéroports qui l'appliquent[4388]. Il constitue la principale source de financement de la facilité internationale d'achat de médicaments d'UNITAID, complétée par des « contributions budgétaires pluriannuelles traditionnelles versées par des partenaires bilatéraux et d'autres donateurs[4389] ».

2191. Les compagnies aériennes sont chargées de recueillir et de déclarer cette contribution qui est ajoutée au prix final du billet. Les frais de perception sont minimes (entre 1% et 3% des recettes perçues[4390]) et les compagnies aériennes ajoutent l'impôt au prix final du billet d'avion. Par exemple, la France facture 1 euro (en classe économique) et 10 euros (en classe affaires et première classe) pour les vols intérieurs et respectivement 4 et 40 euros pour les vols internationaux. On notera que la France, l'un des principaux contributeurs, a reversé environ 90 % de l'impôt recueilli sur les billets d'avion à UNITAID, soit 997 millions de dollars sur 1,1 milliard, entre 2006 et 2011.

2192. Plusieurs études démontrent le fonctionnement de ce mécanisme de financement : l'OCDE en 2009[4391] et le PNUD en 2011[4392] ont estimé à environ 250 millions de dollars les recettes prévisionnelles annuelles. Selon une étude de Monsieur DE FERRANTI et ses collègues[4393], les recettes annuelles devaient s'élever à 180 millions d'euros. Enfin, selon une étude de 2014, de 2006 à 2011, UNITAID a recueilli environ 2 milliards de dollars, soit environ 320 millions par an[4394]. Il revient, ensuite, au conseil d'administration constitué de douze membres[4395] de décider de l'utilisation de ces fonds et de définir ses plans d'action futurs. Sont privilégiés les pays à faible revenu, avec

---

[4388] Aujourd'hui 30 pays l'appliquent : L'Afrique du Sud, l'Algérie, le Brésil, le Cameroun, la République centrafricaine, le Chili, Chypre, la République du Congo, la Corée du Sud, la Côte d'Ivoire, l'Espagne, la France, le Gabon, la Guinée, la Guinée-Bissau, le Liberia, le Luxembourg, Madagascar, le Mali, le Maroc et Ile Maurice, la Mauritanie, la Namibie, le Nicaragua, le Niger, la Norvège, le Royaume-Uni, Sao Tomé-et-Principe, le Sénégal et le Togo. On notera les absences des Etats-Unis, de la Russie, de la Chine, de l'Inde, du Canada, du Japon ou encore de l'Italie.

[4389] UNDP, « *Innovative financing for development : A new model for development finance ?* », Discussion paper, Janvier 2012, p.10.

[4390] TASKFORCE ON INNOVATIVE INTERNATIONAL FINANCING FOR HEALTH SYSTEMS, « *More money for health, and more health for money* ", 2009, p.12.

[4391] E. SANDOR, S. SCOTT et J. BENN, « *Innovative financing fund development : progress and prospects* », DCDC Issues Brief, Organisation de Coopération et de développement économiques, 2009, p.14. L'étude estime à 251 millions de dollars de recettes annuelles.

[4392] UNDP, « *Innovative financing for development : a new model for development finance* », 2012, p.44.

[4393] D. DE FERRANTI et al., « *Innovative financing for global health : tools for analyzing options* », Brookings Global Economy and Development, 2008, p.93.

[4394] D. KO SY, N. SYAM et G. VELASQUEZ, « *Mécanismes de financement innovants : sources potentielles de financement de la Convention-cadre de l'OMS pour la lutte antitabac* », Document de recherche, Centre Sud, Septembre 2014, p.9.

[4395] Composé d'un représentant des six membres qui sont le Brésil, le Chili, l'Espagne, la France, la Norvège et le Royaume-Uni, d'un représentant africain, un représentant de la République de Corée, de deux représentants des organisations de la société civile originaires de communautés affectées par le VIH/SIDA, la tuberculose et le paludisme, d'un représentant de la circonscription des fondations et d'un représentant de l'OMS, organisation qui fait office de membre sans droit de vote et accueille le Secrétariat d'UNITAID à Genève.

des populations à haut risque et dans lesquels les maladies ont une forte incidence[4396].

2193. La mise en place d'une contribution obligatoire de solidarité sur les billets d'avion peut offrir une « source de financement continue, automatique et stable et s'avère politiquement attrayante[4397] ». En effet, son coût de mise en œuvre est bas par rapport aux avantages qu'elle peut comporter, notamment pour les pays à faible revenu[4398]. Monsieur DE FERRANTI et ses collègues énoncent plusieurs arguments en faveur d'un tel mécanisme dont le respect de la souveraineté des pays car chaque gouvernement peut décider du montant de la contribution et du type de passagers qui doivent la payer. De même, la contribution peut être universalisée à l'ensemble des pays dès lors qu'elle ne s'applique qu'aux passagers de la classe affaire et de la première classe des vols internationaux. Enfin, le trafic aérien a progressé historiquement d'environ 8% par an dans le monde[4399].

2194. Toutefois à l'inverse, certains pays ont déjà largement recours aux taxes sur les billets d'avion et aux taxes aéroportuaires ce qui peut réduire la compétitivité du pays. De même la dépendance excessive aux résultats du secteur aérien a rendu le mécanisme vulnérable aux « aberrations de l'économie mondiale[4400] ». Ainsi, selon un rapport de 2012 du *Center for Global Development*, les revenus d'UNITAID ont chuté brutalement de 21 % entre 2008 et 2009 en raison de la crise financière mondiale[4401]. Enfin, UNITAID dépend d'un cercle restreint de donateurs, en particulier la France et le Royaume-Uni qui ont contribué aux revenus de 2006 à 2011 à hauteur de 62 % et 16 % respectivement. Les pays donateurs à revenu élevé, et notamment la Fondation Gates, représentent 95,8% des revenus d'UNITAID, tandis que les pays à faible revenu et les pays à revenu intermédiaire représentent moins de 5 %[4402].

2195. Néanmoins, dans l'ensemble, cet impôt de solidarité est jugé durable et sûr[4403] et peut être considéré comme « additionnel », « techniquement réalisable » et vu comme une « validation de principe » significative[4404].

2196. Dès lors, il est tout à fait envisageable de réfléchir à une contribution similaire pour améliorer la mise en œuvre de la CCLAT ou du RSI ou plus globalement de l'activité normative de l'OMS dans un domaine particulier. Sans nécessairement cibler les compagnies aériennes, d'autres acteurs indépendants de tout enjeu sanitaire, peuvent contribuer à financer, par un

---

[4396] La formule est la suivante : 85% de ces allocations doivent être versées aux pays à faible revenu, 10% aux pays à revenu intermédiaire et pas plus de 5% aux pays à revenu intermédiaire supérieur (J. BERMUDEZ, et P. DOUSTE-BLAZY, « *UNITAID* », in P. DOUSTE-BLAZY (dir.), *Innovative financing for development*, I-8 Group/Leading Innovative Financing for Equity, p.19 (pp.13-23)).

[4397] UNITAID, « *UN world economic and social survey discusses UNITAID's unique model* », 2012 (http://www.unitaid.eu/en/latest-news/971-un-world-and-economic-survey-discusses-unitaid-s-unique-model).

[4398] D. KO SY, N. SYAM et G. VELASQUEZ, « Mécanismes de financement innovants (…) », op.cit., p.16.

[4399] D. DE FERRANTI et al., « *Innovative financing for global health : tools for analyzing options* », *op.cit.*, p.93.

[4400] D. KO SY, N. SYAM et G. VELASQUEZ, « Mécanismes de financement innovants (…) », op.cit., p.9.

[4401] CENTER FOR GLOBAL DEVELOPMENT, « *UNITAID. Working Group on Value for Money: An Agenda for Global Health Funding Agencies* », Background Paper, October 2012, p.7.

[4402] CENTER FOR GLOBAL DEVELOPMENT, « *UNITAID. (…)* », *op.cit.*, p.8.

[4403] UNITAID, « *Innovating financing : The air ticket levy* », 2013.

[4404] UNITAID/ITAD, « *UNITAID 5-Year Evaluation Summary* », *op.cit.*

impôt solidaire, la mise en œuvre de l'activité normative de l'OMS en général ou de certains instruments en particulier. A cet égard, une proposition doctrinale dans le cadre du Code de pratique mondial de l'OMS adopté en 2011 renforce la position défendue. En effet, le Professeur VAN PAS et ses collègues, recommandent la mise en place d'un fond pour les ressources en santé globale, inspiré de l'expérience d'UNITAID. Ainsi, ils proposent l'instauration « d'une structure dynamique tarifaire qui imposerait un paiement obligatoire des pays riches et des acteurs du secteur privé impliqués dans le recrutement de professionnels de santé afin de contribuer au renforcement des systèmes de santé et au financement de l'emploi dans les secteurs publics de la santé[4405] ».

2197. Il est également envisageable de mettre en place des contributions de solidarité en fonction d'un enjeu de santé mondiale particulier, comme l'illustre l'exemple de la contribution de solidarité sur le tabac.

b. L'approche ciblée : l'exemple de la contribution de solidarité sur le tabac

2198. Le projet de contribution de solidarité sur le tabac (CST) proposé par l'Initiative de l'OMS pour un monde sans tabac consiste en un « microprélèvement » sur chaque paquet de cigarettes qui viendrait s'ajouter aux taxes nationales sur le tabac déjà existantes. Le but est de financer la lutte contre les maladies non transmissibles et la lutte antitabac à l'échelle nationale et internationale. Sa mise en œuvre dépendrait entièrement du pouvoir de décision des gouvernements car les recettes de la CST iraient directement aux caisses de l'Etat. Ensuite, les pays pourraient verser, à titre volontaire, une partie de leurs recettes dans un fonds commun mondial et décideraient librement du montant de leur contribution[4406].

2199. Différentes études démontrent de potentielles retombées économiques en fonction des hypothèses et scénarii retenus[4407]. Pour l'OMS, si la CST était mise en œuvre dans les 43 pays du G20+[4408], elle permettrait de dégager, en fonction du taux retenu, un montant situé entre 5,5 et 16 milliards de dollars de recettes supplémentaires annuelles sous forme de droits d'accises[4409].

2200. En plus d'être appropriée pour mobiliser des ressources sur la base des marchés et d'une importante population, elle aura une incidence négligeable sur l'économie mondiale et un effet de redistribution des revenus.

[4405] R. Van PAS et al., « *The Code of Practice and its enduring relevance in Europe and East and Southern Africa* », Human Ressources for Health, *op.cit.*, p.60 (pp.55-63).
[4406] A.-M. PERUCIC, « *The solidarity tobacco contribution (STC) : A new international health-financing concept prepared by the Word health organization (Powerpoint)* », Ppésenté lors de la 15e Conférence Tabac ou Santé, Singapore, 22-24 mars 2012.
[4407] C. CALLARD et N. COLLISHAW, « *Financing international action to reduce NCDs : why a tax on repatriated profits may be less regressive than a solidarity levy on cigarettes* » (« Les recettes de la CST de 72 pays atteindraient 6,2 milliards de dollars, dont 1,86 milliard de dollars seraient destinés à des initiatives internationales ») ; S. WREFORD-HOWARD, « *WHO support to innovative financing for health* », Powerpoint, Leading group on innovative financing for development, Tokyo, 16-17 décembre 2010 (« Si les pays mettaient en place une répartition automatique de 30% des recettes au fonds commun, quelques 2 milliards de dollars environ pourraient être générés »).
[4408] Cela comprend le G20 plus l'ensemble des pays de l'Union européenne, le Chili et la Norvège.
[4409] OMS, « *The solidarity tobacco contribution (STC): (...)* », *op.cit.*, p.14.

Toutefois, la CST risque de taxer davantage les fumeurs des pays à faible revenu dans lesquels l'incidence du tabagisme est élevée[4410] et de nombreux gouvernements seront probablement réticents à l'idée de réserver les recettes des taxes à un fonds commun. A l'inverse, pour Monsieur WREFORD-HOWARD[4411], la CST est peut-être facilement acceptée par les gouvernements et les consommateurs. D'abord, le produit dangereux est identifiable et les fonds émanent davantage de nantis de l'économie mondiale que de populations pauvres. Ensuite, ils sont recueillis sur une base élargie. Enfin, ils sont prévisibles et stables dans le temps et apparaît immédiatement applicable d'un point de vue juridique et technique.

2201. Dès lors, il pourrait être intéressant de réfléchir à des contributions similaires pour des produits identifiés tels que l'alcool, le sucre, le diesel ou encore les substituts de lait maternel. En plus de rapporter de l'argent pour mettre en œuvre l'activité normative de l'OMS, cela contribuerait à réduire la consommation des produits néfastes. Par exemple, dans le cadre de la CST, selon une estimation, 223 000 fumeurs adultes arrêteraient et 149 00 jeunes ne commenceraient jamais si cette mesure était appliquée dans l'ensemble des pays du G20+[4412].

2202. S'ajoutent à la CST, de nombreux autres mécanismes de financement reposant sur le principe de solidarité. D'abord, l'initiative (Product) RED de 2006 a pour objectif de mobiliser des ressources du secteur privé afin de contribuer au financement du programme de lutte du Fonds mondial contre le VIH/sida en Afrique subsaharienne[4413]. Ensuite, la contribution de solidarité numérique en 2003 visait, par le biais du Fonds de solidarité numérique (FSN), à recueillir 1 % du prix contractuel des offres sur les produits et services des technologies de l'information et de la communication[4414]. Dans le même ordre d'idée a été envisagée une taxe solidaire sur les courriels, sur Internet ou sur

---

[4410] C. CALLARD et N. COLLISHAW, « *Financing international action to reduce NCDs : (...)* », *op.cit.*

[4411] S. WREFORD-HOWARD, « *WHO support to innovative financing for health* », *op.cit.*

[4412] OMS, « *The solidarity tobacco contribution (STC): (...)* », p.14.

[4413] E. SANDOR, S. SCOTT et J. BENN, « *Innovative financing fund development : progress and prospects* », *op.cit.*, p.50. Il s'agit ainsi d'une contribution volontaire de solidarité (UNDP, « *Innovative financing for development : a new model for development finance* », 2012, p.8.) où les sociétés partenaires acceptent d'apposer la marque (Product) RED sur leurs produits qui peuvent reverser une partie de leurs bénéfices au Fonds mondial. Associant consommation et philanthropie, ce mécanisme repose sur le « principe que le commerce de biens matériels peut être un outil approprié pour mobiliser des fonds pour de bonnes causes » tandis que les sociétés partenaires peuvent de leur côté l'utiliser comme un « accessoire à la mode pour la gestion de la marque » en vue d'accroître leur marge bénéficiaire (S. PONTED, L.A. RICHEY et M. BAAB, « *Bono's product (RED) Initiative : Wedding hard commerce and coporate social responsibility* », Danish Institute for International Studies (DIIS), Working Paper n°2008/13, 2008, p.5). Depuis 2006, 350 millions de dollars ont été dégagés pour le Fonds mondial à l'aide de ce financement (V. le site de RED: https://red.org/about/). Toutefois, certains estiment que l'Initiative n'est pas efficace et manque de transparence en particulier à l'égard de la somme exacte (ou le pourcentage de bénéfices) que les entreprises versent au Fonds mondial (S. DADUSH, « *Profiting in (RED) : The need for enhanced transparency in cause-oriented marketing* », International law and Politics, Law & economics research paper series working paper n°10-29, 2010).

[4414] L'intérêt du FSN est que la contribution est partiellement obligatoire : dès lors qu'un organisme participant s'engage, il doit verser le pourcentage requis au FNS (N. GIRISHANKAR, « *Innovating development finance : from financing sources to financial solutions* », The World Bank, Policy Research Working Paper n°5111, 2009). Toutefois, son financement caritatif l'a empêché de se développer. Certains experts estiment qu'une contribution obligatoire est essentielle à la survie de l'initiative et pourrait se traduire par la perception obligatoire d'une contribution solidaire. Preuve des difficultés rencontrées, le FSN a été dissout en 2009.

les *bits*[4415]. De même, des individus et des entreprises pourraient faire des dons volontaires pour le développement de l'activité normative, par le biais de leur facture mensuelle de téléphone mobile, en une seule fois ou régulièrement[4416]. Enfin, on peut ajouter à cette liste non exhaustive, les projets, assez utopiques, d'une loterie mondiale et d'émission d'obligations mondiales d'épargne à prime[4417].

2203. Pour conclure, ces initiatives démontrent que de nombreux projets fondés sur la solidarité existent et pourraient servir d'inspiration pour le financement de la mise en œuvre de l'activité normative de l'OMS. Toutes ces sources pourraient ainsi alimenter un fonds spécifique *ad hoc* pour cette mise en œuvre, géré au sein d'un nouveau département juridique dans la lignée notamment de la proposition de création d'un fonds mondial de la santé[4418].

2204. Toutefois, au-delà du principe de solidarité qui implique une contribution au financement indépendamment de la cause du préjudice, les mécanismes de financement pourraient également être fondés sur le principe de la responsabilité en raison des préjudices sanitaires causés par certains acteurs de la santé mondiale.

2. Des mécanismes fondés sur le principe de responsabilité

2205. Afin de ne pas faire peser les difficultés de financement uniquement sur la solidarité, il est envisageable que les acteurs responsables, directement ou indirectement, de conséquences néfastes sur la santé soient impliqués dans

---

[4415] A. BINGER, « *Global public goods and potential mechanisms for financing availibility* », Background paper prepared for the Fifth session of the Commitee for Development Policy Meeting, 2003 « Une taxe sur les e-mails, sur l'utilisation d'Internet ou sur les bits consisterait en une contribution prélevée sur l'utilisation d'Internet et serait fonction de la quantité de données échangées. Elle a pour objectif principal de dégager des recettes pour le développement, notamment pour résoudre le problème de la fracture numérique. Par exemple, un internaute qui envoie 100 e-mails par jour, comprenant chacun un fichier de 10 kilo-octets, devrait s'acquitter d'une taxe minimale d'un centime par e-mail. En 1996, le PNUD a estimé qu'une taxe sur les bits pourrait rapporter 70 milliards de dollars. Vu la croissance fulgurante du nombre d'internautes depuis 1996, une taxe, même dérisoire (inférieure à celle proposée par le PNUD) pourrait générer des recettes énormes ».

[4416] Selon les estimations, ce mécanisme de financement pourrait rapporter entre 200 millions et 1,3 milliard d'euros par an. Fondé sur le volontariat des abonnés, le coût de création et de gestion ne serait que de 1 % à 3 % des recettes générées. Cette contribution pourrait également être obligatoire en taxant les utilisateurs pour chaque SMS envoyé ou appel effectué ainsi qu'aux opérateurs téléphoniques qui offrent ces services (K. STENBERG et al, « *Responding to the challenge of resource mobilization – mechanisms for raising additional domestic resources for health* », World health report, Background Paper n°13, 2010).

[4417] Ce mécanisme serait créé « dans le cadre de loteries nationales exploités par l'Etat ou opérant sous licence de l'Etat dont les recettes seraient partagées entre les participants nationaux et un organisme indépendant créé en partenariat avec l'ONU » (A.B. ATKINSON, « *New sources of development finance : funding the millenium develoment goals* », UNU World Institute for development of economics research (UNU-WIDER), 2004). En effet, avec Internet il serait facile de dégager des recettes en vendant des tickets de loterie en ligne dans le monde entier car cela n'impliquerait qu'une règlementation minimale. Selon des estimations réalisées en 2001, une loterie mondiale aurait rapporté 6,2 milliards de dollars, soit le chiffre correspondant au prélèvement d'une contribution de 10% sur les recettes des loteries dans le monde s'élevant à 62 milliards de dollars cette année-là (CARNEGIE COUNCIL ON ETHICS & INTERNATIONAL AFFAIRS, « *Financing global development : key proposals and recommendations* », Global Policy Innovations policy brief, 2005, p.7).

[4418] V. notamment G. OOMS et R. HAMMONDS, « *Financing global health through a global fund for health ?* », Chatham House, Centre on global health security working group papers, Février 2014 ; L. O. GOSTIN et E. FRIEDMAN, « *Ebola: a crisis in global health leadership* », Lancet, vol.384, n°9951, pp.1323-1325 ; L. O. GOSTIN, « *Ebola: towards an International Health Systems Fund* », Lancet, e49-e51, 2014.

le financement de l'activité normative de l'OMS[4419]. La responsabilité peut se définir comme le « fait qu'un sujet est comptable de son action[4420] ». En l'espèce, de nombreux acteurs sont redevables de leur action préjudiciable à la santé. Deux catégories de responsables sont identifiables. D'abord, suivant une approche générale, des mécanismes de financement fondés sur le marché financier ont été envisagés (a). Ensuite, on retrouve également des initiatives fondées sur la responsabilité ciblée des sociétés multinationales (b).

a. Une responsabilité indirecte : l'exemple de la taxe sur les marchés financiers

2206. En premier lieu, il existe le projet de taxe sur les transactions financières (TTF) appliquée sur les obligations, les contrats sur produits dérivés, les actions et les opérations de change[4421]. Le champ d'application de la taxe pourrait s'élargir aux contrats à terme, aux options, aux actions et aux produits de base[4422]. Les fonds ainsi obtenus, à partir de cette taxe, pourront être utilisés à des fins de développement[4423] et versés pour un enjeux spécifique, et en particulier, pour l'activité normative de l'OMS.

2207. En effet, cette taxe sur les transactions financières a la capacité de générer des recettes considérables : les recettes dégagées pourraient aller de 9 milliards de dollars (si une taxe minime de 10 points de base sur les actions et de 2 points de base sur les obligations était appliquée au sein des économies européenne à 48 milliards de dollars (si elle était mise en œuvre dans tous les pays du G20[4424]). D'autres estimations vont de 100 milliards à 250 milliards de dollars notamment dans le cas où des produits dérivés sont ajoutés à l'équation[4425]. Pour le PNUD une « TTF à faible taux pourrait, avec une large base d'imposition, générer près de 200 milliards d'euros par an à l'échelle européenne et 650 milliards à l'échelle mondiale[4426] ».

2208. Une taxe similaire, sur les opérations de change, pourrait être appliquée en prélevant une redevance minime sur les opérations de change des principales devises, ou taxe *Tobin*. Plusieurs études démontrent les bénéfices d'une telle taxe[4427]. Toutefois, malgré sa faisabilité d'un point de vue

---

[4419] On retrouve ici le principe pollueur-payeur applicable en droit de l'environnement.

[4420] J. SALMON, *Dictionnaire de Droit international public, op.cit.*, « responsabilité », p.994.

[4421] UNDP, « *Innovative financing for development : a new model for development finance* », 2012, p.50.

[4422] LEADING GROUP ON INNOVATIVE FINANCING TO FUND DEVELOPMENT, « *Globalizing solidarity: The case for financial levies* », Report of the Committee of Experts to the taskforce on international financial transactions and development, 2010, p.5.

[4423] UNDP, « *Innovative financing for development : a new model for development finance* », 2012, p.50.

[4424] B. GATES, « *Innovation with impact : financing 21st century development* », 3 novembre 2011.

[4425] *Ibid.*

[4426] UNDP, « *Innovative financing for development : a new model for development finance* », 2012, p.50.

[4427] V. ONU AFFAIRES ECONOMIQUES ET SOCIALES, « *Etude sur la situation économique et sociale, 2012. A la recherche de nouveaux modes de financement du développement* », 2012, p.6. (« Une petite taxe équivalant à la moitié d'un point de base (0,005 %) imposée à toutes les opérations faites dans les quatre devises principales (dollar, euro, yen et livre sterling) pourrait produire environ 40 milliards de dollars par an ») ; E. BARBIER, « *The policy challenges for green economy and sustainable economic development* », Natural Ressource Forum, vol.35, p.242 (pp.233-245) (« En 2007, les opérations de change se sont élevées à 800 000 milliards de dollars, ce qui signifie que même une taxe insignifiante pourrait produire des recettes significatives pour les biens publics mondiaux ») ; M. NISSANKE, « *Revenue Potential of the Currency Transaction Tax for Development Finance: A Critical Appraisal* », WIDER Discussion Paper n°2003/81, World Institute for Development Economics Research of the United Nations University, Helsinki, 2003,

technique et juridique[4428], la taxe sur les opérations de change n'a jamais été appliquée depuis les premières négociations en 1972, ce qui tempère l'optimisme de son application. La raison en est notamment le risque qu'aucun pays ne souhaite diriger et mettre en œuvre une telle taxe[4429]. Dès lors il est peu probable que d'autres pays en fassent de même par la suite[4430]. Par ailleurs, il pourrait y avoir un désaccord concernant l'usage des recettes collectées compte tenu du fait que la taxe pourrait générer des fonds considérables grâce à quelques pays qui sont les principales plates-formes financières [4431]. Enfin, il pourrait y avoir des problèmes concernant le prélèvement de la taxe en raison d'éventuels systèmes d'évasion fiscale[4432].

2209. Pour finir, s'écartant du marché financier mais demeurant dans le même ordre d'idée, pourrait être développé un projet de taxe sur le commerce des armes appliqué à la vente et au commerce d'armes dans le but de financer le développement dans le monde[4433]. Comme pour les autres mécanismes de financement, le potentiel de recettes est intéressant : entre 326 millions de dollars par an pour une taxe sur le commerce des armes de 1 %[4434], à 5 milliards de dollars pour une taxe de 10 %[4435]. Si les arguments en faveur d'une telle taxe sont connus[4436], l'accueil reçu est mitigé en raison de sérieux obstacles politiques[4437]. Par ailleurs, pour Madame VIGNARD, ce projet à un

---

p.24 (la taxe pourrait rapporter au minimun entre 5 et 28 milliards de dollars destinés à l'usage public mondial ») ; A. BINGER, « *Global public goods and potential mechanisms for financing availibility* », *op.cit.* (« Une taxe de 0,2% combinée à une réduction de 50% des transactions et du volume actuel de 300 000 milliards de dollars génèrerait environ 300 milliards de dollars de recettes par an. Si la taxe était de 0,1%, les recettes s'élèveraient à 132 milliards de dollars par an ») et CARNEGIE COUNCIL ON ETHICS & INTERNATIONAL AFFAIRS, « *Financing global development : key proposals and recommendations* », *op.cit.* (« Une taxe d'à peine 0,01% rapporterait une recette annuelle comprise entre 17 milliards et 19 milliards de dollars, contre une recette comprise entre 30 milliards et 35 milliards de dollars pour une taxe de 0,02% »).

[4428] LEADING GROUP ON INNOVATIVE FINANCING TO FUND DEVELOPMENT, « *Globalizing solidarity (...)* », *op.cit.*, p.5.

[4429] *Ibid.*

[4430] M. NISSANKE, « *Revenue Potential of the Currency Transaction Tax for Development Finance: A Critical Appraisal* », *op.cit.*, p.26 (« Parvenir à un consensus et un engagement politique concernant l'adoption universelle de la taxe sur les opérations de change demeure coûteux »).

[4431] A. BINGER, « *Global public goods and potential mechanisms for financing availibility* », *op.cit.* (« Soixante-quinze pour cent (75%) des opérations mondiales de change sont réalisées par les États-Unis, le Japon et l'Union européenne et 15% par Hong Kong, Singapour et la Suisse »).

[4432] D. KO SY, N. SYAM et G. VELASQUEZ, « Mécanismes de financement innovants (…) », op.cit., p.20.

[4433] M. BRZOSKA, « *Taxation of the arms trade : An overview of the issues* », Paper prepared for the United nations ad hoc Expert group meeting on Innovations in mobilizing global resources for development, 25-26 juin 2001.

[4434] J. P. DUNNE, « *The challenge of reducing arms proliferation* », 2007 et G. BURROWS, « *Arms and the taxman* », Global Policy Forum, 2000.

[4435] M. BRZOSKA, « *Taxation of the arms trade : An overview of the issues* », *op.cit.* L'auteur part du principe que le volume d'armes vendu atteint 50 milliards de dollars. Pour ses prévisions, l'auteur est parti du principe que le volume total des échanges d'armes incluant les principales armes (avions, véhicules blindés, artillerie, radars terrestres, missiles et navires) et d'autres types d'armes (armes légères et munitions) à la fin des années 1990 s'élevait à 50 milliards de dollars.

[4436] Réduction du volume du commerce des armes et des dépenses consacrées à l'achat d'armes ; indemnisation des victimes de guerre ; mobilisation de ressources pour le développement international, notamment la résolution des conflits et de la pauvreté (CARNEGIE COUNCIL ON ETHICS & INTERNATIONAL AFFAIRS, « *Financing global development : key proposals and recommendations* », *op.cit.*, p.3).

[4437] J. P. DUNNE, « *The challenge of reducing arms proliferation* », 2007, pp.1-18.

effet pervers de relier la mobilisation de ressources à la perpétuation du commerce des armes, plutôt qu'à sa réduction[4438].

2210. On constate donc que des sources de financement, fondées sur une responsabilité indirecte des acteurs mondiaux, existent. Toutefois, il apparaît davantage judicieux de cibler en priorité les acteurs directement responsables des préjudices pour la santé mondiale.

b. Une responsabilité directe : l'exemple des sociétés multinationales

2211. Le principe est de reconnaître que certaines multinationales bénéficient, par leurs intérêts économiques, de la consommation de produits qui sont la cible de certains instruments normatifs de l'OMS afin d'améliorer le niveau de santé mondiale. Dès lors, il est possible d'envisager une responsabilité de certains acteurs en raison des préjudices causés à la santé mondiale. Cette responsabilité est de deux ordres. D'abord, il y a une responsabilité directe, attribuée à des acteurs qui sont les producteurs de produits néfastes pour la santé à des degrés variés. Ainsi, on peut citer les industries du tabac, de l'alcool, du sucre ou encore les producteurs de diesel ou de substituts de lait maternel. Ensuite, il y a les acteurs qui sont responsables indirectement en raison du frein qu'ils représentent pour l'amélioration et les avancées dans le domaine de la santé. Sous cet aspect, si l'industrie pharmaceutique joue un rôle essentiel dans la protection de la santé notamment par la production de vaccins ou de médicaments, elle peut également être un frein à leur recherche et développement ou à leur accès notamment par une politique de prix dissuasive. Pour ces acteurs, ce sont les intérêts économiques qui prévalent sur les enjeux sanitaires. Dans cette perspective, deux possibilités de financement de l'activité normative sont possibles.

2212. En premier lieu, il est possible de financer l'activité normative de l'OMS en mettant en place des prélèvements directement sur le produit préjudiciable considéré. A ce titre, il y a la possibilité d'instaurer des droits d'accises. Dans le cadre de la CCLAT, il est recommandé d'imposer des droits d'accises sur le prix des cigarettes et des produits du tabac à payer par les fabricants. Ils sont perçus par les services des impôts et les ministères des finances ou du budget décident généralement de leur affectation, à moins qu'une loi ne leur attribue une affectation spécifique. L'OMS propose que les droits d'accises soient d'au moins de 70 % du prix de chaque paquet de cigarettes[4439]. Plusieurs études ont estimé les recettes pouvant être obtenues à partir de droits d'accises sur les produits du tabac[4440].

[4438] K. VIGNARD, « *Beyond peace dividend – disarmament, development and security* », United nations Institute for Disarmament Research, 2003.

[4439] V. *supra* n°0.

[4440] En se fondant sur les données relatives à 22 des 49 pays classés dans la catégorie des « pays à faible revenu » par la Banque mondiale en 2009, les auteurs ont estimé que « l'ensemble des recettes provenant des droits d'accises s'élevait à 2,85 milliards de dollars, et qu'une hausse des droits d'accises de 50% pourrait générer 1,42 milliard de dollars. En 2010, les droits d'accises appliqués dans les vingt-deux (22) pays concernés étaient compris entre 11% et 52% du prix de détail de la marque de cigarettes la plus vendue. En termes nominaux, leurs droits d'accises se situaient entre 0,03 et 0,51 dollar par paquet (K. STENBERG et al, « *Responding to the challenge of resource mobilization (...)* », *op.cit.*).

2213. Cette source de financement offre la possibilité de mobiliser des ressources additionnelles, notamment pour les pays à faible revenu, dans lesquels vivent la plupart des fumeurs du monde entier. Ces droits sont une source fiable et prévisible de recettes publiques. Ces derniers pourraient être affectés à la santé en général pour l'améliorer ou au financement de la mise en œuvre de la CCLAT.

2214. Ces droits d'accises pourraient être élargis à de nombreux autres produits préjudiciables pour la santé tels que, par exemple, le sucre ou tout produit dérivé comme les sodas (taxe soda[4441]), l'alcool et les substituts au lait maternel. Ces droits d'accises agiraient en tant que taxe sur les produits et services jugés nocifs afin de règlementer la consommation, obliger les consommateurs à compenser les coûts sociaux, qu'ils soient directs ou indirects et dégager des ressources publiques supplémentaires. Dans le cadre de l'alcool, d'après une estimation des recettes fiscales réalisée pour 42 pays dont les niveaux de consommation et de revenu sont divers, une hausse des droits d'accises sur l'alcool d'au moins 40% du prix de détail pourrait augmenter les recettes de 80%. Elles pourraient passer de 43 à 77 milliards de dollars, même en prenant en compte un éventuel déclin de la consommation engendré par la taxe[4442]. Toutefois, le risque avec ces droits d'accises est qu'ils pèsent davantage sur les personnes à faible revenu que sur les autres et qu'ils incitent à la contrebande et à alimenter le marché noir. L'idée générale de ces droits d'accises est, d'une part, de pouvoir notamment financer la mise en œuvre de l'activité normative de l'OMS et, d'autre part, de réduire la consommation de produits jugés nocifs.

2215. En second lieu, des prélèvements peuvent être réalisés, non pas sur le produit néfaste, car ils sont souvent répercutés sur le prix du produit pour les consommateurs, mais sur son producteur. A nouveau dans le cadre du tabac, un impôt sur les bénéfices rapatriés de l'industrie du tabac peut être mis en place. Il s'appliquerait sur les bénéfices transférés par les fabricants multinationaux de tabac depuis les pays où ils vendent leurs produits vers les pays dans lesquels ils sont établis et dans lesquels ils distribuent aussi des dividendes à leurs propriétaires et investisseurs[4443]. L'objectif de cet impôt est essentiellement d'affecter une part des bénéfices de ces multinationales au financement de la mise en œuvre de la CCLAT[4444]. Cet impôt se fonde sur le principe du « pollueur-payeur » applicable notamment en droit de l'environnement[4445]. En 2008, quatre fabricants multinationaux de tabac ont rapporté un bénéfice d'environ 20 milliards de dollars en dehors de leur siège

[4441] L'article 26 de la loi n°2011-1977 du 28 décembre 2011 de finances pour 2012 ajoute l'article 1613 ter au Code général des impôts afin d'instituer une contribution perçue sur les boissons et préparations liquides pour boissons destinées à la consommation humaine (…) Contenant des sucres ajoutés ».
[4442] K. STENBERG et al, « *Responding to the challenge of resource mobilization (...) », op.cit.*
[4443] D. KO SY, N. SYAM et G. VELASQUEZ, « Mécanismes de financement innovants (…) », op.cit., p.12.
[4444] C. CALLARD, « *Follow the money : How the billions of dollars that flow from smokers in poor nations to companies in rich nations greatly exceed funding for global tobacco control and what might be done about it* », Tobacco Control, vol.19, 2010, pp.285-290.
[4445] V. Article 4 de la Charte de l'environnement de 2005 : « Toute personne doit contribuer à la réparation des dommages qu'elle cause à l'environnement, dans les conditions définies par la loi ».

national[4446]. Dès lors, un impôt de 1 % sur les bénéficies rapatriés de l'industrie du tabac pourrait rapporter 200 millions de dollars de recettes annuelles. Les fabricants multinationaux de tabac s'opposeraient certainement à l'adoption de toute loi prévoyant l'application d'un tel impôt et tenteraient de la contourner par des systèmes d'évasion fiscale en cas de promulgation[4447].

2216. Un impôt similaire sur les bénéfices rapatriés pourrait s'appliquer à l'égard des producteurs d'alcool, de sucre, de diesel ou de substituts du lait maternel. Pourraient s'y ajouter, les industries pharmaceutiques par le biais d'un impôt sur les bénéfices tirés des médicaments les plus rentables afin de financer la recherche-développement (R&D) de l'OMS. A cet égard le Brésil avait soumis une proposition pour que l'OMS examine les possibilités concernant la mobilisation de fonds pour la R&D. L'idée était de recueillir des fonds au moyen d'une taxe sur les bénéfices transférés par des laboratoires pharmaceutiques étrangers, et de faire ensuite recycler les recettes par un conseil de direction semblable à celui d'UNITAID[4448]. Jugé très attrayant par le groupe de travail, cet impôt n'a cependant pas vu le jour pour des raisons étrangères[4449] à l'intérêt sanitaire.

2217. Dans le cas du RSI, il pourrait être intéressant de mettre en place une taxe sur les acteurs du marché touristique qui sont très souvent les premiers touchés par une crise épidémique, en cas de déclaration d'une USPPI. En effet, il y aurait un intérêt pour les compagnies aériennes et plus largement pour le secteur des transports ainsi que celui de l'hôtellerie. En effet, mettre en œuvre plus efficacement le RSI dont l'objectif est de prévenir une propagation internationale des maladies tout en évitant de créer des entraves inutiles au trafic et au commerce internationaux, offrirait une opportunité économique à ce secteur d'activité. Souvent l'une des premières réactions des pays est de fermer ou limiter l'accès sur son territoire de zones dans lesquelles l'épidémie a été confirmé ce qui a un impact sur l'économie de ces entreprises. Des capacités essentielles minimums de santé renforcée pourraient réduire ces pertes. Cette idée a été soulevée avant d'être retirée dans les discussions du comité d'examen afin d'améliorer la mise en œuvre du RSI[4450] en raison de pressions politiques.

2218. La difficulté principale de l'ensemble de ces mécanismes, fondés sur la solidarité ou la responsabilité, est qu'ils reposent *in fine* sur les consommateurs : soit directement par une contribution complémentaire, soit par la répercussion sur le prix d'un impôt sur les bénéfices. Toutefois, il faut convaincre de l'intérêt de tels mécanismes pour dégager des financements et améliorer le niveau de santé mondiale sans que cela affecte drastiquement les marges des industries concernées par des études scientifiques. Il faut, par ailleurs, faut sensibiliser les acteurs concernés du besoin de ces mécanismes pour financer notamment des programmes d'éducation et des instruments

---

[4446] PHYSICIANS FOR A SMOKE-FREE CANADA, « *The global tobacco economy a snapshot of the economies of multinational tobacco companies and of international tobacco control efforts in 2008* », septembre 2009, p.3.
[4447] D. KO SY, N. SYAM et G. VELASQUEZ, « Mécanismes de financement innovants (…) », op.cit., p.14.
[4448] *Ibid.*, p.12.
[4449] Les raisons évoquées étaient principalement politiques et économiqes.
[4450] Entretien téléphonique avec D. HOUSSIN président du Comité d'examen, Novembre 2015.

normatifs de régulation qui sont nécessaires à la protection de la santé mondiale, enjeu supérieur au rendement financier. A terme, l'objectif est de répondre à la méfiance des consommateurs par une transparence accrue des financements et une sensibilisation renforcée des enjeux sanitaires.

2219. Ces différentes propositions pourraient mener à l'idée d'un fonds de gestion des financements innovants au sein de l'OMS pour garantir notamment la mise en œuvre de son activité normative. L'OMS devrait être responsable de la collecte des différents mécanismes de financement afin, ensuite, de les redistribuer en fonction des besoins, par le biais d'un département de mise en œuvre de son activité normative.

2220. En complément d'une réflexion sur un meilleur financement de l'activité normative de l'OMS, il convient également de s'interroger sur des évolutions en matière des mécanismes d'incitation, de dissuasion et de règlement des différends, en l'absence d'un organe juridique exécutoire.

B. Des mécanismes d'incitation, de dissuasion et de règlement des différends

2221. En l'absence de réformes en profondeur de l'autorité normative de l'OMS[4451], notamment par la création d'un organe juridique de la santé mondiale, soit *ad hoc* soit par extension de la compétence de la CIJ ou par celle du champ d'application de l'article 7 de la Constitution, il convient de réfléchir à des propositions d'amélioration des mécanismes afin de ne pas faire de la fonction normative une fonction « dormante[4452] » ou « sans dent[4453] ». En effet, malgré l'absence de mécanisme de sanction juridique en cas de non-respect de son activité normative, il est possible de réfléchir, d'abord, à des mécanismes d'incitation et de dissuasion (1), puis, à des mécanismes de sanction juridique (2) à développer au sein de l'activité normative de l'OMS.

1. Des mécanismes d'incitation et de dissuasion

2222. Il est possible d'envisager des mécanismes d'incitation et de dissuasion qui touchent, d'abord, à la réputation de l'Etat membre (a) puis, aux avantages financiers et d'assistance dont bénéficies ce dernier en contrepartie (b).

a. Des dommages réputationnels : accroître la responsabilisation de l'Etat

2223. Comme le souligne les Professeurs DOWNS et JONES, le souci des « Etats pour leur réputation est en fait le principal moteur qui les pousse à maintenir un niveau élevé de conformité avec les traités[4454] ». De même, pour

[4451] V. *supra* n°0 et s.
[4452] L'idée d'un traité dormant (« Sleeping treaty ») émane des travaux de Lyster (S. LYSTER, *International wildlife law: an analysis of international treaties concerned with the conservation of wildlife*, Cambdrige University Press,1985, p.301).
[4453] V. notamment D. BISHOP, « *Lessons from Sars : Why the Who must provide greater economic incentives for countries to comply with International Health Regulations* »,*op.cit.*, p.1219.
[4454] G. W. DOWNS et M. A. JONES, *« Reputation, compliance and international law* », The Journal of Legal Studies, vol.31 (Supplément), 2002, pp.95-114. Sur la théorie de la réputation V. R. O. KEOHANE,

GUZMAN, le coût de la non-conformité sur la réputation d'un Etat est le « premier facteur d'explication de la conformité d'un Etat avec le droit international[4455] ». De nombreux instruments multilatéraux ont des règles génératrices de transparence. En effet, ces règles facilitent le respect des obligations car le risque d'être publiquement désigné comme coupable de non-conformité est très dissuasif.

2224. L'effet du *name and shame* peut se révéler utile et efficace[4456]. Ces sanctions « morales » ou « psychologiques » visent à la stigmatisation d'un Etat par la publication de rapports, à travers des résolutions ou même des débats, renforcée par la présence des ONG qui servent de relais auprès des opinions publiques[4457]. Le rôle des *shadow reports* est très important et devrait être institutionnalisé par l'OMS. Ces rapports, qui évaluent notamment le degré de mise en œuvre des instruments normatifs internationaux, devraient être publiés et accessibles sur le site Internet de l'OMS. Cela participerait plus largement au souci de transparence.

2225. Ainsi, l'ensemble (ou l'absence) des progrès réalisés devraient être soumis à publication. D'une part, les informations relatives aux obligations de rapports d'avancement prévues, dans le cadre du RSI ou de la CCLAT, devraient être accessibles. En effet, un Etat qui ne remplit pas son obligation de transmettre les avancées réalisées dans la mise en œuvre de l'instrument normatif devrait rendre cette information disponible. Dans cette perspective, un site ergonomique doit être mis en place. Dans le cadre de la CCLAT, un site dédié permet d'accéder au degré de mise en œuvre en fonction de l'Etat membre ou de l'article de la CCLAT recherché. Un site similaire devrait exister pour l'ensemble de l'activité normative de l'OMS. L'objectif n'est pas de stigmatiser un Etat incapable de garantir la mise en œuvre d'un instrument normatif de l'OMS. Il s'agit surtout de dénoncer les Etats qui en sont capables mais qui ne souhaitent pas sa mise en œuvre ou décident de l'appliquer de mauvaise foi.

2226. D'autre part, non seulement l'OMS devrait publier le degré de mise en œuvre d'un instrument, mais elle devrait également publier celui d'application des instruments normatifs. Dans le cadre du RSI, il est prévu que les Etats notifient à l'OMS la situation en cas d'événements susceptibles de déclencher une USPPI. De même, une fois les recommandations temporaires adoptées par le Directeur général, elles doivent être respectées, en tant que recommandations de l'OMS. En cas d'absence de notification ou de non-respect des recommandations émises, l'information devrait être diffusée sur le site de l'OMS.

After Hegemony: Cooperation and Discord in the World Political Economy, Princeton University Press, 1984, pp.105–108 ; R. AXELROD, *The Evolution of Cooperation*, Basic Books,1984 ; P. R. MILGROM, D. C. NORTH et B. R. WEINGAST, « *The Role of Institutions in the Revival of Trade: The Medieval Law Merchant, Private Judges, and Champagne Fairs* », Economics and Politics, vol.2, n°1, 1990, pp.1-23.

[4455] A. GUZMAN, « *The design of international agreements* », European journal of international law, vol.16, 2005, p.582.

[4456] S. MALJEAN-DUBOIS et V. RICHARD, « *Mécanismes internationaux de suivi et mise en œuvre des conventions internationales de protection de l'environnement* », Institut du développement durable et des relations internationales, n°09/2004, 2004, p.25.

[4457] *Ibid.*

2227. En particulier, comme le suggère le comité d'examen du RSI, dans le cadre de mesures qui perturbent le trafic et le commerce au-delà de celles recommandées par l'OMS, le Secrétariat doit être renforcé de manière à pouvoir demander aux pays de justifier ce type de mesures, conformément au Règlement[4458]. En effet, si l'article 43 du RSI autorise les Etats parties à appliquer des mesures supplémentaires dans le but de faire face à une menace pour la santé publique, ils doivent respecter plusieurs conditions de procédure requises pour les mesures qui retardent de plus de 24 heures le trafic international. Ils doivent notamment informer l'OMS de la mise en œuvre de ces mesures, fournir les raisons de santé publique qui les justifient, procéder à un examen périodique des mesures et réexaminer leur opportunité si l'OMS le leur demande. Toutefois, pendant l'épidémie d'*Ebola*, malgré ces conditions requises, le Secrétariat a répertorié quarante mesures différentes dont il considérait qu'elles entravaient de manière importante le trafic international et le commerce et pour lesquelles l'une ou plusieurs des conditions de procédure requises n'étaient pas remplies[4459].

2228. Dans la pratique, très peu de pays informent l'OMS de l'application de mesures supplémentaires et peu d'entre eux justifient ou réexaminent l'opportunité de l'application de ces mesures, y compris lorsqu'ils y sont invités expressément. Cela témoigne d'un « mépris inacceptable pour leurs obligations en vertu du RSI » et ces mesures peuvent « aggraver les conséquences sociales et économiques des épidémies de maladies[4460] ».

2229. Un moyen de décourager l'application de mesures de riposte constituant une entrave inutile est de « prévoir la communication au public des informations pertinentes[4461] ». L'amélioration de la transparence, vise à accroître « la responsabilisation » de l'Etat qui ne respecte pas l'instrument normatif de l'OMS. L'information publiée doit également prendre en compte les explications et les justifications de l'Etat impliqué telles que les difficultés rencontrées. Inversement, le Directeur général, en application de l'article 43, doit pouvoir exiger de l'Etat qu'il justifie les mesures supplémentaires prises.

2230. De même, le Secrétariat doit activement demander aux Etats parties de réexaminer l'opportunité de toute mesure supplémentaire qu'ils ont appliquée lorsque les raisons de santé publique les justifiant ne sont pas fournies ou sont insuffisantes. Il s'agit d'élargir la transparence à toute information susceptible de participer à une meilleure compréhension de l'action contraire d'un Etat à la mise en œuvre de l'activité normative, quelle que soient les raisons invoquées. En effet, si l'impossibilité est indépendante de la volonté d'un Etat en proie à des difficultés notamment de stabilité ou de financement de la mise en œuvre, alors il est important que la communauté internationale comprenne ces difficultés. En revanche, si l'impossibilité est dépendante de la volonté d'un Etat qui ne souhaite pas se conformer à un instrument qu'il doit pourtant respecter, alors il est important de pouvoir dénoncer un tel comportement. Comme le précise le comité d'examen, « le fait

---

[4458] OMS, « *Application du Règlement sanitaire international (2005)* », Rapport du Comité d'examen (…), *op.cit.*, p.38

[4459] *Ibid.*, p.81.

[4460] *Ibid.*, p.33.

[4461] *Ibid.*

que des pays disposant des ressources nécessaires pour mettre en place ces capacités ne l'aient pas fait est irresponsable[4462] ».

2231. Il est primordial de renforcer le rôle du Secrétariat de l'OMS dans l'évaluation de la conformité des pays avec les instruments normatifs par la publication de ces informations ou du moins leur mise à la disposition d'autres pays[4463] en s'inspirant de ce qui existe pour l'Organisation mondiale de la santé animale (OIE). A cet effet, un système d'évaluation de l'OIE concernant le « Code sanitaire pour les animaux terrestres » (normes relatives à la qualité des services vétérinaires) confère un rôle puissant au Secrétariat de l'OIE. Un pays membre peut demander à l'OIE d'évaluer ses services vétérinaires et il est habilité à demander une évaluation des services d'un autre pays membre avec lequel il a des relations commerciales[4464]. Les évaluations des services vétérinaires sont effectuées par des experts approuvés par l'Assemblée mondiale des délégués de l'OIE. Les rapports d'évaluation sont établis en consultation avec les services vétérinaires du pays. Avec l'accord du pays, les rapports d'évaluation peuvent être mis à la disposition des partenaires internationaux du développement, et mis en ligne sur le site *Web* de l'OIE[4465].

2232. Afin d'éviter les situations dans lesquelles les Etats ne respectent pas leur engagement, il est également possible de mettre en place des incitations financières afin de mieux garantir la mise en œuvre et l'application d'un instrument normatif.

b. Des incitations financières : lier le financement à la mise en oeuvre

2233. Les mesures d'incitation regroupent principalement les assistances technique, juridique et financière afin d'accompagner la mise en œuvre de l'instrument normatif de l'OMS. Cette assistance pourrait notamment prendre la forme de transferts de technologies. Si l'idée d'un renforcement des assistances technique, financière et juridique a déjà été évoquée[4466], une piste d'amélioration pourrait être de lier le financement au degré de mise en œuvre de l'instrument normatif.

2234. D'abord, afin de bénéficier de ces avantages, il peut être envisagé, de lier leur accès aux résultats obtenus dans la mise en œuvre de l'instrument normatif, c'est-à-dire à l'application de l'instrument. Prenons l'exemple des capacités essentielles minimum en santé requises par le Règlement sanitaire international dont les résultats de mise en oeuvre « ne sont pas acceptables[4467] ». Les pays qui ne disposent pas de ces ressources et qui n'ont

---

[4462] OMS, « *Groupe d'experts chargés de l'évaluation intérimaire de la riposte à Ebola* », Rapport, 2015, p.11.

[4463] OMS, « *Application du Règlement sanitaire international (2005)* », Rapport du Comité d'examen (…), *op.cit.*, p.38.

[4464] OIE, « *Processus PVS de l'OIE pour des Services vétérinaires efficaces. Missions d'évaluation PVS. État d'avancement au 1er décembre 2015* », 2015.

[4465] OIE, « *Rapports d'évaluation PVS de l'OIE* » http://www.oie.int/fr/appui-aux-membres-de-loie/evaluations-pvs/rapports-devaluation-pvs-de-loie/.

[4466] V. *supra* n°0 et s.

[4467] A titre de rappel, en novembre 2014, 64 États Parties avaient indiqué au Secrétariat avoir acquis les capacités essentielles prévues par le RSI, 81 États Parties avaient demandé une prolongation du délai et 48 États Parties n'avaient donné d'informations ni sur leur statut ni sur leurs intentions (V. OMS, « *Groupe d'experts chargés de l'évaluation intérimaire de la riposte à Ebola* », Rapport, 2015, p.11).

pas rempli leurs obligations doivent recevoir un appui de l'OMS et des autres Etats membres. Toutefois, cette aide « devra être subordonnée à la réalisation par les pays d'un examen indépendant des principales capacités et au rattachement des mesures d'incitation financière au respect d'échéances préalablement fixées[4468] ». Des enseignements sur le financement des besoins des pays peuvent être tirés de l'expérience des initiatives sanitaires mondiales comme l'Alliance Gavi et le Fonds mondial de lutte contre le sida, la tuberculose et le paludisme. Ces initiatives appliquent le financement fondé sur les résultats, c'est-à-dire un financement dépendant d'indicateurs essentiels, et le cofinancement associant ressources nationales et ressources extérieures. Il convient de noter que l'un des trois instruments de financement de la Banque mondiale, le « programme pour les résultats », met l'accent sur les changements comportementaux et institutionnels dans les pays.

2235. Le comité d'examen insiste sur le besoin des partenaires du développement comme le Groupe des Nations unies pour le développement (PNUD), la Banque mondiale et les pays à revenu intermédiaire ou à revenu élevé, conformément à l'article 44 du RSI, de continuer de financer et de soutenir les pays qui ont besoin d'un appui financier et technique, cet appui devant être rattaché comme une mesure d'incitation aux échéances préalablement fixées dans le plan national [4469] . Le comité d'examen recommande, à juste titre, que les « Etats parties qui n'ont pas complètement achevé la mise en place des principales capacités requises à titre minimum devront faire rapport chaque année à l'Assemblée mondiale de la santé, à partir de mai 2017, en fournissant notamment des informations particulières sur leurs progrès et leurs résultats dans chaque domaine de l'évaluation en utilisant l'outil d'évaluation externe commun s'appliquant à tous les risques et les plans nationaux [4470]».

2236. Un système similaire pourrait être envisagé dans le cadre de la mise en œuvre de la CCLAT, ou des Codes de pratiques. En effet, si des Etats parties démontrent des résultats de mise en œuvre par l'intégration de dispositions au sein de leur législation et/ou de résultats probants, cela pourrait augmenter leur financement et l'assistance technique, s'ils en font la demande. Il en serait de même, lorsqu'il respecte leur obligation de notification des événements[4471].

2237. Il est donc possible de favoriser le financement de certains pays en fonction des résultats obtenus dans la mise en œuvre de l'activité normative de l'OMS. L'idée n'est pas tant de retirer du financement que d'en donner davantage en fonction des efforts réalisés afin de ne pas pénaliser les pays qui ont de véritables difficultés à mettre en œuvre les dispositions prévues dans

---

[4468] OMS, « *Application du Règlement sanitaire international (2005)* », Rapport du Comité d'examen (…), *op.cit.*, p.61.

[4469] *Ibid.*, p.62.

[4470] *Ibid.*, p.64.

[4471] V. la proposition de FORREST (M. FORREST, « *Using the power of the World health organization : the International health regulatiosn and the future of international health law* », Columbia Journal of Law and Social Problemes, vol.33, 2000, p.176. L'auteure propose de créer un fonds compensatoire).

l'instrument normatif. Il s'agit d'un mécanisme d'incitation financière positive[4472].

2238. Ensuite, un système de financement peut être développé en fonction des notifications ou de la soumission de rapports d'avancement c'est-à-dire en fonction de la contribution d'un Etat au fonctionnement de l'instrument normatif. Dans le cadre du RSI, « les pays doivent être encouragés à détecter, à évaluer et à notifier officiellement les événements sans délai[4473] ». A titre rappel, la notification des risques pour la santé publique qui satisfont aux critères définis pour une notification est une obligation en vertu du RSI[4474]. L'OMS peut être consultée et fournir des avis, y compris un appui à l'action d'urgence en cas de besoin. L'OMS devrait d'ailleurs envisager des mesures visant à inciter les pays à lui notifier les risques pour la santé publique.

2239. A ce titre, une rapide notification pourrait, par exemple, être associée à une assistance technique ou financière accrue, ou à une aide pour accéder aux médicaments, fournitures, matériel et produits de diagnostic essentiels. Le Comité d'examen a examiné l'idée d'une « assurance qui permettrait d'atténuer des effets économiques néfastes[4475] ». En partenariat avec la Banque mondiale, il s'agit d'émettre des « obligations-pandémie » pour les investisseurs dont on estime qu'ils ne pourraient honorer leurs engagements en cas d'épidémie, assurant ainsi la disponibilité de ressources pour agir avant que l'épidémie ne prenne les proportions d'une pandémie. En particulier, l'établissement d'un régime d'assurance en cas d'épidémie, tel qu'envisagé dans le PEF (*Pandemic Emergency Facility*) de la Banque mondiale, pourrait inciter les pays à notifier les événements. Le versement de ces fonds devrait toutefois intervenir rapidement et un ajustement éventuel du montant des primes d'assurance en fonction du niveau de préparation d'un pays pourrait être envisagé. L'OMS devrait jouer un rôle central dans l'évaluation des risques susceptibles de déclencher le versement de financements, de manière à réduire l'impact économique des crises sanitaires.

2240. Toutefois, le comité d'examen estime que « si un régime d'assurance mondial peut encourager la notification, il peut aussi dissuader certains pays d'investir dans le renforcement des principales capacités requises par le RSI[4476] ». A juste titre, cette assurance semble soulever davantage de questions que de réponses : « qui paierait les primes ? Une politique unique s'appliquerait-elle à tous les pays ? Qu'adviendrait-il si différents pays souhaitaient différents types de couverture ? Quand les remboursements seraient-ils effectués ? La subordination des remboursements à la déclaration d'une urgence de santé publique de portée internationale inciterait-elle à

[4472] D. BISHOP, « *Lessons from Sars : Why the Who must provide greater economic incentives for countries to comply with International Health Regulations* », GJIL, vo.36, p.1189 (pp.1173-1206). L'auteur explique pourquoi l'OMS doit davantage offrir des incitations économiques aux Etats afin qu'ils puissent mieux respecter le RSI. En particulier, il estime que cela permettrait de compenser les pertes potentielles liées au respect de l'obligation de notification et des conséquences économiques pour le pays.

[4473] OMS, « *Application du Règlement sanitaire international (2005)* », Rapport du Comité d'examen (…), *op.cit.*, p.30.

[4474] V. *supra* n°0 et s.

[4475] OMS, « *Application du Règlement sanitaire international (2005)* », Rapport du Comité d'examen (…), *op.cit.*, p.30.

[4476] *Ibid.*

déclarer des USPPI plus fréquemment ? Comment serait déterminé le niveau des remboursements ? A cet égard, le Comité d'examen considère que le RSI est en soi la meilleure politique d'assurance[4477] ». Toutes ces questions apparaissent judicieuses mais les problèmes posés ne sont pas insurmontables dès lors qu'une réflexion sérieuse et rigoureuse est prévue afin d'y répondre. Par exemple, l'OMS en partenariat avec la Banque mondiale pourrait gérer ce fonds assurantiel et une grille serait à développer en fonction des pays demandeurs et de la somme allouée. Néanmoins, un mécanisme de financement par résultats apparaît plus simple et rapide à établir.

2241. De même, dans le cadre de la CCLAT, il faut encourager le respect de l'obligation de remise des rapports d'avancement de sa mise en œuvre par les Etats membres. Cette obligation devrait s'accompagner d'un financement accru afin d'inciter les Etats à y participer. Le taux actuel d'envoi de rapports est nettement insuffisant. Lier l'aide financière et technique au respect de cette obligation permettrait certainement une participation à la hausse des Etats à ce mécanisme de contrôle essentiel.

2242. L'idée de lier le financement au degré de mise en œuvre de l'instrument, de résultats et de participation de bonne foi des Etats parties est pertinente. Certes, un tel système est critiquable car dans certaines situations, s'il n'y a pas de résultats c'est justement parce qu'il n'y a pas de moyens. Ce mécanisme est envisagé avant tout comme une aide supplémentaire et non comme le retrait d'une aide existante. Il faut conserver un mécanisme de base d'aide financière et technique auquel il faut ajouter un système variable, en fonction des résultats. L'objectif d'un tel mécanisme est de valoriser les progrès réalisés et la mise en œuvre de bonne foi de certains Etats parties. A l'inverse, une réflexion sur des sanctions économiques, notamment par le retrait de subsides financiers, doit être étudiée dans le cas où un Etat, par son comportement, tente d'éviter ou de contourner sciemment l'application d'un instrument normatif de l'OMS. Plus généralement, dans ces cas de non-respect explicite, il faut pouvoir prévoir des mécanismes juridiques afin de sanctionner un tel comportement.

2. Des mécanismes juridiques de règlement des différends

2243. Des mécanismes juridiques peuvent être développés afin de renforcer les instruments normatifs au sein de l'OMS par le biais d'un mécanisme de saisine en cas de non-respect de l'instrument normatif (a). Toutefois, en l'absence de réformes de l'autorité normative de l'OMS, des procédures extérieures à cette institution doivent être examinées (b).

<u>a. La révision de la procédure de règlement des différends au sein de l'OMS</u>

2244. En matière de mécanismes de règlement des différends entre les Etats un constat s'impose : à part dans le cas du non-respect des obligations

[4477] *Ibid.*, p.82.

financières, l'OMS ne prévoit aucun mécanisme de sanction à l'égard d'un Etat membre.

2245. Aussi bien l'article 56 du RSI que l'article 27 de la CCLAT prévoient un mécanisme de règlement des différends en cas de différend entre deux ou plusieurs Parties à propos de l'interprétation ou de l'application de l'instrument. Suivant ces dispositions, les Etats sont ainsi encouragés à régler le différend, d'abord par voie diplomatique, par la négociation ou par tout autre moyen pacifique de leur choix y compris en recourant aux bons offices ou à la médiation d'un tiers ou à la conciliation. Ensuite, seulement dans le cadre du RSI, le Directeur général peut être sollicité afin de faire « tout son possible pour le régler ». Enfin, en cas d'échec, les Etats peuvent, volontairement, se soumettre à un arbitrage obligatoire[4478]. Ainsi, ni le RSI ni la CCLAT n'inclut de sanctions pour le non-respect des obligations prévues. En effet, comme le rappelle le comité d'examen, « d'une manière générale, le principe qui prévaut dans les enceintes où sont débattues les questions de santé publique internationale est un principe de coopération et de collaboration, et non un principe de sanction[4479] ».

2246. Toutefois, bien que le RSI et la CCLAT permettent le règlement des différends ayant surgis entre deux Etats parties ou plus concernant l'interprétation ou l'application du RSI, les Etats n'ont jamais utilisé ces articles, « probablement parce que les deux Etats devraient accepter de se soumettre aux procédures de règlement des différends[4480] ». En effet, ces mécanismes reposent sur le consentement des Etats concernés par les différends. A défaut de mettre en place une compétence judiciaire en matière de différends sur l'application ou l'interprétation de l'activité normative de l'OMS par l'instauration d'une juridiction *ad hoc* spécialisée ou en élargissant la compétence de la CIJ[4481], d'autres alternatives sont envisagées.

2247. Il serait intéressant de songer à une modification des articles 56 du RSI et 27 de la CCLAT afin d'intégrer un mécanisme élargi de règlement des différends. D'une part, ces derniers devraient étendre leur champ d'application, en plus des questions relatives à l'interprétation et à l'application de l'instrument, au respect des obligations prévues. Plus largement, la question de la mise en œuvre et du respect de l'instrument doit être inclue. Ceci permettrait à un Etat d'enclencher le mécanisme lorsqu'il soupçonne un autre Etat de ne pas respecter la mise en œuvre des obligations de l'instrument.

2248. D'autre part, au vu des freins diplomatiques à l'égard d'une telle demande les instruments de l'OMS devraient élargir la saisine et inclure plus de personnes ayant un intérêt à agir dans le cadre de règlement des différends. En effet, afin de renforcer le pouvoir du Directeur général vis à vis des Etats membres, les instruments normatifs devraient mettre en place un mécanisme

---

[4478] Ce phrasé implique que le recours à l'arbitrage est volontaire néanmoins une fois choisi, le résultat de l'arbitrage est obligatoire.

[4479] OMS, « *Application du Règlement sanitaire international (2005)* », Rapport du Comité d'examen (…), *op.cit.*, p.84.

[4480] *Ibid.*, p.38.

[4481] V. *supra* n°0 et s.

d'auto saisine du Directeur général en cas de différends[4482] ou plus largement en cas de non-respect des obligations afin d'entamer des discussions pour favoriser la mise en œuvre ou atténuer les divergences d'interprétation et d'application. Si l'objectif n'est pas nécessairement que la procédure aboutisse, en mettant effectivement en place des sanctions juridiques, cette auto-saisine du Directeur général permettrait de lui conférer un pouvoir de dissuasion, de pression et de négociation important à l'égard des Etats membres. A défaut d'effets juridiques exécutoires, cette procédure aurait, toutefois, une portée symbolique non négligeable.

2249. Par ailleurs, les articles 56 du RSI et 27 de la CCLAT peuvent également intégrer des mécanismes de plaintes ou de réclamations individuelles, inspirées de ce qui est prévu par les conventions des droits de l'homme[4483]. En effet, par le biais d'ONG ou individuellement, toute personne ayant un intérêt à agir lié à un dommage subi en raison du non-respect des instruments normatifs de l'OMS doit être en mesure de pouvoir déposer plainte. Certes des conditions de recevabilité, de fond et de forme, pourraient être précisées telles que l'épuisement des recours internes, l'originalité de la demande ou encore l'existence d'un préjudice important[4484]. Sans qu'il soit nécessaire d'avoir un organe juridique exécutoire au sein de l'OMS, il conviendrait d'avoir un département juridique spécialement compétent pour recueillir ses plaintes individuelles et de les transmettre, sous la forme d'un rapport, aux Etats concernés et les diffuser sur le site de l'OMS. Ces mécanismes juridiques de plaintes n'empêchent pas, bien au contraire, ceux de contrôle et de suivi de la mise en œuvre des instruments juridiques qu'il convient de renforcer également.

2250. De telles propositions apparaissent utopiques et idéalistes et donc quasiment irréalisables, en pratique, dans un proche avenir. Toutefois, elles ont le mérite de conduire à s'interroger sur de nouveaux mécanismes de règlement des différends afin d'améliorer la mise en œuvre et le respect des instruments normatifs de l'OMS étant entendu que « la situation dans laquelle la communauté mondiale ne remplit pas sérieusement ses obligations [...] est inacceptable[4485] ».

2251. Parallèlement, au vu des difficultés actuelles du recours aux mécanismes de règlement des différends prévus par les instruments normatifs de l'OMS, il convient, également, de réfléchir à des procédures extérieures de l'OMS afin de renforcer la mise en œuvre.

b. Des procédures extérieures à l'OMS

2252. A défaut de changements structurels et afin de garantir la mise en œuvre de l'activité normative l'OMS et renforcer son pouvoir de dissuasion, à défaut de changements structurels, il est possible de prévoir des procédures

[4482] Cette proposition s'inspire de ce qui existait déjà dans le cadre du RSI (1969) V. *supra* n°0.
[4483] V. notamment les articles 19 à 51 de la Convention européenne des droits de l'homme et spéciquement l'article 34 relatif aux requêtes individuelles.
[4484] V. notamment l'article 35 de la Convention européenne des droits de l'homme.
[4485] OMS, « *Groupe d'experts chargés de l'évaluation intérimaire de la riposte à Ebola* », Rapport, 2015, p.5.

extérieures par le biais de l'OMC et de l'ONU afin, notamment, de contourner le besoin de consentement des Etats parties à un différend. Il convient de rappeler que l'article 56 paragraphe 4 du RSI dispose qu'« aucune des dispositions du présent Règlement ne porte atteinte au droit qu'ont les Etats parties en vertu de tout accord international auquel ils sont Parties, de recourir aux mécanismes de règlement des différends mis en place par d'autres organisations intergouvernementales ou en vertu d'un accord international ». Ainsi, il est possible pour les Etats de recourir à d'autres mécanismes de règlement des différends notamment celui mis en place par l'Organisation mondiale du commerce (OMC).

2253. Premièrement, c'est ainsi que, le Comité a étudié la possibilité d'utiliser les règles de l'OMC comme un mécanisme permettant aux Etats parties touchés par un événement lié à des maladies infectieuses ou non infectieuses d'exercer un recours lorsque des restrictions injustes concernant des marchandises ou des services leur sont imposées par d'autres Etats. En effet, les règles de l'OMC, contrairement à l'article 56 du RSI, ne sont pas assujetties au consentement des Parties au différend et elles s'accompagnent de sanctions commerciales efficaces en cas de non-respect. Pour Monsieur GANDAUBERT, « une coopération directe avec l'OMC s'avère d'autant plus souhaitable considérant que cette organisation possède un mécanisme de règlement des différends obligatoire pour ses membres, susceptible de mettre en échec l'application du règlement[4486] ».

2254. Le RSI, de par son objet, se trouve au cœur des relations entre santé publique et commerce international. En effet, les mesures prises pour lutter contre les épidémies doivent être proportionnées et limitées aux risques pour la santé publique en évitant de créer des entraves inutiles au trafic et au commerce internationaux. En particulier, le principe de proportionnalité est une « véritable clef de voute de l'articulation entre l'OMS et le droit du commerce international [4487] ». Dès lors, à défaut d'autres mécanismes, l'Organisme de règlements des différends (ORD) pourrait être compétent dans le cadre de mesures supplémentaires (et contraires) prises par un Etat visant à limiter les échanges commerciaux, en cas de déclaration d'USPPI. En effet, la méconnaissance du principe de proportionnalité conduirait à la création d'entraves inutiles pour le commerce. Selon le droit de l'OMC, afin d'être licites, les mesures sanitaires prises en vertu de l'article XX b) du GATT de 1994 doivent être nécessaires[4488] et être appliquées de façon à ne pas constituer une restriction déguisée au commerce international[4489].

2255. Preuve de la possibilité de recourir à l'ORD, ce principe de proportionnalité se retrouve au sein du RSI. L'article 43.1 du RSI précise, en ce sens, que « ces mesures ne doivent pas être plus restrictives pour le trafic international ni plus intrusives ou invasives pour les personnes que les autres

[4486] V. GANDAUBERT, « *L'articulation du règlement sanitaire international de l'OMS avec le commerce international* », Les Blog Pédagogiques de l'Université Paris Ouest, 2011.
[4487] OMC/OMC, « *Les accords de l'OMC et la santé publique, étude conjointe de l'OMS et du Secrétariat de l'OMC* », 2002, p. 63.
[4488] V. notamment Communautés européennes – Mesures affectant l'amiante et les produits en contenant, Affaires DS135, 5 avril 2001, § 170 et s.
[4489] V. le chapeau de l'article XX des accords du GATT, 1994.

mesures raisonnablement applicables qui permettraient d'assurer le niveau approprié de protection de la santé ». Toutefois, la difficulté dans le recours à l'OMC provient du fait que les recommandations émises par le Directeur général sont temporaires et non obligatoires.

2256. Afin de permettre le recours à l'ORD en cas de non-respect des dispositions du RSI, et ainsi formellement de « relier les deux systèmes[4490] » (OMC et RSI), il faudrait mettre au point des recommandations permanentes en vue de l'application systématique ou périodique de mesures sanitaires appropriées au titre de l'article 16 du RSI [4491]. Ces recommandations permanentes pourraient, par exemple, couvrir les flambées épidémiques de maladies d'origine alimentaire. Pour le Comité d'examen, « elles pourraient sans doute être reconnues comme des normes en vertu des règles de l'OMC et d'autres accords réglementant le commerce international [4492] ». Il serait pertinent que le Secrétariat de l'OMS et l'OMC s'emploient activement à établir ce lien et encouragent la reconnaissance de ces recommandations permanentes dans les procédures de règlement des différends prévues par les accords de l'OMC. Les questions de santé publique seraient ainsi plus facilement prises en considération dans le cadre de l'OMC. Ceci permettrait à l'OMS d'offrir un outil supplémentaire afin de faire respecter les recommandations émises lors d'une USPPI, recommandations dont le respect n'est pas toujours garanti. Toutefois, il y a un risque, en laissant la compétence à l'OMC, de favoriser les intérêts commerciaux au détriment de la santé publique. Ainsi cela doit s'accompagner d'un renforcement du rôle de l'OMS au sein de l'OMC afin d'établir une véritable collaboration entre ces deux organisations internationales [4493] en matière de santé et de commerce internationale. A défaut, une accaparation pure et simple, par l'OMC, des différends relatifs aux recommandations permanentes, adoptées dans le cadre du RSI, constituerait une menace explicite à son rôle normatif et l'affaiblirait davantage.

2257. Deuxièmement, il est possible d'envisager d'élargir la compétence du Conseil de sécurité des Nations unies aux enjeux de santé. A titre de rappel, par trois fois, l'ONU a considéré qu'un enjeu de santé était tellement important qu'il pouvait mettre en danger la paix mondiale[4494]. En particulier, le Conseil de sécurité de l'ONU est intervenu exceptionnellement et a estimé que l'épidémie *Ebola* « constitu[ait] une menace pour la paix et la sécurité internationale[4495] ». Dans le cadre du RSI, il pourrait être envisagé qu'une

---

[4490] OMS, « *Application du Règlement sanitaire international (2005)* », Rapport du Comité d'examen (…), *op.cit.*, p.39.

[4491] Article 16 du RSI « L'OMS peut formuler des recommandations permanentes en vue de l'application systématique ou périodique de mesures sanitaires appropriées, conformément à l'article 53. De telles mesures peuvent être appliquées par les Etats parties en ce qui concerne les personnes, bagages, cargaisons, conteneurs, moyens de transport, marchandises et/ou colis postaux en cas de risques précis persistants pour la santé publique aux fins de prévenir ou de réduire la propagation internationale de maladies et d'éviter les entraves inutiles au trafic international. L'OMS peut, en vertu de l'article 53, modifier ses recommandations ou les annuler, le cas échéant ».

[4492] OMS, « *Application du Règlement sanitaire international (2005)* », Rapport du Comité d'examen (…), *op.cit.*, p.39.

[4493] V. *supra* n°0.

[4494] V. *supra* n°0 et s.

[4495] ONU, Résolution 2177, S/RES/2177, 18 septembre 2014.

procédure permette de porter des questions relatives à sa mise en œuvre devant le Conseil de sécurité dans des situations exceptionnelles, lorsque, par exemple, les mesures (ou l'absence de mesures) prises par un Etat membre ont des effets préjudiciables graves et inacceptables sur la santé. Les critères applicables devront être bien précisés afin de tracer les frontières de la compétence de l'ONU. Le Comité d'examen évoque le comportement des Etats membres qui nuirait à la riposte face à une crise, par exemple en empêchant les agents de santé de se rendre dans les pays touchés.

2258. De même, le Conseil de sécurité pourrait intervenir en appui à des pays en proie à des conflits ou fragiles, en particulier si la propagation d'une épidémie serait susceptible de déstabiliser la situation politique du pays ou de la région. L'OMS devrait pouvoir porter les risques importants à l'attention du Secrétaire général de l'Organisation des Nations unies qui les soumettra au Conseil de sécurité. Par ailleurs, d'autres Etats parties, en particulier les Etats limitrophes de l'Etat non réactif ou de la zone non gouvernée, pourraient également appeler l'attention du Secrétaire général sur la question. Le comité d'examen estime que « le recours aux canaux politiques et diplomatiques pourra aider à obtenir la coopération de l'Etat non réactif ou des belligérants[4496] ».

2259. L'ONU, en partenariat avec l'OMS, devrait mettre les questions de santé mondiale au cœur du programme mondial de sécurité et définisse, en accord avec l'OMS, des procédures pour porter des questions de santé devant le Conseil de sécurité des Nations unies et envisager des mesures incitatives et dissuasives afin d'améliorer la sécurité sanitaire mondiale. Cette initiative pourrait ouvrir la porte au recours à l'OMC ou à l'ONU pour d'autres activités normatives de l'OMS. Pourquoi ne pas envisager que l'épidémie de tabac, fléau le plus dévastateur du XXIe siècle, soit un jour déclaré comme menace pour la paix et la sécurité internationale comme l'ont été le virus du VIH ou le virus *Ebola ?*

2260. Si ces procédures font intervenir d'autres organisations internationales ce qui participe indirectement à affaiblir l'OMS en tant qu'autorité normative, elles ont le mérite de pouvoir être mises en place plus rapidement, sans réforme en profondeur et structurelle de l'OMS, tout en garantissant un niveau plus élevé de mise en œuvre de l'activité normative de celle-ci. Si pour l'ONU son intervention demeure exceptionnelle, dans le cas de l'OMC, il serait tout à fait envisageable de confier le contrôle des différends entre Etats dans la mise en œuvre des instruments normatifs de l'OMS, à défaut d'une prise en charge interne par l'OMS, ce qui devrait être privilégié.

2261. Une fois les évolutions proposées afin d'améliorer les instruments normatifs de l'OMS en vigueur, il convient d'envisager le développement futur de l'activité normative de l'OMS.

[4496] OMS, « *Application du Règlement sanitaire international (2005)* », Rapport du Comité d'examen (…), *op.cit.*, p.85.

SECTION 2 : LE DEVELOPPEMENT DE L'ACTIVITE NORMATIVE DE L'OMS

2262. Le développement de l'activité normative de l'OMS repose, en premier lieu, sur le choix de l'instrument qui est représentatif du rôle que l'OMS souhaite incarner : contraignant, non contraignant, technique ou juridique. Alors que Monsieur BEIGBEDER, dans les années 1990, semblait les opposer schématiquement[4497], il y a une complémentarité dans l'activité normative de l'OMS qu'il convient de maintenir, améliorer et consolider (§1). Il s'agit, en second lieu, de proposer des exemples d'instruments normatifs futurs (§2).

§1. Le maintien de la complémentarité de l'activité normative

2263. L'avenir de l'activité normative de l'OMS doit permettre le maintien de sa diversité en raison de sa complémentarité. A cet égard, il convient d'insister sur le caractère essentiel et complémentaire des instruments non contraignants (A) qui doit également s'accompagner d'un renforcement du recours aux instruments contraignants (B).

A. Des instruments non contraignants essentiels

2264. Le recours aux instruments non contraignants est apparu nécessaire pour l'OMS dans le développement de son activité normative (1) d'autant plus que ces instruments offrent une complémentarité et non une alternative opposée ou antagoniste aux instruments contraignants (2).

1. Un recours nécessaire aux instruments non contraignants

2265. Alors qu'il existe un « vif débat sur les avantages ou les sortilèges de la *soft law*[4498] », les instruments non contraignants ont été développés en raison de l'absence de consensus entre les Etats sur l'élaboration d'instruments contraignants (a). Toutefois, et l'activité normative de l'OMS le démontre, ils sont perçus aujourd'hui comme disposant d'avantages propres (b).

[4497] L'auteur propose deux réponses pour l'avenir de l'action normative de l'OMS : « Il peut exister deux réponses diamétralement opposées, que nous schématiserons ainsi en les caricaturant quelque peu : oui, l'OMS doit imposer aux Etats des règlements aussi contraingants que possible, afin de dégager des priorités dans la lutte contre la maladie et de donner le maximum d'efficacité à cette lutte, et pour remédier aux disparités existant entre pays développés et sous-développés. Les problèmes saniaires étant essentiellement internationaux, le seul dialogue bilatéral Organisation-gouvernements ne peut suffire : non, l'OMS ne doit intervenir que dans la manière la plus souple possible. Les législations nationales sont trop spécifiques pour que l'application stricte d'un règlement international soit envisageable ; les règlements édictés par une agence de l'ONU ne doivent entraver ni la souveraineté nationale ni la liverté de commerce ; enfin, il est ridicule de penser que des codes de conduite contraignants puissent être appliqués à des pays aux coutumes, au niveau de vie, aux ressources totalement disparates » (Y. BEIGBEDER, *L'Organisation mondiale de la santé*, PUF, 1997, p.82).

[4498] M. FORTEAU, « *organisations internationales et sources du droit* », in E. LAGRANGE et J.-M. SOREL, *op.cit.*, p.263.

a. Une alternative imposée face aux difficultés des instruments contraignants

2266. Face aux difficultés d'élaboration d'un instrument contraignant, les organisations internationales, dont l'OMS, ont développé des instruments non contraignants afin de permettre l'apparition d'un consensus entre les Etats membres. Pour le Professeur GUZMAN, le « mystère principal » de ces instruments est le fait que les Etats choisissent « quelque chose de plus que l'absence de tout engagement mais quelque chose de moins que du droit international absolu». L'auteur fait ainsi référence à une stratégie de la « voie médiane[4499] ». Ce qui transparaît de la doctrine est que ces instruments ne sont pas du « vrai » droit. Ainsi, peu importe l'impact, ce droit mou est « perçu par tous comme étant 'moins' que le droit dur incarné par les traités et la coutume[4500] ».

2267. Preuve de cette idée de recours par défaut, en 1981, lors de l'élaboration du Code International sur la commercialisation des substituts du lait maternel, le Conseil exécutif a précisé les avantages de l'adoption d'une recommandation, conformément à l'article 23 de la Constitution de l'OMS. Les arguments qui fondaient sont choix étaient les suivants[4501]. Premièrement, la force morale d'une recommandation adoptée à l'unanimité serait plus grande qu'une obligation juridique de règlement. Deuxièmement, une recommandation ménagerait la souveraineté des Etats et prendrait en compte les différences de régime constitutionnel, ce qui répondait à une objection des Etats-Unis. Troisièmement, le Conseil exécutif espérait qu'une recommandation obtiendrait plus facilement l'accord unanime des Etats membres, ce qui ne fut pas le cas. Enfin, la mise en œuvre du Code serait plus facile à contrôler et ses dispositions plus facile à réviser.

2268. Dès lors, l'absence de consensus sur l'adoption d'un instrument contraignant est la raison principale du recours à un instrument non contraignant. La volonté de ne pas amoindrir la souveraineté des Etats explique ce recours puisque par définition l'instrument contraignant repose sur la volonté des Etats de céder une part de souveraineté. En d'autres termes, les Etats y ont eu recours parce que c'était le seul moyen d'exprimer une volonté commune sans remettre en cause leur indépendance. Tout comme les exemples de Code de pratique, le recours aux stratégies mondiales, aux plans d'action et aux autres types d'encadrement non contraignants par l'OMS est symbolique des difficultés de cette dernière à obtenir un accord contraignant consensuel sur des enjeux de santé mondiale. Ces derniers sont ainsi perçus comme la conséquence d'un échec d'élaboration d'une convention liant les Etats entre eux par l'OMS.

2269. Pour certains auteurs, le comportement de l'Etat serait fondé sur l'aversion au risque. L'Etat préférerait diminuer les coûts en cas de contournement des obligations prévues. Les Professeurs ABBOTT et

---

[4499] A. T. GUZMAN et T. L. MEYER, « *International Soft Law* », Journal of Legal Analysis, vol. 2, 2010, p.180 (pp.171-225).

[4500] P. VAN DIJK, « *Normative Force and Effectiveness of International Norms* », Year Book of International Law, vol.30, 1987, p. 20 (pp.9-35).

[4501] F. BEIGBEDER, *L'OMS en péril, op.cit.*, p.130.

SNIDAL, par exemple, considèrent que les Etats ont recours à des instruments non contraignants lorsque le coût contractuel est plus élevé en raison du nombre d'Etats participants, de l'incertitude factuelle, des difficultés de ratification nationale ou de réticence politique[4502]. Toutefois, cette théorie fondée sur le risque trouve ses limites puisque la flexibilité propre à l'instrument permet à un Etat de s'écarter plus facilement de ces engagements ce qui peut engendrer une augmentation du risque pour chaque Etat[4503]. Ainsi, pour le Professeur LIPSON, ces instruments sont parfois préférés parce qu'ils impliquent moins d'exigences vis-à-vis des gouvernements[4504]. Un Etat peut ajuster sa position au regard de l'instrument ou tout simplement en sortir ultérieurement plus facilement. Dès lors, il y a un équilibre entre la réduction du risque pour un Etat dans le cas d'une non-conformité et le risque plus élevé que d'autres Etats ne respectent pas leurs engagements. Pour le Professeur GUZMAN, les Etats sont en réalité neutres face au risque[4505]. Dans tous les cas, le fait est que les Etats ou quelques Etats ne souhaitent pas être liés par du droit international et s'imposer des obligations juridiques contraignantes.

2270. Dans le cadre de l'OMS, initialement les instruments non contraignants sont apparus comme une solution de secours pour sortir de l'impasse de l'inaction internationale juridique. Toutefois, en l'absence de toute obligation juridique contraignante, les Etats n'ont aucune incitation à respecter l'instrument non contraignant adopté par l'OMS. A ce titre, il n'y a aucune application directe dans la législation des Etats membres ou aucune obligation de procéder à la ratification dudit instrument. Sa mise en œuvre repose principalement sur les incitations, la pression politique et les risques pour la réputation de l'Etat. Par ailleurs, le consensus est souvent difficile à obtenir car les Etats ne s'accordent pas sur les objectifs à atteindre ou sur des obligations précises. Dès lors, les dispositions des instruments non contraignants reposent sur des grands principes à visée inspirationnelle. Non seulement les Etats ne sont pas obligés de s'y conformer mais en plus le contenu des instruments ne permet pas une mise en œuvre ou, du moins, ne permet pas de vérifier la conformité d'un Etat avec l'instrument. Les exemples de recommandations par l'OMS qui prévoient des objectifs vastes sans véritables engagements précis sont nombreux dans son activité normative.

2271. Néanmoins, l'activité normative de l'OMS démontre que le recours aux instruments non contraignants offre des avantages spécifiques, comparés aux instruments contraignants.

<u>b. Des avantages spécifiques comparés aux instruments contraignants</u>

2272. Outre le fait de permettre d'obtenir un consensus plus facilement qu'en cas d'engagements contraignants en raison d'un coût inférieur de

[4502] V. K. W. ABBOTT & D. SNIDAL, « *Pathways to International Cooperation* », in E. BENVENISTI & M. HIRSCH (dir.), *The impact of international law on international cooperation: theoretical perspectives*, 2004, pp.50-54.

[4503] A. T. GUZMAN et T. L. MEYER, « *International Soft Law* », *op.cit.*, p.184.

[4504] C. LIPSON, « *Why are some international agreements informal?* », International Organization, vol.45, 1991, p.508.

[4505] A. T. GUZMAN et T. L. MEYER, « *International Soft Law* », *op.cit.*, p.184.

négociations en particulier en terme de souveraineté, les instruments non contraignants offrent des avantages significatifs[4506]. D'abord, ces instruments accordent une plus grande flexibilité pour les Etats afin de s'adapter à l'incertitude et aux évolutions dans le temps. Cette flexibilité est permise car la procédure d'adoption est simplifiée[4507] ce qui permet une finalisation plus rapide au niveau international et une mise en œuvre nationale qui évite les obstacles des procédures internes d'acceptation. Les délégués des assemblées voire le Directeur général ou le Secrétariat peuvent développer des instruments non contraignants sans suivre la procédure formelle constitutionnelle de signature et de ratification.

2273. Dans la lignée de la flexibilité, l'avantage de ces instruments tient également dans sa capacité à mieux répondre aux besoins de diversité inhérente aux différents Etats membres. Le fait d'imposer des obligations juridiques, rigides et rigoureuses, n'est pas toujours adaptée aux besoins et aux particularités des Etats membres. On ajoutera qu'ils sont plus simples à élaborer politiquement et juridiquement, et qu'ils nécessitent potentiellement moins de ressources[4508].

2274. Ensuite, étant non contraignants, ces instruments permettent aux Etats d'être « plus ambitieux et de s'engager dans une coopération 'plus profonde' » que s'ils avaient à se soucier de leur exécution. Ainsi, les engagements peuvent, dans certains cas, être davantage précis à l'égard des Etats membres. Par exemple, dans le cadre de la CCLAT, si certaines dispositions restent très ambiguës, s'assimilant à des objectifs lointains, d'autres relatives notamment à l'étiquetage et au conditionnement offrent un degré élevé de précision.

2275. On notera, par ailleurs, que les instruments non contraignants favorisent l'adhésion universelle des Etats. En effet, dans les cas où cela est nécessaire[4509], les Etats vont plus facilement adopter un instrument non contraignant étant donné qu'aucun engagement juridiquement obligatoire n'est prévu. Ainsi, le Code de 1981 a été adopté à la quasi-unanimité des votants, sauf les Etats-Unis, qui ont voté contre[4510].

2276. Enfin, étant donné qu'il n'est pas nécessaire de suivre une procédure aussi rigoureuse et stricte que pour les instruments contraignants, il est plus facile de faire participer l'ensemble des parties prenantes à son élaboration et à sa mise en œuvre. Si les Etats demeurent l'unique sujet de droit international

---

[4506] Pour une discussion détaillée des avantages de la *soft law* V. J. J. KIRTON & M. J. TREBILCOCK, « *Introduction* » in J. J. KIRTON & M. J. TREBILCOCK (dir.), *Hard choices, soft law: voluntary standards in global trade, environment, and social governance* », Routledge, 2004 ; K. W. ABBOTT et D. SNIDAL, « *Hard and soft law in International Governance* », *op.cit.*, pp. 434-454; C. LIPSON, « *Why are some international agreements informal?* », *op.cit.*, pp.500–501 et pp.514-527; F. SINDICO, « *Soft law and the elusive quest for sustainable Global governance* », Leiden Journal of international Law, vol.19, 2006, pp.829-832 ; D. TRUBEK et al., « *Soft law, Hard law and EU integration: toward a theory of hybridity",* *op.cit.*, pp.73–74 et H. HILLGENBERG, « A *fresh look at soft law* », European Journal of International Law, vol.10, 1999, p.501 (pp.499-504).

[4507] V. *supra* n°0 et s.

[4508] L. O. GOSTIN, *Global Health Law, op.cit.*, p.66.

[4509] Par exemple, lors de l'utilisation explicite de l'article 23 de la Constitution (pour les deux Codes adoptés par l'AMS).

[4510] L'Assemblée mondiale de la santé a adopté le projet de code par 118 voix contre une, celle des Etats-Unis (WHA34/1981/REC/1, pp.21-23.)

reconnu avec les organisations internationales, les autres acteurs comme les ONG sont davantage associés. Par ailleurs, les instruments non contraignants sont plus directement disponibles, puisque ne nécessitant pas de ratification, aux acteurs non étatiques dont les agences administratives des Etats, les entreprises ou les ONG.

2277. On précisera que dans le cadre précis de l'OMS, le recours au pouvoir de recommandation est inhérent à sa création et conforme à son mandat. Dès l'origine, son approche technique et scientifique a imposé le recours à des instruments non contraignants afin d'élaborer des normes et des standards dans le milieu sanitaire et scientifique afin de répondre aux fonctions énoncées à l'article 2 de sa Constitution. Comme le reconnaît le Professeur GOSTIN, certainement la plupart des futures normes de l'OMS continueront à être non contraignantes car « c'est le reflet des préférences et de l'expertise historique de l'agence[4511] ».

2278. Toutefois, à partir du moment où l'OMS s'est émancipée de ce rôle scientifique à partir des années 1970, pour se tourner vers l'encadrement d'enjeux juridiques et politiques, la question du choix de l'instrument a été soulevée. A cet égard, et c'est peut-être l'argument le plus important dans cette réflexion comme le souligne le Professeur KAUSTIALA et le confirme l'analyse de l'activité normative de l'OMS, les instruments non contraignants constituent une alternative quant aux effets de la norme. Pour l'auteur, les instruments non contraignants peuvent être plus effectifs en pratique que de nombreux autres instruments formellement contraignants [4512]. Il rejoint l'argument du Professeur FATOUROS qui considère que « la forme juridique de l'instrument ne détermine pas exclusivement l'effectivité de l'instrument [...] l'absence de force contraignante n'implique pas nécessairement absence de conséquences pratiques ou juridiques importantes[4513] ».

2279. L' absence de force contraignante n'est pas synonyme d'absence de résultats[4514]. De même, le recours au pouvoir de recommandation de l'OMS ne doit pas être perçu uniquement comme un choix par défaut de l'OMS en l'absence de compromis international en particulier dans le cas des normes techniques et des standards.

2280. L'analyse des avantages et des inconvénients des instruments contraignants en tant qu'alternative réciproque ne permet pas d'affirmer avec certitude la préférence pour un type d'instrument spécifique. En effet, le débat entre les avantages respectifs des deux types d'instrument ne peut pas être tranché et continuera de perdurer[4515]. Toutefois, afin de se détacher de cette opposition frontale et parfois stérile, l'activité normative de l'OMS,

---

[4511] L. O. GOSTIN, *Global Health Law, op.cit.*, p.67.

[4512] K. RAUSTIALA et D. G. VICTOR, « *Conclusions* », in D. G. VICTOR et al. (dir.), *The implementation and effectiveness of international environmental commitments: theory and practice*, MIT Press, 1998, pp.684-686 ; K. RAUSTIALA et A.-M. SLAUGHTER, « *International Law, International Relations, and Compliance* », in W. CARLSNAES et al. (dir.), *Handbook of international relations*, Sage Publications, 2002, p.538 et K. RAUSTIALA, « *Compliance & Effectiveness in International Regulatory Cooperation* », Case Western Reserve Journal of International law, vol.32, 2000, p.398.

[4513] A. A. FATOUROS, « *On the Implementation of International Codes of Conduct: An Analysis of Future Experience* », American University Law Review, vol.30, 1981, pp.948-949.

[4514] V. *supra* n° 0 et s.

[4515] L. O. GOSTIN, *Global Health Law, op.cit.*, p.67.

contraignante et non contraignante, peut se concevoir de façon complémentaire et non opposée ou antagoniste.

2. Un recours complémentaire aux instruments non contraignants

2281. La volonté d'opposer les instruments contraignants et non contraignants apparaît peu pertinente au regard de l'activité normative de l'OMS et de la conception de la norme. En effet, la distinction est bien moins réelle qu'elle n'est communément admise car dans certaines situations, ces instruments ont recours aux mêmes mécanismes de conformité[4516]. Dans la continuité des développements relatifs aux effets juridiques du droit souple, et participant de la théorie rationaliste, l'OMS doit continuer à avoir recours à l'ensemble de la panoplie offerte par sa fonction normative, et en particulier aux instruments non contraignants, pas simplement par défaut mais également car ces instruments sont complémentaires et peuvent créer une synergie avec les instruments contraignants, en tant que premier pas vers ou comme prolongement de ces derniers.

2282. Quant au choix de l'instrument à développer, deux facteurs sont notamment à considérer pour répondre au mieux et de façon adaptée aux enjeux sanitaires et afin d'améliorer le niveau de santé mondiale. D'abord, la complémentarité des instruments, contraignants et non contraignants, permet de s'adapter en fonction de l'objet poursuivi (a). Ensuite, cette complémentarité offre une réponse aux difficultés liées au contexte d'élaboration (b).

<u>a. L'adaptation des instruments à l'objectif poursuivi</u>

2283. L'analyse de l'activité normative de l'OMS indique que le choix de l'instrument devra dépendre, en partie, de l'objet de ce dernier.

2284. D'abord, et il s'agit là de son rôle historique, face à un besoin purement scientifique, l'OMS doit privilégier le recours à son pouvoir de recommandation. En effet, la tentative d'affirmer factuellement et universellement une vérité scientifique en matière de santé n'a pas à être contraignante puisque l'OMS ne détermine pas ce qui doit être, c'est-à-dire déterminer un comportement à suivre, mais ce qui est, c'est-à-dire constater la réalité scientifique évolutive. En effet, la crédibilité ainsi que la légitimité de la norme proviendront avant tout de sa qualité scientifique. Cette dernière a été le moteur de la réussite des recommandations de l'OMS. A cet égard, l'OMS en tant qu'organisation scientifique doit, par le biais de sa fonction normative, trancher des débats scientifiques et se prononcer sur ce qui est pour que les Etats membres, en particulier ceux dans l'incapacité de le démontrer, puissent être informés des dangers pour la santé de leur population.

2285. Certes, ce pouvoir de recommandation n'est pas sans effet juridique, néanmoins la valeur intrinsèque de l'instrument ne peut être contraignante sauf à préciser quel comportement l'Etat doit suivre afin d'éviter ou d'empêcher la

---

[4516] A. GUZMAN, « *A Compliance-Based Theory of International Law* », California Law Review, vol.90, 2002, pp.1823–1887 et A. GUZMAN, « *Nonconsensual International Lawmaking* », Illinois Law Review, vol. 71, 2008.

réalisation du dommage pour la santé mondiale. La reconnaissance ou plutôt la détermination scientifique du danger ou du risque pour la santé par l'OMS n'est pas en soi un objet qui nécessite une contrainte. Dès lors, le pouvoir de recommandation, dans le cas précis d'une autorité scientifique trouve tout son intérêt. La constatation des faits n'a pas besoin de s'accompagner d'obligations juridiques pour produire des effets. L'OMS se positionne afin de constater un fait réel. La démarche est avant tout descriptive et non prescriptive face à un objet scientifique. L'OMS devrait choisir le recours à des instruments non contraignants dans le cadre de sa compétence scientifique.

2286. Par exemple, les recommandations relatives aux gaz d'échappement, à la viande rouge ou en matière de cigarette électronique nécessitent une rigueur scientifique afin de constater des faits : est-ce un produit dangereux pour la santé ? A partir de quel seuil ce produit devient dangereux ? Quels degrés de dangerosité est acceptable pour la santé ? etc.... On retrouve cette démarche, dans une moindre mesure, dans le cas de standards, puisque par définition ils exigent un comportement à respecter. Toutefois, l'objet d'origine du standard se fonde sur un fait scientifique afin d'en déterminer sa dangerosité et l'ajout d'éléments prescriptifs impose un changement d'instrument.

2287. Ensuite, dès lors que l'OMS, se détache de son rôle purement technique et scientifique en intégrant des obligations à respecter pour elle-même et pour ses Etats membres, il convient alors d'envisager un instrument contraignant. En effet, la volonté affichée par la formulation d'obligations ou de comportements à adopter implique un encadrement du comportement des Etats. Afin de garantir au mieux le respect du comportement attendu, un instrument normatif demeure préférable. En effet, l'objet de l'instrument n'est plus simplement de proposer une description scientifique mais un encadrement prescriptif.

2288. Dans le cadre du RSI, les Etats membres ont considéré, dès l'origine, que cet instrument, qui initialement reposait sur la coopération scientifique dans la lutte contre les épidémies, devait être contraignant car il prévoyait des obligations à la charge des Etats. Certes, l'objectif du RSI, à savoir améliorer la santé tout en préservant les échanges commerciaux, joue un rôle essentiel dans sa mise en œuvre actuelle. Néanmoins, sa valeur contraignante oblige certains Etats à notifier des événements susceptibles de constituer une USPPI. Il est, en effet, incertain que le RSI aurait pu fonctionner, malgré les difficultés rencontrées encore aujourd'hui, sans valeur contraignante, même symbolique.

2289. Preuve en est avec les difficultés de mise en œuvre et d'obtention des résultats positifs pour la santé qu'ont eues les instruments non contraignants proposant des mesures d'encadrement juridique sans aucune valeur contraignante. Si le Code de 1981 demeure une exception historique, les efforts depuis les années 2000 notamment par l'adoption de Stratégies, plan d'action ou du Code de 2010, démontrent les faiblesses de ses instruments. A l'inverse, l'exemple unique de la mise en application de l'article 19 de la Constitution de l'OMS incarné par la CCLAT illustre à la fois des résultats davantage convaincants mais également une portée symbolique particulièrement forte. Toutefois, et il s'agit du deuxième facteur, même en présence d'un objet juridique et politique, le choix de l'instrument dépend, et peut-être avant tout, du contexte d'élaboration.

b. Une complémentarité des instruments en réponse aux difficultés du contexte d'élaboration

2290. L'importance de la présence d'un consensus entre les Etats quant à la nécessité d'adopter un certain type d'instrument est primordiale puisque l'OMS demeure une organisation intergouvernementale. Ce consensus doit exister, d'abord, en matière scientifique et, ensuite, en matière politique.

2291. Face à l'incertitude, la nouveauté ou encore la méfiance scientifique, l'OMS doit agir avec précaution. En effet, il est difficilement concevable de vouloir imposer un comportement dès lors que demeure une incertitude scientifique. Notons que cela n'empêche pas l'OMS de répondre à l'incertitude scientifique afin d'offrir un avis scientifique par le biais d'une recommandation. Toutefois, l'absence de consensus scientifique renforce le besoin du recours aux instruments non contraignants afin de permettre une meilleure adaptation. La flexibilité ainsi que la rapidité d'élaboration des recommandations sont autant d'atouts pour y faire face.

2292. La question relative à la valeur des recommandations émises par le Directeur général de l'OMS se pose. Considérées en tant qu'instruments non contraignants, ces recommandations temporaires ne sont pas assorties de mécanismes de sanction. Or, le Rapport intérimaire de la réponse *Ebola* considère que « les Etats Membres de l'OMS ont la responsabilité d'agir comme des citoyens du monde » et « demande que le Comité d'examen du RSI pour *Ebola* examine des sanctions envisageables en cas d'actions inappropriées et injustifiées en vertu du Règlement[4517] ». Cette solution imposerait que ces recommandations deviennent contraignantes. Certes, une sanction en cas de non-respect des recommandations est intéressante car elle renforcerait la faculté du Secrétariat de l'OMS de contraindre les Etats membres à respecter leurs obligations au titre du RSI sans laquelle elle demeurera insuffisante [4518]. Néanmoins, en pratique, elle aura pour conséquence de ralentir considérablement l'élaboration des recommandations car les Etats membres ne laisseraient pas au seul comité d'urgence et au Directeur général le choix de recommandations obligatoires à leur endroit. Ceci ralentirait d'autant plus la réactivité de l'OMS qui a déjà pu connaître des difficultés[4519]. Enfin, pour Monsieur VILLAREAL, la délégation d'une telle capacité juridique au Directeur général constituerait « une concentration sans précédent de pouvoir à la tête d'une organisation internationale[4520] ». De même, la présence de sanctions pourrait encore davantage « politiser la réponse aux situations d'urgence sanitaire[4521] ».

[4517] OMS, « *Groupe d'experts chargés de l'évaluation intérimaire de la riposte à Ebola* », Rapport, 2015, p.12.
[4518] *Ibid.*
[4519] V. *supra* n°0 et s.
[4520] P. VILLAREAL, « *Reforms of the World health organisation in light of the Ebola crisis in West Africa : More delegation, more teeth ?* », *op.cit.*
[4521] *Ibid.*

2293. Par ailleurs, le consensus doit également être obtenu politiquement. Face à une incertitude politique consécutive à la méfiance souveraine des Etats, il est plus facile de les convaincre de l'élaboration d'un instrument qui ne prévoit aucun engagement contraignant. Si l'OMS est une organisation intergouvernementale fondée sur ses Etats membres, le rôle du Directeur général est primordial afin de façonner un consensus politique. L'activité de l'OMS montre que le choix de l'instrument non contraignant, pour mettre en place un encadrement juridique, est souvent la conséquence, dès l'origine, d'une méfiance des Etats (Code de 1981 par exemple ou Stratégie mondiale de 2004). Toutefois, l'exemple de la CCLAT montre que le contexte multifactoriel peut être façonné ou est susceptible d'orienter le choix d'un instrument contraignant.

2294. Si ces recommandations interviennent à la suite de l'absence de volonté des Etats à trouver un consensus, il n'est pas opportun, théoriquement, d'appeler, dès l'origine du projet, au développement d'un instrument non contraignant. Conscients du potentiel synergique entre les instruments contraignants et non contraignants où ces derniers peuvent être le premier pas sur le chemin du développement futur d'instruments contraignants. A ce titre, on précisera que, souvent, l'Assemblée mondiale de la santé confère un mandat au Secrétariat afin d'explorer la mise en œuvre d'un instrument. Ensuite, un programme sera adopté afin de garantir le financement notamment de la mise en place, d'abord, de différentes recommandations. Enfin, exceptionnellement, l'Assemblée pourra confier un mandat visant au développement d'un instrument contraignant. La présence d'instruments contraignants sert donc à préparer le terrain pour la mise en œuvre d'instruments contraignants. Inversement, le pouvoir de recommandation peut également servir de prolongement d'un instrument contraignant par le biais d'application ou d'interprétation comme l'illustrent les directives d'application de la CCLAT ou le cadre d'action d'urgence du RSI.

2295. Pour l'avenir de son activité normative, il est essentiel que l'OMS mette en avant les bienfaits des instruments contraignants dans la lutte contre les risques sanitaires. Aussi, il convient de renforcer le recours aux instruments contraignants.

B. Le renforcement du recours aux instruments contraignants

2296. Le recours à un instrument dit contraignant a des avantages et des inconvénients connus en droit international (1). Toutefois, des pistes de réforme afin de répondre aux difficultés dans l'utilisation des instruments contraignants sont envisagées (2).

1. Un équilibre reconnu en droit international, entre avantages et inconvénients

2297. Au-delà de l'avantage théorique d'inclure des obligations contraignantes qui devrait permettre une meilleure mise en oeuvre, ces instruments offrent une affirmation de crédibilité qui provient de la mise en jeu de la souveraineté des Etats (a). Toutefois, paradoxalement, cette mise en jeu est source de nombreuses difficultés (b).

a. L'affirmation de crédibilité par la mise en jeu de la souveraineté des Etats

2298. Les instruments contraignants offrent plusieurs avantages. D'abord, ils permettent aux Etats d'être davantage crédibles dans leurs engagements internationaux[4522]. Ces engagements sont plus crédibles car ils accroissent le coût du renoncement soit en raison de la sanction légale soit en raison du coût pour la réputation de l'Etat en cas de non-respect des obligations internationales. Ainsi, pour LIPSON, ils « signalent des intentions avec une intensité et une gravité spéciales[4523] ». En effet, ce gain de crédibilité s'explique, d'une part, car la contrainte est la « preuve d'un degré élevé de sérieux » des Etats et, d'autre part, car « la référence explicite à du droit international lie l'instrument à un corpus de règles juridiques internationales[4524] ». Si les Etats pensent qu'un tel instrument renforce la possibilité de son respect par les autres, ils seront plus à même de le respecter eux-mêmes. Ainsi, pour le Professeur GOSTIN, le recours à des instruments contraignants aurait pour effet de renforcer la légitimité du système juridique international en augmentant les enjeux moraux, politiques et juridiques de la conformité au niveau national[4525].

2299. A cet égard, les Professeurs ABBOTT et SNIDAL[4526] ont développé quatre conditions suivant lesquelles les Etats préfèrent un instrument contraignant : lorsque le risque d'opportunisme[4527] est élevé ; lorsque la non-conformité est difficile à détecter ; lorsqu'il agit comme un « dispositif de tri » afin de former un groupe d'Etats ayant la même vision des choses ; et lorsque les branches d'un gouvernement peuvent s'en servir afin d'obliger d'autres branches du gouvernement[4528]. Plus largement, en matière de santé, l'intérêt de développer des instruments contraignants est de pouvoir « faire face à d'autres régimes contraignants » notamment en matière de commerce international et de propriété intellectuelle[4529]. Par exemple, l'OMC n'a pas adopté de normes contraignantes en matière d'aliment, d'alcool, d'activité physique ou de santé mentale.

2300. On touche, ensuite, en sus de la valeur juridique de l'instrument, à sa valeur symbolique. Il atteste de la capacité des Etats à élaborer des obligations juridiques au sein de l'ordre juridique international. Par ailleurs, l'aspect

---

[4522] G. C. SHAFFER et M. A. POLLACK, « *Hard vs. Soft Law : alternatives, complements, and antagonists in international governance* », Minnesota Law Review, 2010, p.717 (pp.706-799).

[4523] C. LIPSON, « *Why are some international agreements informal?* », *op.cit.*, p.508.

[4524] K. RAUSTIALA, « *Form and substance in international agreements* », The AJIL, vol.99, 2005, p.592 (pp.581-614).

[4525] L. O. GOSTIN, *Global health law, op.cit.*, p.68.

[4526] K. W. ABBOTT et D. SNIDAL, « *Hard and soft law in International Governance* », International organization, vol.54, 2000, pp.429-430.

[4527] L'opportunisme est entendu comme une non-conformité délibérée selon le dilemme du prisonnier (K. RAUSTIALA, « *Form and substance in international agreements* », *op.cit.*, n.d.p. 84).

[4528] Cet intérêt a été confirmé lors de discussions avec des membres du ministère de la santé en France au sujet de leurs collègues du ministère des affaires étrangères (Entretiens en juin 2014).

[4529] L. O. GOSTIN, *Global Health Law, op.cit.*, p.67.

contraignant a son importance dans les discussions au niveau national quant au respect de sa mise en œuvre. En effet, l'instrument contraignant peut agir en tant que dénominateur commun en dessous duquel un Etat ne peut s'aventurer. Il y a une véritable volonté de s'inscrire dans la durée et d'ancrer ses engagements vers l'avenir en tant que socle commun d'obligations. L'exemple de la CCLAT est révélateur, en particulier en vue de sa forme de Convention-cadre. La volonté affichée est de prévoir un certain nombre d'obligations et d'objectifs, afin par la suite d'adopter des protocoles pour préciser les engagements.

2301. Par ailleurs, la crédibilité des instruments contraignants est renforcée parce qu'ils peuvent avoir des effets juridiques directs au sein des juridictions nationales (directement applicables) ou nécessitent une ratification nationale. Par la mise en œuvre nationale, ces obligations créent des nouveaux outils qui mobilisent des acteurs nationaux et renforcent « le coût public de sa violation ce qui rend les engagements plus crédibles[4530] ».

2302. De même, les instruments contraignants mettent en place des mécanismes pour l'interprétation et l'élaboration des engagements juridiques sur le long terme. De nouveau, dans le cadre de la CCLAT, la Conférence des Parties adopte des directives d'application afin de préciser et d'interpréter les dispositions de la convention.

2303. Enfin, les instruments contraignants permettent de mieux contrôler la mise en application des engagements des Etats notamment par le biais des mécanismes de résolution des conflits et les juridictions. En effet, ils offrent une source juridique pour la société civile devant les juridictions nationales, comme l'illustre le contentieux relatif aux conventions des droits de l'homme ou celui relatif à la CCLAT.

b. Les inconvénients de la mise en jeu de la souveraineté des Etats

2304. Toutefois, l'élaboration d'un instrument contraignant a un coût. Pour les Etats, il peut être perçu comme un engagement qui affaiblit leur comportement et qui empiète sur leur souveraineté nationale. Ceci peut rendre difficile l'obtention d'un consensus entre les Etats membres qui vont négocier durement et longuement les engagements juridiques.

2305. La première conséquence de la mise en jeu de la souveraineté des Etats provient de la longueur de l'élaboration d'un instrument contraignant. D'une part, les positions des différents Etats membres retardent les négociations. D'autre part, la procédure prévue est souvent rigide et lente. En conséquence, ces instruments ne sont pas en mesure de s'adapter aux changements de circonstances et/ou de contexte. Ceci est renforcé lorsque le domaine retenu, la santé mondiale par exemple, présuppose une situation d'incertitude reposant sur des expérimentations ou un besoin constant d'ajustements[4531]. Par exemple, dans le cadre du RSI (2005) il aura fallu

[4530] K. W. ABBOTT et D. SNIDAL, « *Hard and soft law in International Governance* », *op.cit.*, p.428.

[4531] V. D. TRUBEK et al., « *Soft law, Hard law and EU integration: toward a theory of hybridity,* in G. DE BURCA et J. SCOTT (dir.), *Law and new governance in the EU and the US,* Oxford:Hart, 2005, p.67 ; G. DE BURCA et J. SCOTT, « *Introduction* », Narrowing the gap? Law and new approaches to governance in the European Union, Columbia Journal of European Law, vol.13, 2007, pp.513-518.

attendre presque trente ans pour entamer les négociations en 1995, qui auront duré dix ans, pour réviser en profondeur la version de 1969.

2306. La deuxième conséquence a trait à l'adhésion universelle à l'instrument. En effet, la crainte d'engagement obligatoire agit comme un frein pour l'adhésion de l'ensemble des Etats membres. Par exemple, dans le cas de la CCLAT, 180 Etats ont signé la Convention sur 193 Etats membres de l'OMS. S'ajoute à cela la possibilité de retarder ou de ne pas ratifier la Convention dès lors qu'aucun délai n'est prévu pour cela. Si 180 Etats ont signé la Convention, l'entrée en vigueur n'est intervenue que dans 168 pays.

2307. La troisième conséquence est que souvent l'instrument, s'il contient des mécanismes d'interprétation et de suivi, ne prévoit pas de mécanisme de sanction en cas de non-respect des dispositions prévues. Cela amoindrit fortement la crédibilité et la symbolique de l'instrument dès lors qu'un Etat peut, volontairement, ne pas respecter l'instrument, par exemple la CCLAT, sans risquer d'être sanctionné.

2308. Enfin, la dernière conséquence qui n'est pas automatique et que l'on peut également retrouver dans un instrument non contraignant, est la variabilité du degré de précision des obligations prévues. En effet, résultat d'un compromis de souveraineté, certaines dispositions de l'instrument peuvent être suffisamment larges, abstraites ce qui ne permet pas de pouvoir déterminer la conformité d'un Etat.

2309. Face à ces difficultés, des évolutions afin de faciliter l'élaboration et l'adoption d'instruments contraignants au sein de l'OMS sont proposées.

2. Les évolutions dans l'adoption d'instruments contraignants

2310. Plusieurs mesures pourraient être adoptées par l'Assemblée mondiale de la santé pour faciliter l'adoption d'instruments contraignants. Il pourrait être envisagé d'élargir le champ d'application du pouvoir règlementaire de l'Assemblée mondiale de la santé (a) et de simplifier la mise en œuvre du pouvoir conventionnel (b).

a. L'élargissement du champ d'application du pouvoir réglementaire

2311. Dans le cadre du pouvoir réglementaire, il s'agirait d'élargir le champ d'application de l'article 21 de la Constitution. Ce dernier, limité à cinq domaines précis [4532], ne permet pas d'y avoir recours dans les mêmes conditions que l'article 19 relatif au pouvoir conventionnel dont le champ d'application est quasi illimité. Une proposition, déjà faite par le Conseil exécutif de l'OMS en 1997, est pertinante. Il conviendrait d'ajouter un sixième domaine selon lequel l'Assemblée mondiale de la santé aura autorité pour

[4532] V. Article 21 de la Constitution : « L'Assemblée de la Santé aura autorité pour adopter les règlements concernant : a) telle mesure sanitaire et de quarantaine ou toute autre procédure destinée à empêcher la propagation des maladies d'un pays à l'autre ; b) la nomenclature concernant les maladies, les causes de décès et les méthodes d'hygiène publique ; c) des standards sur les méthodes de diagnostic applicables dans le cadre international ; d) des normes relatives à l'innocuité, la pureté et l'activité des produits biologiques, pharmaceutiques et similaires qui se trouvent dans le commerce international ; e) des conditions relatives à la publicité et à la désignation des produits biologiques, pharmaceutiques et similaires qui se trouvent dans le commerce international ».

adopter des règlements ainsi qu'« une clause autorisant l'adoption de règlements sur n'importe quel sujet[4533] ». Ainsi, le Conseil exécutif suggérait d'insérer un paragraphe prévoyant que « b) L'Assemblée de la Santé aura autorité pour adopter les règlements concernant toutes questions liées à la santé relevant des fonctions de l'Organisation énoncées à l'article 2[4534] ».

2312. Sur cette dernière formulation, il est préférable de retenir la formulation de l'article 19 de la Constitution qui confère à l'Assemblée l'autorité d'adopter des accords et des conventions « se rapportant à toute question entrant dans la compétence de l'Organisation ». En effet, au vu des difficultés d'interprétation de fonctions énoncées, une référence à la compétence en santé de l'OMS, est plus judicieuse. Par ailleurs, afin d'accentuer le rôle historique du pouvoir réglementaire, il convient de maintenir les cinq domaines précisés dans l'article 21. Cette construction permet à la fois de rappeler la particularité du pouvoir réglementaire, tout en ne fermant pas la porte à une utilisation élargie afin de pouvoir s'adapter aux besoins futurs de santé mondiale.

2313. L'élargissement du champ d'application du pouvoir réglementaire de l'Assemblée mondiale de la santé est pertinent pour deux raisons. D'abord, cela permet au pouvoir réglementaire de s'émanciper de cette liste limitative en cas de besoin et pour l'avenir. Ensuite, il s'agit d'une mise en conformité du texte théorique avec la pratique et les évolutions du contenu du RSI ou d'autres organisations internationales. A juste titre, pour certains auteurs, les dispositions prévues par le RSI révisé dépassent le domaine d'application du pouvoir réglementaire initialement prévu par la Constitution de l'OMS[4535] ce qui renforcerait son « caractère autonome[4536] ». Le pouvoir réglementaire n'est pas forcément limité aux hypothèses prévues par les actes constitutifs des organisations internationales[4537]. Enfin, dans d'autres situations, le pouvoir réglementaire n'est pas limité à une liste de domaines d'intervention. Ainsi, selon le paragraphe 9 g) de la Constitution de l'Organisation de l'aviation civile internationale, les fonctions du Comité exécutif comprennent notamment l'« adopt[ion] de tous les règlements qui peuvent s'avérer nécessaires pour donner effet à la présente constitution ».

2314. Il convient donc de réviser la Constitution pour ancrer définitivement cette émancipation[4538] de l'article 21 opérée par le changement qualitatif du RSI [4539]. Considérant la simplicité de la procédure (élaboration et vote

---

[4533] OMS, *Examen de la Constitution et arrangements régionaux de l'Organisation mondiale de la Santé*, EB101/7, 101e Conseil exécutif, 14 novembre 1997, p.5.

[4534] *Ibid.*, p.6.

[4535] D. P. FIDLER, « *Globalization, international law, and emerging infectious diseases* », in Emerging infectious diseases, vol.2, n°2, 1996, p.81 (pp.77-84).

[4536] M. MERLE, « *Le pouvoir réglementaire des institutions internationales* », *op.cit.*, p.349.

[4537] *Ibid.*, p.343. « Mais le pouvoir réglementaire n'est pas forcément limité aux hypothèses où le terme de règlement a été utilisé par les actes constitutifs des organisations internationales. La pratique contemporaine révèle l'existence de toute une série de « décisions » émanant de tel ou tel organe et s'imposant aux Etats membres des institutions considérées ».

[4538] E. MONDIELLI, « *Le Règlement sanitaire international (2005), un instrument moderne de lutte contre les pandémies* », in E. MONDIELLI, F. VIALLA et E. CADEAU (coord.), *op.cit.*, p.71.

[4539] OMS, « *Examen et approbation des amendements proposés au Règlement sanitaire international. Notes explicatives. Rapport du Secrétariat* », Groupe de travail intergouvernemental sur la révision du Règlement sanitaire international, A/IHR/ICGWG/4/, 7 octobre 2004, § 3, p.2.

notamment) comparée à celle prévue pour l'élaboration d'une convention, cela permettrait d'accroître le recours au pouvoir réglementaire dont seulement deux instruments ont émané depuis la création de l'OMS[4540].

b. La simplification de la mise en œuvre du pouvoir conventionnel

2315. A l'égard du pouvoir conventionnel deux avancées relatives au système de vote afin notamment de le simplifier sont proposées. D'abord, il covnient de confier aux délégués membres de l'Assemblée mondiale de la santé le pouvoir de signer directement les conventions internationales au nom de leur gouvernement respectif sans qu'il ait besoin de ratification ou d'adoption par chaque Etat membre selon les procédures constitutionnelles. L'intérêt est double. D'une part, il s'agit d'envisager un pouvoir conventionnel directement applicable au sein des Etats membres. D'autre part, ce pouvoir serait directement confié à la délégation présente à l'Assemblée par délégation de compétence.

2316. Cette proposition est certes très utopique. En effet, elle aurait des effets sur les ordres constitutionnels de l'ensemble des Etats membres ce qui la rendrait très difficile à mettre en œuvre. Néanmoins, il convient de rappeler qu'elle a été émise lors des discussions de la Commission technique préparatoire à la création de l'OMS comme le rappelle ALEXANDROWICZ dans ses écrits[4541] afin de dépasser le pouvoir conventionnel traditionnel en imposant la ratification de l'instrument adopté par l'OMS aux Etats membres. A cet égard, cette proposition, dès lors que la composition des délégations est encadrée[4542], permettrait non seulement d'accélérer la mise en œuvre de l'instrument normatif, mais également de mettre en avant les intérêts sanitaires au détriment d'autres intérêts politiques divergents. Néanmoins cette proposition, qui aurait conféré un pouvoir législatif trop important à l'OMS[4543], n'a pas été retenue en raison de la crainte des Etats membres de perdre une part de leur souveraineté. Cette évolution a de nouveau fait l'objet d'un rejet par un groupe spécial qui « estimait que […] la procédure de ratification, devrait être conservée, car des Etats membres souverains ne peuvent être liés sans leur consentement, donné conformément à leurs règles constitutionnelles respectives[4544] ». La Constitution maintient donc le principe du consentement découlant du droit des traités.

2317. Ensuite, conscients des multiples difficultés inhérentes à une telle proposition, il s'agit de modifier le nombre de voix nécessaires à l'adoption d'une convention ou d'un accord. Pour l'heure, selon l'article, son adoption est soumise au vote de la majorité des deux tiers des Etats membres présents et votants. Ce mécanisme de vote est le même que pour les modifications de la Constitution. Ce seuil des deux tiers, alors qu'il est à la majorité simple pour le

---

[4540] A l'origine, les Règlements n°1 et n°2 (RSI) préexistaient à la création de l'OMS.
[4541] C. H. ALEXANDROWICZ, *Law-making functions of the United Nations Specialized Agencies*, *op.cit.*, p.50.
[4542] V. *supra* n°0.
[4543] C. H. ALEXANDROWICZ, *Law-making functions of the United Nations Specialized Agencies*, *op. cit.*, p.50.
[4544] OMS, *Examen de la Constitution et arrangements régionaux de l'Organisation mondiale de la Santé*, EB101/7, 101e Conseil Exécutif, 14 novembre 1997, p.5.

pouvoir réglementaire, n'est pas justifié. S'il est légitime dans le cadre de la révision de la Constitution, il ne l'est pas pour l'adoption d'une convention, sauf à protéger inutilement la souveraineté des Etats. Il convient donc de réserver la majorité des deux tiers aux révisions constitutionnelles et de prévoir une majorité simple pour le pouvoir conventionnel prévu à l'article 19 de la Constitution de l'OMS.

2318. Enfin, conscients que pour consacrer ces différentes évolutions, il est nécessaire de réviser la Constitution de l'OMS. Or, la procédure à suivre est similaire à celle prévue pour l'adoption de convention (deux tiers et ratification). Si cela se justifie « car des Etats membres souverains ne peuvent être liés sans leur consentement, donné conformément à leurs règles constitutionnelles respectives », l'acceptation des amendements par tous les organes concernés pourrait prendre un temps considérable notamment dans les Etats fédérés. Un délai pour la procédure de ratification y compris dans le cadre du pouvoir conventionnel pourrait être fixé. Il a été proposé qu'après l'adoption d'un amendement constitutionnel par les deux tiers de l'Assemblée, les Etats membres disposent d'un délai précis (dix-huit mois) pour notifier leur désaccord, après quoi l'amendement entrerait en vigueur, à moins qu'il ne soit rejeté par plus d'un tiers des Etats membres[4545].

2319. Si ces propositions de révisions ont été discutées mais n'ont jamais été adoptées par les Etats membres, elles sont nécessaires afin de permettre un développement de l'activité normative contraignante de l'OMS. En effet, les difficultés rencontrées notamment dans la procédure d'adoption, ont empêché l'OMS de forger des instruments contraignants, ce qui a été favorable au développement de l'activité normative non contraignante de l'OMS.

2320. Dès lors ces réformes contribueraient à faciliter l'adoption d'instruments contraignants par l'OMS. Dans cette optique, plusieurs exemples d'instruments normatifs à développer à l'avenir sont proposés.

§2 : Des exemples d'instruments juridiques futurs

2321. Il y a un véritable besoin de maintenir et de développer le pouvoir de recommandation de l'OMS dès lors que ce pouvoir est renforcé, encadré et limité aux enjeux scientifiques de santé mondiale ou à des encadrements juridiques en lien avec le développement d'un instrument contraignant. Par exemple, il est opportun de réfléchir à une extension de la Liste modèle des médicaments essentiels aux diagnostics comme le propose la Professeure LEE et ses collègues[4546].

[4545] OMS, *Examen de la Constitution et arrangements régionaux de l'Organisation mondiale de la Santé, op.cit.*, p.8. « Le texte de l'article 73 ainsi modifié serait le suivant : Les textes des amendements proposés à cette Constitution seront communiqués par le Directeur général aux Etats Membres au moins douze mois avant d'être examinés par l'Assemblée de la Santé. Les amendements entreront en vigueur à l'égard de tous les Etats Membres dix-huit mois après avoir été adoptés à l'Assemblée de la Santé par les deux tiers des Membres de l'Organisation, à moins que pendant cette période plus d'un tiers des Membres de l'Organisation n'aient déposé un instrument officiel de refus entre les mains du Secrétaire général des Nations unies ».

[4546] F. LEE et al., « *Time for a Model List of Essential Diagnostics* », New England Journal of Medicine, vol.374, 2016, pp.2511-2525.

2322. Toutefois, à la différence de Monsieur VIGNES, il apparaît que songer à utiliser les techniques contraignantes n'est pas irréaliste[4547]. En effet, en 1989, cet auteur estimait que la Convention n'avait pas plus d'avenir qu'elle n'avait eu de passer[4548]. L'adoption de la CCLAT en 2003 a démontré le contraire. A cet égard, face à l'évolution des enjeux sanitaires des maladies transmissibles aux maladies non transmissibles et au vu de l'expérience de la lutte contre le tabagisme, la question de se servir de la CCLAT comme modèle pour la lutte contre le développement d'autres facteurs de risque de maladies non transmissibles se pose[4549]. En effet, l'adoption de la CCLAT a permis d'ouvrir la voie à des discussions doctrinales et institutionnelles relatives à d'autres conventions internationales en matière de santé. La question est donc de savoir si, au vu de la réussite, certes relative, de la CCLAT, d'autres conventions internationales devraient être adoptées par l'OMS. Si les instruments contraignants sont des outils puissants, ils sont également difficiles et coûteux à produire et qu'ils nécessitent d'intenses ressources pour les administrer et les appliquer. Ainsi, la décision d'adopter une Convention ne peut se faire dans la précipitation car sa mise en place sous les auspices de l'OMS implique une réflexion longue et des ressources humaines et financières non négligeables, à court et à long terme. Dès lors des pistes de réflexion sur le développement d'instruments internationaux contraignants sont proposées.

2323. Afin de présenter des exemples d'instruments juridiques futurs pour l'OMS, deux approches sont à analyser. Premièrement, suivant l'expérience de la CCLAT, il est possible d'envisager des convention-cadres, selon une approche verticale, en fonction de thématique de santé pertinente (A). Deuxièmement, il conviendra d'étudier la proposition de l'école de pensée de Georgetown qui, suivant une approche horizontale, développe une convention-cadre pour la santé mondiale (B).

A. L'approche verticale : l'alcool et la tentation de l'expérience de la CCLAT

2324. L'approche verticale repose sur l'idée que l'instrument développé aura pour objet principal la lutte d'un enjeu de santé particulier. De nombreuses thématiques peuvent être considérées comme nécessitant une réflexion sur le besoin d'instruments juridiques internationaux et ont trouvé un écho dans la doctrine : obésité et nutrition[4550], la recherche et développement biomédicale[4551], les personnes âgées[4552], les maladies chroniques[4553] ou encore

---

[4547] C. H. VIGNES, « *L'avenir du droit international de la santé ; perspectives de l'OMS* », in *L'avenir du droit international de la santé : Table ronde,* RILS, vol.40, n°1, 1989, p.17.

[4548] *Ibid.*

[4549] G. LIEN et K. DELAND, « *Translating the WHO Framework Convention on Tobacco Control (FCTC) : Can we use tobacco control as a model for other non-communicable disease control ?* », Public Health, vol.125, 2011, pp. 847-853.

[4550] THE LANCET, « *Urgently needed: a framework convention for obesity control (Editorial)* », The Lancet, vol.378, Août 2011, p.741; S. BASU, « *Should we propose a global nutrition treaty ?* », 2012.

[4551] N. DENTICO, et N. FORD, « *The courage to change the rules: a proposal for an essential health R&D treaty* », Plos Medicine, vol.2, Issue 2, 2005; OMS, « *An Essential Health and Biomedical R&D Treaty* », 22 Juin 2011 et S. MOON et al., « *Innovation and Access to medecines for neglected populations: could a treaty address a broken pharmaceutical R&D system* », Plos Medicine, 2012 ; R. HERSCHER, « *Pharma*

les médicaments falsifiés [4554] . A ce titre, une thématique retient particulièrement l'attention car elle répond à des conditions similaires à celles relatives au tabac justifiant l'élaboration d'une Convention-cadre et elle est représentative d'autres domaines de santé à réguler : la lutte contre l'alcoolisme (1). Il demeure que des différences existent par rapport au tabac. Cela conduit à une incertitude sur son éventuelle élaboration et sur le développement de conventions-cadres en général (2).

1. L'élaboration d'une Convention-cadre sur l'alcool, un choix justifié

2325. La proposition de développer une convention-cadre[4555] pour l'alcool se comprend, comme pour d'autres domaines, car il s'agit d'un enjeu prioritaire de santé mondiale (a) pour lequel la lutte bénéficierait d'un instrument contraignant international (b).

a. Un enjeu de santé mondiale

2326. Premièrement, il existe un risque pour la santé qui est comparable à celui du tabac[4556]. En effet, selon l'OMS[4557], l'usage nocif de l'alcool entraîne dans le monde 3,3 millions de décès chaque année, soit 5,9% du nombre total des décès (soit la moitié que pour la consommation de tabac). Il s'agit, par ailleurs, d'un facteur étiologique dans plus de 200 maladies et traumatismes. Ainsi, dans l'ensemble 5,1% de la charge mondiale des maladies et traumatismes est attribuable à l'alcool (chiffre similaire pour le tabac). Il s'agit du troisième facteur de risque pour la charge mondiale des maladies et traumatismes dans le monde, derrière la consommation de tabac, l'obésité et le surpoids. Il existe une relation de causalité entre l'usage nocif de l'alcool et

---

backs latest attempt to a global health R&D Treaty », Nature Medicine, 2012, R. ABBOTT, « *Potential elemnnts of the WHO Global R&D Treaty : Tayloring solutions for disparate* contexts », Intellectual Property Watch, 2013 ; R. KIDDELL-MONROE et al., « *Medical R&D Convention derailed : Implications for the Global health System »,* Journal of Health Diplomacy, 2013.

[4552] L. O. GOSTIN, et A. GARSIA, « *Governing for health as the world grows older: healthy lifespans in aging societies* », Elder Law Journal, vol.22, n°1, 2014, pp.111-140.

[4553] L. O. GOSTIN, « *Non-communicable diseases: healthy living needs global governance* », Nature, vol.511, Issue 7508, 2014.

[4554] THE LANCET, « *Fighting fake drugs: the role of WHO and pharma (Editorial)* », *The Lancet*, vol.377, n°9778, 2011, p.1626 ; A. ATTARN, « *How to achieve international action on falsified and substandard medicines* », BMJ, vol.345, 2012, e738.

[4555] Il s'agirait d'une Convention-cadre pour la lutte contre l'alcoolisme (Framework Convention on Alcohol control). V. C. RECORD, « *A framework convention on alcohol control* », *The Lancet*, vol.370, Décembre 22/29, 2007 ; S. CASSWELL et T. THMARANGSI, « *Reducing the harm from alcohol : call to action »,* The Lancet, vol.373, 2009, pp.2247-2257 ; D. SRIDHAR, « *Regulate alcohol for global health* », *Nature*, vol.482, 2012, p.302 ; V. la déclaration de l'Association médicale mondiale (WORLD MEDICAL ASSOCIATION, « *WMA statement on reducing the global impact of alcohol on health and society »,* 56e Assemblée générale, 2005) et de l'Association américaine de santé publique (AMERICAN PUBLIC HEALTH ASSOCIATION, « *A call for a framewok convention on alcohol control »,* Policy n°200615, 2006) ; D. JERNIGAN et al., « *Towards a global alcohol policy: alcohol, public health and the role of WHO* », Bulletin of the World Health Organisation, vol.78, 2000, p.421; THE LANCET, « *A Framework Convention on alcohol control »,* The Lancet, vol.370, 2007, p.1102; R. ROOM, « *International control of alcohol: alternative paths forward »,* Drug and Alcohol Review, vol.25, 2006, pp.581-595. V. *contra* A. TAYLOR et I. DHILLON, « *An international legal strategy for alcohol control: not a framework convention--at least not yet* », Addiction, vol.108(3), 2013, pp.450-455.

[4556] THE LANCET, « *A Framework Convention on alcohol control* », The Lancet, vol.370, 2007, p.1102.

[4557] OMS, « *Consommation d'alcool* », Aide-mémoire n°349, Janvier 2015.

toute une série de troubles mentaux et comportementaux, d'autres maladies non transmissibles ainsi que les traumatismes. La consommation d'alcool « peut affecter presque l'ensemble des tissus et système du corps humain[4558] ». Ainsi, l'alcool est le premier facteur de risque pour la charge mondiale des maladies et traumatismes dans les pays à revenu moyen.

2327. En outre, on constate une inégalité de santé entre les pays mais également au sein de ces derniers[4559]. Pour Monsieur CASSWELL, l'alcool est un déterminant de la santé qui contribue aux inégalités de santé[4560] : une prévalence élevée de la consommation d'alcool est associée à une situation économique faible et à une marginalisation[4561]. De même, les dépenses des ménages pour l'alcool accentuent la pauvreté et les ressources utilisés pour répondre aux effets sanitaires et sociaux de l'alcool affectent le développement de la communauté[4562].

2328. Outre ses conséquences sur la santé, l'usage nocif de l'alcool entraîne des pertes économiques et sociales importantes pour les individus comme pour la société dans son ensemble. A cet égard, on rappellera que selon l'Observatoire français des drogues et des toxicomanies, l'alcool coûte 120 milliards d'euros par an[4563].

2329. Preuve du risque pour la santé mondiale, l'Assemblée mondiale de la santé a initié dès 1979 un programme relatif aux problèmes liés à l'alcoolisme[4564]. Par ailleurs, en 1983, l'OMS a déclaré, que l'alcoolisme était l'un des principaux problèmes de santé dans le monde. Cette déclaration avait déjà donné lieu à une discussion doctrinale sur la lutte contre l'alcoolisme. Toutefois, le manque de ressources et de volonté politique avait limité le développement d'une action internationale coordonnée[4565]. Par la suite, d'autres efforts témoignent de la prise en compte par l'OMS de l'alcoolisme[4566]. Toutefois, la consommation d'alcool n'a cessé d'augmenter.

[4558] G. S. LIEBER (dir.), *Medical disorders of alcoholism*, WB Saunders, 1982.

[4559] L. SCHMIDT et al, « *Alcohol: equity and social determinants* », in E. BLAS, A. S. KURUP (dir.), *equity, Social Determinants and Public Health Programmes*, World Health Organization, 2010, pp.11-30.

[4560] S. CASSWELL et T. THMARANGSI, « *Reducing the harm from alcohol : call to action* », *op.cit.*,p.2247.

[4561] A. ROMELSJO et al., « *A population study of the association between hospitalization for alcoholism among employees in different socio-economic classes and the risk of mobility out of, or within, the workforce* », European Journal of Public Health, vol.14, 2004, pp.53–57 ; M. DROOMERS et al., « *Occupational level of the father and alcohol consumption during adolescence; patterns and predictors* ». Journal of Epidemiology, vol.57, 2003, pp.704–710 ; D. GRAY D et S. SAGGERS, « *The evidence base for responding to substance use problems in Indigenous communities* », in T. STOCKWELL, P. GRUENEWALD, J. TOUMBOUROU et W. LOXLEY (dir.), *Preventing harmful substance use: the evidence base for policy and practice*. John Wiley & Sons, 2005, pp.381–393 ; R. RENNA, « *The economic cost of teen drinking: late graduation and lowered earnings* », Health Economics, vol.16, 2007, pp.407–419.

[4562] S. BONUS et al., « *Does the use of alcohol or tobacco contribute to impoverishment from hospitalization costs in India?* », Health Policy Plan, vol. 20, 2005, pp.41–49; V. BENEGAL et al., *Women and alcohol use in India*, in: I. OBOT et R. ROOM (dir.) *Alcohol, gender and drinking problems: Perspectives from low and middle income countries*, World Health Organization, 2005, pp.89–123.

[4563] P. KLOPP, *Le coût social des drogues en France*, Observatoire français des drogues et des toxicomanies, Décembre 2015.

[4564] M. G. MONTEIRO, « *The road to a World health organization global strategy for reducing the harmful use of alcohol* », World health Organization Global Strategy, vol.34, n°2, 2011, p.257.

[4565] R. ROOM, « *The World Health Organization and alcohol control* », British Journal of Addiction, vol.79, 1984, pp.85-92 ; D. JERNIGAN et J. MOSHER, « *Research agendas on international production and trade in alcohol* », Journal of Public health Policy, vol.9(4), 1988, pp.503-518.

[4566] En 1997, l'OMS lancé le Système mondial d'information sur l'alcool et la santé publique qui contient des informations sur l'usage de l'alcool, sur les problèmes et sur la politique en matière d'alcool partout

Ainsi, la consommation mondiale d'alcool par habitant est passée de 0,26 litres par an en 1961 à 8,47 litres en 2001[4567] puis à 9,1 en 2015.

2330. Deuxièmement, on notera que comme pour le tabac avec le tabagisme passif, l'alcool fait courir des risques non seulement pour le consommateur mais également pour les autres, par le biais d'accidents potentiels[4568] : accidents de la route[4569], brulures[4570], noyades[4571] et suicides[4572]. De même, la consommation d'alcool peut nuire aux nouveau-nés par le biais du syndrome d'alcoolisme fœtal[4573]. De nombreuses autres conséquences, dépassant la santé peuvent être liées à la consommation d'alcool[4574].

2331. Enfin on retrouve, comme pour le tabac, une industrie de l'alcool puissante et concentrée. Le marché international de l'alcool est dominé par une poignée d'industries avec des ressources financières colossales permettant d'avoir recours à des techniques de commercialisation sophistiquées. Leur développement économique leur permet d'investir dans les pays émergents[4575] en particulier par le biais de la publicité et de la promotion. Par ailleurs, les ressemblances se poursuivent dans la volonté de l'industrie de l'alcool de promouvoir fortement une substance potentiellement addictive et mortelle aux enfants[4576].

2332. Il ne fait aucun doute que l'alcool est un fléau de santé mondiale, qui rentre dans les compétences de l'OMS. On s'aperçoit donc que des mesures juridiquement contraignantes d'encadrement sont nécessaires et justifiées afin de permettre une diminution de la consommation de l'alcool.

b. La nécessité de mesures d'encadrement juridiquement contraignant

2333. D'abord, afin de démontrer, comme pour la CCLAT, la nécessité d'agir au niveau international, la littérature scientifique atteste que des mesures de politiques publiques et d'encadrement juridique permettraient de participer

---

dans le monde. En 1999, l'OMS a publié le premier rapport mondial sur l'alcool, en 2005 l'Assemblée mondiale de la santé a approuvé une résolution sur les problèmes de santé publique causés par la consommation nocive de l'alcool (WHA58.26).

[4567] T. THAMARANGSI, « *Thailand : alcohol today* », Addiction, vol.101, 2006, pp.783-787.

[4568] A. TAYLOR et I. DHILLON, « *An international legal strategy for alcohol control: not a framework convention--at least not yet* », *op.cit.*, p.452.

[4569] *Ibid.*

[4570] S. P. BAKER et al., *The injury fact book*, Oxford University Press, 1992.

[4571] R. HINGSON et J. HOWLAND, « *Alcohol and non-traffic unintended injuries* », Addiction, vol.88(7), 1993, pp.877-883.

[4572] S. ANDREASSON et al., « *Alcohol and mortality among young men : longitudinal study of Swedish conscripts* », BMJ, vol.296, 1988, pp.1021-1025.

[4573] A. P. STREISSGUTH et al., « *Fetal alcohol syndrome in adolescents and adults* », JAMA, vol.265(5), 1991, pp.1961-1965.

[4574] Alcool et rupture maritale (D. LESTER, « *The effect of alcohol consumption on marriage and divorce at the national level* », Journal of Divorce and remarriage, vol.27(3/4), 1997, pp.159-161.), perte de productivité et niveau élevé d'absentéisme (G. AMES et al., « *The relationship of drinking and hangovers to workplace problems : an empircal sutdy* », Journal of Studies on Alcohol, vol.58(1), 1997, pp.37-47 et H. D. HOLDER et J.O. BLOSE, « *A comparison of occupational and nonoccupational disability payments and work absences for alcoholics and nonalcoholics* », Journal of occupational Medicine, vol.33(4), 1991, pp.453-457).

[4575] L. HILL, « *The Alcohol industry* », in K. HEGGENBOURG, S. QUAH (dir), *international Encyclopedia of Public Health*, Academic Press, 2008, pp.124-135.

[4576] D. JERNIGAN, «*Framing a public health debate over alcohol advertising : the center on alcohol marketing and youth 2002-2008* », Journal of Public Health Policy, vol.32, 2000, pp.165-179.

à la réduction de la consommation de l'alcool. A cet égard, aucune mesure unique n'est la « panacée[4577] » mais de « nombreuses interventions avec un bon rapport coût-efficacité existent[4578] » : l'augmentation des prélèvements et du prix de l'alcool[4579], la réduction de l'accessibilité et de la disponibilité de ces produits (âge minimum ou heure d'ouverture réglementée [4580]), l'encadrement de la promotion et de la publicité, l'emballage et l'étiquetage ou encore des efforts en matière de prévention et l'éducation quant à la nocivité de ses produits [4581] sont autant de mesures qui permettent de réduire la consommation. De nombreuses stratégies pour limiter l'usage nocif de l'alcool sont propices à l'intervention législative [4582] dont la réglementation de la commercialisation, les limitations sur la disponibilité et la réduction de la demande par des prélèvements et une politique des prix. Comme l'affirme Madame JERNIGAN, de nombreuses études scientifiques et d'expériences pratiques, depuis une trentaine d'années, démontrent l'efficacité de mesures législatives et réglementaires [4583] afin de réduire la consommation et les comportements à risque.

2334. Plus précisément, Monsieur CASSWELL propose une catégorisation des mesures en fonction du degré de transférabilité[4584]. Il y a les mesures qui sont transférables : celles relatives au prix, à la publicité et à la promotion, à la communication et à l'information scientifique, au contenu du produit, aux conséquences liées à la « consommation passive », à l'arrêt et au traitement et à l'élimination du commerce illégal. De plus, il existe des mesures comparables : celles relatives à l'étiquetage et à l'emballage, à la responsabilité des producteurs et vendeurs et à l'encadrement de la vente (heures de vente, densité et localisation des lieux de vente et de consommation, etc.…). Enfin, il y a des mesures qui sont spécifiques à la lutte contre l'alcoolisme : celles relatives à la conduite en état d'ivresse et à la protection des politiques de lutte dans la négociation des accords d'échanges et de commerce internationaux.

2335. Ensuite, on observe, un contexte au sein des pays assez favorable puisque certains Etats ont adopté des politiques de santé publique pour lutter contre l'alcoolisme. Une enquête mondiale en 2002 sur les politiques relatives à l'alcool montrait que certaines politiques efficaces (limitation sur l'endroit et

---

4577 D. JERNIGAN, M. MONTERIO, R. ROOM et S. SAXENA, « *Towards a global alcohol policy: alcohol, public health and the role of WHO* », Bulletin of the World Health Organization, vol.78, n°4, 2000, p.494, (pp.491-499).

4578 S. CASSWELL et T. THMARANGSI, « *Reducing the harm from alcohol : call to action* », *op.cit.*, p.2247.

4579 G. EDWARDS et al., *Alcohol policy and the public good,* Oxford University Press, 1994 ; P. J. COOK, « *Effect of liquor taxes on drinking, cirrhosis, and auto accidents* », in M. H. MOORE et D. R. GERSTEIN (dir.), *Alcohol and public policy: beyond the shadow of prohibition,* National Academy Press, 1981, pp.255-285 ; P. J. COOK et M. H. MOORE, "*Violence reduction through restrictions on alcohol availability,* Alcohol Health and Research World, vol.17, 1993, pp.151-156.

4580 G. EDWARDS et al., *Alcohol policy and the public good, op.cit.*

4581 S. CASSWELL et al., « *Changes in public support for alcohol policies following a community based campaign* », British Journal of Addiction, vol.84(5), 1989, pp.515-522.

4582 A. TAYLOR et I. DHILLON, « *An international legal strategy for alcohol control: not a framework convention--at least not yet* », *op.cit.*, p.452.

4583 G. EDWARDS et al., *Alcohol policy and the public good, op.cit.*.

4584 S. CASSWELL et T. THMARANGSI, « *Reducing the harm from alcohol : call to action* », *op.cit.*, p.2253 (Panel 4).

le lieu de vente ainsi que l'âge) sont en place dans la plupart des pays qui y ont répondu[4585] . Par exemple, dès 1991, la France a adopté la loi *Evin* qui limite la publicité de l'alcool et qui a été validée par la CJUE car elle protégeait la santé et proposait une stratégie de lutte efficace[4586]. Ceci démontre, comme pour le tabac, que le contexte politique n'est pas forcément hostile à de tels développements.

2336. Toutefois, à l'instar du tabac, les difficultés dans la lutte contre l'alcoolisme sont de plus en plus transnationales en raison notamment de « la libéralisation des échanges, d'investissements directs étrangers et du marché mondialisé et de la publicité[4587] ». Dès lors, l'alcool ne peut être traité par un seul Etat agissant seul et ne peut plus être considéré comme un enjeu local. En effet, l'alcool est un problème mondial impliquant de développer une réponse mondiale, coordonnée et efficace. Conscient de ce besoin urgent et considérant qu'il s'agissait d'un sujet prioritaire, l'OMS a décidé d'agir face au fléau de l'alcool. Elle a adopté en 2010 la Stratégie mondiale visant à réduire l'usage nocif de l'alcool[4588]. On retrouve, dans le contenu, de nombreuses similitudes avec le tabac et la CCLAT en particulier[4589]. Néanmoins, quelques années après son adoption, il est essentiel de réfléchir à un encadrement contraignant pour renforcer la lutte contre l'alcoolisme pour plusieurs raisons.

2337. Comme le démontre l'expérience de la CCLAT, le besoin de contrainte se justifie, d'une part, car il oblige les Etats à s'engager à mettre en œuvre l'accord par le biais de leur législation nationale et à produire un rapport à l'OMS quant aux progrès accomplis. D'autre part, la communauté internationale, et en particulier l'OMS, aurait une responsabilité commune afin de soutenir ces efforts en proposant une assistance technique et financière. Enfin, développer une convention-cadre permettrait aux ministres de la santé de bénéficier d'un argument de poids dans les négociations nationales en mettant en avant la règlementation de l'alcool face aux enjeux économiques. Les ONG pourraient davantage exercer une pression sur les gouvernements et même se présenter devant les tribunaux nationaux en cas de conflits[4590].

2338. La convention-cadre à en effet l'avantage d'être l'instrument international contraignant le moins prescriptif[4591] tout en permettant à ses dispositions de s'adapter au mieux aux particularités locales. A ce titre, l'ensemble des arguments avancés fonde un consensus au sein de professionnels quant au besoin de développer une convention-cadre pour la

---

[4585] OMS, « *Global Status Report: alcohol policy* », WHO 2004.

[4586] CJCE, *Bacardi France SAS*,n°C-429/2, 13 juillet 2004 (question préjudicielle).

[4587] A. TAYLOR et I. DHILLON, « *An international legal strategy for alcohol control: not a framework convention--at least not yet* », *op.cit.*, p.452 ; J D. JERNIGAN, M. MONTERIO, R. ROOM et S. SAXENA, « *Towards a global alcohol policy: alcohol, public health and the role of WHO* », *op.cit.*, pp.491-492.

[4588] OMS, « *Global strategy to reduce the harmful use of alcohol* », Résolution WHA63.13, 21 mai 2010.

[4589] La stratégie inclut des mesures relatives à la disponibilité de l'alcool (encadrement des ventes et restrictions d'âge), la commercialisation de boissons alcoolisées (limitation ou interdiction de publicité et de promotion), la politique des prix (impôts), la réduction des conséquences négatives de la consommation (mise en place d'avertissements), la réduction de l'impact pour la santé du commerce illégal (réglementation de la production, système de suivi et coopération internationale).

[4590] D. SRIDHAR, « *Regulate alcohol for global health* », Nature, vol.482, 2012, p.302.

[4591] S. AMSA, et al., « *Tobacco* », in R. DETELS et al. (dir.), *Oxford Textbook of Public Health*, 5e éd., 2009.

lutte contre l'alcoolisme[4592], d'universitaires[4593] et d'ONG[4594]. On rappellera simplement, pour accentuer le parallélisme avec le tabac, que le Professeur MIHAJOV, l'un des premiers auteurs à être convaincu du besoin de développer du droit international en santé, utilisait deux exemples pour le justifier : la consommation du tabac et l'alcoolisme[4595] .

2339. Comme le concède la Professeure TAYLOR, le parallèle entre les difficultés dans la lutte mondiale contre l'alcoolisme et les facteurs principaux ayant conduit à l'idée d'une CCLAT au début des années 1990 est de prime abord « frappant[4596] »: la preuve de la nocivité de l'alcoolisme, la présence de ce problème dans tous les pays du monde, l'aspect transnational des enjeux, l'impossibilité de lutter contre ce fléau individuellement et l'existence d'interventions efficaces dont certaines ont été mises en œuvre au niveau national, la compréhension des stratégies et tactiques employées par l'industrie de l'alcool et le soutien des ONG[4597]. L'alcool justifie, au moins autant que le tabac, le besoin d'une convention-cadre[4598].

2340. Toutefois, on constate que, pour l'heure, l'OMS a simplement développé une Stratégie mondiale non contraignante car, malgré des « préconditions favorables[4599] », d'autres facteurs viennent ralentir et freiner le développement d'une convention-cadre.

2. Une Convention-cadre à l'avenir incertain

2341. La réflexion autour de l'adoption d'une convention-cadre en matière d'alcool démontre, d'une part, que les enjeux sont différents (a), ce qui, d'autre part, n'offre pas un contexte favorable à son développement (b).

a. Des enjeux différents

2342. La comparaison entre le tabac et l'alcool est confrontée à une première difficulté. En effet, à la différence du tabac, l'alcool peut également offrir certains effets bénéfiques pour la santé. Au-delà de l'effet positif lié au goût, aux calories apportées et aux effets euphorisants, la science démontre que la consommation d'alcool limitée à un verre par semaine peut protéger

---

4592 WORLD MEDICAL ASSOCIATION, « *WMA statement on reducing the global impact of alcohol on health and society* », 56e Assemblée générale, 2005 ; AMERICAN PUBLIC HEALTH ASSOCIATION, « *A call for a framewok convention on alcohol control* », Policy n°200615, 2006.

4593 V. n.d.p 4555. V. également R. ROOM, « *International control for alcohol: alternative paths forward* », Drug and Alcohol Review, vol.25, 2006, pp.581-595 ; R. ROOM et al., « *International regulation of alcohol* », BMJ, vol.337, 2008.

4594 THE GLOBE, « *Global advocacy safeguards the integrity of alcohol strategy* », Issue 2, 2007, pp.2-4.

4595 V. S. MIHAJLOV, « *Le droit international de la sante : etat actuel et perspectives de developpement* », *op.cit.*, p.13. V. *supra* n°0.

4596 A. TAYLOR et I. DHILLON, « *An international legal strategy for alcohol control: not a framework convention--at least not yet* », *op.cit.*, p.451.

4597 V. L. JOOSSENS, « *Improving public health through an international framework convention on tobacco control",* Technical Briefing Series, Paper 2, WHO/NCD/TFI/99.2, 1999 (L'auteur énonce les 4 facteurs justifiant la CCLAT). V.également D. BETTCHER, K. DELAND et J. SCHLUNDT et al., « *International public health instruments* », in R. DETELS et al., *Oxford Textbook of Public health,* 5e éd., Oxford University Press, 2009.

4598 R. ROOM, « *International control of alcohol: alternative paths forward* », *op.cit.*, p.588.

4599 S. CASSWELL et T. THMARANGSI, « *Reducing the harm from alcohol : call to action* », *op.cit.*, p.2251.

contre les maladies cardiovasculaires et les arrêts cardiaques[4600]. Il convient de préciser, toutefois, que cet effet positif s'observe principalement dans les pays développés et que le risque de consommation nocive dépasse le bénéfice d'une consommation modérée[4601]. Plus largement, et à la différence du tabac, l'alcool n'est donc pas uniquement mortel. Dès lors, en matière d'encadrement juridique, l'objectif n'est pas d'interdire de boire mais de mettre en place un équilibre dans les mesures à prévoir entre une consommation modérée et excessive. Certes, dans le cadre de la CCLAT, l'objectif est de réduire l'offre et la demande, et non pas directement de l'annihiler. Toutefois, cela est davantage une conséquence du compromis imposé par les différents acteurs concernés. En effet, d'un point de vue purement de santé publique, le tabac devrait être éradiqué. Preuve en est, l'Etat du Queensland propose d'interdire la vente de tabac aux personnes nées après 2001. L'alcool n'est en revanche pas perçu comme universellement nocif.

2343. La deuxième difficulté est relative à l'ancrage de l'alcool dans les sociétés. En effet, la consommation d'alcool est plus répandue et ancrée dans de nombreuses parties du monde que la consommation de tabac. Par ailleurs, il est consommé depuis beaucoup plus longtemps que les cent années de consommation de tabac, dans les pays développés[4602], alors qu'il est parfois limité dans d'autres pays pour des raisons religieuses. Dès lors, l'objectif même de la réglementation pourrait varier en fonction des pays. Pour les pays à revenu élevé avec une consommation élevée d'alcool, l'objectif sera de contrôler plutôt que d'éradiquer la consommation à travers des politiques incitatives ou restrictives afin de faire diminuer le volume global de consommation[4603]. A l'inverse, pour les pays où la consommation est faible, ils chercheront davantage à protéger leur taux d'abstinence ou de ralentir le changement en décourageant les jeunes à boire[4604]. Les raisons et les objectifs d'une future convention-cadre ne sont pas exactement similaires même si l'idée principale de réduire la nocivité de la consommation d'alcool est semblable à celle relative au tabac.

2344. La dernière difficulté a trait à la preuve du lien entre mesures et amélioration de la santé. Ainsi, l'efficacité de la mesure internationale est à relativiser pour certains auteurs. Faisant écho aux difficultés rencontrées par la CCLAT, davantage de preuves sont attendues quant à l'efficacité du droit international pour atteindre les résultats annoncés en considérant le coût de

---

[4600] K. BERGER et al., « *Light-to-moderate alcohol consumption and the risk of stroke among US male physicians* », New England Journal of Medicine, vol.341(21), 1999, pp.1557–1564 ; R. DOLL et al., « *Mortality in relation to consumption of alcohol: 13 years' observations on male British doctors* », BMJ, vol. 309, 1994, pp.911–918 ; M. J. THUN et al., « *Alcohol consumption and mortality in middle-aged and elderly US adults* », New England Journal of Medicine, vol.337, 1997, pp.1705–1714 ; K. POIKOLAINEN, « *Alcohol and mortality: a review* », Journal of Clinical Epidemiology, vol.488, 1995, pp.445–465.On précisera que cet argument est davantage renforcé dans le cadre de la régulation des aliments gras et trop sucrés. En effet, l'un des apports principaux de ces aliments est de nourrir les populations. Il est plus difficile de réduire la consommation d'un bien qui permet de vivre.

[4601] D. JERNIGAN, M. MONTERIO, R. ROOM et S. SAXENA, « *Towards a global alcohol policy: alcohol, public health and the role of WHO* », *op.cit.*, p.492.

[4602] S. CASSWELL et T. THMARANGSI, « *Reducing the harm from alcohol : call to action* », *op.cit.*, p.2253.

[4603] *Ibid.*

[4604] *Ibid.*

l'élaboration, de la ratification et de la mise en œuvre d'un tel instrument. En particulier, les Professeurs HOFFMAN et ROTTINGEN s'interrogent sur la nécessité d'une convention-cadre pour l'alcool alors que le droit international est « largement dicté par les pays puissants, fondé sur des attentes qu'ils ont déjà remplies, forçant les pays pauvres à mettre en œuvre ces politiques mondiales 'éclairées' au détriment des priorités locales[4605] ».

2345. Le produit à réguler, la finalité de l'encadrement et l'efficacité espérée du recours à la norme contraignante diffèrent de la situation du tabac. Cela a pour conséquence de contribuer à rendre, pour l'instant, cette convention difficilement faisable politiquement en raison d'un manque de maturité contextuelle.

b. Un consensus international relatif

2346. La décision d'envisager un instrument juridique contraignant requiert non seulement un enjeu sérieux de santé mais également que la thématique et le contexte soient « réceptifs à la solution juridique internationale[4606] ». En effet, il faut que l'enjeu de santé soit une « thématique raisonnable et politiquement faisable[4607] ». A cet égard, si des éléments diffèrent du tabac, il convient de reconnaître que l'absence de volonté des parties prenantes est la raison principale de l'échec d'un tel développement en matière d'alcool. Plusieurs raisons expliquent cet échec.

2347. D'abord, les Etats eux-mêmes ne sont pas particulièrement convaincus du bienfait d'un tel instrument ou sont davantage convaincus des méfaits de ce dernier, en particulier vis-à-vis des producteurs d'alcool. Par exemple, dans le cadre de la production viticole, la France n'a pas l'intention de défendre l'idée d'une convention-cadre contraignante sur la consommation d'alcool de peur que cela ait un impact sur l'agriculture française. Plus largement, la question du lobby de l'industrie de l'alcool, comparée à celle du tabac doit être soulevée. Alors que pour le tabac un « ennemi » avait été identifié publiquement en raison de la publication de rapports quant aux agissements de l'industrie du tabac, pour l'heure, aucun scandale médiatique n'a permis de révéler les mêmes sources de conflit d'intérêts à l'égard de l'industrie de l'alcool. Par ailleurs, le lobby de l'industrie de l'alcool est plus performant. Pour Messieurs CASWELL et THAMANRANGSI, les intérêts particuliers visant à empêcher le développement d'une réponse effective de santé publique à la lutte contre la consommation d'alcool sont similaires à ceux du tabac[4608]. Ils cherchent à empêcher ou freiner la mise en place de mesures de santé publique[4609] en élaborant des stratégies efficaces[4610]. Or, il est

---

[4605] S. J. HOFFMAN et J.-A. RØTTINGEN, « *Alcohol control: Be sparing with international laws* », Nature, vol. 483, 15 mars 2012, p.275.
[4606] G. LIEN et K. DELAND, « *Translating the WHO Framework Convention on Tobacco Control (FCTC) : Can we use tobacco control as a model for other non-communicable disease control* », Public Health, vol.125, 2011, p.848 (pp. 847-853).
[4607] *Ibid.*, p.847.
[4608] S. CASSWELL et T. THMARANGSI, « *Reducing the harm from alcohol : call to action* », *op.cit.*
[4609] L. BOND et al., « *Selling addictions : similarities in approaches between big tobacco and big booze* », Australas Medical Journal, vol.3, pp.325-332.
[4610] S. CASSWELL et T. THMARANGSI, « *Reducing the harm from alcohol : call to action* », *op.cit.*, p.2249.

démontré que les acteurs de santé publique sont davantage indulgents avec l'industrie des boissons alcoolisées comparé à l'industrie du tabac[4611].

2348. Ensuite, et cela est lié à l'absence de volonté commune des Etats, la Directrice générale ne fait pas du développement de nouvelles conventions, dont celle relative à l'alcool, une priorité de l'OMS. Si elle reconnaît que la CCLAT est un accomplissement majeur pour la santé publique du XXIe siècle, le développement d'une convention-cadre relative à l'alcool ne fait pas partie des actions qu'elle souhaite engager. Si sa marge de manœuvre est limitée par le mandat confié par l'Assemblée mondiale de la santé, il faut reconnaître le contraste avec la Directrice générale Madame BRUNDTLAND qui en avait fait sa priorité[4612].

2349. Par ailleurs, l'action de la société civile par le biais des ONG n'a pas la même envergure pour la CCLAT. En effet, le développement de la CCLAT avait été soutenu par un réseau global comprenant plus de 200 ONG[4613]. Dans le cadre de la lutte contre l'alcoolisme, l'engagement des ONG est très limité en raison du manque de ressources[4614] et de coordination internationale. Or, l'expérience de la CCLAT a démontré que l'investissement des ONG peut soutenir l'action nationale. Ils sont essentiels non seulement dans l'élaboration de la convention-cadre, mais également dans le contrôle de sa mise en œuvre.

2350. Enfin dans l'ensemble, l'élaboration d'une convention-cadre pour lutter contre l'alcoolisme souffre de la comparaison avec la CCLAT sur deux plans. D'une part, le projet de réglementation ne bénéficie pas du facteur nouveauté ou « première fois » dont a bénéficié la CCLAT. En effet, il s'agissait de la première convention adoptée en application de l'article 19 de la CCLAT. Si cela a créé des difficultés car tout était à construire[4615], cette procédure pionnière est également apparue comme une opportunité pour son développement. En effet, pour la Professeure TAYLOR, les acteurs opposés à la CCLAT n'ont pas pris cette démarche au sérieux et quand ils ont réalisé son avancement, il était trop tard pour l'arrêter[4616]. La naïveté lors de l'élaboration de la CCLAT n'est plus présente pour les nouvelles conventions à venir.

2351. D'autre part, l'existence de la CCLAT permet aux Etats de comprendre les difficultés de mise en œuvre d'un tel instrument. Si les résultats sont prometteurs, l'application de la CCLAT est encore à améliorer. Le fonctionnement de la CCLAT a un coût. Cela oblige plus largement l'OMS et ses Etats membres à réfléchir à son avenir. En effet, l'adoption d'un instrument contraignant ne permet pas de fixer le rôle normatif de l'OMS et de considérer qu'il s'agit d'un choix de l'OMS. Si l'OMS adopte de nouvelles convention-cadres alors cela sera symptomatique de l'évolution du rôle normatif de l'OMS. Dès lors, à regret, les Etats, toujours au nom de leur

---

[4611] THE LANCET, « *A Framework Convention on alcohol control* », The Lancet, vol.370, 2007, p.1102.
[4612] V. *supra* n°0.
[4613] G. MEHL et al., « *Controlling tobacco : the vital role of local communities* », Harvard International Review, vol.27, 2005, pp.54-59 ; J. MACKAY, « *The making of a convention on tobacco control* », *op.cit.*, p.551.
[4614] S. CASSWELL et T. THMARANGSI, « *Reducing the harm from alcohol : call to action* », *op.cit.*, p.2250.
[4615] A. TAYLOR et I. DHILLON, « *An international legal strategy for alcohol control: not a framework convention--at least not yet* », *op.cit.*, p.451.
[4616] *Ibid.*

souveraineté, ne souhaitent pas faire de l'OMS une autorité normative du droit international de la santé. Ainsi, en développant de nouveaux instruments contraignants, il est plus difficile pour l'OMS de se méfier de son rôle juridique[4617].

2352. Cet ensemble de facteurs n'offre pas un contexte mûr et ne permet pas à des futures conventions-cadres d'être politiquement faisables comme l'estime la Professeure TAYLOR qui appel à l'élaboration d'un instrument non contraignant[4618]. Le développement de Stratégie mondiale est la seule alternative eu égard aux difficultés pour obtenir un consensus en vue d'une approche contraignante. Or, il est difficile de créer un *momentum* politique si dès l'origine un instrument non contraignant est prévu car cela va inévitablement repousser la réflexion à propos d'un instrument contraignant.

2353. Néanmoins il y a un besoin de réfléchir au développement d'autres instruments contraignants en matière de santé publique. A cette fin, à défaut de suivre une approche verticale fondée sur des enjeux spécifiques de santé, la proposition doctrinale prométhéenne de développer une convention-cadre pour la santé mondiale, suivant une approche globale, est étudiée.

B. Une approche globale : la proposition de la Convention-cadre pour la santé mondiale

2354. Un groupe d'universitaires de l'Ecole de droit de *Georgetown* ainsi qu'une plateforme d'ONG ont proposé l'adoption d'une convention-cadre sur la santé mondiale (*Framework Convention for Global health).* Si ce projet doctrinal apparaît ambitieux (1), il ne reste pas moins un exemple des limites du pouvoir conventionnel (2).

1. Un projet doctrinal ambitieux

2355. Développée pour la première fois en 2008[4619], la proposition d'une Convention-cadre pour la santé mondiale (CCSM) offre un contenu prometteur (a) qui a servi de fondement à un soutien initial de différents acteurs (b).

a. Un contenu prometteur

2356. La CCSM[4620] a pour ambition d'agir en tant que traité de santé mondiale fondé sur le droit à la santé afin de réduire les inégalités nationales et

---

[4617] V. *supra* n°0.

[4618] A. TAYLOR et I. DHILLON, « *An international legal strategy for alcohol control: not a framework convention--at least not yet* », *op.cit.*

[4619] L. O. GOSTIN, « *Meeting Basic Survival needs of the World's Least healthy People Towards a Framework Convention on Global Health* », *op.cit.*

[4620] V. l'ensemble des publications à cet égard dont notamment : E. A. FRIEDMAN, « *An Independent Review and Accountability Mechanism for the Sustainable Development Goals: The Possibilities of a Framework Convention on Global Health* », Health and Human Rights Journal, vol.18(1), Janvier, 2016 ; E. A. FRIEDMAN et L. O. GOSTIN, « *Imagining Global Health with Justice: In Defense of the Right to Health* », Health Care Analysis, vol.23, n°4, Décember 2015, pp.308-329 ; CEHURD, « *An Analysis of the Relevance of a Framework Convention on Global Health on the Realization of the Right to Health in Uganda* », November 2014 ; THE LANCET, «*A platform for a Framework Convention on Global Health* »,The Lancet, vol. 383, n°9936, 28 June 2014, pp.2207-2208 ; L. O. GOSTIN et al., « *Towards a Framework Convention on Global Health* », Bulletin of the WHO, vol.91, October 2013, pp.790-793 ; L. O.

mondiales de santé. Cette Convention veut réinventer la gouvernance mondiale de la santé en mettant le droit à la santé au cœur des politiques de santé mondiale par une clarification des ambiguïtés du droit à la santé. Pour ce faire, la Convention réaffirmerait les principes et les obligations existants du droit à la santé tout en codifiant de nouveaux[4621]. Cet instrument se fonderait donc sur le droit de l'homme à la santé mais permettrait également la réalisation de la couverture sanitaire universelle, la mise en place d'une plus grande *accountability*, la mise en avant en tant que priorité de la santé et offrirait une réponse à l'ensemble des défis principaux de la gouvernance mondiale[4622].

2357. En d'autres termes, le projet d'instrument vise à « redessiner les contours de la gouvernance de la santé mondiale avec pour objectif d'opérationnaliser le droit à la santé et à faire prévaloir l'équité ainsi que la justice sociale, en intégrant notamment les déterminants de la santé[4623] ». Pour atteindre ces objectifs très ambitieux, la CCSM, fondée sur « les principes de solidarité nationale et mondiale [4624] », envisage de définir une série d'obligations portant sur un cadre de financement des priorités de santé, d'expliciter le contenu du droit à la santé et d'établir un cadre de responsabilité à l'intention des différents acteurs de la santé mondiale.

2358. Pour Messieurs GOSTIN et FRIEDMAN, la forme d'une convention-cadre (avec les Protocoles à suivre) permettrait (1) d'élaborer des normes et des priorités pour les systèmes de santé et les besoins humains essentiels applicables mondialement, (2) d'offrir une flexibilité aux Etats afin de répondre à leurs besoins nationaux, (3) de mettre en place un mécanisme de financement durable et adaptable aux besoins, (4) d'encadrer efficacement la prolifération du nombre d'acteurs et d'activités dans le paysage de la santé mondiale, (5) de créer des mécanismes permettant de contrôler et suivre la mise en œuvre des obligations des acteurs étatiques et non étatiques et (6) d'établir une procédure, par le biais de protocoles, permettant à la communauté internationale de proposer des engagements allant au-delà de la convention initiale[4625].

GOSTIN et E. A. FRIEDMAN, « *Towards a Framework Convention on Global Health: A Transformative Agenda for Global Health Justice* », Yale Journal of Health Law, Policy and Ethics, vol.13, n°1, Article 1, 2013 ; E. A. FRIEDMAN, « *Pillars for progress on the right to health: Harnessing the potential of human rights through a Framework Convention on Global Health* », Health and Human Rights, vol.14, n°1, June 2012, pp.1-16 ; L. O. GOSTIN, « *A Framework Convention on Global Health: Health for All, Justice for All* », JAMA, vol.307, May 2012, pp.2087-2092 ; M. HEYWOOD et J. SHIJA, « *A Global Framework Convention on Health – Would it Help Developing Countries to Fulfill their Duties on the Right to Health? A South African Perspective* », Journal of Law, Medecins and Ethics, vol.38(3), 2010, pp.640-646 ; V. le numéro spécial dédié à la FCGH dans la revue *Global Health Governance Journal*, Spring-Fall, 2015 ainsi que dans la revue *Health and Human Rights*, vol.15, n°1, Juin 2013.

4621 S. J. HOFFMAN et J.-A. ROTTINGEN, « *Dark sides of the proposed framework convention on global health's many virtue: a systematic review and critical analysis* », Health and Human Rights, *op.cit.*, pp.117-133.

4622 E. A. FRIEDMAN et al., « *Realizing the right to health through a framework convention on global health?* » Health and Human Rights, *op.cit.*, p.1, (pp.1-4).

4623 M. SAMSON, « *Réflexions sur le rôle du droit dans la gouvernance de la santé mondiale* », in E. MONDIELLI, F. VIALLA et E. CADEAU (coord.), *op.cit.*, p. 130 (pp.117-134).

4624 E. A. FRIEDMAN et al., « *Realizing the right to health through a framework convention on global health?* » *op.cit.*, p.1.

4625 L. O GOSTIN et E. A. FRIEDMAN, « *Towards a Framework Convention on Global Health: A Transformative Agenda for Global Health Justice* », *op.cit.*, p.72.

2359. Par ailleurs, les défenseurs du projet souhaitent créer une synergie entre la CCSM et l'OMS. D'une part, considérant que la Directrice générale Madame CHAN estime que la Couverture sanitaire universelle (CSU) est « le concept le plus efficace que la santé publique ait à proposer[4626] », les auteurs de cette proposition souhaitent adapter le contenu de la CCSM aux objectifs de la CSU tout en définissant et codifiant cette obligation. Ils proposent même d'aller au-delà de la CSU en garantissant les conditions universelles pour une bonne santé. D'autre part, la CCSM vise à renforcer l'OMS en affirmant son rôle en tant que *leader* de santé mondiale et inclure des mesures afin d'atteindre cet objectif dont le renforcement de son *leadership* au sein d'autres régimes juridiques internationaux ayant un impact sur la santé. Le rôle de l'OMS apparaît donc comme un élément fondamental de la CCSM. L'OMS est considérée comme un partenaire clé du projet.

2360. Enfin, des résultats précis et spécifiques sont attendus. D'abord, la CCSM a pour but de développer des lignes directrices pour la CSU et d'envisager des indicateurs et des cibles pour le financement national et international de la santé. Ensuite, les défenseurs du projet souhaitent clarifier les obligations qui découlent du droit à la santé et définir les responsabilités des Etats envers la santé de leur population au-delà de leurs frontières aux différents niveaux international, régional, national et local[4627]. Enfin, la CCSM devra garantir l'exécution immédiate et effective du droit à la santé et donner la priorité à la santé par préférence à d'autres domaines tels que le commerce. A ce titre, la CCM veut « donner une véritable force au droit international et étendre sa portée au sein des communautés afin de créer les conditions de santé et de bien-être pour tout le monde[4628] ».

2361. On constate que par son objectif, sa forme, ses moyens et ses résultats attendus, la Convention-cadre vise à répondre à l'ensemble des difficultés rencontrées par l'OMS tout en offrant des garanties pour l'avenir, tout cela dans un seul instrument. Comme l'énonce Madame SAMSON « les mérites sur le fond d'une telle initiative ne [font] aucun doute[4629] ». Dès lors, à première vue, il apparaît difficile d'être contre un projet au contenu si prometteur. C'est d'ailleurs ce qui a permis au projet de CCSM de bénéficier d'un contexte porteur.

b. Un contexte initial porteur

2362. Ce projet de CCSM émane d'une initiative conjointe de l'Institut O'Neill pour la santé national et mondiale[4630] (Institut O'Neill) rattaché à l'Ecole de droit de *Georgetown* aux Etats-Unis en collaboration avec une

---

[4626] Citation issue du site de l'OMS consacrée à la Couverture sanitaire universelle (http://www.who.int/universal_health_coverage/en/)
[4627] K. BUSE, L. O. GOSTIN et E. A. FRIEDMAN, « *Pathways towards a Framework Convention Global Health : Political Mobilization ofr Human Rights to health* », in M. FREEMAN, S. HAWKES et B. BENETT, *Law and Global health, : Current legal Issues*, vol.16, 2014.
[4628] JALI, « Health for All: Justice for All – A Global Campaign for a Framework Convention on Global Health », May 2012, p.1.
[4629] M. SAMSON, « *Réflexions sur le rôle du droit dans la gouvernance de la santé mondiale* », in E. MONDIELLI, F. VIALLA et E. CADEAU (coord.), *op.cit.*, p. 130 (pp.117-134).
[4630] *O'Neill Institute for national and Global Health Law*

plateforme d'ONG réunies, initialement, sous l'acronyme JALI[4631]. Ainsi, dès 2008, l'Institut O'Neill et à sa tête le Professeur GOSTIN a souhaité réfléchir à la mise en place d'un instrument contraignant relatif à la santé mondiale. Soutenu, au sein du Comité exécutif et du Conseil consultatif par quelques ONG des pays développés[4632] et des personnalités à titre individuel[4633], le projet de CCSM s'est progressivement développé et bénéficie d'un site Internet dédié visant à promouvoir le développement de cet instrument notamment par la publication de documentation[4634]. le site propose une liste des dix façons dont la CCSM peut promouvoir et faire avancer le droit à la santé[4635]. Au sein de l'Institut O'Neill, une personne s'occupe à temps plein de la promotion de la CCSM[4636].

2363. Si ce projet a été soutenu, à sa création, par l'Institut O'Neill, d'autres acteurs sont intervenus offrant un appui plus ou moins fort au projet. D'abord, les initiateurs du projet aiment à rappeler que la CCSM bénéficie du soutien du Secrétaire général des Nations unies, BAN KI MOON, et du directeur du département Santé, nutrition et population de la Banque mondiale. Dans le cas du Secrétaire général, il convient de préciser qu'il a, certes, évoqué lors d'une déclaration en 2011 l'idée que « la lutte antisida doit devenir l'étendard de la solidarité mondiale au service de la santé, qui fait partie des droits de l'homme, et ouvrir la voie à la future convention-cadre des Nations unies pour la santé dans le monde[4637] ». Toutefois, le Secrétaire général n'a pas réitéré de tels propos depuis plus de cinq ans et l'absence de soutien institutionnel et, en particulier, financier au projet de CCSM est la preuve que le soutien explicite apporté par le Secrétaire général est limité voire symbolique et dépassé.

2364. Ensuite, l'idée d'une convention-cadre a été soutenue par Monsieur SIDIBE, directeur de l'ONUSIDA lors d'une publication en 2012. En effet,

---

4631 JALI : The Joint Action and Learning Initiative. V. L. O. GOSTIN et al, « *The Joint Action and Learning Initiative : Towards a Global Agreement on National and Global Responsibilities for Health* », PLOS Medecine, 11 Mai 2011.

4632 Au sein du Comité exécutif : African Development and Advocacy Centre (Nigéria/ Royaume-Uni) ; Center for Health, Human Rights and Development (Uganda) ; Community Working Group on Health (Zimbabwe) ; Communication for Development Centre (Nigeria) ; O'Neill Institute for National and Global Health Law, Georgetown University Law Center (United States) et Partners in Population and Development (Bangladesh). Au sein du Conseil consultatif : Bangladesh Legal Aid and Services Trust ; East, Central and Southern Africa Health Community ; People's Health Center/Gonoshasthaya Kendra (Bangladesh) ; Alliance for Health Promotion et FUNDEPS (Argentina).

4633 Au sein du Comité exécutif : Armando De Negri (World Social Forum on Health and Social Protection) (Brazil) ; Case Gordon (IMAXI Cooperative) (France) ; Nadja Meisterhaft (Karlshochschhule International University) (Germany) et Lyla Latif (Kenya Legal and Ethical Issues Network on HIV and AIDS). Au sein du Conseil consultatif :Christian Locka, Action for Humane Hospitals (Cameroon) ; Debrework Zewdie, Distinguished Scholar at the CUNY School of Public Health and Public Policy (United States) ; Gabriel Benarkuu, Ghana Coalition of NGOs in Health ; Gorik Ooms, Protection International (Belgium) ; Judith Mackay (Hong Kong) ; Miriam Were, Moi University (Kenya) ; Robert Marten, WHO (Sierra Leone) ; Runa Khan, Friendship (Bangladesh) Srinath Reddy, Public Health Foundation of India.

4634 Accessible à : http://www.globalhealthtreaty.org/resources/publications/.

4635 E. FRIEDMAN, « *10 Ways the FCGH Could Advance the Right to Health* », 12 avril 2016 (http://www.globalhealthtreaty.org/10-ways-the-fcgh-could-advance-the-right-to-health/).

4636 Eric Friedman est responsable du projet JALI à l'*Institut O'Neill*. Des rencontres et des échanges avec lui ont eu lieu, à plusieurs reprises, lors de d'un séjour de recherche à l'Université de Georgetown, Washington durant l'été 2013.

4637 ONU, « *Ensemble pour l'accès universel : objectif zéro nouveau cas d'infection à VIH, zéro discrimination et zéro décès dû au sida Rapport du Secrétaire général* », A/65/797, 28 mars 2011, pp.23-24.

partant du constat des difficultés à lutter contre le Sida/VIH, il estime que la santé est « intrinsèque à la dignité humaine et une précondition de la transformation économique, de la stabilité et de la sécurité[4638] ». Il appelle donc à raviver l'intérêt commun pour le droit à la santé et considère que le projet de la CCSM en est le parfait catalyseur. Il souhaitait ainsi ouvrir un débat et soutenait la CCSM car elle représente « une mobilisation sociale et politique sans précédent[4639] ».

2365. Ces soutiens ainsi que les efforts de l'Institut O'Neill ont permis à cette proposition d'acquérir de plus en plus de visibilité et d'appui de la communauté internationale. A tel point que son développement a soulevé la question de savoir si le droit mondial de la santé entrait dans un « nouveau paradigme ». Toutefois, malgré ses aspects attrayants, on constate que depuis quelques années, le projet n'est pas été suivi d'effets et n'a pas dépassé le stade doctrinal embryonnaire. L'exemple de la CCSM interroge donc sur la faisabilité d'un tel instrument et démontre assurément les limites du pouvoir conventionnel.

2. Un exemple des limites du pouvoir conventionnel

2366. Les avantages de la CCSM sont nombreux et clairs : la proposition a un « potentiel transformatif important et représente une vision audacieuse pour réformer la gouvernance mondiale de la santé[4640] ». Néanmoins, elle doit également être confrontée à son coût potentiel, ses limitations pragmatiques et ses conséquences involontaires. A ce titre, les critiques à l'encontre de ce projet concernent le contenu qui apparaît redondant, imprécis et à l'efficacité limitée (a) ce qui a pour conséquence de restreindre la faisabilité politique du projet (b).

a. Un contenu redondant, imprécis et à l'efficacité limitée

2367. En premier lieu, la question de l'intérêt d'une telle démarche se pose au regard de son contenu qui, en plus d'être imprécis et très large, est redondant par rapport au corpus normatif préexistant. D'abord, l'initiative proposée apparaît davantage comme « une mise à jour de la Constitution de l'OMS, rendant celle-ci obsolète et, en tout état de cause présentant des redondances importantes[4641] ». Alors que l'OMS est en pleine réforme et envisage des transformations en matière de suivi et de contrôle, de financements, d'interaction avec les acteurs non étatiques et d'élaboration de la CSU, le contenu de la CCSM intègre des dispositions similaires. Or, l'objectif du pouvoir conventionnel d'une organisation internationale n'est pas de réviser sa Constitution mais de permettre le développement d'un accord entre les Etats membres afin de préciser la Constitution et mettre en œuvre

[4638] M. SIDIBE et K. BUSE, « *A framework convention on global health : a catalyst for justice* », Bulletin de l'Organisation mondiale de la santé, vol.90, 2012, pp.870–870A.

[4639] *Ibid.*

[4640] S. J. HOFFMAN et J.-A. ROTTINGEN, « *Dark sides of the proposed framework convention on global health's many virtue: a systematic review and critical analysis* », *op.cit.*, p.118.

[4641] M. SAMSON, « *Réflexions sur le rôle du droit dans la gouvernance de la santé mondiale* », in E. MONDIELLI, F. VIALLA et E. CADEAU (coord.), *op.cit.*, p. 132.

l'objectif poursuivi. Au vu du champ d'application de la CCSM, les risques de concurrence et de duplication des efforts à fournir sont réels.

2368. Ce nouveau traité international et sa nouvelle structure juridique dont la conférence des parties (COP) pourraient être coûteux sachant que des évolutions de la Constitution de l'OMS et de la structure de l'Assemblée mondiale de la santé pourraient peut-être offrir des résultats semblables[4642]. En effet, une étude souligne le risque que la mise en place d'une conférence des parties dans le cadre de la CCSM, considérant le champ d'application de l'instrument, vienne concurrencer l'Assemblée mondiale qui pourrait à terme être remplacée[4643]. Cette superposition est regrettable.

2369. De plus, la CCSM présente des risques de chevauchements avec d'autres instruments de droit international. Pour Monsieur SCHEEPERS[4644], les traités des droits de l'homme existants et d'autres instruments internationaux abordent déjà la question du droit à la santé et d'autres priorités de santé[4645]. Il serait donc plus efficace de renforcer et d'opérationnaliser ces initiatives plutôt que de créer un nouvel accord international. Par ailleurs, pour d'autres auteurs, le nouveau mécanisme de financement de la CCSM pourrait « détourner les investissements d'autres initiatives et davantage brouiller le paysage du financement de la santé mondiale[4646] ».

2370. Enfin, dans l'ensemble cette Convention-cadre apparaît, au vu de son contenu peu clair et dense, davantage comme une convention « attrape-tout » qui navigue à l'œil. En effet, depuis le lancement de l'initiative en 2008, le contenu de la CCSM n'a eu de cesse d'évoluer et de s'élargir rendant ce dernier assez flou et imprécis. Par exemple, signe de l'opportunisme (ou de la capacité d'adaptation selon l'angle privilégié) du projet, alors que la Couverture sanitaire universelle ne faisait pas partie du champ d'application de la CCSM –certes car ce concept était encore à ses balbutiements– les initiateurs du projet n'ont pas hésité à l'intégrer dans le contenu de la CCSM en proposant de le codifier et de le préciser, le cas échéant. De même, un paradoxe apparaît dans son contenu : la CCSM indique se fonder sur le droit à la santé en tant que droit fondamental tout en insistant sur le besoin de définir ses contours et ses limites.

2371. En second lieu, la capacité de la CCSM à produire les effets attendus est discutable. Pour parti, on retrouve les critiques faites à l'égard de tout instrument contraignant au niveau international dans sa mise en œuvre et son

---

[4642] J. EDGE et C. LIU, « *Chapter 10 : Framework Convention on Global Health* », in S. J. HOFFMAN (dir.), *Student voices 2 : Assessing proposals for global health governance reform*, McMaster Health Forum, 2011, pp.128-143.

[4643] *Ibid.*

[4644] E. SCHEEPERS, « *A Framework Convention on Global Health : A tool for empowering the HIV/AID movements in South Africa and Senegal* », Health and Human Rights, vol. 15(1), 2013, e87-95.

[4645] Par exemple, la Convention sur l'élimination de toutes les formes de discrimination à l'égard des femmes en 1979, Convention contre la torture et autres peines ou traitements cruels, inhumains ou dégradants en 1984, la Convention sur les droits de l'enfant en 1989 ou encore la Convention relative aux droits des personnes handicapés en 2006. V. également l'Observation générale n°14 sur le droit au meilleur état de santé susceptible d'être atteint du Comité des droits économiques, sociaux et culturels (Observation générale 14, U.N. Doc. E/C.12/2000/4 (2000), réimprimé en Récapitulation des observations générales ou recommandations générales adoptées par les organes créés en vertu d'instruments internationaux relatifs aux droits de l'homme, U.N. Doc. HRI/GEN/1/Rev.7 (2004).

[4646] J. EDGE et C. LIU, « *Chapter 10 : Framework Convention on Global Health* », *op.cit.*

application. D'abord, les engagements internationaux, en particulier les traités des droits de l'homme, sont reconnus pour demeurer « inassouvis, ineffectifs et peu appliqués[4647] ». Par ailleurs, certaines barrières aux soins de santé existent au niveau national et seraient mieux appréhendées à ce niveau là plutôt qu'à travers un nouvel instrument international. Ensuite, le résultat des négociations pour une CCSM n'est pas garanti. Les initiateurs du projet reconnaissent eux-mêmes que des négociations multilatérales peuvent mener à « un texte du traité faible avec peu d'engagements et aucun accord sur les enjeux litigieux et controversés pour lesquels aucun consensus n'a été atteint[4648] ».

2372. Toutefois, certaines critiques quant à la capacité de la CCSM à avoir un impact sur la santé sont spécifiques. L'ambition de son champ d'application et de son objectif rend difficile l'évaluation des effets produits par la CCSM. Déjà que cette appréciation est difficile en présence d'un champ d'application plus restreint[4649], en présence de multiples objectifs cette tâche essentielle devient quasiment impossible sauf à établir un mécanisme de contrôle et de suivi structuré et financé à long terme. De même, malgré son large champ d'application, pour certains auteurs, la CCSM ne traite pas de certains sujets qui sont pourtant essentiels à l'objectif poursuivi d'amélioration de la gouvernance mondiale de la santé : le déficit démocratique dans la prise de décision mondiale[4650], la responsabilité politique[4651], l'interdépendance cross-sectorielle[4652] et la fragmentation institutionnelle[4653]. Enfin, dans l'ensemble il est reconnu que les traités sont très longs à négocier et les protocoles supplémentaires marginaux, ce qui rend difficile l'obtention des avancées et le maintien du *momentum* à long terme[4654]. Si ce dernier point est évident, il l'est d'autant plus si le projet initial semble confronté à une faisabilité politique restreinte.

b. Une faisabilité politique restreinte

2373. Le premier constat au sujet de cette proposition est qu'après quelques années suivant son lancement, il n'a, pour l'instant, pas connu le même sort

---

4647 E. SCHEEPERS, « *A Framework Convention on Global Health : A tool for empowering the HIV/AID movements in South Africa and Senegal* », *op.cit.*

4648 L. O. GOSTIN, « *Transforming global health through broadly imagined global health governance* », McGill Journal of Law and Health, vol. 4/1, 2010 ; L. O. GOSTIN et E. A MOK, « *Innovative solutions to closing the health gap between rich and poor: A special symposium on global health governance* », Journal of Law, Medicine and Ethics, vol.38/3, 2010, pp. 451–458.

4649 On fait référence à la CCLAT et au tabac (V. *supra* n°0 et s).

4650 S. J. HOFFMAN, « *Mitigating inequalities of influence among states in global decision-making* », Global Policy Journal, vol.3/4, 2012, pp.421-432.

4651 I. KICKBUSCH, « *The development of international health policies – accountability intact ?* », Social Science and Medicine, vol.51/6, 2000, pp.979-989.

4652 J. FRENK et S. MOON, « *Governance challenges in global health* », NEJM, vol.368, 2013, pp.936-942.

4653 F. BIERMAN, « *The fragmentation of global governance architectures : A framework analysis* », Global Environmental Politics, vol.9/14, 2009, pp.14-40.

4654 V. notamment L. O. GOSTIN, « *Meeting basic survival needs of the world's least healthy people: Toward a Framework Convention on Global Health* », Georgetown Law Journal, vol.96/2, 2007, pp. 331–392 ; L. O. GOSTIN, « *A proposal for a Framework Convention on Global Health* », Journal of International Economic Law, vol.10/4, 2007, pp. 989-1008.

que la CCLAT[4655]. Ceci s'explique notamment en raison de son contenu mais aussi en raison de la forme de l'instrument qui interroge sur la faisabilité du recours à la voie conventionnelle dans ce cadre. En tant qu'instrument contraignant, il cristallise d'autant plus la méfiance des Etats au nom de leur souveraineté et rend la proposition difficile à réaliser politiquement. Pour les Professeurs HOFFMAN et ROTTINGEN, cette initiative pose la question de la volonté politique des Etats à s'engager, en particulier au regard des financements nécessaires dans une telle démarche[4656]. La proposition d'une CCSM engendre un coût aussi bien en termes de négociation que de mise en œuvre, notamment les coûts d'organisation des réunions de négociation, des nouveaux organes de gouvernances à mettre en place, des salaires des employés et des frais juridiques. Par ailleurs, les Etats pourraient être découragés à l'idée de s'engager juridiquement à respecter des obligations imposées par la CCSM puis par des protocoles, alors que les résultats ne sont pas garantis.

2374. En outre, au vu du champ d'application relatif à l'ensemble de la gouvernance mondiale de la santé, il existe un risque de « figer des réseaux et relations par nature fortement évolutifs, par exemple en matière de financements et de définition de priorité[4657]. » Dans cette optique, bénéficier d'accords sur des engagements juridiquement contraignants est particulièrement délicat[4658].

2375. Enfin, en sus de pouvoir concurrencer potentiellement l'OMS, la CCSM ne bénéficie pas d'un soutien fort, en dehors de la doctrine, comprenant des « champions ou partenaires naturels capables de défendre cette approche par rapport à d'autres alternatives viables[4659] ». A cet égard, si l'ONUSIDA par la voix de son Directeur, Monsieur SIDIBE, a offert un soutien à ce projet, l'absence de soutien des acteurs et institutions puissantes tels que le Fonds mondial, la Fondation Gates et l'OMS est significative. La CCSM peut être perçue comme une menace à leurs intérêts stratégiques et comme un moyen d'entraver leur action. Pour Monsieur HAFFELD, ce projet n'est pas « politiquement attrayant [4660] » pour les initiatives de santé mondiales préexistantes car leur rôle serait réduit ou remplacé.

2376. Le second constat à établir est que les initiateurs du projet n'ont toujours pas décidé qui serait le meilleur hôte institutionnel pour leur projet. Ils sont très peu concernés par l'autorité internationale qui devrait prendre la responsabilité d'élaborer la CCSM. On retrouve dans la doctrine des initiateurs

---

[4655] Cette dernière avait été lancée, par la doctrine, en 1994 et dès 1996 un mandat de l'AMS confié au Secrétariat de l'OMS visant à réfléchir à la mise en place d'une Convention-cadre pour la lutte antitabac. V. *supra* n° 0 et s.

[4656] S. J. HOFFMAN et J.-A. ROTTINGEN, « *Dark sides of the proposed framework convention on global health's many virtue: a systematic review and critical analysis* », *op.cit.*, p.128.

[4657] M. SAMSON, « *Réflexions sur le rôle du droit dans la gouvernance de la santé mondiale* », in E. MONDIELLI, F. VIALLA et E. CADEAU (coord.), *op.cit.*, p. 132.

[4658] S. J. HOFFMAN et J.-A. ROTTINGEN, « *Dark sides of the proposed framework convention on global health's many virtue: a systematic review and critical analysis* », *op.cit.*, p.120.

[4659] *Ibid.*, p.120.

[4660] J. B. HAFFELD, H. SIEM, and J. A. RØTTINGEN, « *Examining the global health arena: Strengths and weaknesses of a convention approach to global health challenges* », Journal of Law, Medicine and Ethics, vol.38/4, 2010, pp. 614--628.

du projet des expressions telles que « peu importe le chemin[4661] » ou « peu importe la procédure formelle à suivre[4662] ». Ils semblent ainsi hésiter entre l'OMS, l'ONU ou toute autre institution prêtent à s'engager dans cette aventure normative.

2377. Cette indécision participe de la difficulté à obtenir un soutien fort de l'OMS. En effet, alors que cette dernière est intégrée aux objectifs de la CCSM, il est inopportun de réfléchir à l'élaboration de la CCSM en dehors de l'OMS. Ceci renforce la méfiance des initiateurs du projet à l'égard de la capacité de l'OMS à prendre en charge un tel instrument. La volonté du projet de s'adapter à son interlocuteur démontre également sa fragilité. Si ce projet venait à se réaliser, il est indispensable que l'OMS soit l'autorité normative directrice en appliquant l'article 19 de la Constitution[4663].

2378. Face à ces constats, les Professeurs HOFFMAN et ROTTINGEN envisagent quatre scénarii possibles : 1) abandonner le droit international comme mécanisme principal d'engagement et réfléchir à un accord moins formel suivant l'idée d'un cadre pour la santé mondiale ; 2) réfléchir à une réforme fondamentale de la Constitution de l'OMS afin de répondre aux difficultés de la gouvernance mondiale de la santé ; 3) envisager une plateforme politique séparée contournant entièrement l'OMS afin de la limiter à une agence purement technique ; et 4) réduire le champ d'application de la CCSM sur un aspect particulier de la gouvernance mondiale de la santé comme le financement des besoins de santé mondiaux.

2379. Alors que le premier scénario visant à abandonner la contrainte peut être une solution, il est préférable de maintenir l'encadrement juridique qui est essentiel car il participera à démontrer la capacité du droit international à produire des normes contraignantes et aura davantage d'influence sur l'amélioration de la santé mondiale. Toutefois, cette idée sera d'autant plus renforcée si le champ d'application de l'instrument est ciblé, sur un domaine de santé par exemple, avec des engagements précis. C'est pour raison que le quatrième scénario est le plus adapté. Néanmoins, ceci n'empêche pas une réflexion plus large sur le positionnement de l'OMS dans la gouvernance mondiale de santé, évoqué par le deuxième scénario qui vise à réformer en profondeur la Constitution de l'OMS. Les scénarii 1, 2 et 4 ne sont pas à concevoir indépendamment ni en opposition mais, au contraire, de façon concertée et coordonnée. Le seul scénario inenvisageable est le troisième car il impliquerait la fin du rôle normatif juridique de l'OMS. Il demeure essentiel afin de réaliser l'objectif prévu par la Constitution de l'OMS d'amener tous les peuples au niveau de santé le plus élevé possible.

2380. Pour conclure cette analyse de la proposition d'une CCSM, le changement de paradigme apparaît éloigné aussi bien en pratique, notamment en raison de l'absence d'évolution concrète vers une réflexion institutionnelle

---

[4661] L. O. GOSTIN et al., « *Towards a framework convention on global health* », Bulletin de l'Organisation mondiale de la santé, vol.91,2013, p.792.

[4662] L. O. GOSTIN et E. A. FRIEDMAN, « *Towards a Framework Convention on Global Health: A Transformative Agenda for Global Health Justice* », Yale Journal of Health Policy, Law, and Ethics, vol. 13, n°1, Article 1, 2013, p.72.

[4663] F. KASTLER, « *Why the World Health Organization Should Take the Lead on the Future Framework Convention on Global Health ?* », Global Health Governance Journal, Special issue, Spring-Fall, 2015.

sur une telle proposition, qu'en théorie. Sur ce dernier point, les ambitions ainsi que les objectifs et le contenu de cette convention sont trop larges et imprécis pour évoquer un changement de paradigme. Cet exemple permet avant tout de souligner les limites du pouvoir conventionnel qui doit servir à développer des instruments suffisamment précis, scientifiquement rigoureux et politiquement faisables. Les difficultés rencontrées par le projet de CCSM soulèvent la question de « la pertinence du recours à la stratégie juridique traditionnelle en vue d'assurer la convergence des intérêts au sein de la gouvernance mondiale de la santé[4664] ».

2381. Ce projet prométhéen en théorie risque d'être contreproductif en pratique dans la mise en œuvre de l'activité normative de l'OMS. Il sert d'exemple des limites du pouvoir conventionnel qui ne doit pas être un pouvoir illimité visant à englober toute l'activité normative de santé mondiale. Toutefois, si ce constat peut être juste à l'égard de la CCSM, il ne peut être généralisé à l'ensemble du pouvoir contraignant de l'OMS.

2382. Il y a une distinction entre les difficultés rencontrées par l'approche verticale, illustrée par la convention-cadre contre l'alcoolisme, et la CCSM. Certes, dans les deux cas, l'impossibilité de développement de l'instrument tient en ce que le contexte n'est pas propice en raison d'une infaisabilité politique. Toutefois, les raisons de cette infaisabilité politique sont à différencier. Dans le cas de l'approche thématique, les difficultés notamment politiques de mises en œuvre d'une convention-cadre relative à l'alcool sont fondées sur des divergences d'intérêts entre les acteurs de santé mondiale. En effet, d'un point de vue juridique et scientifique, la mise en place d'une convention est justifiée, du moins tout autant que dans le cadre du tabac.

2383. A l'inverse, dans le cadre de la CCSM, si l'objectif est prometteur, il est, pour cette fois, politiquement infaisable car il y a des intérêts divergents mais avant tout parce que ses fondements juridiques et ses justifications scientifiques sont moins clairs et pertinents. Or, la capacité d'un instrument à démontrer l'efficacité attendue des dispositions prévues est primordiale pour justifier de son recours. Dans le cadre de la CCSM, les initiateurs du projet ne démontrent pas l'efficacité attendue des dispositions de l'instrument. Bien au contraire, c'est l'imprécision prédomine. Dès lors, il devient plus difficile de soutenir un tel projet en comparaison de celui relatif à l'alcoolisme qui est scientifiquement et juridiquement raisonnable. A la différence de la Convention-cadre contre l'alcoolisme, la CCSM ne s'inscrit pas véritablement dans la lignée de la CCLAT. Le champ d'application est plus large et la CCSM va au-delà d'un instrument juridique en incluant des éléments de gouvernance qui viennent concurrencer l'OMS elle-même.

2384. En conséquence, dans le cadre du développement de l'activité normative de l'OMS, il convient de réfléchir au choix de l'instrument. Si les instruments non contraignants bénéficient de nombreux avantages, ils doivent, en priorité, être réservés aux enjeux scientifiques de l'action de l'OMS. Ils doivent ainsi dire, scientifiquement, ce qui n'est pas dangereux pour la santé et sain pour le bien-être de la population. Toutefois, dans une réflexion sur le

---

[4664] M. SAMSON, « *Réflexions sur le rôle du droit dans la gouvernance de la santé mondiale* », in E. MONDIELLI, F. VIALLA et E. CADEAU (coord.), *op.cit.*, p. 132.

développement d'un cadre juridique qui vise à développer des mesures et des dispositions qui prévoient ce qui doit être fait, par le biais d'obligations, le meilleur outil demeure celui qui impose des contraintes. Certes, les instruments non contraignants peuvent servir de premier pas ou de prolongement de l'instrument contraignant. Toutefois, les premiers ne doivent pas être la finalité de l'action normative de l'OMS mais seulement un moyen d'élaborer des instruments contraignants.

CONCLUSION DU CHAPITRE 2

2386. Les difficultés rencontrées par l'activité normative de l'OMS imposent, d'abord, d'améliorer les instruments en vigueur. Cela suppose, d'une part, de renforcer en priorité l'existant par une meilleure considération de la fonction normative au sein de l'OMS. D'autre part, il est nécessaire de réviser les dispositions des instruments existants en particulier en matière de financements et de mise en œuvre.

2387. Ensuite, l'OMS doit développer de nouveaux instruments normatifs. Cette évolution impose de maintenir la diversité et la complémentarité entre les instruments contraignants et non contraignants. Toutefois, il est également pertinent, dans le but d'améliorer la santé mondiale, d'envisager l'élaboration de nouvelles normes, en particulier contraignantes, sous certaines conditions. Premièrement, il est nécessaire qu'un enjeu de santé mondiale soit concerné et touche une majorité d'Etats membres. Deuxièmement, il faut garantir scientifiquement que les dispositions prévues par l'instrument puissent atteindre les résultats sanitaires annoncés, suivant le principe d'efficacité de la norme. Cette condition permet de justifier scientifiquement le besoin et le recours à la norme pour l'OMS. Enfin, il faut que le domaine traité implique une interdépendance entre les Etats, qui ne peuvent agir seuls, et de l'ensemble des acteurs concernés. Cette condition permet de satisfaire à la faisabilité politique de l'instrument à l'égard de leur souveraineté, et, dans l'idéal, de faire participer les acteurs non étatiques à l'élaboration de l'instrument par l'OMS.

2388. L'avenir de l'activité normative de l'OMS dans la perspective d'accomplir son mandat pour atteindre le niveau de santé le plus élevé possible, passe, entre autres, par le renforcement et le développement de son activité contraignante. Selon l'analyse pertinente de la Professeure CHEMILLIER-GENDREAU afin de garantir l'universalité du droit international, il faut renforcer la nature des instruments en faveur de ceux qui sont juridiquement contraignants, améliorer la justiciabilité de la norme et intégrer de nouvelles catégories de sujets de droit adaptées à la complexité des sociétés[4665].

[4665] M. CHEMILLIER-GENDREAU, *« A quelles conditions l'universalité du droit international est-elle possible ? », op.cit.*

CONCLUSION DU TITRE II

2389. L'analyse de l'activité normative de l'OMS démontre ainsi une double mutation. D'abord, découlant de l'exercice de sa fonction normative, on a pu déterminer la conception de la norme de l'OMS, à travers l'interprétation de la juridicité et des effets de cette dernière. D'un point de vue théorique, on constate que l'OMS, alors qu'elle dispose d'une palette normative importante conférée par sa Constitution, perçoit et conçoit la norme avant tout en fonction de son efficacité attendue dans l'amélioration de la santé mondiale. Dès lors, l'OMS fait presque abstraction de la forme de l'instrument, non par choix volontaire mais en tant que conséquence du compromis international fondé sur la volonté des Etats membres.

2390. L'étude des conditions favorables aux effets de la norme de l'OMS confirme que la volonté des Etats membres, condition essentielle mais insuffisante de l'élaboration de la norme, peut être influencée ou orientée par l'OMS notamment par la garantie de la qualité du fondement scientifique de la norme et du besoin d'un tel instrument pour améliorer la santé. Sous cet aspect, une fois admis que la mise en œuvre de l'activité normative de l'OMS dépend également de sa capacité à convaincre les Etats membres de l'efficacité de la norme, il est alors possible d'envisager les évolutions de l'activité normative de l'OMS.

2391. Ensuite, l'analyse de l'avenir de l'activité normative de l'OMS implique un renforcement du corpus normatif existant de l'OMS par une simple application de ce dernier et également par des éléments de réforme des instruments en vigueur. Cette prospective impose également une réflexion quant au développement de nouveaux instruments normatifs de l'OMS. Conscients de la nécessité de maintenir un équilibre entre des instruments non contraignants, flexibles et adaptables aux enjeux scientifiques et sanitaires, il est nécessaire pour l'OMS de continuer à élaborer ces instruments dès lors que des améliorations ou des réformes sont apportées.

2392. Toutefois, le maintien de la diversité de l'activité normative de l'OMS doit également être renforcé par le développement d'instruments contraignants d'encadrement juridique. Les exemples d'une convention-cadre contre l'alcoolisme et de la CCSM ont permis de mieux cerner les limites du pouvoir conventionnel tout en réaffirmant le besoin d'instruments juridiquement contraignants pour garantir au mieux l'amélioration de la santé mondiale.

CONCLUSION DE LA DEUXIÈME PARTIE

2394. Dans un premier temps, l'analyse de l'activité normative de l'OMS, par le prisme de ses instruments non contraignants et contraignants, a un triple intérêt. D'abord, elle permet de constater la diversité et le déséquilibre de son corpus normatif tout en observant une évolution de l'OMS dans la mise en œuvre de sa fonction normative, dépassant l'expertise scientifique afin d'entrer dans la sphère politique et juridique de la santé mondiale. Ensuite, elle offre une comparaison entre les résultats obtenus par les différents instruments, et plus globalement, entre les instruments non contraignants et ceux contraignants, d'un point de vue purement pratique. Enfin, elle permet d'observer que cette dichotomie n'est pas toujours révélatrice des conséquences juridiques de l'activité normative de l'OMS. L'étude de l'activité normative de l'OMS démontre non seulement sa diversité mais également, dans une certaine mesure, son efficacité dans sa volonté d'améliorer la santé mondiale. Ainsi, ce double constat, diversité et efficacité, permet de fonder la conception de la norme de l'OMS.

2395. Dans un second temps, l'analyse de l'activité normative permet d'envisager l'avenir de cette dernière afin de tirer les leçons des difficultés rencontrées dans son élaboration comme dans sa mise en œuvre. S'il est l'équilibre entre instruments non contraignants et contraignants est nécessaire, il convient de délimiter leur utilisation. Ainsi, les instruments non contraignants répondent à une compétence historique et essentielle de l'OMS, c'est-à-dire son expertise scientifique en matière de santé. Dès lors que des évolutions sont considérées, cette activité normative doit être maintenue. Par ailleurs, il y a un besoin, pour l'OMS, de continuer à développer des instruments juridiques contraignants, notamment dans la lignée de la CCLAT.

2396. Certes, les pouvoirs conventionnels et réglementaires ont des limites, et la proposition d'une Convention-cadre pour la santé mondiale en est une illustration. Toutefois, les exemples du RSI et de la CCLAT, comparés à ceux des Codes et autres Stratégies mondiales, apparaissent suffisamment convaincants pour justifier la nécessité de développer de nouveaux instruments contraignants mieux à même de garantir le niveau de santé le plus élevé possible.

CONCLUSION GÉNÉRALE

2397. L'analyse du rôle normatif de l'OMS démontre deux choses. D'une part, son autorité normative est affaiblie. Cet affaiblissement se traduit par des difficultés internes à l'OMS notamment en matière de structures organisationnelles liées à sa forte régionalisation et à sa forme intergouvernementale. L'autorité normative de l'OMS est confrontée à de multiples intérêts divergents, parfois, opposés à son objet sanitaire. La présence de nombreux acteurs étatiques et non étatiques constitue une concurrence qui nuit davantage à son autorité. Dans l'ensemble, la légitimité et la crédibilité de l'OMS sont contestées ce qui nuit à son autorité normative.

2398. D'autre part, son activité normative est doublement déséquilibrée. D'abord, le contenu de l'activité normative de l'OMS démontre qu'elle privilégie le recours au pouvoir de recommandation en matière technique et scientifique au détriment de son pouvoir conventionnel et réglementaire davantage juridique. Son activité normative est déséquilibrée, ensuite, dans sa mise en œuvre où les réussites prometteuses de certains instruments normatifs font face à des difficultés dans l'efficacité de l'application d'autres instruments normatifs. S'ajoute à cela une perception publique générale négative et méfiante, qui n'est pas toujours fondée, quant à la capacité de l'OMS à développer une activité normative cohérente et efficace afin d'améliorer la santé mondiale. Dans l'ensemble, l'activité normative de l'OMS est remise en cause laissant la place au développement d'autres activités par divers acteurs de santé mondiale.

2399. Ce constat réaliste offre, pour les pessimistes, un haut degré d'incertitude quant à son avenir alors que pour les optimistes, il constitue une opportunité singulière pour réfléchir à l'avenir de cette Organisation unique. En particulier, ce contexte permet de proposer des changements, des améliorations, des réformes afin de renforcer son rôle normatif. Ce dernier est essentiel pour amener tous les peuples au niveau de santé le plus élevé possible et ainsi remplir son mandat constitutionnel.

2400. Dans cette perspective, le rôle historique normatif de l'OMS demeure primordial. Il l'est d'abord, théoriquement, puisque la fonction normative de l'OMS est prévue, de façon extensive, dans sa Constitution adoptée en 1948. Ensuite, il l'est avant tout en pratique. La mise en œuvre de son rôle normatif a démontré sa capacité d'assister, d'aider, de collaborer et de coopérer avec les Etats membres dans le développement de leur système de santé afin de protéger davantage leurs populations. Cet objectif que l'OMS essaye de remplir depuis sa création en 1948, est celui qu'elle doit pouvoir continuer à remplir à l'avenir de façon renforcée.

2401. Premièrement, il y a un effet synergétique entre, d'un côté, l'autorité normative de l'OMS qui doit se renforcer et, d'un autre côté, l'activité normative de l'OMS qui doit se consolider et s'améliorer. L'activité normative de l'OMS est complémentaire de son autorité, au sein du droit international de la santé, et inversement. L'activité normative peut compenser certaines faiblesses de son autorité, comme le démontrent les exemples prometteurs de la CCLAT et du RSI, ou participer à un certain affaiblissement de cette dernière, comme en attestent les expériences relatives aux codes ou stratégies. A l'inverse, l'autorité normative peut également être un facteur propice à l'activité normative notamment par la capacité renforcée d'adoption et de mise en œuvre de la fonction normative. Il y a donc ici un effet cyclique : l'affaiblissement de l'autorité de l'OMS a une influence sur sa compétence à élaborer et mettre en œuvre son activité normative qui en retour fragilise son autorité normative. En d'autres termes, si l'OMS est renforcée, cela va engendrer un accroissement et une amélioration de la mise en œuvre de son activité normative qui en retour va consolider son autorité. Dans cette analyse, cet effet entraînant contribuera *in fine* à l'affirmation du droit international de la santé et à l'amélioration de la santé mondiale.

2402. A cette fin, les différentes propositions qui émanent de cette recherche visent, d'une part, à consolider l'existant en améliorant la mise en œuvre pratique du rôle normatif de l'OMS et, d'autre part, à réformer davantage en profondeur l'OMS.

2403. En premier lieu, il convient de renforcer l'autorité normative de l'OMS dans sa légitimité interne (sa structure, son organisation, son fonctionnement notamment) et externe (à l'égard d'autres acteurs de santé mondiale). Il pourrait en aller ainsi grâce à l'amélioration de son fonctionnement interne illustrée par des réformes en matière de régionalisation, par exemple, en conférant le pouvoir de nomination des directeurs régionaux au Directeur général. Il faudrait encore envisager de développer l'indépendance du Directeur général, par exemple, en limitant son mandat non renouvelable d'une durée de sept ans. De même, des évolutions sont proposées afin de pérenniser les ressources humaines et financières notamment par le recrutement de personnel juridique et une augmentation des financements fixes. On peut ajouter la nécessité de démocratiser la structure de l'OMS, ce qui pourrait s'exprimer, par exemple, par une prise en compte supérieure des organisations non gouvernementales au statut mieux explicité.

2404. Par ailleurs, il s'agit d'affirmer la légitimité externe de l'OMS notamment en organisant davantage la gestion des conflits d'intérêts avec les acteurs non étatiques et en encadrant les interactions avec le secteur privé en particulier dans le cadre des partenariats publics privés. A ce titre, l'adoption du nouveau cadre de collaboration avec les acteurs étatiques témoigne de certaines avancées en théorie mais il n'offre pour l'instant aucune garantie en pratique. De même, il est souhaitable d'encourager la culture et l'approche juridiques au sein de l'OMS à l'égard d'autres acteurs. Cela passe par la création d'une entité juridictionnelle et la mise en place d'un Code international de santé publique. Le but recherché serait de consolider le droit international de la santé.

2405. En second lieu, ces recommandations visent à améliorer voire réformer l'activité normative de l'OMS. En amont, il s'agit de promouvoir son existence en offrant une meilleure communication de son existence. Par ailleurs, l'élaboration de la norme doit être accompagnée d'études d'impact afin de démontrer son utilité. En aval, il est nécessaire de garantir la réussite de sa mise en œuvre par le développement de mécanismes de suivi et de contrôle renforcés ainsi que des mécanismes d'incitation. De même, il est souhaitable de pouvoir apprécier l'efficacité de la norme de l'OMS en améliorant la coopération et l'assistance juridiques aux Etats et en garantissant un meilleur financement de l'activité normative. Dans cet optique, il est préférable de maintenir la complémentarité du contenu de l'activité normative de l'OMS tout en proposant des changements dans les instruments de l'OMS.

2406. Dès lors, l'ensemble de ces propositions fait ressortir le besoin de considérer l'OMS comme une organisation normative scientifique référente en matière de santé mondiale. Ce rôle normatif implique le renforcement de la légitimité et de la crédibilité scientifiques de l'OMS notamment dans l'élaboration de recommandations techniques non contraignantes, dans le cadre d'une démarche technique de qualité et transparente. Toutefois, afin de pouvoir mettre la santé comme priorité de l'agenda international, l'OMS doit disposer d'atouts lui permettant de pouvoir discuter à armes égales avec ses interlocuteurs, en particulier ceux issus de la sphère économique. Son rôle normatif doit donc permettre la prise en compte de considérations politiques. Au sens étymologique et noble, l'adjectif politique a trait à ce qui concerne les citoyens et à la manière ou la science de gouverner des Etats. Cette politisation peut être rendue possible par l'adoption d'instruments juridiques contraignants et non contraignants qui ont pour but de proposer un cadre général. Ces derniers doivent prévoir une société sanitaire mondiale structurée et encadrée en favorisant l'efficacité de la norme comme garantie de l'amélioration de la santé mondiale.

2407. Deuxièmement, l'objectif de cette thèse est non seulement d'offrir des pistes d'amélioration pour accroître le rôle normatif de l'OMS mais également de permettre à cette institution spécialisée de santé de pouvoir affronter les futurs enjeux sanitaires dont la diversité et la complexité sont à venir. La gestion de la crise liée à la propagation du virus *Ebola* apparaît comme un véritable signal alarmant du besoin d'un renforcement du droit international de la santé. Toutes les raisons qui justifiaient la mise en place de l'OMS à la sortie de la Seconde guerre mondiale sont davantage exacerbées alors en ce début de XXIe siècle ne serait-ce qu'avec la mondialisation des échanges. Par ailleurs, de nouveaux risques ou facteurs de risques apparaissent comme le bioterrorisme, le changement climatique, le dérèglement de l'environnement biologique, le transhumanisme et les nouvelles technologies, qui sont autant de raisons de craindre pour l'avenir de la santé dans le monde et, en particulier, dans les pays en développement.

2408. Si le but était de décrire, d'analyser, de comprendre, d'améliorer, de renforcer le rôle normatif de l'OMS, il s'agissait surtout d'être mieux armé face aux enjeux de santé mondiale à venir que constituent les risques de catastrophes naturelles, du développement de nouveaux virus, de nouvelles maladies, de nouveaux dangers et de nouveaux fléaux. La décision de créer un nouveau Programme de gestion des situations d'urgence quelle qu'en soit la cause et quel que soit le danger pour la santé humaine (flambées épidémiques, catastrophes naturelles, provoquées par l'être humain ou des conflits) est inédite. En dépassant le champ des seules crises épidémiques, ce programme initie une transformation historique de l'OMS vers une organisation opérationnelle. Jusqu'à présent, l'OMS a souhaité demeurer une organisation normative n'agissant pas en première ligne sur le terrain à l'instar des organisations non gouvernementales.

2409. Toutefois, il ne faut pas pour autant délaisser le cœur de métier de l'OMS représenté par son rôle normatif qui demeure essentiel. Il est souhaitable de développer une démarche préventive du risque sanitaire afin d'anticiper les dangers, ce que ne permet pas une approche opérationnelle et réactive dans l'instant de l'action. Le rôle normatif joue un rôle primordial pour permettre la prévention et l'anticipation des risques de santé mondiale afin de mieux répondre aux enjeux d'aujourd'hui et mieux préparer ceux de demain. En particulier, dans le cas des maladies non transmissibles, les changements comportementaux doivent être initiés par des mécanismes de prévention dont la norme est l'un des outils principaux.

2410. Troisièmement, cette recherche s'inscrit dans une démarche plus large, participant à l'analyse du système des Nations unies. De nombreuses faiblesses identifiées ne sont pas propres à l'OMS et se retrouvent dans d'autres organisations internationales. Par exemple, l'enjeu de la démocratie au sein des organisations internationales ou celui de l'efficacité de la norme internationale sont présents dans le droit des organisations internationales. Nombreuses sont celles qui sont à un tournant de leur histoire quant à leur positionnement en tant qu'organisation internationale notamment entre théocratie et démocratie[4666], entre élaboration et efficacité de la norme, entre légitimité et crédibilité ou entre technique et politique au moment où la transanationalité et l'interdisciplinarité des enjeux sanitaires s'accentuent. Ces évolutions interviennent alors que les organisations internationales sont confrontées à une limitation des ressources pour faire face à des enjeux mondiaux qui ne s'affaiblissent pas voire qui s'amplifient, s'accélèrent et évoluent.

2411. Dans cette perspective, il y a, dans une certaine mesure, un degré de transposabilité de ce constat et de ces propositions à d'autres organisations internationales qui souffrent de maux similaires. Ces réflexions et suggestions peuvent servir d'outils utilisables et adaptables afin de renforcer les organisations internationales et en particulier leur rôle normatif. La gestion des acteurs non étatiques, la difficulté d'exister dans le paysage international, la considération limitée de certains Etats membres, la valeur relative des efforts normatifs ou encore la perte de légitimité et de centralité sont autant d'enjeux que l'on retrouve dans les organisations internationales au sein du système des

---

[4666] A. PETERS « *Le cheminement historique des organisations internationales entre technocratie et démocratie* », in P.-M. DUPUY et V. CHETAIL (dir.), *Les fondements du droit international*, Brill Leiden, 2013, pp.487-529.

Nations unies. Celles-ci sont confrontées à la transformation des relations internationales. Les propositions émises peuvent permettre, en partie, d'y répondre.

2412. Quatrièmement, cette recherche ouvre la voie à une réflexion sur l'utilité[4667] du droit international de la santé. A cet égard, cette recherche, notamment sur la conception de la norme et de son efficacité, confirme que le droit peut participer à améliorer la santé mondiale. Il est dès lors permis de s'interroger sur une meilleure démonstration, à l'avenir, du rôle du droit en tant que déterminant social de la santé mondiale. Ceci permettra de convaincre davantage les décideurs politiques de santé publique du besoin du rôle normatif de l'OMS. Dans cette perspective, si l'élaboration du droit est généralement l'œuvre du juriste (même si cela est à nuancer au sein de l'OMS), il convient de constater que la garantie de la mise en œuvre des normes de l'OMS comme du droit en général, n'est souvent pas du ressort des juristes. La composition médico-centrée actuelle de l'Organisation est symptomatique. Dans cette optique, il peut être envisagé d'accroître le corps de professionnels du droit au sein de l'OMS et des Comités consultatifs afin d'améliorer la qualité juridique des instruments élaborés. Toutefois, cela doit également s'accompagner d'un changement d'approche suivie dans la mise en œuvre de la norme de l'OMS. L'analyse démontre le besoin de suivre une approche interdisciplinaire visant à avoir recours à des mécanismes, des méthodes ou des outils d'analyse accessibles pour, et compréhensibles par, les décideurs de santé publique. Ainsi, dans le cadre d'un paradigme affirmé d'étude de l'efficacité de la norme de l'OMS, il est possible, par exemple, de s'appuyer sur « l'épidémiologie juridique » par laquelle les méthodes de l'épidémiologie sont appliquées à l'appréciation de la mise en œuvre de l'OMS[4668]. Par cet accès à des outils d'analyse de l'efficacité réelle et pratique du rôle normatif de l'OMS, s'opéreraient des rapprochements interdisciplinaires au sein de la santé mondiale.

2413. Enfin, cette recherche interroge sur l'avenir du droit international de la santé et sur le rôle que peut ou doit y jouer l'OMS. Il est nécessaire, au nom de la protection de la santé mondiale, d'élaborer un droit international de la santé cohérent, harmonisé et clair. Comme le rappelle très justement la Professeure DAGRON, le droit international doit être un « instrument privilégié au service des populations et des Etats, quel que soit leur niveau de développement économique, pour réaliser l'objectif du bien-être des individus[4669] ». A cette fin, l'OMS a un rôle à jouer dans la consolidation et l'affirmation d'un droit international de la santé. Ce rôle repose, d'une part, sur

---

[4667] V. J. CHARPENTIER, « *Réflexions sur l'utilité du droit international* », in *Etat, société et pouvoir à l'aube du 21e siècle, Mélanges en l'honneur du professeur F. Borella*, Presses Universitaires de Nancy, 1999, p.57. L'auteur précise que « la question de l'utilité du droit international se pose donc en raison de la distorsion possible entre le droit et le fait, entre la norme juridique et son application ». Il poursuit en indiquant que « l'utilité du droit international est donc liée à son efficacité ».

[4668] V. en ce sens les travaux de Angela Pinzon-Rondon et ses collègues sur la corrélation entre l'Etat de droit et les résultats en santé (A. M. PINZON-ROND et al., « *Association of rule of law and health outcomes: an ecological study* », BMJ, 2015, pp.1-15.

[4669] S. DAGRON, « *L'avenir du droit international de la santé* », *op.cit.*, p.87. V. également la définition des fonctions du droit international identifiées par Martti Koskeniemi (M. KOSKENNIEMI, « *What is international law for ?* », M. D. EVANS, *International law*, Oxford university Press, 2014, p.48).

la production ou la création de normes et, d'autre part, sur la coordination de l'ensemble du corpus juridique pertinent. L'OMS apparaît ainsi comme l'acteur principal de ce droit sans pour autant en être l'unique source ni autorité. Certes, elle ne peut s'imposer frontalement à ses Etats membres qui demeurent le fondement principal de son existence. Toutefois, elle peut aspirer à être le protagoniste majeur du droit international de la santé.

2414. Plus largement, les développements relatifs au droit international de la santé visent à servir de pistes d'évolution au sein du droit international public et du droit des organisations internationales. En effet, alors que l'avenir du droit international public, malgré une réussite relative des négociations de la Convention-cadre des Nations unies sur les changements climatiques, semble s'assombrir du moins dans sa conception traditionnelle, cette recherche offre une réflexion sur la conciliation entre le droit des organisations internationales qui repose sur l'indépendance supposée des Etats et le besoin d'adaptation du droit international public aux évolutions contextuelles et contemporaines. L'étude de l'OMS sert d'illustration à la remise en cause de la vision traditionnelle du droit international public. Il en va ainsi notamment en matière de sources, où son pouvoir réglementaire et celui de recommandation apparaissent comme fondements essentiels du droit international de la santé. C'est encore le cas pour les acteurs, ceux non étatiques devant être reconnus et encadrés.

2415. Le renforcement du rôle normatif de l'OMS est nécessaire afin de faciliter la coordination, l'élaboration, la consolidation et la mise en œuvre du droit international de la santé. L'OMS apparaît comme un forum renforcé d'élaboration et de suivi de ce droit notamment par la participation démocratique d'acteurs non étatiques. Ceci permettrait un équilibre entre le besoin des organisations internationales au sein du droit international public d'agir comme directeur et coordinateur des travaux ayant un caractère international tout en prenant en compte un contexte transformé, en évolution par rapport à celui existant au moment de leur création. La perte de confiance dans les institutions se reflète déjà au niveau régional, comme en témoigne la crise du *brexit* qui a vu le Royaume-Uni décider par référendum de quitter l'Union européenne. Elle se manifeste également au niveau international où les institutions sont considérées comme des forums de négociations déconnectées de certaines réalités de terrain.

2416. Il est certain que si l'OMS n'existait pas, il faudrait aujourd'hui l'inventer pour permettre une collaboration et une coopération entre les Etats et l'ensemble des acteurs de santé mondiale concernés. Toutefois, il serait difficile voire impossible de mettre en place une organisation internationale aussi puissante au sein du système des Nations unies. L'OMS dispose de nombreuses forces pour mener à bien son rôle normatif et atteindre son but. Il faut, par des arguments théoriques et pratiques, convaincre de la nécessité de donner à l'OMS les moyens pour incarner son rôle normatif, la faire évoluer, la renforcer et lui permettre d'agir dans l'intérêt de la santé des populations. Certes, les Etats membres de l'OMS, n'ont pas l'intention de transformer l'OMS en « Ministère de la Santé mondiale » ou en « gouvernement mondial » pour reprendre les expressions de Monsieur BEIGBEDER énoncées dès 1995[4670].

2417. Toutefois, cette recherche vise à contribuer à rétablir la « centralité[4671] » du rôle normatif de l'OMS au sein du droit international de la santé. La vision ainsi défendue est celle d'un rôle normatif de l'OMS considéré comme référent sanitaire privilégié dans la sphère mondiale. Il faut une OMS encore plus active, plus dynamique que par le passé, progressant sans faillir. En effet, la multiplication des centres de décision et de ralliement, la transnationalité des maladies et de leur gestion ainsi que la prise en compte limitée de la santé en tant que priorité des objectifs nationaux sont autant de raisons de renforcer le rôle normatif de l'OMS. Néanmoins, cela n'impose pas une vision absolutiste ou centralisée de l'OMS qui aurait un rôle prépondérant, contraignant et dominateur, bien au contraire. La flexibilité du rôle normatif permet de s'adapter aux besoins, qu'ils soient internationaux ou locaux, verticaux ou transversaux et horizontaux, techniques ou juridiques, certains ou incertains, prévisibles ou imprévisibles.

2418. L'OMS doit évoluer afin de mieux accomplir son rôle normatif essentiel à l'atteinte du niveau le plus élevé de santé en essayant de ne pas répéter simplement les répliques dictées par ses Etats membres. Malgré sa volonté d'universalité, il faut que l'OMS, par la conciliation, arrive à s'émanciper de ses Etats membres et à s'imposer davantage sur la scène internationale avec toujours pour objectif principal l'amélioration de la santé mondiale. Sans tomber dans le catastrophisme, une partie de l'avenir sanitaire de la planète, à moyen et long terme, en dépend. L'ensemble des propositions visent, si elles étaient suivies, à renforcer à l'avenir la place de la santé dans le droit international avec la norme de l'OMS, conçue largement, comme outil principal afin d'influencer davantage les systèmes de santé mondiaux.

[4670] Y. BEIGBEDER, *L'Organisation mondiale de la santé*, PUF, 1995, p.15.

[4671] D. VENTURA, « *Responsabilité et santé globale* », in A. SUPIOT et M. DELMAS-MARTY (dir.), *Prendre la responsabilité au sérieux*, PUF, Hors collection, 2015, p.204 (pp.201-220).

INDEX

(les numéros renvoient aux paragraphes)

-A-

-B-

-C-

-D-

-E-

-F-

-G-

-H-

-I-

-J-

-K-

-L-

-M-

-N-

-O-

-P-

-Q-

-R-

-S-

-T-

-U-

-V-

-Z-

BIBLIOGRAPHIE

I. Encyclopédies et dictionnaires

ALLAND (D.) et S. RIALS, *Dictionnaire de culture juridique,* PUF, 2003.

ARNAUD (A.-J.) et BELLEY (J.-G.) (dir.), *Dictionnaire encyclopédique de théorie et de sociologie du droit,* LGDJ/E-Story-Scientia, 1988.

ARNAUD (A.-J.), *Dictionnaire encyclopédique de théorie et de sociologie du droit,* 2ème éd., LGDJ, 1993.

AUBY (J. M.) et BERGOIGNAN-ESPER (C.) (dir.), « *Fasc. 93, Droit médical et hospitalier* », Jurisclasseur, LexisNexis, Litec, 1ère éd., 1992.

BALEYE (J.), KURGANSKY (A.), LAROCHE (C.) et SPINDLER (J.), *Dictionnaire économique et juridique Française/Anglais et Anglais/Français,* 4ème éd., LGDJ, 1995.

BASDEVANT (J.), *Dictionnaire de la terminologie du droit international,* Sirey (impr. Jouve), 1960.

BAUMGARTNER (E.) et MENARD (P.), *Dictionnaire étymologique et historique de la langue française,* Livre de poche, 1996.

BELANGER (M.), « *Fasc. 80, Le droit international pharmaceutique* » in MAURAIN (C.) et BELANGER (M.) (dir.) Jurisclasseur Droit Pharmaceutique, Paris, LexisNewis/Litec, 1ère éd., 2002.

BELANGER (M.), « *Fasc. 93, Le droit international hospitalier général* », in AUBY (J. M.) et BERGOIGNAN-ESPER (C.) (dir.), Jurisclasseur, Droit médical et hospitalier, Paris, LexisNexis, Litec, 1ère éd., 1992.

BERNHARDT (R.) (dir.), *Encyclopedia of Public International law,* Elsevier, vol.4, 2000.

BLANPAIN (R.), *International Encyclopedia of Law*, Deventer, Kluwer, 1998.

BLGVAD (B.-M.), CAMPBELL (C. M.) et SCHUYT (C. J.), *European yearbook in law and sociology,* Martinus Nojhoff, 1977.

BLOCH (O.) et VON WARTBURG (W.), *Dictionnaire étymologique de la langue française,* PUF, 2004.

BREAL (M.) et BAILLY (A.), *Dictionnaire étymologique latin*, Hachette, Paris, 1885

CASSIN (B.) (dir.), *Vocabulaire européen des philosophies : Dictionnaire des intraduisibles,* Le Seuil/Le Robert, 2004.

CLAMOUR (G.), DESTOURS (S.) (actualisé par FOGLIA (M.)), « *Fasc. 724-20, Droit de la concurrence, - Droit public de la concurrence* », in Jurisclasseur Collectivités territoriales, 2014.

CORNU (G.), *Vocabulaire juridique*, PUF, 10e éd., 2014

DAUDET (Y.) et DUBOUIS (L.), « *Fasc. 13-3. La codification internationale* », Jurisclasseur de droit international.

DEHAUSSY (J.) et ASCENSIO (H.), « *Fasc. 14, Actes unilatéraux et action normative des organisations internationales* », in *JurisClasseur droit international,* 2008.
DEHOVE (R.), SOROSTE (A.) et YEDIKARDACHIAN (C.) (dir.), « *Etude 101-202 : Codes d'usages et autres textes du Codex Alimentarius* », in Lamy Dehove, 2012.
FOULQUIE (F.), *Dictionnaire de la langue française*, PUF, 1982
GRIBEAUVAL (J.-P.), « *Fasc.294, Force normative des recommandations : un concept à géométrie variable »,* Revue Prescrire, t.28, 2008.
GUINCHARD (S.) et DEBARD (T.) (dir.), *Lexique des termes juridiques 2015-2016*, Dalloz, 2015.
GUNN (S. W. A.), MANSOURIAN (P. B.) (dir.), *Understanding the Global Dimensions of Health*, Springer, 2005.
HEGGENBOURG (K.), QUAH (S.) (dir.), *International Encyclopedia of Public Health,* Academic Press, 2008.
JUROVICS (Y.) et EUDES (M.), « *Fasc 412 - Crime de guerre* », Jurisclasseur, 5 janvier 2011.
LAGRANGE (M.-C.), « *Fasc 202-1-3 : Régime de la réparation – Evaluation du préjudice corporel. Atteintes à l'intégrité physique. Situations d'handicaps lourds et indemnisations spécifiques »,* JurisClasseur Civil Code, 4 février 2014.
LALANDE (A.), « *Vocabulaire technique et critique de philosophie* », PUF, Quadrige, 2002.
LALANDE (A.), *Vocabulaire technique et critique de la philosophie*, PUF, coll. Quadrige, 2010.
LEE (K.) and FANG (J.), *Historical Dictionary of the World Health Organization*, 2nd éd., Scarecrow Press Inc., 2013.
LEWIN (A.) et ANJAK (F.), « *Fasc. 112-3, Principes communs aux organisations internationales – Statut juridique* », in Jurisclasseur Droit International, 01/09/1989.
LITTRÉ (E.), *Dictionnaire de la langue française*, tome 7, Paris, Gallimard, Hachette, 1971.
MAURAIN (C.) et BELANGER (M.) (dir.), « *Fasc. 80, Droit Pharmaceutique* », Jurisclasseur, LexisNewis/Litec, 1ère éd., 2002.
P. PEDROT, *Dictionnaire de droit de la santé et de la biomédecine*, Ellipses, 2006.
P. RAYNAUD et S. RIALS (dir.), *Dictionnaire de philosophie politique,* PUF, 1996.
RAYMOND (G.), « *Fasc. 29 – Impact de la Loi n°2014-344 du 17 mars 2014 sur le droit de la consommation »*, JurisClasseur Commercial, 17 avril 2014.
REID (H.), *Dictionnaire de droit québécois et canadien,* Wilson et Lafleur, 2e éd., 1996.
ROMAN (D.), « *Fasc 872 : Aide sociale – Prestation versées aux personnes handicapées »,* JurisClasseur Protection sociale Traité, 10 mai 2015.
SALMON (J.), *Dictionnaire de droit international public*, Bruylant/AUF, préf. G. GUILLAUME, 2001.
TARDIEU (A.), *Dictionnaire d'hygiène publique et de salubrité*, vol.3, 1854.
VILLIERS (M. de) et LE DIVELLEC (A.), *Dictionnaire de droit constitutionnel*, Sirey, 9e éd., 2013.
WOLFRUM (R.) (éd.), *Max Planck Encyclopedia of International Law*, 2008.

II. Ouvrages généraux

ABI-SAAB (G.) (dir.), *Le concept d'organisation internationale*, UNESCO, 1980.

ADAM (E.), *Droit international de l'agriculture. Sécuriser le commerce des produits agricoles,* LGDJ, coll. Droit des affaires, 2012.

AILINCAI (M.), *Le suivi du respect des droits de l'homme au sein du Conseil de l'Europe. Contribution à la théorie du contrôle international,* Pedone, 2012.

ALEXANDROWICZ (C. H.), *Law-making functions of the United Nations Specialized Agencies*, The Book Service, 1973.

ALLAND (D.), *Droit international Public*, PUF, 2000.

ALVAREZ (J. E.), *International Organizations as Law-Makers,* Oxford University Press, 2005.

AMSELEK (P.), *Perspectives critiques d'une réflexion épistémologique sur la théorie du droit (essai de phénoménologie juridique),* LGDJ, 1964.

ARENDT (H.), *La crise de la culture*, Gallimard, coll. « Folio essais », 1972

ARNAUD (A.-J.), *Critique de la raison juridique, tome 2. Gouvernants sans frontières. Entre mondialisation et postmondialisation*, Paris, LGDJ, 2003.

ARON (R.), *Paix et guerre entre les nations,* Calmann-Levy, 8e éd., 1984.

ASCENSIO (H.), DECAUX (E.), PELLET (A.), *Droit international pénal*, (dir.), Pedone, 2e éd, 2012.

ASPREMONT (J. d'), et HEMPTINNE (J. de), *Droit international humanitaire : Thèmes choisis,* Pedone, 2012.

ATTAR (F.), *Le droit international entre ordre et chaos*, Hachette, Paris, 1994.

AUBY (J.-B.), *La globalisation, le droit et l'Etat*, LGDJ, 2e éd., 2010.

AUBY (J.-M.), *Le droit de la santé*, Paris, PUF, coll. « Thémis droit », 1981.

AUST (A.), *Handbook of International Law,* 2ème ed., Cambridge University Press, 2010

AXELROD (R.), *The Evolution of Cooperation*, Basic Books,1984

BALZACQ (T.) et RAMEL (F.), Traité de relations internationales, Presses de Sciences Po, 2013.

BAYLIS (J.) et SMITH (S.), *The Globalization of World politics : An introduction to international relations*, Oxford University Press, 2e éd.,1997.

BEAUD (O.), *La puissance de l'Etat,* PUF, 1994.

BEDJAOUI M.), *Droit international : bilan et perspectives,* Pedone, 1991.

BEETHAM (D.), *The legitimation of Power,* London: Macmillan, 1991.

BEITZ (C. C.), *The idea of human rights*, Oxford University Press, 2009.

BELANGER (M.), *Droit européen général de la santé (bilan d'un droit moderne),* Les Etudes Hospitalières, Cahiers du CERDES, 2013.

BELANGER (M.), *Droit international de la santé*, Economica, 1983.

BELANGER (M.), *Droit international de la santé,* Paris, Berger-Levrault, 1989.

BELANGER (M.), *Eléments de doctrine en droit international de la santé,* Les Etudes Hospitalières, 2012.

BELANGER (M.), *La mondialisation du droit de la santé*, Bordeaux, Les Etudes Hospitalières, 2011

BELANGER (M.), *Le droit international de la santé,* QSJ, PUF, 1997.

BEN ACHOUR (R.) et LAGHMANI (S.) (dir.), *Harmonie et contradictions en droit international*, Pedone, Paris, 1996.

BENOÎT-ROHMER (F.) et KLEBES (H.), *Le droit du conseil de l'Europe : vers un espace juridique européen,* éd. du Conseil de l'Europe, 2005.

BENTHAM (J.), *Of the limits of the penal branch of jurisprudence,* édité par Ph. SCHOFIELD, Clarendon, 2010.

BENYEKHLEF (K.), *Une possible histoire de la norme : les normativités émergentes de la mondialisation,* Thémis 2008.

BERGE (J.-S), FORTEAU (M.), NIBOYET (M.-L.), THOUVENIN (J.-M.), *La fragmentation du droit applicable aux relations internationales – Regards croisés d'internationalistes privatistes et publicistes*, Pedone, coll. Cahiers internationaux, 2010.
BERGEL (J.-L.), *Théorie général du droit,* Dalloz, 2e éd., 1998.
BIEHL (J.) et PETRYNA (A.) (éd.), *When People Come First,* Princeton University Press, 2013.
BOBBIO (N.), *Essais de théorie du droit,* LGDJ, 1998.
BODANSKY (D.), *The Art and Craft of International Environmental Law*, Harvard University Press, 2010.
BOLI (J.) et THOMAS (G. M.) (dir.), *Constructing World Culture*, Stanford University Press, 1999
BOWET (D. W.), *The Law of international Institutions,* London, 1970.
BUIRETTE (P.) et LAGRANGE (P.), *Le droit international humanitaire*, La Découverte, coll. Repères, 2008.
BYK (C.), *Le droit international des sciences de la vie,* Les Editions Hospitalières, éd. Essentiels, 2003.
CAGIAO Y CONDE (J.) (dir.), *La notion d'autorité en droit*, Auctoritas Éd., Le Manuscrit Savoirs, 2014
CANGUILHEM (G.), *Le normal et le pathologique*, PUF, coll. Quadridge, 5ème éd., 1994.
CARBONNIER (J.), *Flexible droit. Pour une sociologie du droit sans rigueur,* LGDJ, 10e éd., 2001.
CARBONNIER (J.), *Pour une sociologie du droit sans rigueur,* LGDJ, 9e éd., 1998.
CARBONNIER (J.), *Sociologie juridique,* PUF, 1978.
CARRE DE MALBERG (R.), *Contribution à la théorie générale de l'Etat*, t. 2, 1922 (rééd. Dalloz, Paris, 2004).
CARREAU (D.) et JUILLARD (P.), *Droit international économique,* Dalloz, coll. Précis, 5ème éd., 2013.
CARREAU (D.) et MARELLA (F.), *Droit international*, Pedone, 11ème éd., 2012.
CARREAU (D.), *Droit international*, Pedone, 10e éd., 2010.
CASSSESE (A.), *International law*, Oxford University Press, 2e éd., 2005.
CHARPENTIER (J.), *Institutions internationales*, Dalloz, 15ème éd., 2002.
COMBACAU (J.) et SUR (S.), *Droit international public*, Montchrestien-Lextenso, Domat Collection, 11e éd. 2014.
CRAWFORD (J.), *The Rights of Peoples,* Oxford, Clarendon Press Oxford, 1988
CROUZATIER (J. M.), *Droit international de la santé,* Agence Universitaire de la Francophonie, Edition des archives contemporaines, 2011.
DAILLIER (P.) et al., *Droit international public,* LGDJ, 8e éd., 2009.
DAILLIER (P.), FORTEAU (M.) et PELLET (A.), *Droit international public*, Paris, LGDJ, 8e éd., 2009.
DAVID (E.), *Droit des organisations internationales,* Bruylant, 2016.
DAVIES (S.), *Global Politics of Health*, Polity Press, 2010, p.43.
DE FROUVILLE (O.), *Droit international pénal – Sources, incriminations, responsabilité,* Pedone, 2012.
DE LA PRADELLE (G.), *Essai d'introduction au droit français,* Erasme, 1990, n°79.
DE VISSCHER (C.), *Les effectivités du droit international public,* Pedone, 1967.
DECAUX (E.), *Droit international public*, Dalloz, 7e éd., 2010.
DELMAS MARTY (M.), *Le flou du droit*, PUF, 2004.
DELMAS-MARTY (M.), *Les forces imaginantes du droit I. Le relatif et l'universel*, Seuil, 2004.

DELMAS-MARTY (M.), *Les forces imaginantes du droit II. Le pluralisme ordonné*, Seuil, 2006..
DELMAS-MARTY (M.), *Pensée juridique française et harmonisation européenne du droit*, Société de Législation Comparée, 2003.
DELMAS-MARTY (M.), *Pour un droit commun*, Seuil, 1994.
DELMAS-MARTY (M.), *Trois défis pour un droit mondial*, Seuil, 1998.
DEMEULENAERE (P.), *Les normes sociales. Entre accords et désaccords*, PUF, 2003.
DETELS (R.) et al., *Oxford Textbook of Public health,* 5e éd., Oxford University Press, 2009.
DETELS (R.), GULLIFORD (M.), ABDOOL KARIM (Q.) et CHUAN TAN (C.) (dir.), *Global Public Health – vol.1 The Practice of Public Health*, Oxford University Press, 6e éd., 2015.
DEUMIER (P.), *Le droit spontané,* LGDJ, 2002.
DIEZ de VELASCO VALLEJO (M.), *Les organisations internationales*, Economica, 2002.
DOUMBE-BILLE (S.) et al., *Droit international de l'environnement,* Larcier, 2013.
DUBOUCHET (P.), *Les normes de l'action. Droit et morale, Introduction à la science normative*, 1ère éd., L'Hermès, 1990.
DUBOUIS (L.) et BLUMANN (C.), « *Droit matériel de l'Union européenne* », Montchrestien, Domat droit public, 3e éd., 2004.
DUPUY (P.-M.) et KERBAT (Y.), « *Le droit international public,* Dalloz, 12e éd., 2014.
DUPUY (P.-M.), *Droit international public,* Dalloz, 3e éd., 1995.
DUPUY (P.M.) et CHETAIL (V.) (dir.), *Les fondements du droit international*, Brill Leiden, 2013.
DUPUY (R.-J.), *La communauté internationale entre le mythe et l'histoire,* Economica, 1986.
DUPUY (R.-J.), *La communauté internationale entre le mythe et l'histoire,* Economica, 1986.
EISENMANN (C.), « *Sur la légitimité juridique des gouvernements* », PUF, 1967.
FEUER (G.) et CASSAN (H.), *Droit international du développement,* 2e éd., Dalloz, 1991.
FONTAINE (L.) (dir.), *Droit et pluralisme,* Bruylant, 2007
FRANK (R.) (dir.), *Pour l'histoire des relations internationales,* PUF, 2012
FREEMAN (M.), HAWKES (S.) et BENNETT (B.) (dir.), *Law and Global Health*, Oxford University Press, 2014.
GLENN (P.) et SMITH (L.) (dir.), *Law and the New Logics,* Cambridge University Press, 2016.
GROVE-VALDEYRON (N. de), *Droit européen de la santé*, LGDJ, 2013.
GRUSKIN (S.), GRODIN (M. A.), ANNASS (G. J.) et MARKS (P.) (dir.), *Perspectives on Health and Human Rights*, Londres, Routledge, 2005.
GUILLET (S.), *Nous, les peuples des Nations unies. L'action des ONG au sein du système de protection international des droits de l'homme,* Montchrestien, 1995.
HABERMAS (J.), *Après l'Etat nation, une nouvelle constellation politique,* Fayard, 2000.
HALPERN (C.), *La santé : Un enjeu de société*, Sciences Humaines Editions, 2010.
HAMROUNI (S.), *Le droit international à l'épreuve de la bioéthique*, Les Etudes Hospitalières, 2009.
HAROUEL-BURELOUP (V.), *Histoire du droit international de la santé,* Les Etudes Hospitalières, 2014.

HART (H.L.A.), *Le concept de droit*, traduit de l'anglais par M. van de Kerchove, éd. Faculté Université de St Louis, 1976, 2e éd. augmentée, 2005.
HENCKAERTS (J.-M.) et DOSWALD-BECK (L.), *Droit international humanitaire coutumier,* CICR, Bruylant, vol.I : Règles, 2006.
HIGGINS (R.), *Problems and Process: International Law and How We Use It*, Oxford University Press, 1995.
IYIOHA (I.) et NWABUEZE (N.) (éd.), *Comparative Health Law and Policy,* Ashgate, 2015.
JACQUE (J.-P.), *Eléments pour une théorie de l'acte juridique en droit international public »*, LGDJ, 1962.
JOUANNET (E.), *Le Droit international*, PUF, 2013.
KAY (A.) and OWAIN (D. W.) (dir.), *Global health Governance : Crisis, Institutions and Political Economy*, Palgrave Macmillan, 2009.
KELSEN (H.), *La théorie générale du droit et de l'Etat. La doctrine du droit naturel et le positivisme juridique*, LGDJ, 1997.
KELSEN (H.), *Théorie pure du droit*, LGDJ, 1999.
KICKBUSCH (I.) et al., « *Global health diplomacy – Concepts, issues, actors, instruments, fora and cases »*, Springer, 2013.
KISS (A. C.), *Droit international de l'environnement*, Pedone, 1989.
LACHARRIERE (G. de), *La politique juridique extérieure des Etats,* Economica, 1983.
LAGRANGE (E.) et SOREL (J.-M.), *Droit des organisations internationales,* LGDJ, 2013.
LAJOIE (A.), MOLINARI (P.) et AUBY (J.-M.), *Traité de droit de la santé et des services sociaux*, Presses de l'Université de Montréal, 1981.
LAPAIGE (V.), *La santé publique globalisée,* Presses de l'Université Laval, 2009.
LAUDE (A.), MATHIEU (B.) et TABUTEAU (D.), *Droit de la santé,* 3e éd., PUF, 2012.
LEMOYNE DE FORGES (J.-M.), *Le droit de la santé*, PUF, 2004.
LEMOYNE DE FORGES (J.-M.), *Le droit de la santé*, PUF, Que sais-je?, 7e éd. 2010.
Les sources générales des systèmes juridiques, Recueil d'études en l'honneur de François Gény, t.2, Sirey, 1934.
MARTINEAU (A.-C.), *Le débat sur la fragmentation du droit international – une analyse critique*, Bruylant, 2015.
MARY (G.) et RAYNAUD (P.), *Introduction à l'étude du Droit*, Dalloz, 2e éd., 1972.
MIAILLE (M.), *Définir le droit*, t.2, *Droits*, PUF, 1990.
MILLARD (E.), *Théorie générale du droit*, Dalloz, 2006.
MINE (M.) et al., *Le droit social international et européen en pratique,* Eyrolles, 2e éd., 2013.
MOOR (P.), *Pour une théorie micropolitique du droit*, PUF, 2005.
MORAND (C.-A.) (dir.), *Le droit saisi par la mondialisation,* Bruylant, 2001.
MOREAU (J.) et TRUCHET (D.), *Droit de la santé publique*, Dalloz, 5e édition, 2000.
MOREILLON (L.) *et al* (dir.), *Droit pénal humanitaire*, Halbing et Lichtenhan, Bruylant, 2006
MORELLE (A.) et TABUTEAU (D.), *La santé publique, Que sais-je ?,* 2015.
MORGENTHAU (H.), *Politics among Nations*, Alfred Knopf, 1978.
NGUYEN (Q. D.), DAILLIER (P.) et PELLET (A.), *Droit international public,* 5e éd., LGDJ, 1994.
NYEMB (G.), *Droits humains, déontologie, droit de la santé,* Presses universitaires d'Afrique, 2012.
OPPETIT (B.), *Philosophie du droit,* Dalloz, 1999.

OST (F.) et Van de KERCHOVE (M.), *Jalons pour une théorie critique du droit,* Publications des Facultés universitaires Saint-Louis, 1987.
OST (F.) et Van de KERCHOVE (M.), *De la pyramide au réseau ?,* Publications des Facultés universitaires Saint-Louis, 2002.
OST (F.) et VAN DE KERCHOVE (M.), *Jalons pour une théorie critique du droit,* Publications des Facultés Universitaires Saint-Louis, Coll. Travaux et Recherches, vol. 9, 1987.
PELLET (A.), *Le droit international du développement,* PUF, coll. Que sais-je ?, 1987.
PERELMAN (C.) (dir.), *La règle de droit,* Bruylant, 1971.
PERRIN (J.-F.), *Pour une théorie de la connaissance juridique,* Droz, 1979.
PHILLIPE-GAY (M.) (dir.), *Les études d'impact accompagnant les projets de loi,* LGDJ, 2012.
PICTET (J.), *Droit international humanitaire,* Centrale universitaire de polycopiés, 2ème éd., 1976.
RANJEVA (R.) et CADOUX (C.), *Droit international public,* EDICEF/AUPELF, coll. Université francophones, 1992.
REUTER (P.), *Les institutions internationales*, Presses Universitaires, 1955.
ROBERT (F.) (dir.), *Pour l'histoire des relations internationales*, PUF, 2012.
ROMANO (S.), *L'ordre juridique*, Dalloz, 2e éd. de la traduction française, 2002.
ROSENAU (J. N.) et CZEMPIEL (E.-O.) (dir.), *Governance without government : change and order in world politics*, Cambridge University Press, 1992.
ROUSSEAU (C.), *Droit international public*, t.1. Introduction et sources, Sirey, 1970.
SCHERMERS (H. G.) et BLOKKER (N. M.), *International Institutional Law. Unity within Diversity,* Brill-Nijhoff, 2011.
SCHNEIDER (J. W.), *Treaty-making power of international organizations*, Droz, 1959.
SFDI, « *Le pouvoir normatif de l'OCDE* », éd. Pedone, 2013.
SMITH (R.), BEAGLEHOLE (R.), WOODWARD (D.), DRAGET (N.) (eds.), *Global public goods for health : health economics and public health perspectives,* Oxford University Press, 2003.
SORENSEN (M.), *Les sources du droit international*, Einar Munksgaard, 1946.
T. G. WEISS et S. DAWS (eds), *The Oxford Handbook on the United Nations,* Oxford University Press, 2007.
TEUBNER (G.) (dir.), *Global law without a state,* Darmouth Publishing Company, 1997.
THOUVENIN (J.-M.) et TREBILCOCK (A.) (dir.), *Droit international social tome 2,* Bruylant, CEDIN, 2013.
THOUVENIN (J.-M.) et TREBILCOCK (A.) (dir.), *Droit international social, tome 2 – Règles du droit international sociale*, Bruylant, CEDIN, 2013.
TOBEY (J. A.), *Public health law*, Commonwealth Fund, 3e éd., 1947.
TOMUSCHAT (C.), LAGRANGE (E.) et OETER (S.) (dir.), *Le droit à la vie. The Right to Life*, Brill, 2010.
TYLER (T.), *Why people obey the law*, Princeton University Press, 2006.
VIALA (A.), *Philosophie du droit,* Ellipses, 2010.
VIRALLY (M.), *Le droit international en devenir. Essais au fil des ans,* PUF, 1990
VIRALLY (M.), *L'Organisation Mondiale*, A. Collin, 1972.
VIRALLY (M.), *La pensée juridique*, éd. Panthéon Assas, 2010 (réimpression de l'édition de 1960).
WEINDLING (P.) (ed.), *International Health Organisations and their Movements,1918-1939*, Cambridge University Press, 1995.
YOUDE (J.), *Global Health Governance*, Polity Press, 2012.

III. Recueils de cours de l'Académie de droit international et autres cours

ABI-SAAB (G.), *Cours de droit international public,* RCADI, vol.207, 1987, pp.9-463.

AGINAM (O.), *Global health governance : International law and public health in a divided world,* University of Toronto Press, 2005.

ANZILOTTI (D.), *Cours de droit international,* vol. I, trad. fr. G. GIDEL, Paris, Sirey, 1929.

ARANGIO-RUEZ (G.), « *The normative role of the General Assembly of the United Nations and the Declaration of Principles of Friendly Relations* », RCADI, vol.137, 1972, pp.419-742.

BASDEVANT (J.), « *Règles générales du droit de la paix* », RCADI, vol.58, 1936, pp.471-690.

BATIFFOL (H.), « *Principes de droit international privé* », RCADI, vol.57, 1959, pp.431-474.

BOURQIN (M.), « *Règles générales du droit de la paix (cours général)* », RCADI, t.35, 1931.

BOUTROS-GHALI (B.), « *Le principe d'égalité des Etats et les Organisations Internationales* », RCADI, vol.100, 1960, pp.1-73.

BRIERLY (J.-L.), *« Le fondement du caractère obligatoire du droit international »,* RCADI, vol.25, 1928, pp.467-552.

CARILLO-SALCEDO (J.A.), « *Droit international et souveraineté des Etats. Cours général de droit international public* », RCADI, vol.257, 1996, pp.37-221.

CHARPENTIER (J.), « *Le contrôle par les organisations internationales de l'exécution des obligations des Etats* », RCADI, vol.182, 1983, pp.143-245.

CHEMILLIER-GENDREAU (M.), *« A quelles conditions l'universalité du droit international est-elle possible ? »,* Conférence inaugurale, session de droit international public, RCADI, vol.355, 2011, pp.11-40.

DE VISSCHER (C.), *« La codification du droit international »,* RCADI, 1925, vol.6, pp.325-455.

DUPUIS (J-M.), « *L'unité de l'ordre juridique international : cours général de droit international public* », RCADI, vol.297, 2000, pp.1-489.

DUPUY (R. J.), « *Le droit des relations entre les organisations internationales* », RCADI, vol.100, 1960, pp. 457-589.

F. RIGAUX, « *Les situations juridiques individuelles dans un système de relativité générale : Cours général de droit international privé* », RCADI, vol.213, 1989, pp.9-407.

GUGGENHEIM (P.), « *La validité et la nullité des actes juridiques internationaux* », RCADI, vol.74, 1949, pp.191-268.

KELSEN (H.), « *Les rapports de système entre le droit interne et le droit international public* », RCADI, vol.14, 1926, IV, pp.227-352

KELSEN (H.), « *Théorie générale du droit international public. Problèmes choisis* », RCADI, vol.42, 1932, pp.117-352.

LAGRANGE (E.), *L'efficacité des normes internationales concernant la situation des personnes privées dans les ordres juridiques internes,* RCADI, vol.356, 2012, pp.239-552.

MONACO (R.), « *Les principes régissant la structure et le fonctionnement des organisations internationales* », RCADI, vol.156, 1977-III, pp.79-225.

PELLET (A.), « *Contre la tyrannie de la ligne droite - Aspects de la formation des normes en droit international de l'économie et du développement* », Cours donné à the International Law Institute of Thessalonica, 1988, *in Thesaurus Acroasium,* vol.XIX, 1992, pp.287-355.

PELLET (A.), *« L'adaptation du droit international aux besoins changeants de la société internationale »,* RCADI, vol.329, 2007, pp.17-47.
PELLET (A.), *« Le droit international à l'aube du XXIème siècle – La société internationale contemporaine – Permanences et tendances nouvelles »,* Reproduction des « Cours euro-méditerranéens Bancaja de droit international, 1997, pp.20-112.
POLITIS (N.), *« le problème des limitations de la souveraineté et la théorie de l'abus des droits dans les rapports internationaux »*, RCADI, vol.6, 1925.
RANJEVA (R.), *« Les organisations non gouvernementales et la mise en œuvre du droit international »,* RCADI, vol.270, 1997, pp.9-105.
ROUSSEAU (C.), *« L'indépendance de l'Etat dans l'ordre international. Cours de droit international public »,* RCADI, vol.73, 1948, pp.167-253.
SABA (H.), *« L'activité quasi législative des institutions des Nations unies »*, RCADI, vol.111, 1964.
STRUPP (K.), *« Règles générales du Droit de la paix »,* RCADI, vol.47, 1934, pp.259-590.
VIRALLY (M.), *« Panorama du droit international contemporain. Cours général de droit international public »*, RCADI, vol.183, 1983.
VITTA (C.), *Le droit sanitaire international*, RCADI, Tome 33, 1930.
WEIL (P.), *« Le droit en quête de son identité. Cours général de droit international public »,* RCADI, vol.237, 1992.

IV. Ouvrages spécifiques et monographies

AILLERET (P.), *Essai de théorie de la normalisation*, Eyrolles, 1991.
AL-SANHOURY (A.), *Les restrictions contractuelles à la liberté individuelle de travail dans la jurisprudence anglais. Contribution à l'étude comparative de la règle de droit et du standard juridique,* Marcel Giard, 1925.
AMERI (H.), *Politics and process in the specialised agencies of the UN*, Gower House, Hants, 1982.
AMRANI-MEKKI (S.) et BOUJEKA (A.) (dir.), *Contentieux et handicap*, LGDJ, 2010.
ASPREMONT (J. d') (éd.), *Participants in the International Legal System, Multiple Perspectives on Non-State Actors in International Law,* Routledge, 2011.
ATKINSON (A.B.), *New sources of development finance : funding the millenium develoment goals,* UNU World Institute for development of economics research (UNU-WIDER), 2004.
AUVERGNON (P.) (dir.), *L'effectivité du droit du travail : à quelles conditions?,* Presses Universitaires de Bordeaux, 2008.
BASTID (S.), *La condition juridique des fonctionnaires internationaux*, Paris, Sirey, 1931.
BAUMARD (P.) (dir.), *Les sanctions financières internationales,* La Revue Banque, 2012.
BEIGBEDER (Y.), *L'OMS en péril*, Balises, 2011.
BEIGBEDER (Y.), *L'Organisation mondiale de la santé,* PUF, 1995.
BEIGBEDER (Y.), *L'Organisation mondiale de la santé*, QSJ, PUF, 1997.
BEIGBEDER (Y.), *The World Health Organization,* International Organization and the evolution of world society, vol .4, Martinus Nijhoff Publishers, 1998.
BELANGER (M.) (coord.), *Droit et santé en Afrique*, Les Etudes hospitalières, Agence universitaire de la francophonie, 2006.
BELANGER (M.) (dir.), *Droit, éthique et vaccination. L'obligation vaccinale en question*, Les Etudes Hospitalières, 2006.

BELANGER (M.), *Introduction à un droit mondial de la santé,* Agence Universitaire de la francophonie, éd. des archives contemporaines, 2009.
BENVENISTI (E.) et HIRSCH (M.) (dir.), *The impact of international law on international cooperation: theoretical perspectives*, Cambdrige University Press, 2004.
BETTATI (M.) et DUPUY (P.-M.) (dir.), *Les ONG et le droit international,* Economica, 1986.
BETTATI (M.), *Le droit d'ingérence, mutation de l'ordre international*, Odile Jacob, 1990.
BLERY (C.), *L'efficacité substantielle des jugements civils,* LGDJ, 2000.
BLOKKER (N.) et MULLER (S.) (dir.), *Towards more effective supervision by international organizations. Essays in honour of Henry G. Schermers,* Martinus Nijhoff Publishers, vol.I, 1994.
BOISSON DE CHAZOURNES (L.) et KOHEN (M.), *International Law and the Quest for its Implementation = Le droit international et la quête de sa mise en œuvre : Liber Amicorum Vera Gowlland-Debbas »,* Brill, 2010.
BOISSON DE CHAZOURNES (L.) et MEHDI (R.) (dir.), *Une société internationale en mutation : quels acteurs pour une nouvelle gouvernance,* Bruylant, 2005.
BOISSON DE CHAZOURNES (L.) et SANDS (P.), (eds), *International Law, the International Court of Justice and Nuclear Weapons,* Cambridge University Press, 1999.
BOSSIS (G.), *La sécurité sanitaire des aliments en droit international et communautaire*, Bruylant, 2005.
BOUDON (R.), *Effets pervers et ordre social,* PUF, 1989.
BROSSET (E.) et TRUILHE-MARENGO (E.) (dir.), *Les enjeux de la normalisation technique internationale, entre environnement, santé et commerce international,* La documentation française, coll. Monde européen et international, 2006.
BRUMMER (C.), *Soft Law and the Global Financial System*, Cambridge University Press, 2011.
BRUYLANT (E.) et VIGNES (D.), *L'inspection internationale : quinze études de la pratique des Etats et des organisations internationales* Bruylant,1976.
BURCA (G. de) et SCOTT (J.) (dir.), *Law and new governance in the EU and the US,* Hart, 2005.
BURCI (G. L.) et VIGNES (C.-H.), *The World Health Organization*, Kluwer Law International, 2004.
CAHIN (G.), *La coutume internationale et les organisations internationales, l'incidence de la dimension institutionnelle sur le processus coutumier,* Pedone, 2001.
CAMILLERI (J.) et FALK (J.) (dir.), *The end of sovereignty ? The politics of a shrinking and fragmenting world*, E. Elgar, 1992.
CARROZ (J.) et PROBST (Y.), *Personnalité juridique internationale et capacité de conclure des traités de l'O.N.U. et des institutions spécialisées*, Paris, 1953.
CASSAN (M.), *L'Europe communautaire de la santé*, Economica, 1989.
CAZALA (J.), *Le principe de précaution en droit international,* LGDJ, 2006.
CHAMPEIL-DESPLATS (V.) et LOSCHAK (D.) (dir.), *A la recherche de l'effectivité des droits de l'homme,* Presses Universitaires de Paris Ouest, 2008.
CHASSAGNARD-PINET (S.) et HIEZ (D.) (dir.)*, La contractualisation de la production normative,* Dalloz, n°35, 2008.
CHAYES (A.) et CHAYES (A. H.), *The new sovereignty : compliance with international regulatory regimes*, Harvard University Press, 1995.
CHIU (H.), *The capacity of international organizations to conclude treaties and the special legal aspects of the treaties so concluded,* Springer Netherlands, 1966.

CHOREV (N.),*The World health organisation between North and South*, Cornell University Press, 1st ed., May 2012.
Cinquantenaire de l'Organisation mondiale de la santé, Actes du colloque du CERDES-AFDS, 1998, RGDM, juin 1999, n°1, pp.61-185.
CLAM (J.) et MARTIN (G.) (dir.), *Les transformations de la régulation juridique,* LGDJ, 1998
CLAUDEL (E.) et THULLIER (B.) (dir.), *Le droit mou : une concurrence faite à la loi,* Travaux du CEDCACE, 2004.
CROUZATIER (J. M.), *La responsabilité de protéger*, Agence Universitaire de la francophonie, éd. des archives contemporaines, 2008.
DANILENKO (G. M.), *Law-making in the International Commmunity,* Nijhoff, 1993.
DARBON (D.) et DU BOIS de GAUDUSSON (J.) (dir.), *La création du droit en Afrique,* Karthala, 1997.
DAUDET (Y.), *Les conférences des Nations unies pour la codification du droit international,* LGDJ, coll. Bibliothèque de droit international, t. XLIII, 1968.
DAUVILLE (T.), *Les conflits d'intérêt en droit privé*, LGDJ, 2014.
De la Constitution, Etudes en l'honneur de Jean-François Aubert, Helbing & Lichtenhahn, 1996.
DEMERS (V.), *Le contrôle des fumeurs. Une étude d'effectivité du droit,* éd. Thémis, 1996.
DESCHAMPS (J.-P.), « *La Constitution de l'organisation mondiale de la santé et l'histoire de la définition de la santé de l'O.M.S.* », La Santé de l'homme, 1996.
DEVEAUD (B.) et LEMENNICIER (B.), *L'OMS : Bateau ivre de la santé publique, Les dérives et les échecs de l'agence des Nations unies*, L'Harmattan, 1997.
DISTEFANO (G.), *L'ordre international entre légalité et effectivité. Le titre juridique dans le contentieux territorial,* Pedone, 2002.
Droit du pouvoir, pouvoir du droit : mélanges offerts à Jean Salmon, Bruylant, 2007.
DUBIN (L.) et RUNAVOT (M.-C.), *Le phénomène institutionnel international dans tous ses états : Transformation, déformation ou réformation ?,* Pedone, 2014.
DUPUY (P.-M.) et VIERUCCI (L.), *NGOS in International Law. Efficiency in flexibility?,* E. Elgar Publishing, 2008.
EDWARDS (G.) et al., *Alcohol policy and the public good,* Oxford University Press, 1994.
ENGSTER (D.), « *Divine Sovereignty: the origins of modern state power* », DeKalb, 2001.
ERAUW (J.) (dir.), *Liber Memorialis François Laurent*, E. Story-Scientia, 1989.
Études à la mémoire du professeur Bruno Oppetit, Litec, 2009.
Etudes offertes à VIDAL, Presses universitaires de Bordeaux, 2010.
FATIN-ROUGE STEFANINI (M.), GAY (L.) et VIDAL-NAQUET (A.) (dir.), *L'efficacité de la norme juridique. Nouveau vecteur de légitimité,* Bruylant, 2012.
FLAUSS (J.-F.) et WACHSMAN (P.) (éd.), *Le droit des organisations internationales. Recueil à la mémoire de Jacques Schwob,* Bruylant, 1997.
FRIEDMANN (W.), *De l'efficacité des institutions internationales,* A. Colin, 1970.
FRYDMAN (B.) et VAN WAEYENBERGE (A.) (dir.), *Gouverner par les standards et les indicateurs. De Hume aux rankings,* Bruylant/LGDJ, 2014.
GAMBELLI (F.), *Aspects juridiques de la normalisation et de la règlementation technique européenne,* Eycholles, 1994.
GAUTIER (D.) et TOURME-JOUANNET (E.), *Une histoire du droit international : De l'antiquité à la création de l'ONU,* Presses Universitaires de Rennes, 7e éd., 2014.
GHERARI (H.) et SZUREK (S.) (dir.), *L'émergence de la société civile internationale. Vers la privatisation du droit international ?,* Pedone, 2003.

GHESTIN (J.), *Le droit des normes professionnelles et techniques,* Bruylant, 1985.
GNAMOU-PETUATON (D.), *Dissolution et succession entre organisations internationales. Contribution à la théorie de la succession entre organisations internationales*, Bruylant, 2008.
GOSTIN (L. O.), *Global Health Law,* Harvard Press, 2014.
HABLOT (C.), *De la norme privée à la norme publique en droit du travail*, Dalloz, coll. Thèse, éd. Panthéon Assas, 2013.
HAFNER (G.) (dir.), *Liber Amicorum Professor Seidl Hohenvelden in honour of his 80th birthday*, Kluwer Law International, 1998.
HAMMJE (P.), JANICOT (L.) et NADAL (S.) (dir.), *L'efficacité de l'acte normatif. Nouvelle norme, nouvelles normativités* LGDJ, coll. LEJEP, 2013.
HARMAN (S.), *The World Bank and HIV/AIDS : Setting a Global Agenda*, Routledge, 2010.
HIRVONEN (A.), *Polycentricity. The multiple scenes of law*, Pluto press, 1998.
Hommage d'une génération de juriste au Président Basdevant, Pedone, 1960.
HOUSSIN (D.), *Face au risque épidémique*, Odile Jacob, 2014.
IGALENS (J.) et PENANT (H.), *La normalisation,* QSJ, PUF, 1994.
International law : new actors, new concepts, continuing dilemmas, Liber Amicorum Boidar Bakoti, Martinus Nilhoff Publisher, 2010.
JEAN-ANTOINE (B.), *Les normes constitutionnelles financières en droit français de 1789 à nos jours,* LGDJ, 2010.
KAPUR (D.) et al (éd.), *The World Bank – It's First Half Century – vol.1 : History*, Brookings Institution Press, 1997.
KASME (B.), *La capacité de l'organisation des Nations unies de conclure des traités*, Paris, 1960.
KHERAD (R.) (dir.), *La sécurité humaine*, colloque en l'honneur du doyen Dominique Breillat, Pedone, 2010.
KICKBUSCH (I.) et al., *Global Health Diplomacy, Concepts, issues, actors, instruments, fora and cases*, Springer, 2013.
KIRTON (J. J.) et TREBILCOCK (M. J.) (dir.), *Hard choices, soft law: voluntary standards in global trade, environment, and social governance* », Routledge, 2004.
KLABBERS (J.), *The Concept of Treaty in International Law*, Kluwer, 1996.
KOROWICZ (M.-S.), *Organisations internationales et souveraineté des Etats membres,* Pedone, 1961.
L'architecture du droit : Mélanges en l'honneur de Michel Troper, Economica, 2006.
L'évolution du droit internationale, mélanges H. Thierry, Pedone, 1998.
La codification du droit international, SFDI, 1999.
La communauté internationale. Mélanges offerts à Charles Rousseau, Pedone, 1974.
La juridictionnalisation du droit international, SFDI, Pedone, 2003.
La technique et les principes du droit public : études en l'honneur de G. Scelle, LGDJ, 1950.
LAGRANGE (E.), « *La représentation institutionnelle dans l'ordre international. Une contribution à la théorie de la personnalité morale des organisatiosn internationales »,* Kluwer Law International, 2002.
LAJOIE (A.), MACDONALD (R. A.), JANDA (R.) et ROCHER (G.) (dir.), *Théories et émergence du droit : pluralisme, surdétermination et effectivité,* Thémis, Bruylant, 1998.
LANFRANCHI (M.-P.) et CHRISTASKIS (T.), *La licéité de l'emploi d'armes nucléaires devant la Cour internationale de Justice*, (dir.), Centre d'Études et de Recherches Internationales et Communautaires, Economica, 1997.
LAUDE (A.) et TABUTEAU (D.) (dir.), *Code européen de la santé*, LGDJ, coll. Hygea, 2009.

LAUDE (A.) et TABUTEAU (D.), *La loi santé. Regards sur la modernisation de notre système de santé,* Presses de l'EHESP, 2016.

Le droit des peuples à disposer d'eux-mêmes : méthodes d'analyse du droit international, Mélanges offerts à Charles Chaumont, Pedone, 1984.

Le droit international au service de la paix, de la justice et du développement, Mélanges Michel Virally, Pedone, 1991.

Le droit souple, Association Henri Capitant, Journée national, Tome XIII, Boulogne-sur-Mer, 2009.

LE FAOU (A.-L.), *Les systèmes de santé en question, Allemagne, France, Royaume-Uni, Etats-Unis et Canada*, Ellipses, coll. Sciences humaines en médecine, 2003.

LEE (K.), *The World health organization (WHO),* Routledge, Global Institutions, 2009.

LEIVE (D. M.), *International regulatory regimes. Case studies in health, meteorology, and food,* vol.1, Lexington Books, 1976.

Les normes en santé, Actes du Colloque de l'Institut Droit et Santé, publié au Journal de droit de la santé et de l'assurance, n°2, 2015.

Les sources générales des systèmes juridiques, Recueil d'études en l'honneur de François Gény, t.2, Sirey, 1934.

LEVENEUR (L.), *Situations de fait et droit privé,* LGDJ, 1990.

LISK (F.), *Global Institutions and the HIV/AIDS Epidemic : Responding to an International Crisis,* Routledge, 2010.

LOQUIN (E.) et KESSEDJIAN (C.), *La mondialisation du droit,* Litec, 2000.

LOWE (V.) et FITZMAURICE (M.) (dir.), *Fifty years of the International Court of Justice. Essays in honour of Sir Robert Jennings,* Cambridge University Press, 1996.

MACCORMICK (N.), *La texture ouverte des règles juridiques. Controverses autour de l'ontologie du droit,* PUF, Questions, 1989.

MacCORMICK (N.), *Questioning sovereignty,* Oxford University Press, 1999.

MADER (L.), *L'évaluation législative. Pour une analyse empirique des effets de la législation,* Payot, 1985.

MARTY (G.), *La distinction du fait et du droit. Essai sur le pouvoir de contrôle de la Cour de Cassation sur les juges de fait*, Recueil Sirey, 1929.

MASSART (F.) (dir.), *L'Europe de la santé : hasard ou nécessité ?,* Editions Académia, 1988.

MEHDI (R.) et MALJEAN-DUBOIS (S.) (dir.), *La société internationale et les grandes pandémies,* Quatorzièmes rencontres internationales d'Aix-en-Provence, colloque des 8 et 9 décembre 2006, LGDJ, 2006.

Mélanges en l'honneur de Louis Dubouis. Au carrefour des droits, Dalloz, 2002.

Mélanges en l'honneur de P. Roubier, Dalloz, Paris, T.1, 1961.

Mélanges LAJUGIES, Editions Bière, 1985.

MERLE (M.), *Le procès de Nuremberg et le châtiment des criminels de guerre,* Pedone, 1949.

MINCKE (C.), « *Efficacité, efficience et légitimité démocratique du ministère public. Quand l'arbre cache la forêt* », Presses Universitaires de Louvain, 2002.

MOINE-DUPUIS (I.) (dir.), *Le médicament et la personne. Aspects de droit international*, Litec, vol.XXVIII, 2007.

MONDIELLI (E.), VIALLA (F.) et CADEAU (E.) (coord.), *Mélanges en l'honneur de Michel Belanger – Modernité du droit de la santé* », Les éditions hospitalières, coll. Mélanges, 2015.

MORABIA (A.) et JORDAN (D.), *Les déterminants de la santé,* Actes Sud, 1999.

MORET BAILLY (J.-M.), *Les conflits d'intérêts,* LGDJ, coll. Forum, 2014.

MORET-BAILLY (J.), « *Définir les conflits d'intérêts* », Dalloz, 2011.

NAIM-GESBERT (E.), *Les dimensions scientifiques du droit de l'environnement, contribution à l'étude des rapports de la science et du droit,* Bruylant, VUBPRESS, 1999.
NEVILLE (G. M.), *International Health Organization and their work*, 1952.
NOBEL (P.) (dir.), *International Standards and the Law*, Staempfli, 2005.
Nouveaux itinéraires en droit. Hommage à François Rigaux, Bruylant, 1993.
PACE (V.), *L'Organisation mondiale du commerce et le renforcement de la réglementation juridique des échanges,* L'Harmattan, 2000.
PENNEAU (A.), *Règles de l'art et normes techniques,* LGDJ, Bibliothèque de droit privé, 1989, t.203.
PERELMAN (C.) et DANDER-ELST (R.), *Les notions à contenu variable en droit,* Travaux du Centre national de recherches de logique, Bruylant, 1984.
PEZET (E.) et SENECHAL (J.) (dir.), *Normes juridiques et normes managériales. Enjeux et méthode d'une nouvelle internormativité*, LGDJ-Lextenso éditions, coll. « Droit et Société. Recherches et Travaux », 2014.
PICHARD (M.), *Le droit à, Etude de législation française,* Economica, 2006.
POOTER (H. de), *Le droit international face aux pandémies : vers un système de sécurité sanitaire collective ?*, Pedone, 2015.
Pour un droit pluriel, Etudes offertes au Professeur Jean-François Perrin, Helbing & Lichtenhahn, 2002,
PRIEUR (M.) (dir.), *La mise en œuvre nationale du droit international de l'environnement dans les pays francophones*, Actes des troisièmes journées scientifiques du Réseau « Droit de l'Environnement » de l'Agences universitaires de la francophonie, Yaoundé (Cameroun), 14-15 juin 2001, Presses universitaires de Limoges, 2001.
Problèmes de droit des gens. Mélanges offerts à H. Rolin, Pedone, 1964.
QURESHI (A.), *Ebola virus disease : from origin to outbreak,* Elsevier, 2016.
REMY (D.), *Légistique. Art de faire les lois*, Romillat, 2004.
RIGAUX (F.), *La loi des juges*, Odile Jacob, 1997.
RIGAUX (M.-F.), *La théorie des limites matérielles à l'exercice de la fonction constituante*, Larcier, 1985.
RIVERO (J.), *La distinction du droit et du fait dans la juriprudence du Conseil d'Etat,* La Neuveville, éd. du Griffon, 1961.
ROBERT (P.), SOUBIRAN-PAILLET (F.) et VAN DE KERCHOVE (M.), « *Normes, normes juridiques, normes pénales. Pour une sociologie des frontières* », t.1, L'Harmattant, 2000.
RODWIN (M. A.), *Conflicts of interest and the future of medicine: The United States, France and Japan*, Oxford University Press, New York, 2011.
RODWIN (M. A.), *Medicine, money and morals: Physicians' conflicts of interest*, Oxford University Press, 1993.
ROEMER (R.), *L'action législative contre l'épidémie mondiale de tabagisme,* OMS, 2e éd., 1993.
ROSANVALLON (P.), *La légitimité démocratique – Impartialité, réflexivité, proximité*, coll. Les livres du nouveau monde, Seuil, 2008.
ROSCAM ABBING (H. D. C.), *International Organisations in Europe and the Right to Health Care*, Kluwer, Deventer, 1979, pp.316-343.
ROSENBERG (M. L.) et al., *Real collaboration : What Global health needs to succeed*, Berkeley, University of California Press, 2009.
ROUYER-HAMERAY (B.), *Les compétences implicites des organisations internationales*, Paris, 1962, LGDJ.

RUIZ FABRI (H.), SICILIANOS (L.-A.) et SOREL (J.-M.) (dir.), *L'effectivité des organisations internationales : mécanismes de suivi et de contrôle,* Sakkoulas/Pedone, 2000.
RUSHTON (S.) et YOUDE (J.) (éd.), *Routledge handbook of global health security,* Routledge, 2015.
RUZIE (D.), *L'application du droit international par le juge français*, A. Colin, 1972, p.75 et s.
RYFMAN (P.), *Les ONG*, Coll. Repères, La Découverte, 2004.
SADOWSKY (M.), *Droit de l'OMC, droit de l'Union Européenne et fiscalité directe,* Larcier, 2013.
SAROOSHI (D.), *International organisations and their exercise of sovereign powers,* Oxford University Press, 2005.
SCHWOB (J.), *Les organes intégrés de caractère bureaucratique dans les organisations internationales,* Bruylant, 1987.
SFDI, *Les agents internationaux,* Pedone, 1985.
SHELTON (D.), *Commitment and Compliance: The Role of Non-Binding Norms in the International Legal System*, Oxford University Press, 2000.
SHUBBER (S.), *The international code of marketing of breast-milk substitutes : an international measure to protect and promote breast-feeding,* Kluwer Law international, 1998.
SICILIANOS (L.-A.), PICCHIO FORLATI (L.) (dir.), *Les sanctions économiques en droit international,* Martinus Nijhoff 2004.
SIDDIQI (J.), *World health and World politicis : The World Health Organization and the UN System,* University of South Carolina Press, 1995.
SZE (S.), *The origins of the World health organisation, A personnal memoire, 1945-1948*, Boca Raton (Florida) USZ Publications, 1982.
TANQUEREL (T.) et BELLANGER (F.), *Le service public : journée de droit administratif,* 2005, Genève: Schulthess, coll. Pratiques du droit administratif, 2006.
TAYLOR (P.) and GROOM (A. J. R.), *United Nations at the Millennium: The Principal Organs,* Continuum London, 2003.
THIBIERGE (C.) (dir), *La force normative. Naissance d'un concept*, LGDJ, Hors collection, 2009.
THIBIERGE (C.) (dir.), *La densification normative : Découverte d'un processus*, Bruylant-Lextenso, 2014.
TIMSIT (G.), *L'archipel de la norme*, PUF, 1997.
TINIERE (R.) et ARLETTAZ (J.) (éd.), *Fragmentation en droit. Fragmentation du droit,* Colloque de Grenoble du 17 mai 2013, éd. l'Epitoge, coll. L'unité du droit, vol.8, 2014.
TOEBES (B.), *The Right to Health as a Human Right in International Law,* Anvers, Intersentia / Hart Publishing, 1999.
TOUSCOZ (J.), *Le principe d'effectivité dans l'ordre international,* LGDJ, 1964.
TUSSEAU (G.), *Les normes d'habilitation*, Dalloz, 2006.
TWINNING (W.), *General Jurisprudence, Understanding Law from a global perspective*, Cambridge University Press, 2009.
VERDOODT (A.), *Naissance et signification de la Déclaration universelle des droits de l'homme,* Éditions Nauwelaerts, 1964.
VICTOR (D. G.) et al. (dir.), *The implementation and effectiveness of international environmental commitments: theory and practice*, MIT Press, 1998
VILLALPANDO (S.), *L'émergence de la communauté internationale dans la responsabilité des Etats,* PUF, 2005.
VIOLET (F.), *Articulation entre la norme technique et la règle de droit,* PUAM, 2003.

WAGENAAR (A. C.) and BURRIS (S.) (éd.), *Public Health Law Reaserch : Theory and Methods*, Josey-Bass, 2013
WEBER (M.), *Le savant et le politique*, traduction J. FREUND, Plon, 1959.
WIPFLI (H.), *Mapping the world's first public health treaty. The global war on tobacco,* John Hopkins University Press, 2015.
YEMIN (E.), *Legislative powers in the United Nations and specialized agencies,* A. W. Sijthoff, 1969.
YUSUF (A. A.) (dir.), *Elaboration de règles internationales sur l'éducation, la science et la culture. Essais à l'occasion du 60e anniversaire de l'UNESCO,* éd. UNESCO, 2007.

V. Thèses

BAL (L.), *Le mythe de la Souveraineté en droit international, La souveraineté des Etats à l'épreuve des mutations de l'ordre juridique international,* Thèse, Université de Strasbourg, 3 février 2012.
BERKOV (R.), *The World Health Organisation : a Study in decentralized international administration,* Thèse, Université de Genève, 1957.
BETAILLE (J.), *Les conditions juridiques de l'effectivité de la norme en droit public interne : illustratiosn en droit de l'urbanisme et en droit de l'environnement,* Thèse, Université de Limoges, 2012.
BOUFOUS (A.), *L'action normative de l'Organisation mondiale de la santé*, Thèse, Université de Paris I, 1985.
CHARENTENAY (S. de), *Origines et développement de la loi de Hume dans la pensée juridique,* Thèse, Montpellier I, 2008.
CHASLES (J.-M.), *Le mythe de la democratisation internationale : La place des ONG dans la société internationale à travers les exemples des conventions d'Ottawa et Rome*, Thèse, Université de Paris I, 2009.
COUVEINHES (F.), *L'effectivité en droit international,* Thèse, Université Panthéon-Assas, 2011.
HAZOUARD (M. Y.), *L'Organisation mondiale de la santé : rôle normatif dans le droit international de la santé*, Thèse, Université de Paris 8, 2006.
JANECZEK (E. J.), *Nuremberg Judgment in the Light of International Law,* Genève, Imprimeries Populaires, 1949, thèse n°67.
LOUIS (D.), *La distinction du fait et du droit en droit judiciaire privé*, Thèse, Université de Montpellier, 2014.
LÜCKER-BABEL (M.-F.), *L'Organisation mondiale de la santé et les droits de l'homme relatifs à la santé*, Thèse, Université de Strasbourg, 1985.
MINELLI (E.), *World Health Organization - The mandate of a specialized agency of the United Nations,* Dissertation for the Political Science Degree specializing in International Relations at the Catholic University of Milan, 2003.
MONDIELLI (E.), *L'action de l'OMS en faveur de l'enfance*, Thèse, Université de Montpellier, 1990.
MOUNDOUNGA NTSIGOU (S.), *La fragmentation du droit international public : l'œuvre de codification à la lumière de la fragmentation du droit international,* Thèse, Université de Strasbourg, 2013.
PELLET (A.), *Recherche sur les principes généraux de droit international*, Thèse, Université de Paris II, 1974.
SEUBA (X.), *La protection de la santé et la réglementation internationale des produits pharmaceutiques*, Thèse, Université de Strasbourg, 2008.
VERGES (E.), *Les principes directeurs du procès judiciaire – Etude d'une catégorie juridique,* Thèse, Université d'Aix-en-Provence, 2000.

VOINOT (D.), *La norme technique en droit comparé et droit communautaire,* Thèse, Université de Grenoble, 1993.

VI. Articles et chapitres d'ouvrages

« *L'effectivité au regard des notions voisines* » in CHAMPEIL-DESPLATS (V.) et LOSCHAK (D.) (dir.), *A la recherche de l'effectivité des droits de l'homme,* Presses Universitaires de Paris Ouest, 2008, pp.27-30.

ABBASI (K.), « *The World Bank and world health : changing sides* », BMJ, 318, 1999, pp.865-869.

ABBOTT (K. W.) et SNIDAL (D.), « *Hard and soft law in International Governance* », International organization, vol.54, 2000, pp.429-430.

ABBOTT (K. W.) et SNIDAL (D.), « *Pathways to International Cooperation* », in E. BENVENISTI & M. HIRSCH (dir.), *The impact of international law on international cooperation: theoretical perspectives*, 2004, pp.50-84.

ABDALLAH (F. M.) et al., « *Contribution of sudanese medical diaspora to the halth care delivery system in Sudan: exploring options and barriers* », Human Ressources for Health, vol.14, Suppl. 1, n°39, 2016.

ABEYRATNE (R. I. R.), « *The legal status of the Chicago Convention and its Annexes* », Air and Space Law, vol.19, n°3, 1994, pp.113-123.

ABI-SAAB (G.), « *Éloge du 'droit assourdi'. Quelques réflexions sur le rôle de la soft law en droit international contemporain* », in *Nouveaux itinéraires en droit. Hommage à François Rigaux*, Bruylant, 1993, pp.59-68.

ABI-SAAB (G.), « *La coutume dans tous ses états ou le dilemme du développement du droit international général dans un monde éclaté* », in *Le droit international à l'heure de sa codification, Etudes en l'honneur de R. Ago,* t.1, A. Giuffrè, 1987, pp.53-65.

ABT (G.), « *Vingt-cinq ans de l'Office international d'hygiène publique, 1903-1933* », OIHP, 1933, pp.135-138.

ABUGAL (A.) et BADR (E.), « *Challenges to implementation of the WHO Global Code of Practice on International recruitment of health personnel : the case of Sudan* », Human Ressources for Health, vol.14, Suppl. 1, n°39, 2016.

AGINAM (O.), « *Mission (im)possible ? WHO as a 'norm entrepreneur' in global health governance* » in FREEMAN (M.), HAWKES (S.), *Law and Global Health,* Current Legal Issues vol.16, Oxford University Press, 2014, chapitre 31.

AKEHURST (M.), « *Custom as a source of international law* », BYBIL, vol.47, 1974-1975, pp.1-53.

AKEHURST (M.), « *The hierarchy of the sources of international law* », BYBIL, vol.47, 1974-1975, pp.273-285.

AL-SANHOURY (A.), « *Le standard juridique* », in *Les sources générales des systèmes juridiques, Recueil d'études en l'honneur de François Gény*, t.2, Sirey, 1934.

ALDIS (W. L.) et SOENDORO (R.), « *Indonesia, power asymmetry, and pandemic risk : the paradox of global health security* », in RUSHTON (S.) et YOUDE (J.) (éd.), *Routledge handbook of global health security,* Routledge, 2015, pp.318-327.

ALGER (C. F.), « *L'organisation internationale vue sous l'angle du fonctionnalisme et de l'intégration* », in ABI-SAAB (G.), *Le concept d'organisation internationale,* (dir.), UNESCO, 1980, pp.130-156.

ALGER (C.F.), « *Fonctionnalisme et intégration* », RISS, vol.XXIX, n°1,1977, pp.77-100.

ALLAND (D.) « *L'applicabilité directe du droit international considérée du point de vue de l'office du juge : des habits neufs pour une vieille dame ?* », RGDIP, 1998, p. 201 et s.
AMIEL (P.) et VIALLA (F.), « *La vérité perdue du 'code de Nuremberg' : réception et déformations du 'code de Nuremberg' en France »,* RDSS, n°4, 2009, pp.673-687.
AMIEL (P.) et VIALLA (F.), « *Le 'Code de Nuremberg', une jurisprudence pénale inaugurale en droit international de la santé »*, in MONDIELLI (E.), VIALLA (F.) et CADEAU (E.) (coord.), *op.cit.*, pp.573-585.
AMSA (S.), et al., *« Tobacco »*, in R. DETELS et al. (dir.), *Oxford Textbook of Public Health*, 5e éd., 2009.
AMSELEK (P.), « *Norme et loi »,* Archives de philosophie du droit, vol.25, 1980, p.89.
AMSELEK (P.), « *Réflexions critiques autour de la conception kelsénienne de l'ordre juridique »,* Revue du droit public et de la science politique en France et à l'étranger, 1978, n°5, p.10.
ANBAZHAGAN (S.) et SUREKHA (A.), « *Role of non-governmental organizations in global health »*, International Journal of Community Medicine and Public Health, vol.3, n°1, Janvier 2016, pp.17-22.
ANDERSON (D. H.), « *Law-making processes in the UN system – Some impressions »,* Max Planck YBUNL, 2008, pp.23-50.
ARENDT (H.), « *Qu'est-ce que l'autorité ?* », in *La crise de la culture*, Coll. « Folio-essais » Gallimard, 1993, pp.160-162.
ARENDT (H.), « *Qu'est-ce que la liberté ?* » in *La crise de la culture*, Gallimard, coll. « Folio essais », 1972.
ASCENSIO (H.), « *La notion de juridiction internationale en question »,* in *La juridictionnalisation du droit international,* SFDI, Pedone, 2003, pp.163-202.
ASPREMONT (J. d') et BRABANDERE (E. de), « *The complementary faces of legitimacy in international law : the legitimacy of origin and the legitimacy of exercise »*, Fordham International Law Journal, vol.34, 2010, pp.101-145.
ASPREMONT (J. d') et VENTURA (D.), « *La composition des organes et le processus décisionnel »,* in LAGRANGE (E.) et SOREL (J.-M.), *op.cit.*, pp.402-433.
ASPREMONT (J. D'), « *Softness in International Law: A Self-Serving Quest for New Legal Materials* », European Journal of International Law, 2008, n° 5, pp. 1081-1087.
ASPREMONT (J. d'), *Emergence et déclin de la gouvernance démocratique en droit international*, Revue québécoise de droit international, vol.22.2, 2009, pp.57-80.
ATLANI-DUAULT (L.) et VIDAL (L.), « *Le moment de la santé globale – Formes, figures et agendas d'un miroir de l'aide international »*, in L. ATLANI-DUAULT et L. VIDAL (dir.), *La santé globale nouveau laboratoire de l'aide internationale,* Revue Tiers Monde, n°216, juillet-septembre 2013, pp.7-16.
ATTARAN (A.) et al., « *Webcast : the World Health Assembly* », Lancet, vol.383, 201, pp.125-126.
AUJALEU (E.), « *L'Organisation mondiale de la santé : Structures et activités,* » Revue Française Affaires Sociales, 1984, p.143.
AUREY (X.), « *Le droit international pénal de la bioéthique* », in ASCENSIO (H.), E. DECAUX, PELLET (A.), (dir.), *Droit international pénal,* Pedone, 2e éd., 2012, pp.261-278.
AUST (A.), « *The Theory and Practice of Informal International Instruments* », International and Comparative Law Quarterly, vol. 35, n°4, 1986, pp.787-812.

AWOFESO (N.), « *Re-defining health* », Bulletin of the World Health Organization, vol.83, 2005, p.802.
AXELROUDE (B.), « *Aperçu sur le Droit international médical* », Notes et études documentaires, La Documentation française, vol.2572, 1959.
BACHELIER (G.), « *La norme internationale et le droit interne devant le juge administratif* », Rev. crit. DIP, 2000, p.1.
BALMOND (L.), « *Le Conseil de sécurité et la crise d'Ebola : entre gestion de la paix, d'une rupture de la paix et pilotage de la gouvernance mondiale* », Questions of International Law, vol.10, 2014, pp.5-25.
BANTA (J. E.), « *From international health to global health* », Journal of Community Health, vol.26, n°2, 2001, p.73.
BARBOZA (M. N.), « *La déontologie des agents internationaux* », in LAGRANGE (E.) et SOREL (J.-M.), *op.cit.*, pp. 558-564.
BARKER (J. C.), « *Mechanism to create and support conventions, treaties and other responses* » in KUTTING (G.) (éd.), *Conventions, treaties and other responses to global issue*, vol.1, UNESOC, EOLSS, 2004, pp.32-55.
BARR (D. A.), « *A research protocol to evaluate the effectiveness of public-private partnerships as a means to improve health and welfare systems worldwide* », Health policy and ethics, vol.97, n° 1, Janvier 2007, pp.19-25.
BARRAL (C.) et ROUSSEL (P.), « *De la CIH à la CIF. Le processus de révision* », Handicap, vol.94-95, 2002, pp.1-23..
BARRY (M.), « *Les partenariats public-privé pour l'aide à la santé : quelles conditions d'efficacité prendre en compte* », Mondes en développement 2/2015, n°170, pp.75-90.
BASILIEN-GAINCHE (M.-L.), *Gouvernance et efficacité des normes juridiques,* in FATIN-ROUGE STEFANINI (M.), GAY (L.) et VIDAL-NAQUET (A.) (dir.), *L'efficacité de la norme juridique. Nouveau vecteur de légitimité,* Bruylant, 2012, pp.85-105.
BAUDUIN (J.-L.), « *Quelques réflexions sur la reconnaissance du droit à la santé dans les systèmes internationaux et régionaux des droits de la personne* », Journal international de la bioéthique, 1998, p.72.
BAXTER (R. R.), « *International Law in "Her Infinite Variety"* », I.C.L.Q., vol. 29, 1980, p.549.
BAYTI (L.), « *L'avenir du droit international de la santé* », in *L'avenir du droit international de la santé : Table ronde,* Recueil international de législation sanitaire, vol.40 (1), 1989, pp.20-24.
BEAUD (O.), « *Souveraineté* », P. RAYNAUD et S. RIALS (dir.), *Dictionnaire de philosophie politique,* PUF, 1996, pp.625-633.
BECHILLON (D de.), « *Aspects juridiques de la normalisation* », LPA, 1998, n°18, p.47.
BECHILLON (de) (D.), « *La structure des normes juridiques à l'épreuve de la post-modernité* », in SEVERIN (E.) et BERTHOUD (A.) (dir.), *La production des normes entre Etat et société civile. Les figures de l'institution et de la norme entre Etats et société civile,* L'Harmattan, 2000, pp.47-75.
BEIGBEDER (Y.), « *Les partenariats de l'Organisation mondiale de la santé* », Etudes internationales, vol.41, n°2, 2010, pp.223-251.
BEIGBEDER (Y.), *L'Organisation mondiale de la santé en transition – La rénovation nécessaire*, Etudes internationales, vol.30, n°3, 1999, pp.477-491.
BEIGBEDER (Y.), *The United Nations Secretariat : reform in progress in The United Nations at the Millenium* in TAYLOR (P.) and GROOM (A.J.R.), *United Nations at the Millennium: The Principal Organs*, Continuum London, 2000, pp.196-223.

BELANGER (M.) et al, *L'avenir du droit international de la santé : table ronde*, Recueil international de législation sanitaire, vol.40 (1), 1989, pp.1-31.

BELANGER (M.), « *Cosmétologie internationale : approche juridique* », Revue de droit sanitaire et social, avril-juin 1993, pp.277-283.

BELANGER (M.), « *Droit international, européen, communautaire et vaccinations* », in BELANGER (M.) (dir.), *Droit, éthique et vaccination. L'obligation vaccinale en question*, Les Etudes Hospitalières, 2006, pp.215-231.

BELANGER (M.), « *Existe-t-il un droit africain de la santé ?* » in DARBON (D.) et de BOIS de GAUDUSSON (J.) (dir.), *La création du droit en Afrique*, Paris, Karthala, 1997, pp.361-369.

BELANGER (M.), « *Existe-t-il un droit international pénal de la santé ?* », Revue de droit social et sanitaire, 2008, pp.14-21.

BELANGER (M.), « *International health law and consumer autonomy* », Journal of Consumer Policy, Leude, vol.12, 1989, pp.333-342.

BELANGER (M.), « *L'avenir de la législation sanitaire internationale* », in Recueil international de législation sanitaire, vol.40, n°1, 1989, pp.1-8.

BELANGER (M.), « *La formation en droit de la santé* », Recueil international de législation sanitaire, vol.49, n°1, 1998, in « *La législation sanitaire à l'aube du XXIe siècle* », Numéro spécial, OMS, pp.59-71.

BELANGER (M.), « *La protection de la santé publique : aspects européens et internationaux* », Revue Générale de droit médical, Numéro spécial : La protection de la santé publique, 2005, pp.18-21.

BELANGER (M.), « *La régionalisation sanitaire internationale* », in *Mélanges LAJUGIES*, Editions Bière, 1985 pp.644-655.

BELANGER (M.), « *Le droit communautaire de la santé : un droit en formation lente* », Les cahiers du droit, 1985, tome II, pp.183-208.

BELANGER (M.), « *Le droit international médical général* », Annales de droit international médical, n°34, 1987-1988, pp.11-42.

BELANGER (M.), « *Normes sanitaires internationales* », in PEDROT (P.), *Dictionnaire de droit de la santé et de la biomédecine*, Ellipses, 2006, pp.323-324.

BELANGER (M.), « *Origine et histoire du concept de santé en tant que droit de la personne* », Journal international de la bioéthique, vol.9, n°3, 1998, pp.57-61.

BELANGER (M.), « *Quel bilan pour le droit communautaire de la santé* » in MASSART (F.) (dir.), *L'Europe de la santé : hasard ou nécessité ?*, Editions Académia, 1988, p.67.

BELANGER (M.), « *Réflexions sur la réalité du droit international de la santé* », Revue Québécoise de droit international, Montréal, vol.II, 1985, pp.19-62.

BELANGER (M.), « *Un ancêtre de l'Organisation mondiale de la santé : l'Office international d'hygiène publique* », in *Mélanges* VIDAL, Bordeaux, Presses universitaires de Bordeaux, 2010, pp.153-168.

BELANGER (M.), « *Une nouvelle branche du droit international : le droit international de la santé* », Etudes internationales, 1982, pp.611-632.

BELANGER (M.), « *Une solution dans le débat sur le droit à la santé ? Le droit à la sécurité sanitaire. Approche de droit international* », *Mélanges en l'honneur de Louis Dubouis. Au carrefour des droits*, Dalloz, 2002, pp.767-775.

BELLEY (J.-G.), « *Le pluralisme juridique comme doctrine de la science du droit* », in *Pour un droit pluriel, Etudes offertes au Professeur Jean-François Perrin*, Helbing & Lichtenhahn, 2002, pp.135-165.

BENOIT (M.), « *Les nouvelles tendances du droit international médical* », Annuaire du droit international médical, n°19, Décembre 1969, pp.41-53.

BENYEKLHEF (K.), « *Droit global : un défi pour la démocratie* », Revue projet, n°353, 2016/4, pp.14-22.

BERGEL (J.-L.), « *Le plurijudisme, rapport introductif* », in BERGEL (J.-L.) (dir.) *Le Plurijudisme,* PUF, 2005, pp.11-22.
BERMAN (S.), « *From International Law to Law and Globalization* », Columbia Journal of Transnational Law, 43, 2005, pp.485-556.
BERMUDEZ (J.), et DOUSTE-BLAZY (P.), « *UNITAID* », in P. DOUSTE-BLAZY (dir.), *Innovative financing for development*, I-8 Group/Leading Innovative Financing for Equity, pp.13-23.
BERNHEIM (E.), « *Le 'pluralisme normatif' : un nouveau paradigme pour appréhender les mutations sociales et juridiques ?* », Revue interdisciplinaire d'études juridiques, vol.67, 2011 /2, pp.1-41.
BERNS (T.), « *Normes collectives non juridiques* », in *Gouverner sans gouverner,* PUF, 2009, pp.81-100.
BERNSTEIN (S.) et HANNAH (E.), « *Non-state global standard setting and the WTO : Legitimacy and the need for regulatory space* », Journal of International Economic law, 11(3), pp.575-608.
BERTHET (E.), « *L'Organisation mondiale de la Santé* », Etudes, T. 313, avril 1962, p.54 (p.53-68).
BERTRAND (B.), « *Rapport introductif : Les enjeux de la* soft law *dans l'Union européenne* », Revue de l'Union européenne, 2014, p.73.
BERTRAND (P.), « *La situation des 'membres inactifs' de l'OMS* », Annuaire français du droit international, vol.2, n°1, 1956, pp. 602-615.
BETTATI (M.), « *Du droit d'ingérence à la responsabilité de protéger* », Outre-Terre, n°20, 2007, pp.381-389.
BETTCHER (D.), DELAND (K.) et SCHLUNDT (J.) et al., « *International public health instruments* », in DETELS (R.) et al., *Oxford Textbook of Public health,* 5e éd., Oxford University Press, 2009.
BETTINI (R.), « Efficacité », in ARNAUD (A.) (dir.), *Dictionnaire encyclopédique de théorie et de sociologie du droit,* LGDJ, 1992, p.219.
BIEHL (J.), PETRYNA (A.), « *Critical Global Health* » *in* J. BIEHL, A. PETRYNA (éd.), *When People Come First,* Princeton University Press, 2013, pp.1-20.
BIERMAN (F.), « *The fragmentation of global governance architectures : A framework analysis* », Global Environmental Politics, vol.9/14, 2009, pp.14-40.
BIERMANN (F.), ROLLAND-PIEGUE (E.) et VON MOLKTE (K.), « *Créer une organisation mondiale de l'environnement – Eléments pour le débat* », n°01/2004, Iddri, 2004, pp.1-35.
BILDER (R.), « *Beyond compliance : helping nations cooperate* », in SHELTON (D.), *Commitment and Compliance: The Role of Non-Binding Norms in the International Legal System*, Oxford University Press, 2000, pp.65-74.
BIRN (A.-E.), « *'Gates' Grandest Challenge: Transcending Technology as Public Health ideology* », Lancet 366, n°9483, 2005, pp.514-519.
BISHOP (D.), « *Lessons from Sars : Why the WHO must provide greater economic incentive for countries to comply with International Health Regulations* », Georgetown journal of international law, vol.36, 2005, pp.1173-2226.
BISMUTH (R.), « *La privatisation des organisations internationales* », in LAGRANGE (E.) et SOREL (J.-M.), *op.cit.*, pp.192-198.
BLOKKER (N.) et MULLER (S.) « *Towards more effective supervision by international organization. A general introduction* » in *Towards more effective supervision by international organizations. Essays in honour of Henry G. Schermers,* Martinus Nijhoff Publishers, vol.I, 1994, pp.1-6.
BLOOM (B. R.), « *WHO needs change* », Nature, vol.473, 2011, pp.143-145.
BOBBIO (N.), « *Nouvelles réflexions sur les normes primaires et secondaires* », in *Essais de théorie du droit,* LGDJ, 1998, pp.115-118.

BODANSKY (D.), « *The United Nations Framework Convention on Climate change: A Commentary* », Yale Journal of International Law, vol.18, 1993, pp.451-501.
BOISSON DE CHAZOURNES (L.) et MBENGUE (M. M.), *« Suivi et contrôle »*, in LAGRANGE (E.) et SOREL (J.-M.), *op.cit.*, pp.800-818.
BOISSON DE CHAZOURNES (L.), *« Application de la notion de médicaments essentiels »*, Annuaire français de droit international, vol.30, 1984, pp.692-703.
BOISSON DE CHAZOURNES (L.), « *Functionalism! Functionalism! Do I Look Like Functionalism?* », EJIL, 2016, vol. 26, no. 4, pp.951-956.
BOISSON DE CHAZOURNES (L.), « *Le pouvoir réglementaire de l'Organisation mondiale de la santé à l'aune de la santé mondiale : réflexions sur la portée et la nature du Règlement sanitaire international de 2005* », in *Droit du pouvoir, pouvoir du droit : mélanges offerts à Jean Salmon*, Bruylant, 2007, pp.1157-1181.
BOISSON DE CHAZOURNES (L.), « *Standards et normes techniques dans l'ordre juridique contemporain : quelques réflexion* » in BOISSON DE CHAZOURNES (L.) et KOHEN (M.), *International Law and the Quest for its Implementation = Le droit international et la quête de sa mise en œuvre : Liber Amicorum Vera Gowlland-Debbas »,* Brill, 2010, pp.351-376.
BOISSON DE CHAZOURNES (L.), « *Standards, régulation internationale et organisations internationales »,* in FRYDMAN (B.) et VAN WAEYENBERGE (A.) (dir.), *Gouverner par les standards et les indicateurs. De Hume aux rankings,* Bruylant/LGDJ, 2014, pp.69-72.
BOISSON DE CHAZOURNES (L.), « *Suivi, supervision et coordination des instruments normatifs de l'UNESCO* » in YUSUF (A. A.) (dir.), *Elaboration de règles internationales sur l'éducation, la science et la culture. Essais à l'occasion du 60e anniversaire de l'UNESCO,* éd. UNESCO, 2007, pp.51-73.
BOND (L.) et al., « *Selling addictions : similarities in approaches between big tobacco and big booze »,* Australas Medical Journal, vol.3, pp.325-332.
BONNET (B.), « *Le Conseil d'Etat, la Constitution et la norme internationale* », RFDA, 2005, p.56.
BOORSE (C.), *Health as a theoretical concept, Philosophy of Science, vol.*44 (4), 1977, pp.542-573.
BORCHARDT (K.-D.), *L'ABC du droit de l'Union européenne*, Office des publications de l'Union européenne, 2010, pp.84-86.
BOROWY (I.), *« La crise économique et la santé. La Société des nations, la crise des années 1930 et la santé* », Les Tribunes de la santé, n°36, 2012/3, pp.21-27.
BOROWY (I.), *Coming to terms with World Health, The League of Nations Health Organisation 1921-1946*, Frankfurt am Main, Peter Lang, 2009, pp.432-442.
BOTHE (M.), « *La relation entre le droit international de la santé et le droit international de l'environnement »,* Revue Québécoise de droit international, vol.II, 1985, pp.125-137.
BOTHE (M.), « *Les concepts fondamentaux du droit à la santé : le point de vue juridique* » in DUPUY (R.-J.) (dir.), *Le droit à la santé en tant que droit de l'homme*, Colloque de l'Académie du droit international, Alphen aan den Rijn, Sijthoff et Noordhoff, 1978, pp.14-34.
BOURGEAULT (I. L.) et al., « *Knowledge and potential impact of the WHO Global Code of Practice on the International Recruitement of Health Personnel: Does it matter for source and destination country stakeholders? »,* Human Ressources for Health, vol.14, Suppl. 1, n°39, 2016.
BOURGORGUE-LARSEN (L.), « *La structure institutionnelle de l'organisation internationale »,* in LAGRANGE (E.) et SOREL (J.-M.), *op.cit.*, pp.375-401.
BOUWEN (P.), « *Corporate lobbying in the European Union : the logic of access* », Journal of European Public Policy, juin 2002, pp.365-370.

BOY (L.), « *Liens entre la norme technique et la norme juridique en droits communautaire et international* », BROSSET (E.) et TRUILHE-MARENGO (E.) (dir.), *op.cit.*, pp.57-79.
BOY (L.), « Normes », *Revue internationale de droit économique, n°2,* 1998, pp.129-154.
BOY (L.), « *Normes techniques et normes juridiques* », in *La normativité* (dossier), Nouveaux Cahiers du Conseil constitutionnel, n°21, janvier 2007.
BOYLE (A. E.), « *Some Reflections on the Relationship of Treaties and Soft Law* », I.C.L.Q., vol. 48, 1999, p.901.
BOZORGMEHR (K.), « *Rethinking the 'global' in global health : a dialectic approach* », Globalization and health, vol.6, 2010, pp.1-19.
BRADY (J. P.), « *Marketing breast milk substitutes : problems and perils throughout the world* », Archives of Disease in Childhood, vol.97(6), 2012, pp.529-532.
BRAICHET (J.-M.), « *L'adoption du Code de Pratique de l'OMS pour le recrutement international des personnels de santé : une étape importante pour tous les personnels de santé au niveau mondial* », Santé Publique, vol.22, 6/2010, pp.599-600.
BRIBOSIA (H.), « *Applicabilité directe et primauté des traités internationaux et du droit communautaire - Réflexions générales sur le point de vue de l'ordre juridique belge* », Revue belge de droit international, Bruylant, 1996/1, pp.33-89.
BROWN (T. M.), CUETO (M.) et FEE (E.), « *The World health organization and the transition from 'international' to 'global' public health* », American Journal of Public Health, vol.96, n°1, Janvier 2006, pp.62-72.
BROWN WEISS (E.), « *Risk assessment and scientific uncertainty* », in BROWN WEISS (E.) et al., *International environmental law and policy,* Aspen Law and Business, New York, 1998.
BRUNSWICK (P.), « *Devoir de loyauté - Le devoir de loyauté, une* norme générale *de comportement oubliée puis retrouvée ?* » - Cahiers de droit de l'entreprise n°1, Janvier 2016, dossier 1.
BUEKENS (P.) et al., « *Editorial - Santé globale : une santé publique mondialisée* », Revue d'épidémiologie et de santé publique, vol.59, n°2, 2011/04.
BUGNION (F.), *Droit de Genève et Droit de la Haye*, RICR, vol.83, n°844, Décembre 2001, p.902.
BUISSONNIERE (M.), « *La nouvelle donne de la santé globale : dynamiques et écueils* » Revue internationale de politique de développement, n° 3, 2012, pp.76-92.
BUMP (C.), « *Close but no cigar: The WHO Framework convention on tobacco control's futile ban on tobacco advertising* », Emory International Law Review, 2003, pp.1308-1309.
BUNYAVANICH (S.) et WALKUP (R. B.), « *US public health leaders shift towards a new paradigme of global health* », American Journal of Public Health, vol.91, 2001, pp.1556-1558.
BURCA (G. de) et SCOTT (J.), « *Introduction* », *Narrowing the gap? Law and new approaches to governance in the European Union*, Columbia Journal of European Law, vol.13, 2007, pp.513-518.
BURCI (G. L.), « *Health and infectious disease* », in T. G. WEISS et S. DAWS (eds), *The Oxford Handbook on the United Nations,* Oxford University Press, 2007, pp.582-591.
BURCI (G. L.), « *La convention-cadre de l'OMS pour la lutte antitabac* », Journal du Droit International (Clunet), n°1, Janvier 2005, var.1.
BURCI (G. L.), « *The European Union and the World Health Organization : Interactions Collaboration from a Governance and Policy Perspective* », in C.

KADDOUS « *The European Union in International Organisations and Global Governance : Recent developments,* Hart Publishing, 2015.
BURDA (J.), « *La Convention-cadre de l'OMS pour la lutte antitabac. Dans un monde aux échanges globalisés : progrès ou écran de fumée ?* », Revue québécoise de droit international, vol.19.1, 2006, pp.19-40.
BUSE (K.) et A. M. HARMER, « *Seven habits of highly effective global public-private health partnerships : Practice and potential* », Social Science & Medecine, vol.64, 2007, pp.259-271.
BUSE (K.) et HARMER (A.), « *Global Health Partnerships : The Mosh Pit of Global health governance* » in BUSE (K.) et al, *Making sense of global health governance : the policy perspective* », Palgrave Macmillan, 2009.
BUSE (K.) et TANAKA (S.), « *Global Public-Private Health Partnerships: lessons learned from ten years of experience and evaluation* », International Dental Journal, vol.61(2), pp.2-10.
BUSE (K.) et WALT (G.), « *Partenariats mondiaux public-privé : partie I – Un nouveau développement dans le domaine de la santé ?* », Bulletin de l'Organisation mondiale de la Santé, Recueil d'articles n°3, 2000, pp.184-197.
BUSE (K.) et WALT (G.), « *Partenariats mondiaux public-privé : partie II – Enjeux d'une gestion mondiale* », Bulletin de l'Organisation mondiale de la Santé, Recueil d'articles n°3, 2000, pp.198-209.
BUSE (K.) et WALT (G.), « *The WHO and Global Public-Private Partnerships* », in RIECH (M. R.), *Public-Private partnerships for public health,* Harvard University Press, 1ère édition, 2002.
BUSE (K.) et WALT (G.), « *The World Bank and the world's health* », Social Science and Medicine 50, 2000, pp.177-179.
BUSE (K.), GOSTIN (L. O.) et FRIEDMAN (E. A.), « *Pathways towards a Framework Convention Global Health : Political Mobilization ofr Human Rights to health* », in M. FREEMAN, S. HAWKES et B. BENETT, *Law and Global health : Current legal Issues*, vol.16, 2014.
CALDERWOOD (H. B.), « *The World Health Organisation and its regional organizations* », Temp L.Q., vol.37, 1963-1964, pp.15-26.
CALLARD (C.), « *Follow the money : How the billions of dollars that flow from smokers in poor nations to companies in rich nations greatly exceed funding for global tobacco control and what might be done about it* », Tobacco Control, vol.19, 2010, pp.285-290.
CAMBELL (J.), DILHON (I. S.) et SIYAM (A.), « *The WHO Global code : increasing relevance and effectiveness* », Human Ressources for Health, vol.14, Suppl. 1, n°39, 2016, pp.1-3.
CAMPBELL (R. M.), PLEIC (M.) et CONNOLLY (H.), « *The importance of a common global health definition : How Canada's definition influences its strategic direction in global health* », Journal of Global Health, vol.2, n°1, 2012, pp.1-6.
CANAL-FORGUES (E.), « *La procédure d'examen en appel de l'Organisation mondiale du commerce* », Annuaire français de droit international, CNRS éd. XLII, 1996, pp.845-863.
CANIVET (G.) « *Introduction* », in *Pensée juridique française et harmonisation européenne du droit,* Société de législation comparée, coll. Droit comparé et européen, vol.1, 2003.
CAPUT (J.-P.), « *Naissance et évolution de la notion de norme en français* », Langue française, La norme, n°16, 1972, pp.63-73.
CARA (J.-Y. de), « *Les principes généraux de droit au sens de l'article 38 du statut de la Cour internationale de justice* », Bruylant, 2005.

CARBONNIER (J.), « *Effectivité et ineffectivité de la règle de droit* », L'année sociologique, LVII, 1958, p.3.
CARBONNIER (J.), « *Internormativité* », in A. ARNAUD (dir.), *Dictionnaire encyclopédique de théorie et de sociologie du droit,* 2e éd., LDGJ, 1993.
CARBONNIER (J.), « *Les phénomènes d'inter-normativité* », in BLEGVAD (B.-M.), CAMPBELL (C. M.) et SCHUYT (C. J.), *European yearbook in law and sociology,* Martinus Nojhoff, 1977, pp.42-52.
CARON (D. D.), « *La protection de la couche d'ozone stratosphérique et la structure de l'activité normative internationale en matière d'environnement* », vol. 36, n°1, 1990, pp.704-736.
CASSELS (A.), SMITH (I.) et BURCI (G. L.), « *Reforming WHO : the art of the possible* », Public Health, 2014, pp.202-204.
CASSWELL (S.) et THMARANGSI (T.), « *Reducing the harm from alcohol : call to action* », The Lancet, vol.373, 2009, pp.2247-2257.
CAYLA (J.-S.), « *L'OMS et la défense des droits de l'homme* », RDSS, 1982, p.237-248.
CAYLA (O.), « *Le contrôle des mesures d'exécution des traités : réduction ou négation de la théorie des actes de gouvernement* », RFDA 1994, p.1.
CAZALA (J.), « *Appréciation de l'efficacité de l'organisation internationale* », in LAGRANGE (E.) et SOREL (J.-M.), *op.cit.*, pp.968-992.
CAZALA (J.), « *Le* soft law *international entre inspiration et aspiration* », Revue interdisciplinaire d'études juridiques, vol. 66, n°1, 2011, pp.41-84.
CHALOUPKA (F. J.) et al., « *Tobacco taxes as a tobacco control strategy* », Tobacco Control, vol.21, pp.172-180.
CHAMPEIL-DESPLATS (V.), « *Efficacité et énoncé de la norme* », in HAMMJE (P.), JANICOT (L.) et NADAL (S.) (dir.), *L'efficacité de l'acte normatif. Nouvelle norme, nouvelles normativités* LGDJ, coll. LEJEP, 2013, pp.63-74.
CHAPIREAU (F.), « *La classification internationale du fonctionnement, du handicap et de la santé* », Gérontologie et société, vol.4, n°99, 2001, pp.37-56.
CHARNOVITZ (S.), « *Nongovernmental Organizations and International Law* », AJIL, 2006, pp.348-372.
CHARNOVITZ (S.), « *Nongovernmental organizations and international law* », AJIL, 2006, pp.348-372.
CHARPENTIER (J.), « *Réflexions sur l'utilité du droit internationale* », in *Etat, société et pouvoir à l'aube du 21e siècle, Mélanges en l'honneur du professeur F. Borella,* Presses Universitaires de Nancy, 1999, pp.57-66.
CHARPENTIER (J.), « *Réflexions sur la personnalité juridique* », in FLAUSS (J.-F.) et WACHSMAN (P.) (éd.), *Le droit des organisations internationales. Recueil à la mémoire de Jacques Schwob,* Bruylant, 1997, pp.3-17.
CHASSAGNARD-PINET (S.) et HIEZ (D.), « *Le système juridique français à l'ère de la contractualisation* » in CHASSAGNARD-PINET (S.) et HIEZ (D.) (dir.), *La contractualisation de la production normative,* Dalloz, coll. Thèmes et commentaires, n°35, 2008, pp.3-76.
CHASSAGNARD-PINET (S.), « *Normalité et norme juridique : d'une force normative à l'autre* », in THIBIERGE (C.) et al., *La force normative, op.cit.,* pp.153-163.
CHATZISTAVROU (F.), « *L'usage du* soft law *dans le système juridique international et ses implications sémantiques et pratiques sur la notion de règle de droit* », Le Portique, n°15, 2005, pp.1-11.
CHAUMONT (C.), « *Recherches du contenu irréductible du concept de souveraineté internationale de l'Etat* » in *Hommage d'une génération de juriste au Président Basdevant*, Pedone, 1960, pp.114-151.

CHAUMONT (Ch.), « *La signification du principe de spécialité dans les organisations internationales* », in *Problèmes de droit des gens. Mélanges offerts à H. Rolin,* Pedone, 1964, pp.55-66.
CHAVAGNEUX (C.), « *La montée en puissance des acteurs non étatiques* », in JACQUET (P.) et al., La documentation française, 2002, pp.230-256.
CHEMILLIER-GENDREAU (M.), « *A propos de l'effectivité en droit international* », Revue Belge de Droit International, vol.1, 1975, pp.38-46.
CHEMILLIER-GENDREAU (M.), « *Droit proclamatoire et droit exécutoire* » in *Réalités du droit international contemporain* », Actes de la IVe Rencontre de Reims, Centre d'Étude des Relations Internationales, 1978.
CHEMILLIER-GENDREAU (M.), « *Le droit international entre volontarisme et contrainte* », in *L'évolution du droit internationale, mélanges H. Thierry,* Pedone, 1998, pp.93-105.
CHERMAIN (R.), *Droit de la propriété intellectuelle,* in THOUVENIN (J.-M.) et TREBILCOCK (A.) (dir.), *Droit international social tome 2,* Bruylant, CEDIN, 2013, pp.1606-1617.
CHEVALIER (J.), « *Vers un droit post-moderne ? Les transformations de la régulation juridique* », Revue du droit public et de la science politique en France et à l'étranger, n°3, 1998, pp.659-690.
CHEVALLIER (J.), « *Mondialisation du droit ou droit de la mondialisation ?* », in MORAND (C.-A.), *Le droit saisi par la mondialisation,* Bruylant, 2001, pp.37-61.
CHEVALLIER (J.), « *Souveraineté et droit* », in DESGREES DU LOU (D. M.) (dir.), *Les évolutions de la souveraineté,* LARAJ, 2006, pp.203-219.
CHINKIN (C. M.), « *The Challenge of Soft Law: Development and Change in International Law* », International and Comparative Law Quarterly 1989, pp.850-866.
CHOREV (N.), « *Restructuring neoliberalism at the World Health Organization* », Review of International Political Economy, vol.20, n° 4, p.627-666.
CHOW (J.), « *Is WHO becoming irrelevant ?* », Foreign Policy, 2010.
CHRISTAKIS (T.), « *The state as a 'primary fact' : some thoughts on the principle of effectiveness* », KOHEN (M. G.), *Secession. International law perspectives,* Cambridge Unviersity Press, 2006, pp.138-170.
CICIRIELLO (M. C.), « *Les organisations non gouvernementales sujets de droit international : un problème ouvert* », in *International law : new actors, new concepts, continuing dilemmas, Liber Amicorum Boidar Bakoti,* Martinus Nilhoff Publisher, 2010, pp.107-123.
COHEN (D.) et CARTER (P.), « *WHO and the pandemic flu « conspiracies* », BMJ, vol.340, 3 juin 2010.
COHEN (D.), « *La notion de handicap* », in S. AMRANI-MEKKI et A. BOUJEKA (dir.), *Contentieux et handicap*, LGDJ, 2010.
COLLIER (R.), « *WHO reforms long overdue, critics say* », Canadian Medical Association Journal, vol.183, n°14, pp.1574-1575.
COLLIN (J.), « *Global health, equity and the WHO Framework Convention on Tobacco Control* », Global Health Promotion, vol.17, n°1 supplémentaire (2010), pp.73-75.
COLLIN (J.), LEE (K.) et BISSELL (K.), « *The Framework Convention on Tobacco Control : The politics of global health governance* », Third World Quarterly, vol.23, n°2, 2002, pp.265-282.
COMBACAU (J.), « *La question du transfert du bureau régional de l'OMS devant la CIJ (avis consultatif du 20 décembre 1980)* », in Annuaire français de droit international, vol.26, 1980, pp.225-249.

COMBACAU (J.), « *Le droit international : bric-à-brac ou système ?* », in *Le système juridique,* APD, t.31, 1986, pp.85-105.

COMBACAU (J.), « *Pas une puissance, une liberté : la souveraineté internationale de l'Etat* », Pouvoirs, n°67, 1993, pp.47-58.

COMMAILLES (J.), « *Effectivité* », in ALLAND (D.) et S. RIALS, *Dictionnaire de culture juridique,* PUF, 2003.

COMTOIS-DINEL (E. L.), « *La fragmentation du droit international : vers un changement de paradigme ?* », Lex Electronica, vol.11, n°2, Automne 2006, pp.1-22.

CORNAZ (I.), « *Les médicaments essentiels* », Annuaire suisse de politique de développement, n°13, 1994, pp.216-222..

COULEE (F.), « *La codification du droit international. Le cas des réserves aux traités internationaux* », Leçon 9, in PERRIN DE BRICHAMBAUT (M.), DOBELLE (J.-F.) avec la contribution de COULEE (F.), *Leçons de droit international public*, 2e éd., Presses de Sciences Po et Dalloz, 2011, pp.307-334.

COULEE (F.), « *La fondation de l'organisation internationale* », in LAGRANGE (E.) et SOREL (J.-M.), *Droit des organisations internationales,* LGDJ, 2013, pp.147-167.

COUPET (C.), « *Les normes d'origine privée* », RTD com., 2015, p.437.

COURCENET (S.), « *Les normes internationales et le travail des enfants* », AJ fam., 2006, p.150.

COUSSIRAT-COUSTERE (V.), « *Armes nucléaires et droit international. A propos des avis consultatifs du 8 juillet 1996 de la Cour internationale de justice* », Annuaire français de droit international, vol.42, 1996. pp.337-356.

CRANCIONI (F.), « *International 'soft law' : a contemporary assessment* », in V. LOWE et M. FITZMAURICE (dir.), *Fifty years of the International Court of Justice. Essays in honour of Sir Robert Jennings,* Cambridge University Press, 1996, pp.167-178.

CROUZATIER (J.-M.), « *L'intervention humanitaire : retour sur un oxymore dévastateur* », in MONDIELLI (E.), VIALLA (F.) et CADEAU (E.) (coord.), *op.cit.*, pp.27-44.

CUENDET (S.), « *La qualité de membre : acquisitions, évolutions, perte* », in LAGRANGE (E.) et SOREL (J.-M.), *op.cit.,* pp. 289-316.

CULOT (H.), « *Soft Law et droit de l'OMC* », RIDE, 2005, pp.251-289.

CURRAN (W.), « *International health legislation at the World health organization* », Public Health and the Law, American Journal of Public health, vol.67, n°10, 1977, p.984.

D'ARGENT (P.), « *La personnalité juridique internationale de l'organisation internationale* », in LAGRANGE (E.) et SOREL (J.-M.), *op.cit.*, pp.439-464.

DAGRON (S.), « *L'avenir du droit international de la santé* », Revue de droit suisse, vol.135, II, 2016, pp.5-88.

DAUDET (Y.), « *Rapport général* », in *La codification du droit international*, SFDI, 1999, p.129-174.

DAVID (E.), « *L'avis de la Cour internationale de Justice sur la licéité de l'emploi des armes nucléaires* », Revue internationale de la Croix-Rouge, 28 février 1997, p.823.

DAVID (E.), « *Le droit à la santé comme droit de la personne* », Revue québécoise de droit international, vol.II, 1986, pp.63-115.

DAVIS (K.) et al., « *Indicators as a technology of global governance* », Law and Society Review, 2012, pp71-104.

DAY (M.), « *Who's funding WHO ?* », BMJ, vol.334, 2007, pp.338-340.

DAYRIT (L.) et al., « *WHO code of practice on the international recruitment of health personnel* », Bulletin of the World Health Organization, vol.86, Number 10, October 2008, pp.737-816.
DE BROSSES (A.), « *La valeur juridique du Codex Alimentarius* », Lamy Droit de la Santé, Option qualité, n°185, Juillet 2000.
DE LA PRADELLE (P.), « *Les problèmes du droit médical international* », Annuaire du droit international médical, n°1, 1957.
DE VISSCHER (C.), « *Contributions à l'étude des sources du droit international* », Revue de Droit International et de Législation Comparée, vol.14, 1933, pp.395 et s.
DECOSTER (K.), « *Is WHO ready for a rising Africa* », International health policies, 2013.
DEFFIGIER (C.), « *L'applicabilité directe des actes unilatéraux des organisations internationales et le juge judiciaire* », Revue critique de droit international privé, 2001, pp.43-53.
DELLAUX (J.), « *Contribution pour une (re)définition du concept de normativité en droit international. Questionnements autour d'instruments de* soft law *: les décisions des conférences des parties* », Hors-série, Revue québécoise de droit international, mars 2016, pp.135-157.
DELMAS-MARTY (M.), « *Le phénomène de l'harmonisation : l'expérience contemporaine* » in *Pensée juridique française et harmonisation européenne du droit*, Société de Législation Comparée, 2003, pp.47-49.
DELMAS-MARTY (M.), « *Les nouveaux lieux et les nouvelles formes de régulation des conflits* », in J. CLAM et G. MARTIN, *Les transformations de la régulation juridique*, LGDJ, 1998.
DENTICO (N.), et FORD (N.), « *The courage to change the rules: a proposal for an essential health R&D treaty* », Plos Medicine, vol.2, Issue 2, 2005, pp.97-99.
DEXANT (O.), « *contrôle et légitimation de l'activité des autorités de régulation* », Revue des sociétés 2016, p.60
DISTEFANO (G.), « *Observations éparses sur les caractères de la personnalité juridique internationale* », Annuaire français de droit international, LIII, CNRS Éd., 2007.
DIXNEUF (M.), « *La santé, enjeu de la gouvernance mondiale ?* », Les Etudes du CERI, n°99, décembre 2003.
DOBBERT (J.-P.), « *Le Codex Alimentarius vers une nouvelle méthode de réglementation internationale* », AFDI, 1969.
DOMINICE (C.), « *Valeur et autorité des actes des organisations internationales* », in DUPUY (R.-J.) (dir.), *Manuel sur les organisations internationales,* Nijhoff, 2e éd., 1998, pp.441-461.
DORE (I.), « *La force normative du pouvoir étatique dans la philosophie de Michel Foucault* », in THIBIERGE (C.) (dir.), *La force normative, op.cit.,* pp57-68.
DORMOY (D.), *Répertoire de droit international, Organisation internationales*, juin 2012, Dalloz, p.14.
DOROLLE (P.), « *Fléaux anciens et temps modernes. Aspects internationaux de la lutte contre les maladies transmissibles : le présent et l'avenir* », Chronique OMS, vol.23, n°3, 1969.
DOUSSIN (J.-P.), « *Le* Codex Alimentarius*, l'heure de l'Organisation mondiale du commerce* », Annales des falsifications de l'expertise chimique et toxicologique, vol.933, 1995, 1995, pp.281-292.
DOWNS (G. W.) et JONES (M. A.), « *Reputation, compliance and international law* », The Journal of Legal Studies, vol.31 (Supplément), 2002, pp.95-114.
DRAGO (G.), « *L'effectivité des sanctions de la violation des droits fondamentaux dans les pays de la Communauté* » in AUPELF, *L'effectivité des droits*

fondamentaux dans les pays de la Communauté francophone, Colloque international, Port-Louis, 29-30 sept. et 1er oct., AUPELF-UREF, 1994.
DUBIN (L.) et RUNAVOT (M.-C.), « *Représentatitivité, légitimité, efficacité : des organisations internationales en crise ? »,* in LAGRANGE (E.) et SOREL (J.-M.), *op.cit.*, pp.77-103.
DUBIN (M.), « *The League of Nations Health Organisation* » in P. WEINDLING (ed.), *International Health Organisations and their Movements,* 1918-1939, Cambridge University Press, 1995, pp.56-80.
DUPLESSIS (I.), « *Le vertige et la* soft law : *réactions doctrinales en droit international »,* Revue québécoise de droit international (Hors-série), 2007, pp. 246-268.
DUPUY (P.-M.), *« Le concept de société civile internationale, identification et genèse »,* in GHERARI (H.) et SZUREK (S.) (dir.), *L'émergence de la société civile internationale. Vers la privatisation du droit international ?,* Pedone, 2003, pp.5-18.
DUPUY (P.-M.), « *Soft Law and the International Law of the Environment »*, Michigan Journal of International Law, vol.12, 1991, p.420-435.
DUPUY (P.-M.), « *Sur le maintien ou la disparition de l'unité de l'ordre juridique international* », in BEN ACHOUR (R.) et LAGHMANI (S.) (dir.), *Harmonie et contradictions en droit international*, Pedone, Paris, 1996, pp.17-54.
DUPUY (P.-M.), « *Un débat doctrinal à l'ère de la globalisation : sur la fragmentation du droit international »,* European Journal of Legal Studies, Issue 1, 2000, pp.1-19.
DUPUY (R. J.), « *La technique de l'accord mixte utilisée par les Communautés européennes »*, Annuaire de l'Institut de droit international, 1973.
DUPUY (R.-J.), « *Droit déclaratoire et droit programmatoire : de la coutume sauvage à la 'soft law',* in *L'élaboration du droit international public,* SFDI, Pedone, 1975, pp.132-148.
DUSSAULT (G.), « *A United Nations Global Health Panel for Global Health Governance – Commentary »*, Social science & Medecine, vol.76, 2013, pp.16-17.
DUTHEILLET DE LAMOTHE (L.), « *Un recours souple pour le droit souple,* AJDA 2016, p.717.
EDGE (J.) et HOFFMAN (S.), « *Empirical impact evaluation of the WHO global code of practice on the international recruitment of health personnel in Australia, Canada, UK and USA »*, Globalization and Health, vol.9:60, 2013, pp.1-10.
EDGE (J.) et LIU (C.), « *Chapter 10 : Framework Convention on Global Health »*, in HOFFMAN (S. J.) (dir.), *Student voices 2 : Assessing proposals for global health governance reform,* McMaster Health Forum, 2011, pp.128-143.
EDITORIAL, *International Digest of Health Legislation*, American Journal of Public Health, vol. 91, n°3, Mars 2001, pp.506-507.
EISENMAN (P. M.), « *Les* Gentlemen's agreements *comme source du droit international »,* Journal du droit international, 1979, pp.326-348.
EL BOUDOUHI (S.), « *Les qualité autres que celle de membre »*, in LAGRANGE (E.) et SOREL (J.-M.), *op.cit.*, pp.350-372.
EMANUELLI (C.), *Le droit international de la santé – Evolution historique et perspectives contemporaines*, Revue Québécoise de droit international, 1985, pp.11-18.
EMMERLIN (T.) et HEYDERMANN (J.), « *The EU as an actor in global health diplomacy »* in KICKBUSCH (I.) et al., « *Global health diplomacy – Concepts, issues, actors, instruments, fora and cases »*, Springer, 2013, pp.223-242.

ETCHELAR (E.), « *Expertise scientifique et normalisation. Le cas du Codex alimentarius », in* BROSSET (E.) et TRUILHE-MARENGO (E.) (dir.), *Les enjeux de la normalisation internationale (...) ; op.cit.*, pp. 159-174.
EVIN (C.), « *La portée de la définition OMS de la santé* », p.117-128 in, *Cinquantenaire de l'Organisation mondiale de la santé,* Actes du colloque du CERDES-AFDS, 1998, RGDM, juin 1999, n°1, pp.61-185.
FAINZANG (S.), « *Les normes en santé. Entre médecins et patients, une construction dialogique* », HAL Archives ouvertes, 2004.
FASTENRATH (U.), « *Relative normativity in international law », European* Journal of International Law, vol.4, 1993, pp.305-340.
FATOUROS (A. A.), « *On the Implementation of International Codes of Conduct: An Analysis of Future Experience* », American University Law Review, vol.30, 1981, pp.948-949.
FAUVARQUE-COSSON (B.), « *Faut-il un Code civil européen ? », RTDciv.,* 2002, p.463.
FAVOREAU (O.), « *Critères d'efficacité économique du droit du travail : un essai de classification raisonnée* », in LYON-CAEN (A.) et AFFICHARD (J.) (dir.), *Evaluation du droit du travail : problèmes et méthodes*, Etude réalisée par l'Institute international pour les études comparatives (IPEC), 11 avril 2008.
FERRAUD-CIANDET (N.), « *La Commission du Codex Alimentarius* », Journal du droit international (Clunet), n°4, doctr. 10, octobre 2009.
FIDLER (D. P.) et GOSTIN (L. O.), « *The WHO Pandemic Influenza Preparedness Framework : A Milestone in Global Health Governance for health* », Journal of the American Medical Association, 306, n°2, 2011, pp.200-201.
FIDLER (D. P.), « *Globalization, international law, and emerging infectious diseases »*, in Emerging infectious diseases, vol.2, n°2, 1996, pp.77-84.
FIDLER (D. P.), « *Negotiating equitable access to influenza vaccines : global health diplomacy and the controversis surrounding avian influenza H5N1 and pandemic influenza H1N1 »,* PLoS Medicine, vol.7(5), 2010, pp.1-4.
FIDLER (D. P.), « *Return of the Fourth Horseman : Emerging Infectious Diseases and International Law* », Minnesota Law Review, vol.81, n°4, 1997, pp.771-868.
FIDLER (D.), « *The Future of the World Health Organization: What Role for International Law?* », Vanderbilt Journal of Transnational Law, vol.31, 1998, pp.1079-1126.
FISCHER-LESCANO (A.) et TEUBNER (G.), *Collisions de régimes : la recherche vaine de l'unité juridique face à la fragmentation du droit mondial,* Revue international de droit Economique, vol.1, t. XXVII, 2013, pp.187-228.
FISTER (C.) et HERRING (J.), « *What is health ?* », in *Law and Global Health* M. FREEMAN, S. HAWKES et B. BENNETT (dir.), Oxford University Press, vol.16, 2014.
FLÜCKIGER (A.), « *L'évaluation législative ou comment mesurer l'efficacité des lois ? »*, Revue européenne des sciences sociales, n°34, 2007, pp.83-101.
FLUSS (F.), GUTTERIDGE (F.), LITTLE (J. K.), HARRIS (H.), *World Health Organization*, in BLANPAIN (R.), *International Encyclopedia of Law*, Deventer, Boston, Kluwer, 1998.
FLUSS (S.), « *Le rôle de l'OMS dans le domaine de la législation sanitaire : aperçu historique* », Recueil international de législation sanitaire, vol.49, n°1, pp.111-127. [Numéro spécial, *La législation sanitaire à l'aube du XXIe siècle*, Genève, OMS, 1998, XVII-289 p.].
FONTAINE (L.), « *Le pluralisme comme théorie des normes »,* in FONTAINE (L.), *Droit et pluralisme,* Bruylant, 2007, pp.125-160.

FORREST (M.), « *Using the power of the World health organization : the International health regulations and the future of international health law* », Columbia Journal of Law and Social Problems, vol.33, 2000, pp.9-35.
FORSYTH (S.), « *Non-compliance with the International Code of Marketing of breast milk substitutes is not confined to the infant formula industry* », Journal of Public Health, Publié en ligne, 8 Mai 2013, pp.1-6.
FORTEAU (M.), « *Organisations internationales et sources du droit* », in LAGRANGE (E.) et SOREL (J.-M.), *op.cit.*, pp.257-286.
FRANK (R.), « *Histoire et théories des relations internationales* », in R. FRANK (dir.), *Pour l'histoire des relations internationales,* PUF, 2012, pp.41-82.
FRENK (J.) et al., « *The new world order and international health* », BMJ, vol.314, 10 May 1997, pp.1404-1407.
FRENK (J.) et MOON (S.), « *Governance challenges in global health* », New England Journal of Medecine, vol.10, n°368, mars 2013, pp.936-942.
FRIEDMAN (E. A.) et GOSTIN (L. O.), « *Imagining Global Health with Justice: In Defense of the Right to Health* », Health Care Analysis, vol.23, n°4, Décember 2015, pp.308-329.
FRIEDMAN (E. A.), « *An Independent Review and Accountability Mechanism for the Sustainable Development Goals: The Possibilities of a Framework Convention on Global Health* », Health and Human Rights Journal, vol.18(1), Janvier, 2016.
FRISON-ROCHE (M.-A.), « *L'efficacité des décisions en matière de concurrence : notions, critères, typologie* », LPA, n°259, 2000, pp.4-13.
FRYDMAN (B.), « *Vers un statut de la société civile dans l'ordre international* », Droits fondamentaux, n°1, juillet-décembre 2001, pp.149-156.
GAGNEBIN (J.) et SPRUMONT (D.), « *Le système de santé suisse : présentation générale* », *Médecin et droit médical*, 3e éd., Médecine & Hygiène, Genève, 2009, pp.83-91.
GAMBELLI (F.), « *Définitions et typologies des normes techniques* », LPA, 11 février 1998, n°18, pp.5-19.
GARAY (J.), HARRIS (L.) et WALSH (J.), « *Global health : evolution of the definition, use and misuse of the term* » in *La santé globale existe-t-elle ? Santé, science et politique aux Sud* », Revue Face à Face, n°12, 2013.
GASSER (H.-P.), « *L'universalisation du droit humanitaire : la contribution du CICR* », Revue Internationale de la Croix Rouge, vol.76, n°809, Octobre 1994, pp.491-505.
GAUTRON (J.-C.), « *Le fait régional dans la société internationale* », in *Régionalisme et unviersalisme dans le droit international contemporain* », Colloque de Bordeaux de mai 1976 de la Société Française pour le Droit International, Pédone, 1977, pp.3-44.
GELHORN (A.), « *L'OMS et l'éthique médicale* », Chronique OMS, 1977, vol.31, pp.205-206.
GELLERT (R.), « *L'*accountability, *un concept adapté aux organisations internationales ?* », RDBI, n°2, 2010, pp.476-497.
GEOUFFRE DE LA PRADELLE (G. DE), « *La fonction des juridictions de l'ordre international* », JDI, 1998/2.
GERBET (P.), « *Le système des Nations unies. Etats des Travaux* », Revue française de science politique, vol.13, vol.2, 1963, pp.467-494.
GESLIN (A.), *Droit international* in T. BALZACQ et F. RAMEL, *Traité de relations internationales*, Presses de Sciences Po, 2013, pp.607-630.
GIRAUD (E.), « *Le rejet de l'idée de souveraineté, l'aspect juridique et l'aspect politique de la question* », in *La technique et les principes du droit public : études en l'honneur de G. Scelle,* LGDJ, 1950, pp.253-266.

GODLEE (F.), « *The regions- too much power, too little effect* », BMJ, vol.309, 10 décembre 1995, pp.1566-1570.
GODLEE (F.), « *WHO faces up to its tobacco links* », BMJ, vol.321, 5 août 2000, pp.314-315.
GODLEE (F.), « *WHO in retreat: is it loosing its influence* », BMJ, vol.309, 1994, pp.1491-1494.
GOSTIN (L. O.) et al., « *The International Health Regulations 10 years on : the governing framework for global health security* », The Lancet, vol.386, 28 Novembre 2015, pp.2222-2226.
GOSTIN (L. O.) et SRIDHAR (D.), « *Reforming the World health organization* », JAMA, 29 mars 2011, e1-e2.
GOSTIN (L. O.), « *A proposal for a Framework Convention on Global* Health », Journal of International Economic Law, vol.10/4, 2007, pp. 989-1008.
GOSTIN (L. O.), « *The future of the World Health Organization: lessons learned from Ebola* », The Milbank Quarterly, vol.93, Issue3, 2015, pp.475-479
GOSTIN (L. O.), « *Transforming global health through broadly imagined global health governance* », McGill Journal of Law and Health, vol. 4/1, 2010, pp.3-16.
GOSTIN (L. O.), « *World health law: toward a new conception of global heath governance for the 21st century* », Yale journal of Health Policy, Law, and Ethics, vol 5 Issue 1, article 14, 2013, pp.413-424.
GOSTIN (L. O.), et TAYLOR (A.), *Global Health Law :A definition and grand challenges*, Public Health Ethics, vol.1(1), 2008, pp.53-63.
GOSTIN (L. O.), SRIDHAR (D.) et D. HOUGENDOBLER, «*The normative authority of the World health organisation* », Public Health, Governance for health Special Issue Paper, XXX, 2015, pp. 1-10.
GOUTAL (J.-L.), « *Le rôle normatif de l'Organisation mondiale du commerce* », LPA, n°5, 1995, p.24 et s.
GRAD (F. P.), « *The Preamble of the Constitution of the World Health Organization* », Bulletin of the World Health Organization vol.80 (12), 2002, pp.81-84.
GRAHAM (E. R.), *International organizations as collective agents: Fragmentation and the limits of principal control at the World health organization,* European Journal of International Relations, vol.20, n° 2, 2014, pp.366-390,
GROSSET (M.) : « *Les logiques des normes sanitaires relatives à la pratique médicale* », Journal de droit de la santé et de l'assurance maladie, n°3, 2011.
GROSSET (M.), « *Les dispositions relatives à la lutte contre le tabac et la cigarette électronique* », in LAUDE (A.) et TABUTEAU (D.), *La loi santé. Regards sur la modernisation de notre système de santé,* Presses de l'EHESP, 2016, pp.132-146.
GROZDANOVSKI (L.), « *The European Union in international organizations and global governance* », Centre d'études juridiques européennes, Centre d'excellence Jean Monnet, 20 novembre 2013.
GRÜNDLER (T.), *Affirmation du droit à la santé (Section 1)* in THOUVENIN (J.-M.) et TREBILCOCK (A.) (dir.), *Droit international social, tome 2 – Règles du droit international sociale*, Bruylant, CEDIN, 2013.
GUILBAUD (A.), *Les partenariats public-privé sanitaires internationaux : diffusion et incarnation d'une norme de coopération, Mondes en développement* 2/2015 (n°170), pp.91-104.
GUILLOD (O.) et SPRUMONT (D.), « *Le droit à la santé : un droit en émergence* », in *De la Constitution, Etudes en l'honneur de Jean-François Aubert, op.cit.*, pp.337-353.
GUTTERIDGE (F.), "*The World health organization: Its Scope and Achievements*", Temple Law Quarterly 37, n°1, 1963, pp.1-14.

GUZMAN (A. T.) and MEYER (T. L.), « *International Soft Law* », Journal of Legal Analysis, vol. 2, 2010, pp.171-225.
GUZMAN (A.), « *A Compliance-Based Theory of International Law* », California Law Review, vol.90, 2002, pp.1823–1887.
GUZMAN (A.), « *The design of international agreements* », European journal of international law, vol.16, 2005, pp.579-612.
HACHEZ (I.), « *Balises conceptuelles autour des notions de 'source du droit', 'force normative', et 'soft law'* », Revue interdisciplinaire d'études juridiques, n°2, vol.65, 2010, pp.1-64.
HAFFELD (J. B.), SIEM (H.), and RØTTINGEN (J. A.), « *Examining the global health arena: Strengths and weaknesses of a convention approach to global health challenges* », Journal of Law, Medicine and Ethics, vol.38/4, 2010, pp.614-628.
HAFNER (G.), « *Pros and Cons ensuing from fragmentation of international law* », Michigan Journal of International law, vol.25, 2003-2004, p.849 et s.
HALPERN (C.), « *La santé en quête de sens* », in C. HALPERN, *La santé : Un enjeu de société*, Sciences Humaines Editions, 2010, pp.22-30.
HAMMOND (R.) et ASSUNTA (M.), « *The Framework convention on tobacco control : Promising start, uncertain future* », Tobacco Control, vol.12, septembre 2003, pp.241-242.
HANRIEDER (T.), *The path-dependent design of international organizations : Federaslim in the World Health Organization,* European Journal of International Relations, vol.21, n° 1, 2015, pp.215-239.
HARDIMAN (M. C.), « *World Health Organization perspective on implementation of International Health Regulations* », Emerging Infectious Diseases Journal, vol.18, 2012, pp.1041-1046.
HARMAN (S.), « *Is time up for WHO ? Reform, resilience, and global health governance* », Future United Nations Development System (FUNDS), briefing 17, May 2014, pp.1-4.
HAROUEL-BURELOUP (V.), « *Des règles humanitaires issues du fond des âges* », La grande histoire de l'humanité, Grotius, 7 mars 2013.
HAWKES (N.), « *'Irrelevant' WHO outpaced by younger rivals* », BMJ, vol.343, 2011, pp.1-3.
HEIN (W.), « *A United Nations Global Health Panel for Global Health Governance – Commentary* », Social science & Medecine, vol.76, 2013, pp.18-20.
HELFER (L. R.), « *Nonconsensual International Lawmaking* », University of Illinois Law Review, vol. 71, 2008, pp.71-126.
HERRERA (C. M.), « *L'autorité de la justice constitutionnelle* » in J. CAGIAO Y CONDE (dir.) « *La notion d'autorité en droit* », Auctoritas Éd., Le Manuscrit Savoirs, 2014.
HEUSCHLING (L.), « *'Effectivité', 'efficacité', 'efficience' et 'qualité d'une norme du droit. Analyse des mots et des concepts* » in FATIN-ROUGE STEFANINI (M.), GAY (L.) et VIDAL-NAQUET (A.) (dir.), *L'efficacité de la norme juridique. Nouveau vecteur de légitimité,* Bruylant, 2012, pp.27-60.
HEUSCHLING (L.), « *Le relativisme des valeurs, la science du droit et la légitimité – Retour sur l'épistémologie de Max Weber* », Jus Politicum, n°8, 2012, pp.1-38.
HIERRY (D.), *« La communauté internationale face à l'épidémie liée au virus Ebola : les difficultés à tirer les leçons de l'histoire »,* RDSS, 2015, p.471.
HILLGENBERG (H.), « *A fresh look at soft law* », European Journal of International Law, vol.10, n°3, 1999, pp.499-515.
HOFFMAN (S. J.) and ROTTINGEN (J.-A.), « *Split WHO in two : strengthening political decision-making and securing independent scientific advice* », Public Health, vol.128, Issue 2, pp.188-194

HOFFMAN (S. J.) et ROTTINGEN (J.-A.), « *Dark sides of the proposed framework convention on global health's many virtue: a systematic review and critical analysis* », Health and Human Rights, Special Issue, vol.15, n°1, Juin 2013.

HOFFMAN (S. J.), « *Mitigating inequalities of influence among states in global decision-making* », Global Policy Journal, vol.3/4, 2012, pp.421-432.

HOFMANN (B.), « *The concept of disease – vague, complex, or just indefinable ?* », Med Health Care Philos, vol.13(1), 2010, pp.3-10.

HORTON (R.), « *Comment WHO: strengthening the road to renewal* », The Lancet, vol.367, 3 Juin 2006, p.1793-1795.

HOWARD-JONES (N.), « *The Pan American Health Organization : Origins and Evolution* », History of international public health, n°4, WHO Chronicle, 1981, pp.1-20.

HOWARD-JONES (N.), « *The scientific background of the International Sanitary Conferences* », History of international public health, n°1, WHO Chronicle, 1974, pp.1-108.

HOWSE (R.), « *A New Device for Creating International Legal Normativity : The WTO Technical Barriers to Trade Agreement and 'International Standards'* » in JOERGES (C.) et PETERSMANN (E.-U.) *Constitutionalism, Multilevel Trade Governance and Social Regulation*, Hart Publishing, Oxford, 2006, pp.383-395.

HUBER (M.) et al., « *How should we define health* », BMJ, vol.343, 2011, pp.1-3.

HURD (I.), « *Legitimacy and authority in international politic's* », International Organization, vol.53, 1999, pp.379-408.

IDA (R.), « *Formation des normes internationales dans un monde en mutation. Critique de la notion de* soft law », in *Le droit international au service de la paix, de la justice et du développement, Mélanges Michel Virally,* Pedone, 1991, pp.333-340.

JACOB (G. J.), « *Without Reservation* », Chicago Journal of International Law, vol.5, n°1, 2004, pp.287-302.

JACQUET (J. M.), « *L'émergence du droit souple (ou le droit ''réel'' dépassé par son double)* », in *Études à la mémoire du professeur Bruno Oppetit* », Litec, 2009, pp.331-348.

JADAD (A.R.) et O'GRADY (L.), « *How should health be defined ?* », BMJ, vol.337, 2008.

JAMET (F.), « *De la classification internationale du handicap (CIH) à la classification internationale du fonctionnement de la santé et du handicap* », La nouvelle revue de l'AIS, n°22, 2e trimestre, 2003, pp.163-171.

JAMISON (D. T.), FRENK (J.) et KNAUL (F.), « *International collective action in health : objectives, functions, and rationale* », Lancet, vol.351, n°9101, pp.514-517.

JEAMMAUD (A.) et SEVERIN (E.), « *Evaluer le droit* », Recueil Dalloz, 1992, p.263.

JERNIGAN (D.), MONTERIO (M.), ROOM (R.) et SAXENA (S.), « *Towards a global alcohol policy: alcohol, public health and the role of WHO* », Bulletin of the World Health Organization, vol.78, n°4, 2000, pp.491-499.

JESTAZ (P.), « *La sanction ou l'inconnue du droit* », Dalloz-Sirey, Chronique XXXII, 1986, pp.197-204.

JOUANNET (E.), « *L'idée de communauté humaine à la croisée de la communauté des Etats et de la communauté mondiale* », in *La Mondialisation entre Illusion et l'Utopie*, Archives de philosophie du droit, 2003, Tome 47, pp.191-232.

JOUANNET (E.), « *La communauté internationale vue par les juristes* », Annuaire Français de relations internationales, volume VI, 2005, pp.3-26.

JOUVE (D.), « *La CJUE : instrument d'harmonisation des droits nationaux »,* Revue des Mutations du Droit, Janvier 2011.

KAMDEM (I. F.), « *Harmonisation, unification et uniformisation. Plaidoyer pour un discours affiné sur les moyens d'intégration juridique* », Revue Juridique Thémis, vol.43, 2009, pp.605-649.

KAMRADT-SCOTT (A.), « *WHO's to blame ? The World Health Organization and the 2014 Ebola outbreak in West Africa* », Third World Quarterly, 2016, pp.401-418.

KARAGIANNIS (S.), « *Le droit à la santé dans certains textes internationaux et constitutionnels : entre généreuse utopie et mesquin pragmatisme ?* », Journal du droit international (Clunet) n°4, Octobre 2012, doctr. 11.

KENNEDY (S. B.) et NISBETT (R. A.), « *The Ebola epidemic : a transformative moment for global health* », Bulletin World Health Organisation, vol.93, 2015, p.2.

KEROUEDAN (D.), « *Globaliser n'est pas sans risques pour les populations les plus pauvres du monde – Emergence de la « Global Health » en Afrique subsaharienne* », in L. ATLANI-DUAULT et L. VIDAL (dir.), *La santé globale, nouveau laboratoire de l'aide internationale ?*, Revue Tiers Monde, vol.3, n°215, 2013, pp.111-127.

KHERAD (R.), « *Du droit d'ingérence à la responsabilité de protéger* », in *Les droits de l'homme : une nouvelle cohérence pour le droit international ?,* Pedone, 2008, pp.297-308.

KICKBUSCH (I.) and BONK (M.), « *Making the World Health Assembly fit for the 21st century* », BMJ, 348, 2014, pp.4079-4080.

KICKBUSCH (I.), « *A game change in global health : the best is yet to come* », Public Health Reviews, vol.35, n°1, 2013, pp.1-20.

KICKBUSCH (I.), « *The development of international health policies – accountability intact ?* », Social Science and Medicine, vol.51/6, 2000, pp.979-989.

KICKBUSCH (I.), HEIN (W.) et SILBERSCHMIDT (G.), « *Addressing global health governance challenges through a new mechanism : the proposal for a Committee C of the World health assembly* », Journal of Law, Medicine & Ethics, Global Health Governance, Fall 2010, pp.550-563.

KICKBUSCH (I.), *WHO reform: a personal perspective,* Journal of public health policy, vol.34, n° 3, pp.481-485.

KISS (A.), « *Les Traités-cadres : une technique juridique caractéristique du droit international de l'environnement* », Annuaire français du droit international, vol.30, 1993, pp.792-797.

KITAMURA (T.) et al, « *World Health Assembly Agendas and trends of international health issues for the last 43 years : Analysis of World health Assembly Agendas between 1970 and 2012* », Health Policy, vol.110, 2013, pp.198-206.

KLABBERS (J.), « *The EJIL Foreword: The Transformation of International Organizations Law* », vol.26, n°1 EJIL, 2015, pp.9-82.

KLABBERS (J.), « *The Redundancy of Soft Law* », Nordic Journal of International Law, vol.65, 1996, pp.167-182.

KLABBERS (J.), « *The Undesirability of Soft Law* », Nordic Journal of International Law, vol.67, 1998, pp.381-391.

KLOCK (K. A.), « *The soft law alternative to the WHO's treaty powers* », Georgetown Journal of International Law, vol.44, 2013, pp.822-846.

KOKOTT (J.), « *Soft law Standards under International Law* » in P. NOBEL (dir.), *International Standards and the Law*, Staempfli, 2005, pp.67-82.

KOPLAN (J. P.) et al, « *Towards a common definition of global health,* » The Lancet, vol.373, 6 Juin 2009.

KOSKENNIEMI (M.), « *What is international law for ?* », EVANS (M. D.), *International law,* Oxford university Press, 2014, pp.32-57.

KOSTERA (T.), « *La santé, nouvelle frontière de l'intégration européenne* », Emulations, 2009, pp.3-4.

LAGRANGE (E.), « *La catégorie 'organisation internationale'* », in LAGRANGE (E.) et SOREL (J.-M.), *op.cit.*, pp.35-70.

LAING (R.) et al., « *25 years of the WHO essential medecines lists : progress and challenges* », The Lancet, vol.361, 17 mai 2003, pp.1723-1729.

LANFRANCHI (M.-P.), « *La valeur juridique en France des résolutions du Conseil de sécurité* », Annuaire français de droit international, vol.43, 1997, pp.31-47.

LANORD (M.), « *La norme technique et le droit : à la recherche de critères objectifs* », Revue de la Recherche Juridique, n°2, 2005, pp.618-649.

LANORD FARINELLI (M.), « *La norme technique : une source du droit légitime* », RFDA, 2005, p.738.

LARSON (J. S.), « *The definition of health* », in J. S. LARSON « *The measurement of health: indicators and concept* », Chapitre 1, pp.1-7.

LASCOUMES (P.) « *Effectivité* » in ARNAUD (A.-J.) (dir.), *Dictionnaire encyclopédique de théorie et de sociologie du droit,* LGDJ, 1933.

LATTY (F.), « *L'organe administratif intégré de l'organisation internationale* », in LAGRANGE (E.) et SOREL (J.-M.), *op.cit.*, pp.491-519.

LAUTERPACH (H.), « *Codification and development in international law* », AJIL, 1955, p.38.

LEARY (V.), « *The WHO Case : Implications for Specialized Agencies* » in L. BOISSON DE CHAZOURNES et P. SANDS, (eds), *International Law, the International Court of Justice and Nuclear Weapons,* Cambridge University Press, 1999, pp.112- 130.

LEBEN (C.), « *Une nouvelle controverse sur le positivisme en droit international public* », Droits, 1987, p.123.

LECOURT (R.), « *Quelques observations sur la participation des Etats aux travaux de la Commission du Codex alimentarius* », in BROSSET (E.) et TRUILHE-MARENGO (E.) (dir.), *Les enjeux de la normalisation internationale : Entre environnement, santé et commerce international, op.cit.,* pp.153-158.

LEE (F.) et al., « *Time for a Model List of Essential Diagnostics* », New England Journal of Medicine, vol.374, 2016, pp.2511-2525.

LEE (K.) et al, « *Who should be doing what in international health : a confusion of mandats in the United Nations ?* », BMJ, 312 : 302, 1996, pp.1-2.

LEE (K.), « *Civil society organizations and the functions of global health governance : what role within intergovernmental organizations ?* » Global health governance, vol.3(2), p.1-20.

LEGGE (D.), « *Future of WHO hangs in the balance* », BMJ, vol.345, 25 octobre 2012, pp.1-4.

LEMONDE (L.), « *Le rôle des organisations non-gouvernementales* », Revue québécoise de droit international, vol.11.2, 1998, pp.207-214.

LEMOYNE DE FORGES (J.-M.), « *Irremplaçable O.M.S. ?* », (pp.179-185), p.180, in *Cinquantenaire de l'Organisation mondiale de la santé,* Actes du colloque du CERDES-AFDS, 1998, RGDM, juin 1999, n°1, pp.61-185.

LERER (L.), MARZOPOULOS (R.), « *The worst of the both worlds : the management reform of the World Health organization* », International Journal of Health Services, vol.31, n°2, 2001, pp.415-438.

LEROY (Y.), « *La notion d'effectivité du droit* », Droit et société, n°79, vol.3, pp.715-732.

LEVY (D.), « *L'Organisation mondiale de la santé* », Revue d'histoire moderne et contemporaine, n° 4, 1954.

LEWIS (A.), *« Health as a social concept »*, The British Journal of Sociology, vol.4, n°2, 1953, pp.109-124.

LIBERMAN (J.), « *Four COPs and counting: achievements, underachievements and looming challenges in the early life of the WHO FCTC Conference of the Parties* », vol. 21, n° 2, Tobacco control, 2011, pp.215-220.

LIBERMAN (J.), « *The power of the WHO FCTC: Understanding its legal status and weight* », in MITCHELL (A.) et VOON (T.) (eds), *The global tobacco epidemic and the law,* Edward Elgar Publishing, UK, 2014, pp.48-63.

LICHTENSTEIN (C.), « *Hard Law v. Soft Law: Unnecessary Dichotomy »,* The International Lawyer, vol.35, n°4, 2001, pp.1433-1441.

LIDEN (J.), « *The World Health Organization and Global Health Governance : post 1990* », Public Health XXX (2013) I-7.

LIEN (G.) et DELAND (K.), « *Translating the WHO Framework Convention on Tobacco Control (FCTC) : Can we use tobacco control as a model for other non-communicable disease control »,* Public Health, vol.125, 2011, pp.847-853.

LIPSON (C.), « *Why are some international agreements informal? »*, International Organization, vol.45, n°4, 1991, pp.495-538.

LISK (F.), *Global Institutions and the HIV/AIDS Epidemic : Responding to an International Crisis,* Routledge, 2010, pp.16-18.

LOPEZ (A.), « *Health and health-research priorities: has WHO got it right? »*, The Lancet, vol.372, 1er Novembre 2008, pp.1525-1527.

LORMETEAU (B.), « *L'universalisation d'une classification savante des troubles mentaux : la force normative du DSM* », in MONDIELLI (E.), VIALLA (F.) et CADEAU (E.) (coord.), *op.cit.*, pp.553-569.

LOYA (T. A.) et BOLI (J.), « *Standardization in the World Polity: Technical Rationality over Power*, in BOLI (J.) et THOMAS (G. M.) (dir.), *Constructing World Culture*, Stanford University Press, 1999, pp.196-197.

LÜCKER-BABEL (M.-F.), « *Le droit sanitaire international : un nouveau défi pour la coordination internationale en matière de santé »,* in *L'avenir du droit international de la santé : table ronde,* Recueil international de législation sanitaire, 40 (1), 1989, pp.29-31.

M. E. MEYO, *« La force normative 'invisible' de la* Soft law *para-législative de l'Union européenne en droit privé des contrats »,* Revue de l'Union européenne, 2014, p.94.

MACKAY (J.), « *The making of a convention on tobacco control* », Bulletin of the World health organization, vol.81(8), 2003, p.551.

MACKEY (T. K.) et LIANG (B. A.), « *A United Nations Global Health Panel for Global Health Governance »,* Social science & Medecine, vol.76, 2013, pp.12-15.

MACKEY (T. K.) et LIANG (B. A.), « *Coordinating the UN system: Lessons from UNAIDS: a Commentary on Mackey »,* Social science & Medicine, vol.76, 2013, pp.21-23.

MAHIOU (A.), « *Rapport général* », in *La codification du droit international*, SFDI, 1999, pp.13-65.

MALJEAN-DUBOIS (S.) et RICHARD (V.), « *Mécanismes internationaux de suivi et de mise en œuvre des conventions internationales de protection de l'environnement* », in IDDRI ? *Idées pour le débat*, n°9, 2004, pp.1-55.

MALJEAN-DUBOIS (S.), *« La mise en œuvre du droit international de l'environnement »*, IDDRI, Gouvernance mondiale, n°3, 2003, pp.1-64.

MALJEAN-DUBOIS (S.), « *La portée des normes du droit international de l'environnement à l'égard des entreprises* », Journal du droit international (Clunet), n°1, var. 1, Janvier 2012.
MAMUDU (H.) et al, « *International trade versus public health during the FCTC negotiations, 1999-2003* », Tobacco Control, vol.20, n°1, 2011, e3.
MANCIAUX (M.), « *Equité et droit à la santé* », », pp.169-178 (p.170) in, *Cinquantenaire de l'Organisation mondiale de la santé,* Actes du colloque du CERDES-AFDS, 1998, RGDM, juin 1999, n°1, pp.61-185.
MARKS (G.) et al, « *National Public Health Law: A Role for WHO in Capacity-Building and Promoting Transparency* », Bulletin of the World Health Organization, vol.94, 2016, pp.534-539.
MARUTHAPPU (M.) et WILLIAMS (C.), « *Reversing the WHO crisis : transparent priority matching of global needs with donor objectives* », BMJ, Letters, 2012, e7815.
MASCRET (C.), « *Les données de la science face à leur normalisation par les autorités sanitaires* », Médecine et Droit, n°93, 2008, pp.165-171.
MASQUELIN (J.), « *La formulation de la règle de droit* », in C. PERELMAN (dir.), *La règle de droit,* Bruylant, 1971.
MATZ-LÜCK (N.), « *Framework Agreements* », in R. WOLFRUM (éd.), Max Planck Encyclopedia of International Law, 2008.
MATZ-LÜCK (N.), « *Framework Conventions as a Regulatory Tool* », Goettingen Journal of International Law, vol.1, n°3, 2009 pp.439-458.
MBENGUE (M. M.), « *La technique de l'*opting out' : *acceptation par les Etats des normes techniques internationales* » in BROSSET (E.) et TRUILHE-MARENGO (E.) (dir.), *Les enjeux de la normalisation internationale : Entre environnement, santé et commerce international,* La documentation française, CERIC, 2006, pp.121-152.
McCARTHY (M.), « *A brief history of the World Health Organization* », Special Report, The Lancet, 2002, pp.1111-1112.
McCOY (D.) et al, « *Global health funding: how much, where it comes from and where it goes* », Health Policy and Planning, vol.24, 2009, pp.407-417.
McNAIR (A. D.), « *The Functions and Differing Legal Character of Treaties* », 11 British YearBook of International Law, n°11, 1930, pp.100-118.
MCNEILL (J.), « *The International Court of Justice Advisory Opinion in the Nuclear Weapons Cases--A First Appraisal* », International Review of the Red Cross, vol.316, 1997, pp.103-117.
MEHDI (R.), « *Introduction. Mutations de la société internationale et adaptations institutionnelles : le grand défi* », in BOISSON DE CHAZOURNES (L.) et MEHDI (R.) (dir.), *Une société internationale en mutation : quels acteurs pour une nouvelle gouvernance,* Bruylant, 2005, pp.7-18.
MEIER (B. M.) and ONZIVU (W.), « *The evolution of human rights in World health organization policy and the future of humain rights through global health governance* », Public Health, 2015, pp.179-187.
MEIER (B. M.) et AYALA (A. S.), « *The Pan American Health Organization and the mainstreaming of human rights in regional health governance* », Journal of Law, Medical and Ethics, Fall, vol.42 (3), 2014, pp.356-374.
MEIER (B. M.) et LABBOK (M.), « *From the bottle to the grave : realizing a human right to breastfeeding through global health policy* », Case Western Reserve Law Review, vol.60, pp.1073-1142.
MEIER (B. M.), « *Breathing Life into the Framework Convention on Tobacco Control : Smoking Cessation and the Right to Health* », Yale Journal of Health Policy, Law and Ethics, vol.5, 2005, pp.137-192.

MEIER (B. M.), « *Breathing Life into the Framework Convention on Tobacco Control : Smoking Cessation and the Right to Health* », Yale Journal of Health Policy, Law and Ethics, vol.5, 2005, pp.137-192.

MEIER (B. M.), « *Global Health Governance and the Contentious Politics of Human Rights: Mainstreaming the Right to Health for Public Health Advancement* », Stanford Journal of International Law, vol.46 (2010), pp.43-44.

MEIER (B. M.), « *Global health takes a normative turn : the expanding purview of international health law and global health policy to meet the public health challenges of the 21st Century* », The global community Yearbook of international law and jurisprudence, vol.1, 2011, pp.69-108.

MELLERAY (F.), « *Le contrôle juridictionnel des actes de droit souple* », RFDA 2016, p.679 ;

MERLE (M.), « *Le pouvoir réglementaire des institutions internationales* », in Annuaire français de droit international, vol.4, 1958, pp.341-360.

METOU (B. M.), « *Le préambule des actes constitutifs des organisations internationales* », Rev. hellénique de droit international 2010, pp.635-666.

MIHAJLOV (S.), « *Le droit international de la sante : etat actuel et perspectives de developpement* », in *L'avenir du droit international de la santé : table ronde*, Recueil international de législation sanitaire, vol.40, 200, pp.9-16.

MINCKE (C.), « *Effets, effectivité, efficience et efficacité du droit : le pôle réaliste de la validité* », RIEJ, vol.40, 1998.

MISSONI (E.), « *A healthier political functioning* », Bulletin de Medicus Mundi Suisse n°122, décembre 2011.

MONDIELLI (E.), « *La prise en compte des normes OMS par le droit français* », pp.87-116 in, *Cinquantenaire de l'Organisation mondiale de la santé,* Actes du colloque du CERDES-AFDS, 1998, RGDM, juin 1999, n°1, pp.61-185.

MONDIELLI (E.), « *Le Règlement sanitaire international (2005), un instrument moderne de lutte contre les pandémies* », in MONDIELLI (E.), VIALLA (F.) et CADEAU (E.) (coord.), *op.cit.*, pp.61-82.

MONTALIVET (P. de), « *La dégradation de la qualité de la norme constitutionnelle sous la Ve République* », Revue du droit public, n°4, 2012, p.925.

MONTEIRO (M. G.), « *The road to a World health organization global strategy for reducing the harmful use of alcohol* », World health Organization Global Strategy, vol.34, n°2, 2011.

MOON (S.) et al., « *Innovation and Access to medecines for neglected populations: could a treaty address a broken pharmaceutical R&D system* », Plos Medicine, vol.9, n°5, 2012, pp.1-5.

MORAND (C.-A.), « *La sanction* », APD, 1990, pp.293-312.

MORAND (C.A.), « *La souveraineté, un concept dépassé à l'heure de la mondialisation ?* », *L'ordre juridique international, un système en quête d'équité et d'universalité, Liber amirocum Georges Abi-Saab,* MNP, 2001 pp.151-175.

MOREAU (J.), *Le droit à la santé*, AJDA, 1998, p.185.

MORET-BAILLY (J.) et BRAICHET (J.-M.), « *Le Code de pratique mondial de l'OMS pour le recrutement international des personnels de santé* », Gazette du Palais, 15 janvier 2011, p.35.

MORET-BAILLY (J.) et RODWIN (M. A.), « *La qualification de conflits d'intérêts des médecins en France et aux Etats-Unis* », RDSS, 2012, pp.501-512.

MORIN (P.-F.), « *Place des acteurs privés dans le processus de normalisation du Codex alimentarius* », in BROSSET (E.) et TRUILHE-MARENGO (E.) (dir.), *op.cit.,* pp.175-186.

MUGGLI (M.), ZHENG (A.), LIBERMAN (J.) et al, « *Tracking the relevance of the WHO Framework Convention on Tobacco Control in legislation and litigation through the online resource* », Tobacco Control Laws. *Tobacco Control,* 2013, pp.457-460.

NADAL (S.), « *L'efficacité des règles de droit pour repère : quel(s) horizon(s) ?* », in HAMMJE (P.), JANICOT (L.) et NADAL (S.) (dir.), *L'efficacité de l'acte normatif. Nouvelle norme, nouvelles normativités* LGDJ, coll. LEJEP, 2013, pp.12-22.

NADAL (S.), « *L'intégration des organisations professionnelles à a fonction législative en droit du travail : un vecteur d'efficacité de la loi* », in HAMMJE (P.), JANICOT (L.) et NADAL (S.) (dir.), *op.cit.,* pp.119-131.

NAIM-GESBERT (E.), « *L'étude d'impact écologique* », Revue juridique de l'environnement, n°4, vol.40, 2015, pp.597-599.

NDOUR (M.), « *Partenariats public-privé mondiaux pour la santé : L'émergence d'une gouvernance transnationale des problèmes de santé des pays en développement* », Idées pour le débat, n°07/2006, IDDRI, 2006, pp.1-37.

NDOUR (M.), « *Philanthropie et santé publique* », Regards sur la terre, Presses de Sciences Po, 2009, pp.179-181.

NEGRI (S.), « *La santé mondiale dans l'Agenda du développement de l'après 2015 : quel rôle pour le droit international de la santé ?* », in MONDIELLI (E.), VIALLA (F.) et CADEAU (E.), *op.cit.,* pp.83-99.

NIGGLI (P.) et ROTHENBÜHLER (A.), « *ONG et gouvernance mondiale : une légitimité contestée* », Annuaire suisse de politique de développement, vol.23, n°2, 2004, pp.25-31.

NIKOGOSIAN (H.), et DA COSTA E SILVA (V. L.), « *WHO's first global health treaty : 10 years in force* », Bulletin of the World Health Organization, vol.93, Janvier 2015, p.211.

NISHTAR (S.), « *Public-private 'partnerships' in health – a global call for action* », Health Research Polociy and Systems, vol.2, 28 juillet 2004, pp.5-12.

NOIVILLE (C.), « *Principe de précaution et OMC, le cas du commerce alimentaire,* JDI, 2, 2000, pp.284-285.

NOREAU (P.), « *De la force symbolique du droit* » in THIBIERGE (C.) (dir.), *La force normative, op.cit.*, pp.137-150.

NORUM (K. R.), « *World health organization's Global strategy on diet, physical activity and health : the process behind the scenes* », Scandinavian Journal of Nutrition, vol.49, n°2, 2005, pp.83-88.

OLIVIER (M.), « *The relevance of 'Soft Law' as a Source of International Human Rights* », The Comparative and International Law Journal of Southern Africa, vol. 35, n°3, 2002, pp.289-307.

ONG (E. K.) et GLANTZ (S. A.), « *Constructing 'sound science' and 'good epidemiliogy' : Tobbaco, lawyers, and public relations firms* », American Journal of Public Health, vol.91, n°11, 2000, pp.1749-1757.

OPPETIT (B.), *Philosophie du droit,* Dalloz, 1999.

ORAISON (A.), « *Refléxions sur 'l'organe judiciaire principal des Nations unies' (Stratégie globales et stratégies sectorielles de la Cour internationale de Justice)* », Revue belge de droit international, éd. Bruylant, 1995/2, pp.397-467.

OST (F.) « *Validité* » in A. ARNAUD (dir.), *Dictionnaire encyclopédique de théorie et de sociologie du droit,* LGDJ et Story-scientia, 1988.

OST (F.) et Van de KERCHOVE (M.), « *Création et application du droit. Structure linéaire ou circulaire du système juridique ?* », in *Jalons pour une théorie critique du droit,* Publications des Facultés universitaires Saint-Louis, 1987.

OST (F.) et Van de KERCHOVE (M.), « *De la pyramide au réseau. Vers un nouveau mode de production du droit* », RIEJ, n°44, 2000, pp.1-92.

OUEDRAOGO (A.), « *Standard et standardisation : la normativité variable en droit international* », Revue québécoise de droit international, vol.26, n°1, 2013, pp.154-186.
OWUSU-DABO (E.) et al., « *Status of implementation of framework convention on tobacco control (FCTC) in Ghana : A qualitative study* », BMC Public Health, vol.10, 2010, pp.1-11.
OXMAN (A.), « *Use of evidence in WHO recommendations* », The Lancet, vol.369, 2 Juin, 2007, pp.1883-1889.
P. BOVET et al., « *Convention-cadre pour la lutte antitabac : un instrument puissant de santé publique* », Revue Médicale Suisse, n°248, 2012, pp. 1438-1441.
PAILETTE (C.), « *De l'Organisation d'hygiène de la SDN à l'OMS. Mondialisation et régionalisme européen dans le domaine de la santé, 1919-1954* », Bulletin de l'Institut Pierre Renouvin, vol.2, n°32, 2010, pp.193-198.
PAILLETTE (C.), « *L'Europe et les organisations sanitaires internationales. Enjeux régionaux et mondialisation, des années 1900 aux années 1920* », *Les cahiers Irice, vol.1, n°9,* 2012, pp.47-60.
PAINA (L.) et al., « *Implementing the Code of Practice on International recruitment in Romania : Exploring the current state of implementation and what Romania is doing to retain its domestic health workforce*, Human Ressources for Health, vol.14, Suppl. 1, n°39, 2016, pp.22-38.
PANG (T.) et GARRETT (L.), « *The WHO must reform for its own health* », Nature Medecine, vol.18, 2012, p.646.
PATRNOGIC (J.), « *Droit international médical : les nouvelles tendances* », Revue international de la Croix-Rouge, Mars 1971, pp.139-148.
PELLET (A.), « *Le "bon droit" et l'ivraie – plaidoyer pour l'ivraie (Remarques sur quelques problèmes de méthode en droit international du développement)* » in, *Le droit des peuples à disposer d'eux-mêmes : méthodes d'analyse du droit international*, Mélanges offerts à Charles Chaumont, Paris, Pedone, 1984, pp. 465-493.
PEREZ (O.), « *Fuzzy Law: A Theory of Quasi-Legality* », in P. GLENN et L. SMITH (eds), *Law and the New Logics,* Cambridge University Press, 2016.
PERRIN DE BRICHAMBAUT (M.), « *Les avis consultatifs rendus par la CIJ le 8 juillet 1996 sur la licéité de l'utilisation des armes nucléaires par un Etat dans un conflit armé (OMS) et sur la licéité de la menace et de l'emploi d'armes nucléaires (,)* », Annuaire français de droit international, vol.42, 1996, pp.315-336.
PERROULAZ (G.), « *Le rôle des ONG dans la politique de développement : forces et limites, légitimité et contrôle* », in « *Les ONG de développement : rôles et perspectives* », Annuaire suisse de politique de développement, vol.23, n°2, 2004, pp.9-24.
PETERS (A.), « *L'acte constitutif de l'organisation internationale* », in LAGRANGE (E.) et SOREL (J.-M.), *op.cit.*, pp.201-245.
PETERS (A.), « *Le cheminement historique des organisations internationales entre technocratie et démocratie* » in P.M. DUPUY et V. CHETAIL (dir.), *Les fondements du droit international*, Brill Leiden, 2013, pp.487-529.
PETERS (A.), « *Le droit d'ingérence et le devoir d'ingérence – vers une responsabilité de protéger* », Revue de droit international et droit comparé, 2002, pp.290-308.
PEYRO LLOPIS (A.), « *L'identification de l'organisation internationale et la protection de ses signes distinctifs* », in LAGRANGE (E.) et SOREL (J.-M.), *op.cit.*, pp.657-665.
PIGNARRE (G.), « *L'effet pervers des lois* », Revue de la recherche juridique. Droit prospectif, vol.59, n°4, 1994.

PINET (G.), « *Global partnerships : a key challenge and opportunity for implementation of itnernational health law », Medicine and Law, vol.22, 2003, pp.561-577.

PINET (G.), « *The WHO European programme of health Legislation and the Health for All Policy* », American Journal of Law & Medicine, vol.12, n°3/4, 1986, pp.441-460.

PLOTKIN (B. J.), « *Mission possible : the future of the international health regulations* », Temple International and Comparative Law Journal, vol.10, 1996, pp.503-515.

POULAIN (M.), « *Le Règlement Sanitaire International de l'OMS* », in LAGRANGE (E.) et SOREL (J.-M.), *op.cit.*, pp.756-765.

POULAIN (M.), « *Les négociations du droit de la santé : l'OMS à la croisée des chemins* », in MONDIELLI (E.), VIALLA (F.) et CADEAU (E.) (coord.), *Mélanges en l'honneur de Michel Belanger – Modernité du droit de la santé* », Les éditions hospitalières, coll. Mélanges, 2015, pp.101-115.

POULAIN (M.), « *Révision du Règlement sanitaire international, réseau « Alerte et action » : l'efficacité des outils de réaction de l'OMS à l'épreuve du SRAS et de la grippe aviaire* » in MEHDI (R.) et MALJEAN-DUBOIS (S.) (dir.), *La société internationale et les grandes pandémies, op.cit.*, pp.101-118.

POUSSON-PETIT (J.), « *Propos introductifs* », in *Le médicament : aspects de droits international, communautaire et comparé,* IIème Journée d'études du master 2 Droit international et comparé Toulouse du 25 mars 2009, RGDM, n°33, Décembre 2009, pp.169-174.

RANGEON (F.), « *Réflexions sur l'effectivité du droit* » in *Les usages sociaux du droit,* Centre universitaire de recherches administratives et politiques de Picardie (CURAPP), PUF, 1989.

RASSAFI-GUIBAL (H.), « *De quelques aspects des usages des instruments de* soft law *comme vecteurs de normativité économique* », Revue du marché commun et de l'Union Européenne, 2014, pp.85-93.

RAUSTALIA (K.), « *Form and Substance in International Agreements* », American journal of International Law, 2004, vol.99, pp.581-614.

RAUSTIALA (K.) et SLAUGHTER (A.-M.), « *International Law, International Relations, and Compliance* », in W. CARLSNAES et al. (dir.), *Handbook of international relations,* Sage Publications, 2002.

RAUSTIALA (K.) et VICTOR (D. G.), « *Conclusions* », in D. G. VICTOR et al. (dir.), *The implementation and effectiveness of international environmental commitments: theory and practice*, MIT Press, 1998, pp.684–686.

RAUSTIALA (K.), « *Compliance & Effectiveness in International Regulatory Cooperation* », Case Western Reserve Journal of International law, vol.32, n°3, 2000, pp.387-440.

REBASTI (E.), « *Beyond consultative status ; Which legal framework for enhanced interaction between NGOs and Intergovernmental organizations ?* » in DUPUY (P.-M.) et VIERUCCI (L.), *NGOS in International Laaw. Efficiency in flexibility ?,* Edward Elgar Publishing, 2008, pp.21-71.

RECORD (C.), « *A framework convention on alcohol control* », *The Lancet*, vol.370, 2007, pp.2101-2102.

RENGANATHAN (E.), *The World Health Organization as a key venue for global health diplomacy*, Chapitre 13 in KICKBUSCH (I.) et al., *Global Health Diplomacy, Concepts, issues, actors, instruments, fora and cases*, Springer, 2013, pp.173-186.

RIALS (S.), *« La puissance étatique et le droit dans l'ordre international. Eléments d'une critique de la notion usuelle de 'souveraineté externe',* in *Le droit international,* APD, 1987, vol.32.

RICHTER (J.), « *Public-private Partnerships for health : a trend with no alternatives ?* », Society for international development, vol.47(2), 2004, pp.43-48.

RICHTER (J.), « *Time to turn the tide : WHO's engagement with non-state actors and the politics of stakeholder governance and conflict of interest* », BMJ (Clinical research éd.), vol.328, 2014, p.348.

RICHTER (J.), « *WHO reform and public interest safeguards : an historical perspective* », Social Medicine, vol.6, n° 3, 2012, pp.141-150.

RIGAUX (F.), « *Kelsen et le droit international* », Revuge belge de droit international, 1996/2, p. 382 (pp.381-408)

ROBERT-CUENDET (S.), « *La qualité de membre : acquisition, évolution, perte* », in LAGRANGE (E.) et SOREL (J.-M.), *Droit des organisations internationales, op.cit.*, pp.289-316.

ROCHEBLAVE (A.-M.), « *La notion de rôle : quelques problèmes conceptuels* », Revue française de sociologie, 1963, n°4-3, pp.300-306.

ROCHER (G.), « *L'effectivité du droit* », in LAJOIE (A.), MACDONALD (R. A.), JANDA (R.) et ROCHER (G.) (dir.), *Théories et émergence du droit : pluralisme, surdétermination et effectivité,* Thémis, Bruylant, 1998.

ROCHER (G.), « *Les 'phénomènes d'internormativité' : faits et obstacles* », in BELLEY (J.-G.), *Le droit soluble. Contributions québécoises à l'étude de l'internormativité* », LGDJ, 1996, pp.25-42.

RODIER (G.), « *Le règlement sanitaire international révisé* », Annales des Mines – Responsabilité et environnement, 3/2008, n°51, pp.75-77.

ROEMER (R.), TAYLOR (A.) et J. LARIVIERE, « *Origins of the WHO Framework convention on tobacco control* », American Journal of Public Health, vol.95, n°6, Juin 2005, pp.936-938.

ROOM (R.) et al., « *International regulation of alcohol* », BMJ, vol.337, 2008.

ROOM (R.), « *International control for alcohol: alternative paths forward* », Drug and Alcohol Review, vol.25, 2006, pp.581-595

ROOM (R.), « *The World Health Organization and alcohol control* », British Journal of Addiction, vol.79, 1984, pp.85-92.

ROULAND (M.), « *La normalisation technique (instrument de concurrence à la loi)* » in CLAUDEL (E.) et THULLIER (B.) (dir.), *Le droit mou : une concurrence faite à la loi,* Travaux du CEDCACE, 2004, pp.1-16.

RUGER (J. P.) et YACH (D.), « *The Global role of the World health organization* », Global Health Governance, vol.2 (2), 2009, pp.1-11.

RUGER (J. P.), « *International institutional legitimacy and the World Health Organization* », Journal of Epidemiology & Community Health, vol.0, n°0, March 2014, pp.697-700.

RUGER (J. P.), « *Normative foundations of global health law* », The Georgetown Law Journal, vol.96, 2008, pp.423-443.

RUGER (J. P.), « *The changing role of the world bank in global health* », American Journal of Public Health, vol.95, n°1, 2005, pp.60-70.

RUGER (J. P.), « *The World Bank and global health : time for a renewed focus on health policy* », Commentary, Journal of Epidemiology and Community Health, 18 octobre 2013, pp.1-2.

RUGGIER (J. G.), « *What Makes the World Hang Together? Neoutilitarianism and the Social Constructivist Challenge* », International organization, vol.52, n°4, 1998, pp.855-885.

RUIZ-FABRI (H.), « *Concurrence ou complémentarité entre les mécanismes de règlement des différends entre le protocole de Carthagène et ceux de l'OMC », in* J. BOURRINET et MALJEAN-DUBOIS (S.), *Le commerce international des organismes génétiquement modifiés*, La documentation française, 2002, pp.149-176.
RUIZ-FABRI (H.), « *Synthèse. Les enjeux de la normalisation internationale »,* BROSSET (E.) et TRUILHE-MARENGO (E.) (dir.), *op.cit.*, pp.315-321.
RUZIE (D.), « *Le juge français et les actes des organisations internationales »,* in *L'application du droit international par le juge français*, A. Colin, 1972, pp.103-125.
SABLIERE (P.), Une nouvelle source du droit ? Les « documents référents », AJDA, 2007
SACCARI (R.), « *The World Health Organization needs to reconsider its definition of Health,* BMJ, vol.314,1997, pp.1409-1410.
SAHOVIC (M.), « *Le problème de l'efficacité du droit international »,* in *Theory of international law at the threshold of the 21st century, essays in honour of K. Skubiszewski,* Kluwer Law International, 1996, pp.275-281.
SAMSON (M.), « *Réflexions sur le rôle du droit dans la gouvernance de la santé mondiale »*, in MONDIELLI (E.), VIALLA (F.) et CADEAU (E.) (coord.), *op.cit.,* pp.117-134.
SANTULI (C.), « *Qu'est-ce qu'une juridiction internationale ? Des organes répressifs internationaux à l'ORD »,* AFDI, 2000, pp.58-81.
SARACCI (R.), « *The World Health Organization needs to reconsider its définition of health* », BMJ, vol.314, n° 7091, 10 May 1997, pp.1409-1410.
SCHACHTER (O.), « *The Twilight Existence of Nonbinding International Agreements* », American Journal of International Law, vol. 71, n°2, 1977, pp.296-304.
SCHMALENBACH (K.), « *International Organizations or Institutions, Supervisions and Sanctions »,* Max Planck Encyclopedia of Public International Law, Oxford University Press, version électronique, 2012.
SCOTT (J.) et TRUBEK (D. M.), « *Ming the gap : law and new approaches to governance in the European Union »,* European Law Journal, VIII, 1, 2002, pp.1-18.
SHAFFER (G. C.) et POLLACK (M. A.), « *Hard vs. Soft Law : alternatives, complements, and antagonists in international governance »,* Minnesota Law Review, 2010, pp.706-799.
SHARP (W. R.), « *The new World Health Organization* », American Journal of International Law, vol.41, n°3, 1947, pp.509-530.
SHATTUCK (H.) et al., « *American Bar Association report (recommendations and reports): World health Organisation »*, International Lawyer, vol.30, 1996, pp.686-695.
SHELTON (D.), « *Normative hierarchy in international law »,* AJIL, 2006, pp.291-323.
SHIBUYA (K.) et al., « *WHO Framework Convention on Tobacco Control : development of an evidence based global public health treaty »*, BMJ, vol.327, 19 juillet 2003, pp.154-157.
SHUBBER (S.), « *The Codex Alimentarius Commission under International Law »*, The International and Comparative Law Quarterly, vol.21, n°4, 1972, pp.631-655.
SIBONY (A.-L.), « *Du bon usage des notions d'efficacité et d'efficience en droit »* in FATIN-ROUGE STEFANINI (M.), GAY (L.) et VIDAL-NAQUET (A.) (dir.), *L'efficacité de la norme juridique. Nouveau vecteur de légitimité,* Bruylant, 2012, pp.61-84.

SIDIBE (M.) et BUSE (K.), « *A framework convention on global health : a catalyst for justice* », Bulletin de l'Organisation mondiale de la santé, vol.90, 2012, pp.870–870A.

SILBERSCHMIDT (G.), MATHESON (D.) et KICKBUSCH (I.), « *Creating a committee C of the World health assembly* », The Lancet, vol.371, 3 Mai 2008, pp.1483-1486.

SINDICO (F.), « *Soft law and the elusive quest for sustainable Global governance* », Leiden Journal of international Law, vol.19, 2006, pp.829-832.

SINTOMER (Y.), « *Pouvoir et autorité chez Hannah Arendt* », L'Homme et la Société, n°113, juillet-septembre 1994, pp.117-131.

SIYAM (A.) et al, « *Monitoring the implementation of the WHO Global code of practice on the international recruitment of health personnel* », Bulletin de l'OMS, vol.91, 2013, pp.816-823.

SKUBISZEWSKI (K.), « *Enactement of law by international organisations* », British Yearbook of International Law, vol.XLI, 1965-1966.

SNYDER (F.), « *Soft Law and International Practice in the European Community* », in S. MARTIN (dir.), *The construction of europe : essays in honour of Emile Noël,* 1994, pp.197-225.

SOPER (F. L.), « *International health : Some Aspects of the WHO's programs in the Americas* », American Journal Public Health, 1951, pp.1464-1467.

SOREL (J.-M.), « *L'institutionnalisation des relations internationales* », in LAGRANGE (E.) et SOREL (J.-M.), *op.cit.*, pp.11-34.

SOREL (J.-M.), « *Le rôle du droit international dans le développement du pluralisme (et vice versa) : une liaison moins naturelle qu'il n'y paraît* », in FONTAINE (L.) (dir.), *Droit et pluralisme,* Bruylant, 2007, pp.73-99.

SOUSA SANTOS (B. de), « *Law: a map of misreading. Toward a postmodern conception of law* », Journal of law and society, vol.14, n°3, 1987, pp.279-302.

SPRUMONT (D.), « *Le service public et les services d'intérêt public : l'exemple de la santé* » in : T. TANQUEREL et F. BELLANGER, *Le service public : journée de droit administratif,* 2005, Schulthess, coll. Pratiques du droit administratif, 2006, pp.161-192.

SRIDHAR (D.) et al, « *Are existing governance structures equipped to deal with today's global health challenges – Towards systematic coherence in scaling up* », Global health governance, vol.II, n°2 (Fall 2008/ Spring 2009), pp.1-25.

SRIDHAR (D.) et al, « *Global rules for global health : whe we need an independent, impartial WHO* », BMJ, vol.348, 18 juin 2014.

SRIDHAR (D.) et al., « *Recent Shifts in global governance : implications for the response to non-communicable diseases* », Plos Medecine, vol.10 n°7, Juille t 2013, pp.1-6.

SRIDHAR (D.), « *Regulate alcohol for global health* », Nature, vol.482, 2012, p.302.

SRIDHAR (D.), « *Response to comments on 'A United Nations Global health panel for global health governance* », Social science & Medecine, vol.76, 2013, pp.24-27.

SRIDHAR (D.), « *Who sets the global health research agenda ? The challenge of multi bi financing ?* », PLOS Medecine, vol.9, Numéro 9, Septembre 2012.

STEINBERGER (H.), « *Sovereignty* », in BERNHARDT (R.) (dir.), *Encyclopedia of Public International law,* Elsevier, vol.4, 2000, pp.500-521.

STENSON (B.) et STERKY (G.), « *What future WHO ?* », Health Policy, vol.28, 1994, pp.235-256.

STRAHAN (M.), « *Nuclear weapons, the World Health Organisation and the International court of Justice : should an advisory opinion bring them together ?* », Tulsa Journal of Comparative & International, vol.2, Spring 1995, pp.395-409.

STUCKLER (D.) et al, « *WHO's budgetary allocations and burden of disease : a comparative analysis* », Lancet, vol.372, 1er novembre, 2008, pp.1563-1569.

SUR (S.), « *Quelques observations sur les normes juridiques internationales* », Revue générale de droit international public, 1985, n°4.

TABUTEAU (D.), « *Référentiels, bonnes pratiques et recommandations : nouvelles normes ou 'quasi normes' en santé ?* », JDSAM, n°3, 2015, pp.7-37.

TAYLOR (A. L.) et BETTCHER (D.), « *WHO Framework Convention on Tobacco Control : a global 'good' for public health* », Bulletin of the World Health Organization, vol.78, n°7, 2000, pp.920-929.

TAYLOR (A. L.), « *Governing the Globalization of Public Health* », The Journal of Law, Medecine & Ethics, vol.32, n°2, 2004, pp.500-508.

TAYLOR (A.) et al., « *Stemming the brain drain – A WHO Global Code of Practice on international recruitment of health personnel* », New England Journal of Medicine, vol.365, n°25, 22 décembre 2011, pp.2348-2351.

TAYLOR (A.) et BETTCHER (D.), « *Sustainable health development : Negotiation of the WHO Framework convention on tobacco control* », Development Bulletin, vol.54, avril 2001.

TAYLOR (A.) et BETTCHER (D.), « *WHO Framework Convention on Tobacco Control : a global 'good' for public health'* », Bulletin de l'OMS, vol.78, n°7, 2000, pp.920-929.

TAYLOR (A.) et DHILLON (I. S.), « *An international legal strategy for alcohol control: not a framework convention--at least not yet* », Addiction, vol.108(3), 2013, pp.450-455.

TAYLOR (A.) et DHILLON (I. S.), « *The WHO Global Code of Practice on the International Recruitment of Health Personnel: the evolution of global health diplomacy* », Global Health Governance, vol.V, 2011, pp.1-24.

TAYLOR (A.) et GOSTIN (L. O.), « *International recruitment of health personnel* », The Lancet, vol.375, 15 mai 2010, pp.1673-1675.

TAYLOR (A.), « *An international regulatory strategy for global tobacco control* », Yale J Int Law, vol.21, n°2, 1996, pp.257–304.

TAYLOR (A.), « *Controlling the global spread of infectious diseases : Toward a reinforced role for the International Health Regulations* », Houston Law Review, vol.33, n°55, 1997, pp.1327-1362.

TAYLOR (A.), « *Global Health Governance and International Law* », Whittier Law Review, vol.25, 2003, pp.261-262.

TAYLOR (A.), « *Global Health Law* », Chapitre 4 in KICKBUSCH (I.) et al., *Global Health Diplomacy, Concepts, issues, actors, instruments, fora and cases*, Springer, 2013, pp.37-54.

TAYLOR (A.), « *Leveraging non-binding instruments for global health governance : reflections from the Global AIDS reporting mechanism for WHO reform* », Public Health XXX I-10, 2013, pp.151-160.

TAYLOR (A.), « *Making the World Health Organization Work : A Legal Framework for Universal Access to the Conditions for Health* », American Journal of Law and Medecine, *vol.*18, 1992, pp.301-346.

TAYLOR (A.), BETTCHER (D.) et PECK (R.), « *International law and the international legislative process : The WHO Framework convention on tobacco control* », in SMITH (R.), BEAGLEHOLE (R.), WOODWARD (D.), DRAGET (N.) (eds.), *Global public goods for health : health economics and public health perspectives,* Oxford University Press, 2003.

TAYLOR (A.L.), « *Governing the globalization of public health* », Journal of Law, Medicine, Ethics, vol.32(3), 2004, pp.500-508.

TERRE (D.), « *Le pluralisme et le droit », in Le Pluralisme,* APD, t.49, 2006, pp.69-83.
TERRE (F.), « *Forces et faiblesses de la norme* », in THIBIERGE (C.) et al., *La force normative, op.cit.,* pp.19-21.
TEUBNER (G.), « *Un droit spontané dans la société mondiale ? »,* in MORAND (C.-A.) *Le droit saisi par la mondialisation,* Bruylant, 2001, pp.197-220.
THE LANCET, « *A Framework Convention on alcohol control* », The Lancet, vol.370, 2007, p.1102.
THE LANCET, « *A platform for a Framework Convention on Global Health* »,The Lancet, vol. 383, n°9936, 28 June 2014, pp.2207-2208.
THE LANCET, « *Drug development for neglected diseases : pharma's influence »,* The Lancet, vol.375, n°9708, 2 Janvier 2010, p.2.
THE LANCET, « *Fighting fake drugs: the role of WHO and pharma (Editorial)* », *The Lancet*, vol.377, n° 9778, 2011, p.1626.
THE LANCET, « *Urgently needed: a framework convention for obesity control* », The Lancet, vol.378, Août 2011, p.741.
THIBIERGE (C.), « *Au cœur de la norme : le tracé et la mesure. Pour une distinction entre normes et règles de droit* », Archives philosophiques du droit, vol.51, 2008, pp.341-371.
THIBIERGE (C.), « *Rapport de synthèse* », in *Le droit souple,* Actes du colloque organisé par l'Association Henri Capitant, Journées nationales, t. XIII, Dalloz, 2009.
THIERRY (H.), « *Le droit d'ingérence n'existe pas », in La France, l'Europe et le Monde, Mélanges en l'honneur de Jean Carpentier,* Pedone, 2008, pp.233-237.
THOME (L.), « *Participation et représentation des états dans l''élaboration des normes du Codex alimentarius »,* in BROSSET (E.) et TRUILHE-MARENGO (E.) (dir.), *Les enjeux de la normalisation internationale : Entre environnement, santé et commerce international,* La documentation française, CERIC, 2006, pp.91-104.
THÜRER (D.), « *Soft law* », in WOLFRUM (R.) (dir.), *The Max Planck Encyclopedia of Public International Law*, Oxford University Press, 2010.
TOEBES (B.), « *International health law : an emerging field of public international law »,* Indian Journal of International Law, vol.55, n°3, September 2015, pp.299-328.
TOEBES (B.), « *The Framework Convention on Global Health : Considerations in light of international law »,* Global Health Governance, vol.IX, n°1, Spring-Fall 2015.
TOMKIEWICZ (V.), « *Concurrence chevauchements de compétences et coordination entre organisations internationales »,* in LAGRANGE (E.) et SOREL (J.-M.), *op.cit.*, pp.891-931.
TRUBEK (D. M.) et TRUBEK (L. G.), « *Hard and Soft Law in the Construction of Social Europe: The Role of the Open Method of Co-ordination* », European Journal, vol.11, n°3, 2005, pp.343-364.
TRUBEK (D.) et al., « *Soft law, Hard law and EU integration: toward a theory of hybridity »,* in BURCA (G. de) et SCOTT (J.) (dir.), *Law and new governance in the EU and the US,* Hart, 2005, pp.65-94.
TRUILHE-MARENGO (E.), « *Consensus comme modalité d'adoption des normes au sein du Codex alimentarius »,* in BROSSET (E.) et TRUILHE-MARENGO (E.) (dir.), *Les enjeux de la normalisation internationale (...) ; op.cit.*, pp.105-119.
UANG (R.), HILAMO (H.) et GLANTZ (S. A.), « *Accelerated adoption of smoke-free laws after ratification of the world health organization framework convention on tobacco control* », American journal of public health, vol.106, n°1, Janvier 2016, pp.166-171.

ULFSTEIN (G.), « *Les activités normatives de l'organisation internationale »,* in LAGRANGE (E.) et SOREL (J.-M.), *op.cit.*, pp.737-755.
UPHOFF (N.), « *Distinguishing Power, Authority & Legitimacy: Taking Max Webber at his word by using resources-exchange analysis* », Polity, vol.22, Winter, 1989, pp.295-322.
VALTICOS (N.), « *Le droit international du travail face aux problèmes de la société internationale de 1980 »,* Revue belge de droit international, vol.1, 1980, pp.5-19.
VAN DE PAS (R.) and VAN SCHAIK (L. G.), « *Democratizing the World Health Organization* », Public Health I-7, 201, p.2.
VAN DIJK (P.), « *Normative Force and Effectiveness of International Norms* », Year Book of International Law, vol.30, 1987, pp.9-35.
VAN PAS (R.) et al., « *The Code of Practice and its enduring relevance in Europe and East and Southern Africa »,* Human Ressources for Health, vol.14, Suppl. 1, n°39, 2016, pp.55-63.
VAN SCHAIK (L. G.), « *The EU's Performance in the World Health Organization: Internal Cramps after the 'Lisbon cure''* », European Integration, vol.33, n°6, Novembre 2011, pp.699-713.
VAN ZYLE HYDE (H.), « *International health: Bilateral International Health Programs of the United States* », American Journal of Public Health, vol.41, 1951, pp.1473-1476.
VARELLA (M. D.), « *Le rôle des organisations non gouvernementales dans le développement du droit international de l'environnement »,* JDI, 2005, pp.41-76.
VAUGHAN (P.) et al, « *WHO and the effects of extra budgetary funds : is the Organization donor driven ?* », Health Policy and Planning, 11(3), Oxford University Press, 1996, p.253-264.
VELASQUEZ (G.), « *Origine et évolution du concept du médicament essentiel promu par l'OMS »,* Tiers-monde « Investissement-travail et développement. Des approches et pratiques renouvelées ? », tome 32, n°127, 1991, pp.673-680.
VENTEGODT (S.), « *Why the corruption of the World health organization (WHO) is the biggest threat to the world's public health of our time »*, Journal of Integrative Medicine & Therapy, vol.2, Issue 1, 9 Février 2015, pp.1-5.
VENTURA (D.), « *Responsabilité et santé globale* », in A. SUPIOT et DELMAS-MARTY (M.) (dir.), *Prendre la responsabilité au sérieux,* PUF, 2015, pp.201-220.
VERHOEVEN (J.), « *La notion d''applicabilité directe' du droit international* », RBDI, 1980, pp.243-264.
VERHOEVEN (J.), « *La reconnaissance internationale »,* AFDI, 1993, pp.7-40.
VIGNES (C. H.), « *L'avenir du droit international de la santé ; perspectives de l'OMS »,* in *L'avenir du droit international de la santé : Table ronde,* Recueil international de législation sanitaire, vol.40 (1), 1989, pp.17-20.
VIGNES (C.-H.), « *L'inspection international au sein de l'OMS* », in E. BRUYLANT et D. VIGNES, *L'inspection internationale : quinze études de la pratique des Etats et des organisations internationales* Bruylant,1976, pp.439-509.
VIGNES (C.-H.), « *La régionalisation de l'Organisation mondiale de la Santé* », Société française pour le droit international, Bordeaux 20-22 mai 1976, pp.644-655.
VIGNES (C.-H.), « *Le Centre international de recherches sur le cancer* » Annuaire français de droit international, vol.13, n°1, 1967, pp.531-544.
VIGNES (C.-H.), « *Mythe et réalité: le statut des membres du Conseil exécutif de l'Organisation Mondial de la Santé »*, International Public, vol.103, no.3, 1999, pp.685-696.
VIGNES (C.-H.), *« Questions juridiques intéressant l'Organisation mondiale de la Santé »,* Annuaire français du droit international, vol.9, n°1, 1963, pp.627-638.

VIGNES (C.-H.), « *Règlement sanitaire international. Quelques aspects juridiques* », Annuaire français du droit international, vol.11, 1965, pp.649-667.
VIGNES (C.-H.), « *Vers une harmonisation des législations sanitaires : le rôle de l'Organisation mondiale de la santé* », in *Recueil international de la législation sanitaire*, vol.46(3), 1995, pp.469-474.
VIRALLY (M.), « *Définition et classification des organisations internationales : approche juridique* », in ABI-SAAB (G.) *Le concept d'organisation internationale*, Unesco, 1980, pp.51-67.
VIRALLY (M.), « *La distinction entre textes internationaux ayant une portée juridique entre leurs acteurs et textes qui en sont dépourvus* », Annuaire de l'Institut de droit international, vol.60-I, II, 1983.
VIRALLY (M.), « *La notion de fonction dans la théorie des organisations internationale* », in *La communauté internationale. Mélanges offerts à Charles Rousseau*, Pedone, 1974, pp.277-300.
VIRALLY (M.), « *La valeur juridique des recommandations des organisations internationales* » in Annuaire français de droit international, vol.2, 1956, pp.66-96.
VIRALLY (M.), « *Les actes unilatéraux des organisations internationales* », in M. BEDJAOUI, *Droit international : bilan et perspectives*, Pedone, 1991, pp.253-276.
VIRALLY (M.), « *Les relations entre Organisations régionales et Organisations universelles* », in *Régionalisme et unviersalisme dans le droit international contemporain* », Colloque de Bordeaux de mai 1976 de la Société Française pour le Droit International, Pédone, 1977, pp.147-165.
WALT (G.) et BUSE (K.), « *Partnership and fragmentation in international health : threat or opportunity ?* », Tropical medecine and international health, vol.5, n°7, juillet 2000, pp.467-471.
WALT (G.), « *Globalization of international health* », The Lancet, vol.351, 1998, pp.434-437.
WALT (G.), « *WHO Under stress : implications for health Policy* », Health Policy, vol.24,1993, pp.125-144.
WEERTS (L.), « *De la souveraineté à la responsabilité entre fiction et 'effet réel'* », in *Droit du pouvoir, pouvoir du droit, Mélanges offerts à J. Salmon*, Bruylant, 2007, pp.711-728.
WEIL (P.), « *Vers une normativité relative en droit international ?* », Revue générale de droit international public, 1982, pp.5-47.
WHITE (F. M. M.) et NANAN (D. J.), « *International and global health* », in R. B. WALLACE et al, *Maxcy-Rosenau-Last Public Health and Preventive Medecine*, 15e éd., 2007, pp.1251-1258.
WIDDOWS (H.), « *Global health justice and the right to health* », Health Care Analysis, Springer, 2015, p.391-400.
WIPFLI (H.) et HUANG (G.), « *Power of the process : Evaluating the impact of the Framework convention on tobacco control negociations* », HealthPolicy, vol.100, n°2-3, 2011, pp.107-115.
WIPFLI (H.), FUJIMOTO (K.) et VALENTE (T. W.), « *Global tobacco control diffusion: the case of the framework convention on tobacco control* » American Journal of Public Health, vol.100, n°7, 2010, pp.1260-1266.
WOLF (F.), « *Les activités normatives et quasi-normatives des organisations internationales* », in DUPUY (R.-J.), *Manuel sur les organisations internationales*, Martinus Nojhoff, 1988, pp.277-302.
XIFARAS (M.), « *Après les théories générales de l'Etat : le droit global ?* », Jus Politicum, n°8, 2012.
YACH (D.) et BETTCHER (D.), « *The globalization of public health I : Threats and opportunities* », American Journal of Public Health, vol.88, 1998, pp.735-738.

YACH (D.) et BETTCHER (D.), *« The globalization of public health II : The convergence of self-interest and altruism »,* American Journal of Public Health, vol.88, 1998, pp.738-741.
YACH (D.), « *Health and illness: the definition of the World Health Organisation* », Ethik Med, 1998 pp.7-13.
YACH (D.), « *The origins, development, effects, and future of the WHO Framework convention on tobacco control : A personal perspective »,* The Lancet, vol.383, n°9930, 2014, pp.1771-1779.
YAMEY (G.), « *WHO's management : struggling to transform a 'fossilised bureaucracy' »,* BMJ, vol.325, 2002, pp.1170-1173.
YAYA (H. S.), « *Origines et développements des partenariats privé-public en santé dans les pays développés : principes, enjeux et défis institutionnels »,* La revue de l'innovation dans le secteur public, vol.10 (3), n°4, 2005, pp.1-13.
YOUNG (O. R.) et LEVY (M.), *« The effectiveness of international environmental regimes »,* in YOUNG (O. R.) (dir.), *The effectiveness of international environmental regimes: causal connections and behavioral mechanisms,* MIT Press, 1999, pp.1-32.
YOUNG (O. R.), « *The effectiveness of international institutions hard cases and critical variables »* in ROSENAU (J. N.) et CZEMPIEL (E.-O.) (dir.), *Governance without government : change and order in world politics*, Cambridge University Press, 1992, pp.160-192.
ZEMANEK (K.) (éd.), « *Agreements of international organizations and the Vienna convention on the law of treaties* », University of Toledo Law Review, vol. 89, 1971, pp. 145-183.
ZEMANEK (K.), « *Is the Term "Soft Law" Convenient?* » dans HAFNER (G.) (dir.), *Liber Amicorum Professor Seidl Hohenvelden in honour of his 80th birthday*, La Haye, Kluwer Law International, 1998, pp.843-862.

VII. Jurisprudences

a. Internationales

(i) Cour international de justice (CIJ)

Avis Consultatif du 11 avril 1949 de la CIJ, *Réparation des dommages subis au service des Nations unies,* CIJ Rec. 1949.
Avis consultatif du 20 juillet 1962 de la CIJ, *Certaines dépenses des Nations unies (art. 17 § 2 de la Charte),* CIJ Rec. 1962.
Avis Consultatif du 8 juillet 1996 de la CIJ, *Licéité de l'utilisation des armes nucléaires par un Etat dans un conflit armé,* CIJ Rec. 1996.
Avis Consultatif du 9 juillet 2004 de la CIJ, *Conséquences juridiques de l'édification d'un mur dans le territoire palestinien occupé,* CIJ Rec. 2004.
CIJ, *Activités militaires et paramilitaires au Nicaragua et contre celui-ci,* Arrêt du 10 Mai 1984.
CIJ, *Affaire du droit d'asile*, Arrêts des 20 et 27 Novembre 1950.
CIJ, *Affaire du Plateau continental (Jamahiriya Arabe Lybienne/Malte),* Arrêt du 3 juin 1985.
CIJ, *Délimitation de la frontière maritime dans la région du golfe du Maine*, Arrêt du 12 Octobre 1984.
CIJ, *Détroit de Corfou*, Arrêt du 9 avril 1949.
CIJ, *Droit d'asile,* Arrêt du 20 novembre 1950.
CIJ, *Ressortissants des Etats-Unis au Marco,* Arrêt du 27 août 1952.

CIJ, *Droit de passage en territoire indien*, Arrêt du 12 avril 1960.
CIJ, *Affaire Haya de la torre,* Arrêt du 13 Juin 1951.

(ii) Arbitrage international et règlements des différends

Australie – *Certaines mesures concernant les marques de fabrique ou de commerce et autres prescriptions en matière de banalisation des emballages applicables aux produits du tabac et à l'emballage de ces produits*, Affaire DS434 Août 2012.
Brésil – *Mesures visant l'importation de pneumatiques rechapés*, Affaire DS332, 29 août 2008.
Centre international pour le règlement des différends relatifs aux investissements, *Philip Morris Brand Sàrl c. Uruguay*, Affaire n°ARB/10/7, 2 Juillet 2013.
Communauté européennes – *Mesures concernant les viandes et les produits carnés (hormones),* Affaire DS26, 12 juillet 1999.
Communautés européennes – *Mesures affectant l'amiante et les produits en contenant*, Affaire DS135, 5 avril 2001.
Cour permanente d'arbitrage, *Philip Morris Asia Limited (Hong Kong) v. The Commonwealth of Australia*, Affaire n°2012-12, 31 Décembre 2012.
Etats-Unis – *Certaines mesures visant les importations de volaille en provenance de Chine*, Affaire DS392, 29 septembre 2010.
Etats-Unis – *Mesures affectant la production et la vente de cigarettes aux clous de girofle,* Affaire DS406, 4 avril 2012.
Fédération de Russie – *Mesures visant l'importation de porcins vivants, de viande de porc et d'autres produits du porc en provenance de l'Union européenne*, Affaire DS475, 8 avril 2014.
Indonésie – *Mesures concernant l'importation de viande de poulet et de produits à base de poulet*, Affaire DS484, 16 octobre 2014.

b. Européennes

CJCE, *Aragonesa,* C-1-176/90, 25 juillet 1991.
CJCE, *Bacardi France SAS,* C-429/2, 13 juillet 2004.
CJCE, *Commission c. RFA,* C-274/87, 2 février 1989.
CJCE, *Eyssen,* C-53/80, 5 février 1981.
CJCE, *Kohll et Decker*, C-120/95 et C-158/96, 28 avril 1998
CJUE, *Acino AG c. Commission européenne*, C-269/13, 10 avril 2014
CJUE, *Allemagne c. Parlement et Conseil*, C-380/03, 12 décembre 2006.
CJUE, *Burbaud*, C-285-01, 9 septembre 2003.
CJUE, *Commission européenne v. Irlande*, C-221/08, 4 mars 2010.
CJUE, *DocMorris*, C-322-1, 11 décembre 2003.
CJUE, *Laboratoire Lyocentre,* C-109/12, 3 octobre 2013.
CJUE, *O, S & L*, C-356/11 et C-357/11, 6 décembre 2012.
CJUE, *Pologne c. Parlement européen et Conseil de l'Union européenne*, C-358/14, 4 mai 2016.
CJUE, *Roumanie c. Parlement européen et Conseil de l'Union européenne* C-547/14, 4 mai 2016.
CJUE, *Royaume-Unie c. Parlement européen et Conseil de l'Union européenne* C-477/14, 4 mai 2016.
CJUE, *Smits et Peerbooms*, C-157/99, 12 juillet 2001.
CJUE, *Van Braeckel*, C-368/98, 12 juillet 2001.
CJUE, *Watts*, C-372/04, 16 mai 2006.

c. Nationales

CA d'Aix en Provence, 20 Février 2008, n°07/16837.
CA d'Aix-en-Provence, 8 octobre 2013, n°2013/487.
CA de Lyon, 19 avril 2011, n°10/01723.
CA de Toulouse, 29 Janvier 2010, n°08/02582.
CA Paris, 18 novembre 1967, *Epoux Pivert c/ Ministère public.*
CAA de Marseille, 6 janvier 2011, n°09MA00741.
Cass. civ, 2ème, 8 juin 1994, n°92-19546, Bull Civ. II, n°151.
Cass. civ., 3ème, 4 oct. 1989, n°1345, Bull Civ. III, n°177.
Cass. civ., 3ème, *Société française d'étanchéité et revêtement métallique c. Portes-es-qualités et autres,* Gazette du Palais, 1979, I, pp.118-119.
Cass. civ., 6 janvier 2010, n°08-19.066.
Cass. crim., 12 octobre 1999, Bulletin Criminel, n°213, p.671.
Cass. crim., 22 février 2011, n°10-83.767, 1230.
Cass. soc., 19 Novembre 2005, n°14-11.093-099.
CE, 10 janvier 2011, n°345329.
CE, 10 juin 2015, n°369428.
CE, 17 juillet 2013, n°347291.
CE, 20 décembre 2003, n°243954.
CE, 20 mars 2013, n°354321.
CE, 21 Septembre 1992, n°93109.
CE, 23 mars 2016, n°387595.
CE, 23 octobre 2013, n°360731.
CE, 25 octobre 2002, n°251161.
CE, 26 octobre 2007, n°299883.
CE, 27 juin 1997, n°152280.
CE, 3 février 2015, n°386809.
CE, 4 février 2004, n°242782.
CE, Ass. 21 mars, 2016 n°368082, *Société Fairvesta International GMBH et autres*
CE, 21 mars 2016, n°390023, *Société NC Numéricable*
CE, 13 juillet 2016, n°38850, *Société GDF Suez*
CE, Sect. 29 mai 1970, *Sté Lamaraud et Cie et Perron,* n°73885, Rec. Lebon, p.1104.
Cour suprême des Etats-Unis, *McCulloch c/ Maryland,* 1819.
Cour suprême du Minnesota, *State of Minnesota v. Philippe Morris Inc,* 1996.

VIII. Instruments juridiques

a. Internationaux

(i) Accords, conventions, traités et règlements

Accord entre le Conseil Fédéral Suisse et l'Organisation Mondiale de la Santé, pour régler le statut juridique de cette organisation en Suisse. Conclu le 21 août 1948 et approuvé par l'Assemblée fédérale le 29 septembre 1955. Il est entré en vigueur avec effet rétroactif au 17 juillet 1948.
Accord sur l'application des mesures sanitaires et phytosanitaires, 1994.
Accord sur les obstacles techniques au commerce, 1994.
Charte des Nations unies, 1948.
Convention (I) de Genève pour l'amélioration du sort des blessés et des malades dans les forces armées en campagne, 1949.
Convention (II) pour l'amélioration du sort des blessés, des malades et des naufragés des forces armées sur mer, 1949.

Convention (III) relative au traitement des prisonniers de guerre et Convention (IV) relative à la protection des personnes civiles en temps de guerre, 1949.
Convention contre la torture et autres peines ou traitements cruels, inhumains ou dégradants, 1984.
Convention de Bâle du 22 mars 1989 sur le contrôle des mouvements transfrontières de déchets dangereux.
Convention de Genève du 22 août 1864 pour l'amélioration du sort des militaires blessés dans les armées en campagne, 22 août 1864.
Convention de Rio sur la biodiversité, 5 juin 1992.
Convention de Vienne sur la protection de la couche d'ozone, 1985.
Convention de Vienne sur le droit des traités, 23 mai 1969.
Convention de Vienne sur le droit des traités entre Etats et organisations internationales ou entre organisations internationales, 1986.
Convention internationale sur l'élimination de toutes les formes de discrimination raciale, 1965.
Convention internationale sur la protection des droits de tous les travailleurs migrants et des membres de leur famille, 1990.
Convention pour la protection de la mer méditerranée contre la pollution, 1976.
Convention relative aux droits de l'enfant, 1989.
Convention sur l'élimination de toutes les formes de discrimination à l'égard des femmes, 1979.
Convention-cadre des Nations unies sur les changements climatiques adoptés en 1992 (entrée en vigueur en 1994) et accompagnée du Protocole de Kyoto adopté en 1997 (entré en vigueur en 2005).
Convention-cadre pour la lutte antitabac, 2003.
Convention-cadre pour la protection des minorités nationales, 1991.
Pacte international relatif aux droits civils et politiques (1966).
Pacte international relatif aux droits économiques, sociaux et culturels (1966).
Règlement sanitaire international, 2005.
Règlement n°1 de l'OMS relatif à la Nomenclature (y compris l'établissement et la publication de statistiques) concernant les maladies et causes de décès.

(ii) Décisions et résolutions

OMS, « *Protocole pour éliminer le commerce illicite des produits du tabac* », Décision FCTC/COP5(1), Novembre 2012.
OMS, « *Tobacco or health* », Résolution WHA43.16, 1990.
OMS, « *Action multisectorielle pour une approche du vieillissement en bonne santé prenant en compte tous les étapes de la vie* », Résolution WHA67(13), WHA67/2014/REC/1, 21 mars 2014.
OMS, « *Adoption du Règlement financier de la Conférence des Parties à la Convention-cadre de l'OMS pour la lutte antitabac* », Décision FCTC/COP1(9), 15 février 2006.
OMS, « *An international strategy for tobacco control* », Resolution WHA48.11, 12 mai 1995.
OMS, « *Application du Règlement sanitaire international (2005)* », Résolution WHA61.2, 23 mai 2008, WHA61/2008/REC/1, 2008.
OMS, « *Classification internationale du fonctionnement, du handicap et de la santé* », Résolution WHA54.21, 22 mai 2001.
OMS, « *Convention-cadre de l'OMS pour la lutte antitabac* », Résolution WHA56.1, 21 mai 2003.
OMS, « *Diet, physical activity and health* », Résolution WHA55.23, 2002.

OMS, « *Establishment of an International Agency for Research on Cancer* », Résolution WHA18.44, 18ème AMS, 1965.
OMS, « *Global strategy to reduce the harmful use of alcohol* », Résolution WHA63.13, 21 mai 2010.
OMS, « *International framework convention for tobacco control* », Resolution WHA49.17, 25 mai 1996.
OMS, « *Préparation en cas de grippe pandémique : échange des virus grippaux et accès aux vaccins et aux autres avantages* », Résolution WHA60.28, 23 mai 2007.
OMS, « *Résolution sur la révision et la mise à jour du Règlement sanitaire international* », Résolution WHA48.7, 12 mai 1995.
OMS, « *Smoking and travel* », Résolution WHA44.26, 1990.
OMS, « *Stratégie mondiale de lutte antitabac* », Résolution EB95.R9, 26 janvier 1995.
OMS, « *Stratégie mondiale pour l'alimentation, l'exercice physique et la santé* », Résolution WHA57.17, 2004.
OMS, « *Syndrome respiratoire aigu sévère (SRAS)* », Résolution WHA56.29, 28 mai 2003.
OMS, « *Towards a WHO framework convention on tobacco control* », Résolution WHA52.18, 24 mai 1999.
OMS, *Adoption du Règlement sanitaire international (Règlement n°2 de l'OMS)*, Résolution WHA4.75, 25 mai 1951.
OMS, « *Lignes directrices concernant l'application du système OMS de certification de la qualité des produits pharmaceutiques entrant dans le commerce international* », Résolution WHA50.3, 1998.
OMS, *Principes régissant les relations entre l'Organisation mondiale de la santé et les organisations non gouvernementales*, Résolution WHA40.25, Mai 1987.
OMS, *Programme commun FAO /OMS sur les normes alimentaires (Codex Alimentarius*), Résolution WHA16.42, 16e Assemblée mondiale de la santé, 1963.
OMS, « *Commerce international et santé* », Résolution WHA 59.26 du 27 mai 2006.
OMS, « *Amendements de l'Article 7 de la Constitution* », Résolution WHA18.48, 20 Mai 1965.
OMS, « *Infant nutrition and breast feeding* », Résolution WHA27.43, 23 mai 1974.
OMS, « *HIV/AIDS: confronting the epidemic* », Résolution WHA53.14, 20 Mai 2000
OMS, *La nutrition chez le nourrisson et le jeune enfant*, Résolution WHA55.25, 2003.
OMS, « *Migrations internationales des personnels de santé : un défi pour les systèmes de santé des pays en développement* », Résolution WHA57.19, 22 mai 2004.
OMS, « *Migrations internationales des personnels de santé : un défi pour les systèmes de santé des pays en développement* », Résolution WHA58.17, 25 mai 2005.
OMS, « *Préparation en cas de grippe pandémique : échange des virus grippaux et accès aux vaccins et autres avantages*, Résolution WHA64.5, 24 Mai 2011.
OMS, *Stratégie mondiale pour l'alimentation, l'exercice physique et la santé*, Résolution WHA 57.17, 57e AMS, 2004.
ONU, « *Paix et sécurité en Afrique* », Résolution S/RES/2177, 18 septembre 2014.
ONU, « *Responsabilité du maintien de la paix et de la sécurité internationale incombant au Conseil de sécurité : le VIH/ sida et les opérations internationales de maintien de la paix* », Résolution 1308, S/RES/1308, du 17 juillet 2000
ONU, « *Maintien de la paix et de la sécurité internationales* », Résolution 1983 du 7 juin 2011, S/RES/1983, 2011.
OMS, « *Principes régissant les relations entre l'Organisation mondiale de la santé et les organisations non gouvernementales* », Résolution WHA40.25, Mai 1987.
FAO, « *Statuts de la Commission du Codex Alimentarius* », Résolution 12/61 et Annexe B, 1961.
OMS, « *Règlement de Nomenclature* », Résolution WHA20.18, 22 mai 1967.

OMS, « *Droits de l'homme* », Résolution WHA23.41, 21 Mai 1970.
OMS, « *RSI* », Résolution WHA58.3, 23 mai 2005.
OMS, « *Non Proprietary Names for Drugs* », Résolution WHA3.11, 1950.
OMS, « *Règlement sanitaire international* », Résolution WHA22.46, 25 juillet 1969.

b. Régionaux

(i) Accords, conventions et traités

Convention américaine relative aux droits de l'homme, 1969.
Convention européenne des droits de l'homme, 1950.
Traité d'Amsterdam, 1997
Traité de Nice, 2001.
Traité sur le fonctionnement de l'Union européenne, 2010.
Traités instituant les Communautés européennes – Acte unique européen, 1986.

(ii) Directives et règlements

Règlement (CE) n°178/2002 du Parlement européen et du Conseil du 28 janvier 2002 établissant les principes généraux et les prescriptions générales de la législation alimentaire, instituant l'Autorité européenne de sécurité des aliments et fixant des procédures relatives à la sécurité des denrées alimentaires.
Règlement (CE) n°726/2004 du Parlement européen et du Conseil du 31 mars 2004 établissant des procédures communautaires pour l'autorisation et la surveillance en ce qui concerne les médicaments à usage humain et à usage vétérinaire.
Résolution n°C287/75 du Parlement européen sur le code international de commercialisation des substituts du lait maternel adopté par l'Assemblée de l'Organisation mondiale de la santé, 15 octobre 1981.
Règlement (CEE) n°2309/93 du Conseil du 22 juillet 1993 établissant des procédures communautaires pour l'autorisation et la surveillance des médicaments à usage humain et à usage vétérinaire et instituant une Agence européenne pour l'évaluation des médicaments.
Décision CE n°2003/822, 17 novembre 2003 relative à l'admission de la Communauté européenne à la commission du Code alimentaire.
Directive n°2014/40/UE du Parlement Européen et du Conseil du 3 avril 2014 relative au rapprochement des dispositions législatives, réglementaires et administratives des États membres en matière de fabrication, de présentation et de vente des produits du tabac et des produits connexes, et abrogeant la directive 2001/37/CE.
Directive n°98/34/CE du Parlement européen et du Conseil du 22 juin 1998 prévoyant une procédure d'information dans le domaine des normes et réglementations techniques.
Directive d'exécution n°2012/52/UE de la Commission du 20 décembre 2012 établissant des mesures visant à faciliter la reconnaissance des prescriptions médicales établies dans un autre État membre.

c. Nationaux

(i) Législations

Loi n°65-510 du 1er juillet 1965 relative au contrôle sanitaire aux frontières terrestres, maritimes et aériennes.

Loi n°91-32 du 10 janvier 1991 relative à la lutte contre le tabagisme et l'alcoolisme.
Loi n°2014-201 du 24 février 2014 portant diverses dispositions d'adaptation au droit de l'Union européenne dans le domaine de la santé.
Loi n°2014-344 du 17 mars 2014 sur le droit à la consommation.
Loi n°2016-41 du 26 janvier 2016 de modernisation de notre système de santé.

(ii) Actes règlementaires

Décret n°71-547 du 15 juin 1971 portant publication du Règlement sanitaire international adopté le 25-07-1969 par la 22ème Assemblée mondiale de la santé
Décret n°84-74 du 26 janvier 1984 fixant le statut de la normalisation.
Décret n°89-38 du 24 janvier 1989 portant publication du règlement sanitaire international (1969) adopté par la vingt-deuxième Assemblée mondiale de la santé en 1969 et modifié par la vingt-sixième Assemblée mondiale de la santé en 1973 et par la trente-quatrième Assemblée mondiale de la santé en 1981
Arrêté du 20 février 1997 relatif au contrôle des végétaux.
Décret n°98-688 du 30 juillet 1998 pris en application de l'article L. 121-53 du code de la consommation relatif à la distribution gratuite des préparations pour nourrissons, à la documentation et au matériel de présentation les concernant
Décret n°2005-293 du 22 mars 2005 portant publication de la convention-cadre pour la lutte antitabac, faite à Genève le 21 mai 2003.
Arrêté du 29 juin 2006 relatif au recueil et au traitement des données d'activité médicale des établissements de santé publics ou privés ayant une activité en psychiatrie et à la transmission d'informations issues de ce traitement dans les conditions définies aux articles L. 6113-7 et L. 6113-8 du Code de la santé publique e
Décret n°2006-1386 du 15 novembre 2006 fixant les conditions d'application de l'interdiction de fumer dans les lieux affectés à un usage collectif.
Circulaire du 27 novembre 2006 relative aux conditions d'application dans les services de l'État et des établissements publics qui en relèvent de l'interdiction de fumer dans les lieux à usage collectif, prévue par le décret n°2006-1386 du 15 novembre 2006.
Décret n°2007-1073 du 4 juillet 2007 portant publication du règlement sanitaire international (2005) adopté par la cinquante-huitième Assemblée mondiale de la santé le 23 mai 2005.
Arrêté du 18 août 2008 relatif aux bonnes pratiques de dons de médicaments, version consolidée au 1er novembre 2015.
Décret n°2009-697 du 17 juin 2009 relatif à la normalisation.
Arrêté du 30 juin 2011 relatif au recueil et au traitement des données d'activité médicale des établissements de santé publics ou privés ayant une activité en soins de suite et de réadaptation et à la transmission d'informations issues de ce traitement, dans les conditions définies aux articles L. 6113-7 et L. 6113-8 du Code de la santé publique.
Circulaire du 3 août 2011 relative aux mesures de lutte contre le tabagisme prévues par la loi n°2009-879 du 21 juillet 2009 portant réforme de l'hôpital et relative aux patients, à la santé et aux territoires.
Décret n°2013-30 du 9 janvier 2013 relatif à la mise en œuvre du règlement sanitaire international (2005).
Décret n°2014-318 du 10 mars 2014 portant publication de l'accord-cadre entre le Gouvernement de la République française et l'Organisation mondiale de la santé (OMS) pour un partenariat renforcé pour la période 2014-2019 (ensemble cinq annexes), signé à Paris le 2 décembre 2013.

Arrêté du 31 décembre relatif au recueil et au traitement des données médicales des établissements de santé publics ou privés ayant une activité d'hospitalisation à domicile et à la transmission d'informations issues de ce traitement.

Décret n° 2014-318 du 10 mars 2014 portant publication de l'accord-cadre entre le Gouvernement de la République française et l'Organisation mondiale de la santé (OMS) pour un partenariat renforcé pour la période 2014-2019 (ensemble cinq annexes), signé à Paris le 2 décembre 2013 (1).

IX. Rapports et autres documents

a. Rapports et documents préparatoires

(i) Etats et organisations internationales

ALACEVICH (M.), « *The World Bank's early reflections on development : A development institution or a Bank ?* », Policy Research Working Paper n°4670, The World Bank Archives, Juillet 2008.

BANERJEE (A.) et al., « *An evaluation of World Bank research, 1998–2005* », Banque mondiale, 24 septembre 2006.

BANQUE MONDIALE, « *Curbing the epidemic : governments and the economics of tobacco control* », 1999.

BODANSKY (D.), « *The framework convention/protocol approach : the experience of international regimes* », Technical Briefing Series, Paper 1, WHO/NCD/TFI/99.1, 1999.

BODANSKY (D.), « *What makes international agreements effective ? Some pointers for the WHO Framework Convention on Tobacco Control* », Technical Briefing Series, Paper 4, WHO, 1999.

CONSEIL D'ETAT, « *Le droit souple* », Etude annuelle, Les rapports du Conseil d'Etat, 2013.

CONSEIL D'ETAT, « *Sécurité juridique et complexité du droit* », Rapport du Conseil d'Etat français, La Documentation française, 2006.

CORPS COMMUN D'INSPECTION, « *Décentralisation des organismes du système des Nations unies. Part III : The World Health Organization* », JIU/REP/93/2, 1993.

CORPS COMMUN D'INSPECTION, « *Examen de la gestion, de l'administration et de la décentralisation à l'Organisation mondiale de la Santé - Partie II. Examen de la décentralisation* », JIU/REP/2012/7, 2012.

DUSSAULT (G.) et al., « *Implementing the WHO Global Code of Practice on International Recruitment of Health Personnel in the European Region. A policy brief* », Geneva, World Health Organization, 2012.

GIRISHANKAR (N.), « *Innovating development finance : from financing sources to financial solutions* », The World Bank, Policy Research Working Paper n°5111, 2009.

HAUT COMITE DE LA SANTE PUBLIQUE, « *La santé en France – Rapport général,* » La Documentation française, novembre 1994.

JOOSSENS (L.), « *Improving public health through an international framework convention on tobacco control",* Technical Briefing Series, Paper 2, WHO/NCD/TFI/99.2, 1999, p.15.

KOSKENNIEMI (M.), « *Rapport préliminaire sur la fragmentation du droit international : difficultés découlant de la diversification et de l'expansion du droit international* », Groupe d'étude sur la fragmentation, Commission du droit international, ILC(CVI)/SG/FIL/CRD.1, 2004.

LASSERRE (B.), « *Pour une meilleure qualité de la réglementation* », Rapport au *Premier ministre, la Documentation française, 2004.*
OCDE, « *Nouvelles tendances des migrations internationales de médecins et d'infirmiers vers les pays de l'OCDE* », in *Perspectives des migrations internationales 2015*, OCDE, 2015, pp.111-190.
OMC/OMS, « *Les accords de l'OMC et la santé publique, étude conjointe de l'OMS et du Secrétariat de l'OMC* », 20 août 2002.
OMS, « *Application de l'article 19 de la Convention : 'Responsabilité'* », Rapport du groupe d'experts, FCTC/COP/6/8, 5 juin 2014.
OMS, « *10th Anniversary of the WHO Framework Convention on Tobacco Control – Saving Lives for a decade* », 2015.
OMS, « *Amélioration de la prise de décisions par les organes directeurs - Rapport du Secrétariat* », A67/5, 7 mai 2014.
OMS, « *Application du Règlement sanitaire international (2005) – Rapport du Directeur général* », A64/9, 17 mars 2011.
OMS, « *Application du Règlement sanitaire international (2005) – Faire face aux urgences de santé publique – Rapport du Directeur général* », EB136/22 Add.1, 9 janvier 2015.
OMS, « *Application du Règlement sanitaire international (2005) - Rapport du Comité d'examen sur un deuxième délai supplémentaire pour la mise en place de capacités nationales de santé publique et sur l'application du RSI* », A68/22 Add.1, 16 janvier 2015.
OMS, « *Application du Règlement sanitaire international (2005). Faire face aux urgences de santé publique – Rapport du Directeur général* », A68/22, 15 mai 2015.
OMS, « *Application du Règlement sanitaire international (2005). Rapport du Comité d'examen sur le fonctionnement du Règlement sanitaire international (2005) eu égard à la grippe pandémique A(H1N1) 2009. Rapport du Directeur général* », A64/10, 5 mai 2011.
OMS, « *Cadre de collaboration avec les acteurs non étatiques* », Rapport du Secrétariat, A67/6, 67e AMS, 5 mai 2014.
OMS, « *Chronicles of the World Health Organization* », vol.1, 1947.
OMS, « *Code de pratique mondial de l'OMS pour le recrutement international des personnels de santé - Rapport du Secrétariat* », A68/32, 17 avril 2015.
OMS, « *Code de pratique mondial de l'OMS pour le recrutement international des personnels de santé - Rapport du Groupe consultatif d'experts sur l'utilité et l'efficacité du Code de pratique mondial de l'OMS pour le recrutement international des personnels de santé (2010) - Rapport du Directeur général* », A68/32 Add.1, 20 mai 2015.
OMS, « *Collaboration avec les organisations non gouvernementales – Examen de la politique générale concernant la collaboration avec les organisations non gouvernementales - Rapport du Directeur général, EB101/33* », 101e Conseil exécutif, 9 décembre 1997.
OMS, « *Etat du recouvrement des contributions, et notamment celles des membres redevables d'arriérés de contributions dans une mesure qui justifierait l'application de l'article 7 de la Constitution – Rapport du Secrétariat* », A68/39, 10 avril 2015.
OMS, « *Global Status Report: alcohol policy* », 2004.
OMS, « *Groupe d'experts chargés de l'évaluation intérimaire de la riposte à Ebola* », 2015.
OMS, « *Le financement futur de l'OMS – Rapport d'une consultation informelle organisée par le Directeur général* », 12-13 Janvier 2010.

OMS, « *Mesures durables destinées à renforcer la mise en œuvre de la Convention-cadre de l'OMS* », FCTC/COP/6/19, 18 juin 2014.
OMS, « *Options pour améliorer la prise de décisions par les organes directeurs. Rapport du Secrétariat* », EB134/6, 10 janvier 2014.
OMS, « *Partenariats public privé en faveur de la santé – Rapport du Directeur général* », 105e Conseil exécutif, EB105/8, 14 décembre 1999.
OMS, « *Rapport de la première réunion du Comité d'examen sur le rôle du RSI (2005) dans le cadre de l'épidémie de maladie à virus Ebola et de la riposte. Adapter le RSI pour faire face aux menaces futures pour la santé mondiale* », 25 aout 2015.
OMS, « *Rapport final du comité d'examen sur le fonctionnement du règlement sanitaire internationale national (2005) eu égard à la pandémie (H1N1) 2009. Rapport du Directeur général* », A65/10, 5 mai 2011.
OMS, « *Rapport sur les progrès mondiaux réalisés dans la mise en œuvre de la Convention-cadre de l'OMS pour la lutte antitabac* », 2013.
OMS, « *Rôle de l'OMS dans la gouvernance de l'action sanitaire mondiale - Rapport du Directeur général* », Conseil exécutif, EB 132/5 Add.5, 18 janvier 2013.
OMS, « *The Feasibility of Developing an International Instrument for Tobacco Control - Report by the Director General* », EB97/ INF, Doc. 4, 30 November 1995.
OMS, « *The Future of Financing for WHO: Report of an Informal Consultation Convened by the Director-General. Geneva, Switzerland, 12-13 January 2010* », WHO, 2010.
OMS, *Cadre de collaboration avec les acteurs non étatiques – Rapport du Directeur général*, A68/5, 1er mai 2015.
ONU, « *Rapport de la Commission du droit international* », Cinquante-septième session, 2 mai – 3 juin et 11 juillet – 5 août 2005, A/60/10.
SENAT, « *L'Union européenne et les services de santé* », Rapport du Sénateur Roland Ries n°186, du 30 janvier 2007.
SENAT, « *Proposition de loi relative à la nocivité du diesel pour la santé* », Session ordinaire de 2013-2014, n°496, 5 mai 2014.
SENAT, « *Sécurité alimentaire, le Codex Alimentarius* », n°450, 29 juin 2000.
SENAT, Question écrite n°16500, Ministère des affaires sociales, de la santé et des droits des femmes sur « *l'application de la classification internationale du fonctionnement, du handicap et de la santé en France* », 28 mai 2015.
SENAT, *Rapport de la commission d'enquête sur le rôle des firmes pharmaceutiques dans la gestion par le Gouvernement de la grippe A (H1N1)*, n°685, 30 juillet 2010, p.48.
TAYLOR (A.) et ROEMER (R.), « *International strategy for tobacco control* », Programme on susbstance abuse, WHO/PSA/96.6, 1996.
UNION EUROPEENNE, « *La gestion de la pandémie H1N1 : nécessité de plus de transparence* », Rapport de la Commission des questions sociales, de la santé et de la famille, Rapporteur : Paul Flynn, Document 12283, 7 juin 2010.
WOODS (N.), BETTS (A.), PRANTL (J.), SRIDHAR (D.), « *Transforming global governance for the 21st century* », UNDP Human Development Report Office, 2013.

(ii) Instituts de recherche et organisations non gouvernementales

« *A guide to tobacco-related shadow reporting before United Nations human rights bodies* », O'Neill Institute for National and Global Health Law at Georgetown University et Fundacion InterAmerica del Corazon-Argentina, 2013.

ABBOTT (R.), « *Potential elements of the WHO Global R&D Treaty : Tayloring solutions for disparate contexts* », Intellectual Property Watch, 2013.
ACTION FOR GLOBAL HEALTH, « *Aid effectiveness for health : towards the fourth high-level forum, Busan 2011 : Making health aid work better* », Action for global health, 2011.
ANDRESEN (S.), « *Leadership change in the World health organization : Potential for increased effectiveness ?* », Fridtjof Nansens Institut, Rapport 08/2002, 2002.
BINGER (A.), « *Global public goods and potential mechanisms for financing availibility* », Background paper prepared for the Fifth session of the Commitee for Development Policy Meeting, 2003.
BRZOSKA (M.), « *Taxation of the arms trade : An overview of the issues* », Paper prepared for the United nations ad hoc Expert group meeting on Innovations in mobilizing global resources for development, 25-26 juin 2001.
CARNEGIE COUNCIL ON ETHICS & INTERNATIONAL AFFAIRS, « *Financing global development : key proposals and recommendations* », Global Policy Innovations policy brief, 2005.
CASSELS (A.), KICKBUSCH (I.), TOLD (M.) et GHIGA (I.), « *How should the WHO reform. An analysis and review of the literature* », Global Health Programme, Working paper n°11, 2014. COLLIER (R.), « *WHO reforms long overdue, critics say* », Canadian Medical Association Journal, vol.183, n°14, pp.1574-1575.
CEHURD, « *An Analysis of the Relevance of a Framework Convention on Global Health on the Realization of the Right to Health in Uganda* », November 2014.
CENTER FOR GLOBAL DEVELOPMENT, « *UNITAID. Working Group on Value for Money: An Agenda for Global Health Funding Agencies* », Background Paper, October 2012, p.7.
CLIFT (C.), « *The role of the World Health Organization in the International System* », Working Group on Governance, Paper 1, Chatham House, 2013.
CLIFT (C.), *What's the World Health Organization For ?*, Rapport final du Centre on Global Health Security Working Group on Health Governance Chatham House Report, Mai 2014.
CONSUMERS INTERNATIONAL, « *Recommandations en faveur d'une Convention mondiale pour la protection et la promotion d'une alimentation saine* », 2014.
DEATON (A.), « *Health in the age of globalization* » in GRAHAM (C.) et COLLINS (S. M.) (dir.), *Globalization, poverty and inequality*, 2004, The Brookings Institution, Brookings Trade Forum, pp.83-130.
DODGSON (R.) et al., « *Global Health Governance : A Conceptual Review* », Centre on Global Change & Health Dept of Health & Development, London School of Hygiene World Health Organization & Tropical Medicine, and Department of Health and Development, World Health Organization Discussion Paper n°1, Feb 2002.
DUPUY (R. J.), « *L'application de règles du droit international général de traites aux accords conclus par les Organisations internationales – Rapport provisoire et projet d'articles* », Institut de Droit international, Genève, 1972.
EDGREN (G.) et MOLLER (B.), « *The Agencies at a Crossroads: the Role of United Nations Specialized Agencies* », in *The United Nations: Issues and Options*, Nordic UN Project, Stockholm: Almqvist och Wiksell, 1991.
FERRANTI (D. de) et al., « *Innovative financing for global health : tools for analyzing options* », Brookings Global Economy and Development, 2008.
FRYDMAN (B.), « *Comment penser le droit global ?* », Series des Workings Papers du Centre Perelman de Philosophie du Droit n°2012/01, 2012.

GOSTIN (L. O.), « *Meeting Basic Survival needs of the World's Least healthy People Towards a Framework Convention on Global Health* », Georgetown University, O'Neill Institute for national and Global Health Law Scholarship, Research paper n°1, 2007 26.
INSTITUTE OF MEDECINE, « *America's vital interest in global health* », National Academy Press, 1997.
JALI, « *Health for All: Justice for All – A Global Campaign for a Framework Convention on Global Health* », May 2012, p.1.
JALI, « *Platform for a FCGH: Realizing the Universal Right to Health - Fundamental Principles and Joining the Platform* », 2014.
KEAN (Y. J.) et ALLAIN (A.), « *State of the Code by Country 2011. A survey of measures taken by governments to implement the provisions of the International Code of Marketing Breastmilk Substitutes & subsequent World Health Assembly resolutions* », Baby Food Acton Network and International Code Documentation Centre, 2011
KO SY (D.), SYAM (N.) et VELASQUEZ (G.), « *Mécanismes de financement innovants : sources potentielles de financement de la convention-cadre de l'OMS pour la lutte antitabac* », Document de recherche, Centre Sud, Septembre 2014.
LANORD (C.), *A Study of WHO's official relations system with Non-governmental Organizations*, CSI/2002/WP4, WHO Civil Society Initiative, 2002.
LEADING GROUP ON INNOVATIVE FINANCING TO FUND DEVELOPMENT, « *Globalizing solidarity: The case for financial levies* », Report of the Committee of Experts to the taskforce on international financial transactions and development, 2010, p.5.
LIDEN (J.), « *The greaty decade for global health : 1998-2008* », Chatham House, Working group on governance, Paper 2, Avril 2013.
MEDECINS SANS FRONTIERE « *Ebola Response : Where are we now ?* », MSF Briefing Paper, Décembre 2014.
NISSANKE (M.), « *Revenue Potential of the Currency Transaction Tax for Development Finance: A Critical Appraisal* », WIDER Discussion Paper n° 2003/81, World Institute for Development Economics Research of the United Nations University, Helsinki, 2003.
OOMS (G.) et HAMMONDS (R.), « *Financing global health through a global fund for health ?* », Chatham House, Centre on global health security working group papers, Février 2014.
PEOPLE'S HEALTH MOVEMENT, « *Comments on 'The future of financing for WHO'* », 64e AMS, Mai 2011.
PEOPLE'S HEALTH MOVEMENT, *Commentary on the Agenda of the 67th World health* Assembly, Genève, 19 Mai 2014.
ROUVILLOIS (F.), « *L'efficacité des normes. Réflexions sur l'émergence d'un nouvel impératif juridique* », Working paper, Fondation pour l'innovation politique, Novembre 2006.
SAMSON (M.), « *Indicators as a monitoring tool for the implementation of global health law*, IRPA, Working Papers, 2012.
SENN (A.), « *La politique de santé de l'Union européenne – Question d'Europe n°25* », Fondation Robert Schuman – Le centre de recherches et d'études sur l'Europe, 18 avril 2004.
SHELTON (D. L.), « *Soft Law* », Public law and legal theory working paper n°32, The George Washington University Law School, 2008.
STURCHIO (J. L.) et GOEL (A.), « *The Private-sector role in public health – Reflections on the new global architecture in health* », Center for Strategic and International Studies, Rapport, Janvier 2012, pp.9-11.

b. Autres documents : discours, communications, déclarations, études et conférences

Allocution de M. Bill Gates à la Soixante-quatrième Assemblée mondiale de la santé, A64/DIV/6, 23 mai 2011.

Allocution du Directeur général (Dr Mahler) à l'Assemblée mondiale de la santé du 5 mai 1987, WHA40/DIV/4.

Allocution du Madame CHAN, Directeur général à la Soixante-Huitième Assemblée mondiale de la santé, A68/3, 18 mai 2015.

Allocution du Madame CHAN, Directeur général, à la Soixante-Quatrième Assemblée mondiale de la santé, A64/3, 16 mai 2011.

Allocution du Dr Margaret Chan, Directeur général, à la Soixante et Unième Assemblée mondiale de la santé, A61/3, 2008.

Allocution prononcée par le Directeur général (Dr Brundtland) élu à la Cinquante et Unième Assemblée mondiale de la santé, A51/DIV/6, 13 mai 1998.

AMERICAN PUBLIC HEALTH ASSOCIATION, « *A call for a framewok convention on alcohol control* », Policy n°200615, 2011.

BATTAMS (S.), VAN SCHAIK (L. G.), VAN DE PAS (R.), « *The European Union's voice and influence on global health and the reform of the World health organisation : the role of diplomacy* », Papier présenté lors du The European Union International Affairs AAA Conference, Brussels, 3-5 Mai, 2012.

BRISCOE (A.C.), GAINE (P.C.) (au nom de l'Association de Sucre), « *Letter to Madame CHAN, Director General, World Health Organization* », 2014.

CANIVET (G.), « *Des obstacles juridiques à l'action de groupe* », Discours du Premier Président de la Cour de cassation, Colloque organisé le 10 novembre 2005.

COMBRADE (B.-L.), « *Á qui profite l'étude d'impact ? Les effets de la constitutionnalisation d'une obligation d'étude d'impact des projets de loi sur les rapports entre Gouvernement et Parlement* », VIIIe Congrès national de l'AFDC Communication pour atelier n°6 : aspects institutionnels nationaux, pp.1-16.

COUR DES COMPTES, « *La prévention des conflits d'intérêts en matière d'expertise sanitaire* », Communication à la commission des affaires sociales du Sénat, Mars 2016.

Discours du Directeur général JW LEE, Presentation to the Executive Board, 27 Janvier 2003.

Discours du Dr Gro Harlem BRUNDTLAND à la réunion mondiale des Représentants OMS et Officiers de Liaisons le 26 mars 2001.

JOUANNET (E.), « *L'influence des principes généraux face aux phénomènes de fragmentation du droit international contemporain ou l'ambivalence des principes généraux face au caractère étrange et complexe de l'ordre juridique international* », article rédigé dans le cadre de la conférence de la SEDI, 2005.

KERGUIZIAU DE KERVASDOUE (J. de), « *Le système de santé français : une excellence menacée* », Communication devant les membres de l'Académie des sciences morales et politiques, 22 avril 2013.

LE ROY (E.), « *Autonomie du droit, hétéronomie de la juridicité. Généralité du phénomène et spécificités des ajustements* », Séminaire international « *Le nuove ambizioni del sapere del guirista : l'antropologia giuridica e la traduttorologia guiridica* », Roma, Accademia nazionale dei Lincei, 12-13 mars 2008.

MAFFEI (P.), « *Le rôle normatif de la jurisprudence des cours suprêmes, des cours constitutionnelles et des cours internationales* », Site de Association des hautes juridictions de cassation des pays ayant en partage l'usage du français (AHJUCAF).

MARTINEAU (A.-C.), « *La fragmentation du droit international : un renouvellement répété de la pensée ?* », *International Law : Do We Need It ?*, conférence bi-annuelle de la European Society of International Law, Paris, 18-20 mai 2006.
MISSONI (E.), « *Who governs who ?* », Conférence Agora Switzerland 2008, Accès illimité à la médecine, Martigny, Suisse, 16-17 Septembre 2009.
OMS, « *Convention-cadre pour la lutte antitabac. Lettre du Président de l'organe intergouvernemental de négociation, Monsieur Luiz Felipe de Seixas Correa* », A/FCTC/INB6/3 Rev.1, 5 février 2003.
OMS, « *HR core capacity monitoring framework: Checklist and Indicators for Monitoring Progress in the Development of IHR Core Capacities in States Parties* », WHO/HSE/IHR/2010.1.Rev.1, 2011.
OMS, « *Le tabac ou la santé* », Document EB95/27, 24 janvier 1995.
OMS, « *Literature review on the health effects of smoke-free policies in light of the WHO FCTC* », Global Studies Series, Paper G/1, 2014.
OMS, « *The solidarity tobacco contribution (STC): A new international health-financing concept prepared by the World health organization* », Discussion Paper, Octobre 2011.
OMS, « *Enquête mondiale de perception de l'OMS* », Grayling, janvier 2013.
OMS, *Les premières années de l'Organisation Mondiale de la Santé*, 1958.
Remarques de conclusion de la Directrice-Général de l'OMS, Dr Chan, « *Historical agreements at the Sixty-fourth Worl Health Assembly* », 24 Mai 2011.
TAYLOR (A.), « *The framework convention on tobacco control : the power of the process* » 11ème Conférence mondiale sur le tabacco ou la santé, 2000.
TYLER (T.), « *Legitimacy and the maintenance of public order* », Presentation at the SELA meeting, Mexico City, June 2012.
UNDP, « *Innovative financing for development : A new model for development finance ?* », Discussion paper, Janvier 2012, p.10.
WORLD MEDICAL ASSOCIATION, « *WMA statement on reducing the global impact of alcohol on health and society* », 56e Assemblée Générale, 2005
WORLD SUGAR RESEARCH ORGANISATION, « *The Sugar Association concern regarding the World Health Organization (WHO) – Draft Guideline Development Process and Lack of Transparency* », 2014.

c. Documents journalistiques et électroniques

BENKIMOUN (P.) et DUPARC (A.), « *L'OMS est-elle encore crédible ?* », Le Monde, 23 Avril 2014.
GANDAUBERT (V.), « *L'articulation du règlement sanitaire international de l'OMS avec le commerce international* », Les Blog Pédagogiques de l'Université Paris Ouest, 2011.
LIBERMAN (J.), « *The WHO Framework Convention on Tobacco Control at 10: its power for global health and development in the 21st century* », Edward Elgar Blog, août 2014.
MULDER (T.), « *Ebola in West Africa : Lessons to strengthen the WHO International Health Regulations* », Global Health Law Groningen Blog, 2 Novembre 2015.
NAU (J.-Y.), « *A cause du H5N1, l'OMS doit revoir les pratiques mondiales d'élaboration des vaccins antigrippaux* », Le Monde, 21 février 2007.
NAU (J.-Y.), « *Tirer profit de la grippe aviaire* », Le Monde, 16 février 2007.
SAUVE (J.-M.), « *Penser le droit global* », Institut des Hautes Etudes sur la Justice, 2010.
SCHWARTZ (T.), *« A stronger voice of civil society at the world health assembly? »*, Medicus Mundi International Network, Juin 2010.

SMITH (R.), « *The end of disease and the beginning of health* », BMJ, Group Blogs, 2008.

VILLAREAL (A.), « *Zika virus as a Public health emergency of international concern : insights from previous cases* », Global Health Law Groningen Blog, 8 février 2016.

VILLARREAL (P.), « *Reforms of the World health organisation in light of the Ebola crisis in West Africa : More delegation, more teeth ?* », Völkerrechtsblog, 26 août 2015.

TABLE DES MATIÈRES

DROIT

AUX ÉDITIONS L'HARMATTAN

Dernières parutions

L'EXPLOITANT DE BANQUE ET LE DROIT AU TCHAD

Thomas Dingamgoto

De toutes les activités entrepreneuriales, le secteur bancaire est de celles qui font l'objet d'un encadrement législatif scrupuleux et d'une veille règlementaire permanente. Si l'histoire du droit bancaire tchadien est étroitement liée à celle du droit bancaire français, les textes législatifs et règlementaires des activités bancaires au Tchad ont connu des évolutions internes notables. Pour l'exploitant de banque comme pour l'ensemble des acteurs de la chaîne économique et financière, ces mutations rendent indispensables l'appropriation de ces normes nouvelles.

(Coll. Études Eurafricaines, 674 p., 49 euros)

ISBN : 978-2-343-16034-4, EAN EBOOK : 9782140104879

L'ÉGALITÉ DE L'HOMME ET DE LA FEMME DANS LE MARIAGE

Etude comparée des droits du Bénin, du Burkina Faso et du Mali

Aïssata DABO

Des États africains ont rénové leurs législations sur le mariage dans l'idée de les conformer au dispositif juridique international, qui place désormais l'égalité homme-femme au centre des débats. Toutefois, l'objectif est largement dévié par le pluralisme juridique qui demeure, en droit et en fait, un frein pour l'indifférenciation des droits des sexes. Cet ouvrage se propose de rechercher la mesure de l'égalité, en matière de mariage, réellement promue par les droits béninois, burkinabè et malien.

(Coll. Études africaines, 614 p., 49 euros)

ISBN : 978-2-343-15377-3, EAN EBOOK : 9782140105197

LA NATIONALITÉ ET L'APATRIDIE EN AFRIQUE

Charles Lasserre Yakite

Le droit à la nationalité est un droit humain fondamental reconnu par le droit international. Les apatrides ne peuvent se prévaloir de la protection de la nationalité et sont donc vulnérables à la privation de leurs droits. Les États africains doivent élaborer des cadres législatifs et mettre en place des politiques nationales pour lutter contre l'apatridie. Cet ouvrage vise à faire des recommandations à l'Union africaine et aux organisations internationales intéressées pour résoudre l'épineux problème de nationalité et de l'apatridie.

(Coll. Études africaines, 156 p., 17 euros)

ISBN : 978-2-343-15353-7, EAN EBOOK : 9782140104725

LE CONTENTIEUX DE L'ANNULATION AU CONGO

Lovane Lhakhy-Tsamby

Dans ce livre, l'auteur examine la question relative au contentieux de l'annulation, au Congo. Lorsqu'un acte administratif est entaché d'illégalité, il est susceptible d'annulation. Au Congo, l'annulation d'un acte administratif illégal relève de la compétence exclusive de la chambre administrative de la Cour suprême. La Cour constitutionnelle est exceptionnellement compétente pour annuler un acte administratif entaché d'illégalité lorsqu'il est pris dans le domaine électoral. Elle n'est pas juge de la légalité des actes administratifs au même titre que le juge administratif ordinaire.

(Coll. Harmattan Congo-Brazzaville, 120 p., 14 euros)

ISBN : 978-2-343-15430-5, EAN EBOOK : 9782140104305

PROTECTION DE LA QUALITÉ DES EAUX DOUCES AU CANADA ET DANS L'UNION EUROPÉENNE

Le partage des compétences

Claire Joachim

Cet ouvrage analyse l'organisation des rapports entre les ordres juridiques par le droit constitutionnel canadien et le droit de l'Union européenne. Cette étude est innovante car : la grille d'analyse du droit constitutionnel canadien a été appliquée à l'Union européenne. Ce qui met en évidence des mécanismes similaires dans le partage des compétences. Le domaine de la protection de la qualité des eaux douces a été choisi pour révéler les enjeux de ces relations dans une perspective globale. Ce travail fait ressortir que l'intégration européenne est accentuée par une centralisation des compétences. Ainsi, la sphère du pouvoir des états membres se vide progressivement de sa substance. Le droit entrerait donc en mutation à l'aune de la protection de l'environnement.

(Coll. Le Droit aujourd'hui, 546 p., 49 euros)

ISBN : 978-2-343-10974-9, EAN EBOOK : 9782140104541

LE BIEN-ÊTRE ANIMAL : DE LA SCIENCE AU DROIT

Sous la direction de Sophie Hild et Louis Schweitzer

Chercheurs, experts, membres de la Commission européenne ou du ministère de l'Agriculture se sont succédé pour répondre à plusieurs questions du plus haut intérêt : quelle définition scientifique donner au bien-être de l'animal ? Sur quels critères l'évaluer ? Quels droits nationaux ou internationaux le prennent-ils en compte ? Quels animaux sont concernés ? Quels obstacles s'opposent au souci d'assurer le bien-être animal ? Les réponses données conforteront les démarches à conduire en faveur de dispositions réglementaires nouvelles.

(Coll. Colloques et rencontres, 364 p., 37 euros)

ISBN : 978-2-343-15918-8, EAN EBOOK : 9782140104329

DROITS FONCIERS DES FEMMES ET DES CADETS SOCIAUX EN CÔTE D'IVOIRE

Cellule de Suivi et d'Analyse de la Mise en Oeuvre de la Loi sur le Foncier Rural

Le séminaire-atelier "Sécurisation des droits fonciers des femmes et cadets sociaux en milieu rural" tenu à Grand-Bassam en 2017 avait pour objectif d'identifier les dispositions, existantes ou à adopter, pour améliorer la sécurisation des droits fonciers des femmes et des cadets sociaux en milieu rural. Comment comprendre la nature des obstacles qui y nuisent, identifier et clarifier les dispositions qui existent dans le cadre juridique et institutionnel de la Côte d'ivoire ? les services centraux et décentralisés de l'Administration, Chambre des Chefs et Rois Traditionnels de Côte d'Ivoire, partenaires internationaux de développement, organisations professionnelles agricoles, notaires, juristes, géomètres, chercheurs, ONG, presse etc, tous sont concernés par cette problématique.

(Coll. Harmattan Côte-d'Ivoire, 192 p., 22 euros)

ISBN : 978-2-343-15394-0, EAN EBOOK : 9782140103728

L'UNIVERS CARCÉRAL, LA MÈRE DÉTENUE ET SON ENFANT

Elaine Mangin

Sur les 80 893 personnes écrouées en France au 1er février 2018, on dénombre 3103 femmes. 2482 sont détenues au sein d'un établissement pénitentiaire, exécutant une peine privative de liberté. Parmi elles, des mères de famille qui ont souvent la charge exclusive des enfants restés en milieu libre, mais aussi des femmes incarcérées avec leur bébé. Mais les efforts du droit positif et de la pratique pénitentiaire pour leur assurer le respect de la vie familiale et veiller au maintien d'un lien mère-enfant sain, des difficultés juridiques et psychologiques subsistent.

(Coll. Bibliothèques de droit, 158 p., 17,5 euros)

ISBN : 978-2-343-15834-1, EAN EBOOK : 9782140103681

CONSTITUTIONNALISME ET MÉTISSAGE CULTUREL AU-DELÀ DES DROITS DE L'HOMME

Salvatore Bonfiglio

Les sociétés multiculturelles demandent une réinterprétation des principes constitutionnels, capable de favoriser la cohésion sociale, notamment par l'extension des droits fondamentaux aux « non-citoyens ». Il s'agit de reconnaître à l'individu en tant que tel un statut de droits fondamentaux, pour affirmer ainsi le caractère à la fois moral et juridique de la dignité de la personne.

(Coll. Harmattan Italia, 208 p., 26 euros)

ISBN : 978-2-336-31233-0, EAN EBOOK : 9782140103193

LA PROCÉDURE

Sous la direction de Joanna Genovese et Giovanna Debernardi

La procédure est souvent perçue par les parties comme une source de difficultés supplémentaires dans la résolution d'un conflit. Elle est en réalité protectrice des droits des individus. Il n'existe pas qu'une procédure mais une pluralité. Il est question de procédure civile, de procédure collective, de procédure pénale... La procédure s'adapte en fonction des contraintes et besoins tant par la dématérialisation que la déjudiciarisation.

(Coll. Droit privé et sciences criminelles, 138 p., 16,5 euros)

ISBN : 978-2-343-15460-2, EAN EBOOK : 9782140102769

LE RECOURS AUX MODES ALTERNATIFS DE RÈGLEMENT DES LITIGES EN MATIÈRE DE PROPRIÉTÉ INTELLECTUELLE

Jean Tankeu

Préface de Joseph Fometeu

La mondialisation et le développement des échanges économiques posent de nouveaux défis en matière d'application des droits de propriété intellectuelle. Plus le commerce et les affaires s'intensifient au niveau international, plus la question des effets des droits de propriété intellectuelle et de leur application au-delà des frontières nationales devient pertinente. D'où le développement du contentieux non juridictionnel international de la propriété intellectuelle auquel l'auteur consacre cet ouvrage.

(326 p., 33 euros)

ISBN : 978-2-343-15648-4, EAN EBOOK : 9782140102653

MÉTHODOLOGIES DE LA SÉCURITÉ URBAINE

François Dieu, Bruno Domingo

Quelles sont les méthodologies de la sécurité urbaine ? Comment réaliser un diagnostic local de sécurité ? Quelles sont les précautions à prendre avec les chiffres de la délinquance ? Comment mesurer le sentiment d'insécurité et la victimisation ? Quelles sont les modalités de diffusion de l'information au sein des dispositifs de prévention ? Comment mettre en place un observatoire local de la délinquance ? En bref, comment impulser une réflexion objective et un partenariat dynamique pour une politique de sécurité efficace ?

(Coll. République et sécurité, 276 p., 28,5 euros)

ISBN : 978-2-343-15718-4, EAN EBOOK : 9782140102295

DROIT DES ENTREPRISES INDIVIDUELLES

Commerçant / Entreprenant / Bail à usage professionnel / Fonds de commerce / Vente commerciale / Commerce électronique

Cheikh Abdou Wakhab Ndiaye

L'entreprise est une notion moderne et polysémique qui n'a fait son apparition que très récemment dans le droit sénégalais. L'entreprise individuelle concerne le commerçant, personne physique, et l'entreprenant. Son droit est un véritable droit du développement. Il matérialise une volonté de promouvoir l'initiative privée par, d'une part, la facilitation des conditions d'accès au monde des affaires et, d'autre part, la mise en place d'un climat favorables aux investissements. Il est ainsi un creuset où les droits OHADA, UEMOA et sénégalais sont conjugués pour la réalisation de cette ambition.

(Coll. Harmattan Sénégal, 404 p., 40 euros)

ISBN : 978-2-343-15882-2, EAN EBOOK : 9782140102196

LES FINANCES PUBLIQUES DU GABON
Droit budgétaire et droit de la comptabilité publique
Fidèle Mengue Me Engouang

Considéré comme un pays riche, grâce à ses ressources naturelles, le Gabon demeure pourtant un Etat pauvre. L'une des raisons de ce paradoxe est la mauvaise gestion des moyens financiers dont dispose l'Etat. L'assainissement de la gestion des finances publiques constitue donc un des défis majeurs que doivent relever le gouvernement et l'administration. Ce qui exige une parfaite maîtrise des normes juridiques applicables en la matière, en plus d'une grande probité morale. Cet ouvrage veut contribuer au renforcement des capacités des personnes. Il traite des règles et des procédures d'élaboration, d'adoption, d'exécution et de contrôle du budget de l'Etat.

(Coll. Finances publiques, 386 p., 38 euros)
ISBN : 978-2-343-15534-0, EAN EBOOK : 9782140101335

L'INCOHÉRENCE DES LOIS DE CIRCONSTANCES EN MATIÈRE PÉNALE
Paul Laurent

Pour adapter le droit pénal à la criminalité, le Législateur adopte des lois pour des motifs qui échappent à la stricte nécessité juridique, au profit de l'opportunité. Ces lois en réponse à des faits divers sont des lois de circonstances. Leur développement est indéniable. Ce mouvement s'opère aux dépens de la politique pénale de réflexion et des règles de forme classiques. Cette adaptation du droit aux évolutions de la criminalité mérite analyse et débat.

(Coll. Bibliothèques de droit, 272 p., 27 euros)
ISBN : 978-2-343-15317-9, EAN EBOOK : 9782140101625

LE TRAIN DE VIE EN DROIT PRIVÉ
Michaël Martinez
Préface de Philippe Delmas Saint-Hilaire

Locution issue du langage courant, « train de vie » a été importée dans la sphère juridique à la fin des années 1930 pour lutter contre la fraude fiscale et s'y est répandue à partir des années 1960 sans être définie. La première partie de cet ouvrage s'intéresse au contenu juridique de cette notion. Elle est définie comme la jouissance, à titre habituel d'une certaine quantité de biens et de services, caractérisant à la fois un niveau de vie et une habitude de vie. La seconde partie porte sur les effets attachés au train de vie.

(Coll. Logiques Juridiques, 526 p., 45 euros)
ISBN : 978-2-343-15845-7, EAN EBOOK : 9782140101731

L'ORGANISATION DES NATIONS UNIES ET L'EFFECTIVITÉ DES DROITS FONDAMENTAUX DES DÉPLACÉS INTERNES
Rolince Mbungo

Le déplacement interne des populations au sein de leur propre pays pose un réel défi de protection des droits de l'homme. Si l'ONU s'est intéressée tardivement à ce phénomène, elle a entrepris de construire un meilleur cadre juridique et institutionnel international pour la protection des déplacés internes. Plus de deux décennies après ses principales initiatives, il a fallu éprouver la capacité de celles-ci à concrétiser les droits déclarés en droits effectifs. Il importerait que l'ONU renforce le cadre juridique et en restructure l'architecture institutionnelle.

(Coll. Le Droit aujourd'hui, 574 p., 45 euros)
ISBN : 978-2-343-11008-0, EAN EBOOK : 9782140099908

Structures éditoriales du groupe L'Harmattan

L'Harmattan Italie
Via degli Artisti, 15
10124 Torino
harmattan.italia@gmail.com

L'Harmattan Hongrie
Kossuth l. u. 14-16.
1053 Budapest
harmattan@harmattan.hu

L'Harmattan Sénégal
10 VDN en face Mermoz
BP 45034 Dakar-Fann
senharmattan@gmail.com

L'Harmattan Cameroun
TSINGA/FECAFOOT
BP 11486 Yaoundé
inkoukam@gmail.com

L'Harmattan Burkina Faso
Achille Somé – tengnule@hotmail.fr

L'Harmattan Guinée
Almamya, rue KA 028 OKB Agency
BP 3470 Conakry
harmattanguinee@yahoo.fr

L'Harmattan RDC
185, avenue Nyangwe
Commune de Lingwala – Kinshasa
matangilamusadila@yahoo.fr

L'Harmattan Congo
67, boulevard Denis-Sassou-N'Guesso
BP 2874 Brazzaville
harmattan.congo@yahoo.fr

L'Harmattan Mali
Sirakoro-Meguetana V31
Bamako
syllaka@yahoo.fr

L'Harmattan Togo
Djidjole – Lomé
Maison Amela
face EPP BATOME
ddamela@aol.com

L'Harmattan Côte d'Ivoire
Résidence Karl – Cité des Arts
Abidjan-Cocody
03 BP 1588 Abidjan
espace_harmattan.ci@hotmail.fr

L'Harmattan Algérie
22, rue Moulay-Mohamed
31000 Oran
info2@harmattan-algerie.com

L'Harmattan Maroc
5, rue Ferrane-Kouicha, Talaâ-Elkbira
Chrableyine, Fès-Médine
30000 Fès
harmattan.maroc@gmail.com

Nos librairies en France

Librairie internationale
16, rue des Écoles – 75005 Paris
librairie.internationale@harmattan.fr
01 40 46 79 11
www.librairieharmattan.com

Librairie l'Espace Harmattan
21 bis, rue des Écoles – 75005 Paris
librairie.espace@harmattan.fr
01 43 29 49 42

Lib. sciences humaines & histoire
21, rue des Écoles – 75005 Paris
librairie.sh@harmattan.fr
01 46 34 13 71
www.librairieharmattansh.com

Lib. Méditerranée & Moyen-Orient
7, rue des Carmes – 75005 Paris
librairie.mediterranee@harmattan.fr
01 43 29 71 15

Librairie Le Lucernaire
53, rue Notre-Dame-des-Champs – 75006 Paris
librairie@lucernaire.fr
01 42 22 67 13

www.ingramcontent.com/pod-product-compliance
Lightning Source LLC
LaVergne TN
LVHW011212061026
849535LV00001BA/3
* 9 7 8 2 3 4 3 1 5 6 5 7 6 *